BB
KOMMENTAR

Kommentar zum Geschmacksmustergesetz

von

Philipp Helmut Günther

Rechtsanwalt und Fachanwalt
für Gewerblichen Rechtsschutz in Frankfurt am Main

und

Thorsten Beyerlein

Rechtsanwalt und Fachanwalt
für Gewerblichen Rechtsschutz in Mannheim
Lehrbeauftragter der Dualen Hochschule
Baden-Württemberg/Mannheim

2., überarbeitete und ergänzte Auflage 2012

Verlag Recht und Wirtschaft GmbH
Frankfurt am Main

Bibliografische Information der Deutschen Nationalbibliothek

Die Deutsche Nationalbibliothek verzeichnet diese Publikation in der Deutschen Nationalbibliografie; detaillierte bibliografische Daten sind im Internet über http://dnb.d-nb.de abrufbar.

ISBN: 978-3-8005-1535-6

© 2012 Verlag Recht und Wirtschaft GmbH, Frankfurt am Main

Das Werk einschließlich aller seiner Teile ist urheberrechtlich geschützt. Jede Verwertung außerhalb der engen Grenzen des Urheberrechtsgesetzes ist ohne Zustimmung des Verlages unzulässig und strafbar. Das gilt insbesondere für Vervielfältigungen, Bearbeitungen, Übersetzungen, Mikroverfilmungen und die Einspeicherung und Verarbeitung in elektronischen Systemen.

Satzkonvertierung: Lichtsatz Michael Glaese GmbH, 69502 Hemsbach

Druck und Verarbeitung: freiburger graphische betriebe GmbH & Co. KG, 79108 Freiburg

Gedruckt auf säurefreiem, alterungsbeständigem Papier, hergestellt aus FSC-zertifiziertem Zellstoff

Printed in Germany

Vorwort

Nachdem die 1. Auflage dieses Werkes ein für Autoren und Verlag freudiges Echo erzeugte, machen es gesetzliche Änderungen unabdingbar, dieses Werk in einer Neuauflage auf den aktuellen Stand zu bringen. Von besonderer Bedeutung für das Geschmacksmusterrecht sind das Gesetz zur Verbesserung der Durchsetzung von Rechten des geistigen Eigentums, das erste Gesetz zur Änderung des Geschmacksmustergesetzes, das Patentmodernisierungsgesetz sowie weitere Änderungen der Geschmacksmusterverordnung. Auch die Rechtsprechung zum Geschmacksmusterrecht und Designschutz stand in den letzten Jahren niemals still, so dass mittlerweile eine Vielzahl von gerichtlichen Entscheidungen auch zum neuen Geschmacksmusterrecht vorhanden ist, auf die die für die Praxis ausgerichtete Kommentierung dieses Werkes wesentlich abstellt.

Das Werk befindet sich auf dem aktuellen Stand nicht nur der gesetzlichen Vorschriften, sondern auch der relevanten Entscheidungen und berücksichtigt diese soweit möglich (einschließlich der Pressemitteilung des BGH in der Sache ICE-Abbildung Nr. (I ZR 56/09)). Im Übrigen wurde versucht, eine Kontinuität zur Vorauflage weitestgehend zu wahren, was vor dem Hintergrund der notwendigen Neukommentierungen insbesondere den bereits mit der Handhabung des Werkes vertrauten Rechtsanwendern die Arbeit erleichtern soll.

Persönlich mussten die Autoren den Verlust ihres geschätzten Förderers, Mitautors und Kollegen, Herrn Rechtsanwalt Ulrich Brückmann, hinnehmen, der kurz nach Erscheinen der 1. Auflage dieses Werkes unerwartet verstorben ist und den Erfolg des Werkes nicht mehr erleben durfte. Ihm soll diese 2. Auflage des gemeinsam begonnenen Werkes als einem der großen Praktiker und herausragenden Anwaltspersönlichkeiten im gewerblichen Rechtsschutz gewidmet sein.

Wie stets wäre ein solches Werk nicht möglich ohne die Unterstützung vieler Mitarbeiter und Kollegen sowie Praktikern aus Richter- und Anwaltschaft, die für Diskussionen stets zur Verfügung standen und die Autoren mit interessanten Fragestellungen konfrontierten, die Eingang

Vorwort

in diese Kommentierung gefunden haben. Neben dem Verlag Recht und Wirtschaft, der durch Frau Ingeborg Rossbach dieses Projekt wieder fördernd und geduldig begleitete, gebührt besonderer Dank unseren langjährigen Sekretärinnen, Frau Marisa Schuhknecht und Frau Stefanie Schröder für die stets umsichtige Betreuung des Manuskripts.

Frankfurt am Main/Mannheim, Oktober 2011

Philipp H. Günther
Thorsten Beyerlein

Inhaltsverzeichnis

Vorwort V
Abkürzungsverzeichnis XIII
Einführung 1

Abschnitt 1
Schutzvoraussetzungen

§ 1	Begriffsbestimmungen	13
§ 2	Geschmacksmusterschutz	31
§ 3	Ausschluss vom Geschmacksmusterschutz	49
§ 4	Bauelemente komplexer Erzeugnisse	60
§ 5	Offenbarung	64
§ 6	Neuheitsschonfrist	73

Abschnitt 2
Berechtigte

§ 7	Recht auf das Geschmacksmuster	83
§ 8	Formelle Berechtigung	95
§ 9	Ansprüche gegenüber Nichtberechtigten	99
§ 10	Entwerferbenennung	105

Abschnitt 3
Eintragungsverfahren

§ 11	Anmeldung	109
§ 12	Sammelanmeldung	140
§ 13	Anmeldetag	147
§ 14	Ausländische Priorität	151
§ 15	Ausstellungspriorität	162
§ 16	Prüfung der Anmeldung	167
§ 17	Weiterbehandlung der Anmeldung	176
§ 18	Eintragungshindernisse	181
§ 19	Führung des Registers und Eintragung	185
§ 20	Bekanntmachung	188
§ 21	Aufschiebung der Bekanntmachung	192

Inhaltsverzeichnis

§ 22	Einsichtnahme in das Register	200
§ 23	Verfahrensvorschriften, Beschwerde und Rechtsbeschwerde	209
§ 24	Verfahrenskostenhilfe	279
§ 25	Elektronische Verfahrensführung, Verordnungsermächtigung	298
§ 26	Verordnungsermächtigungen	303

Abschnitt 4
Entstehung und Dauer des Schutzes

§ 27	Entstehung und Dauer des Schutzes	307
§ 28	Aufrechterhaltung	310

Abschnitt 5
Geschmacksmuster als Gegenstand des Vermögens

§ 29	Rechtsnachfolge	315
§ 30	Dingliche Rechte, Zwangsvollstreckung, Insolvenzverfahren	327
§ 31	Lizenz	334
§ 32	Angemeldete Geschmacksmuster	357

Abschnitt 6
Nichtigkeit und Löschung

§ 33	Nichtigkeit	359
§ 34	Kollision mit anderen Schutzrechten	366
§ 35	Teilweise Aufrechterhaltung	371
§ 36	Löschung	374

Abschnitt 7
Schutzwirkungen und Schutzbeschränkungen

§ 37	Gegenstand des Schutzes	381
§ 38	Rechte aus dem Geschmacksmuster und Schutzumfang	391
§ 39	Vermutung der Rechtsgültigkeit	420
§ 40	Beschränkungen der Rechte aus dem Geschmacksmuster	427
§ 41	Vorbenutzungsrecht	433

Abschnitt 8
Rechtsverletzungen

§ 42	Beseitigung, Unterlassung und Schadensersatz	441
§ 43	Vernichtung, Rückruf und Überlassung	497
§ 44	Haftung des Inhabers eines Unternehmens	519
§ 45	Entschädigung	526
§ 46	Auskunft	531
§ 46a	Vorlage und Besichtigung	563
§ 46b	Sicherung von Schadensersatzansprüchen	576
§ 47	Urteilsbekanntmachung	582
§ 48	Erschöpfung	591
§ 49	Verjährung	599
§ 50	Ansprüche aus anderen gesetzlichen Vorschriften	614
§ 51	Strafvorschriften	622

Abschnitt 9
Verfahren in Geschmacksmusterstreitsachen

§ 52	Geschmacksmusterstreitsachen	633
§ 53	Gerichtsstand bei Ansprüchen nach diesem Gesetz und dem Gesetz gegen den unlauteren Wettbewerb	645
§ 54	Streitwertbegünstigung	650

Abschnitt 10
Vorschriften über Maßnahmen der Zollbehörde

§ 55	Beschlagnahme	659
§ 56	Einziehung, Widerspruch	667
§ 57	Zuständigkeiten, Rechtsmittel	673
§ 57a	Verfahren nach der Verordnung (EG) Nr. 1383/2003	677

Abschnitt 11
Besondere Bestimmungen

§ 58	Inlandsvertreter	691
§ 59	Geschmacksmusterberühmung	701
§ 60	Geschmacksmuster nach dem Erstreckungsgesetz	707
§ 61	Typografische Schriftzeichen	716

Abschnitt 12
Gemeinschaftsgeschmacksmuster

§ 62	Weiterleitung der Anmeldung	723
§ 63	Gemeinschaftsgeschmacksmusterstreitsachen	726
§ 64	Erteilung der Vollstreckungsklausel	732
§ 65	Strafbare Verletzung eines Gemeinschaftsgeschmacksmusters	734

Abschnitt 13
Schutz gewerblicher Muster und Modelle nach dem Haager Abkommen

Vor §§ 66 bis 71	International registrierte Geschmacksmuster	735
§ 66	Anwendung dieses Gesetzes	749
§ 67	Einreichung der internationalen Anmeldung	752
§ 68	Weiterleitung der internationalen Anmeldung	754
§ 69	Prüfung auf Eintragungshindernisse	756
§ 70	Nachträgliche Schutzentziehung	761
§ 71	Wirkung der internationalen Eintragung	764

Abschnitt 14
Übergangsvorschriften

§ 72	Anzuwendendes Recht	767
§ 73	Rechtsbeschränkungen	771

Anhang – Gesetze und Materialien

I. Richtlinie 98/71/EG des Europäischen Parlaments und des Rates vom 13. Oktober 1998 über den rechtlichen Schutz von Mustern und Modellen 777

II. Geschmacksmustergesetz vom 12. März 2004 (BGBl. I S. 390), das zuletzt durch Artikel 6 des Gesetzes vom 31. Juli 2009 (BGBl. I S. 2521) geändert worden ist ... 789

III. Verordnung zur Ausführung des Geschmacksmustergesetzes (Geschmacksmusterverordnung – GeschmMV) 821

IV.	Verordnung über das Deutsche Patent- und Markenamt (DPMA-Verordnung – DPMAV)	833
V.	Gesetz zum Wiener Abkommen vom 12. Juni 1973 über den Schutz typographischer Schriftzeichen und ihre internationale Hinterlegung (Schriftzeichengesetz)	846
VI.	Verordnung (EG) Nr. 1383/2003 des Rates vom 22. Juli 2003 über das Vorgehen der Zollbehörden gegen Waren, die im Verdacht stehen, bestimmte Rechte geistigen Eigentums zu verletzen, und die Maßnahmen gegenüber Waren, die erkanntermaßen derartige Rechte verletzen	847
VII.	Verordnung (EG) Nr. 6/2002 des Rates vom 12. Dezember 2001 über das Gemeinschaftsgeschmacksmuster.................................	863
VIII.	Einteilung der Klassen und Unterklassen	917

Literaturverzeichnis 937
Sachregister 941

Abkürzungsverzeichnis

a.a.O.	am angegebenen Ort
a.A.	anderer Ansicht
abgedr.	abgedruckt
Abs.	Absatz
a.F.	alte Fassung
AktG	Aktiengesetz
AnWBl.	Anwaltsblatt (Jahr und Seite)
ArbEG	Arbeitnehmererfindungsgesetz
Art.	Artikel
AusstG	Gesetz betreffend den Schutz von Mustern und Warenzeichen auf Ausstellungen
BAG	Bundesarbeitsgericht
BB	Betriebs-Berater (Jahr und Seite)
Begr.	Begründung zum Entwurf eines Gesetzes zur Reform des Geschmacksmusterrechts, Bundestagsdrucksache 15/1075 vom 28.5.2003
BFH	Bundesfinanzhof
BGB	Bürgerliches Gesetzbuch
BGH	Bundesgerichtshof
BGHSt	Entscheidungen des Bundesgerichtshofs in Strafsachen (Band und Seite)
BGHZ	Entscheidungen des Bundesgerichtshofs in Zivilsachen (Band und Seite)
BHO	Bundeshaushaltsordnung
BlPMZ	Blatt für Patent-, Muster- und Zeichenwesen (Jahr und Seite)
BPatG	Bundespatentgericht
BPatGE	Entscheidungen des Bundespatentgerichts (Band und Seite)
BRAO	Bundesrechtsanwaltsordnung
BT-Drucks	Bundestagsdrucksache
CR	Computer und Recht (Jahr und Seite)
DPMA	Deutsches Patent- und Markenamt
DPMAV	Verordnung über das Deutsche Patent- und Markenamt
DPMAVwKostV	Verordnung über Verwaltungskosten beim Deutschen Patent- und Markenamt
DRiG	Deutsches Richtergesetz
EPA	Europäisches Patentamt

Abkürzungsverzeichnis

EPÜ	Europäisches Patentübereinkommen
ErstrG	Gesetz über die Erstreckung von gewerblichen Schutzrechten (Erstreckungsgesetz)
ERvGewRV	Verordnung über den elektronischen Rechtsverkehr im gewerblichen Rechtsschutz
EU	Europäische Union
EuGVVO	Verordnung (EG) des Rates vom 22. Dezember 2000 über die gerichtliche Zuständigkeit und die Anerkennung und Vollstreckung von Entscheidungen in Zivil- und Handelssachen
EuGVÜ	Übereinkommen der Europäischen Gemeinschaft über die gerichtliche Zuständigkeit und die Vollstreckung gerichtlicher Entscheidungen vom 27.9.1968
EuRAG	Gesetz über die Tätigkeit europäischer Rechtsanwälte in Deutschland vom 9. März 2000, BGBl. I S. 182
EWR	Europäischer Wirtschaftsraum
EWIR	Entscheidungen zum Wirtschaftsrecht (Jahr und Seite)
FS	Festschrift
gem.	gemäß
GebrMG	Gebrauchsmustergesetz
GeschmMG	Geschmacksmustergesetz vom 12.3.2004
GeschmMG a.F.	Geschmacksmustergesetz in der Fassung vom 18.12.1986
GeschmMÄndG	Gesetz zur Änderung des Geschmacksmustergesetzes vom 18.12.1986
GeschmMV	Verordnung zur Ausführung des Geschmacksmustergesetzes (Geschmacksmusterverordnung)
GG	Grundgesetz
GGGebV	Verordnung (EG) Nr. 2246/2002 der Kommission vom 16. Dezember 2002 über die an das HABM zu entrichtenden Gebühren für die Eintragung von Gemeinschaftsgeschmacksmustern
GGV	Verordnung (EG) Nr. 6/2002 des Rates vom 12. Dezember 2001 über das Gemeinschaftsgeschmacksmuster
GKG	Gerichtskostengesetz
GmbHG	GmbH-Gesetz
GM-Richtlinie	Richtlinie 98/71/EG des Europäischen Parlaments und des Rates vom 13.10.1998 über den rechtlichen Schutz von Mustern und Modellen
GmS-OGB	Gemeinsamer Senat der obersten Gerichtshöfe des Bundes
GMV	Verordnung (EG) Nr. 40/94 des Rates vom 20. Dezember 1993 über die Gemeinschaftsmarke
GRUR	Gewerblicher Rechtsschutz und Urheberrecht (Jahr und Seite)

GRUR Int.	Gewerblicher Rechtsschutz und Urheberrecht, Internationaler Teil (Jahr und Seite)
GRUR-RR	Gewerblicher Rechtsschutz und Urheberrecht, Rechtsprechungsreport (Jahr und Seite)
GVG	Gerichtsverfassungsgesetz
GWB	Gesetz gegen Wettbewerbsbeschränkungen
HABM	Harmonisierungsamt für den Binnenmarkt (Marken, Muster und Modelle)
HMA	Haager Abkommen über die internationale Hinterlegung gewerblicher Muster und Modelle
I.d.F.	in der Fassung
IntPatÜG	Gesetz über internationale Patentübereinkommen
InstGE	Entscheidungen der Instanzgerichte zum Recht des geistigen Eigentums
i.S.d.	im Sinne des/der
i.V.m.	in Verbindung mit
JurBüro	Das Juristische Büro (Jahr und Seite)
KostbereinG	Kostenbereinigungsgesetz
LG	Landgericht
MarkenG	Markengesetz
MarkenR	Zeitschrift für deutsches, europäisches und internationales Markenrecht (Jahr und Seite)
MarkenV	Markenverordnung
MD	Magazindienst (Jahr und Seite)
MDR	Monatsschrift für Deutsches Recht (Jahr und Seite)
Mitt.	Mitteilungen der Deutschen Patentanwälte (Jahr und Seite)
MuVO	Verordnung über den Rechtsschutz für Muster und Modelle der industriellen Formgestaltung in der DDR
MuVO-DB	Erste Durchführungsbestimmung zur Verordnung über industrielle Muster – Vergütung für industrielle Muster
MuW	Markenschutz und Wettbewerb (Jahr und Seite)
m.w.N.	mit weiteren Nachweisen
NJOZ	Neue Juristische Online Zeitschrift
NJW	Neue Juristische Wochenschrift (Jahr und Seite)
NJW-CoR	Computerreport der Neuen Juristischen Wochenschrift (Jahr und Seite)
NJW-RR	NJW Rechtsprechungsreport Zivilrecht (Jahr und Seite)
NJW-WettbR	NJW-Entscheidungsdienst Wettbewerbsrecht (Jahr und Seite)

Abkürzungsverzeichnis

OLG	Oberlandesgericht
OWiG	Gesetz über Ordnungswidrigkeiten
PatAnwO	Patentanwaltsordnung
PatG	Patentgesetz
PatKostG	Patentkostengesetz
PatKostZV	Patentkostenzahlungsverordnung
PatV	Verordnung zum Verfahren in Patentsachen vor dem Deutschen Patent- und Markenamt (Patentverordnung)
PIZ	Patentinformationszentrum
Produkt-piraterieVO	Verordnung (EG) Nr. 1383/2003 des Rates vom 22. Juli 2003 über das Vorgehen der Zollbehörden gegen Waren, die im Verdacht stehen, bestimmte Rechte geistigen Eigentums zu verletzen, und die Maßnahmen gegenüber Waren, die erkanntermaßen derartige Rechte verletzen
PrPG	Produktpirateriegesetz (Gesetz zur Stärkung des Schutzes des geistigen Eigentums und zur Bekämpfung der Produktpiraterie)
Rn.	Randnummer
RG	Reichsgericht
RIW	Recht der Internationalen Wirtschaft (Jahr und Seite)
RVG	Rechtsanwaltsvergütungsgesetz
SchriftzG	Schriftzeichengesetz
SchwBG	Schweizerisches Bundesgericht
sog.	so genannte
StGB	Strafgesetzbuch
StPO	Strafprozessordnung
UrhG	Gesetz über das Urheberrecht und verwandte Schutzrechte
vgl.	vergleiche
VO-Vorschlag 1993	Vorschlag für eine Verordnung über das Gemeinschaftsgeschmacksmuster
VV RVG	Vergütungsverzeichnis Rechtsanwaltsvergütungsgesetz
VwZG	Verwaltungszustellungsgesetz
WahrnV	Wahrnehmungsverordnung
WRP	Wettbewerb in Recht und Praxis (Jahr und Seite)
ZPO	Zivilprozessordnung
ZUM	Zeitschrift für Urheber- und Medienrecht
ZUM-RD	Zeitschrift für Urheber- und Medienrecht – Rechtsprechungsdienst

# Einführung

Übersicht

	Rn.		Rn.
I. Nationale und internationale Grundlagen des Geschmacksmusterschutzes	1	1. Nicht eingetragenes Gemeinschaftsgeschmacksmuster	8
II. Geschichtliches	4	2. Wettbewerbsrechtlicher Nachahmungsschutz	12
III. Verhältnis des Geschmacksmusterschutzes zu anderen Schutzrechten	7	3. Patent und Gebrauchsmuster	14
		4. Marke	16
		5. Urheberrecht	19

I. Nationale und internationale Grundlagen des Geschmacksmusterschutzes

Das Wesen des Geschmacksmusterrechts ist schwer zu fassen.[1] Während das GeschmMG a. F. noch eine starke Nähe zum Urheberrecht, insbesondere zu Werken der angewandten Kunst, aufwies, besteht nach geltendem Recht eine stärkere Nähe zum Marken-, Patent- und Gebrauchsmusterrecht. Ungeachtet dessen ist das Geschmacksmusterrecht ein Immaterialgüterrecht, das an die immaterielle plastische oder flächige Form anknüpft, die als Vorbild für die Fertigung körperlicher Erzeugnisse zu dienen geeignet ist.[2] Als Immaterialgüterrecht ist das Geschmacksmusterrecht ein Ausschließlichkeitsrecht, das gegenüber jedermann wirkt. Diese Sperrwirkung hat zur Folge, dass eine rechtswidrige Verletzung des Ausschließlichkeitsrechts keine Kenntnis des Bestehens des Geschmacksmusters voraussetzt. Die im Geschmacksmuster verkörperte Leistung des Entwerfers ist Gegenstand des Grundrechtsschutzes des Eigentums im Sinne des Art. 14 Abs. 1 Satz 1 GG.[3]

1

Der Geschmacksmusterschutz ist Folge des Interessenausgleichs, der zwischen dem Ausschließlichkeitsinteresse des Entwerfers und dem Freihaltungsinteresse der Allgemeinheit an einem Muster besteht.

2

---

1 Vgl. schon *Eichmann/v. Falckenstein*, 2. Aufl., Allg., Rn. 9.
2 BGH, GRUR 1962, 144, 146 – Bundstreifensatin I; BGH, GRUR 1967, 375, 377 – Kronleuchter; *Eichmann/v. Falckenstein*, 3. Aufl., Allg., Rn. 11.
3 Vgl. zum Patent-/Urheberrecht: BVerfG, NJW 2003, 1655, 1656; BVerfG, GRUR 2001, 43 – Klinische Versuche.

Einführung

Durch die Verleihung eines Ausschließlichkeitsrechts sollen potenzielle Entwerfer motiviert werden, den allgemeinen Formenschatz weiter zu entwickeln. Trotz dieser grundsätzlichen rechtlichen Anerkennung des Entwurfsergebnisses muss berücksichtigt werden, dass dem Ausschließlichkeitsrecht des Entwerfers zum einen zeitliche und zum anderen inhaltliche Grenzen zu setzen sind. Zeitlich wird dies durch eine beschränkte Anzahl an möglichen Schutzverlängerungen für Geschmacksmusterschutz gewährleistet. Inhaltlich wird dem Freihaltungsinteresse der Allgemeinheit dadurch Rechnung getragen, dass eben nur das Gestaltungsergebnis, nicht auch das Gestaltungsprinzip vom Schutzbereich eines Geschmacksmusters umfasst wird. Darüber hinaus sind Handlungen im privaten Bereich ebenso vom Schutzbereich des Geschmacksmusters ausgenommen wie der Geschmacksmusterschutz eine Einschränkung durch redlich erworbene Vorbenutzungsrechte (§ 41) erfährt.

3 Das deutsche Geschmacksmusterrecht wird bestimmt durch das Gesetz vom 12. März 2004 zur Reform des Geschmacksmusterrechts, das den rechtlichen Schutz von Mustern und Modellen in Umsetzung der Richtlinie 98/71 (EG) des europäischen Parlaments und des Rates vom 13. Oktober 1998 über den rechtlichen Schutz vom Mustern und Modellen (Geschmacksmusterrichtlinie – GM-Richtlinie) dient. Daneben beansprucht die Verordnung (EG) Nr. 6/2002 des Rates vom 12. Dezember 2001 über das Gemeinschaftsgeschmacksmuster (Gemeinschaftsgeschmacksmusterverordnung – GGV) in Deutschland unmittelbare Geltung als direkt ohne Umsetzungsakt geltendes Recht. Als internationale Abkommen regeln zudem die Pariser Verbandsübereinkunft zum Schutze des gewerblichen Eigentums (PVÜ), das TRIPS-Übereinkommen und das Haager Abkommen über die internationale Hinterlegung gewerblicher Muster und Modelle (HMA)[4] Fragen des Geschmacksmusterrechts.[5] Das HMA ist Grundlage für die internationale Registrierung von Mustern, so dass durch eine einzige Anmeldung die Wirkung eines Geschmacksmusters in allen Vertragsstaaten des HMA herbeigeführt werden kann (sog. IR-Muster). Die internationale Registrierung hat dabei in den benannten Vertragsstaaten der Hinterlegung dieselben Wirkungen wie ein dortiges nationales Geschmacksmuster (Art. 7 Abs. 1a HMA).[6]

---

4 Vgl. hierzu auch §§ 66–71.
5 Einzelheiten vgl. *Eichmann/v. Falckenstein*, Internationales, Rn. 1 ff.
6 Vgl. jetzt insbesondere auch die Kommentierung zu §§ 66–71.

II. Geschichtliches

Die Geschichte des Geschmacksmusterschutzes in Deutschland und Europa ist lang. Ein erstes Gesetz, das sich nicht auf einzelne Branchen beschränkte, stammt aus dem Jahre 1806 aus Frankreich.[7] In England gab es nichtbranchenspezifische Musterschutzgesetze aus den Jahren 1839 und 1842.[8]

In Deutschland gab es nach Sondergesetzen im Hinblick auf die Textilbranche erste Schutzmöglichkeiten allgemeiner Art auf urheberrechtlicher Grundlage durch Bundesbeschlüsse von 1837 und 1845.[9] Diese ersten gesetzlichen Regelungen mündeten in das Gesetz vom 11. Januar 1876 betreffend das Urheberrecht an Mustern und Modellen.[10] Dieses Gesetz wurde teilreformiert durch das Gesetz vom 18. Dezember 1986, wodurch insbesondere eine Neugestaltung des Geschmacksmuster-Anmeldeverfahrens normiert wurde. Im Gegensatz zum bisherigen Recht wurden die Anmeldungen zentralisiert und eine Bildbekanntmachung eingeführt. Das Produktpirateriegesetz (Gesetz vom 7. März 1990 zur Stärkung des Schutzes geistigen Eigentums und zur Bekämpfung der Produktpiraterie) verschärfte die zivil- und strafrechtlichen Rechtsfolgen von Geschmacksmusterverletzungen. Vollständig neu gefasst wurde das deutsche Geschmacksmusterrecht durch das Gesetz vom 12. März 2004 zur Reform des Geschmacksmusterrechts.

Auslöser für die Reform des Geschmacksmusterrechts vom 12. März 2004 war die Richtlinie 98/71 EG des Europäischen Parlaments und des Rates vom 13. Oktober 1998 über den rechtlichen Schutz von Mustern und Modellen (GM-Richtlinie). Die Initiative für die GM-Richtlinie geht zurück auf Forderungen des EuGH.[11] Der EuGH forderte eine Rechtsvereinheitlichung oder Rechtsangleichung auf dem Gebiet des Geschmacksmusterrechts. Nach mehreren Entwürfen und einem Grünbuch[12] wurde dann die GM-Richtlinie verabschiedet. Daneben wurde durch die Verordnung (EG) Nr. 6/2002 des Rates vom 12. Dezember

---

7 Vgl. m.w.N. *Eichmann/v. Falckenstein*, Allg., Rn. 1.
8 Vgl. m.w.N. *Eichmann/v. Falckenstein*, Allg., Rn. 1.
9 Vgl. m.w.N. *Eichmann/v. Falckenstein*, Allg., Rn. 1.
10 *Gerstenberg*, FS Gewerblicher Rechtsschutz und Urheberrecht in Deutschland, S. 694.
11 EuGH, GRUR Int. 1990, 140 – CIRCA und Maxicar v. Renault; EuGH, GRUR Int. 1990, 141 – Volvo v. Veng.
12 Vgl. zur geschichtlichen Entwicklung *Eichmann/v. Falckenstein*, 3. Aufl., Allg., Rn. 4f.

Einführung

2001 über das Gemeinschaftsgeschmacksmuster (GGV) – ebenfalls in Umsetzung der GM-Richtlinie – ein gemeinschaftsweit Geltung beanspruchendes Geschmacksmusterrecht geschaffen. Das Gemeinschaftsgeschmacksmuster kann unabhängig vom und neben dem nationalen deutschen Geschmacksmuster Anwendung finden.[13] Jüngst wurde die europäische Harmonisierung im Hinblick auf die Einführung eines „Mindeststandards" durch die so genannte „Enforcement-Richtlinie" (Richtlinie 2004/48/EG des europäischen Parlaments und des Rates vom 29. April 2004 zur Durchsetzung der Rechte des geistigen Eigentums) weiter vorangetrieben. Die Enforcement-Richtlinie versucht insbesondere bei zivilrechtlichen Rechtsfolgen von Verletzungen der Rechte des geistigen Eigentums und bei der (außer-)gerichtlichen Beweisbeschaffung und der Beweisverwertung Mindeststandards zu setzen, um ein einheitliches hohes Schutzniveau im Bereich des geistigen Eigentums in Europa zu schaffen.

III. Verhältnis des Geschmacksmusterschutzes zu anderen Schutzrechten

7 In der Praxis lässt sich häufig nicht genau trennen, ob ein Entwurf ausschließlich als Geschmacksmuster oder auch durch andere Immaterialgüterrechte einschließlich des Urheberrechts oder durch Vorschriften des Wettbewerbsrechts geschützt werden kann. Aufgrund der unterschiedlichen Schutzvoraussetzungen und der ebenfalls unterschiedlichen Rechtsfolgen, abhängig davon, ob Geschmacksmusterschutz oder Schutz durch ein anderes Immaterialgüterrecht (einschließlich des Urheberrechts) oder durch das Wettbewerbsrecht besteht, besteht ein Bedürfnis nach einerseits Abgrenzung der verschiedenen Schutzrechte und andererseits einer Regelung der Rangfolge bei Kollision mehrerer Schutzrechte bzw. des Geschmacksmusterschutzes mit dem Wettbewerbsrecht.

1. Nicht eingetragenes Gemeinschaftsgeschmacksmuster

8 Das in Art. 11, 19 Abs. 2 GGV geregelte nicht eingetragene Gemeinschaftsgeschmacksmuster wurde eingeführt, um „kurzlebigen" Produkten ausreichend und sofort Schutz zu gewähren.[14] Ohne ein aufwendiges Eintragungsverfahren wird dem Entwerfer Geschmacksmusterschutz zu-

---

13 *Günther/Beyerlein*, Einleitung, Rn. 8f.
14 Erwägungsgrund 16 und 25 GGV.

teil. Im Hinblick auf das „schnelle Entstehen" des Schutzrechts gilt der Schutz dafür – um wiederum der „Kurzlebigkeit" der Produkte gerecht zu werden – nur drei Jahre (Art. 11 Abs. 2 Satz 1 GGV). Der Schutz aus einem nicht eingetragenen Gemeinschaftsgeschmacksmuster steht dabei neben dem Schutz aus einem eingetragenen Gemeinschaftsgeschmacksmuster bzw. aus einem eigenen nationalen Geschmacksmuster. Ansprüche können daher auch vor Gericht parallel geltend gemacht werden.

Der Schutz aus einem nicht eingetragenen Gemeinschaftsgeschmacksmuster setzt voraus, dass der Gegenstand des Geschmacksmusters musterfähig, neu und eigenartig ist. Insoweit gelten die identischen Regeln wie für das eingetragene Gemeinschaftsgeschmacksmuster. Besonderheiten im Hinblick auf das nicht eingetragene Geschmacksmuster ergeben sich aus den (hohen) Anforderungen an dessen Offenbarung. Gemäß Art. 11 Abs. 1 GGV muss das Erzeugnis innerhalb der Gemeinschaft zugänglich gemacht worden sein. Dies bedeutet, dass das Erzeugnis den in der Gemeinschaft tätigen Fachkreisen des betreffenden Wirtschaftszweigs im normalen Geschäftsverlauf bekannt werden konnte. Ein nicht in der Gemeinschaft öffentlich zugänglich gemachtes Muster ist dem Schutz durch ein nicht eingetragenes Gemeinschaftsgeschmacksmuster nicht zugänglich (Art. 110a Abs. 5 Satz 2 GGV). Dabei genügt die Offenbarung in einem einzelnen Mitgliedstaat.[15] Eine Offenbarung außerhalb der Mitgliedstaaten, also in einem Drittstaat, kann der Neuheit oder Eigenart und damit dem Schutz als nicht eingetragenes Gemeinschaftsgeschmacksmuster entgegenstehen. Die Neuheitsschonfrist aus Art. 6 Abs. 2 GGV greift insoweit auch bei Offenbarungen durch den Rechtsinhaber nicht.[16] Insbesondere durch die Veröffentlichung eines nationalen Geschmacksmusters kann Schutz als nicht eingetragenes Gemeinschaftsgeschmacksmuster begründet werden.[17]

Nicht eingetragene Gemeinschaftsgeschmacksmuster gelten im gesamten Gebiet der Europäischen Gemeinschaft, d.h. in allen (derzeit 27) Mitgliedstaaten. Im Gegensatz zum eingetragenen Gemeinschaftsgeschmacksmuster ist zusätzliche Anspruchsvoraussetzung des nicht eingetragenen Gemeinschaftsgeschmacksmusters, dass die beanstandete Handlung das Ergebnis einer Nachahmung des nicht eingetragenen Gemeinschaftsgeschmacksmusters ist. Insoweit ist eine Beweislastverteilung in Art. 19 Abs. 2 GGV geregelt: Es ist dann nicht von einer Nach-

---

15 *Eichmann/v. Falckenstein*, Gemeinschaftsgeschmacksmuster, Rn. 6f.
16 *Eichmann/v. Falckenstein*, Gemeinschaftsgeschmacksmuster, Rn. 6f.
17 *Bulling*, Mitt. 2004, 254, 257.

ahmung auszugehen, wenn die entsprechende Handlung das Ergebnis einer selbstständigen Entwurfstätigkeit des Entwerfers ist. Dabei ist wiederum zu prüfen, ob der Entwerfer den Gegenstand des nicht eingetragenen Gemeinschaftsgeschmacksmusters gekannt hat. Insoweit ist der Inhaber des nicht eingetragenen Gemeinschaftsgeschmacksmusters als Anspruchsteller darlegungs- und beweisbelastet. Es ist jedoch ausreichend, dass der Gegenstand der Offenbarung dem Entwerfer bekannt sein konnte (Art. 7 GGV).[18] Darüber hinaus setzt eine Nachahmung voraus, dass eine selbstständige Entwurfstätigkeit des potenziell Nachahmenden ausscheidet. Eine selbstständige Entwurfstätigkeit scheidet insbesondere dann aus, wenn dem Entwerfer der Gegenstand des nicht eingetragenen Gemeinschaftsgeschmacksmusters als Vorlage gedient hat. Insoweit finden sinngemäß die Beweisregelungen Anwendung, die zum GeschmMG a.F. in Deutschland zur Ermittlung des subjektiven Nachbildungstatbestandes Geltung hatten.[19]

11 Die Schutzdauer des nicht eingetragenen Gemeinschaftsgeschmacksmusters beträgt drei Jahre, gerechnet ab dem Tag der erstmaligen Offenbarung im Sinne des Art. 11 Abs. 2 Satz 1 GGV. Da es sich bei der erstmaligen Offenbarung um einen Realakt handelt, können hierfür keine Prioritäten in Anspruch genommen werden. Vertrauliche Offenbarungen im Sinne des Art. 11 Abs. 2 Satz 2 GGV sind für die Schutzdauer unerheblich, da sie den Schutz durch das eingetragene Gemeinschaftsgeschmacksmuster nicht begründen können. Gemäß Art. 11 Abs. 1 GGV wirken erst solche Offenbarungshandlungen schutzbegründend, die ab dem 6. März 2002 gemacht wurden.

2. Wettbewerbsrechtlicher Nachahmungsschutz

12 Der wettbewerbsrechtliche Nachahmungsschutz ist in § 4 Nr. 9 UWG geregelt. Schutzzweck des § 4 Nr. 9 UWG ist die Verhinderung der unlauteren Verwertung eines fremden Leistungsergebnisses. Der wettbewerbsrechtliche Nachahmungsschutz ist dabei unabhängig vom Bestehen eines Schutzes aus Geschmacksmusterrecht und vielmehr abhängig von besonderen Begleitumständen, die außerhalb des Geschmacksmusterrechtes liegen.[20] Der wettbewerbsrechtliche Nachahmungsschutz

---

18 *Eichmann/v. Falckenstein*, Gemeinschaftsgeschmacksmuster, Rn. 12.
19 *Eichmann/v. Falckenstein*, Gemeinschaftsgeschmacksmuster, Rn. 12; vgl. zum GeschmMG a.F. *Gerstenberg/Buddeberg*, S. 220.
20 BGH, GRUR 2002, 629, 631 – Blendsegel; BGH, GRUR 2003, 359, 360 – Pflegebett; BGH, WRP 2005, 878, 879 – Handtuchklemmen; BGH, GRUR 2006, 79 – Jeans.

setzt voraus, dass ein Unternehmer ein Leistungsergebnis eines Mitbewerbers nachahmt und auf dem Markt anbietet, welches wettbewerbliche Eigenart aufweist, und darüber hinaus besondere Umstände vorliegen, die sein Verhalten als unlauter erscheinen lassen.[21]

Das Verhältnis zwischen Geschmacksmusterschutz und wettbewerbsrechtlichem Nachahmungsschutz wird durch den grundsätzlichen Vorrang der sondergesetzlichen Regelung (des Geschmacksmusterrechts) gelöst. Gleichwohl bestimmt § 50, dass Ansprüche aus anderen gesetzlichen Vorschriften unberührt bleiben. Insoweit können bei Vorliegen besonderer Umstände und Fehlen von Geschmacksmusterschutz Ansprüche aus § 4 Nr. 9 UWG hergeleitet werden, wobei vorab die Prüfung von Ansprüchen aus Geschmacksmusterrecht zu erfolgen hat. Insbesondere ist ein wettbewerbsrechtlicher Schutz von Erzeugnissen, die an sich dem Geschmacksmusterschutz zugänglich sind, auch nach Ablauf der Schutzfrist des Geschmacksmusters ausnahmsweise möglich und geboten, wenn die in § 4 Nr. 9 genannten besonderen Umstände (vermeidbare Herkunftstäuschung, Ausnutzung oder Beeinträchtigung der Wertschätzung, unredliche Erlangung von für die Nachahmung erforderlichen Kenntnisse und Unterlagen) vorliegen.[22] Auch das nicht eingetragene Gemeinschaftsgeschmacksmuster verdrängt in seinem Anwendungsbereich den wettbewerbsrechtlichen Nachahmungsschutz nicht, da zum einen auch hier eine zeitliche Beschränkung des Geschmacksmusterschutzes besteht und andererseits sich wettbewerbliche Eigenart insbesondere aus dem Geschmacksmusterschutz nicht zugänglichen technischen Merkmalen ergeben kann.[23] Im Hinblick auf die zeitliche Dauer des ergänzenden wettbewerbsrechtlichen Nachahmungsschutzes tendiert der BGH mittlerweile dazu, die Schutzdauer für wettbewerbsrechtlichen Nachahmungsschutz, soweit es um den Schutz technischer Gestaltungselemente geht, an den hierfür vorgesehenen sondergesetzlichen Fristen des Patentrechts, des Gebrauchsmusterrechts und des Geschmacksmusterrechts zu orientieren.[24]

---

21 *Köhler*/Bornkamm, § 4 UWG Rn. 9.17.
22 BGH, GRUR 2002, 629, 631 – Blendsegel; BGH, GRUR 2003, 359, 360 – Pflegebett; BGH, WRP 2005, 878, 879 – Handtuchklemmen.
23 BGH, GRUR 2002, 88, 90 – Laubhefter; BGH, GRUR 2002, 820, 822 – Bremszangen; vgl. allgemein zum Verhältnis Wettbewerbsrecht und nicht eingetragenes Gemeinschaftsgeschmacksmuster *Bartenbach/Fock*, WRP 2002, 1119, 1123; *Kur*, GRUR Int. 1998, 353, 359.
24 BGH, GRUR 2005, 349, 352 – Klemmbausteine III; a.A. wohl *Eichmann/v. Falckenstein*, 3. Aufl., Allg., Rn. 54.

3. Patent und Gebrauchsmuster

14 Patente werden nach § 1 Abs. 1 PatG für Erfindungen erteilt, die neu sind, auf einer erfinderischen Tätigkeit beruhen und gewerblich anwendbar sind. Eine Erfindung ist dabei als „Lehre zum planmäßigen Handeln unter Einsatz beherrschbarer Naturkräfte zur unmittelbaren Herbeiführung eines kausalübersehbaren Erfolges" definiert.[25] Einfacher ausgedrückt ist eine Erfindung eine Lehre zum technischen Handeln. Einzelheiten ergeben sich aus § 1 Abs. 1 PatG bzw. § 1 Abs. 1 GebrMG.[26] Der Patent-/Gebrauchsmusterschutz und der Geschmacksmusterschutz schließen sich wechselseitig aus. In § 1 Abs. 2 Satz 2 PatG bzw. § 1 Abs. 2 Satz 2 GebrMG ist normiert, dass ästhetische Formschöpfungen vom Erfindungsschutz ausgeschlossen sind. Daneben darf Geschmacksmusterschutz nicht zu einer Monopolisierung von technisch vorteilhaften Gestaltungen führen.[27] Dieser wechselseitige Ausschluss von Patent-/Gebrauchsmusterschutz und Geschmacksmusterschutz darf nicht dahingehend missverstanden werden, dass für einen Gegenstand nicht zugleich Patent-/Gebrauchsmusterschutz und Geschmacksmusterschutz bestehen kann. Da die jeweiligen Schutzrechte auf verschiedenen Gebieten liegen, sind Gegenstände denkbar, die sowohl durch ihre technische Gestaltung als auch durch ihre ästhetische Form den jeweiligen Schutzvoraussetzungen genügen.[28] Das jeweilige Schutzrecht ist für sich allein zu beurteilen und auszuüben und kann verschiedenen Inhabern zustehen.[29]

15 Abgrenzungsschwierigkeiten ergeben sich dann, wenn die technische Problemlösung notwendigerweise zu einer bestimmten neuen und eigenartigen ästhetisch wirkenden Gestaltung des Erzeugnisses führt, in welchem sie verwirklicht wird. Dabei werden Formgestaltungen, die in dieser Weise objektiv ausschließlich technisch bedingt sind, vom Geschmacksmusterschutz ausgeschlossen.[30] In der Praxis wird jedoch meist der Erfindungsgedanke in mehreren verschiedenen ästhetischen Formgebungen umsetzbar sein.[31] In einem solchen Fall steht dem Geschmacksmusterschutz auch nicht entgegen, dass die ästhetische Formgebung des

---

25 *Kraßer*, § 1 II 1 (S. 2).
26 Vgl. hierzu Benkard/*Bacher/Melullis*, § 1 PatG Rn. 40 ff.
27 *Dittrich*, GRUR Int. 1993, 200; *Eichmann/v. Falckenstein*, Allg., Rn. 49; *Gerstenberg/Buddeberg*, S. 68.
28 OLG Frankfurt am Main, GRUR 1957, 621.
29 *Kraßer*, § 2 I c (S. 16).
30 BGH, GRUR 1981, 269, 271 – Haushaltsschneidemaschine.
31 *Kraßer*, § 2 I c (S. 16).

Gegenstands in dem maßgeblichen Merkmal (überwiegend) dessen Gebrauchszweck dient oder ihn gar fördert. Dem Geschmacksmusterschutz steht nicht entgegen, dass der ästhetische Gehalt in die zweckmäßig oder praktisch für den Gebrauch gestaltete Form eingegangen ist.[32]

4. Marke

Markenschutz und Geschmacksmusterschutz können nebeneinander existieren: Marken können jedoch im Vergleich zum Geschmacksmuster aufgrund ihrer Schutzfähigkeit aufgrund von Verkehrsdurchsetzung oder Verkehrsgeltung und das bloße Erfordernis von Unterscheidungskraft im Sinne des § 8 Abs. 2 Nr. 1 MarkenG bzw. Art. 7 Abs. 1 lit. b GMV teilweise höhere, teilweise deutlich niedrigere Schutzvoraussetzungen aufweisen. Markenschutz und Geschmacksmusterschutz sind aufgrund der für Geschmacksmuster geforderten Neuheit und Eigenartigkeit und damit einer Unterscheidung zum Gesamteindruck bereits vorhandener Muster einander auch nahe.[33] Allerdings setzt ein Geschmacksmuster ein Erzeugnis voraus, wohingegen Markenschutz auch für die grafische Darstellbarkeit eines Zeichens gewährt wird. Besondere Markenformen wie Hörmarken, Geschmacksmarken (trotz sprachlicher Nähe zum Begriff Geschmacksmuster) und Geruchsmarken haben keine Entsprechung im Geschmacksmusterrecht.[34] Lediglich bei sog. haptischen Marken (Tastmarken) gibt es Überschneidungen.[35]   **16**

Ein wesentlicher Unterschied zwischen Marken- und Geschmacksmusterrecht liegt darin, dass die Marke auf die Herkunft aus einem bestimmten Geschäftsbetrieb hinweisen soll. Diese nach allgemeinen Grundsätzen beurteilte Herkunftsfunktion ist weitreichender als die am konkreten Vergleichsobjekt zu ermittelnde Unterschiedlichkeit eines Geschmacksmusters von einem vorbekannten Erzeugnis.[36] Die engsten Überschneidungen zwischen Geschmacksmuster und Marke gibt es im Bereich der dreidimensionalen Marke, wobei sowohl im Hinblick auf die dreidimensionale Marke als auch auf das Geschmacksmuster die technische Bedingtheit einer Erscheinungsform hinsichtlich beider Schutzrechte zum Schutzausschluss führt.[37]   **17**

---

32 BGH, GRUR 1981, 269, 271 – Haushaltsschneidemaschine.
33 *Eichmann*, GRUR Int. 1996, 859, 871.
34 *Eichmann*, MarkenR 2003, 10, 13.
35 *Eichmann*, MarkenR 2003, 10, 13.
36 *Eichmann/v. Falckenstein*, Allg., Rn. 46.
37 *Günther/Beyerlein*, Einleitung, Rn. 14 f.; *Eichmann/v. Falckenstein*, Allg., Rn. 46 f.

Einführung

18 Ein weiterer Unterschied besteht systematisch darin, dass Vorbenutzungsrechte dem Markenrecht selbst fremd sind, so dass nur gegenüber Geschmacksmustern ein Vorbenutzungsrecht (§ 41) begründet werden kann. Weitere Unterschiede zwischen Marken- und Geschmacksmusterschutz resultieren daraus, dass Markenschutz stets auch eine Warenähnlichkeit bei der Frage der Verwechslungsfähigkeit mit berücksichtigt, wohingegen Warenähnlichkeit im Geschmacksmusterrecht keine Entsprechung findet.[38]

5. Urheberrecht

19 Werke der bildenden Künste sind gemäß § 2 Abs. 1 Nr. 4 UrhG einschließlich Werke der angewandten Kunst Gegenstand des Urheberrechts. Werke der angewandten Kunst dienen einem Gebrauchszweck, wodurch der Urheberrechtsschutz jedoch nicht ausgeschlossen wird.[39] Der Urheberschutz setzt bei allen Werken voraus, dass eine persönliche geistige Schöpfung (§ 2 Abs. 2 UrhG) vorliegt. Damit können grundsätzlich Geschmacksmusterschutz und Urheberrechtsschutz nebeneinander Anwendung finden, wenn der Gegenstand eines Geschmacksmusters zugleich ein Werk der angewandten Kunst ist. Bislang war gemäß GeschmMG a.F. das Verhältnis zwischen Urheberrecht und Geschmacksmusterrecht durch einen rang- und gradmäßigen Unterschied geprägt.[40] Dieser rang- und gradmäßige Unterschied ergab sich daraus, dass für den Urheberschutz, also Werke der angewandten Kunst, die Anforderungen an die Gestaltungshöhe wesentlich strenger waren als für den Geschmacksmusterschutz.[41] Gelegentlich wurde das Geschmacksmusterrecht als „Unterbau für den Schutz von Werken der angewandten Kunst" bezeichnet.[42] Dies führte zu einer Einschränkung der „kleinen Münze" in diesem Bereich. Dem gegenüber besteht aufgrund der strukturellen Unterschiede des GeschmMG n. F. nunmehr eine neue Rechtslage: Das Geschmacksmusterrecht ist nun aufgrund der Unterschiedlichkeit in den Schutzvoraussetzungen und in den Schutzwirkungen so unterschiedlich vom Urheberrecht, dass eine Rangfolge nicht mehr festgelegt werden kann. In der Praxis hat sich eine ausufernde

---

38 *Eichmann*, MarkenR 2003, 10, 20.
39 BGH, GRUR 1987, 903, 904 – Le Corbusier-Möbel.
40 BGH, GRUR 1995, 581, 582 – Silberdistel.
41 *Eichmann/v. Falckenstein*, Allg., Rn. 32.
42 *Eichmann/v. Falckenstein*, Allg., Rn. 32.

Einzelfalljurisprudenz im Hinblick auf einzelne Erscheinungsformen von Erzeugnissen gebildet.[43]

Es bleibt abzuwarten, inwieweit die Änderungen im Geschmacksmusterrecht nun auch weitere Änderungen in der Rechtsprechung zum Urheberrecht, insbesondere dem Schutz im Hinblick auf Werke der angewandten Kunst, zur Folge haben. Durch ein Nebeneinander von Urheberrecht und Geschmacksmusterrecht kann für den Urheber bzw. Entwerfer aber ausreichender Schutz gewährleistet werden. **20**

---

43 Beispiele, geordnet nach einzelnen Produktgruppen, finden sich bei *Eichmann/ v. Falckenstein*, Allg., Rn. 35–45.

Abschnitt 1

Schutzvoraussetzungen

§ 1 Begriffsbestimmungen

Im Sinne dieses Gesetzes

1. ist ein Muster die zweidimensionale oder dreidimensionale Erscheinungsform eines ganzen Erzeugnisses oder eines Teils davon, die sich insbesondere aus den Merkmalen der Linien, Konturen, Farben, der Gestaltung, Oberflächenstruktur und der Werkstoffe des Erzeugnisses selbst oder seiner Verzierung ergibt;
2. ist ein Erzeugnis jeder industrielle oder handwerkliche Gegenstand, einschließlich Verpackung, Ausstattung, grafischer Symbole und typografischer Schriftzeichen sowie von Einzelteilen, die zu einem komplexen Erzeugnis zusammengebaut werden sollen; ein Computerprogramm gilt nicht als Erzeugnis;
3. ist ein komplexes Erzeugnis ein Erzeugnis aus mehreren Bauelementen, die sich ersetzen lassen, so dass das Erzeugnis auseinander- und wieder zusammengebaut werden kann;
4. ist eine bestimmungsgemäße Verwendung die Verwendung durch den Endbenutzer, ausgenommen Maßnahmen der Instandhaltung, Wartung und Reparatur;
5. gilt als Rechtsinhaber der in das Register eingetragene Inhaber des Geschmacksmusters.

Übersicht

	Rn.		Rn.
I. Allgemeines	1	V. „Bestimmungsgemäße Verwendung" (§ 1 Nr. 4)	34
II. „Muster" (§ 1 Nr. 1)	9		
III. „Erzeugnis" (§ 1 Nr. 2)	21	VI. „Rechtsinhaber" (§ 1 Nr. 5)	38
IV. „Komplexes Erzeugnis" (§ 1 Nr. 3)	31	VII. Weitere (frühere) Begrifflichkeiten	41

§ 1 Begriffsbestimmungen

I. Allgemeines

1 § 1 enthält in Form von Legaldefinitionen die wesentlichen Begriffsbestimmungen für zentrale Begriffe des Geschmacksmusterrechts. Es ist kein Zufall, dass die Begriffsbestimmungen im Abschnitt 1 unter „Schutzvoraussetzungen" als erste Bestimmung erscheinen: Ein harmonisiertes Geschmacksmusterrecht benötigt nämlich als Grundlage eine Harmonisierung der beinahe „babylonischen" Sprachverwirrung, weil nicht alle Gemeinschaftssprachen die gleichen Begriffe benutzen. Zum Teil differenzieren sogar die Titel mit den Begriffen „Muster und Modell" zwischen der GGV und der GM-Richtlinie in der Sprachfassung einer einzigen Gemeinschaftssprache (z. B. spanische Fassung GGV: „dibuios y medelos", GM-Richtlinie „diseños"). Das zeigt sich im Übrigen auch im offiziellen Namen des GeschmMG „Gesetz über den rechtlichen Schutz von Mustern und Modellen (Geschmacksmustergesetz – GeschmMG)". Neben dem Wort „Muster" taucht dort auch „Modell" (das deutsche Wort im Sprachgebrauch hat viele Bedeutungen, von „Vorbild" über „Urform" und reliefartigen Darstellungen etwa von Häusern durch Architekten bis hin zu „Mannequin"). Im Französischen werden die Begriffe „dessins et modèles" verwendet. Das zeigt den sprachhistorischen Hintergrund „Design".

2 Da sich der durchschnittliche Verbraucher unter dem Begriff „Geschmacksmuster" oft wenig vorstellen kann, wäre es denkbar gewesen, einen verständlicheren Titel zu wählen – etwa „Designschutzgesetz". Entsprechend ist auch oft einem Entwerfer nicht bewusst, dass er seinen Entwurf über das „Geschmacksmusterrecht" schützen kann, so dass aus der Praxis regelmäßig der Ruf nach einer Umbenennung des Geschmacksmustergesetzes in Designgesetz laut wird, was jedoch mit einem erheblichen Verwaltungsaufwand insbesondere im Hinblick auf die nötige Korrektur weiterer, sich auf das Geschmacksmustergesetz rückbeziehender Gesetze verbunden wäre, die wohl außer Verhältnis zum damit bezweckten Erfolg stünde.[1] Im Deutschen ist der Begriffsinhalt von „Modell" vielfältig und nicht nur gleichzusetzen mit „reliefartige Form".[2] „Modell" bedeutet in der deutschen Sprache auch „Vorbild" und kommt damit dem Sinn des französischen Wortes „modèle" nahe, welches wiederum lateinische Wurzeln („modulus") hat. In der

---

1 Wenn überhaupt, wäre es wohl sinnvoll gewesen, bei Erlass des neuen Geschmacksmustergesetzes direkt dessen Bezeichnung zu ändern, da im Nachhinein eine solche Änderung kaum mehr mit vertretbarem Aufwand machbar erscheint.
2 So aber *Eichmann/v. Falckenstein*, § 1 Rn. 4.

I. Allgemeines § 1

englischen Fassung der GM-Richtlinie wird nur „design" benutzt, in der holländischen Fassung „model", in der italienischen Fassung „disegno o modello", und in der portugiesischen Fassung „desenho ou modelo".

Von der alten Diktion des GeschmMG a. F. sollte man sich im Zusammenhang mit dem GeschmMG n. F. trennen. Eine enge Begriffsjurisprudenz hilft wenig oder nichts, erst recht dann, wenn man sich verdeutlicht, dass im GeschmMG a. F. die Begriffe „Muster" und „Modelle" für verschiedene Bedeutungen standen, nämlich „Modell" für die „Raumform", also plastische Wiedergaben und Erzeugnisse, Muster dagegen für flächenmäßige Erzeugnisse. Auf der Hand liegt die Notwendigkeit, die Terminologie der GGV mit derjenigen der GM-Richtlinie abzustimmen. Die Sprachvielfalt in der Gemeinschaft führt darüber hinaus zu Übersetzungsproblemen, was die verschiedenen Sprachfassungen des deutschen Wortes „Geschmacksmuster" deutlich zeigen. Zwischen „Muster" und „Modell" kann man nach der GM-Richtlinie, die in jeweils nationales Recht umgesetzt wurden, keinen Unterschied mehr machen. Folglich ist nach neuem, harmonisiertem Recht nicht mehr zwischen „Muster" einerseits und „Modell" andererseits zu unterscheiden (vgl. Art. 1 lit. A GM-Richtlinie). 3

§ 1 Nr. 1 und Nr. 2 definieren, was überhaupt Muster sein kann. Hier ist eine scharfe Trennung zu ziehen zwischen den formalen Voraussetzungen von § 1 Nr. 1 und Nr. 2 einerseits und den zusätzlichen Voraussetzungen in § 2 Abs. 1 (Neuheit und Eigenart) andererseits. 4

§ 1 Nr. 1 enthält eine Legaldefinition des Begriffs Muster (bzw. Modell s. o. Rn. 1 und Art. 1 lit. a GM-Richtlinie). Es handelt sich um formale Kriterien für die Eintragung und nicht um Kriterien für den sich aus § 2 Abs. 1 ergebenden Schutz. Voraussetzung ist eine zweidimensionale oder dreidimensionale Erscheinungsform eines Erzeugnisses, wobei Ziff. 1 klarstellt, dass dies für die Erscheinungsform eines „ganzen Erzeugnisses" gilt oder „eines Teils davon". Die sich nach altem Recht nicht direkt aus dem Gesetzeswortlaut ergebende Frage, ob Geschmacksmuster für einen „Teil" eines (End-)Erzeugnisses bestehen kann, ist hier eindeutig gelöst. Ein solcher Teilschutz ist nach der Legaldefinition des § 1 Nr. 1 möglich. 5

Werden die formalen Voraussetzungen von § 1 Nr. 1 bei der Anmeldung nicht erfüllt, so ist der Gegenstand der Anmeldung kein Muster i. S. d. § 1 Nr. 1, mit der Folge, dass das DPMA die Anmeldung zurückzuweisen hat (§ 18). Eine solche Zurückweisung könnte zusätzlich 6

Beyerlein 15

§ 1 Begriffsbestimmungen

auch unter Berufung auf § 11 Abs. 2 Nr. 3 erfolgen, weil es sich dann um keine „zur Bekanntgabe geeignete Wiedergabe des Musters" handelt.

7 § 1 Nr. 2 setzt Art. 1 lit. b GM-Richtlinie um und definiert das „Erzeugnis". § 1 Nr. 2 definiert jeden „industriellen oder handwerklichen Gegenstand" als „Erzeugnis".

8 § 1 Nr. 3 und 4 sind spezielle Regelungen, die für § 4 von Bedeutung sind. § 1 Nr. 3 nimmt vorweg, dass ein Teil eines Erzeugnisses ein Muster i.S.d. § 1 sein kann. Deshalb führt die Zulassung des Schutzes eines Teils von Erzeugnissen in § 1 Ziff. 1 zu den Definitionen in § 1 Ziff. 3 und 4, weil dafür dort besondere Regelungen geschaffen wurden.

II. „Muster" (§ 1 Nr. 1)

9 Die in § 1 Nr. 1 ausdrücklich genannte Erscheinungsform muss zwei- oder dreidimensional sein. Als mögliche Erscheinungsformen werden Linien, Konturen, Farben, Gestalt, Oberflächenstruktur und Werkstoffe des Erzeugnisses sowie seiner Verzierung genannt. Diese Aufzählung ist nicht abschließend,[3] da nichts dafür spricht, dass die in § 1 Nr. 1 definierten Erscheinungsformen abschließend und alle anderen Erscheinungsformen ausgeschlossen sein sollen.

10 In § 3 Abs. 1 Nr. 1 ist nicht von Erscheinungsform, sondern von Erscheinungsmerkmalen die Rede. Das gleiche gilt für § 3 Abs. 1 Nr. 2. Aus dem Zusammenspiel von den Begriffen „Erscheinungsform" in § 1 Nr. 1, „Erscheinungsmerkmale" in § 3 Abs. 1 Nr. 1 und 2 und § 4, welcher bei den komplexen Erzeugnissen die bei bestimmungsgemäßer Verwendung bleibende Sichtbarkeit voraussetzt und ausdrücklich von sichtbaren Merkmalen (des Bauelements) spricht, ist zu schließen, dass die Erscheinungsform zwingend erfordert, sich sichtbar darzustellen, gleichgültig, ob sich das auf die zweidimensionale oder dreidimensionale Erscheinungsform bezieht. Zu Recht weist *Eichmann*[4] auf die Verwendung des Begriffs „appearance" in der englischen Sprachfassung der GM-Richtlinie hin. Dafür spricht außerdem Erwägungsgrund 12 der GM-Richtlinie, der ausschließen will, dass sich der Schutz auf Bauelemente erstreckt, die während der bestimmungsgemäßen Verwendung

---

3 Vgl. Gesetzesbegründung, BlPMZ 2004, 228; die Erwägungsgründe zur GM-Richtlinie enthalten hierzu keine Feststellungen.
4 Vgl. *Eichmann/v. Falckenstein*, § 1 Rn. 7.

II. „Muster" (§ 1 Nr. 1) § 1

eines Erzeugnisses nicht sichtbar sind noch auf Merkmale eines Bauelements, die unsichtbar sind, wenn das Bauelement eingebaut ist.[5]

Raumformen haben eine dreidimensionale Erscheinungsform, Flächenmuster dagegen eine zweidimensionale Erscheinungsform. 11

Drei- und zweidimensionale Erscheinungsformen können sich in einem Muster mischen. So kann eine Raumform mit Linien und Farben gem. § 1 Nr. 1 kombiniert werden. Die Erscheinungsform der in § 1 Nr. 1 genannten Gestalt kann sowohl zwei- als auch dreidimensional sein. Das Gleiche gilt für die in § 1 Nr. 1 genannte Verzierung. Die Erscheinungsform der Oberflächenstruktur wird in aller Regel den dreidimensionalen Erscheinungsformen zugerechnet werden müssen. Anders ist die Erscheinungsform des Werkstoffs des Erzeugnisses, welches das Muster bildet. Sie wird regelmäßig eine zweidimensionale Erscheinungsform sein, kann jedoch z. B. bei reliefartiger Oberfläche auch dreidimensional sein. 12

Farben können Erscheinungsform sein. Die Farben alleine jedoch (z. B. konturlose Farben) können für sich genommen kein ganzes Erzeugnis oder eines Teils davon sein. 13

Die in § 1 Nr. 1 genannten Erscheinungsformen, Linien, Konturen, Farben, Gestalt, Oberflächenstruktur und Werkstoffe müssen stets zu einem ganzen Erzeugnis oder einem Teil davon gehören und können ohne das Merkmal des Erzeugnisses auch keine Muster sein. 14

Die Gestalt i. S. d. § 1 Nr. 1 kann zwei- oder dreidimensional sein. Man kann eine Gestalt zeichnerisch darstellen, was zur zweidimensionalen Erscheinungsform führt. Man kann sie aber auch plastisch, d. h. als Raumform darstellen, was zur dreidimensionalen Erscheinungsform i. S. d. § 1 Nr. 1 führt. Beides muss jedoch ein ganzes Erzeugnis i. S. d. § 1 Nr. 1 oder eines Teils davon sein. Hier sind beinahe unendlich viele Gestaltungsformen denkbar. Der Reichtum an Nuancen, welcher im deutschen Wort „Gestalt" liegt, findet jedoch seine Begrenzung darin, das Gestalt i. S. d. § 1 Nr. 1 nur anhand der GM-Richtlinie auszulegen ist, und zwar nicht nur anhand der deutschen Fassung. Es ist vom sprachlichen her ausgeschlossen, solche Begriffe in allen 20 Gemeinschaftssprachen inhaltlich deckungsgleich zu formulieren. Es wird Aufgabe der Rechtsprechung sein, die Begriffe abschließend durch Auslegung zu definieren, dies insbesondere dann, wenn sich Sinnunterschiede in den einzelnen Sprachfassungen ergeben, was das Beispiel des 15

---

5 Vgl. Gesetzesbegründung, BlPMZ 2004, 260.

§ 1 Begriffsbestimmungen

englischen Wortes „shape" zeigt, welches eher mit „Form" oder „Umriss" übersetzt werden kann.

16 Eine Oberflächenstruktur ist sowohl zwei- als auch dreidimensional darstellbar. Dreidimensional wird sie regelmäßig eine reliefartige Wirkung haben. Das ist vom Anmelder bei der Anmeldung und Einreichung der Wiedergabe des Musters (§ 11 Abs. 2 Satz 1 Nr. 3) zu berücksichtigen. Kommt es dem Anmelder z. B. auf die Oberfläche eines Stoffes an, bei dem sich einzelne Gewebearten (z. B. Baumwolle, Samt etc.) reliefartig abheben und so eine besondere Oberfläche ergeben, wird es oft nicht möglich sein, eine solche Wiedergabe des Musters (§ 11 Abs. 2 Satz 1 Nr. 3) einzureichen, das sich die plastische Wirkung der Oberfläche als dreidimensionale Erscheinungsform im Muster zeigt. In diesen Fällen und denjenigen, in denen es dem Anmelder auf die so genannte „haptische" (Tast-)Wirkung ankommt, sollte der Anmelder erwägen, Antrag nach § 21 Abs. 1 Satz 1 zu stellen, weil dadurch die Wiedergabe des Musters gemäß § 11 Abs. 2 Satz 1 Nr. 3 durch einen flächenmäßigen Musterabschnitt ersetzt werden kann, wie sich aus § 11 Abs. 2 Satz 2 ergibt. Dies stellt die einzige Ausnahme einer Hinterlegung von Originalmustern dar und ist vom Gesetzgeber so auch gewollt.[6]

17 Werkstoffe, aus denen Erzeugnisse i.S.d. § 1 Nr. 1 hergestellt werden, können ebenfalls Erscheinungsform sein. Gewicht oder Biegsamkeit eines Werkstoffes sind nur schwierig grafisch darstellbar, weshalb sie eher Gegenstand eines nicht eingetragenen Gemeinschaftsgeschmacksmusters sein können.[7] Schon nach bisherigem Recht konnten ästhetische Wirkungen von Werkstoffen das Erscheinungsbild von Flächenmustern beeinflussen.[8] Hier kann sich ein Zusammenspiel der Merkmale der Oberflächenstruktur (s. Rn. 14) und Werkstoffeigenschaften ergeben, weil der Werkstoff in vielen Fällen die Oberflächenstruktur bestimmt.

18 Streitig ist, ob physikalische Eigenschaften von Werkstoffen, die die Erzeugnisse, welche aus solchen Werkstoffen hergestellt sind, beeinflussen, Erscheinungsformen i.S.d. § 1 Nr. 1 sind.[9] Nach der hier vertretenen Auffassung engt dies ohne zwingende Notwendigkeit den Be-

---

6 Vgl. Gesetzesbegründung, BlPMZ 2004, 227.
7 Vgl. zutreffend *Maier/Schlötelburg*, S. 3.
8 BGH, GRUR 1962, 144, 146 – Buntstreifensatin I; RGZ 61, 49 – Seidenglanz.
9 Verneinend *Eichmann/v. Falckenstein*, § 1 Rn. 12; vgl. dazu auch *Maier/Schlötelburg*, S. 3.

griff der Erscheinungsform des Werkstoffes ein. Es sind Fälle denkbar, in denen gerade physikalische Eigenschaften des verwandten Werkstoffes die Ästhetik bedingen. Das Problem ist wohl eher in § 2 Abs. 1 anzusiedeln und nicht über den Begriff der „Musterfähigkeit" von Werkstoffen in § 1 Nr. 1 zu lösen, zumal Werkstoffe unabhängig von ihren physikalischen Eigenschaften ausdrücklich im Gesetz genannt sind. Auch aus den Erwägungsgründen der GM-Richtlinie ergeben sich keine Anhaltspunkte für die Einschränkung des Werkstoffs als Erscheinungsform. Die Verbindung zwischen dem Merkmal der Oberflächenstruktur und denjenigen des Werkstoffs ergibt sich im Übrigen darüber hinaus auch aus der Verwendung der Worte „und/oder" zwischen den Worten „Oberflächenstruktur" und „Werkstoffe" in Art. 1 lit. a GM-Richtlinie.

Maier/Schlötelburg[10] weisen ausdrücklich auf das Gewicht oder die Biegsamkeit eines Erzeugnisses als Erscheinungsform hin, beziehen dies aber nur auf die GGV und weisen zu Recht darauf hin, dass diese Merkmale in der Regel nicht graphisch darstellbar sind und daher den Anmeldeerfordernissen der GGV nicht entsprechen könnten. Für das nicht eingetragene GGM gelte dies jedoch nicht. Das verdeutlicht, dass sowohl beim nationalen Geschmacksmuster als auch beim GGM den Zeichnungen und Fotografien, die mit der Anmeldung eingereicht werden, ganz besondere Bedeutung zukommt. Als Beispiel dafür sei der in einem Metallreif lediglich eingeklemmte und nicht eingefasste Diamant genannt. Diese Technik ist nur bei Verwendung bestimmter Materialien möglich. Zwar fehlt es in dem Beispiel an der Neuheit. Es verdeutlicht aber, dass bei dem Begriff des Werkstoffs trotz aller Probleme der graphischen Darstellbarkeit nicht von vorneherein diesen als Erscheinungsform i.S.d. § 1 Nr. 1 einschränken sollte. 19

Die ebenfalls in § 1 Nr. 1 genannte Verzierung kann zwei- oder dreidimensional sein und auf der Oberfläche eines ganzen Erzeugnisses oder eines Teils davon angebracht werden. 20

III. „Erzeugnis" (§ 1 Nr. 2)

Zentraler Begriff in § 1 Nr. 2 ist das Erzeugnis, welches dort als jeder industrielle oder handwerkliche Gegenstand einschließlich Verpackung, Ausstattung, graphische Symbole und typographischer Schriftzeichen so- 21

---

10 Vgl. Seite 3 B. 1.

§ 1 Begriffsbestimmungen

wie von Einzelteilen, die zu einem komplexen Erzeugnis zusammengebaut werden sollen, definiert wird. In § 1 Nr. 1 wird der Begriff Erzeugnis der Definition in § 1 Nr. 2 vorweggenommen. Erzeugnis ist in § 1 Nr. 2 der Oberbegriff. Zur Auslegung, was Erzeugnis sein kann, ist nicht auf Begriffsbestimmungen des deutschen Rechts, z. B. das BGB,[11] zurückzugreifen, weil das Gesetz richtlinienkonform auszulegen ist und die Richtlinie auf das deutsche BGB keinen Rückgriff nimmt. Anhaltspunkte dafür, was Gegenstände i. S. d. § 1 Nr. 2 sein können, bieten jedoch die anderen Sprachfassungen der GM-Richtlinie. Aus der englischen Sprachfassung ergibt sich, dass der Begriff „Erzeugnis" weit auszulegen ist, weil dort der Begriff „product" verwendet wird. Unter „product" werden im Englischen zum Teil auch Finanzdienstleistungen, z. B. bestimmte Kombinationen aus Versicherungen und Sparprogrammen verstanden. Auch in der deutschen Finanz- und Versicherungswirtschaft werden bestimmte Dienstleistungen als Produkte bezeichnet. Denkbar ist auch die Annahme von Erzeugnissen im Sinne von § 1 Nr. 2 an der Schnittstelle zwischen Dienstleistungen einerseits und Waren andererseits. So kann es z. B. gelingen, Dienstleistungen, wie etwa systematisierte Ausbildung und Seminare, graphisch darzustellen und in der graphischen Darstellung scheckkartenartige Verkürzungen zu bilden. Diese dadurch entstehenden Kunststoffkarten könnten Erzeugnisse sein, nicht jedoch die darauf wieder gekürzt wiedergegebene Dienstleistung.

22 Die frühere Streitfrage, ob ein Lebensmittel Gegenstand eines Geschmacksmusters sein kann,[12] ist durch die Formulierung des § 1 Nr. 2 eindeutig zu beantworten. Alles, was sich industriell oder handwerklich als Gegenstand herstellen lässt, kann Erzeugnis sein, was aus der Verwendung des Wortes „jeder" folgt.

23 Die in § 1 Nr. 2 ausdrücklich genannte Verpackung als Erzeugnis entspricht den Erfordernissen der modernen industriellen Fertigung und Vermarktung. In die Entwicklung von Verpackungen investiert die Industrie, speziell die Markenartikelindustrie sehr hohe Beträge. Es wäre auch widersprüchlich, wenn eine Verpackung eines industriell oder

---

11 Der Oberbegriff Gegenstand wird vom BGB zwar nicht ausdrücklich definiert, in zahlreichen Vorschriften (§§ 135, 161, 185, 747, 816, 2040) genannt und umfasst alles, was Objekt von Rechten sein kann einschließlich Sachen, Forderungen, Immaterialgüter und sonstige Vermögensrechte, nicht aber Persönlichkeitsrechte (Palandt/ *Ellenberger*, Überblick vor § 90 Rn. 2).
12 BPatGE 1, 225.

III. „Erzeugnis" (§ 1 Nr. 2) **§ 1**

handwerklich gefertigten Gegenstandes nicht eintragungsfähig wäre, der Gegenstand selbst aber musterfähig wäre.

Dem entspricht das Merkmal der Ausstattung. Unter Ausstattung versteht man z. B. bei Flaschen die Gesamtheit an Etiketten und Verschlüssen. Zum Teil werden auch Verpackungen selbst als Ausstattungen bezeichnet. Der Bereich der Verpackungen und Ausstattungen hat für die Markenartikelindustrie zum Teil essentielle Bedeutung. Bei fehlendem Geschmacksmusterschutz hat die deutsche Rechtsprechung zu § 1 UWG a. F. eine wichtige Hilfestellung geleistet, wobei einzelne Oberlandesgerichte in der Praxis als besonders schutzfreudig galten und gelten.[13] Seit der „Vienetta" Entscheidung des BGH[14] ist aber das Merkmal der Verwechslungsgefahr zu den Anforderungen an den ergänzenden Leistungsschutz hinzugekommen, heute in § 4 Nr. 9 UWG geregelt. Das hat in der Praxis zur Folge, dass Nachahmer von Verpackungen, Ausstattungen und Erzeugnissen selbst mit erkennbar unterschiedlichen Namen arbeiten, so dass eine Verwechslungsgefahr ausgeschlossen ist. Deshalb kommt in der Praxis dem Schutz von Ausstattungen und Verpackungen als Geschmacksmuster eine erhebliche und über das frühere Maß weit hinausgehende Bedeutung zu. Beim Geschmacksmuster kann sich der Nachahmer nicht oder nur mit Schwierigkeiten auf die markenrechtlichen Unterschiede berufen. Verpackungen und Ausstattungen sollten deshalb verstärkt als Geschmacksmuster angemeldet werden. Insbesondere im Zusammenhang mit den Erscheinungsformen in § 1 Nr. 1 (Merkmalen der Linien, Konturen, Farben, der Gestalt) ergeben sich hier zusätzliche Schutzräume, wenn Verpackungen und Ausstattungen nicht gewohnheitsmäßig lediglich als Marken angemeldet werden, sondern gerade auch als Geschmacksmuster, wobei der Anmelder die Vorteile beider Schutzsysteme nutzen und kombinieren kann.

24

Die grafischen Symbole in § 1 Nr. 2 hätten eher in der Aufzählung der Erscheinungsformen in § 1 Nr. 1 ihre Berechtigung gehabt. In § 1 Nr. 2 erscheinen sie als eine der Definitionen des Erzeugnisses vom systematischen her als Fremdkörper. Die Aufführung in § 1 Nr. 2 ist wohl auf die Nähe zu den typografischen Schriftzeichen zurückzuführen.

25

Die typografischen Schriftzeichen in § 1 Nr. 2 sind keine genaue Umsetzung der GM-Richtlinie, weil dort im Rahmen der Aufzählung „ty-

26

---

13 Vgl. zum ergänzenden wettbewerbsrechtlichen Leistungsschutz: *Spätgens*, FS für Oppenhoff, 1985, 409 ff.
14 BGH, WRP 2001, 534 – Vienetta.

pografische Schriftbilder" als mögliche Erzeugnisse aufgeführt sind. Der Gesetzgeber weiß,[15] dass in der englischen Fassung der GM-Richtlinie die Bezeichnung „typographic typefaces" benutzt wird, die französische GM-Linie „caractèr typographique" verwendet. Diese Begriffe entstammen dem Wiener Abkommen über den Schutz typografischer Schriftzeichen vom 12. Juni 1973.[16] Der Titel des Übereinkommens verwendet im Deutschen die Bezeichnung „typografische Schriftzeichen". Deshalb wird bei der deutschen Sprachfassung der Richtlinie angenommen, dass es sich um ein Übersetzungsversehen handelt.[17] Sinn und Zweck des Gesetzes folgend, hat die Anmeldung einer Serie von typografischen Schriftzeichen, die sich dann als Worte, Sätze oder Aussagen lesen lassen, nicht zur Folge, dass die Worte, Sätze oder Aussagen inhaltlich geschützt sind.

27 Die Aufführung von „Einzelteilen" in § 1 Nr. 2 ist Folge der grundsätzlichen Entscheidung des Richtlinien- und des diesem folgenden Gesetzgebers, dass auch Teile von Erzeugnissen grundsätzlich schützbar sein sollen. In § 1 Nr. 2 kommt bei der Erwähnung des Wortes Einzelteile hinzu, dass diese dazu bestimmt sein sollen, zu einem komplexen Erzeugnis zusammengebaut zu werden. Das ist lediglich eine Umkehrung der Formulierung in § 1 Nr. 1, wo von einem Erzeugnis oder eines Teils davon die Rede ist. In § 1 Nr. 2 werden zunächst die Einzelteile angesprochen und sodann der Zusammenbau zum komplexen Erzeugnis.

28 Sprachlich zwar in der Sache nicht eindeutig, aber letztlich wohl ohne Konsequenz ist die benutzte Technik der Sprache, die in § 1 Nr. 1 vom Erzeugnis oder eines Teils davon spricht, in § 1 Nr. 2 von Einzelteilen, die zu einem komplexen Erzeugnis zusammengebaut werden und später in § 1 Nr. 3 bei der Definition des komplexen Erzeugnisses von einem Erzeugnis aus mehreren Bauelementen spricht. Dahinter steht die Problematik des Schutzes von Ersatzteilen und der Vermeidung des Schutzes technikbedingter Merkmale.[18]

29 Die Frage, inwieweit Ersatzteile nach Geschmacksmusterrecht, sei es national, sei es auf EU-Ebene geschützt werden können, war über lange Zeit hinweg Streitpunkt aller Entwürfe und Vorschläge. Für sogenannte „Must-Fit Teile", speziell auf dem Kfz-Sektor, setzt sich die Kommis-

---

15 Vgl. Gesetzesbegründung, BlPMZ 2004, 228.
16 Abgedr. in BlPMZ 1981, 281 ff.
17 Vgl. Gesetzesbegründung, BlPMZ 2004, 228.
18 Vgl. Erwägungsgründe 12, 14, 15 19, 20 GM-Richtlinie.

III. „Erzeugnis" (§ 1 Nr. 2) § 1

sion dafür ein, den Schutz auszuschließen.[19] Wohl auch aus der Sicht der Kommission gesehen, ist die Frage des Teileschutzes insbesondere des Schutzes für Ersatzteile von Kraftfahrzeugen nur aufgeschoben und nicht aufgehoben, weshalb § 72 Abs. 1 als Übergangslösung gelten muss. Weil aber die sichtbaren Teile eines Kraftfahrzeuges die ästhetisch wesentlichen Teile eines Kraftfahrzeuges sind, ist allenfalls aus geschmacksmusterrechtlich irrelevanten ökonomischen und politischen Gründen, nicht jedoch aus Sinn und Zweck des Gesetzes herzuleiten, dass gerade für die wesentliche schöpferische Leistung bei der Schaffung eines Kraftfahrzeuges, nämlich die äußere Form, der Schutz ausgenommen sein soll. Die Ausschaltung eines bestimmten Teils der gewerblichen Schutzrechte (hier: Geschmacksmuster für sichtbare Teile der Kraftfahrzeugkarosserie) ist mit der Einheitlichkeit der Schutzrechte nicht zu vereinbaren. Das gilt umso mehr, als der EuGH festgestellt hat, dass der Schutz für Karosserieteile von Kraftfahrzeugen Art. 27 Nr. 1 EuGVÜ nicht verletzt.[20] In diesem Punkt werden die Dinge jedoch im Fluss bleiben und sich bei den erheblichen widerstreitenden wirtschaftlichen Interessen weiter verändern.

Aus der Formulierung in § 1 Nr. 2 letzter Halbsatz „ein Computerprogramm gilt nicht als Erzeugnis" ist zu schließen, dass ein Computerprogramm an sich Erzeugnis nach § 1 Nr. 2 erster Halbsatz ist, was nahe liegt, weil ein Computerprogramm auf ein wie auch immer gearteten Datenträger gespeichert sein muss und damit ein industrieller Gegenstand im Sinne von § 1 Nr. 2 erster Halbsatz ist. Durch § 1 Nr. 2 letzter Halbsatz wird aber dem Computerprogramm die Eignung als Erzeugnis im Sinne des Gesetzes abgesprochen. Werden mit Hilfe eines Computerprogramms Gegenstände i. S. d. § 1 Nr. 2 Satz 1 hergestellt, können diese Erzeugnisse i. S. d. § 1 Nr. 2 sein. Denkbar ist auch, dass ein Datenträger selbst Erzeugnis i. S. d. § 1 Nr. 2 ist, nicht jedoch das darauf befindliche Programm, weil dieses expressis verbis als Erzeugnis i. S. d. § 1 Nr. 2 ausgenommen ist. Ein (Beton-) Bauwerk ist kein komplexes Erzeugnis, weil es nicht auseinander- und wieder zusammengebaut werden kann.[21]   30

---

19 Vgl. Nachweise bei *Eichmann/v. Falckenstein*, § 73 Rn. 1 m. w. N. insbesondere *Eichmann*, GRUR Int. 1996, 859; *Eichmann*, Mitt. 1998, 252; *Beier*, GRUR Int. 1994, 716 ff.
20 EuGH, GRUR Int. 2000, 759 ff. – Renault/Maxita.
21 Vgl. HABM, Entscheidung vom 16.2.2007 – ICD 000 003218 – Drahtwerk Plochingen/Kramer.

IV. „Komplexes Erzeugnis" (§ 1 Nr. 3)

31 § 1 Nr. 3 definiert als komplexes Erzeugnis (vgl. dazu die Sonderregelung in § 4) solche Erzeugnisse i. S. d. Gesetzes, die aus mehreren Bauelementen zusammengesetzt werden, so dass sie sich ersetzen lassen und das Erzeugnis auseinander- und wieder zusammengebaut werden kann. Diese Einzelteile selbst wiederum können ein Erzeugnis sein (vgl. § 1 Nr. 2), so dass das Endergebnis, z. B. eine Maschine oder ein aus mehreren Teilen bestehendes Möbelstück oder aber auch Kraftfahrzeuge ebenso Erzeugnis sein können, wie die Einzelteile.

32 Wenngleich nach der Definition in § 1 Nr. 2 und Nr. 3 jedes Einzelteil oder Bauelement Erzeugnis sein kann, ergibt sich aus § 4, dass bei den komplexen Erzeugnissen gem. § 1 Nr. 3 nur die Teile schutzfähig sein sollen, wenn die bei bestimmungsgemäßer Verwendung sichtbar bleiben und im Übrigen die Voraussetzungen der Neuheit und Eigenart erfüllen. In die Definition gemäß § 1 Nr. 3 fallen daher erheblich mehr Produkte und Teile, als nachher tatsächlich Geschmacksmusterschutz genießen, so dass sich für den Gesetzgeber angeboten hätte, die nicht sichtbaren Bauelemente bereits nicht als Erzeugnis im Sinne des § 1 Nr. 2 bzw. § 1 Nr. 3 zu definieren. Stattdessen ist der Verordnungs- und Gesetzgeber den Weg über § 4 mit der dort enthaltenen Sonderregelung gegangen. Hintergrund von § 1 Nr. 3 ist die Ersatzteilproblematik. § 1 Nr. 3 ist aber hinsichtlich der Definition des Erzeugnisses nicht mit § 1 Nr. 2 zu verwechseln und/oder zu vermischen.

33 Aus den Worten „auseinander- und wieder zusammengebaut werden kann" ergibt sich die Frage, ob der Auseinander- und anschließende Zusammenbau Voraussetzung für das komplexe Erzeugnis i. S. d. § 1 Nr. 3 ist. Wegen der Verwendung des Wortes „kann" erscheint es fraglich, ob tatsächlich zum Zwecke des Auseinanderbauens und des Zusammenbauens Schrauben, Nieten und dergleichen gelöst und anschließend wieder befestigt werden müssen.[22] Der Rückgriff auf die englische Fassung der GM-Richtlinie, wo die Formulierung „disassembly and reassembly" benutzt wird, hilft insoweit nicht weiter. Da die äußerliche Sichtbarkeit als Problem in § 4 verlegt wurde, ist die Frage jedoch in § 1 Nr. 3 von minderer Bedeutung. Das Auseinander- und Wiederzusammenbauen wird zwar typisch für ein komplexes Erzeugnis sein, ist jedoch nicht notwendigerweise Voraussetzung, sondern nur „kann"-Bestimmung.

---

22 Vgl. insoweit *Eichmann/v. Falckenstein*, § 1 Rn. 39.

V. „Bestimmungsgemäße Verwendung" (§ 1 Nr. 4)

Der Existenzberechtigung der Definition in § 1 Nr. 4 beruht wesentlich auf § 4, wo es darauf ankommt, dass das Bauelement, welches in ein komplexes Erzeugnis eingefügt ist, bei dessen bestimmungsgemäßer Verwendung sichtbar bleibt. Hintergrund ist erneut die rechtliche Problematik der Ersatzteile. Bei der bestimmungsgemäßen Verwendung maßgeblich ist die Verwendung durch den Endbenutzer unter Ausschluss von Maßnahmen der Instandhaltung, Wartung und Reparatur. Endbenutzer ist bei Kraftfahrzeugen stets der Fahrer und – wenn diese zur Personenbeförderung geeignet sind – auch weitere Mitfahrer und Insassen. Bei sonstigen Gegenständen des täglichen Lebens, z. B. Möbeln, Werkzeugen und Maschinen deren Benutzer. Dabei muss der Endbenutzer nicht zwingend Verbraucher im Sinne des § 13 BGB sein, sondern kann auch Unternehmer im Sinne des § 14 BGB sein. Ausdrücklich ausgenommen von der bestimmungsgemäßen Verwendung und damit auch vom Begriff des Endbenutzers sind diejenigen Maßnahmen bzw. diejenigen diese Maßnahmen ausführenden Personen, die zur Instandhaltung, Wartung oder Reparatur dienen, also der Kfz-Mechaniker, der Lackierer, der Möbelschreiner oder der EDV-Techniker. 34

Maßnahmen der Instandhaltung, Wartung oder Reparatur sind unabhängig davon zu beurteilen, ob sie für Dritte oder für den Eigenbedarf erfolgen und selbst ausgeführt werden. Reparatur ist dabei das Beheben eines Schadens in Form einer nachteiligen körperlichen Veränderung des Produkts an einem komplexen Erzeugnis. Im Gegensatz dazu setzt die Wartung keinen Schaden voraus, sondern lediglich die Kontrolle des Produkts, auch im Hinblick auf beispielsweise Funktion, Erhaltungszustand, Vorhandensein von Verbrauchsmaterialien, etc. Auch der Begriff der Instandhaltung, der sehr eng mit dem Begriff der Wartung verknüpft ist, setzt keinen Schaden voraus, sondern lediglich Maßnahmen, die der Erhaltung des derzeitigen Zustands des Produktes (komplexen Erzeugnisses) dienen wie Reinigung und Pflege. Bei all diesen Maßnahmen ist es – wie ausgeführt – nicht nur unerheblich, ob sie für einen Dritten oder für sich selbst durchgeführt werden, sondern auch, welche fachliche Qualifikation der Handelnde für diese Maßnahmen haben sollte oder tatsächlich innehat. 35

Als bestimmungsgemäße Verwendung wird nur die Verwendung durch den „Endbenutzer" definiert. Mit anderen Worten: Es geht darum, wer insbesondere bei Kraftfahrzeugen die Endbenutzer sind. In aller Regel werden das Verbraucher sein, wenn auch nicht das Wort „Verbraucher" 36 benutzt wird, sondern der Begriff „Endbenutzer". Bei Möbeln, Pkw, Gartengeräten und dergleichen werden die Endbenutzer zwar regelmäßig Verbraucher sein, was jedoch nicht unbedingt Voraussetzung ist. Endbenutzer z.B. eines Pkw oder eines Busses können Leasing- oder Vermietgesellschaften sein, jedoch auch Fahrer und Fahrgäste. In der Begründung zu Art. 3 GM-Richtlinie – Vorschlag 1996 ist aufgeführt, bei einem Fahrzeug gehöre zur bestimmungsgemäßen Verwendung, dass eine Person hinten sitzt oder um das Fahrzeug herum geht. Das passt bereits nicht bei etlichen Zweirädern, die nur von einer Person benutzt werden, nämlich dem Fahrer und auch nicht bei Pkws z.B. dem zweisitzigen Smart, der nur zwei nebeneinander sitzenden Personen Platz bietet. Man kann an diesem Beispiel erkennen, wie sehr die Ersatzteilproblematik speziell auf dem Kfz-Sektor die Kommission beschäftigt hat. Das spiegelt sich auch in dem Kompromiss gemäß § 67 wieder.

37 Von der bestimmungsgemäßen Verwendung durch den Endbenutzer sind die Maßnahmen der Instandhaltung, Wartung oder Reparatur ausgenommen. Auch diese etwas skurril anmutende Formulierung ist offenbar auf die Ersatzteilproblematik zurückzuführen. Als Beispiel sei der technisch versierte Endbenutzer eines Pkws genannt, der Maßnahmen der Instandhaltung, Wartung oder Reparatur selbst durchführt. Gemäß § 1 Nr. 4 ist bei wörtlicher Auslegung die Instandhaltung (z.B. Säubern oder Erneuerung des Unterbodenschutzes nach einem Winter) durch den Eigentümer eines privaten Pkw keine bestimmungsgemäße Verwendung, auch nicht die Wartung (z.B. Nachstellen von Bremsen und anderen Bauteilen, Kontrolle und Auffüllen von Luft der Reifen, Öl für Motor und Getriebe) oder aber eine eigenhändig vorgenommene Reparatur.

VI. „Rechtsinhaber" (§ 1 Nr. 5)

38 In der Gesetzesbegründung[23] heißt es in der Erläuterung zu § 1 Nr. 5, es handele sich um die Vermutung, dass der im Register eingetragene Inhaber des Geschmacksmusters als Rechtsinhaber gilt. Weiter heißt es dort, dass durch diese Fiktion klargestellt werde, dass letztlich für die Rechtsinhaberschaft alleine die materielle Rechtslage ausschlaggebend ist, so z.B. im Falle der Rechtsnachfolge gemäß § 27 Abs. 1. Die beiden Begriffe „Fiktion" und „Vermutung" sind nicht deckungsgleich.

---

23 Vgl. Gesetzesbegründung, BlPMZ 2004, 228.

Eine Vermutung ist grundsätzlich widerlegbar, die Fiktion hingegen nicht.²⁴ Eine vergleichbare Vermutung findet sich in § 28 Abs. 1 MarkenG, wonach vermutet wird, dass das Markenrecht dem im Markenregister eingetragenen Inhaber zusteht.

§ 1 Nr. 5 ist im Zusammenhang mit § 7 und insbesondere § 8 zu sehen, um die Einordnung als Vermutung/Fiktion vornehmen zu können. Hieraus ergibt sich, dass grundsätzlich eine gesetzliche Fiktion dahingehend besteht, dass Anmelder und (eingetragener) Rechtsinhaber in Verfahren, die das Geschmacksmuster betreffen, als berechtigt und verpflichtet gelten. Dies schließt allerdings nicht aus, dass neben dem gemäß § 8 als berechtigt und verpflichtet geltenden eingetragenen Inhaber oder Anmelder die tatsächlich materiell-rechtlich berechtigte Person nicht auch Rechte aus dem Geschmacksmuster geltend machen kann.²⁵ Dies bedeutet letztlich, dass aufgrund gesetzlicher Fiktion immer (auch) der im Register Eingetragene als berechtigt und verpflichtet gilt und ein anderer zunächst seine Berechtigung auf geeignete Weise nachweisen muss, wenn er – ohne eingetragen zu sein – Rechte aus einem Geschmacksmuster geltend machen will.²⁶ **39**

Trotz seiner Formulierung im Singular gilt § 1 Nr. 5 auch für Personenmehrheiten, wobei diese Vorschrift dann für jeden einzelnen Mitinhaber separat Anwendung findet.²⁷ **40**

VII. Weitere (frühere) Begrifflichkeiten

Die Rechtsprechung zum bisherigen GeschmMG ist auf § 1 nicht (mehr) anwendbar.²⁸ Es ist nach den Maßstäben des neuen und nicht denjenigen des alten Rechts zu messen. **41**

Gebäude: Ein Geschmacksmuster kann auch an der Erscheinungsform eines Bauwerks bestehen. *Maier/Schlötelburg* (Seite 4), nennt diese zu- **42**

---

24 Vgl. *Eichmann/v. Falckenstein*, § 1 Rn. 41 unter Verweis auf §§ 892 Abs. 1 BGB und 894 Abs. 1 ZPO.
25 *Günther/Beyerlein*, § 8 Rn. 3, *Beyerlein*, WRP 2004, 676, 681.
26 Sowohl im Ergebnis auch OLG Hamm, Urt. v. 19.1.2006 – 4 U 148/05 (zitiert nach juris).
27 Soweit hier in der Vorauflage (*Brückmann/Günther/Beyerlein*, § 1 Rn. 38) dies auch zu Gesellschaften gesagt wurde, wird dies dahingehend konkretisiert, dass eine Gesellschaft, soweit sie eine eigene Rechtspersönlichkeit als Personengesellschaft oder juristische Person besitzt, bereits von der Singular-Formulierung des § 1 Nr. 5 umfasst ist.
28 BGH, WRP 2010, 896 – Verlängerte Limousinen.

treffend ausdrücklich als Erzeugnis i.S.d. GGV.[29] Für die GM-Richtlinie und deren Umsetzung in § 1 kann nichts anderes gelten. Indirekt ergibt sich das auch aus § 43 Abs. 5, welcher den Vernichtungsanspruch bei wesentlichen Bestandteilen von Gebäuden unter den dort bestimmten Voraussetzungen beschränkt.[30] Es ist auch kein zwingender Grund ersichtlich, der es erlauben würde, solche Gebäude, die zur wechselnden Aufstellung bestimmt und geeignet sind, als musterfähig anzusehen, Fertighäuser jedoch nicht. Die frühere Rechtsprechung[31] ist überholt. Es kommt lediglich darauf an, ob es sich um ein Erzeugnis i.S.d. § 1 Nr. 2 handelt. Dabei muss es industriell oder handwerklich hergestellt werden. Schon nach altem Geschmacksmusterrecht war die Rechtsprechung zu Gebäuden wegen des urheberrechtlichen Hintergrundes der Arbeiten von Architekten zweifelhaft.[32] Zum Teil wird versucht, das äußere Erscheinungsbild von Gebäuden über Bildmarken zu schützen. Das ist wegen der Rechtsprechung des BGH u.a. zur Unterscheidungskraft mit Schwierigkeiten verbunden.[33]

43 Tätowierungen: Weshalb Tätowierungen vom Geschmacksmusterschutz ausgeschlossen sein sollen,[34] ist nicht ersichtlich. Man müsste der Tätowierung dazu die Eigenschaft als handwerklichen Gegenstand i.S.d. § 1 Nr. 2 absprechen. Wenn aber ein Bild, z.B. auf einer Verpackung, Erzeugnis i.S.d. § 1 Nr. 2 sein kann, so kann für ein Bild, welches handwerklich auf dem menschlichen Körper angebracht wird, nichts anderes gelten. Körper von Menschen und Tieren sind keine Gegenstände i.S.d. § 1 Nr. 2. Das Gleiche gilt für Pflanzen. Das ist jedoch weniger mit der Entwicklungsgeschichte des Geschmacksmusterrechts zu erklären,[35] sondern eher damit, dass man Tiere und Menschen weder industriell noch handwerklich herstellen kann. Zwar spricht man z.B. im Zusammenhang mit industrieller Agrarproduktion, z.B. im Bereich von Schlachtgeflügel, von industrieller Erzeugung von Geflügel. Grundsätzlich sind Lebewesen Schöpfungen Gottes, auch wenn die vielfältigen Möglichkeiten der Einflussnahme der Naturwissenschaften zahlreiche Manipulationsmöglichkeiten eröffnen. Der Hinweis auf die

---

29 A.A. *Eichmann/v. Falckenstein*, § 1 Rn. 26.
30 A.A. *Eichmann/v. Falckenstein*, § 1 Rn. 26.
31 Z.B. BPatGE 15, 173.
32 Vgl. im Übrigen: *Gerstenberg/Buddeberg*, 1/4d.
33 Vgl. etwa BGH, WRP 2005, 605 – Räucherkate.
34 Vgl. *Eichmann/v. Falckenstein*, § 1 Rn. 32.
35 So aber *Eichmann/v. Falckenstein*, § 1 Rn. 36.

VII. Weitere (frühere) Begrifflichkeiten § 1

Schutzrechtssystematik[36] hilft bei diesem Problem nicht sehr viel weiter, weil (auch harmonisierte) gesetzliche Bestimmungen, wie etwa das Pflanzenschutzrecht, nicht die zweidimensionale oder dreidimensionale Erscheinungsform eines Erzeugnisses im Sinne der §§ 1 Nr. 1 und 2 und 4 betreffen.

Naturerzeugnisse: Dinge, die die Natur selbst erzeugt und die weder industriell noch handwerklich bearbeitet werden, können nach der Definition von § 1 Nr. 2 kein Erzeugnis sein und damit auch nicht einem Musterschutz zugänglich sein. Als Beispiel seien Blüten, Früchte, Steine, Äste, Häute (außer der zur Haltbarmachung erforderlichen handwerklichen Bearbeitung) genannt. Jede weitere handwerkliche Bearbeitung führt zu der Erfüllung der Bedingung von § 1 Nr. 2, nämlich die Qualifikation als handwerklicher Gegenstand. Auf die alte Rechtsprechung und Auseinandersetzung hierzu[37] kommt es nicht (mehr) an. Ansonsten würde das alte auf dem Urheberrecht beruhende Geschmacksmusterrecht entgegen der GM-Richtlinie, die das Geschmacksmusterrecht vom Urheberrecht abkoppelt, indirekt über Definitionen und Schutzbeschränkungen weiter gelten. 44

Einem Parfum fehlt sowohl die zweidimensionale als auch die dreidimensionale Erscheinungsform des Erzeugnisses. Es hat keine Merkmale der Linien, Konturen, Farben, Gestalt, Oberflächenstruktur etc. Parfums bestehen im Wesentlichen aus flüchtigen ätherischen Ölen, weshalb es keine „zur Bekanntmachung geeignete Wiedergabe des Musters" i. S. d. § 11 Abs. 2 Satz 1 Nr. 3 geben kann. 45

Plastinierte Körper und Körperteile: Im Zusammenhang mit der bekannten und umstrittenen Ausstellung „Körperwelten", bei welcher ein Künstler plastinierte menschliche Körper und Körperteile zeigte, stellt sich die interessante Frage, ob ein solcher „plastinierter Körper" oder ein so behandeltes Körperteil ein handwerklicher Gegenstand i. S. d. § 1 Nr. 2 ist. Nach altem auf das Urheberrecht zurück zuführendem Geschmacksmusterrecht hätte man dies bejahen können. Die Plastinierung besteht aber lediglich in einer besonderen Form der Haltbarmachung und Behandlung von Gewebe und Gewebeteilen, so dass diese sichtbar und haltbar werden. Damit handelt es sich lediglich um eine Technik, welche die Natur dauerhaft sichtbar macht. Deshalb wird man auch nur präparierten Tieren die Eigenschaft als Erzeugnis verneinen können. 46

---

36 Vgl. *Eichmann*, a. a. O.
37 Nachweise in *Eichmann/v. Falckenstein*, § 1 Rn. 33.

§ 1 Begriffsbestimmungen

47 Einheitlichkeit: Das alte Erfordernis der Einheitlichkeit nach bisherigem Geschmacksmusterrecht ergibt sich nicht (mehr) aus dem neuen Recht. Für die frühere Rechtsprechung, wonach nur ein einheitliches Erzeugnis Gegenstand einer Anmeldung sein konnte[38] findet im neuen Recht keine Grundlage mehr.[39] Der gegenteiligen Auffassung ist entgegenzuhalten, dass auch ein Teil einer Erscheinungsform eines Musters gem. § 1 Nr. 1 Muster sein kann. Demgegenüber spielt der Begriff der Einheitlichkeit beim GGM gemäß Art. 3 Abs. 1 und 32 GGV eine Rolle. Gemeint ist jedoch dort, dass das GGM einheitlich insofern ist, als es dieselbe Wirkung in der gesamten Europäischen Gemeinschaft hat und nur für dieses ganze Territorium übertragen oder übertragen oder Gegenstand eines Verzichts oder einer Entscheidung über die Nichtigkeit sein kann, jedoch für Teilgebiete der Gemeinschaft lizenziert werden kann.[40]

---

38 BGH, GRUR 1975, 383, 350 – Möbelprogramm.
39 Vgl. zur früheren Rechtslage: *Eichmann/v. Falckenstein*, § 1 Rn. 29, der jedoch offenbar an der Fortgeltung der Grundsätze dieser Rechtsprechung festhalten will.
40 Vgl. *Maier/Schlötelburg*, Seite 1 A 3.

§ 2 Geschmacksmusterschutz

(1) Als Geschmacksmuster wird ein Muster geschützt, das neu ist und Eigenart hat.

(2) Ein Muster gilt als neu, wenn vor dem Anmeldetag kein identisches Muster offenbart worden ist. Muster gelten als identisch, wenn sich ihre Merkmale nur in unwesentlichen Einzelheiten unterscheiden.

(3) Ein Muster hat Eigenart, wenn sich der Gesamteindruck, den es beim informierten Benutzer hervorruft, von dem Gesamteindruck unterscheidet, den ein anderes Muster bei diesem Benutzer hervorruft, das vor dem Anmeldetag offenbart worden ist. Bei der Beurteilung der Eigenart wird der Grad der Gestaltungsfreiheit des Entwerfers bei der Entwicklung des Musters berücksichtigt.

Übersicht

	Rn.		Rn.
I. Allgemeines	1	IV. Benutzer (§ 2 Abs. 3 Satz 1)	29
II. Neuheit (§ 2 Abs. 2)	3	V. Gestaltungsfreiheit des Entwerfers (§ 2 Abs. 3 Satz 2)	37
III. Eigenart (§ 2 Abs. 3 Satz 1)	13		

I. Allgemeines

Mit § 2 wurde Art. 4 GM-Richtlinie (Neuheit) und Art. 5 GM-Richtlinie (Eigenart) umgesetzt. In § 2 Abs. 1 werden die Oberbegriffe „neu" und „Eigenart" aus Art. 4 und Art. 5 GM-Richtlinie zusammengefasst als Schutzvoraussetzungen für ein Geschmacksmuster. Diese beiden Begriffe sind gemäß Erwägungsgrund 9 GM-Richtlinie als Voraussetzung für die Verwirklichung der Ziele des Binnenmarktes ausdrücklich aufgeführt. Danach soll es notwendig sein, eine einheitliche Definition des Begriffs des Musters und der Erfordernisse im Hinblick auf Neuheit und Eigenart aufzustellen. 1

Gemäß § 1 Abs. 2 GeschmMG a.F. erforderte ein Geschmacksmuster Neuheit und Eigentümlichkeit. Der Begriff der Neuheit ist auch in der neuen Gesetzesfassung geblieben und entspricht damit Art. 4 GM-Richtlinie. Anstelle des Begriffs der „Eigentümlichkeit" ist der Begriff 2 der „Eigenart" getreten. Sprachlich ist auf den ersten Blick zwischen den beiden Begriffen aus deutscher Sicht kein großer Unterschied herzuleiten. Die fehlende deutliche sprachliche Differenzierung zwischen beiden Begriffen nutzt der Gesetzgeber an anderer Stelle, um Eigentümlichkeit und Eigenart gleichzusetzen. Das ergibt sich aus der Gesetzesbegründung bei den typographischen Schriftzeichen (§ 1 Ziff. 1). Nach altem Recht konnten typographische Schriftzeichen sowohl durch eine Anmeldung nach dem Schriftzeichengesetz als auch durch eine Anmeldung unmittelbar nach dem GeschmMG rechtlichen Schutz erlangen.[1] Die typographischen Schriftzeichen nach dem Schriftzeichengesetz sollten aber nicht mehr als eigenständige Schutzrechte fortbestehen können.[2] Das Wiener Abkommen vom 12. Juni 1973 über den Schutz typographischer Schriftzeichen und ihre internationale Hinterlegung („Wiener Abkommen") bleibt aber von der Gesetzesänderung unberührt.[3] Das Wiener Abkommen sieht allerdings in Art. 7 vor, dass Schutzvoraussetzung für die typographischen Schriftzeichen entweder die Neuheit oder die Eigentümlichkeit oder aber beide Tatbestandsmerkmale sein sollen. Gleichwohl meint der Gesetzgeber in der Gesetzesbegründung,[4] dass das neue Geschmacksmusterrecht trotz der unterschiedlichen Begriffe (Eigentümlichkeit des typographischen Schriftzeichens nach Art. 7 des Wiener Abkommens und Eigenart gemäß § 2 Abs. 1 und 3) mit dem Wiener Abkommen in Einklang stehen. Zur Begründung wird ausgeführt, das Wiener Abkommen selbst definiere nicht näher, was unter Eigentümlichkeit zu verstehen sei, sondern setze lediglich einen Mindeststandard für den Grad der Unterscheidung eines Musters vom vorbestehenden Formenschatz. Deshalb heißt es in der Gesetzesbegründung „die konkrete Bezeichnung ‚Eigentümlichkeit' oder ‚Eigenart' spielt für die Zwecke des Übereinkommens keine Rolle".[5] Das zeigt die Schwierigkeiten, die bei Differenzierung zwischen den Begriffsinhalten von Eigentümlichkeit und Eigenart bestehen. Trotzdem ist der Übergang von der Eigentümlichkeit zur Eigenart der materiellrechtlich wichtigste Punkt der Änderungen im Geschmacksmusterrecht.[6]

---

1 Vgl. Gesetzesbegründung, BlMPZ 2004, 257.
2 Vgl. Gesetzesbegründung, BlMPZ 2004, 257.
3 Vgl. Gesetzesbegründung, BlMPZ 2004, 257.
4 Vgl. Gesetzesbegründung, BlMPZ 2004, 257, 258.
5 Vgl. *Berlit*, GRUR 2004, 635.
6 Vgl. zutreffend *Eichmann/v. Falckenstein*, § 2 Rn. 1.

II. Neuheit (§ 2 Abs. 2)

„Neu" findet sich als Obersatz in Abs. 1 und wird in Abs. 2 legaldefiniert. Nach Diskussionen, ob man eine einstufige Schutzvoraussetzung oder die jetzt gefundene zweistufige Schutzvoraussetzung der Neuheit und Eigenart wählen sollte,[7] wurde sowohl für die GM-Richtlinie vom 13. Oktober 1998 als auch die GGMVO vom 6. März 2002 die Neuheit als eigenständiges Prüfungskriterium gewählt. Es erscheint deshalb in Art. 4 und 5 GM-Richtlinie und damit in Abs. 2 in fast wortgleicher Form. Die bisherige Entscheidungspraxis des HABM zur Nichtigkeit von Geschmacksmustern (vgl. Art. 24, 52 GGV) lässt erkennen, dass die Neuheit keine große (Schutz-)Hürde darstellt. Schon kleine Abweichungen vom vorbekannten Formenschatz in Farbe, Form oder Beschriftung lassen das Geschmacksmuster regelmäßig als neu erscheinen.[8] Für die Beurteilung der Frage, ob ein Muster neu ist, kommt es nicht darauf an, ob eine Form als solche – etwa als geometrische Form – schon vor dem Anmeldezeitpunkt bekannt war. Entscheidend ist vielmehr, ob und welche Gestaltungen auf dem in Rede stehenden Gebiet vorhanden gewesen sind.[9] Im Übrigen hat das HABM in der Entscheidung „Retsch/Kennex" bestimmt, dass für die Beurteilung der Neuheit lediglich die aus der Geschmacksmusterregistrierung erkennbaren Bildmerkmale maßgeblich sind. Schriftliche Beschreibungen oder Farbangaben haben nach Auffassung des HABM dagegen unbeachtet zu bleiben und können das Geschmacksmuster nicht vom vorbekannten Formenschatz abheben.[10]

Anders als bei der Eigenart kann bei der Neuheit des Geschmacksmusters zumindest begrenzt und dem Wortlaut des Abs. 2 folgend auf die vorhandene Rechtsprechung zum GeschmMG a.F. zurückgegriffen werden. Es wird folglich auf den „vorbekannten Formenschatz" abgestellt, wobei zu berücksichtigen ist, dass im Begriff „Formenschatz" Elemente des abgelösten alten Begriffs der Eigentümlichkeit enthalten

---

7 Zur Historie mit Nachweisen vgl. *Eichmann/v. Falckenstein*, § 2 Rn. 3.
8 Vgl. HABM, Entscheidung vom 20.12.2006 – ICD 000 002 244 – Inverstment Consulting/Müller; Entscheidung vom 12.12.2006 – ICD 000 002 863 – Tadeusz/Zaleszczuk; Entscheidung vom 30.11.2006 – ICD 000 001 212 – Konzept Ladenbau/Pintur.
9 BGH, GRUR 2008, 153, 155 – Dacheindeckungsplatten; BGH, GRUR 1976, 261, 263 – Gemäldewand.
10 Vgl. HABM, Entscheidung vom 20. 2. 2006 – ICD 000 001 535 – Retsch/Kennex.

§ 2 Geschmacksmusterschutz

sind bzw. enthalten sein können, was eine weitere Anwendbarkeit der betroffenen Rechtsprechung ausschließen würde.

5 Gemäß Abs. 2 Satz 1 „gilt" das Muster als neu, wenn vor dem Anmeldetag kein identisches Muster offenbart worden ist. Diese Fiktion ist rechtstechnisch an sich nicht notwendig, weil dann, wenn ein identisches Muster bereits offenbart wurde, das prioritätsjüngere Muster nicht neu sein kann. Der Grund für die Fiktion („gilt") in Abs. 2 Satz 1 findet sich in Abs. 2 Satz 2. Da es in der Praxis selten vorkommt, dass ein Nachahmer Muster identisch übernimmt, sondern sich häufig bereits aus der Fabrikationsweise kleine Unterschiede ergeben oder aber der Versuch gemacht wird, nicht identisch zu übernehmen, vielmehr im Falle eines Angriffs des Musterinhabers in der Lage zu sein, auf Unterschiede hinweisen zu können, musste der Begriff der Identität, der an sich eindeutig ist, in Abs. 2 Satz 2 relativiert werden. Dort findet sich die tatsächliche Fiktion, wonach Muster als identisch gelten, wenn sich ihre Merkmale nur in unwesentlichen Einzelheiten unterscheiden. Schon nach bisherigem Recht (vgl. § 1 Abs. 2 GeschmMG a. F.) hat regelmäßig derjenige, der aus einem Geschmacksmuster angegriffen wurde, stets den (häufig aufwändigen) Versuch gemacht, möglichst viel so genanntes „neuheitsschädliches Material", auch „Entgegenhaltungen" genannt, zusammenzutragen. Das wird wohl auch in Zukunft so bleiben.

6 In diesem Zusammenhang stellt sich die Frage, mit welchen Beweismitteln insoweit zu arbeiten ist. Waren früher Kataloge aus vorangegangenen Jahren das am weitesten verbreitete Beweismittel, welches aber oft in der Praxis schwer im erforderlichen Umfang zu beschaffen war (Beschaffung von Saisonkatalogen in der ganzen Branche, um dort den betreffenden Artikel zu suchen), so erleichtert heute das Internet, insbesondere Suchmaschinen wie Yahoo oder Google, diese Arbeit. Ein Problem des Internets ist jedoch die Flüchtigkeit dieses Mediums. Internetseiten werden von den Domaininhabern ständig geändert. Es ist auch nicht zu erwarten, dass Internetseiten von Herstellern oder Händlern Angebote aus Saisons zeigen, die schon lange vorüber sind. Hier können trotz der Flüchtigkeit des Mediums Internet in manchen Fällen sog. „way-back"-Maschinen (z. B. www.archive.org) helfen. Mit diesen ist es möglich, neuheitsschädliches Material aufzuspüren, welches in der aktuellen Version der Internetseite nicht (mehr) vorhanden oder verfügbar ist.

II. Neuheit (§ 2 Abs. 2) § 2

Abs. 2 Satz 1 stellt nur auf den Anmeldetag ab, was nicht vollständig mit Art. 4 Satz 1 GM-Richtlinie übereinstimmt. Zwar wird die Formulierung der „Anmeldung" übernommen. Es fehlt jedoch die Prioritätsregelung bei Inanspruchnahme einer Priorität, was ebenfalls in Art. 4 Satz 1 GM-Richtlinie geregelt ist. Deshalb stellt Abs. 2 Satz 1 nur eine Teilregelung dar, die durch § 13 Abs. 2, die Regelung des Prioritätstags aus Art. 4 Satz 1 GM-Richtlinie enthält, umsetzt.

7

Die Regelung in Abs. 2 Satz 2, wonach Muster als identisch gelten, wenn sich die Merkmale nur in unwesentlichen Einzelheiten unterscheiden, ist nicht zu verwechseln mit Regelungen aus dem MarkenG (vgl. etwa § 14 Abs. 2 MarkenG). Es geht bei Geschmacksmustern nicht um die Verwechslungsgefahr. Häufig wird jedoch dann, wenn sich die Muster nur in unwesentlichen Einzelheiten unterscheiden, auch beim Betrachter Verwechslungsgefahr entstehen, ein Indiz oder Beweisanzeichen, dass nur unwesentlich abgewichen wird.

8

Was „wesentlich" i.S.d. Unterscheidung gemäß Abs. 2 Satz 2 ist und was „unwesentlich" i.S.d. Bestimmung ist, spielt in der Beratungspraxis eine erhebliche Rolle. Das ist ein in der Beratungspraxis benutzter Begriff. Der Prioritätsjüngere, der eventuell ein prioritätsälteres Muster verletzt, versucht sich von dem prioritätsälteren Muster in „wesentlichen Einzelheiten" (§ 2 Abs. 2 Satz 2) zu unterscheiden. Dabei stellt sich die Frage, wie nahe der Prioritätsjüngere an das prioritätsältere Muster gehen kann. Die „Kunst" des Nachahmers besteht darin, sich „so nahe an das Originalmuster zu begeben, dass er sich daran „wärmen" kann, sich jedoch daran nicht „sticht" (= „Igelnähe"). Das hat eng mit der Eigenart i.S.v. § 2 Abs. 3 zu tun, weil man bei der Frage, ob in wesentlichen oder unwesentlichen Einzelheiten Unterschiede vorliegen (§ 2 Abs. 2 Satz 2), den Gesamteindruck (§ 2 Abs. 3 Satz 1) wird heranziehen müssen.

9

Ort der neuheitsschädlichen Erscheinungsform: Es gibt keine feststehende örtliche Begrenzung dessen, was als neuheitsschädlich dem prioritätsälteren Muster entgegengehalten werden kann. In der arbeitsteiligen Welt der heutigen Industrie ist kein Platz mehr für Theorien, die es erlauben würden, etwa aus einem entfernt gelegenen Gebiet Gestaltungsideen zu „entführen" und diese nach nationalem deutschem Geschmacksmusterrecht zum regionalen Schutz in Deutschland anzumelden. So ist etwa eine Vorveröffentlichung in den USA[11] oder durch das

10

---

11 LG Frankfurt am Main, GRUR-RR 2005, 4, 5 f.

§ 2 Geschmacksmusterschutz

chinesische Patentamt in Peking[12] neuheitsschädlich. Die Entscheidungen betreffen zwar nicht eingetragene Gemeinschaftsgeschmacksmuster, sind aber auf § 2 Abs. 2 übertragbar. Das wird bestätigt durch Art. 7 GGV, welcher vom Wortlaut für den Formenschatz nicht auf ein Zugänglichmachen innerhalb der Gemeinschaft abstellt. Zwar gehen Art. 11 Abs. 1, 110a Abs. 5 Satz 2 GGV zunächst davon aus, dass nur eine Offenbarung innerhalb des Territoriums der Gemeinschaft schutzbegründend ist. Er ist aber mit dem Offenbarungsbegriff des Art. 11 Abs. 2 GGV auszufüllen. Obwohl hinsichtlich der schutzbegründenden Offenbarung für das nicht eingetragene Gemeinschaftsgeschmacksmuster, welches Gegenstand der Entscheidung des LG Frankfurt am Main war, insoweit die GGV einen unterschiedlichen Wortlaut enthält, gibt es für die Prüfung auf Neuheit und Eigenart nach Art. 5 und 6 GGV keine wesentlichen Unterschiede. Das ist im Prinzip auf die GM-Richtlinie und damit auf das nationale Recht zu übertragen.

11 Die Neuheit ist wie schon beim GeschmMG a. F. im Wege eines Einzelvergleichs zwischen dem zu schützenden Geschmacksmuster auf der einen Seite und jeweils anderen vorbekannten Gestaltungen auf der anderen Seite zu prüfen.[13] Bei diesem Einzelvergleich sind die Erscheinungsmerkmale des Musters daraufhin zu untersuchen, ob sie sich in einem ganz bestimmten Gegenstand des vorbekannten Formenschatzes wiederfinden. Ob der Vergleich mittels gegenüberzustellender Merkmalsgliederungen oder nach Art eines fotografischen Vergleichs vorzunehmen ist, kann offenbleiben.[14] Nur bei Identität, das heißt, wenn alle Merkmale des zu schützenden Geschmacksmusters aufgrund einer einzelnen vorbekannten Gestaltung bekannt sind, fehlt die Neuheit.[15]

12 Bei der Prüfung der Neuheit ist die Regelung des § 2 Abs. 2 Satz 2 zu beachten; danach gelten Geschmacksmuster als identisch, wenn sich ihre Merkmale nur in unwesentlichen Einzelheiten unterscheiden. Wann solche Unterschiede in unwesentlichen Einzelheiten vorliegen, lässt sich kaum abstrakt definieren. *Ruhl* spricht sich im Zusammenhang mit der gleichlautenden Vorschrift des Art. 5 Abs. 2 GGV dafür aus, als unwesentliche Einzelheiten ausschließlich solche anzusehen, die dem Betrachter nicht unmittelbar auffallen; ansonsten seien geringe Unterschiede ausreichend, damit die Neuheit bejaht werden könne. Be-

---

12 BGH, WRP 2009, 76, 79 – Gebäckpresse.
13 *Wandtke/Ohst*, GRUR Int. 2005, 91, 95.
14 Vgl. *Weisert*, VPP-Rundbrief 2010, 70, 71.
15 *Oldeskop*, WRP 2006, 801, 804.

reits eine abweichende Farbgestaltung könne daher Neuheit herstellen, in vielen Fällen aber nicht die Eigenart.[16] Unwesentliche Einzelheiten werden somit ausschließlich solche sein, die dem Betrachter nicht oder allenfalls bei sehr genauer Betrachtung der beiden zu vergleichen Muster auffallen.[17]

III. Eigenart (§ 2 Abs. 3 Satz 1)

Wie bei den typographischen Schriftzeichen als Sonder- und Unterform des Geschmacksmusters durch das Wiener Abkommen vom 12. Juni 1973 (vgl. auch oben Rn. 2) gibt es auch für das Geschmacksmusterrecht insgesamt eine Grundlage in Form eines internationalen Abkommens. Dabei handelt es sich um Art. 25 Abs. 1 Ziffer 1 TRIPS (Übereinkommen betreffend die handelsrechtlichen Aspekte des geistigen Eigentums). Danach müssen Geschmacksmuster „neu oder eigenartig".[18] Bei der Diskussion und den Vorarbeiten zur GM-Richtlinie ging es naheliegender Weise um die Höhe der „Schwelle" für die Schutzgewährung. Die Kommission setzte sich in GM-Richtlinie-Vorschlag Nr. 93 dafür ein, dass sich der Gesamteindruck des Musters wesentlich von vorbekannten Mustern und Modellen unterscheiden müsse. Das implizierte eine relativ hoch liegende Schwelle für die Schutzgewährung. *Eichmann* meint hierzu,[19] die Kommission sei dem in Art. 5 des geänderten GM-Richtlinie-Vorschlag 1996, nur widerstrebend gefolgt.[20]

13

Wenngleich der Begriff „wesentlich" weder in der GM-Richtlinie noch in der GGV erscheint, zeigt sich die damalige Auseinandersetzung noch im Erwägungsgrund 13 der GM-Richtlinie (vgl. BlPMZ 2004, 260 rechte Spalte). Danach soll die Eigenart eines Musters danach beurteilt werden, inwieweit sich der Gesamteindruck, den der Anblick des Musters beim informierten Benutzer hervorruft, „deutlich von dem unterscheidet, den der vorbestehende Formenschatz beim ihm hervorruft, und zwar unter Berücksichtigung der Art des Erzeugnisses, bei dem das Muster benutzt wird oder in das es aufgenommen wird, und insbe-

14

---

16 *Ruhl*, Art. 5 Rn. 12.
17 *Schabenberger*, WRP 2010, 992, 994; vgl. Entscheidung des HABM, ICD 000002749, vom 15.5.2007 – Schirmständer.
18 Vgl. *Kur*, GRUR Int. 1995, 185; *Kur*, GRUR 2002, 661 ff.; *Eichmann/v. Falckenstein*, 2. Aufl., Allgemeines Rn. 27.
19 Vgl. *Eichmann/v. Falckenstein*, § 2 Rn. 9.
20 Vgl. auch *Eichmann* in Mitt. 2003, 17 ff.

sondere des jeweiligen Industriesektors und des Grades der Gestaltungsfreiheit des Entwerfers bei der Entwicklung des Musters".

15 Wegen der gemeinschaftsrechtlichen Grundlage des Begriffs „Eigenart" ist der Rückgriff auf die im deutschen Geschmacksmusterrecht in der Vergangenheit vorgekommene Verwendung des Begriffs „Eigentümlichkeit" sowohl bei Gesetzesentwürfen als auch in BGH-Entscheidungen[21] wenig hilfreich.[22] Das gilt insbesondere deshalb, weil das EU-Geschmacksmusterrecht in der Form der Ausprägung der GM-Richtlinie und GGV sich gerade nicht auf das Urheberrecht stützt oder daraus abzuleiten ist.

16 Das wird bestätigt durch Erwägungsgrund 14 GM-Richtlinie. Dort heißt es nach dem Hinweis in Satz 1, das technologische Innovationen nicht durch den rechtlichen Schutz des Musters für ausschließlich technisch bedingte Merkmale behindert werden sollten: „Dies setzt jedoch nicht voraus, dass ein Muster einen ästhetischen Gehalt aufweisen sollte." Der „ästhetische Gehalt" zieht sich jedoch in vielerlei Formulierungen durch fast die gesamte alte Rechtsprechung, durch die Urteile vor Instanzgerichten und auch des BGH, weil er der „Dreh- und Angelpunkt" des alten auf Urheberrecht basierenden Geschmacksmusterrechts war. Hier ist zukünftig mit anderen Maßstäben zu messen, und zwar solchen, die sich ausschließlich an der GM-Richtlinie und der GGV orientieren ohne Rückgriff auf die urheberrechtlichen Wurzeln des alten Rechts zu nehmen. Damit soll nicht zum Ausdruck gebracht werden, dass alles, was zur Eigentümlichkeit oder zum ästhetischen Gehalt oder zur wettbewerblichen Eigenart in der bisherigen Rechtsprechung ausgeführt wurde, nunmehr vollkommen obsolet ist. Notwendig ist es jedoch, kritisch zu sehen, dass das neue Recht andere Grundlagen hat als das alte.

17 Wenn es einerseits heißt, dass technologisch bedingte Merkmale nicht durch den rechtlichen Schutz für ausschließlich technisch bedingte Merkmale behindert werden sollen (Erwägungsgrund 14 GM-Richtlinie), andererseits der ästhetische Gehalt nicht Mustervoraussetzung ist, dann stellt sich weniger die Frage, ob bei einem hohen ästhetischen Gehalt die Eigenart zu bejahen ist, sondern die, ob bei einem völligen Fehlen eines jeden ästhetischen Gehalts immer noch die „Eigenart" bejaht werden kann. Das ist vom Gesetzgeber gewollt, macht aber die „Eigenart" schwer greifbar und viel schwerer zu fassen als die alte

---

21 Z.B. BGH, GRUR 1975, 81, 83 – Dreifachkombinationsschalter.
22 Vgl. *Eichmann/v. Falckenstein*, § 2 Rn. 9.

III. Eigenart (§ 2 Abs. 3 Satz 1) § 2

Rechtsprechung zum „Können eines Durchschnittsdesigners" nach altem Recht.

Die GM-Richtlinie verwendet für das deutsche Wort „Eigenart" in den verschiedenen Sprachfassungen die nachfolgenden Begriffe: 18
- dänisch: „individuel Karakter"
- portugiesisch: „carácter singular"
- französisch: „caractère individuel"
- italienisch: „carattere individuale"
- spanisch: „carácter singular"
- niederländisch: „eigen Karakter"

Die früher erforderlichen strengeren Anforderungen nach einer „gewissen Gestaltungshöhe"[23] entfallen damit. Es kommt also nicht mehr auf eine Schöpfungsleistung des Entwerfers an. Vielmehr genügt für die Eigenart bzw. den individuellen Charakter die Unterschiedlichkeit gegenüber vorbekannten Mustern im Gesamteindruck.[24] Hierbei findet keine qualitative Wertung statt. An die Stelle der Gestaltungshöhe tritt der Grad der Unterschiedlichkeit.[25] Auf welcher gestalterischen Leistung ein Muster und sein unterschiedlicher Gesamteindruck beruht, ist heute irrelevant. Entscheidend ist allein der unterschiedliche Gesamteindruck.[26] Dies beruht auf der Loslösung des Geschmacksmusterrechts vom Urheberrecht und insbesondere auch Art. 25 Abs. 1 Ziffer 1 TRIPS-Übereinkommen, welches die Mitglieder zum Schutz von Modellen und Mustern verpflichtet, die neu sind oder Eigenart haben.[27] Im Ergebnis wurden mit der Schutzvoraussetzung der Eigenart, die allein auf den gegenüber einzelnen vorbekannten Gestaltungen unterschiedlichen Gesamteindruck abstellt, die Anforderungen an den Geschmacksmusterschutz gegenüber der früheren deutschen Rechtslage deutlich herabgesetzt.[28]

In der Genesis des Gesetzes wurde darüber diskutiert, ob sich der Gesamteindruck des Musters „wesentlich" vom Gesamteindruck eines bereits bekannten Musters unterscheidet.[29] Das Europaparlament forderte 19

---

23 Vgl. *Berlit*, GRUR 2004, 635.
24 Vgl. *Kur*, GRUR 2002, 661, 665.
25 Vgl. *Eichmann/v. Falckenstein*, § 2 Rn. 12, 15.
26 *Schabenberger*, WRP 2010, 992, 995.
27 Vgl. *Kur*, GRUR Int. 1995, 185; *Kur*, GRUR 2002, 661 ff.
28 *Schabenberger*, WRP 2010, 992, 995.
29 Vgl. *Eichmann/v. Falckenstein*, § 2 Rn. 9; *Eichmann*, Mitt. 1998, 252, 259 m. w. N.

§ 2 Geschmacksmusterschutz

in einer Entschließung vom 12. Oktober 1995, die „Wesentlichkeit" als Unterscheidungsmerkmal zu streichen. Das führte zum Erwägungsgrund 13 der GMRL, wonach sich der Gesamteindruck „deutlich" unterscheiden solle. Soweit in der Rechtsprechung zum bisherigen Geschmacksmusterrecht der Begriff „Eigenart" benutzt wurde,[30] ist das durch die Änderung der Grundlagen des Geschmacksmusterrechts und der Abwendung vom Urheberrecht nicht mehr relevant.

20 Deutschland hat fast wörtlich die Vorgabe der Richtlinie in § 2 Abs. 3 übernommen. Die ehemals „berühmte" Hürde, wonach ein Geschmacksmuster dann als eigentümliche Schöpfung und damit schutzfähig im Sinne des alten Geschmacksmusterrechts angesehen wurde, wenn es als Ergebnis einer eigenpersönlichen Tätigkeit erschien, die „über das Durchschnittskönnen" eines mit der Kenntnis des betreffenden Fachgebiets ausgerüsteten Mustergestalters hinaus ging,[31] ist damit wegen der weggefallenen urheberrechtlichen Wurzeln[32] obsolet (s. o. Rn. 15). Nach altem Geschmacksmusterrecht war es ohnehin ein Problem, einerseits die Forderung aufzustellen, dass Geschmacksmusterfähigkeit in Form der „Eigentümlichkeit" nur vorlag, wenn das Ergebnis des Könnens eines Designers auf diesem Gebiet („Durchschnittskönnen") überschritt, weil damit die Beurteilung der Frage, ob Eigentümlichkeit vorliegt oder nicht, letztlich der „Willkür" des Betrachters ausgesetzt war. Das „Durchschnittskönnen" eines Designers auf dem betreffenden Fachgebiet lies und lässt sich objektiv kaum feststellen. Insoweit fällt der Abschied von diesem Beurteilungskriterium durch das neue Recht nicht schwer. Zu Recht hält *Berlit* fest, dass sich der Gesetzgeber von dieser Betrachtungsweise in Umsetzung der Richtlinienvorgabe „vollständig gelöst" habe.[33] Die neuen Kriterien sind – leider – nicht einfacher und leiden darunter, dass der deutsche Jurist nur mit Schwierigkeiten in der Lage sein wird, die „Brille des Urheberrechts" abzusetzen.

21 Für die Feststellung der Eigenart eines Geschmacksmusters ist weder eine bestimmte (Mindest-)Gestaltungshöhe erforderlich noch muss das

---

30 BGH, GRUR 1975, 81, 83 – Dreifachkombinationsschalter; BGH, GRUR 1992, 382, 385 – Leitsätze.
31 Vgl. BGH, GRUR 1958, 509 – Schlafzimmermodell; BGH, GRUR 1960, 395 – Dekorationsgitter; BGH, GRUR 1966, 97 – Zündaufsatz; BGH, GRUR 1969, 90, 95 – Rüschenhaube; BGH, GRUR 1997, 547 – Kettenkerze; *Wandtke/Ohst*, GRUR Int. 2005, 91, 96.
32 Vgl. *v. Gamm*, § 1 Rn. 56.
33 Vgl. *Berlit*, GRUR 2004, 635, 636.

III. Eigenart (§ 2 Abs. 3 Satz 1) §2

Muster zwingend einen ästhetischen Gehalt aufweisen. Ein hohes Maß an Originalität oder gar künstlerischer bzw. designerischer Gestaltungskraft ist nicht erforderlich.[34]

Nach GeschmMG a.F. erfolgte die Prüfung der Eigentümlichkeit mittels eines Gesamtvergleichs des Geschmacksmusters mit dem gesamten vorbekannten Formenschatz.[35] Im Rahmen dieses Gesamtvergleichs konnte einzelne Elemente aus verschiedenen älteren Gestaltungen im Rahmen eines mosaikartigen Vergleichs herangezogen werden. Nunmehr findet die Prüfung der Eigenart – ebenso wie die Prüfung der Neuheit – mittels eines Einzelvergleichs mit bereits vorhandenen Mustern statt.[36] Es wird also geprüft, ob sich das Muster in seinem Gesamteindruck von dem Gesamteindruck eines einzelnen älteren Musters unterscheidet. Zu klären ist somit, welche Merkmale des Musters für den Gesamteindruck prägend sind, mithin welche Bedeutung die einzelnen Merkmale für den Gesamteindruck besitzen. Ausschlaggebend hierfür ist der gesamte vorbekannte Formenschatz. Der zur Beurteilung des Gesamteindrucks aufgerufene „informierte Benutzer" wird gerade bei einem sehr dichten vorbekannten Formenschatz auch minimale Unterschiede erkennen, so dass bereits sehr geringe Unterschiede die Eigenart begründen können. Denn der „informierte Benutzer" ist zwar kein „Designexperte", wohl aber eine Person mit Designkenntnissen und -bewusstsein, deren Auge gerade bei einem dichten Formenschatz besonders sensibilisiert ist. Im Verletzungsprozess ist diese Person regelmäßig das erkennende Gericht.[37]

22

Sehr zu begrüßen, weil praxisgerecht, ist § 2 Abs. 3 Satz 2: Bei der Beurteilung der Eigenart ist der Grad der Gestaltungsfreiheit des Entwerfers bei der Entwicklung des Musters zu berücksichtigen.[38] Je größer

23

---

34 BGH, GRUR 2011, 142, 143 (Tz. 12) – Untersetzer; OLG Frankfurt am Main, GRUR-RR 2011, 165, 167; OLG Frankfurt am Main, GRUR-RR 2009, 16 – Plastik-Untersetzer (Vorinstanz zu BGH, GRUR 2011, 142 ff.).
35 BGH, GRUR 1998, 379, 382 – Lunette; BGH, GRUR 2000, 1023, 1025 – 3-Speichen-Felgenrad; BGH, GRUR 2001, 503, 505 – Sitz-Liegemöbel.
36 Vgl. zu Art. 6 GGV: BGH, WRP 2010, 896, 899 Rn. 33 – Verlängerte Limousinen; OLG Frankfurt am Main, GRUR-RR 2009, 16, 17.
37 Vgl. *Weisert*, VPP-Rundbrief 2010, 70, 71.
38 Nicht zu verwechseln hiermit ist die Frage des Schutzumfangs eines Geschmacksmusters gemäß § 38: Nach der Rechtsprechung des BGH (GRUR 2011, 142 ff. – Untersetzer) kommt es für den Schutzumfang eines Geschmacksmusters nicht darauf an, ob und wie weit sich der Gesamteindruck dieses Geschmacksmusters von dem Gesamteindruck vorbekannter Geschmacksmuster unterscheidet (inwieweit es also Eigenart hat), sondern allein darauf, ob der Gesamteindruck des angegriffenen Ge-

Beyerlein

die funktionsbedingten, technischen Vorgaben sind, desto kleiner ist der Gestaltungsspielraum und desto geringer muss der Unterschied im Gesamteindruck sein.[39] Das ist sachgerecht, weil ein Mustergestalter für industrielle Designs regelmäßig großen Beschränkungen ausgesetzt ist, die sich aus den Herstellungsmethoden und dem Sachgebiet ergeben. Wer z. B. die äußere Form von Gebäckstücken oder Waffeln ansprechend und neu gestalten will, ist einer Vielzahl von Beschränkungen ausgesetzt, die sich aus der Herstellungstechnik ergeben. Das Gestaltungsfeld für den Designer kann unter Umständen so eng sein, dass minimale Variationen das normale Erscheinungsbild und damit die „Eigenart" bestimmen können. Es ist deshalb richtig, wenn die Gestaltungshöhe zukünftig keine „absolute Größe" ist.[40]

24 Auch auf den Gebieten, auf denen dem Designer durch Herstellungstechnik oder Art der Erzeugnisse, die es zu gestalten gilt, sehr große Beschränkungen auferlegt werden, die „Designvarianten" also sehr „begrenzt" sind soll das Geschmacksmusterrecht und damit der Schutz des Designs seine Wirkung entfalten können. Es dürfen keine „überhöhten Anforderungen an die Gestaltungshöhe gestellt werden" weil eine Wechselwirkung zwischen Gestaltungshöhe und Schutzumfang besteht.[41] Ein solches „Parallelogramm" ist bei gewerblichen Schutzrechten nicht neu und sachgerecht, wie das Beispiel der Wechselwirkung zwischen Warenähnlichkeit/Dienstleistungsähnlichkeit und Verwechslungsgefahr im Markenrecht zeigt.

25 Die Höhe der Schwelle für die Schutzgewährung, über die lange und im Detail diskutiert wurde, die aber weder in der Richtlinie noch dem der Richtlinie folgenden GeschmMG festgelegt wurde, wird jedenfalls nach wohl überwiegender Auffassung im Vergleich zu den bisherigen deutschen Standards nach altem Recht deutlich niedriger angesetzt werden.[42] Insoweit herrscht auch eine gewisse methodische Unsicherheit. War bislang die Schutzschwelle von urheberrechtlichen Aspekten ab-

---

schmacksmusters mit dem Gesamteindruck dieses Geschmacksmusters übereinstimmt. Der bei der Eigenart zu berücksichtigende Gestaltungsspielraum des Entwerfers steht daher nicht im Wechselwirkung zum Schutzumfang des Geschmacksmusters (ebenso OLG Frankfurt am Main, GRUR-RR 2011, 165, 166 – Schuhsohle).
39 Vgl. HABM, Entscheidung vom 22. 11. 2006 – R 196/2006-3 – Ampel 24/Daka.
40 Vgl. Gesetzesbegründung, BlMPZ 2004, 258.
41 Vgl. Gesetzesbegründung, BlPMZ 2004, 229.
42 Vgl. *Kur*, GRUR 2002, 661, 666 vorher schon zur Abschaffung der ursprünglich geplanten Erhöhung der Schutzschwelle durch das Wort „wesentlich" GRUR Int. 1998, 977, 979.

III. Eigenart (§ 2 Abs. 3 Satz 1) § 2

hängig, so impliziert bereits die Aussage zukünftig solle die Schutzschwelle „niedriger" sein, dass darin ebenfalls ein urheberrechtlicher Maßstab enthalten ist. Tatsächlich ist jedoch von den urheberrechtlichen Maßstäben gänzlich Abstand zu nehmen. Sie sind nicht (mehr) einschlägig, weshalb das rekurrieren auf die „wissenschaftlichen Ausgaben" gemäß § 70 Abs. 1 UrhG und das dortige urheberrechtliche Kriterium der wesentlichen Unterscheidung nicht zutrifft.[43]

Der Grad der Gestaltungsfreiheit des Entwerfers ist ausdrücklich als Beurteilungskriterium genannt. War früher das „Durchschnittskönnen" eines „Designers" Maßstab, so wird heute nicht auf das gestalterische Durchschnittskönnen Bezug genommen, sondern auf die Freiheiten, die der Mustergestalter beim Entwerfen hat. Auf vielen Gebieten hat der Gestalter, der hier bewusst nicht „Designer" genannt wird, kein „clean sheet of white paper", also kein „Blatt weißes Papier", sondern eine Unzahl von Vorgaben, die seine Gestaltungsfreiheit einschränken. Wer beispielsweise eine Kfz-Rückleuchte entwerfen muss, hat die vorgegebene äußere Form des Fahrzeugs zu berücksichtigen, viele technische Sicherheitsstandards ebenso viele produktionstechnische Gegebenheiten, Vorgaben die durch die verwandten Materialien (und deren Kosten) bedingt sind. Das schränkt den Entwerfer ein. Die Gestaltungshöhe und damit die Schutzschwelle ist keine „absolute Größe". Sie hängt vielmehr von der Art des jeweils betroffenen Erzeugnisses ab. Insoweit gilt auch das im amerikanischen Markenrecht benutzte Argument des sog. „crowded field": Je höher die Musterdichte in einer Erzeugnisklasse, desto geringere Anforderungen sind an die Gestaltungshöhe zu stellen und umgekehrt.[44] Das entspricht im Übrigen Art. 6 Abs. 2 GGV. 26

Maier/Schlötelburg[45] weisen darauf hin, dass insbesondere zwei Umstände die Gestaltungsfreiheit eines Entwerfers einschränken, nämlich: Funktionalität und Formenschatz. Als einfaches Beispiel wird dort das Problem des Entwerfers einer Flasche verwendet: Sie muss immer mindestens eine Öffnung und ein umschlossenes Volumen vorsehen. Die Freiheit bei der Gestaltung der Flasche ist durch ihre Funktionalität beschränkt. Der Formenschatz bei Flaschen ist aber derart groß (man denke insoweit nicht nur Getränkeflaschen, sondern auch an Parfumflaschen), dass nur wenig Spielraum für eine „neue" Gestaltung bleibt. Die technischen Zwänge der Herstellung von Flaschen und der reiche 27

---

43 Vgl. *Eichmann/v. Falckenstein*, § 2 Rn. 15.
44 Vgl. Gesetzesbegründung, BlPMZ 2004, 228.
45 Vgl. *Maier/Schlötelburg*, E 3 zu Art. 6 Abs. 2, Seite 14.

§ 2 Geschmacksmusterschutz

Formenschatz sowie die Funktionalität grenzen die Gestaltungsfreiheit eines Flaschenentwerfers so stark ein, dass eine neue Flaschenform, auch wenn sie nur wenige Neuerungen aufweist, schon Eigenart zugesprochen werden kann.[46] Das wird aber vom Industriesektor abhängen. Der Designer einer Parfümflasche (Flacon) hat vielfach größere Möglichkeiten als der Designer einer Mehrweg-Fruchtsaftflasche.

28 Bei der Betrachtung, welcher Gesamteindruck von den Geschmacksmustern erzeugt wird, ist – wie bei der Neuheitsfeststellung – lediglich das aus dem Geschmacksmuster erkennbare Design zu vergleichen; Produktbeschreibungen und aus der Wiedergabe des Musters nicht erkennbare Formen und Farben haben außer Betracht zu bleiben.[47]

IV. Benutzer (§ 2 Abs. 3 Satz 1)

29 Abs. 3 Satz 1 bestimmt, dass ein Muster dann Eigenart hat, wenn sich der Gesamteindruck, den es beim informierten Benutzer hervorruft, von dem Gesamteindruck unterscheidet, den ein anderes Muster „bei diesem Benutzer hervorruft …". Grundsätzlich kommen als „informierter Benutzer" i.S.d. § 2 Abs. 3 Satz 1 ein großer Personenkreis in Betracht; z.B. berufsmäßige Gestalter und Verbraucher, die am betreffenden Erzeugnis und dessen Gestaltung ein Interesse haben, Händler, Einkäufer.

30 Berufsmäßige Gestalter scheiden als Maßstab wegen der weggefallenen urheberrechtlichen Grundlagen des neuen GeschmMG aus. Damit bleibt wesentlich die Ebene des Verbrauchers. Das wird bestätigt durch die Historie der Vorschrift, wonach „gewöhnliche Verbraucher" als potenzielle „Käufer" gemeint waren.[48] Dem Vorschlag, den Begriff „informiert" wegen mangelnder Deutlichkeit zu streichen, wurde nicht gefolgt.

31 Stellt man letztlich auf den Verbraucher ab, ergibt sich ein Problem dadurch, dass dem Verbraucher – es sei denn, es handelt sich um einen überdurchschnittlich interessierten Verbraucher und damit schon beinahe wiederum um einen „Experten" – der vorbekannte Formenschatz in seinen Einzelheiten wohl nur Ausschnittsweise bekannt ist und der Verbraucher auch regelmäßig die Beschränkungen, denen der Entwerfer des Musters unterliegt (vgl. § 2 Abs. 3 Satz 2) in aller Regel nur wird

---

46 So zutreffend *Maier/Schlötelburg*, a.a.O.
47 Vgl. *Weber*, GRUR 2008, 115, 116.
48 Vgl. *Eichmann/v. Falckenstein*, § 2 Rn. 27 unter Hinweis auf Grünbuch 5.5.6.2.

erahnen, nicht aber wissen können. Ein Verbraucher, selbst wenn er interessiert ist, wird gerade die technischen Schwierigkeiten, denen der Entwerfer ausgesetzt ist, in ihren Einzelheiten und Auswirkungen auf das Design nicht kennen können. Ein Verbraucher kann in der Regel nicht wissen, mit welchen Materialien eine moderne Spritzgussmaschine für Kunststoffe arbeitet, was gerade dann gilt, wenn es etwa auf die Materialien, etwa die Oberfläche oder den optischen oder haptischen Eindruck, ankommt. Hier werden die Gerichte einen vermittelnden Weg gehen müssen. Die betreffenden Detailkenntnisse werden die Parteien ohnehin in den Rechtsstreit einführen, so dass das Gericht einerseits als Verbraucher urteilen kann, andererseits aber auch das technische und ästhetische Umfeld kennen lernt, welches die Tatbestandsmerkmale des § 2 Abs. 3 Satz 2 ausfüllt, insbesondere die Zwänge, unter denen der Entwerfer arbeiten musste. Gerade die deutschen Gerichte, die speziell im Bereich des UWG stets auch als Verbraucher geurteilt haben, sind mit dieser Rolle nicht überfordert. Von daher war es aus deutscher Sicht auch gar nicht nötig, den Begriff „informiert" in § 2 Abs. 3 Satz 1 zu streichen.

Insbesondere braucht keine „Beurteilung aus der Sicht von Designexperten" stattzufinden.[49] Das „gewisse Maß an Kenntnissen am Designbewusstsein"[50] bringen deutsche Gerichte ohnehin mit. Dazu bedarf und bedurfte es keiner „Experten"; das sind die Verbraucher als angesprochene Verkehrskreise auch nicht. Die alte Rechtslage ist derjenigen des neuen Geschmacksmusterrechts durchaus vergleichbar. Auch hier wird der Anspruchsteller gemäß § 2 Abs. 3 Satz 2 „das Umfeld" darlegen bzw. darzulegen haben, wenn es auf die Frage der Beurteilung der Eigenart ankommt. Nur durch die Darstellung und Darlegung des Umfelds können die Kriterien des § 2 Abs. 3 Satz 2 angewandt und beurteilt werden.

Auf die bisherige Rechtsprechung, wonach nach altem Recht fingiert wurde, dass dem Mustergestalter der vorbekannte Formenschatz vollständig geläufig ist,[51] kommt es nicht (mehr) an.[52] Da jedoch die Musterdichte Voraussetzung für die Beurteilung der Eigenart ist, ist zu die-

---

49 Vgl. *Eichmann/v. Falckenstein*, § 2 Rn. 29.
50 Vgl. *Eichmann/v. Falckenstein*, § 2 Rn. 29.
51 Vgl. BGH, GRUR 1960, 395, 396 – Dekorationsgitter; BGH, GRUR 1966, 97, 99 – Zündaufsatz; BGH, GRUR 1969, 90, 94 – Rüschenhaube; BGH, GRUR 1977, 548, 550 – Kettenkerze; BGH, GRUR 1978, 168, 169 – Haushaltsschneidemaschine I; BGH, GRUR 1980, 235, 236 – Play-family.
52 So aber *Eichmann/v. Falckenstein*, § 2 Rn. 29.

sem Tatbestandsmerkmal durch den Anspruchsteller vorzutragen (nicht zur fingierten Kenntnis des Entwerfers des Musters nach altem Recht).[53]

34 Der Widerspruch zwischen den Maßstäben des informierten Betrachters (Verbrauchers) i. S. d. § 2 Abs. 3 Satz 1 und der Kenntnis, die nach § 2 Abs. 3 Satz 2 erforderlich ist löst sich darüber, dass das Gericht als Verbraucher durch die Parteien mit den notwenigen Informationen gemäß § 2 Abs. 3 Satz 2 ausgestattet wird.[54] Eines Rückgriffs auf einen informierten Benutzer als „eine Person mit Kenntnissen über den Designbestand in der maßgeblichen Produktgruppe"[55] bedarf es deshalb nicht. Diese Person ist in der Person der Richterin bzw. des Richters für die Anwendung des deutschen GeschmMG vorhanden. Deshalb bedarf es auch keines „fiktiven Kenntnisstandes".

35 Es ist aber durchaus denkbar, dass Designexperten bzw. „Designgutachten" in einem Rechtsstreit um die Frage der Eigenart eingeführt werden. In aller Regel wird jedoch das Gericht als Verbraucher – versehen mit den Informationen gemäß § 2 Abs. 3 Satz 1 und 2 – die Parteien hinreichende Kenntnis haben.[56]

36 Zum GeschmMG a. F. hatte der BGH entschieden, dass es auf den „persönlichen Geschmack" des Richters nicht ankomme.[57] Das ist auch nach neuem Recht richtig, allerdings aus anderen Gründen: Das alte GeschmMG beruhte auf der Grundlage des Urheberrechts, weshalb Geschmacksmuster und deren Bewertung weitgehend „ästhetisch" bestimmt waren. Das birgt die Gefahr der Beurteilung nach persönlichem Geschmacks des Gerichts. Nach neuem Recht ist jedoch auf der Grundlage des „informierten Benutzers" (Verbrauchers) zu beurteilen. Das geschieht auf der Grundlage objektiver Kriterien.

V. Gestaltungsfreiheit des Entwerfers (§ 2 Abs. 3 Satz 2)

37 Gemäß Abs. 3 Satz 2 ist bei der Beurteilung der Eigenart der Grad der Gestaltungsfreiheit des Entwerfers bei der Entwicklung des Musters zu berücksichtigen. Dieses Problem wurde im GeschmMG a. F. nur in der

---

53 Vgl. Gesetzesbegründung, BlPMZ 2004, 228.
54 Vgl. *Kur*, GRUR 2002, 661, 668; *Haberl*, WRP 2002, 905, 907; *Koschtial*, GRUR Int. 2003, 973, 975; *Berlit*, GRUR 2004, 635, 636.
55 Vgl. *Kahlenberg*, GRUR 1997, 131; *Eichmann/v. Falckenstein*, § 2 Rn. 29.
56 Vgl. *Eichmann/v. Falckenstein*, § 2 Rn. 29.
57 BGH, GRUR 2001, 503, 505 – Sitz-Liegemöbel.

V. Gestaltungsfreiheit des Entwerfers (§ 2 Abs. 3 Satz 2) § 2

Auslegung berücksichtigt. Eine direkte gesetzliche Grundlage dafür, dass es einen fundamentalen Unterschied macht, ob der Gestalter „aus dem Vollen schöpfen" kann (was bei industriellen Geschmacksmustern fast nie der Fall ist), er also gestalterisch keinerlei Beschränkungen unterlegen ist, oder ob der Gestaltungsspielraum durch technische, wettbewerbliche und produktionsbedingte Einschränkungen zum Teil nur sehr klein ist, fehlte. Gerade dort, wo der Designer enge Gestaltungsspielräume optimal ausnutzt und ein Ergebnis erzielt, welches als eigenartig im Sinne des § 2 bezeichnet werden kann, zeigt der Gestalter sein besonderes Können. Dieses muss nicht urheberrechtlich relevant sein. Dies kann auch erhebliche Unterschiede zwischen den einzelnen Industriesektoren ausmachen.

Je enger der Spielraum, der dem Gestalter zur Verfügung steht, ist, desto eher ist die Eigenart zu bejahen. Bei der Beurteilung hat der informierte Benutzer die Gestaltungsfreiheit des Entwerfers zu berücksichtigen und die Merkmale entsprechend einzuordnen.[58] Funktionelle technische Notwendigkeiten schränken die Gestaltungsfreiheiten des Entwerfers ein und beeinflussen deshalb den Gesamteindruck nur in geringerem Maße.[59] Ob Modetrends, vorherrschender Stil oder „tiefverwurzelte Erwartungen der Verbraucher" die Gestaltungsfreiheit so einengen, dass dies die Erlangung der Eigenart fördert,[60] ist zweifelhaft. Sich vom ganz Üblichen und Erwarteten abzuheben, macht das Erzeugnis erst Recht eigenartig. Folgt der Designer einem Modetrend, so schränkt er seinen eigenen Gestaltungsspielraum aus eigenem Willen ein. 38

Wie im Markenrecht auch spielt das Argument des sog. „crowded field" eine Rolle. Im Markenrecht schwächt eine Vielzahl nahe beieinander liegender benutzter Marken die Kennzeichnungskraft der Einzelmarken. Gibt es auf einem speziellen Gebiet eine hohe Dichte von Mustern, so schränkt dies die Gestaltungsfreiheit des Designers ein. 39

Für die Beurteilung des Gestaltungsspielraums des Entwerfers und damit auch des Schutzumfangs des eingetragenen Geschmacksmusters (§ 38) ist daher der Zeitpunkt der Anmeldung des Musters zur Eintragung maßgeblich.[61] Wäre zur Bestimmung des Schutzumfangs des Klagemusters im Sinne des § 38 auf den Gestaltungsspielraum des Entwer- 40

---

58 Vgl. *Eichmann/v. Falckenstein*, § 2 Rn. 30.
59 Fraglich insoweit HABM Mitt. 2004, 321 Rn. 14 – Deckenleuchte.
60 Vgl. *Eichmann/v. Falckenstein*, § 2 Rn. 31.
61 BGH, GRUR 2011, 142, 144 (Tz. 18) – Untersetzer; Hartwig, GRUR-RR 2009, 201, 203.

§ 2 Geschmacksmusterschutz

fers des betroffenen Musters und dementsprechend auf den Zeitpunkt der Gestaltung dieses Musters abzustellen,[62] könnte sich der Schutzumfang des Klagemusters im Laufe der Zeit verändern und insbesondere durch eine seit dessen Anmeldung eingetretene Bereicherung des Formenschatzes eingeschränkt werden, was zu widersinnigen Ergebnissen führen würde, da der Schutz gerade bei solchen Mustern binnen kurzer Zeit entfallen könnte, die wegen ihrer besonderen Eigenart die Gestaltung einer Fülle ähnlicher Muster nach sich ziehen.[63] Auch in diesem Zusammenhang muss noch einmal darauf hingewiesen werden, dass der bei der Eigenart zu berücksichtigende Gestaltungsspielraum des Entwerfers nicht in Wechselwirkung zum Schutzumfang des Geschmacksmusters gemäß § 38 steht.[64]

---

62 So EuG, GRUR-RR 2010, 189 Rn. 69f. – Grupo Promer; *Eichmann/v. Falckenstein*, § 38 Rn. 19; *Eichmann*, GRUR Int. 1996, 859, 864.
63 BGH, GRUR 2011, 142, 144 (Tz. 18) – Untersetzer; vgl. zum Urheberrecht BGH, GRUR 1961, 635, 638 – Stahlrohrstuhl I.
64 OLG Frankfurt am Main, GRUR-RR 2011, 165, 167 – Schuhsohle.

§ 3 Ausschluss vom Geschmacksmusterschutz

(1) Vom Geschmacksmusterschutz ausgeschlossen sind
1. Erscheinungsmerkmale von Erzeugnissen, die ausschließlich durch deren technische Funktion bedingt sind;
2. Erscheinungsmerkmale von Erzeugnissen, die zwangsläufig in ihrer genauen Form und ihren genauen Abmessungen nachgebildet werden müssen, damit das Erzeugnis, in das das Muster aufgenommen oder bei dem es verwendet wird, mit einem anderen Erzeugnis mechanisch zusammengebaut oder verbunden oder in diesem, an diesem oder um dieses herum angebracht werden kann, so dass beide Erzeugnisse ihre Funktion erfüllen;
3. Muster, die gegen die öffentliche Ordnung oder gegen die guten Sitten verstoßen;
4. Muster, die eine missbräuchliche Benutzung eines der in Artikel 6ter der Pariser Verbandsübereinkunft zum Schutz des gewerblichen Eigentums aufgeführten Zeichen oder von sonstigen Abzeichen, Emblemen und Wappen von öffentlichem Interesse darstellen.

(2) Erscheinungsmerkmale im Sinne von Absatz 1 Nr. 2 sind vom Geschmacksmusterschutz nicht ausgeschlossen, wenn sie dem Zweck dienen, den Zusammenbau oder die Verbindung einer Vielzahl von untereinander austauschbaren Teilen innerhalb eines Bauteilesystems zu ermöglichen.

Übersicht

	Rn.		Rn.
I. Allgemeines	1	3. Verstoß gegen die öffentliche Ordnung oder gegen die guten Sitten (§ 3 Abs. 1 Nr. 3)	13
II. Schutzausschließungsgründe	2	a) Öffentliche Ordnung	16
1. Technische Bedingtheit (§ 3 Abs. 1 Nr. 1)	2	b) Gute Sitten	17
2. Funktionelle Bedingtheit (§ 3 Abs. 1 Nr. 2)	10	4. Zeichen von öffentlichem Interesse (§ 3 Abs. 1 Nr. 4)	18

§ 3 Ausschluss vom Geschmacksmusterschutz

I. Allgemeines

1 § 3 bestimmt, welche Erscheinungsmerkmale/Muster vom Geschmacksmusterschutz ausgeschlossen sind. Diese materiellrechtliche Prüfung stellt eine Ausnahme von dem Grundsatz dar, dass dem DPMA eine materiellrechtliche Prüfung der Anmeldung versagt ist, es sich bei dem Geschmacksmuster also um ein ungeprüftes Recht handelt. Stellt das DPMA bei der Prüfung der Anmeldung fest, dass ein Geschmacksmuster gegen die öffentliche Ordnung oder gegen die guten Sitten verstößt (§ 3 Abs. 1 Nr. 3) oder eine missbräuchliche Benutzung von Zeichen vorliegt (§ 3 Abs. 1 Nr. 4), weist es die Anmeldung gemäß § 18 zurück.

II. Schutzausschließungsgründe

1. Technische Bedingtheit (§ 3 Abs. 1 Nr. 1)

2 Nach Abs. 1 Nr. 1 – dieser hat Art. 7 Abs. 1 GM-Richtlinie umgesetzt und entspricht Art. 8 Abs. 1 GGV – sind technisch bedingte Erscheinungsmerkmale vom Geschmacksmusterschutz ausgeschlossen. Grund für den Schutzausschluss ist, dass technologische Innovationen nicht durch einen rechtlichen Schutz des Musters für ausschließlich technisch bedingte Merkmale behindert werden sollen (vgl. Erwägungsgrund 14 GM-Richtlinie).[1] Vielmehr soll der Schutz von Erfindungen den technischen Schutzrechten (Patenten und Gebrauchsmustern) vorbehalten bleiben. Man kann Abs. 1 Nr. 1 deshalb als Gegenstück – allerdings mit umgekehrtem Inhalt – zu Art. 52 Abs. 2b) EPÜ verstehen, wonach ästhetische Schöpfungen nicht als Erfindungen anzusehen sind.[2]

3 Ob die Merkmale eines Erzeugnisses ausschließlich durch dessen technische Funktion bedingt sind, muss auf der Grundlage der Schutzrechtssystematik ermittelt werden. „Technische Funktion" i.S.d. § 3 Abs. 1 Nr. 1 ist deshalb eine Wirkungsweise, für die ein Schutz durch ein technisches Schutzrecht in Betracht kommt.[3] Ein Erscheinungsmerkmal ist schon dann nicht mehr ausschließlich durch seine technische Funktion bedingt, wenn es alternative Gestaltungen gibt, die bei gleicher technischer Funktion das Erscheinungsmerkmal nicht zeigen.

---

1 LG München, GRUR-RR 2007, 266 – BMW-Welt.
2 Vgl. *Eichmann*, MittdtPatA 1998, 252, 254.
3 Vgl. *Eichmann*, MittdtPatA 1998, 252, 254; *Eichmann,* MarkenR 2003, 10, 17.

Gibt es somit bei gleicher technischer Funktion Designalternativen, liegt kein ausschließlich technisch bedingtes Merkmal vor.[4]

Der Umstand, dass die Gestaltung eines Musters mit technischen Vorteilen verbunden ist, hindert nicht, den Mustern Eigenart oder Eigentümlichkeit beizumessen. Die Schutzfähigkeit ist nur ausgeschlossen, soweit es sich um Formgestaltungen handelt, die objektiv ausschließlich technisch bedingt sind. Der Geschmacksmusterfähigkeit steht bei einem Gebrauchszwecken dienenden Erzeugnis nicht entgegen, dass seine Gestaltung in dem maßgeblichen Merkmal zugleich oder sogar in erster Linie dem Gebrauchszweck dient und ihn fördert, der ästhetische Gehalt demnach in die ihrem Zweck gemäß gestaltete Gebrauchsform eingegangen ist.[5] Allerdings ist zu berücksichtigen, dass der ästhetischen Formgestaltung eines Erzeugnisses verhältnismäßig enge Grenzen gesetzt sein können, wenn die Ausgestaltung funktionsmäßig und ohne Beeinträchtigung der technischen Brauchbarkeit des Erzeugnisses erfolgen soll. Eine weitere Einengung ergibt sich dadurch, dass die Benutzung des freien Formenschatzes jedem Formgestalter offen stehen muss und ihm auch die Anpassung an neue Geschmacksrichtungen und Stilelemente nicht versperrt werden darf.[6] Das hat aber zur Folge, dass jedenfalls in den Fällen, in den es darum geht, ob durch die Kombination vorbekannter Formelemente und Gestaltungen eine eigene ästhetische Gesamtwirkung erzielt wird, die Anforderungen an die für einen Geschmacksmusterschutz hinreichende eigenschöpferische Gestaltungshöhe nicht zu niedrig angesetzt werden dürfen.[7]

Ist die Grundform eines Erzeugnisses (etwa einer Kfz-Felge) ausschließlich technisch bedingt, können besondere (nicht technisch bedingte) Ausgestaltungen dieser Grundform gleichwohl zur Neuheit und Eigenart des Erzeugnisses führen.[8] Eine an technischen Erfordernissen ausgerichtete Grundform kann folglich in einer Vielzahl von Ausführungsvarianten Geschmacksmusterschutz genießen. Stehen dagegen für

---

4 *Schabenberger*, WRP 2010, 892, 996.
5 BGHZ 22, 209, 215 – Europapost; BGH, GRUR 1966, 97, 99 – Zündaufsatz; BGH, GRUR 1975, 81, 83 – Dreifachkombinationsschalter; BGH, GRUR 1981, 269, 271 – Haushaltsschneidemaschine II; BGH, GRUR 2005, 600, 603 – Handtuchklemmen; BGH, GRUR 2008, 153, 156 – Dacheindeckungsplatten.
6 BGH, GRUR 1965, 199, 201 – Küchenmaschine; BGH, GRUR 1962, 258, 260 – Moped-Modell.
7 BGH, GRUR 1975, 81, 83 – Dreifachkombinationsstecker.
8 BGH, GRUR 2000, 1023, 1025 – 3-Speichen-Felgenrad; OLG Frankfurt, GRUR 1995, 115, 116.

eine technisch bedingte Erscheinungsform nur weitere technisch bedingte Erscheinungsformen zur Verfügung, sind diese Variationsmöglichkeiten ohne Auswirkung auf die technische Bedingtheit der Form, für die Geschmacksmuterschutz in Anspruch genommen wird.[9] Besondere Ausgestaltungen einer Grundform – etwa eines Stuhles – können sogar als Werke der angewandten Kunst Schutz genießen.[10] Technische Weiterentwicklungen sollen nicht durch einen rechtlichen Schutz eines Geschmacksmusters für ausschließlich technisch bedingte Merkmale behindert werden. Eine ästhetische Bereinigung der Form, die zwingender Nebeneffekt einer technischen Umgestaltung des Produkts ist, hat bei der Prüfung, ob das neue Produkt gegenüber dem Vorbild Eigenart aufweist, daher unberücksichtigt zu bleiben.[11]

6 Ist oder war eine Form Gegenstand eines technischen Schutzrechts, kann dem zwar indizielle Bedeutung für die technische Bedingtheit dieser Form beigemessen werden. Besteht jedoch die Ware ausschließlich aus dieser Form, dokumentiert das technische Schutzrecht unwiderleglich die technische Bedingtheit der Formgestaltung.[12] Merkmale eines Musters, die nach § 3 Abs. 1 Nr. 1 und Nr. 2 vom Schutz ausgenommen sind, sind bei der Beurteilung, ob andere Merkmale des Musters die Schutzvoraussetzungen erfüllen, nicht heranzuziehen (vgl. Erwägungsgrund 14 GM-Richtlinie).

7 Ob und inwieweit der Betrachter die Form einem technischen Zweck zuordnet oder nicht, spielt keine Rolle.[13] Das ästhetische Empfinden wird keineswegs hinsichtlich solcher Formelemente ausgeschlossen, bei denen der Betrachter erkennt, dass sie auch technisch bedingt sind. Vielmehr kann gerade die Harmonie zwischen technischer Funktion und nicht objektiv bedingter, demnach nicht ausschließlich notwendiger Formgebung in besonderem Maße das ästhetische Empfinden ansprechen.[14]

8 Beim Schutzausschließungsgrund des § 3 Abs. 1 Nr. 1 zeigt sich ein Unterschied zwischen dem Geschmacksmusterrecht und dem Markenrecht. Nach Art. 3 Abs. 1 lit. e zweiter Spiegelstrich Markenrechts-

---

9 Vgl. *Eichmann*, MittdtPatA 1998, 252, 254; *Eichmann*, GRUR 2000, 751, 758; MarkenR 2003, 10, 17.
10 Vgl. *Eichmann*, MittdtPatA 1998, 252, 255.
11 LG München, GRUR-RR 2007, 266.
12 Vgl. *Eichmann*, GRUR 2000, 751, 758.
13 Vgl. *Nirk/Kurtze*, § 1 Rn. 108.
14 BGH, GRUR 1966, 97, 99 – Zündaufsatz.

II. Schutzausschließungsgründe § 3

Richtlinie sind solche Zeichen von der Eintragung als Marke ausgeschlossen, die ausschließlich aus der Form der Ware bestehen, die zur Erreichung einer technischen Wirkung erforderlich ist. Zur Erreichung einer technischen Wirkung erforderlich ist etwas anderes als ausschließlich durch die technische Funktion bedingt. Der Wortlaut des § 3 Abs. 1 Nr. 1 ist enger als die markenrechtlichen Vorschriften, die darauf abstellen, ob die Form der Ware zur Erreichung einer technischen Wirkung erforderlich ist.[15] Es kommt hinzu, dass der EuGH Art. 3 Abs. 1 lit. e zweiter Spiegelstrich Markenrechts-Richtlinie erweiternd interpretiert. Dieses Eintragungshindernis ist nach der Rechtsprechung des EuGH bereits dann gegeben, wenn die wesentlichen funktionellen Merkmale einer Form nur der technischen Wirkung zuzuschreiben sind, selbst wenn die fragliche technische Wirkung durch andere Formen erzielt werden kann.[16]

Hinsichtlich der Schutzfähigkeit unterscheidet sich der Geschmacksmusterschutz auch vom wettbewerbsrechtlichen Leistungsschutz. Aus diesem kann bereits dann kein Schutz gegen die Übernahme von Gestaltungsmerkmalen hergeleitet werden, wenn diese dem freizuhaltenden Stand der Technik angehören und – unter Berücksichtigung des Gebrauchszwecks, der Verkäuflichkeit der Ware sowie der Verbrauchererwartung – der angemessenen Lösung einer technischen Aufgabe dienen.[17] 9

2. Funktionelle Bedingtheit (§ 3 Abs. 1 Nr. 2)

Gemäß Abs. 1 Nr. 2 – dieser hat Art. 7 Abs. 2 GM-Richtlinie umgesetzt und entspricht Art. 8 Abs. 2 GGV – besteht kein Geschmacksmusterschutz an Erscheinungsmerkmalen von Erzeugnissen, die zwangsläufig in ihrer genauen Form und ihren genauen Abmessungen nachgebildet werden müssen, damit diese mit einem anderen Erzeugnis verbunden werden können (sog. „must fit"-Klausel). Zweck der Bestimmung ist es, eine weitgehende Interoperabilität von Erzeugnissen unterschiedlicher Hersteller sicherzustellen. Namentlich soll verhindert werden, dass die Vermarktung weiterer Erzeugnisse, die im Zusammenhang mit einem Geschmacksmuster verwendet werden können, dadurch mono- 10

---

15 *Schabenberger*, WRP 2010, 892, 997.
16 EuGH, WRP 2002, 924, 931, Tz. 83 – Philips/Remington; BGH, WRP 2006, 900, 902, Tz. 18 – Rasierer mit drei Scherköpfen.
17 BGH, GRUR 2005, 600, 603 – Handtuchklemmen.

§ 3 Ausschluss vom Geschmacksmusterschutz

polisiert wird, dass die Verbindungselemente in besonderer Weise gestaltet und unter Geschmacksmusterschutz gestellt werden.

11 Abs. 1 Nr. 2 erfasst keine sog. „must match"-Teile (Teile, die zur Herstellung eines Erscheinungsbildes eines komplexen Erzeugnisses in einer bestimmten Form gefertigt werden müssen). Diese Teile (z.B. sichtbare Einzelteile einer Kfz-Karosserie) sind trotz des Umstandes, dass ihnen in bestimmter Hinsicht Abmessungen vorgegeben sind, damit sie als Einzelteile in der Karosserie verwendet werden können (z.B. die äußeren Abmessungen eines Scheinwerfers oder einer Tür), nicht vom Geschmacksmusterschutz ausgeschlossen.

12 Gemäß Abs. 2 – dieser hat Art. 7 Abs. 3 GM-Richtlinie umgesetzt – gilt der Grundsatz, dass kein Geschmacksmusterschutz an Verbindungselementen besteht, dann nicht, wenn die Elemente dem Zweck dienen, den Zusammenbau oder die Verbindung einer Vielzahl von untereinander austauschbaren Teilen innerhalb eine modularen Systems zu ermöglichen (sog. „Lego-Klausel"). Begründet wird § 3 Abs. 2 damit, dass mechanische Verbindungselemente von Kombinationsteilen ein wichtiges Element der innovativen Merkmale von Kombinationsteilen bilden und einen wesentlichen Aktivposten für das Marketing darstellen können (vgl. Erwägungsgrund 15 GM-Richtlinie). Diese Überlegung ist dem deutschen Recht nicht fremd. So hat der BGH in seiner „Klemmbausteine"-Rechtsprechung,[18] die für Serienbauteile innerhalb modularer Systeme eine Ausnahme von der Regel der prinzipiellen (wettbewerbsrechtlichen) Nachahmungsfreiheit im Bereich von Zubehör und Ersatzteilen begründet hat, ganz ähnliche Überlegungen zu Grunde gelegt: Bei uneingeschränkter Zulässigkeit der Nachbildung modularer Bauelemente würde nicht allein ein akzessorischer Sekundärmarkt für den Wettbewerb freigegeben, sondern der Primärmarkt selbst. Dagegen schützt § 3 Abs. 2, der dem Entwickler solcher Bauteile ein Ausschließlichkeitsrecht sichert.[19] Dieses Ausschließlichkeitsrecht ist allerdings – ebenso wie der wettbewerbsrechtliche Schutz nach § 4 UWG[20] – zeitlich beschränkt.

---

18 BGH, GRUR 1964, 621 – Klemmbausteine I; BGH, GRUR 1992, 619 – Klemmbausteine II; BGH, GRUR 2000, 521 – Modulgerüst; BGH, GRUR 2005, 349 – Klemmbausteine III.
19 Vgl. *Kur*, GRUR 2002, 661, 664.
20 Vgl. BGH, GRUR 2005, 349, 352 – Klemmbausteine III.

3. Verstoß gegen die öffentliche Ordnung oder gegen die guten Sitten (§ 3 Abs. 1 Nr. 3)

Gemäß Abs. 1 Nr. 3 – dieser hat Art. 9 GM-Richtlinie umgesetzt und entspricht Art. 9 GGV – ist ein Muster, welches gegen die öffentliche Ordnung oder gegen die guten Sitten verstößt, vom Geschmacksmusterschutz ausgeschlossen. Dem DPMA soll nicht zugemutet werden, im Zuge seines Verfahrens Anstößiges publizieren und dadurch mit dem Anschein amtlicher Billigung ausstatten zu müssen.[21]   13

Ein etwa bestehender Urheberschutz bleibt durch Abs. 1 Nr. 3 unberührt, da auch bei demselben Schutzobjekt Urheberrecht und Geschmacksmusterrecht unabhängig voneinander bestehen.[22] Auch ein Verwertungsvertrag über ein solches Muster ist nicht ohne Weiteres nichtig; er ist rechtswirksam, wenn eine nicht gegen Sittengesetze verstoßende Verwertung möglich ist.[23] Beruft sich ein Lizenznehmer, der entsprechende Nutzungen gezogen hat, auf die Nichtigkeit des Verwertungsvertrages, kann dies eine unzulässige Rechtsausübung darstellen.[24]   14

Verstößt nicht das Muster selbst, jedoch die vom Anmelder vorgegebene Bezeichnung gegen Abs. 1 Nr. 3, kann das DPMA an deren Stelle eine ordnungsgemäße Bezeichnung eintragen. Das DPMA übernimmt keine Gewähr für die sachliche Richtigkeit der gewählten Bezeichnung.[25]   15

a) Öffentliche Ordnung

Der Begriff der öffentlichen Ordnung ist eng auszulegen.[26] Dementsprechend setzt ein Verstoß gegen die öffentliche Ordnung voraus, dass durch das Muster die Grundlagen des staatlichen oder wirtschaftlichen Lebens oder die tragenden Grundsätze der Rechtsordnung in Frage gestellt werden.[27] Ein Verstoß ist beispielsweise dann zu bejahen, wenn sich das Muster feindlich verachtend oder verhöhnend gegen staatliche   16

---

21 BGH, GRUR 2000, 1026 – Penistrillerpfeife; BPatG, GRUR 2004, 160, 161 – Vibratoren.
22 Vgl. v. Gamm, § 7 Rn. 13.
23 Vgl. v. Gamm, § 3 Rn. 37; BGH, GRUR 1960, 447, 448 – Comic.
24 Vgl. v. Gamm, § 3 Rn. 37; BGH, GRUR 1981, 530, 532 – PAM-Kino.
25 Vgl. Eichmann/v. Falckenstein, 2. Aufl., § 7 Rn. 72.
26 Vgl. zum MarkenG: Schultz, § 8 Rn. 115.
27 BGH, WRP 2003, 990 – DM-Tassen; BGH, WRP 2003, 992 – Euro-Billy; BGH, GRUR 2003, 708, 709 – Schlüsselanhänger.

Institutionen oder verfassungsrechtliche Prinzipien richtet. Vom Geschmacksmusterschutz ausgeschlossen sind damit Muster, die einen Aufruf gegen die verfassungsmäßige Grundordnung enthalten, die aus Schlagworten oder Symbolen verbotener politischer Organisationen gebildet sind, die staatliche Institutionen verächtlich machen oder auch nur kommerzialisieren oder die Grundwerte der Gesellschaft verhöhnen.[28] Normale Gesetzesverstöße fallen nicht unter den Tatbestand des Abs. 1 Nr. 3.[29] Einen Verstoß gegen die öffentliche Ordnung wurde in der Rechtsprechung in folgenden Fällen verneint: Muster oder Modell, welches aus der abgewandelten Abbildung eines Verkehrszeichens besteht;[30] Muster oder Modell, in welches ein Postwertzeichen im Original einbezogen ist;[31] Plüschteddybär oder sonstige Spielzeugfiguren, welche Uniformen tragen, auf denen Hoheitszeichen oder Teile angebracht sind, die Hoheitszeichen ähnlich sind;[32] Anbringen von 1-Pfennig-Münzen auf Geldbörsen;[33] Muster oder Modell, das die dekorative Abbildung gesetzlicher Zahlungsmittel (hier: DM-Banknoten und deutsche Münzen auf Tassen) zum Gegenstand hat;[34] Phantasiefigur, in welche die Abbildung einer Ein-Euro-Münze eingefügt ist.[35]

b) Gute Sitten

17 Ein Verstoß gegen die guten Sitten ist anzunehmen, wenn das Anstandsgefühl aller billig und gerecht Denkenden verletzt ist. Dabei ist auf die jeweils geltenden durchschnittlichen sittlichen Anschauungen der in Betracht kommenden beteiligten Kreise abzustellen, die sich mit der Zeit auch wandeln können; eine übertrieben laxe oder besonders feinfühlige bzw. strenge Anschauung ist nicht zu berücksichtigen.[36] Für die Annahme eines Sittenverstoßes muss jedenfalls das sittliche Empfinden eines beachtlichen Teils des Verkehrs verletzt sein.[37] Zudem ist aufgrund der fortschreitenden Liberalisierung der Anschauungen über

---

28 Vgl. zum Markenrecht: *Fezer*, § 8 Rn. 585.
29 Vgl. zum Markenrecht: *Schultz*, § 8 Rn. 115.
30 BGH, WRP 2004, 1177 – Abgewandeltes Verkehrszeichen.
31 BGH, WRP 2004, 1179 – Ersttagssammelblatt.
32 MittdtPatA 2004, 42.
33 BPatG, Beschluss vom 31.7.2003, Az: 10 W (pat) 703/02.
34 BGH, WRP 2003, 990 – DM-Tassen.
35 BGH, WRP 2003, 992 – Euro-Billy.
36 BGH, GRUR 2000, 1026 – Penistrillerpfeife; BGH, GRUR 2002, 360 – H.I.V. POSITIVE II; *Eichmann/v. Falckenstein*, § 3 Rn. 19; *Nirk/Kurtze*, § 7 Rn. 16.
37 BGH, GRUR 2002, 360 – H.I.V. POSITIVE II.

Sitte und Moral, wenn es um Verstöße gegen das Schamgefühl bzw. die Sexualmoral geht, von diesem Ausschlusstatbestand nur sehr zurückhaltend Gebrauch zu machen.[38] Entsprechend den heute herrschenden durchschnittlichen Anschauungen über Sitte und Moral reicht allein ein sexueller Bezug eines Musters nicht aus, damit sich ein beachtlicher Teil des Verkehrs in seinem sittlichen Empfinden verletzt fühlt. Die Grenze ist dort zu ziehen, wo Muster einen diskriminierenden, die Menschenwürde verletzenden Eindruck vermitteln, sei es in der Art ihrer bestimmungsgemäßen Verwendung oder in der Art der Darstellung (z.b., wenn sie Frauen als beliebig verfügbare Sexualobjekte darstellen; vgl. BGH, GRUR 1995, 592, 594 – Busengrapscher) oder wenn ihre Gestaltung derart ist, dass Sexuelles in grob aufdringlicher, anreißerischer Weise in den Vordergrund gerückt ist oder überwiegend auf die Erregung sexueller Reize abgezielt wird.[39] Der Verstoß muss nicht die Mehrheit der Bevölkerung treffen; es reicht, dass ein beachtlicher Teil des Publikums sich in seinem Scham- und Sittlichkeitsgefühl verletzt fühlt.[40]

4. Zeichen von öffentlichem Interesse (§ 3 Abs. 1 Nr. 4)

Abs. 1 Nr. 4 – dieser hat Art. 11 Abs. 2 c) GM-Richtlinie umgesetzt und entspricht Art. 25 Abs. 1 g) GGV – sieht einen Schutzausschluss bei einer missbräuchlichen Verwendung von nach Artikel 6ter der Pariser Verbandsübereinkunft geschützten Zeichen oder sonstigen Abzeichen, Embleme oder Wappen von öffentlichem Interesse vor. Durch Abs. 1 Nr. 4 soll verhindert werden, dass Zeichen, die im öffentlichen Interesse benötigt und verwendet werden, durch ein Geschmacksmuster zugunsten Privater monopolisiert werden. Durch eine solche Monopolisierung könnte der zwecksprechende Gebrauch der Zeichen behindert werden, die Kontrolle über die Benutzung staatlicher Souvernitätssymbole verloren gehen und die Öffentlichkeit über die Herkunft der hiermit gekennzeichneten Erzeugnisse getäuscht werden.[41] **18**

Staatliche Hoheitszeichen i.S.d. § 3 Abs. 1 Nr. 4 sind sinnbildliche Darstellungen, die ein Staat als Hinweis auf die Staatsgewalt verwendet, z.B. Staatsflaggen, Staatswappen, Staatssiegel, Nationalhymnen, **19**

---

38 Vgl. zum Markenrecht: BPatG, BlPMZ 1997, 224, 226 – COSA NOSTRA; *Ströbele/Hacker*, § 8 Rn. 501.
39 BPatG, GRUR 2004, 160, 161 – Vibratoren.
40 BGH, GRUR 2000, 1026 – Penistrillerpfeife.
41 Vgl. *Eichmann/v. Falkenstein*, § 3 Rn. 21.

§ 3   Ausschluss vom Geschmacksmusterschutz

Orden, Ehrenzeichen, Briefmarken, Geldmünzen und Geldscheine. Staatliche Hoheitszeichen sind solche der Bundesrepublik Deutschland sowie der Bundesländer. Das Eintragungsverbot ist auf inländische und ausländische staatliche Hoheitszeichen anzuwenden. Nationale Symbole sind keine staatlichen Hoheitszeichen.[42] Amtliche Prüf- und Gewährzeichen und amtliche Prüf- und Gewährstempel sind amtlich vorgeschriebene Zeichen zur Kennzeichnung der Prüfung eines Produkts auf die Erfüllung bestimmter Erfordernisse wie Eichstempel, Legierungsstempel für Edelmetalle etc.[43] Sonstige Abzeichen, Embleme, Wappen von öffentlichem Interesse i.S.d. § 3 Abs. 1 Nr. 4 sind Zeichen, an deren ungestörter, nicht verwechslungsfähiger Verwendung im Rahmen hoheitlicher und auch schlicht-hoheitlicher Verwaltung ein öffentliches Interesse besteht.[44] Zu nennen sind hier kommunale Wappen (inländische Ortswappen, Gemeindeverbandswappen und Kommunalverbandswappen), private Wappen (Familienwappen, Vereinswappen), das Rote Kreuz, die Prüf-Plaketten des TÜV sowie Postwertzeichen.[45] Alte staatliche Hoheitszeichen, die der Staat als solche nicht mehr verwendet, können unter dem Vorhalt, dass ihre Verwendung nicht verboten ist, frei benutzt werden.[46] Auch gibt es kein allgemeines Verbot, abgewandelte Verkehrsschilder abzubilden oder zu vertreiben.[47] Polizeiausstattung und -farbgebung gehören im Allgemeinen ebenfalls nicht zu den geschützten Zeichen.[48]

20   Voraussetzung für die Anwendung des § 3 Abs. 1 Nr. 4 ist, dass das mit dem Zeichen versehene Muster eine missbräuchliche Benutzung des Zeichens darstellt. Dies ist anhand der angemeldeten Fassung des Musters zu beurteilen. Maßgebend sind regelmäßig die den Gesamteindruck des Musters bestimmende Gestaltung und ein damit offensichtlich verbundener Gebrauchszweck des Erzeugnisses.[49] Ist ein „unbedenklicher" Gebrauch des Musters möglich, steht die Möglichkeit des Missbrauchs der Muster oder von Teilen eines Musters durch die Art der Verwendung oder die ungerechtfertigte Geltendmachung von Verbietungsrechten deren Eintragung als Geschmacksmuster nicht entge-

---

42   Vgl. zum Markenrecht: *Fezer*, § 8 Rn. 601; Art. 6ter PVÜ Rn. 2.
43   Vgl. zum Markenrecht: *Fezer*, Art. 6ter PVÜ Rn. 3.
44   Vgl. *Eichmann/v. Falckenstein*, § 3 Rn. 25.
45   Vgl. zum Markenrecht: *Fezer*, § 8 Rn. 604 ff.; *Eichmann/v. Falckenstein*, § 3 Rn. 25.
46   Vgl. zum Markenrecht: *Fezer*, § 8 Rn. 608.
47   BGH, WRP 2004, 1177 – Abgewandeltes Verkehrszeichen.
48   Vgl. *Eichmann/v. Falckenstein*, § 3 Rn. 25.
49   Vgl. *Eichmann/v. Falckenstein*, § 3 Rn. 27.

gen.⁵⁰ Eine missbräuchliche Benutzung kann ferner ausgeschlossen sein, wenn das verwendete Zeichen nur eines von mehreren Gestaltungsmerkmalen ist, in seiner optischen Wirkung zurücktritt und der Verkehr aufgrund des optischen Gesamteindrucks des Erzeugnisses nicht davon ausgeht, dass eine hoheitliche Verwendung vorliegt. Dies ist insbesondere der Fall, wenn gesetzliche Zahlungsmittel auf Erzeugnissen verwendet werden.⁵¹

---

50 BGH, GRUR 2003, 705, 706 – Euro-Billy; BGH, GRUR 1972, 704, 707 – Wasser-Aufbereitung.
51 Vgl. *Eichmann/v. Falckenstein*, § 3 Rn. 27 m.w.N.

§ 4 Bauelemente komplexer Erzeugnisse

Ein Muster, das bei einem Erzeugnis, das Bauelement eines komplexen Erzeugnisses ist, benutzt oder in dieses Erzeugnis eingefügt wird, gilt nur dann als neu und hat nur dann Eigenart, wenn das Bauelement, das in ein komplexes Erzeugnis eingefügt ist, bei dessen bestimmungsgemäßer Verwendung sichtbar bleibt und diese sichtbaren Merkmale des Bauelements selbst die Voraussetzungen der Neuheit und Eigenart erfüllen.

Übersicht

	Rn.		Rn.
I. Allgemeines	1	2. Sichtbarkeit des Bauelements	4
II. Anwendbarkeit	3	3. Bestimmungsgemäße Verwendung	6
1. Komplexes Erzeugnis	3		

I. Allgemeines

1 Mit § 4 wurde Art. 3 Abs. 3 GM-Richtlinie umgesetzt. Er enthält die Fiktion, dass ein Geschmacksmuster nur dann neu ist und Eigenart hat, wenn das Bauelement, dass in ein komplexes Erzeugnis eingefügt ist, bei dessen bestimmungsgemäßer Verwendung sichtbar bleibt und sichtbare Erscheinungsmerkmale des Bauelements selbst neu sind und Eigenart haben. § 4 schränkt damit den grundsätzlich geöffneten Teilschutz insoweit wiederum ein.[1] Er beruht auf dem Bestreben, Kfz-Ersatzteile, die äußerlich nicht sichtbar in das Fahrzeug eingebaut werden (z.B. Kupplung, Getriebe, Wasserpumpe etc.), vom Schutz auszuschließen bzw. den Schutz für Kfz-Karosserieaustauschteile auf ein Minimum zu beschränken.[2] Eine vergleichbare Regelung findet sich in Art. 4 Abs. 2 GGV.

2 § 4 ist – ebenso wie Art. 4 Abs. 2 GGV – eng auszulegen. Dies gilt zunächst für Tatbestandsmerkmale des Bauelements eines komplexen Erzeugnisses (vgl. Kommentierung zu § 1 Nr. 3). Darüber ist § 4 dadurch eng auszulegen, dass diese Vorschrift auf solche Bauelemente, die

---

1 Vgl. Gesetzesbegründung, BlPMZ 2004, 229 f.
2 Vgl. *Eichmann/v. Falckenstein*, § 4 Rn. 3.

mehreren komplexen Erzeugnissen zugeordnet werden können, und auf solche Bauelemente, deren komplexe Erzeugnisse auf unterschiedliche Weise verwendet werden können, nur dann angewendet wird, wenn das Bauelement in allen Fällen nicht sichtbar ist.[3]

II. Anwendbarkeit

1. Komplexes Erzeugnis

Nach § 1 Nr. 3 ist ein „komplexes Erzeugnis" ein Erzeugnis aus mehreren Bauteilen, die sich ersetzen lassen, so dass das Erzeugnis auseinander- und wieder zusammengebaut werden kann. Gemeint ist damit die Reparatur durch den Austausch von Bauelementen. Eingefügt ist ein Bauelement in ein komplexes Erzeugnis, wenn es ein Bestandteil dieses Erzeugnisses ist. Auf die Art der Verbindung kommt es dabei nicht an. Benutzt wird ein Bauelement, wenn es einem komplexen Erzeugnis hinzugefügt wird.[4]

3

2. Sichtbarkeit des Bauelements

Sichtbare Merkmale des Bauelements genießen Geschmacksmusterschutz, wenn sie neu sind und Eigenart besitzen. Ob ein Bauelement „sichtbar" ist, bestimmt sich im Rahmen des § 4 nicht danach, ob die Merkmale des Erzeugnisses in der Wiedergabe der Anmeldung sichtbar wiedergegeben sind (§ 37 Abs. 1); abzustellen ist vielmehr auf die Verwendung eines mustergemäßen Erzeugnisses.[5] Für die Prüfung des § 4 kommt es also auf die bestimmungsgemäße Verwendung des komplexen Erzeugnisses, nicht auf die des Bauelements an.[6] Sichtbar ist das Bauelement, wenn es mit gewöhnlichem, dem Durchschnittsbetrachter zur Verfügung stehenden Aufwand erkennbar ist. Dementsprechend kann man verlangen, dass der Betrachter eine Brille benutzt, um besser zu sehen, nicht jedoch, dass er ein Mikroskop zur Hilfe nimmt.[7]

4

Ob es sich bei der angemeldeten Erscheinungsform um ein sichtbares Teil handelt oder nicht, kann der Anmelder in der Anmeldung durch die Erzeugnisangabe (§ 11 Abs. 2 Satz 1 Nr. 4) beeinflussen. Mit der

5

---

3 Vgl. *Ruhl*, Art. 4 Rn. 11.
4 Vgl. *Eichmann/v. Falckenstein*, § 4 Rn. 4.
5 Vgl. *Eichmann/v. Falckenstein*, § 4 Rn. 5.
6 Vgl. *Ruhl*, Art. 4 Rn. 13.
7 *Koschtial*, GRUR Int. 2003, 973, 980.

§ 4 Bauelemente komplexer Erzeugnisse

Erzeugnisangabe legt der Anmelder nämlich die Art und Weise der Verwendung des Anmeldungsgegenstandes fest. Die Art der Benutzung des konkreten Verletzungsgegenstandes wird durch die Erzeugnisangabe hingegen nicht beeinflusst. Ist der Verletzungsgegenstand bei bestimmungsgemäßer Verwendung nicht sichtbar, dann kann er auch nicht unter das Geschmacksmuster fallen.[8] Alternativ empfiehlt sich eine Beschreibung des Geschmacksmusters.

3. Bestimmungsgemäße Verwendung

6   Nach § 1 Nr. 4 bedeutet „bestimmungsgemäße Verwendung" die Verwendung durch den Endbenutzer, wobei Instandhaltungs-, Wartungs- und Reparaturarbeiten ausgenommen sind. Diese Definition ist eng auszulegen.[9] Die Begriffe der Instandhaltungs-, Wartungs- oder Reparaturarbeiten sind wie in der Allgemeinsprache zu verstehen; eine weitere Konkretisierung ist nicht erforderlich.[10] Die Auswechslung von Verbrauchsmaterialien wie etwa Tintenpatronen oder Kaffeefilter zählt weder zu den Instandhaltungs-, noch den Wartungs-, noch den Reparaturarbeiten. Dasselbe gilt für die Auswechslung von Einzelteilen wie Computerfestplatten zur Produktverbesserung.[11]

7   Das Muster muss nicht immer und zu jeder Zeit sichtbar sein. So ist das Sichtbarkeitskriterium auch dann erfüllt, wenn der Betrachter den Gegenstand erst umrunden muss, um das Design eines Teiles von ihm zu sehen oder wenn man bei einer Kuckucksuhr eine Stunde auf das Erscheinen des Kuckucks warten muss.[12] Bei einem mit Schneidmessern versehenen Rotor für Recycling-Shredder ist es ausreichend, wenn er für das Bedienungspersonal zur Kontrolle der ordnungsgemäßen Funktion sichtbar ist.[13] Abzustellen ist auf den Endgebrauch des Erzeugnisses und nicht auf Ausstellungen zum Verkauf. Anderenfalls wäre das Kriterium der Sichtbarkeit leicht zu umgehen; jedes Produkt kann vor seinem Einbau in das Enderzeugnis ausgestellt werden und trotzdem ist sein Design nicht für die vorhergehende Ausstellung, sondern für das Endprodukt geschaffen.[14] Ein Erzeugnis kann mehrere bestimmungsge-

---

8 Vgl. *Bulling/Langöhrig/Hellwig*, Rn. 87.
9 Vgl. *Bulling/Langöhrig/Hellwig*, Rn. 84.
10 Vgl. *Ruhl*, Art. 4 Rn. 17.
11 Vgl. *Ruhl*, Art. 4 Rn. 18.
12 *Koschtial*, GRUR Int. 2003, 973, 980.
13 Vgl. *Eichmann/v. Falckenstein*, § 4 Rn. 5.
14 *Koschtial*, GRUR Int. 2003, 973, 981.

mäße Verwendungen haben: Ist das Bauelement verschiedenartig verwendbar, muss im Sinne eines „in dubio pro reo" dann Schutz gewährt werden, wenn es zumindest in irgendeiner bestimmungsgemäßen Verwendungsweise sichtbar bleibt.[15]

---

15 Vgl. *Ruhl*, Art. 4 Rn. 20; *Koschtial*, GRUR Int. 2003, 973, 981.

§ 5 Offenbarung

Ein Muster ist offenbart, wenn es bekannt gemacht, ausgestellt, im Verkehr verwendet oder auf sonstige Weise der Öffentlichkeit zugänglich gemacht wurde, es sei denn, dass dies den in der Gemeinschaft tätigen Fachkreisen des betreffenden Sektors im normalen Geschäftsverlauf vor dem Anmeldetag des Musters nicht bekannt sein konnte. Ein Muster gilt nicht als offenbart, wenn es einem Dritten lediglich unter der ausdrücklichen oder stillschweigenden Bedingung der Vertraulichkeit bekannt gemacht wurde.

Übersicht

	Rn.		Rn.
I. Allgemeines	1	IV. Offenbarungsgebiet	15
II. Offenbarung (§ 5 Satz 1)	2	V. Offenbarungszeitpunkt	16
1. Bekanntmachung	3	VI. Unschädliche Offenbarung	
2. Ausstellung	5	(§ 5 Satz 2)	18
3. Im Verkehr verwendet	6	VII. Beweislast	21
4. Offenbarung auf sonstige Weise	7		
III. Fachkreise	8		

I. Allgemeines

1 Mit § 5 wurde Art. 6 Abs. 1 der GM-Richtlinie umgesetzt. Die Regelung entspricht im Wesentlichen Art. 7 Abs. 1 GGV. Er regelt die Voraussetzungen für eine ordnungsgemäße Offenbarung eines Musters. Diese ist vor allem bei der Bestimmung der Neuheit (§ 2 Abs. 2) und der Eigenart (§ 2 Abs. 3) eines Musters bedeutsam. So liegen Neuheit und Eigenart nur dann vor, wenn vor dem Anmelde- bzw. Prioritätstag (§ 13) kein identisches Muster (Neuheit) und kein Muster, dessen Gesamteindruck sich vom vorbekannten Formenschatz nicht unterscheidet (Eigenart), offenbart worden ist (vgl. Kommentierung zu § 2). Das objektive Vorbekanntsein der ästhetischen Gestaltungselemente ist hinsichtlich der Art der Offenbarung (vgl. Ziffer II.), des Personenkreises (vgl. Ziffer III.) sowie der geographischen Gebiete (vgl. Ziffer IV.) abzugrenzen.

II. Offenbarung (§ 5 Satz 1)

Der Begriff der Offenbarung ist weit auszulegen; Offenbarung ist jede Mitteilung des Geschmacksmusters an einen Dritten.[1] Durch die Offenbarung muss die nicht zu entfernte Möglichkeit eröffnet werden, dass beliebige Dritte – für den Offenbarungsbegriff kann dahinstehen, ob sich die Mitteilung an Mitglieder der Fachkreise, an andere Gewerbetreibende oder an interessierte oder unbeteiligte Laien richtet[2] – und ausreichende Kenntnis von dem Muster erhalten.[3] Es genügt die Möglichkeit der Kenntnisnahme im normalen Geschäftsverkehr. Eine Rechercheobliegenheit besteht nicht.[4]

1. Bekanntmachung

Ein Muster ist bekannt gemacht, wenn es in dem hierfür bestimmten Publikationsorgan veröffentlicht wurde. In Betracht kommen insbesondere das (elektronische) Geschmacksmusterblatt des DPMA (vgl. Kommentierung bei § 20) sowie die Veröffentlichungen des HABM und der WIPO. Anders als die Veröffentlichung eines eingetragenen Geschmacksmusters in der Gemeinschaft führt dessen Anmeldung noch nicht dazu, dass das Muster im normalen Geschäftsverlauf bekannt sein konnte.[5] Die Möglichkeit einer allgemeinen Recherche angemeldeter oder eingetragener Geschmacksmuster, die noch nicht bekannt gemacht worden sind, ist nach dem GeschmMG und der GGV ausgeschlossen. Nach § 22 Satz 2 Nr. 2 GeschmMG, Art. 74 Abs. 1 GGV wird Dritten Einsicht in die Akten von Anmeldungen vor ihrer Bekanntmachung grundsätzlich nur mit Zustimmung des Anmelders oder des Rechtsinhabers gewährt. Ohne Zustimmung des Anmelders oder Rechtsinhabers kann gemäß § 22 Satz 2 Nr. 3 GeschmMG, Art. 74 Abs. 2 Unterabs. 1 GGV Akteneinsicht nur verlangt werden, wenn ein legitimes Interesse glaubhaft gemacht wird. Dazu reicht das allgemeine Interesse, Kenntnis vom Inhalt der Anmeldung eines Geschmacksmusters zu erhalten, nicht aus.[6] Die Eintragung eines Geschmacksmusters gilt, solange die Eintragung noch nicht bekanntgemacht ist, nicht als Veröffentlichung.[7]

---

1 Vgl. *Ruhl*, Art. 7 Rn. 7.
2 Vgl. *Ruhl*, Art. 7 Rn. 7.
3 Vgl. zum Patentrecht: *Benkard*, § 3 Rn. 63.
4 BGH, GRUR 1980, 235, 236 – Play-Family.
5 Vgl. zu Art. 6 GGV: BGH, WRP 2010, 896, 900 Rn. 40 – Verlängerte Limousinen.
6 Vgl. zur Bestimmung des vorbekannten Formenschatzes: *Ruhl*, GRUR 2010, 692, 693.
7 Vgl. *Ruhl*, Art. 7 Rn. 21.

§ 5 Offenbarung

4   Im Hinblick auf außereuropäische Veröffentlichungen ist mit dem HABM davon auszugehen, dass in einem weltweit wichtigen Register, wie dem japanischen, sämtliche Veröffentlichungen den in der Gemeinschaft tätigen Fachkreisen des betreffenden Wirtschaftszweiges als bekannt unterstellt werden können und damit offenbart sind.[8] Das Gleiche gilt für das US-Patentregister.[9] Eine vor der Musteranmeldung erfolgte Markenanmeldung mit identischem Design ist – anders als die Veröffentlichung der Marke – nicht als Offenbarung anzusehen.[10]

2. Ausstellung

5   Ausgestellt wird ein Muster, wenn seine Besichtigung möglich, eine Übergabe jedoch nicht vorgesehen ist. Die Ausstellung kann auf Veranstaltungen mit mehreren Teilnehmern (z.B. Messen), auf Präsentationen einzelner Anbieter und auf Ausstellungen mit musealem Charakter erfolgen.[11] Eine besondere Bedeutung der Ausstellung ist nicht erforderlich.[12] Schutzhindernd ist die Ausstellung allerdings nur dann, wenn die Allgemeinheit von dem ausgestellten Muster Kenntnis nehmen kann. Hieran fehlt es, wenn lediglich anlässlich der Ausstellung verschlossen gehaltene Gegenstände nur einigen wenigen ausgewählten Personen gezeigt werden.[13] Demgegenüber kann es ausreichen, wenn die Offenbarung außerhalb des eigentlichen Ausstellungsgeländes stattfindet.[14]

3. Im Verkehr verwendet

6   Eine Verwendung im Verkehr liegt vor, wenn ein real existierendes Erzeugnis in den Geschäftsverkehr gelangt ist. Zu denken ist insbesondere an alle Maßnahmen des Inverkehrbringens (z.B. Kauf, Miete, Leasing, Pacht, Leihe, Schenkung; vgl. Kommentierung bei § 38) sowie an Abbildungen in der Öffentlichkeit. Die Ein- oder Ausfuhr eines Erzeugnisses ist nur dann zu berücksichtigen, wenn und soweit sie für die Öffentlichkeit erkennbar ist.[15]

---

8   HABM, Entscheidung vom 20.6.2005 – ICD 000 000 420 – Sunstar/Dentaid.
9   HABM, Entscheidung vom 17.8.2006 – ICD 000 000 990 – Honda/Kwang; HABM, Urt. v. 26.3.2010, R 9/2008, GRUR-Prax 2010, 268 – Crocs.
10 HABM, Entscheidung vom 19.12.2005 – ICD 000 000 735 – Leng-D'or/Frito-Lay.
11 Vgl. *Eichmann/v. Falckenstein*, § 5 Rn. 7.
12 OLG Frankfurt, GRUR-RR 2005, 320, 321.
13 BGH, GRUR 1977, 796 – Pinguin.
14 OLG Frankfurt, GRUR-RR 2005, 320, 323.
15 Vgl. *Eichmann/v. Falckenstein*, § 5 Rn. 8.

4. Offenbarung auf sonstige Weise

Eine Offenbarung auf sonstige Weise liegt insbesondere vor, wenn das Muster in Druckwerken (z.B. Zeitungen, (Fach-)Zeitschriften,[16] Büchern, Katalogen, Broschüren) oder elektronischen Medien (z.B. Fernsehen, Internet) abgebildet wird. Dankbar sind auch Rundschreiben an sämtliche Verbände eines bestimmten Wirtschaftszweigs. Unerheblich ist, ob die Abbildung vom Entwerfer oder von einem Dritten veröffentlicht worden ist. Ausreichend ist jeder Vorgang, der geeignet ist, ein Muster unmittelbar oder mittelbar den Personen zur Kenntnis zu bringen, die den maßgeblichen Fachkreisen zugehörig sind. Wird das Muster im Rahmen von Geschäftsanbahnungen vorgezeigt, liegt eine Offenbarung zumindest dann vor, wenn die Präsentation vor Fachkreisen stattfindet und Vertraulichkeit nicht ausbedungen ist.[17] Wurde das Muster einem Dritten hingegen vertraulich zur Kenntnis gebracht, liegt keine Offenbarung vor.[18] Veröffentlichungen ohne Bilddarstellung können nur in dem Umfang herangezogen werden, in dem sich aus der reinen Wortbeschreibung der ästhetische Gehalt der fraglichen Gestaltung ergibt.[19] Eine schriftliche Beschreibung ist deshalb regelmäßig nur bei einfach darstellbaren Erscheinungsmerkmalen als Offenbarung zu berücksichtigen.[20]

7

III. Fachkreise

Die Offenbarung muss gegenüber den in der Europäischen Gemeinschaft tätigen Fachkreisen erfolgt sein. Damit erweitert § 5 den Kreis der inländischen Verkehrskreise der früheren Rechtslage[21] auf den Empfängerhorizont der jeweiligen Fachkreise in der Europäischen Gemeinschaft.[22] Die den Fachkreisen zugehörigen Personen müssen ihre Berufstätigkeit im Gebiet eines der Mitgliedstaaten der Europäischen Gemeinschaft ausüben.[23]

8

Zu den Fachkreisen gehören vor allem die Personen, die für die Produktgestaltung verantwortlich sind, mithin Designer und die Produzen-

9

---

16 EuG, GRUR-RR 2010, 425 – Konferenzeinheit.
17 Vgl. *Eichmann/v. Falckenstein*, § 5 Rn. 9.
18 HABM, Entscheidung vom 1.7.2005 – ICD 000 000 180 – Grupo Promer/Pepsico.
19 Vgl. *v. Gamm*, § 1 Rn. 52.
20 BGH, GRUR 1965, 198, 200 – Küchenmaschine.
21 BGH, GRUR 1969, 90, 94 – Rüschenhaube.
22 Vgl. *Berlit*, GRUR 2004, 635, 637.
23 Vgl. *Eichmann/v. Falckenstein*, § 5 Rn. 15.

§ 5 Offenbarung

ten der nach dem Muster hergestellten Erzeugnisse. Einzubeziehen ist weiter die Kenntnis von Personen, die in den Bereichen Marketing und Produktentwicklung beruflich oder gewerblich mit diesen Erzeugnissen zu tun haben (Groß- und Einzelhändler, Lieferanten etc.).[24] Auf den Kenntnisstand des Urhebers (Designers) selbst kommt es grundsätzlich nicht an. Auch wenn ihm die maßgeblichen Gestaltungsmerkmale nicht bekannt waren oder nicht bekannt sein konnten, ist ihr Vorbekanntsein bei den inländischen Fachkreisen schädlich für die Neuheit bzw. Eigenart.[25] Die Kenntnis von Personen der Lehre, der Berichterstattung und der Designkritik ist ebenfalls irrelevant.[26] Das Gleiche gilt für Endverbraucher (Erwerber).[27]

10 Nach dem Regelungszweck liegt eine relevante Offenbarung gegenüber der Öffentlichkeit nur dann vor, wenn ein nennenswerter Teil der Fachkreise, mithin ein breiter angelegter Personenkreis die Möglichkeit zur Kenntnisnahme hat. Wird das Muster nur gegenüber einem zahlenmäßig und personell begrenzten Personenkreis offenbart, genügt dies nicht, da nicht auf die Kenntnis einzelner Fachleute, sondern auf die Kenntnis der Fachkreise abzustellen ist.[28] Im Zweifelsfall sind Feststellungen zu den Umständen der Offenbarung und zur Möglichkeit der Kenntnisnahme durch einen ausreichenden Teil der Fachkreise zu treffen.[29] Generell sollte an die Kenntnismöglichkeit der Fachkreise jedoch kein zu strenger Maßstab angelegt werden.[30]

11 Bei der Bestimmung, was den Fachkreisen bekannt sein konnte, ist auf den Kulturkreis abzustellen, von dem erwartet werden kann, dass die Fachkreise ihn bei der Mustergestaltung in ihre Beobachtungen einbeziehen.[31] Hierzu zählen neben Europa grundsätzlich die USA,[32] bei Computergehäusen auch Taiwan.[33] Im Übrigen ist bei mehr oder weniger intensiven Wirtschafts- und Kulturbeziehungen (einschließlich Tourismus) regelmäßig davon auszugehen, dass den einschlägigen Fach-

---

24 Vgl. *Ruhl*, Art. 7 Rn. 16.
25 Vgl. *Nirk/Kurtze*, § 1 Rn. 136.
26 Vgl. *Eichmann/v. Falckenstein*, § 5 Rn. 12.
27 Vgl. *Nirk/Kurtze*, § 1 Rn. 138.
28 BGH, GRUR 1993, 466, 468 – Preprint-Versendung.
29 Vgl. *Eichmann/v. Falckenstein*, § 5 Rn. 12.
30 Vgl. *Ruhl*, Art. 7 Rn. 9.
31 BGH, GRUR 1969, 90, 95 – Rüschenhaube.
32 BGH, GRUR, 1969, 90, 95 – Rüschenhaube; LG Frankfurt am Main, GRUR-RR 2005, 4 – Swing-Hometrainer.
33 BGH, WRP 2004, 613, 614 – Computergehäuse.

kreisen auch die dortigen Vorveröffentlichungen, Marktentwicklungen und Gestaltungsformen bekannt sind.[34]

Zu beachten sind nicht nur die Gestaltungen auf dem einschlägigen, sondern auch diejenigen auf den benachbarten Gewerbegebieten.[35] Einschlägig ist jedes Gewerbegebiet, das mit demjenigen des Musters identisch ist, dessen Schutz beansprucht wird. Was als benachbartes Gewerbegebiet zu bezeichnen ist, ist Frage des Einzelfalls.[36] Ob sich beispielsweise der Designer von PKW-Felgen an Motorrad-Felgen anlehnt, oder ob dies wegen der technischen Unterschiede ausscheidet, muss ggf. durch Sachverständigengutachten geklärt werden.[37] Bei abweichenden Produktkategorien (z.B. Kaminöfen einerseits, Dekorationsgegenstände andererseits) kommt es für die Frage einer (vorherigen) Offenbarung auf die Kenntnis der Fachkreise des betreffenden Sektors des jüngeren (Kaminöfen), nicht auf diejenigen des älteren, als neuheitsschädlich geltend gemachten Musters (Dekorationsgegenstände) an.[38] 12

Maßgeblich ist nicht allein der objektive Kenntnisstand der Fachkreise. Vielmehr sind auch solche Gestaltungen und Darstellungen als offenbart anzusehen, die den einschlägigen Fachkreisen bei zumutbarer Beachtung der auf den einschlägigen oder benachbarten Gewerbegebieten vorhandenen Gestaltungen bekannt sein konnten, ihnen also ohne übermäßige Schwierigkeiten zugänglich sind.[39] Ob die Fachkreise tatsächlich Kenntnis genommen haben, spielt keine Rolle; die Kenntnismöglichkeit für einen nennenswerten Teil der Fachkreise ist ausreichend.[40] Ausgenommen sind hingegen solche Veröffentlichungen, die den Fachkreisen nicht bekannt sein konnten. So kann allein aus der Veröffentlichung einer Gestaltung in einer Werbeanzeige in einer ausländischen Fachzeitschrift nicht geschlossen werden, dass diese Gestaltung schon vor dem Zeitpunkt des Erscheinens der Werbeanzeige den inländischen 13

---

34 Vgl. v. *Gamm*, § 1 Rn. 51.
35 *Ruhl* ist der Auffassung, dass es für eine Offenbarung ausreicht, wenn die Fachkreise irgendeines Wirtschaftszweiges, für dessen Erzeugnisse der Schutz des Geschmacksmusters in realistischer Weise relevant werden kann, Kenntnis haben konnten; vgl. Art. 7 Rn. 11.
36 Vgl. *Nirk/Kurtze*, § 1 Rn. 138.
37 BGH, GRUR 2000, 1023, 1026 – 3-Speichen-Felgenrad.
38 BGH, GRUR 2009, 79, 81, 82 – Gebäckpresse; OLG Hamburg, WRP 2010, 1416 – Kaminöfen; LG Frankfurt am Main, GRUR-RR 2005, 4f.
39 Vgl. v. *Gamm*, § 1 Rn. 50; BGH, GRUR 1969, 90, 94 – Rüschenhaube; BGH, GRUR 1978, 168, 169 – Haushaltsschneidemaschine I m.w.N.
40 Vgl. *Eichmann/v. Falckenstein*, § 5 Rn. 12; *Ruhl*, Art. 7 Rn. 18.

§ 5 Offenbarung

Verkehrskreisen bekannt war oder bekannt sein konnte und deshalb zum vorbekannten Formenschatz gehört.[41]

14 Der normale Geschäftsverlauf ist abhängig von dem jeweiligen Wirtschaftszweig zu bestimmen. Zum gewöhnlichen Geschäftsverlauf kann auch die Recherche in anderen Wirtschaftszweigen zählen. Offenbarungen außerhalb der Gemeinschaft gehören um so eher zum gewöhnlichen Geschäftsverlauf der europäischen Fachkreise, je wichtiger das Drittland für Herstellung, Bezug oder Absatz der Erzeugnisse ist. Hingegen zählt nicht zum gewöhnlichen Geschäftsverlauf, was allenfalls durch Zufall auffindbar ist.[42]

IV. Offenbarungsgebiet

15 Fraglich ist, wo die Offenbarung des Musters erfolgen muss. Nach seinem Wortlaut enthält § 5 keine Beschränkung auf den geographischen Raum der Europäischen Gemeinschaft. Eine solche Beschränkung hat der Gesetzgeber auch nicht gewollt; vielmehr soll § 5 an die bisherige Rechtsprechung[43] anknüpfen, nach der neuheitsschädliche Vorveröffentlichungen grundsätzlich auf der ganzen Welt erfolgen können.[44] Erforderlich ist allerdings, dass die in der Gemeinschaft tätigen Fachkreise in dem entsprechenden Gebiet, d.h. außerhalb der Gemeinschaft tätig sind (z.B. Genfer Autosalon). Im Übrigen ist zu berücksichtigen, dass bei einer Veröffentlichungshandlung außerhalb der Gemeinschaft die Voraussetzungen dafür, dass die Veröffentlichung den in der Gemeinschaft tätigen Fachkreisen „nicht bekannt sein konnte", eher erfüllt sein können als bei einer Veröffentlichungshandlung in der Gemeinschaft. Bei einer Veröffentlichungshandlung außerhalb der Gemeinschaft ist daher – wie auch nach bisherigem Recht bei einer Veröffentlichung im Ausland[45] – zunächst zu fragen, ob die in Rede stehende Region von den in der Gemeinschaft tätigen Fachkreisen des fraglichen Warengebiets überhaupt in die Beobachtung mit einbezogen wird. Ist dies zu bejahen, muss weiter geprüft werden, ob gleichwohl die konkreten Umstände der Veröffentlichungshandlung die Bejahung der in § 5

---

41 BGII, WRP 2004, 613, 614 – Computergehäuse.
42 Vgl. *Ruhl*, Art. 7 Rn. 19.
43 BGH, GRUR 1969, 90 – Rüschenhaube.
44 Vgl. Begründung im Gesetzesentwurf der Bundesregierung, BT-Drucks. 15/1075, S. 30; *Ruhl*, Art. 7 Rn. 8.
45 BGH, GRUR 1969, 90 – Rüschenhaube; BGH, WRP 2004, 613, 614 – Computergehäuse.

Satz 1 genannten Ausnahmevoraussetzungen rechtfertigen können. Bei der Beurteilung ist allerdings stets zu berücksichtigen, dass § 5 Satz 1 eine relevante Offenbarung nicht davon abhängig macht, ob und in welchem Ausmaß die Fachkreise die fragliche Veröffentlichung tatsächlich zur Kenntnis genommen haben. Es sollen nur solche Veröffentlichungshandlungen unberücksichtigt bleiben, auf die auch aufmerksame Mitglieder der einschlägigen Fachkreise allenfalls durch Zufall hätten stoßen können.[46]

V. Offenbarungszeitpunkt

Entscheidend für das Vorbekanntsein oder Vorbekanntseinkönnen ist der Zeitpunkt der Anmeldung des Musters, auf dessen Neuheit und Eigenart es ankommt.[47] Zu berücksichtigen sind deshalb nur Muster oder danach hergestellte Erzeugnisse, die bereits bekannt waren oder bekannt sein konnten, als die Anmeldung erfolgte.[48] Die Offenbarung muss nicht dauerhaft sein. Zu berücksichtigen können auch Muster sein, die schon vor langer Zeit geschaffen worden sind. Erforderlich ist jedoch, dass die Muster durch Berichte oder andere Maßnahmen in die Gegenwart fortwirken und dass sie Eingang in den normalen Geschäftsablauf gefunden haben.[49]

16

Bei einer Verschiebung des Anmeldetags nach § 16 Abs. 5 Satz 2 ist auf den anerkannten Anmeldetag abzustellen. Prioritätsgleiche Musteranmeldungen sind einander nicht neuheitsschädlich.[50]

17

VI. Unschädliche Offenbarung (§ 5 Satz 2)

Wurde ein Muster einem Dritten lediglich unter der ausdrücklichen oder stillschweigenden Bedingung der Vertraulichkeit bekannt gemacht, gilt dies nicht als Offenbarung im Rechtssinn. Dritter i.S.d. § 5 Satz 2 kann jeder außer demjenigen sein, dem zum Zeitpunkt der offenbarenden Handlung das Recht auf das Geschmacksmuster zusteht (vgl. Kommentierung bei § 7).

18

---

46 Vgl. OLG Frankfurt, Urt. v. 12.8.2004 – 6 U 91/04.
47 Vgl. *Nirk/Kurtze*, § 1 Rn. 139; BGH, GRUR 1958, 509, 510 – Schlafzimmermodell.
48 Vgl. *Nirk/Kurtze*, § 1 Rn. 139.
49 Vgl. *Eichmann/v. Falckenstein*, § 5 Rn. 11.
50 Vgl. *v. Gamm*, § 1 Rn. 52.

§ 5 Offenbarung

19 Mit „Bedingung" ist keine Erklärung i.S.d. § 158 BGB, sondern eine Aufforderung oder ein Vorbehalt gemeint. Dieser kann beispielsweise in dem Wortlaut einer Einladung zu einer Veranstaltung, in einem Hinweis in der Veranstaltung oder auf einer Warenprobe enthalten sein.[51] Die Vertraulichkeit braucht nicht ausdrücklich vereinbart zu sein. Eine stillschweigende Bedingung der Vereinbarung kann sich sowohl aus den Umständen als auch aus der Lebenserfahrung ergeben. Zu fragen ist, ob aufgrund eines besonderen Vertrauensverhältnisses die berechtigte Erwartung gegründet ist, die Offenbarung werde vertraulich behandelt; es kommt auf den jeweiligen Einzelfall an.[52] Der damit verbundenen Ungewissheit sollte durch eine ausdrückliche Vereinbarung vorgebeugt werden.[53]

20 Wurde die Vertraulichkeit gebrochen, stellt dies eine missbräuchliche Handlung i.S.d. § 6 Satz 2 dar. Die Offenbarung bleibt also bei der Beurteilung der Neuheit und der Eigenart unberücksichtigt.[54]

VII. Beweislast

21 Die Beweislast für die Offenbarung des entgegengehaltenen Geschmacksmusters und die Merkmale desselben trägt derjenige, der sich darauf beruft, also etwa der Antragsteller im Nichtigkeitsverfahren oder der Beklagte im Verletzungsprozess.[55] Trägt der Inhaber des Geschmacksmusters vor, dass die relevanten Fachkreise im normalen Geschäftsverlauf von der Offenbarung keine Kenntnis haben konnten, trifft ihn, da es sich nach dem Gesetzeswortlaut („es sei denn, dass ...") um eine Ausnahmeregelung handelt, die Beweislast für das Vorliegen der entsprechenden tatsächlichen Voraussetzungen.[56] Das Gleiche gilt für den Fall, dass sich der Rechtsinhaber darauf beruft, die von ihm erfolgte Offenbarung sei unter der Bedingung der Vertraulichkeit erfolgt.[57]

---

51 Vgl. *Eichmann/v. Falckenstein*, § 5 Rn. 19.
52 BGH, GRUR 1978, 297 – Hydraulischer Kettenbandantrieb; BGH, GRUR 1973, 263, 264 – Rotterdamgeräte; BGH, GRUR 1962, 518 – Blitzlichtgerät; BGH, GRUR 1962, 86 – Fischereifahrzeug.
53 Vgl. *Nirk/Kurtze*, § 7 a.F. Rn. 47.
54 Vgl. *Eichmann/v. Falckenstein*, § 5 Rn. 20.
55 Vgl. *Ruhl*, Art. 7 Rn. 39.
56 Vgl. *Ruhl*, Art. 7 Rn. 40; *Kur*, GRUR 2002, 665; *Krüger/v. Gamm*, WRP 2004, 981.
57 Vgl. *Eichmann/v. Falckenstein*, § 5 Rn. 21.

§ 6 Neuheitsschonfrist

Eine Offenbarung bleibt bei der Anwendung des § 2 Abs. 2 und 3 unberücksichtigt, wenn ein Muster während der zwölf Monate vor dem Anmeldetag durch den Entwerfer oder seinen Rechtsnachfolger oder durch einen Dritten als Folge von Informationen oder Handlungen des Entwerfers oder seines Rechtsnachfolgers der Öffentlichkeit zugänglich gemacht wurde. Dasselbe gilt, wenn das Muster als Folge einer missbräuchlichen Handlung gegen den Entwerfer oder seinen Rechtsnachfolger offenbart wurde.

Übersicht

	Rn.		Rn.
I. Allgemeines	1	III. Offenbarung	6
II. Praktische Bedeutung und Problematik	4	IV. Frist und Inanspruchnahme	14

I. Allgemeines

§ 6 hat § 7a a.F. ersetzt. Dieser kannte jedoch keine 12-monatige, sondern nur eine 6-monatige Neuheitsschonfrist. Darüber hinaus wurde im Rahmen der Neuheitsschonfrist die Behandlung bestimmter Missbrauchsfälle und weiterer Offenbarungshandlungen neu geregelt. In der Literatur wurde häufig kritisiert, dass § 7a a.F. schwerwiegende Regelungsdefizite aufwies.[1]

§ 6 hat im Hinblick auf seinen Anwendungsbereich eine begrenzte Rückwirkung. Für Geschmacksmuster, die nach dem 1. Juni 2004 angemeldet worden sind, bedeutet dies, dass der Beginn der 12-Monats-Frist durch Offenbarung des einschlägigen Erzeugnisses bis zu einem Jahr vor dem Inkrafttreten des § 6 gelegen haben kann. Demnach kann die Neuheitsschonfrist nach § 6 für Bekanntmachungen in Anspruch genommen werden, die nach dem 1. Juni 2003 vorgenommen wurden und der Schutzfähigkeit des Geschmacksmusters entgegenstehen. Im Falle der missbräuchlichen Offenbarung durch Dritte gilt im Hinblick auf die Frist eine noch weitere Rückwirkung, da insoweit zeitliche Schranken

---
1 Vgl. *Eichmann/v. Falckenstein*, § 6 Rn. 1; *v. Falckenstein*, GRUR 1988, 579, *Eichmann*, GRUR 1989, 18; *Eichmann*, Mitt. 1995, 372.

nicht bestehen.² Für Geschmacksmuster, die zwischen dem 19. Oktober 2001 und dem 1. Juni 2004 angemeldet wurden, gilt ebenfalls bereits § 6, da § 72 Abs. 2 Satz 1 bestimmt, dass sich die Schutzfähigkeitsvoraussetzungen und die Reichweite des § 6 nach jetzt geltendem Recht bestimmen. Dies führt zu einer weiteren Zurückverlegung des Zeitpunktes, ab welchem Offenbarungen im Rahmen des neuen § 6 geprüft werden müssen bis zum 29. Oktober 2000.³

3 Für das eingetragene Gemeinschaftsgeschmacksmuster besteht eine § 6 entsprechende Regelung in Art. 7 Abs. 2 und Abs. 3 GGV. Bei einem nicht eingetragenen Geschmacksmuster ist eine Neuheitsschonfrist per se ausgeschlossen, da bereits das Recht am nicht eingetragenen Geschmacksmuster durch die erste, den gesetzlichen Anforderungen entsprechende, Veröffentlichung des Musters entsteht. Nach Art. 11 Abs. 2 Satz 1 GGV entsteht bei Vorliegen der entsprechenden Schutzvoraussetzungen ein nicht eingetragenes Gemeinschaftsgeschmacksmuster mit dem Tag, an dem dieses Muster erstmals der Öffentlichkeit zugänglich gemacht worden ist. Dies bedeutet für den in Deutschland Geschmacksmusterschutz Suchenden, dass er als Veranlasser einer vorzeitigen, ausreichenden Offenbarung des Musters eine Wahlmöglichkeit zwischen folgenden Alternativen hat: Zum einen kann er sich auf die durch diese Offenbarung begründeten Schutzwirkungen des nicht eingetragenen Gemeinschaftsgeschmacksmusters berufen. Zum anderen kann er sich für ein eingetragenes (nationales aber auch gemeinschafts-)Geschmacksmuster entscheiden und dabei die Neuheitsschonfrist des § 6 in Anspruch nehmen. Beide Möglichkeiten stehen ihm dabei auch kumulativ offen. In der Praxis wird man sich dabei meist fragen, ob die doch kurz bemessene Schutzdauer des nicht eingetragenen Gemeinschaftsgeschmacksmusters (3 Jahre gemäß Art. 11 Abs. 1 GGV) ausreichend ist, was häufig bei kurzlebigen Schöpfungen, z.B. im Modebereich, bejaht werden kann. Allerdings ist das nicht eingetragene Gemeinschaftsgeschmacksmuster bei Gericht nicht so einfach durchzusetzen, da die Frage der erstmaligen Offenbarung und dem Prioritätszeitpunkt oft nur schwer darlegbar bzw. beweisbar ist. Daneben gewährt das nicht eingetragene Gemeinschaftsgeschmacksmuster nur Schutz gegen Nachbildungen (Art. 19 Abs. 2 GGV), so dass unabhängig geschaffene Parallelschöpfungen nicht angreifbar sind; hingegen gewährt das eingetragene (nationale oder gemeinschafts-)Ge-

---

2 Vgl. *Günther/Beyerlein*, § 6 Rn. 10; *Günther/Beyerlein*, WRP 2003, 1422, 1424.
3 So jetzt auch *Eichmann/v. Falckenstein*, § 6 Rn. 10, die in der 3. Aufl. fälschlicherweise auf den 29.10.2002 abstellten.

schmacksmuster ein absolutes Verbotsrecht mit Sperrwirkung auch gegenüber unabhängig geschaffenen übereinstimmenden Parallelschöpfungen. Vor diesem Hintergrund dürfte trotz Bestehens des Gemeinschaftsgeschmacksmusters die Neuheitsschonfrist eine große praktische Bedeutung bekommen, da sie den Interessen des Entwerfers in vielerlei Hinsicht besser gerecht werden kann.

II. Praktische Bedeutung und Problematik

Das rechtliche Konstrukt einer Neuheitsschonfrist, wie sie in § 6 ihren Niederschlag gefunden hat, ist durch ihren eigenen Charakter wieder eingeschränkt. Die vorzeitige Bekanntgabe von Gestaltungen, die nicht identisch sondern lediglich nahe kommend oder ähnlich dem fraglichen Muster sind, gefährdet den Bestand eben jenes Musters. Darüber hinaus besteht die Gefahr, dass kurzlebige Gestaltungen, insbesondere Saisonartikel, alsbald nach der Erstveröffentlichung der Gestaltung nachgeahmt werden, so dass die dann bis zu 12 Monate später erfolgende Anmeldung und damit verbundene Gewährleistung von Geschmacksmusterschutz zu Verhinderung von Nachahmungen zu spät sein kann.[4] Eine weitere Problematik des § 6 und der Neuheitsschonfrist an sich besteht darin, dass bei Nachanmeldung desselben Musters im Ausland der Anmelder nur dann auf die Neuheitsschonfrist privilegiert berufen kann, wenn das ausländische Recht einerseits eine Neuheitsschonfrist an sich kennt und andererseits diese Neuheitsschonfrist sich auch auf ausländische Vorbekanntmachungen erstreckt.[5]

4

Von der Neuheitsschonfrist aufgrund der anderen Rechtsfolgen deutlich zu unterscheiden ist der sogenannte Ausstellungsschutz gemäß § 15, da Letzterer eine Vorverlegung der Priorität zur Folge hat, die bei der Neuheitsschonfrist gemäß § 6 gerade nicht stattfindet.[6] Die Neuheitsschonfrist verhindert deshalb nicht, dass während der Dauer der Neuheitsschonfrist von Dritten unabhängig und nicht missbräuchlich vorgenommene Offenbarungen neuheitsschädlich sind bzw. die Eigenart ausschließen können. Gerade aufgrund der fehlenden Prioritätsbegründung durch eine Offenbarung gemäß § 6 ist die Neuheitsschonfrist trotz ihrer

5

---

4 So bereits *Kelbel*, GRUR 1989, 633 zu § 7 a a.F.; vgl. auch *Eichmann/v. Falckenstein*, § 6 Rn. 5.
5 Vgl. zu den Einzelheiten: *Theiss*, BlPMZ 1952, 215; *Hamburger*, GRUR Int. 1963, 189; vgl. im Hinblick auf die international einheitliche Einführung einer Neuheitsschonfrist: *Bardehle*, Mitt. 2003, 245; *Bardehle*, Mitt. 2004, 289.
6 Vgl. BGH, GRUR 1969, 271, 273 – Zugseilführung.

zahlreichen Vorteile für die Rechtspraxis auch mit durch die Neufassung des § 7a a.F. verbessertem Anwendungsbereich nicht uneingeschränkt zu empfehlen, gleichwohl „ein Schritt in die richtige Richtung".

III. Offenbarung

6 § 6 bezieht sich auf den Begriff der Offenbarung. Offenbarung ist dabei im Sinne des § 2 Abs. 1 Satz 1 und § 5 zu verstehen. Die Offenbarung darf nicht für einen lediglich begrenzten Personenkreis geschehen und muss, wie in § 5 normiert, die Möglichkeit des Wahrnehmens geschaffen haben. Ob das offenbarte Erzeugnis tatsächlich Dritten bekannt geworden ist, ist dabei unerheblich, da das Zugänglichmachen allein ausreichend ist, um die Frist des § 6 in Gang zu setzen.[7] Allerdings ist ebenso wie im Rahmen des § 5 eine für Fachleute entlegene Bekanntmachung des Erzeugnisses noch nicht ausreichend. Im Gegensatz zu § 3 Abs. 1 Satz 3 GebrMG besteht auch keine Einschränkung auf schriftliche Offenbarungen, so dass Offenbarungen jeder Art ausreichend sind. Insbesondere setzen mündliche Schilderungen, bloße Abbildungen des Erzeugnisses, offenkundige Benutzungen im Ausland und selbst eigene frühere Anmeldungen[8] die Frist gemäß § 6 in Gang. Durch § 6 ist nicht nur die erstmalige Offenbarung durch den Berechtigten umfasst, sondern auch jede weitere, dieser erstmaligen Offenbarung nachfolgende Veröffentlichung durch den Berechtigten. Ansonsten wäre die praktische Reichweite von § 6 in einem nicht hinnehmbaren Maße beschränkt. Offenbart werden kann auch der Teil eines Erzeugnisses, in dem das ganze Erzeugnis offenbart wird, also beispielsweise eine Schuhsohle durch Offenbarung des gesamten Schuhs.[9] Denn das Tatbestandsmerkmal „Muster" in § 6 ist in § 1 Nr. 1 als zwei- oder dreidimensionale Erscheinungsform eines ganzen Erzeugnisses oder eben eines Teils davon definiert. Wenn ein Teil eines Erzeugnisses ein Muster im geschmacksmusterrechtlichen Sinn sein kann, muss zwingend auch die Neuheitsschonfrist auf diejenigen vorveröffentlichten Erzeugnisse erstreckt werden, die erkennbar das Muster als Teil ent-

---

7 Vgl. *Günther*/Beyerlein, § 5 Rn. 2.
8 BGH, GRUR 1966, 251, 253 – Batterie; BGH, GRUR 1969, 271, 273 – Zugseilführung
9 Hierbei ist jedoch zu beachten, dass beispielsweise bei einer Offenbarung des gesamten Schuhs nur durch Fotografien dann der auf den Fotografien nicht sichtbare Unterteil der Schuhsohle nicht offenbart werden kann.

III. Offenbarung § 6

halten.¹⁰ Dies gilt insbesondere auch vor dem Hintergrund, dass keine absolute Übereinstimmung zwischen Vorveröffentlichung und Geschmacksmuster im Sinne einer „absolut identischen Form" gegeben sein muss.¹¹ Einzig maßgeblich ist die Frage, ob der Gegenstand der späteren Geschmacksmusteranmeldung durch die Vorveröffentlichung in erkennbarer Weise vorweggenommen ist.¹²

Gemäß § 6 Satz 1 1. Alt. setzt die Neuheitsschonfrist Personenidentität voraus („durch den Entwerfer"). Nur dann, wenn das Muster, das Gegenstand der späteren Anmeldung als Geschmacksmuster ist, erstmals von dem Entwerfer selbst oder von seinem Rechtsnachfolger der Öffentlichkeit zugänglich gemacht wurde, kann sich der Entwerfer bzw. sein Rechtsnachfolger auf die Neuheitsschonfrist berufen. Im Hinblick auf den Rechtsnachfolger ist nur die Person ein Rechtsnachfolger, die durch eine lückenlose Kette von Rechtsübertragungen die Rechtsnachfolge nachweisen kann. Im Falle der Anmeldung durch den Arbeitgeber eines Entwerfers ist der Arbeitgeber gemäß § 7 Abs. 2 dem Entwerfer gleichgestellt. Gleiches gilt im Verhältnis der Organe einer juristischen Person (Geschäftsführer, Vorstand, etc.) und der juristischen Person (GmbH, AG, etc.) selbst.¹³ Kann der Anmelder sich nicht auf seine Entwerfertätigkeit selbst berufen, so ist er darauf angewiesen, dass seine Rechtsnachfolge im Hinblick auf den Entwerfer durch Vertrag (insbesondere eine Veräußerung gemäß § 29) oder durch Erwerb kraft Gesetzes, insbesondere durch Erbfolge (§ 1922 Abs. 1 BGB) oder Verschmelzung (§ 2 UmwG) erfolgt ist. Da § 6 in subjektiver Hinsicht sowohl dem Erwerber als auch jedem seiner Rechtsnachfolger die Berufung auf die Neuheitsschonfrist ermöglicht, kann der Anmelder vor der Anmeldung ggf. einen seiner eigenen Schöpfung neuheitsschädlich entgegenstehenden Entwurf mit den Rechtsfolgen aus § 6 erwerben.¹⁴ In § 6 Satz 1 2. Alt. ist die Offenbarung des Musters durch Dritte geregelt, sofern eine solche Offenbarung die Folge von Informationen oder Handlungen des Entwerfers oder seines Rechtsnachfolgers ist. Hiervon umfasst ist die durch lückenlose Wissensübermittlung¹⁵ vom Entwerfer

7

---

10 OLG Frankfurt am Main, GRUR-RR 2011, 165, 166 – Schuhsohle.
11 OLG Frankfurt am Main, GRUR-RR 2011, 165, 166 – Schuhsohle; *Eichmann/v. Falckenstein*, § 6 Rn. 7.
12 OLG Frankfurt am Main, GRUR-RR 2011, 165, 166 – Schuhsohle.
13 RG, GRUR 39, 277, 278; vgl. zu ähnlichen gesellschaftsrechtlichen Konstellationen BPatGE 21, 63.
14 BGH, GRUR 1980, 713, 715 – Kunststoffdichtung; BGH, GRUR 1994, 104, 105 – Akteneinsicht XIII.
15 BPatGE 21, 64.

ermöglichte, befugte Übertragung. Darüber hinaus regelt § 6 Satz 2 die unbefugte Offenbarung des Musters durch Dritte.

8   Ist offen, wer der jeweilige Entwerfer gewesen war (weil das Muster von mehreren Designern angefertigt wurde), ist der Nachweis der Entwerferidentität zumindest dann nicht erforderlich, wenn der Offenbarende zur Offenbarung und der Anmelder zur Anmeldung berechtigt war und das angemeldete Geschmacksmuster und die offenbarte Erscheinungsform identisch oder in der Weise „verwandt" sind, dass eines aus dem anderen oder beide aus einem gemeinsamen Grunddesign entwickelt worden sind. *Ruhl*[16] führt insoweit aus, dass der Zweck der Neuheitsschonfrist darin liege, zu ermöglichen, dass der Entwerfer oder sein Rechtsnachfolger, also der jeweilige Berechtigte, das Erzeugnis vor Anmeldung auf dem Markt testen kann. Dieser Zweck würde zumindest teilweise vereitelt, wenn der Berechtigte das offenbarte Design für die Zwecke der Anmeldung nicht mehr oder nur noch durch den ursprünglichen Entwerfer weiterentwickeln könnte. Daher könne die vollständige Identität der Entwerfer nicht Voraussetzung der Schonfrist sein; stattdessen müssten die Berechtigung des Offenbarenden und des Anmelders und die Verwandtschaft der Designs genügen.[17]

9   Bei der befugten Offenbarung durch Dritte (§ 6 Satz 1 2. Alt.) handelt es sich um erstmalige Offenbarungen, die kausal auf Kontakte zwischen dem Entwerfer bzw. seinem Rechtsnachfolger und dem Dritten zurückgehen. Soweit bereits durch diese Kontakte zwischen dem Erwerber oder seinem Rechtsnachfolger und dem Dritten eine Offenbarung stattfindet, ist nicht § 6 Satz 1 2. Alt. sondern § 6 Satz 1 1. Alt. direkt einschlägig. Denkbar ist insbesondere die Abstimmung zwischen Entwerfer bzw. Anmelder und Produzent im Hinblick auf die spätere serienmäßige Produktion eines durch ein Geschmacksmuster geschützten Erzeugnisses.

10 Bei der Abgrenzung zwischen einer befugten oder unbefugten Offenbarung des Musters durch Dritte ist insbesondere der Informationserwerb darauf zu prüfen, ob dieser befugt erfolgte. Der reine Informationserwerb selbst deutet für sich genommen noch keine Privilegierung für jeden Fall einer Veröffentlichung durch Dritte. Ist der Dritte unabhängig vom Informationserwerb aufgrund selbstständiger Leistung zur Offenbarung in der Lage, so handelt es sich dabei um eine befugte neuheitsschädliche Offenbarung, gegen die der Entwerfer bzw. sein Rechts-

---

16 GRUR 2010, 692 ff.
17 Vgl. *Ruhl*, GRUR 2010, 692, 693.

nachfolger sich auch nicht auf die Neuheitsschonfrist berufen kann, sofern kein Missbrauchsfall i. S. d. § 6 Satz 2 vorliegt. § 6 Satz 2 dient gerade der Verhinderung von Missbrauch. Missbrauch ist dabei ein Verstoß gegen vertragliche oder gesetzliche Pflichten gegenüber dem Entwerfer oder seinem Rechtsnachfolger.[18] Dabei stellt § 6 Satz 2 schlicht auf die Widerrechtlichkeit des Missbrauchs ab, ohne dass der Entwerfer bzw. sein Rechtsnachfolger übermäßige Vorkehrungen gegen die Informationsweitergabe treffen mussten. Hierdurch unterscheidet sich § 6 Satz 2 deutlich von § 3 Abs. 4 Satz 1 Nr. 1 PatG, der eine Offensichtlichkeit des Missbrauchs (erkennbarer Verstoß gegen den erkennbaren und berechtigten Willen des Anmelders[19]) voraussetzt. Typische Missbrauchsfälle sind dabei die Bekanntgabe nach widerrechtlicher Entnahme durch Dritte in Folge von Ausspähung, Verrat von Betriebsgeheimnissen, etc. Aber auch ein Arbeitnehmer, der entgegen § 7 Abs. 2 ein Muster selbst als Geschmacksmuster anmeldet, obwohl es seinem Arbeitgeber zustünde, fällt unter den Missbrauchstatbestand des § 6 Satz 2.

Im Falle der missbräuchlichen Handlung i. S. d. § 6 Satz 2 gilt die 12-Monatsfrist des § 6 Satz 1 allerdings nicht.[20] § 6 Satz 2 stellt rechtsdogmatisch eine Rechtsfolgenverweisung dar („dasselbe gilt"), die lediglich auf die Rechtsfolgen des § 6 Satz 1 („eine Offenbarung bleibt bei der Anwendung des § 2 Abs. 2 und 3 unberücksichtigt") verweist und nicht auf die weiteren Voraussetzungen dieser Vorschrift. Auch rechtspolitisch ist es ein wünschenswertes Ergebnis, dass im Falle von Missbrauch bei der Offenbarung eben gerade keine Frist zu Lasten des Berechtigten läuft. Der Schutz des Entwerfers im Hinblick auf sein geistiges Eigentum muss Vorzug verdienen vor den gleichwohl berechtigten Interessen des Rechtsverkehrs an Rechtssicherheit und Rechtsklarheit im Hinblick auf im Markt befindliche Gestaltungen und deren geschmacksmusterrechtliche Geschütztheit.

11

§ 6 setzt neben der Personenidentität auch Sachidentität des vorweggenommenen Musters und der späteren Anmeldung voraus. Da § 6 Satz 1 ausdrücklich auf die Schutzvoraussetzung der Eigenart gemäß § 2 Abs. 3 Bezug nimmt, sind Vorveröffentlichungen von Mustern auch

12

---

18 Vgl. *Eichmann/v. Falckenstein*, § 6 Rn. 6 unter Berufung auf die Begründung zum IntPatÜG, S. 350.
19 Vgl. zum Patentrecht: *Benkard*, § 3 Rn. 99; *Kraßer*, § 16 VI 4; BGH, GRUR 1992, 38, 39 – Schlauchfolie.
20 Vgl. *Günther/Beyerlein*, WRP 2003, 1422, 1424; a. A. *Eichmann/v. Falckenstein*, § 6 Rn. 6.

dann im Rahmen der Neuheitsschonfrist privilegiert, wenn sie nicht mit dem Gegenstand der Anmeldung vollständig identisch sind. Unterschiede in unwesentlichen Einzelheiten führen sogar dazu, dass (dies im Rahmen des § 2 Abs. 2) nicht einmal die Neuheit des angemeldeten Gegenstandes durch die Vorveröffentlichung zerstört wird. Solche Abweichungen, die nicht dazu führen, dass ein anderer Gesamteindruck erzeugt wird, stellen zumindest die Eigenart des nachfolgend angemeldeten Musters nicht in Frage. In dieser Neufassung des § 6 Satz 1 liegt ein wesentlicher Unterschied zu der als sehr einengend empfundenen Bestimmung des § 7a a. F.[21] Hierdurch wird eine widerspruchsfreie Systematik innerhalb des § 6 und der Neuheitsschonfrist geschaffen: Ein innerhalb der grenzenden Eigenart liegendes vorveröffentlichtes Muster fällt unter § 6, wohingegen ein nicht unter § 6 fallendes, weiter abliegendes vorveröffentlichtes Muster die Schutzfähigkeit des später zum Geschmacksmuster angemeldeten Musters an sich schon nicht beeinträchtigen kann.

13 Im Rahmen der Sachidentität ist es unerheblich, ob am Schutzgegenstand Vergrößerungen oder Verkleinerungen vorgenommen werden. Im Falle einer abweichenden Farbgebung oder den Einsatz unterschiedlich wirkender Materialien können zwar Abweichungen entstehen, die geeignet sind, auch den Gesamteindruck zu verändern. Solche Änderungen sind jedoch dann entweder noch im Rahmen des § 6 bei der Neuheitsschonfrist privilegiert oder liegen eben außerhalb der Grenzen der Neuheit und Eigenart und sind damit für deren rechtliche Prüfung unschädlich.

IV. Frist und Inanspruchnahme

14 Die zwölfmonatige Frist des § 6 Satz 1 gilt nicht für § 6 Satz 2.[22] Sie beginnt mit dem Zeitpunkt, in dem der Gegenstand der Offenbarung der Öffentlichkeit so zugänglich gemacht wurde, dass diese von ihr unbeschränkt Kenntnis nehmen konnte. Die Dauer der Frist bestimmt sich nach §§ 187 Abs. 1, 188 Abs. 2, 193 BGB. Fristen, die an einem Sonntag, einem Sonnabend oder einem staatlich anerkannten allgemeinen Feiertag ablaufen, enden statt an diesem Tage am nächsten Werktag (§ 193 BGB).[23] Der Anmelder muss dafür Sorge tragen, dass innerhalb

---

21 Vgl. *Eichmann/v. Falckenstein*, § 6 Rn. 7.
22 Vgl. *Günther/Beyerlein*, § 6 Rn. 10.
23 BPatGE 28, 90.

dieser 12 Monate für das anzumeldende Geschmacksmuster eine Priorität bestimmt wird. Dies kann nicht nur durch die Anmeldung beim DPMA geschehen, sondern vielmehr auch durch die wirksame Begründung eines Anmeldetages mittels einer ausländischen Voranmeldung nach Art. 4 A Abs. 2 und Abs. 3 PVÜ oder dem Beginn der Schaustellung des Musters auf einer inländischen oder ausländischen Ausstellung i. S. d. § 15. Hierdurch kann der Anmelder eine Kumulierung der Neuheitsschonfrist und der Prioritätsfristen nach § 15 bzw. Art. 4 A Abs. 2 und Abs. 3 PVÜ erreichen. Insoweit steht § 6 Satz 1 in Einklang mit § 3 Abs. 1 Satz 3 GebrMG.[24]

Versäumt der Anmelder die prioritätsbegründende Anmeldung innerhalb der 12-Monatsfrist, so kann er keine Wiedereinsetzung in die Neuheitsschonfrist verlangen. Fristen für Handlungen, die selbst nicht fristgebunden sind, deren rechtzeitige Vornahme aber Rechtsvorteile erhält, sind grundsätzlich nicht wieder einsetzungsfähig (§ 23).[25] **15**

Die Neuheitsschonfrist bedarf keines formalen Inanspruchnahmeaktes vor dem DPMA. Sie muss weder im Eintragungsantrag noch in den weiteren Unterlagen ausdrücklich erwähnt werden, weil Eintragung und Bekanntmachung des Geschmacksmusters nur Angaben zum Altersrang betreffen (§ 13 Abs. 2 Nr. 10, Nr. 11 GeschmMV). Das DPMA trägt eine eben noch mitgeteilte Inanspruchnahme der Neuheitsschonfrist weder im Register ein, noch wird eine solche bekannt gemacht. Ein solcher Hinweis wird lediglich zu den Akten genommen.[26] Es ist Obliegenheit des Anmelders, der sich auf eine Neuheitsschonfrist berufen will, die Vorveröffentlichung intern nach Zeitpunkt, Ort, Inhalt und Person sorgfältig zu dokumentieren, so dass sie in einem Rechtsstreit substantiiert dargelegt und gegebenenfalls bewiesen werden kann. **16**

---

24 Vgl. zum Gebrauchsmusterrecht: Benkard/*Goebel*, § 3 GebrMG Rn. 10f.; a.A. noch zu § 7a a.F. *von Gamm*, § 7a Rn. 5.
25 Vgl. *Günther/Beyerlein*, § 23 Rn. 11; PA, BlPMZ 1952, 194; vgl. *Eichmann/ v. Falckenstein*, 3. Aufl., § 6 Rn. 8.
26 Vgl. *Eichmann/v. Falckenstein*, 3. Aufl., § 6 Rn. 9.

Abschnitt 2

Berechtigte

§ 7 Recht auf das Geschmacksmuster

1) Das Recht auf das Geschmacksmuster steht dem Entwerfer oder seinem Rechtsnachfolger zu. Haben mehrere Personen gemeinsam ein Muster entworfen, so steht ihnen das Recht auf das Geschmacksmuster gemeinschaftlich zu.

(2) Wird ein Muster von einem Arbeitnehmer in Ausübung seiner Aufgaben oder nach den Weisungen seines Arbeitgebers entworfen, so steht das Recht an dem Geschmacksmuster dem Arbeitgeber zu, sofern vertraglich nichts anderes vereinbart wurde.

Übersicht

	Rn.		Rn.
I. Allgemeines	1	IV. Arbeitnehmer-Entwerfer (§ 7 Abs. 2)	10
II. Freier Entwerfer (§ 7 Abs. 1 Satz 1)	3	V. Im Auftrag entworfene Muster	21
III. Entwerfermehrheit (§ 7 Abs. 1 Satz 2)	7		

I. Allgemeines

Gemäß § 7 Abs. 1 Satz 1 steht das Recht auf das Geschmacksmuster **1** dem Entwerfer oder seinem Rechtsnachfolger zu. Die wichtigsten Grundsätze diesbezüglich waren bereits in § 1 Abs. 1 und § 2 a.F. in „veralteter Diktion"[1] festgelegt. In § 7 Abs. 1 Satz 2 wird weiter festgelegt, dass bei einer gemeinsamen Entwurfstätigkeit das Recht auf das Geschmacksmuster den Entwerfern gemeinschaftlich zusteht. Die Rechtslage bei Entwerfermehrheit war bislang im Geschmacksmustergesetz nicht geregelt. Inhaltlich entspricht § 7 dem Art. 14 GGV und dient damit zur Umsetzung des Art. 11 Abs. 1c GM-Richtlinie. Die we-

---
1 Eichmann/v. Falckenstein, § 7 Rn. 1.

sentlichen Grundsätze des § 7 finden sich auch in § 6 Satz 1 und Satz 2 PatG. Allerdings ist im Patentrecht durch das Arbeitnehmererfindergesetz deutlich detaillierter und auch abweichend geregelt, als die Regelung in § 7 Abs. 2 zu Mustern von Arbeitnehmern.

2 Von § 7 nicht umfasst ist das in § 10 geregelte Recht auf Entwerferbenennung. Unabhängig davon, ob dem Entwerfer aufgrund vertraglicher Vereinbarung oder aufgrund seiner Arbeitnehmereigenschaft das Recht auf das Geschmacksmuster nicht zusteht, steht ihm stets als Entwerfer das Recht auf Entwerfernennung (§ 10) zu, welches er auch nicht wirksam auf einen Dritten übertragen kann.[2]

II. Freier Entwerfer (§ 7 Abs. 1 Satz 1)

3 Das Recht auf Geschmacksmuster, also das Recht, ein Muster zum Geschmacksmuster anzumelden, steht dem Entwerfer oder seinem Rechtsnachfolger zu. Durch den Beginn der Entwurfstätigkeit erwirbt der Entwerfer bereits ein Anwartschaftsrecht.[3] Dieses Anwartschaftsrecht ist auf Anmeldung des Geschmacksmusters zum Entstehen als Schutzrecht gerichtet. Neben diesem Anwartschaftsrecht, das bereits vermögensrechtlichen Charakter hat, besteht das dem Persönlichkeitsrecht zuzuordnende Entwerferpersönlichkeitsrecht. Das Anwartschaftsrecht gewährt einen öffentlich-rechtlichen Anspruch auf Eintragung zur Gewährung eines normalen Schutzrechtes.[4] Zwar genießt auch das Anwartschaftsrecht als sonstiges dingliches Recht i.S.d. § 823 Abs. 1 Schutz,[5] gleichwohl stellt es bis zur Anmeldung ein unvollkommenes absolutes Immaterialgüterrecht dar. Abwehransprüche des Anwartschaftsrechtsinhabers bestehen insbesondere Dritten gegenüber, soweit diese das Entstehen des Vollrechts, insbesondere durch Vereitelung der Anmeldung, beeinträchtigen. Rechtswidrige Eingriffe in das Anwartschaftsrecht begründen Unterlassungs- und (bei Verschulden) Schadensersatzansprüche.[6]

4 Der Entstehungsvorgang der Erscheinungsform des Musters ist maßgeblich dafür, wer als Entwerfer anzusehen ist. Die Schaffung des Musters durch den Entwerfer geschieht durch die Materialisierung einer ge-

---

2 Vgl. *Günther/Beyerlein*, § 10 Rn. 6.
3 BGH, WRP 1998, 609, 610 – Stoffmuster.
4 Vgl. zum Patentrecht: BGH, GRUR 1970, 601, 602 – Fungizid.
5 Vgl. zum Patentrecht: OLG Düsseldorf, GRUR 1966, 157.
6 BGH, GRUR 1958, 351, 352 – Deutschlanddecke.

II. Freier Entwerfer (§ 7 Abs. 1 Satz 1) § 7

stalterischen Idee.[7] Die Erschaffung eines Musters ist ein Realakt[8] und setzt eine Geschäftsfähigkeit voraus. Unerheblich ist, ob die Schaffung des Musters im Inland oder im Ausland erfolgte. Auch ist unerheblich, von welcher Nationalität der Entwerfer ist. Der Entwerfer kann nur eine natürliche Person sein. Juristische Personen selbst können keine Entwerfer sein. Werden Organe einer juristischen Person als Entwerfer tätig, so sind nur diese als Entwerfer des Geschmacksmusters anzusehen. Unabhängig davon ist die Beantwortung der Frage, wer einen Anspruch auf die Inhaberschaft des Musters bei Entwürfen von Organen einer juristischen Person hat.

Im Rahmen der Entwurfstätigkeit materialisiert der Entwerfer seine Idee und Vorstellung.[9] Diese Materialisierung ist zwingende Voraussetzung eines Musters. Lediglich in der Vorstellungssphäre des Entwerfers befindliche Ideen sind für eine Entwurfstätigkeit nicht ausreichend. Die Materialisierung kann durch Anfertigung eines Musters (ungeachtet seines Maßstabes und Materials), einer Zeichnung oder auch einer Computerdarstellung erfolgen. Dabei kann die Materialisierung sich durch „Handarbeit" genauso auszeichnen wie durch den Einsatz technischer Hilfsmittel (Computer etc.). Da die Materialisierung des Musters wesentliches Kriterium für die Entstehung des Rechts ist, ist eine lediglich mündliche oder schriftliche Beschreibung nicht ausreichend.[10] Hierdurch unterscheidet sich das Geschmacksmuster deutlich von Patentrecht, das eine mündliche oder schriftliche Beschreibung der Erfindung als ausreichend für die Entstehung der Erfindung als Recht anerkennt.[11] 5

Der Entwerfer selbst entscheidet über den Zeitpunkt, in dem er sein Muster der Öffentlichkeit zugänglich macht. Dies folgt aus seinem Veröffentlichungsrecht.[12] Damit entscheidet auch der Entwerfer über den Zeitpunkt der Fertigstellung seines Musters. Der Entwerfer entscheidet, ob an einem objektiv schon zur Geschmacksmusteranmeldung geeigneten Muster immer noch weiter gearbeitet werden muss.[13] Auch ein unfertiger Entwurf kann als Geschmacksmuster schutzfähig sein und un- 6

---

7 *Eichmann/v. Falckenstein*, § 7 Rn. 4.
8 Vgl. zum Patentrecht: BGH, GRUR 1979, 145, 148 – Aufwärmvorrichtung.
9 *Eichmann/v. Falckenstein*, § 7 Rn. 5.
10 Vgl. *Eichmann/v. Falckenstein*, § 7 Rn. 5.
11 BGH, GRUR 1971, 210, 213 – Wildverbissverhinderung.
12 *Eichmann/v. Falckenstein*, Allg. Rn. 62.
13 *Eichmann/v. Falckenstein*, § 7 Rn. 5.

geachtet sich daran anschließender Probleme im Hinblick auf den Offenbarungsgehalt zum Geschmacksmuster angemeldet werden.[14]

III. Entwerfermehrheit (§ 7 Abs. 1 Satz 2)

7 Ein Muster kann dadurch entstehen, dass sich mehrere Personen im Rahmen einer gemeinsamen Entwurfstätigkeit zusammengeschlossen haben und jeder der Beteiligten im Rahmen eines gemeinschaftlichen Gestaltungskonzepts einen Beitrag zu einem einheitlichen Muster beisteuert. Eine solche gemeinsame Entwurfstätigkeit wird dadurch charakterisiert, dass die Beteiligten zur Erreichung eines gemeinsamen Zwecks zusammenwirken.[15] Jeder der Beteiligten muss im Rahmen des gemeinschaftlichen Gestaltungskonzeptes einen schöpferischen Beitrag leisten, der kausal für das einheitliche Muster ist.[16] Wesentlich ist dabei, dass der Beitrag jedes Beteiligten sich auf die Eigenart des Musters bezieht. Deshalb sind weder der Gehilfe[17] noch derjenige, der lediglich Anweisungen ausführt oder eine technische Konstruktion umsetzt, als Mitentwerfer anzusehen. Soweit sich der Beitrag eines Beteiligten auf bloße Anregungen und Ideen beschränkt, begründet diese ebenfalls keine Rechtsstellung als Mitentwerfer.[18] Das Erfordernis des kausalen Beitrags zum einheitlichen Muster gilt für jedes einzelne, darauf basierende Muster, das im Wege einer Aufteilung des einheitlichen Musters in mehrere Muster zum Zwecke der Anmeldung zerfällt.[19]

8 Rechtsfolge einer gemeinsamen Entwurftätigkeit ist eine sich aus allen Personen, die einen schöpferischen Beitrag gemäß einem gemeinschaftlichen Gestaltungskonzeptes zu einem einheitlichen Muster geleistet haben, zusammensetzende Gesamthandsgemeinschaft. Diese sich nach §§ 705 ff. BGB richtende Gesamthandsgemeinschaft zeichnet sich durch den Grundsatz der gemeinschaftlichen Geschäftsführung (§ 709 Abs. 1 BGB) aus. Alle Mitglieder der Gesamthandsgemeinschaft entscheiden gemeinschaftlich darüber, ob und wie ein Geschmacksmuster angemeldet wird. Gemeinschaftlich wird auch darüber entschieden,

---

14 Vgl. *Eichmann/v. Falckenstein*, § 7 Rn. 5.
15 BGH, GRUR 1979, 540, 542 – Biedermeiermanschetten.
16 Vgl. zum Patentrecht: BGH, GRUR 1994, 39, 40 – Buchhaltungsprogramm; BGH, GRUR 2004, 50, 51 – Verkranzungsverfahren.
17 BGH, GRUR 2003, 231, 233 – Staatsbibliothek.
18 Vgl. zum Urheberrecht: BGH, GRUR 1995, 47, 48 – Rosaroter Elefant; BGH, GRUR 2003, 233 – Staatsbibliothek.
19 Vgl. *Eichmann/v. Falckenstein*, § 7 Rn. 7.

III. Entwerfermehrheit (§ 7 Abs. 1 Satz 2)   § 7

wie das Muster im Rechtsverkehr eingesetzt wird. Dabei steht es für die Mitglieder offen, Fragen der Vertretung der Gesamthandsgemeinschaft vertraglich zu regeln. Mehrheitsentscheidungen bedürfen dabei einer vertraglichen Grundlage (§ 709 Abs. 2 BGB). Bei der wirtschaftlichen Verwertung des Geschmacksmusters stehen die erzielten Erlöse den Mitgliedern der Gesamthandsgemeinschaft gemeinschaftlich zu, wobei sich die Höhe eines jeden Anteils gemäß § 722 Abs. 1 BGB danach bestimmt, welchen Umfang das einzelne Mitglied an der Schaffung des Musters hatte.[20] Im Zweifelsfalle erfolgt eine Erlösteilung zu gleichen Teilen. Bei Ausübung der eigenen Befugnisse ist jeder Mitgesellschafter an Treue und Glauben gebunden und darf seine Zustimmung zu gemeinschaftlichen Maßnahmen nicht treuwidrig verweigern. Ggf. steht jedem Mitglied der Gesamthandsgemeinschaft ein Notverwaltungsrecht analog § 744 Abs. 2 BGB zu.[21] Praktisch bedeutsamster Anwendungsfall ist die zur Prioritätswahrung notwendige Geschmacksmusteranmeldung durch ein Mitglied der Gesamthandsgemeinschaft zur Vermeidung neuheitsschädlicher Vorveröffentlichungen.[22] Im Rahmen der Notverwaltung sind auch Maßnahmen zur Aufrechterhaltung der Anmeldung einem einzelnen Mitglied erlaubt.[23] Die Rechte des die Notverwaltung ausführenden Mitglieds der Gesamthandsgemeinschaft bestimmen sich insbesondere analog § 748 BGB (Kostenerstattungsanspruch).

Werden schlicht mehrere Entwurfsergebnisse zu einem einheitlichen Muster verbunden, ohne dass eine gemeinsame Entwurfstätigkeit der beteiligten Personen vorgelegen hat, so bilden diese Personen keine Gesamthandsgemeinschaft, sondern vielmehr eine Bruchteilsgemeinschaft.[24] Gesetzlich geregelt ist die Bruchteilsgemeinschaft in §§ 741 ff. BGB. Im Gegensatz zur Gesamthandsgemeinschaft ist die Bruchteilsgemeinschaft nicht auf die Verbundenheit der einzelnen Mitglieder aufgrund des gemeinsamen Zwecks im Hinblick auf die Schaffung eines Geschmacksmusters gegründet. Demzufolge kann jedes Mitglied der Bruchteilsgemeinschaft jederzeit die Aufhebung der Gemeinschaft gemäß § 749 Abs. 1 BGB verlangen, was grundsätzlich den Verkauf des

9

---

20 *Eichmann/v. Falckenstein*, § 7 Rn. 8.
21 BGH, NJW 1955, 1027, 1028; *Eichmann/v. Falckenstein*, § 7 Rn. 8.
22 Vgl. zum Patentrecht: RGZ 117, 50.
23 DPA, GRUR 1954, 328; *Eichmann/v. Falckenstein*, § 7 Rn. 8.
24 Vgl. zum Patentrecht: BGH, GRUR 1979, 540, 541 – Biedermeiermanschetten; BGH, GRUR 2001, 226, 228 – Rollenantriebseinheit; BGH, GRUR 2004, 50, 52 – Verkranzungsverfahren.

Geschmacksmusters gemäß § 753 BGB zur Folge hat (Naturalteilung gemäß § 752 BGB ist faktisch kaum vorstellbar). Jedes Mitglied der Bruchteilsgemeinschaft kann über seinen Anteil alleine verfügen, über das Geschmacksmuster insgesamt können jedoch nur alle Mitglieder der Bruchteilsgemeinschaft „gemeinschaftlich" verfügen (§ 747 BGB). Entscheidungen über die Verwertung und Erhaltung des Geschmacksmusters können mit Stimmenmehrheit getroffen werden (§ 745 BGB). Maßnahmen der Notverwaltung sind gemäß § 744 Abs. 2 BGB möglich. Solange die Mitglieder einer Bruchteilsgemeinschaft hierüber weder eine Vereinbarung noch einen Beschluss getroffen haben und auch ein nach § 745 Abs. 2 BGB insoweit bestehender Anspruch nicht geltend gemacht ist, kann von dem das Geschmacksmuster im Rahmen des § 743 Abs. 2 BGB benutzenden Mitglied ein anteiliger Ausgleich für gezogene Gebrauchsvorteile nicht verlangt werden.[25] Dies bedeutet insbesondere beim Fehlen vertraglicher Vereinbarungen eine Benachteiligung des Mitglieds einer Bruchteilsgemeinschaft, das selbst das Geschmacksmuster (mangels Geschäftsbetrieb etc.) nicht nutzt, während andere Mitglieder der Bruchteilsgemeinschaft das Geschmacksmuster in ihrem eigenen Geschäftsbetrieb (gewinnbringend) verwerten.

IV. Arbeitnehmer-Entwerfer (§ 7 Abs. 2)

10 Gemäß Abs. 2 steht das Recht am Geschmacksmuster dem Arbeitgeber originär zu, sofern es von seinem Arbeitnehmer in Ausübung seiner Aufgaben oder nach seinen Weisungen entworfen wurde. Abweichende vertragliche Vereinbarungen sind dabei aber möglich. Mit diesem originären Rechtserwerb des Arbeitgebers an von seinen Arbeitnehmern entworfenen Geschmacksmustern ändert sich die Rechtslage deutlich im Hinblick auf § 2 a. F.[26] Bislang war der Rechtserwerb des Arbeitgebers an geschmacksmusterfähigen Entwürfen seiner Arbeitnehmer derivativ, d. h. vom originären Rechtserwerb des Arbeitsnehmers am Geschmacksmuster abgeleitet. Das Ergebnis deckt sich jedoch größtenteils.

11 Abs. 2 regelt die Rechtsinhaberschaft an von Arbeitnehmern im Rahmen ihrer arbeitsvertraglichen Tätigkeit geschaffenen Mustern. Durch Abs. 2 wird der Konflikt zwischen dem Recht am eigenen Entwurf gemäß Abs. 1 und den arbeitsvertraglichen Pflichten eines Arbeitnehmers

---

25 Vgl. zum Patentrecht: BGH, Mitt. 2005, 354 – Gummielastische Masse II; a.A. *Eichmann/v. Falckenstein,* § 7 Rn. 10; OLG München, GRUR 2004, 323, 324.
26 Vgl. *Gerstenberg/Buddeberg,* § 2 Ziff. 1; *Eichmann/v. Falckenstein,* 2. Aufl., § 2 Rn. 2.

IV. Arbeitnehmer-Entwerfer (§ 7 Abs. 2) § 7

geregelt. Die wesentlichen Voraussetzungen für den originären Rechtserwerb des Arbeitgebers an von seinen Arbeitnehmern entworfenen Mustern sind zum einen die Arbeitnehmereigenschaft selbst und zum anderen, dass der Arbeitnehmer in Ausübung seiner Aufgaben oder nach Weisungen seines Arbeitgebers tätig wurde.

Vergleichbare rechtliche Probleme im Hinblick auf Rechte an von Arbeitnehmern geschaffenen Immaterialgütern stellen sich im Rahmen des Patent- und Gebrauchsmusterrechts, dort geregelt durch das Arbeitnehmererfindungsgesetz, und bei Software, geregelt in § 69b UrhG. Diese Rechtsvorschriften sind auf Geschmacksmuster von Arbeitnehmern anzuwenden, da insoweit Abs. 2 eine abschließende Sonderregelung darstellt. Gleichwohl können im Rahmen dieser Rechtsvorschriften entwickelte Grundsätze und Definitionen (z.B. Arbeitnehmereigenschaft, Abgrenzung von gebundenen und freien Schöpfungen) auch im Rahmen des Abs. 2 herangezogen werden, da insoweit eine vergleichbare Interessenlage besteht. 12

Im Rahmen des Abs. 2 ist unerheblich, ob der Arbeitnehmer das von ihm geschaffene Muster seinem Arbeitgeber meldet oder sonst bekannt gibt. Die komplex ausgestalteten Regelungen des Arbeitnehmererfindungsgesetzes (vgl. § 5 ArbnErfG zur Meldepflicht, § 6 ArbnErfG zur Inanspruchnahme, etc.) gelten für Geschmacksmuster nicht. Der Rechtserwerb des Arbeitgebers am Geschmacksmuster vollzieht sich originär und unabhängig von Willenserklärungen oder Realakten des Arbeitnehmers und des Arbeitgebers. Allerdings ergibt sich eine Meldepflicht des Arbeitnehmers im Hinblick auf seinen fertig gestellten Musterentwurf aus seiner ungeschriebenen arbeitsvertraglichen Treuepflicht. Der Arbeitnehmer ist verpflichtet, arbeitsvertragliche Arbeitsergebnisse in den Betrieb einzubringen.[27] Die aus arbeitsvertraglichen Treuepflichten entstehende Meldepflicht des Arbeitnehmers unterliegt keinen besonderen Formvorschriften, sie kann insbesondere entgegen § 5 ArbnErfG auch mündlich erfolgen. Eine Meldung ist dann entbehrlich, wenn der Arbeitgeber bereits ausreichende Kenntnis vom Entwurf des Arbeitnehmers auf andere Weise erlangt hat. Da die Pflicht zur Meldung des Entwurfes durch den Arbeitnehmer nur eine arbeitsvertragliche Grundlage hat und nicht durch Abs. 2 vorgeschrieben wurde, ist eine förmliche Inanspruchnahme des Arbeitnehmer-Musters durch den Arbeitgeber nicht notwendig. Unterlässt ein Arbeitnehmer schuldhaft eine arbeitsvertraglich gebundene Meldung seines Entwurfes ge- 13

---

27 Vgl. zum ArbnErfG: *Bartenbach/Volz*, § 18 Rn. 6.

genüber dem Arbeitgeber, so ist er zum Schadensersatz verpflichtet. Meldet der Arbeitnehmer darüber hinaus seinen Entwurf im eigenen Namen zum Geschmacksmuster an, so kann der Arbeitgeber Ansprüche aus § 9 Abs. 1 geltend machen. Haben mehrere Arbeitnehmer gemeinsam einen Entwurf erarbeitet, können sie gemeinsam oder einzeln ihrer Meldepflicht aus dem Arbeitsvertrag nachkommen.[28] Soweit mehrere am Entwurf eines Musters beteiligt waren, die nicht alle Arbeitnehmer sind, besteht für alle Nicht-Arbeitnehmer keinerlei Meldepflicht. Handelt es sich bei dem Entwerfer um einen Arbeitnehmer, ist der Entwurf jedoch als „freier Entwurf", so besteht insoweit für diesen Arbeitnehmer keine Meldepflicht. Etwas anderes mag dann gelten, wenn durch Folgewirkungen aus einem Wettbewerbsverbot des Arbeitnehmers eine Ausweitung seiner Treuepflichten hergeleitet werden kann.[29]

14 Abs. 2 setzt voraus, dass das Muster von einem Arbeitnehmer entworfen wurde. Arbeitnehmer ist, wer aufgrund eines privatrechtlichen Vertrages (Arbeitsvertrag) im Dienste eines Dritten (Arbeitgeber) zur Leistung weisungsgebundener, inhaltlich und zeitlich fremdbestimmte Arbeit in persönlicher Abhängigkeit verpflichtet ist. Das Weisungsrecht des Arbeitgebers bezieht sich dabei insbesondere auf Inhalt, Durchführung, Zeit, Ort und Dauer der Tätigkeit.[30] Somit wird vom Begriff „Arbeitnehmer" erfasst, wer beim Entwerfen des Musters im Rahmen eines Arbeitsverhältnisses seinem „Arbeitgeber" untersteht.[31] Auch leitende Angestellte,[32] Teilzeitbeschäftigte, Auszubildende und in Heimarbeit Beschäftigte sind Arbeitnehmer i.S.d. Abs. 2. Bei Praktikanten und Werkstudenten verbietet sich eine pauschalierte Einordnung als Arbeitnehmer, da insoweit die verwendeten Vertragstypen stark differieren. Letzteres gilt auch für Doktoranden, Diplomanden und sonst vergleichbar Beschäftigte. Kraft Gesetzes keine Arbeitnehmer sind die Organmitglieder von juristischen Personen, also der Vorstand einer Aktiengesellschaft, der Geschäftsführer einer GmbH, der Vorstand einer Genossenschaft, der Komplementär einer KG und die vertretungsbefugten Gesellschafter einer oHG oder BGH-Gesellschaft. Bei sogenannten freien Mitarbeitern besteht grundsätzlich kein Arbeitsverhältnis; der

---

28 Vgl. *Eichmann/v. Falckenstein*, § 7 Rn. 23.
29 Vgl. zum Urheberrecht: *Ullmann*, GRUR 1987, 9.
30 BAG, NJW 1984, 1985, 1986f.
31 Vgl. zu Art. 14 Abs. 3 GGV: EuGH, GRUR Int. 2009, 1018, 1021 (49).
32 Vgl. aus arbeits-, lohnsteuer- und sozialversicherungsrechtlicher Sicht: *Memento*, Personalrecht für die Praxis, Nr. 6155.

IV. Arbeitnehmer-Entwerfer (§ 7 Abs. 2) § 7

mit ihnen abgeschlossene Dienstvertrag kann jedoch durch Auslegung auch für die Frage herangezogen werden, wem im Rahmen der freien Mitarbeiterschaft entstandene Entwürfe von Mustern zustehen. Ein Rechtserwerb des Dienstherrn am Muster des freien Mitarbeiters ist dann derivativ und nicht originär wie im Falle des Abs. 2.

Abs. 2 setzt weiter voraus, dass das vom Arbeitnehmer geschaffene Muster nach Aufgaben und Weisungen des Arbeitgebers erfolgte. In diesem Zusammenhang kann auf die parallele Regelung des § 4 Abs. 2 Nr. 1 ArbnErfG verwiesen werden. Maßgeblich ist dabei der dem Arbeitnehmer im Zeitpunkt der Fertigstellung des Muster zugewiesene konkrete Arbeits- und Pflichtenkreis.[33] Die Entwicklung eines Musters gehört dann nicht zu den Aufgaben eines Arbeitnehmers, wenn sich lediglich im Arbeitsvertrag ein allgemeiner Hinweis befindet, dass der Arbeitnehmer „um Verbesserungen bemüht" sein soll. Die Frage, was Aufgabe eines Arbeitnehmers im Hinblick auf den Entwurf von Mustern ist, steht in einer Wechselwirkung zur betrieblichen Stellung des Entwerfers.[34] Nicht notwendig ist, dass die Aufgabe mit der beruflichen Ausbildung und Qualifikation des Arbeitnehmers korrespondiert.[35] Wird der Entwurf des Musters basierend auf vom Arbeitgeber hierfür zur Verfügung gestellter Materialien erarbeitet, so begründet dies ein (widerlegliches) Indiz für eine entsprechende Aufgabe des Arbeitnehmers. Dies gilt nicht, nur wenn allgemein zur Verfügung gestellte Materialien des Arbeitgebers vom Arbeitnehmer „zweckentfremdet" eingesetzt werden. 15

Von den Aufgaben des Arbeitnehmers sind die Entwürfe gemäß Weisungen des Arbeitsgebers zu trennen. Weisung des Arbeitgebers ist die konkrete, dem Direktionsrecht des Arbeitgebers entstammende (Einzel-)Beauftragung des Arbeitnehmers. Dabei muss die Weisung kausal für den Entwurf sein und kann nicht nach Fertigstellung des Entwurfs nachgeholt werden.[36] Beschreitet der Arbeitgeber im Rahmen der Weisung sein Direktionsrecht, so liegt gleichwohl eine Weisung i. S. d. Abs. 2 vor.[37] 16

---

33 Vgl. zum Patentrecht: BGH, Mitt. 1996, 16, 17 – Gummielastische Masse.
34 Vgl. zum Arbeitnehmererfinderrecht: Schiedsstelle Br. 87, 363.
35 *Eichmann/v. Falckenstein*, § 7 Rn. 20.
36 *Eichmann/v. Falckenstein*, § 7 Rn. 20.
37 *Eichmann/v. Falckenstein*, § 7 Rn. 20; vgl. zum Urheberrecht: *Schricker/Loewenheim*, § 69b Rn. 6.

§ 7 Recht auf das Geschmacksmuster

17 In Anlehnung an das ArbnErfG ist zwischen einem freien und einem gebundenen Entwurf des Arbeitnehmers zu unterscheiden. Ein freier Entwurf setzt voraus, dass der Entwurf sachlich oder zeitlich außerhalb eines Arbeitsverhältnisses entstanden ist oder nicht auf aus einem Arbeitsverhältnis herrührenden Aufgaben oder Weisungen kausal beruht. Wesentlicher Unterschied zu § 4 Abs. 2 Nr. 2 ArbnErfG liegt darin, dass Abs. 2 die sogenannte Erfahrungserfindung (bzw. den Erfahrungsmusterentwurf) nicht kennt. Dieser Auffangtatbestand aus dem Arbeitnehmererfinderrecht betrifft die Fälle, in denen die Frage nach Aufgabe und Weisung des Arbeitnehmers nicht zweifelsfrei beantwortet werden kann und spricht in solchen Fällen die Erfindung dann dem Arbeitgeber originär zu, wenn der Arbeitnehmer seine Erfindung nur aufgrund seiner betrieblichen Erfahrungen machen konnte. Dieses Fehlen der sogenannten Erfahrungserfindung (bzw. des Erfahrungsmusterentwurfes) in Abs. 2 führt dazu, dass solche Entwürfe nicht erfasst sind, die zwar auf Anregungen aus der betrieblichen Sphäre beruhen, der Arbeitnehmer aber arbeitsvertraglich nicht verpflichtet war, sich mit diesen Anregungen zu befassen. Praktisch besonders relevant ist dabei die Tätigkeit einzelner, hoch spezialisierter Entwerfer im Rahmen einer Abteilung, bestehend aus mehreren Entwerfern. Arbeitsvertraglich ist dabei jeder einzelne Entwerfer nur zu Entwürfen auf seinem „Spezialgebiet" verpflichtet, gleichwohl besteht eine hohe Wahrscheinlichkeit dafür, dass durch Anregungen der „Kollegen" außerhalb des dem Arbeitnehmer konkret zugewiesenen Tätigkeitsfeldes von diesem Entwürfe entstehen.

18 Bei der Abgrenzung des freien vom (dem Arbeitgeber zuständigen) gebundenen Entwurf ist nicht maßgeblich, ob der Entwurf während oder außerhalb der täglichen Zeit und inner- oder außerhalb der Arbeitsstätte entstanden ist.[38] Gleichwohl Indiz für einen freien Entwurf ist die arbeitsvertragliche Gestattung einer Nebentätigkeit im Hinblick auf Entwürfe dann, wenn Entwürfe eben außerhalb der üblichen Arbeitszeit und der Arbeitsstätte gemacht werden.[39] Der Arbeitnehmer trägt die Darlegungs- und Beweislast dafür, dass ein freier Entwurf vorliegt, da Abs. 2 als Regelfall von einem gebundenen Entwurf ausgeht und die Ausnahme hiervon vom Arbeitnehmer zu beweisen wäre.[40]

19 Grundsätzlich enthält der Arbeitnehmer für einen von ihm gefertigten Entwurf, der gemäß Abs. 2 dem Arbeitgeber zusteht, keine gesonderte

---

38 *Eichmann/v. Falckenstein*, § 7 Rn. 22.
39 Vgl. zum Patentrecht: *Bartenbach/Volz*, § 4 Rn. 28.
40 *Eichmann/v. Falckenstein*, § 7 Rn. 22.

Vergütung. Durch die allgemeine arbeitsvertragliche Entlohnung enthält der Arbeitnehmer bereits eine Gegenleistung für sämtliche seiner Tätigkeiten, sofern gesetzlich nicht ein anderes bestimmt ist. Hierdurch unterscheidet sich das Geschmacksmusterrecht deutlich vom Arbeitnehmererfinderrecht, das eine differenzierte (Zusatz-)Vergütung für den Diensterfinder vorsieht.[41] Aufgrund der Dispositivität des § 7 steht es dem Arbeitgeber offen, gleichwohl ein am Arbeitnehmererfindungsrecht ausgerichtetes Incentive-System in seinem Betrieb einzuführen.[42]

Abs. 2 ist abdingbar und in seinen Ausgestaltungen und Rechtsfolgen **20** von den Parteien eines Arbeitsvertrages modifizierbar. Eine Modifizierung kann insbesondere auch durch betriebliche Übung oder Betriebsvereinbarungen geschehen. Abs. 2 lässt die Rechte des Entwerfers aus § 10 (Anspruch auf Entwerferbenennung) unberührt. Entwerfer bleibt der Arbeitnehmer und nicht der Arbeitgeber, soweit dieser nicht aufgrund seiner Tätigkeit als Mitentwerfer angesehen werden kann.

V. Im Auftrag entworfene Muster

Abs. 2 gilt nicht für Geschmacksmuster, die außerhalb eines Arbeits- **21** verhältnisses[43] als Auftragsarbeit entworfen worden sind.[44] Eine analoge Anwendung des Abs. 2 auf Geschmacksmuster, die als Auftragsarbeiten entworfen wurden, kommt mangels planwidriger Regelungslücke nicht in Betracht.[45] Abs. 2 trägt – ebenso wie Art. 14 Abs. 3 GGV und die detaillierten Regelungen des Arbeitnehmererfindungsrechts – dem Umstand Rechnung, dass der abhängig beschäftigte Entwerfer vom wirtschaftlichen Risiko der Entwicklungstätigkeit befreit ist, da ihm der Arbeitgeber auch im Fall gestalterischen Misserfolgs zur Zahlung des Arbeitslohns verpflichtet bleibt. Ein freier Designer hingegen schuldet einen Gestaltungserfolg und erhält seine Vergütung jedenfalls auf Grundlage des deutschen Werkvertragsrechts erst nach Fertigstellung des Werkes und nach Abnahme durch den Besteller (§ 641 Abs. 1 BGB), wenn nichts anderes vereinbart wurde und beispielsweise Dienstvertragsrecht (§§ 611 ff. BGB) zur Anwendung kommt. Der freie

---

41 BGH, GRUR 2002, 149, 152 – Wetterführungspläne II.
42 Vgl. zu Incentive-Systemen im Hinblick auf Arbeitnehmererfindungen: *Trimborn*, Mitt. 2006, 160 ff.
43 Vgl. allgemein zu Auftragsarbeiten im Geschmacksmusterrecht: *Beyerlein*, Der Geschmacksmustervertrag, S. 11 ff.
44 Vgl. zu Art. 14 Abs. 3 GGV: EuGH, GRUR Int. 2009, 1018, 1021 (Tz. 51).
45 Vgl. zu Art. 14 Abs. 3 GGV: EuGH, GRUR Int. 2009, 1018, 1022 (Tz. 57).

§ 7   Recht auf das Geschmacksmuster

Entwurf, der das wirtschaftliche Risiko der Designentwicklung weitestgehend selbst trägt, soll dem auch die „ganzen Früchte" seines Erfolges und damit auch den Musterschutz erhalten.[46] Will der Auftraggeber bzw. Besteller des Entwicklungsergebnisses weitergehende Rechte daran erwerben, bedarf dies einer gesonderten rechtlichen Vereinbarung, die sich umso mehr noch anbietet, als auch hier wiederum eine Entwerfermehrheit als berechtigt im Sinne des § 7 Abs. 1 angesehen werden könnte.[47]

22   Grundsätzlich muss der Auftraggeber bzw. Besteller bei einer Auftragsarbeit, an der ein Geschmacksmusterrecht i.w.S. entstehen kann, durch vertragliche Vereinbarungen sicherstellen, dass ihm das Recht auf das Geschmacksmuster durch Abtretung (§§ 398, 413 BGB) zukommt, wobei sich dabei auch eine antizipierte Rechtsübertragung bereits im Zeitpunkt des Vertragsschlusses anbietet, soweit das Recht auf das Geschmacksmuster bereits ausreichend konkretisiert ist.[48] Fehlt es an einer entsprechenden vertraglichen Vereinbarung gänzlich oder enthält diese nur die Verpflichtung des Entwerfers zur Mustergestaltung, nicht aber zu Nutzungsrechten an evtl. Schutzrechten, kann eine konkludente Übertragung immaterieller Rechtspositionen darin nicht zwangsläufig gesehen werden.[49] In solchen Fällen wird dann wohl nur von einer konkludenten Verpflichtung zur Nutzungsüberlassung, also zur Erteilung einer einfachen Lizenz, ausgegangen werden können. Die Verneinung jeglicher Nutzungsrechte des Bestellers bzw. Auftraggebers an dem von ihm letztlich bezahlten „Muster" würde einen entsprechenden Entwerfervertrag wirtschaftlich sinnlos machen, so dass im Rahmen ergänzender Vertragsauslegung nach §§ 157, 242 BGB bei Fehlen anderer Anhaltspunkte zumindest davon auszugehen ist, dass der Entwerfer als Auftragnehmer seinem Auftraggeber eine einfache Lizenz einräumt.[50] Eine weitere, im Rahmen der Auslegung zu klärende Frage ist darüber hinaus das – was im Regelfall zu verneinen ist – die Lizenzierung unentgeltlich erfolgen könnte oder – was der Regelfall ist – gegen Zahlung einer angemessenen Lizenzgebühr.

---

46 *Becker*, GRUR Int. 2010, 484, 486.
47 Vgl. *Beyerlein*, Der Geschmacksmustervertrag, S. 18 f.
48 Vgl. *Beyerlein*, Der Geschmacksmustervertrag, S. 18 ff.
49 *Becker*, GRUR Int. 2010, 484, 487.
50 A.A. im Hinblick auf die regelmäßige Einräumung einer ausschließlichen statt einer einfachen Lizenz *Becker*, GRUR Int. 2010, 484, 487.

§ 8 Formelle Berechtigung

Anmelder und Rechtsinhaber gelten in Verfahren, die ein Geschmacksmuster betreffen, als berechtigt und verpflichtet.

Übersicht

	Rn.		Rn.
I. Allgemeines	1	IV. Anwendungsbereich	
II. Zweck	2	(persönlich)	5
III. Anwendungsbereich (sachlich)	4		

I. Allgemeines

§ 8 ist Art. 17 GGV sowie § 7 Abs. 1 PatG nachgebildet und ersetzt § 13 Abs. 1 a.F. Die nicht ganz frei von Widersprüchen gehaltene Systematik des § 8[1] enthält eine rechtliche Aufwertung der Registereintragung im Hinblick auf die Rechtslage gemäß. § 13 Abs. 1 a.f. Gemäß Letzterem war die Eintragung des Anspruchstellers in das Musterregister keine Voraussetzung für dessen Aktivlegitimation, vielmehr war § 13 Abs. 1 a.F. lediglich als gesetzliche Vermutungsregelung mit der jederzeit möglichen Erschütterung durch Beweis des Gegenteils im Hinblick auf die Berechtigung des Geschmacksmusteranmelders und Geschmacksmusterinhabers ausgestaltet.[2] Nach § 8 wird der Konflikt bei abweichender Registereintragung von der wahren Berechtigung des Entwerfers nach § 7 Abs. 1 dahingehend entschieden, dass die Registerlage entscheidend ist und nur durch eine Registerberichtigung (durch eine Geschmacksmustervindikation gemäß § 9) geändert werden kann. Für das Gemeinschaftsgeschmacksmuster sieht Art. 17 GGV eine dem § 8 vergleichbare Fiktionswirkung, ebenfalls eingebettet in eine ähnliche Systematik (Geschmacksmustervindikation) vor.

1

II. Zweck

§ 8 dient wesentlich dem Zweck, nicht jedes einzelne über das Geschmacksmuster geführte Verfahren (Eintragungsverfahren, Verlet-

2

---
1 *Beyerlein*, WRP 2004, 676, 681.
2 Vgl. *Eichmann/v. Falckenstein*, 2. Aufl., § 13 Rn. 2.

§ 8 Formelle Berechtigung

zungsverfahren etc.) mit der oftmals schwer zu beantwortenden Frage der wahren Entwerfereigenschaft und Berechtigung im Hinblick auf die Inhaberschaft am Geschmacksmuster zu belasten.[3] Fragen der Aktiv- und Passivlegitimation des Eingetragenen werden nicht nur durch eine lediglich widerlegbare gesetzliche Vermutung, sondern vielmehr durch eine gesetzliche Fiktion des eingetragenen Inhabers bzw. des Anmelders als Berechtigter gelöst. Die gesetzliche Fiktion besteht solange fort, bis im Wege einer Geschmacksmustervindikation gemäß § 9 das Register entsprechend korrigiert wird.[4] Durch § 8 wird jedoch nicht nur der zu Unrecht Eingetragene in seiner durch die Eintragung bzw. Anmeldung erlangten Rechtsposition (bis zur erfolgreichen Durchführung einer Geschmacksmustervindikation gemäß § 9) gestärkt, sondern auch der zutreffend eingetragene wahre Berechtigte ist davor geschützt, in jedem Verfahren über das Geschmacksmuster erneut damit rechnen zu müssen, seine Berechtigung vor Gericht oder dem DPMA durchzusetzen. Außerhalb von § 9 kann der Anmelder bzw. als Geschmacksmusterinhaber Eingetragene sich weder darauf berufen, nicht berechtigt zu sein, noch muss er damit rechnen, dass andere wirksam seine Berechtigung in Zweifel ziehen können.

3 § 8 bietet damit für den Eingetragenen (und im beschränkten Umfang auch für den Anmelder) eine sogenannte formelle Legitimation.[5] Allerdings ist diese formelle Legitimation nicht so zu verstehen, dass ein Dritter sich nicht mit Erfolg auf seine „wahre Berechtigung" i.S.d. § 7 am Geschmacksmuster berufen kann und – auch vor entsprechender Richtigstellung im Register gemäß § 9 – Rechte aus dem Geschmacksmuster insbesondere gegenüber Dritten (Verletzungsverfahren etc.) geltend machen kann. § 8 ist dabei so zu verstehen, dass neben dem im Register Eingetragenen auch der wahre Berechtigte Rechte aus dem Geschmacksmuster geltend machen kann, wobei dieser allerdings seine wahre Berechtigung (dies ist der aus der fehlenden Eintragung resultierenden Nachteil) darlegen und gegebenenfalls beweisen muss.[6] Würde man dem wahren Berechtigten diese Möglichkeit verschließen, so würden seine Rechte unverhältnismäßig und auch vom Zweck des § 8 in nicht mehr erforderlicher Weise beschränkt. Auch der Wortlaut des § 8 bietet keinen zwingenden Anlass, von einer ausschließlichen Berechti-

---

3 Vgl. zum Patentrecht: BGH, GRUR 1997, 890, 891 – Drahtbiegemaschine.
4 Vgl. *Eichmann/v. Falckenstein*, § 8 Rn. 2.
5 *Beyerlein*, WRP 2004, 676, 681; *Eichmann/v. Falckenstein*, § 8 Rn. 2; vgl. auch BT-Drucks. 15/1075, S. 36.
6 *Beyerlein*, WRP 2004, 676, 681, vgl. auch *Kazemi*, MarkenR 2007, 149, 153.

gung des Eingetragenen unter Ausschluss der Berechtigung des materiell-rechtlichen Inhabers auszugehen.

III. Anwendungsbereich (sachlich)

Der Anwendungsbereich des § 8 ist denkbar weit gefasst. Er umfasst dabei sämtliche Berechtigungen und Verpflichtungen in Verfahren über ein angemeldetes oder eingetragenes Geschmacksmuster, mithin alle Verfahren vor dem DPMA, dem BPatG und den ordentlichen Gerichten sowie im Rechtsverkehr mit Dritten.[7] Ausgenommen ist die Geschmacksmustervindikation gemäß § 9 bei der § 8 naturgemäß nur eingeschränkt gelten kann. Im Rahmen des § 9 gilt § 8 insoweit, als er die Passivlegitimation des Eingetragenen im Rahmen einer Geschmacksmustervindikationsklage verbindlich festlegt. § 8 gilt insbesondere in Verletzungsverfahren, unabhängig davon, ob diese als Hauptsacheverfahren oder im Wege der einstweiligen Verfügung geführt werden.[8] Wird ein Geschmacksmuster verletzt und erfüllt der Verletzer die dem Geschmacksmusterinhaber zustehenden Ansprüche (Auskunft, Schadensersatz etc.) gegenüber dem als Inhaber Eingetragenen, so wirkt aufgrund der Gesetzesfiktion des § 8 die Erfüllung auch gegenüber dem wahren Inhaber des Geschmacksmusters. Dies gilt unabhängig davon, ob die Leistungen des Verletzers aufgrund eines gerichtlichen Titels erfolgen oder außergerichtlich „freiwillig" bewirkt werden. Daneben ist § 8 auch im Eintragungsverfahren vor dem DPMA anwendbar. Gemäß § 19 Abs. 2 i.V.m. § 8 ist das DPMA sogar daran gehindert, bei positiver Kenntnis über die fehlende Berechtigung des eingetragenen Inhabers bzw. Anmelders eine andere Person als Inhaber einzutragen oder als Anmelder zu behandeln. Dem DPMA ist dabei sogar verwehrt, zur Ausräumung von Zweifel etc. Nachweise über die Berechtigung vom Anmelder bzw. eingetragenen Geschmacksmusterinhaber zu fordern und gegebenenfalls die Zurückweisung der Anmeldung anzudrohen.[9] § 8 ist schließlich auch im Strafverfahren (§ 51) anwendbar, wobei der Grundsatz der Amtsermittlung im Strafrecht eigenständige Feststellungen zur wahren Berechtigung dann notwendig macht, wenn Zweifel in Bezug auf die Richtigkeit der Fiktion bestehen.[10]

4

---

7 Vgl. zum Markenrecht: *Ingerl/Rohnke*, § 28 Rn. 6 m.w.N.
8 LG Düsseldorf, GRUR 1956, 689.
9 Vgl. zum Patentrecht: BPatGE 41, 195.
10 RGSt 30, 146; *Eichmann/v. Falckenstein*, § 8 Rn. 3.

§ 8 Formelle Berechtigung

IV. Anwendungsbereich (persönlich)

5 Vom persönlichen Anwendungsbereich dieser Norm ist der im Register eingetragene Inhaber des Geschmacksmusters betroffen (§ 1 Nr. 5). Mit der Umschreibung des Geschmacksmusters wirkt die formelle Legitimation des § 8 für den dann Eingetragenen. Im Anmeldeverfahren ist die in der Geschmacksmusteranmeldung als Anmelder bezeichnete Person (oder dessen dann nachzuweisender Rechtsnachfolger) vom DPMA als Anmelder anzusehen. Ausschließlich mit ihm (oder seinem benannten Vertreter) wird die anfallende Korrespondenz durch das DPMA abgewickelt.

§ 9 Ansprüche gegenüber Nichtberechtigten

(1) Ist ein Geschmacksmuster auf den Namen eines nicht nach § 7 Berechtigten eingetragen, kann der Berechtigte unbeschadet anderer Ansprüche die Übertragung des Geschmacksmusters oder die Einwilligung in dessen Löschung verlangen. Wer von mehreren Berechtigten nicht als Rechtsinhaber eingetragen ist, kann die Einräumung seiner Mitinhaberschaft verlangen.

(2) Die Ansprüche nach Absatz 1 können nur innerhalb einer Ausschlussfrist von drei Jahren ab Bekanntmachung des Geschmacksmusters durch Klage geltend gemacht werden. Das gilt nicht, wenn der Rechtsinhaber bei der Anmeldung oder bei einer Übertragung des Geschmacksmusters bösgläubig war.

(3) Bei einem vollständigen Wechsel der Rechtsinhaberschaft nach Absatz 1 Satz 1 erlöschen mit der Eintragung des Berechtigten in das Register Lizenzen und sonstige Rechte. Wenn der frühere Rechtsinhaber oder ein Lizenznehmer das Geschmacksmuster verwertet oder dazu tatsächliche und ernsthafte Anstalten getroffen hat, kann er diese Verwertung fortsetzen, wenn er bei dem neuen Rechtsinhaber innerhalb einer Frist von einem Monat nach dessen Eintragung eine einfache Lizenz beantragt. Die Lizenz ist für einen angemessenen Zeitraum zu angemessenen Bedingungen zu gewähren. Die Sätze 2 und 3 finden keine Anwendung, wenn der Rechtsinhaber oder der Lizenznehmer zu dem Zeitpunkt, als er mit der Verwertung begonnen oder Anstalten dazu getroffen hat, bösgläubig war.

(4) Die Einleitung eines gerichtlichen Verfahrens gemäß Absatz 2, die rechtskräftige Entscheidung in diesem Verfahren sowie jede andere Beendigung dieses Verfahrens und jede Änderung der Rechtsinhaberschaft als Folge dieses Verfahrens werden in das Register für Geschmacksmuster (Register) eingetragen.

Übersicht

	Rn.		Rn.
I. Allgemeines	1	IV. Ausschlussfrist (§ 9 Abs. 2)	9
II. Vindikationsanspruch (§ 9 Abs. 1)	3	V. Register (§ 9 Abs. 4)	11
III. Rechtsfolgen der Vindikation (§ 9 Abs. 3)	6		

§ 9 Ansprüche gegenüber Nichtberechtigten

I. Allgemeines

1 § 9 dient dazu, Rechtsbehelfe für Sachverhalte zur Verfügung zu stellen, in denen das in § 7 geregelte Recht auf das Geschmacksmuster verletzt worden ist. Dies sind insbesondere Fälle, in denen ein Nichtberechtigter ein Muster als Geschmacksmuster angemeldet hat. Eine vergleichbare Regelung findet sich in § 8 PatG (Patentvindikation), so dass im Einklang hiermit § 9 als „Geschmacksmustervindikation" bezeichnet werden kann. In Übereinstimmung mit Art. 11 Abs. 1c GM-Richtlinie bestimmt § 9, dass der im Hinblick auf das Geschmacksmuster Berechtigte entweder die Übertragung des Geschmacksmusters oder die Einwilligung in dessen Löschung vom zu Unrecht Eingetragenen verlangen kann. Vergleichbare Regelungen finden sich auch für das Gemeinschaftsgeschmacksmuster in Art. 15, 16 GGV.

2 Nicht in den Anwendungsbereich von § 9 fallen die seltenen Fälle der sogenannten Parallelschöpfung, da insoweit der eingetragene Inhaber bzw. Anmelder selbst nach § 7 zur Anmeldung berechtigt ist.[1] Allerdings spricht gegen den Fall einer Parallelschöpfung der Anscheinsbeweis,[2] so dass demjenigen, der sich hierauf beruft, die Darlegungs- und Beweislast obliegt, soweit ihm der Berechtigte vor der Anmeldung den Gegenstand des Geschmacksmusters offenbart hat.[3] Im Rahmen des § 9 ist unerheblich, ob der Nichtberechtigte die Kenntnis von durch ihn angemeldetem Geschmacksmuster befugt oder unbefugt erlangt hat. § 9 stellt nicht auf die Art der Kenntniserlangung, sondern lediglich auf die gemäß § 7 zu bestimmende fehlende Anmeldebefugnis ab. § 9 setzt kein Verschulden des Nichtberechtigten voraus.[4] Allerdings kann bei Verschulden ein Anspruch auf Schadensersatz bestehen.[5]

II. Vindikationsanspruch (§ 9 Abs. 1)

3 Der Berechtigte hat gemäß § 9 Abs. 1 Satz 1 ein Wahlrecht zwischen Anspruch auf Übertragung und dem Anspruch auf Einwilligung in die Löschung des ihm gemäß § 7 zustehenden Geschmacksmusters. Das Wahl-

---

1 BGH, GRUR 1969, 90, 93 – Rüschenhaube.
2 KG, GRUR-RR 2002, 49, 50.
3 BGH, GRUR 2001, 823, 825 – Schleppfahrzeug.
4 BGH, GRUR 1996, 42, 43 – Lichtfleck.
5 BGH, GRUR 1997, 890, 891 – Drahtbiegemaschine; OLG Frankfurt am Main, GRUR 1987, 886, 890.

II. Vindikationsanspruch (§ 9 Abs. 1) **§ 9**

recht kann bis zur Erfüllung des jeweiligen Anspruchs oder bis zur Rechtskraft des darüber befindenden Urteils ausgeübt werden. Wählt der Berechtigte die Übertragung, so wird er mit der Übertragung neuer Rechtsinhaber mit allen sich hieraus ergebenden Rechten und Pflichten. Prozessual muss eine entsprechende Klage dann auf Übertragung des Geschmacksmusterrechtes und auf Einwilligung in die Umschreibung im Register gerichtet sein.[6] Ein Antrag auf „Einwilligung in die Übertragung der materiell-rechtlichen Inhaberschaft an einem Geschmacksmuster" ist zumindest unscharf.[7], wenn nicht sogar nur durch Antragsänderung zu einem sinnvollen Antrag umzugestalten.[8] Demgegenüber begründet die Löschung keine Rechte und Pflichten des Berechtigten.

Gemäß § 9 Abs. 1 Satz 2 kann ein Mitentwerfer, der bislang nicht im 4 Register als solcher und damit als Mitinhaber des Geschmacksmusters eingetragen ist, verlangen, als solcher ins Register eingetragen zu werden. Damit kann es je nach Antragsfassung in einer Vindikationsklage als Verteidigungsmittel sinnvoll sein, nicht die Entwerfereigenschaft des Klägers zu bestreiten, sondern das eigene Bestreiten darauf zu beschränken, dass der Kläger zumindest nicht alleiniger Entwerfer ist, da der Nachweis der eigenen Mitentwerfereigenschaft deutlich leichter zu führen sein wird als der Nachweis der Alleinentwerfereigenschaft.[9] Die Stellung eines entsprechenden Hilfsantrages in einer Vindikationsklage bietet sich also an, da ein Anspruch auf Benennung als Mitentwerfer nicht als „minus" im Vindikationsanspruch selbst enthalten ist, sondern demgegenüber ein „aliud" darstellt. Im Hinblick auf den schützenswerten Besitzstand des bereits eingetragenen Mitentwerfers kann im Falle einer Mehrheit von Entwerfern die Löschung des Geschmacksmusters nicht verlangt werden. Sind bereits mehrere Mitentwerfer als Geschmacksmusterinhaber in das Register eingetragen, so muss der noch nicht eingetragene, gleichwohl berechtigte Mitentwerfer seine Ansprüche gegen alle bereits eingetragenen Mitentwerfer geltend machen.

Ansprüche gemäß § 9 Abs. 1 müssen im Wege der Klage geltend ge- 5 macht werden. Im Rechtsstreit erfolgt jedoch keine Prüfung der Schutzfähigkeit des eingetragenen Geschmacksmusters.[10]

---

6 Vgl. *Eichmann/v. Falckenstein*, § 9 Rn. 3; allg.: BPatGE 9, 196, 199.
7 *Eichmann/v. Falckenstein*, § 9 Rn. 3.
8 A.A. OLG Hamm, GRUR-RR 2010, 195, 196 – Motorrollerdesign, wo ein entsprechender Antrag nicht weiter thematisiert wurde.
9 Vgl. insbesondere auch zu den Anforderungen an die Mitentwerfereigenschaft im Rahmen der Geschmacksmustervidikation OLG Hamm, GRUR-RR 2010, 196, 107.
10 BGH, GRUR 2001, 823, 825 – Schleppfahrzeug; BGH, GRUR 1979, 692, 694.

III. Rechtsfolgen der Vindikation (§ 9 Abs. 3)

6   § 9 Abs. 3 regelt die wesentlichen Rechtsfolgen einer erfolgreichen Geschmacksmustervindikation. Gemäß § 9 Abs. 3 Satz 1 erlöschen mit der Eintragung des Berechtigten in das Register sämtliche vom Nichtberechtigten davor erteilten Lizenzen und sonstige von ihm eingeräumten Rechte (Nießbrauch, Pfandrecht, etc.). Gleichwohl steht dem früheren Rechtsinhaber und Dritten, die vom früheren Rechtsinhaber ein Recht am Geschmacksmuster übertragen oder erteilt bekommen haben, für den Fall, dass das Geschmacksmuster bereits verwertet wurde oder dazu tatsächliche oder ernsthafte Anstalten getroffen wurden, das Recht zu, diese Verwertung fortzusetzen, wenn er bei dem neuen Rechtsinhaber innerhalb einer Frist von einem Monat nach dessen Eintragung eine einfache Lizenz beantragt. Im Hinblick auf das „Verwerten" bzw. die „tatsächlichen und ernsthaften Anstalten" kann auf § 41 verwiesen werden.[11] Für die Unterschiede zwischen „tatsächlichen" und „wirklichen" Anstalten ist davon auszugehen, dass es sich insoweit nur um – wohl durch Übersetzungen aus der GM-Richtlinie veranlasste – Sprachungenauigkeiten handelt.

7   Die gemäß § 9 Abs. 3 Satz 2 mögliche Lizenz setzt voraus, dass diese innerhalb eines Monats nach Eintragung des Berechtigten in das Register bei diesem „beantragt" wird. „Beantragt" erfordert dabei jedoch keinen besonders förmlichen und an das öffentliche Recht angelehnten Rechtsakt. Vielmehr muss der künftige Lizenznehmer dem nunmehr in das Register eingetragenen Berechtigten schlicht den Abschluss eines einfachen Lizenzvertrages anbieten. Die Monatsfrist gemäß § 9 Abs. 3 Satz 2 bestimmt sich kenntnisunabhängig ab der Eintragung des Berechtigten als Rechtsinhaber in das Register. Die Bedingungen der Lizenz sind in § 9 Abs. 3 Satz 3 geregelt: Die Lizenz ist für einen angemessenen Zeitraum zu angemessenen Bedingungen zu gewähren. Die Frage der Angemessenheit bestimmt sich dabei nach den jeweiligen Umständen des Einzelfalls. Bewertungskriterien, die herangezogen werden können, sind dabei insbesondere die bisherige Dauer der Benutzung bzw. die Intensität der Anstalten im Hinblick auf eine spätere Benutzung. Für die Frage der Angemessenheit der Lizenzgebühr kann auf die differenzierte Rechtsprechung zur Lizenzanalogie[12] verwiesen werden. Da die Frage der angemessenen Bedingungen der Lizenz schwer

---

11 Vgl. *Günther/Beyerlein*, § 41 Rn. 10.
12 Vgl. *Günther*/Beyerlein, § 42 Rn. 27 ff.

IV. Ausschlussfrist (§ 9 Abs. 2) **§ 9**

vorab und einseitig zu klären ist, kommt es für die Einhaltung der Frist des § 9 Abs. 3 Satz 1 nur darauf an, dass eine einfache Lizenz „beantragt" wurde. Eine Einigung zwischen dem eingetragenen Geschmacksmusterinhaber und dem künftigen Lizenznehmer über Einzelheiten des Lizenzvertrages ist nicht notwendig. Bei fehlender Einigung zwischen dem eingetragenen Geschmacksmusterinhaber und dem künftigen Lizenznehmer kann gerichtlich geklärt werden, zu welchen Bedingungen ein Lizenzvertrag zwischen den Parteien zustande gekommen ist.

Das Recht auf Gewährung einer einfachen Lizenz steht nur demjenigen zur Verfügung, der bei Aufnahme seiner Benutzungshandlung oder den entsprechenden Anstalten hierzu nicht bösgläubig war. Bösgläubigkeit ist die Kenntnis der fehlenden Berechtigung i.S.d. § 7. Hierfür ist ausreichend, wenn Kenntnis der tatsächlichen Umstände vorliegt, aus denen sich die Nichtberechtigung ergibt. Ob aus diesen tatsächlichen Umständen zu Unrecht von der eigenen Berechtigung i.S.d. § 7 ausgegangen wurde, vermag den Nichtberechtigten im Rahmen des § 9 nicht zu entlasten. Darüber hinaus besteht die Möglichkeit einer Lizenzeinräumung nur in Fällen des vollständigen Wechsels der Rechtsinhaberschaft (§ 9 Abs. 3 Satz 1). Im Umkehrschluss hieraus folgt, dass die Eintragung eines weiteren Berechtigten in das Register neben den dort bereits registrierten (ebenfalls) Berechtigten die von diesen vorgenommenen Rechtsübertragungen und Rechtseinräumungen nicht betrifft. **8**

IV. Ausschlussfrist (§ 9 Abs. 2)

Gemäß § 9 Abs. 2 können die Ansprüche nach § 9 Abs. 1 nur innerhalb einer Ausschlussfrist von 3 Jahren ab Bekanntmachung des Geschmacksmusters durch Klage geltend gemacht werden. Bekanntmachung des Geschmacksmusters bedeutet dabei die Bekanntmachung im Geschmacksmusterblatt gemäß § 20 Satz 1 i.V.m. § 14 GeschmMV. Diese Ausschlussfrist läuft unabhängig von der Kenntnis des Berechtigten von der Bekanntmachung. Einzig im Falle der Aufschiebung der Bildbekanntmachung beginnt die Ausschlussfrist nicht mit der Bekanntmachung im Geschmacksmusterblatt, sondern mit der Nachholung der Bildbekanntmachung gemäß § 21 Abs. 3. **9**

Die Ausschlussfrist des § 9 Abs. 2 Satz 1 kommt dann nicht zur Anwendung, wenn der Rechtsinhaber bei der Anmeldung oder bei einer Übertragung des Geschmacksmusters bösgläubig war (§ 9 Abs. 2 Satz 2). Die Frage der Bösgläubigkeit ist entsprechend der Bösgläubig- **10** keit in § 9 Abs. 3 Satz 3 zu beantworten. Der durch die Ausschlussfrist gemäß § 9 Abs. 2 beabsichtigte Interessenausgleich zwischen den Interessen des eigentlich Berechtigten und dem Interesse des Rechtsverkehrs an Rechtssicherheit und Rechtsklarheit führt dazu, dass im Falle der Bösgläubigkeit eine den Berechtigten benachteiligende Ausschlussfrist nicht geboten ist. Insoweit entspricht die Regelung in § 9 Abs. 2 Satz 2 der Rechtsfolgenverweisung in § 6 Satz, wonach die Neuheitsschonfrist ebenfalls ohne jede zeitliche Einschränkung im Falle der missbräuchlichen Offenbarung geltend gemacht werden kann.[13]

V. Register (§ 9 Abs. 4)

11   Um der Publizitätsfunktion des Geschmacksmusterregisters gerecht zu werden, bestimmt § 9 Abs. 4, dass die Einleitung eines gerichtlichen Verfahrens gemäß § 9 Abs. 2, die rechtskräftige Entscheidung in diesem Verfahren sowie jede andere Beendigung des Verfahrens und jede Änderung der Rechtsinhaberschaft als Folge dieses Verfahrens in das Register eingetragen wird. Offen bleibt, woher das Register seine entsprechenden Informationen bezieht. Wünschenswert wäre, wenn insbesondere im Hinblick auf rechtskräftige Entscheidungen und Einleitung von gerichtlichen Verfahren die Gerichte selbst die Registerbehörde unterrichten würden. In der Praxis wird es jedoch zumeist dem Berechtigten obliegen, diese Tatsache dem Register mitzuteilen. Die Registerbehörde wird dabei Eintragungen nur vornehmen, wenn der eintragungspflichtige Tatbestand dem Register gegenüber nachgewiesen ist.[14]

---

13 Vgl. *Günther/Beyerlein*, § 6 Rn. 10; *Günther/Beyerlein*, WRP 2003, 1422, 1424.
14 Vgl. *Eichmann/v. Falckenstein*, § 9 Rn. 7.

§ 10 Entwerferbenennung

Der Entwerfer hat gegenüber dem Anmelder oder dem Rechtsinhaber das Recht, im Verfahren vor dem Deutschen Patent- und Markenamt und im Register als Entwerfer benannt zu werden. Wenn das Muster das Ergebnis einer Gemeinschaftsarbeit ist, kann jeder einzelne Entwerfer seine Nennung verlangen.

Übersicht

	Rn.		Rn.
I. Allgemeines	1	IV. Recht auf Entwerferbenennung im Rechtsverkehr	6
II. Recht auf Erfinderbenennung	2	V. Entwerferbenennung auf Produkt	8
III. Formelles	4		

I. Allgemeines

§ 10 und hatte im GeschmMG a.F. keinen Vorgänger und entspricht im **1** wesentlichen Art. 18 GGV. Er gewährt dem Entwerfer eines Musters gegenüber dem Anmelder oder dem Rechtsinhaber das Recht, im Verfahren vor dem DPMA und im Register als Entwerfer benannt zu werden. Damit ist § 10 mit § 13 UrhG vergleichbar. Sinn der Vorschrift ist es, den Entwerfern von Geschmacksmustern eine angemessene Publizität zu eröffnen. Hierdurch wird die besondere gestalterische Leistung des Entwerfers öffentlich dokumentiert und diesem ermöglicht, sich über die Publizität des Registers einen besonderen Ruf als Mustergestalter zu erarbeiten. Auf diese Weise wird die Stellung der Designer gestärkt, was wiederum dem Sinn und Zweck des Geschmacksmusterrechts – Förderung der Fortentwicklung des Formenschatzes – dient.

II. Recht auf Erfinderbenennung

Das Recht als Entwerfer benannt zu werden, steht demjenigen zu, der **2** gemäß § 7 Abs. 1 Satz 1 1. Alternative den Realakt der Schaffung des Musters durch die Materialisierung einer gestalterischen Idee verwirklicht hat. Ist ein Geschmacksmuster das Ergebnis einer Gemeinschaftsarbeit mehrerer Entwerfer, kann jeder einzelne seine Nennung verlangen (Satz 2). Die Eintragung eines „Entwerferteams", wie es Art. 18 Satz 2 GGV vorsieht, ist demgegenüber ausgeschlossen, da reine Phantasiebezeichnungen keinen Rückschluss auf die Identität des Entwerfers zulassen und damit die von § 10 gewollte Identifizierbarkeit des Entwerfers bzw. der Entwerfer verhindert.

3 Die Nennung des Entwerfers bei der Anmeldung bzw. im Register ist fakultativ (§ 3 Abs. 2 Nr. 4 GeschmMV). Es besteht aber ein Anspruch des Entwerfers gegenüber dem Anmelder bzw. Rechtsinhaber auf Nennung seiner Entwerfereigenschaft. Die Nennung als Entwerfer kann jedoch gegenüber dem DPMA nur durch den Anmelder bzw. Rechtsinhaber erfolgen. Zwar kann der Entwerfer das DPMA auf seine Entwerfereigenschaft hinweisen, einen Anspruch gegenüber dem DPMA auf seine Nennung als Entwerfer hat er jedoch nicht. Allerdings wird das DPMA in solchen Fällen den Anmelder bzw. Rechtsinhaber dazu hören und bei dessen Zustimmung die Eintragung nachholen. Fehlt es an einer solchen Zustimmung, muss der Entwerfer gegenüber dem Anmelder bzw. Rechtsinhaber diese auf zivilrechtlichem Wege durchsetzen.

III. Formelles

4 Die tatsächliche Nennung des Entwerfers hat schriftlich, ansonsten formlos durch den Geschmacksmusterinhaber zu erfolgen. Das DPMA stellt hierfür den vom Anmelder bzw. Rechtsinhaber zu unterschreibenden Vordruck R 5703.4 zur Verfügung.[1] Der Name und die Anschrift des Entwerfers bzw. der Entwerfer werden nach § 13 Abs. 2 Nr. 2 GeschmMV in das Geschmacksmusterregister eingetragen und im Geschmacksmusterblatt bekannt gemacht (§ 14 Nr. 1 GeschmMV).

5 Erfolgt die Benennung des Entwerfers erst nach Eintragung des Geschmacksmusters, so wird die Entwerferbenennung im Register nachgetragen und (kostenlos) als Änderungsmitteilung im Geschmacksmusterblatt veröffentlicht. Der Entwerfer ist analog zum Inhalt der Anmelderangabe nach § 5 Abs. 1 Nr. 1 und 3, Abs. 2, Abs. 3, Abs. 6 GeschmMV mit seinem Vor- und Zunamen zu nennen. Die Nennung von Phantasienamen oder Pseudonymen (selbst solchen i.S.d. § 13 Satz 2 UrhG[2]) ist unzulässig.[3] Bei einer Mehrheit von Entwerfern ist jeder einzelne der Entwerfer in der eben beschriebenen Weise zu benen-

---

1 BlPMZ 2004, 277.
2 Vgl. *Eichmann/v. Falckenstein*, § 10 Rn. 3.
3 Vgl. Gesetzesbegründung, BlPMZ 2004, 231.

nen. Im Gegensatz zur patentrechtlichen Vorschrift des § 7 Abs. 2 Nr. 2 PatV bedarf es keiner Angabe darüber, dass ein Entwerfer auf seine Nennung verzichtet hat bzw. weitere Entwerfer als die Benannten nicht bestehen. Bei einer Sammelanmeldung (§ 12) muss sichergestellt sein, dass die Zuordnung des einzelnen Entwerfers zum jeweiligen Muster durch entsprechend eindeutige Angaben klargestellt wird.

IV. Recht auf Entwerferbenennung im Rechtsverkehr

Das Recht auf Entwerferbenennung ist ebenso wie das Recht auf Erfinderbenennung gemäß § 63 PatG ein Höchstpersönlichkeitsrecht.[4] Das Recht auf Erfinderbenennung ist ein absolutes Recht im Sinne des § 823 Abs. 1 BGB. Es ist unverzichtbar, nicht übertragbar und damit auch nicht pfändbar.[5] Der Entwerfer kann insbesondere nicht zugunsten eines Dritten vereinbaren, dass anstelle des Entwerfers dieser Dritte als Entwerfer genannt wird.   6

Das Recht auf Erfinderbenennung erlischt mit dem Tode des Entwerfers, seine Auswirkungen aber sind vererblich.[6]   7

V. Entwerferbenennung auf Produkt

Im deutschen Recht findet sich keine Anspruchsgrundlage für eine Entwerferbenennung auf dem geschmacksmusterrechtlich geschützten Produkt. Gleichwohl können die Interessen des Geschmacksmusterinhabers und des Entwerfers auch im Hinblick auf die Entwerfernennung auf dem jeweiligen Produkt gleichlaufend sein, da der Geschmacksmusterinhaber und Vertreiber des Produktes vom „guten Namen" oder dem Renommee des jeweiligen Entwerfers (z.B. Philippe Starck, Luigi Colani, Karl Lagerfeld, Wolfgang Joop) profitieren kann und der Entwerfer selbst seine Popularität und Bekanntheit hierdurch erheblich noch steigern kann.[7]   8

---

4 Vgl. zum Patentrecht: KG, Mitt. 1956, 218.
5 Vgl. zum Patentrecht: BGH, GRUR 1978, 583, 585 – Motorkettensäge.
6 Vgl. zum Patentrecht: Benkard/*Schäfers*, § 63 Rn. 2 m.w.N. und Darstellung der Gegenansicht, wonach die Vererblichkeit grundsätzlich bejaht wird, die Erben aber an den erklärten Willen des Erblassers gebunden werden, was im Wesentlichen zu gleichen Ergebnissen führt.
7 Vgl. allgemein und zur Vertragsgestaltung im Geschmacksmusterrecht *Beyerlein*, Der Geschmacksmustervertrag, S. 8 f.

§ 10 Entwerferbenennung

9 Im Hinblick auf die Entwerfernennung auf Produkten sollte beachtet werden, dass Art und Weise der Entwerferbenennung in einem schriftlichen Vertrag möglichst klar und eindeutig festgelegt werden.[8] Dabei bietet sich an, soweit ein Prototyp des jeweiligen Produktes bereits vorhanden ist, eine Ablichtung hiervon als Anlage zum Vertrag aufzunehmen und die dort konkret enthaltene Art der Entwerfernennung als dem Vertrag entsprechend zu definieren. Sollte ein solcher Prototyp nicht existieren, sollte zumindest klargestellt sein, dass die entsprechende Entwerfernennung „gut lesbar" zu erfolgen hat und eventuell sollte zumindest sinngemäß der Text der Entwerfernennung (z.b. „Designed durch Philippe Starck" oder „Design by Philippe Starck") vertraglich fixiert werden.

10 Um dem Geschmacksmusterinhaber eine Weiterentwicklung seines Produktes und dessen Anpassung an tatsächliche Gegebenheiten zu ermöglichen, bietet sich an, neben der sicherlich prominenteren Entwerfernennung auf dem Produkt selbst eine solche auf der Umverpackung des Produktes als ausreichend und den vertraglichen Verpflichtungen entsprechend festzulegen.[9] Je nach Art des Produktes ist es auch möglich, den Entwerfer lediglich in Gebrauchsanweisungen, Beipackzetteln, Produktanhängern etc. zu benennen.

11 Je nach Bekanntheit des Entwerfers kann daran gedacht werden, für die Entwerfernennung auf dem Produkt bzw. der Umverpackung eine Vergütungspflicht im Hinblick auf mögliche Rechte an der Namensnutzung des Entwerfers vorzusehen.[10] Sollte dies der Fall sein, wäre eine entsprechende Vertragsklausel, die ähnlich einer einfachen Markenlizenz auszugestalten wäre, möglich. Auch könnte daran gedacht werden, dem Entwerfer zu untersagen, sich auf anderen Produkten, die mit denen des Geschmacksmusterinhabers insbesondere im Wettbewerb stehen, seinen Namen nennen zu lassen.

---

8 Vgl. *Beyerlein*, Der Geschmacksmustervertrag, S. 8f.
9 Vgl. *Beyerlein*, Der Geschmacksmustervertrag, S. 8f.
10 Vgl. *Beyerlein*, Der Geschmacksmustervertrag, S. 8f.

Abschnitt 3
Eintragungsverfahren

§ 11 Anmeldung

(1) Die Anmeldung zur Eintragung eines Geschmacksmusters in das Register ist beim Deutschen Patent- und Markenamt einzureichen. Die Anmeldung kann auch über ein Patentinformationszentrum eingereicht werden, wenn diese Stelle durch Bekanntmachung des Bundesministeriums der Justiz im Bundesgesetzblatt dazu bestimmt ist, Geschmacksmusteranmeldungen entgegenzunehmen.

(2) Die Anmeldung muss enthalten:

1. einen Antrag auf Eintragung,
2. Angaben, die es erlauben, die Identität des Anmelders festzustellen,
3. eine zur Bekanntmachung geeignete Wiedergabe des Musters und
4. eine Angabe der Erzeugnisse, in die das Geschmacksmuster aufgenommen oder bei denen es verwendet werden soll.

Wird ein Antrag nach § 21 Abs. 1 Satz 1 gestellt, kann die Wiedergabe durch einen flächenmäßigen Musterabschnitt ersetzt werden.

(3) Die Anmeldung muss den weiteren Anmeldungserfordernissen entsprechen, die in einer Rechtsverordnung nach § 26 bestimmt worden sind.

(4) Die Anmeldung kann zusätzlich enthalten:

1. eine Beschreibung zur Erläuterung der Wiedergabe,
2. einen Antrag auf Aufschiebung der Bildbekanntmachung nach § 21 Abs. 1 Satz 1,
3. ein Verzeichnis mit der Warenklasse oder den Warenklassen, in die das Geschmacksmuster einzuordnen ist,
4. die Angabe des Entwerfers oder der Entwerfer,
5. die Angabe eines Vertreters.

§ 11   Anmeldung

(5) Die Angaben nach Absatz 2 Nr. 4 und Absatz 4 Nr. 3 haben keinen Einfluss auf den Schutzumfang des Geschmacksmusters.
(6) Der Anmelder kann die Anmeldung jederzeit zurücknehmen.

Übersicht

	Rn.
I. Allgemeines	1
II. Anmeldung	2
III. (Geschmacksmuster-) Rechtsfähigkeit	7
IV. Pflichtangaben (§ 11 Abs. 2)	11
1. Antrag auf Eintragung (§ 11 Abs. 2 Satz 1 Nr. 1)	12
2. Anmelderangaben (§ 11 Abs. 2 Satz 1 Nr. 2)	17
3. Wiedergabe des Musters (§ 11 Abs. 2 Satz 1 Nr. 3)	20
4. Erzeugnisangabe (§ 11 Abs. 2 Satz 1 Nr. 4)	35
5. Einreichung eines flächenmäßigen Musterabschnitts (§ 11 Abs. 2 Satz 2)	38
V. Sonstige Anmeldeerfordernisse (§ 11 Abs. 3)	42
VI. Fakultative Angaben (§ 11 Abs. 4)	43
1. Beschreibung (§ 11 Abs. 4 Nr. 1)	44
2. Antrag auf Aufschiebung der Bildbekanntmachung (§ 11 Abs. 4 Nr. 2)	48
3. Klassifizierung (§ 11 Abs. 4 Nr. 3)	49
4. Angabe des Entwerfers (§ 11 Abs. 4 Nr. 4)	50
5. Angabe des Vertreters (§ 11 Abs. 4 Nr. 5)	52
VII. Weitere Angaben	65
1. Sammelanmeldung	65
2. Priorität	66
3. Lizenzinteresse	69
VIII. Gebühren	70
IX. Schutzumfang (§ 11 Abs. 5)	79
X. Rücknahme der Anmeldung (§ 11 Abs. 6)	80
XI. Insolvenz	85

I. Allgemeines

1   § 11 hat Teile des § 7 GeschmMG a. F. (Erfordernis der Anmeldung) sowie von § 8b GeschmMG a. F. (aufgeschobene Bildbekanntmachung) und § 10 GeschmMG a. F. (Registerverfahren) ersetzt. Er enthält in Abs. 1 die Zuständigkeitsverweisung für das Eintragungsverfahren an das DPMA sowie das Antragserfordernis. In Abs. 2 werden die zwingenden Mindestvoraussetzungen an die Anmeldung geregelt. Liegen diese nicht vor, kommt es bei deren fristgerechter Beseitigung zu einer Verschiebung des Anmeldetages (§ 16 Abs. 1 Nr. 3, Abs. 5 Satz 2). Abs. 3 bestimmt, dass die Anmeldung auch den sonstigen (nicht elementaren) Anmeldeerfordernissen entsprechen muss. Mängel bei den

nicht elementaren Anmelderfordernissen wirken sich bei fristgerechter Beseitigung nicht auf den Anmeldetag aus, führen jedoch im Falle ihrer Nichtbeseitigung zur Zurückweisung der Anmeldung (§ 16 Abs. 1 Nr. 4, Abs. 5 Satz 3). Vergleichbare Regelungen finden sich in §§ 32 MarkenG, 4 Abs. 3 GebrMG sowie in Art. 36 GGV.

II. Anmeldung

Nach altem Recht entstand der Geschmacksmusterschutz bereits mit der Anmeldung (§ 7 Abs. 1 GeschmMG a.F.). Nunmehr entsteht der Schutz durch Anmeldung und Eintragung (§ 27 Abs. 1). Die Anmeldung gewährt dem Anmelder jedoch ein Anwartschaftsrecht.[1]   2

Um Schutz für ein Geschmacksmuster zu erlangen, ist immer beim DPMA ein Antrag auf Eintragung in das Geschmacksmusterregister einzureichen. Eine Eintragung von Amts wegen, d.h. ohne Antrag kommt nicht in Betracht.[2]   3

Nach Abs. 1 Satz 1 ist die Anmeldung beim DPMA einzureichen. Die Einreichung kann in den Dienststellen München, Jena oder Berlin durch persönliche Übergabe, Einwurf in den Nachtbriefkasten der Annahmestelle oder Zustellung durch die Post erfolgen. Wird der Schriftwechsel unmittelbar mit der Dienststelle Jena geführt, beschleunigt dies die Bearbeitung.[3] Seit dem 1. März 2010 ist zudem eine elektronische Einreichung der Geschmacksmusteranmeldung über das Internet zulässig (vgl. Kommentierung bei § 25).   4

Nach Abs. 1 Satz 2 kann die Anmeldung auch wirksam bei einem Patentinformationszentrum (PIZ) eingereicht werden. Voraussetzung ist, dass diese Stelle durch Bekanntmachung des Bundesministeriums der Justiz im Bundesgesetzblatt zur Entgegennahme bestimmt ist. Hintergrund dieser Regelung ist, dass die Anmelder von Patenten und Gebrauchsmustern – diese können die Anmeldeunterlagen nach § 34 Abs. 2 Satz 1 PatG und § 4 Abs. 2 GebrMG auch über ein PIZ einreichen – gute Erfahrungen mit den PIZ und der Antragseinreichung dort gemacht haben. Vor allem werden von den Anmeldern die Ortsnähe und die Beratung in den Zentren geschätzt.[4] Die Funktion der PIZ be-   5

---

1 Vgl. *Eichmann/v. Falckenstein*, § 11 Rn. 8.
2 Vgl. zum Markenrecht: *Ingerl/Rohnke*, § 32 Rn. 4.
3 Vgl. *Eichmann/v. Falckenstein*, § 11 Rn. 16.
4 Vgl. Gesetzesbegründung, BlPMZ 2004, 231.

§ 11 Anmeldung

schränkt sich auf die Annahme (Dokumentation des Eingangstags) und Weiterleitung der Anmeldung. Eine Prüfung der Anmeldung findet weder in formeller noch in materieller Hinsicht statt. Ebenso wenig sind die PIZ für weitere Verfahrenserklärungen und die Entgegennahme von Zahlungen zuständig. Letztere werden jedoch weitergeleitet.[5]

6 Derzeit sind nachfolgende (12) PIZ dazu bestimmt, für das DPMA Geschmacksmusteranmeldungen entgegenzunehmen: (1) RTWH Aachen Hochschulbibliothek, Patentinformationszentrum, Eilfschornsteinstraße 18, 52062 Aachen, Tel.: 0241 / 80-9 3601, Fax: 0241 / 80-9 22 39; (2) Patent- und Normenzentrum, Hochschule Bremen, Neustadtswall 30, 28199 Bremen, Tel.: 0421 / 5905-2225, Fax: 0421 / 5905-2625; (3) Technische Universität Chemnitz, Universitätsbibliothek, Patentinformationszentrum, Bahnhofsstraße 8, 09111 Chemnitz, Tel.: 0371 / 531 13 160, Fax: 0371 / 531 13 169; (4) Universitätsbibliothek Dortmund, Informationszentrum Technik und Patente, Vogelpothsweg 76, 44227 Dortmund, Tel.: 0231 / 755-4068, Fax: 0231 / 756902; (5) Technische Universität Dresden, Patentinformationszentrum, Andreas-Schubert-Bau 1. Etage, Zellescher Weg 19, 01069 Dresden, Tel.: 0351 / 463-32791, Fax: 0351 / 463-37136; (6) Patentinformationszentrum Halle MIPO GmbH, Julius-Ebeling-Straße 6, 06112 Halle (Saale), Tel.: 0345 / 29 39 80, Fax: 0345 / 29 39 840 (7) Handelskammer Hamburg, IPC Innovations- und Patent-Centrum, Adolphsplatz 1, 20457 Hamburg, Tel.: 040 / 36 138 376, Fax: 040 / 36 138 270; (8) Technische Universität Ilmenau, Patentinformationszentrum und Online-Dienste, Campus-Center, Langwiesener Straße 37, 98693 Ilmenau, Tel.: 03677 / 694572, Fax: 03677 / 694538; (9) Technische Universität Kaiserslautern, KIT Patentinformationszentrum, Gebäude 32, Paul-Ehrlich-Straße 32, 67653 Kaiserslautern, Tel.: 0631 / 205-2172, Fax: 0631 / 205-2925; (10) LGA Nürnberg Training & Consulting GmbH, Patente und Normen, Tillystraße 2, 90431 Nürnberg, Tel.: 0911 / 655-4938, Fax: 0911 / 655-4929; (11) Zentrale für Produktivität und Technologie Saar e.V., Patentinformationszentrum, Franz-Josef-Röder-Straße 9, 66119 Saarbrücken, Tel.: 0681 / 52004, Fax: 0681 / 583150; (12) Regierungspräsidium Stuttgart, Informationszentrum Patente, Willi-Bleicher-Straße 19, 70174 Stuttgart, Tel.: 0711 / 123-2558, Fax: 0711 / 123-2560.

---

5 Vgl. zum Patentrecht: *Busse*, § 34 Rn. 23.

III. (Geschmacksmuster-)Rechtsfähigkeit

Das GeschmMG regelt nicht ausdrücklich, wer Anmelder und Inhaber 7
von Geschmacksmustern sein kann. Nach § 7 MarkenG können Inhaber
von Marken sein: (1) natürliche Personen, (2) juristische Personen oder
(3) Personengesellschaften, sofern sie mit der Fähigkeit ausgestattet
sind, Rechte zu erwerben und Verbindlichkeiten einzugehen. Dies hat
auch für Geschmacksmuster zu gelten.

Die Fähigkeit zur Anmeldung eines Geschmacksmusters setzt Ge- 8
schäftsfähigkeit i.S.d. §§ 104ff. BGB voraus.[6] Bei natürlichen Personen beginnt die (Geschmacksmuster-)Rechtsfähigkeit mit der Geburt
(§ 1 BGB) und endet mit dem Tod. Zum Erwerb des Geschmacksmusters durch Anmeldung oder Rechtsgeschäft bedarf der Minderjährige
nach § 106 BGB der Zustimmung seiner gesetzlichen Vertreter, es sei
denn, die Anmeldung gehört zu einem Geschäftsbetrieb, zu dessen
selbstständigen Betrieb der Minderjährige ermächtigt ist (§ 112 BGB).[7]
Mehrere (natürliche) Personen können Anmelder und Inhaber eines Geschmacksmusters sein. Sie handeln in notwendiger Streitgenossenschaft (§ 62 ZPO).[8]

Als juristische Personen des Privatrechts kommen unter anderem der 9
rechtsfähige Verein (§§ 21, 22, 23 BGB), die Stiftung (§ 80 BGB), die
AG (§ 1 Abs. 1 AktG), die GmbH (§ 13 Abs. 1 GmbHG), die KGaA
(§ 278 Abs. 1 AktG), die Genossenschaft (§ 17 Abs. 1 GenG), die Kapitalanlagegesellschaft (§ 1 Abs. 3 KAGG) und der Versicherungsverein
auf Gegenseitigkeit (§§ 15, 16 VAG) in Betracht.[9] Geeignete Rechtssubjekte des öffentlichen Rechts sind rechtsfähige (Gebiets-)Körperschaften (Bund, Länder und Gemeinden) sowie Anstalten (z.B. stadt-
oder landeseigene Theater, Museen, Bibliotheken und Krankenhäuser)
und Stiftungen des öffentlichen Rechts.[10] Die (Geschmacksmuster-)
Rechtsfähigkeit der juristischen Person entsteht nach Maßgabe der jeweiligen spezialgesetzlichen Regelungen, d.h. in der Regel mit der
konstitutiven (Handels-)Registereintragung.[11] Zu berücksichtigen ist allerdings, dass schon vor der Eintragung eine Vorgesellschaft bestehen

---

6 Vgl. zum Markenrecht: *Ekey/Klippel*, § 32 Rn. 8.
7 Vgl. zum Markenrecht: *Ingerl/Rohnke*, § 7 Rn. 8.
8 BGH, GRUR 1967, 656 – Altix.
9 Vgl. zum Markenrecht: *Ingerl/Rohnke*, § 7 Rn. 10.
10 Vgl. zum Markenrecht: *Fezer*, § 7 Rn. 28 f.
11 Vgl. zum Markenrecht: *Fezer*, § 7 Rn. 27.

§ 11 Anmeldung

kann, die ihrerseits rechtsfähig sein kann.[12] Das Ende der juristischen Person bestimmt sich ebenfalls nach den jeweiligen spezialgesetzlichen Regelungen.[13]

10 Personengesellschaften können Anmelder oder Inhaber von Geschmacksmustern sein, soweit sie rechtsfähig sind. Insoweit sind vor allem Personenhandelsgesellschaften, d. h. die oHG (§§ 105 ff. HGB) und KG (§§ 161 ff. HGB) sowie die Partnerschaftsgesellschaften (§ 7 Abs. 2 PartGG) zu nennen. In Letzteren schließen sich die Angehörigen freier Berufe, die kein Handelsgewerbe betreiben (z. B. Ärzte und Heilberufe, Ingenieure, Architekten, Rechtsanwälte, Steuerberater, Künstler, Wissenschaftler), zur Ausübung ihres Berufes zusammen. Die stille Gesellschaft (§§ 230 ff. HGB) ist keine Außen-, sondern eine Innengesellschaft, kann also nicht Trägerin von Rechten und Pflichten sein. Geschmacksmusterrechtsfähig kann daher nur der Inhaber des Handelsgeschäfts, d. h. der Einzelkaufmann sein.[14] Eine BGB-Gesellschaft (§§ 705 ff. BGB) ist entgegen der früheren Rechtsprechung des BGH[15] eine eigene Rechtsperson. Sie ist daher geschmacksmusterrechtsfähig (vgl. auch § 5 Abs. 1 Nr. 2 Satz 3 GeschmMV).[16] Demgegenüber können weder der nichtrechtsfähige Verein (§ 54 BGB), die Erbengemeinschaft (§ 2032 BGB) noch die Bruchteilsgemeinschaft (§ 741 BGB) Anmelder bzw. Inhaber eines Geschmacksmusters sein.[17]

IV. Pflichtangaben (§ 11 Abs. 2)

11 Damit die Anmeldung prioritätsbegründende Wirkung hat, muss sie die Mindesterfordernisse des § 11 Abs. 2 erfüllen, d. h. einen Antrag auf Eintragung, Angaben zur Identität des Anmelders, eine zur Bekanntmachung geeignete Wiedergabe des Geschmacksmusters sowie eine Angabe der Erzeugnisse, in die das Geschmacksmuster aufgenommen oder bei denen es verwendet werden soll, enthalten. Ist die Anmeldung in dieser Hinsicht mangelhaft, fordert das DPMA den Anmelder auf, die Mängel innerhalb einer bestimmten Frist zu beseitigen. Kommt der Anmelder dem nach, verschiebt sich der Anmeldetag auf den Tag, an

---

12 Vgl. zum Markenrecht: *Ingerl/Rohnke*, § 7 Rn. 10; *Fezer*, § 7 Rn. 65.
13 Vgl. zum Markenrecht: *Ingerl/Rohnke*, § 7 Rn. 11.
14 Vgl. zum Markenrecht: *Ingerl/Rohnke*, § 7 Rn. 12.
15 BGH, GRUR 2000, 1028, 1030 – Ballermann.
16 BVerfG, NJW 2002, 3553; BGH, NJW 2002, 1207; *Starck*, MarkenR, 2001, 90.
17 Vgl. zum Markenrecht: *Ingerl/Rohnke*, § 7 Rn. 14.

IV. Pflichtangaben (§ 11 Abs. 2) **§ 11**

dem der Mangel beseitigt wird (§ 16 Abs. 5 Satz 2). Beseitigt der Anmelder den Mangel nicht, wird die Anmeldung durch Beschluss zurückgewiesen (§ 16 Abs. 5 Satz 3).

1. Antrag auf Eintragung (§ 11 Abs. 2 Satz 1 Nr. 1)

Der Antrag auf Eintragung ist schriftlich und in deutscher Sprache (§ 23 Abs. 1 Satz 4 i.V.m. § 126 PatG) einzureichen. Werden fremdsprachige Unterlagen eingereicht, hat das DPMA diese zur Kenntnis zu nehmen. Weiter hat das DPMA den Anmelder auf den Grundsatz der deutschen Verfahrenssprache hinzuweisen und aufzufordern, innerhalb einer vom DPMA bestimmten Frist deutsche Übersetzungen der eingereichten Unterlagen einzureichen. Die fremdsprachige Anmeldung begründet keine Priorität. Vielmehr erhält die Anmeldung den Tag als Anmeldetag zuerkannt, an dem die deutschen Übersetzungen beim DPMA eingehen (§ 16 Abs. 5 Satz 2).[18]

12

Für die Anmeldung ist nach §§ 4 Abs. 1 GeschmMV, 9 Abs. 1 DPMAV das vom DPMA herausgegebene Antragsformular (R 5703) zu verwenden. Es kann von der Website des DPMA (www.dpma.de) heruntergeladen werden. Darüber hinaus kann es von den Auskunftsstellen des DPMA in Jena, München und Berlin angefordert werden. Das Formblatt ist sowohl für Einzel- als auch für Sammelanmeldungen zu verwenden. Im Falle einer Sammelanmeldung ist zusätzlich das Anlageblatt (R 5703.2) zu verwenden. Verwendet der Anmelder mittels elektronischer Datenverarbeitung selbsterstellte Formulare, müssen diese das Layout der amtlichen Vordrucke im Wesentlichen übernehmen (§ 9 Abs. 1 Satz 3 DPMAV). Deutlich abweichende Eigenentwürfe, veraltete amtliche Formulare oder formfreie Anmeldungen werden vom DPMA beanstandet und (ohne Auswirkung auf den Anmeldetag) zurückgereicht. Verwendet der Anmelder fortgesetzt nicht die geltenden amtlichen Formulare, führt dies letzten Endes zur Zurückweisung der Anmeldung.[19] Die Übermittlung der Anmeldung per Telefax wahrt die Schriftform,[20] ist jedoch aufgrund der eingeschränkten Wiedergabequalität nicht zu empfehlen. Hat das DPMA begründete Zweifel an der Vollständigkeit der Übermittlung oder der Übereinstimmung des Originals mit dem übermittelten Telefax oder entspricht die Qualität der Wiedergabe nicht den Anforderungen des DPMA, kann die Wiederho-

13

---

18 Vgl. *Eichmann/v. Falckenstein*, § 11 Rn. 19.
19 Vgl. *Eichmann/v. Falckenstein*, § 11 Rn. 18.
20 BVerfG, MittdtPatA 1996, 281; BGHZ 105, 40, 44; BGHZ 87, 63, 64.

Günther 115

§ 11 Anmeldung

lung der Übermittlung durch Telefax oder das Einreichen des Originals verlangt werden (§ 11 Abs. 2 DPMAV).

14 Seit dem 1. März 2010 können Geschmacksmuster auch in elektronischer Form über das Internet („DPMAdirekt") angemeldet werden (vgl. Kommentierung bei § 25). Die Verwendung von DPMAdirekt setzt allerdings – anders als eine elektronische Anmeldung beim HABM – eine Signaturkarte und einen passenden Kartenleser voraus.

15 Der Eintragungsantrag ist eine Willenserklärung, gerichtet auf die Einleitung des Eintragungsverfahrens. Der Anmelder muss prozessfähig, d.h. geschäftsfähig im Sinne des bürgerlichen Rechts sein.[21] Für den Geschäftsunfähigen oder beschränkt Geschäftsfähigen muss sein gesetzlicher Vertreter handeln. Anderenfalls ist der Eintragungsantrag unwirksam.[22] Der Antrag ist bedingungsfeindlich.[23]

16 Der Antrag ist vom Anmelder oder seinem Vertreter mit dem bürgerlichen Namen, bei Firmen von dem Zeichnungsberechtigten zu unterschreiben. Bei mehreren Anmeldern ohne gemeinsamen Vertreter ist der Antrag von sämtlichen Anmeldern zu unterschreiben. Erfolgt die Anmeldung nicht durch eine natürliche Person unter ihrem bürgerlichen Namen, ist zum Nachweis der Zeichnungsberechtigung die Funktion des Unterzeichners (z.B. Prokurist, Geschäftsführer) anzugeben.

2. Anmelderangaben (§ 11 Abs. 2 Satz 1 Nr. 2)

17 Nach Abs. 2 Satz 1 Nr. 2 muss die Anmeldung Angaben enthalten, die es erlauben, die Identität des Anmelders festzustellen. Die Angaben müssen so konkret sein, dass es dem DPMA möglich ist, den Anmelder mit üblichen Hilfsmitteln (z.B. Telefonbüchern) zu identifizieren und mit ihm in Verbindung zu treten.[24] Es reicht aus, wenn den Anmelder unter der angegebenen Bezeichnung eine Postsendung erreichen würde.[25] Die vage Möglichkeit einer Identifizierung genügt den gesetzlichen Anforderungen nicht.[26]

18 § 5 GeschmMV regelt im Detail, welche (Anmelder-)Angaben zu machen sind. Ist der Anmelder eine natürliche Person, muss die Anmel-

---

21 Vgl. *Nirk/Kurtze*, § 7 Rn. 29.
22 Vgl. *Eichmann/v. Falckenstein*, § 11 Rn. 11.
23 Vgl. zum Gebrauchsmusterrecht: *Loth*, § 4 Rn. 15.
24 Vgl. zum Markenrecht: *Ingerl/Rohnke*, § 32 Rn. 6.
25 BPatG, BlPMZ 2000, 285.
26 BPatG, MittdtPatA 1992, 186.

IV. Pflichtangaben (§ 11 Abs. 2)   § 11

dung den Vor- und Zunamen oder, falls die Eintragung unter der Firma des Anmelders erfolgen soll, die Firma, wie sie im Handelsregister eingetragen ist, enthalten (§ 5 Abs. 1 Nr. 1 GeschmMV). Ist der Anmelder eine juristische Person (GmbH, AG) oder eine Personengesellschaft (oHG, KG), muss die Anmeldung den Namen dieser Person oder Gesellschaft enthalten; die Bezeichnung der Rechtsform kann auf übliche Weise abgekürzt werden (§ 5 Abs. 1 Nr. 2 Satz 1 GeschmMV). Sofern die juristische Person oder Personengesellschaft in einem Register eingetragen ist, muss der Name entsprechend dem Registereintrag angegeben werden. Bei einer Gesellschaft bürgerlichen Rechts („BGB-Gesellschaft") sind auch der Name und die Anschrift mindestens eines vertretungsberechtigten Gesellschafters anzugeben (§ 5 Abs. 1 Nr. 2 Satz 2 GeschmMV). Erfolgt die Anmeldung durch eine GmbH in Gründung (GmbH i.G.), ist der Anmeldung eine unbeglaubigte Abschrift des Gesellschaftsvertrags beizufügen. Weiter ist nach § 5 Abs. 1 Nr. 3 GeschmMV die Anschrift des Anmelders (Straße, Hausnummer, Postleitzahl, Ort) bezogen auf den Wohnsitz oder den Sitz des Geschäftsbetriebs anzugeben.[27] Nach § 5 Abs. 2 GeschmMV kann in der Anmeldung eine von der Anschrift des Anmelders abweichende Postanschrift, eine Postfachanschrift sowie Telefonnummern, Telefaxnummern und sonstige Anschlüsse zur elektronischen Datenübermittlung angegeben werden. Wird die Anmeldung von mehreren Personen eingereicht, müssen alle Personen die in § 5 Abs. 1 und 2 GeschmMV genannten Angaben machen (§ 5 Abs. 3 GeschmMV). Hat der Anmelder seinen Wohnsitz oder Sitz im Ausland, so ist nach § 5 Abs. 4 GeschmMV bei der Angabe der Anschrift nach § 5 Abs. 1 Nr. 3 GeschmMV außer dem Ort auch der Staat anzugeben. Der Ortsname ist zu unterstreichen. Außerdem können gegebenenfalls Angaben zum Bezirk, zur Provinz oder zum Bundesstaat gemacht werden, in dem der Anmelder seinen Wohnsitz oder Sitz hat oder dessen Rechtsordnung er unterliegt.

Falls ein Vertreter bestellt ist, gelten nach § 5 Abs. 5 Satz 1 GeschmMV   19
die Absätze 1 und 2 hinsichtlich der Angabe des Namens und der Anschrift des Vertreters entsprechend. Hat das DPMA dem Vertreter eine Kennnummer oder die Nummer einer allgemeinen Vollmacht zugeteilt, so soll diese angegeben werden (§ 5 Abs. 5 Satz 2 GeschmMV). Ist ein Vertreter nach § 58 Abs. 2 bestellt, so gilt § 5 Abs. 4 Satz 1 und 2 GeschmMV entsprechend (§ 5 Abs. 5 Satz 3 GeschmMV).

---

27 BPatG, BlPMZ 1992, 281.

3. Wiedergabe des Musters (§ 11 Abs. 2 Satz 1 Nr. 3)

20 Die Wiedergabe des Musters ist für die Begründung des Geschmacksmusters und deshalb auch für das Eintragungsverfahren von absolut zentraler Bedeutung.[28] Die Darstellungen müssen einerseits die Merkmale des Musters, für die Schutz beansprucht wird, deutlich und vollständig wiedergeben und andererseits als Vorlage für die Bekanntmachung im Geschmacksmusterblatt geeignet sein. Gemeinsam mit der Anmeldung legt die Wiedergabe den Schutzgegenstand unveränderbar fest.[29] Dementsprechend erstreckt sich der Schutz nur auf diejenigen Merkmale, die anhand der Wiedergabe eindeutig erkennbar sind. Was sich nicht aus der Wiedergabe ergibt, ist nicht geschützt.[30] Schutzbegründende Merkmale, die in der Wiedergabe nicht deutlich erkennbar oder überhaupt nicht vorhanden sind, können im Löschungs- oder Verletzungsverfahren auch nicht dadurch „nachgeschoben,, werden, dass ein Werkstück mit der Behauptung vorgelegt wird, es sei die Vorlage für die Wiedergabe gewesen.[31] Enthält die Wiedergabe neben dem eigentlich zu schützenden Erzeugnis (ungewollt) weitere Erzeugnisse oder Beiwerk, bezieht sich der (etwaige) Schutz auf sämtliche Gegenstände.[32]

21 Die Wiedergabe ist zusammen mit dem Eintragungsantrag einzureichen (§ 3 Abs. 1 Nr. 3 GeschmMV). Eine Nachreichung auch bloßer Ergänzungen ist nicht zulässig bzw. führt gegebenenfalls zur Verschiebung des Anmeldetages.

22 Die Wiedergabe besteht aus mindestens einer farbigen oder schwarzweißen fotografischen oder sonstigen graphischen Darstellung (z.B. Strichzeichnung) des Musters (§ 6 Abs. 1 Satz 1 GeschmMV). Auf Transparentpapier oder -folie aufgebrachte Wiedergaben oder Blaupausen sind unzulässig. Das Gleiche gilt für sonstige transparente Folien, Negativplatten, Mikrofiches, Hologramme etc.[33] Die (graphischen) Darstellungen müssen keine Originale sein; Vervielfältigungen als Fo-

---

28 Vgl. *Eichmann/v. Falckenstein*, § 11 Rn. 23.
29 BGH, GRUR 1962, 144, 146 – Buntstreifensatin; BGH, GRUR 1963, 328, 329 – Fahrradschutzbleche; BGH, GRUR 1965, 198, 199 – Küchenmaschine; BGH, GRUR 1966, 97, 98 – Zündaufsatz; BGH, GRUR 1977, 602, 604 – Trockenrasierer.
30 Vgl. *Nirk/Kurtze*, § 7 Rn. 39.
31 Vgl. *Nirk/Kurtze*, § 7 Rn. 41.
32 Vgl. *Eichmann/v. Falckenstein*, § 11 Rn. 26.
33 Vgl. *Eichmann/v. Falckenstein*, § 11 Rn. 35.

IV. Pflichtangaben (§ 11 Abs. 2) **§ 11**

tokopien oder maschinelle Drucke sind ausreichend.[34] Der Anmelder kann zwischen den beiden Darstellungsformen wählen.[35] Zudem können in einer Wiedergabe fotographische und sonstige graphische Darstellungen nebeneinander verwendet werden.[36]

Die Wahl zwischen einer Wiedergabe in Farbe und in schwarz/weiß **23** richtet sich vor allem danach, ob eine Besonderheit des anzumeldenden Geschmacksmusters gerade in einer bestimmten Farbe oder Farbkombination besteht. Ist dies der Fall, sollte eine farbige Wiedergabe gewählt werden. Dasselbe gilt, wenn eine bestimmte Farbgestaltung zur Abgrenzung zum vorbestehenden Formenschatz beitragen soll. In allen anderen Fällen ist eine Wiedergabe in schwarz/weiß zu bevorzugen, weil sie den Schutzgegenstand und damit auch den Schutzumfang nicht von vornherein auf eine bestimmte Farbgestaltung beschränkt.[37] Unter bestimmten Umständen kann es auch sinnvoll sein, das Geschmacksmuster im Rahmen einer Sammelanmeldung sowohl in schwarz/weiß als auch in Farbe anzumelden.[38]

Eine einzelne Darstellung darf nur eine Ansicht zeigen (§ 6 Abs. 3 **24** Satz 3 GeschmMV). Zur Wiedergabe des Musters kann der Anmelder jedoch mehrere (maximal zehn) Darstellungen (z. B. aus verschiedenen Richtungen fotografiertes Muster) einreichen (§ 6 Abs. 1 Satz 1 GeschmMV). Jede darüber hinausgehende Darstellung bleibt unberücksichtigt (§ 6 Abs. 1 Satz 2 GeschmMV). Die Darstellungen sind auf den vom DPMA herausgegebenen Formblättern (R 5703.1) aufzudrucken oder aufzukleben (§ 6 Abs. 1 Satz 3 GeschmMV). Die Formblätter dürfen keinerlei erläuternden Text, erläuternde Bezeichnungen, Symbole oder Bemaßungen enthalten, ausgenommen die Nummerierung der Darstellungen, die Angabe „oben" oder den Namen oder die Anschrift des Anmelders (§ 6 Abs. 1 Satz 4 GeschmMV).

Alle Darstellungen sind mit durch Punkte gegliederten arabischen Zah- **25** len durchzunummerieren (§ 6 Abs. 2 Satz 1 GeschmMV). Bei der Anmeldung eines einzelnen Geschmacksmusters sind die Wiedergaben mit „1", „2", „3" usw. zu kennzeichnen; bei einer Sammelanmeldung mit „1.1", „1.2", „1.3", „2.1", „2.2" usw. Dabei bezeichnet die Zahl links vom Punkt die Nummer des Musters und die Zahl rechts vom

---

34 Vgl. *Eichmann/v. Falckenstein*, § 11 Rn. 36.
35 Vgl. *Nirk/Kurtze*, § 7 Rn. 40.
36 Vgl. *Eichmann/v. Falckenstein*, § 11 Rn. 36.
37 Vgl. *Ruhl*, Art. 36 Rn. 56.
38 Vgl. *Ruhl*, Art. 36 Rn. 56.

§ 11 Anmeldung

Punkt die Nummer der Darstellung (§ 6 Abs. 2 Satz 2 GeschmMV). Die Nummerierung ist neben den Darstellungen auf den Formblättern anzubringen (§ 6 Abs. 2 Satz 3 GeschmMV). Für die Reihenfolge der Darstellungen ist die Nummerierung durch den Anmelder ausschlaggebend (§ 6 Abs. 2 Satz 4 GeschmMV).

26 Werden bei einer Einzelanmeldung mehrere Fotografien eingereicht, die das Muster in verschiedenen Ausführungsformen zeigen, sind die Wiedergaben als eine einzige Wiedergabe i. S. d. § 11 Abs. 2 Nr. 3 anzusehen. Abweichungen der Fotografien voneinander führen demgemäß nicht zu einer Vermehrung der Schutzgegenstände, sondern müssen bei der Bestimmung des Schutzgegenstandes des Musters außer Betracht bleiben.[39]

27 In der Wiedergabe können diejenigen Merkmale, die nicht zu dem beanspruchten Geschmacksmuster zählen, markiert werden. Am häufigsten erfolgt ein solcher Teilverzicht („Disclaimer") durch gestrichelte Linien in einer zeichnerischen Wiedergabe des Geschmacksmusters. Wird das Geschmacksmuster durch eine Photographie wiedergegeben, dann kann der Anmelder die nicht beanspruchten Teile einfärben (bei schwarz/weiß Photographien) bzw. umranden (bei jeder Art von Photographie). In jedem Fall empfiehlt es sich, die Bedeutung einer solchen Markierung in der Beschreibung klarstellend zu erläutern. Anders als das Gemeinschaftsgeschmacksmusterrecht (Ziffer 11.4. der Prüfungsrichtlinien zum Gemeinschaftsgeschmacksmuster) enthält das deutsche Geschmacksmusterrecht weder im GeschmMG noch in der GeschmMV Regelungen zum „Disclaimer". Vergleichbar dem Vorgehen des HABM akzeptiert das DPMA jedoch folgende Verfahrensweisen:[40]

(a) Gepunktete Linien (z. B. als imaginäre Fortsetzung z. B. von Konturen oder Kanten über den beanspruchten Teil hinaus) können die Anordnung des zu schützenden Teils im Gesamtzusammenhang des Erzeugnisses andeuten und klarstellen, dass die mit solchen Linien angedeuteten weiteren Teile nicht am Schutz teilnehmen sollen.

(b) Umrandung von Merkmalen, für die Schutz beansprucht wird.

(c) Färbungen in einer Schwarz-Weiß-Zeichnung zulässig, um die Schutzmerkmale zu kennzeichnen.

28 Das Muster ist auf neutralem Hintergrund darzustellen (§ 6 Abs. 3 Satz 1 GeschmMV). Die erforderliche Neutralität des Hintergrundes ist

---

39 BGH, GRUR 2001, 503, 505 – Sitz-Liegemöbel.
40 Vgl. *Eichmann/v. Falckenstein*, § 11 Rn. 34.

IV. Pflichtangaben (§ 11 Abs. 2) § 11

gegeben, wenn dieser ruhig und optisch zurückhaltend gestaltet ist und eine hinreichende optische Distanz zum Gegenstand des Musters in der Weise besteht, dass eine Verwechslung oder ein verwirrendes Ineinanderfließen von Umgebung und Muster ausgeschlossen ist.[41]

Die Darstellung soll das angemeldete Muster ohne Beiwerk zeigen und darf keine schriftlichen Erläuterungen oder Maßangaben enthalten (§ 6 Abs. 3 Satz 2 GeschmMV). Unter Beiwerk versteht man alle in der Wiedergabe mit abgebildeten Details oder Gegenstände (z. B. Telefon auf Schreibtisch, Teppich vor Bett, Messerblock in Küche, Flasche neben Glas), die nach dem erkennbaren oder vermutlichen Willen des Anmelders nicht zur Offenbarung gehören sollen. Problematisch hieran ist, dass das (ungewollte) Beiwerk den Schutzumfang einschränkt. Handelt es sich bei dem mit abgebildeten Gegenstand hingegen lediglich um eine Präsentationshilfe (etwa eine Kleiderpuppe), hat dies auf den Schutzumfang keinen Einfluss.[42] 29

Die Darstellung muss dauerhaft und unverwischbar sein (§ 6 Abs. 3 Satz 4 GeschmMV). Im Hinblick darauf, dass die maximale Schutzdauer 25 Jahre beträgt, wird man die Dauerhaftigkeit erst dann bejahen können, wenn die Wiedergabe für einen Zeitraum von 30 Jahren dokumentenecht erhalten bleibt.[43] Dies ist bei Thermotransferpapier oder (Farb-)Fotografien von Sofortbildkameras regelmäßig nicht der Fall. 30

Die Notwendigkeit von Mehrfachexemplaren (Wiedergabe und Beschreibung in dreifacher Ausfertigung, §§ 6 Abs. 1 Satz 4, 9 Abs. 2 Satz 1 GeschmMV a.F.) bei Papieranmeldungen ist am 1.11.2008 entfallen. Es reicht also aus, ein Exemplar der Wiedergabe (der Wiedergaben) und der etwaigen Beschreibung (en) einzureichen. Gemäß § 6 Abs. 4 Satz 1 GeschmMV können die Wiedergaben statt auf einem Formblatt auf einem Datenträger (CD oder DVD) eingereicht werden. Für die digitalen Bilddateien ist das Datei-Format JPEG (*.jpg) zu benutzen. Die Größe einer Datei darf 2 Megabyte nicht überschreiten (vgl. im Einzelnen § 6 Abs. 4 GeschmMV). 31

Bei sich wiederholenden Flächenmustern (z.B. Stoffe, Tapeten, Teppiche, Kacheln) ist Schutzgegenstand die besondere übergreifende gestalterische Wirkung der rhythmischen Aneinanderreihung derselben Gestaltungsmerkmale.[44] Aus diesem Grund muss die Wiedergabe eines 32

---

41 Vgl. *Eichmann/v. Falckenstein*, § 11 Rn. 40.
42 Vgl. *Eichmann/v. Falckenstein*, § 11 Rn. 41.
43 BPatG, MittdtPatA 1990, 156.
44 Vgl. *Eichmann/v. Falckenstein*, § 11 Rn. 31.

§ 11 Anmeldung

Musters, das aus einem sich wiederholenden Flächenmuster besteht, das vollständige Muster und einen hinreichend großen Teil der Fläche mit dem sich wiederholenden Muster zeigen (§ 6 Abs. 5 GeschmMV).

33 Betrifft die Anmeldung ein Muster, das aus typografischen Schriftzeichen besteht, muss die Wiedergabe des Musters alle Buchstaben des Alphabets in Groß- und Kleinschreibung, alle arabischen Ziffern sowie fünf Zeilen Text, jeweils in Schriftgröße 16 Punkt, umfassen (§ 6 Abs. 6 GeschmMV). Sachdienlich ist die Erzeugnisangabe „Buchstaben" im Zusammenhang mit der Warenklassenangabe „Druckbuchstaben und -typen" (Kl. 18-03).[45]

34 Hat der Anmelder eine Wiedergabe eingereicht, auf der die zu schützenden Merkmale nicht oder nur unzureichend offenbart werden, hat das DPMA keine Befugnis, den Anmelder hierauf hinzuweisen und eine „bessere" Wiedergabe zu verlangen.[46] Vielmehr hat das DPMA die eingereichte Wiedergabe – soweit noch Schutzmerkmale erkennbar sind – als vom Anmelder qualitativ ausreichend und gewollt zu behandeln.[47] Das Gleiche gilt für Wiedergaben, auf welchen „zu viel" offenbart wird (etwa „schmückendes" Beiwerk). Leidet die Wiedergabe hingegen an gravierenden Mängeln, d.h. fehlt die Wiedergabe vollständig oder lassen sich auf ihr keinerlei Schutzmerkmale erkennen, kann das DPMA dies beanstanden.[48] Weiter besteht ein Beanstandungsrecht, wenn sich auf einer per Telefax eingereichten Wiedergabe nur die Umrisse, nicht jedoch die Binnenstruktur des Erzeugnisses erkennen lässt.[49] Die Beanstandung hat zur Folge, dass der Anmeldetag bis zur Beseitigung des Mangels suspendiert ist (§ 16 Abs. 1 Nr. 3 i.V.m. Abs. 5 Satz 2). Finden sich in einer Wiedergabe unterschiedliche Muster, kann die Anmeldung gemäß § 12 Abs. 2 prioritätsunschädlich in eine Sammelanmeldung umgewandelt werden. Anderenfalls reduziert sich der Schutzumfang des Musters auf die Merkmale, die allen Abbildungen gemeinsam entnehmbar sind.[50] Sind von mehreren Darstellungen einzelne rechtsunwirksam, berührt dies nicht die sich auf die übrigen zulässigen Darstellungen gestützte Wiedergabe.[51]

---

45 Vgl. *Eichmann/v. Falckenstein*, § 11 Rn. 32.
46 BPatGE 30, 237 – Fahrerhaus; BPatGE 30, 244 – Kugelspiel, BPatGE 33, 221.
47 Vgl. *Eichmann/v. Falckenstein*, § 11 Rn. 44.
48 BPatGE 30, 237 – Fahrerhaus; BPatGE 30, 244 – Kugelspiel; *Eichmann/v. Falckenstein*, § 11 Rn. 42.
49 Vgl. *Eichmann/v. Falckenstein*, § 11 Rn. 45.
50 BGH, GRUR 2001, 503, 505 – Sitz-Liegemöbel.
51 Vgl. *Eichmann/v. Falckenstein*, § 11 Rn. 45.

4. Erzeugnisangabe (§ 11 Abs. 2 Satz 1 Nr. 4)

Nach Abs. 2 Satz 1 Nr. 4 ist zu jedem Muster mindestens ein Erzeugnis anzugeben, in welches das Muster aufgenommen oder bei dem es verwendet werden soll. Bei einer Sammelanmeldung ist zu jedem Muster mindestens ein Erzeugnis anzugeben, es sei denn, der Anmelder erklärt, dass die Erzeugnisbenennung für alle Muster der Anmeldung gelten soll. Der praktische Nutzen der Erzeugnisangabe besteht darin, Geschmacksmuster möglichst einheitlich verschiedenen Kategorien (Warenklassen) zuordnen und so eine leichtere (sprachunabhängige) Recherchierbarkeit zu erreichen. 35

Der Anmelder kann die Erzeugnisangabe nicht frei wählen. Vielmehr muss er die Bezeichnung aus der Warenliste nach Anlage 2 zu § 8 Abs. 1 Satz 1 GeschmMV entnehmen. Diese entspricht mit wenigen geringfügigen Abweichungen der 9. Ausgabe der Locarno-Klassifikation (32 Hauptklassen, 219 Unterklassen, ca. 10.500 Positionen). Enthält die Warenliste auch keinen annähernd zutreffenden Begriff, kann der Anmelder zunächst versuchen, in der sog. erweiterten Warenliste auf der Internestseite des DPMA einen passenden Begriff zu finden. Gelingt auch dies nicht, kann der Anmelder einen von ihm gewählten neuen Begriff verwenden (sinnvollerweise nach vorheriger Rücksprache mit dem DPMA).[52] Beschreibenden Angaben sind zulässig; die Erzeugnisangabe darf jedoch nicht zu einer Beschreibung des Geschmacksmusters werden. Auch die Verwendung von Adjektiven und Verwendungsangaben ist grundsätzlich zulässig.[53] 36

Die Erzeugnisangabe hat nach § 11 Abs. 5 keinen Einfluss auf den Schutzumfang des Musters. Insoweit ist unverständlich, dass es sich bei der Erzeugnisangabe um eine der Pflichtangaben nach § 11 Abs. 2 handelt.[54] Das DPMA prüft das Vorhandensein, die inhaltliche Richtigkeit und rechtliche Zulässigkeit der Erzeugnisangabe. Fehlt die Angabe, ergeht ein Mängelbescheid nach § 16 Abs. 1 Nr. 3 i.V.m. Abs. 5 Satz 2. Ist die Erzeugnisangabe objektiv unzutreffend oder unklar, rügt das DPMA dies nach § 16 Abs. 1 Nr. 4, Abs. 5. Eine fehlende oder unrichtige Gruppierung im Sinne des § 8 Abs. 2 GeschmMV bereinigt das DPMA selbst.[55] 37

---

52 Vgl. *Eichmann/v. Falckenstein*, § 11 Rn. 64.
53 Vgl. *Ruhl*, Art. 36 Rn. 44.
54 So auch *Eichmann/v. Falckenstein*, § 11 Rn. 62f.
55 Vgl. *Eichmann/v. Falckenstein*, § 11 Rn. 65.

5. Einreichung eines flächenmäßigen Musterabschnitts (§ 11 Abs. 2 Satz 2)

38 Die besonderen Wiedergabeformen aus § 7 Abs. 4 bis 6 GeschmMG a.F., welche die Möglichkeit einer Hinterlegung des Geschmacksmusters im Original eröffnen, sind nicht mehr möglich. Dies folgt aus der geänderten Gesamtkonzeption des Geschmacksmusterrechts. Ein Schutz mit Sperrwirkung ist nicht zu vereinbaren mit der Möglichkeit, ein Geschmacksmuster im Original zu hinterlegen und damit nach § 37 Abs. 1 den Schutz des Geschmacksmusters und die Reichweite des Schutzes durch das hinterlegte Originalmuster festzulegen.[56] Einzige Ausnahme einer Hinterlegung von Originalmustern bleibt nach § 11 Abs. 2 Satz 2 die Hinterlegung flächenmäßiger Musterabschnitte, wenn von der Möglichkeit der Aufschiebung der Bildbekanntmachung nach § 21 Abs. 1 Satz 1 Gebrauch gemacht wird. Dies korrespondiert jedoch auch mit einem angemessenen Schutz der Interessen Dritter, weil der Musterschutz während der Dauer der Aufschiebung der Bekanntmachung nach § 38 Abs. 3 auf einen Schutz gegen Nachahmungen beschränkt ist, so dass das Schutzrecht lediglich Wirkungen gegen denjenigen entfaltet, der in Kenntnis des bestehenden Geschmacksmusters dessen Erscheinungsmerkmale in sein eigenes Geschmacksmuster übernimmt.[57]

39 Die Darstellung durch ein flächenmäßiges Muster ist insbesondere für Erzeugnisse der Textil-, Tapeten- und Papierindustrie notwendig. Bei solchen Produkten (z.B. Teppichen, Tapeten, Strickwaren) ist es oft schwierig, besondere (Farb-)Effekte einer Oberflächengestaltung durch ein Foto oder durch eine Zeichnung mit der für den Musterschutz erforderlichen Genauigkeit anschaulich wiederzugeben.

40 Flächenmäßige Musterabschnitte sind nach § 7 Abs. 1 Satz 1 GeschmMV in zwei übereinstimmenden Exemplaren einzureichen. Dabei ist jeder Musterabschnitt auf der Rückseite fortlaufend zu nummerieren (§ 7 Abs. 1 Satz 2 GeschmMV). Gemäß § 7 Abs. 1 Satz 3 GeschmMV darf der Musterabschnitt ein Format von $50 \times 100 \times 2{,}5$ cm oder $75 \times 100 \times 1{,}5$ cm nicht überschreiten und muss auf das Format DIN A4 zusammenlegbar sein. Zudem bestimmt § 7 Abs. 1 Satz 4 GeschmMV, dass die in einer Anmeldung eingereichten flächenmäßigen Musterabschnitte einschließlich Verpackung insgesamt nicht

---

56 Gesetzesbegründung, BlPMZ 2004, 232.
57 Gesetzesbegründung, BlPMZ 2004, 232.

schwerer als 15 kg sein dürfen. Diese Gewichtsbeschränkung gilt auch bei Sammelanmeldungen.⁵⁸ Musterabschnitte, die verderblich sind oder deren Aufbewahrung gefährlich ist, insbesondere, weil sie leicht entflammbar, explosiv, giftig oder mit Schädlingen behaftet sind, dürfen nicht eingereicht werden (§ 7 Abs. 1 Satz 5 GeschmMV). Vollständige Kleiderstücke können nicht eingereicht werden, da nach Abs. 2 Satz 2 nur die zweidimensionale Flächigkeit geschützt ist. Zudem ist unklar, ob die Vorder- oder Rückseite geschützt sein soll.⁵⁹

Wird die Eintragung eines Musters beantragt, das aus einem sich wiederholenden Flächenmuster besteht, muss der Musterabschnitt das vollständige Muster und einen der Länge und Breite nach ausreichenden Teil der Fläche mit dem sich wiederholenden Muster zeigen (§ 7 Abs. 2 Satz 1 GeschmMV). Im Übrigen gelten die in § 7 Abs. 1 Satz 2 GeschmMV festgelegten Größenbeschränkungen (§ 7 Abs. 2 Satz 2 GeschmMV).   41

V. Sonstige Anmeldeerfordernisse (§ 11 Abs. 3)

Nach Abs. 3 – dieser entspricht § 32 Abs. 3 MarkenG – muss die Anmeldung die in einer nach § 26 erlassenen Rechtsverordnung enthaltenen weiteren Voraussetzungen erfüllen. Auf Grund von § 26 Abs. 1 Nr. 2 bis 7 hat das DPMA am 11. Mai 2004 die „Verordnung zur Ausführung des Geschmacksmustergesetzes" (Geschmacksmusterverordnung – GeschmMV)⁶⁰ erlassen. Die hierin aufgestellten Erfordernisse werden durch Abs. 3 zu gesetzlichen Anmeldeerfordernissen.⁶¹ Da die Erfordernisse für die Zuerkennung eines Anmeldetages der Disposition des Verordnungsgebers mangels Ermächtigungsgrundlage entzogen sind,⁶² führt ein Verstoß gegen die Erfordernisse der GeschmMV – anders als ein Verstoß gegen die Mindesterfordernisse des § 11 Abs. 2 – nicht zu einer Verschiebung des Anmeldetages. Stattdessen setzt das DPMA dem Anmelder nach § 16 Abs. 1 Nr. 4, Abs. 5 Nr. 1 eine Frist zur Beseitigung der Mängel. Beseitigt der Anmelder den Mangel nicht   42

---

58 Vgl. *Nirk/Kurtze*, § 7 Rn. 52.
59 Vgl. *Eichmann/v. Falckenstein*, § 11 Rn. 58.
60 BGBl. I S. 884; BlPMZ 2004, 264.
61 Vgl. zum Markenrecht: *Ingerl/Rohnke*, § 33 Rn. 17.
62 BPatGE 36, 241 – Indikativ SWF-3; BPatG, GRUR 1997, 60 – SWF-3 Nachrichten; BPatG, GRUR 1997, 134 – Anmeldetag.

§ 11 Anmeldung

oder nicht rechtzeitig, wird die Anmeldung durch Beschluss zurückgewiesen (§ 16 Abs. 5 Satz 3).

VI. Fakultative Angaben (§ 11 Abs. 4)

43 § 11 Abs. 4 enthält eine Reihe von Angaben fakultativer Natur, die im Wesentlichen Art. 36 Abs. 3 GGV entsprechen.

1. Beschreibung (§ 11 Abs. 4 Nr. 1)

44 Zur Erläuterung der Wiedergabe kann eine Beschreibung eingereicht werden. Eine schutzbegründende Wirkung kommt der Beschreibung allerdings nicht zu.[63] Was sich der Wiedergabe nicht entnehmen lässt, kann durch eine Beschreibung nicht ergänzt werden.[64] Zur Bedeutung einer Beschreibung hat der BGH bereits in der Entscheidung „Bundstreifensatin" ausgeführt: „Maßgebend für die Schutzfähigkeit eines Geschmacksmusters ist allein die ästhetische Wirkung, die aus dem niedergelegten Muster erkennbar ist, gleichgültig, ob ein Originalstück oder eine Abbildung niedergelegt ist. Angaben in einer der Musteranmeldung beigefügten Beschreibung können den Schutz nicht begründen".[65] Da sich der Schutz des Musters somit immer nur aus der Wiedergabe oder dem flächenmäßigen Musterabschnitt selbst ergeben kann, ist es nicht möglich, den Schutzgegenstand durch eine Beschreibung zu erweitern.[66] Umgekehrt kann die Beschreibung das Musterrecht einengen oder beschränken. Eine dahingehende Erklärung muss sich der Beschreibung jedoch eindeutig entnehmen lassen.[67] Dabei wird auch in diesem Fall regelmäßig vorausgesetzt, dass die bestimmte geschmackliche Wirkung aus der Wiedergabe oder dem flächenmäßigen Musterabschnitt erkennbar ist.[68] Angesichts des Umstandes, dass eine Beschreibung die Schutzfähigkeit eines Musters nicht begründen, sondern allenfalls dessen Schutzbereich einengen kann, ist auf die – nach wie vor zutreffenden – Ausführungen bei *Gerstenberg/Buddeberg* zu verweisen. Dort heißt es: „Der Anmelder sollte sich daher nicht den

---

63 Vgl. *Nirk/Kurtze*, § 7 Rn. 64; *Gerstenberg/Buddeberg*, S. 113; HABM, Entscheidung vom 20.2.2006, ICD 000 001 535 – Retsch/Kennex.
64 BGH, GRUR 1974, 737, 738 – Stehlampe.
65 BGH, GRUR 1964, 144 – Buntstreifensatin.
66 Vgl. *Gerstenberg/Buddeberg*, S. 114.
67 BGH, GRUR 1963, 328, 329 – Fahrradschutzbleche.
68 BGH, GRUR 1974, 737, 738 – Stehlampe.

VI. Fakultative Angaben (§ 11 Abs. 4)   § 11

Kopf zerbrechen über die Formulierung der Beschreibung, sondern lieber alle Mühe darauf verwenden, eine objektgetreue und konturscharfe Abbildung (fotografische oder graphische Darstellung) anzufertigen oder anfertigen zu lassen, aus der die ästhetischen Gestaltungsmerkmale des Musters oder Modells deutlich und vollständig erkennbar werden. Gegebenenfalls sich auch mehrere Abbildungen desselben Musters erforderlich um die wesentlichen Merkmale deutlich und vollständig zu offenbaren".[69] Dem ist nichts hinzuzufügen. Sinnvoll kann eine Beschreibung jedoch sein, wenn es darum geht, die Funktion oder den Inhalt einzelner Darstellungen innerhalb der Gesamtwiedergabe erläutern (z.B. Liegestuhl in unterschiedlichen Positionen; Lampe im ein- und ausgeschalteten Zustand; Erklärung, dass es sich bei einer Wiedergabe um eine Ausschnittsvergrößerung handelt, Angabe, aus welcher Blickrichtung eine Ansicht aufgenommen wurde).[70] Weiter empfiehlt sich eine Beschreibung, wenn die Wiedergabe Markierungen von Merkmalen, die nicht zu dem beanspruchten Geschmacksmuster zählen („Disclaimer"), enthält.[71]

Die Beschreibung darf sich nur nach § 9 Abs. 1 GeschmMV auf diejenigen Merkmale beziehen, die aus der Wiedergabe des Musters oder dem flächenmäßigen Musterabschnitt ersichtlich sind. 45

Die Beschreibung darf bis zu 100 Wörter enthalten und ist auf einem gesonderten Blatt einzureichen (§ 9 Abs. 2 Satz 1 GeschmMV). Die Beschreibung muss aus fortlaufendem Text bestehen und darf keine grafischen oder sonstigen Gestaltungselemente enthalten (§ 9 Abs. 2 Satz 2 GeschmMV). Bei Sammelanmeldungen können die Beschreibungen nach Musternummern geordnet in einem Dokument zusammengefasst werden (§ 9 Abs. 2 Satz 3 GeschmMV). Bei Verwendung digitaler Datenträger zur Einreichung der Wiedergabe (§ 6 Abs. 2 GeschmMV) kann die Beschreibung im Format „*.txt" auf dem Datenträger gespeichert werden (§ 9 Abs. 3 Satz 1). Bei Sammelanmeldungen sind die Beschreibungen entsprechend § 9 Abs. 2 Satz 3 GeschmMV zusammenzufassen (§ 9 Abs. 3 Satz 2 GeschmMV). 46

Bis zum 1.11.2008 wurde lediglich ein Hinweis auf die Beschreibung bekannt gemacht (§ 13 Abs. 2 Nr. 6 GeschmMV a.F.). Der volle Wortlaut der Beschreibung wurde hingegen nur auf Antrag des Anmelders eingetragen und bekannt gemacht (§ 13 Abs. 2 Nr. 7 GeschmMV a.F.). 47

---

69 Vgl. *Gerstenberg/Buddeberg*, S. 115.
70 Vgl. *Eichmann/v. Falckenstein*, § 11 Rn. 66.
71 Vgl. *Ruhl*, Art. 36 Rn. 84.

§ 11   Anmeldung

Seit dem 1.11.2008 wird die Beschreibung obligatorisch eingetragen und bekannt gemacht (§§ 13 Abs. 2 Nr. 7, 14 Nr. 1 GeschmMV).

2. Antrag auf Aufschiebung der Bildbekanntmachung (§ 11 Abs. 4 Nr. 2)

48 Der Anmelder kann gemäß § 21 Abs. 1 Satz 1 beantragen, dass die Bekanntmachung der Wiedergabe aufgeschoben wird. Die Veröffentlichung der Wiedergabe im Geschmacksmusterblatt wird dann um 30 Monate, gerechnet vom Tag der Anmeldung an, aufgeschoben, und der Schutz dauert zunächst nur 30 Monate (vgl. Kommentierung zu § 21). Der entsprechende Antrag ist mit dem Eintragungsantrag zu stellen und kann weder nachgebracht noch zurückgenommen werden.[72]

3. Klassifizierung (§ 11 Abs. 4 Nr. 3)

49 Nach § 11 Abs. 4 Nr. 3 kann der Anmelder die Warenklasse oder die Warenklassen angeben, in welche das Muster einzuordnen ist. Die Klassifizierung hat nur eine verfahrenstechnische Ordnungsfunktion.[73] Namentlich soll sie dazu dienen, das Geschmacksmusterregister übersichtlicher zu machen und somit die Recherchemöglichkeiten zu verbessern.[74] Die Klassifizierung richtet sich nach den angegebenen Erzeugnissen. Da die Erzeugnisse aus der Warenliste entnommen werden sollen, ergibt sich die Klassifizierung in der Regel aus dieser Warenliste. In den restlichen Fällen ist eine Warenklasse zu wählen, die zuerst dem Anwendungszweck, erst danach der Art des genannten Erzeugnisses entspricht. Jedem Erzeugnis ist genau eine Warenklasse zuzuordnen. Bei Sammelanmeldungen muss es mindestens eine Warenklasse geben, die für alle Muster zutrifft. Fehlerhafte oder unvollständige Angaben haben keine unmittelbaren Rechtsfolgen.[75] Ist die Warenklasse offensichtlich falsch, kann das DPMA sie berichtigen.[76] Sofern der Anmelder ein Erzeugnis angibt, das eine sachgerechte Recherche nach dem Geschmacksmuster nicht ermöglicht, kann die Geschmacksmusterstelle eine passende Angabe hinzufügen (§ 8 Abs. 2 GeschmMV). Ändert sich die Klasseneinteilung nach der Eintragung des Geschmacksmusters, so wird die Klassifizierung der Erzeugnisse auf An-

---

72 Vgl. *Eichmann/v. Falckenstein*, § 11 Rn. 69.
73 Vgl. *Eichmann/v. Falckenstein*, § 11 Rn. 71.
74 Vgl. *Nirk/Kurtze*, § 7 Rn. 66.
75 Vgl. *Gerstenberg/Buddeberg*, S. 116.
76 Vgl. *Nirk/Kurtze*, § 7 Rn. 67.

trag des Rechtsinhabers oder bei der Eintragung der Aufrechterhaltung des Schutzes von Amts wegen angepasst (§ 8 Abs. 3 GeschmMV).

4. Angabe des Entwerfers (§ 11 Abs. 4 Nr. 4)

Gemäß § 10 GeschmMG haben Entwerfer das Recht, im Verfahren vor dem DPMA und im Geschmacksmusterregister genannt zu werden. Der Entwerfer hat allerdings kein eigenes Antragsrecht, kann die Benennung also nicht ohne Zustimmung des Anmelders beantragen. Vielmehr ist die Eintragung vom Anmelder zu beantragen. Gegen den Willen des Entwerfers ist eine Entwerferbenennung im Hinblick auf das Persönlichkeitsrecht des Entwerfers unzulässig.[77]   50

Die Entwerferbenennung muss den Vor- und Familiennamen des Entwerfers (der Entwerfer) sowie seine Anschrift (Straße, Hausnummer, Postleitzahl, Ort) enthalten (§ 5 Abs. 6 GeschmMV). Phantasienamen oder Pseudonyme sind unzulässig.[78] Für die Entwerferbenennung soll der vom DPMA herausgegebene Vordruck (R 5707) verwendet und dem Eintragungsantrag als Anlage beigefügt werden. Der Antrag ist vom Anmelder und vom Entwerfer zu unterzeichnen.   51

5. Angabe des Vertreters (§ 11 Abs. 4 Nr. 5)

Anmelder mit Wohnsitz, Sitz oder Niederlassung im Inland können die Anmeldung selbst vornehmen, müssen sich also nicht der Hilfe eines Anwalts bedienen. Hat der Anmelder im Inland weder Wohnsitz, Sitz noch Niederlassung, muss er sich nach § 58 durch einen im Inland bestellten Rechts- oder Patentanwalt (sog. Inlandsvertreter) vertreten lassen.   52

Die Vorlage einer schriftlichen Vollmacht ist nur dann erforderlich, wenn der Vertreter kein Rechtsanwalt, Patentanwalt, Erlaubnisscheininhaber oder in den Fällen des § 155 PatAnwO Patentassessor ist (§ 15 Abs. 1 Satz 1 DPMAV). In allen anderen Fällen ist eine vom Auftraggeber unterschriebene Vollmachtsurkunde einzureichen, aus der sich der Aussteller, der mit dem Anmelder identisch sein muss, ergibt.[79] Eine Beglaubigung der Vollmachtsurkunde oder der Unterschrift ist nicht erforderlich (§ 15 Abs. 1 Satz 2 DPMAV). Bei Zweifeln an der Zeichnungsberechtigung hält sich das DPMA allerdings vor, den Nachweis   53

---

77 Vgl. *Eichmann/v. Falckenstein*, § 11 Rn. 75.
78 Vgl. *Eichmann/v. Falckenstein*, § 10 Rn. 3.
79 Vgl. zum Markenrecht: *Ekey/Klippel*, § 32 Rn. 10.

§ 11 Anmeldung

der Zeichnungsberechtigung in notariell beglaubigter Form zu fordern. Bei ausländischen Firmen ist die Vertretungsbefugnis des Vollmachtgebers in Zweifelsfällen in urkundlicher Form nachzuweisen (einschließlich Legalisation bzw. Echtheitsbescheinigung durch Apostille).[80]

54 Die Vollmacht muss auf eine prozessfähige, mit ihrem bürgerlichen Namen bezeichnete Person lauten (§ 15 Abs. 3 Satz 1 DPMAV). Es kann auch ein Zusammenschluss von Vertretern unter Angabe des Namens dieses Zusammenschlusses bevollmächtigt werden (§ 15 Abs. 3 Satz 2 DPMAV). Ist der Vollmachtgeber keine natürliche Person, so muss die Zeichnungsberechtigung des Unterzeichnenden durch Angabe seiner Stellung oder die Beifügung geeigneter Nachweise schlüssig dargelegt werden.

55 Hinsichtlich der Angabe des Namens und der Anschrift des Vertreters gelten § 5 Abs. 1 und Abs. 2 GeschmMV entsprechend (§ 5 Abs. 5 Satz 1 GeschmMV). Hat der Vertreter seine Anschrift im Ausland – aber innerhalb der EU (vgl. Kommentierung zu § 58) – sind der Ortsname zu unterstreichen und zusätzlich der Staat anzugeben (§ 5 Abs. 5 Satz 3, Abs. 4 Satz 1 und 2 GeschmMV).

56 Werden mehrere Anmeldungen eingereicht und soll jeweils derselbe Vertreter für den Anmelder tätig werden, kann der Anmelder eine „Allgemeine Vollmacht", die für alle Verfahren vor dem DPMA gilt, erteilen (§ 15 Abs. 2 Satz 1 DPMAV). Das Gleiche gilt, wenn sich die Vollmacht auf mehrere eingetragene Schutzrechte oder auf mehrere Verfahren erstrecken soll. In diesen Fällen muss die Vollmachtsurkunde nur in einem Exemplar eingereicht werden (§ 15 Abs. 2 Satz 3 DPMAV). Die allgemeinen Vollmachten werden beim DPMA unter Vergabe einer Nummer registriert. Nach der Registrierung genügt zum Nachweis der Vollmachtserteilung die Angabe der Registrierungsnummer der Vollmacht. Die Mitarbeiter in den prüfenden Abteilungen des DPMA und in den Senaten des BPatG haben die Möglichkeit, die registrierten Vollmachten einzusehen und das Vorliegen der Vollmacht zu prüfen. Für die Registrierung von Allgemeinen Vollmachten und Angestelltenvollmachten gelten ab dem 1. Juni 2006 folgende Regelungen:[81]

57 (1.) Das DPMA registriert Allgemeine Vollmachten und Angestelltenvollmachten nur, wenn deren Text den unter www.dpma.de hinterlegten

---

80 Vgl. *Gerstenberg/Buddeberg*, S. 121.
81 Vgl. DPMA-Mitteilung Nr. 06/06 vom 30.3.2006.

VI. Fakultative Angaben (§ 11 Abs. 4) **§ 11**

Formularen entspricht. Änderungen, Hinzufügungen oder Streichungen der vorgegebenen Texte sind nicht zulässig. Der Inhalt der Vollmacht wird vom deutschen Text bestimmt, die englischen Texte dienen nur der Information der Vollmachtgeber. Die Vollmacht erstreckt sich auf alle Angelegenheiten, die zum Geschäftskreis des DPMA zählen.

(2.) Sind mehrere Personen in einer Vollmacht als Bevollmächtigte/Vertreter benannt, werden diese jeweils im Rahmen dieser Vollmacht als einzeln vertretungsberechtigt angesehen. Zulässig ist auch die Nennung eines Zusammenschlusses (z.B. einer Anwaltssozietät oder einer Partnerschaft) als Vertreter. In diesem Fall sind alle Gesellschafter, die zum Zeitpunkt der abgegebenen Erklärung im Zusammenschluss tätig sind, bevollmächtigt. Die Registrierung der Vollmacht dient dann nur dem Nachweis, dass der Vertreterzusammenschluss bevollmächtigt war, nicht jedoch dem Nachweis, dass die handelnde Person zum Zeitpunkt der Abgabe der Erklärung auch im Zusammenschluss tätig war. Vollmachten werden nicht angenommen, wenn mehr als eine Person als Vollmachtgeber auftritt; in diesem Fall muss jeder Vollmachtgeber gesondert eine Vollmacht einreichen. **58**

(3.) Für die Hinterlegung und Registrierung der Vollmacht ist die Vorlage des Originals erforderlich. Die Vollmacht ist mit gesondertem Anschreiben dem DPMA – Referat für Patentanwalts- und Vertreterwesen – zum Zweck der Hinterlegung zuzuleiten. Nach Hinterlegung und Registrierung der Vollmacht teilt das DPMA dem Antragsteller schriftlich die Registrierungsnummer der Allgemeinen Vollmacht oder Angestelltenvollmacht mit. Die Angabe dieser Registrierungsnummer hinter der Unterschrift des Bevollmächtigten/Vertreters genügt bei Eingaben zu Schutzrechtsakten, um die Vertretungsberechtigung des Bevollmächtigten/Vertreters oder des Zusammenschlusses nachzuweisen. Die Mitteilung der Vertreterübernahme für einzelne Schutzrechtsverfahren muss gesondert zur Akte des Schutzrechts in die betreffende Hauptabteilung eingereicht werden. **59**

(4.) Die Zeichnungsberechtigung des Unterzeichners einer Vollmacht muss dann aus der Angabe seiner Stellung/Funktion innerhalb der bevollmächtigenden Gesellschaft, Körperschaft oder des bevollmächtigten Vereins schlüssig hervorgehen, falls der Vollmachtgeber nicht eine unter seinem bürgerlichen Namen handelnde Einzelperson ist. Der Name des Unterzeichners ist in Maschinen- oder Druckschrift unter der Unterschrift hinzuzufügen. Der Nachweis der Zeichnungsberechtigung kann auch durch Vorlage unbeglaubigter Handelsregisterauszüge sowie **60**

Günther

§ 11 Anmeldung

durch Erklärungen im Registrierungsgesuch erbracht werden. Bei Zweifeln an der Zeichnungsberechtigung kann das DPMA den Nachweis der Zeichnungsberechtigung in geeigneter, ggf. auch notariell beglaubigter Form fordern. Dies gilt in gleicher Weise für ausländische Vollmachtgeber.

61 (5.) Stellt die Vertretung des Vollmachtgebers durch den Bevollmächtigten eine unerlaubte Rechtsberatung dar, wird die Vollmacht nicht registriert. Um den Anschein der unerlaubten Rechtsberatung auszuschließen, soll im Registrierungsgesuch angegeben werden, wenn der Bevollmächtigte Arbeitnehmer des Vollmachtgebers oder eines mit dem Vollmachtgeber im Konzern verbundenen Unternehmens ist.

62 (6.) Bei ausländischen Vollmachtgebern werden Vollmachten nur dann registriert, wenn die bevollmächtigte Person berechtigt ist, Inlandsvertreter gemäß § 58 zu sein.

63 (7.) Zur Vermeidung von Vollmachtsketten ist die Erteilung von Untervollmachten durch den Bevollmächtigten bei einer Allgemeinen Vollmacht nur dann zulässig, wenn die Untervollmacht eine Einzelvollmacht für ein einzelnes Schutzrechtsverfahren ist. Weitere Allgemeine Vollmachten oder eine Angestelltenvollmacht können damit nicht durch Untervollmacht erteilt werden.

64 (8.) Beim DPMA registrierte und hinterlegte Vollmachten werden mit Ablauf des 20. Jahres nach ihrer Registrierung ungültig. Sie können jedoch innerhalb des letzten Jahres der Registrierung um weitere 10 Jahre verlängert werden. Auf die Gültigkeitsdauer und die Möglichkeit der Verlängerung wird im Registrierungsschreiben hingewiesen. Vor Ablauf der Registrierung können Vollmachten auf Antrag geändert oder gelöscht werden. Im Antrag soll das Registrierungsaktenzeichen angegeben werden.

VII. Weitere Angaben

1. Sammelanmeldung

65 Der Eintragungsantrag für eine Sammelanmeldung (vgl. Kommentierung zu § 12) muss nach § 4 Abs. 2 GeschmMV über die in § 4 Abs. 1 GeschmMV genannten Angaben hinaus folgende Angaben enthalten: (1) die Erklärung, für wie viele Muster die Eintragung in das Geschmacksmusterregister beantragt wird, und (2) ein Anlageblatt, das folgende Angaben enthält: (a) eine fortlaufende Nummerierung der in

VII. Weitere Angaben § 11

der Anmeldung zusammengefassten Muster in arabischen Ziffern, (b) die Zahl der zu den einzelnen Mustern eingereichten Darstellungen und (c) die Erklärung, dass die Erzeugnisangabe für alle Muster gilt, oder bei jedem Muster die Angabe der Erzeugnisse, bei denen es verwendet oder in die es aufgenommen werden soll. Als Anlageblatt muss das vom DPMA herausgegebene Formblatt (R 5703.2) verwendet werden.

2. Priorität

Nimmt der Anmelder die Priorität einer früheren ausländischen Anmeldung in Anspruch (§ 14), so sind nach § 10 Abs. 1 GeschmMV Zeit, Land und Aktenzeichen dieser Anmeldung anzugeben und eine Abschrift dieser Anmeldung einzureichen (vgl. Kommentierung zu § 14). Die Angaben sind vor Ablauf der 16 Monate nach dem Prioritätstag der vorangegangenen ausländischen Anmeldung zu machen. Da die Erklärungen und Angaben fristgebunden sind, empfiehlt es sich, sie bereits zusammen mit der Anmeldung einzureichen. 66

Wird eine Ausstellungspriorität (§ 15) in Anspruch genommen, sind nach § 10 Abs. 2 Satz 1 GeschmMV der Tag der erstmaligen Zurschaustellung sowie die Ausstellung anzugeben (vgl. Kommentierung zu § 15). Zum Nachweis für die Zurschaustellung ist eine Bescheinigung einzureichen, die während der Ausstellung von der für den Schutz des geistigen Eigentums auf dieser Ausstellung zuständigen Stelle erteilt worden ist (§ 10 Abs. 2 Satz 2 GeschmMV). In der Bescheinigung muss bestätigt werden, dass das Muster in das entsprechende Erzeugnis aufgenommen oder dabei verwendet und auf der Ausstellung offenbart wurde; sie muss außerdem den Tag der Eröffnung der Ausstellung enthalten und, wenn die erstmalige Offenbarung nicht mit dem Eröffnungstag der Ausstellung zusammenfällt, den Tag, an dem es erstmals offenbart wurde, angeben (§ 10 Abs. 2 Satz 3 GeschmMV). Gemäß § 10 Abs. 2 Satz 4 GeschmMV ist der Bescheinigung eine von der genannten Stelle beglaubigte Darstellung über die tatsächliche Offenbarung des Erzeugnisses beizufügen. Für die Bescheinigung soll das vom DPMA herausgegebene Formblatt (R 5708) benutzt werden (§ 10 Abs. 2 Satz 1 GeschmMV). 67

Soweit bei Sammelanmeldungen Prioritäten nicht für alle Muster beansprucht werden, ist hinter den Prioritätsangaben eine Musterzuordnung vorzunehmen. 68

§ 11   Anmeldung

3. Lizenzinteresse

69 Die Erklärung, an einer Lizenzvergabe interessiert zu sein, dient der Information möglicher Lizenznehmer. Sie soll die wirtschaftliche Verwertung geschützter Muster im Wege der Lizenzvergabe erleichtern.[82] Die Erklärung wird bei Eintragung des Musters im Geschmacksmusterregister vermerkt und im Geschmacksmusterblatt veröffentlicht. Die Erklärung ist unverbindlich (vgl. § 13 Abs. 2 Nr. 12 GeschmMV) und verpflichtet den Rechtsinhaber nicht, Lizenzen zu vergeben. Sie kann gegenüber dem DPMA und Dritten jederzeit widerrufen werden. Auch eine nachträgliche Eintragung ist möglich.

VIII. Gebühren

70 Die Anmeldung darf gemäß § 5 Abs. 1 PatKostG erst nach Zahlung der Gebühren bearbeitet werden. Die Kosten der Anmeldung setzten sich zunächst aus der Anmeldegebühr und der als Vorschuss zu zahlenden Auslagenpauschale für die Bekanntmachungskosten zusammen. Seit dem 1.1.2010 wird der Bekanntmachungskostenvorschuss nicht mehr erhoben; es ist folglich nur noch die Anmeldegebühr zu entrichten. Die einzelnen Kostenpositionen und Zahlungsmöglichkeiten sind in dem vom DPMA herausgegebenen Merkblatt über Gebühren und Auslagen für Geschmacksmuster (R 5706) wiedergegeben.

71 Die Höhe der Anmeldegebühr – diese deckt eine erste fünfjährige Schutzperiode ab – ergibt sich aus der Anlage (Gebührenverzeichnis) zu § 2 Abs. 1 PatKostG. Das Gebührenverzeichnis unterscheidet zwischen Einzel- und Sammelanmeldungen sowie danach, ob die Anmeldung schriftlich oder elektronisch erfolgt. Bei einer (schriftlichen) Einzelanmeldung beträgt die Anmeldegebühr EUR 70 (Gebührennummer 341 100). Erfolgt die Anmeldung elektronisch, beträgt die Anmeldegebühr EUR 60 (Gebührennummer 341 000). Bei einer Sammelanmeldung beträgt die Anmeldegebühr je Muster EUR 7, mindestens jedoch EUR 70 (Gebührennummer 341 300). Bei elektronischer Anmeldung sinkt die Anmeldegebühr je Muster auf EUR 6, beträgt jedoch mindestens EUR 60 (Gebührennummer 341 200). Wird ein Antrag auf Aufschiebung der Bekanntmachung der Wiedergabe gestellt, wird bei einer Einzelanmeldung eine Anmeldegebühr in Höhe von EUR 30 (Gebührennummer 341 400), bei einer Sammelanmeldung je Muster EUR 3,

---

82 Vgl. *Gerstenberg/Buddeberg*, S. 118.

mindestens jedoch EUR 30 (Gebührennummer 341 500) fällig. Ein Satz typografischer Schriftzeichen gilt als ein Muster.

Die Anmeldegebühr wird mit der Einreichung der Anmeldung fällig (§ 3 Abs. 1 Satz 1 PatKostG) und ist innerhalb von drei Monaten nach Einreichung der Anmeldung zu zahlen (§ 6 Abs. 1 Satz 2 PatKostG). Hierbei handelt es sich um eine nicht verlängerbare Ausschlussfrist.[83] Zur Zahlung der Kosten ist nach § 4 Abs. 1 Nr. 1 PatKostG der Anmelder verpflichtet. Mehrere Anmelder haften als Gesamtschuldner (§ 4 Abs. 2 PatKostG). Wird die Anmeldegebühr nicht rechtzeitig oder nicht vollständig gezahlt, gilt die Anmeldung nach § 6 Abs. 2 PatKostG als zurückgenommen (vgl. Kommentierung zu § 16 Abs. 2). Die Begründung der Priorität für eventuelle Nachanmeldungen bleibt jedoch erhalten, weil das spätere Schicksal einer den Anforderungen des § 11 Abs. 2 genügenden Anmeldung nach Art. 4 A Abs. 3 PVÜ unbeachtlich ist.[84] Werden bei nicht ausreichender Gebührenzahlung innerhalb einer vom DPMA gesetzten Frist die Anmeldegebühren für eine Sammelanmeldung nicht in ausreichender Menge nachgezahlt oder wird vom Anmelder keine Bestimmung darüber getroffen, für welche Geschmacksmuster die Gebühr durch den eingezahlten Betrag gedeckt werden soll, bestimmt das DPMA gemäß § 16 Abs. 3 Satz 1, welche Geschmacksmuster berücksichtigt werden. Im Übrigen gilt die Anmeldung nach § 16 Abs. 3 Satz 2 als zurückgenommen. Da das DPMA weder nach dem PatKostG noch nach dem GeschmMG oder der GeschmMV verpflichtet ist, Gebührenbenachrichtigungen oder Mahnungen an den Anmelder zu versenden, ist bei der Einhaltung der Zahlungsfrist besondere Vorsicht geboten.

Die Bekanntmachungskosten bestimmten sich bis zum 1.1.2010 nach der Anlage (Kostenverzeichnis) zu § 2 Abs. 1 DPMAVwKostV. Sie betrugen seit dem 1.1.2006 pro Geschmacksmuster EUR 12 (Gebührennummer 302 310) und umfassten sämtliche Darstellungen des Geschmacksmusters. Die Anzahl der bekanntgemachten Darstellungen (nach § 6 Abs. 1 Satz 1 GeschmMV können bis zu zehn Darstellungen eingereicht werden) war für die Höhe der Bekanntmachungskosten also unerheblich. Anders als bei der Anmeldegebühr wurde bei den Bekanntmachungskosten nicht zwischen Einzel- und Sammelanmeldung unterschieden. Die Bekanntmachungskosten betrugen je Geschmacksmuster also immer EUR 12. Wurde ein Antrag auf Aufschiebung der

---
83 Vgl. *Eichmann/v. Falckenstein*, § 11 Rn. 82.
84 Vgl. *Eichmann/v. Falckenstein*, § 11 Rn. 82.

§ 11 Anmeldung

Bekanntmachung der Wiedergabe gestellt, wurden bei der Anmeldung zunächst keine Bekanntmachungskosten, sondern nur die Anmeldegebühr fällig. Die Bekanntmachung einer etwaigen Beschreibung (§ 11 Abs. 4 Nr. 1) ist gebührenfrei.[85]

74 Die Bekanntmachungskosten waren gemäß § 7 Abs. 1 DPMAVwKostV als Vorschuss zu zahlen. Wurde der Bekanntmachungskostenvorschuss nicht oder in nicht ausreichender Höhe gezahlt, wurde die Anmeldung bezüglich der betroffenen Muster gemäß § 16 Abs. 4 GeschmMG zurückgewiesen.

75 Die Zahlung der Kosten bestimmt sich nach der PatKostZV vom 15.10. 2003 (BGBl. I S. 2083; BlPMZ 2003, 409), die zum 1.1.2004 in Kraft getreten ist. Danach können Kosten wie folgt entrichtet werden: (1) durch Bareinzahlung bei den Geldstellen des DPMA (in München, Jena und im Technischen Informationszentrum in Berlin) (§ 1 Abs. 1 Nr. 1 PatKostZV); (2) durch Überweisung auf das Konto der Bundeskasse Weiden (§ 1 Abs. 1 Nr. 2 PatKostZV); (3) durch Bareinzahlung bei einem inländischen oder ausländischen Geldinstitut auf das Konto der Bundeskasse Weiden (§ 1 Abs. 1 Nr. 3 PatKostZV); (4) durch Erteilung einer Lastschrifteinzugsermächtigung von einem Inlandskonto (§ 1 Abs. 1 Nr. 4 PatKostZV).

76 Bei Bareinzahlungen ist zu berücksichtigen, dass die Geldstellen des DPMA seit Juli 2010 aus Sicherheitsgründen keine 500-Euro-Scheine annehmen. Bei Bareinzahlungen werden Geldscheine nur bis zu einer Höhe von jeweils maximal EUR 200 entgegengenommen. Lastschrifteinzugsermächtigungen können auch per Telefax wirksam übermittelt werden. Um Verzögerungen oder Irrtümer bei der Verbuchung zu vermeiden, ist dringend zu empfehlen, den vom DPMA herausgegebenen amtlichen Vordruck (A 507) zu verwenden.

77 Als Einzahlungstag gilt gemäß § 2 PatKostZV: (1) bei Bareinzahlung der Tag der Einzahlung (§ 2 Nr. 1 PatKostZV); (2) bei Überweisung der Tag, an dem der Betrag auf dem Konto der Bundeskasse Weiden gutgeschrieben wird (§ 2 Nr. 2 PatKostZV); (3) bei Bareinzahlung auf das Konto der Bundeskasse Weiden der Tag der Einzahlung (§ 2 Nr. 3 PatKostZV); (4) bei Erteilung einer Lastschrifteinzugsermächtigung der Tag des Eingangs beim DPMA oder beim BPatG, bei zukünftig fällig werdenden Gebühren der Tag der Fälligkeit der Gebühr, sofern die Einziehung zugunsten der Bundeskasse Weiden erfolgt (§ 2 Nr. 4 Pat-

---

[85] Vgl. *Eichmann/v. Falckenstein*, § 11 Rn. 84.

KostZV). Da die Bundeskasse Weiden die Bareinzahlung nach § 1 Abs. 1 Nr. 3 PatKostZV nicht anhand der Buchungsunterlagen von der Überweisung nach Buchstabe § 1 Abs. 1 Nr. 2 PatKostZV unterscheiden kann, sollte der Bareinzahler, wenn er den nach dieser Zahlungsform vorverlagerten Zahlungstag geltend machen möchte, dem DPMA unverzüglich den vom Geldinstitut ausgestellten Einzahlungsbeleg vorlegen.

Bei jeder Zahlung sind das vollständige Aktenzeichen, die genaue Bezeichnung des Anmelders (Rechtsinhabers) und der Verwendungszweck anzugeben. Anstelle des Verwendungszwecks kann auch die entsprechende Kostennummer angegeben werden. Die amtlichen Kostennummern ergeben sich aus dem Gebührenverzeichnis des Patentkostengesetzes und dem Kostenverzeichnis der DPMAVwKostV. Beide Verzeichnisse können auch als Merkblatt A 9510 beim DPMA bezogen oder unter www.dpma.de heruntergeladen werden. 78

IX. Schutzumfang (§ 11 Abs. 5)

Abs. 5 stellt klar, dass die Angaben nach Abs. 2 Nr. 4 (Erzeugnisangabe) und Abs. 4 Nr. 3 (Warenklasse) keinen Einfluss auf den Schutzumfang des Geschmacksmusters haben. Die Regelung entspricht Art. 36 Abs. 2 und 6 GGV und stellt klar, dass ein Flächenmuster als ein eigenständiges Erzeugnis anzusehen ist und dieses unabhängig davon Schutz genießt, auf welcher Oberfläche es aufgebracht wird.[86] Der Schutzumfang des Geschmacksmusters ist in § 38 Abs. 2 geregelt und zwar ohne Bezug auf die Erzeugnisangabe, die Beschreibung oder die Klassifikation.[87] 79

X. Rücknahme der Anmeldung (§ 11 Abs. 6)

Nach Abs. 6 – eine vergleichbare Regelung findet sich in § 39 Abs. 1 MarkenG – kann der Anmelder die Anmeldung jederzeit zurücknehmen. Die Rücknahme muss schriftlich erfolgen (Telefax ist ausreichend) und den Willen des Anmelders erkennen lassen, das Eintragungsverfahren zu beenden. Eine Rücknahme liegt etwa in der Erklärung, keinen Wert mehr auf die weitere Bearbeitung der Anmeldung zu 80

---
86 Gesetzesbegründung, BlPMZ 2004, 232.
87 Vgl. *Ruhl*, Art. 36 Rn. 91.

§ 11 Anmeldung

legen. Das Gleiche gilt, wenn der Anmelder erklärt, dass die Anmeldung nicht weiterverfolgt werde. Eine mehrdeutige Erklärung – etwa die Angabe des Aktenzeichens der einen und der Bezeichnung einer anderen Anmeldung desselben Anmelders – ist unwirksam. Eine Berichtigung wird zugelassen, wenn ein offensichtlicher, für das DPMA erkennbarer Irrtum vorliegt.[88]

81 Die Zurücknahme kann jederzeit, also auch noch in Rechtsmittelverfahren, erfolgen.[89] Eine Begründung ist nicht erforderlich. Bei einer Sammelanmeldung kann sich die Rücknahme auf einzelne Muster beziehen. Die Rücknahme ist grundsätzlich bedingungsfeindlich[90]. Sie kann nicht widerrufen oder zurückgenommen werden.[91] Ein nachträglicher Widerruf der Rücknahme der Anmeldung kann auch nicht als Neuanmeldung behandelt oder in eine solche umgedeutet werden.[92] Im Fall eines Erklärungsirrtums (z.B. Verwechslung des Aktenzeichens) oder eines Übertragungsfehlers kann die Rücknahme jedoch nach §§ 119 Abs. 1, 120 BGB angefochten werden.[93]

82 Grundsätzlich ist nur der Anmelder zur Rücknahme der Anmeldung berechtigt. Haben mehrere Personen gemeinsam angemeldet, müssen alle Anmelder die Rücknahme erklären.[94] Die Rücknahmeerklärung des Anmelders ist auch dann wirksam, wenn die Anmeldung bereits zuvor auf einen Dritten übertragen, die Übertragung aber noch nicht dem DPMA angezeigt war. Die Rücknahmeerklärung durch den Rechtsnachfolger des Anmelders, auf den die Anmeldung noch nicht umgeschrieben ist, ist hingegen unwirksam.[95]

83 Mit der wirksamen Zurücknahme der Anmeldung endet das Anmeldeverfahren. Eine Sachentscheidung folgt nicht mehr.[96] Eine entrichtete Anmeldegebühr ist mit der Zahlung verfallen und wird nicht zurückgezahlt.[97] Etwas anderes gilt nur bei wirksamer Anfechtung der Zahlung wegen Erklärungsirrtum[98] oder bei Zahlung erst nach fruchtlosem Ab-

---

88 Vgl. zum Patentrecht: *Benkard*, § 34 Rn. 146 m.w.N.
89 Vgl. zum Markenrecht: *Ströbele/Hacker*, § 39 Rn. 1.
90 BPatGE 15, 160; BPatGE 45, 4.
91 BGH, GRUR 1974, 390; BGH, GRUR 1977, 485, 486.
92 Vgl. zum Patentrecht: *Benkard*, § 34 Rn. 147 m.w.N.
93 Vgl. zum Markenrecht: *Ingerl/Rohnke*, § 39 Rn. 1; BGH, GRUR 1977, 485, 486.
94 PA, MittdtPatA 1933, 250.
95 Vgl. zum Patentrecht: *Benkard*, § 34 Rn. 148 m.w.N.
96 Vgl. zum Markenrecht: *Ingerl/Rohnke*, § 39 Rn. 1.
97 Vgl. *Eichmann/v. Falckenstein*, § 11 Rn. 81 und 88.
98 BPatGE 1, 27; BPatGE 2, 19.

lauf der Zahlungsfrist des § 6 Abs. 1 Satz 2 PatKostG. Im letztgenannten Fall besteht die Anmeldung nach § 6 Abs. 2 PatKostG nicht mehr. Die Rücknahme wirkt ex nunc; die prioritätsbegründende Wirkung der Anmeldung bleibt unberührt (Art. 4 A Abs. 2 PVÜ).[99] Nach der Rücknahme der Anmeldung kann dasselbe Geschmacksmuster – unter Verlust der Priorität der ersten Anmeldung – erneut angemeldet werden.[100]

§ 11 Nr. 6 bezieht sich ausschließlich auf die Anmeldung, die noch nicht zur Eintragung geführt hat. Auf ein bereits eingetragenes Muster kann der Rechtsinhaber jedoch nach § 36 Abs. 1 Nr. 2 verzichten; dann wird die Eintragung des Geschmacksmusters im Register gelöscht. **84**

XI. Insolvenz

Da es sich bei dem Eintragungsverfahren um ein einseitiges Verfahren handelt, bewirkt die Eröffnung eines Insolvenzverfahrens keine Unterbrechung des Eintragungsverfahrens i. S. v. § 240 ZPO.[101] Mit der Eröffnung des Insolvenzverfahrens über das Vermögen des Anmelders fallen das Geschmacksmuster- und Geschmacksmusteranwartschaftsrecht in die Insolvenzmasse (§ 35 InsO).[102] **85**

---

99 Vgl. *Eichmann/v. Falckenstein*, § 11 Rn. 88.
100 Vgl. zum Patentrecht: *Busse*, § 34 Rn. 146.
101 Vgl. zum Markenrecht: *Ströbele/Hacker*, § 32 Rn. 99.
102 Vgl. zum Markenrecht: *Ströbele/Hacker*, § 32 Rn. 100.

§ 12 Sammelanmeldung

(1) Mehrere Muster können in einer Anmeldung zusammengefasst werden (Sammelanmeldung). Die Sammelanmeldung darf nicht mehr als 100 Muster umfassen, die derselben Warenklasse angehören müssen.

(2) Der Anmelder kann eine Sammelanmeldung durch Erklärung gegenüber dem Deutschen Patent- und Markenamt teilen. Die Teilung lässt den Anmeldetag unberührt. Ist die Summe der Gebühren, die nach dem Patentkostengesetz für jede Teilanmeldung zu entrichten wären, höher als die gezahlten Anmeldegebühren, so ist der Differenzbetrag nachzuentrichten.

Übersicht

	Rn.		Rn.
I. Allgemeines	1	IV. Teilung der Sammelanmeldung (§ 12 Abs. 2)	9
II. Voraussetzungen (§ 12 Abs. 1)	2	1. Allgemeines	9
1. Eintragungsantrag	2	2. Teilungserklärung (§ 12 Abs. 2 Satz 1)	10
2. Einheitliche Warenklasse	4	3. Priorität (§ 12 Abs. 2 Satz 2)	12
3. Umfang	5	4. Kosten (§ 12 Abs. 2 Satz 3)	13
4. Gebühren	7	5. Vollzug der Teilung	14
III. Materiellrechtliche Selbstständigkeit	8		

I. Allgemeines

1 Nach § 12 ist es möglich, mehrere Muster, die derselben Warenklasse angehören, in einer (Sammel-)Anmeldung zusammenzufassen. Zweck der Sammelanmeldung ist zunächst, das Eintragungsverfahren für Anmelder, die regelmäßig eine Vielzahl von Mustern anmelden, zu vereinfachen. Hinzu kommt eine Kostenersparnis dergestalt, dass das DPMA für eine Sammelanmeldung deutlich geringere Gebühren erhebt als für die separate Anmeldung der einzelnen Muster. Bei der Sammelanmeldung handelt es sich um eine bloße äußere Zusammenfassung mehrerer Muster mit ausschließlich register- und verfahrenstechnischen Auswirkungen.[1] Die Sammelanmeldung führt also nicht dazu, dass die in der

---
1 Vgl. *Eichmann/v. Falckenstein*, § 12 Rn. 3.

Anmeldung zusammengefassten Muster zu einer rechtlichen Einheit werden.² § 12 entspricht im Wesentlichen der früheren Regelung (§ 7 Abs. 9 und 10 GeschmMG a.F.). Allerdings wurde die Höchstzahl der Muster, die eine Sammelanmeldung umfassen darf, von 50 auf 100 Muster erhöht. Eine vergleichbare Regelung findet sich in Art. 37 GGV (dort ohne Höchstzahl der Muster bei schriftlicher Anmeldung). Für andere gewerbliche Schutzrechte sind Sammelanmeldungen nicht vorgesehen.

II. Voraussetzungen (§ 12 Abs. 1)

1. Eintragungsantrag

Der Anmelder kann (frei) wählen, ob er mehrere Muster einzeln oder – insbesondere aus Kostengründen – zusammen anmelden möchte. Die Zusammenfassung kann nur durch den Anmelder, nicht jedoch durch das DPMA erfolgen.³ Folglich muss der Anmelder seinen dahingehenden Willen im Eintragungsantrag eindeutig zum Ausdruck bringen.⁴ Ohne einen entsprechenden Antrag werden mehrere Muster regelmäßig als Einzelanmeldungen gesondert behandelt.⁵ 2

Nach § 4 Abs. 2 Satz 1 GeschmMV muss der Eintragungsantrag für eine Sammelanmeldung über die Angaben nach § 4 Abs. 1 GeschmMV hinaus enthalten: (1) die Erklärung, für wie viele Muster die Eintragung in das Geschmacksmusterregister beantragt wird, und (2) ein Anlageblatt, das folgende Angaben enthält: (a) eine fortlaufende Nummerierung der in der Anmeldung zusammengefassten Muster in arabischen Ziffern, (b) die Zahl der zu den einzelnen Mustern eingereichten Darstellungen und (c) die Erklärung, dass die Erzeugnisangabe für alle Muster gilt, oder bei jedem Muster die Angabe der Erzeugnisse, bei denen es verwendet oder in die es aufgenommen werden soll. Als Anlageblatt muss das vom DPMA herausgegebene Formblatt (Anlageblatt R 5703.2) verwendet werden (§ 4 Abs. 2 Satz 2 GeschmMV). Eine Sammelanmeldung liegt auch dann vor, wenn sich die Bilddarstellungen der einzelnen Muster auf einem Blatt befinden.⁶ Ein solches Vorge- 3

---

2 Vgl. *v. Gamm*, § 7 Rn. 33.
3 BPatG, GRUR 1978, 45 – Paketniederlegung.
4 Vgl. *Nirk/Kurtze*, § 7 Rn. 69.
5 Vgl. *Eichmann/v. Falckenstein*, § 12 Rn. 4.
6 BayObLGE 1960, 313, 317.

§ 12 Sammelanmeldung

hen ist jedoch nicht zu empfehlen, weil dadurch die Deutlichkeit der schutzbegründenden Merkmale beeinträchtigt werden kann.[7]

2. Einheitliche Warenklasse

4 Die in der Sammelanmeldung zusammengefassten Muster müssen derselben Warenklasse angehören. Diese Regelung entspricht Art. 5 Abs. 4 HMA und soll sicherstellen, dass das Register übersichtlich bleibt und Recherchen erleichtert werden. Die einheitliche Warenklasse wird nur nach der (Haupt-)Klasse bestimmt, die Unterklasse muss hingegen nicht einheitlich sein.[8]

3. Umfang

5 Sammelanmeldungen sind nicht in unbeschränktem Umfang möglich. Vielmehr dürfen die in einer Sammelanmeldung zusammengefassten Muster eine Höchstzahl von 100 Mustern nicht übersteigen (§ 12 Abs. 1 Satz 2). Maßgeblich für die Bestimmung der verfahrensmäßig relevanten Musterzahl ist grundsätzlich die offensichtlich erkennbare Zahl der eingereichten Wiedergaben.[9] Die Einhaltung der Höchstzahl gehört nicht zu den „unverzichtbaren" Anmeldeerfordernissen nach § 11 Abs. 2. Die Überschreitung der Höchstzahl stellt deshalb einen ohne Prioritätsverlust behebbaren Mangel dar.[10]

6 Werden mit der Sammelanmeldung anstelle von Bildwiedergaben (§ 11 Abs. 2 Satz 1 Nr. 3) flächenmäßige Musterabschnitte (§ 11 Abs. 2 Satz 2) eingereicht, dürfen diese einschließlich ihrer Verpackung ein Gewicht von 15 kg nicht überschreiten (§ 7 Abs. 1 Satz 4 GeschmMV).

4. Gebühren

7 Die Sammelanmeldung dient neben der Verfahrenserleichterung (rationellere Form der Anmeldung) der Ersparnis von Kosten (Amtsgebühren). Diese liegen bei einer Sammelanmeldung deutlich niedriger als bei mehreren Einzelanmeldungen. Erfolgt die Anmeldung in Papierform, beträgt die Anmeldegebühr je Muster 7 EUR, mindestens jedoch 70 EUR (Nr. 341 300 des Gebührenverzeichnisses). Erfolgt die Anmeldung elektronisch, beträgt die Anmeldegebühr je Muster 6 EUR, min-

---

[7] Vgl. *Nirk/Kurtze*, § 7 Rn. 75.
[8] Vgl. *Eichmann/v. Falckenstein*, § 12 Rn. 9.
[9] BPatGE 31, 27.
[10] BPatG, BlPMZ 1993, 27, 28 – Sammelmuster.

destens jedoch 60 EUR (Nr. 341 200 des Gebührenverzeichnisses). Die Kosten für die Aufschiebung der Bildbekanntmachung (§ 21 Abs. 1) betragen je Muster 3 EUR, mindestens jedoch 30 EUR (Nr. 341 500 des Gebührenverzeichnisses). Wird der Schutz gemäß § 21 Abs. 2 auf die Schutzdauer des § 27 Abs. 2 erstreckt, werden für jedes Muster Gebühren in Höhe von 4 EUR, mindestens jedoch 40 EUR fällig (Nr. 341 800 des Gebührenverzeichnisses). Die bis zum 1.1.2010 zu entrichtenden Bekanntmachungskosten (12 EUR je Geschmacksmuster) waren mit denen einer Einzelanmeldung identisch. Hinsichtlich der Aufrechterhaltungsgebühren nach § 28 Abs. 1 (90 bis 180 EUR pro Geschmacksmuster) gibt es keine Unterschiede zu einer Einzelanmeldung.

III. Materiellrechtliche Selbstständigkeit

Die einzelnen Geschmacksmuster bleiben trotz der Sammelanmeldung je gesonderte Schutzgegenstände und -rechte, sind also in materiellrechtlicher Hinsicht unabhängig voneinander zu behandeln.[11] Dementsprechend können die einzelnen Geschmacksmuster (insbesondere) unabhängig von den anderen Geschmacksmustern geltend gemacht werden, Gegenstand einer Lizenz, eines dinglichen Rechts, einer Zwangsvollstreckung, eines Insolvenzverfahrens oder eines Verzichts, einer Erneuerung, einer Rechtsübertragung oder einer Aufschiebung der Bekanntmachung sein, sowie für nichtig erklärt werden (vgl. Art. 37 Abs. 4 Satz 2 GGV). 8

IV. Teilung der Sammelanmeldung (§ 12 Abs. 2)

1. Allgemeines

Ist die Sammelanmeldung fehlerhaft, kann sie über die „Notbremse"[12] des § 12 Abs. 2 Satz 1 geteilt werden. Vergleichbare Regelungen finden sich in §§ 39 PatG, 4 Abs. 6 GebrMG. Eine Teilung kommt insbesondere in Betracht, wenn die Höchstzahl der Muster (100) oder das Höchstgewicht der flächenmäßige Musterabschnitte (15 kg) überschritten wurde oder die Muster nicht derselben Warenklasse angehören. Darüber hinaus kommt eine Teilung in Betracht, um die Übertragung einzelner 9

---

11 Vgl. *Eichmann/v. Falckenstein*, § 12 Rn. 3.
12 Vgl. *Gerstenberg/Buddeberg*, S. 131.

§ 12 Sammelanmeldung

Muster aus der Sammelanmeldung bzw. Sammeleintragung (§ 16 GeschmMV) zu erleichtern.[13] Als Folge der Teilung werden die Anmeldungen völlig selbstständig.[14]

2. Teilungserklärung (§ 12 Abs. 2 Satz 1)

10 Eine Teilung der Anmeldung von Amts wegen kommt regelmäßig nicht in Betracht.[15] Vielmehr erfordert die Teilung eine eindeutige schriftliche (Teilungs-)Erklärung des Anmelders gegenüber dem DPMA.[16] In dieser sind das Aktenzeichen der Sammelanmeldung und die Nummern der Muster, die abgeteilt werden sollen, anzugeben (§ 11 Abs. 2 GeschmMV). Diese Voraussetzungen sind zwingend zu erfüllen; andernfalls wird die Teilungserklärung vom DPMA nicht vollzogen.[17] Als Verfahrenshandlung ist die Teilungserklärung grundsätzlich bedingungsfeindlich.[18] Allerdings kann die Teilungserklärung zurückgenommen werden, solange der Schwebezustand andauert (anders im Markenrecht: vgl. § 40 Abs. 2 Satz 4 MarkenG).[19] Betrifft ein Antrag auf Eintragung eines Rechtsübergangs nach § 28 DPMAV nur einen Teil der in einer Sammeleintragung enthaltenen Geschmacksmuster, so sind diese Geschmacksmuster in dem Antrag anzugeben (§ 16 Abs. 2 Satz 1 GeschmMV). Die Geschmacksmuster, die von dem Rechtsübergang erfasst sind, werden abgetrennt und in einer Teilungsakte weitergeführt (§ 16 Abs. 2 Satz 2 GeschmMV).

11 Von Amts wegen nimmt das DPMA eine Teilung vor, wenn einzelne Muster einer Sammelanmeldung oder -eintragung nach § 29 Abs. 3 umgeschrieben werden sollen und sich dementsprechend die Anmelder- bzw. Inhaberangaben (§ 5 Abs. 1 GeschmMV) ändert (§§ 11 Abs. 3, 16 Abs. 2 GeschmMV). Dasselbe gilt gemäß § 11 Abs. 3 GeschmMV während des Anmeldestadiums für die Vertreterangabe (§ 5 Abs. 5 GeschmMV), nicht jedoch nach der Eintragung (§ 16 Abs. 2 Satz 1 GeschmMV).[20]

---

13 Vgl. *v. Gamm*, § 7 Rn. 34.
14 Vgl. *v. Gamm*, § 7 Rn. 34.
15 BGH, GRUR 1962, 398 – Atomschutzvorrichtung.
16 Vgl. zum Gebrauchsmusterrecht: *Loth*, § 4 Rn. 82.
17 Vgl. *Eichmann/v. Falckenstein*, § 12 Rn. 15.
18 Vgl. zum Patentrecht: *Busse – Keukenschrijver*, § 39 Rn. 7.
19 Vgl. zum Patentrecht: *Busse – Keukenschrijver*, § 39 Rn. 37.
20 Vgl. *Eichmann/v. Falckenstein*, § 12 Rn. 14.

IV. Teilung der Sammelanmeldung (§ 12 Abs. 2) **§ 12**

3. Priorität (§ 12 Abs. 2 Satz 2)

Nach § 12 Abs. 2 Satz 2 hat die Teilung keinen Einfluss auf den Anmeldetag der einzelnen im Wege der Sammelanmeldung angemeldeten Muster. Die Teilung der Anmeldung führt also nicht zu einem Prioritätsverlust.[21] Grundsätzlich haben alle Anmeldungen den gleichen Zeitrang.[22] Dies gilt nicht, wenn die Teilung unwirksam ist (etwa weil die Gebühren nicht rechtzeitig gezahlt werden oder die Teilungserklärung nicht eingereicht wird).[23]

12

4. Kosten (§ 12 Abs. 2 Satz 3)

Um einem Missbrauch in gebührenrechtlicher Hinsicht vorzubeugen, stellt § 12 Abs. 2 Satz 3 sicher, dass durch eine spätere Teilung einer Sammelanmeldung keine Kostenvorteile beim Anmelder entstehen. Vielmehr sollen im Falle der Teilung einer Sammelanmeldung insgesamt diejenigen Gebühren entrichtet werden, die zu zahlen gewesen wären, wenn die Muster von vornherein entsprechend getrennt angemeldet worden wären. Dementsprechend wird die Teilung erst vorgenommen, wenn der zu entrichtende Differenzbetrag gezahlt wurde (§ 11 Abs. 4 GeschmMV). Eine darüber hinausgehende zusätzliche „Teilungsgebühr" wird vom DPMA nicht erhoben. Zahlt der Anmelder die Gebühren nicht rechtzeitig, wird die Teilung rückwirkend unwirksam (§ 6 Abs. 2 PatKostG).[24] Dies hat wiederum zu Folge, dass der vom DPMA beanstandete Mangel als nicht beseitigt gilt und das DPMA die Anmeldung durch Beschluss zurückweist (§ 16 Abs. 5 Satz 3).[25] Eventuell nachträglich gezahlte Teilungsgebühren sind zurückzuerstatten, weil sie wegen rückwirkend entfallenden Rechtsgrundes nicht angefallen sind.[26]

13

5. Vollzug der Teilung

Liegt eine den Anforderung des § 11 Abs. 2 GeschmMV genügende Teilungserklärung vor und sind die nach § 12 Abs. 2 Satz 3 anfallenden Gebühren nachgezahlt, trennt das DPMA die Vorgänge durch Anlage

14

---

21 BPatG, BlPMZ 1993, 27, 28 – Sammelmuster.
22 BPatG, GRUR Int. 1968, 132.
23 BGH, GRUR 1992, 377, 379 – Kabelbaum.
24 BGH, GRUR 1993, 890, 891 – Teilungsgebühren.
25 Vgl. *Eichmann/v. Falckenstein*, § 12 Rn. 16.
26 Vgl. zum Gebrauchsmusterrecht: *Loth*, § 4 Rn. 86.

§ 12 Sammelanmeldung

einer Trennakte und Vergabe eines neuen Aktenzeichens für die Trennanmeldung bzw. abgeteilte Eintragung (§ 16 Abs. 2 Satz 2 GeschmMV).[27] Anderenfalls weist das DPMA die Anmeldung durch Beschluss zurück (§ 16 Abs. 5 Satz 3).

---

27 Vgl. *Eichmann/v. Falckenstein*, § 12 Rn. 17.

§ 13 Anmeldetag

(1) Der Anmeldetag eines Geschmacksmusters ist der Tag, an dem die Unterlagen mit den Angaben nach § 11 Abs. 2
1. beim Deutschen Patent- und Markenamt
2. oder, wenn diese Stelle durch Bekanntmachung des Bundesministeriums der Justiz im Bundesgesetzblatt dazu bestimmt ist, bei einem Patentinformationszentrum eingegangen sind.

(2) Wird wirksam eine Priorität nach § 14 oder § 15 in Anspruch genommen, tritt bei der Anwendung der §§ 2 bis 6, 12 Abs. 2 Satz 2, § 21 Abs. 1 Satz 1, § 34 Satz 1 Nr. 3 und § 41 der Prioritätstag an die Stelle des Anmeldetages.

Übersicht

	Rn.		Rn.
I. Allgemeines	1	IV. Inanspruchnahme einer Priorität (§ 13 Abs. 2)	9
II. Anmeldetag (§ 13 Abs. 1)	3		
III. Eingangsbearbeitung der Anmeldung	8		

I. Allgemeines

§ 13 Abs. 1 hatte im GeschmMG a.F. keine Entsprechung. Er bestimmt, wie der Anmeldetag festzustellen ist. Eine einfache, klare und ohne Unsicherheiten mögliche Feststellung des Anmeldetages ist von essentieller Bedeutung, da der Anmeldetag mehrere materiellrechtliche Wirkungen und verfahrensrechtliche Folgen hat.[1] Zunächst wird mit der Zuerkennung des Anmeldetages der Inhalt der Anmeldung festgelegt; nach dem Anmeldetag kann der Inhalt der Anmeldung nicht mehr vergrößert werden.[2] Darüber hinaus begründet der Anmeldetag den Zeitrang, ist also „Stichtag" für die Beurteilung der Neuheit (§ 2 Abs. 2) und Eigenart (§ 2 Abs. 3) gegenüber dem bis zu diesem Tag entstandenen Formenschatz.[3] Weiter kann der Anmeldetag die Priorität einer

1

---

1 Vgl. zum Patentrecht: *Busse*, § 35 Rn. 13.
2 Vgl. zum Patentrecht: *Schulte*, § 35 Rn. 51.
3 Vgl. *Eichmann/v. Falkenstein*, § 13 Rn. 2.

§ 13 Anmeldetag

späteren Anmeldung eines anderen Geschmacksmusters begründen (Art. 4 PVÜ).[4] Der Anmeldetag ist ferner maßgebend für die Berechnung verschiedener Fristen (u.a. Schutzdauer (§ 27 Abs. 2), Aufschiebung der Bekanntmachung (§ 21 Abs. 1), Fälligkeit der Amtsgebühren). Schließlich setzt der Eingang der Anmeldung Fristen u.a. für die Prioritätserklärung (§§ 14 Abs. 1, 15 Abs. 3) in Gang.[5] Vergleichbare Regelungen finden sich in §§ 4a Abs. 2 GebrMG, 33 Abs. 1 MarkenG, 35 Abs. 2 PatG und Art. 38 Abs. 1 GGV.

2 § 13 Abs. 2 bestimmt, dass bei wirksamer Inanspruchnahme einer Priorität bei den in Abs. 2 genannten Vorschriften der Anmeldetag durch den Prioritätstag ersetzt wird. Durch diese Zusammenfassung wird in den einzelnen Vorschriften die Verwendung der umständlichen Formulierung „Tag der Anmeldung oder, wenn wirksam eine Priorität in Anspruch genommen wird, den Prioritätstag" (z.B. Art. 4 GM-Richtlinie) vermieden. Für das Gemeinschaftsgeschmacksmuster findet sich in Art. 43 GGV eine vergleichbare Regelung.

II. Anmeldetag (§ 13 Abs. 1)

3 Nach § 13 Abs. 1 ist Anmeldetag eines Geschmacksmusters der Tag, an dem die Anmeldeunterlagen mit den nach § 11 Abs. 2 notwendigen Anlagen vollständig beim DPMA (§ 11 Abs. 1 Nr. 1) oder einem dazu bestimmten PIZ (§ 11 Abs. 1 Nr. 2) eingegangen sind. Der Eingang der (Anmelde-) Unterlagen bestimmt sich nach den allgemeinen Grundsätzen über den Zugang (analog § 130 BGB).[6] Folglich ist die Anmeldung dann eingegangen, wenn sie derart in den Verfügungsbereich des DPMA gelangt ist, dass die hierfür zuständigen Beamten der Annahmestelle von ihr Kenntnis nehmen können (der Eingang bei irgendeiner Stelle des DPMA reicht nicht aus).[7] Geht die Anmeldung im Nachtbriefkasten oder per Telefax ein, so dass ihr Eingangsdatum feststellbar ist, erhält sie am nächsten Arbeitstag das Datum des tatsächlichen Einwurf-/Empfangstages (auch wenn dieser ein Sonn- oder Feiertag ist).[8] Der Zeitpunkt der Aufgabe bei der Post oder der Zeitpunkt des Versendens sind irrelevant. Verzögerungen gehen zu Lasten des Anmelders.[9]

---

4 Vgl. *Ruhl*, Art. 38 Rn. 7.
5 Vgl. zum Patentrecht: *Benkard*, § 35 Rn. 24.
6 Vgl. zum Markenrecht: *Fezer*, § 33 Rn. 1.
7 Vgl. zum Patentrecht: *Benkard*, § 35 Rn. 136.
8 Vgl. zum Markenrecht: *Ingerl/Rohnke*, § 33 Rn. 2.

II. Anmeldetag (§ 13 Abs. 1) § 13

Erfolgt die Anmeldung per Telefax, ist der Eingang der Originalunterlagen ohne Belang (vorausgesetzt, die Wiedergabe des Musters entspricht den Anforderungen des § 11 Abs. 2 Nr. 3).[10] Das Zugangsrisiko trägt der Anmelder.[11] Dies ist mit der Verfassung vereinbar.[12]

Eine versehentlich beim EPA eingereichte Anmeldung wurde aufgrund einer Verwaltungsvereinbarung (BlPMZ 1981, 278; BlPMZ 1989, 373) bislang als wirksam anerkannt und begründete deshalb am Tag des Eingangs wirksam den Anmeldetag. Das BPatG hat hingegen in einem Beschluss vom 23.11.2004 festgestellt, dass diese Verwaltungsvereinbarung rechtswidrig ist.[13] Als Konsequenz aus dem Beschluss des BPatG perforiert das DPMA an das Deutsche Amt gerichtete Schriftstücke, die versehentlich beim EPA eingegangen sind und an das DPMA weitergeleitet werden, mit dem Tag des Eingangs beim DPMA. Die Einreichung beim HABM begründet grundsätzlich keinen Anmeldetag.[14] 4

Für die Zuerkennung des Anmeldetages muss die Anmeldung die nach § 11 Abs. 2 erforderlichen Angaben enthalten. Die weiteren (fakultativen) Anmeldeangaben (§ 11 Abs. 4) sowie die Zahlung der Amtsgebühren sind hingegen unerheblich. Sie können – ohne dass der Anmeldungscharakter verloren geht – nachgeholt werden.[15] 5

Enthält die Anmeldung Mängel, fordert das DPMA den Anmelder nach § 16 Abs. 5 auf, diese zu beheben. Kommt der Anmelder dem nach, verschiebt sich den Anmeldetag entsprechend. Nach § 10 Abs. 3 GeschmMG a. F. bewirkte jeder Mangel einer zwingenden Anmeldevoraussetzung eine Verschiebung des Anmeldetages. Nunmehr sind Mängel, die eine Verschiebung des Anmeldetages bewirken können, ausschließlich die in § 11 Abs. 2 aufgeführten Anmeldeerfordernisse. Die Beseitigung von Mängeln in den weiteren Anmeldungsvoraussetzungen wirkt sich also nicht auf die Zuerkennung des Anmeldetages aus.[16] 6

Die Wirksamkeit des Anmeldetages kann sowohl im Löschungs- wie auch im Verletzungsverfahren überprüft werden.[17] 7

---

9 BGH, GRUR 1989, 38 – Schlauchfolie.
10 Vgl. zum Patentrecht: *Busse*, § 35 Rn. 15.
11 Vgl. zum Patentrecht: *Busse*, § 35 Rn. 15.
12 BVerfG, BlPMZ 1990, 247.
13 BPatG, Beschluss vom 23. November 2004, 11 W (pat) 41/03.
14 Vgl. *Eichmann/v. Falckenstein*, § 13 Rn. 4.
15 Vgl. zum Gebrauchsmusterrecht: *Bühring*, § 4a Rn. 27.
16 Vgl. zum Markenrecht: *Fezer*, § 33 Rn. 4; BPatG, GRUR 1997, 60 – SWF-3-Nachrichten.
17 Vgl. zum Gebrauchsmusterrecht: *Loth*, § 4a Rn. 17.

III. Eingangsbearbeitung der Anmeldung

8 Die Annahmestellen des DPMA in München, Jena und Berlin vermerken auf der Anmeldung den Tag des Eingangs (§ 8 Abs. 1 DPMAV). Dies geschieht in der Regel durch Datumsperforierung. Das Aktenzeichen vergibt jeweils die Annahmestelle in München. Anschließend werden sämtliche Daten der Anmeldung in der zentralen Eingangsbearbeitung erfasst. Danach übermittelt die zentrale Eingangsbearbeitung dem Anmelder unverzüglich eine Empfangsbescheinigung, die das angemeldete Schutzrecht bezeichnet und das Aktenzeichen der Anmeldung sowie den Tag des Eingangs der Anmeldung angibt (§ 8 Abs. 2 DPMAV). Im weiteren Verfahren prüft das DPMA nach § 16 Abs. 1 Nr. 3, ob die Voraussetzungen für die Zuerkennung des Anmeldetages nach § 11 Abs. 2 vorliegen. Ist dies der Fall, wird als Anmeldetag der Tag festgestellt, an dem die Anmeldung bei DPMA oder einem dazu bestimmten PIZ eingegangen ist.[18]

IV. Inanspruchnahme einer Priorität (§ 13 Abs. 2)

9 Bei wirksamer Inanspruchnahme einer Priorität nach § 14 oder § 15 tritt bei den in Abs. 2 aufgeführten Vorschriften an die Stelle des Anmeldetages der Prioritätstag. Dies ist insbesondere für die Bestimmung der Neuheit (§ 2 Abs. 2) und Eigenart (§ 2 Abs. 3) von Bedeutung.

---

18 Vgl. zum Markenrecht: *Fezer*, § 33 Rn. 2.

§ 14 Ausländische Priorität

(1) Wer nach einem Staatsvertrag die Priorität einer früheren ausländischen Anmeldung desselben Geschmacksmusters in Anspruch nimmt, hat vor Ablauf des 16. Monats nach dem Prioritätstag Zeit, Land und Aktenzeichen der früheren Anmeldung anzugeben und eine Abschrift der früheren Anmeldung einzureichen. Innerhalb der Frist können die Angaben geändert werden.

(2) Ist die frühere Anmeldung in einem Staat eingereicht worden, mit dem kein Staatsvertrag über die Anerkennung der Priorität besteht, so kann der Anmelder ein dem Prioritätsrecht nach der Pariser Verbandsübereinkunft entsprechendes Prioritätsrecht in Anspruch nehmen, soweit nach einer Bekanntmachung des Bundesministeriums der Justiz im Bundesgesetzblatt der andere Staat auf Grund einer ersten Anmeldung beim Deutschen Patent- und Markenamt ein Prioritätsrecht gewährt, das nach Voraussetzungen und Inhalt dem Prioritätsrecht nach der Pariser Verbandsübereinkunft vergleichbar ist; Absatz 1 ist anzuwenden.

(3) Werden die Angaben nach Absatz 1 rechtzeitig gemacht und wird die Abschrift rechtzeitig eingereicht, so trägt das Deutsche Patent- und Markenamt die Priorität in das Register ein. Hat der Anmelder eine Priorität erst nach der Bekanntmachung der Eintragung eines Geschmacksmusters in Anspruch genommen oder Angaben geändert, wird die Bekanntmachung insofern nachgeholt. Werden die Angaben nach Absatz 1 nicht rechtzeitig gemacht oder wird die Abschrift nicht rechtzeitig eingereicht, so gilt die Erklärung über die Inanspruchnahme der Priorität als nicht abgegeben. Das Deutsche Patent- und Markenamt stellt dies fest.

Übersicht

	Rn.		Rn.
I. Allgemeines	1	2. Ausländische Erstanmeldung	7
II. Priorität aufgrund von Staatsverträgen (§ 14 Abs. 1)	3	3. Personenidentität	11
		4. Fristen	13
		5. Änderung der Angaben	16
III. Priorität aufgrund von Gegenseitigkeitsabkommen (§ 14 Abs. 2)	4	V. Eintragung in das Register (§ 14 Abs. 3 Satz 1)	17
IV. Voraussetzungen	5	VI. Inanspruchnahme nach Eintragung (§ 14 Abs. 3 Satz 2)	18
1. Prioritätserklärung	5		

§ 14 Ausländische Priorität

	Rn.		Rn.
VII. Wirkung der ausländischen Priorität	19	VIII. Prioritätsbescheinigung	20

I. Allgemeines

1 Der Zeitrang oder die Priorität der Anmeldung eines Musters richtet sich grundsätzlich nach dem Zeitpunkt des Eingangs der Anmeldung beim DPMA (vgl. § 13 Abs. 1). In bestimmten Fällen ist es jedoch möglich, für die Anmeldung einen früheren Zeitrang oder eine frühere Priorität in Anspruch zu nehmen, nämlich die Priorität einer früheren ausländischen Anmeldung (§ 14) oder die Priorität einer Ausstellung (§ 15).[1]

2 § 14 regelt (ausschließlich) die formalen Voraussetzungen für die Inanspruchnahme einer ausländischen Priorität, d.h. des Zeitrangs im Rahmen des Eintragungsverfahrens vor dem DPMA. Die materiellrechtlichen Voraussetzungen für die Entstehung des Prioritätsrechts und die Rahmenbedingungen für die Inanspruchnahme der ausländischen Priorität sind Gegenstand des innerstaatlich anzuwendenden Konventionsrechts der PVÜ.[2] Folge der wirksamen Inanspruchnahme einer Priorität ist, dass für eine Reihe von Vorschriften, wie z.B. die Bestimmung von Neuheit (§ 2 Abs. 2) und Eigenart (§ 2 Abs. 3) eines Musters, der Prioritätstag an die Stelle des Anmeldetages tritt (§ 13 Abs. 2). Durch die wirksame Inanspruchnahme der Priorität der Auslandsanmeldung („Erstanmeldung") sichert der Anmelder der inländischen Anmeldung („Zweitanmeldung") also den Altersrang der Erstanmeldung. Diese Rangsicherung hat zur Folge, dass sämtliche in der Zeit zwischen der ersten Hinterlegung und der Zweitanmeldung eingetretenen Tatsachen, die sonst bei der Beurteilung der Neuheit und Eigenart zu berücksichtigen wären, außer Betracht zu bleiben haben.[3] Der Anmelder ist also nicht gezwungen, das Muster sofort und gleichzeitig in sämtlichen Staaten, für die Schutz erstrebt wird, anzumelden, sondern kann innerhalb der Prioritätsfrist überlegen, ob und in welchen Staaten eine

---

1 Vgl. *Stöckel/Lüken*, S. 86.
2 BPatG, GRUR 2006, 580, 582 – Probenkopf.
3 BGH, GRUR 1966, 309, 310 – Flächentransistor; BGH, GRUR 1971, 214, 215 – customer print.

Zweitanmeldung tatsächlich sinnvoll ist.⁴ Vergleichbare Regelungen finden sich in §§ 34 MarkenG, 41 PatG.

II. Priorität aufgrund von Staatsverträgen (§ 14 Abs. 1)

Staatsverträge, die zu einer Vorverlegung des Zeitrangs einer deutschen Anmeldung führen können, können zweiseitige und mehrseitige Staatsverträge sein. Zu den Staatsverträgen i.S.d. § 14 Abs. 1 zählt in erster Linie die Pariser Verbandsübereinkunft zum Schutze des gewerblichen Eigentums vom 20.3.1983 („PVÜ") mit ihren verschiedenen Revisionen („Unionspriorität"). Derzeit sind etwa 170 Staaten Vertragsstaaten der PVÜ. Eine aktuelle Liste der Vertragsstaaten findet sich auf der Internetseite der WIPO (www.wipo.int) unter den Stichwörtern „Paris Convention for the Protection of Industrial Property" und „Contracting Parties". Andere (zweiseitige) Staatsverträge zwischen der Bundesrepublik Deutschland und anderen Staaten bestehen derzeit nicht.

3

III. Priorität aufgrund von Gegenseitigkeitsabkommen (§ 14 Abs. 2)

Wurde die Erstanmeldung in einem Staat eingereicht, mit dem kein Staatsvertrag über die Anerkennung der Priorität besteht, so kann der Anmelder dennoch eine Priorität in Anspruch nehmen, soweit nach einer Bekanntmachung des Bundesministeriums der Justiz im Bundesgesetzblatt dieser Staat bei einer Erstanmeldung beim DPMA ebenfalls ein Prioritätsrecht gewährt („bilaterale Priorität"). Die entsprechende Veröffentlichung des Bundesministeriums der Justiz über die Gegenseitigkeit ist zwingende Voraussetzung für die Inanspruchnahme einer Priorität, zum anderen ist sie rechtsverbindlich, d.h. es ist sowohl dem DPMA, dem BPatG als auch den ordentlichen Gerichten verwehrt zu prüfen, ob der Erstanmelderstaat tatsächlich eine entsprechende Priorität gewährt.⁵ Gewährt der andere Staat die Priorität nur mit Einschränkungen (z.B. Beschränkung auf Anmeldungen deutscher Staatsangehöriger), dann besteht auch das Prioritätsrecht der früheren ausländischen Anmeldung in diesem Staat nur in diesem eingeschränkten Umfang.⁶ Im Bereich des Geschmacksmusterrechts bestehen derzeit keine Ge-

4

---

4 Vgl. *Eichmann/v. Falckenstein*, § 14 Rn. 2.
5 Vgl. zum Markenrecht: *Ekey/Klippel*, § 34 Rn. 12.
6 Vgl. zum Markenrecht: *Fezer*, § 34 Rn. 8.

§ 14 Ausländische Priorität

genseitigkeitsabkommen. Etwaige Bekanntmachungen für das Marken- oder Patentrecht sind für Geschmacksmusterprioritäten irrelevant.[7]

IV. Voraussetzungen

1. Prioritätserklärung

5 Die Priorität einer ausländischen Erstanmeldung wird nicht von Amts wegen beachtet.[8] Vielmehr muss der Anmelder schriftlich erklären, dass er eine Priorität nach § 14 in Anspruch nimmt (Art. 4 D Abs. 1 Satz 1 PVÜ). Dies geschieht durch Ankreuzen eines dafür vorgesehen Feldes auf dem Anmeldeformular.[9]

6 Die Prioritätserklärung ist in deutscher Sprache einzureichen (§ 24 Abs. 1 Satz 4 i.V.m. § 126 PatG). Anzugeben sind Zeit, Land und Aktenzeichen der Erstanmeldung. Weiter ist eine (vollständige)[10] Abschrift der Erstanmeldung einzureichen (Art. 4 D Abs. 3 PVÜ). Zur Abschrift gehört eine Abbildung des Musters der Erstanmeldung.[11] Eine Bezugnahme auf zu anderen Anmeldungen eingereichte Unterlagen reicht nicht aus.[12] Ebenso wenig genügt eine Übersetzung der (fremdsprachigen) Erstanmeldung.[13] Die Abschrift muss mit der früheren Anmeldung vollständig übereinstimmen[14] und verbleibt bei der Akte.[15] Eine einfache Kopie ist grundsätzlich ausreichend.[16] Eine Beglaubigung („Prioritätsbeleg") wird vom DPMA nicht gefordert, ist aber seit jeher anerkannt und unschädlich.[17] Kommt es allerdings auf die Rechtmäßigkeit der Inanspruchnahme der Priorität an, kann das DPMA den Anmelder auffordern, einen Prioritätsbeleg i.S.d. Art. 4 D Abs. 3 Satz 3 PVÜ einzureichen.[18] Sind die Originalschriftstücke nicht in englischer, französischer, italienischer oder spanischer Sprache abgefasst, kann das DPMA eine beglaubigte oder von einem bestellten Übersetzer

---

7 Vgl. *Eichmann/v. Falckenstein*, § 14 Rn. 3.
8 Vgl. zum Markenrecht: *Ingerl/Rohnke*, § 34 Rn. 11; *Fezer*, § 34 Rn. 12.
9 Vgl. *Stöckel/Lüken*, S. 86.
10 BGH, GRUR 1979, 626, 627 – Elektrostatisches Ladungsbild.
11 Vgl. *Gerstenberg/Buddeberg*, S. 142.
12 BGH, GRUR 1979, 626 – Elektrostatisches Ladungsbild; BPatG, GRUR 1974, 82.
13 BPatGE 14, 202, 204.
14 BPatG, MitttdtPatA 1971, 34.
15 BPatGE 16, 57.
16 BPatGE 21, 169, 172.
17 Vgl. *Eichmann/v. Falckenstein*, § 14 Rn. 11.
18 Vgl. zum Markenrecht: *Ekey/Klippel*, § 34 Rn. 17.

angefertigte Übersetzung verlangen.[19] Das DPMA ist nicht verpflichtet, den Anmelder auf eine eventuelle Unvollständigkeit der Prioritätserklärung bzw. der von ihm eingereichten Unterlagen hinzuweisen.[20]

2. Ausländische Erstanmeldung

Gemäß dem Grundsatz der Auslandspriorität (Art. 4 A Abs. 1 PVÜ) muss die Erstanmeldung in einem „anderen Land" (Mitgliedstaat) als demjenigen der Zweitanmeldung wirksam geworden sein.[21] Internationale Hinterlegungen (Art. 7 Abs. 1 a und 14 Abs. 1 HMA) sind prioritätsbegründend.[22]

7

Das Prioritätsrecht kann nur für „dasselbe Geschmacksmuster" in Anspruch genommen werden (Art. 4 C Abs. 4 PVÜ). Die Erstanmeldung und die Zweitanmeldung müssen folglich inhaltlich/sachlich identisch sein. An die Identität ist ein strenger Maßstab anzulegen.[23] Zu vergleichen sind die in der Erstanmeldung offenbarten Merkmale mit den durch die Nachanmeldung unter Schutz gestellten Merkmalen. Die Sachidentität ist zu bejahen, wenn sich die Muster allenfalls in unwesentlichen Einzelheiten unterscheiden (vgl. § 2 Abs. 2 Satz 1).[24] Geht die Zweitanmeldung über die Erstanmeldung hinaus, kann für den Überschuss kein Prioritätsrecht aus der Erstanmeldung hergeleitet werden.[25] Wird zwischen der Erst- und Zweitanmeldung die Offenbarungsform gewechselt (z.B. Fotografie anstelle einer Zeichnung), stellt dies die sachliche Identität nicht in Frage, soweit es sich noch um „dasselbe Geschmacksmuster" (Schutzgegenstand) handelt.[26] Nachfolgende Anmeldungen desselben Offenbarungsgehalts gelten nicht mehr als Ersthinterlegung. Ausnahmen gelten für den Fall, dass die vorhergehende Anmeldung bis dahin weder offengelegt noch Grundlage einer Prioritätsinanspruchnahme war, sie durch Rücknahme, Verzicht, Zurückweisung untergegangen ist und aus alledem keine Rechte mehr verblieben sind (Art. 4 C Abs. 4 PVÜ).[27] Die fehlende Identität der Erst- und

8

---

19 Vgl. zum Markenrecht: *Ingerl/Rohnke*, § 34 Rn. 12.
20 BGH, GRUR 1974, 212 – Spiegelreflexkamera; BPatG, GRUR 1987, 286 – Unvollständige Angaben.
21 BGH, GRUR 1982, 31, 32 – Roll- und Wippbrett.
22 Vgl. *Eichmann/v. Falckenstein*, § 14 Rn. 5.
23 Vgl. *Ruhl*, Art. 41 Rn. 16.
24 Vgl. *Eichmann/v. Falckenstein*, § 14 Rn. 8; *Ruhl*, Art. 41 Rn. 16
25 BGH, GRUR 1963, 563, 566 – Aufhängevorrichtung; BPatGE 40, 115.
26 Vgl. *Eichmann/v. Falckenstein*, § 14 Rn. 8.
27 Vgl. *Eichmann/v. Falckenstein*, § 14 Rn. 4.

§ 14   Ausländische Priorität

Zweitanmeldung greift das DPMA nur in ganz offensichtlichen Fällen auf;[28] ansonsten wird die Identität grundsätzlich erst im Verletzungs- oder Nichtigkeitsverfahren geprüft.[29]

9 Die Erstanmeldung kann eine Patent-, Gebrauchsmuster-, Marken- oder Geschmacksmusteranmeldung sein. Folglich müssen die Warenklasse der Erst- und Zweitanmeldung nicht übereinstimmen.[30] Die Schutzrechtsart kann von der Erst- zur Zweitanmeldung gewechselt werden. Ein nach Art. 11 GGV entstandenes nicht eingetragenes Gemeinschaftsgeschmacksmuster ist hingegen nicht prioritätsbegründend.[31]

10 Die Erstanmeldung muss vorschriftsmäßig hinterlegt worden sein, d.h. spätestens zum Zeitpunkt der Zweitanmeldung die Anforderungen erfüllen, die das Erstanmeldeland für die Begründung eines Anmeldetages fordert (Art. 4 A Abs. 2 und 3 PVÜ; „beschränkte formelle Vorschriftsmäßigkeit").[32] Das DPMA hat insoweit keine Prüfungskompetenz.[33] Nach dem Grundsatz der Auslandspriorität kann die Priorität einer früheren inländischen Schutzrechtsanmeldung, z.B. einer Patentanmeldung (sog. innere Priorität) nicht in Anspruch genommen werden.[34]

3. Personenidentität

11 Die Zweitanmeldung muss durch den Anmelder der Erstanmeldung oder seinen Rechtsnachfolger erfolgt sein (Art. 4 A Abs. 1 PVÜ). Die Geltendmachung eines Übertragungsanspruchs oder die Erhebung einer Übertragungsklage gegen den Erstanmelder schafft noch keine Personenidentität.[35] Sowohl Erst- als auch Zweitanmelder müssen Angehörige eines Mitgliedsstaates der PVÜ sein oder dort ihren Wohnsitz oder Niederlassung haben (Art. 2 und 3 PVÜ). Die Verbandszugehörigkeit muss schon am Anmeldetag der Erstanmeldung und bei einer Mehrheit von Anmeldern hinsichtlich aller bestehen.[36] Durch Art. 2 Abs. 1 Satz 1

---

28 Vgl. *Eichmann/v. Falckenstein*, § 14 Rn. 14.
29 Vgl. *Ruhl*, Art. 41 Rn. 17.
30 BPatG, GRUR 1981, 816.
31 Vgl. *Eichmann/v. Falckenstein*, § 14 Rn. 4.
32 BGH, GRUR Int. 1960, 506, 508 – Schiffslukenverschluss.
33 Vgl. zum Patentrecht: *Busse*, § 41 Rn. 14.
34 BGH, GRUR 1982, 243 – Drucksensor; BPatG, GRUR 2006, 580, 582 – Probenkopf.
35 BGH, WRP 2008, 1238 – Angussvorrichtung für Spritzgießwerkzeuge II.
36 Vgl. *Eichmann/v. Falckenstein*, § 14 Rn. 5; vgl. zum PatG: *Busse*, § 41 Rn. 12.

und Art. 3 Abs. 1 Satz 1 TRIPS-Abkommen wurde die Geltung der PVÜ auf Angehörige von Mitgliedstaaten dieses Abkommens ausgeweitet. Darüber hinaus gewährt die Bundesrepublik Deutschland seit 1997 sämtlichen Mitgliedstaaten der Welthandelsorganisation WTO gemäß Art. 2 Abs. 1 des TRIPS-Abkommens ein Prioritätsrecht im Umfang des Art. 4 A PVÜ.[37]

Das Prioritätsrecht kann isoliert, d.h. unabhängig von der Erstanmeldung übertragen werden.[38] Die Form der Übertragung richtet sich nach Ortsrecht. In Deutschland ist keine besondere Form vorgeschrieben (§§ 398, 413 BGB).[39] Das Prioritätsrecht muss vor der Zweitanmeldung übertragen worden sein. Ein danach erfolgter Erwerb wirkt nicht zurück.[40]

4. Fristen

Die Zweitanmeldung muss innerhalb der Prioritätsfrist, d.h. innerhalb von 6 Monaten nach dem Tag der Erstanmeldung erfolgen. Ging der Zweitanmeldung eine Patentanmeldung voraus, beträgt die Frist hingegen 12 Monate.[41] Die Frist beginnt mit dem Eingang der Erstanmeldung bei der Registerbehörde des ersten Anmeldelandes (Art. 4 C Abs. 2 PVÜ). Die Beachtung der Prioritätsfrist ist materiellrechtliches Erfordernis der Inanspruchnahme der Priorität.[42] Enthält die Nachanmeldung elementare Mängel i.S.d. § 16 Abs. 1 Nr. 3, gilt als Tag der Nachanmeldung der vom DPMA gemäß § 16 Abs. 5 Satz 2 festgestellte Zeitpunkt; will der Anmelder einen Prioritätsverlust vermeiden, muss er die Mängel also noch innerhalb der Prioritätsfrist beseitigen.[43]

Die Frist zur Prioritätserklärung, d.h. die Frist, innerhalb derer der Anmelder die gemäß § 14 Abs. 1 Satz 1 erforderlichen Angaben (Zeit, Land und Aktenzeichen der Erstanmeldung sowie Einreichung ihrer Abschrift) gegenüber dem DPMA zu machen hat, endet mit Ablauf des 16. Monats nach dem Prioritätstag. Die Frist ist nicht verlängerbar.[44] Werden die Angaben über die Erstanmeldung nicht, nicht vollständig

---

37 Vgl. *Eichmann/v. Falckenstein*, § 14 Rn. 3.
38 BPatG, GRUR Int. 1982, 452, 453 – Metallschmelzvorrichtung.
39 Vgl. zum Patentrecht: *Busse*, § 41 Rn. 11.
40 Vgl. zum Patentrecht: *Schulte*, § 41 Rn. 26.
41 Vgl. *Eichmann/v. Falckenstein*, § 14 Rn. 6.
42 Vgl. zum Patentrecht: *Busse*, § 41 Rn. 24; BPatGE 38, 20.
43 Vgl. *Eichmann/v. Falckenstein*, § 14 Rn. 6.
44 Vgl. *Eichmann/v. Falckenstein*, § 14 Rn. 12.

§ 14 Ausländische Priorität

oder nicht rechtzeitig gemacht oder wird die Abschrift nicht rechtzeitig eingereicht, gilt die Erklärung über die Inanspruchnahme als nicht abgegeben (§ 14 Abs. 3 Satz 3).[45] Dies gilt selbst dann, wenn das DPMA bei einer anderen Akte bereits über die Abschrift der Erstanmeldung verfügt.[46] Aus diesem Grund empfiehlt es sich, die Erklärung und Angaben, die fristgebunden sind, bereits zusammen mit der Anmeldung einzureichen. Wird die Priorität nicht ordnungsgemäß in Anspruch genommen, versagt das DPMA die Eintragung der Priorität der Erstanmeldung in das Musterregister (§ 14 Abs. 3 Satz 3) und stellt dies durch beschwerdefähigen Beschluss fest.[47] Für die Priorität der Zweitanmeldung verbleibt es bei deren Anmeldetag (§ 13 Abs. 1). Weitergehende Rechtsfolgen treten nicht ein (Art. 4 D Abs. 4 PVÜ)[48], eine Zurückweisung der Zweitanmeldung als Ganzes kommt nicht in Betracht.[49] Ist die Prioritätsfrist noch nicht abgelaufen, kann nach Rücknahme der Anmeldung oder Verzicht auf das Geschmacksmuster eine neue Anmeldung eingereicht und dafür die Priorität erneut beansprucht werden.[50]

15 Für die Berechnung der Fristen gelten die allgemeinen Vorschriften (§§ 187–193 BGB).[51] Hat der Anmelder ohne Verschulden die Prioritätsfrist versäumt oder die prioritätsbegründenden Angaben nicht rechtzeitig gemacht, kann er Wiedereinsetzung in den vorherigen Stand beantragen.[52]

5. Änderung der Angaben

16 Die nach § 14 Abs. 1 Satz 1 notwendigen Angaben können gemäß § 14 Abs. 1 Satz 2 innerhalb der Frist zur Angabe der Zeit, des Landes und des Aktenzeichens der Erstanmeldung sowie zur Einreichung einer Abschrift der Erstanmeldung geändert werden. Eine Änderung der Angaben bedeutet zunächst die Berichtigung fehlerhafter Angaben (eine Irrtumsanfechtung kommt nicht in Betracht)[53] sowie die Ergänzung fehlender Angaben. Darüber hinaus kann der Anmelder die Erstanmel-

---

45 Nach §§ 34 Abs. 3 Satz 4 MarkenG, 41 Abs. 1 Satz 3 PatG führt die Nichteinhaltung der Fristerfordernisse zur Verwirkung des Prioritätsrechts für die Zweitanmeldung.
46 BGH, GRUR 1973, 139 – Prioritätsverlust; BPatGE 20, 38.
47 BGH, GRUR 1973, 139 – Prioritätsverlust; BPatGE 38, 22.
48 BGH, GRUR 1973, 139 – Prioritätsverlust.
49 Vgl. *Eichmann/v. Falckenstein*, § 14 Rn. 14.
50 BGH, GRUR Int. 1960, 506 – Schiffslukenverschluss.
51 Vgl. zum Markenrecht: *Ingerl/Rohnke*, § 34 Rn. 7.
52 Vgl. zum Markenrecht: *Fezer*, § 34 Rn. 13, 15.
53 Vgl. zum Patentrecht: *Busse*, § 41 Rn. 54.

dung, die Gegenstand der Prioritätserklärung war, durch eine andere frühere Erstanmeldung ersetzen.[54] Nach Fristablauf ist eine Änderung grundsätzlich nicht mehr zulässig;[55] eine Anfechtung wegen Irrtums ist ausgeschlossen.[56] Dies gilt selbst dann, wenn die Unrichtigkeit auf dem Verhalten des ausländischen Amtes beruht.[57] Bei offensichtlich unrichtigen oder unvollständigen Angaben ist eine Berichtigung jedoch dann zulässig, wenn sich die Unrichtigkeit unschwer aus den übergebenen Unterlagen entnehmen lässt oder vom DPMA innerhalb der Frist ohne Weiteres aus öffentlichen Druckschriften, Registern und Datensammlungen mit hinreichender Sicherheit entnommen werden kann.[58]

V. Eintragung in das Register (§ 14 Abs. 3 Satz 1)

Werden die Angaben nach § 14 Abs. 1 Satz 1 rechtzeitig gemacht und wird die Abschrift rechtzeitig eingereicht, trägt das DPMA die Priorität in das Register ein (§ 13 Abs. 2 Nr. 10 GeschmMV). Vor der Eintragung hat das DPMA im Rahmen seiner Möglichkeiten die förmlichen Voraussetzungen für die Inanspruchnahme der Priorität zu prüfen, darf die Priorität also nicht ungeprüft in das Register eintragen.[59] Eine Vorabentscheidung zur Feststellung der materiellen Berechtigung einer Priorität in einer späteren Anmeldung ist unzulässig.[60]

17

VI. Inanspruchnahme nach Eintragung (§ 14 Abs. 3 Satz 2)

Wird bei der Geschmacksmusteranmeldung keine Priorität in Anspruch genommen, wird das Geschmacksmuster zunächst ohne die entsprechenden Angaben eingetragen und bekannt gemacht. Nimmt der Anmelder nach Eintragung und Bekanntmachung des Geschmacksmusters innerhalb der 16-monatigen Prioritätserklärungsfrist die Priorität in Anspruch, wird die Eintragung und Bekanntmachung der Priorität gemäß § 14 Abs. 3 Satz 2 nachgeholt. Sinn dieser Regelung ist, dass das DPMA mit der Eintragung und Bekanntmachung des Geschmacksmus-

18

---

54 Vgl. zum Markenrecht: *Fezer*, § 34 Rn. 13.
55 BGH, GRUR 1974, 212 – Spiegelreflexkamera; BPatGE 12, 133.
56 Vgl. *Eichmann/v. Falckenstein*, § 14 Rn. 13.
57 BPatG, GRUR 1971, 569.
58 BGH, GRUR 1974, 212 – Spiegelreflexkamera; BPatGE 17, 36.
59 BPatG, MittdtPatA 1998, 309, 311 – SMP.
60 BPatGE 28, 31, 43 – Schallsonde.

ters nicht bis zum Ablauf der 16-Monatsfrist warten muss. Eine derartige Sachbehandlung wäre nicht angemessen, da der Schutz des Geschmacksmusters erst mit der Eintragung in das Register entsteht (§ 27 Abs. 1), eine Verzögerung der Eintragung also zu Schutzrechtslücken führen kann.

VII. Wirkung der ausländischen Priorität

19   Die wirksame Inanspruchnahme der Priorität hat zur Folge, dass für die Bestimmung des Zeitrangs der Zweitanmeldung nicht deren Anmeldetag (§ 13 Abs. 1), sondern der ausländische Prioritätstag maßgeblich ist (vgl. § 13 Abs. 2). Damit bewirkt die Inanspruchnahme der Priorität eine bessere Rangfolge (Priorität) der eigenen Anmeldung gegenüber Anmeldungen Dritter vom Zeitpunkt der Erstanmeldung ab. Demgegenüber führt die Inanspruchnahme einer Priorität – wie die Neuheitsschonfrist (§ 6) – nicht zu einer längeren Schutzdauer. Hierfür ist allein der Anmeldetag der Zweitanmeldung maßgebend. Das weitere Schicksal der Erstanmeldung ist für die Priorität der Zweitanmeldung grundsätzlich ohne Bedeutung (Art. 4 A Abs. 3 PVÜ).[61] Die Priorität wird also auch gewährt, wenn die Eintragung der Erstanmeldung versagt wird oder später wegfällt.[62] Ein Verzicht auf das Prioritätsrecht ist jederzeit möglich.[63]

VIII. Prioritätsbescheinigung

20   Auf schriftlichen Antrag bescheinigt das DPMA die Übereinstimmung der in Abschrift oder Kopie beigefügten Unterlagen einer Patent–, Gebrauchsmuster-, Marken-, Topographie oder Geschmacksmusteranmeldung mit den ursprünglich eingereichten Unterlagen, deren Tag des Eingangs (= Anmeldetag) sowie die Person des Anmelders/Rechtsinhabers beim DPMA (Prioritätsbescheinigung/Prioritätsbeleg).

21   Antragsberechtigt sind Anmelder oder Rechtsinhaber, die bei Antragstellung in den Akten oder in der Rolle als Berechtigte eingetragen sind oder früher eingetragen waren. Stellt ein früherer Anmelder/Rechtsin-

---

[61] Vgl. zum Markenrecht: *Ingerl/Rohnke*, § 34 Rn. 9.
[62] Vgl. *Eichmann/v. Falckenstein*, § 14 Rn. 4.
[63] Vgl. zum Patentrecht: *Busse*, § 41 Rn. 67.

VIII. Prioritätsbescheinigung § 14

haber den Antrag, informiert das DPMA den derzeitigen Anmelder/ Rechtsinhaber von der Ausstellung der Prioritätsbescheinigung.

Der Anmelder oder Rechtsinhaber kann seinen Anspruch auf Erstellung einer Prioritätsbescheinigung einem Dritten übertragen. Dies hat der Dritte durch Vorlage einer Übertragungserklärung nachzuweisen. Stellt ein Dritter im Auftrag des Anmelders/Rechtsinhabers den Antrag auf Ausstellung einer Prioritätsbescheinigung, hat dieser seine Befugnis durch Einreichung einer schriftlichen Vollmacht nachzuweisen. Dies gilt nicht, wenn der Dritte Rechts- oder Patentanwalt ist (§ 15 Abs. 4 DPMAV). In diesem Fall muss aus dem Antrag jedoch unzweifelhaft hervorgehen, dass der Rechts-/Patentanwalt im Auftrag des Anmelders/Rechtsinhabers handelt. 22

Für den Antrag sollte zweckmäßigerweise das vom DPMA herausgegebene Formblatt (A 9165) verwendet werden. Werden Prioritätsbescheinigungen aus mehreren Akten benötigt, so sind gesonderte Anträge zu stellen. Mit dem Prioritätsantrag sind die ursprünglichen Anmeldungsunterlagen in Abschrift oder Kopie einzureichen. Werden mehrere Prioritätsbescheinigungen benötigt, so sind die Abschriften oder Kopien in der entsprechenden Anzahl dem Prioritätsantrag beizufügen. Da es bei der Prioritätsbescheinigung um die ursprüngliche Offenbarung der Anmeldung geht, darf die Wiedergabe nicht verändert werden oder Kopien von nachgereichten und/oder verbesserten Unterlagen sein. Stehen dem Antragsteller keine Kopien der ursprünglichen Unterlagen zur Verfügung, kann er seinen Antrag auf Erteilung einer Prioritätsbescheinigung mit einem Ablichtungsauftrag für die zu fertigenden Kopien verbinden. Der Antrag muss vom Anmelder/Rechtsinhaber bzw. von seinem bevollmächtigten Vertreter unterschrieben sein. 23

Für die Anfertigung der Prioritätsbescheinigung fallen Gebühren an. Für die Prioritätsbescheinigung fallen 20 EUR an (Gebührennummer 301 300). Auslagen werden zusätzlich erhoben. Diese betragen für die ersten 50 Seiten je Seite 0,50 EUR sowie 0,15 EUR für jede weitere Seite (Gebührennummer 302 100). Die Gebühren und Auslagen für die Erstellung von Prioritätsbescheinigungen sind von der Verfahrenskostenhilfe (§ 24) ausgenommen. Die Einzugsermächtigung (A 9507) sollte nicht mit dem Text des Antrags auf Ausstellung von Prioritätsbescheinigungen verbunden werden, sondern mit dem amtlichen Vordruck erteilt werden. Auf dem Vordruck A 9507 ist jeweils nur ein Aktenzeichen aufzuführen. 24

§ 15 Ausstellungspriorität

(1) Hat der Anmelder ein Muster auf einer inländischen oder ausländischen Ausstellung zur Schau gestellt, kann er, wenn er die Anmeldung innerhalb einer Frist von sechs Monaten seit der erstmaligen Zurschaustellung einreicht, von diesem Tag an ein Prioritätsrecht in Anspruch nehmen.

(2) Die Ausstellungen im Sinne des Absatzes 1 werden im Einzelfall in einer Bekanntmachung des Bundesministeriums der Justiz im Bundesgesetzblatt über den Ausstellungsschutz bestimmt.

(3) Wer eine Priorität nach Absatz 1 in Anspruch nimmt, hat vor Ablauf des 16. Monats nach dem Tag der erstmaligen Zurschaustellung des Musters diesen Tag und die Ausstellung anzugeben sowie einen Nachweis für die Zurschaustellung einzureichen. § 14 Abs. 3 gilt entsprechend.

(4) Die Ausstellungspriorität nach Absatz 1 verlängert die Prioritätsfristen nach § 14 Abs. 1 nicht.

Übersicht

	Rn.		Rn.
I. Allgemeines	1	IV. Verfahren zur Inanspruchnahme (§ 15 Abs. 3)	9
II. Grundsatz (§ 15 Abs. 1)	2		
III. Prioritätsbegründende Ausstellungen (§ 15 Abs. 2)	8	V. Keine Verlängerung der Prioritätsfrist (§ 15 Abs. 4)	13

I. Allgemeines

1 § 15 enthält eine Regelung für die Inanspruchnahme einer gegenüber dem Anmeldetag (§ 13 Abs. 1) abweichenden Priorität aufgrund einer früheren Zurschaustellung des Musters auf einer der in § 15 Abs. 1 genannten Ausstellungen (sog. Ausstellungspriorität). Die in § 15 enthaltenen Regelungen beruhen auf der Umsetzung des Art. 11 PVÜ und treten an die Stelle des „Gesetzes betreffend den Schutz von Mustern und Warenzeichen auf Ausstellungen" vom 18.3.1904 (Ausstellungsgesetz). Nunmehr begründet die Zurschaustellung von Mustern auf nach Abs. 2 anerkannten Messen ein Prioritätsrecht i. S. d. § 14. Vergleichbare Regelungen finden sich in §§ 6a GebrMG, 35 MarkenG und Art. 44 GGV.

II. Grundsatz (§ 15 Abs. 1)

Der Anmelder kann die Ausstellungspriorität in Anspruch nehmen, sofern er das Muster auf einer der in Abs. 1 genannten Ausstellungen zur Schau gestellt hat und die Anmeldung innerhalb einer Frist von sechs Monaten seit der erstmaligen Zurschaustellung beim DPMA einreicht.

Die Ausstellung wirkt nur prioritätsbegründend, wenn das Muster zur Schau gestellt wurde. Ein Zurschaustellen liegt vor, wenn das Muster der Allgemeinheit der Ausstellungsbesucher zugänglich und damit bekannt gemacht wurde. An einem Bekanntmachen fehlt es, wenn der Aussteller das Muster während der Ausstellung verschlossen hält und nur einigen ausgewählten Kunden vorzeigt. Das Gleiche gilt, wenn ein auf der Ausstellung nicht vertretener Hersteller diese Gelegenheit benutzt, um seine Erzeugnisse an möglicherweise interessierte Aussteller zu übergeben, diese Gegenstände aber nicht auf der Ausstellung öffentlich zur Schau gestellt werden.[1] Gegen eine neuheitsschädliche Weiterverbreitung durch einzelne Kunden oder sonstige ausgewählte Dritte kann sich der Aussteller dadurch schützen, dass er diesen vor der Präsentation eine Pflicht zur Geheimhaltung auferlegt.[2]

Der Ausstellungsschutz erfasst auch Vorbereitungshandlungen des Ausstellers vor Eröffnung der Ausstellung (z.B. öffentliche Anlieferung im Ausstellungsgelände, Aufbau der Schaustücke auf dem Stand vor Beginn der Ausstellung), wenn sie in einem unmittelbaren und zeitlichen Zusammenhang mit der Ausstellung stehen. Die Priorität gegenüber anderweitigen neuheitsschädlichen Offenbarungen wird dennoch erst mit Eröffnung der Ausstellung begründet.[3] Werbliche Hinweise auf die bevorstehende Ausstellung mit Abbildung des auszustellenden Gegenstandes gelten als Offenbarung (§ 5), werden nicht vom Ausstellungsschutz umfasst und sind deshalb neuheitsschädlich.[4]

---

1 Vgl. *Nirk/Kurtze*, § 7a Rn. 10, § 7 a.F. Rn. 49; BGH, GRUR 1977, 796, 798 – Pinguin; BGH, GRUR 1983, 31 – Klarsichtbecher.
2 Vgl. *Nirk/Kurtze*, § 7 a.F. Rn. 49.
3 BGH, GRUR 1975, 253, 255 – Ladegerät II; OLG Karlsruhe, GRUR 1973, 26, 27 – Ladewagen.
4 Vgl. *Eichmann/v. Falckenstein*, § 15 Rn. 4; BGH, GRUR 1982, 371, 373 – Scandinavia.

§ 15 Ausstellungspriorität

5 Die Ausstellungspriorität kann nur innerhalb einer Frist von 6 Monaten seit der erstmaligen Zurschaustellung in Anspruch genommen werden. Dementsprechend muss die Anmeldung des Musters innerhalb von sechs Monaten nach der erstmaligen Zurschaustellung beim DPMA eingereicht werden. Die Frist beginnt mit der tatsächlichen Zurschaustellung auf der privilegierten Ausstellung, nicht mit dem Eröffnungstag der Ausstellung.[5] Eine Wiedereinsetzung in den vorherigen Stand ist möglich.[6]

6 Der Anmelder muss mit dem Aussteller identisch oder dessen Rechtsnachfolger sein. Ausreichend ist es jedoch, wenn der Anmelder das Erzeugnis durch einen Lizenznehmer ausstellen lässt.[7] Die Vorteile der Ausstellungspriorität kommen auch Ausländern, deren Heimatstaaten kein PVÜ-Mitglied sind, zugute. Eine gegenseitige Schutzgewährung i.S.d. § 14 Abs. 2 ist nicht erforderlich.[8]

7 Das ausgestellte Erzeugnis und der zum Schutz angemeldete Gegenstand müssen identisch sein.[9] Insoweit wird auf die Ausführungen bei § 14 verwiesen.

III. Prioritätsbegründende Ausstellungen (§ 15 Abs. 2)

8 Nicht jede Ausstellung mag ein Prioritätsrecht zu begründen. Prioritätsbegründend sind lediglich solche Ausstellungen, die vom Bundesministerium der Justiz im Bundesgesetzblatt (Teil I) bekannt gemacht wurden. Die Bekanntmachung ist konstitutiv für die Eignung der Ausstellung, prioritätsbegründend zu sein.[10] Ausstellungen i.S.d. § 15 können sowohl nationale, ausländische als auch internationale Ausstellungen sein. Ausstellungen mit einer regional stark begrenzten Bedeutung gehören regelmäßig nicht dazu.[11] Sonstige Kriterien (z.B. Ausstellerzahl, Besucherzahl, Dauer) sind irrelevant.[12] Bekanntmachungen über erfasste Ausstellungen werden im BGBl und in BlPMZ veröffentlicht.

---

5 Vgl. zum Markenrecht: *Fezer,* § 35 Rn. 4; *Ekey/Klippel,* § 35 Rn. 7.
6 Vgl. *Eichmann/v. Falckenstein,* § 15 Rn. 5.
7 RGZ 137, 64, 66, 67 = RG, GRUR 1932, 958 – Sprühteufel.
8 BGH, GRUR 1985, 34 – Ausstellungspriorität.
9 Vgl. *Eichmann/v. Falckenstein,* § 15 Rn. 4.
10 Vgl. zum Markenrecht: *Ingerl/Rohnke,* § 35 Rn. 4.
11 Vgl. *Eichmann/v. Falckenstein,* § 15 Rn. 3.
12 Vgl. zum Markenrecht: *Ingerl/Rohnke,* § 35 Rn. 4.

IV. Verfahren zur Inanspruchnahme (§ 15 Abs. 3)

Das Verfahren der Inanspruchnahme richtet sich nach § 15 Abs. 3 Satz 1. Dieser entspricht im Wesentlichen § 14 Abs. 1. Zudem verweist § 15 Abs. 3 Satz 2 auf § 14 Abs. 3. Zu den Einzelheiten vgl. Kommentierung zu § 14. **9**

In der Prioritätserklärung sind der Tag der erstmaligen Zurschaustellung sowie die offizielle, im Bundesgesetzblatt bekannt gemachte Bezeichnung der Ausstellung anzugeben (§ 10 Abs. 2 Satz 1 GeschmMV). Weiter ist ein Nachweis über die Zurschaustellung (sog. Messebescheinigung) einzureichen (§ 10 Abs. 2 Satz 2 GeschmMV). Die Messebescheinigung ist während der Ausstellung von der für den Schutz des geistigen Eigentums auf dieser Ausstellung zuständigen Stelle des Veranstalters zu erteilen (§ 10 Abs. 2 Satz 2 GeschmMV). In der Bescheinigung muss bestätigt werden, dass das Muster in das entsprechende Erzeugnis aufgenommen oder dabei verwendet und auf der Ausstellung offenbart wurde (§ 10 Abs. 2 Satz 3 GeschmMV). Der Bescheinigung ist eine von der genannten Stelle beglaubigte Darstellung über die tatsächliche Offenbarung des Erzeugnisses beizufügen (§ 10 Abs. 2 Satz 4 GeschmMV). Fällt der Tag der erstmaligen Zurschaustellung („Offenbarung") nicht mit dem Eröffnungstag der Ausstellung zusammen, ist der Tag der erstmaligen Offenbarung in der Bescheinigung anzugeben (§ 10 Abs. 2 Satz 3 GeschmMV). Für die Messebescheinigung soll das vom DPMA im Internet bereitgestellte Formblatt R 5708 benutzt werden (§ 10 Abs. 2 Satz 5 GeschmMV). Weigert sich die Messegesellschaft, die Prioritätserklärung (Messebescheinigung) auszustellen, bleibt nur die Berufung auf die Neuheitsschonfrist gemäß § 6.[13] **10**

Die nach Abs. 3 Satz 1 erforderlichen Angaben bzw. Unterlagen müssen dem DPMA bis zum Ablauf des 16. Monats nach dem Tag der erstmaligen Zurschaustellung vorliegen. Anders als nach bisherigem Recht ist ein jederzeitiges Nachbringen nicht mehr zulässig.[14] Werden die Angaben bzw. Unterlagen nicht, nicht vollständig oder nicht rechtzeitig gemacht bzw. vorgelegt, gilt die Priorität als nicht in Anspruch genommen (vgl. Kommentierung zu § 14 Abs. 3 Satz 3 und 4). **11**

Das DPMA prüft die Angaben nach § 15 Abs. 3 Satz 1 nicht, trägt sie aber nach § 15 Abs. 3 Satz 2 i.V.m. § 14 Abs. 3 in das Register ein (§ 13 Abs. 2 Nr. 11 GeschmMV). **12**

---

13 Vgl. *Eichmann/v. Falckenstein*, § 15 Rn. 6.
14 Vgl. *Eichmann/v. Falckenstein*, § 15 Rn. 6.

V. Keine Verlängerung der Prioritätsfrist (§ 15 Abs. 4)

13 Entsprechend der Vorgabe in Art. 11 Abs. 2 Satz 1 PVÜ bestimmt Abs. 4, dass die Ausstellungspriorität nach Abs. 1 nicht zu einer Verlängerung der Prioritätsfristen der ausländischen Priorität (§ 14 Abs. 1) führen kann. Eine Kumulation der Prioritätsfristen nach §§ 14 und 15 (sog. Kettenpriorität) ist also nicht möglich. Maßgebend ist jeweils das erste prioritätsbegründende Ereignis, die zur Möglichkeit einer Inanspruchnahme nach § 14 führen würde, oder das Zurschaustellen nach § 15.[15]

---

15 Vgl. zum Markenrecht: *Ingerl/Rohnke*, § 35 Rn. 6.

§ 16 Prüfung der Anmeldung

(1) Das Deutsche Patent- und Markenamt prüft, ob
1. die Anmeldegebühren nach § 5 Abs. 1 Satz 1 des Patentkostengesetzes und
2. der Auslagenvorschuss nach § 5 Abs. 1 Satz 1 des Patentkostengesetzes gezahlt wurden,
3. die Voraussetzungen für die Zuerkennung des Anmeldetages nach § 11 Abs. 2 vorliegen und
4. die Anmeldung den sonstigen Anmeldungserfordernissen entspricht.

(2) Gilt die Anmeldung wegen Nichtzahlung der Anmeldegebühren nach § 6 Abs. 2 des Patentkostengesetzes als zurückgenommen, stellt das Deutsche Patent- und Markenamt dies fest.

(3) Werden bei nicht ausreichender Gebührenzahlung innerhalb einer vom Deutschen Patent- und Markenamt gesetzten Frist die Anmeldegebühren für eine Sammelanmeldung nicht in ausreichender Menge nachgezahlt oder wird vom Anmelder keine Bestimmung darüber getroffen, welche Geschmacksmuster durch den gezahlten Gebührenbetrag gedeckt werden sollen, so bestimmt das Deutsche Patent- und Markenamt, welche Geschmacksmuster berücksichtigt werden. Im Übrigen gilt die Anmeldung als zurückgenommen. Das Deutsche Patent- und Markenamt stellt dies fest.

(4) Wurde lediglich der Auslagenvorschuss für die Bekanntmachungskosten nicht oder nicht in ausreichender Höhe gezahlt, ist Absatz 3 entsprechend anzuwenden, mit der Maßgabe, dass das Deutsche Patent- und Markenamt die Anmeldung ganz oder teilweise zurückweist.

(5) Das Deutsche Patent- und Markenamt fordert bei Mängeln nach Absatz 1 Nr. 3 und 4 den Anmelder auf, innerhalb einer bestimmten Frist die festgestellten Mängel zu beseitigen. Kommt der Anmelder der Aufforderung des Deutschen Patent- und Markenamts nach, so erkennt das Deutsche Patent- und Markenamt bei Mängeln nach Absatz 1 Nr. 3 als Anmeldetag nach § 13 Abs. 1 den Tag an, an dem die festgestellten Mängel beseitigt werden. Werden die Mängel nicht fristgerecht beseitigt, so weist das Deutsche Patent- und Markenamt die Anmeldung durch Beschluss zurück.

§ 16 Prüfung der Anmeldung

Übersicht

	Rn.		Rn.
I. Allgemeines	1	2. Nichtzahlung des Auslagenvorschusses (§ 16 Abs. 4)	9
II. Verfahrensgang	2	3. Erfordernisse für die Zuerkennung des Anmeldetages	11
III. Prüfungsumfang	3	4. Sonstige Anmeldungsvoraussetzungen	18
1. Nichtzahlung der Anmeldegebühren	4		

I. Allgemeines

1 § 16 hat die Vorschriften des § 10 Abs. 3 bis 5 GeschmMG a.F. ersetzt. Er regelt in Abs. 1 welche formellen Voraussetzungen der Anmeldung das DPMA zu prüfen hat. Eine Prüfung der materiellen Schutzvoraussetzungen sieht § 16 hingegen nicht vor. Sie findet nach § 18 nur in einem eng begrenztem Umfang statt (vgl. Kommentierung zu § 18). Ebenso wenig prüft das DPMA die Berechtigung des Anmelders. Seine Aktivlegitimation wird unterstellt. Damit stellt Abs. 1 klar, dass das Geschmacksmusterrecht auf dem Anmeldesystem beruht. Die Vorschriften der Abs. 2 bis 5 regeln im Einzelnen, welche Rechtsfolgen etwaige Mängel haben. Ein Mangel nach § 16 Abs. 1 Nr. 1 (fehlende Anmeldegebühren) führt zur Rücknahmefiktion (§ 16 Abs. 2 i.V.m. § 6 Abs. 2 PatKostG). Ein Mangel nach § 16 Abs. 1 Nr. 2 (fehlender Auslagenvorschuss für die Bekanntmachungskosten) führt dazu, dass das DPMA die Anmeldung ganz oder teilweise zurückweist (§ 16 Abs. 4). Ein Mangel nach § 16 Abs. 1 Nr. 3 (Zuerkennung des Anmeldtages) führt im Falle seiner Behebung zur Verschiebung des Zeitrangs des Anmeldetages (§ 16 Abs. 5 Satz 2) im Falle seiner Nichtbehebung zur Zurückweisung der Anmeldung (§ 16 Abs. 5 Satz 3). Wird ein Mangel nach § 16 Abs. 1 Nr. 4 (sonstige Anmeldeerfordernisse) rechtzeitig behoben, bleibt dies ohne Auswirkung auf den Anmeldetag. Im Falle der Nichtbehebung wird die Anmeldung jedoch ebenfalls zurückgewiesen (§ 16 Abs. 5 Satz 3). Die Regelungen über die ordnungsgemäße Gebühren- und Auslagenvorschusszahlung haben Vorrang vor den weiteren Anmeldungserfordernissen, weil davon die weitere Bearbeitung, mithin eine Prüfung der Unterlagen, abhängt.[1] Mit § 16 vergleichbare Regelungen finden sich in §§ 36 MarkenG, 45 PatG sowie in Art. 45 GGV.

---

1 Vgl. Gesetzesbegründung, BlPMZ 2004, 234.

II. Verfahrensgang

Das Eintragungsverfahren beginnt mit dem schriftlichen Antrag des 2
Anmelders (§ 11 Abs. 1).[2] Zuständig für die Prüfung und Eintragung
von Geschmacksmustern sind die Geschmacksmusterstellen im DPMA
(§ 6 DPMAV). Nach Annahme der Anmeldungsunterlagen vermerkt
das DPMA auf den Unterlagen den Tag des Eingangs (§ 8 Abs. 1
DPMAV). Anschließend überprüft die Annahmestelle anhand der Anmeldung die Anmeldeunterlagen, vergibt das Aktenzeichen, erfasst und
speichert die Daten und übermittelt dem Anmelder unverzüglich eine
Empfangsbescheinigung. In dieser ist das angemeldete Schutzrecht zu
bezeichnen und das Aktenzeichen der Anmeldung sowie der Tag des
Eingangs der Anmeldung anzugeben (§ 8 Abs. 2 DPMAV). Die Empfangsbescheinigung beweist den Eingang der im Eintragungsantrag vermerkten Unterlagen; fehlen gleichwohl solche Unterlagen, muss dies in
ihr vermerkt sein.[3] Die Prüfung der Anmeldung beginnt erst nach Entrichtung der Anmeldegebühr.[4] Dabei prüft das DPMA die Anmeldung
zunächst nur auf formelle Mängel sowie die in § 18 genannten Eintragungshindernisse. Bei Mängelfreiheit wird die Eintragung des Geschmacksmusters verfügt. Stellt das DPMA hingegen Mängel fest, teilt
es dies dem Anmelder in einem Mängelbescheid mit und fordert ihn
auf, die Mängel innerhalb einer vom Amt gesetzten Frist zu beseitigen.
Werden die Mängel fristgerecht beseitigt, wird das Geschmacksmuster
eingetragen, anderenfalls weist das DPMA die Anmeldung durch Beschluss zurück. Nach Eintragung des Geschmacksmusters erteilt das
DPMA dem Anmelder kostenfrei eine Eintragungsurkunde (§ 25
Abs. 1 DPMAV). Schließlich macht das DPMA die Eintragung in das
Register mit einer Wiedergabe des Geschmacksmusters im Geschmacksmusterblatt bekannt (§ 20 Satz 1). Die Kosten hierfür wurden
bis zum 1. Januar 2010 als Auslagen erhoben (§ 20 Satz 3).

III. Prüfungsumfang

Die Anmeldung wird vom DPMA in erster Linie auf das Vorliegen der 3
formellen Voraussetzungen geprüft. Darüber hinaus wird nach § 18 geprüft, ob der Gegenstand der Anmeldung ein Muster i.S.d. § 1 Nr. 1, ob

---

2 Vgl. zum Gebrauchsmusterrecht: *Loth*, Einleitung vor § 4 Rn. 17.
3 Vgl. *Eichmann/v. Falckenstein*, § 16 Rn. 3.
4 Vgl. zum Gebrauchsmusterrecht: *Loth*, Einleitung vor § 4 Rn. 17.

§ 16 Prüfung der Anmeldung

das Muster gegen die öffentliche Ordnung oder gegen die guten Sitten verstößt (§ 3 Abs. 1 Nr. 3) oder ob das Muster eine missbräuchliche Verwendung eines der in Art. 6ter der Pariser Verbandsübereinkunft zum Schutz des gewerblichen Eigentums aufgeführten Zeichen, Embleme etc. darstellt (§ 3 Abs. 1 Nr. 4). Die Geschmacksmusterstelle prüft jedoch nicht, ob das angemeldete Muster tatsächlich die übrigen materiellen Schutzvoraussetzungen (insbesondere Neuheit und Eigenart) erfüllt. Diese Voraussetzungen werden im Streitfall durch die ordentlichen Gerichte geprüft. Ein Muster wird daher auch dann eingetragen, wenn eine oder mehrere Schutzvoraussetzungen fehlen.

1. Nichtzahlung der Anmeldegebühren

4 Das DPMA hat zunächst nach Abs. 1 Nr. 1 zu prüfen, ob die Anmeldegebühren nach § 5 Abs. 1 Satz 1 PatKostG vollständig gezahlt sind. Ist dies nicht der Fall, hindert dies zunächst jegliche Sachprüfung (§ 5 Abs. 1 Nr. 1 PatKostG). Die Anmeldegebühren werden mit der Einreichung der Anmeldung fällig (§ 3 Abs. 1 PatKostG). Die Zahlungsfrist beträgt drei Monate ab Fälligkeit (§ 6 Abs. 1 Satz 2 PatKostG). Es handelt sich um eine nicht verlängerbare Ausschlussfrist. Im Regelfall enthält die Eingangsbestätigung eine Zahlungsaufforderung.[5] Eine gesonderte Zahlungsaufforderung durch das DPMA ist weder nach dem GeschmMG noch nach dem PatKostG vorgeschrieben. Es ist vielmehr ausschließlich Aufgabe des Anmelders, für einen rechtzeitigen und vollständigen Gebühreneingang zu sorgen.[6]

5 Überweisungen oder Bareinzahlungen für das DPMA sind auf das Konto der für das DPMA zuständigen Bundeskasse Weiden bei der Bundesbank München 70001054 (BLZ 70000000) zu zahlen. Nach § 1 PatKostZV können Kosten, die an das DPMA gezahlt werden, entrichtet werden durch: (1) Bareinzahlung bei den Geldstellen des DPMA (in den Dienststellen München und Jena und im Technischen Informationszentrum in Berlin); (2) Überweisung auf das Konto der Bundeskasse Weiden bei der Bundesbank München (Konto 70001054, BLZ 70000000); (3) (Bar-) Einzahlung bei einem inländischen oder ausländischen Geldinstitut auf das Konto der Bundeskasse Weiden bei der Bundesbank München (Konto 70001054, BLZ 70000000), (4) Übergabe oder Übersendung einer Einzugsermächtigung von einem Inlandskonto. Als Zahlungstag gilt nach § 2 PatKostZV: (1) bei Bareinzahlung

---

5 Vgl. *Eichmann/v. Falckenstein*, § 16 Rn. 4.
6 Vgl. zum Gebrauchsmusterrecht: *Bühring*, § 4 Rn. 71.

der Tag der Einzahlung; (2) bei Überweisungen der Tag, an dem der Betrag dem Konto der zuständigen Bundeskasse für das DPMA gutgeschrieben wird; (3) bei Bareinzahlung auf das Konto der zuständigen Bundeskasse für das DPMA der Tag der Einzahlung; (4) bei Erteilung einer Lastschrifteinzugsermächtigung der Tag des Eingangs beim DPMA oder beim BPatG, bei zukünftig fällig werdenden Gebühren der Tag der Fälligkeit der Gebühr, sofern die Einziehung zugunsten der zuständigen Bundeskasse für das DPMA erfolgt.

Werden die Anmeldegebühren nicht fristgerecht oder unvollständig entrichtet, gilt die Anmeldung nach § 6 Abs. 2 Satz 1 PatKostG als zurückgenommen. Nach § 16 Abs. 2 soll das DPMA dies klarstellend und insoweit nur deklaratorisch feststellen. Bereits gezahlte Teilbeträge werden dem Anmelder nicht zurückerstattet (§ 10 Abs. 2 PatKostG). 6

Abs. 3 regelt die Fälle der nicht ausreichenden Gebührenzahlung bei einer Sammelanmeldung. Werden die Anmeldegebühren innerhalb der Dreimonatsfrist des § 6 Abs. 1 Nr. 1 PatKostG nicht in vollständiger Höhe gezahlt, fordert das DPMA den Anmelder unter Setzung einer amtlichen Frist (vgl. § 18 DPMAV) auf, den fehlenden Betrag nachzuentrichten („Gebührenmahnung"). In der Gebührenmahnung hat das DPMA mindestens den noch fehlenden Gebührenbetrag, die Rechtsfolge der Zurückweisung bei ausbleibender Zahlung sowie die Nachholungsfrist anzugeben. Fehlt eine dieser Angaben, ist die Gebührenmahnung unwirksam und setzt keine Frist in Gang.[7] Die Gebührenmahnung ist dem Anmelder bzw. dessen Vertreter förmlich zuzustellen. Bei unrichtiger Zustellung ist die Gebührenmahnung unwirksam.[8] Über die Wirksamkeit der Gebührenmahnung kann indessen nicht alleine, sondern nur gemeinsam mit der Zurückweisung der Anmeldung entschieden werden.[9] 7

Die Nachentrichtung der Anmeldegebühren ist ohne Verspätungszuschlag möglich. Zahlt der Anmelder nicht oder unterlässt er es, zu bestimmen, welche Geschmacksmuster durch die bereits gezahlten Gebühren gedeckt werden sollen, bestimmt das DPMA, welche Geschmacksmuster berücksichtigt werden. Dies geschieht nach der Reihenfolge ihrer Benennung, d.h. ihrer Durchnummerierung (vgl. §§ 4 Abs. 2 Nr. 2 a), 6 Abs. 3 Satz 2 GeschmMV). Nach Abs. 3 Satz 2 gilt die Anmeldung hinsichtlich der nicht berücksichtigten Geschmacks- 8

---
7 BPatGE 11, 79; BPatGE 14, 24.
8 Vgl. *Eichmann/v. Falckenstein*, § 16 Rn. 8.
9 BPatGE 3, 11.

§ 16 Prüfung der Anmeldung

muster, d.h. hinsichtlich der Geschmacksmuster, deren Anmeldegebühr von der Teilzahlung nicht abgedeckt sind, als zurückgenommen. Dies hat das DPMA nach Abs. 3 Satz 3 durch Beschluss festzustellen. Dabei sind die betroffenen Geschmacksmuster anhand der Durchnummerierung zu bezeichnen. Wegen der unmittelbar wirkenden gesetzlichen Rücknahmefiktion ist die Zahlungsfrist wiedereinsetzungsfähig.[10]

2. Nichtzahlung des Auslagenvorschusses (§ 16 Abs. 4)

9   Für Geschmacksmusteranmeldungen, die bis zum 1.1.2010 eingereicht wurden, waren je Muster EUR 12 Bekanntmachungskosten als Auslagenvorschuss zu entrichten. Seit dem 1.1.2010 erhebt das DPMA keine Bekanntmachungskosten mehr.

10 Nach Abs. 1 Nr. 2 prüft das DPMA, ob der Vorschuss für die Bekanntmachungskosten entrichtet ist. Dieser war nach § 6 Abs. 1 Satz 1 PatKostG innerhalb der für die Entrichtung der Anmeldegebühren geltenden Zahlungsfrist zu zahlen. Zahlte der Anmelder keinen Auslagenvorschuss, so forderte ihn das DPMA nach Abs. 4 i.V.m. Abs. 3 Satz 1 entsprechend auf, innerhalb einer bestimmten Frist den Vorschuss nachzuentrichten. Kam der Anmelder dem nicht nach, wies das DPMA die Anmeldung durch Beschluss zurück. Bei nur teilweiser Vorschussleistung forderte das DPMA den Anmelder entsprechend der Regelung in Abs. 3 zur näheren Bestimmung auf, für welche Geschmacksmuster die Bekanntmachungskosten gelten sollen. Kam der Anmelder dem nicht nach, traf das DPMA die Bestimmung. Hinsichtlich der nicht berücksichtigten Geschmacksmuster wies das DPMA die Anmeldung (teilweise) zurück. Mit dem 1.1.2010 ist Abs. 4 wegen des Wegfalls aller Bekanntmachungskosten gegenstandslos geworden.[11]

3. Erfordernisse für die Zuerkennung des Anmeldetages

11 Die Anmeldung muss weiter den Erfordernissen für die Zuerkennung des Anmeldetages nach § 11 Abs. 2 entsprechen. Mithin muss ein deutschsprachiger (§ 23 Abs. 1 Nr. 4 i.V.m. § 126 PatG), unterzeichneter Antrag auf Eintragung (§ 11 Abs. 2 Nr. 1), die Angabe der Identität des Anmelders (§ 11 Abs. 2 Nr. 2), eine zur Bekanntgabe geeignete Wiedergabe des Musters (§ 11 Abs. 2 Nr. 3) und eine Erzeugnisangabe

---

10 Vgl. *Eichmann/v. Falckenstein*, § 16 Rn. 9.
11 Vgl. *Eichmann/v. Falckenstein*, § 16 Rn. 7.

(§ 11 Abs. 2 Nr. 4) vorliegen.¹² Ist dies nicht der Fall, bestimmt das DPMA eine Frist, innerhalb derer der Anmelder die Mängel zu beseitigen hat.

Das DPMA hat die gerügten Mängel nach Art und Umfang in einem Mängelbescheid genau und konkret zu bezeichnen.¹³ Der Anmelder muss eindeutig erkennen können, welche Nachbesserungen erforderlich sind, um den gesetzlichen Vorschriften zu entsprechen. Dementsprechend hat das DPMA den Mangel unter Angabe der betroffenen Vorschrift substanziiert, eindeutig und abschließend zu beschreiben. Benennt das DPMA lediglich die zu erfüllende Vorschrift, reicht dies nicht aus.¹⁴ Weiter hat das DPMA den Anmelder auf die drohende Rechtsfolge der Zurückweisung der Anmeldung bei fruchtlosem Ablauf der Frist hinzuweisen.¹⁵ Ein nicht ordnungsgemäßer Mängelbescheid ist unwirksam und setzt die Frist nicht in Gang.¹⁶ **12**

Die Frist zur Beseitigung der Mängel bestimmt das DPMA. Die Frist muss angemessen, d.h. so bemessen sein, dass der Anmelder bzw. sein Vertreter ausreichend Zeit zur Stellungnahme hat.¹⁷ Welcher Zeitraum hierfür erforderlich ist, hat der Prüfer abzuschätzen.¹⁸ Bei Anmeldern im Inland soll die Frist zur Mängelbeseitigung mindestens einen Monat, bei Anmeldern mit Sitz im Ausland mindestens zwei Monate betragen (§ 18 Abs. 1 DPMAV). Die Fristberechnung erfolgt nach den §§ 186ff. BGB.¹⁹ Der Fristablauf beginnt mit der Zustellung des fristsetzenden Bescheids.²⁰ **13**

Bei Fristen, welche das DPMA gesetzt hat, kann bei Angabe von ausreichenden Gründen eine Fristverlängerung gewährt werden (§ 18 Abs. 2 DPMAV). Gesetzliche Fristen sind hingegen nicht verlängerbar.²¹ Weitere Fristverlängerungen werden nur gewährt, wenn ein berechtigtes Interesse glaubhaft gemacht wird (§ 18 Abs. 3 Satz 1 **14**

---

12 *Kunze* ist der Auffassung, dass bei der Erzeugnisangabe i.S.d. § 11 Abs. 2 Nr. 4 nur von einem Mangel gesprochen werden kann, wenn die Angabe völlig fehlt (vgl. S. 34).
13 Vgl. zum Gebrauchsmusterrecht: *Bühring*, § 4 Rn. 9.
14 BPatGE 14, 196; BPatG MittdtPatA 1973, 54.
15 Vgl. *Eichmann/v. Falckenstein*, § 16 Rn. 12.
16 Vgl. *Nirk/Kurtze*, § 10 Rn. 17.
17 BPatG, GRUR 1965, 601.
18 Vgl. zum Patentrecht: *Busse/Schwendy*, § 45 Rn. 41.
19 Vgl. zum Patentrecht: *Busse/Schwendy*, § 45 Rn. 46.
20 BPatG, GRUR 1984, 650.
21 Vgl. *Eichmann/v. Falckenstein*, § 16 Rn. 3.

§ 16 Prüfung der Anmeldung

DPMAV). Erstmaligen Fristverlängerungsanträgen ist in der Regel zu entsprechen, wenn diese ausreichend begründet sind.[22] Die formelhafte Angabe, dass eine Frist wegen Arbeitsbelastung nicht eingehalten werden könne, kann ohne nähere Tatsachenangaben indessen nicht als ausreichende Begründung eines Fristverlängerungsgesuchs angesehen werden.[23] Auch die Angabe des Vertreters, es seien noch Rückfragen mit dem Anmelder erforderlich, reicht allein zur Begründung eines Fristverlängerungsgesuchs nicht aus; vielmehr bedarf es einer näheren Darlegung der besonderen Umstände.[24] Ebenso wenig reicht es aus, wenn zur Begründung lediglich vorgetragen wird, die Korrespondenz mit dem Anmelder sei noch nicht abgeschlossen, dieser habe eine baldige Instruktion angekündigt.[25] Dass eine Begründung für eine erste Fristverlängerung ausreichend war, begründet keinen Anspruch auf eine weitere Verlängerung mit derselben Begründung.[26] Über die Fristverlängerung entscheidet der Prüfer, nicht ein Beamter des gehobenen Dienstes.[27] Fristgesuche, denen nicht entsprochen werden kann, sind ausdrücklich abzulehnen. Die Entscheidung ist zu begründen.[28] Wird ein Fristgesuch nicht abgelehnt, so kann davon ausgegangen werden, dass ihm entsprochen wird.[29] Versäumt der Anmelder schuldlos die Einhaltung der Frist, kann er einen Antrag auf Wiedereinsetzung in den vorigen Stand stellen.[30]

15 Wird der Mangel fristgerecht behoben, so ist die ursprünglich mangelhafte Anmeldung zwar geheilt, doch hat dies keine rückwirkende Wirkung. Vielmehr führt die Beseitigung der Mängel zu einer Verschiebung des Anmeldetages auf den Tag, an dem die Mängel beseitigt werden (Abs. 5 Satz 2). Abzustellen ist dabei auf den Tag, an dem der die Mängel beseitigende Schriftsatz beim DPMA eingeht. Die Verschiebung des Anmeldetages stellt das DPMA in einem Beschluss fest. Der Beschluss ist zu begründen, förmlich zu erlassen, mit einer Rechtsmittelbelehrung zu versehen und von Amts wegen zuzustellen (§§ 47 Abs. 1 Satz 1, Abs. 2 PatG, 23 Abs. 1 Satz 4 i.V.m. § 127 PatG).[31] Mit

---

22 BVerfG, MittdtPatA 1999, 64.
23 BPatG, MittdtPatA 1971, 52.
24 BPatGE 20, 25, 26.
25 BPatGE 16, 222.
26 BPatGE 9, 18.
27 BPatG, GRUR 1964, 256.
28 BPatG, GRUR 1964, 256.
29 Vgl. zum Gebrauchsmusterrecht: *Bühring*, § 4 Rn. 12.
30 Vgl. zum Markenrecht: *Ekey/Klippel*, § 36 Rn. 6; *Fezer*, § 36 Rn. 8.
31 Vgl. *Eichmann/v. Falckenstein*, § 16 Rn. 15.

Erlass des Beschlusses ist das DPMA gebunden, d.h. daran gehindert, weitere Erfordernisse zwingender Natur geltend zu machen.[32]

Erfolgt keine fristgerechte Mängelbeseitigung, weist das DPMA die Anmeldung durch Beschluss zurück (Abs. 5 Satz 3). Der Beschluss ist zu begründen und förmlich zuzustellen. Gegen den Beschluss ist die Beschwerde statthaft (§ 23 Abs. 2 Satz 1). Ohne die Einlegung eines Rechtsmittels (Beschwerde) ist das DPMA nicht berechtigt, einen einmal erlassenen Beschluss aufzuheben, zurückzunehmen oder zu widerrufen.[33]

Der Gegenstand einer zurückgewiesenen Anmeldung kann mit neuer Priorität neu angemeldet werden. Die wiederholte Anmeldung einer nicht geschmacksmusterfähigen Erscheinungsform kann aber missbräuchlich sein.[34]

4. Sonstige Anmeldungsvoraussetzungen

Gemäß Abs. 1 Nr. 4 hat das DPMA schließlich zu prüfen, ob die Anmeldung den sonstigen Anmeldungserfordernissen entspricht. Zu den sonstigen Anmeldevoraussetzungen zählen insbesondere diejenigen, die in einer nach § 11 Abs. 3 in Verbindung mit § 26 erlassenen Rechtsverordnung enthalten sind sowie die in § 11 Abs. 4 aufgelisteten Erfordernisse. Werden diese Mängel fristgerecht beseitigt, berührt dies nicht den Zeitpunkt des Anmeldetages. Der Tag des Eingangs der – insoweit mangelhaften – Anmeldung gilt also (sofern die Voraussetzungen des § 11 Abs. 2 erfüllt sind) weiterhin als Anmeldetag.[35] Beseitigt der Anmelder die Mängel allerdings nicht, weist das DPMA die Anmeldung nach Abs. 5 Satz 3 durch Beschluss zurück. Gegen die Zurückweisung der Anmeldung ist das Rechtsmittel der Beschwerde (§ 23 Abs. 2 Satz 1) gegeben. Versäumt der Anmelder die Frist ohne sein Verschulden, kann er auch hier die Wiedereinsetzung in den vorigen Stand beantragen.

---

32 BPatGE 25, 149.
33 Vgl. zum Gebrauchsmusterrecht: *Bühring*, § 4 Rn. 22.
34 Vgl. zum Gebrauchsmusterrecht: *Bühring*, § 4 Rn. 21.
35 Vgl. zum Markenrecht: *Ekey/Klippel*, § 36 Rn. 11.

§ 17 Weiterbehandlung der Anmeldung

(1) Ist nach Versäumung einer vom Deutschen Patent- und Markenamt bestimmten Frist die Geschmacksmusteranmeldung zurückgewiesen worden, so wird der Beschluss über die Zurückweisung wirkungslos, ohne dass es seiner ausdrücklichen Aufhebung bedarf, wenn der Anmelder die Weiterbehandlung der Anmeldung beantragt und die versäumte Handlung nachholt.

(2) Der Antrag zur Weiterbehandlung ist innerhalb einer Frist von einem Monat nach Zustellung des Beschlusses über die Zurückweisung der Geschmacksmusteranmeldung einzureichen. Die versäumte Handlung ist innerhalb dieser Frist nachzuholen.

(3) Gegen die Versäumung der Frist nach Absatz 2 ist eine Wiedereinsetzung nicht gegeben.

(4) Über den Antrag beschließt die Stelle, die über die nachgeholte Handlung zu beschließen hat.

Übersicht

	Rn.		Rn.
I. Allgemeines	1	4. Nachholung der versäumten Handlung	7
II. Voraussetzungen	2	**III. Verfahren**	9
1. Fristversäumung	2	**IV. Verhältnis zu Rechtsmitteln**	11
2. Zurückweisung der Anmeldung	3		
3. Weiterbehandlungsantrag	4		

I. Allgemeines

1 Ist nach Versäumung einer vom DPMA bestimmten (nicht gesetzlichen) Frist die Musteranmeldung zurückgewiesen worden, wird der Beschluss über die Zurückweisung wirkungslos, wenn der Anmelder innerhalb einer Frist von einem Monat nach Zustellung des Beschlusses die (gebührenpflichtige) Weiterbehandlung der Anmeldung beantragt und die versäumte Handlung nachholt. Die Weiterbehandlung nach § 17 bietet dem Anmelder einen raschen, unkomplizierten – insbesondere ohne Verschuldensprüfung – und vergleichsweise kostengünstigen Weg, den Verlust der Musteranmeldung ohne nennenswertes Verfah-

rensrisiko zu verhindern.[1] Normadressat des § 17 sind der Anmelder oder sein Rechtsnachfolger, wenn die Musteranmeldung nach § 32 i.V.m. §§ 29 oder 30 übergegangen ist.[2] Identische Regelungen finden sich in §§ 91a MarkenG, 123a PatG.

II. Voraussetzungen

1. Fristversäumung

Der Anmelder muss eine vom DPMA bestimmte Frist versäumt haben. Bei der versäumten Frist darf es sich nicht um eine Frist handeln, die eine gesetzliche Norm vorsieht. Vielmehr muss es sich um eine Frist handeln, die das DPMA im Anmeldestadium selbst gesetzt hat.[3] Damit ist die Anwendung des § 17 auf den Anwendungsbereich des § 16 beschränkt. Voraussetzung für die Fristversäumung ist, dass der die Frist setzende Beschluss dem Anmelder auch zugegangen ist.[4] Ob der Anmelder die Fristversäumung zu verschulden hat, ist irrelevant. § 17 ist folglich auch dann anwendbar, wenn die Fristversäumung auf einer Sorgfaltspflichtverletzung des Anmelders beruht.[5] 2

2. Zurückweisung der Anmeldung

Gemäß Abs. 1 muss das DPMA die Anmeldung infolge der Fristversäumung zurückgewiesen haben. Die Fristversäumung muss also kausal für die Zurückweisung der Anmeldung sein. Dementsprechend kommt ein Antrag auf Weiterbehandlung nicht in Betracht, wenn die Musteranmeldung wegen Nichtzahlung von Gebühren als zurückgenommen gilt (§ 6 Abs. 2 PatKostG). Auch sonstige negative Folgen der Fristversäumung, z.B. der Verlust eines bereits eingetragenen Musters oder einer Priorität, können nicht nach § 17, sondern nur im Wege der Wiedereinsetzung beseitigt werden. Zudem ist § 17 nur in Verfahren vor dem DPMA, nicht jedoch in Beschwerdeverfahren vor dem BPatG anwendbar.[6] 3

---

1 Vgl. *Eichmann/v. Falckenstein*, § 17 Rn. 2.
2 Vgl. zum Markenrecht: *Fezer*, § 91a Rn. 6.
3 Vgl. zum Markenrecht: *Ströbele/Hacker*, § 91a Rn. 4.
4 Vgl. zum Patentrecht: *Schulte*, § 123a Rn. 16.
5 Vgl. *Eichmann/v. Falckenstein*, § 17 Rn. 3.
6 Vgl. zum Markenrecht: *Ströbele/Hacker*, § 91a Rn. 6.

3. Weiterbehandlungsantrag

4 Der Anmelder oder sein Rechtsnachfolger müssen fristgerecht, d. h. gemäß Abs. 2 Satz 1 innerhalb eines Monats einen Antrag auf Weiterbehandlung stellen. Die Frist beginnt mit der Zustellung des Zurückweisungsbeschlusses. Um das Verfahren nicht unnötig zu verlängern, kann der Antrag auch bereits vor Erlass oder Zustellung des Zurückweisungsbeschlusses gestellt werden.[7] Eine Verlängerung der Frist ist nicht möglich.

5 Der Antrag bedarf keiner besonderen Form.[8] Der Antrag kann auch konkludent, etwa durch Nachholung der versäumten Handlung innerhalb der Weiterbehandlungsfrist oder durch Entrichtung der Weiterbehandlungsgebühr gestellt werden.[9] Da die Ursachen für die Fristversäumung unerheblich sind, braucht die Fristversäumung – anders als bei Wiedereinsetzungsanträgen – nicht begründet oder entschuldigt zu werden.[10] Ein Antrag auf Fristverlängerung zur Nachholung der bisher versäumten Handlung ist nicht ausreichend.[11]

6 Die Weiterbehandlungsgebühr beträgt EUR 100 (Gebührenverzeichnis Nr. 341 600) und ist mit Antragstellung fällig (§ 3 Abs. 1 PatKostG). Die Zahlungsfrist beträgt 1 Monat ab Fälligkeit (§ 6 Abs. 1 Satz 1 PatKostG). Wird die Gebühr nicht, nicht vollständig oder nicht rechtzeitig entrichtet, gilt der Antrag als nicht vorgenommen (§ 6 Abs. 2 PatKostG).[12] Eine Wiedereinsetzung in die Zahlungsfrist ist ausgeschlossen (§ 17 Abs. 3).

4. Nachholung der versäumten Handlung

7 Nach Abs. 2 Satz 2 ist die versäumte Handlung innerhalb der Antragsfrist, mithin innerhalb eines Monats nachzuholen; die versäumte Handlung muss also nicht gleichzeitig mit dem Weiterbehandlungsantrag vorgenommen werden. Bei der nachzuholenden Handlung kann es sich nicht um ein Gesuch auf Verlängerung der ursprünglich versäumten, vom DPMA gesetzten Frist nach § 18 Abs. 2 DPMAV handeln.[13] Wird

---

7 Vgl. *Eichmann/v. Falckenstein*, § 17 Rn. 6.
8 Vgl. zum Markenrecht: *Ströbele/Hacker*, § 91a Rn. 7.
9 Vgl. zum Patentrecht: *Busse*, § 123a Rn. 7; vgl. zum EPÜ: *Singer/Stauder*, Art. 121 Rn. 33.
10 Vgl. zum EPÜ: *Singer/Stauder*, Art. 121 Rn. 32.
11 BPatG, GRUR 2009, 95, 96 – Weiterbehandlung.
12 Vgl. zum Markenrecht: *Ströbele/Hacker*, § 91a Rn. 8.
13 Vgl. zum Markenrecht: *Fezer*, § 91a Rn. 14.

die versäumte Handlung nicht innerhalb der Antragsfrist vorgenommen, ist der Antrag zurückzuweisen.[14]

Gemäß Abs. 3 ist eine Wiedereinsetzung gegen die Versäumung der Frist nach § 17 Abs. 2 ausgeschlossen. Möglich bleibt jedoch eine Wiedereinsetzung in den vorigen Stand nach § 23 Abs. 1 Satz 4 i.V.m. § 123 PatG. **8**

III. Verfahren

Über die beantragte Weiterbehandlung entscheidet die Geschmacksmusterstelle des DPMA durch beschwerdefähigen, zustellungsbedürftigen Beschluss (§ 17 Abs. 4). Gibt das DPMA dem Antrag statt, bedarf der Beschluss keiner Begründung; bei Versagung der Weiterbehandlung ist der Beschluss zu begründen (§§ 47 Abs. 1 Satz 3 PatG, 61 Abs. 1 Satz 3 MarkenG analog). Gegen eine ablehnende Entscheidung des DPMA ist die Beschwerde möglich (§ 23 Abs. 2). **9**

Hat der Anmelder einen ordnungsgemäßen Weiterbehandlungsantrag gestellt (wozu auch die Zahlung der Weiterbehandlungsgebühr gehört) und die versäumte Handlung fristgerecht nachgeholt, wird der die Musteranmeldung zurückweisende Beschluss rückwirkend gegenstandslos und das Anmeldeverfahren wird in den ursprünglichen Zustand zurückversetzt. Eine ausdrückliche Aufhebung des Zurückweisungsbeschlusses ist nicht erforderlich.[15] Die bloße Weiterbehandlung der Anmeldung genügt für die Fortsetzung des Verfahrens.[16] **10**

IV. Verhältnis zu Rechtsmitteln

Wird die Musteranmeldung zurückgewiesen, kann der Anmelder zwischen dem Antrag auf Weiterbehandlung und der Einlegung der Beschwerde gemäß § 23 Abs. 2 wählen. Hierbei ist allerdings zu berücksichtigen, dass für die Weiterbehandlung und die Beschwerde dieselbe Frist (1 Monat ab Zustellung des Zurückweisungsbeschlusses) gilt. Da für den Anmelder kaum absehbar ist, ob seinem Antrag auf Weiterbehandlung stattgegeben wird, wird es zur Vermeidung eines endgültigen Rechtsverlustes regelmäßig erforderlich sein, vorsorglich auch Be- **11**

---

14 Vgl. zum EPÜ: *Singer/Stauder*, Art. 121 Rn. 43.
15 Vgl. *Eichmann/v. Falckenstein*, § 17 Rn. 9.
16 Vgl. zum EPÜ: *Singer/Stauder*, Art. 121 Rn. 51.

§ 17   Weiterbehandlung der Anmeldung

schwerde einzulegen.[17] Dies ist insbesondere zweckmäßig, wenn die Erfolgsaussicht des Weiterbehandlungsantrags zweifelhaft erscheint, die Monatsfrist für die Nachholung möglicherweise nicht ausreicht oder befürchtet werden muss, dass die rechtzeitige Nachholung bzw. Antragsgebührenzahlung im DPMA verspätet erkannt und bearbeitet wird.[18]

---

17 Vgl. zum Markenrecht: *Ströbele/Hacker*, § 91a Rn. 12.
18 Vgl. *Eichmann/v. Falckenstein*, § 17 Rn. 5.

§ 18 Eintragungshindernisse

Ist der Gegenstand der Anmeldung kein Muster im Sinne des § 1 Nr. 1 oder ein Muster nach § 3 Abs. 1 Nr. 3 oder Nr. 4 vom Geschmacksmuster ausgeschlossen, so weist das Deutsche Patent- und Markenamt die Anmeldung zurück.

Übersicht

	Rn.		Rn.
I. Allgemeines	1	3. Missbräuchliche Benutzung eines Zeichens (§ 3 Abs. 1 Nr. 4)	4
II. Eintragungshindernisse	2		
1. Kein Muster im Sinne des § 1 Nr. 1	2	III. Verfahren	5
2. Verstoß gegen die öffentliche Ordnung oder gegen die guten Sitten (§ 3 Abs. 1 Nr. 3)	3		

I. Allgemeines

Im Verfahren über die Eintragung eines Geschmacksmusters in das Geschmacksmusterregister ist das DPMA grundsätzlich nicht befugt, die materiellen Schutzvoraussetzungen zu prüfen.[1] § 18 durchbricht diesen Grundsatz und sieht in einem eng begrenzten Umfang auch eine Prüfung der Anmeldung über die (formellen) Erfordernisse nach § 16 Abs. 1 hinaus vor. Sind die Voraussetzungen zur Eintragung des angemeldeten Musters aus bestimmten – in § 18 abschließend genannten – Gründen nicht gegeben, weist das DPMA die Anmeldung zurück. Eine vergleichbare Regelung findet sich in Art. 47 Abs. 1 GGV. **1**

II. Eintragungshindernisse

1. Kein Muster im Sinne des § 1 Nr. 1

Nach § 18 prüft das DPMA den angemeldeten Gegenstand auf seine Musterfähigkeit (§ 1 Nr. 1). Ist ein Erzeugnis kein Muster i.S.d. § 1 Nr. 1, weist das DPMA die Anmeldung zurück. Folglich hat das DPMA zu prüfen, ob folgende Schutzgegenstände vorliegen: (1) Verfahren und **2**

---

1 BPatGE 1, 223, 224.

§ 18 Eintragungshindernisse

andere Nichterzeugnisse (unkonkrete Gestalt, fehlende Sichtbarkeit, ästhetische Lehren, Textinhalte, künstlerische Unikate); (2) unbewegliche Sachen wie Gebäude, Brücken und dergleichen; (3) Tiere, Pflanzen, organische und anorganische Naturprodukte (soweit es sich nicht um deren Nachbildung bzw. Bearbeitung handelt), menschliche Körper; (4) Computerprogramme (§ 1 Nr. 2).[2] Mit *v. Falckenstein* ist davon auszugehen, dass sich das Eingriffsrecht des DPMA auf grobe und eindeutige Verstöße gegen das Gebot der Mustereigenschaft beschränkt.[3]

2. Verstoß gegen die öffentliche Ordnung oder gegen die guten Sitten (§ 3 Abs. 1 Nr. 3)

3 Verstößt das angemeldete Muster gegen die öffentliche Ordnung oder gegen die guten Sitten (vgl. Kommentierung zu § 3 Abs. 1 Nr. 3), kann das DPMA die Anmeldung zurückweisen, d.h. die Eintragung versagen. Dies entspricht Art. 47 Abs. 1 b) GGV sowie der früheren Regelung (§ 10 Abs. 2 Nr. 3 GeschmMG a.F.). Eine Zurückweisung wird allerdings nur in offensichtlichen Fällen in Betracht kommen.

3. Missbräuchliche Benutzung eines Zeichens (§ 3 Abs. 1 Nr. 4)

4 Das DPMA hat im Eintragungsverfahren zu prüfen, ob das angemeldete Muster eine missbräuchliche Benutzung von nach Art. 6ter PVÜ geschützten Zeichen oder sonstigen Abzeichen, Emblemen oder Wappen von öffentlichem Interesse (vgl. Kommentierung zu § 3 Abs. 1 Nr. 4) darstellt. Ist dies der Fall, weist das DPMA die Anmeldung zurück. Die Ermittlungstätigkeit ist dem Prüfer nur insoweit zumutbar, als der Arbeitsaufwand und die entstehenden Kosten vertretbar erscheinen.[4] Hat das DPMA aufgrund der Art und Gestaltung des angemeldeten Musters den Eindruck, dass das angemeldete Muster inländische Hoheitszeichen und sonstige Zeichen öffentlichen Interesses missbrauchen könnte, kann es vom Anmelder auf Grund seiner Mitwirkungspflicht eine Erklärung dahin verlangen, dass das Muster nach seinem besten Wissen kein Zeichen dieser Art darstellt oder ihm nahe kommt (BPatGE 18, 108, 112).[5]

---

2 Vgl. *Eichmann/v. Falckenstein*, § 18 Rn. 2.
3 Vgl. *Eichmann/v. Falckenstein*, § 18 Rn. 2.
4 BPatGE 7, 154.
5 Vgl. zum Markenrecht: *Fezer*, § 8 Rn. 617.

III. Verfahren

Gemäß Art. 47 Abs. 2 GGV kann die Anmeldung eines (Gemeinschafts-)Geschmacksmusters nur zurückgewiesen werden, wenn dem Anmelder zuvor Gelegenheit gegeben worden ist, die Anmeldung zurückzunehmen oder zu ändern oder eine Stellungnahme einzureichen. § 18 enthält insoweit keine Regelung. Nach dem allgemeinen Grundsatz des rechtlichen Gehörs ist im Rahmen des § 18 jedoch analog zu § 42 Abs. 2 Satz 1 Nr. 3 PatG entsprechend zu verfahren.[6] Folglich fordert das DPMA den Anmelder mittels eines Beanstandungsbescheides auf, innerhalb einer vom DPMA bestimmten Frist schriftlich zu dem geltend gemachten Schutzausschließungsgrund Stellung zunehmen. Die im Beanstandungsbescheid eingeräumte Frist zur Stellungnahme ist bei Versäumung dem Weiterbehandlungsantrag nach § 17 zugänglich.[7]

Eine Änderung der Anmeldung ist nur zulässig, wenn die Identität des Geschmacksmusters gewahrt bleibt, also allenfalls unwesentliche Einzelheiten geändert werden. Besteht das Eintragungshindernis allerdings darin, dass kein Geschmacksmuster gemäß § 1 Nr. 1 vorliegt, dürfte eine identitätswahrende Änderung kaum möglich sein.[8] Im Übrigen darf sich die Änderung nur auf die vom DPMA beanstandeten Punkte beziehen; andere, in diesem Zuge vorgenommene Änderungen sind unzulässig, weil der Anmeldetag vorliegend durch die Beanstandung nicht suspendiert ist.[9]

Räumt der Anmelder die Beanstandung innerhalb der hierzu gesetzten Frist nicht aus, weist das DPMA die Anmeldung durch begründeten, beschwerdefähigen und zustellungsbedürftigen Beschluss zurück. Zuständig ist ein rechtskundiges Mitglied des DPMA i. S. d. § 26 Abs. 2 Satz 2 PatG (§§ 23 Abs. 1 Satz 1, 26 Abs. 2 Nr. 2). Betrifft das Eintragungshindernis nur einzelne Muster einer Sammelanmeldung, wird die Anmeldung nur hinsichtlich dieser Muster zurückgewiesen (vgl. Art. 11 Abs. 3 Satz 2 GGDV). Betrifft die Beanstandung einen Teil eines Musters, ist eine Teilzurückweisung bezüglich des beanstandungsfähigen Teils nicht statthaft. Grund hierfür ist, dass das DPMA nicht befugt ist, von sich aus den schützbaren Gegenstand zu bestim-

---
6 Vgl. *Eichmann/v. Falckenstein*, § 18 Rn. 5.
7 Vgl. *Eichmann/v. Falckenstein*, § 18 Rn. 5.
8 Vgl. *Ruhl*, Art. 47 Rn. 3.
9 Vgl. *Eichmann/v. Falckenstein*, § 18 Rn. 6.

§ 18 Eintragungshindernisse

men. Hierzu bedarf es der Mitwirkung des Anmelders, ggf. durch Teilverzicht.[10]

8 Der Zurückweisungsbeschluss lässt den Anmeldetag nicht entfallen. Die (zurückgewiesene) Anmeldung kann also weiterhin Priorität begründen und Grundlage von Nachanmeldungen im Ausland sein (Art. 4 C Abs. 4 PVÜ). Die Zurückweisung der Anmeldung bindet die ordentlichen Gerichte in materieller Hinsicht. Folglich kann der Anmelder nicht auf Eintragung des zurückgewiesenen Musters klagen. Trägt das DPMA hingegen entgegen § 18 ein schutzunfähiges Muster ein, so sind die ordentlichen Gerichte hinsichtlich dessen materieller Schutzfähigkeit nicht gebunden. Vielmehr können die ordentlichen Gerichte die Schutzfähigkeit des Musters im Rahmen eines Nichtigkeitsverfahrens (§ 33), eines Löschungsverlangens (§ 34 Abs. 1 Nr. 3), der Einwendung der Schutzunfähigkeit oder einer Widerklage im Rahmen eines Verletzungsprozesses überprüfen.[11]

---

10 Vgl. *Eichmann/v. Falckenstein*, § 18 Rn. 7.
11 Vgl. *Eichmann/v. Falckenstein*, § 18 Rn. 7.

§ 19 Führung des Registers und Eintragung

(1) Das Register für Geschmacksmuster wird vom Deutschen Patent- und Markenamt geführt.

(2) Das Deutsche Patent- und Markenamt trägt die eintragungspflichtigen Angaben des Anmelders in das Register ein, ohne dessen Berechtigung zur Anmeldung und die Richtigkeit der in der Anmeldung gemachten Angaben zu prüfen, und bestimmt, welche Warenklassen einzutragen sind.

Übersicht

	Rn.		Rn.
I. Allgemeines	1	III. Einzutragende Angaben	
II. Registerführung (§ 19 Abs. 1)	2	(§ 19 Abs. 2)	3

I. Allgemeines

§ 19 enthält die grundlegenden gesetzlichen Bestimmungen zur Eintragung eines Geschmacksmusters in das beim DPMA geführte Register. § 19 Abs. 1 hat seinen Vorgänger in § 8 Abs. 1 GeschmMG a.F.; § 19 Abs. 2 entspricht im Wesentlichen § 10 Abs. 2 GeschmMG a.F. 1

II. Registerführung (§ 19 Abs. 1)

Bis zum 30.6.1988 wurden Muster/Modelle bei den Amtsgerichten angemeldet/hinterlegt. Mit dem GeschmMÄndG vom 18.12.1986 wurde die Aufspaltung der Registerführung bei einer Vielzahl von Amtsgerichten beseitigt und die zentrale Hinterlegung beim Deutschen Patentamt eingeführt. Die Zentralisierung der Geschmacksmusterhinterlegung verfolgte – über eine erstrebte Verwaltungsvereinfachung hinaus – vor allem den Zweck, der Wirtschaft, insbesondere den mittleren und kleineren Unternehmen, durch eine Verbesserung der Aussagekraft des Musterregisters die Möglichkeit zu geben, sich Zugang zum jeweiligen Stand der geschützten Formen zu verschaffen und Musterrecherchen vorzunehmen.[1] Nunmehr bestimmt Abs. 1, dass das Register für Geschmacksmuster zentral vom DPMA geführt wird. 2

---
1 BT-Drucks 10/5346 vom 17.4.1986, 11 ff.

III. Einzutragende Angaben (§ 19 Abs. 2)

3 Nach Abs. 2 werden die angemeldeten Geschmacksmuster ohne Sachprüfung in das Register eingetragen. Das DPMA darf folglich weder die Berechtigung des Anmelders (Sachbefugnis) noch die Richtigkeit der in der Anmeldung gemachten Angaben überprüfen. Ebenso wenig ist das DPMA befugt, die materiellen Schutzvoraussetzungen, d.h. die Schutzfähigkeit des angemeldeten Musters zu überprüfen. Damit hat das DPMA lediglich im Rahmen einer formellen Prüfung die vom Anmelder gemachten Angaben durch Eintragung in das Musterregister umzusetzen; eine materiellrechtliche Prüfung ist dem DPMA grundsätzlich versagt.[2] Lediglich dann, wenn das DPMA bei der Prüfung der Anmeldung feststellt, dass es sich bei der Anmeldung um kein Muster im Sinne des § 1 Nr. 1 handelt, ein Geschmacksmuster gegen die öffentliche Ordnung oder die guten Sitten verstößt (§ 3 Abs. 1 Nr. 3) oder eine missbräuchliche Benutzung von Zeichen vorliegt (§ 3 Abs. 1 Nr. 4), weist das DPMA die Anmeldung gemäß § 18 zurück.

4 Die starke Einschränkung des Prüfungsumfangs des DPMA soll das Registrierungsverfahren von streitigen materiellrechtlichen Fragen entlasten und eine möglichst kostengünstige und zügige Schutzerlangung ermöglichen. Die Berechtigung an einem Geschmacksmuster sowie die Frage, ob das eingetragene Muster geschmacksmusterfähig ist oder nicht, sind im Verletzungs- oder Feststellungsprozess von den ordentlichen Gerichten (§ 52) zu entscheiden.[3]

5 Die eintragungspflichtigen Angaben sind in § 13 Abs. 1 GeschmMV genannt. Danach werden eingetragen: das Aktenzeichen der Anmeldung (§ 13 Abs. 1 Nr. 1), der Name und der Wohnort oder Sitz des Anmelders, bei ausländischen Orten auch der Staat (§ 13 Abs. 1 Nr. 2), die Zustellungsanschrift mit einer Angabe zum Zustellungsempfänger (§ 13 Abs. 1 Nr. 3), der Anmeldetag (§ 13 Abs. 1 Nr. 4), der Tag der Eintragung (§ 13 Abs. 1 Nr. 5), die Erzeugnisse (§ 13 Abs. 1 Nr. 6) und die Warenklassen, bestehend aus der Angabe der Klassen und Unterklassen (§ 13 Abs. 1 Nr. 7). Soweit vorhanden, sind auch die in § 13 Abs. 2 GeschmMV aufgeführten Angaben einzutragen. Weiter hat das DPMA Angaben einzutragen, wenn sich dies aus dem GeschmMG ergibt. Zu nennen sind: § 9 Abs. 4 (Einleitung und Beendigung eines gerichtlichen Verfahrens gegen Nichtberechtigten); § 10 (Entwerferbe-

---

2 Vgl. *Nirk/Kurtze*, § 10 Rn. 9.
3 BPatGE 1, 223, 224.

nennung); § 14 Abs. 3 Satz 1 (ausländische Priorität); § 15 Abs. 3 Satz 2 (Ausstellungspriorität); § 28 Abs. 1 Satz 2 (Aufrechterhaltung); § 29 Abs. 3 (Rechtsnachfolge); § 30 Abs. 2 und 3 (Dingliche Rechte, Zwangsvollstreckung, Insolvenzverfahren); § 36 (Löschung). Alle Tatsachen, die in § 13 GeschmMV nicht aufgeführt sind, sind nicht einzutragen.

Hat der Anmelder die Aufschiebung der Bekanntmachung der Wiedergabe beantragt (§ 21 Abs. 1 Satz 1), beschränkt sich die Eintragung der Anmeldung gemäß § 13 Abs. 4 Satz 1 GeschmMV auf die Angaben nach § 13 Abs. 1 Nr. 1 bis 5, nach Abs. 2 Nr. 1, 3, 8, 12 bis 15 sowie den Prioritätstag nach Abs. 2 Nr. 10 und 11 GeschmMV. Wird der Schutz auf die Schutzdauer nach § 27 Abs. 2 erstreckt (§ 21 Abs. 2 Satz 1), werden gemäß § 13 Abs. 4 Satz 2 GeschmMV auch die übrigen Angaben eingetragen.   6

Gemäß § 19 Abs. 2 (sowie gemäß § 8 Abs. 1 Satz 2 GeschmMV) bestimmt das DPMA, welche Warenklassen einzutragen sind. Die (fakultative) Angabe der Warenklasse durch den Anmelder (§ 11 Abs. 4 Nr. 3) bindet das DPMA nicht.   7

Gemäß § 20 Nr. 3 GeschmMV hat das DPMA Änderungen der in § 13 Abs. 1 Nr. 2 und Abs. 2 Nr. 1 GeschmMV aufgeführten Angaben in das Register einzutragen. Relevant ist im Hinblick auf die Vermutung des § 8 insbesondere eine Änderung des Inhabers (sog. Umschreibung). Der Antrag auf Eintragung eines Rechtsübergangs nach § 29 Abs. 3 soll gemäß § 28 Abs. 1 DPMAV unter Verwendung des vom DPMA herausgegebenen Formblatts (R 5742) gestellt werden. Für den Antrag auf Änderung eines Namens oder einer Anschrift des Rechtsinhabers, Vertreters oder Zustellungsbevollmächtigten (§ 27 DPMAV) steht das Formblatt R 5741 zur Verfügung.   8

§ 20 Bekanntmachung

Die Eintragung in das Register wird mit einer Wiedergabe des Geschmacksmusters durch das Deutsche Patent- und Markenamt bekannt gemacht. Sie erfolgt ohne Gewähr für die Vollständigkeit der Abbildung und die Erkennbarkeit der Erscheinungsmerkmale des Musters. Die Kosten der Bekanntmachung werden als Auslagen erhoben.

Übersicht

	Rn.		Rn.
I. Allgemeines	1	III. Gewährleistung (§ 20 Satz 2)	6
II. Bekanntmachung (§ 20 Satz 1)	2	IV. Kosten (§ 20 Satz 3)	8

I. Allgemeines

1 Die Bekanntmachung ist weder Voraussetzung für die Schutzentstehung (dieser entsteht gemäß § 27 Abs. 1 mit der Eintragung in das Register), noch beeinflusst sie den Gegenstand oder die Reichweite des Schutzes. Stattdessen kommt der Bekanntmachung lediglich die Funktion einer Information der Öffentlichkeit zu. Namentlich sollen Dritte durch die Bekanntmachung die Möglichkeit erhalten, sich auf einfache Weise möglichst umfassend über den bestehenden Geschmacksmusterschutz zu informieren.

II. Bekanntmachung (§ 20 Satz 1)

2 Nach § 20 Satz 1 wird die Eintragung in das Register mit einer Wiedergabe des Geschmacksmusters im Geschmacksmusterblatt bekannt gemacht. Soweit das Geschmacksmuster noch nicht auf andere Weise der Öffentlichkeit offenbart wurde (vgl. Kommentierung bei § 5), tritt mit dem Zeitpunkt der Bekanntmachung Neuheitsschädlichkeit der abgebildeten geschützten Gestaltung ein.[1] Weiter schützt die Bekanntmachung den Inhaber besser vor Nachbildungen, da es sich bei dem Geschmacksmusterblatt um ein Veröffentlichungsorgan handelt, dessen

---

1 Vgl. *Eichmann/v. Falckenstein*, § 20 Rn. 6.

II. Bekanntmachung (§ 20 Satz 1) **§ 20**

Kenntnis in den betreffenden Fachgebieten jedem Nachbilder zugemutet werden kann. Durch die Bekanntmachung wird dem Verletzer also der Einwand auf eine nicht vorwerfbare Unkenntnis der verletzten Gestaltung abgeschnitten oder wesentlich erschwert.[2] Der Bekanntmachung eines internationalen Musters im „Bulletin" der WIPO kommen die gleichen Wirkungen zu.[3]

Bekannt zu machen sind gemäß § 14 Nr. 1 GeschmMV die nach § 13 GeschmMV eingetragenen Tatsachen. Seit dem 1.1.2004 sind alle schutzbegründenden Darstellungen des jeweiligen Musters (gemäß § 6 Abs. 1 Satz 2 GeschmMV maximal zehn) als Wiedergabe bekannt zu machen (Ausnahme: bei beantragter Aufschiebung der Bekanntmachung der Wiedergabe). Eine farbige Wiedergabe ist farbig bekanntzumachen.[4] Dies ist notwendig, da nach Erweiterung des Geschmacksmusterschutzes ein Anspruch der Öffentlichkeit besteht, umfassend über das eingetragene Schutzrecht informiert zu werden. Bei Sammeleintragungen werden die Darstellungen mit den fortlaufenden Nummern bekannt gemacht (§ 14 Nr. 2 Satz 2 GeschmMV). Wird mit der Anmeldung eine Beschreibung gemäß §§ 11 Abs. 4 Nr. 1 GeschmMG, 9 GeschmMV eingereicht, ist diese ebenfalls zwingend zu veröffentlichen (§§ 13 Abs. 2 Nr. 7, 14 Nr. 1 GeschmMV). Unterbleibt die Bekanntmachung der Beschreibung, hat dies allerdings keinen Einfluss auf den materiellrechtlichen Inhalt und Schutzbereich des Musters.[5] Hat der Anmelder erklärt, an einer Lizenzvergabe interessiert zu sein, ist auch diese Angabe bekannt zu machen (§§ 13 Abs. 2 Nr. 12, 14 Nr. 1 GeschmMV). 3

Die Anordnung der Bekanntmachungen in den Hauptteilen des Geschmacksmusterblattes richtet sich nach der Haupt- und Unterklasse, die typographischen Schriftzeichen (§ 1 Nr. 2) werden in einem besonderen Teil zusammengefasst.[6] 4

Die Bekanntmachung der Eintragung erfolgt seit dem 1.1.2004 nicht mehr in Papierform, sondern ausschließlich in elektronischer Form (im pdf-Format) über die Internetplattform DPMAregister. In Papierform liegt es bis einschließlich Ausgabe 24/2003 beim DPMA in München, 5

---

2 BGH, GRUR 1969, 90 – Rüschenhaube.
3 Vgl. *Eichmann/v. Falckenstein*, § 20 Rn. 6.
4 Vgl. *Eichmann/v. Falckenstein*, § 20 Rn. 4.
5 BGH, GRUR 1979, 548, 549 – Blumenwanne.
6 Vgl. *Eichmann/v. Falckenstein*, § 20 Rn. 2.

§ 20 Bekanntmachung

Jena und beim Technischen Informationszentrum Berlin des DPMA und bei den Patentinformationszentren zur Einsicht aus.

III. Gewährleistung (§ 20 Satz 2)

6　Nach § 20 Satz 2 erfolgt die Bekanntmachung ohne Gewähr für die Vollständigkeit der Wiedergabe und die Erkennbarkeit der für den ästhetischen Gesamteindruck maßgeblichen Merkmale.[7] Hat ein Dritter Zweifel an der Qualität der Bekanntmachung und will sich über der tatsächlich bestehenden Musterschutz informieren, muss er das Register einsehen. Der Gesetzgeber begründet diese Regelung damit, dass der Geschmacksmusterschutz ein Massengeschäft darstelle, bei dem auch bei Anwendung größtmöglicher Sorgfalt nicht in jedem Fall gewährleistet werden könne, dass die Bildveröffentlichung eines Geschmacksmusters alles auf der eingereichten Wiedergabe enthaltenen Einzelheiten hinreichend deutlich erkennen lässt.

7　Der Gewährleistungsausschluss beeinträchtigt die Rechtsstellung des Inhabers nicht, da der Musterschutz ausschließlich durch die vom Entwerfer/Inhaber mit der Anmeldung eingereichten Bilddarstellungen bestimmt wird. Mängel der im Geschmacksmusterblatt veröffentlichten Abbildungen wirken sich weder nachteilig für den Musterinhaber aus, noch verschaffen sie dem Verletzer eine bessere rechtliche Stellung.[8]

IV. Kosten (§ 20 Satz 3)

8　Nach § 20 Satz 3 werden die Kosten der Bekanntmachung als Auslagen erhoben. Seit dem 1.1.2006 wurde das Geschmacksmusterblatt von der Bundesdruckerei GmbH hergestellt. Dies führte zu einer deutlichen Senkung der Bekanntmachungskosten (von EUR 25 je Geschmacksmuster auf EUR 12 – Gebührennummer 302 310 im Kostenverzeichnis).[9] Seit dem 1.1.2010 wird das Geschmacksmusterblatt vollständig im DPMA hergestellt. Externe Kosten für die Veröffentlichung der Geschmacksmuster-Wiedergaben durch ein beauftragtes Unternehmen fallen somit nicht mehr an. Aus diesem Grund wurde die Auslagenpauschale für Bekanntmachungen zum 1.1.2010 gestrichen. Damit haben

---

7　Vgl. *Nirk/Kurtze*, § 8 Rn. 13.
8　Vgl. *Nirk/Kurtze*, § 8 Rn. 17.
9　Vgl. 10. Verordnung zur Änderung der DPMA-Verwaltungskostenverordnung vom 5.12.2005, BGBl. I S. 3386.

IV. Kosten (§ 20 Satz 3) **§ 20**

sich die Anmeldekosten für eine Einzelanmeldung von EUR 82 auf EUR 70 reduziert. Innerhalb einer Sammelanmeldung von zehn oder mehr Mustern kostet ein Muster statt bisher EUR 19 nur noch EUR 7.

Die Kosten waren gemäß § 5 Abs. 1 PatKostG als Vorschuss zusammen mit der Anmeldegebühr zu entrichten (Ausnahme: Wurde ein Antrag auf Aufschiebung der Bekanntmachung der Wiedergabe gestellt, wurden zunächst keine Bekanntmachungskosten fällig). Wurde der Bekanntmachungskostenvorschuss innerhalb einer vom DPMA gesetzten Frist nicht oder in nicht ausreichender Höhe gezahlt, wurde die Anmeldung zurückgewiesen (§ 16 Abs. 4). 9

§ 21 Aufschiebung der Bekanntmachung

(1) Mit der Anmeldung kann für die Wiedergabe die Aufschiebung der Bekanntmachung um 30 Monate ab dem Anmeldetag beantragt werden. Wird der Antrag gestellt, so beschränkt sich die Bekanntmachung auf die Eintragung des Geschmacksmusters in das Register.

(2) Der Schutz kann auf die Schutzdauer nach § 27 Abs. 2 erstreckt werden, wenn der Rechtsinhaber innerhalb der Aufschiebungsfrist die Erstreckungsgebühr nach § 5 Abs. 1 Satz 1 des Patentkostengesetzes entrichtet. Sofern von der Möglichkeit des § 11 Abs. 2 Satz 2 Gebrauch gemacht worden ist, ist innerhalb der Aufschiebungsfrist auch eine Wiedergabe des Geschmacksmusters einzureichen.

(3) Die Bekanntmachung mit der Wiedergabe nach § 20 wird unter Hinweis auf die Bekanntmachung nach Absatz 1 Satz 2 bei Ablauf der Aufschiebungsfrist oder auf Antrag auch zu einem früheren Zeitpunkt nachgeholt.

(4) Die Schutzdauer endet mit dem Ablauf der Aufschiebungsfrist, wenn der Schutz nicht nach Absatz 2 erstreckt wird. Bei Geschmacksmustern, die auf Grund einer Sammelanmeldung eingetragen worden sind, kann die nachgeholte Bekanntmachung auf einzelne Geschmacksmuster beschränkt werden.

Übersicht

	Rn.		Rn.
I. Allgemeines	1	1. Erstreckungsgebühr (§ 21 Abs. 2 Satz 1)	12
II. Antrag (§ 21 Abs. 1 Satz 1)	5	2. Einreichung der Wiedergabe (§ 21 Abs. 2 Satz 2)	14
III. Aufschiebungsfrist (§ 21 Abs. 1 Satz 1)	8	VI. Nachholung der Bekanntmachung (§ 21 Abs. 3)	15
IV. Wirkung (§ 21 Abs. 1 Satz 2)	9	VII. Ende der Schutzdauer (§ 21 Abs. 4)	16
V. Erstreckung der Schutzdauer (§ 21 Abs. 2)	11		

I. Allgemeines

1 Nach § 21 – eine vergleichbare Regelung findet sich in Art. 50 GGV – kann die Bekanntmachung der Wiedergabe des Geschmacksmusters

I. Allgemeines **§ 21**

aufgeschoben werden. Dies soll zum einen verhindern, dass Mitbewerber des Anmelders frühzeitig vom Gegenstand der Anmeldung erfahren; dies würde möglicherweise den kommerziellen Erfolg des Geschmacksmusters gefährden.[1] Daneben soll die Aufschiebung der Bildbekanntmachung das Anmeldeverfahren den besonderen Bedürfnissen bestimmter Wirtschaftszweige entsprechend einfach und kostengünstig zu gestalten. So sind insbesondere Produkte der Textilindustrie einer im besonderen Maße kurzlebigen Modeentwicklung unterworfen. Dies hat zur Folge, dass die Dauer, innerhalb derer der Inhaber das Geschmacksmuster wirtschaftlich verwerten kann, vergleichsweise gering ist. Häufig wird der Schutz nur für eine Saison benötigt. Dem steht eine hohe Anzahl von Musteranmeldungen („Massenanmeldungen") gegenüber.[2] Für diese Branchen stellt der gewöhnliche Verfahrensablauf deshalb eine besondere (Kosten-)Belastung dar, weil üblicherweise die Erlangung des Musterschutzes die Anfertigung einer Wiedergabe des Geschmacksmusters und dessen anschließende Veröffentlichung erfordert.[3] Typischerweise ist bei einer Vielzahl der betroffenen Geschmacksmuster das Schutzbedürfnis infolge der modebedingten Schwankungen nach kurzer Zeit erloschen, so dass nur eine sehr geringe Anzahl von Geschmacksmustern in diesem Bereich einem längeren Musterschutz zugeführt wird. Beantragt der Anmelder die Aufschiebung der Bildbekanntmachung, entfallen zunächst das kostenauslösende Erfordernis der Anfertigung einer Wiedergabe sowie deren Bekanntmachung. In der Mehrzahl der Fälle wird es zu keiner Bildveröffentlichung kommen, weil das Bedürfnis für den Musterschutz bereit vor Ablauf der 30-monatigen Aufschiebungsfrist entfallen ist. In den Fällen, in denen das Muster im Markt erfolgreich ist und somit ein über die Aufschiebungsfrist hinausgehendes Schutzinteresse besteht, kann der Rechtsinhaber die Bildbekanntmachung hingegen nachholen und so den Geschmacksmusterschutz herbeiführen, den er bei einer ursprünglichen Anmeldung ohne Aufschiebung der Bildbekanntmachung erlangt hätte.

Wurde das Muster nicht bereits anderweitig veröffentlicht (z.B. durch Ausstellen, Inverkehrbringen, Presseberichte), wird der Formenschatz bei Fehlen der Bekanntmachung der Wiedergabe nicht bereichert; das **2**

---

1 Vgl. *Ruhl*, Art. 50 Rn. 1.
2 Vgl. hierzu BGH, GRUR 1973, 478 – Modeneuheit; BGH, GRUR 1984, 453 – Hemdblusenkleid.
3 Vgl. Gesetzesbegründung, BlPMZ 2004, 235.

§ 21   Aufschiebung der Bekanntmachung

Geschmacksmuster steht prioritätsjüngeren Schutzrechten folglich nicht als neuheitsschädlich entgegen.[4]

3   Während der Dauer der Aufschiebung der Bildbekanntmachung können Dritte praktisch nicht nach Schutzrechten recherchieren (das Akteneinsichtsrecht besteht erst, wenn die Wiedergabe bekannt gemacht worden ist; § 22 Satz 2 Nr. 1). Die schutzwürdigen Belange Dritter werden durch die Aufschiebung der Bildbekanntmachung jedoch nicht unzumutbar beeinträchtigt, weil der Schutz, den ein Geschmacksmuster während der Dauer der Aufschiebung der Bildbekanntmachung gewährt, nach § 38 Abs. 3 als Nachahmungsschutz ausgestaltet ist. Dementsprechend sind Dritte während der Dauer der Aufschiebung der Bildbekanntmachung nicht einem Recht mit absoluter Sperrwirkung ausgesetzt.[5] Macht der Inhaber während der Aufschiebungsphase eine Verletzung seines Geschmacksmusters geltend, ist der Inhaber – entsprechend der Regelung des Art. 50 Abs. 6 GGV – verpflichtet, dem vermeintlichen Verletzer eine Wiedergabe des Musters zur Verfügung zu stellen.

4   Die Aufschiebung der Bildbekanntmachung hat sich in der Praxis bewährt: Im Jahr 2009 betrug der Anteil der angemeldeten Muster, bei denen die Aufschiebung der Bekanntmachung der Wiedergabe beantragt wurde, 42,5 %. In über 80 % der Fälle der aufgeschobenen Veröffentlichung kam es zu keiner Bekanntmachung mehr.

II. Antrag (§ 21 Abs. 1 Satz 1)

5   Die Aufschiebung der Bildbekanntmachung setzt nach Abs. 1 Satz 1 einen entsprechenden Antrag des Anmelders voraus. Der Antrag ist in unmittelbarem zeitlichen Zusammenhang mit der Anmeldung zu stellen (§ 11 Abs. 4 Nr. 2). Hat der Anmelder es versäumt, einen entsprechenden Antrag zu stellen, kann er eine Bekanntmachung der Eintragung nur dadurch verhindern, dass er die Anmeldung zurücknimmt.[6] Bis zur Eintragung des Musters kann der Anmelder seinen Antrag zurücknehmen, d.h. anstelle der kürzeren Schutzdauer nach § 21 Abs. 1 Satz 1 die erste Schutzdauer von fünf Jahren (§§ 27, 28 Abs. 1) wählen.

---

4 Vgl. *Eichmann/v. Falckenstein*, § 21 Rn. 6.
5 Vgl. Gesetzesbegründung, BlPMZ 2004, 236.
6 Vgl. *Ruhl*, Art. 50 Rn. 2.

Voraussetzung hierfür ist, dass der Anmelder die Differenz zur normalen Anmeldegebühr nachzahlt.[7]

Bei einer Sammelanmeldung (§ 12) betrifft der Antrag sämtliche Muster; eine Mischung von Kurz- und Normalschutz ist nicht möglich (§ 4 Abs. 3 GeschmMV).[8] Allerdings kann sich der Inhaber zu einem späteren Zeitpunkt dafür entscheiden, die Sammeleintragung nur hinsichtlich einzelner Geschmacksmuster weiterzuführen (zu „erstrecken") und im Übrigen fallen zu lassen (vgl. Rn. 10). 6

Durch den Antrag auf Aufschiebung der Bildbekanntmachung reduzieren sich die Anmeldegebühren erheblich. So wird bei einer Einzelanmeldung anstelle einer Anmeldegebühr in Höhe von EUR 70 lediglich eine Anmeldegebühr von EUR 30 fällig (Gebührennummer 341 400). Bei einer Sammelanmeldung reduzieren sich die Anmeldegebühren je Muster von EUR 7 auf EUR 3, betragen jedoch mindestens EUR 30 (Gebührennummer 341 500). Die Gebührenermäßigung gilt unabhängig davon, ob die Anmeldung in Papierform oder elektronisch erfolgt. 7

III. Aufschiebungsfrist (§ 21 Abs. 1 Satz 1)

Die Aufschiebungsfrist beträgt 30 Monate. Die Aufschiebungsfrist beginnt mit dem Anmeldetag (§ 13) zu laufen. Sofern eine Auslands- oder Ausstellungspriorität (§§ 14, 15) beansprucht wurde, beginnt die Aufschiebungsfrist mit dem Prioritätstag. Gemäß § 21 Abs. 3 („... oder auf Antrag zu einem früheren Zeitpunkt ...") kann der Musterinhaber bereits vor Ablauf der 30-monatigen Aufschiebungsfrist von der Aufschiebung abgehen und die Bildbekanntmachung nachholen lassen.[9] 8

IV. Wirkung (§ 21 Abs. 1 Satz 2)

Der Antrag auf Aufschiebung der Bekanntmachung führt dazu, dass sich die Bekanntmachung auf die Eintragung in das Register beschränkt. Es werden zunächst nur die bibliografischen Daten veröffentlicht (§ 13 Abs. 4 Satz 1 GeschmMV). Eine Bekanntmachung (Veröffentlichung) der Wiedergabe unterbleibt hingegen (§ 14 Nr. 2 Satz 1 9

---

7 Vgl. *Eichmann/v. Falckenstein*, § 21 Rn. 4.
8 Vgl. *Eichmann/v. Falckenstein*, § 21 Rn. 4.
9 Vgl. *Nirk/Kurtze*, § 8b Rn. 6; *Kunze*, S. 36.

§ 21   Aufschiebung der Bekanntmachung

GeschmMV). Zudem wird der Entwerfer nicht namentlich in das Register eingetragen (§ 13 Abs. 4 Satz 1 GeschmMV).

10   Die Erstschutzdauer verkürzt sich von fünf Jahren (§§ 27, 28 Abs. 1) auf 30 Monate. Während der Dauer der Aufschiebung der Bildbekanntmachung wird das Geschmacksmuster nach § 38 Abs. 3 in seinen Wirkungen auf einen Schutz gegen Nachahmungen beschränkt. Es besteht also kein Schutz mit absoluter Sperrwirkung nach § 38 Abs. 1 und 2. Weiter ist zu berücksichtigen, dass das zwar eingetragene, der Allgemeinheit wegen der Nichtbekanntmachung aber noch nicht zugänglich gemachte Muster gegenüber späteren Mustern nicht rückwirkend, d.h. neuheitsschädlich wirkt.[10] Hat der Rechtsinhaber das Muster nicht auf andere Weise bekannt gemacht (etwa durch Werbung, Ausstellungen, Fachveröffentlichungen), kann er gegen Dritte nicht vorgehen, weil die Gestaltung des Musters nicht offenbart und damit nicht vorbekannt war; der Dritte konnte also nicht „nachbilden".[11] Um dem Einwand fehlender Nachahmung zu entgehen, sollte der Rechtsinhaber das Muster nicht „in der Schublade liegen lassen",[12] sondern durch Ausstellen, Inverkehrbringen oder Presseberichte der Öffentlichkeit offenbaren.[13]

V. Erstreckung der Schutzdauer (§ 21 Abs. 2)

11   Gelangt der Rechtsinhaber zu der Überzeugung, dass das Muster ein wirtschaftlicher Erfolg ist, kann er die mit der Aufschiebungsfrist verbundene (vorläufige) Schutzdauer von 30 Monaten auf die (normale) Schutzdauer von 5 Jahren erstrecken.[14] In diesem Fall erstarkt das eingeschränkte Recht auf Schutz gegen Nachahmungen (§ 38 Abs. 3) zu einem Recht mit absoluter Sperrwirkung (§ 38 Abs. 1 und 2).[15] Voraussetzung für die Erstreckung ist, dass der Rechtsinhaber bis zum Ablauf der Aufschiebungsfrist nach § 5 Abs. 1 Satz 1 PatKostG eine Erstreckungsgebühr entrichtet (§ 21 Abs. 2 Satz 1). Eines gesonderten Antrags auf Erstreckung bedarf es nicht.[16] Soll die Erstreckung des Schutzes nur für einzelne Geschmacksmuster innerhalb einer Sammeleintragung bewirkt werden, muss der Antrag nach § 17 Abs. 2 Nr. 3

---

10 Vgl. *Nirk/Kurtze*, § 8h Rn. 4.
11 BGH, GRUR 1978, 168 – Haushaltsschneidemaschine I.
12 Vgl. *Gerstenberg/Buddeberg*, S. 150.
13 Vgl. *Eichmann/v. Falckenstein*, § 21 Rn. 6.
14 Vgl. *Nirk/Kurtze*, § 8b Rn. 8.
15 Vgl. *Kunze*, S. 37.
16 Vgl. *Eichmann/v. Falckenstein*, § 21 Rn. 8.

GeschmMV die laufenden Nummern der Geschmacksmuster, deren Schutz erstreckt werden soll, enthalten. Beantragt der Rechtsinhaber die Nachholung der Bekanntmachung der Wiedergabe vor Ablauf der Aufschiebungsfrist, muss er in dem Antrag den Zeitpunkt, zu dem die Bekanntmachung erfolgen soll, angeben (§ 17 Abs. 3 Nr. 3 GeschmMV).

1. Erstreckungsgebühr (§ 21 Abs. 2 Satz 1)

Die Erstreckungsgebühr beträgt für bei einer Einzeleintragung EUR 40 (Gebührennummer 341 700). Bei einer Sammeleintragung beträgt die Erstreckungsgebühr für jedes Geschmacksmuster EUR 4, mindestens jedoch EUR 40 (Gebührennummer 341 800). Die Erstreckungsgebühr ist als Vorschuss zu zahlen (§ 5 Abs. 1 Satz 1 PatKostG). Bei der Zahlung der Erstreckungsgebühr sind (1) das Aktenzeichen der Eintragung, (2) der Verwendungszweck und (3) der Name des Rechtsinhabers anzugeben (§ 17 Abs. 1 GeschmMV).

12

Die Erstreckungsgebühr ist gemäß Abs. 2 Satz 1 bis zum Ablauf der Aufschiebungsfrist zu zahlen. Es besteht keine Möglichkeit, die Erstreckungsgebühr nach Ablauf der Aufschiebungsfrist mit einem „Verspätungszuschlag" zu entrichten. Wird die Erstreckungsgebühr nicht in ausreichender Höhe gezahlt, scheidet eine Schutzerstreckung aus. Das Geschmacksmuster erlischt ex nunc, ohne dass es einer weiteren Mitwirkung – etwa eines Beschlusses – des DPMA bedarf.[17] Wurde der Auslagenvorschuss für die Bekanntmachungskosten nicht oder nicht in ausreichender Höhe gezahlt, hat das DPMA dem Rechtsinhaber in entsprechender Anwendung von § 16 Abs. 4 i.V.m. Abs. 3 Satz 1 eine Frist zur Zahlung zu setzen.[18] Kommt der Rechtsinhaber der Aufforderung nicht nach, bleibt die Erstreckung aus.

13

2. Einreichung der Wiedergabe (§ 21 Abs. 2 Satz 2)

Hat der Anmelder mit der Anmeldung statt einer bildlichen Wiedergabe (§ 11 Abs. 2 Satz 1 Nr. 3) einen flächenmäßigen Musterabschnitt (§ 11 Abs. 2 Satz 2) eingereicht, muss er innerhalb der Aufschiebungsfrist zusätzlich eine fotografische oder sonstige grafische Wiedergabe des Geschmacksmusters einreichen. Eine entsprechende Aufforderung durch das DPMA erfolgt nicht. Vielmehr muss der Rechtsinhaber von

14

---

17 Vgl. *Eichmann/v. Falckenstein*, § 21 Rn. 8.
18 Vgl. *Eichmann/v. Falckenstein*, § 21 Rn. 11.

selbst tätig werden. Die Wiedergabe muss den formalen und inhaltlichen Anforderungen des § 6 GeschmMV genügen. Anders als nach altem Recht (§ 8b Abs. 3 Satz 2 i.V.m. § 8 Abs. 2 Satz 2 und § 7 GeschmMG a.F.) stellt das DPMA die erforderlichen Abbildungen nicht selbst her. Stattdessen sind sie vom Rechtsinhaber anzufertigen.[19] Das DPMA prüft nicht, ob der im Original hinterlegte Musterabschnitt und die nachgereichte Wiedergabe übereinstimmen bzw. identisch sind. Stimmt die nachgereichte Wiedergabe nicht mit dem im Original hinterlegten Musterabschnitt überein, verliert der Rechtsinhaber jeglichen Schutz.[20] Enthält die Wiedergabe vernachlässigbare Unschärfen, eine geringere Präzision der Binnenstruktur, Perspektivänderungen oder Farbabweichungen, ist dies unschädlich, solange dies nur zu unwesentlichen Unterschieden der Mustermerkmale führt.[21] Um im Verletzungsverfahren eine Identitätsprüfung zwischen dem Musterabschnitt und der Wiedergabe zu ermöglichen, bewahrt das DPMA den Musterabschnitt bis drei Jahre nach Ablauf der Schutzdauer auf (§ 31 Nr. 5 DPMAV). Reicht der Rechtsinhaber bis zum Ablauf der Aufschiebungsfrist keine Wiedergabe ein, tritt keine Erstreckung ein. Das Geschmacksmuster wird gelöscht, ohne dass es hierfür eines Beschlusses des DPMA bedarf.

VI. Nachholung der Bekanntmachung (§ 21 Abs. 3)

15   Erfüllt der Rechtsinhaber die Voraussetzungen des § 21 Abs. 2, wird die nach § 20 erforderliche Bekanntmachung der Wiedergabe unter Hinweis auf die ursprünglich nach § 21 Abs. 1 Satz 1 erfolgte Bekanntmachung gemäß § 21 Abs. 3 nachgeholt. Da lediglich die aufgeschobene Bekanntmachung nachgeholt wird, gilt auch für die nachgeholte Bekanntmachung der Haftungsausschluss des § 20 Satz 2.[22] Weiter werden in das Geschmacksmusterregister die noch fehlenden Texteingaben eingetragen (§ 13 Abs. 4 Satz 2 GeschmMV) und veröffentlicht (§ 14 Nr. 1 GeschmMV). Verzichtet der Rechtsinhaber nach Zahlung der Erstreckungsgebühr auf das Geschmacksmuster, kann er die Nachholung der Bekanntmachung verhindern.[23]

---

19 Vgl. Gesetzesbegründung, BlPMZ 2004, 236; *Kunze*, S. 37.
20 Vgl. Gesetzesbegründung, BlPMZ 2004, 236.
21 Vgl. *Eichmann/v. Falckenstein*, § 21 Rn. 9.
22 Vgl. Gesetzesbegründung, BlPMZ 2004, 235.
23 BPatG, BlPMZ 2004, 468 – Multifunktionaler Transporter.

VII. Ende der Schutzdauer (§ 21 Abs. 4)

Wird der Musterschutz bis zum Ablauf der Aufschiebungsfrist mangels Gebührenzahlung und/oder mangels Einreichung einer Wiedergabe des flächenmäßigen Musterabschnitts nicht erstreckt, endet die Schutzdauer mit Ablauf der Aufschiebungsfrist (§ 21 Abs. 4 Satz 1). Das Geschmacksmuster wird gelöscht (§ 36 Abs. 1 Nr. 1). Es besteht keine Möglichkeit, die erforderlichen Erstreckungsgebühren oder aber die entsprechende Abbildung der Wiedergabe noch nach Ablauf der Aufschiebungsfrist beizubringen. Eine Erstreckung mit „Verspätungszuschlag" gibt es nicht.[24]

16

Gemäß § 21 Abs. 4 Satz 2 kann bei Geschmacksmustern, die aufgrund einer Sammelanmeldung eingetragen worden sind, die nachgeholte Bekanntmachung auf einzelne Geschmacksmuster beschränkt werden. In diesem Fall ist nach § 17 Abs. 2 GeschmMV ein Antrag einzureichen, der folgende Angaben enthält: (1) das Aktenzeichen der Eintragung, (2) den Namen des Rechtsinhabers sowie (3) die laufenden Nummern der Geschmacksmuster, deren Schutz erstreckt werden soll.

17

---

24 Vgl. *Kunze*, S. 37.

§ 22 Einsichtnahme in das Register

Die Einsicht in das Register steht jedermann frei. Das Recht, die Wiedergabe eines Geschmacksmusters und die vom Deutschen Patent- und Markenamt über das Geschmacksmuster geführten Akten einzusehen, besteht, wenn

1. die Wiedergabe bekannt gemacht worden ist,
2. der Anmelder oder Rechtsinhaber seine Zustimmung erteilt hat oder
3. ein berechtigtes Interesse glaubhaft gemacht wird.

Übersicht

	Rn.		Rn.
I. Allgemeines	1	b) Berechtigtes Interesse (§ 22 Satz 2 Nr. 3)	8
II. Registereinsicht	2	3. Verfahren bei freier Akteneinsicht	9
III. Akteneinsicht	3	4. Verfahren bei beschränkter Akteneinsicht	10
1. Freie Akteneinsicht	5	5. Durchführung	16
2. Beschränkte Akteneinsicht	6	6. Kosten	17
a) Zustimmung des Anmelders/ Rechtsinhabers (§ 22 Satz 2 Nr. 2)	7	IV. Auskunft	19

I. Allgemeines

1 § 22 (§ 11 GeschmMG a. F.) begründet für jedermann einen Anspruch auf umfassende Einsicht in das Register (zum Inhalt vgl. §§ 13, 19, 20 GeschmMV) sowie unter den näher genannten Voraussetzungen in die beim DPMA über ein Geschmacksmuster geführten Akten. Zweck des § 22 ist es, den Zugang der Allgemeinheit zu dem Inhalt der Eintragungen und den dahinter stehenden Aktenvorgängen zu regeln. Sinnvoll ist die Akteneinsicht vor allem, weil die Wiedergabe des Musters im Geschmacksmusterblatt häufig nicht optimal ist,[1] dem Muster selbst und seiner bildlichen Darstellung jedoch der entscheidende Informationswert über das Muster zukommt.[2] § 22 enthält eine dreifach abgestufte Regelung: (1) Freie Einsicht in das Register (§ 22 Satz 1); (2) Einsicht

---

1 Vgl. *Eichmann/v. Falckenstein*, § 22 Rn. 1.
2 Vgl. *Gerstenberg/Buddeberg*, S. 182.

auf Antrag in die Akten bekannt gemachter Muster (§ 22 Satz 2 Nr. 1); (3) Einsicht auf Antrag in die Akten von noch nicht bekannt gemachten Mustern (§ 22 Satz 2 Nr. 2 und 3). Mit § 22 Satz 1 (freie Registereinsicht) vergleichbare Regelungen finden sich in §§ 8 Abs. 5 Satz 1 GebrMG, 62 Abs. 3 MarkenG, 31 Abs. 1 Satz 2 PatG sowie Art. 72 Satz 2 GGV. § 22 Satz 2 Nr. 1 (freie Akteneinsicht) entspricht im Wesentlichen §§ 8 Abs. 5 Satz 1 GebrMG, 62 Abs. 2 MarkenG, 31 Abs. 1 Satz 1 PatG sowie Art. 74 Abs. 3 GGV. § 22 Satz 2 Nr. 2 und 3 (beschränkte Akteneinsicht) ist vergleichbar mit §§ 8 Abs. 5 Satz 2 GebrMG, 62 Abs. 1 MarkenG, 31 Abs. 1 Satz 1 PatG sowie Art. 74 Abs. 1 und 2 GGV.

II. Registereinsicht

Das Musterregister ist ein öffentliches Register. Es kann während der Dienststunden von jedermann uneingeschränkt beim DPMA eingesehen werden. Ein Antrag auf Registereinsicht oder die Vorlage einer Vollmacht ist nicht erforderlich. Ebenso wenig bedarf es der Glaubhaftmachung eines berechtigten Interesses oder der Zustimmung des Anmelders/Rechtsinhabers. Die Registereinsicht ist gebührenfrei. Das DPMA erteilt auf Antrag gegen Kostenerstattung einfache (Gebührenverzeichnis Nr. 302 100) oder beglaubigte Abschriften (Gebührenverzeichnis Nr. 301 200).[3] Die Benutzung der elektronischen Schutzrechtsauskunftssysteme des DPMA (DPINFO, DPMAregister und DPMApublikationen) ist seit dem Jahr 2001 grundsätzlich kostenfrei.

III. Akteneinsicht

Unter Akteneinsicht ist jedes Auskunftsbegehren in Hinsicht auf den Akteninhalt, auch wenn nur eine Einzelinformation gewünscht ist, zu verstehen.[4] Zu den Akten gehören alle Vorgänge, die das Anmeldeverfahren betreffen, insbesondere alle eingereichten Schriftsätze und Anlagen sowie alle in der Sache ergangenen Entscheidungen.[5] Abhängig davon, ob die Wiedergabe des Musters bekannt gemacht wurde oder nicht, ist die Akteneinsicht ohne Weiteres (sog. freie Akteneinsicht)

---

3 Vgl. zum Markenrecht: *Ingerl/Rohnke*, § 62 Rn. 6.
4 Vgl. zum Markenrecht: *Ingerl/Rohnke*, § 62 Rn. 2.
5 Vgl. zum Patentrecht: *Busse*, § 31 Rn. 13 f.

§ 22   Einsichtnahme in das Register

oder nur unter bestimmten Voraussetzungen (sog. beschränkte Akteneinsicht) möglich.

4   Die Einsichtnahme in die Akten ist grundsätzlich möglich, solange die Anmeldung anhängig oder das Geschmacksmuster in Kraft ist. Danach gelten für die Akten unterschiedliche Aufbewahrungsfristen. Akten von eingetragenen Geschmacksmustern und typographischen Schriftzeichen werden 5 Jahre nach Ablauf des Jahres, in dem der Schutz erloschen ist, vernichtet. Akten von Geschmacksmusteranmeldungen, die nicht zur Eintragung geführt haben, vernichtet das DPMA hingegen bereits 3 Jahre nach Ablauf des Jahres, in dem die Anmeldung unanfechtbar erledigt worden ist.[6] Akten, bei denen die Aufbewahrungsfrist abgelaufen ist, werden vernichtet. Die Einsichtnahme in diese Akten ist dann nicht mehr möglich.

1. Freie Akteneinsicht

5   Die freie Akteneinsicht besteht vom Tage der Bekanntmachung der Wiedergabe (§ 20) des Geschmacksmusters im Geschmacksmusterblatt.

2. Beschränkte Akteneinsicht

6   Wurde die Wiedergabe noch nicht bekannt gemacht, besteht nach § 22 Satz 2 Nr. 1 nur ein beschränktes Akteneinsichtsrecht. Dies betrifft die Verfahrensphase zwischen der Anmeldung und der Bekanntmachung sowie Fälle, in denen die Bildbekanntmachung nach § 21 aufgeschoben ist. In diesem Fall ist die Akteneinsicht nur bei Vorliegen bestimmter Voraussetzungen (Zustimmung des Anmelders/Rechtsinhabers; Vorliegen eines „berechtigten Interesses") zu gewähren.

a) Zustimmung des Anmelders/Rechtsinhabers (§ 22 Satz 2 Nr. 2)

7   Die Akteneinsicht ist ohne Weiteres zu gewähren, wenn der Anmelder/ Rechtsinhaber der Einsicht zustimmt. Die Zustimmung muss ausdrücklich (schriftlich) erklärt werden, muss also unterschrieben sein.[7] Die einmal erklärte Zustimmung kann grundsätzlich nicht widerrufen oder eingeschränkt werden.[8] Allerdings kann die Einwilligungserklärung

---

6 DPMA-Mitteilung Nr. 02/01.
7 Vgl. zum Patentrecht: *Benkard*, § 31 Rn. 23.
8 BPatGE 3, 20, 22.

von vornherein auf bestimmte Personen eingeschränkt werden. Eine Beschränkung der Zustimmung dahingehend, dass der Antragsteller nur bestimmte Teile der Akte einsehen darf, ist – anders als nach § 11 Satz 2 Nr. 2 GeschmMG a. F. („wenn und soweit") – unzulässig.[9] Auch nach Verzicht auf das Muster und nach Löschung der Eintragung bleibt die einmal begründete freie Einsicht bestehen.[10]

b) Berechtigtes Interesse (§ 22 Satz 2 Nr. 3)

Erteilt der Anmelder/Rechtsinhaber keine Zustimmung zur Akteneinsicht (§ 22 Satz 2 Nr. 2), muss der Antragsteller ein berechtigtes Interesse an der Akteneinsicht haben und dieses glaubhaft machen. Bei der Beurteilung, ob der Antragsteller ein berechtigtes Interesse hat, sind die Interessen der Beteiligten abzuwägen. In die Abwägung ist auch das Recht des Anmelders auf informationelle Selbstbestimmung einzubeziehen.[11] Ein berechtigtes Interesse ist regelmäßig anzunehmen, wenn die Kenntnis der Akten für das künftige Verhalten des Antragstellers bei der Wahrung oder Verteidigung von Rechten bestimmend sein kann und das Interesse des Antragstellers an der Akteneinsicht das Geheimhaltungsinteresse des Anmelders/Rechtsinhabers überwiegt.[12] Ausreichend ist auch ein tatsächliches, insbesondere ein wirtschaftliches Interesse. Ein rechtliches Interesse i. S. d. § 299 Abs. 2 ZPO ist nicht erforderlich.[13] Ein rein wissenschaftliches Interesse reicht hingegen nicht aus.[14] Das Gleiche gilt für den Auftrag zur Erteilung eines Privatgutachtens[15] oder ein rein abstraktes berufliches Fortbildungsinteresse ohne konkreten Sachbezug.[16] Das berechtigte Interesse ist insbesondere zu bejahen bei einer Abmahnung aus einem Muster, dessen Bekanntmachung aufgeschoben ist,[17] bei einem Löschungsantrag,[18] bei einer Schutzrechtsberührung gegenüber dem Antragsteller oder der

8

---

9 Vgl. *Eichmann/v. Falckenstein*, § 22 Rn. 8.
10 BGH, GRUR 1964, 548, 550 – Akteneinsicht I; BGH, GRUR 1964, 602, 603 – Akteneinsicht II.
11 BGH, GRUR 2007, 628, 629 – MOON.
12 BPatGE 19, 6.
13 BGH, GRUR 1966, 698, 700 – Akteneinsicht IV; BGH, GRUR 1994, 104 – Akteneinsicht XIII.
14 BPatG, GRUR 1978, 531; BPatGE 32, 268, 269.
15 BPatG, GRUR 1964, 619.
16 BPatGE 32, 268, 269.
17 BGH, GRUR 1972, 725 – Akteneinsicht XI.
18 BPatG, GRUR 1976, 721.

Allgemeinheit[19] sowie bei einer wirtschaftlichen Behinderung im Ausland durch dortiges ausländisches Muster mit Priorität eines deutschen Musters.[20] Im Übrigen ist bei der Abwägung zu berücksichtigen, dass ein Allgemeininteresse daran besteht, dass keine Schutzrechte zu Unrecht eingetragen werden oder zu Unrecht eingetragen bleiben und daraus zu Unrecht Ausschließlichkeitsrechte abgeleitet werden.[21] Schließlich kann das berechtigte Interesse auch dann bestehen, wenn es auf andere Weise befriedigt werden könnte, und deshalb die Akteneinsicht nicht notwendig ist.[22] Gründe, die gegen eine Akteneinsicht sprechen, hat der Antragsgegner darzulegen.[23]

3. Verfahren bei freier Akteneinsicht

9 Die freie Einsicht steht jeder Person einschließlich Rechercheuren offen.[24] Die Akteneinsicht ist beim DPMA jeweils schriftlich zum Aktenzeichen, entweder formlos per Post oder per Fax zu beantragen. Per E-Mail gestellte Anträge auf Akteneinsicht werden vom DPMA nicht bearbeitet. In dem Antrag ist das Aktenzeichen des Geschmacksmusters möglichst genau anzugeben. Weiter ist anzugeben, ob die Akteneinsicht in einem der beiden Recherchesäle des DPMA oder in der Auskunftsstelle Jena erfolgen soll (in den Recherchesälen können aus den Akten gegen Entgelt Kopien in Selbstbedienung angefertigt werden). Gegen Erstattung der Auslagen versendet das DPMA auch eine Papierkopie der vollständigen Akte oder bestimmter Teile daraus. Vor Erteilung der Akteneinsicht erfolgt weder eine Anhörung des Anmelders/Rechtsinhabers noch eine förmliche Entscheidung. Grund hierfür ist, dass ein Geheimhaltungsinteresse des Anmelders/Rechtsinhabers nach erfolgter Bekanntmachung nicht (mehr) gegeben ist.[25] Bevollmächtigte haben ihre Vertretungsmacht nachzuweisen.[26] Berufsmäßige Vertreter brauchen ihren Auftraggeber hingegen nicht zu offenbaren, da eine Abwägung widerstreitender Interessen nicht stattfindet.[27]

---

19 BPatGE, 19, 7; BPatGE 20, 16.
20 BPatGE 14, 19.
21 BGH, GRUR 2007, 628, 629 – MOON.
22 BGH, GRUR 1994, 104, 105 – Akteneinsicht XIII.
23 BGH, GRUR 2007, 628, 629 – MOON.
24 BGH, GRUR 2001, 143 – Akteneinsicht XV.
25 Vgl. zum Patentrecht: *Busse*, § 31 Rn. 62.
26 Vgl. *Eichmann/v. Falckenstein*, § 22 Rn. 8.
27 BGH, GRUR 1999, 226 – Akteneinsicht XIV; BPatGE 6, 216; BPatGE 17, 26, 27.

III. Akteneinsicht § 22

4. Verfahren bei beschränkter Akteneinsicht

In den Fällen der beschränkten Akteneinsicht ist der Antrag auf Akteneinsicht förmlich (schriftlich) zu stellen. Er kann auf die vollständige Einsicht in die Akten gerichtet, aber auch auf die Einsicht in Teile derselben beschränkt sein.[28] Wird der Antrag durch einen Rechts- oder Patentanwalt gestellt, muss dieser angeben, für wen er den Antrag stellt und seine Vertretungsmacht nachweisen[29] oder ein eigenes persönliches Interesse an der Akteneinsicht darlegen.[30] Das eigene Interesse des Anwalts kann unter Umständen bereits mit dem Bedürfnis des Anwalts, seinen Mandanten sachgerecht zu beraten, begründet werden.[31] 10

Ob ein berechtigtes Interesse an der Akteneinsicht vorliegt, entscheidet das DPMA nach pflichtgemäßem Ermessen. Abzuwägen ist das Geheimhaltungsinteresse des Anmelders/Rechtsinhabers gegen das Interesse des Antragstellers auf Akteneinsicht.[32] Bei der Interessenabwägung ist zu berücksichtigen, dass die beantragte Akteneinsicht helfen kann, einen Rechtsstreit zu vermeiden. Dies liegt im Interesse beider Parteien.[33] Wurde das Muster bereits anderweitig offenbart, tritt das Geheimhaltungsinteresse stark zurück.[34] Das DPMA darf die Akteneinsicht nicht schon mit der Begründung verweigern, bestimmte Teile der Akten seien für den mit der Akteneinsicht verfolgten Zweck ohne Erkenntniswert.[35] Unerheblich ist, ob das betreffende Muster erloschen ist.[36] 11

Der Antragsteller muss den Antrag begründen, d.h. schlüssig darlegen, warum er ein berechtigtes Interesse an der Akteneinsicht zu haben glaubt. Das berechtigte Interesse ist glaubhaft zu machen. Zur Glaubhaftmachung reicht es aus, dass dem DPMA „die Überzeugung der überwiegenden Wahrscheinlichkeit verschafft wird".[37] Zur Glaubhaftmachung (vgl. § 294 ZPO) bietet sich neben der Vorlage von Urkunden insbesondere die eidesstattliche Versicherung an.[38] 12

---

28 BGH, GRUR 1973, 491 – Akteneinsicht VIII; BPatG, GRUR 1978, 51; BPatG, GRUR 1992, 55.
29 BGH, GRUR 1964, 548 – Akteneinsicht I.
30 Vgl. *Eichmann/v. Falckenstein*, § 22 Rn. 8; BPatGE 26, 53.
31 BPatG, GRUR 1978, 531.
32 BGH, GRUR 1994, 104 – Akteneinsicht XIII.
33 Vgl. *Nirk/Kurtze*, § 11 Rn. 15.
34 BPatGE 12, 93; BPatGE 14, 174; BPatGE 20, 15.
35 BPatGE 15, 258.
36 BPatG, MittdtPatA 1979, 138, 139.
37 PA, MittdtPatA 1938, 71; PA, MittdtPatA 1938, 287, 290.
38 Vgl. zum Markenrecht: *Fezer*, § 62 Rn. 3.

§ 22 Einsichtnahme in das Register

13 Das DPMA hat den Anmelder/Rechtsinhaber zu hören, d.h. diesem den Antrag auf Akteneinsicht zur Stellungnahme zuzuleiten.[39] Unterlässt das DPMA dies, verletzt es den Grundsatz auf rechtliches Gehör.[40] Erklärt sich der Anmelder/Rechtsinhaber mit der Akteneinsicht ausdrücklich einverstanden, kann sie ohne Weiteres gewährt werden.[41] Widerspricht der Anmelder/Rechtsinhaber, hat das DPMA von Amts wegen eine Interessenabwägung vorzunehmen. Äußert sich der Anmelder/Rechtsinhaber nicht, kann dies zwar nicht ohne Weiteres als Zustimmung des Anmelders/Rechtsinhabers gewertet werden, eine Interessenabwägung ist gleichwohl entbehrlich, da das DPMA sich nicht zum einseitigen Interessenvertreter des Anmelders/Rechtsinhabers zu machen braucht.[42]

14 Die Entscheidung über die Akteneinsicht ergeht durch Beschluss. Dieser ist zu begründen, schriftlich auszufertigen und mit einer Rechtsmittelbelehrung zu versehen.[43] Über den Antrag entscheidet die Stelle des DPMA, die für die Bearbeitung der Sache, über welche die Akten geführt werden, zuständig ist oder, sofern die Bearbeitung abgeschlossen ist, zuletzt zuständig war (§ 22 Abs. 1 DPMAV). Gegen den Beschluss des DPMA kann die beschwerte Partei Beschwerde einlegen (§ 23 Abs. 2). Dementsprechend ist die Akteneinsicht erst nach Ablauf der Beschwerdefrist zu gewähren.[44]

15 Der Umfang der Akteneinsicht bemisst sich an dem glaubhaft gemachten berechtigten Interesse. Die Akteile, hinsichtlich deren ein berechtigtes Interesse an der Einsicht nicht besteht, sind daher auszunehmen.[45] Grundsätzlich erstreckt sich dieses Interesse auf den gesamten Akteninhalt.[46]

5. Durchführung

16 Die Akteneinsicht in die Originalakten wird nur in den Dienstgebäuden des DPMA (Auslegehalle in München, Berlin oder Jena) gewährt (§ 22 Abs. 2 Satz 1 DPMAV). Auf Antrag wird Akteneinsicht durch die Er-

---

39 BPatGE 5, 23; BPatGE 22, 62.
40 BGH, GRUR 1978, 99, 100 – Gleichstromfernspeisung.
41 BPatGE 3, 20, 22.
42 BPatGE 23, 55, 57.
43 Vgl. zum Gebrauchsmusterrecht: *Loth*, § 8 Rn. 89.
44 Vgl. zum Patentrecht: Busse/*Schwendy*, § 31 Rn. 75.
45 Vgl. zum Patentrecht: Benkard/*Goebel*, § 31 Rn. 35.
46 BPatGE 17, 106.

teilung von Kopien oder beglaubigten Kopien der gesamten Akten oder von Teilen der Akten gewährt (§ 22 Abs. 2 Satz 2 DPMAV). Die Akteneinsicht kann auch durch Übersendung der Akte an das Amtsgericht des Wohnorts durchgeführt werden. Ein Anspruch auf Abgabe in die Wohnung oder das Büro des Anwalts besteht nicht.[47] Befinden sich die Akten in der Beschwerde- oder Rechtsmittelinstanz, können die Akten dort eingesehen werden. Das Gleiche gilt, wenn das DPMA die Akte einem ordentlichen Gericht (Prozessgericht) zugeleitet hat.[48]

6. Kosten

Die Akteneinsicht in solche Akten, deren Einsicht jedermann freisteht, in die Akten der eigenen Anmeldung oder des eigenen Schutzrechts ist gebührenfrei. 17

Die Akteneinsicht in noch nicht veröffentlichte Akten ist gebührenpflichtig (EUR 90 – Gebührenverzeichnis Nr. 301 400). Die Gebühr verfällt als Antragsgebühr mit der Antragstellung. Da die Akteneinsichtsgebühr nicht mit Antragstellung, sondern erst mit Durchführung der Amtshandlung (Akteneinsicht) fällig wird, kann die fehlende Gebührenzahlung nicht zu der Rechtsfolge führen, dass der Antrag gemäß § 6 Abs. 2 PatKostG als zurückgenommen gilt. Das DPMA kann die Gebühr jedoch gemäß § 7 Abs. 1 DPMAvwKostV als Vorschuss verlangen.[49] Durch die Gebühr werden alle Maßnahmen, die im Zusammenhang mit der Akteneinsicht stehen, abgegolten. Kosten für die Erstellung von Kopien werden als Auslagen gesondert erhoben (Gebührenverzeichnis Nr. 302 100). 18

IV. Auskunft

Nach § 23 Abs. 2 DPMAV führt das DPMA auf schriftlichen Antrag eine Recherche anhand des Namens des Rechtsinhabers durch und erteilt über das Ergebnis Auskunft. Der Antrag, in dem der Name und der Wohnort oder Sitz des Rechtsinhabers anzugeben sind, kann auf einzelne Warenklassen und auf einen Zeitraum beschränkt werden, in dem die Anmeldungen eingereicht worden sind (§ 23 Abs. 2 Satz 2 DPMAV). Die Auskunft enthält gemäß § 23 Abs. 2 Satz 3 DPMAV An- 19

---

47 Vgl. zum Patentrecht: Busse/*Schwendy*, § 31 Rn. 77.
48 Vgl. *Nirk/Kurtze*, § 11 Rn. 28.
49 BPatG, GRUR 2006, 175 – Schulheftseiten.

§ 22 Einsichtnahme in das Register

gaben über (1) den Namen des Rechtsinhabers, seinen Wohnort oder Sitz, bei ausländischen Orten auch den Staat, (2) den Tag der Anmeldung des Musters, (3) das Aktenzeichen der Eintragung, (4) die Erzeugnisse, (5) die Warenklassen, (6) den Tag der Eintragung und (7) den Tag der Bekanntmachung der Eintragung. Für die Auskunft aus den Akten gelten dieselben Beschränkungen wie für die Akteneinsicht.[50] Die Erteilung einer schriftlichen Auskunft ist gebührenpflichtig (Gebührenverzeichnis Nr. 301 310); etwaige Auslagen werden gesondert erhoben.

---

50 Vgl. *Ruhl*, Art. 74 Rn. 13.

§ 23 Verfahrensvorschriften, Beschwerde und Rechtsbeschwerde

(1) Das Deutsche Patent- und Markenamt entscheidet im Verfahren nach diesem Gesetz durch ein rechtskundiges Mitglied im Sinne des § 26 Abs. 1 Satz 2 des Patentgesetzes. Für die Ausschließung und Ablehnung dieses Mitglieds des Deutschen Patent- und Markenamts gelten die §§ 41 bis 44, 45 Abs. 2 Satz 2 und die §§ 47 bis 49 der Zivilprozessordnung über die Ausschließung und Ablehnung der Gerichtspersonen entsprechend. Über das Ablehnungsgesuch entscheidet, soweit es einer Entscheidung bedarf, ein anderes rechtskundiges Mitglied des Deutschen Patent- und Markenamts, das der Präsident des Deutschen Patent- und Markenamts allgemein für Entscheidungen dieser Art bestimmt hat. § 123 Abs. 1 bis 5 und 7 und die §§ 124, 126 bis 128 des Patentgesetzes finden entsprechende Anwendung.

(2) Gegen die Beschlüsse des Deutschen Patent- und Markenamts im Verfahren nach diesem Gesetz findet die Beschwerde an das Bundespatentgericht statt. Über die Beschwerde entscheidet ein Beschwerdesenat des Bundespatentgerichts in der Besetzung mit drei rechtskundigen Mitgliedern. Die §§ 69, 73 Abs. 2 bis 4, § 74 Abs. 1, § 75 Abs. 1, die §§ 76 bis 80 und 86 bis 99, 123 Abs. 1 bis 5 und 7 und die §§ 124, 126 bis 128 des Patentgesetzes finden entsprechende Anwendung.

(3) Gegen die Beschlüsse des Beschwerdesenats über eine Beschwerde nach Absatz 2 findet die Rechtsbeschwerde an den Bundesgerichtshof statt, wenn der Beschwerdesenat die Rechtsbeschwerde zugelassen hat. § 100 Abs. 2 und 3, die §§ 101 bis 109, 123 Abs. 1 bis 5 und 7 sowie § 124 des Patentgesetzes finden entsprechende Anwendung.

Übersicht

	Rn.		Rn.
I. Allgemeines	1	1. Allgemeines	9
II. Exkurs zum Gemeinschaftsgeschmacksmuster	4	2. Statthaftigkeit	10
		3. Verfahren	12
III. Wiedereinsetzung in den vorigen Stand	9	4. Antragsfrist	13
		5. Antragsbegründung	14

§ 23 Verfahrensvorschriften, Beschwerde und Rechtsbeschwerde

	Rn.		Rn.
6. Nachholung der versäumten Handlung	15	9. Beschwerdeschrift	50
7. Unverschuldete Säumnis	16	10. Beschwerdegebühr	51
8. Entscheidung	35	11. Verfahren	54
IV. (Rechts-)Beschwerdeverfahren	38	12. Kostenauferlegung	67
1. Allgemeines	38	13. Rechtsbeschwerde	70
2. Wirkung	39	V. Allgemeine Verfahrensgrundsätze	74
3. Statthaftigkeit	40	1. Form	74
4. Beschwerdeberechtigung	43	2. Unterschrift	76
5. Partei- und Geschäftsfähigkeit	44	3. Fristen	79
6. Rechtsschutzbedürfnis/Beschwer	45	4. Zustellung	85
7. Form	47	5. Wahrheitspflicht	96
8. Frist	48	6. Amts- und Gerichtssprache	98
		7. Rechtshilfe	99

I. Allgemeines

1 § 23 regelt in Abs. 1 die Organisation der Geschmacksmusterstelle. Er entstand durch die Zusammenführung von § 10 Abs. 1 a.F. und § 10 Abs. 5 a.F., wobei durch Art. 18 Nr. 6 KostBereinG § 10 Abs. 5 a.F. im Wesentlichen zu § 10 Abs. 6 a. F. wurde. § 10 Abs. 2 und 3 a.F., der die Prüfungs-, Beanstandungs- und Bestimmungsbefugnisse des DPMA regelte, findet sich jetzt im Wesentlichen in §§ 16, 18 und 19 wieder. Für das Eintragungsverfahren war bis einschließlich 30. Juni 1988 keine vollständige Regelung der funktionellen Zuständigkeit des DPMA erfolgt, da Entwürfe und Regelungen bis 1988 einen anderen funktionellen Aufbau mit einer Prüfungsstelle einerseits und einer Geschmacksmusterabteilung, die für Löschungen und Beschwerden zuständig sein sollte, andererseits vorsahen. Das Patenterteilungsverfahren ist Vorbild für das Registrierungsverfahren in der jetzigen Form, da in Abs. 1 die allgemeinen Verfahrensvorschriften und Rechtsinstitute auch im Geschmacksmusterrecht für anwendbar erklärt werden. Eine einheitliche Regelung des Rechtsmittelverfahrens erfuhr das Geschmacksmusterrecht erstmals für alle nach dem 1. Juli 1988 eingereichten Anmeldungen. Hinsichtlich früherer Anmeldungen waren die Rechtsmittelverfahren weiterhin bei den Registergerichten zu führen. Die letzten Muster dieser Art liefen zum 30. Juni 2003 aus. Deshalb dürften bei den Registergerichten keine Altverfahren mehr anhängig sein.

I. Allgemeines § 23

Beim DPMA ist die Geschmacksmusterstelle nach §§ 6 DPMAV, 4 WahrnV funktional für das Eintragungsverfahren zuständig. Sie steht funktionell z. B. der Gebrauchsmusterstelle gleich, auch wenn die Regelung einen Gegensatz zu § 27 Abs. 1 PatG, § 10 Abs. 1 GebrMG und § 56 Abs. 1 MarkenG darstellt. Es ist eine allgemeine Aufgabe des DPMA, das Register für Geschmacksmuster, das in § 9 Abs. 4 legal definiert ist, nach § 19 Abs. 1 zu führen. Dabei sieht das Gesetz eine weitere Untergliederung nicht vor, weshalb die Aufgaben nach interner Zweckmäßigkeit von den bereits bestehenden Organisationseinheiten wahrgenommen werden können. Dies ist seit dem 1. September 1998 gemäß §§ 6 DPMAV, 4 WahrnV die Dienststelle in Jena des DPMA.[1] Nur die im Rahmen des GeschmMG ergangenen Entscheidungen der Geschmacksmusterstelle des DPMA sind mit der Beschwerde nach § 23 angreifbar. Die Entscheidungen anderer Stellen werden von dieser Beschwerdemöglichkeit nicht berührt. Nach § 26 Abs. 1 Satz 2 PatG, auf den § 23 Abs. 1 Satz 1 verweist, muss das rechtskundige Mitglied des DPMA die Befähigung zum Richteramt nach § 5 Abs. 1 DRiG besitzen. Außerdem muss er zum Mitglied des DPMA berufen worden sein. Die §§ 23 Abs. 1 und 26 Abs. 2 Satz 2 sowie §§ 4 und 7 WahrnV bestimmen die Aufgaben und deren Delegation.

2

Rechtskundige Mitglieder und gemäß § 26 Abs. 3 auch Bedienstete des gehobenen und mittleren Dienstes des DPMA können nach Abs. 1 Satz 2, der an § 27 Abs. 6 PatG angelehnt ist, ausgeschlossen und abgelehnt werden. Dabei gelten die genannten Vorschriften der ZPO. § 41 ZPO bestimmt, wann ein Ausschlussgrund vorliegt. Wenn ein Ausschlussgrund besteht, ist die Mitwirkung des betroffenen Bediensteten kraft Gesetzes ausgeschlossen. Die Ablehnung eines Bediensteten muss von den Verfahrensbeteiligten betrieben werden. Dabei können sowohl Ausschließungsgründe nach § 41 ZPO herangezogen werden als auch die Besorgnis der Befangenheit nach § 42 ZPO genannt werden. Die Besorgnis der Befangenheit besteht nur, wenn ein außenstehender, objektiver und vernünftiger Betrachter bei Beurteilung des vorliegenden Einzelfalls begründete Zweifel am unparteiischen Urteil des Bediensteten hat. Außerdem müssen Zweifel bestehen, dass der Bedienstete eine nur an der Sache orientierte Entscheidung herbeiführen wird. Ablehnungsgründe nach § 42 ZPO sind daher sowohl eine engere Bekanntschaft oder Freundschaft, Feindschaft oder Spannungen mit dem Ver-

3

---

[1] Mitt. PräsDPA, BlPMZ 1999, 49; Mitt. PräsDPA, BlPMZ 1998, 381; Mitt. PräsDPA, BlPMZ 1995, 1.

fahrensbevollmächtigten sowie ein völlig unsachliches Verhalten. Aufklärungshinweise und -empfehlungen nach § 139 ZPO begründen die Ablehnung des Bediensteten noch nicht. Ebenso kann als Ablehnungsgrund nicht auf eine irrige Rechtsauffassung des Bediensteten gestützt werden, solange sie nicht abwegig ist.[2] Der Ablehnungsgrund ist glaubhaft zu machen. Mutwillige Ablehnungsgesuche sind offensichtlich unzulässig. Das Ablehnungsgesuch muss gegen einen bestimmten Bediensteten gerichtet sein. Es können auch mehrere Personen genannt werden, sofern sie mit der Sache tatsächlich befasst sind. Unzulässig ist dagegen die Ablehnung einer Institution wie der Geschmacksmusterstelle als Ganzes oder eines Senats des BPatG, ohne den einzelnen Richter zu bezeichnen. Hat des DPMA dem Ablehnungsgesuch stattgegeben oder hält die abgelehnte Person es für begründet, tritt an seine Stelle der im Geschäftsverteilungsplan des DPMA genannte Stellvertreter oder die danach bestimmte Organisationseinheit. Vor Entscheidung über das Ablehnungsgesuch darf der abgelehnte Bedienstete nach § 47 ZPO nur Amtshandlungen vornehmen, die unaufschiebbar sind. Zu den unaufschiebbaren Handlungen zählt die Entscheidung über ein Amtshilfeersuchen nicht.[3] Nach einer Einlassung in Kenntnis des Ablehnungsgrundes entfällt nach § 43 ZPO das Ablehnungsrecht.

II. Exkurs zum Gemeinschaftsgeschmacksmuster

4 Durch die Verordnung (EG) 40/94 des Rates vom 20. Dezember 1993 über die Gemeinschaftsmarke wurde das Harmonisierungsamt für den Binnenmarkt (Marken, Muster und Modelle), abgekürzt als HABM, (engl. OHIM, frz. OHMI, span. OAMI, it. UAMI) errichtet. Es hat seinen Sitz in Alicante in Spanien und nimmt die ihm durch Art. 2 GGV übertragenen Aufgaben wahr. Die Beschwerdekammern, die Nichtigkeitsabteilungen, sowie die Marken- und Musterverwaltungs- und Rechtsabteilung und die Prüfer sind nach Art. 102 GGV für das Gemeinschaftsgeschmacksmuster zuständig. Die allgemein anerkannten Verfahrensgrundsätze wie das Recht auf rechtliches Gehör oder die Regelungen über die Ausschließung und Ablehnung von Amtsangehörigen können über Art. 68 GGDV herangezogen werden, soweit diese nicht geregelt sind.

---

2 BPatG, GRUR 1983, 504.
3 BPatG, BlPMZ 1985, 140.

II. Exkurs zum Gemeinschaftsgeschmacksmuster § 23

Wie bereits im Verfahren über die Gemeinschaftsmarke geregelt, werden beim HABM englisch, französisch, deutsch, italienisch und spanisch als die fünf Amtssprachen nach Art. 98 Abs. 2 GGV verwendet, wobei sich deren Verwendung auf Art. 97–99 GGV und Art. 80–84 GGDV stützt. Zwar hat der Anmelder nach Art. 98 Abs. 1 GGV die Möglichkeit das Gemeinschaftsgeschmacksmuster in jeder der Amtssprachen der EG anzumelden, doch ist er nach Art. 98 Abs. 2 GGV verpflichtet, als zweite Sprache eine der fünf Amtssprachen als Verfahrenssprache anzugeben. Wird die Anmeldung nicht in einer der Amtssprachen vorgenommen, so veranlasst das HABM die Übersetzung in die Sprache, die der Anmelder als zweite Sprache angegeben hat. Dies wirkt sich deutlich verfahrensverzögernd aus, da die Übersetzung nicht im Amt selbst vorgenommen wird. Es besteht im einseitigen Verfahren nach Art. 80 (a) GGDV die Möglichkeit, die in der Anmeldung genutzte Sprache als Verfahrenssprache beizubehalten. Das HABM hat dann jedoch nach Art. 98 Abs. 3 GGV die Möglichkeit, seine Mitteilungen in der gewählten zweiten Sprache als Amtssprache zu übermitteln. Bei bereits eingetragenen Geschmacksmustern sind Anträge und Erklärungen nach Art. 80 (b) GGDV in einer der Amtssprachen abzugeben. Nach Art. 81 Abs. 1 Satz 2 GGDV muss innerhalb eines Monats eine Übersetzung in die Verfahrenssprache vorgenommen werden, wenn sie nicht in dieser eingereicht wurden, wobei das HABM nach Art. 83, 84 GGDV das Recht hat, die Beglaubigung der Übersetzung zu fordern. Art. 98 Abs. 4 und 5 GGV sowie Art. 29 GGDV regeln hinsichtlich des schriftlichen, Art. 82 GGDV hinsichtlich des mündlichen Verfahrens die Verwendung der Sprachen. Die amtlichen Veröffentlichungen sind nach Art. 99 GGV in den Amtssprachen vorzunehmen.

Da Art. 65 ff. GGDV in Verfahren die Schriftform anordnet, müssen die Schriftstücke unterzeichnet sein und im Original, per Fax oder auf elektronischem Weg eingereicht werden, wobei eine schlechte Qualität einer Anmeldung per Fax hinsichtlich der Wiedergabe nachgebessert werden kann, ohne dass dies prioritätsschädlich wäre. Die Nachreichung der Originalvorlage hat nach Art. 66 Abs. 1 Satz 2 GGDV innerhalb eines Monats zu erfolgen. Wird diese Frist versäumt, so gilt hinsichtlich der Anmeldung der Tag der Nachreichung. Dies kann prioritätsschädlich sein. Sind andere Faxeingaben fehlerhaft, so erteilt das HABM einen Mängelbescheid. Die Wirksamkeit tritt erst nach Art. 66 Abs. 2 GGDV mit der Übermittlung einer fehlerfreien Telefaxkopie oder des Originalschriftstücks ein. Dies ist ausführlich in Abschnitt 4.6.2 PrüfRL geregelt.

§ 23   Verfahrensvorschriften, Beschwerde und Rechtsbeschwerde

7 Fristen werden nach Art. 56–58 GGDV berechnet. Die Berechnung ähnelt der Fristberechnung nach §§ 187ff. BGB. Gemäß Art. 58 Abs. 1 und 2 GGDV werden Feiertage am Sitz des HABM und im Land des Anmelders nicht mitgezählt. Jedes Jahr teilt der Präsident des HABM im Herbst für das darauf folgende Jahr die Tage mit, an denen eine Postzustellung nicht erfolgt. Eine Veröffentlichung im Amtsblatt erfolgt sodann am Jahresende.[4] Für amtliche Fristen gilt Abschnitt 2.6 PrüfRL. Postsendungen werden vom HABM am Freitag ab 16 Uhr nicht mehr angenommen. Das Verfahren zur Wiedereinsetzung wegen versäumter Fristen ist dem des § 123 PatG angenähert. Nach Art. 67 GGV kann die versäumte Handlung innerhalb von zwei Monaten nach Wegfall des Hindernisses nachgeholt werden; es besteht eine Ausschlussfrist von einem Jahr ab dem Zeitpunkt der Säumnis. Teil der Ausschlussfrist ist die Nachfrist von sechs Monaten für die Zahlung der Verlängerungsgebühr. Ein gutgläubiger Zwischenbenutzer kann nach Art. 67 Abs. 7 GGDV die Gewährung der Wiedereinsetzung, gegen Zahlung einer Antragsgebühr von EUR 200,– angreifen. Das HABM hat im Amtsblatt 2004 ausführliche Richtlinien erlassen.[5] Schriftstücke des HABM werden Art. 66 GGV, Art. 47–55 GGDV zugestellt; dabei werden mittels Einschreiben und Rückschein rechtsmittelfähige Beschlüsse, Ladungen und andere eine Frist in Gang setzende Schriftstücke zugestellt. Bei anderen Schriftstücken erfolgt die Zustellung durch einfachen Brief. Weitere Zustellmöglichkeiten sind nach Art. 49 GGDV die eigenhändige Übergabe, nach Art. 50 GGDV die Hinterlegung im Abholfach des HABM sowie durch Fax und Computerfax. Von der letzten Möglichkeit macht das HABM zunehmend Gebrauch. Außerdem kommen nach Art. 51 GGDV auch andere Kommunikationsmittel für die Zustellung in Betracht, die jedoch einer Regelung durch den Präsidenten des HABM bedürfen. Die öffentliche Zustellung erfolgt im Blatt für Gemeinschaftsgeschmacksmuster. Diese ist durch den Beschluss des Präsidenten des HABM vom 20.1.2003[6] geregelt.

8 Art. 55 GGV und Art. 34 GGDV regeln das Beschwerdeverfahren vor dem HABM. Weiter erfolgte eine Regelung in Abschnitt 2.8 PrüfRL. Das Beschwerdeverfahren vor dem HABM ähnelt in großen Bereichen den Regelungen in §§ 73ff. PatG hinsichtlich Beteiligter, aufschiebender Wirkung, Zulässigkeitsvoraussetzungen, Abhilfe und Vorlage sowie

---

4 Für 2011: Beschluss Nr. EX-10-4 des Präsidenten des Amtes vom 14.12.2010, ABl. 2011, 1.
5 HABM, ABl. 2004, 770.
6 HABM, ABl, 2003, 864.

Rückzahlung der Beschwerdegebühr. Die Beschwerde ist innerhalb einer Frist von zwei Monaten nach Zustellung der Entscheidung unter Bezahlung der Beschwerdegebühr von derzeit EUR 800,– einzulegen. Diese muss nach Art. 57 Satz GGDV innerhalb von vier Monaten begründet werden. Insoweit weicht die Regelung vom deutschen Recht ab. Nach der Entscheidung der Beschwerdekammer kann nach Art. 61 GGDV dagegen Klage zum Europäischen Gericht 1. Instanz erhoben werden. Hierfür ist eine Frist von zwei Monaten einzuhalten. Die Klage ähnelt der Rechtsbeschwerde. Eine Beschränkung auf bestimmte Klagegründe ist nach Art. 61 Abs. 2 GGDV zulässig.

III. Wiedereinsetzung in den vorigen Stand

1. Allgemeines

Bei Versäumung einer Frist kann Antrag auf Wiedereinsetzung in den vorigen Stand (= Wiedereinsetzung) gestellt werden. Wird die Wiedereinsetzung gewährt, gelten die verspätet vorgenommenen Handlungen als fristgerecht vorgenommen. Abs. 1 Satz 4 verweist auf § 123 Abs. 1 bis 5 und 7 PatG, weshalb sich die Voraussetzungen für die Gewährung der Wiedereinsetzung nach dem PatG bestimmen. Die Wiedereinsetzung ist vom Weiterbehandlungsantrag nach § 17 abzugrenzen.[7] Wird im Fristgesuch ein falsches Aktenzeichen genannt und ist die Zuordnung des Schriftsatzes zum richtigen Verfahren aus den weiteren Angaben möglich, so liegt kein Versäumen der Frist vor.[8]

9

2. Statthaftigkeit

Eine Wiedereinsetzung kann nach § 123 Abs. 1 Satz 1 PatG nur für Fristen beantragt werden, deren Versäumung nach gesetzlichen Vorschriften einen Rechts- oder Kostennachteil zur Folge hat. Der Rechts- oder Kostennachteil muss bereits dann eintreten, wenn die Säumnis an sich bereits die negative Rechtsfolge verursacht, ohne dass Ämter oder Gerichte tätig werden.[9] Es muss sich um Fristen handeln, die gegenüber dem DPMA oder dem BPatG einzuhalten sind;[10] von der Regelung nicht betroffen sind Fristen, die gegenüber anderen Institutionen ein-

10

---

7 Vgl. *Eichmann/v. Falckenstein*, § 17 Rn. 3.
8 BGH, NJW 2003, 318.
9 Vgl. zum Patentrecht: Benkard/*Schäfers*, § 123 Rn. 4f.
10 BPatG, Mitt. 2008, 428 – Mehrfach-Funkgerät.

§ 23   Verfahrensvorschriften, Beschwerde und Rechtsbeschwerde

schließlich dem BGH gelten. Deshalb sind folgende Fristen im Geschmacksmusterrecht der Wiedereinsetzung grundsätzlich zugänglich: die Prioritätsfrist als Nachanmeldefrist nach § 14 Abs. 1 Satz 1, die sechsmonatige Prioritätsfrist aus Anlass von Ausstellungen nach § 15 Abs. 1, die 16-Monatsfrist für die jeweilige Prioritätsinanspruchnahme nach §§ 13 Abs. 1 Satz 1, 15 Abs. 3 Satz 1, die Erstreckungsgebühr mit gleichzeitigem Entfall des Verspätungszuschlags nach § 21 Abs. 2 Satz 1 i.V.m. § 7 Abs. 2 PatKostG, die Nachreichung der Wiedergabe nach § 21 Abs. 2 Satz 2, die Beschwerdeeinlegung nach Abs. 2 Satz 3 i.V.m. §§ 73 Abs. 2 Satz 1, 79 Abs. 2 PatG sowie die Beschwerdegebühr nach Abs. 2 Satz 3 i.V.m. § 6 Abs. 1 Satz 1 PatKostG.[11] Hinsichtlich des Patentkostengesetzes ist die Wiedereinsetzung insbesondere hinsichtlich der Zahlungsfristen nach § 6 PatKostG möglich. Dies sind die Anmeldegebühr nach § 6 Abs. 1 Satz 2 PatKostG, die Aufrechterhaltungsgebühr ohne Verspätungszuschlag nach § 7 Abs. 1 Satz 1 PatKostG und die Aufrechterhaltungsgebühr mit Verspätungszuschlag nach § 7 Abs. 1 Satz 2 PatKostG. Auch hinsichtlich der Frist zur Einlegung der Erinnerung gegen die Entscheidung eines Rechtspflegers beim BPatG nach § 23 Abs. 2 Satz 1 RPflG ist die Wiedereinsetzung möglich.

11   Bezüglich Fristen, bei denen aus der Säumnis dem Säumigen keine unmittelbar durch das Gesetz bestimmten Nachteile erwachsen, ist eine Wiedereinsetzung dagegen nicht möglich, soweit sie nur zu nachteiligen Reaktionen des DPMA führen. Davon sind die Zahlungs- und Mängelbehebungsfristen nach § 16 Abs. 4 i.V.m. § 16 Abs. 3 Satz 1 und § 16 Abs. 5 Satz 1 betroffen.[12] Ebenso ist eine Wiedereinsetzung hinsichtlich gesetzlicher oder amtlich gesetzter Äußerungsfristen,[13] der amtlich gesetzten Frist zu Bestellung eines Inlandsvertreters, richterlicher Fristen[14] und der Terminierung vor dem BPatG nicht möglich. Fristen für nicht fristgebundene Handlungen, die bei rechtzeitiger Vornahme einen rechtlichen Vorteil begründen, wie beispielsweise die Neuheitsschonfrist nach § 6, sind der Wiedereinsetzung nicht zugänglich. Gesetzlich von der Wiedereinsetzung sind folgende Fristen ausgeschlossen: die Jahresfrist für die Beantragung der Wiedereinsetzung

---

11   Vgl. zum Patentrecht: BVerfG, NJW 1967, 1267; BPatG, BlPMZ 1983, 306; Benkard/*Schäfers*, § 123 Rn. 53; a.A. BPatGE 19, 26.
12   Vgl. *Eichmann/v. Falckenstein*, § 16 Rn. 7 und 9.
13   BPatG, Mitt. 1966, 153.
14   BPatGE 31, 30.

nach § 123 Abs. 2 Satz 4,¹⁵ die Frist für den Antrag auf Verfahrenskostenhilfe, wenn durch ihn eine bereits abgelaufene Zahlungsfrist nach § 134 PatG rückwirkend gehemmt werden soll, und die Frist für den Weiterbehandlungsantrag nach § 17 Abs. 3 und die dabei nachzuholenden Handlungen. Unabhängig von internen Zuständigkeiten und Dienstzeiten ist ein Schriftstück fristwahrend beim Empfänger zugestellt, wenn es vor Ablauf der Frist in die Verfügungsgewalt des tatsächlich zuständigen Empfängers gelangt.[16] Im Hauptsacheverfahren besteht die Möglichkeit, die Fristeinhaltung geltend zu machen und einen Hilfsantrag auf Wiedereinsetzung zu stellen, wenn die Einhaltung der Frist streitig ist.[17]

3. Verfahren

Die begehrte Wiedereinsetzung muss in der Sache aus dem schriftlichen Antrag erkennbar sein. Dabei muss der Antrag nicht ausdrücklich als Antrag auf Wiedereinsetzung bezeichnet werden. Die Antragsberechtigung liegt beim Anmelder bzw. dem in das Register eingetragenen Inhaber.[18] Auch der Erbe oder Miterbe[19] sind ebenso antragsberechtigt wie der neue Rechtsinhaber ab Eingang des Umschreibungsantrags.[20] Wird die versäumte Handlung innerhalb der Antragsfrist nachgeholt und sind alle Tatsachen, die die Wiedereinsetzung begründen, aktenkundig, so findet nach § 123 Abs. 2 Satz 3 PatG die Wiedereinsetzung von Amts wegen statt. Dies gilt auch dann, wenn der Inhaber die Säumnis nicht kannte.[21] Eine Nachholung der Wiedereinsetzung von Amts wegen durch das BPatG ist auch nach Ablauf der Ausschlussfrist nach § 123 Abs. 2 Satz 4 PatG möglich, wenn diese vor dem DPMA zwar möglich gewesen wäre, dort aber unterlassen wurde.[22] Wurde eine Postsendung zwar am Vortag des Fristendes in den Postbriefkasten eingeworfen, hat aber ein mehr als nur unerheblicher Teil der Postsendung den Empfänger nicht erreicht, so findet eine Wiedereinsetzung von Amts wegen nicht statt.[23]

12

---

15 BPatGE 34, 197.
16 BVerfG, NJW 2001, 2076.
17 BGH, NJW 2000, 814; BGH, NJW 1997, 1312.
18 BPatG, BlPMZ 1995, 256; BPatGE 1, 129.
19 BPatGE 29, 245.
20 BPatGE 24, 128; BPatGE 3, 141.
21 Vgl. zum Patentrecht: Schulte/*Schulte*, § 123 Rn. 40.
22 BPatGE 25, 121.
23 OVG Münster, NJW 1996, 2809.

4. Antragsfrist

13 Mit dem Wegfall des Hinderungsgrundes, der verhinderte, dass die fristgebundene Handlung rechtzeitig vorgenommen wurde, beginnt die zweimonatige Antragsfrist nach § 123 Abs. 2 Satz 1 PatG. Als Wegfall gilt bei Unkenntnis oder Irrtum der Zeitpunkt, zu dem der Antragsteller unter Aufbieten der zumutbaren Sorgfalt[24] die Säumnis und damit die Notwendigkeit der Nachholung der unterlassenen Handlung und Antragstellung hätte erkennen können.[25] Dies gilt insbesondere dann, wenn der Antragsteller positive Kenntnis über den Wegfall und die Notwendigkeit hatte. Gehören die vorzunehmenden Handlungen in den Aufgabenkreis eines Vertreters, so sind die Unkenntnis und die Säumnis des Vertreters dem Vertretenen wie eigene zugerechnet.[26] Nicht fiktive Vorgänge wie die kraft Gesetzes fingierte Zustellung sind entscheidend, sondern die positive Kenntnis bzw. das Kennen müssen der betreffenden Person. Dabei ist es unerheblich, ob der Zeitpunkt der Fiktion vor oder nach dem Zeitpunkte der tatsächlich zurechenbaren Kenntnisnahme liegt.[27] Nach § 187 Abs. 1 BGB wird der Fristbeginn allgemein berechnet.[28] Innerhalb dieser Frist kann die Wiedereinsetzung beantragt werden. Die einjährige Ausschlussfrist des § 123 Abs. 2 Satz 4, nach deren Ablauf eine Wiedereinsetzung nicht mehr möglich ist,[29] läuft unabhängig von der Antragsfrist. Sie beginnt mit Ablauf der versäumten Frist. Sind die die Wiedereinsetzung begründenden Tatsachen bereits vor Ablauf der Jahresfrist amtsbekannt geworden, so ist die Wiedereinsetzung auch nach Ablauf der Jahresfrist möglich.[30]

5. Antragsbegründung

14 Nach § 123 Abs. 2 Satz 2 PatG muss auch die Begründung des Antrags auf Wiedereinsetzung innerhalb der Antragsfrist vorgelegt werden. In

---

24 BGH, NJW 1959, 2063; BPatGE 15, 54; BPatGE 13, 90; BPatG, Mitt. 1973, 170.
25 BPatGE 15, 54; BPatG, Mitt. 1973, 170.
26 BPatGE 13, 90.
27 BPatGE 19, 50.
28 Besonderheiten gelten bei der Fristberechnung dann, wenn sich zwei Fristen überlagern (BPatG, GRUR 2009, 94 – Dreidimensionale Daten).
29 Eine Ausnahme hiervon besteht für den Fall, dass das DPMA keinerlei Reaktion auf eine verspätete Aufrechterhaltungsgebühr zeigt, also weder das Erlöschen des Schutzrechts bekannt gibt noch die Gebührenrückzahlung veranlasst. In einem solchen Fall kann die Jahresfrist auch überschritten werden, vgl. BPatG BlPMZ 2009, 407 – Überwachungsvorrichtung.
30 BPatGE 34, 197.

III. Wiedereinsetzung in den vorigen Stand § 23

diesem muss der Antragsteller folgende Fragen beantworten: Wer hat wann und aus welchem Grund die Frist versäumt? Welche Vorkehrungen wurden beim Antragsteller oder dessen Vertreter gegen ein Fristversäumnis getroffen?[31] Wurde damit das Verschulden des Antragstellers nach seiner Auffassung ausgeschlossen? Der Antragsteller muss in dem Antrag außerdem den Zeitpunkt des Wegfalls des Hindernisses benennen, um nachzuweisen, dass der Antrag rechtzeitig gestellt wurde. Die genannten Themen müssen vollständig dargelegt werden, da nach Ablauf der Wiedereinsetzungsfrist ein Nachschieben weiterer Gründe unzulässig ist.[32] Dies bezieht sich nur auf im ursprünglichen Antrag nicht genannte Gründe. Eine Ergänzung der dargelegten Gründe, die jedoch den Antrag nicht auf eine neue Grundlage stellen darf,[33] ist auch nach Ablauf der Wiedereinsetzungsfrist möglich, sofern es sich nur um die Ergänzung und Vervollständigung unklarer Erläuterungen handelt.[34] Nach § 139 ZPO hat das DPMA in begrenztem Umfang die Pflicht, auf unvollständigen Sachvortrag hinzuweisen und den Sachverhalt aufzuklären.[35] Dies geht jedoch nicht so weit, dass dadurch dem Antragsteller die zutreffende Begründung nahegelegt wird.[36] Eine Glaubhaftmachung der vorgetragenen Tatsachen ist erforderlich, wobei die Anforderungen daran weniger streng sind als bei Beweismitteln. Zur Glaubhaftmachung sind eidesstattliche Versicherungen nach § 294 ZPO, amtliche Bescheinigungen, Atteste, Sendeprotokolle von Faxgeräten, unbeglaubigte Kopien von Vorgängen und anwaltliche Versicherungen geeignet. Es ist unbedingt erforderlich, diese Belege vorzulegen, da sowohl das Angebot zur Vorlage als auch die Anregung an das DPMA zur Beschaffung der Belege nicht ausreichend ist.[37] War die Kenntnisnahme bereits vor Zustellung möglich, so genügt zum Nachweis der Zustellung ein Empfangsbekenntnis nicht.[38] Nach § 123 Abs. 2 Satz 2 PatG können bis zu dem Zeitpunkt, an dem über den Antrag auf Wiedereinsetzung entschieden wird, die Mittel zur Glaubhaftmachung der rechtzeitig vorgetragenen Tatsachen nachgereicht werden.[39] Die Glaubhaftmachung ist bei amts- oder gerichtsbekannten Tatsachen ebenso wenig erforderlich

---

31 BPatGE 29, 246; BGH, NJW 2008, 351.
32 BGHZ 5, 157; BGHZ 2, 342; BGH, NJW 1991, 1892; *Kirchner*, Mitt. 1972, 26.
33 BPatGE 19, 46.
34 BGH, NJW 1998, 1870.
35 BGHZ 5, 161.
36 Vgl. zum Patentrecht: Benkard/*Schäfers*, § 123 Rn. 51.
37 BGH, BlPMZ 1959, 229.
38 BPatGE 19, 50.
39 Vgl. *Eichmann/v. Falckenstein*, 3. Aufl., § 23 Rn. 9.

wie bei allgemein bekannten Vorgängen,[40] wobei ein Hinweis darauf zweckdienlich sein kann.

6. Nachholung der versäumten Handlung

15 Es ist jedoch nach § 123 Abs. 2 Satz 3 PatG unbedingt erforderlich, dass die versäumte Handlung innerhalb der zweimonatigen Antragsfrist formgerecht vorgenommen wurde. War dem Nachholenden die Säumnis nicht bekannt, so besteht die Möglichkeit, dass durch die Nachholung der Antrag ersetzt wird.[41] Ist wegen der Säumnis bereits eine Entscheidung erfolgt, so kann das DPMA trotzdem aufgrund der nachgeholten Handlung die Wiedereinsetzung gewähren. Voraussetzung hierfür ist jedoch, dass die dafür erforderlichen Tatsachen vollständig aktenkundig und offenkundig sind.[42] Hat das DPMA diese Möglichkeit übersehen, so kann das BPatG auch nach Ablauf der Jahresfrist nach § 123 Abs. 2 Satz 4 PatG die Wiedereinsetzung von Amts wegen gewähren, wenn die genannten Voraussetzungen erfüllt sind.[43]

7. Unverschuldete Säumnis

16 Der Anmelder oder der im Register eingetragene Inhaber muss an der Fristeinhaltung verhindert gewesen sein.[44] Nicht ausreichend dagegen ist die Verhinderung eines Dritten, den zur Vornahme der Handlung mangels formeller Legitimation keine Pflicht zur Handlung traf. Nach den persönlichen Verhältnissen des Erwerbers sind die Hintergründe nach Eingang eines Umschreibungsantrags mit Umschreibungsbewilligung zu beurteilen.[45] Auch hier erfolgt die Zurechnung von Kenntnis oder Unkenntnis von maßgeblichen Umständen des Vertreters an den Vertretenen.[46] Es ist zu prüfen, ob der zur Säumnis führende Umstand objektiv zur Verhinderung geeignet war und für diese auch kausal war. Keinen Hinderungsgrund stellt wegen der objektiven Kenntnis die bewusste Nichtbeachtung von Fristabläufen dar.[47] Führt ein Umstand zu einem schuldhaften Handeln, so ist die alleinige Kausalität

---

40 Vgl. zum Patentrecht: RGZ 131, 264; Schulte/*Schulte*, § 123 Rn. 12.
41 Vgl. zum Patentrecht: Schulte/*Schulte*, § 123 Rn. 64.
42 Vgl. zum Patentrecht, Schulte/*Schulte*, § 123 Rn. 64.
43 BPatGE 25, 121.
44 Vgl. zum Patentrecht: BPatG 1, 130.
45 BPatGE 3, 141.
46 BGHZ 4, 390; BPatGE 15, 54; BPatGE 13, 91.
47 BGHZ 2, 247; BPatG, Mitt. 1973, 176.

III. Wiedereinsetzung in den vorigen Stand § 23

für ein objektiv geeignetes und unverschuldetes Hindernis nicht mehr gegeben.[48]

Hat der Handlungspflichtige die gebotene und ihm nach den Umständen auch zumutbare Sorgfaltspflicht nicht beachtet, so ist grundsätzlich von einer verschuldeten Säumnis auszugehen, wobei Fahrlässigkeit als ausreichend anzusehen ist.[49] Ob ein Verschulden vorliegt ist durch einen Vergleich zwischen den vorliegenden Umständen und den von einem gewissenhaft Handelnden in gleicher Lage zu treffenden Vorkehrungen zu ermitteln. In subjektiver Hinsicht ist zu beurteilen, ob diese Vorkehrungen vom Handlungspflichtigen auch erwartet werden konnten. Das führt bei Rechtsanwälten zu einem bedeutend strengeren Maßstab hinsichtlich der Sorgfaltspflicht als bei Rechtsunkundigen. Diese Beurteilung befreit aber auch den juristischen Laien nicht von der Pflicht, sich über seine Handlungspflichten zu informieren.[50] Dies gilt vor allem hinsichtlich Form und Frist.[51] Auch muss der juristische Laie Bescheide des DPMA aufmerksam lesen. Ein erhöhter Sorgfaltsmaßstab ist anzuwenden, wenn Fristen in zulässiger Weise voll ausgeschöpft werden.[52] Durch die Beauftragung Dritter, die möglicherweise nicht ausreichend sorgfältig handeln, kann sich der Handlungspflichtige von der Sorgfaltspflicht nicht befreien.[53] Auch ist die Berufung auf mangelnde Sorgfalt in eigenen Angelegenheiten nicht möglich. Die Wiedereinsetzung ist ausgeschlossen, wenn die Möglichkeit eines Verschuldens nach dem vorgetragenen Sachverhalt bestehen bleibt.[54]

17

Nach § 85 Abs. 2 ZPO ist dem Vertretenen ein Verschulden seines Vertreters voll zuzurechnen,[55] auch wenn es sich dabei um einen Unter-, Termins- oder Allgemeinen Vertreter nach §§ 46 PAO, 53 BRAO oder einen Urlaubsvertreter handelt. Auch das Verschulden von Korrespondenzanwälten,[56] die auch im Ausland sitzen können, von Rechtsanwälten einer Sozietät, die als solche beauftragt wurde, eines angestellten

18

---

48 BGH, NJW 1997, 1312; BGH, GRUR 1974, 679 – Internes Aktenzeichen; BPatGE 19, 43.
49 BGH, NJW 1985, 1710; BPatGE 24, 142; BPatGE, 24, 129; BPatG, BlPMZ 2000, 166.
50 Vgl. zum Patentrecht: Schulte/*Schulte*, § 123 Rn. 25.
51 BGH, NJW 1997, 1989.
52 BGH, NJW-RR 1999, 1006; BGH, NJW 1999, 430.
53 BPatGE 24, 129.
54 BGH, NJW 1992, 574.
55 BPatGE 7, 232; BPatGE 1, 134.
56 RGZ 115, 73.

Anwalts,[57] eines Mitglieds eines Patentbüros,[58] eines Nichtanwalts, der die Korrespondenz mit dem Verfahrensbevollmächtigten führt,[59] des nur mit einer einzelnen Verfahrenshandlung Beauftragten[60] oder des Zustellungsbevollmächtigten[61] werden dem Vertretenen zugerechnet. Dies gilt auch für den Leiter einer Patentabteilung,[62] den vollmachtlosen Vertreter, dessen Handlung später genehmigt wird,[63] sowie für Prokuristen und Handlungsbevollmächtigte, wobei diese nur für ihren Bericht verantwortlich sind.[64] Anwälte vertreten den Handlungspflichtigen ab Übernahme des Mandats[65] bis zu dessen Niederlegung. Ein Verschulden vor der Beauftragung ist dem Handlungspflichtigen nicht zuzurechnen. Das Verschulden von nichtanwaltlichen Vertretern ist dem Vertretenen ab dem Zeitpunkt der Bevollmächtigung zuzurechnen; es endet mit dem Erlöschen der Bevollmächtigung.

19 Keine Zurechnung von Versäumnissen findet bei Hilfspersonen statt, die vom Vertretenen nicht bevollmächtigt sind; dies sind insbesondere der mit der Einzahlung beauftragte Bote[66] und Ersatzpersonen bei Zustellung, z.B. die Ehefrau.[67] Etwas anderes gilt nur, wenn der Auftraggeber selbst die erforderliche Sorgfaltspflicht nicht beachtet hat. Dies kann dadurch geschehen, dass er es unterlassen hat, notwendige Maßnahmen gegen die Fehlleistungen dieser Hilfspersonen zu ergreifen.

20 Bei Rechtsanwälten werden sowohl hinsichtlich ihrer eigenen Sorgfalt als auch bezüglich Büroorganisation und dem Einsatz von Hilfspersonen sehr hohe Anforderungen gestellt. So führt die Säumnis auf Grund beruflicher Überlastung,[68] der Zeitdruck, der vor Antritt des Urlaubs oder durch die Vertretung eines Abwesenden besteht, und daraus folgend die wenig sorgfältige Kontrolle des Postein- und -ausgangs auf Fristsachen zu einem Verschulden.[69] Es ist erforderlich, dass der Sozius

---

57 BPatG, Mitt. 1974, 32.
58 BPatGE 1, 134.
59 BPatGE 13, 91; BPatGE 1, 134.
60 BPatGE 13, 207.
61 PA, BlPMZ 1955, 259; BPatGE 1, 135.
62 BPatGE 7, 233.
63 RGZ 138, 354.
64 Vgl. zum Patentrecht: Benkard/*Schäfers*, § 123 Rn. 18.
65 BGHZ 50, 82; BGHZ 47, 320.
66 BPatGE 18, 199.
67 BPatGE 2, 206.
68 BGH, NJW 1996, 997.
69 BGH, GRUR 1974, 679 – Internes Aktenzeichen; BAG, BlPMZ 1956, 66.

III. Wiedereinsetzung in den vorigen Stand § 23

die Geschäfte übernimmt[70] oder sonst für eine Vertretung gesorgt wird, wenn der Geschäftsbetrieb durch Abwesenheit, Krankheit, Tod oder aus sonstigem Grund[71] unterbrochen wird. Überwacht der Anwalt die Vollständigkeit einer fristwahrenden Eingabe nicht,[72] so handelt er ebenso schuldhaft wie bei einer unterlassenen Überprüfung der richtigen Bezeichnung des Vertretenen.[73] Der Anwalt ist auch verpflichtet, Ausgangskontrollen durchzuführen.[74]

Hinsichtlich der Büroorganisation ist folgendes zu beachten: Eingaben müssen richtig adressiert werden. Dies gilt auch für die gewählte Telefax-Nummer.[75] Bei Unklarheiten muss sich der Rechtsanwalt ebenso über die Rechtslage vergewissern wie bei Rechts- und Verfahrensänderungen.[76] Außerdem muss er für den Fall, dass rechtliche Zweifelsfragen für ihn ungünstig entschieden werden, Vorsorge treffen.[77] Der Anwalt ist nach der Rechtsprechung verpflichtet, die Höhe der zu zahlenden Gebühren ebenso wie in Überweisungsformularen Betrag und Unterschrift persönlich zu überprüfen.[78] Dabei sind mehrstufige Kontrollen bei der Erstellung einer Überweisung erforderlich.[79] Wenn es nicht Aufgabe des Anwalts ist, die Gebühren einzuzahlen, ist er dennoch verpflichtet, den Mandanten darauf hinzuweisen.[80] Nach Beendigung des Mandats oder nach Anweisung, in dieser Sache nichts mehr zu unternehmen, besteht weiterhin die Verpflichtung, Mitteilungen an den Mandanten weiterzuleiten.[81] Eine weiter gesteigerte persönliche Überprüfungspflicht trifft den Anwalt bei Fristsachen; dies gilt vor allem dann, wenn unübliche Fristen gesetzt sind.[82] Ist eine überörtliche Sozietät tätig, ist es regelmäßig Aufgabe des örtlichen bzw. des zugelassenen Anwalts, die Fristen zu kontrollieren.[83] Dazu ist es unumgäng-

21

---

70 BGH, MDR 1961, 305; Vgl. zum Patentrecht: Benkard/*Schäfers*, § 123 Rn. 24.
71 BPatGE 3, 225.
72 BGH, GRUR 1979, 626 – Elektrostatisches Ladungsbild.
73 BPatGE 16, 49.
74 BGH, NJW 1997, 1313; BGH, NJW 1993, 732; BGH, NJW 1991, 1178; BPatGE 16, 54.
75 BGH, Mitt. 2004, 94; BGH, NJW 1999, 583.
76 BGH in BPatGE 7, 273; BGH, NJW 1976, 627; BGH, MDR 1961, 305; BGH, NJW 1955, 1358; BPatGE 16, 54.
77 BGHZ 8, 15; BGHZ 5, 275.
78 BPatGE 18, 211; BPatG, Mitt. 1976, 219; *Schmieder*, GRUR 1977, 245.
79 BPatGE 2, 135.
80 BPatGE 13, 94.
81 BPatGE 15, 55; a. A. *Giliard*, Mitt. 1974, 45; *Reinländer*, Mitt. 1974, 46.
82 BGH, BB 1991, 932; BPatGE 16, 54; BPatGE 9, 132.
83 BGH, NJW 1997, 3178; BGH, NJW 1994, 1878.

§ 23   Verfahrensvorschriften, Beschwerde und Rechtsbeschwerde

lich, dass ein Fristenkalender geführt wird und die Fristen durch geeignete Hilfspersonen notiert werden, und dies durch Kontrolle sichergestellt wird.[84] Auch Vorfristen müssen notiert werden.[85] Die Streichung von Fristen hat erst nach vollständiger Erledigung des Vorgangs, also nach Weggabe des Schriftstücks zum Postversand, zu erfolgen;[86] dabei ist die Einhaltung der ordnungsgemäß eingetragenen Fristen noch einmal zu überprüfen.[87]

22 Werden vom Anwalt Hilfspersonen eingesetzt, etwa als Angestellte, so müssen diese sorgfältig ausgewählt, geschult, erprobt und zuverlässig sein. Sie müssen je nach ihren individuellen Fähigkeiten regelmäßig stichprobenartigen Kontrollen unterzogen werden.[88] Ist der Hilfskraft dabei ein einmaliger Fehler unterlaufen, so kann daraus nicht ohne weitere Anhaltspunkte geschlossen werden, dass dies auf mangelhafte Unterweisung oder Überwachung zurückzuführen ist.[89] Die Führung des Fristenkalenders und die Überwachung einfacher Fristen kann diesem Hilfspersonal übertragen werden.[90] Dies gilt jedoch nicht, wenn ungewöhnliche Angelegenheiten vorliegen, etwa nach Änderung des anzuwendenden Rechts.[91] Folgende Aufgaben können dem Hilfspersonal außerdem übertragen werden: Überwachung gängiger Gebührenzahlungen[92] und die Kontrolle der ausgehenden Post und von Faxabsendungen.[93] Es ist jedoch Aufgabe des Rechtsanwalts, die Frist bei Vorlage der Akte und nicht erst bei Arbeitsaufnahme zu überprüfen.[94] Ein diktierter Rechtsmittelauftrag muss Korrektur gelesen werden.[95] Wird dem sachbearbeitenden Rechtsanwalt kurz vor Ablauf der Frist eine Akte vorgelegt, haftet dieser für die Einhaltung der Frist.[96] Besondere Aufgaben müssen im Einzelfall der Hilfsperson trotz einer allgemeinen Ar-

---

84 BGH BB 2004, 1189; BPatG, Mitt. 1976, 219; BPatG, GRUR 1974, 354.
85 BGH, GRUR 2001, 411 – Wiedereinsetzung V; BGH, BlPMZ 1952, 438; BGH, NJW 2006, 1520, 1521.
86 PA, Mitt. 1955, 58.
87 BGH, Mitt. 2004, 328.
88 BGH, VersR 1981, 853; BPatG, Mitt. 1987, 199.
89 BPatGE 13, 95.
90 BGH, GRUR 2001, 411 – Wiedereinsetzung V; BGH, NJW 1965, 1021.
91 BPatGE 16, 54; BPatGE 9, 132.
92 BPatGE 26, 116.
93 BVerfG, NJW 1996, 309.
94 BGH, NJW, 1997, 1708; BGH, NJW 1997, 1311; BGH, NJW 1976, 627.
95 BGH, NJW 1996, 853.
96 BGH, NJW 1997, 1311.

III. Wiedereinsetzung in den vorigen Stand § 23

beitsanweisung zugewiesen werden,[97] die dann im konkreten Fall gegenüber der allgemeinen Arbeitsanweisung und der allgemeinen Kanzleiorganisation vorrangig zu beachten ist.[98] Bei ordnungsgemäßer Büroorganisation darf sich der Anwalt darauf verlassen, dass mündliche Anweisungen[99] befolgt werden, insbesondere dann, wenn sie eindeutig sind.[100] Ein Verschulden des Rechtsanwalts kann u.U. nicht angenommen werden, wenn die Hilfsperson unerwartet ein eigenmächtiges und unverständliches Verhalten zeigt.[101] Die vom Rechtsanwalt getroffenen Vorkehrungen gegen Fehler der Hilfsperson müssen im Antrag auf Wiedereinsetzung detailliert dargestellt werden.

Im Folgenden werden exemplarisch Einzelfälle kurz alphabetisch geordnet dargestellt, in denen die Wiedereinsetzung möglich bzw. nicht möglich ist:[102] 23

– Abwesenheit: Für zeitlich nicht absehbare Zustellungen brauchen Privatpersonen für übliche Abwesenheitszeiten keine besondere Vorsorge, etwa in Form eines Nachsendeauftrags oder der Bestellung eines Zustellungsbevollmächtigten oder einer sonstigen Vertrauensperson zu treffen. Unternehmen und Anwaltsbüros sind verpflichtet, für eine ordnungsgemäße Vertretung zu sorgen. Das gilt auch bei einer plötzlichen Geschäftsreise.[103] Bei längerer Abwesenheit ist eine Postvollmacht nicht ausreichend.[104] Ist wegen des Terminsberichts eines Rechtsanwalts mit der Zustellung zu rechnen, müssen besondere Vorkehrungen für die Ermöglichung der Zustellung zu treffen und für die Erreichbarkeit über Mobilfunk zu sorgen.[105]

– Änderung der Rechtslage oder der Rechtsprechung: Hat sich eine Änderung in der Rechtsprechung ergeben oder hat sich die Rechtslage geändert, so kann für eine Übergangszeit die Nichtbeachtung dieser Änderung entschuldbar sein.[106] Dabei ist ein enger Maßstab anzuwenden, da nachträgliche Kenntnis von der Änderung der Rechtslage die Wie- 24

---

97 BGH, NJW 1980, 457.
98 BGH, NJW-RR 1999, 715.
99 BGH, NJW 1992, 1632.
100 BGH, NJW 1991, 1179.
101 BGH, BlPMZ 1957, 263; BPatGE 13, 94.
102 *Müller*, NJW 2000, 322, 334; *Müller*, NJW 1998, 497; *Müller*, NJW 1995, 3224.
103 PA, Mitt. 1925, 185; PA, BlPMZ 1953, 262.
104 PA, BlPMZ 1955, 190.
105 BGH, BB 2003, 332.
106 BPatGE 6, 198; BPatGE 1, 20.

dereinsetzung nicht begründet.[107] Der Rechtsanwalt hat für eine rechtzeitige Schulung des eingesetzten Hilfspersonals Sorge zu tragen.

25 – Fax: Auf die Funktionsfähigkeit des amtlichen Empfangsgeräts auch nach Dienstschluss ist Verlass.[108] Ein Defekt oder ständige anderweitige Belegung geht nicht zulasten des Senders. Dieser ist jedoch verpflichtet, den Nachweis durch ein Sendeprotokoll zu führen, das zwar nicht aufbewahrt werden muss,[109] jedoch erstellt und auf Unstimmigkeiten überprüft werden muss.[110] Dies gilt dann nicht, wenn darin die Empfängerkennung fehlt.[111] Liegt eine Störung des Sendegeräts vor, so muss im Rahmen der allgemeinen Überwachungs- und Sorgfaltspflicht gegebenenfalls noch ein anderer rechtzeitiger Übertragungsweg gewählt werden. Auf ein fehlerhaft empfangenes Fax muss das DPMA nicht hinweisen.[112] Da es jedoch im Rahmen einer angeordneten Dienstpraxis üblich ist, ist ein Vertrauenstatbestand begründet, der bei fehlender Unterlassung die Wiedereinsetzung begründet. Wird eine Telefax-Empfänger-Nummer automatisch aus einem Datenbank-Stammblatt übernommen, so muss dieses auf Vorhandensein und Änderungen kontrolliert werden.[113]

26 – Fehler der Behörde: Sind der Behörde Fehler unterlaufen, etwa in Form von Falschbelehrung, die den Anschein der Vollständigkeit erwecken,[114] so ist der Antrag auf Wiedereinsetzung begründet. Das Gleiche gilt bei Nichtberücksichtigung der unterdessen geänderten Rechtsprechung[115] sowie andere amtliche Fehlhandlungen, etwa Nachlässigkeiten oder unzutreffende Vordrucke, die zu Fehlern anregen;[116] ebenso bei nicht erkennbaren Fehlern, z. B. Druckfehler im Patent-/Geschmacksmusterblatt[117] oder Unwirksamkeitsgründe.[118] Ein Anwalt kann sich nicht dadurch entlasten, dass er sich auf mündliche Auskünf-

---

107 BPatGE 6, 198.
108 BGH, NJW 1993, 1881.
109 BGH, NJW 1993, 732.
110 BGH, Mitt. 2002, 475; BGH, GRUR 2000, 1010 – Schaltmechanismus; BGH, NJW 1997, 948; BGH, NJW 1994, 1879.
111 BGH, CR 2002, 425.
112 BPatGE 33, 29.
113 BGH, NJW-CoR 2000, 368.
114 BPatGE 13, 209; BPatGE 11, 234.
115 BPatGE 27, 214.
116 RGZ 145, 252; RGZ 129, 175.
117 RGZ 125, 63.
118 BPatGE 16, 6.

III. Wiedereinsetzung in den vorigen Stand § 23

te verlässt.[119] Das Gleiche gilt bei Hinweisen, die nicht erkennbar nicht abschließend sind, oder bei nicht erkennbaren Unrichtigkeiten oder Unvollständigkeit.[120]

– Krankheit: Im Gegensatz zu extremer Arbeitsüberlastung bilden plötzlich auftretende Krankheiten, Unfälle,[121] Depressionen,[122] und überraschende, dringend notwendige Operationen Wiedereinsetzungsgründe.[123] Dagegen begründen vorhersehbare, wiederholt auftretende Krankheiten einen Wiedereinsetzungsgrund nicht.[124] Dies gilt auch bei Hilfspersonen.[125]   27

– Postlaufzeit: Die Beachtung der regelmäßigen Postlaufzeit von drei Tagen ist ausreichend und muss einkalkuliert werden.[126] Aus diesem Grund sind Verzögerungen durch Feiertage und Wochenenden für die Gewährung der Wiedereinsetzung unbeachtlich, sofern sie konkret nicht vorhersehbar sind.[127] Dies gilt auch bei Nachlässigkeit eines Postbediensteten.[128] Verschulden liegt allerdings bei vorhersehbaren Unterbrechungen der Beförderung etwa durch einen Poststreik vor.[129] Eine Postauskunft ist vorzulegen oder von Amts wegen einzuholen, wenn Zweifel an der Einhaltung der regelmäßigen Postlaufzeit bestehen.[130] Bei der erlaubten Einschaltung von Kurierdiensten darf keine zu hohe Hürde bezüglich der Darlegungslast hinsichtlich der Zuverlässigkeit des Dienstes aufgebaut werden.[131] Wird die Handlung persönlich vorgenommen, kann die Wiedereinsetzung gewährt werden, wenn eine unvorhersehbare Verzögerung, etwa ein Unfall oder ungewöhnlicher Verkehrsstau[132] vorliegt, und die Handlung auf andere Weise nicht mehr zumutbar vorgenommen werden kann. Eine Nachfrage beim Empfän-   28

---

119 BGH, Mitt 1994, 280.
120 BPatGE 16, 6; BPatG, Mitt. 1986, 115.
121 BGH, NJW 1998, 2677.
122 PA, Mitt. 1938, 253.
123 RG, JW 1935, 2557.
124 BPatGE 21, 230.
125 BGH, Mitt. 2004, 328.
126 BVerfG, Mitt. 2001, 230; BVerfG, NJW 2001, 744; BVerfG, NJW 1980, 769; BGH, NJW 1999, 2118; BPatGE 21, 81.
127 BVerfG, Mitt. 2001, 230; BVerfG, NJW 1992, 1952; BPatGE 23, 92.
128 BVerfG, NJW 1980, 769.
129 BGH, NJW 1993, 1333; BGH, NJW 1993, 1332.
130 BVerfG, Mitt. 2001, 230.
131 BVerfG, Mitt. 2000, 73.
132 BGH, NJW 1999, 724.

§ 23 Verfahrensvorschriften, Beschwerde und Rechtsbeschwerde

ger durch den Anwalt ist nicht erforderlich, wenn er die Sendung rechtzeitig abgesandt hat.[133]

29 – Rechtsirrtum: Eine Widereinsetzung ist durch mangelnde Kenntnisse oder irrige Auslegung einschlägiger Vorschriften nicht gerechtfertigt. Dies gilt auch für Ausländer.[134] Auf einem kanzleiüblichen Rechtsgebiet ist diese Regelung für Anwälte besonders ausgeprägt.[135] Bei Falschbelehrungen, unübersichtlicher Rechtslage[136] u.Ä. unvermeidlichen Rechtsirrtümer kann ebenso wie bei unüblicher Bekanntmachung von Bestimmungen,[137] irreführenden Zitaten in einem Kommentar bei schwieriger Rechtslage,[138] zweifelhafter Rechtslage,[139] mit ungewöhnlicher Fallgestaltung[140] Wiedereinsetzung gewährt werden. Auf die mündliche Auskunft eines Anwalts, der den Rechtsunkundigen nicht vertritt, darf dieser nicht vertrauen, wenn sie im Widerspruch zu einer schriftlichen amtlichen Belehrung des DPMA steht.[141] Etwas anderes gilt nur, wenn der Rechtsunkundige die unrichtige Auskunft des Anwalts nicht erkennen konnte.

30 – Urlaub: Siehe Abwesenheit. Dies gilt auch dann, wenn der Jahresurlaub, der bis zu sechs Wochen dauern kann, nicht in der allgemeinen Ferienzeit genommen wird. Etwas anderes kann sich bei häufigerer oder längerer beruflicher Abwesenheit ergeben.[142]

31 – Verlust von Schriftstücken: Bei der Behandlung von Schriftstücken ist die gebotene und zumutbare Sorgfaltspflicht zu beachten.[143] Ein Indiz für Organisationsverschulden ist der wiederholte Verlust von Schriftstücken.[144] Gehen Schriftstücke außerhalb des Einflussbereichs des Handlungspflichtigen verloren, etwa bei der Post oder beim DPMA, so ist dies unverschuldet und eine Aufklärung der genauen

---

133 BVerfG, NJW 1992, 38.
134 PA, GRUR 1951, 509.
135 BGH, NJW 1978, 1486; BGH, NJW 1974, 1704; BPatGE 26, 9; BPatGE 16, 54; BPatGE 9, 132.
136 BGH in BPatGE 1, 245; BPatG, BlPMZ 2000, 166; BPatGE, 31, 268; PA, Mitt. 1935, 318.
137 BPatGE 7, 36.
138 PA, BlPMZ 1953, 403.
139 BPatG, BlPMZ 1962, 168.
140 BGH, GRUR 19062, 384 – Wiedereinsetzung III.
141 BPatG vom 23.12.2000, Az.: 5 W (pat) 15/00 (nicht veröffentlicht).
142 BVerfG, NJW 1976, 1537.
143 BGHZ 23, 293.
144 BPatGE 34, 192.

III. Wiedereinsetzung in den vorigen Stand § 23

Umstände ist nicht erforderlich.[145] Die Übermittlung mittels Einschreiben ist nicht erforderlich.[146] Unter besonderen Voraussetzungen besteht eine Nachforschungspflicht.[147] Diese gilt dann, wenn in einer Fristsache ein Anwalt schriftlich Weisung erbittet und die Antwort nicht eintrifft.[148]

– Verzögerungen: Siehe Postlaufzeit. **32**

– Zahlung von Gebühren: Die Höhe der Gebühr muss der Zahlungspflichtige oder sein Vertreter selbst feststellen. Ebenso ist er für die Rechtzeitigkeit der Zahlung verantwortlich. Wird diese Hilfspersonen überlassen, müssen diese kontrolliert werden.[149] Dabei muss nur mit der üblichen Überweisungsdauer gerechnet werden.[150] Diese kann bei Banküberweisungen über eine Woche betragen.[151] Mit einer unvorhersehbar langen Dauer muss nicht gerechnet werden.[152] Es muss eine schnellere Überweisungsart, z. B. eine telegraphische Überweisung, gewählt werden, wenn die Frist sehr kurz bemessen ist.[153] Unkenntnis kann u. U. einem unerfahrenen Anmelder zugutekommen.[154] **33**

– Zustellung: Nur bei unverschuldeter Unkenntnis von der Mitteilung der Niederlegung eines Schriftstücks im Postamt oder eines Ausländers von der öffentlichen Zustellung[155] ist wegen dieser unverschuldeten Unkenntnis die Wiedereinsetzung zu gewähren. Das Gleiche gilt bei Nichtweitergabe eines Schriftstücks durch die Ersatzperson[156] und einem irreführenden Vermerk auf der Postbenachrichtigung.[157] Dieser ist in der Regel bei fehlendem Zustellungsvermerk auf dem Briefumschlag.[158] Dagegen ist die Wiedereinsetzung nicht zu gewähren, wenn die Überprüfung bei gleichzeitiger Zustellung mehrerer Fristsachen un- **34**

---

145 BGH, NJW 1974, 994; BGHZ 23, 293.
146 BGH, NJW 1974, 994; BGH, NJW 1958, 2015.
147 BGH, NJW 1997, 1312.
148 BGH, NJW 1958, 2016.
149 BPatGE 18, 211; BPatG, Mitt. 1976, 218.
150 BGH, Mitt. 1960, 59.
151 BPatGE 18, 155.
152 BPatGE 3, 143.
153 BPatGE 21, 81.
154 BPatG, Mitt 1980, 39; Vgl. zum Patentrecht: a. A. Benkard/*Schäfers*, § 123 Rn. 38.
155 BGH, BlPMZ 1958, 34.
156 BPatGE 2, 206.
157 PA, MuW 1949, 60.
158 RG, JW 1931, 2365.

terblieben ist[159] oder der Zustellungsvermerk auf dem Briefumschlag fehlt und der Anwalt es unterlässt, sich nach dem Tag der Zustellung zu erkundigen.[160] Der Anwalt ist verpflichtet, bei einer Zustellung an ihn, diese und den Fristablauf in den Akten zu vermerken,[161] da das Datum im Empfangsbekenntnis und nicht der Eingangsstempel im Büro die Frist in Gang setzt.[162]

8. Entscheidung

35 Die Geschmacksmusterstelle oder das BPatG entscheiden als nach § 123 Abs. 3 PatG zuständige Stellen über den Wiedereinsetzungsantrag. Das DPMA kann bei Versäumung der Beschwerdefrist der Beschwerde unter Gewährung der Wiedereinsetzung abhelfen. Wird die Wiedereinsetzung dagegen versagt, ist das DPMA verpflichtet, die Beschwerde zusammen mit dem Antrag auf Wiedereinsetzung dem BPatG vorzulegen. Nur im Ausnahmefall kann das BPatG über einen Antrag im Verfahren vor dem DPMA entscheiden, wenn verfahrensökonomische Gründe dafür ausschlaggebend sind.[163] Da diese Entscheidungen rechtliche Schwierigkeiten aufweisen, ist nach Abs. 1 Satz 1, § 7 Abs. 1 Nr. 1 WahrnV im DPMA funktionell der Bedienstete des höheren Dienstes zuständig. Das Recht auf rechtliches Gehör eines anderen Verfahrensbeteiligten ist ebenso zu beachten,[164] wie beim Antragsteller, wenn veränderte Nachweispflichten festgesetzt werden.[165] Hat die über den Antrag auf Wiedereinsetzung entscheidende Stelle das Recht des Antragsgegners auf rechtliches Gehör verletzt, kann es – soweit zulässig – die Entscheidung von Amts wegen korrigieren.[166] Es besteht nach § 238 ZPO die Möglichkeit, die Entscheidung mit der Hauptsache zur verbinden oder über den Antrag gesondert zu entscheiden. Ist vor dem BPatG eine mündliche Verhandlung vorgeschrieben, so ist diese Vorschrift auch hinsichtlich des Antrags auf Wiedereinsetzung zu beachten,[167] wobei keine Bindung des BPatG an den Antrag auf mündliche

---

159 BPatGE 8, 233.
160 RG, JW 1931, 2365.
161 BGH, NJW 1992, 574.
162 BGH, VersR, 1992, 119.
163 BPatG vom 10.1.2001, Az.: 10 W(pat) 704/99, *Eichmann/v. Falckenstein*, 3. Aufl., § 23 Rn. 17.
164 BVerfG, NJW 1982, 2234; BVerfG, NJW 1980, 1095.
165 BVerfG, NJW 1995, 2544.
166 BGH, NJW 1995, 2497.
167 BPatGE 16, 49.

III. Wiedereinsetzung in den vorigen Stand § 23

Verhandlung über die Wiedereinsetzung besteht. Ist die Beschwerde unzulässig oder ist nur die Wiedereinsetzung in die Frist zur Zahlung der Beschwerdegebühr beantragt, so erfolgt trotz Antrags keine mündliche Verhandlung.[168] Sowohl vor dem BPatG als auch vor dem DPMA ergeht die Entscheidung durch Beschluss, der bei Gewährung der Wiedereinsetzung nach § 123 Abs. 4 unanfechtbar ist.[169] Dagegen findet gegen die Versagung der Wiedereinsetzung die Beschwerde nach Abs. 2 und die Rechtsbeschwerde nach Abs. 3 i.V.m. § 100 PatG statt.

Durch die Gewährung der Wiedereinsetzung gilt die versäumte Handlung als fristgerecht vorgenommen[170] und die Rechtsnachteile entfallen rückwirkend. Ein durch die Säumnis entfallenes Geschmacksmuster tritt wieder in Kraft. Die in der Zeit der Säumnis ergangenen Entscheidungen werden gegenstandslos, soweit sie auf der Säumnis beruhen.[171] Sowohl BPatG als auch DPMA werden durch die Bewilligung der Wiedereinsetzung analog zu § 318 ZPO gebunden.[172] Keine Bindung hinsichtlich des DPMA entfaltet die Bewilligung, wenn dieses nicht mehr zuständig war. Dies gilt insbesondere bei Wiedereinsetzung in Beschwerdefristen ohne Abhilfeentscheidung.[173] Der Einwand der Erschleichung einer Wiedereinsetzung ist im Verletzungsverfahren zulässig.[174] Es besteht ein Zwischenbenutzungsrecht. Dadurch wird sichergestellt, dass die Benutzung in der Zeit der Fristversäumnis durch die Wiederherstellung nicht nachträglich zur Schutzrechtsverletzung wird.[175]

36

Waren Dritte hinsichtlich des Wegfalls des Geschmacksmusters gutgläubig[176] im Sinne von § 123 Abs. 5 PatG oder hinsichtlich des Nichtbestehens einer Geschmacksmusteranmeldung, so besteht nach Abs. 1 Satz 4 i.V.m. § 123 Abs. 5 und 7 PatG ein Weiterbenutzungsrecht. Weitere Voraussetzung für das Weiterbenutzungsrecht ist bei Nachmeldungen im Inland die Wiedereinsetzung innerhalb der Prioritätsfrist von

37

---

168 BPatGE 1, 163.
169 BGH, Mitt. 2003, 141; BPatG, Mitt. 1991, 63.
170 BGH, GRUR 1995, 333 – Aluminium-Trihydroxid.
171 Vgl. zum Patentrecht: Benkard/*Schäfers*, § 123 Rn. 69.
172 BGH, NJW 1954, 880.
173 BGH, GRUR 1999, 574 – Mehrfachsteuersystem; BPatGE 39, 101.
174 BGH, GRUR 1956, 265 – Rheinmetall-Borsig; Vgl. zum Patentrecht: BGH, GRUR 1952, 564 – Wäschepresse.
175 BGH, GRUR 1963, 519 – Klebemax; BGH, GRUR 1956, 267.
176 BGH, GRUR 1963, 522; BGH, GRUR 1952, 566; Vgl. zum Patenrecht: Benkard/*Schäfers*, § 123 Rn. 71.

zwölf Monaten nach § 123 Abs. 7 PatG sowie das materielle Erlöschen des Geschmacksmusters; da das Register nur das tatsächliche Erlöschen nachvollzieht, ist eine Löschung des Geschmacksmusters im Register nicht ausreichend.[177] Wird die Benutzung vorgenommen, bevor das Geschmacksmuster weggefallen oder nicht entstanden ist, so bleibt diese unrechtmäßig, da nur bei Wegfall und Nichtentstehung keine Verletzung des Geschmacksmusters vorliegt.[178] Besteht das Weiterbenutzungsrecht, so sind Erzeugnisse, die unter Berufung auf dieses geschaffen wurden, nicht unter Verletzung des Geschmacksmusters geschaffen worden. Es besteht ein dem Vorbenutzungsrecht vergleichbares uneingeschränktes Benutzungsrecht an diesen Erzeugnissen.[179] Eine Beschränkung des Weiterbenutzungsrechts besteht nur hinsichtlich des Betriebes, wobei es nicht auf den Umfang des Betriebes im Zeitpunkt der Entstehung beschränkt ist und deshalb – unter Beachtung dieser Grenzen – nach § 123 Abs. 5 Satz 2 PatG weiterübertragen werden kann.

IV. (Rechts-)Beschwerdeverfahren

1. Allgemeines

38 Verwaltungsakte des DPMA, die dieses im Eintragungsverfahren für das Geschmacksmuster erlassen hat, und das Begehren des Anmelders oder Inhabers, das Auslöser des Eintragungsverfahrens war, sollen durch das Beschwerdeverfahren einer Nachprüfung durch das DPMA unterworfen werden und diesem die Möglichkeit einräumen, dem Begehren des Beschwerdeführers im Wege der Abhilfe stattzugeben. Wird dem Begehren nicht stattgegeben, wird die Entscheidung in einem gerichtlichen Verfahren herbeigeführt, das in § 23 Abs. 2 und 3 in Übereinstimmung mit dem Patentrecht durch die Verweisung auf die abschließend genannten Vorschriften des PatG geregelt ist. Keine eigenständige Regelung hat das Bestehen und die Organisation des BPatG nach §§ 65 bis 67 PatG gefunden. Dieses wird vielmehr vorausgesetzt. Das Verfahren vor dem DPMA und daran anschließend vor dem BPatG stellt verfahrensmäßig eine Einheit dar,[180] weshalb vor dem BPatG auch die vor dem DPMA zulässigen Verfahrenshandlungen vorgenommen

---

177 Vgl. zum Patentrecht: BGH, GRUR 1952, 566.
178 BGH, GRUR 1956, 269.
179 Vgl. zum Patentrecht: Benkard/*Rogge*, § 12 Rn. 22.
180 BGH, GRUR 1969, 562 – Appreturmittel.

werden können. Die vor dem DPMA vom Beschwerdeführer erfolglos gestellten Anträge werden vor dem BPatG als zweiter Tatsacheninstanz voll überprüft. Jede Entscheidung, die das DPMA treffen kann, kann auch vom BPatG getroffen werden. So besteht die Möglichkeit, dass das BPatG nur die Vorentscheidung überprüft[181] oder die Entscheidung statt des DPMA trifft.[182] Dies gilt allerdings nur dann, wenn die Art der beantragten Handlung nicht auf das DPMA beschränkt ist, etwa bei Bekanntmachungen oder Registereintragungen. Auch Ermessensentscheidungen des DPMA können vom BPatG auf Fehler überprüft werden. Damit erfolgt auch eine Zweckmäßigkeitsprüfung.[183]

2. Wirkung

Nach § 75 Abs. 1 PatG wird durch die Einlegung der Beschwerde der Eintritt der formellen Rechtskraft des angefochtenen Beschlusses gehindert (Suspensiveffekt). Außerdem wird die Wirkung des Beschlusses, der angefochten wurde, aufgehoben.[184] Dasselbe gilt bei Feststellungsbeschlüssen etwa nach §§ 14 Abs. 3 Satz 4, 16 Abs. 3 Satz 3 oder 10 Abs. 4.[185] Jede Handlung, die als Ausführung des angefochtenen Beschlusses angesehen werden könnte, muss vom DPMA unterlassen werden.[186] Dies gilt beispielsweise bei Eintragung eines streitigen Löschungsvermerks oder Gewährung einer streitigen Akteneinsicht. Auch bei Beschlüssen, bei denen aufgrund des Erlasses Gebühren und Kosten fällig werden, etwa bei Entscheidung über Auslagenerstattung, tritt die aufschiebende Wirkung ein, wodurch allerdings nicht die gesetzlich bestimmte Fälligkeit von Gebühren betroffen ist. Eine gesetzlich bestimmte Fälligkeit ergibt sich beispielsweise aus §§ 28 Abs. 1 Satz 1 und 3 Abs. 2 Satz 1 PatKostG hinsichtlich der rechtzeitigen Zahlung einer fälligen Aufrechterhaltungsgebühr im Beschwerdeverfahren. Rechtzeitigkeit der Erhebung der Beschwerde, Zahlung der Beschwerdegebühr,[187] Statthaf-

39

---

181 BGH, GRUR 1998, 938 – Dragon; BGH, GRUR 1995, 333 – Aluminium-Trihydoxid.
182 BGH, GRUR 1998, 938 – Dragon; BGH, GRUR 1995, 333 – Aluminium-Trihydoxid; BPatGE 1, 79; BPatGE 1, 4; VG München, GRUR 1961, 473.
183 BPatGE 16, 118; BPatGE 15, 62; BPatGE 10, 137; BPatGE 1, 178; einschränkend: BPatGE 10, 41.
184 BayVGH, BlPMZ 1958, 195; BPatGE 1, 19; Vgl. zum Patentrecht: Benkard/*Schäfers*, § 75 Rn. 1.
185 Vgl. zum Patentrecht: Benkard/*Schäfers*, § 75 Rn. 2.
186 BPatGE 19, 12.
187 BPatGE 6, 188.

tigkeit[188] und nicht offensichtliche Unzulässigkeit[189] sind die einzige Voraussetzung, um die aufschiebende Wirkung herbeizuführen.[190]

3. Statthaftigkeit

40 Die Beschwerde ist zulässig, wenn sie statthaft ist. Das bedeutet, dass sich eine Beschwerde nur gegen einen beschwerdefähigen Beschluss des DPMA richten darf, der nach dem GeschmMG ergangen ist. Jede Entscheidung, die eine Sache abschließend regelt und dadurch die Rechte der Beteiligten berührt, ist ein Beschluss des DPMA,[191] auch wenn er formell nicht ausdrücklich als „Beschluss" sondern als „Verfügung", „Bescheid" oder „Hinweis" bezeichnet ist. Gesetzlich nach Abs. 2 nicht vorgesehen ist die Beschwerde bei Entscheidungen ohne Beschlusscharakter oder bei Entscheidungen von Organisationseinheiten, die keine nach dem GeschmMG vorgesehenen Tätigkeiten ausüben. Selbstständig anfechtbar sind Entscheidungen des DPMA, die keine Beschlüsse im oben genannten Sinn darstellen, sondern nur fälschlicherweise so bezeichnet wurden. Dies folgt aus dem Grundsatz, dass Unklarheiten, die das DPMA zu verantworten hat, nicht einem Beteiligten zur Last gelegt werden dürfen.[192] Nur durch Beschluss dargelegte Ausführungen können angefochten werden, weshalb bei Hinweisen, Verfügungen o.Ä., die keinen Beschlusscharakter aufweisen, die Beschwerde unstatthaft ist.[193] Nur als vorbereitender Zwischenbescheid, der die abschließende Entscheidung vorbereitet, ist die Darstellung der Rechtsauffassung des DPMA zu sehen, weshalb sie keinen Beschluss im materiellen Sinn darstellt.[194] Die Beurteilung des dienstlichen Rangs des Unterzeichners sowie die Umstände des Einzelfalls sind heranzuziehen, um eine Entscheidung des DPMA als Beschluss im materiellen Sinn bewerten zu können.[195] Gegen die Eigenschaft als Beschluss im materiellen Sinn spricht die dem Adressaten eingeräumte Möglichkeit, zu dem Vorgang weiter Stellung zu nehmen, da durch diesen Bescheid das Verfahren nicht abgeschlossen ist. Bei Sammelanmeldungen be-

---

188 Vgl. zum Patentrecht: Benkard/*Schäfers*, § 75 Rn. 3.
189 BPatGE 3, 122.
190 BGH, GRUR 1974, 465 – Lomapect; BPatGE 3, 122.
191 BGH, GRUR 1994, 724 – Spinnmaschine; BPatGE, 26, 152; BPatGE 15, 136; *Starck*, GRUR 1985, 799.
192 BPatGE 13, 164.
193 BPatGE 17, 227; BPatGE 10, 46.
194 BPatGE 46, 125; BPatGE 26, 154.
195 BPatGE 26, 154.

IV. (Rechts-)Beschwerdeverfahren § 23

steht hinsichtlich von Teilentscheidungen Beschwerdefähigkeit, soweit diese nicht die Anmeldung als Ganzes oder alle darin zusammengefassten Muster gleichermaßen betreffen.
In folgenden Einzelfällen ist die Beschwerde daher statthaft:[196]

41

– Zurückweisung der Anmeldung wegen Mängeln und fehlender Gebühren nach § 16 Abs. 2, Abs. 3 Satz 3, Abs. 4, Abs. 5 Satz 3;
– Bestimmung der Warenklasse nach § 19 Abs. 2 und § 8 Abs. 2 Satz 2;
– Feststellung der Nichtinanspruchnahme der Priorität nach §§ 14 Abs. 3 Satz 4, 15 Abs. 3 Satz 2;
– Feststellung der Unwirksamkeit der Teilung nach § 12 Abs. 2 Satz 3 und § 11 Abs. 4 GeschmMV;[197]
– Feststellung der Nichterstreckung wegen streitiger unzureichender Zahlung der Erstreckungsgebühr nach § 21 Abs. 2 Satz 1, nachzuholender Bekanntmachungskosten nach § 21 Abs. 3 oder Nichtnachreichung einer Wiedergabe nach § 21 Abs. 2 Satz 2;
– Verweigerung der Akteneinsicht nach § 22 Satz Nr. 2 und 3 wegen fehlenden Einverständnisses[198] oder Verneinung eines berechtigten Interesses;
– Zurückweisung eines Ablehnungsgesuchs nach Abs. 1 Satz 3;[199]
– Ablehnung der Wiedereinsetzung nach Abs. 1 Satz 4 i.V.m. § 123 Abs. 3 PatG;
– unzureichende Abhilfe, Nichtrückzahlung der Beschwerdegebühr nach Abs. 2 Satz 1 i.V.m. § 73 Abs. 3 Sätze 1 und 2 PatG;[200]
– Verweigerung der Verfahrenskostenbeihilfe, der Beiordnung nach § 24 i.V.m. § 135 Abs. 3 Satz 1 PatG;
– Änderung der Verfahrenskostenhilfe nach § 24 i.V.m. §§ 136 PatG, 120 Abs. 4 ZPO;

---

196 Vgl. zur Auflistung ausführlich und m.w.N.: *Eichmann/v. Falckenstein*, 3. Aufl., § 23 Rn. 23.
197 Vgl. *Eichmann/v. Falckenstein*, 3. Aufl., § 12 Rn. 17.
198 Vgl. zum Gebrauchsmusterrecht: BPatGE 23, 57.
199 Vgl. zum Patentrecht: Benkard/*Schäfers*, § 73 Rn. 8.
200 PA, BlPMZ 1954, 18.

§ 23 Verfahrensvorschriften, Beschwerde und Rechtsbeschwerde

- Umschreibungsverfügung sowie Versagung der Umschreibung nach § 29 Abs. 3;[201]
- Versagung einer Änderung nach § 20 GeschmMV;[202]
- Ablehnung der Rückzahlung eingezahlter Gebühren und Anordnung der Widereinzahlung;[203]
- in Form eines Beschlusses ergehende sonstige Zwischen-, Vorab- oder Teilentscheidungen;[204]
- Zurückweisung der Anmeldung wegen Nichtbestellung.[205]

42 Dagegen ist die Beschwerde in folgenden Einzelfällen nicht statthaft:
- Mängelbescheid als solcher nach § 16 Abs. 5 Satz 1;
- Bescheide mit Hinweisfunktion, z.B. Bibliographiemitteilung;[206]
- Eintragungsurkunde;
- Verfahrensleitende Verfügungen, wie Fristsetzungen und Ablehnung von Beschleunigungs- und Fristgesuchen;[207]
- Eintragungs- und Löschungsverfügungen;[208]
- einstweilige Zulassung eines Vertreters;[209]
- Bekanntmachung nach § 20;
- gewährte Wiedereinsetzung nach Abs. 1 Satz 4 i.V.m. § 123 Abs. 4 PatG;
- Bewilligung der Verfahrenskostenhilfe nach § 24 i.V.m. § 135 Abs. 3 Satz 1. PatG;
- Zwischenbescheid mit rechtlichen Darlegungen etwa über die Rechtmäßigkeit eines Bescheids[210] oder den Umfang einer Generalvollmacht;[211]

---

201 BGH, GRUR 1969, 42 – Marpin; BPatG, BlPMZ 1999, 370.
202 Vgl. zum Patentrecht: Benkard/*Schäfers*, § 73 Rn. 8.
203 Vgl. *Eichmann/v. Falckenstein*; 3. Aufl., § 16 Rn. 26.
204 BPatGE 28, 94.
205 Vgl. *Eichmann/v. Falckenstein*, § 58 Rn. 19.
206 BPatG, Mitt. 1984, 33.
207 BPatGE 10, 40.
208 BPatGE 24, 152.
209 Vgl. *Eichmann/v. Falckenstein*, 3. Aufl., § 58 Rn. 19.
210 BPatGE 3, 11.
211 BPatGE 3, 15.

- die nicht förmliche (Inzident-)Feststellung eines Anmelde- oder Prioritätstages;[212]
- formularmäßiger Hinweis über eingetretene Rücknahmefiktion, etwa wegen Nichtzahlung oder unwirksamer Prioritätsinanspruchnahme;[213]
- Ablehnung gesetzlich nicht vorgesehener Handlungen oder solche, auf die kein Anspruch besteht, etwa Vorabentscheidung über die Zulässigkeit oder Wirksamkeit von Verfahrensanträgen;[214]
- bei Verwaltungsakten, wie z.B. Geschäftsverteilung, Richtlinien oder Mitteilungen, die der Präsident des DPMA in seiner Eigenschaft als Behördenleiter erlassen hat. Darunter fällt z.B. der Prioritätsbeleg;[215]
- Untätigkeit oder unangemessene Verfahrensverzögerung,[216] sofern dies nicht einer Ablehnung des Tätigwerdens gleich kommt.[217]

Der Beschwerdeführer ist gehalten, in den genannten Fällen den Erlass eines Beschlusses durch das DPMA herbeizuführen, der beschwerdefähig ist.[218]

4. Beschwerdeberechtigung

Eine weitere Zulässigkeitsvoraussetzung nach Abs. 2 Satz 3 i.V.m. § 74 Abs. 1 PatG ist die Beschwerdeberechtigung des Beschwerdeführers, die im einseitigen Geschmacksmustereintragungsverfahren dem Anmelder oder dem eingetragenen Inhaber zusteht und von der mit der Eintragung entstandenen formellen Legitimation umfasst wird.[219] Sie geht auf den Rechtsnachfolger erst dann über, wenn die Umschreibung im Register erfolgt ist.[220] Antragsteller und Antragsgegner treten sich in den zweiseitigen (Neben-)Verfahren als Verfahrensbeteiligte gegenüber, weshalb eine Anschlussbeschwerde möglich wird.[221] Zu den zwei-

43

---

212 BPatGE 22, 249.
213 BPatGE 47, 11.
214 Vgl. zum Patentrecht: Benkard/*Schäfers*, § 73 Rn. 14.
215 BPatG, BlPMZ 1990, 370.
216 BPatG, BlPMZ 1983, 184; *Starck*, GRUR 1985, 801; a. A. zum Patentrecht: Benkard/*Schäfers*, vor § 73 Rn. 3.
217 BPatGE 30, 120.
218 BPatGE 47, 12.
219 Vgl. *Eichmann/v. Falckenstein*, 3. Aufl., § 19 Rn. 7 f.
220 BPatGE 49, 50 – Beschwerderecht; a.A. BPatGE 44, 156, 158; *Eichmann/v. Falckenstein*, § 23 Rn. 24.
221 Vgl. zum Patentrecht: Benkard/*Schäfers*, § 73 Rn. 20.

seitigen Verfahren zählen die Beteiligung des Präsidenten des DPMA, die Umschreibung, die Löschung der Eintragung und die Akteneinsicht. Parteien, die aufgrund eines Verfahrensfehlers nicht beteiligt wurden, sind grundsätzlich beschwerdeberechtigt. Etwas anderes ergibt sich nur dann, wenn ein Dritter aufgrund eines Verfahrensfehlers nicht beteiligt wird, der einen bloßen Reflex darstellt;[222] dies kann beispielsweise bei irreführenden Registereintragungen der Fall sein. Die Beschwerdeberechtigung im Eintragungsverfahren kann nicht aus der Beteiligung am Nebenverfahren hergeleitet werden.[223] Dagegen kann Beschwerde von jedem Mitanmelder, für den die Zulässigkeitsvoraussetzungen erfüllt sind. Diese wirkt dann gegenüber sämtlichen Mitanmeldern, da nach § 62 ZPO prozessual notwendige Streitgenossenschaft besteht. Die anderen Mitanmelder werden damit zu Verfahrensbeteiligten, die jedoch keine eigenen Anträge stellen können, soweit sie selbst keine Beschwerde eingelegt haben. Ist die Voraussetzung des § 62 ZPO nicht erfüllt, treten mehrere Beschwerdeberechtigte unabhängig voneinander auf; die Handlung des einen wirkt dann nicht für oder gegen die anderen.[224] Wurde ein Dritter vom DPMA nicht offensichtlich zu Unrecht in das vom Verfahren ausgeschlossen, z.B. durch fehlerhafte Zustellung im Zuge einer Umschreibung an einen nicht oder nicht mehr Beteiligten,[225] oder wurde dieser wegen eines Zahlendrehers im Aktenzeichen zum Beteiligten, obwohl er tatsächlich nicht beteiligt ist,[226] so ist er beschwerdeberechtigt und kann sein Beteiligung am Verfahren im Wege der Beschwerde klären.[227]

5. Partei- und Geschäftsfähigkeit

44 Partei- und Geschäftsfähigkeit des Beschwerdeführers sind nach § 99 Abs. 1 PatG i.V.m. § 52 ZPO ebenso Zulässigkeitsvoraussetzung wie dessen Postulationsfähigkeit. Ist der Beschwerdeführer Ausländer i.S.v. § 58, so kann er Beschwerde einlegen. Das Verfahren ist jedoch sachlich nur dann weiter zu führen, wenn er einen Inlandsvertreter bestellt hat.[228] Die Beschwerde muss als unzulässig verworfen werden, wenn

---

222 BGH, GRUR 1967, 543 – Bleiphosphit.
223 BPatGE 10, 34.
224 Vgl. zum Patentrecht, Benkard/*Schäfers*, § 74 Rn. 7.
225 BPatGE 33, 264.
226 BPatGE 37, 139.
227 BPatGE 37, 139.
228 BGH, GRUR 1969, 437 – Inlandsvertreter; *Eichmann/v. Falckenstein*, 3. Aufl., § 58 Rn. 8f.

die Bestellung des Inlandsvertreters nicht erfolgt.[229] Hat der Beschwerdeführer den Rechtsmittelverzicht erklärt und damit sein Beschwerderecht aufgegeben, so macht dies eine später in gleicher Sache eingelegte Beschwerde unzulässig.[230]

6. Rechtsschutzbedürfnis/Beschwer

Ungeschriebene Zulassungsvoraussetzungen sind das Rechtsschutzbedürfnis[231] und die Beschwer. Bei offensichtlich rechtsmissbräuchlicher Beschwerdeeinlegung ist das Rechtsschutzbedürfnis nicht gegeben;[232] dies gilt auch bei schikanöser Beschwerdeeinlegung,[233] bei der Verfolgung nicht schutzwürdiger Ziele,[234] der Gleichwertigkeit des Inhalts der angefochtenen Entscheidung mit dem Antrag, der mit dem Rechtsmittel verfolgt wird und bei einem Vorgehen, das erheblich querulatorischen Charakter aufweist.   45

Wird durch die Entscheidung weniger als beantragt oder etwas anderes gewährt, so liegt in diesem Rechtsnachteil die Beschwer des Beschwerdeführers.[235] Diese kann vorliegen, wenn unter Zurückweisung des Hauptantrags dem Hilfsantrag stattgegeben wird.[236] Sie ist auch gegeben, wenn nur in Nebenpunkten vom Antrag abgewichen wird oder Tatsachen eingetragen werden, die vom Anmelder so nicht gebilligt wurden. Ferner liegt eine Beschwer vor, wenn statt des ursprünglichen Anmeldetags als der Anmeldetag nach § 16 Abs. 5 Satz 2 eingetragen wird und dies nur hilfsweise beantragt war. Aus der Entscheidungsformel ist die Abweichung regelmäßig ersichtlich. In Ausnahmefällen ist dafür auf die Entscheidungsgründe zurückzugreifen.[237] Liegt der Entscheidung ein Antrag zugrunde, der nicht verspätet gestellt wurde, und wird diesem stattgegeben, so scheidet eine Beschwer aus.[238] Gleiches gilt, wenn der Beschwerdeführer ein umfangreiches Begehren verfolgt und dies mit der Beschwerde statt mit dem Verfahren vor dem DPMA   46

---

229 BPatGE 17, 13; BPatGE 2, 21.
230 BPatGE 15, 154.
231 Vgl. *Eichmann/v. Falckenstein*, § 11 Rn. 12.
232 BPatGE 29, 79.
233 BGH, GRUR 1974, 146 – Schraubennachtrohr.
234 BGH, GRUR 1970, 601 – Fungizid.
235 BGH, GRUR, 535 – Aufhebung der Geheimhaltung.
236 BPatG, GRUR 1983, 368.
237 BPatGE 28, 189, BPatGE 11, 230; Vgl. zum Patentrecht: Benkard/*Schäfers*, § 73 Rn. 19.
238 BGH, GRUR 1967, 435 – Isoharnstoffäther.

erfolgt.[239] Die Beschwer muss schlüssig vorgetragen werden.[240] Erst bei Prüfung der Begründetheit der Beschwerde wird auch überprüft, ob die behauptete Beschwer vorlag[241] und im Zeitpunkt der Entscheidung noch immer vorliegt.[242]

7. Form

47 Die Beschwerde muss nach § 73 Abs. 2 Satz 1 PatG schriftlich eingelegt werden.[243] Sie ist an eine der Annahmestellen des DPMA zu richten. Diese befinden sich in Berlin, München und Jena. In Ausnahmefällen kann eine Einreichung beim EPA erfolgen. Die Einreichung bei Patentinformationszentren ist hingegen nicht möglich.[244] Die Einreichung der Beschwerde auf elektronischem Weg, die in Markensachen bereits möglich ist,[245] ist in Geschmacksmustersachen noch nicht zugelassen. Wurde die Beschwerdeschrift an den falschen Adressaten gesandt, etwa an das BPatG, so wird deshalb die Beschwerde nicht unwirksam.[246] Etwas anderes gilt, wenn die Beschwerde das DPMA aus diesem Grund nicht mehr innerhalb der Beschwerdefrist erreicht.[247] Eine Prüfungspflicht des Beamten, der für den Empfang der Sendung unzuständig ist, muss die Frist nicht überprüfen.[248] Zur Wahrung der Frist ist es ausreichend, wenn der Schriftsatz in die tatsächliche Verfügungsgewalt des DPMA übergeht und dies in der dafür vorgesehenen Form geschieht, etwa einem Nachtbriefkasten.[249] Schriftsätze werden nach § 73 Abs. 2 Sätze 2 und 3 PatG nur im zweiseitigen Verfahren zugestellt. Ist ein Schriftsatz oder eine Zahlung fristwahrend ausschließlich an das BPatG zu richten, so gilt die Frist auch beim Eingang bei einer Annahmestelle als gewahrt.[250]

---

239 Vgl. zum Patentrecht: Schulte/*Schulte*, § 73 Rn. 46.
240 BGH, GRUR 1967, 194 – Hohlwalze; BPatGE 26, 120; BPatGE 11, 229.
241 BPatGE 11, 229.
242 BGH, Mitt. 2004, 471.
243 Vgl. *Eichmann/v. Falckenstein*, § 23 Rn. 48 f.
244 Vgl. *Eichmann/v. Falckenstein*, § 11 Rn. 16.
245 Mitteilung des Präsidenten des DPMA, BlPMZ 2003, 318.
246 BGH, BlPMZ 1961, 404; BPatGE 18, 70.
247 BPatGE 48, 191; BPatGE 18, 67.
248 BGH, BlPMZ 1961, 404.
249 BVerfG, NJW 1980, 580.
250 Mitteilung des Präsidenten des BPatG, BlPMZ 1991, 37 (mit weiteren Beispielen).

8. Frist

Die Beschwerde muss nach § 73 Abs. 2 Satz 1 PatG innerhalb eines Monats beim DPMA eingelegt werden. Die Frist beginnt nur dann zu laufen, wenn der angefochtene Beschluss ordnungsgemäß nach § 73 Abs. 2 Satz 1 PatG zugestellt und mit einer korrekten Rechtsmittelbelehrung versehen ist. Dies folgt aus dem Rechtsgedanken des § 47 Abs. 2 Satz 2 PatG. Da § 47 Abs. 2 Satz 3 PatG im Geschmacksmusterrecht entsprechend anzuwenden ist, tritt bei fehlerhafter oder fehlender Rechtsmittelbelehrung an die Stelle der Monatsfrist die Ausschlussfrist von einem Jahr.[251] Diese beginnt mit Zustellung des Beschlusses zu laufen. Ist in der Belehrung die Anfechtbarkeit des Beschlusses aus Versehen ausgeschlossen, beginnt die Ausschlussfrist trotzdem zu laufen. Soll die kürzere Monatsfrist in Gang gesetzt werden, ist das DPMA verpflichtet, die Belehrung von Amts wegen zu korrigieren.[252] Die Rechtsmittelfrist wird durch die nachgeholte Zustellung in Gang gesetzt, wenn die Rechtsmittelbelehrung vorher falsch war oder fehlte. Keine neue Frist wird dagegen durch die nachträgliche Berichtigung eines bereits wirksam zugestellten Beschlusses in Gang gesetzt, wenn dieser etwa im Sinne von § 319 ZPO offensichtlich unrichtig war.[253] Etwas anderes gilt nur, wenn erst durch die Berichtigung die Beschwer geschaffen[254] oder der unterlegene Verfahrensbeteiligte erst nach Berichtigung des Tenors richtig benannt ist.[255]

48

Die Beschwerdefrist wird durch eine fehlerhafte Zustellung nicht in Gang gesetzt, wobei eine Heilung von Zustellungsmängeln[256] möglich ist. Die Einlegung der Beschwerde nach Ablauf der ordnungsgemäß in Gang gesetzten Beschwerdefrist, die nach §§ 187 Abs. 1, 188 Abs. 2 BGB zu berechnen ist,[257] führt zur Unzulässigkeit der Beschwerde. Bereits vor ordnungsgemäßer Zustellung und damit bereits bevor die Beschwerdefrist in Gang gesetzt wurde, besteht die Möglichkeit, die Beschwerde wirksam einzulegen,[258] allerdings ist die Einlegung der Beschwerde nicht vor Erlass des Beschlusses möglich. Wird die Beschwerde als unzulässig verworfen oder wird die Nichterhebung festge-

49

---

251 BPatGE 48, 191.
252 Vgl. zum Patentrecht: Benkard/*Schäfers*, § 47 Rn. 24.
253 BPatGE 9, 130.
254 BGHZ 17, 149.
255 BGH, Mitt. 1991, 200; BPatGE 24, 231.
256 Vgl. zur Heilung insbesondere: *Eichmann/v. Falckenstein*, 3. Aufl., § 23 Rn. 60.
257 Vgl. *Eichmann/v. Falckenstein*, § 23 Rn. 52.
258 BPatGE 20, 28; PA, Mitt. 1969, 154; PA, Mitt. 1958, 155.

§ 23   Verfahrensvorschriften, Beschwerde und Rechtsbeschwerde

stellt, kann die Beschwerde innerhalb der Beschwerdefrist erneut eingelegt werden.[259] Wurde die Beschwerde trotz fehlerhafter Rechtsmittelbelehrung innerhalb der Monatsfrist eingelegt und dann zurückgenommen, so ist die erneute Einlegung nicht zulässig.[260] Wiedereinsetzung ist möglich.[261] Bisher ist unklar, ob bei mehreren Beteiligten für jeden der Beteiligten eine eigene, individuelle Frist läuft.[262] Weiter wird vertreten, dass in Anlehnung an das schriftliche Verfahren mit Zustellung an Verkündung Statt die Beschwerdefrist für alle Beteiligten einheitlich nach dem Zeitpunkt der letzten Zustellung zu berechnen ist.[263] Da diese Frage nicht abschließend geklärt ist, ist den Beteiligten zu raten, für jeden die Beschwerdefrist individuell nach der jeweiligen Zustellung zu berechnen.

9. Beschwerdeschrift

50   Notwendiger Inhalt der Beschwerdeschrift ist die Beschwerdeerklärung, aus der die Anfechtung der Entscheidung des DPMA eindeutig ersichtlich ist. Der Begriff Beschwerde muss dabei nicht verwendet werden.[264] Neben der Beschwerdeerklärung muss die Beschwerdeschrift die Entscheidung bezeichnen und unterschrieben sein.[265] Wird schlicht ein Betrag in Höhe der Beschwerdegebühr an das DPMA überwiesen und wird auf dem Überweisungsträger das Aktenzeichen, der Verwendungszweck oder das Wort „Beschwerdegebühr" angegeben, so ist dies als Nachweis für die Bezahlung der Beschwerdegebühr nicht ausreichend.[266] Auf dem Gutschriftenteil des Überweisungsträgers muss sich die Beschwerdeerklärung eindeutig ergeben. Wurde der Einzahlungstag bei bestimmten Überweisungen nach § 2 PatKostZV vorverlegt,[267] so gilt dies nur für die Zahlung, nicht jedoch für den Eingangstag der Beschwerdeerklärung, die diesen begleitet.[268] Der Be-

---

259 BGH, GRUR 1972, 196 – Dosiervorrichtung.
260 Vgl. zum Patentrecht: Benkard/*Schäfers*, § 47 Rn. 22.
261 Vgl. *Eichmann/v. Falckenstein*, § 23 Rn. 5.
262 BPatG, BlPMZ 2000, 226 – Cosmos; BPatG, GRUR 1996, 872 – Beschwerdefrist; BPatGE 18, 6; *Bühring*, § 18 Rn. 24.
263 BGH, NJW 1994, 3359; BGH, BlPMZ 1962, 166 – Wiedereinsetzung III; BPatGE 31, 19.
264 BPatGE 29, 115; BPatGE 6, 61.
265 BPatGE 19, 76; BPatGE 6, 60; BPatGE 4, 22.
266 BGH, GRUR 1966, 281 – Stromrichter; BGH, GRUR 1966, 50 – Hinterachse; BPatGE 6, 61; PA, Mitt. 1960; 39.
267 Vgl. *Eichmann/v. Falckenstein*, § 16 Rn. 22.
268 BPatGE 2, 67.

schluss gilt als im vollen Umfang angefochten, wenn keine einschränkende Erklärung abgegeben wird.[269] Dies ist jedoch dahingehend einzuschränken, dass der Beschluss nur insoweit angefochten wird, als eine Beschwer besteht.[270] Weiterer notwendiger Inhalt ist die eindeutige Benennung des Beschwerdeführers.[271] Dies ist insbesondere deshalb wichtig, da die Beschwerde als unzulässig verworfen wird,[272] wenn innerhalb der Beschwerdefrist bei Auslegung weiterer vorliegender Unterlagen,[273] insbesondere der Akten der ersten Instanz[274] zu keinem eindeutigen Ergebnis hinsichtlich der Person des Beschwerdeführers führt. Um eine schnelle Entscheidung des BPatG herbeizuführen, ist es sinnvoll die Beschwerde kurz zur Klarstellung zu begründen, obwohl dies nicht notwendig ist. Es kann auch dazu führen, dass von der Kostenauferlegung nach § 80 Abs. 1 Satz 1 PatG abgesehen wird.[275]

10. Beschwerdegebühr

Mit der Einlegung der Beschwerde ist nach § 3 Abs. 1 PatKostG die Beschwerdegebühr fällig. Sie ist innerhalb der Monatsfrist für die Beschwerde zu entrichten.[276] Früher bestand die Gebührenpflicht nur für Beschwerden, die den Bestand einer Musteranmeldung oder eines Musters betrafen. Dagegen besteht sie heute nach dem PatKostG für alle Beschwerden. Die Gebührenpflicht wird daher auch für andere Verfahren, z.B. über die nicht gewährte Akteneinsicht, ausgelöst. Nur in Verfahrenskostenhilfesachen besteht hier eine Ausnahme.[277] Diese besteht außerdem für die Beschwerde des Kostenschuldners gegen eine Entscheidung über die Erinnerung nach § 11 Abs. 2 PatKostG und § 11 Abs. 2 DPMAVwKostV (Nr. 401 300 Gebührenverzeichnis zum PatKostG). Die Beschwerdegebühr wird von der Geschmacksmusterstelle

51

---

269 Vgl. zum Patentrecht: Schulte/*Schulte*, § 73 Rn. 67.
270 Vgl. zum Patentrecht, Benkard/*Schäfers*, § 73 Rn. 28.
271 BGH, GRUR 1977, 508 – Abfangeinrichtung; BPatG, GRUR 1985, 123; BPatG, Mitt. 1983; 113; BPatGE 12, 69; BPatGE 11, 62; BPatGE 10, 30.
272 BGH, GRUR 1977, 509; BPatGE 33, 262; BPatG, GRUR 1985, 123, BPatG, Mitt. 1983, 113.
273 BVerfG, NJW 1991, 3140.
274 BGH, GRUR 1977, 509; BGH, BlPMZ 1974, 210; BGH, GRUR 1966, 107 – Patentrolleneingang.
275 Vgl. *Eichmann/v. Falckenstein*, § 23 Rn. 40.
276 BPatGE 11, 59.
277 BPatG vom 23.3.1998, Az.: 4 W (pat) 701/97 (unveröffentlicht); BPatG vom 3.4.1995, Az.: 4 W (pat) 707/95 (unveröffentlicht); a. A. BPatG, BlPMZ 2003, 213 – wartungsfreies Gerät.

§ 23   Verfahrensvorschriften, Beschwerde und Rechtsbeschwerde

des DPMA nicht umfasst[278] und muss deshalb vom BPatG gesondert gewährt werden.[279] Streitgenossenschaft liegt nicht vor, wenn mehrere Beschwerdeberechtigte Beschwerde wegen verschiedener Beschwerdegegenstände einlegen. Deshalb hat jeder dieser Beschwerdeführer die Beschwerdegebühr zu entrichten.[280] Wird nur eine Beschwerdegebühr bezahlt und erfolgt keine Zuordnung zu einem Beschwerdeführer innerhalb der Beschwerdefrist, so gelten nach § 6 Abs. 2 alle Beschwerden als nicht erhoben.[281] Erheben mehrere Beschwerdeführer gemeinsam Beschwerde hinsichtlich desselben Beschwerdegegenstands in einem Schriftsatz, stellen sie denselben Antrag und haben sie alle denselben Verfahrensvertreter bestellt, so ist bisher streitig, ob auch nur eine Beschwerdegebühr zu bezahlen ist. Um jedoch keine Nachteile zu erleiden, sollten im Rahmen einer vorsichtigen Verfahrensführung mehrere Beschwerdegebühren eingezahlt werden. Gleichzeitig sollte ein Antrag auf Rückzahlung der rechtsgrundlos entrichteten Beschwerdegebühren gestellt werden. Wird vom selben Beschwerdeführer gegen mehrere Entscheidungen Beschwerde erhoben, so muss für jede dieser Beschwerden eine Beschwerdegebühr eingezahlt werden. Nur eine Beschwerdegebühr ist gegen einen Beschluss bezüglich einer Sammelanmeldung zu zahlen, da auch nur eine Beschwerde einzulegen ist. Wird mit einem Beschluss die Unwirksamkeit einer Teilung festgestellt, so ist die Beschwerdegebühr nur einmal einzuzahlen, da es zu einer Teilung der Anmeldung nicht gekommen ist.

52 Die Beschwerdegebühr ist nach § 6 Abs. 1 Satz 1 PatKostG innerhalb der Beschwerdefrist von einem Monat einzuzahlen. Wurde durch eine fehlerhafte oder unterlassene Rechtsmittelbelehrung oder eine mit Mängeln behaftete Zustellung die Beschwerdefrist nicht in Gang gesetzt,[282] so beginnt auch für die Zahlung der Beschwerdegebühr keine Frist zu laufen. Wiedereinsetzung ist möglich.[283] Unmissverständlich ist der Verwendungszweck der Beschwerdegebühr anzugeben.[284] Wird nur

---

278 BPatGE 32, 129.
279 Vgl. *Eichmann/v. Falckenstein*, § 24 Rn. 2.
280 BGH, GRUR 1987, 348 – Bodenbearbeitungsmaschine; BPatG, Mitt. 2004, 70 – Deformationsmessung; BPatGE 42, 236; BPatG, GRUR 2006, 170 – Einspruchsgebühren.
281 BGH, GRUR 1984, 36 – Transportfahrzeug I; BGH, GRUR 1982, 414 – Einsteckschloß; offen gelassen: BGH, GRUR 1987, 349 – Bodenbearbeitungsmaschine; BPatGE 12, 164.
282 BPatGE, 23, 62; *Eichmann/v. Falckenstein*, § 23 Rn. 27f.
283 BGH, Mitt. 1960, 59, PA, Mitt. 1956, 112; BPatGE 1, 103.
284 Vgl. *Eichmann/v. Falckenstein*, § 16 Rn. 23.

eine Gebühr für mehrere Beschwerden entrichtet, so ist dies nicht ausreichend, weshalb eine Klarstellung innerhalb der Beschwerdefrist erfolgt, für welche der Beschwerden die Gebühr bezahlt wurde.[285] Die Zahlung muss an das DPMA erfolgen.[286] Eine Unterscheidung nach der Höhe der Beschwerdegebühr wird im anzuwendenden Gebührentarif des PatKostG nicht gemacht. Dies ist deshalb nicht nötig, da das BPatG im Geschmacksmusterrecht nicht für die Vernichtung des Schutzrechts zuständig ist. Es ist deshalb unabhängig davon, ob das Verfahren hinsichtlich nur eines Musters oder einer Sammelanmeldung geführt wird, für die Beschwerde gegen einen Beschluss ist eine Gebühr von derzeit EUR 200,– zu bezahlen.

Die Beschwerde gilt nach § 6 Abs. 2 PatKostG als nicht erhoben, wenn die Gebühr nicht, nur in zu geringer Höhe oder erst nach Ablauf der Beschwerdefrist bezahlt wird. Dabei spielt es keine Rolle ob die Beschwerde fristgerecht eingelegt wurde oder nicht und ob andere Gründe für oder gegen die Zulässigkeit sprechen.[287] Das DPMA ist nicht verpflichtet, den Beschwerdeführer auf diesen Umstand hinzuweisen.[288] Die Entscheidung über die nicht als erhoben geltende Beschwerde ist dem DPMA entzogen. Dieses hat sie unmittelbar dem BPatG vorzulegen, wo der Rechtspfleger nach § 23 Abs. 1 Nr. 4 RPflG die entsprechende Entscheidung trifft. Gegen diese kann innerhalb von zwei Wochen Erinnerung nach § 23 Abs. 2 RPflG eingelegt werden. Gegen die Entscheidung des dann erkennenden Senats des BPatG ist die Rechtsbeschwerde nach § 100 PatG nicht statthaft, da es sich bei der Erinnerung nicht um die Anfechtung einer Entscheidung über eine Beschwerde i.S.v. Abs. 2 handelt. Es besteht eine Erstattungspflicht hinsichtlich der Beschwerdegebühr, wenn die Beschwerde nicht erhoben wurde.[289] Wurde die Gebühr dagegen rechtzeitig eingezahlt und ist die Beschwerde unzulässig, so ist die Rückzahlung der Gebühr nach § 80 Abs. 3 PatG in das Ermessen des BPatG gestellt.[290]

53

---

285 BPatGE 12, 167.
286 Vgl. *Eichmann/v. Falckenstein*, § 16 Rn. 21.
287 Vgl. zum Patentrecht, Benkard/*Schäfers*, § 73 Rn. 46.
288 BPatG, Mitt. 1998, 314.
289 BPatGE 1, 108; BPatGE 1, 105.
290 BPatGE 2, 67.

11. Verfahren

54 § 73 Abs. 3 Satz 1 PatG bietet die Möglichkeit der Abhilfe durch das DPMA. Dadurch soll diesem die Möglichkeit gegeben werden, im Wege einer Vorabprüfung des Beschwerdevorbringens über die Beschwerde zu entscheiden, ohne dass das BPatG damit befasst werden müsste. Es kann – wenn Mängel der Anmeldung beseitigt wurden – den angefochtenen Beschluss abändern. Außerdem soll das BPatG bei offensichtlich begründeten Beschwerden aus verfahrensökonomischen Gründen nicht weiter belastet werden.[291] Damit wird eine Ausnahmeregel zum Devolutiveffekt geschaffen, wonach ein eingelegtes Rechtsmittel das Verfahren in die nächst höhere Instanz bringt. Nach § 73 Abs. 4 PatG ist die Abhilfe nur bei einseitigen Verfahren möglich, wobei Mitanmelder nicht als sich gegenüberstehende Beteiligte anzusehen sind.[292]

55 Dagegen ist im zweiseitigen Verfahren die Beschwerde sofort dem BPatG vorzulegen, ohne dass dem DPMA die Möglichkeit zur Prüfung eingeräumt würde. Die Beschwerde muss eingelegt sein, um dem DPMA die Möglichkeit der Abhilfe zu schaffen, weshalb diese nicht von Amts wegen nicht in Betracht kommt. Hat das DPMA eine Sachbehandlung als fehlerhaft erkannt, kann es ohne Beschwerde seinem Fehler nicht abhelfen. Ungeschriebenes Merkmal für die Abhilfe ist die Zulässigkeit der Beschwerde; dies ergibt sich aus § 73 Abs. 3 Satz 1 PatG. Hält das DPMA die Beschwerde zwar für begründet, ist diese aber unzulässig, so kommt die Abhilfe nicht in Betracht.[293] Geht das DPMA davon aus, dass die Beschwerde an sich zulässig und begründet ist, so muss es bei einer verfristeten Beschwerde mit der die Wiedereinsetzung beantragt ist, der Beschwerde nach Wiedereinsetzung abhelfen.[294] Dagegen muss das DPMA die Beschwerde dem BPatG vorlegen, wenn es keine Abhilfemöglichkeit sieht.[295]

56 Nach § 73 Abs. 3 Satz 3 PatG muss das Abhilfeverfahren innerhalb eines Monats abgeschlossen sein. Diese Frist kann nur bei Vorliegen besonderer Umstände überschritten sein. Dies kann beispielsweise eine mit Fristablauf eingegangene Beschwerdebegründung[296] oder die Ab-

---

291 BGH, GRUR 1985, 919 – Caprolactam, BPatGE, 32, 149.
292 Vgl. zum Patentrecht: Benkard/*Schäfers*, § 73 Rn. 50.
293 BPatGE 15, 148; BPatGE 14, 193.
294 PA, BlPMZ 1953, 84; BPatGE 25, 120.
295 Vgl. *Eichmann/v. Falckenstein*, § 23 Rn. 36.
296 BPatGE 19, 23.

lehnung des für die Entscheidung zuständigen Bediensteten sein, über die vor der Abhilfe entschieden werden muss.[297] Verfahrensrechtliche Folgen ergeben sich aber weder aus der Unter-[298] noch der Überschreitung[299] der Frist. Die Beschwerde ist regelmäßig dann dem BPatG vorzulegen, wenn innerhalb der Abhilfefrist keine Begründung der Beschwerde beim DPMA eingegangen ist. Eine Ausnahme ist nur dann gegeben, wenn das DPMA aufgrund eigener Erwägungen der Beschwerde abhilft. Die Sache kann im Rahmen des Abhilfeverfahrens erneut erschöpfend behandelt werden. Insbesondere kann das DPMA weitere Sachaufklärung betreiben und Zwischenbescheide erlassen.[300] Das DPMA muss der Beschwerde abhelfen, wenn die Abhilfe zulässig und die Beschwerde begründet ist. Ist der Bescheid im Zeitpunkt der Abhilfeentscheidung aus rechtlichen Erwägungen anders zu fassen, als dies bei der ursprünglichen Entscheidung wegen geänderter Sach- und Rechtslage der Fall war, oder lässt sich diese Entscheidung nicht aufrechterhalten, so muss das DPMA der Beschwerde abhelfen, insbesondere dann, wen der Antragsteller die Anmeldeerfordernisse erfüllt hat, auch wenn dies erst nachträglich geschehen ist oder sich mit dem Vorgehen einverstanden erklärt hat, das das DPMA vorgeschlagen hat. Um eine Grundsatzentscheidung des BPatG herbeizuführen, darf die Abhilfe nicht verweigert werden, auch wenn dies mit Einverständnis des Antragstellers erfolgt ist.[301] Der angefochtene Beschluss wird durch die Abhilfe aufgehoben und durch einen Beschluss, der im Sinne des Beschwerdeführers ist, ersetzt. Muss dagegen erneut in die Sachbehandlung eingetreten werden, so ist im Abhilfebescheid dies festzustellen, sog. kassatorische Abhilfe.[302] Das DPMA entscheidet in den Fällen der Abhilfe, der Rückzahlung der Beschwerdegebühr oder der Vorlage an das BPatG durch Beschluss, wobei sich die Zuständigkeit aus § 26 Abs. 2 Satz 2 Nr. 5 ergibt. Das Beschwerdeverfahren wird durch die gewährte Abhilfe beendet, soweit das DPMA den Anträgen des Beschwerdeführers stattgegeben hat. Es besteht die Möglichkeit der Abhilfe eines Teils, soweit die Anmeldung geteilt wurde,[303] oder durch die Stattgabe eines Hilfsantrags.[304] Eine Berücksichtigung von bisher nicht

---

297 BPatGE 27, 24.
298 Vgl. zum Patentrecht: Benkard/*Schäfers*, § 73 Rn. 55.
299 BPatG, GRUR 1985, 373.
300 BPatGE 27, 32; Vgl. zum Patentrecht: Schulte/*Schulte*, § 73 Rn. 125.
301 BPatGE 8, 154.
302 BPatGE 30,34; Vgl. zum Patentrecht: Schulte/*Schulte*, § 73 Rn. 129.
303 Vgl. zum Patentrecht: BPatGE 32, 149.
304 Vgl. zum Patentrecht: Schulte/*Schulte*, § 73 Rn. 132.

§ 23 Verfahrensvorschriften, Beschwerde und Rechtsbeschwerde

be- bzw. erkannten Mängeln, die bereits früher vorgelegen haben, ist bei Entscheidung nach kassatorischer Abhilfe möglich. Die Abhilfe als vorbereitende Maßnahme begründet insoweit keinen Vertrauensschutz.[305]

57 Das DPMA ist verpflichtet, im Rahmen des Abhilfeverfahrens zu prüfen, ob die Rückzahlung der Beschwerdegebühr möglich ist. Im Wesentlichen kommen dabei folgende Fallgruppen in Betracht:[306]

58 (1) Nach den Bereicherungsgrundsätzen ist die Beschwerdegebühr zwingend von Amts wegen zurückzuzahlen, wenn sie für eine Beschwerde gezahlt wurde, die gemäß § 10 Abs. 2 PatKostG nach § 6 Abs. 2 PatKostG als nicht erhoben gilt,[307] die Beschwerde tatsächlich nicht eingelegt oder nach Einlegung widerrufen wurde oder die Beschwerde nach der Sachlage nicht erforderlich war.

59 (2) Das DPMA muss prüfen, ob im Abhilfebeschluss die Rückzahlung nach § 73 Abs. 3 Satz 2 PatG oder die Rückzahlung aus Billigkeitsgründen anzuordnen ist. Dies stellt eine ausnahmsweise Durchbrechung der Fälligkeitsregel des § 3 Abs. 1 PatKostG dar, da die Gebührenpflicht unabhängig vom Ausgang des Verfahrens besteht.[308]

60 (3) Das DPMA prüft weiter, ob die Einzahlung der Beschwerdegebühr vermeidbar gewesen wäre, wenn bei förmlich fehlerfreier oder angemessener Sachbehandlung der Erlass des angefochtenen Beschlusses, die Einlegung der Beschwerde und daran anschließend die Einzahlung der Beschwerdegebühr hätte vermieden werden können.[309] In diese Betrachtung ist das Verhalten der Verfahrensbeteiligten ebenso mit einzubeziehen, wie die Sachbehandlung durch das DPMA. Besonders ist die Einhaltung bzw. Verletzung des materiellen Verfahrensrechts, zu dem auch die ungeschriebenen Regeln gehören zu beachten.[310] Eine fehlerhafte Beschlussbegründung ist als alleiniger materiellrechtlicher Fehler nicht ausreichend.[311] Allerdings reicht eine völlig neben der Sache liegende Begründung[312] oder das Abweichen von feststehender und aner-

---

305 BGH, GRUR 1985, 989 – Caprolactam; BGH, GRUR 1977, 485 – Rücknahme der Patentanmeldung.
306 Vgl. ausführlich und m.w.N.: *Eichmann/v. Falckenstein*, § 23 Rn. 33.
307 BPatGE 2, 61; BPatGE 1, 104.
308 BPatGE 22, 32; BPatGE 2, 78.
309 BPatGE 32, 147; BPatGE 26, 2; BPatGE 24, 211; BPatGE 9, 210.
310 BPatGE 13, 29.
311 BPatG, Mitt. 1969, 79.
312 BPatGE 14, 40.

kannter Rechtsprechung[313] zur Verletzung materiellen Rechts aus. Insbesondere die Nichtgewährung rechtlichen Gehörs in den verschiedenen Erscheinungsformen, das Nichtbeachten von sachlichem Vorbringen und Anträgen[314] sowie die Entscheidung durch einen unzuständigen Bediensteten des DPMA[315] stellen Verletzungen des Verfahrensrechts dar. Zu den Verletzungen des ungeschriebenen Verfahrensrechts zählen Verstöße gegen die ökonomische Verfahrensführung, insbesondere die Nichtgewährung einer kurzen Nachfrist, wenn die Beschwerdefrist abgelaufen ist,[316] besonders dann, wenn der Beschwerdeführer seine Mitwirkungspflicht nicht verletzt hat.[317] Auch die Verbindung der Ablehnung eines rechtzeitigen Fristgesuchs mit der Sachentscheidung oder dem Unterlassen eines dem DPMA leicht möglichen Hinweises auf einen den einen Verfahrensmangel, der den Anmeldeerfolg verhindert zählt dazu.[318]

Allerdings entfällt die Rückzahlung, wenn die fehlerhafte Entscheidung nicht allein kausal war, also andere Gründe die Beschwerdegebühr rechtfertigen[319] oder die Beschwerde vorsorglich eingelegt und später zurückgenommen wurde.[320] Auch bei wirksam eingelegter Beschwerde nach § 80 Abs. 3 und 4 kommt eine Rückzahlung in Betracht,[321] wobei die Billigkeitsgesichtspunkte zu beachten sind. Im Rahmen eines Beschlusses ist auch bei fehlendem Antrag über die Rückzahlung zu entscheiden. Ist darüber im Beschluss keine Aussage getroffen, ist die Rückzahlung abgelehnt.[322] Hat der Beschwerdeführer die Rückzahlung beantragt, muss über diesen Antrag durch Beschluss entschieden werden; wird er abgelehnt, so ist dies zu begründen.[323] Der Beschluss ist mit der Beschwerde anfechtbar, auch wenn der Beschwerde im Übrigen

61

---

313 BPatGE 46, 274; BPatGE 7, 7.
314 BGH, GRUR 1999, 919 – Zugriffsinformation; BPatGE 20, 146; BPatGE 19, 85; BPatGE 17, 242; BPatGE 16, 42; Vgl. zum Patentrecht: Benkard/*Schäfers*, § 80 Rn. 26.
315 BPatG, Mitt. 1988, 90, BPatGE 4, 13; einschränkend PA, BlPMZ 1955, 359; BPatG, Mitt. 1972, 74.
316 BPatGE 24, 212; BPatGE 20, 26; BPatGE 12, 212; BPatGE 9, 179; Vgl. zum Patentrecht: Benkard/*Schäfers*, § 80 Rn. 29.
317 BPatGE 21, 77; BPatGE 20, 99; BPatGE 16, 32; BPatGE 14, 42.
318 BPatG vom 6.11.2000, Az.: 10 W (pat) 712/99.
319 BPatGE 36, 38; BPatGE 14, 30; BPatGE 13, 68.
320 Vgl. zum Patentrecht: Schulte/*Schulte*, § 73 Rn. 176.
321 BPatGE 21, 22; BPatGE 2, 66.
322 BPatGE 17, 62.
323 BPatGE 17, 62; BPatGE 14, 210.

abgeholfen wird.[324] Nach Erlass der Abhilfeentscheidung ist der Antrag auf Rückzahlung in eine Beschwerde gegen den Abhilfebescheid umzudeuten, wenn durch diesen die Rückzahlung abgelehnt wurde.[325] Ist die Beschwerde nichtrechtswirksam eingelegt und wird diese deshalb dem BPatG vorgelegt, so ist die Rückzahlung durch den Senat des BPatG zu veranlassen.[326]

62 Verneint das DPMA die Möglichkeit der Abhilfe oder ist diese unzulässig, so muss es die Beschwerde dem BPatG vorlegen.[327] Dies gilt auch bei Unzulässigkeit der Beschwerde oder nach fruchtlosem Ablauf der Monatsfrist des § 73 Abs. 3 Satz 3 PatG. Die Vorlage erfolgt durch Beschluss des DPMA. Eine sachliche Stellungnahme ist nicht erforderlich. Das BPatG führt das weitere Verfahren alleine ohne Beteiligung des DPMA. Eine Ausnahme stellt dabei § 77 PatG dar. Eine Rückgabe an das DPMA zur weiteren Prüfung der Abhilfe ist nicht möglich, auch wenn die Sache verfrüht vorgelegt wurde oder bei verspätetem Eingang der Beschwerdebegründung.[328] Eine Unterrichtung des Beschwerdeführers durch das DPMA erfolgt nicht.[329] Nach § 26 Abs. 2 Satz Nr. 5 entscheidet der Beamte des höheren Dienstes über die Abhilfe, die Vorlage und die Rückzahlung der Beschwerdegebühr.[330] Mangels Beschwer ist die Vorlageentscheidung nicht anfechtbar. Die Abhilfeentscheidung ist nur anfechtbar, wenn entgegen dem Antrag des Beschwerdeführers eine rein kassatorische Abhilfe erfolgte und die Endentscheidung oder dir Rückzahlung der Beschwerdegebühr versagt wurde.[331]

63 In Abs. 2 Sätze 2 und 3 wird das Verfahren vor dem BPatG durch Einzelverweisung geregelt.[332] § 99 Abs. 1 PatG, auf den Bezug genommen wird, erklärt in weiten Bereichen die Vorschriften der ZPO und des GVG für anwendbar.[333] Im Eintragungsverfahren sind beteiligt der Beschwerdeführer, der meist der Anmelder ist, und der Antragsgegner, soweit die Beschwerde ein zweiseitiges Verfahren betrifft, etwa über die

---

324 PA, BlPMZ 1954, 17.
325 BPatGE 17, 63.
326 Vgl. zum Patentrecht: Schulte/*Schulte*, § 73 Rn. 174.
327 BPatGE 29, 115.
328 BPatGE 19, 23.
329 Vgl. zum Patentrecht: Benkard/*Schäfers*, § 73 Rn. 56.
330 BPatGE 12, 31; Vgl. zum Patentrecht: Benkard/*Schäfers*, § 73 Rn. 54; a. A. Schulte/*Schulte*, § 73 Rn. 173.
331 Vgl. zum Patentrecht: Schulte/*Schulte*, § 73 Rn. 136.
332 Vgl. zum Patentrecht: *Benkard*, §§ 78 ff., 86 ff. PatG.
333 Vgl. zum Patentrecht: Benkard/*Schäfers*, § 99 Rn. 5; Schulte/*Schulte*, § 99 Rn. 2.

Akteneinsicht, oder einen streitig gewordenen Löschungsantrags Dritter nach § 36 Abs. 1 Nrn. 3 und 4. Im Fall des § 77 PatG ist auch der Präsident des DPMA verfahrensbeteiligt. Anwaltszwang besteht nach § 97 Abs. 1 Satz 3 PatG nicht, sofern es sich nicht um eine Inlandsvertretung nach § 58 handelt, gilt dies auch hinsichtlich des Verfahrens vor dem BPatG nach § 97 Abs. 1 Satz 3 PatG zu beachten.[334] Dabei muss die Vollmachtsurkunde zu den Gerichtsakten gereicht werden. Sie hat dort zu verbleiben, so dass eine weitere Verwendung für Verfahren vor dem DPMA ausgeschlossen ist.[335] Eine Vollmacht, die inhaltlich den Anforderungen genügt, kann sich auch in Akten befinden, die beigezogen wurden.[336] Eine Bezugnahme auf eine dem DPMA vorgelegte Allgemeine Vollmacht ist nicht ausreichend.[337] Diese gilt nur für das Verfahren vor dem DPMA.[338] § 97 Abs. 3 Satz 1 PatG regelt die Rüge bei mangelnder Bevollmächtigung. Der Mangel ist vom Gericht von Amts wegen zu berücksichtigen, sofern der Vertreter kein Rechts- oder Patentanwalt ist. Die vorübergehende Zulassung eines vollmachtlosen Vertreters ist nach § 89 ZPO möglich.[339] Nach § 76 PatG kann der Präsident des DPMA auch durch Beauftragte im Beschwerdeverfahren schriftliche und im Termin mündliche Erklärungen abgeben. Nach § 77 PatG kann er dem Verfahren förmlich beitreten.

Für das Beschwerdeverfahren über Beschlüsse des DPMA in Geschmacksmustersachen ist der juristische Beschwerdesenat des DPMA in der nach § 23 Abs. 2 Satz 2 vorgesehenen Besetzung zuständig. Dies ist seit 1999 der 10. Beschwerdesenat.[340] Dabei ist die Ausschließung und Ablehnung möglich.[341] Die Entscheidung, ob eine Beschwerde wegen unzureichender Beschwerdegebühr als nicht erhoben gilt, trifft der Rechtspfleger nach § 23 Abs. 1 Nr. 4 RPflG. Das Verfahren ist grundsätzlich schriftlich; in den in § 78 PatG genannten Fällen findet ein mündliches Verfahren statt, wobei es eine Güteverhandlung nicht braucht.[342] Auf fehlendes rechtliches Gehör bei Nicht-Durchführung einer notwendigen mündlichen Verhandlung kann sich nur derjenige

---

334 Vgl. *Eichmann/v. Falckenstein*, § 58 Rn. 2.
335 Mitteilung des Präsidenten des BPatG, BlPMZ 1970, 33.
336 BPatGE 1, 121; BPatGE 1, 11.
337 Vgl. *Eichmann/v. Falckenstein*, § 58 Rn. 17.
338 BPatG, Mitt. 1973, 18.
339 Vgl. *Eichmann/v. Falckenstein*, § 58 Rn. 19.
340 BlPMZ 2004, 39; vgl. zur Historischen Entwicklung *v. Falckenstein*, GRUR 2001, 673.
341 Vgl. *Eichmann/v. Falckenstein*, § 23 Rn. 3.
342 *Winkler*, VPP-Rundschau 2002, 82.

Beteiligte berufen, der Antrag auf mündliche Verhandlung gestellt hat.[343] Ist die Beschwerde als unzulässig zu verwerfen, so ist die mündliche Verhandlung auch gegen den Antrag des Beschwerdeführers entbehrlich.[344] Dies gilt auch, wenn der Beschwerde in allen Punkten entsprochen werden soll. Nur bei Sachdienlichkeit beschließt das Gericht die Wiedereröffnung der mündlichen Verhandlung nach § 91 Abs. 3 Satz 2 PatG, wenn bereits einmal mündlich verhandelt wurde. Ein erneuter Antrag ist nicht möglich.[345] Wird der Antrag nicht berücksichtigt, so stellt dies keinen Beschwerdegrund dar.[346] Mit Zustimmung der Beteiligten kann vom mündlichen ins schriftliche Verfahren übergegangen werden, womit auf die Möglichkeit der mündlichen Verhandlung verzichtet wird.[347] Darauf sind die Beteiligten vorher hinzuweisen. Nur der schriftliche Niederschlag der Ergebnisse der mündlichen Verhandlung in den Akten, also Protokolle und überreichte Unterlagen, können als Grundlage für die Entscheidung herangezogen werden. Nicht als Übergang in das schriftliche Verfahren ist die Gestattung der Nachreichung von Schriftsätzen nach der mündlichen Verhandlung nach § 283 ZPO zu bewerten.[348] § 87 Abs. 2 PatG und § 273 ZPO sollen bewirken, dass die mündliche Verhandlung nach Möglichkeit auf einen Termin konzentriert wird. Die Frage nach der Öffentlichkeit in der mündlichen Verhandlung richtet sich nach § 69 PatG, der wiederum durch § 23 Satz 2 Nr. 1 RPflG weiter konkretisiert wird: Die Verhandlung erfolgt in der Anmeldungsphase nichtöffentlich, nach Bekanntmachung der Wiedergabe nach Eintragung nach § 20 Satz 1 öffentlich. Die zulassungsfreie Rechtsbeschwerde nach § 100 Abs. 3 Nr. 5 PatG wir durch einen Verstoß gegen § 69 PatG eröffnet. Für die Terminsbestimmung und die Ladung gilt § 89 PatG; eine Terminsverlegung findet bei Erkrankung, Urlaub oder anderweitigem Gerichtstermin nach § 227 ZPO statt. Die Folgen eines Ausbleibens zum Termin richten sich nach § 89 Abs. 2 PatG, wobei ein Versäumnisurteil nicht vorgesehen ist. §§ 90 und 91 PatG erläutern den Gang der mündlichen Verhandlung. Nach § 89 Abs. 1 PatG gilt für die Sachverhaltsermittlung nach Maßgabe der Anträge (Antragsgrundsatz) der Amtsermittlungsgrundsatz. Das Gericht ist daher an das Vorbringen der Beteiligten und an Beweisanträge

---

343 BGH, GRUR 2008, 731, 732 – alpha-CAM.
344 BGH, GRUR 1963, 279 – Weidepumpe.
345 BPatGE 10, 297.
346 BGH, GRUR 1965, 273 – Anodenkorb.
347 BGH, GRUR 1974, 294 – Richterwechsel II.
348 BGH, GRUR 1974, 294 – Richterwechsel II.

nicht gebunden. Es muss nicht in jede mögliche Richtung ermittelt werden, da es ausreichend ist, wenn das Gericht in die Richtung ermittelt, die der Sachverhalt und das Vorbringen der Beteiligten vorgeben[349] und der Aufwand dies rechtfertigt.[350]

Das Unmittelbarkeitsprinzip nach § 88 PatG gilt für die Erhebung von Beweisen, die nach § 93 Abs. 1 PatG frei zu würdigen sind. Die allgemeine Aufklärungspflicht nach § 139 ZPO liegt beim BPatG. Dabei muss es den Beteiligten rechtliches Gehör nach § 93 Abs. 2 PatG gewähren, wobei dieser Grundsatz bei Nichterscheinen einer Partei zur mündlichen Verhandlung nur eingeschränkt gilt.[351] Im schriftlichen Verfahren sind Schriftsätze bis zur Abgabe des Beschlusses an die Poststelle zu berücksichtigen.[352] Wird mündlich verhandelt, sind sie bis zur Schließung der mündlichen Verhandlung zu berücksichtigen. Dies gilt vorbehaltlich einer Wiedereröffnung. In Geschmacksmustersachen ist auch verspätetes Vorbringen zuzulassen, da §§ 282 Abs. 2 und 296 Abs. 2 ZPO nicht angewendet werden können.[353] Nach §§ 92 PatG und 160 ff. ZPO ist der wesentliche Inhalt der mündlichen Verhandlung, insbesondere die Anträge ins Protokoll aufzunehmen.

65

Nach § 79 Abs. 1 PatG ergeht die Entscheidung im Beschwerdeverfahren durch Beschluss. Als unzulässig wird eine nicht statthafte oder sonst unzulässige Beschwerde verworfen. Ist die Beschwerde zulässig, die Sache aber unbegründet, wird Beschwerde zurückgewiesen. Bei einer begründeten Beschwerde ist die Entscheidung des DPMA aufzuheben und durch das BPatG in der Sache zu entscheiden, wenn sie entscheidungsreif ist. Ist Entscheidungsreife nicht gegeben, so wird die Sache nach § 79 Abs. 3 PatG an das DPMA mit bindender Wirkung zur Weitebehandlung zurückverwiesen. Da das BPatG Vollzugshandlungen nicht selbst vornehmen kann, hat es nach § 577 Abs. 4 ZPO Anordnungen zu treffen. Die Bindungswirkung für das DPMA entfällt nur, wenn sich nach der Zurückverweisung der Gegenstand des Verfahrens in entscheidungserheblicher Weise ändert. Die Entscheidung des BPatG entfaltet auch Selbstbindungswirkung. Deshalb muss es sich an seine Entscheidung bei erneuter Behandlung der Sache halten.[354] Die Entscheidung muss nach §§ 93 Abs. 1 Satz 2, 94 Abs. 2 PatG begründet und

66

---

349 BPatG, Mitt. 1965, 112.
350 BGH, GRUR 1999, 920 – Flächenschleifmaschine.
351 BPatGE 8, 41.
352 BGH, GRUR 1982, 406 – Treibladung; BGH, GRUR 1966, 435 – Isoharnstoffäther.
353 Vgl. allg.: *Winkler*, VPP-Rundschau 2002, 82 f.
354 *Schulte*, GRUR 1975, 573.

verkündet oder nach § 94 Abs. 1 PatG zugestellt werden. Die Wirksamkeit der Entscheidung tritt mit Zustellung ein. Ist sie mehreren Empfängern zuzustellen tritt die Wirksamkeit mit Zustellung an den letzten Empfänger ein. Der Beginn der Rechtsmittelfrist durch Zustellung der Entscheidung nach § 102 Abs. 1 PatG ist davon zu unterscheiden. Dies gilt insbesondere bei mehreren Beteiligten.[355] Außerdem ist der Beginn der Frist zur Begründung des Rechtsmittels sowie der Beginn der Frist für den Antrag auf Berichtigung des Tatbestands nach § 98 PatG davon zu unterscheiden.

12. Kostenauferlegung

67 Die Auferlegung von Verfahrenskosten nach § 80 Abs. 1 Satz 1 PatG findet nur im mehrseitigen Verfahren statt. Aus diesem Grund ist dafür im Eintragungsverfahren kein Raum. Nur wenn sie wegen der Billigkeit erforderlich ist, ergeht eine Kostenentscheidung. Ist sie unterblieben, trägt jede Partei ihre Kosten selbst. Dies gilt auch bei Erfolg der Beschwerde. Der Beschwerdeführer muss daher die Gerichtskosten, insbesondere die Beschwerdegebühr und die Auslagen nach § 1 Abs. 1 Satz 2 PatKostG i. V. m. dem GKG tragen.[356] Das prozessuale Verhalten eines Beteiligten – nicht schon der Erfolg oder der Misserfolg eines Rechtsmittels – rechtfertigen im zweiseitigen Verfahren bei Vorliegen weiterer besonderer Umstände die Auferlegung der Verfahrenskosten.[357] Der Unterlegene hat im Akteneinsichtsverfahren regelmäßig die Verfahrenskosten zu tragen.[358] Das Gericht muss das Absehen von einer Kostenentscheidung begründen, wenn ein Kostenantrag gestellt ist. Nach § 80 Abs. 3 PatG kann das Gericht aus Billigkeitsgründen die Rückzahlung der Beschwerdegebühr anordnen. Da die Entscheidung von Amts wegen ergeht, stellt ein Antrag auf Rückzahlung nur eine Anregung für das Gericht dar. Zu den Rückzahlungsgründen.[359]

68 Soweit Kosten auferlegt worden sind, werden diese durch den Rechtspfleger festgesetzt. Dazu muss die formelle Rechtskraft der Kostenentscheidung, also die Unanfechtbarkeit, eingetreten sein. Als Kosten werden dabei die Verfahrenskosten, also die Beschwerdegebühr und die Auslagen, sowie die den Beteiligten entstandenen Kosten angesehen.

---

355 Vgl. *Eichmann/v. Falckenstein*, § 23 Rn. 27.
356 BPatGE 8, 212.
357 BPatGE 12, 239.
358 BPatGE 5, 113; BPatGE 2, 30; a. A. BPatGE 1, 34.
359 Vgl. *Eichmann/v. Falckenstein*, § 23 Rn. 35.

Dies jedoch nur insofern, als sie zur zweckmäßigen Rechtsverfolgung notwendig waren. Die Kosten der Vertretung durch einen Rechts- oder Patentanwalt oder einen Erlaubnisscheininhaber zählen zu den notwendigen außergerichtlichen Kosten. Zu weiteren erstattungsfähigen Kosten.[360] Für Rechtsanwälte bestimmen sich die Gebühren nach dem RVG. Mangels gesetzlicher Regelungen galt für Patentanwälte informell die von der Patentanwaltskammer herausgegebene Gebührenordnung für Patentanwälte, die faktisch immer Anwendung fand. Die einzelnen Gebührenpositionen unterliegen dabei einem Teuerungszuschlag, der vom BPatG in Einzelentscheidungen gebilligt wurde. Dieser betrug zuletzt 218 %,[361] könnte jedoch auch deutlich darüber hinausgehen. Die Nichtigkeitssenate des BPatG wenden ebenso wie die Markensenate seit 1998 auch für Patentanwälte die BRAGO, jetzt das RVG an.[362] Soweit sich die Abrechnung nach dem Gegenstandswert als übliche Vergütung im Sinne des § 612 Abs. 2 BGB herausstellt, wird das BPatG diese Rechtsprechung wohl auch für Geschmacksmustersachen übernehmen. Bisher haben sich Regelgegenstandswerte für Geschmacksmustersachen noch nicht herausgebildet. Sie dürften aber den nur in Ausnahmen, bei Fällen von besonders schwieriger Natur den Regelwert des § 23 Abs. 3 RVG von EUR 4.000 übersteigen.[363] Auch eigene Kosten und Auslagen sind neben den Vertreterkosten erstattungsfähig.[364] Die Beschwerde, die nach § 62 Abs. 2 Satz 4 PatG beim BPatG einzulegen ist, ist der Rechtsbehelf gegen die einzelnen Kostenansätze des Kostenfestsetzungsbeschlusses des DPMA. Die Rechtspflegererinnerung nach § 23 Abs. 2 RPflG ist der Rechtsbehelf gegen den Kostenfestsetzungsbeschluss des Rechtspflegers beim BPatG.[365] Der Rechtsbehelf muss innerhalb von zwei Wochen nach Zustellung eingelegt werden. Eine Kostenpflicht besteht mangels eindeutiger Bestimmung im PatKostG nicht.[366] Hilft der Rechtspfleger der Erinnerung nicht ab, so ist er verpflichtet, diese dem Senat des BPatG vorzulegen. Die Entscheidung des Senats ist unanfechtbar.[367] In die gegenüber dem BPatG zu wahrenden Fristen ist Wiedereinsetzung nach Abs. 2 Satz 3 i.V.m.

---

360 Vgl. zum Patentrecht: Benkard/*Schäfers*, § 80 Rn. 36 ff.
361 BPatGE 38, 75.
362 BPatGE 41, 6 ff – Kostenfestsetzung im Markenverfahren; BPatG, GRUR 1999, 66 – P-Plus; BPatG, GRUR 1999, 65 – Gegenstandswert im Widerspruchsverfahren.
363 Vgl. zum Markenrecht: *Ströbele/Hacker*, § 71 Rn. 22.
364 Vgl. zum Patentrecht: Benkard/*Schäfers*, § 80 Rn. 49 ff.
365 Mitteilung des Präsidenten des BPatG, BlPMZ 1975, 121.
366 BPatGE 46, 164 ff.
367 BGH, Mitt. 2003, 143.

§ 23   Verfahrensvorschriften, Beschwerde und Rechtsbeschwerde

§ 123 Abs. 1 bis 5 PatG möglich. Die §§ 124, 126 bis 128 PatG finden Anwendung.

69 Durch die Rücknahme der Beschwerde oder den Verzicht auf das Geschmacksmuster endet das Beschwerdeverfahren. Bis zur Verkündung des Beschlusses im mündlichen Verfahren bzw. die Abgabe des Beschlusses zur Postabfertigungsstelle im schriftlichen Verfahren ist die Rücknahme jederzeit möglich.[368] Auch eine Teilrücknahme ist möglich. Die Beschwerdeberechtigung wird durch die Rücknahme verbraucht, auch wenn es sich um eine Teilrücknahme handelt. Eine spätere Erweiterung auf den ursprünglichen Umfang ist daher nicht möglich.[369] Hinsichtlich der Rücknahme sind weder Anfechtung noch Widerruf möglich.[370] Die Einwilligung des Gegners in die Rücknahme ist nicht nötig. Durch die Rücknahme wird der angefochtene Beschluss rechtskräftig. Eine Fortsetzung des Beschwerdeverfahrens von Amts wegen ist nicht möglich.[371] Eine erneute Einlegung während der Beschwerdefrist ist möglich.[372] Wurde auf das Geschmacksmuster verzichtet, so ist dem Beschwerdeverfahren die Grundlage entzogen. Der Verzicht ist im Verfahren vor dem BPatG gegenüber diesem zu erklären.[373] Die Rücknahme führt nach Abs. 2 Satz 3 i.V.m. § 80 Abs. 1 und 4 PatG im mehrseitigen Verfahren zur Kostenpflicht des Beschwerdeführers.

13. Rechtsbeschwerde

70 Gegen Beschlüsse der Beschwerdesenate des BPatG findet die Rechtsbeschwerde statt. Sie ist revisionsähnlich ausgeprägt.[374] Voraussetzung für die Statthaftigkeit ist die Zulassung nach Abs. 3 oder die Rüge eines Verfahrensmangels, der die Rechtsbeschwerde nach § 100 Abs. 3 PatG zulassungsfrei macht. Außerdem muss sie sich gegen einen Beschluss i.S.v. Abs. 2 richten. Neben dem Beschluss über die Beschwerde nach Abs. 2 ist auch die Feststellung, dass die Beschwerde als nicht erhoben gilt und die Ablehnung einer Kostenentscheidung, soweit sie im Rahmen des Hauptsacheverfahrens erfolgt ist,[375] die für eine Rechtsbeschwerde vorausgesetzte zweitinstanzliche Entscheidung des BPatG.

---

368 BGH, GRUR 1969, 562 – Appreturmittel.
369 BPatGE 17, 96.
370 BPatGE 6, 185.
371 BPatGE 17, 94; BPatGE 2, 83; BPatGE 1, 88.
372 Vgl. zum Patentrecht: Benkard/*Schäfers*, § 73 Rn. 59.
373 BPatGE 10, 141; BPatGE 8, 30; a. A. BPatG, Mitt. 1973, 19.
374 Vgl. zum Patentrecht: *Benkard*, §§ 100 ff.
375 BGH, GRUR 2001, 139 – Paketkarte.

IV. (Rechts-)Beschwerdeverfahren § 23

Nach § 135 Abs. 3 Satz 1 PatG besteht ein gesetzlicher Ausschluss der Rechtsbeschwerde bei Verfahrenskostenhilfesachen, bei isolierten Kostenentscheidungen und -festsetzungssachen und bei den Gebühren eines beigeordneten Anwalts. Die Zulassungsgründe sind aus Abs. 3 Satz 1 i.V.m. § 100 Abs. 2 PatG. Neu ist dabei der Zulassungsgrund der Versagung rechtlichen Gehörs. Fehlt eine Aussage im Tenor oder in den Gründen ist die Rechtsbeschwerde nicht zugelassen. Die Nichtzulassungsbeschwerde existiert im Geschmacksmusterrecht nicht. In § 100 Abs. 3 Nr. 1 bis 6 PatG werden die Verfahrensmängel, die zu einer zulassungsfreien Rechtsbeschwerde führen, abschließend genannt. Es genügt die Behauptung eines Verfahrensmangels nach § 10 Abs. 3 Nr. 1 bis 6 PatG, da das tatsächliche Vorliegen nicht erforderlich ist. Nach § 102 Abs. 3 und 4 PatG muss diese Behauptung in der Begründung des Rechtsbeschwerde substantiiert werden. Die Gesetzesverletzung muss nach § 101 Abs. 2 PatG für die Entscheidung ursächlich sein. In den Fällen des § 100 Abs. 3 Nr. 1, 2, 4 und 5 PatG wird dieser Zusammenhang unwiderleglich vermutet. Näher zu prüfen ist die Behauptung nach § 100 Abs. 3 Nr. 3 und 6 PatG, das rechtliches Gehör vorenthalten wurde oder ein Begründungsmangel vorliegt. Zur Frage der Vorenthaltung rechtlichen Gehörs durch das BPatG, nicht durch das DPMA.[376] Sachvortrag wurde vom BPatG grundsätzlich zur Kenntnis genommen.[377] Aus dieser Vermutung folgt eine gesteigerte Darlegungslast, wenn das Gegenteil behauptet wird.[378] Hat das BPatG die Fristsetzung für einen Sachvortrag unterlassen oder Hinweise gemäß § 139 ZPO nicht gegeben, so ist der Anspruch auf rechtliches Gehör nicht verletzt.[379] Dies gilt auch beim Nichtaufgreifen von angebotenen Beweismitteln.[380] Begründungsmängel nach § 100 Abs. 3 Nr. 6 PatG führen nur in sehr seltenen Fällen zum Erfolg der Rechtsbeschwerde.[381]

Außerdem müssen die allgemeinen Zulässigkeitsvoraussetzungen wie die Einhaltung der Monatsfrist für die Einlegung der Rechtsbeschwerde und deren Begründung nach § 102 Abs. 1 und 3 PatG, die Form und die Beschwer erfüllt sein. Nach § 102 Abs. 5 Satz 1 PatG besteht im Rechtsbeschwerdeverfahren Vertreterzwang, der bereits für die Einle-

71

---

376 BGH, GRUR 2001, 139 – Paketkarte.
377 BGH, GRUR 2000, 140 – Tragbarer Informationsträger.
378 BGH, GRUR 1999, 919 – Zugriffsinformation.
379 BGH, GRUR 2000, 597 – Kupfer-Nickel-Legierung.
380 BGH, BlPMZ 2002, 419 – Zahnstruktur.
381 Vgl. zum Patentrecht: Benkard/*Rogge*, § 100 Rn. 24 ff.

gung und Begründung der Rechtsbeschwerde gilt.[382] Eine Ausnahme stellen der Antrag auf Verfahrenskostenhilfe und der Verzicht auf das Geschmacksmuster dar. Nach § 103 PatG hat die Einlegung der Rechtsbeschwerde aufschiebende Wirkung.[383] § 105 Abs. 1 PatG regelt die Zustellung der Schriftsätze die Abgabe der Gegenerklärungen. Nach Maßgabe der §§ 76, 77 PatG kann sich der Präsident des DPMA nach § 105 Abs. 2 PatG auch am Rechtsbeschwerdeverfahren beteiligen. Wegen § 106 Abs. 2 PatG ist die mündliche Verhandlung nach der Regelung des § 69 PatG öffentlich. Ob eine mündliche Verhandlung anberaumt wird, steht nach § 107 Abs. 1 PatG im Ermessen des Gerichts. Die Vorschriften der ZPO, die in § 106 Abs. 1 PatG genannt sind, sind entsprechend im Rechtsbeschwerdeverfahren anwendbar. Die Art der Sachrüge bestimmt auch den Umfang der Nachprüfung, da dieser sich nach dem Vorbringen in der Rechtsbeschwerde richtet. Die tatsächlichen Feststellungen des BPatG binden den BGH nach § 107 Abs. 2 PatG, weshalb es diesem versagt ist, Sachverständige zu hören oder die Tatsachenwürdigung des BPatG inhaltlich zu überprüfen und diese durch eine eigene Würdigung zu ersetzen. Neues tatsächliches Vorbringen ist aus diesem Grund vom BGH zurückzuweisen. Dagegen können verfahrensbezogene Tatsachen, insbesondere hinsichtlich der Zulässigkeit, der Wiedereinsetzung sowie der Rüge nach § 102 Abs. 4 Nr. 3 PatG im Rahmen der Rechtsbeschwerde vorgebracht werden. Der BGH hat das Recht, wenn die Rechtsbeschwerde zugelassen ist, diese Tatsachen in vollem Umfang nachzuprüfen. Nachprüfbar sind auch unbestimmte Rechtsbegriffe, die einem Beurteilungsspielraum unterliegen, wie die Frage der Priorität oder des Anmeldetags[384] und Verstöße gegen Denkgesetze und Erfahrungssätze sowie dagegen verstoßende Beweiswürdigung, Ermessensmissbrauch, fehlerhaft und mit der Rechtsbeschwerde gerügte Ermittlung von Tatsachen und Verfahrensvoraussetzungen für das Beschwerdeverfahren vor dem BPatG. Der Beschluss des BPatG kann unter diesen Voraussetzungen aufgehoben werden. Dies gilt auch dann, wenn die Sachrüge unbegründet war. Im Wege der nicht zugelassenen Rechtsbeschwerde werden dagegen nur die in zulässiger Weise gerügten Mängel überprüft. Der BGH entscheidet durch Beschluss. Dieser ist zu begründen und den Beteiligten nach § 107 Abs. 1 und 3 PatG zuzustellen. Dabei kann der BGH die Rechtsbeschwerde nach § 104 PatG als unzulässig verwerfen, sie als unbegrün-

---

382 BGH, BlPMZ 1984, 367.
383 Vgl. *Eichmann/v. Falckenstein*, § 23 Rn. 21.
384 BFH, GRUR 1971, 565 – Funkpfeiler.

IV. (Rechts-)Beschwerdeverfahren **§ 23**

det zurückweisen oder die Entscheidung des BPatG aufheben und die Sache an dieses zur neuen Verhandlung zurückverweisen. Hebt der BGH die Entscheidung in der Sache auf, so kann er selbst nicht entscheiden, auch wenn die Sache nach § 108 Abs. 1 PatG entscheidungsreif ist. Nach § 108 Abs. 2 PatG ist das BPatG an die die Entscheidung des BGH tragenden Gründe gebunden. Eine Anfechtung der Verwerfung oder Zurückweisung der Rechtsbeschwerde ist nicht möglich. Nach § 109 Abs. 1 Satz 1 PatG gelten für die Kostenentscheidung die allgemeinen Grundsätze, wobei § 109 Abs. 1 Sätze 2 und 3 PatG abweichende Regeln enthalten. Nach § 109 Abs. 3 gelten die Vorschriften der ZPO über das Kostenfestsetzungsverfahren und die Zwangsvollstreckung aus Kostenfestsetzungsbeschlüssen entsprechend,[385] die Gerichtskosten werden nach § 102 Abs. 2 PatG berechnet. Es ist die doppelte volle Gebühr zu erheben, die mit Einlegung der Rechtsbeschwerde zur Zahlung fällig wird. Zur Erstattungsfähigkeit von Rechtsanwaltskosten und -auslagen.[386] Der Patentanwalt erhält nach § 102 Abs. 5 Satz 4 i. V. m. § 143 Abs. 3 PatG die sich aus § 13 RVG ergebenden Gebühren.

Die gemeinschaftsweit einheitliche Auslegung von Rechtsfragen der GRL und darauf aufbauend des GeschmMG sowie der GGV wird durch die Vorlage von Rechtsfragen an den EuGH nach Art. 243 Abs. 3 EG gewährleistet. Der BGH muss als letzte nationale, die vorhergehenden Entscheidungen voll überprüfende Instanz Rechtsfragen vorlegen, wenn diese für die Entscheidung erheblich und noch nicht abschließend durch den EuGH beurteilt wurde. Außerdem muss der BGH die Frage vorlegen, wenn sie umstritten ist oder er von der Rechtsprechung des EuGH abweisen will.[387] Unterlässt es der BGH, eine dieser Fragen dem EuGH vorzulegen, so entzieht er dem Beschwerdeführer oder der Klagepartei en EuGH als gesetzlichen Richter i. S. d. Art. 101 Abs. 2 GG. Die Beteiligten können die Vorlage zum EuGH anregen. Sie selbst besitzen kein Vorlagerecht. Dabei ist zu beachten, dass die Fortentwicklung des Rechts durch die Rechtsprechung des EuGH nicht nur eine entfernte Möglichkeit darstellen darf. Eine Vorlage ist jedoch nicht erforderlich, wenn der EuGH die zur Entscheidung stehende Rechtsfrage bereits abschließend behandelt hat und die Anwendung dieser Entscheidung des EuGH keinen vernünftigen Zweifel an der zutreffenden An-

72

---

385 Vgl. *Eichmann/v. Falckenstein*, § 23 Rn. 41.
386 Vgl. *Eichmann/v. Falckenstein*, § 23 Rn. 41.
387 BVerfGE 75, 233; BVerfGE 73, 339.

§ 23   Verfahrensvorschriften, Beschwerde und Rechtsbeschwerde

wendung des Gemeinschaftsrechts begegnet.[388] Hat das BPatG die Rechtsbeschwerde nicht zugelassen, kann es selbst als letztentscheidendes Gericht Fragen dem EuGH vorlegen. Da jedoch vorlagepflichtige Fragen regelmäßig von grundsätzlicher Bedeutung sind, ist nach § 100 Abs. 2 Nr. 1 PatG die Rechtsbeschwerde zuzulassen. Deshalb sind Vorlagen des BPatG selten. Der EuGH hat Empfehlungen zur Abfassung von Vorlagen herausgegeben.[389] Aus diesem Grund sind Vorlagen stark abstrakt in Bezug auf die konkrete Frage des Gemeinschaftsrechts zu formulieren. Sie sollen nicht fallbezogen formuliert werden. Das Vorlageverfahren ist kostenfrei. Die Entscheidungen des EuGH binden unmittelbar das vorlegende Gericht. Im nationalen Verfahren werden darüber hinaus auch alle vorlagepflichtigen nationalen Gerichte durch die Entscheidung des EuGH gebunden.[390] Beginnt der Rechtszug beim HABM nach Art. 61 GGV, so besteht hinsichtlich der Klage keine Vorlagepflicht nach Art. 234 Abs. 3 EG, da der EuGH das letztentscheidende Gericht ist. Am Verfahren vor dem EuGH sind die nationalen Verfahrensbeteiligten nicht beteiligt. Sie haben jedoch wie die EG-Kommission und die Mitgliedstaaten die Möglichkeit, sich schriftlich und mündlich zu äußern. Die Auslegung des EuGH ist vom vorlegenden Gericht dann im konkreten Fall anzuwenden.

73   Übergangsprobleme sind für § 23 nicht ersichtlich, auch nicht für Geschmacksmuster, die vor dem 1. Juni 2004 angemeldet wurden. Es besteht kein über diesen Zeitpunkt hinaus fortgeltendes Recht.

V. Allgemeine Verfahrensgrundsätze

1. Form

74   § 10 Abs. 2 DPMAV regelt die äußere Form von Eingaben. Sie müssen auf dauerhaftem, nicht durchscheinendem Papier in Format DIN A 4 eingereicht werden. Dies ist im Interesse der Maschinenlesbarkeit (Test- und Bilderfassung, Pläne für die Führung einer elektronischen Geschmacksmusterakte) erforderlich. Es ist darauf zu achten, dass die Schrift leicht lesbar und dokumentenecht ist. Nach § 9 Abs. 2 DPMAV sind Formblätter so auszufüllen, dass sie maschinenlesbar sind. Zum linken und oberen Seitenrand des Blattes muss der Text einen Abstand von 2,5 cm einhalten. Es ist auf eine fortlaufende Nummerierung der

---
388 BVerfGE 75, 233; BVerfGE 73, 339; BGH, NJW 1986, 659.
389 EuGH, GRUR Int. 1997, 758.
390 BGH, GRUR 1994, 794 – Rolling Stones.

Blätter zu achten. Diese Vorgaben sind Mindesterfordernisse für alle Schutzrechtsverfahren des DPMA. Die einzelnen Anmeldeverordnungen, z.B. die PatV, enthalten noch weitere Vorgaben. Hinsichtlich des Geschmacksmusters ist dies nicht der Fall. Werden diese Mindestanforderungen nicht eingehalten, handelt es sich um einen Mangel. Wenn er nicht heilbar ist, erfolgt die Aufforderung, einer formgerechten Nachreichung. Wird dieser Aufforderung nicht nachgekommen, so kann es zur Zurückweisung der Eingabe oder der Anmeldung kommen, soweit in Anbetracht der Schwere des Mangels der Grundsatz der Verhältnismäßigkeit gewahrt ist.

Die Schriftlichkeit der Erklärung und die Unterschrift bilden die Schriftform. Diese soll gewährleisten, dass der Erklärungsinhalt und die erklärende Person aus dem Schriftstück ersichtlich sind. Außerdem soll sichergestellt werden, dass die Erklärung mit Wissen und Wollen des Berechtigten dem Empfänger zugeleitet worden ist.[391] Bei der Anmeldung und bei anderen Verfahrenshandlungen, Erklärungen und Eingaben ist auf die Schriftform zu achten.[392] Wird die Schriftform nicht beachtet, so ist die Verfahrenshandlung unwirksam. Obwohl § 11 für die Anmeldung die Schriftform nicht ausdrücklich vorschreibt, so ist sie nach § 4 Abs. 1 GeschmMV zu beachten.[393] Die Schriftform wird durch handschriftliche Eingaben gewahrt. Werden Anträge und andere verfahrensbestimmende Erklärungen telefonisch abgegeben, so müssen sie schriftlich bestätigt werden.[394] Dabei ist ggf. auf die Einhaltung der Frist zu achten. Einen Vertrauenstatbestand für den Erklärenden können u.U. mündliche Erörterungen mit dem DPMA schaffen.[395] Die Schriftform wird durch die Einreichung von Ton- oder Datenträgern nicht gewahrt.[396] Das Gleiche gilt für E-Mails hinsichtlich der Textform[397] und die Weiterleitung eines Telefaxes durch Zwischenboten.[398] Zu elektronischen Dokumenten Vgl. § 25.

75

---

391 BVerfG, Mitt. 2003, 211; BGH, Mitt. 2003, 571 – Computerfax.
392 Vgl. zum Patentrecht: Benkard/*Schäfers*, vor § 35 Rn. 20.
393 Vgl. *Eichmann/v. Falckenstein*, § 11 Rn. 18.
394 BPatGE 25, 144; Mitteilung des Präsidenten des DPA, BlPMZ 1967, 2.
395 BPatG, BlPMZ 1995, 38.
396 BGH, GRUR 1979, 109 – Tonbandbeschreibung, BPatGE 21, 94.
397 Vgl. *Eichmann/v. Falckenstein*, § 23 Rn. 51.
398 BGH, GRUR 1981, 410 – Telekopie.

2. Unterschrift

76 Als Bestandteil der Schriftform ist in der Regel die Unterschrift als Unterzeichnung des Schriftstücks anzusehen. Nach § 4 Abs. 1 Nr. 2 GeschmMV ist sie für die Geschmacksmusteranmeldung vorgeschrieben. Die Unterschrift ist außerdem nach § 10 Abs. 1 DPMAV für alle im Original eingereichten Eingaben und Anträge Vorschrift. Durch die Unterschrift wird klargestellt, dass der Schriftsatz eine prozessuale Willenserklärung darstellt, für welche die unterzeichnende Person die Verantwortung übernimmt. Dies dient der Abgrenzung zum unautorisierten Entwurf. Ist der Aussteller eindeutig identifizierbar, kann bei einem Doppelnamen mit nur einem Namensteil unterschrieben werden.[399] Steht der Unterschrift die Abkürzung „i. A." voran, so stellt dies keine Unterzeichnung dar.[400] Es ist nicht ausreichend, wenn zwar die Organisationseinheit des Erklärenden[401] oder mehrere Namen einer Anwaltssozietät angegeben sind,[402] ohne dass dadurch die unterzeichnende Person erkennbar wird. Üblicherweise wird die Unterschrift eigenhändig durch den Vollzug des eigenen vollständigen Namens vorgenommen.[403] Dabei kann die Unterschrift flüchtig ausgeführt werden.[404] Sie muss auch nicht im Ganzen lesbar sein.[405] Aus ihrem Erscheinungsbild muss sich die Identität des Unterzeichners erkennen lassen. Sie darf nicht ohne Weiteres nachzuahmende Merkmale aufweisen.[406] Ist die nicht der Fall, fehlt die Unterschrift.[407] Die Schriftform ist nicht gewahrt, wenn die Unterschrift fehlt. Es besteht jedoch die Möglichkeit, dass sie nachgeholt oder durch Anderes ersetzt wird. Eine Rückwirkung ist bei Nachholung der Unterschrift nicht gegeben.[408] Ist eine Frist bereits abgelaufen, ist die Nachholung bei gewährter Wiedereinsetzung möglich.[409] Ist aus begleitenden und bezugnehmenden Schriftstücken die Urheberschaft und er Rechtsverkehrswille ersichtlich, so kann dies

---

399 BGH, NJW 1996, 997.
400 BGH, NJW 1988, 210.
401 BGH, GRUR 1966, 281.
402 BPatG, BlPMZ 1990, 133; BPatG, BlPMZ 1977, 233.
403 BGH, GRUR 1968, 108 – Paraphe.
404 BGH, NJW 1997, 3380.
405 BPatGE 16, 151.
406 BGH, BlPMZ 1985, 141 – Servomotor.
407 Vgl. zum Patentrecht: Schulte/*Schulte*, vor § 34 Rn. 259; kritisch *Schneider*, NJW 1998, 1844.
408 BGH, GRUR 1967, 588; BPatGE 24, 134.
409 Vgl. zum Patentrecht: Schulte/*Schulte*, vor § 34 Rn. 263.

eine fehlende Unterschrift ersetzen.[410] Ein Verrechnungsscheck, der einem nicht unterzeichneten Schriftstück beigeheftet ist und das auf diesen Bezug nimmt reicht dazu allerdings nicht aus.[411] Zweifelsfrei klarstellende Bezugnahmen innerhalb des Schriftstücks sind möglich. Dies gilt etwa bei Gebührenzahlung,[412] bei der Unterzeichnung einer beglaubigten Abschrift oder wenn mehrere Indizien im Schriftstück, die zusammen keinen vernünftigen Zweifel lassen, dass die nicht unterschriebene Erklärung, etwa ein Computerfax ohne Unterschrift, mit Wissen und Wollen des im Briefkopf genannten Erklärenden an das DPMA als zuständige Stelle übermittelt wurde.[413] Diese flexiblere Anschauung hat auch Eingang in §§ 4 Abs. 1 Nr. 2 GeschmMV und 10 Abs. 1 DPMAV gefunden. Das Fehlen einer Unterschrift führt zu Rechtsunsicherheit. Daraus resultiert eine längere Verfahrensdauer und u. U. die Durchführung eines Rechtsmittelverfahrens, in dem aus Billigkeitsgründen im Zweifel die Beschwerdegebühr nicht zurückzuzahlen ist.

Das Unterschriftserfordernis bleibt unverändert bestehen, auch wenn nach § 11 DPMAV Ausnahmen von der Eigenhändigkeit der Unterschrift im Original vorgesehen sind. Dies gilt dann, wenn das unterschriebene Original als Telefax eingeht. Als Computerfax eingehende Schriftstücke sind ebenso zu beurteilen, auch wenn § 11 DPMAV dies nicht ausdrücklich regelt, weil sich die auf der Originalvorlage geleistete Unterschrift optisch nicht von der Unterschrift, die in ein elektronisches Dokument eingefügt wurde unterscheiden lässt und die übrigen Angaben auf dem Computerfax, wie Kopf- oder Fußzeile mit Sendevermerk, denen des Telefaxes gleichen. Als Unterschrift ist dann der auf technischem Wege übermittelte Namensschriftzug der handelnden Person zu sehen, der beim Telefax der Wiedergabe der Originalunterschrift entspricht.[414] Die in einem Computerfax eingescannte Unterschrift wird als Unterschrift anerkannt.[415] Diese Regelung in § 11 DPMAV war bereits Amtspraxis.[416] Keine praktische Bedeutung haben Eingänge in

77

---

410 BGHZ 97, 251; BGH, NJW 1957, 990.
411 BPatGE 46, 107; a. A. BPatGE 31,15.
412 BGH, GRUR 1989, 506; BPatG, BlPMZ 1992, 315; BPatGE 31, 16; BPatGE 30, 164.
413 BGH, Mitt. 2003, 571 – Computerfax; OLG München, NJW 2003, 3429.
414 BPatG, Mitt. 1984, 196; a. A. BPatG, GRUR 2000, 796.
415 GmS-OGB, NJW 2000, 2340; Vgl. zum Patentrecht: Schulte/*Schulte*, vor § 34 Rn. 258.
416 Mitteilung des Präsidenten des DPA, BlPMZ 1997, 69; Mitteilung des Präsidenten des DPA, BlPMZ 2002, 10.

Form von Telegrammen, die grundsätzlich ebenso zu behandeln sind. Nach § 10 Abs. 2 DPMAV kann das DPMA bei Mängeln der Fax-Sendung deren Wiederholung oder die Einreichung des Originals verlangen. Dazu ist es nötig, dass ein offensichtlich verstümmelter Faxeingang vorliegt oder begründete Zweifel an der Vollständigkeit der Übermittlung bestehen. Auch bei begründeten Zweifeln an der Übereinstimmung des übermittelten Fax mit dem Original kann die Nachreichung gefordert werden. Wird das Verlangen des DPMA alsbald oder fristgemäß erfüllt, so ist die Beanstandung wohl unschädlich. Dies kann aus Art. 66 Abs. 2 GGV sowie aus dem zum 1. Juni 2004 entfallenen § 65 Abs. 3 MarkenV a. F. geschlossen werden. Nur wenn die fehlende Übereinstimmung des Telefax mit dem Original oder mit der Originaldatei des Computerfax erwiesen ist, gilt dies nicht. Fehlt auf dem Computerfax die Unterschrift ganz, so ist die Schriftform nicht gewahrt. Dies gilt auch dann, wenn das nachgereicht Original ohne Unterschrift ist.[417] Dann muss das Schriftstück mit Originalunterschrift nachgereicht werden oder es muss auf die Konstruktion des Restgeltungswillens durch Indizien zurückgegriffen werden.[418]

78   Die Textform des § 126b BGB stellt einen Verzicht auf die eigenhändige Unterschrift dar. Die Textform stellt eine in lesbaren Schriftzeichen dauerhaft fixierte, nicht an Papier als Träger gebundene Erklärung dar. Dies kann beispielsweise eine am Bildschirm lesbare E-Mail, ein CD-ROM-Inhalt oder ein Computerfax sein.[419] Im Verfahren vor dem DPMA ist die Textform nicht vorgesehen, soweit es sich um rechtsverbindliche Erklärungen handelt. Sie kann außerhalb dieses Anwendungsbereichs etwa in Form von E-Mails ausreichen, etwa für die allgemeine Korrespondenz oder für unverbindliche Auskünfte des DPMA. Zu elektronischen Dokumenten vgl. § 25.[420]

3. Fristen

79   Nach § 222 ZPO i.V.m. §§ 187ff. BGB werden die im Verfahren vor dem DPMA und den Gerichten geltenden Fristen berechnet. Dabei sind die beiden in § 187 BGB genannten Ereignisse, die Fristen auslösen können und damit den Fristbeginn festlegen, streng zu trennen:

---

417 BPatGE 46, 106.
418 Vgl. *Eichmann/v. Falckenstein*, § 23 Rn. 49.
419 Palandt/*Ellenberger*, § 126b Rn. 1.
420 Zu Einschränkungen im Anwendungsbereich Vgl. *Eichmann/v. Falckenstein*, § 25 Rn. 4.

Der Fristbeginn nach § 187 Abs. 1 BGB besagt Folgendes: Tritt in den Lauf der Frist ein auslösendes Ereignis im Verlauf eines Tages ein, so wird dieser Tag bei der Fristberechnung nicht mitgerechnet, obwohl das Ereignis an diesem Tag stattfand. Dies gilt z. B. für tatsächliche Handlungen wie die Zustellung eines Beschlusses oder der Beginn der Schaustellung. Die Frist beginnt erst mit dem Folgetag um 0.00 Uhr zu laufen.[421]

80

Beim Fristbeginn nach § 187 Abs. 2 BGB wird dagegen der Tag des Fristbeginns in die Berechnung mit einbezogen. Dies gilt dann, wenn der Fristbeginn maßgeblich ist, etwa bei einer verlängerten Schutzdauer.

81

Das Fristende wird nach § 188 Abs. 2 BGB berechnet. Sie endet bei Tagesfristen mit Ablauf des letzten Tages der Frist. Bei Wochenfristen endet die Frist im Fall des § 187 Abs. 1 BGB an dem Tag, der dem Fristbeginn entspricht, im Fall des § 187 Abs. 2 BGB mit Ablauf des Wochentags, der dem Tag des Fristbeginns vorhergeht. Monats- und Jahresfristen werden analog zur Wochenfrist berechnet. Dabei ist darauf zu achten, dass Monatsfristen nach § 188 Abs. 3 BGB am Monatsende anzupassen sind. Das bedeutet, dass eine einmonatige Frist, die am 31. Januar beginnt, am 28. Februar endet.

82

Nach § 193 BGB wird das Ende einer Frist auf den Ablauf des folgenden Werktages verschoben, wenn nach § 188 BGB berechnete Fristende auf einen Samstag, Sonntag oder am Leistungs- oder Erklärungsort staatlich anerkannten allgemeinen Feiertag fällt. Dies ist vor allem dann relevant, wenn in dieser Frist eine Handlung vorzunehmen, etwa ein Antrag gestellt werden muss, oder eine Leistung zu bewirken ist, etwa die Einzahlung einer Gebühr. Dies gilt auch, wenn die Anmeldung zur Wahrung der Prioritätsfrist oder Neuheitsschonfrist eingereicht werden muss.[422] § 193 BGB gilt nur für das Fristende, und findet für den Fristbeginn keine Anwendung. Ebenso ist § 193 BGB nicht bei Fristen heranzuziehen, die unabhängig von einer Handlung oder Leistung ablaufen, etwa dem Ende einer gesetzlichen Schutzdauer. Auch wenn § 193 BGB beim Ablauf einer gesetzlichen Schutzdauer keine Anwendung findet, so ist er doch für die an diese gekoppelte Zahlungsfrist anzuwenden.[423]

83

---

421 BGH, NJW 1984, 1358.
422 BPatGE 28, 90.
423 BPatG vom 31.7.2000 – 10 W (pat) 701/99.

§ 23   Verfahrensvorschriften, Beschwerde und Rechtsbeschwerde

84 Folgende Feiertage sind für alle Patentanmeldestellen in Berlin, München und Jena gleich: Neujahr, Karfreitag, Ostermontag, 1. Mai, Christi Himmelfahrt, Pfingstmontag, 3. Oktober, 1. und 2. Weihnachtsfeiertag. Für München gelten noch folgende Feiertag: Dreikönigstag (6. Januar), Fronleichnam, Mariä Himmelfahrt und Allerheiligen (1. November). In Jena ist außerdem der Reformationstag (31. Oktober) Feiertag.[424] Nach § 8 Abs. 1 DPMAV findet die Annahme von Geschäftssachen an sämtlichen Tagen statt. Der Altersrang von Anmeldungen bestimmt sich nach dem Tag ihres Zugangs, nicht nach dem nächsten Werktag.

4. Zustellung

85 Abs. 2 Satz 3 verweist auf § 127 PatG, weshalb sich die Zustellung von Schriftstücken danach richtet. § 127 Abs. 1 PatG verweist dabei für Zustellungen auf die Vorschriften des VwZG, die die besonderen Regeln für das patentamtliche Verfahren ergänzen, das in § 127 Abs. 1 Nr. 1 bis 5 PatG geregelt ist. Dagegen verweist § 127 Abs. 2 PatG für Zustellungen des BPatG auf die §§ 166 ff. ZPO.[425] Die allgemeinen Verwaltungsvorschriften zum VwZG i.d.F. vom 13. Dezember 1966[426] gelten ergänzend zum VwZG, das durch die als behördliche Anordnung nach § 1 Abs. 3 VwZG geltende Hausverfügung Nr. 10 des Präsidenten des DPMA ergänzt wird. Zweck der Zustellung ist die ordnungsgemäße und durch Beurkundung nachweisbare Übermittlung eines Schriftstücks an einen Adressaten. Diese Übermittlung soll als Zustellung angesehen werden und als Tatsache dem weiteren Verfahren zugrunde gelegt werden können. Schriftstücke, die für das Verfahren vor der Geschmacksmusterstelle von Belang sind, werden nach der Praxis des DPMA zugestellt. Dazu gehören Bescheide die eine Fristsetzung etwa nach § 16 Abs. Satz 1 enthalten und Beschlüsse sowie bestimmende Schriftsätze im zweiseitigen Verfahren nach § 14 Abs. 2 DPMAV. Durch § 21 DPMAV sowie durch interne Anordnung sind bestimmte Zustellungsarten festgelegt, obwohl das DPMA grundsätzlich freie Wahl zwischen den Zustellungsarten hat.

86 Nach § 182 Abs. 2 Nr. 1 ZPO wird die Person, der das Schriftstück zuzustellen ist, als Zustellungsadressat bezeichnet, wobei es sich regelmäßig um den Anmelder des Geschmacksmusters oder die Person handelt, die im Register als Inhaber geführt wird. Die Adresse von juristischen

---

424 Mitteilung des Präsidenten des DPMA, BlPMZ 1999, 121.
425 Vgl. *Eichmann/v. Falckenstein*, § 23 Rn. 61.
426 BlPMZ 1973, 178; BlPMZ 1967, 46.

Personen ist die Zustellungsanschrift. Dabei muss der gesetzliche Vertreter nicht genannt werden.[427] Zustellungsadressat und der tatsächliche Zustellungsempfänger sind nach § 182 Abs. 2 Nr. 2 ZPO zu unterscheiden. Dies ist besonders bei Empfängern der Ersatzzustellung zu beachten. Soll an einen Vertreter zugestellt werden, so sind die §§ 7 und 8 VwZG zu beachten. Gegenüber der absendenden Behörde muss der Vertreter wirksam bestellt und zur Entgegennahme von Zustellungen bevollmächtigt sein. Die Vollmacht muss zu den Akten genommen werden. Ist der Vertreter bestellt, wird nach § 8 Abs. 1 Satz 2 VwZG an den Vertreter zugestellt, auch wenn die Vollmacht oder die Allgemeine Vollmacht fehlen.[428] Es ist ausreichend, wenn eine bloße Anzeige oder ein schlüssiges Tätigwerden vorliegt, um den Vertreter zu bestellen.[429] Wurde durch das DPMA immer an den Vertreter zugestellt, so ist die Zustellung an den Vertretenen unwirksam.[430] Nach dem Tod des Vertretenen wird weiterhin an den Vertreter zugestellt.[431] Solange der Inlandsvertreter im Register vermerkt ist, ist an diesen zuzustellen.[432] Ist an mehrere Verfahrensbeteiligte zuzustellen, so wird die Zustellung erst dann wirksam, wenn sie an alle Adressaten bewirkt ist.[433] Dies gilt auch, wenn ein gemeinsamer Verfahrensbevollmächtigter bestellt ist.[434] Die Zustellung wird unwirksam, wenn sie unter Verstoß gegen § 8 Abs. 2 VwZG (fehlende Mehrfertigung) erfolgt ist.[435] Eine Heilung ist jedoch möglich. An den Rechtsnachfolger ist bei einem Inhaberwechsel erst dann zuzustellen, wenn die Rechtsnachfolge im Register eingetragen ist. Etwas anderes gilt bei Gesamtrechtsnachfolge.[436] Die Ersatzzustellung, die möglich ist, wenn der Adressat nicht angetroffen wurde, ist in §§ 178 ff. ZPO geregelt und ist je nach Zustellungsart unterschiedlich ausgestaltet. Folgende Möglichkeiten der Ersatzzustellung sind grundsätzlich möglich: Zustellung in Wohnung und Haus; Niederle-

---

427 Vgl. zum Patentrecht: Schulte/*Schulte*, § 127 Rn. 44; a. A. VGH Kassel, NJW 1998, 920.
428 BGH, GRUR 1991, 814 – Zustellungsadressat; BPatG, BlPMZ 1995, 173.
429 BGH, GRUR 1991, 814 – Zustellungsadressat; BGH, GRUR 1991, 37 – Spektralapparat, BPatG, BlPMZ 1980, 313.
430 BGH, GRUR 1991, 814 – Zustellungsadressat.
431 BPatGE 22, 287.
432 BPatG, BlPMZ 1988, 154; BPatG, BlPMZ 1987, 305 f.; a. A. BPatGE 34, 194 (bis Anzeige der Mandatsniederlegung).
433 BGH, BlPMZ 1962, 166; BPatGE 31, 18.
434 BPatGE 40, 278; Vgl. *Eichmann/v. Falckenstein*, § 23 Rn. 28.
435 PA, BlPMZ 1958, 136.
436 Vgl. *Eichmann/v. Falckenstein*, § 29 Rn. 13 (Änderung der formellen Legitimation).

gung bei der Post oder Postagentur[437] mit Einlegung der Benachrichtigung im Hausbriefkasten; Zustellung im Geschäftsraum bei Angehörigen von juristischen Personen. Nach § 5 PostdienstV können nicht zustellbare Sendungen zur Abholung niedergelegt werden.

87 Wegen des notwendigen und kostenaufwendigen Zugangsnachweises findet die Zustellung mit Postzustellungsurkunde nur noch bei Beschlüssen statt, bei denen Rechtsmittelfristen in Gang gesetzt werden.[438] In allen anderen Fällen ist nach Hausverfügung des DPMA die Zustellung mittels Übergabeeinschreiben ausreichen.[439] Die Zustellung mit Postzustellungsurkunde erfolgt nach § 3 Abs. 3 VwZG i.V.m. § 182 ZPO. Dabei ist es nicht erforderlich, dass die Übergabe an die Post nach § 3 Abs. 1 Satz 1 beurkundet wird.[440] Werden mehrere Schriftstücke zugestellt, so ist es erforderlich, dass diese jeweils mit einer Geschäftsnummer versehen werden.[441] Die Zustellung ist unwirksam, wenn Mängel bei den Formalien der Zustellungsurkunde auftreten. Dazu zählen auch unzutreffende Eintragungen.[442] Als notwendiger Mindestinhalt ist deshalb Zeitpunkt und Ort der Zustellung in die Urkunde aufzunehmen. Außerdem die Bezeichnung der Ersatzperson und der Grund der Ersatzzustellung. Wurde das Schriftstück bei einem Postamt oder einer Postagentur niedergelegt, so ist ggf. auch dies zu vermerken. Die Postzustellungsurkunde muss vom Zustellungsbeamten außerdem unterschrieben sein.[443] Zu den Einzelheiten siehe § 182 ZPO. Das Fehlen des Tages der Zustellung auf dem Umschlag, das nach § 182 Abs. 2 Nr. 6 ZPO anzubringen ist, macht diese nicht unwirksam, doch werden dadurch keine Fristen in Gang gesetzt.[444] Dies gilt auch, wenn der Zustellungstag unzutreffend vermerkt ist.[445] Zu Gunsten des Zustellungsempfängers wirkt es, wenn ein späteres Datum vermerkt ist.[446] Es ist regelmäßig unschädlich, wenn der Inhalt des Formblatts

---

437 BGH, NJW 2001, 832.
438 Vgl. *Eichmann/v. Falckenstein*, § 23 Rn. 27.
439 Vgl. *Eichmann/v. Falckenstein*, § 23 Rn. 53.
440 Vgl. zum Patentrecht: Benkard/*Schäfers*, § 127 Rn. 5.
441 Vgl. zum Patentrecht, Benkard/*Schäfers*, § 127 Rn. 5.
442 BGH, BlPMZ 1956, 66; AG Neuruppin, NJW 2003, 2249 (bezüglich unvollständigem Niederlegungsvermerk).
443 RGZ 124, 22.
444 GmS-OGB, NJW 1977, 621.
445 BPatGE 21, 53.
446 Vgl. zum Patentrecht, Benkard/*Schäfers*, § 127 Rn. 6.

von den gesetzlichen Bestimmungen abweicht.[447] Zu Einzelheiten der förmlichen Zustellung.[448]

§ 4 VwZG regelt die Zustellung durch eingeschriebenen Brief. Dabei ist nur das Übergabeeinschreiben möglich. Dagegen ist das sog. Einwurfeinschreiben für Zustellungen unzulässig.[449] Für das DPMA ist ein Einschreiben mit Rückschein nicht vorgesehen, da es in den Katalog der Zustellungsarten des VwZG nicht aufgenommen ist. Dagegen ist die Zustellung gegen Empfangsbekenntnis[450] oder im Abholfach[451] nach Hausverfügung Nr. 10 des DPMA möglich. Unter diesen Voraussetzungen werden vom DPMA Beschlüsse meist mit Einschreiben oder Empfangsbekenntnis zugestellt. Die Zustellung mit Zustellungsurkunde stellt einen Sonderfall dar, der z.B. bei fehlgeschlagener einfacherer Zustellungsart verwendet wird. Keine zwingende Formvorschrift stellt der Absendungsvermerk nach § 4 Abs. 2 VwZG dar. Er ist jedoch für die 3-Tagesfiktion nach § 4 Abs. 1 VwZG maßgeblich.[452] Dies ist streitig. Das Aktenexemplar erhält den Absendevermerk. Den Tag der Aufgabe zur Post vermerkt die Postabfertigungsstelle. Die zuzustellende Stelle benötigt keinen Absendungsvermerk.[453] Einen Hinweis auf den fiktiven Zustellungstag erhält der Empfänger nicht. Der Zugang wird im Laufe bzw. bereits zu Beginn des dritten Tages vermutet. Deshalb laufen Fristen nach § 187 Abs. 1 BGB ab dem Beginn des folgenden Tages, auch wenn der tatsächliche Zugang früher erfolgt ist[454] oder bei späterem Poststempel. § 193 BGB findet für die 3-Tagesfiktion keine Anwendung.[455] Durch glaubhaftes Bestreiten wird die Vermutung widerlegt. Dann findet die Beweisregel des § 4 Abs. 1 VwZG Anwendung. Zugang und Zugangstag müssen vom DPMA bewiesen werden. Als Beweismittel dienen der Vermerk „per Einschreiben" auf der Sendung selbst, wobei ein Ankreuzen auf der Verfügung auf dem Aktenexemplar nicht ausreichend ist, der Absendungsvermerk der Postabsendestelle des DPMA und die Auskunft der Post. Das Schreiben ist zugegangen, wenn es dem Adressaten, dessen Ehegatten oder dessen Post-

88

---

447 BPatGE 21, 28.
448 Vgl. *Eichmann/v. Falckenstein*, § 23 Rn. 54; Vgl. zum Patentrecht: Benkard/*Schäfers*, § 127 Rn. 32 ff.
449 BVerwG, NJW 2001, 458.
450 Vgl. *Eichmann/v. Falckenstein*, § 23 Rn. 57.
451 Vgl. *Eichmann/v. Falckenstein*, § 23 Rn. 58.
452 Vgl. zum Patentrecht: Benkard/*Schäfers*, § 127 Rn. 9.
453 BPatGE 40, 273.
454 BVerwGE 22, 11; BFH, NJW 1967; 1296; PA, BlPMZ 1955, 217.
455 BPatGE 40, 273.

§ 23   Verfahrensvorschriften, Beschwerde und Rechtsbeschwerde

bevollmächtigten ausgehändigt wird. Bei Nichtantreffen kann die Aushändigung an einen bereiten Ersatzempfänger, etwa Angehörige, Ehegatte, Postbevollmächtigte, Angestellte in Wohnung oder Geschäft, Inhaber oder Vermieter der Wohnung oder Hausnachbarn erfolgen. Selbst wenn die Sendung den Adressaten nicht erreicht, ist sie auf diese Weise wirksam zugestellt.[456] Eine förmliche Ersatzzustellung nach § 178 ff. ZPO ist nicht möglich.[457] Wird die Annahme vom Adressaten zu Unrecht verweigert, gilt § 127 Abs. 1 Nr. 1 PatG. Ersatzempfänger dagegen sind zur Annahmeverweigerung berechtigt. Die Zustellung ist auch an einen vorübergehenden Aufenthaltsort möglich, etwa ein Hotel oder Sanatorium. Der Adressat erhält einen Abholschein, wenn keine annahmebereite Person angetroffen wird und die Sendung wird beim Postamt oder bei der Postagentur hinterlegt. Die Zustellung ist erst und nur mit der Abholung bewirkt.[458] Wird die Sendung nicht abgeholt und deshalb an das DPMA zurückgesandt, oder sind Zustellungsmängel durch Nachweis des Zugangs durch Auskunft bei der Post nicht heilbar, so muss erneut zugestellt werden.[459] Nach § 180 ZPO ist die Ersatzzustellung auch durch Einlegen in einen Briefkasten zulässig. Das DPMA stellt dann mit Postzustellungsurkunde zu.

89   Nach § 5 VwZG ist auch die Zustellung gegen Empfangsbekenntnis möglich. Ist an die in § 5 Abs. 2 VwZG genannten aufgrund vorliegender Vollmacht berufsmäßigen Vertreter zuzustellen, so wählt das DPMA diese Form der Zustellung an Stelle des Einschreibens. Empfangspersonen können sowohl Patenttechniker nach § 182 PAO als auch Erlaubnisscheininhaber nach § 127 Abs. 1 Nr. 3 PatG sein. An Patentassessoren kann auf diese Weise nicht zugestellt werden.[460] Die Zustellung erfolgt regelmäßig durch einfachen Brief. Wird durch eingeschriebenen Brief zugestellt, gilt in diesem Fall § 4 Abs. 1 VwZG nicht. Die Sendung muss in dem angehängten und vorbereiteten Empfangsbekenntnis, das zur Akte zurückkehrt, zweifelsfrei bezeichnet sein.[461] Bei Einzelsendungen ist ein Einzelempfangsbekenntnis vorzubereiten. Werden mehrere Schriftstücke versandt, ist ein Sammelempfangsbekenntnis ausreichend. Das Datum, das im unterschriebenen Empfangsbekenntnis angegeben ist, bedeutet, dass an diesem Tag die Sendung vom

---

456 BPatGE 2, 204.
457 BPatGE 2, 204.
458 BVerwG, MDR 1971, 73.
459 Vgl. zum Patentrecht: Benkard/*Schäfers*, § 127 Rn. 10.
460 BPatGE 39, 163.
461 BGH, GRUR 1972, 196 – Dosiervorrichtung.

Empfänger oder von seinem postbevollmächtigten Vertreter mit Wissen und Wollen entgegengenommen wurde. Es stellt das Zustellungsdatum dar.[462] Es muss formgerecht unterzeichnet sein.[463] Der Eingangsstempel bezeugt daher nur den Eingang in der Kanzlei, nicht den Empfang.[464] Auch der allgemeine Vertreter nach § 46 PAO oder § 53 BRAO, der amtlich bestellte Vertreter oder ein durch Vollmacht ausgewiesener Vertreter, wie der Sozius, ein angestellter Anwalt, ein Referendar, ein Anwaltsassessor, ein dritter Anwalt oder eine Büroangestellte, sofern kein Anwaltszwang vorliegt, können postbevollmächtigte Vertreter sein, wenn zumindest eine stillschweigende Duldungsvollmacht vorliegt.[465] Die Zustellung ist zunächst nicht unwirksam, wenn die Unterschrift fehlt, da dieser Mangel heilbar ist.[466] Unterschreibt ein Dritter, so ist dies genehmigungsfähig. § 13 VwZG gilt bei Verweigerung der Annahme. Verweigert der Empfänger die Unterschrift, macht die die Zustellung selbst unwirksam. Sie muss wiederholt werden. In dieser Weigerung liegt ein Verstoß gegen Standespflichten, bei Patentanwälten gegen Berufspflichten nach § 12 BORA.[467] Fehlt das Datum, ist die Zustellung zunächst unwirksam; dagegen kann ein falsch angegebenes Datum korrigiert werden.[468] Durch andere Beweismittel, etwa einen Vermerk in der Handakte,[469] kann der Gegenbeweis gegen das eingetragene Datum geführt werden. Dies ist jedoch nur möglich, wenn jede Möglichkeit ausscheidet, dass das eingetragene Datum richtig sein konnte.[470] Wird der Nachweis der Unrichtigkeit erbracht, so ist das nachgebrachte Datum der Zustellungstag.[471] Ist das Datum unrichtig eingesetzt, so gilt der Tag des tatsächlichen Empfangs als Zustellungsdatum.[472] Der Nachweis, dass der eingetragene Tag zutreffend ist zulässig.[473] Muss nachgewiesen werden, dass die Zustellung erst nach dem im Empfangsbekenntnis eingetragenen Datum erfolgt, so sind an diesen

---

462 BGH, GRUR 1972, 197; BPatG, BlPMZ 1977, 118.
463 Vgl. *Eichmann/v. Falckenstein*, § 23 Rn. 49.
464 BGH, NJW 1996, 1968.
465 BGHZ 14, 34.
466 BVerwG, MDR 1972, 892.
467 Mitt. 1997, 245.
468 BPatGE 23, 249.
469 BGH, NJW 1987, 325.
470 BVerfG, Mitt. 2001, 324; BGH, NJW 1990, 2125.
471 BGH, BlPMZ 1962, 22; BGH, BlPMZ 1957, 350.
472 BGH, BlPMZ 1962, 22; BGH, BlPMZ 1957, 350.
473 BGH, NJW 1996, 3014; BGH, NJW 1979, 2556; BGH, NJW 1975, 1652.

§ 23   Verfahrensvorschriften, Beschwerde und Rechtsbeschwerde

Nachweis strenge Anforderungen zu stellen.[474] Ist das Empfangsbekenntnis wirksam, so ist ein Widerruf oder die Anfechtung nicht möglich.[475] Weder ein Ungültigkeitsvermerk des Anwalts auf dem ausgefüllten Empfangsbekenntnis noch die Nichtrückgabe bewirken, dass das Empfangsbekenntnis unwirksam wird.[476] Eine Ersatzzustellung scheidet aus begrifflichen Gründen bereits aus.[477] Im Hinblick auf die Verantwortung des Bevollmächtigten insbesondere hinsichtlich der Wiedereinsetzung, muss vor Unterzeichnung des Empfangsbekenntnisses vom Inhalt der Sendung Kenntnis genommen werden. In seltenen Fällen kann die Kenntnisnahme auch nach der bescheinigten Zustellung liegen.[478]

90   § 127 Abs. 1 Nr. 4 PatG regelt eine Sonderform der Zustellung: die Niederlegung ins Abholfach. Damit wird der Tatsache Referenz erwiesen, dass für ständige Nutzer der Einrichtungen des DPMA in der Dienststelle München, nicht in Berlin oder Jena, Abholfächer eingerichtet wurden. Bei Nichtbeachtung der Voraussetzungen der Zustellung nach § 127 Abs. 1 Nr. 4 PatG folgt zwingend, dass die Zustellung unwirksam ist. Dagegen ist die schriftliche Mitteilung, dass das Schriftstück im Abholfach niedergelegt wurde, nachholbar.[479] Am dritten Tag nach der Niederlegung im Abholfach gilt die Zustellung als bewirkt, wobei die 3-Tagesfrist nach § 187 Abs. 1 BGB am Tag nach der Niederlegung beginnt. Nach § 187 Abs. 2 BGB beginnt eine Frist, die von der Niederlegung an berechnet wird, mit Beginn des auf den dritten Tag folgenden Tages. Es gelten Kalender-, nicht Werktag, weshalb § 193 BGB nicht anzuwenden ist.[480] Maßgeblich ist Fiktion der Zustellung. Der Gegenbeweis, dass der Zugang tatsächlich früher oder später erfolgte, ist nicht möglich,[481] weshalb bei Versäumung einer Frist die Wiedereinsetzung beantragt werden muss.

91   Nach § 14 VwZG oder nach der VO (EG) 1348/2999 des Rates vom 29. Mai 2000 über die Zustellung gerichtlicher oder außergerichtlicher Schriftstücke in Zivil- und Handelssachen[482] mit Durchführungsbestim-

---

474   Vgl. zum Patentrecht: Benkard/*Schäfers*, § 127 Rn. 14.
475   BGH, NJW 1974, 1469.
476   BPatGE 21, 1.
477   Vgl. zum Patentrecht: Benkard/*Schäfers*, § 127 Rn. 33.
478   BPatGE 21, 2; BPatGE 19, 50; BPatG, BlPMZ 1977, 118.
479   BGH, MDR 1961, 212.
480   BPatG, Mitt. 1984, 178.
481   Vgl. zum Patentrecht: Benkard/*Schäfers*, § 127 Rn. 17.
482   ABl. EG Nr. L 160 S. 37.

V. Allgemeine Verfahrensgrundsätze § 23

mungen durch das EG-ZustellungsdurchführungsG vom 9. Juli 2001[483] ist die Zustellung im Ausland über die diplomatischen Vertretungen geregelt. Diese Art der Zustellung nimmt das DPMA nach einer Hausverfügung nicht vor. An die Stelle der genannten Zustellung tritt die Zustellung nach § 127 Abs. 1 Nr. 2 PatG i.V.m. § 184 ZPO durch Aufgabe zur Post, sofern sich der Empfänger nicht nur kurz im Ausland aufhält und fehlerhaft noch kein Zustellungsbevollmächtigter benannt ist. Sonst sind die bereits genannten Zustellungswege zu wählen.[484] Keine Wirksamkeitsvoraussetzung für die Zustellung ist der Vermerk, dass nach § 127 Abs. 1 Nr. 2 PatG i.V.m. § 184 ZPO zugestellt wurde, der jedoch trotzdem anzubringen ist. Nach § 184 Abs. 2 Satz 4 ZPO ist darüber ein Aktenvermerk zu fertigen. Dieser ist nicht vor Aufgabe der Sendung zur Post zulässig. Er ist jedoch nachholbar. Weitere Beweismittel sind zum Nachweis der Absendung nicht zugelassen. Ist ein falsches Datum angegeben worden, so gilt das richtige.[485] Fehlt der Aktenvermerk oder ist die Anschrift unrichtig, so ist die Zustellung unwirksam.[486] Die Zustellung gilt mit der Aufgabe zur Post als bewirkt. Dies gilt auch dann, wenn die Sendung als unzustellbar zurückkommt.

Nach § 15 VwZG ist bei allgemein unbekanntem Aufenthaltsort des Empfängers die Sendung öffentlich zuzustellen.[487] Die Unkenntnis des DPMA reicht nicht aus, weshalb es bei Behörden (Einwohnermeldeamt etc.) und in der privaten Umgebung des Adressaten nachforschen muss, sofern der Aufwand verhältnismäßig ist. Eine Nachforschung im Ausland ist nicht nötig. Öffentlich zuzustellen ist durch Aushang des Schriftstücks oder einer Benachrichtigung darüber am schwarzen Brett des DPMA,[488] (dies entspricht der Auslegehalle der Dienststelle München) nach entsprechender Verfügung durch die Geschmacksmusterstelle. Hierbei ist der Tag des Aushangs und der nachfolgenden Abnahme auf dem Schriftstück zu vermerken. 92

Zustellungsmängel können nach § 9 VwZG grundsätzlich geheilt werden, sofern der Zustellungsadressat, also der Empfangsberechtigte, das Schriftstück tatsächlich erhalten hat. Darunter fallen auch Zustellungsmängel im Zusammenhang mit Rechtsmittelfristen für die Beschwerde und die Rechtsbeschwerde. Heilbar ist insbesondere ein Verstoß gegen 93

---
483 BlPMZ 2001, 302.
484 BGH, GRUR 1993, 476 – Zustellungswesen.
485 Vgl. zum Patentrecht: Schulte/*Schulte*, § 127 Rn. 97.
486 Vgl. zum Patentrecht: Benkard/*Schäfers*, § 127 Rn. 19.
487 BPatGE 15, 159.
488 Präsident des DPA, BlPMZ 1954, 237.

zwingende Zustellungsbestimmungen, die sich auf die jeweils gewählte Zustellungsart beziehen müssen (z.B. die falsche Zustellungsart) und der fehlende Nachweis über eine durchgeführte Zustellung. Die Zustellung an den falschen Adressaten (z.B. an den Schutzrechtsinhaber statt an seinen Vertreter)[489] und die Zustellung einer Ausfertigung einer Entscheidung, die vom Original abweicht, sofern dadurch die rechtsmittelbegründende Beschwer nicht mehr erkennbar ist.[490] Nur wenn der Zugang beim richtigen Adressaten tatsächlich nachgewiesen werden kann, so ist eine Heilung möglich.[491] Zustellungszeitpunkt ist dann aber der (nachgewiesene) Tag der Zustellung beim Empfangsadressaten.

94 Kann die Zustellung nicht nachgewiesen werden, so muss die Zustellung wiederholt werden. Dies gilt auch bei folgenden nicht heilbaren Zustellungsmängeln: nicht nachweisbarer Zugang des Schriftstücks an den zutreffenden Adressaten oder seinen Vertreter;[492] offensichtliche Falschbezeichnung der Rechtsperson des Adressaten, nicht bei Falschbezeichnung wegen Änderung der Firma;[493] bei unbeabsichtigter Zustellung. Wurde nur eine ungenügende Anzahl von Ausfertigungen bei Mitanmeldern versandt, so stellt dies nach § 8 Abs. 2 VwZG einen nicht heilbaren Mangel dar.[494] Das Gleiche gilt bei mehreren Beteiligten an einem Verfahren anderer Art. Nur die Frist ist von der fehlenden Heilbarkeit der Zustellung betroffen. Dagegen hat dies keine Auswirkung auf die rechtliche Wirksamkeit der tatsächlich zugegangenen Entscheidung.[495]

95 Im Verfahren vor dem BPatG erfolgt die Zustellung nach § 127 Abs. 2 ausschließlich nach den Vorschriften der ZPO. Es besteht Ähnlichkeit zu den Zustellungen des DPMA.[496] Allerdings wird dem BPatG eine größere Freiheit in der Wahl der Zustellungsart eingeräumt. Nach § 175 ZPO ist beispielsweise die Zustellung durch Einschreiben mit Rückschein zulässig; außerdem besteht nach § 174 Abs. 2 ZPO die Möglichkeit der Zustellung gegen Empfangsbekenntnis durch Telefax, wenn es sich um berufsmäßige Vertreter handelt. Nach § 174 Abs. 3 ZPO hat das BPatG die Möglichkeit gegen Empfangsbekenntnis Entscheidungen

---

489 BPatGE 17, 10; BPatGE 3, 55.
490 BGH, NJW 1977, 297.
491 BPatGE 28, 233; BPatGE 17, 10.
492 BPatGE 3, 55.
493 BPatGE 22, 10.
494 BPatGE 40, 278.
495 BGH, GRUR 1987, 745 – Frischemärkte.
496 Vgl. *Eichmann/v. Falckenstein*, § 23 Rn. 61.

auch auf elektronischem Weg zu übermitteln. Zuzustellen sind Endentscheidungen i.S.v. § 94 Abs. 1 Sätze 3 und 5 PatG, Zwischenentscheidungen und Verfügungen nach § 99 Abs. 1 PatG, sofern es sich um Fälle des § 329 Abs. 2 Satz 2 und Abs. 3 ZPO handelt, Beschwerde- und anders bestimmende Schriftsätze nach § 73 Abs. 2 Satz 3 PatG sowie sonstige Schriftstücke.[497] Dagegen können Ladungen, Terminsverlegungen und -aufhebungen vereinfacht zugestellt werden. Für Zustellungen im Ausland kann nach § 183 Abs. 1 Nr. 1 ZPO auch durch Einschreiben mit Rückschein zugestellt werden. Es gelten die §§ 183, 184 und 185 Nr. 2 ZPO.

5. Wahrheitspflicht

Aus der Verweisung in Abs. 2 Satz 3 und Abs. 3 Satz 2 ergeben sich folgende weitere Verfahrensgrundsätze: Anmelder, Inhaber und ihre Vertreter sind nach § 124 PatG verpflichtet, in allen Instanzen zur Abgabe vollständiger und wahrheitsgemäßer Angaben zu Tatsachen verpflichtet, soweit dies ihrem subjektiven Horizont entspricht.[498] Vor allem dürfen sie diese Tatsachen nicht zu ihren persönlichen Kenntnissen und Wertungen erheben. Bei Anwälten leitet sich dies aus der Standespflicht ab. Auf die Wahrheitspflicht kommt es dort an, wo die Angaben über die tatsächlich vorliegenden Umstände als Tatbestandsvoraussetzungen einer Rechtsfolge entscheidend sind. Dies ist beispielsweise im Eintragungsantrag für die Bezeichnung des Anmelders relevant, vor allem mit Blick auf § 8, nach dem die Anmeldereigenschaft und die Inhaberschaft fingiert werden. Weiter spielt die Wahrheitspflicht eine Rolle bei der Rechtsstellung des Entwerfers nach §§ 7 Abs. 1 Satz 1 und 10 sowie beim Sachvortrag, durch den Anträge begründet werden, etwa beim Antrag auf Wiedereinsetzung. 96

Weder vom DPMA noch vom BPatG sind unwahre Angaben zu beachten. Sie können im Rahmen des § 286 Abs. 1 ZPO als allgemein unglaubhaft behandelt werden[499] und die Auferlegung der Kosten zur Folge haben.[500] Wird die Wiedereinsetzung durch den Einsatz von unlauteren Mitteln gefördert, so kann im Verletzungsprozess der Einwand der Schutzrechtserschleichung erhoben werden. Darauf kann auch der Löschungsanspruch gestützt werden. Als weitere Konsequenz sind 97

---

497 Vgl. zum Patentrecht: Benkard/*Schäfers*, § 127 Rn. 3.
498 BGH, GRUR 1999, 920 – Flächenschleifmaschine.
499 Vgl. zum Patentrecht: Schulte/*Schulte*, § 124 Rn. 12.
500 BPatGE 1, 173.

Schadensersatzansprüche sowie eine auf § 263 StGB (Betrug) gestützte Tätigkeit der Strafverfolgungsbehörden möglich.

6. Amts- und Gerichtssprache

98 Amts- und Gerichtssprache ich nach § 126 PatG verbindlich die deutsche Sprache. Damit ist die Hoch- und Schriftsprache gemeint. Eine Sonderregelung, die ähnlich wie § 35 PatG, § 4a GebrMG oder § 15 MarkenV ermöglicht, dass fremdsprachige Antragsunterlagen eingereicht werden, fehlt im GeschmMG. Dies wird damit begründet, dass eine originäre schriftliche Offenbarung für das Geschmacksmuster keine Bedeutung hat. Dies gilt auch für die Schutzbeanspruchung. Auch sprachlich mangelhaftes Deutsch ist für das Erfordernis, die Unterlagen in deutscher Sprache einzureichen, ausreichend. Dagegen erfüllt eine vom Hochdeutschen abweichende Regionalsprache, etwa ein Dialekt, die Voraussetzung von Deutsch als Gerichtssprache nicht.[501] Fachausdrücke, die einer Fremdsprache entnommen, dem Fachmann aber geläufig sind, genügen den Voraussetzung des § 126 PatG.[502] Das DPMA muss auf den Grundsatz, dass Deutsch Verfahrenssprache ist, und auf mögliche Rechtsfolgen bei der Verwendung von fremdsprachigen Eingaben hinweisen. Dazu muss es nach pflichtgemäßem Ermessen eine Frist zur Nachreichung einer Übersetzung hinwirken. Dies ist zu einer leichteren Information der Öffentlichkeit und der Wahrung des Rechts auf rechtliches Gehör einer möglicherweise vorhandenen Gegenseite notwendig. Wird neben der deutschen Fassung eine fremdsprachige Fassung der vollständigen Unterlagen eingereicht, so schadet dies dem Anmelder nicht. Eine Abstufung der Anforderungen an fremdsprachige Schriftstücke nimmt § 21 GeschmMV vor indem es an den Inhalt anknüpft: nach § 21 Abs. 1 GeschmMV sind die Unterlagen der Geschmacksmusteranmeldung ohne Ausnahme qualifiziert ins Deutsche zu übersetzen. Sie müssen deshalb nach § 21 Abs. 1 Satz 1 GeschmMV von einem öffentlich bestellten Übersetzer angefertigt werden, dessen Unterschrift öffentlich nach § 129 BGB zu beglaubigen ist, oder von einem Rechts- oder Patentanwalt beglaubigt sein. Es ist nach § 21 Abs. 1 Satz 2 GeschmMV auch eine Beglaubigung der Tatsache erforderlich, dass der Übersetzer öffentlich für diese Zwecke bestellt ist. Auch für andere Unterlagen wie beispielsweise als Anlagen zu Anträgen wie Nachweise von Rechtsübergängen, Vollmachten, Eidesstattli-

---

501 BGH, GRUR 2003, 226 – Läägeünnerloage; BPatG, Mitt. 2002, 150.
502 BPatG, Mitt. 1974, 264; BPatGE 9, 10.

che Versicherungen, Bestallungen von Verwaltern und andere Urkunden, die dem Nachweis von Rechtsverhältnissen dienen, sind in einer beglaubigten Übersetzung nach § 21 Abs. 4 GeschmMV vorzulegen, sofern sie nicht in einer der Amtssprachen des HABM (englisch, französisch, spanisch oder italienisch) verfasst sind. Liegt eine Aufforderung des DPMA nicht vor, so ist die Übersetzung innerhalb eines Monats nachzureichen. Für die Übersetzung ist nach § 23 Abs. 5 Satz 1 GeschmMV keine höhere Qualifikation als die des § 21 Abs. 1 Satz 1 GeschmMV notwendig. Nach § 21 Abs. 2 GeschmMV werden an die Qualifikation der Übersetzung dieser Schriftstücke geringere Anforderungen gestellt, sofern sie in den genannten Fremdsprachen abgefasst sind. Der Einreicher kann abwarten, ob ihm das DPMA nach § 21 Abs. 3 GeschmMV eine Frist zur Nachreichung einer Übersetzung setzt. Nach § 21 Abs. 2 GeschmMV entfällt diese Fristsetzung aber für die Einreichung von Prioritätsbelegen und Abschriften von Voranmeldungen. Nach § 21 Abs. 5 i. V. m. Abs. 3 Nr. 1 GeschmMV ist die Richtigkeit der Übersetzung sicher zu stellen. Die strengen Anforderungen des § 21 Abs. 1 Satz 1 GeschmMV brauchen hierfür nicht erfüllt zu werden. Nach § 21 Abs. 5 Satz 2 GeschmMV gelten Unterlagen am Eingangstag als eingereicht, wenn für die Einreichung der Übersetzungen eine Frist gesetzt war, der Einreicher diese aber nicht eingehalten hat. War die Abschrift der Voranmeldung nach § 14 Abs. 1 Satz 1 innerhalb der vorgesehenen Frist eingereicht, so hat es für den Anmelder keine negativen Folgen, wenn er die angeforderten Übersetzungen der Prioritätsbelege nicht fristgerecht einreicht. Wird die Übersetzung nicht eingereicht, so besteht die Möglichkeit, dass die sachliche Identität der Anmeldung mit der Voranmeldung[503] in materieller Hinsicht nicht hinreichend nachgewiesen ist. Nach § 142 Abs. 3 ZPO hat das BPatG die Möglichkeit, eine Übersetzung anzufordern. Die §§ 185 bis 191a GVG gelten in den genannten Verfahren bei Verhandlungen mit Sprachunkundigen und mit Behinderten.

7. Rechtshilfe

Nach § 128 Abs. 1 PatG leisten innerstaatliche Gerichte den Patentbehörden nach Maßgabe des Art. 35 Abs. 1 GG Rechtshilfe. Es ist nach § 157 GVG das Amtsgericht um die Vornahme einer Handlung vom DPMA oder vom BPatG zu ersuchen, in dessen Bezirk die Amtshandlung, also beispielsweise die Vernehmung eines Zeugen, vorzunehmen

---

503 Vgl. *Eichmann/v. Falckenstein*, § 14 Rn. 8.

ist. Bei der Gewährung von Akteneinsicht unterstützen sich das DPMA und das HABM nach Art. 75 GGV. Dies gilt auch bei Auskünften. Für das Eintragungsverfahren vor der Geschmacksmusterstelle des DPMA sind die Regelungen des § 128 Abs. 2 und 3 PatG über die Ordnungsmittel des BPatG gegen Zeugen und Sachverständige im Verfahren vor dem DPMA bedeutungslos.

§ 24 Verfahrenskostenhilfe

In Verfahren nach § 23 erhält der Anmelder auf Antrag unter entsprechender Anwendung der §§ 114 bis 116 der Zivilprozessordnung Verfahrenskostenhilfe, wenn hinreichende Aussicht auf Eintragung des Musters in das Register besteht. Auf Antrag des Rechtsinhabers kann Verfahrenskostenhilfe auch für die Kosten der Erstreckung des Schutzes nach § 21 Abs. 2 Satz 1 und für die Aufrechterhaltungsgebühren nach § 28 Abs. 1 Satz 1 gewährt werden. § 130 Abs. 2, 3 und 5 sowie die §§ 133 bis 138 des Patentgesetzes finden entsprechende Anwendung.

Übersicht

	Rn.		Rn.
I. Allgemeines	1	VII. Beiordnung eines Vertreters	11
II. Anwendungsbereich	2	VIII. Bewilligungsverfahren	13
III. Antragsbefugnis	4	IX. Änderung	14
IV. Voraussetzungen	5	X. Aufhebung der Beiordnung	15
1. Antrag	5	XI. Zahlungsvergünstigungen	16
2. Bedürftigkeit	7	XII. Übergangsrecht, Gemeinschaftsgeschmacksmuster	17
3. Hinreichende Erfolgsaussicht	8		
V. Bewilligung	9		
VI. Wirkungen der Bewilligung	10		

I. Allgemeines

§ 24 entspricht § 10b GeschmMG a.F.[1] Eine unabhängige Regelung der Verfahrenskostenhilfe in Geschmacksmustersachen wurde am 1. Juli 1988 zum ersten Mal durch § 10b GeschmMG a.F. etabliert. Die Eingrenzung der Verfahrenskostenhilfe auf Bürger der EG-Staaten ist mit dem Entfallen des § 129 Satz 2 PatG durch das 2. PatG-Änderungsgesetz (1. November 1998) entkräftet und wird in § 24 Satz 1 für das Geschmacksmustergesetz nunmehr unabhängig reguliert. Die Version des § 10b GeschmMG a.F., die durch das KostbereinG ab 1. Januar 2002 geändert wurde, bewilligte die Einbeziehung der Aufrechterhaltungsgebühren in die Verfahrenskostenhilfe, weil durch die simultanen Streichungen der Zahlungsvergünstigungen bei Verlängerungsgebühren

1

---

[1] BPatG 10 W (pat) 714/02 vom 29.6.2006; *Winterfeldt*, GRUR 2007, 537, 548.

nach § 9 Abs. 4 bis 6 GeschmMG a.F. (Hinausschiebung der Gebührennachricht, Stundung) eine objektive Expansion des § 10b GeschmMG a.F., Art. 18 Nr. 5 KostbereinG veranlasst war. Neu eingefügt in § 24 findet sich der Zusatz „für die Kosten der Erstreckung des Schutzes nach § 21 Abs. 2 S. 1", welcher notwendig wurde, um auch die Erstreckungskosten in die Verfahrenskostenhilfe mit einzubeziehen. Der Antrag bei Verfahrenskostenhilfe durch elektronisches Dokument (in den meisten Fällen E-Mail) ist seit der Erstreckung der Referenz in § 10b GeschmMG a.F. auf § 135 Abs. 1 Satz 1, 2 PatG durch Art. 4 Abs. 6 des Transparenzgesetzes, seit 26. Juli 2002 grundsätzlich gestattet. Die Bestimmung der Verfahrenskostenhilfe findet zunächst statt durch Einzelverweisung des § 24 teils auf §§ 114–116 ZPO (Prozesskostenhilfe), in erster Linie auf solche des PatG (§§ 133 und 136), in denen wiederum auf zahlreiche Einzelbestimmungen der ZPO weiterverwiesen wird. In seiner Gesamtheit ist § 24 eine zersplitterte Regelung, die meist nur über Umwege Aufschluss gibt. Die Verfahrenskostenhilfe soll bedürftigen Anmeldern ein Eintragungsverfahren ermöglichen, was insbesondere durch gestiegene Kosten für nötig erachtet wurde und dadurch auch im weiteren Verfahren die Rechtsschutzgarantie zu gewährleisten.[2]

II. Anwendungsbereich

2 § 24 erstreckt sich auf das Eintragungsverfahren, die Aufrechterhaltung, das Beschwerde–, Rechtsbeschwerde-, Vorlage- und Abhilfeverfahren sowie durch die Einbeziehung der Erstreckungskosten auch auf diese im Sinne des § 21 Abs. 2 S. 1. Hierbei werden in Satz 1 und 2 Unterschiede zwischen Eintragungsverfahren und Aufrechterhaltung gemäß § 28 festgehalten. Die Kosten bis hin zur eigentlichen Eintragung werden durch § 24 Satz 1 geregelt; erfasst werden demnach die Anmeldegebühr und der vorgegebene Bekanntmachungsvorschuss aus § 5 Abs. 1 Satz 1 PatKostG, und auch solche Gebühren, die entstehen, sollte ein Beschwerde- und Rechtsbeschwerdeverfahren anhängig werden sowie mögliche entstandene Auslagen (§ 23 Abs. 2 i.V.m. § 122 Abs. 1 ZPO). Andere Situationen in denen Verfahrenskostenhilfe bewilligt werden kann beinhalten: Nebenverfahren (§ 23 uneingeschränkte Bezugnahme), Erstreckungskosten nach § 21 Abs. 2 (Gebühr, Bekanntmachungskosten wenn gege-

---

2 BGH, GRUR 2008, 88, 90 – ATOZ.

II. Anwendungsbereich   § 24

ben),[3] aber auch sonstige Verfahren und Kosten, die unter die DPMA-VwKostV fallen. Die Aufrechterhaltungskosten sind auf gesonderten Antrag nun auch beinhaltet. Ausgeschlossen von der Verfahrenskostenhilfe sind solche, die vor der Antragstellung gezahlt worden sind (§ 130 Abs. 2 Satz PatG i.V.m § 122 Abs. 1 Nr. 1 ZPO).[4] Weiterhin ist auch die Weiterbehandlungsgebühr aus § 17 nicht mit inbegriffen, da diese vom Anmelder im Falle der ordnungsgemäßen Sachbehandlung hätte vermieden werden können. Somit stellt diese keine Sondergebühr des Verfahrens dar, die den Rechtszugang in irgendeiner Weise erleichterte oder sogar erst ermöglichte. Ausgenommen werden auch Kosten von Nebenverfahren wie Umschreibung und Akteneinsicht. Ist die Verfahrenskostenhilfe versagt, dann kann diese auch nicht durch das Beschwerdeverfahren erlangt werden. Dies folgt aus § 127 Abs. 4 ZPO und dessen Freiheit im Hinblick auf Gebühren.[5] Andere Ansichten können jedoch an den folgenden Fundstellen gefunden werden: BPatGE 46, 194 ff. – Wartungsfreies Gerät, weiterhin für die Anwaltsbeiordnung nachdem die Verfahrenskostenhilfe genehmigt worden ist, BPatGE 28, 120, sowie eventuell entstandener Aufwand im Rahmen eines Verfahrens zur Löschung nach § 36. Sollte die Bekanntmachung jedoch in Farbe stattfinden und dadurch höhere Kosten verursacht werden, so werden diese nicht von der Verfahrenskostenhilfe beinhaltet.[6] Nach Wegfall dieser zusätzlichen Kosten (vgl. § 20) ist dies mittlerweile gegenstandslos.

Die Aufrechterhaltungsgebühren werden durch § 24 Satz 2 im Vergleich mit § 130 Abs. 5 PatG abgedeckt. Dabei bezieht sich § 130 Abs. 5 PatG auf die Patentjahresgebühren. Es soll eine Vergünstigung hinsichtlich der Zahlung von Aufrechterhaltungsgebühren erlangt werden und mit einer Erhöhung der Kosten, die noch vergünstigungsfähig sind, soll eine bestimmte Betragsschwelle hinsichtlich der relativ geringen Geschmacksmuster-Verfahrenskosten übersteigen werden – die besonders dann gering sind, sollte eine anwaltliche Vertretung nicht gegeben sein – so dass dann Verfahrenskostenhilfe nach § 115 Abs. 3 ZPO gestattet werden kann. Ein solcher Mindestbetrag setzt sich aus 4 monatlichen Raten zusammen wie in der Tabelle des § 115 Abs. 1 Satz 4

3

---

3 BPatG 10 W (pat) 720/03 vom 13.5.2004.
4 Vgl. *Nirk/Kurtze*, § 10b Rn. 12; Vgl. zum Patentrecht: Benkard/*Schäfers*, § 130 Rn. 18.
5 BPatG 4 W (pat) 701/97 vom 23.3.1998; BPatGE 28, 120; BPatGE 43, 191 – Luftfilter; BPatGE 47, 120, 121; BPatGE 47, 151, 153 ff. – Rollrechen; BPatGE 46, 39 – Gebührenfreie Verfahrenskostenhilfebeschwerde; BPatG 10 W (pat) 720/03 vom 13.5.2004.
6 BPatG 4 W (pat)703/98 vom 29.3.1999; BPatG 4 W (pat) 703/99 vom 19.7.1999.

§ 24 Verfahrenskostenhilfe

ZPO angegeben, zuzüglich eines Betrags nach § 115 Abs. 2 ZPO, der vom Antragsteller aus seinem Vermögen beigetragen werden muss. Es dürfen Aufrechterhaltungsgebühren eingerechnet werden, die notwendig sind nach Abzug der vorherigen Kosten wie Anmeldung und Bekanntmachung, bis die Schwelle erreicht ist, doch dann sind zusätzliche Einrechnungen nicht zulässig. Beispiel: 4 monatliche Raten á EUR 100 = EUR 400. Anmeldegebühr und Bekanntmachungskosten für 1. Zeichnung, 1. Aufrechterhaltungsgebühr belaufen sich auf 110 + 45 + 150 = EUR 305, was dazu führen würde, dass eine Bewilligung nicht erfolgen dürfte, daher darf die 2. Aufrechterhaltungsgebühr von EUR 200 noch nicht mit eingerechnet werden. Verfahrenskostenhilfe besteht dann bis Ende des 15. Schutzjahres. Die Nutzung von Gesetzesvorgaben hinsichtlich Patenten (§ 130 Abs. 5 PatG), die in kleinen Intervallen rechnet, scheint nicht den Aufrechterhaltungsintervallen des Geschmacksmustergesetzes, das in großen Intervallen gerechnet wird, angemessen zu sein. Um im Nachhinein nur die Erlaubnis zu bekommen, kann der profitierende Inhaber das Geschmacksmuster frühzeitig fallen lassen und damit die Fälligkeit der weiteren Aufrechterhaltungsgebühren vermeiden. Dies erlaubt ihm sogar die schon gezahlte Summe von noch nicht fälligen Aufrechterhaltungsgebühren nach § 10 Abs. 1 PatKostG zurück zu verlangen. Ein solcher Antrag zur Einbeziehung muss separat gestellt werden, somit nicht von Amts wegen und er wird zusammen mit dem allgemeinen Verfahrenskostenhilfeantrag gestellt. Dabei ist zu beachten, dass durch § 5 Abs. 2 PatKostG nach § 130 Abs. 5 Satz 3 PatG die Verwehrung von Vorauszahlung anfangs nicht greift. Solange die sonstigen Kosten, und falls gegeben des beigeordneten Vertreters, durch die Ratenzahlungen nicht abgedeckt sind, sind die Aufrechterhaltungsgebühren durch die gestattete Einbeziehung aufgeschoben.

III. Antragsbefugnis

4 Allein der Anmelder eines Geschmacksmusters kann den Antrag stellen, da die Berechtigung, einen solchen Antrag zu stellen, an die persönliche Eigenschaft des Antragstellers geknüpft ist. Die einstige Limitierung auf Antragsteller aus der Europäischen Gemeinschaft besteht nach der Abschaffung durch das 2. PatG-Änderungsgesetz 1998 nicht mehr, so dass Wohnsitz und der permanente Aufenthalt im Ausland oder die Staatsangehörigkeit keine Gründe zum Ausschluss mehr geben. Die folgenden Personen können kraft ihres Amtes den Antrag stellen: Nachlassverwalter, Insolvenzverwalter, Testamentsvollstrecker.

Vormund und Betreuungspersonen sind davon ausgeschlossen (§ 116 Satz 1 Nr. 1 und 2 ZPO). Weiterhin mit einbegriffen sind juristische Personen und parteifähige Vereinigungen (z.B. KG), sofern das im allgemeinen Interesse der Vereinigung liegt. Mutwilligkeit muss stets geprüft werden, da diese zum Fehlen des Rechtsschutzbedürfnisses führen kann (§ 114 Satz 1 ZPO).[7] In diesem Zusammenhang muss Mutwilligkeit nur gegeben zu sein scheinen. Naheliegende Vermutungen jedoch sind nicht ausreichend. Vielmehr müssen die Einwendungen von Seiten des DPMA mit unbefangenen Tatsachen belegt werden.[8] Diese müssen dann durch den Antragsteller widerlegt werden. Mutwilligkeit wird in diesem Zusammenhang definiert als: „existent sofern das Geschmacksmuster mit der gleichen Sachlage keine Anmeldung oder Aufrechterhaltung durch eine fähige Person erfahren würde, obwohl diese die Kosten tragen könnte".[9] Im Falle von Massenanmeldern ist dieser Gedanke besonders dann von hoher Relevanz. Es muss jedoch bemerkt werden, dass die jüngste vermehrte Rechtsprechung hinsichtlich Massenanmeldern nicht eindeutig ist. Hinsichtlich Massenanmeldern ist eine fehlende Verwertungsabsicht kein Kriterium, um Mutwilligkeit zu beweisen. Dies muss jedoch im Falle von Einzelanmeldern anders bewertet werden; da eine Massenanmeldung für solche ohne bemerkenswerte Geschäftsbeziehungen ohnehin problematisch ist. Es könnte aber ein Anzeichen für Mutwilligkeit sein, sollten vorhergegangene Schutzrechte nicht verwendet worden sein.[10] Die ausgedrückte Einsicht des Anmelders über das Missverhältnis zwischen finanziellem Aufwand, der durch eine Vielzahl von Anmeldungen verursacht wird und den eigentlich erreichten Einnahmen für das Produkt ist ein starkes Indiz für die fehlende Seriosität.[11] Anders als bei der Eintragung von Patenten und Gebrauchsmustern, ist im Falle des Geschmacksmusters der Erfolg der Eintragung kein Indiz, der der Annahme der Mutwilligkeit widersprechen könnte.

---

7 BPatGE 29, 42; BPatGE 45, 51 – Massenanmeldung.
8 BPatGE 40, 226; 43, 189.
9 BPatGE 45, 51 – Massenanmeldung.
10 BPatGE 36, 257; BPatGE 41 , 48 – Schneepflug; BPatGE 40, 226; BPatGE 42, 179f.; BPatGE 43, 23; BPatGE 43, 189f. – Luftfilter; einschränkender: BPatG, BlPMZ 1996, 361f.; BPatG, GRUR 2000, 307; BPatGE 38, 229, 232ff.
11 BPatGE 45, 51 – Massenanmeldung.

IV. Voraussetzungen

1. Antrag

5 Hier gelten §§ 135 Abs. 1 Satz 1, 138 Abs. 2 PatG. Ein solcher Antrag muss jeweils für einzelne anhängige Verfahren und auch Rechtszüge separat gestellt werden.[12] Im Falle des DPMA reicht dies vom Eintragungsverfahren und bei negativem Resultat bis hin zum Feststellungs-, und falls gegeben Zurückweisungsbeschluss nach §§ 16 Abs. 2 bis 5, 18. Es muss wiederum ein Antrag innerhalb der Beschwerdefrist beim DPMA für das Beschwerdeverfahren gestellt werden, bis die Sache dem BPatG vorgelegt wird. Dieser Antrag kann entweder mit, vor oder nach dem Antrag auf Anmeldung oder Beschwerde[13] eingereicht werden und hat vorzuliegen vor Abschluss des Verfahrens in der jeweiligen Instanz.[14] Eine anwaltliche Vertretung ist beim BGH nicht obligat. Es ist dienlich und denkbar vor Einlegung der Rechtsbeschwerde eine Entscheidung hinsichtlich der Verfahrenskostenhilfe zu erreichen. Bis hin zum Abschluss jeder Instanz kann ein abgelehnter Antrag wiederholt gestellt werden. Jedoch kann dieser sich nicht auf dieselben Tatsachen stützen,[15] sondern muss auf neuen Tatsachen basieren. Ist dies nicht der Fall, wird von Mutwilligkeit ausgegangen.[16]

6 Die Tatsachen, aus denen sich die Bedürftigkeit ergibt, sind glaubhaft zu machen (§§ 117 Abs. 2 bis 4 und 118 Abs. 2, 3 ZPO). Die „Erklärung über die persönlichen und wirtschaftlichen Verhältnisse" nach § 1 I Prozesskostenhilfevordruck-Verordnung (17. Oktober 1994) muss an den Antrag angehängt werden (Formular über www.dpma.de). Angaben wie Einkommen, Lasten und Vermögen müssen mit ausreichender Klarheit hinsichtlich der Verhältnisse des Antragstellers belegt werden können. Das Gleiche gilt für alle am Geschmacksmuster wirtschaftlich Beteiligten. Sollten diese Angaben nicht ausreichen, können weitere Informationen zur Glaubhaftmachung eingefordert werden. Gegensätzlich zu der Neuheit der Tatsachen kann in jeder Instanz bei konstanten Verhältnissen rückverwiesen werden; der eigentliche Nachweis jedoch muss in jeder Instanz vorgelegt werden.[17] Sollte dieser mangel-

---

12 BPatGE 19, 93; BPatGE 32, 129.
13 BPatG, BlPMZ 1991, 392; BPatGE 32, 130.
14 Vgl. zum Patentrecht: Benkard/*Schäfers*, § 129 Rn. 22; BPatGE 24, 170; BPatG, BlPMZ 1991, 392.
15 Vgl. zum Patentrecht: Benkard/*Schäfers*, § 135 Rn. 2.
16 Vgl. zum Patentrecht: Schulte/*Schulte*, § 130 Rn. 51.
17 BGH, BB 1990, 1664; BGH, NJW 2000, 3789; BGH, NJW 2001, 2720, 2721.

haft sein, führt dies zur Abweisung. Bei Vereinigungen, juristischen Personen etc. kann dies durch Vorlage der Bilanzen oder Informationen von berufenen Stellen nachgewiesen werden. Diese Belege müssen über die wirtschaftliche Situation des Antragstellers Transparenz geben, was am besten durch detaillierte Unterlagen gewährleistet ist.

2. Bedürftigkeit

Nach § 114 ZPO liegt Bedürftigkeit vor, sollte der Antragsteller nur in der Lage sein die Verfahrenskosten zum Teil, in Raten oder überhaupt nicht aufzubringen. Zusätzlich zu Einkunftsinformationen sollten auch Vermögen einbezogen werden. Weitere Einzelheiten sind in § 115 ZPO zu finden. Es sollte auch die „Prozesskostenhilfebekanntmachung 2004 – PKHB 2004" bedacht werden (BGBl. I S 1238 = Bl. 2004, 363). Dies und das Folgende soll auch in Fällen von Minderjährigen gelten,[18] soweit sie nicht nur angeführt werden. Einkünfte genauso wie vorhandenes berücksichtigungsfähiges und verwertbares Vermögen sind ausschlaggebend.[19] Im Falle von Freiberuflern, d.h. Arbeitstätigen mit unregelmäßigen Einkommen muss ein Durchschnittswert ermittelt werden. Dies geschieht nach § 115 ZPO (Tabelle), indem das monatliche Einkommen als Durchschnittswert aus dem Geschäftsjahr und damit ein Monatsbetrag ermittelt wird. Sollte der Antragsteller bereits Kosten aus parallelen Verfahren vor dem DPMA oder BPatG tragen, müssen diese von dem normalen Einkommen subtrahiert werden, bevor der monatliche Wert berechnet wird. Dies beinhaltet z. B. Bekanntmachungskosten. Wird etwas gemeinschaftlich angemeldet, kommt § 130 Abs. 3 PatG zur Anwendung. Wieder anders ist die Lage im Falle einer juristischen Person. Hier sind die Forderungen in § 116 Satz 1 Nr. 2 ZPO zu überprüfen. KG oder OHG werden als parteifähige Zusammenschließungen angesehen. Die Parteien im wirtschaftlichen Sinne, die konsultiert werden, sollten bestehen aus den Gesellschaftern der juristischen Person,[20] und auch den Kommanditisten einer KG.[21] Sollte die Rechtsverfolgung im rein wirtschaftlichen privaten Interesse der juristischen Person liegen, und nicht im Generellen, so sollte die Verfahrenskostenhilfe nicht genehmigt werden.[22] Sollte die Person nicht genügend Wil-

7

---

18 Weitere Informationen: *Hübenett*, GRUR 1994, 13.
19 Vgl. *Burgard*, NJW 1990, 3240.
20 BGH, NJW 1954, 1933.
21 BFH, NJW 1979, 1904.
22 BGH, BB 1990; 2442; BPatG, Mitt. 2003, 571; BPatG, BlPMZ 2004, 58; *Baumbach/Lauterbach/Albers/Hartmann*, Zivilprozessordnung, § 116 Rn. 19.

len zur Kostentragung aufweisen, so sollte die Bewilligung der Verfahrenskostenhilfe kategorisch ausgeschlossen werden.[23]

3. Hinreichende Erfolgsaussicht

8 Weitere Voraussetzung für die Gewährung der Verfahrenskostenhilfe ist, dass hinreichende Erfolgsaussicht besteht. Dies beinhaltet die hinreichende Aussicht auf Eintragung in das Register, den Erfolg der Beschwerde etc. nach Satz 1. Jedoch wird die Erfolgsaussicht oft als gegeben angesehen,[24] da das DPMA die materiellen Schutzvoraussetzungen in der Regel nicht prüft. Sollte der Antrag zur Eintragung und die Wiedergabe vorschriftsmäßig sein, wird die Erfolgsaussicht nur oberflächlich geprüft.[25] Entsprechende Darlegungen müssen jedoch trotzdem aufgeführt werden.[26] Sollte die Wiedergabe des Musters mangelhaft sein kommen, muss die Behebung des Mangels möglich sein. Zudem muss der Wille des Anmelders, den Mangel zu beheben, ersichtlich sein. Bei Wiedergaben, die den Schutzgegenstand nur nebulös skizzieren und komplett mangelhaft per Telefax eingesandt, wird dies vom BPatG als nicht möglich erklärt.[27] Die angegebenen Gründe zur Anfechtung der Entscheidung dienen als Basis zur Evaluierung[28] der Erfolgsaussichten des Beschwerdeverfahrens.[29] Sollte die Unzulässigkeit der Beschwerde vorliegen, ist dies von vornherein untersagt. Die Erfolgsaussicht kann in der Regel dann als gegeben angesehen werden, sobald die Rechtsbeschwerde genehmigt worden ist.[30] Sollte der vorgeworfene Verfahrensverstoß begründet werden und in sich schlüssig präsentiert werden, so ergibt sich die Möglichkeit, dass die angefochtene Entscheidung aufgehoben wird, so die Erfolgsaussicht zuerkannt wird[31] auch im Falle einer bisher nicht zugelassenen Beschwerde. Bei einfacher Rechtsfrage jedoch ist Verfahrenskostenhilfe nicht möglich.[32]

---

23 BGH, BlPMZ 1955, 308.
24 BPatGE 45, 50.
25 BPatG, Mitt. 1994, 276.
26 Vgl. *Nirk/Kurtze*, § 10b Rn. 8; Vgl. zum Patentrecht: Benkard/*Schäfers*, § 138 Rn. 8.
27 BPatG 4 W (pat) 704/96; BPatG 4 W (pat) 403/96.
28 BPatGE 2, 209; PA, BlPMZ 1955, 300.
29 BGH, BlPMZ 1984, 389; BPatGE 29, 41; jedoch BGH, Mitt. 2003, 532.
30 BGH, NJW 2004, 2022; vgl. zum Patentrecht: Benkard/*Schäfers*, § 138 Rn. 4.
31 BGH, GRUR 1999, 998.
32 BGH, NJW 1998, 1154.

V. Bewilligung

Sind die vorgenannten Voraussetzungen erfüllt, wird die Verfahrenskostenhilfe bewilligt (§§ 119, 120 ZPO). Bleibt das Einkommen unterhalb des gesetzlichen Mindesteinkommens gemäß § 115 ZPO, kommt es zur vollständigen Kostenbefreiung. In anderen Fällen wird der Betrag angesetzt, der in monatlichen Raten an die Bundeskasse gezahlt werden muss. Weiterhin werden Fälligkeit und Beginn der Zahlung bestimmt. In der Tabelle zu § 115 Abs. 1 Satz 4 ZPO sind die entsprechenden Beträge der Raten vorgesehen. Die Höhe der Zahlung in Vermögensfällen, soweit dessen Einbeziehung angemessen ist, müssen auch festgesetzt werden. Es kann auch die Menge der Raten bestimmt werden.[33] Da die Eintragungskosten schon bei der Anmeldung bekannt sind, ist dies durchaus geeignet. Sollten die Kosten, die sich aus § 115 Abs. 3 ZPO ergeben, jedoch unterhalb der Grenze von 4 monatlichen Raten bleiben plus etwaige Vermögensanteile, wird die Verfahrenskostenhilfe nicht gewährt. Die maximale Menge an Raten ist auf 48 festgelegt (Summe für alle Instanzen). Sobald der Bewilligungsbeschluss zugestellt ist, müssen die Zahlungen geleistet werden, es sei denn ein bestimmter Zeitpunkt zur Aufnahme der Zahlungen ist darin festgelegt. Die eigentliche Eintragung des Geschmacksmusters kann das DPMA nicht vom kompletten Eingang aller genehmigten Ratenzahlungen abhängig machen.[34] § 136 Satz 1 PatG verglichen mit § 120 Abs. 3 ZPO gibt Richtlinien zum vorläufigen Zahlungsstillstand an. Die Wiederaufnahme der Zahlung tritt dann ein, wenn weitere Kosten aufkommen.

9

VI. Wirkungen der Bewilligung

Durch den Antrag zur Bewilligung der Verfahrenskostenhilfe tritt eine Hemmung von Zahlungsfristen (ob noch laufend oder in Zukunft eintretend) ein. Dies ist begründet mit der Wahrung der Frist, die nicht durch die Bearbeitungszeit überschritten werden soll. Die Zahlungspflicht sowie eventuelle Sanktionen, sollten diese nicht erfolgen (z. B. § 16 Abs. 2 bis 4), fallen weg, sobald die Verfahrenskostenhilfe bewilligt wird (§§ 130 Abs. 2 PatG, 122 Abs. 1 ZPO). Sollte der Antrag auf Verfahrenskostenhilfe nicht offenkundig erfolglos sein,[35] so kann eine

10

---

33 Vgl. *Kelbel*, GRUR 1981, 8.
34 BPatG 10 W (pat) 114/99 vom 17.1.2000.
35 Vgl. zum Patentrecht: Benkard/*Schäfers*, § 134 Rn. 3; a.A. *Nirk/Kurtze*, § 10b Rn. 3.

Fristhemmung zur Wirkung kommen, in dem die laufende Frist zur Zahlung unterbrochen und verlängert wird, gegebenenfalls um die Zeit, die zwischen dem Eingang des Antrages und einem Monat nach Eintritt der Rechtskraft des Beschlusses zur Bewilligung, die anfänglich nicht genehmigt worden war, liegt. Diese Hemmung ist jedoch auf einen Zeitraum bestimmt, so dass die Frist wieder gültig ist und dies mit endgültiger Wirkung, da die Ablehnung der Verfahrenskostenhilfe durch das BPatG nicht angefochten werden kann. Im Falle der Bewilligung der Verfahrenskostenhilfe treten Maßregeln in Bezug auf die Zahlung in Kraft, statt Hemmung. Der Antrag auf Verfahrenkostenhilfe hat keine Auswirkung im rückwirkenden Sinne auf solche Kosten, die bereits fällig geworden sind und auch bezahlt worden sind, bevor der Antrag eingereicht wurde. Nicht entrichtete Kosten, die vor Antragstellung fällig geworden sind, sind aber in der Verfahrenskostenhilfe beinhaltet. Kosten, die nach Antragstellung bezahlt worden sind, da sie fällig waren, müssen erstattet werden. Die Antragserklärung muss innerhalb der Frist vorgelegt werden,[36] während Dokumente wie Anlagen, Belege und Begründungen auch danach eingereicht werden können (§ 134 PatG). Die Gebühr, deren Zahlungsfrist läuft, sollte die sein, auf die sich der Antrag bezieht. Ein nochmaliger Antrag hat keine Frist hemmende Wirkung, sollte der erste Antrag wegen objektiven Gründen (fehlende Bedürftigkeit, Aussicht auf Erfolg) abgelehnt worden sein.[37] Sollten jedoch formale Mängel (z.B. fehlende Informationen) zur Ablehnung geführt haben, so kann ein Antrag, in dem diese Fehler bereinigt worden sind, dennoch zur Fristhemmung führen. Verfahrenskostenhilfe kann zusammen mit der Wiedereinsetzung in die Frist beantragt werden, sollte die Zahlungsfrist wegen Mittellosigkeit schon ausgelaufen sein. Sollte dies gewährt werden, tritt die Fristhemmung ein und das Hindernis zur Zahlung entfällt. Die Erfolgsaussicht des zur selben Zeit laufenden Antrags auf Verfahrenskostenhilfe wird durch die Wiedereinsetzung abgelehnt. Die Wiedereinsetzung kann dann genehmigt werden, sollte eine komplette Glaubhaftmachung der Bedürftigkeit vorliegen.[38] Dies hat die Verbindung der Entscheidung über die Anträge als Folge. Der bestehende Fristrest, im Falle der Ablehnung des Antrags durch das DPMA (wenn die Entscheidung zur Ablehnung rechtskräftig ist bzw. einen Monat nach Zustellung der BPatGE), muss bei Antragsstellung addiert werden, sollte die Verfahrenskostenhilfe abgelehnt

---

36 BPatG, BlPMZ 1988, 192.
37 BPatGE 12, 185.
38 Vgl. zum Patentrecht: Benkard/*Schäfers*, § 134 Rn. 4.

wird. Der Fristablauf beinhaltet den Tag des Antragseingangs nicht.[39] Auch im Falle der Rücknahme des Antrags für Verfahrenskostenhilfe führt dies zur erneuten Wirksamkeit der Frist und nicht erst einen Monat danach.[40]

VII. Beiordnung eines Vertreters

Eine solche Beiordnung fungiert als objektive Beratung des Anmelders sowie der Fortführung des Verfahrens. Dadurch erfolgt die Befreiung von den Kostenzahlungen an den beigeordneten Anwalt (§ 130 Abs. 2 PatG im Vergleich mit § 122 Abs. 1 Nr. 3 ZPO). All dies setzt natürlich die Bewilligung der Verfahrenskostenhilfe voraus. Die Bundeskasse übernimmt die Kosten, worauf der Anwalt seine Ansprüche auf Erstattung geltend macht. Ein gesonderter Antrag wird der Beiordnung vorausgesetzt und ist nicht in der Verfahrenskostenhilfe enthalten. Sollte nur ein Antrag auf Beiordnung gestellt werden, wird dieser als Antrag auch auf Verfahrenskostenhilfe durch das DPMA interpretiert. § 133 PatG gibt Verfahren und Ernennung des Vertreters vor. Widerspricht der Vertreter der Ernennung, kann er nicht gegen seinen eigenen Willen ausgewählt werden. Sollte ein Anwalt benannt werden, muss dessen Namen und nicht nur der Name der Sozietät im Antrag aufgeführt werden.[41] Im Falle einer RA-Gesellschaft mit beschränkter Haftung ist die Lage anders. Sollte der Antrag auf Genehmigung von Verfahrenskostenhilfe durch einen Anwalt durchgeführt werden, so ist die Wahl des Antragstellers darin erkennbar.[42] Die Erklärung des Einverständnisses des Anwalts muss dem Antrag des Antragstellers angehängt werden, im Falle des Fehlens eines solches Einverständnisses muss die zuständige Stelle sie, im Falle der Benennung, nachfordern. Die Beiordnung muss in seinem Antrag beantragt werden, sollte kein Anwalt seine Bereitschaft zur Beiordnung erklären (§ 133 Satz 2 PatG im Vergleich mit § 121 Abs. 4 ZPO). Soweit dies möglich ist, werden Wünsche des Antragstellers berücksichtigt. Sofern ein Anwalt bestimmt werden muss, ist dieser vor seiner Bestimmung zu hören. Gegen eine Beiordnungsentscheidung kann Beschwerde eingelegt werden. Der Zeitraum der Beiordnung richtet sich nach der Länge der bewilligten Verfahrenskos-

11

---

39 Vgl. zum Patentrecht: Benkard/*Schäfers*, § 134 Rn. 10; *Neumar*, Mitt. 1950, 123.
40 Vgl. zum Patentrecht: Benkard/*Schäfers*, § 134 Rn. 9.
41 *Düsseldorfer*, Mitt. 1991, 180, 3715.
42 Vgl. zum Patentrecht: Benkard/*Schäfers*, § 133 Rn. 10.

§ 24   Verfahrenskostenhilfe

tenhilfe. Entscheidungen hinsichtlich dieser Anträge können verbunden werden, jedoch ist es auch möglich, dass diese sich nur mit der Beiordnung eines besonderen Vertreters beschäftigt. Patentanwälte sowie Erlaubnisscheininhaber können als besondere Beigeordnete fungieren.[43] Trotz alledem muss eine ausgestellte Verfahrensvollmacht durch den Antragsteller vorgelegt werden. Im Rechtsbeschwerdeverfahren können nur vor dem BGH zugelassene Anwälte zugewiesen und ausgewählt werden (§ 138 Abs. 3 PatG). Das Gesetz über die Beiordnung von Patentanwälten bei Prozesskostenhilfe vom 5. Februar 1938 i.d.F. des Gesetzes vom 7. September 1966 (Letzte Änderung war durch das Kostenbereinigungsgesetz und Art. 2 XIV Geschmacksmusterrecht efG bedingt) beschäftigt sich mit der Beiordnung von Patentanwälten in Geschmacksmusterstreitsachen nach § 52 und ist somit nicht Gegenstand von § 24.

12 Weitere Voraussetzung der Beiordnung ist die Sachdienlichkeit der Vertretung (§ 133 PatG), dementsprechend die rechtliche und auch objektive Überforderung, die das Verfahren beim Antragsteller hervorruft. Das DPMA hat dem Antragsteller in einfachen Fällen Unterstützung zu leisten.[44] Da im Verfahren der Eintragung nur beschränkt eine Kontrolle erfolgt, und auch in Fällen der Mängelbescheiden erläuternde Hinweise durch die DPMA erteilt werden, findet eine Beiordnung üblicherweise nur in speziellen Fällen statt. Wenn jedoch weder die Kenntnis des Anmelders noch die innerhalb des Verfahrens durch das Gesetz vorgeschriebenen bzw. der mögliche Rat der Geschmacksmusterstelle Gewährleistung für die korrekte Durchführung des Verfahrens ist, ist eine Ausnahme gegeben.[45] Die Sachdienlichkeit, die im Falle von Patentanmeldungen, in denen es zu Aushändigung von Merkblättern durch das DPMA kommt oder auch die vorherige anwaltliche Ausarbeitung der Anmeldeunterlagen, nicht verwehrt wird,[46] kommt im Geschmacksmusterrecht daher nicht zum Einsatz. Weiterhin ist auch die schriftliche Ungewandtheit des Antragstellers oder Gründe der Kostenersparnis genug für die Rechtfertigung der Beiordnung eines Verkehranwalts.[47] Hervorgehoben werden sollte des Antragstellers persönliche Befähigung z.B. das genügende Verständnis eines Studenten um ein Formular auszufül-

---

43 Vgl. zum Patentrecht: Benkard/*Schäfers*, § 133 Rn. 12.
44 BPatGE 12, 181.
45 BPatG 4 W (pat) 707/95 vom 3.4.1995.
46 BPatG, Mitt. 1994, 227; BPatGE 22, 42.
47 Vgl. zum Patentrecht: Benkard/*Schäfers*, § 133 Rn. 6.

len.⁴⁸ Weitere Umstände führen zu der Annahme, dass die Sachdienlichkeit nicht gegeben ist oder nicht zutrifft: Die Fähigkeit des Antragstellers die nach der Antragstellung zur Verfahrenskostenhilfe übrigen Verfahrenshandlungen selbst durchführen zu können;⁴⁹ anwaltlicher Rat vor der Musterschutzbeantragung fehlt;⁵⁰ Beschwerdeverfahren über den exakten Inhalt einer Empfangsbescheinigung.⁵¹ Sollte in einem Verfahren die Gegenseite anwaltlich vertreten sein (§ 133 Satz 1 PatG), so muss Beiordnung definitiv gewährleistet sein. Spezielle Sachverhalte nach § 133 Satz 2 PatG im Vergleich mit § 121 Abs. 3 ZPO: Die Wahrung der Vertretung oder die niedrigeren Kosten einer solchen Vertretung im Falle eines Terminvertreters können die Beiordnung eines besonderen Vertreters ergeben. Sofern ein ausländischer Anmelder einen Inlandsvertreter beauftragt, führt dies maßgeblich automatisch zur Beiordnung gemäß § 58 der Antragsberechtigung.⁵²

VIII. Bewilligungsverfahren

Entscheidungen im Bewilligungsverfahren ergehen ohne mündliche Verhandlung (§ 127 Abs. 1 Satz 1 ZPO. In den folgenden Fällen ist der Antragsteller innerhalb einer zweckentsprechenden Frist anzuhören:⁵³ Aussicht auf Erfolg, Mutwilligkeit,⁵⁴ nicht eindeutige Punkte,⁵⁵ Ablehnung des Gesuchs, essentiellen Tatsachen, die vom Gegner in einem zweiseitigen Verfahren in erlaubter Weise aufgeführt werden. Hierbei werden Anhörungskosten jedoch nicht erstattet.⁵⁶ Im Falle eines Verfahrens vor dem DPMA (dieses beinhaltet auch das Abhilfeverfahren, insofern der Beschwerde abgeholfen werden soll)⁵⁷ entscheidet der Bedienstete des höheren Dienstes der Geschmacksmusterstelle über die Genehmigung der Verfahrenskostenhilfe und die Beiordnung eines Vertreters (§§ 135 Abs. 2 Satz 1 PatG, 24 Abs. 2 DPMAV). Zu den Aufgaben eines Bediensteten des gehobenen Dienstes gehört auch die Ableh- **13**

---

48 BPatG 4 W (pat) 703/94 vom 30.05.1994.
49 BPatGE 22, 41.
50 BPatG 4 W (pat) 708/95 vom 12.9.1995.
51 BPatG, BlPMZ 2001, 154.
52 *Pagenkopf*, GRUR 1999, 880.
53 PA, BlPMZ 1956, 374; vgl. zum Patentrecht: Benkard/*Schäfers*, § 135 Rn. 9.
54 BVerfG, NJW 1991, 2078.
55 BVerfG, NJW 2000, 275.
56 BPatGE 6, 224.
57 BPatGE 19, 94.

nung des Antrags basierend auf förmlichen Gründen wie der Nichtvorlage von Dokumenten, aber auch die Vorbereitung der Entscheidung (§ 7 Abs. 1 Nr. 2 WahrnV). All dies und die Zuständigkeit des Bediensteten basiert auf der rechtlichen Schwierigkeit der Entscheidung. Vor dem BPatG ist dann wiederum im eigentlichen Verfahren der zuständige Senat derjenige, der die Entscheidung fällt, auch wenn nach § 23 Abs. 1 Nr. 2 RechtspflegerG dem Rechtspfleger die bezeichneten Vorgängen (§ 20 Nr. 4 RechtspflegerG) übertragen werden können. Im Falle des Rechtsbeschwerdeverfahren entscheidet der BGH (§ 138 Abs. 2 Satz 2 PatG). Die Begründung der Entscheidung muss nach § 47 Abs. 1 Satz 3 PatG erfolgen. Gegen die Bewilligung der Verfahrenskostenhilfe durch das DPMA existiert kein Rechtsmittel (§ 135 Abs. 3 Satz 1 PatG). Die Möglichkeit der Beschwerde zum BPatG besteht jedoch durchaus auch im Falle der vorgreiflichen Ablehnung der Wiedereinsetzung in die Frist für die entsprechende Zahlung, der Nichtbewilligung der Verfahrenskostenhilfe oder der Beiordnung eines Vertreters (§ 135 Abs. 3 Satz 1 PatG), sowohl als auch gegen Änderungen, die zur höheren Verpflichtung des Antragstellers führen (§ 136 Satz 1 PatG im Vergleich mit § 120 Abs. 4 ZPO). Hinsichtlich der Gebührenpflichtigkeit der Beschwerde werden zwei Ansichten vertreten: Eine Ansicht geht von einer generellen Gebührenpflichtigkeit von Beschwerden und somit die Statthaftigkeit der Verfahrenskostenhilfe aus.[58] Es wird geraten in dieser offenen Situation die Gebühr der Beschwerde vorsorglich zu zahlen, dann jedoch deren Rückzahlung per Antrag zu fordern. Die zweite Ansicht spricht davon, dass sich die Gebührenpflichtigkeit der Beschwerde in Verfahrenskostenhilfe-Sachen nicht auswirkt (§ 1 Abs. 1 Satz 1 PatKostG).[59] Die Anfechtung einer Entscheidung des BPatG kann jedoch nur die Staatskasse bei der Kostenfreistellung des Antragstellers fällen (§ 135 Abs. 3 Satz 2 PatG im Vergleich mit § 127 Abs. 3 ZPO). Ein Antragsteller, wie auch ein Verfahrensgegner, können dies durchaus nicht, so dass auch die Bewilligung, die durch das BPatG ausgesprochen worden ist, mit der Rechtbeschwerde nicht angefochten werden kann.[60] Hinsichtlich einer sehr begrenzten Zulassung der Rechtsbeschwerde siehe BGH NJW 2003, 1126. § 135 Abs. 3 Satz 1 PatG im Vergleich mit §§ 133 Satz 2 PatG, 121 Abs. 4 ZPO erlauben dem Vertreter die Anfechtung seiner Beiordnung,[61] was wiederum als

---

58 BPatG, BlPMZ 2003, 213 ff.; BPatG, Mitt. 2004, 73.
59 BPatGE 46, 39.
60 BGH, NJW 2002, 3554.
61 Vgl. zum Patentrecht: Benkard/*Schäfers*, § 133 Rn. 13.

Beschwerde keine Gebührenpflichtigkeit mit sich bringt.[62] Auch wenn ein Antrag auf Verfahrenskostenhilfe neu gestellt werden kann, so steht dies dem mangelnden Rechtschutzbedürfnis gegenüber, sollte die angegebene Begründung mit der vorherigen identisch sein. Dadurch erwächst die Versagung der Verfahrenskostenhilfe, nach ihrer Rechtskräftigkeit, nicht in materielle Rechtskraft.[63]

IX. Änderung

Verfahrenkostenhilfe-Änderung ist durch § 136 Satz 1 PatG im Vergleich mit § 120 Abs. 4 ZPO möglich. Dadurch werden die möglicherweise veränderten wirtschaftlichen aber auch persönlichen Verhältnisse des Antragstellers berücksichtigt, hinsichtlich möglichen Verringerungen aber auch Anstiegen, somit zu Gunsten aber auch Lasten des Antragstellers. § 136 Satz 1 PatG i. V. m. § 124 ZPO befasst sich mit der Aufhebung. § 124 Nr. 1 bis 4 ZPO legt die Gründe für eine solche Aufhebung fest, deren Interpretation abschließend und vorteilhaft für den Antragsteller statt zu finden hat.[64] Im Falle des Versterbens kommt es zur Erlöschung der Verfahrenskostenhilfe ohne Aufhebung.[65] Die kompletten Kosten sind dann Verbindlichkeiten des Nachlasses, sollten die Erben nicht selber einen Antrag auf Verfahrenskostenhilfe einreichen. Offene sowie Restbeträge, die nicht in den Ratenzahlungen beinhaltet sind, werden durch die Aufhebung komplett zahlungspflichtig. Fristen, die schon nach § 134 PatG gehemmt sind, leben dadurch aber nicht wieder auf.[66] Dies wird damit begründet, dass über das Gesuch schon einmal eine Entscheidung gefällt worden ist. Ob aus unzutreffenden Gründen oder nicht spielt dabei keine Rolle. Sollten Kosten zur Nachzahlung noch ausstehen, sind diese zu zahlen oder im Falle des Ausfalls einzutreiben. Durch die Aufhebung der Verfahrenskostenhilfe kommt es nicht sofort zur Beendung der Vollmacht des Beigeordneten.[67] Dieser kann seine Kosten dem Antragsteller in Rechnung stellen, sollten diese nicht der Bundeskasse zugefallen sein. Die Stelle, die die Verfahrens-

14

---

62 BPatG 8 W (pat) 16/03 vom 27.7.2003 gegen BPatG 19 W (pat) 20/02 vom 18.12.2002.
63 OLG Naumburg, Mitt. 2003, 136.
64 *Baumbach/Lauterbach/Albers/Hartmann*, Zivilprozessordnung, § 124 Rn. 2; vgl. zum Patentrecht: Benkard/*Schäfers*, § 137 Rn. 3.
65 LG Frankfurt am Main, NJW 1985, 751.
66 Vgl. zum Patentrecht: Benkard/*Schäfers*, § 137 Rn. 15.
67 *Baumbach/Lauterbach/Albers/Hartmann*, Zivilprozessordnung, § 86 Rn. 11.

kostenhilfe genehmigt hat, ist auch für Entscheidungen hinsichtlich Änderungen oder Aufhebungen zuständig, ungeachtet der momentanen Instanz des Verfahrens. Dies wird mit der nötigen Einsicht von Amts wegen beurteilt, so dass die Stelle auch für die Berücksichtigung von bekannten Fakten vorsehen muss. Nach § 120 Abs. 4 Satz 1 ZPO muss nur eine solche Änderung der Verhältnisse Berücksichtigung finden, die die komplette Aufhebung der Ratenzahlung zur Folge hätte. Sollte eine Aufhebung die Beeinflussung der Rechte des Antragstellers oder Beigeordneten zur Folge haben, müssen diese vorher gehört werden.[68] In Situationen von § 124 Nr. 2, 3 und 4 ZPO und § 23 Abs. 1 Nr. 2 RechtspflegerG fällt der Rechtspfleger die Entscheidung beim BPatG. Die Forderungen für Ablehnung und Aufhebung besteht aus einem Aktenvermerk. Aufhebung und Änderung wiederum benötigen einen Beschluss, gegen den Beschwerde eingelegt werden kann, und der begründet und zustellbar sein muss.[69] Im Falle, dass das DPMA die Verfahrenskostenhilfe aufhebt, ist eine Beschwerde nicht zulässig, so dass § 135 Abs. 3 PatG nicht zur Geltung kommt. In § 23 Abs. 2 Satz 1 RechtspflegerG ist die Erinnerung gegen die Entscheidung des Rechtspflegers des BPatG gegeben.

X. Aufhebung der Beiordnung

15 Sollte eine Beiordnung zur objektiven Verfahrenshandhabung nicht mehr notwendig sein, kann die Beiordnung aufgehoben werden. Weitere Gründe die zur Aufhebung der Beiordnung (§§ 43 Abs. 2 PatAnwO, 48 Abs. 2 BRAO) von Seiten des Antragstellers oder Anwalts führen können, sind zum Beispiel: schwerwiegende persönliche Gründe wie Krankheit des Anwalt, Schaden des Vertrauensverhältnisses zum wiederholten Mal,[70] mögliche Kollision der Interessen durch andere Mandanten (PA, Bö. 1960, 340) aber auch für der Fall, dass dem Anwalt ein Verstoß gegen seine Berufspflichten nachgetragen wird.[71] All dies ist unabhängig von der Beiordnung als solcher. Nach der Aufhebung der Beiordnung muss ein neuer Vertreter ausgewählt werden. Dieser muss jedoch nicht bestimmt werden sollte der Antragsteller bzw. Anmelder das Vertrauensverhältnis zwischen ihm und dem Beigeordneten mut-

---

68 BPatGE 28, 106.
69 Vgl. zum Patentrecht: Benkard/*Schäfers*, § 137 Rn. 13.
70 PA, BlPMZ 1954, 327; PA, BlPMZ 1960, 340.
71 BPatGE 14, 144.

willig zerstören.⁷² Sollte es zu einer Unterbrechung des Kontakts auf vorübergehender Basis kommen oder ist der Anwalt durch seine Arbeit überlastet,⁷³ so ist das keine hinreichende Begründung. Erlaubnisscheininhaber sind von diesen Grundsätzen nicht ausgenommen. Das Gesetz zur Erstattung von Gebühren des beigeordneten Vertreters in Gebrauchsmuster-, Geschmacksmuster-, Patent-, Topographieschutz- und Sortenschutzsachen vom 18. Juli 1953 bestimmt die Sätze der Erstattung der Kosten der Beiordnung durch die Bundeskasse an die Anwälte (Vertretergebühren-Erstattungsgesetz, das durch das 2. PatG-Änderungsgesetz ausgeweitet wurde und zuletzt durch das KostbereinG (Artikel 13) aktualisiert worden ist, so dass auch Geschmacksmustersachen miteinbezogen sind). Basierend auf einer Grundgebühr von 360 EUR können zwischen 3/10 und 20/10 der beschriebenen Verfahrensarten seit Beiordnung einmalig für die jeweilige Instanz abgerechnet werden.

XI. Zahlungsvergünstigungen

Die DPMA-VwKostV sieht weitere Zahlungsvergünstigungen vor, losgelöst von der Verfahrenskostenhilfe. Dies gilt dann, wenn die Verfahrenkostenhilfe nicht diese Stelle einnimmt. Dadurch entstehen dem Anmelder nur unwesentliche Nebenkosten innerhalb eines Verfahrens nach dem GeschmMG. Im Falle einer falschen Sachbehandlung durch das DPMA kann es zur Nichterhebung von Kosten kommen. Dies geschieht nicht aus sozialen oder aus Gründen der Zweckmäßigkeit. Falsche Sachbehandlungen beinhalten z. B. die inkorrekte Berechnung der Sammelanmeldungsgebühren oder Bekanntmachungskosten. Im Falle von Kosten nach dem PatKostG (§ 9), nach der DPMA-VwKostV (§ 91) und bei Gerichtskosten nach §§ 11, 12 Justizverwaltungs-Kosten-Ordnung ist die Nichterhebung von Kosten veranlasst. Die Stelle des DPMA, die die Kosten festsetzt, ist auch verantwortlich für diese Entscheidung. Sind es Kosten des PatKostG, geschieht dies nach Erinnerung des Kostenschuldners (§ 11 PatKostG), der auch den weiteren Rechtsweg heraustellt. Bei Verwaltungskosten geschieht dies gemäß § 10 Abs. 2 Satz 1 DPMA-VwKostV. Dazu kommt, dass das Bundesministerium für Justiz nach § 10 Abs. 2 Satz 2 DPMA-VwKostV auch über die (Nicht-)Erhebung aus Dienstaufsichtsgründen komplementär

16

---

72 BPatG 40, 98.
73 PA, BlPMZ 1955, 397.

entscheiden darf. Dieser Eintritt muss jedoch durch etwas wie eine Dienstaufsichtsbeschwerde, die zu einer dienstaufsichtlichen Prüfung führt, bedingt sein. Wenn das BPatG seine Entscheidung im Hinblick auf die Nichterhebung gefällt hat, erlöscht die Befugnis wieder. Kosten des GeschmMG finden keine Berücksichtigung im Bezug auf den Erlass von Kosten. Der Verzicht auf Kostenerhebung nach § 9 Abs. 2 der DPMA-VwKostV, für die darin genannten Kosten, führt zu dem gleichen Ergebnis wie der Erlass. Sollte keine wirtschaftliche Leistungsfähigkeit oder weitere Billigkeitsgründe bestehen, so kann ausnahmsweise der Erlass gegeben sein und die Nichterhebung geboten sein. Aber auch in besonderen Härtefällen, durch § 59 Abs. 1 Nr. 3 der BHO nach Beurteilung des Einzelfalls, können die Kosten, die beizutreiben wären, erlassen werden. Da frühere Kostenvergünstigungen im Falle von Verlängerungsgebühren nach § 9 Abs. 4, 5 GeschmMG a.F. (Ratenzahlungen, Stundung) entfallen sind, können diese nun in die Verfahrenskostenhilfe miteinbezogen werden. Die mögliche Stundung nach § 17 des 6. ÜG, die für einen restriktiven Personenkreis (wie auch Vertriebene) möglich war, ist auch durch die Aufhebung in Art. 25 Nr. 2 2. PatG-Änderungsgesetz entfallen. Kosten im Sinne der DPMA-VwKostV können mit Ausnahme Gegenstand einer Stundung sein. Auch hier kann das Fehlen von wirtschaftliche Leistungsfähigkeit oder andere Billigkeitsfälle (§ 9 Abs. DPMA-VwKostV) zum Gegenstand einer Stundung werden. Sollte die unmittelbare Einziehung der geltend zu machenden Kosten zu wesentlichen Härten führen und die Stundung den zustehenden Betrag nicht gefährden, so sollte nach § 59 Abs. 1 Nr. 1 BHO Stundung erfolgen. Es sollte jedoch eine gewisse Sicherheitsleistung und weiterhin auch eine angebrachte Verzinsung der Stundung gestattet werden. Im GeschmMG sind Zahlungen in Raten als eine Maßnahme der Verfahrenskostenhilfe denkbar, dies gilt auch für Kosten der DPMA-VwKostV nach § 9 Abs. 2 DPMA-VwKostV. Ein Antrag auf Stundung oder Erlass als Rechtsschutzbedürfnis wird durch die mögliche Verfahrenskostenhilfe ausgeschlossen.[74] Nur einen Teilbetrag zu bezahlen, die Möglichkeit der Kostenermäßigung, der jedoch mit kompletter löschender Wirkung bezahlt wird, ist nur für Kosten nach der DPMA-VwKostV möglich (§ 9 Abs. 2 DPMA-VwKostV). Im Grundsatz korrespondieren diese Kriterien der Bewilligung mit denen der Verfahrenskostenhilfe.[75] Gemäß § 59 Abs. 1 Nr. 2 BHO kommt es zur Niederschlagung der beizutreibenden Kosten im Falle von anhalten-

---

74 BPatG 10 W (pat) 720/03 vom 13.5.2004.
75 *Kelbel*, GRUR 1981, 13.

der Aussichtslosigkeit der Einziehung. Die Aussichtslosigkeit ist streng zu prüfen ist und hat aufgrund von Nachforschungen festzustehen. § 54 beschäftigt sich mit der Streitwertbegünstigung in Geschmacksmustersachen.

XII. Übergangsrecht, Gemeinschaftsgeschmacksmuster

Durch das Inkrafttreten des PatKostG am 1. Januar 2002 und der damit durch Art. 18 Nr. 5 Kostenberechnungsgesetzes geschehenen Außerkraftsetzung der Gebührenerleichterung (§ 9 Abs. 4 bis 6 GeschmMG a.F.) kann die Hinausschiebung der Gebührennachricht durch das DPMA, die vorher durch § 9 Abs. 4 GeschmMG a.F. möglich gewesen wäre, nicht mehr bewilligt werden. Dies erlaubte die Verschiebung der Absendung der Nachricht bis spätestens zum 31. Dezember 2003 (also bis zu 2 Jahre später). Das direkt vorhergehende hat auch Gültigkeit für Stundungen nach § 9 Abs. 5 GeschmMG a.F., die sich auf größere Zeiträume ausdehnen konnten. Es sind keine Gebührenerleichterungen den Gemeinschaftsgeschmacksmuster zugewiesen.

17

§ 25 Elektronische Verfahrensführung, Verordnungsermächtigung

(1) Soweit in Verfahren vor dem Patentamt für Anmeldungen, Anträge oder sonstige Handlungen die Schriftform vorgesehen ist, gelten die Regelungen des § 130a Abs. 1 Satz 1 und 3 sowie Abs. 3 der Zivilprozessordnung entsprechend.

(2) Die Prozessakten des Patentgerichts und des Bundesgerichtshofs können elektronisch geführt werden. Die Vorschriften der Zivilprozessordnung über elektronische Dokumente, die elektronische Akte und die elektronische Verfahrensführung im Übrigen gelten entsprechend, soweit sich aus diesem Gesetz nichts anderes ergibt.

(3) Das Bundesministerium der Justiz bestimmt durch Rechtsverordnung ohne Zustimmung des Bundesrates

1. den Zeitpunkt, von dem an elektronische Dokumente bei dem Patentamt und den Gerichten eingereicht werden können, die für die Bearbeitung der Dokumente geeignete Form und die zu verwendende elektronische Signatur;

2. den Zeitpunkt, von dem an die Prozessakten nach Absatz 2 elektronische geführt werden können, sowie die hierfür geltenden organisatorisch-technischen Rahmenbedingungen für die Bildung, Führung und Aufbewahrung der elektronischen Prozessakten.

Übersicht

	Rn.		Rn.
I. Allgemeines	1	III. Elektronische Aktenführung der Gerichte	7
II. Elektronische Verfahrensführung	3	IV. Verordnungsermächtigung	9

I. Allgemeines

1 § 25 hat den Zweck, die Amtsverfahren über Geschmacksmuster ebenso wie darüber entstandene Gerichtsverfahren möglichst papierlos in elektronischer Form führen zu können und mit der papierlosen Bearbeitung auf Anmelder- und Inhaberseite zusammenzuführen. Vergleichba-

re Regelungen finden sich in §§ 125 a PatG, 95a MarkenG und sind auf die Einführung des § 130a ZPO durch das Gesetz zur Anpassung der Formvorschriften des Privatrechts und anderer Vorschriften an den modernen Rechtsgeschäftsverkehr vom 13. Juli 2001 (BGBl. I S. 1542) zurückzuführen, die die Möglichkeit der Einreichung elektronischer Dokumente vorsieht und auf den diese Vorschriften stets rückbezogen sind.

Grundlegend geändert wurde § 25 durch Art. 1 Nr. 13 des Patentrechtsmodernisierungsgesetzes (BGBl. I S. 2521), wobei wesentlicher Bestandteil dieser Änderung der nun geschaffene Rückbezug auf § 130a ZPO ist, was den Vorteil laufender Aktualisierung des § 25 zur Folge hat, ohne dass dieser selbst einer regelmäßigen Neufassung bedarf.[1] Ebenso neu eingeführt in § 25 ist eine selbstständige Rechtsgrundlage für die elektronische Aktenführung gemäß § 25 Abs. 2 Satz 1 beim BPatG und beim BGH, soweit Geschmacksmusterangelegenheiten betroffen sind.

2

II. Elektronische Verfahrensführung

Der Anwendungsbereich der elektronischen Verfahrensführung vor dem DPMA bestimmt sich nach § 25 Abs. 1 i.V.m. § 130a Abs. 1 Satz 1 ZPO und umfasst den Einsatz elektronischer Dokumente für die gesamte ein- und ausgehende Kommunikation des DPMA zwischen diesem und dem Geschmacksmusterinhaber (einschließlich dem Inhaber einer Anmeldung) bzw. dem Antragsteller. Mit umfasst ist auch die Einreichung elektronischer Geschmacksmusteranmeldungen, was seit dem 1. März 2010 möglich ist.[2] Auf elektronischem Wege kann auch eine fristgerechte Beschwerdeeinlegung und die Einreichung damit zusammenhängender Anträge erfolgen. § 25 Abs. 1 nennt darüber hinaus noch „sonstige Handlungen", die der elektronischen Verfahrensführung zugänglich ist, wozu insbesondere die Nachreichung von Unterlagen, die Einreichung von Einzugsermächtigungen zur Ermöglichung von Zahlungen, die Vollmachtsvorlage und Zustimmungserklärungen zählen.[3]

3

---

1 Vgl. *Eichmann/v. Falckenstein*, § 25, Rn. 1.
2 Der Anmelder kann sich hierzu auf die Blattform „DPMA direkt" begeben und dort durch ein gut verständlich geführtes Menü sich durch die Einzelschritte der Geschmacksmusteranmeldung durcharbeiten und insbesondere in erheblich besserer Qualität als dies per Telefax möglich wäre Abbildungen einreichen.
3 Vgl. *Eichmann/v. Falckenstein*, § 25 Rn. 3.

§ 25   Elektronische Verfahrensführung, Verordnungsermächtigung

4   Trotz der durch § 25 Abs. 1 eröffneten Möglichkeit der elektronischen Verfahrensführung besteht kein Zwang für Anmelder bzw. Antragsteller, hiervon in irgendeiner Weise Gebrauch zu machen. Es ist nach wie vor möglich, die gewöhnliche Schriftform zu wählen oder zwischen den verschiedenen Kommunikationsmöglichkeiten zu wechseln.

5   Aus praktischer Sicht bedarf es vor der Einreichung eines elektronischen Dokuments beim DPMA gemäß § 25 Abs. 1 i.V.m. § 130a Abs. 3 ZPO bei der Online-Übermittlung einer Zugangs- und Übertragungssoftware, die installiert sein muss.[4] Neben der praktisch wohl bedeutsameren Möglichkeit der Online-Übermittlung von elektronischen Dokumenten besteht auch die Möglichkeit, diese offline, also auf körperlichen Datenträgern, an das DPMA beispielsweise auf dem Postwege oder durch Übergabe zu übersenden (§ 2 Abs. 3 ERVDPMAV). Zur Gewährleistung der Authentizität ist darüber hinaus gemäß § 3 ERVDPMAV eine Anmeldung zur Teilnahme einschließlich Authentifizierung und zertifizierter elektronischer Signatur[5] von Nöten. Durch die Einreichung eines elektronischen Dokuments in Übereinstimmung mit diesen technischen Voraussetzungen ist gemäß § 130a Abs. 3 ZPO als eingereicht zu betrachten, sobald die für den Eingang bestimmte Einrichtung des DPMA sie aufgezeichnet hat. Hierunter ist die Speicherung in einem Netzwerkserver zu verstehen, soweit hierdurch eine Feststellung des Eingangs im Klartext nebst Zugriffsmöglichkeit hierauf durch die für das Verfahren zuständigen Stellen eröffnet wurde.[6] Zur Sicherheit muss das DPMA den Einsender gemäß § 25 Abs. 1 i.V.m. § 130a Abs. 1 Satz 3 ZPO unterrichten, wenn ein zur Bearbeitung untaugliches elektronisches Dokument beim DPMA eingegangen ist. Fehlt es an einer solchen Unterrichtung, heilt dies jedoch nicht den dann immer noch vorliegenden Zustellungsmangel.

6   Anders als die elektronische Verfahrensführung und die Einreichung elektronischer Dokumente beim DPMA richtet sich die Einreichung solcher Dokumente beim BPatG und beim BGH nach der BGH/BPatG ERVV, was sich indirekt aus § 25 Abs. 3 Nr. 1 ergibt.[7] Im Wesentlichen

---

4 Die entsprechende Zugangs- und Übertragungssoftware kann auf der Internetseite des DPMA (www.dpma.de) heruntergeladen werden, vgl. § 2 Abs. 1, Abs. 2 ERVDPMAV.
5 Vgl. § 2 Abs. 4 ERVDPMAV, wobei alternativ die qualifizierte elektronische Signatur nach dem Signaturgesetz oder eine von einer internationalen Organisation auf dem Gebiet des gewerblichen Rechtsschutzes (insbesondere das EPA) herausgegebene „fortgeschrittene elektronische Signatur" möglich ist.
6 Vgl. *Eichmann/v. Falckenstein*, § 25 Rn. 5.
7 Vgl. *Eichmann/v. Falckenstein*, § 25 Rn. 6.

bestehen hier ähnliche Vorgaben für den Zugang, wobei für die zugelassenen Dokumentformate eine größere Liberalität herrscht (§ 2 ERV BPatG BGHV).[8]

III. Elektronische Aktenführung der Gerichte

§ 25 Abs. 2 bestimmt, dass die Prozessakten des BPatG und des BGH elektronisch geführt werden können, worauf die einschlägigen Vorschriften der ZPO über elektronische Dokumente, die elektronische Akte und die elektronische Verfahrensführung entsprechend Anwendung finden, wenn sich aus dem GeschmMG nichts anderes ergibt. Hierdurch liegt ein rechtstechnisch spezieller gehaltener Verweis auf die Vorschriften der ZPO vor als er im allgemeinen Verweis nach § 23 Abs. 2 i.V.m. § 99 PatG enthalten ist. Auch hier wird regelungstechnisch wiederum vermieden, detaillierte Einzelregelungen in das Geschmacksmusterrecht aufzunehmen, die aufgrund der technischen Fortschritte in diesem Bereich regelmäßig aktualisiert werden müssen und stattdessen wird auf die automatische Aktualisierung im Rahmen der ZPO zurückgegriffen. 7

Zu den besonders einschlägigen Vorschriften aus der ZPO gehören hier § 130b ZPO (gerichtliches elektronisches Dokument), § 105 ZPO (elektronischer Kostenfestsetzungsbeschluss), § 133 Abs. 1 Satz 2 ZPO (Anzahl einzureichender Abschriften), § 160a ZPO (elektronisches Protokoll), § 164 ZPO (elektronischer Berichtigungsvermerk), § 174 Abs. 3 ZPO (elektronisches Empfangsbekenntnis), § 186 ZPO (elektronische öffentliche Zustellung), § 253 ZPO (Entbehrlichkeit von Abschriften), § 298 ZPO (Ausdruck für die Akten), § 299 Abs. 3 ZPO (Akteneinsicht), § 315 Abs. 3 Satz 2 ZPO (Verkündungsvermerk), § 317 Abs. 3 ZPO (Urteilsausfertigung), § 319 Abs. 2 Satz 2 ZPO (elektronischer Urteilsberichtigungsbeschluss), §§ 371a, 416a ZPO (Beweiskraft elektronischer Dokumente). Ergänzt werden diese Vorschriften durch die Verordnung über die elektronische Aktenführung bei dem Patentamt, dem Patentgericht und dem Bundesgerichtshof (EAPatV).[9] 8

---

8 Einzelheiten bei *Eichmann/v. Falckenstein*, § 25 Rn. 6.
9 BGBl. I S. 83, BlPMZ 2010, 129.

IV. Verordnungsermächtigung

9 § 25 Abs. 3 enthält zuletzt eine auch bereits in der Vorgängerversion des § 25 Abs. 2 enthaltene Verordnungsermächtigung für das Bundesministerium der Justiz. Dieses kann durch Rechtsverordnung ohne Zustimmung des Bundesrats nach § 25 Abs. 3 Nr. 1 den Zeitpunkt, an dem an elektronische Dokumente bei dem Patentamt und den Gerichten eingereicht werden können, die für die Bearbeitung der Dokumente geeignete Form und die zu verwendende elektronische Signatur bestimmen und gemäß § 25 Abs. 3 Nr. 2 darüber hinaus den Zeitpunkt, von dem man die Prozessakten nach § 25 Abs. 2 elektronisch geführt werden können, sowie die hierfür geltenden organisatorisch-technischen Rahmenbedingungen für die Bildung, Führung und Aufbewahrung der elektronischen Prozessakten, bestimmen. Hierzu zählen die Verordnung über den elektronischen Rechtsverkehr beim DPMA (ERVDPMAV) vom 26. September 2006[10] und die Verordnung über den elektronischen Rechtsverkehr beim Bundesgerichtshof und Bundespatentgericht (BGH/BPatGERVV).[11] Beide Verordnungen wurden zum 1. März 2010 geändert durch Art. 2 Abs. 1 der Verordnung zur Einführung der elektronischen Aktenführung und zur Erweiterung des elektronischen Rechtsverkehrs bei dem Patentamt, dem Patentgericht und dem Bundesgerichtshof,[12] so dass ab dem 1. März 2010 die elektronische Einreichung von Geschmacksmusteranmeldungen insbesondere zulässig wurde.

---

10 BGBl. I S. 2159, BlPMZ 2006, 305.
11 BGBl. I S. 2130, BlPMZ 2007, 368.
12 BGBl. I S. 83, BlPMZ 2010, 129.

§ 26 Verordnungsermächtigungen

(1) Das Bundesministerium der Justiz regelt durch Rechtsverordnung, die nicht der Zustimmung des Bundesrates bedarf,

1. die Einrichtung und den Geschäftsgang des Deutschen Patent- und Markenamts sowie die Form des Verfahrens in Geschmacksmusterangelegenheiten, soweit nicht durch Gesetz Bestimmungen darüber getroffen sind,

2. die Form und die sonstigen Erfordernisse der Anmeldung und der Wiedergabe des Musters,

3. die zulässigen Abmessungen eines nach § 11 Abs. 2 Satz 2 der Anmeldung beigefügten Musterabschnitts,

4. den Inhalt und Umfang einer der Anmeldung beigefügten Beschreibung zur Erläuterung der Wiedergabe,

5. die Einteilung der Warenklassen,

6. die Führung und Gestaltung des Registers einschließlich der in das Register einzutragenden Tatsachen sowie die Einzelheiten der Bekanntmachung,

7. die Behandlung der einer Anmeldung zur Wiedergabe des Geschmacksmusters beigefügten Erzeugnisse nach Löschung der Eintragung in das Register und

8. das Verfahrens beim Deutschen Patent- und Markenamt für den Schutz gewerblicher Muster und Modelle nach dem Haager Abkommen.

(2) Das Bundesministerium der Justiz wird ermächtigt, durch Rechtsverordnung, die nicht der Zustimmung des Bundesrates bedarf, Beamte des gehobenen und mittleren Dienstes sowie vergleichbare Angestellte mit der Wahrnehmung von Geschäften im Verfahren in Registersachen zu betrauen, die ihrer Art nach keine besonderen rechtlichen Schwierigkeiten bieten. Ausgeschlossen davon sind jedoch

1. die Feststellungen und die Entscheidungen nach § 14 Abs. 3 Satz 4 und § 16 Abs. 2 bis 5 aus Gründen, denen der Anmelder widersprochen hat,

2. die Zurückweisung nach § 18 und die Verweigerung des Schutzes einer internationalen Hinterlegung nach § 69,

§ 26 Verordnungsermächtigungen

3. die Löschung nach § 36,
4. die von den Angaben des Anmelders (§ 11 Abs. 4 Nr. 3) abweichende Entscheidung über die in das Register einzutragenden und bekannt zu machenden Warenklassen und
5. die Abhilfe oder Vorlage der Beschwerde (§ 23 Abs. 2 Satz 3) gegen einen Beschluss im Verfahren nach diesem Gesetz.

(3) Für die Ausschließung und Ablehnung einer nach Maßgabe des Absatzes 2 Satz 1 betrauten Person findet § 23 Abs. 1 Satz 2 und 3 entsprechende Anwendung.

(4) Das Bundesministerium der Justiz kann die Ermächtigungen nach den Absätzen 1 und 2 durch Rechtsverordnung, die nicht der Zustimmung des Bundesrates bedarf, ganz oder teilweise auf das Deutsche Patent- und Markenamt übertragen.

Übersicht

	Rn.		Rn.
I. Allgemeines..................	1	III. Verordnungsermächtigung...	5
II. Geschmacksmusterverordnung (GeschmMV) und Verordnung über das Deutsche Patent- und Markenamt (DPMA-VO)	3	IV. Jüngste Änderungen........	6

I. Allgemeines

1   § 26 ist mit Ausnahme des Abs. 3 intern-legislatorischer Natur und dient insbesondere der Vorbereitung der Anpassung des Verfahrens vor der Geschmacksmusterstelle des DPMA an die durch das Geschmacksmusterreformgesetz bedingten Änderungen. Gemäß Art. 6 Abs. 2 Satz 1 Geschmacksmusterreformgesetz trat § 26 bereits vorab am 19. März 2004 in Kraft und ersetzte damit die §§ 12 und 12a GeschmMG a.F. Auf diese Weise sollte bereits frühzeitig ermöglicht werden, dass das Verfahren vor der Geschmacksmusterstelle des DPMA entsprechend modifiziert werden kann.

2   Abs. 1 enthält die Ermächtigung zur Regelung des Geschäftsgangs des DPMA hinsichtlich des Verfahrens vor der Geschmacksmusterstelle. Darüber hinaus enthält Abs. 1 die Ermächtigung zur Regelung der Registerführung und der Bestimmung der Anmeldeerfordernisse.

II. Geschmacksmusterverordnung (GeschmMV) und Verordnung über das Deutsche Patent- und Markenamt (DPMA-VO)

Praktisch von besonderer Bedeutung ist die am 1. Juni 2004 in Kraft getretene Verordnung zur Ausführung des Geschmacksmustergesetzes (Geschmacksmusterverordnung – GeschmMV) vom 11. Mai 2004.[1] Erlassen wurde die Verordnung durch den Präsidenten des DPMA basierend auf der Verordnungsermächtigung des § 26 Abs. 4 i.V.m. § 1 Abs. 2 der Verordnung über das Deutsche Patent- und Markenamt (DPMA-Verordnung – DPMAV).[2] Dabei basiert die DPMAV auf der Ermächtigung des § 26 Abs. 1 Nr. 1, so dass im Wege einer Querschnittsnorm die DPMAV insbesondere im Hinblick auf das Verfahren vor der Geschmacksmusterstelle von wesentlicher Bedeutung ist.[3] Die GeschmMV wird inhaltlich bestimmt durch § 26 Abs. 1 Nr. 2 bis 6. § 26 Abs. 1 Nr. 7 wurde bereits durch § 32 DPMAV umgesetzt.

Abs. 2 und 3 sind weitgehend den Regelungen in § 27 Abs. 5 und 6 PatG nachgebildet. Ebenso wie die patentrechtlichen Vorschriften enthält Abs. 3 (über die Verweisungsnorm des § 23 Abs. 1 Satz 2 und 3) eine Verweisung auf die Vorschriften der §§ 41 bis 44, 45 Abs. 2 Satz 2, 47 bis 49 ZPO. Darüber hinaus enthält § 26 Abs. 2 und 3 die Grundlage für die amtsinterne Zuständigkeitsregelung für die Bediensteten des Musterregisters. Der Präsident des DPMA (seine Verordnungsermächtigung resultiert aus § 26 Abs. 4 i. V. m. § 1 Abs. 1 DPMAV) hat durch Änderung der Wahrnehmungsverordnung (WahrnV) vom 14. Dezember 1994[4] und durch die zweite Verordnung zur Änderung der Wahrnehmungsverordnung vom 18. Dezember 2007[5] eine Delegation aller rechtlich ihrer Art nach nicht schwierigen Arbeiten auf Beamte

---

1 BGBl. I S. 884, BlPMZ 2004, 264.
2 BGBl. I S. 514, BlPMZ 2004, 296, zuletzt geändert durch Art. 2 der VO über die Neuregelung des elektronischen Rechtsverkehrs beim Deutschen Patent- und Markenamt vom 26. September 2006 (BGBl. I S. 2159) sowie die VO zur Einführung der elektronischen Aktenführung und Erweiterung des elektronischen Rechtsverkehrs bei dem Patentamt, dem Patentgericht und dem Bundesgerichtshof vom 10. Februar 2010 (BGBl. I S. 83) und die VO zur Änderung der DPMA-VO vom 24. März 2010 (BGBl. I S. 330).
3 Mitteilung des Präsidenten des DPMA, BlPMZ 2004, 296.
4 Zuletzt geändert durch die Änderungsverordnung vom 11. Mai 2004; BGBl. I S. 897, BlPMZ 2004, 312.
5 BGBl. I S. 3008, BlPMZ 2008, 2.

§ 26   Verordnungsermächtigungen

bzw. Angestellte des gehobenen und mittleren Dienstes des DPMA delegiert (§ 4 WahrnV).

III. Verordnungsermächtigung

5   Abs. 4 gestattet dem Bundesministerium der Justiz, die ihm selbst innerhalb der Reichweite des § 26 Abs. 1 und 2 zustehende Ermächtigung zur Verordnungsgebung auf das DPMA bzw. den Präsidenten des DPMA weiter zu übertragen. Lediglich Erlass und Änderung der DPMAV hat sich dabei das Bundesjustizministerium (traditionell) vorbehalten.[6] Das Bundesministerium der Justiz hat von der Übertragungsermächtigung in § 1 Abs. 2 DPMAV aber insoweit Gebrauch gemacht, als das DPMA bzw. dessen Präsident zum Erlass der GeschmMV und zur Neufassung der WahrnV ermächtigt wurde.

IV. Jüngste Änderungen

6   Durch eine entsprechende Einschränkung in Abs. 2 Satz 2 Nr. 3 wurde mit Wirkung ab dem 1. Juli 2006 das rechtskundige Mitglied (§ 23 Abs. 1 Satz 1) von der unproblematischen Löschung bei Beendigung der Schutzdauer im Hinblick auf die ihm nach § 23 Abs. 1 Satz 1 vorbehaltenen Geschmacksmusterlöschungen entlastet.[7] Durch das erste Änderungsgesetz zum Geschmacksmustergesetz vom 29. Juli 2009[8] wurde Abs. 2 Satz 2 Nr. 2 erweitert, um die neu eingeführte Pflicht des DPMA zur Prüfung einer Schutzverweigerung für eine internationale Eintragung gemäß § 69 gesetzlich abzubilden.

---

6 Vgl. *Eichmann/von Falckenstein*, § 26 Rn. 4.
7 Vgl. Art. 7 Nr. 3 des Gesetzes zur Änderung des patentrechtlichen Einspruchsverfahrens und des Patentkostengesetzes vom 21. Juni 2006 (BGBl. I S. 1368, BlPMZ 2006, 225).
8 BGBl. I S. 1446, BlPMZ 2009, 328.

Abschnitt 4

Entstehung und Dauer des Schutzes

§ 27 Entstehung und Dauer des Schutzes

(1) Der Schutz entsteht mit der Eintragung in das Register.
(2) Die Schutzdauer des Geschmacksmusters beträgt 25 Jahre, gerechnet ab dem Anmeldetag.

Übersicht

	Rn.		Rn.
I. Allgemeines	1	III. Schutzdauer (§ 27 Abs. 2)	4
II. Schutzentstehung (§ 27 Abs. 1)	2		

I. Allgemeines

§ 27 regelt die Entstehung (Abs. 1) und Dauer (Abs. 2) des Geschmacksmusterschutzes und hat Art. 10 GM-Richtlinie umgesetzt. § 27 Abs. 1 trat an die Stelle von § 7 Abs. 1 GeschmMG a.F.; § 27 Abs. 2 hat § 9 GeschmMG a.F. ersetzt. Eine vergleichbare Regelung findet sich in Art. 12 GGV. 1

II. Schutzentstehung (§ 27 Abs. 1)

Nach alter Rechtslage (§ 7 Abs. 1 i.V.m. § 1 Abs. 1 GeschmMG a.F.) 2 entstand das Geschmacksmusterrecht bereits mit der Anmeldung als Vollrecht.[1] Die Eintragung in das Register sowie die Bekanntmachung hatten demgegenüber nur deklaratorische Bedeutung, waren für die Entstehung des Geschmacksmusterrechts also ohne Belang.[2] Nunmehr entsteht der Geschmacksmusterschutz nicht schon mit der Anmeldung, sondern erst mit der Eintragung des Geschmacksmusters in das Register des DPMA. Diese Neuregelung ist in der Konzeption des Ge-

---

1 Vgl. *Eichmann/v. Falckenstein*, 2. Aufl., § 7 Rn. 10.
2 Vgl. *Nirk/Kurtze*, § 7 Rn. 3.

schmacksmusterschutzes gemäß der GM-Richtlinie begründet. Das Geschmacksmuster soll ein eigenständiges gewerbliches Schutzrecht sein und nicht mehr „nur ein kleines Urheberrecht". Eine Anknüpfung an die tatsächliche Schaffung des Werkes (Musters) und seine Anmeldung ist daher nicht mehr geboten. Dadurch hat sich das Geschmacksmusterrecht hinsichtlich seiner Konzeption als reines Registerrecht dem Marken-, Patent- und Gebrauchsmusterrecht angeglichen, welche allesamt auf die Eintragung als schutzbegründende Tatsache abstellen.[3]

3 Der Umstand, dass der Geschmacksmusterschutz erst mit der Eintragung entsteht (und der entstandene Schutz nicht auf den Zeitpunkt der Anmeldung zurückwirkt),[4] hat zur Folge, dass der Inhaber erst ab diesem Zeitpunkt Inhaber eines ausschließlichen Rechts (§ 38) wird. Mithin kann der Inhaber erst ab dem Zeitpunkt der Eintragung Verbietungsrechte (§ 42) sowie Schadensersatz- (§ 42 Abs. 2), Auskunfts- (§ 46) und Vernichtungsansprüche (§ 43) gegen den Verletzer geltend machen. Ein Entschädigungsanspruch für Benutzungshandlungen Dritter in der Zeit vor der Eintragung (vgl. Art. 9 Abs. 3 Nr. 2 GMV zur Gemeinschaftsmarke, § 33 PatG zum Patentrecht) besteht nicht.[5]

III. Schutzdauer (§ 27 Abs. 2)

4 Nach alter Rechtslage (§ 9 Abs. 2 i.V.m. Abs. 1 GeschmMG a.F.) betrug die maximale Schutzdauer des Geschmacksmusters 20 Jahre ab dem Anmeldetag. Nunmehr beträgt die Schutzdauer maximal 25 Jahre ab dem Anmeldetag. Der für die Berechnung der Schutzdauer maßgebliche Zeitpunkt (Tag der Anmeldung) unterscheidet sich damit – anders als bisher – vom Zeitpunkt der Schutzentstehung (Tag der Eintragung). Dementsprechend ist das Geschmacksmuster für einen Teil der Schutzdauer, nämlich den Zeitraum zwischen Anmeldung und Eintragung, nicht geschützt. Die Schutzdauer eines Geschmacksmusters, das vor dem 1. Juli 1988 beim DPMA angemeldet worden ist, weil der Urheber im Inland weder eine Niederlassung noch einen Wohnsitz hatte, konnte – ebenso wie die Schutzdauer anderer zu dieser Zeit in den alten Bundesländern angemeldeter Geschmacksmuster – höchstens 15 Jahre betragen.[6]

---

3 Vgl. *Beyerlein*, WRP 2004, 677 f.
4 Vgl. *Eichmann/v. Falckenstein*, § 27 Rn. 2.
5 Vgl. zum Markenrecht: *Ströbele/Hacker*, § 4 Rn. 7.
6 BPatG, GRUR 2005, 412 – Schreibgerät; BGH, WRP 2005, 1532 – Altmuster.

III. Schutzdauer (§ 27 Abs. 2) § 27

Anmeldetag ist der Tag, an dem die Anmeldeunterlagen mit den notwendigen Mindestangaben (§ 11 Abs. 2) beim DPMA (§ 13 Abs. 1 Nr. 1) oder bei einem Patentinformationszentrum (§ 13 Abs. 1 Nr. 2) eingegangen sind. Enthält die Anmeldung Mängel und kommt der Anmelder der Aufforderung des DPMA, die festgestellten Mängel innerhalb einer bestimmten Frist zu beseitigen, nach, erkennt das DPMA als Anmeldetag den Tag an, an dem die festgestellten Mängel beseitigt werden (§ 16 Abs. 5 Satz 2). Die Verschiebung des Anmeldetages nach § 16 Abs. 5 Satz 2 führt nicht zu einem anderen Stichtag für den Beginn der Schutzdauer, da diese Verschiebung nur für den Zeitrang, nicht aber für die anderen verfahrensrechtlichen Folgen maßgebend ist.[7] Nimmt der Anmelder eine Priorität nach §§ 14, 15 in Anspruch, beeinflusst dies die Schutzdauer nicht. Entscheidend ist vielmehr der Anmeldetag beim DPMA.

5

Das Erreichen der Höchstschutzdauer setzt voraus, dass der Schutz zum Ende einer jeden Schutzperiode (jeweils 5 Jahre) durch rechtzeitige Zahlung der Aufrechterhaltungsgebühr bewahrt wird (vgl. hierzu Kommentierung bei § 28).

6

Die Schutzdauer endet taggenau 5 Jahre nach dem Anmeldetag (Beispiel: Anmeldetag 27. Mai 2008/Letzter Tag der Schutzdauer 27. Mai 2013). Auf eine frühere Priorität kommt es nicht an. § 193 BGB ist bei der Fristberechnung nicht anwendbar. Folglich kann bei der Fristberechnung dahinstehen, ob der letzte Tag ein Samstag, Sonntag oder gesetzlicher Feiertag ist.

7

Wird die Schutzdauer nicht verlängert, wird die Eintragung mit Wirkung ab dem Ablauf der Schutzdauer im Register gelöscht (§ 36 Abs. 1 Nr. 1, § 19 GeschmMV). Der Tag und der Grund der Löschung werden in das Geschmacksmusterregister eingetragen (§ 20 Nr. 6 GeschmMV). Der Zeitpunkt der tatsächlichen Löschung im Register ist unerheblich.[8]

8

---

7 Vgl. zum Markenrecht: *Ingerl/Rohnke*, § 47 Rn. 4 m.w.N.
8 Vgl. zum Markenrecht: *Ströbele/Hacker*, § 47 Rn. 3.

§ 28 Aufrechterhaltung

(1) Die Aufrechterhaltung des Schutzes wird durch Zahlung einer Aufrechterhaltungsgebühr jeweils für das 6. bis 10., 11. bis 15., 16. bis 20. und für das 21. bis 25. Jahr der Schutzdauer bewirkt. Sie wird in das Register eingetragen und bekannt gemacht.

(2) Wird bei Geschmacksmustern, die auf Grund einer Sammelanmeldung eingetragen worden sind, die Aufrechterhaltungsgebühr ohne nähere Angaben nur für einen Teil der Geschmacksmuster gezahlt, so werden diese in der Reihenfolge der Anmeldung berücksichtigt.

(3) Wird der Schutz nicht aufrechterhalten, so endet die Schutzdauer.

Übersicht

	Rn.		Rn.
I. Allgemeines	1	5. Höhe der Aufrechterhaltungsgebühren	8
II. Aufrechterhaltung (§ 28 Abs. 1)	2	6. Teilweise Verlängerung	10
1. Zahlungspflichtiger	4	III. Aufrechterhaltung von Sammelgeschmacksmustern (§ 28 Abs. 2)	11
2. Fälligkeit der Aufrechterhaltungsgebühren	5		
3. Vorauszahlung der Aufrechterhaltungsgebühren	6	IV. Folgen der Nicht-Aufrechterhaltung (§ 28 Abs. 3)	12
4. Zahlweise	7		

I. Allgemeines

1 § 28 hat die Regelung des § 9 Abs. 2 und 3 GeschmMG a. F. ersetzt und bestimmt, dass die Verlängerung der Schutzdauer die Zahlung der Aufrechterhaltungsgebühr voraussetzt. Vergleichbare Regelungen finden sich in §§ 23 Abs. 2 GebrMG, 47 Abs. 2 MarkenG.

II. Aufrechterhaltung (§ 28 Abs. 1)

2 Die Aufrechterhaltung des Schutzes wird gemäß § 28 Abs. 1 Satz 1 dadurch bewirkt, dass die Aufrechterhaltungsgebühr rechtzeitig gezahlt wird. Bei einer Sammelanmeldung ist die Aufrechterhaltungsgebühr für jedes einzelne Geschmacksmuster zu zahlen. Ein Antrag oder eine

II. Aufrechterhaltung (§ 28 Abs. 1) **§ 28**

sonstige förmliche Handlung ist nicht erforderlich, aber möglich.[1] Es ist jedoch ratsam, die Gebührenzahlung zumindest durch ein formloses Schreiben aktenkundig zu machen.[2] Bei der Gebührenzahlung sind analog zu § 38 Abs. 1 MarkenV die Registernummer, der Name des Inhabers sowie der Verwendungszeck anzugeben. Entsprechend der Regelung im Markenrecht (§ 38 Abs. 2 MarkenV) ist die Bestellung eines Inlandsvertreters für die Gebührenzahlung nicht erforderlich. Gemäß § 28 Abs. 1 Satz 2 ist die Aufrechterhaltung in das Register einzutragen und bekannt zu machen.

Nach § 9 Abs. 2 Satz 1 GeschmMG a.F. konnte die Schutzdauer des Geschmacksmusters um fünf Jahre oder „ein Mehrfaches davon" verlängert werden. Die Verlängerung der Schutzdauer konnte nach Ablauf der ersten fünf Jahre also auch um zehn oder fünfzehn Jahre erfolgen, wenn die erforderlichen Gebühren für die weiteren (zehn oder fünfzehn) Schutzjahre entrichtet wurden. Auch konnte der Anmelder nach der Anmeldung alle Gebühren bis zur Höchstdauer des Schutzes von zwanzig Jahren sofort bezahlen.[3] Nunmehr hat die Verlängerung jeweils in Fünfjahresschritten zu erfolgen. Der Inhaber kann die Schutzdauer also nicht „im Voraus" um mehrere Schutzperioden verlängern. Umgekehrt gibt es auch keine kürzeren Verlängerungszeiträume.[4] Will der Inhaber den Schutz des Geschmacksmusters während der laufenden Schutzdauer beenden, kann er auf das Geschmacksmuster verzichten (§ 36 Abs. 1 Nr. 2).   3

1. Zahlungspflichtiger

Die Zahlung kann durch jedermann (also nicht nur durch den Rechtsinhaber) erfolgen.[5] Schuldner der Aufrechterhaltungsgebühr ist jedoch grundsätzlich der im Register eingetragene Inhaber. Das gilt auch bei Inhaberwechsel, falls der Nachweis des Rechtsübergangs und der Umschreibungsantrag erst nach Fristablauf beim DPMA eingehen.[6] Sind mehrere (Mit-)Inhaber eingetragen, haften diese als Gesamtschuldner. Dritte (z.B. ausschließliche Lizenznehmer oder Pfandgläubiger) sind nicht zur Zahlung verpflichtet, können die Aufrechterhaltung aber ge-   4

---

1 BGH, GRUR 1978, 100, 107 – Verlängerungsgebühr.
2 Vgl. zum Markenrecht: *Schultz*, § 47 Rn. 5.
3 Vgl. *Gerstenberg/Buddeberg*, S. 160.
4 Vgl. zum Markenrecht: *Fezer*, § 47 Rn. 3.
5 Vgl. zum Markenrecht: *Ströbele/Hacker*, § 47 Rn. 5.
6 BPatGE 49, 56 – Triazolverbindungen.

§ 28 Aufrechterhaltung

mäß §§ 267, 268 BGB durch Zahlung der Aufrechterhaltungsgebühr bewirken. Das DPMA informiert den eingetragenen Inhaber nicht über etwaige Zahlungen Dritter; widerspricht der Inhaber nachträglich der Zahlung, kann das DPMA den Rechtserfolg der Zahlung Dritter gemäß § 267 Abs. 2 BGB unterbinden. Zur rechtswirksamen Zahlung müssen Auswärtige keinen Inlandsvertreter nach § 58 bestellen. Das Gleiche gilt nach Praxis des DPMA auch für kurzen Schriftverkehr des DPMA mit dem Auswärtigen über die zutreffende Gebührenhöhe.[7]

2. Fälligkeit der Aufrechterhaltungsgebühren

5 Die Fälligkeit der Aufrechterhaltungsgebühren richten sich nach § 3 Abs. 2 PatKostG. Danach sind die Aufrechterhaltungsgebühren für die folgende Schutzfrist am letzten Tag des Monats fällig, der durch seine Benennung dem Monat entspricht, in den der Anmeldetag fällt. Anmeldetag ist der Tag, an dem die den Mindestanforderungen entsprechende Anmeldung beim DPMA eingegangen ist (vgl. Kommentierung bei § 13). Eine Zahlungsaufforderung durch das DPMA erfolgt nicht. Gemäß § 7 Abs. 1 Satz 1 PatKostG können die Aufrechterhaltungsgebühren bis zum Ablauf des zweiten Monats nach Fälligkeit zuschlagsfrei gezahlt werden. Werden die Aufrechterhaltungsgebühren nicht innerhalb dieses Zeitraums gezahlt, können sie mit einem Verspätungszuschlag noch bis zum Ablauf einer Frist von 6 Monaten nach Fälligkeit gezahlt werden (§ 7 Abs. 1 Satz 2 PatKostG). Eine Verlängerung der Zahlungsfrist seitens des DPMA ist nicht zulässig.[8] Auch wird die Zahlungsfrist durch die Eröffnung eines Insolvenzverfahrens über das Vermögen des Rechtsinhabers nicht analog §§ 240, 249 Abs. 1 ZPO unterbrochen.[9]

3. Vorauszahlung der Aufrechterhaltungsgebühren

6 Gemäß § 5 Abs. 2 PatKostG können die Aufrechterhaltungsgebühren bereits ein Jahr vor Eintritt der Fälligkeit vorausgezahlt werden. Hierdurch sollen die Folgen einer verspäteten Zahlung vermieden werden. Eine Verkürzung der ursprünglichen Schutzdauer durch die Vorauszahlung tritt nicht ein. Eine noch vor dieser Jahresfrist liegende Einzahlung kann das DPMA zurückweisen und zurückzahlen.[10] Ändern sich die Gebührensätze zwischen der Zahlung und der Fälligkeit der Gebühr,

---

7 Vgl. *Eichmann/v. Falckenstein*, § 28 Rn. 4.
8 Vgl. zum Markenrecht: *Fezer*, § 47 Rn. 6.
9 Vgl. zum Markenrecht: *Ströbele/Hacker*, § 47 Rn. 14.
10 Vgl. *Eichmann/v. Falckenstein*, § 28 Rn. 3.

verbleibt es bei dem im Zeitpunkt der Zahlung geltenden Gebührensatz (§ 13 Abs. 1 Nr. 3 PatKostG). Wurde die Aufrechterhaltungsgebühr bezahlt und hat der Inhaber vor Ablauf der Schutzdauer auf das Muster verzichtet, sind die vorausgezahlten Aufrechterhaltungsgebühren zurückzuerstatten (§ 10 Abs. 1 PatKostG).[11] Dauert das Eintragungsverfahren länger als die erste Schutzdauer – etwa weil das DPMA die Anmeldung gemäß § 18 zurückgewiesen hat und der Anmelder gegen die Zurückweisung Rechtsmittel eingelegt hat –, ist § 3 Abs. 2 Satz 2 PatKostG analog anzuwenden; danach wird die Aufrechterhaltungsgebühr am letzten Tag des Monats fällig, in dem die Eintragung gemäß § 20 im Register bekannt gemacht ist.[12]

4. Zahlweise

Die Aufrechterhaltungsgebühren können gemäß § 1 Abs. 1 PatKostZV durch Barzahlung bei den Geldstellen des DPMA (§ 1 Abs. 1 Nr. 1 PatKostZV), durch Überweisung auf ein Konto der zuständigen Bundeskasse für das DPMA (§ 1 Abs. 1 Nr. 2 PatKostZV), durch Bareinzahlung bei einem inländischen oder ausländischen Geldinstitut auf ein Konto der zuständigen Bundeskasse für das DPMA (§ 1 Abs. 1 Nr. 3 PatKostZV) oder durch Erteilung einer Lastschrifteinzugsermächtigung von einem Inlandskonto (§ 1 Abs. 1 Nr. 4 PatKostZV) beglichen werden. Eine Zahlung durch Scheck oder Aufrechterhaltungsgebührenmarken ist unzulässig. 7

5. Höhe der Aufrechterhaltungsgebühren

Für das 6. bis 10. Schutzjahr beträgt die Aufrechterhaltungsgebühr für jedes Geschmacksmuster EUR 90 (Gebührenverzeichnis Nr. 342 100), für das 11. bis 15. Schutzjahr EUR 120 (Gebührenverzeichnis Nr. 342 200), für das 16. bis 20. Schutzjahr EUR 150 (Gebührenverzeichnis Nr. 342 300), für das 21. bis 25. Schutzjahr EUR 180 (Gebührenverzeichnis Nr. 342 400). Anders als bei den Anmeldegebühren gibt es bei den Aufrechterhaltungsgebühren keinen „Rabatt" für Sammelgeschmacksmuster. Wird die Aufrechterhaltungsgebühr verspätet gezahlt, fällt gemäß § 7 Abs. 1 Satz 2 PatKostG für jedes Geschmacksmuster ein Verspätungszuschlag in Höhe von EUR 50 (Gebührenverzeichnis Nr. 342 101) an. 8

---

11 BPatG, GRUR 1997, 58, 59 – Verlängerungsgebühr; BGH, GRUR 2000, 328, 329 f. – Verlängerungsgebühr II.
12 Vgl. *Eichmann/v. Falckenstein*, § 28 Rn. 3.

§ 28 Aufrechterhaltung

9 Gebührenerleichterungen in Bezug auf die Aufrechterhaltungsgebühren bestehen nur, soweit sie auf gesonderten Antrag des Rechtsinhabers in eine beantragte Verfahrenskostenhilfe einbezogen werden (vgl. Kommentierung zu § 24).[13]

6. Teilweise Verlängerung

10 Bei einer Sammelanmeldung kann der Inhaber die Aufrechterhaltung auf ausgewählte Geschmacksmuster beschränken. In diesem Fall ist ein schriftlicher Antrag zur Akte zu reichen, in welchem die aufrecht zu erhaltenden Geschmacksmuster durch Angabe deren Nummern bezeichnet werden.

III. Aufrechterhaltung von Sammelgeschmacksmustern (§ 28 Abs. 2)

11 Abs. 2 entspricht § 9 Abs. 3 Satz 1 GeschmMG a.F. und regelt die Fälle, in denen bei aufgrund einer Sammelanmeldung eingetragener Geschmacksmuster Aufrechterhaltungsgebühren nicht in einer für die Aufrechterhaltung aller Geschmacksmuster ausreichenden Höhe gezahlt werden. Für die Zwecke der Aufrechterhaltung werden die Geschmacksmuster in der Reihenfolge ihrer Anmeldung berücksichtigt.

IV. Folgen der Nicht-Aufrechterhaltung (§ 28 Abs. 3)

12 Wird der Schutz nicht aufrechterhalten, weil die Aufrechterhaltungsgebühren nicht oder nicht rechtzeitig gezahlt wurden, endet die Schutzdauer. Die vollständige oder teilweise Löschung wird in das Register eingetragen. Die Wirkung der Löschung tritt von Gesetzes wegen ein, ein rechtsmittelfähiger Beschluss des DPMA erfolgt nicht. Eine Nachprüfung durch die ordentlichen Gerichte findet nicht statt.[14] Folglich kann sich der Inhaber des Musters gegen eine vollzogene Löschung nur dadurch zur Wehr setzen, dass er beim DPMA deren Rückgängigmachung beantragt und einen diesen Antrag zurückweisenden Beschluss mit dem statthaften Rechtsmittel (Erinnerung bzw. Beschwerde) angreift.[15]

---

13 Vgl. *Eichmann/v. Falckenstein*, § 28 Rn. 7.
14 Vgl. zum Markenrecht: *Fezer*, § 47 Rn. 13.
15 Vgl. zum Markenrecht: *Ströbele/Hacker*, § 47 Rn. 19.

Abschnitt 5

Geschmacksmuster als Gegenstand des Vermögens

§ 29 Rechtsnachfolge

(1) Das Recht an einem Geschmacksmuster kann auf andere übertragen werden oder übergehen.

(2) Gehört das Geschmacksmuster zu einem Unternehmen oder zu einem Teil eines Unternehmens, so wird das Geschmacksmuster im Zweifel von der Übertragung oder dem Übergang des Unternehmens oder des Teils des Unternehmens, zu dem das Geschmacksmuster gehört, erfasst.

(3) Der Übergang des Rechts an dem Geschmacksmuster wird auf Antrag des Rechtsinhabers oder des Rechtsnachfolgers in das Register eingetragen, wenn er dem Deutschen Patent- und Markenamt nachgewiesen wird.

Übersicht

	Rn.		Rn.
I. Allgemeines	1	V. Register	12
II. Übertragung	3	VI. Besonderheiten des Gemein-	
III. Übergang	10	schaftsgeschmacksmusters	21
IV. Unternehmensakzessorietät	11		

I. Allgemeines

§ 29 Abs. 1 bestimmt, dass das Recht an einem Geschmacksmuster 1 übertragbar ist. Neben der rechtsgeschäftlichen Übertragung ist des Weiteren der Übergang Kraft Gesetzes möglich. Die grundsätzlich freie Übertragbarkeit des Geschmacksmusters nach § 29 Abs. 1 entspricht § 3 a.F. Zwar gibt es keine verbindlichen Vorgaben für § 29 in der GM-Richtlinie, gleichwohl finden sich Regelungen zur Übertragung des Gemeinschaftsgeschmacksmusters in Art. 27, 28, 33 GGV. Die Vorschrift des § 29 ist inhaltsgleich mit den Regelungen in § 27 Abs. 1 bis 3 MarkenG.

2 § 29 ist Ausdruck des Grundsatzes der freien Übertragbarkeit von Immaterialgüterrechten.[1] Gemäß § 32 i. V. m. § 29 sind auch die Rechte, die durch die Anmeldung von Geschmacksmustern begründet wurden, frei übertragbar und können kraft Gesetzes unter den allgemeinen Voraussetzungen übergehen.

II. Übertragung

3 Ein Geschmacksmuster kann durch Einzelvertrag übertragen werden. Hierauf sind grundsätzlich die allgemeinen Bestimmungen des BGB bzw. des HGB anwendbar. Dieser Vorgang gliedert sich durch das im deutschen Recht geltende Trennungs- und Abstraktionsprinzip in zwei getrennt voneinander zu betrachtende Rechtsgeschäfte: Ein schuldrechtlicher Verpflichtungsvertrag, das sogenannte Kausalgeschäft, bildet den Rechtsgrund der nachfolgenden Verfügung, dem dinglichen Vertrag bzw. Vollzugsgeschäft, welches zum Wechsel der Inhaberschaft am Geschmacksmuster führt. Die Verfügung richtet sich dabei nach §§ 413, 398 ff. BGB, da das Geschmacksmuster als sonstiges Recht einzuordnen ist. Das zugrundeliegende Kausalgeschäft kann unterschiedlichster Natur sein. Praktisch besonders häufig dürfte der Rechtskauf (§ 453 Abs. 1 Satz 2 BGB) sein. In der Praxis werden Kausalgeschäft und Vollzugsgeschäft oft in einem Akt verbunden.[2] Voraussetzung für eine wirksame Verfügung ist dabei stets, dass der Verfügende auch Inhaber des der Verfügung zugrundeliegenden Geschmacksmusters ist. Geschmacksmuster können – wie Forderungen – gemäß §§ 413, 398 ff. BGB nicht gutgläubig erworben werden, da insbesondere das Geschmacksmusterregister keinen Gutglaubensschutz erzeugen kann, da Registereintragungen stets nur eine formelle Legitimation des Eingetragenen begründen.[3] Ein Geschmacksmusterinhaber kann deshalb nur einmal wirksam über das ihm gehörende Geschmacksmuster verfügen und verliert durch diese Verfügung sämtliche Verfügungsgewalt über das Geschmacksmuster. Hieran ändert die Tatsache auch nichts, dass er noch im Register als Geschmacksmusterinhaber geführt wird.

---

1 Vgl. *Eichmann/v. Falckenstein*, § 29 Rn. 2, dort auch zur Unterscheidung zwischen Übertragung und Übergang.
2 Vgl. BGH, GRUR 1978, 308, 309 – Speisekartenwerbung.
3 Vgl. *Günther/Beyerlein*, § 8 Rn. 3.

Nicht nur das Geschmacksmuster selbst, sondern auch die aus der Entwurfstätigkeit entstehende Anwartschaft auf Anmeldung eines Geschmacksmusters ist i. S. d. § 29 übertragbar.[4] Auch ein künftiges Recht kann Gegenstand einer Übertragung i. S. d. § 29 sein. Künftiges Recht bezieht sich auf ein erst zu schaffendes Muster, das im Zeitpunkt seiner Entstehung auf den Erwerber übergehen soll.[5] Ob der Rechtsübergang dabei mit der Übergabe des Musters oder bereits mit der Entstehung des Musters stattfindet, ist Auslegungsfrage des zugrunde liegenden Geschäftes.[6] Eine vorweggenommene (antizipierte) Rechtsübertragung ist jedoch nur dann möglich, wenn das betroffene Muster entweder bereits ausreichend bestimmt oder zumindest bestimmbar ist.[7] Dabei ist zu berücksichtigen, dass die hierfür notwendigen Konkretisierungen auch eine gegen § 138 Abs. 1 BGB verstoßende Knebelung darstellen können, wenn sie besonders allgemein gehalten ist und daneben die zu zahlende Vergütung besonders niedrig ausfällt.[8] Bei einem lediglich bestimmbaren Muster empfiehlt es sich, in entsprechenden vertraglichen Vereinbarungen hilfsweise noch einmal die Verpflichtung festzulegen, dass für den Fall der fehlenden Bestimmbarkeit zumindest ein schuldrechtlicher Anspruch auf Übertragung besteht. Insoweit sind die an die Bestimmtheit und Bestimmbarkeit zu stellenden Anforderungen im Hinblick auf das Verfügungsgeschäft deutlich strenger als diejenigen im Hinblick auf das zugrundeliegende schuldrechtliche Kausalgeschäft.

Die Verfügung selbst bedarf gemäß § 29 keiner besonderen Form. Auch die mündliche Verfügung ist wirksam. Für das zugrunde liegende schuldrechtliche Kausalgeschäft gelten die jeweiligen Formvorschriften, beispielsweise bei der Einbringung eines Geschmacksmusters als Teil der Stammeinlage in eine GmbH (§§ 2 Abs. 1 Satz 1, 5 Abs. 4, 53 Abs. 1 und Abs. 2, 55 Abs. 1, 56 GmbHG).

Verträge betreffend die Übertragung von Geschmacksmustern sind nach den allgemeinen Grundsätzen auszulegen (§§ 133, 157, 242 BGB). Die Grundsätze im Immaterialgüterrecht Anwendung findende Zweckübertragungslehre kann jedoch die allgemeinen Auslegungsgrundsätze überlagern. Analog § 44 Abs. 1 UrhG umfasst die Veräußerung des Originalmusters nicht zwingend die Übertragung des Rechts

---

4 BGH, WRP 1998, 609, 610 – Stoffmuster.
5 Vgl. zum Urheberrecht: BGH, GRUR 1968, 321, 323 – Haselnuss.
6 BGH, WRP 1998, 609, 610 – Stoffmuster.
7 RGZ 75, 228.
8 BGH, GRUR 1957, 387, 390 – Clemens Laar; *Eichmann/v. Falckenstein*, 3. Aufl., § 29 Rn. 5.

auf das Geschmacksmuster.[9] Werden bei Veräußerung des Originalmusters daneben noch die Eintragungsurkunde bzw. die Anmeldungsunterlagen übergeben, kann dies ein Indiz für eine von § 44 Abs. 1 UrhG abweichende individualvertragliche Regelung sein. Wird ein Muster übertragen, das auch urheberrechtlich geschützt ist, verstößt der Vertrag gegen § 29 Satz 2 UrhG und ist deshalb gemäß § 134 BGB nichtig. Denkbar ist aber insoweit eine Umdeutung gemäß § 140 BGB in eine ausschließliche Lizenz – unter Ausschluss des Benutzungsrechts des dann ausschließlichen Lizenzgebers.[10]

7 Im Falle des Rechtskaufs (§ 453 Abs. 1 BGB) richtet sich die Haftung des Veräußerers eines Geschmacksmusters nach den Vorschriften über die Leistungsstörung beim Rechtskauf. Der Erwerber hat dabei insbesondere Regressansprüche für den Fall, dass das Geschmacksmuster im Zeitpunkt des Vertragsschlusses nicht eingetragen war[11], bei fehlender Neuheit und Eigenart[12] sowie bei allen anderen Gründen, wonach das Geschmacksmuster seiner Art nach nicht bestehen konnte.[13] Die Ansprüche sind in §§ 453 Abs. 1, 437, 311a Abs. 2 BGB geregelt. Allerdings trifft das Risiko der Rechtsbeständigkeit des Geschmacksmusters nach der Übertragung den Erwerber, da das Geschmacksmuster als ungeprüftes Recht dem Kausalgeschäft einen aleatorischen Charakter gibt.[14] Kein Fall der Leistungsstörung ist es insbesondere auch, wenn sich der Markterfolg im Hinblick auf das übertragene Geschmacksmuster nicht einstellt, denn auch hier wiederum ist auf den aleatorischen Charakter des Geschmacksmusterrechts abzustellen.[15]

8 Bei dem Rechtskauf eines Geschmacksmusters sind die vom Verkäufer zu erfüllenden Aufklärungspflichten gering. Bei aleatorischen Geschäften bestehen grundsätzlich keine Aufklärungspflichten des Verkäufers.[16] Soweit eine „weitgehende Offenbarungspflicht des Verkäufers"[17]

---

9 *V. Gamm*, § 3 Rn. 33; *Eichmann/v. Falckenstein*, § 29 Rn. 7.
10 Vgl. *Eichmann/v. Falckenstein*, § 29 Rn. 7.
11 BGH, GRUR 1955, 595 – Verwandlungstisch.
12 BGH, GRUR 1978, 308, 310 – Speisekartenwerbung.
13 Vgl. *Haedicke*, GRUR 2004, 123.
14 Vgl. zum Patentrecht: BGH, GRUR 1982, 481, 482 – Hartmetallkopfbohrer (betreffend zum Patent angemeldete Erfindung); *Beyerlein*, Mitt. 2004, 193, 195 ff. (mit Kritik an der Hartmetallkopfbohr-Entscheidung des BGH).
15 Vgl. zum Patentrecht: BGH, GRUR 1982, 482 – Hartmetallkopfbohrer; BGH, GRUR 1961, 466, 468 – Gewinderollkopf.
16 *Beyerlein*, Mitt. 2004, 193, 196; BGH LM § 123 BGB Nr. 56 (zum Aktienhandel); Palandt/*Ellenberger*, § 123 Rn. 5c.
17 BGH, GRUR 1982, 482 – Hartmetallkopfbohrer.

postuliert wird, wird dies den Interessen der Vertragsparteien eines aleatorischen Geschäfts nicht mehr gerecht.[18] Insoweit ist es unerheblich, ob das Geschmacksmuster im Wege der Einzelübertragung verkauft wird oder im Rahmen eines Unternehmensverkaufs als Teil des Unternehmensvermögens (sogenannter Asset Deal) veräußert wird. Zwar treffen im Rahmen eines Asset Deals den Verkäufer grundsätzlich strengere Aufklärungspflichten als beim Verkauf von Einzelgegenständen.[19] Diese strengeren Aufklärungspflichten betreffen jedoch nicht Bestandsrisiken einzelner Rechtspositionen des Unternehmens, sondern vielmehr dessen betriebswirtschaftliche Gesamtsituation. Darüber hinaus ist es Asset Deals mittlerweile zur Übung geworden, dass der Käufer im Rahmen einer Due Diligence sich selbst ein Bild von den einzelnen Gegenständen (Immaterialgüterrechten, anderen Rechten und sonstigen Gegenständen) des zu kaufenden Unternehmens macht.[20] Zusätzlich bedeutet das Fehlen von Aufklärungspflichten nicht, dass der Verkäufer nicht auf entsprechende Nachfragen des Käufers wahrheitsgemäß antworten muss. So ist es Sache des Käufers, sich über mögliche Bestandsrisiken des Geschmacksmusters vor dem Kauf zu informieren.[21]

Hinsichtlich der Rechtswahl für das einer Übertragung zugrunde liegende Kausalgeschäft sind die Parteien des Übertragungsvertrages weitgehend frei. Wird ein nationales Geschmacksmuster von einem Österreicher an einen Italiener verkauft, so bietet sich neben der Wahl des deutschen Rechts insbesondere die Wahl österreichischen oder italienischen Rechts für das Verpflichtungsgeschäft an.[22] Das Verfügungsgeschäft allerdings richtet sich streng nach dem Territorialitätsprinzip, so dass die Verfügung über ein deutsches Geschmacksmuster sich stets auch nach deutschem Recht richtet.[23] Das Territorialitätsprinzip verdrängt für die Verfügung über Immaterialgüterrechte insbesondere Art. 28 EGBGB.[24] Dies bedeutet, dass ungeachtet der Rechtswahl für das Verpflichtungsgeschäft das Verfügungsgeschäft über ein deutsches Geschmacksmuster sich stets nach deutschem Recht richtet.

9

---

18 *Beyerlein*, Mitt. 2004, 193, 196f.
19 BGH, NJW 2002, 1043; BGH, NJW 2001, 2163.
20 *Beyerlein*, Mitt. 2004, 193, 197.
21 *Beyerlein*, Mitt. 2004, 193, 197.
22 Vgl. allgemein *Beyerlein*, Der Geschmacksmustervertrag, S. 38.
23 Vgl. zum Markenrecht: BGH, WRP 2002, 1156ff. – Frommia; *Beyerlein*, EWIR 2002, 963f.; grundlegend schon RGZ 18, 76, 81 – Hengstenberg.
24 *Beyerlein*, EWIR 2002, 964.

III. Übergang

10   Im Gegensatz zur Übertragung setzt der Übergang von Rechten an einem Geschmacksmuster die Rechtsnachfolge als Ergebnis der Übertragung oder des Übergangs einer Gesamtheit in Sachen oder Rechten voraus. Bei natürlichen Personen ist dies bei der Erbschaft (§ 1922 Abs. 1 BGB) der Fall. Bei juristischen Personen kommt insbesondere der Anfall des Vereinsvermögens (§ 45 Abs. 1 BGB) und die Verschmelzung (§ 2 UmwG) in Betracht. Abzutrennen ist hiervon das Vermächtnis, das lediglich zur Übertragung einzelner Geschmacksmuster gemäß §§ 1939, 2147 ff. BGB dient. Insoweit gelten die Ausführungen zur Übertragung des Geschmacksmusters entsprechend.

IV. Unternehmensakzessorietät

11   § 29 Abs. 2 stellt die widerlegbare gesetzliche Vermutung auf, das ein Geschmacksmuster, wenn es zu einem Unternehmen oder einem Teil eines Unternehmens gehört, im Zweifel von der Übertragung oder dem Übergang des Unternehmens bzw. des Teiles des Unternehmens, zu dem es gehört, erfasst wird. Hiermit soll gewährleistet werden, dass die Benutzung von Geschmacksmustern erst dann fortgeführt werden kann, wenn diese (unbeabsichtigt) beim entsprechenden Unternehmenskaufvertrag oder einem anderen zugrunde liegenden Kausalgeschäft nicht explizit genannt wurden. Dadurch soll die Fortführung des Unternehmens vereinfacht werden. Im Rahmen dieser Regelung ist unerheblich, ob das Geschmacksmuster im Unternehmen benutzt wird oder nicht, da § 29 Abs. 2 schlicht auf das „Gehören" zum Unternehmen abstellt und nicht auf eine faktische Nutzung.[25] Der praktische Anwendungsbereich von § 29 Abs. 2 liegt beim sogenannten Asset Deal, also dem Verkauf von (allen) Vermögensgegenständen eines Unternehmens, die dabei einzeln übertragen werden müssen. Der sogenannte Share Deal, bei dem lediglich die Gesellschaftsanteile an einem Unternehmen veräußert und übertragen werden, während Inhaber der Vermögensgegenstände des Unternehmens die unternehmenstragende Gesellschaft ist und bleibt, ist von § 29 Abs. 2 nicht betroffen.[26] Eine Unternehmens-

---

25 A.A. *Eichmann/v. Falckenstein*, § 29 Rn. 10.
26 Soweit *Eichmann/v. Falckenstein*, § 29 Rn. 10 auch die Verschmelzung und den Formwechsel gemäß UmwG unter § 29 Abs. 2 fassen, wird verkannt, dass dies gerade keine Fälle eines Asset Deals sind, da bei Verschmelzung und Formwechsel gerade keine Einzelübertragung von Vermögensbestandteilen stattfindet, sondern schlicht

übertragung i.S.d. § 29 Abs. 2, welche im Hinblick auf ihre Voraussetzungen vergleichbar mit einem Betriebsübergang i.S.d. § 613a BGB ist, liegt im Falle einer Verpachtung des Unternehmens nicht vor.[27]

V. Register

Der Übergang des Rechts an einem Geschmacksmuster wird auf Antrag des Rechtsinhabers oder des Rechtsnachfolgers gem. § 29 Abs. 3 im Register eingetragen, soweit er dem DPMA nachgewiesen wird. Zwar ist der Rechtsübergang dem DPMA nachzuweisen, eine materiellrechtliche Prüfung des Übergangs durch das DPMA findet jedoch, da der Umschreibungsakt ohne Auswirkung auf die materielle Rechtsübertragung ist, nicht abschließend statt.[28] Weder der bisherige Rechtsinhaber noch sein Rechtsnachfolger sind verpflichtet, dem DPMA eine Änderung in der Inhaberschaft mitzuteilen oder die Umschreibung zu beantragen.[29] Allerdings wird das DPMA auch nicht von Amts wegen tätig, sondern nur auf Antrag des Rechtsinhabers oder seines Rechtsnachfolgers. Zwar ist die Übertragung des Geschmacksmusters unabhängig von einer Eintragung ins Register, gleichwohl wird der Rechtsnachfolger erst durch die Eintragung ins Register auch registerrechtlich legitimiert. Zweck der Umschreibung ist daher, das Register und die Öffentlichkeit über die geänderte materiellrechtliche Inhaberschaft am Geschmacksmuster zu informieren. Insbesondere soll der neue Rechtsinhaber auch Adressat von amtlichen Bescheiden und Beschlüssen des DPMA und des BPatG werden.

12

Einzelheiten und insbesondere formale Anforderungen betreffend die Registerumschreibung finden sich in den detaillierten Umschreibungsrichtlinien des DPMA.[30] Vom Antrag auf Umschreibung des Inhabers wegen Übertragung oder Übergang des Geschmacksmusters zu trennen ist der lediglich einseitige Antrag des eingetragenen Inhabers auf Änderung der Eintragung bei Firmenänderung, Sitzverlegung, Änderung des

13

---

die unternehmenstragende Gesellschaft ihre Rechtsform ändert (Formwechsel) oder komplett kraft Gesetzes sich mit einer anderen unternehmenstragenden Gesellschaft verbindet.
27 Vgl. zum Markenrecht: BGH, GRUR 2002, 967, 969 – Hotel Adlon.
28 BPatG, Mitt. 2001, 380.
29 *Kelbel*, GRUR 1987, 147.
30 BlPMZ 2002, 11 ff.

§ 29 Rechtsnachfolge

Vertreters etc.[31], dem kein Inhaberwechsel am Geschmacksmuster zugrunde liegt.

14 Die Eintragung eines Inhabers im Register geht einher mit einer formellen Legitimation des Eingetragenen. Die Eintragung ins Register hat lediglich deklaratorische und nicht konstitutive Wirkung.[32] Die formelle Legitimation ergibt sich insbesondere aus § 8 und § 39. Der im Register Eingetragene kann unabhängig der materiellen Inhaberschaft in allen Verfahren vor dem DPMA aktiv und passiv teilnehmen und dabei insbesondere die Löschung des Geschmacksmusters herbeiführen (§ 36 Abs. 1 Nr. 2, 4).[33] Der Eingetragene ist weiter Adressat von sämtlichen Bescheiden des DPMA[34] und passivlegitimiert für die Nichtigkeits- und Löschungsklage nach §§ 33 Abs. 2, 34 Satz 1. Gemäß § 42 Abs. 1 hat der Eingetragene auch die Klagebefugnis in Verletzungsprozessen. Ungeachtet dieser formellen Legitimation kann aber der materiellrechtliche Inhaber ungeachtet seiner Eintragung selbst auch die Rechte aus dem ihm zustehenden Geschmacksmuster geltend machen. Er muss allerdings dabei, da er sich nicht auf seine Eintragung als Inhaber berufen kann, in anderer geeigneter Weise den Nachweis seiner Inhaberschaft (außer-)gerichtlich führen.

15 Die formelle Legitimation tritt mit Vollzug der Umschreibung im Register ein.[35] Im Falle des Erbranges sind Erben (aber nicht Vermächtnisnehmer) ungeachtet ihrer Eintragung im Register formell legitimiert, woraus ihre Aktiv- und Passivlegitimation in allen Fällen folgt.[36] Nicht ausreichend ist grundsätzlich der Eingang des Umschreibungsantrages beim DPMA.[37] Hierdurch unterscheidet sich § 29 von der Regelung des § 38 Abs. 2 MarkenG, der eine ausdrückliche Legitimationszuweisung Abstellung des Umschreibungsantrages normiert.[38] Gleichwohl ist die Stellung des Umschreibungsantrages nicht völlig ohne Rechtsfolgen. Der Rechtsnachfolger ist ab Stellung des Umschreibungsantrages (ge-

---

31 Vgl. *Eichmann/v. Falckenstein*, § 19 Rn. 9.
32 BayObLG, GRUR 1973, 35; *Günther/Beyerlein*, § 8 Rn. 3.
33 Vgl. zum Patentrecht: BGH, GRUR 1979, 145, 146 – Aufwärmvorrichtung; BPatGE 1, 130; BPatGE 3, 141.
34 BPatGE 1, 130.
35 Vgl. *Eichmann/v. Falckenstein*, § 29 Rn. 13.
36 Vgl. zum Patentrecht: BGH, GRUR 1979, 145, 146 – Aufwärmvorrichtung; BPatGE 32, 156.
37 Vgl. zum Patentrecht: BPatGE 25, 219; BPatGE 26, 127; BGH, GRUR 2002, 374 – Pressform.
38 Vgl. zum Markenrecht: BPatGE 43, 108 – Ostex/OSTAREX.

nauer: Eingang des Umschreibungsantrages beim DPMA) für der Rechtswahrung dienenden Maßnahmen legitimiert.[39] Zustellungen sind ab diesem Zeitpunkt vom DPMA an den Rechtsnachfolger zu richten, wenn die Rechtsnachfolge ausreichend nachgewiesen ist.[40] Darüber hinaus kann der Rechtsnachfolger bereits ein Wiedereinsetzungsverfahren und die dazugehörigen Rechtsmittel wirksam betreiben.[41] Voraussetzung hierfür ist jedoch stets, dass der Rechtsübergang, also die Verfügung über das Geschmacksmuster, bereits erfolgt ist.[42] Solange die Verfügung noch nicht wirksam erfolgte, bleibt trotz Stellung eines Umschreibungsantrages der (noch) eingetragene Inhaber allein formell und dann auch materiell berechtigt. Im Zweifelsfall wird das DPMA dem noch eingetragenen Inhaber und seinem Rechtsnachfolger anstehende Beschlüsse und Verfügungen parallel zustellen, um keinesfalls die Rechte eines der Beteiligten zu beschneiden.[43]

Der Antrag auf Umschreibung kann gemäß § 29 Abs. 3 bei rechtsgeschäftlicher Übertragung/Verfügung des Geschmacksmusters sowohl durch den (noch) eingetragenen Inhaber als auch durch dessen Rechtsnachfolger gestellt werden. Wird der Umschreibungsantrag nur vom Rechtsnachfolger gestellt, muss das DPMA dem eingetragenen Inhaber des Geschmacksmusters rechtliches Gehör gewähren (§ 14 Abs. 2 DPMAV).[44] Hat der Rechtsnachfolger sein Umschreibungsbegehren bereits gerichtlich durchgesetzt, so ist bei Vorlage eines Titels (rechtskräftiges, vollstreckbares gerichtliches Urteil oder vollstreckbarer Vergleich) keine Notwendigkeit für ein rechtliches Gehör gegenüber dem noch eingetragenen Inhaber gegeben.[45] Bei Gesamtrechtsnachfolge (Erbrang, Vermögensübernahme, etc.) wird der Antrag zwingend vom Rechtsnachfolger gestellt werden. Im Falle des Erbgangs kann auch eine Berichtigung von Amts wegen durch das DPMA vorgenommen werden.[46] Im Falle der Geschmacksmustervindikation (§ 9) kann der wahre Berechtigte den Umschreibungsantrag stellen.[47] Der Umschreibungsantrag soll auf dem entsprechenden Formblatt des DPMA einge- **16**

---

39 Vgl. *Eichmann/v. Falckenstein*, § 29 Rn. 13.
40 Vgl. zum Nachweis *Günther/Beyerlein*, § 29 Rn. 19.
41 BPatG, Mitt. 2001, 503.
42 BPatGE 24, 127.
43 Vgl. *Eichmann/v. Falckenstein*, § 29 Rn. 13.
44 BPatGE 41, 153; BPatG, GRUR 1999, 983; BPatG, BlPMZ 2001, 191.
45 Vgl. *Eichmann/v. Falckenstein*, § 29 Rn. 16.
46 BPatGE 32, 153.
47 Vgl. zu den registerrechtlichen Besonderheiten im Rahmen der Geschmacksmustervindikation *Günther/Beyerlein*, § 9 Rn. 11.

reicht werden (§ 28 Abs. 1 DPMAV). Bei der Umschreibung von Sammelanmeldungen erfolgt eine von Amts wegen vorzunehmende Teilung nach § 12 Abs. 2[48], sofern nur einzelne Muster bezüglich der Inhaberschaft umgeschrieben werden. Die Umschreibung ist gebührenfrei.

17 Das DPMA prüft die Begründetheit des Umschreibungsantrages im Hinblick auf die Rechtswirksamkeit des Übertragungsvertrages nicht.[49] Erhebt der (noch) eingetragene Inhaber substantiiert gegenüber dem DPMA Einwendungen gegen die Wirksamkeit des Verfügungsgeschäftes[50], so entsteht eine gewisse Prüfungspflicht des DPMA, die meist in der Verweigerung der Umschreibung endet. In diesem Fall muss der noch eingetragene Inhaber vom Rechtsnachfolger auf Einwilligung auf die Umschreibung verklagt werden. Das rechtskräftige und vollstreckbare Urteil ersetzt dann die Einwilligung des noch eingetragenen Inhabers in die Umschreibung.[51] Werden die beim DPMA bestehenden Zweifel an der Rechtswirksamkeit der Verfügung nicht ausgeräumt, so weist das DPMA den Antrag auf Umschreibung durch Beschluss zurück. Gegen diesen Beschluss ist die Beschwerde zum BPatG statthaft. Bei erfolgreicher Beschwerde weist das BPatG das DPMA an, die Umschreibung durchzuführen, da das BPatG die Umschreibung nicht selbst vollziehen kann. Dem noch eingetragenen Inhaber steht es bis zum Nachvollzug der Umschreibung im Register offen, die Umschreibungsbewilligung zu widerrufen.[52] Die Rechtsfolgen sind dieselben wie bei einer fehlenden Einwilligung von Anfang an.

18 In § 29 ist die Durchführung einer sogenannten Rückumschreibung nicht geregelt.[53] Sie richtet sich jedoch nach den für die einfache Umschreibung geltenden Regelungen. Eine Rückumschreibung kann insbesondere auch im Beschwerdeverfahren verlangt werden, da die Umschreibungsverfügung ebenso wie deren Ablehnung eine Entscheidung des DPMA ist, gegen die die Beschwerde statthaft ist.[54] Eine Rückum-

---

48 Vgl. hierzu *Günther/Beyerlein*, § 12 Rn. 10.
49 Vgl. zum Markenrecht: BGH, GRUR 1969, 43, 45 – Marpin.
50 Vgl. *Eichmann/v. Falckenstein*, 3. Aufl., § 29 Rn. 16 (anders wohl jetzt *Eichmann/v. Falckenstein*, § 29 Rn. 15), stellen insoweit auf das Verpflichtungsgeschäft ab. Maßgeblich ist aber einzig das Verfügungsgeschäft, da nur die dinglich wirkende Verfügung eine Änderung in der Inhaberschaft eines Geschmacksmusters herbeiführen kann und nicht lediglich die rechtsgeschäftliche causa des Verpflichtungsgeschäftes.
51 BPatG, Mitt. 2001, 380.
52 BPatGE 46, 44.
53 Vgl. *Eichmann/v. Falckenstein*, § 29 Rn. 17.
54 BPatGE 41, 151.

schreibung ist insbesondere dann erforderlich, wenn dem zuvor eingetragenen (und nun nicht mehr eingetragenen) Inhaber nicht ausreichend rechtliches Gehör gewährt wurde oder andere schwere Verfahrensmängel, die ursächlich für die Unrichtigkeit der Umschreibung waren, vorgelegen haben.[55] Als Beurteilung von Maßstab im Hinblick auf die schwere der einzelnen Verfahrensmängel kann auf die Regelung in §§ 578 ff. ZPO zur Wiederaufnahme des Verfahrens verwiesen werden.[56] Eine Rückumschreibung setzt jedoch stets voraus, dass ungeachtet der Verfahrensmängel die Umschreibung nicht zu Recht erfolgte.

Vor Umschreibung ist dem DPMA ein Nachweis über den Inhaberwechsel am jeweiligen Geschmacksmuster vorzulegen. Das Erfordernis eines Nachweises dient insbesondere dem Schutz des (noch) Eingetragenen, dem durch die Umschreibung zwar materiellrechtlich (im Hinblick auf seine Inhaberschaft am Geschmacksmuster) kein Rechtsverlust droht, gleichwohl soll ihm die formelle Legitimation, die die Eintragung verleiht, nicht grundlos entzogen werden.[57] Gemäß § 28 Abs. 3 DPMAV ist der Rechtsübergang formell durch Urkunden, die die Verfügung beinhalten müssen, ein solcher Nachweis zu führen. Der Nachweis muss sich insbesondere auf die Verfügung selbst und nicht nur das zugrunde liegende Verpflichtungsgeschäft beziehen.[58] Ausreichend ist gemäß § 28 Abs. 3 Nr. 1 DPMAV insbesondere ein vom eingetragenen Inhaber und dessen Rechtsnachfolger (oder den jeweiligen Vertretern) unterzeichnete Umschreibungsantrag. Es ist auch möglich, dass der Rechtsnachfolger allein den Antrag stellt und eine Zustimmungserklärung des eingetragenen Inhabers beifügt, wobei dieser in der deutschen Sprache gefasst sein muss. Dies erspart die Vorlage weiterer Urkunden, die vom DPMA lediglich zurückgesandt würden.[59] Daneben ist gemäß § 28 Abs. 3 Nr. 2 DPMAV möglich, dass der Rechtsnachfolger den Übertragungsvertrag oder eine vom noch eingetragenen Inhaber und vom Rechtsnachfolger unterzeichnete Übertragungserklärung vorliegt. Das DPMA hält für diese Fälle gemäß § 28 Abs. 4 DPMAV die amtlichen Vordrucke Nr. R 5742, R 5744, bereit. Die Vorlage eines vom noch eingetragenen Inhaber und seinem Rechtsnachfolger unterzeichneten Unternehmensübertragungsvertrag (Asset Deal) oder anderen

19

---

55 BPatGE 41, 194; BPatGE 46, 94; BPatG, GRUR 1999, 983; BPatG, BlPMZ 2001, 191.
56 BPatGE 41, 151; *Eichmann/v. Falckenstein*, § 29 Rn. 17.
57 BPatG, Mitt. 2001, 380.
58 BPatGE 41, 152.
59 PräsDPMA, BlPMZ 2000, 305; *Eichmann/v. Falckenstein*, § 29 Rn. 15.

§ 29   Rechtsnachfolge

Nachweisen, ist ebenfalls gemäß § 28 Abs. 7 DPMAV zulässig, sofern sich hieraus die Verfügung über das Geschmacksmuster ergibt.[60] Bei all diesen Urkunden ist nicht erforderlich, dass die Erklärungen oder Unterschriften öffentlich beglaubigt sind (§ 38 Abs. 3 DPMAV). Auch muss kein Original vorgelegt werden, so dass eine Kopie ausreichend ist.

20   Der Nachweis des Rechtsübergangs ist im Falle eines gesetzlichen Rechtsübergangs durch die zugrundeliegenden öffentlichen Urkunden zu führen. So müssen im Erbfall Erbschein oder Testament vorgelegt werden. Ausländische Urkunden sind dabei, sofern sie nicht in der englischen, französischen, italienischen oder spanischen Sprache abgefasst sind, zu übersetzen (§ 21 Abs. 4 GeschmMV).[61] Eine Beglaubigung ausländischer Urkunden entfällt im Regelfall.[62]

VI. Besonderheiten des Gemeinschaftsgeschmacksmusters

21   Die Übertragung des Gemeinschaftsgeschmacksmusters ist in den Art. 27, 28, 33 GGV geregelt. Der Eintragung eines Rechtsübergangs im Register kommt für Gemeinschaftsgeschmacksmuster eine größere Bedeutung zu als für nationale Geschmacksmuster. Erst die Eintragung des Rechtsübergangs erlaubt dem Rechtsnachfolger, Dritten gegenüber sich auf das Geschmacksmuster zu berufen (Art. 33 Abs. 2 Satz 1 i.V.m. Art. 28 GGV). Das Register besitzt für das Gemeinschaftsgeschmacksmuster eine negative Publizität für die in das Register einzutragenden Tatsachen. Vergleichbar ist diese negative Publizität mit § 15 Abs. 1 HGB.[63] Hieraus wird gefolgert, dass unter Umständen ein gutgläubiger Erwerb des Gemeinschaftsgeschmacksmusters möglich sei.[64] Im Gegensatz zum nationalen Geschmacksmuster ist die Eintragung des Rechtsübergangs des Gemeinschaftsgeschmacksmusters gebührenpflichtig. Einzelheiten ergeben sich aus Nr. 16 bzw. Nr. 17 des Gebührenverzeichnisses der GGGebV.[65]

---

60 BPatGE 41, 152.
61 Vgl. *Günther/Beyerlein*, § 23 Rn. 5, 98; *Eichmann/v. Falckenstein*, § 29 Rn. 15.
62 Zu den Einzelheiten vgl. *Eichmann/v. Falckenstein*, § 29 Rn. 15.
63 Vgl. *Eichmann/v. Falckenstein*, § 29 Rn. 19.
64 Vgl. *Eichmann/v. Falckenstein*, § 29 Rn. 19; vgl. zum Markenrecht: *Ströbele/Hacker – Hacker*, § 27 Rn. 68 (betreffend die Gemeinschaftsmarke).
65 Vgl. zu den Einzelheiten *Eichmann/v. Falckenstein*, § 29 Rn. 19.

§ 30 Dingliche Rechte, Zwangsvollstreckung, Insolvenzverfahren

(1) Das Recht an einem Geschmacksmuster kann
1. Gegenstand eines dinglichen Rechts sein, insbesondere verpfändet werden, oder
2. Gegenstand von Maßnahmen der Zwangsvollstreckung sein.

(2) Die in Absatz 1 Nr. 1 genannten Rechte oder die in Absatz 1 Nr. 2 genannten Maßnahmen werden auf Antrag eines Gläubigers oder eines anderen Berechtigten in das Register eingetragen, wenn sie dem Deutschen Patent- und Markenamt nachgewiesen werden.

(3) Wird das Recht an einem Geschmacksmuster durch ein Insolvenzverfahren erfasst, so wird das auf Antrag des Insolvenzverwalters oder auf Ersuchen des Insolvenzgerichts in das Register eingetragen. Für den Fall der Mitinhaberschaft an einem Geschmacksmuster findet Satz 1 auf den Anteil des Mitinhabers entsprechende Anwendung. Im Fall der Eigenverwaltung (§ 270 der Insolvenzordnung) tritt der Sachwalter an die Stelle des Insolvenzverwalters.

Übersicht

	Rn.		Rn.
I. Allgemeines	1	IV. Register (§ 30 Abs. 2)	10
II. Dingliches Recht/Pfandrecht (§ 30 Abs. 1 Nr. 1)	3	V. Insolvenz (§ 30 Abs. 3)	14
III. Zwangsvollstreckung (§ 30 Abs. 1 Nr. 2)	7		

I. Allgemeines

Geschmacksmuster sind übertragbare Gegenstände des Vermögens. Demzufolge können sie auch wie sonstige Vermögensgegenstände (dinglich) belastet und verwertet werden. § 30 stellt dies lediglich klar. 1

Das Gemeinschaftsgeschmacksmuster enthält in Art. 29 und Art. 30 GGV weitgehend inhaltsgleiche Regelungen zu Verpfändung, dinglichen Rechten und Maßnahmen der Zwangsvollstreckung. 2

II. Dingliches Recht/Pfandrecht (§ 30 Abs. 1 Nr. 1)

3 Gemäß § 30 Abs. 1 Nr. 1 kann das Geschmacksmuster Gegenstand eines sonstigen dinglichen Rechts sein, insbesondere verpfändet werden. Als sonstiges dingliches Recht kommt neben dem explizit genannten Pfandrecht noch der Nießbrauch (§§ 1068 ff. BGB) in Betracht. Darüber hinaus kann eine Lizenz auch so ausgestaltet werden, dass ihr „dingliche Wirkung" zukommt und sie damit ein dingliches Recht am Geschmacksmuster darstellen kann. Allerdings ist die (dingliche sowie schuldrechtliche) Lizenz speziell in § 31 geregelt, so dass § 30 insoweit nur subsidiäre Bedeutung hat.

4 Die Bestellung eines Pfandrechts am Geschmacksmuster erfolgt nach §§ 1273 ff. BGB. Die Verpfändung erfolgt gemäß § 1274 Abs. 1 Satz 1 BGB formlos. Durch die Bestellung eines Pfandrechts wird zugunsten des Pfandrechtsgläubigers ein der Sicherung einer Forderung dienendes absolutes Recht am Geschmacksmuster des Pfandschuldners bestellt, das den Pfandgläubiger berechtigt, sich durch Verwertung des Pfandes (Geschmacksmusters) aus dem Erlös zu befriedigen. Der Pfandgläubiger erlangt durch die Verpfändung kein eigenes Benutzungsrecht am Geschmacksmuster. Der Pfandschuldner bzw. Geschmacksmusterinhaber bleibt bis zu einer etwaigen Pfandverwertung in seiner Nutzung des Geschmacksmusters nicht eingeschränkt.[1] Bei Bestellung des Pfandrechts kann gemäß § 1273 Abs. 2 i.V.m. § 1213 Abs. 1 BGB vereinbart werden, dass dem Pfandgläubiger die Nutzungen des Pfandes zustehen. Die Befriedigung des Pfandgläubigers erfolgt durch die Verwertung des Geschmacksmusters im Rahmen der Zwangsvollstreckung (§ 1277 BGB). Die Pfandverwertung gemäß § 1277 BGB setzt Pfandreife voraus, die sich gemäß §§ 1273 Abs. 2, 1228 Abs. 2 BGB bestimmt. Bei Geldforderungen tritt Pfandreife mit deren Fälligkeit ein, bei nicht Geldforderungen mit dem Übergang der Forderung in eine Geldforderung. Bei Abweichungen von der gesetzlichen Verwertungsart der Zwangsvollstreckung können individuelle Vereinbarungen zwischen Pfandgläubiger und Pfandschuldner getroffen werden, insbesondere kann ein Pfandverkauf vereinbart werden (§§ 1243, 1244 BGB). Da gemäß § 1277 BGB ein dinglicher Titel auf Duldung der Zwangsvollstreckung in das Recht oder auf Gestattung der Befriedigung aus dem Recht nach Zwangsvollstreckungsvorschriften gegen den Rechtsinha-

---

[1] Vgl. zum Patentrecht: BGH, GRUR 1994, 602, 604 – Rotationsbürstenwerkzeug; LG Düsseldorf InstGE 8, 4, 7.

ber notwendig ist, besteht weiter die Möglichkeit, im Rahmen individueller Vereinbarungen, auch die Entbehrlichkeit eines solchen dinglichen Titels für die Befriedigung durch Zwangsvollstreckung etc. zu vereinbaren.

Als dingliches Recht kann an einem Geschmacksmuster auch ein Nießbrauch (§§ 1068 ff. BGB) vereinbart werden. Die Bestellung des Nießbrauchs kann ebenso wie die Verpfändung formlos erfolgen (§§ 1068 Abs. 1, 1069 Abs. 1 BGB). Der Nießbraucher ist im Hinblick auf das Geschmacksmuster zur Ausübung der Rechte hieraus (§§ 1068 Abs. 2, 1030 BGB) zur Aufrechterhaltung des Geschmacksmusters (§ 1041 BGB) und zur Verteidigung des Geschmacksmusters (§ 1065 BGB) berechtigt. Die Rechtsbeziehungen zwischen Nießbraucher und Eigentümer werden durch das den Inhalt des dinglichen Rechtsverhältnisses regelnde gesetzliche Schuldverhältnis bestimmt. Durch (auch nachträglich noch mögliche) individuelle Vereinbarung kann der Inhalt des gesetzlichen Schuldverhältnisses (schuldrechtlich) geändert werden. In der Praxis gewinnt der Nießbrauch an Geschmacksmusterrechten dadurch Bedeutung, dass durch Vereinbarung eines sogenannten Lizenzsicherungsnießbrauchs eine angeblich insolvenzfeste Gestaltung von Lizenzverträgen für die Insolvenz des Lizenzgebers geschaffen werden kann.[2]   5

Der Pfandgläubiger kann aktivlegitimiert sein. Der Pfandgläubiger erlangt zwar durch die Pfändung kein eigenes ausschließliches Benutzungsrecht an dem Geschmacksmuster; zum Zwecke der Sicherung seines Verwertungsrechts aus § 844 ZPO steht ihm aber ein selbstständiger Unterlassungsanspruch gemäß § 42 Abs. 1 zu, den er im Prozess gegen den Verletzer durchsetzen kann.[3]   6

III. Zwangsvollstreckung (§ 30 Abs. 1 Nr. 2)

Die Zwangsvollstreckung in ein Geschmacksmuster bestimmt sich nach §§ 857 Abs. 1, Abs. 2, 828 ff. ZPO und erfolgt durch Pfändung. Das Amtsgericht, in dessen Bezirk der Inhaber des Geschmacksmusters seinen allgemeinen Gerichtsstand hat, erlässt den Pfändungsbeschluss als Vollstreckungsgericht (§§ 828 Abs. 2, 829 Abs. 1 Satz 2 ZPO). Der Pfändungsbeschluss ist dem Geschmacksmusterinhaber zuzustellen   7

---
2 *Berger*, GRUR 2004, 20 ff.; Vgl. zum Lizenzsicherungsnießbrauch auch *McGuire/v. Zumbusch/Joachim*, GRUR Int. 2006, 682 ff.
3 Vgl. *Pitz*, GRUR 2010, 688, 692.

§ 30   Dingliche Rechte, Zwangsvollstreckung, Insolvenzverfahren

(§ 829 Abs. 2 Satz 2, 3, 4 ZPO). Eine darüber hinausgehende Zustellung des Pfändungsbeschlusses an das DPMA als registerführende Behörde und „Drittschuldner" ist nicht notwendig, da das DPMA gerade nicht als Drittschuldner anzusehen ist.[4] Durch den Pfändungsbeschluss wird ein Verfügungsverbot gemäß §§ 135, 136 BGB begründet.[5]

8 Durch die Zwangsvollstreckung bleibt der bisherige Inhaber des Geschmacksmusters weiterhin Inhaber des allerdings nun mit dem Pfändungspfandrecht belasteten Geschmacksmusters.[6] Als Inhaber stehen diesem auch weiterhin das Benutzungsrecht sowie die aus dem Geschmacksmuster sich ableitenden Verbietungsrechte zu.[7] Die Verwertung des gepfändeten Rechts erfolgt in der Regel durch gerichtlich angeordnete Veräußerung (§ 857 Abs. 5 ZPO).[8] Eine Überweisung zur Einziehung ist die Ausnahme.[9] Ebenfalls der Zwangsvollstreckung unterliegt das vor der Geschmacksmusteranmeldung bestehende Anwartschaftsrecht des Entwerfers. Sobald der Entwerfer seine Absicht der Verwertung kundgetan hat, ist die Zwangsvollstreckung in das Anwartschaftsrecht möglich.[10] Zwar ist originär nur der Entwerfer zur Geschmacksmusteranmeldung befugt, so dass das Vollrecht des Geschmacksmusters nur durch die mit seiner Zustimmung vorgenommene Anmeldung herbeigeführt werden kann. Dies ist unproblematisch der Fall, wenn der Entwerfer das Verwertungsrecht an seinem Entwurf einschließlich der Befugnis zur Anmeldung übertragen hat.[11] Es ist jedoch nicht notwendig, dass der Entwerfer das Verwertungsrecht auf einen Dritten bereits vollständig übertragen hat und diesem Dritten die Befugnis zur Anmeldung eingeräumt hat.[12] Wenn der Entwerfer einmal seine Verwertungsabsicht kundgetan hat, wäre es rechtsmissbräuchlich von ihm, eine Verwertung durch Zwangsvollstreckung zu vereiteln, wenngleich er eine anderweitige Verwertung im Rechtsverkehr beabsichtigt. Im Sinne eines effektiven Gläubigerschutzes kann nicht hingenommen werden, dass der Entwerfer versucht, sein Anwartschaftsrecht „zu Geld zu machen", seinen Gläubigern aber den Zugriff hierauf ver-

---

4 DPA, GRUR 1950, 294; AG München, Mitt. 1961, 116.
5 Vgl. zum Patentrecht: BGH, GRUR 1994, 602, 604 – Rotationsbürstenwerkzeug.
6 BPatGE 6, 221.
7 Vgl. zum Patentrecht: BGH, GRUR 1994, 602, 604 – Rotationsbürstenwerkzeug.
8 AG München, Mitt. 1961, 117.
9 DPA, GRUR 1950, 294.
10 Vgl. zu patentrechtlichen Geheimverfahren: BGH, GRUR 1955, 388, 389 – Dücko.
11 BGH, WRP 1998, 609, 610 – Stoffmuster.
12 So aber *Eichmann/v. Falckenstein*, § 30 Rn. 5.

wehren könnte. Soweit an einer solchen Anwartschaft ein Pfändungspfandrecht begründet wurde, setzt sich dieses Pfändungspfandrecht nach der Eintragung des Geschmacksmusters an diesem fort.[13]

Im Hinblick auf amtliche Verfahren vor dem DPMA und weiterer Instanzen gilt, dass auch nach Pfändung und der Bestellung des Pfändungspfandgläubigers zum Verwalter des Geschmacksmusters oder der Geschmacksmusteranmeldung der Vollstreckungsschuldner alleiniger Inhaber der Anmeldung oder des Geschmacksmusters bleibt. Der Pfändungspfandgläubiger ist zwar zur Teilnahme am amtlichen Verfahren insoweit berechtigt, als es um die Erhaltung des gepfändeten Rechts geht. Sofern das DPMA bzw. spätere Instanzen von der erfolgten Pfändung benachrichtigt werden, müssen dem Pfändungspfandgläubiger Mitteilungen rechtzeitig zugesandt werden, um ihm Reaktionen hierauf zu ermöglichen. Eigene Fristen laufen für den Pfändungspfandgläubiger dadurch jedoch nicht.[14] 9

IV. Register (§ 30 Abs. 2)

Auf Antrag eines Gläubigers oder eines anderen Berechtigten werden die rechtsgeschäftlich oder durch Zwangsvollstreckung begründeten Rechte i.S.v. Abs. 1 (Pfandrecht, Nießbrauch, Pfändungspfandrecht im Rahmen der Zwangsvollstreckung) in das Register eingetragen und anschließend im Geschmacksmusterblatt veröffentlicht. Grundsätzlich erfolgt eine derartige Eintragung nur auf Antrag und nicht von Amts wegen. Die Eintragung der Begründung von dinglichen Rechten ist eine Obliegenheit des Rechteinhabers. Durch die damit erreichte Publizität soll eine Beeinträchtigung dieser Rechte durch Dritte oder den Geschmacksmusterinhaber verhindert bzw. erschwert werden. Eine solche Eintragung dient insbesondere dazu, eine Sperrwirkung gem. § 36 Abs. 1 Nr. 2 gegen die vom Geschmacksmusterinhaber oder Dritten beantragte Löschung des Geschmacksmusters zu erzeugen. Dabei ist die Eintragung lediglich deklaratorischer Natur und wird nicht rechtsbegründend (konstitutiv). Allerdings verschafft die Eintragung gegenüber dem DPMA und den Gerichten eine formelle Legitimation.[15] Eintragungen nach Abs. 2 lassen aber die Verfahrensbeteiligung des Geschmacksmusterinhabers in Verfahren sowohl vor dem DPMA als auch vor den Gerichten unberührt, da trotz 10

---

13 Vgl. zum Patentrecht: BGH, GRUR 1994, 602, 604 – Rotationsbürstenwerkzeug.
14 Vgl. zum Patentrecht: BPatG, Beschluss vom 13. Mai 2004, Az.: 10 W (pat) 12/01.
15 Vgl. *Günther/Beyerlein*, § 29 Rn. 3.

dieser dinglichen Rechte der Geschmacksmusterinhaber rechtlich noch Inhaber des Geschmacksmusters – mit den jeweiligen dinglichen Beschränkungen – ist.

11 Wird über das Vermögen des Geschmacksmusterinhabers ein Insolvenzverfahren eröffnet, so wird auf Antrag des Insolvenzverwalters oder auf (Amtshilfe-)Ersuchen des Insolvenzgerichts diese Tatsache in das Register eingetragen (Abs. 3 Satz 1). Wird dem Insolvenzschuldner die Eigenverwaltung im Rahmen der Insolvenz gestattet (§§ 270ff. InsO), so darf der Sachverwalter anstelle des Insolvenzverwalters den Antrag gem. Abs. 3 Satz 1 und Satz 2 stellen (Abs. 3 Satz 3).

12 Die Eintragung eines Insolvenzverfahrens betreffend das Geschmacksmuster bzw. der dinglichen Rechte am Geschmacksmuster gemäß § 30 Abs. 1 erfolgen in Übereinstimmung mit § 13 Nr. 12, Nr. 13, Nr. 14 GeschmMV und werden nach § 14 Nr. 1 GeschmMV im Geschmacksmusterblatt bekannt gemacht. Der Antrag auf Eintragung des dinglichen Rechts oder der Insolvenz ist auf dem amtlichen Vordruck R 5743 (dingliches Recht) bzw. R 5744 (Insolvenz) einreichbar, aber auch die formlose Einreichung des Antrags ist möglich.

13 Die Einräumung des dinglichen Rechts bzw. die Eröffnung des Insolvenzverfahrens ist dem DPMA gegenüber nachzuweisen. Angaben zum Inhaber des dinglichen Rechts und gegebenenfalls seines Vertreters sind durch entsprechend beizufügende Dokumente nachzuweisen (§§ 28, 29, 5 Abs. 1 bis Abs. 5 DPMAV). Eine Gebühr für entsprechende Eintragungen wird nach den Umschreibungsrichtlinien 2002 des DPMA nicht erhoben.

V. Insolvenz (§ 30 Abs. 3)

14 Rechte an Geschmacksmustern sind Bestandteile des Vermögens, das die Insolvenzmasse gem. § 35 InsO bildet. Auch Geschmacksmusteranmeldungen fallen in die Insolvenzmasse.[16] Im Hinblick auf Anwartschaften zu Geschmacksmustern gelten die Ausführungen zur Zwangsvollstreckung in solchen Anwartschaften.[17] Besonderheiten ergeben sich bei Lizenzen an Geschmacksmustern in der Insolvenz des Lizenzgebers sowie in der Insolvenz des Lizenznehmers, da insoweit auch teilweise nicht erfüllte, zweiseitige Verträge und entsprechende Wahl-

---

16 BGH, WRP 1998, 609, 610 – Stoffmuster.
17 Vgl. Rn. 5.

rechte des Insolvenzverwalters zu beachten sind.[18] Wenn das Insolvenzverfahren durch das Gericht auf Antrag des Schuldners oder eines Gläubigers gemäß § 13 Abs. 1 InsO erfolgt ist, folgen erste Sicherungsmaßnahmen des Gerichts (Verfügungsverbote, Bestellung des vorläufigen Insolvenzverwalters etc.). Der Eröffnungsbeschluss des Gerichts führt dazu, dass mit der Verfahrenseröffnung (§ 27 InsO) der Insolvenzschuldner die Befugnis verliert, sein zur Insolvenzmasse gehörendes Vermögen zu verwalten und darüber zu verfügen. Diese Befugnis geht dann auf den (endgültigen) Insolvenzverwalter über (§ 80 Abs. 1 InsO). Nach Durchführung des Insolvenzverfahrens, bei dem der Insolvenzverwalter um Fortführung des Unternehmens bemüht sein sollte, wird entweder der Insolvenzgrund dauerhaft beseitigt, was direkt zum Ende des Insolvenzverfahrens führt, oder es wird eine dauerhafte Sanierungslösung im Rahmen eines Insolvenzplans erarbeitet. Scheitert die (wirtschaftliche) Fortführung des Unternehmens, so wird die verbliebene Insolvenzmasse anteilsmäßig auf die Insolvenzgläubiger verteilt.

---

18 Vgl. zur geltenden Rechtslage und zu (notwendigen) Reformbestrebungen bei Lizenzen in der Insolvenz: *Beyerlein*, WRP 2007, 1074 ff.; vgl. hierzu auch *Günther/Beyerlein*, § 31 Rn. 30.

§ 31 Lizenz

(1) Der Rechtsinhaber kann Lizenzen für das gesamte Gebiet oder einen Teil des Gebiets der Bundesrepublik Deutschland erteilen. Eine Lizenz kann ausschließlich oder nicht ausschließlich sein.

(2) Der Rechtsinhaber kann die Rechte aus dem Geschmacksmuster gegen einen Lizenznehmer geltend machen, der hinsichtlich

1. der Dauer der Lizenz,
2. der Form der Nutzung des Geschmacksmusters,
3. der Auswahl der Erzeugnisse, für die die Lizenz erteilt worden ist,
4. des Gebiets, für das die Lizenz erteilt worden ist, oder
5. der Qualität der vom Lizenznehmer hergestellten Erzeugnisse

gegen eine Bestimmung des Lizenzvertrags verstößt.

(3) Unbeschadet der Bestimmungen des Lizenzvertrags kann der Lizenznehmer ein Verfahren wegen Verletzung eines Geschmacksmusters nur mit Zustimmung des Rechtsinhabers anhängig machen. Dies gilt nicht für den Inhaber einer ausschließlichen Lizenz, wenn der Rechtsinhaber, nachdem er dazu aufgefordert wurde, innerhalb einer angemessenen Frist nicht selbst ein Verletzungsverfahren anhängig macht.

(4) Jeder Lizenznehmer kann als Streitgenosse einer vom Rechtsinhaber erhobenen Verletzungsklage beitreten, um den Ersatz seines eigenen Schadens geltend zu machen.

(5) Die Rechtsnachfolge nach § 29 oder die Erteilung einer Lizenz im Sinne des Absatzes 1 berührt nicht Lizenzen, die Dritten vorher erteilt worden sind.

Übersicht

	Rn.
I. Allgemeines	1
II. Lizenzvertrag	3
III. Ausgestaltung des Lizenzvertrages	18
IV. Prozessuales	24
V. Sukzessionsschutz	29
VI. Lizenzgebühren	31
VII. Wettbewerbsbeschränkungen/Kartellrecht	38

I. Allgemeines

Die GRL enthält für § 31 keine Vorgabe. Er ist jedoch weitgehend deckungsgleich mit Art. 32 GGV, Art. 22 GMV und § 30 MarkenG. Die Möglichkeit der Lizenzierung war bereits im GeschmMG a.F. anerkannt.[1] Hierin liegt ein wesentlicher Unterschied zum wettbewerbsrechtlichen Leistungsschutz gemäß § 4 Nr. 9 UWG, der einer Lizenzierung grundsätzlich nicht offen steht.[2] Eine gesetzliche Regelung bestand jedoch nicht. Grundsätze zum Lizenzvertrag sind in Abs. 1 geregelt; während in Abs. 2 die gesetzlichen Ansprüche des Lizenzgebers gegen den Lizenznehmer geregelt sind, regelt Abs. 3 die Aktivlegitimation, Abs. 4 das Beitrittsrecht des Lizenznehmers und Abs. 5 einen Sukzessionsschutz zugunsten des Lizenznehmers. 1

Die Regelung zum Gemeinschaftsgeschmacksmuster und § 31 stimmen im Großen und Ganzen überein. So entspricht § 31 Abs. 1 dem Art. 32 Abs. 1 GGV, § 31 Abs. 2 dem Art. 32 Abs. 2 GGV, § 31 Abs. 3 dem Art. 32 Abs. 3 GGV und § 31 Abs. 4 dem Art. 32 Abs. 4 GGV. Dabei besteht die Möglichkeit, die Lizenz für das Gemeinschaftsgebiet als Ganzes zu erteilen oder sie auf ein Teilgebiet zu begrenzen. Gesetzliche Ansprüche gegen Benutzungshandlungen von Lizenznehmern und Abnehmern bestehen bei der Gemeinschaftsmarke nicht. Einen eingeschränkten Sukzessionsschutz gewähren nur Art. 32 Abs. 5 i.V.m. Art. 33 Abs. 2 GGV. Erst mit Eintragung der Lizenz im Register entfaltet die Lizenz gegenüber Dritten hinsichtlich Erteilung und Übertragung Wirkung. Für den Übergang von Rechten an einem Gemeinschaftsgeschmacksmuster ergibt sich dies aus Art. 28 i.V.m. Art. 33 Abs. 2 Satz 1 GGV. Bei Unternehmensübertragungen bestehen Ausnahmen nach Art. 33 Abs. 3 GGV hinsichtlich des Erfordernisses der Registereintragung. Dies gilt nach Art. 33 Abs. 2 Satz 2 GGV auch für Rechtspositionen bezüglich eines noch nicht eingetragenen Vorgangs, über den jedoch Kenntnis besteht. 2

II. Lizenzvertrag

§ 31 Abs. 2 und 3 geben Hinweise, dass es sich bei der Lizenz um eine vertragliche Regelung handelt. Beispielhaft ist der Inhalt möglicher 3

---

1 Vgl. *Gerstenberg/Buddeberg*, § 3 Ziff. 6; *Eichmann/v. Falckenstein*, 2. Aufl., § 3 Rn. 16 ff.
2 *Nemeczek*, GRUR 2011, 292, 293.

Vertragsklauseln in Abs. 1 und Abs. 2 genannt. Die Übertragung des Benutzungsrechts nach § 38[3] vom Lizenzgeber auf den Lizenznehmer ist Hauptinhalt des Lizenzvertrags, der auch das Verbietungsrecht[4] umfassen kann. Dabei kann das Benutzungsrecht ganz oder nur teilweise übertragen werden. Der Inhalt des Lizenzvertrags ist im Übrigen von den Vertragsparteien frei zu verhandeln. Dies ist Ausfluss der Vertragsfreiheit. Da eine gesetzliche Regelung des Lizenzvertrags nicht erfolgt ist, handelt es sich um einen Vertrag eigener Art, um einen eigenständigen Vertragstyp.[5] Tarifverträge oder branchenspezifische Musterverträge können als Anregung für den Inhalt von Lizenzverträgen herangezogen werden.[6] Beschränkungen bei der inhaltlichen Gestaltung können sich aus dem UWG, aus § 138 BGB sowie dem Designerpersönlichkeitsrecht[7] ableiten. Ist der genaue Inhalt aus dem Lizenzvertrag selbst nicht ermittelbar, so kann zur Auslegung auf gesetzlich typisierte Verträge zurückgegriffen werden,[8] insbesondere wegen der Gebrauchsüberlassung gegen Entgelt Nähe zum Pachtvertrag besteht. Lizenzverträge können jedoch auch typische Elemente von Kaufverträgen über Rechte, Gesellschaftsverträgen oder Werklieferungsverträgen enthalten. Deshalb ist ein Rückgriff auf diese Vertragstypen zur Auslegung des Lizenzvertrags möglich.[9] Der Lizenzvertrag ist ein synallagmatischer Vertrag, der auf den Austausch von Leistungen gerichtet ist. Deshalb sind die §§ 320 ff. BGB unmittelbar anwendbar. Werden Nebenpflichten nicht vereinbart, so können sich diese sowie Fürsorgepflichten aus dem Vertrag neben den Hauptpflichten ergeben.[10] Sind Lizenzverträge auf lange Dauer oder unbefristet geschlossen, so stellen sie Dauerschuldverhältnisse dar. Aus diesem Grund sind den Vertragsparteien besondere Treuepflichten auferlegt.[11] Diese erlangen vor allem Bedeutung, wenn Leistungsstörungen der Geschäftsgrundlage auftreten.[12]

4 Wortlaut und Parteiwille sind bei der Auslegung von Lizenzverträgen maßgeblich. Kann daraus kein eindeutiges Ergebnis abgeleitet werden, so ist auf die Begleitumstände und späteres Verhalten der Vertragspar-

---

3 Vgl. *Günther/Beyerlein*, § 38 Rn. 3; *Eichmann/v. Falckenstein*, § 38 Rn. 4.
4 Vgl. *Günther/Beyerlein*, § 38 Rn. 10; *Eichmann/v. Falckenstein*, § 38 Rn. 8.
5 BGH, GRUR 1961, 27 – Holzträger.
6 *Kur*, FS für Schricker, 1995, 503.
7 Vgl. *Kur*, FS für Schricker, 1995, 503.
8 BGH, GRUR 1970, 547 – Kleinfilter.
9 *v. Gamm*, § 3 Rn. 353.
10 BGH, GRUR 1961, 470 – Mitarbeiter-Urkunde.
11 BGH, GRUR 1965, 135 – Vanal-Patent; BGH, GRUR 1959, 616 – Metallabsatz.
12 BGH, GRUR 1982, 481 – Hartmetallkopfbohrer.

teien zurückzugreifen.[13] Zur Beurteilung kann auch die Zweckübertragungslehre herangezogen werden. Dieses in § 31 Abs. 5 UrhG geregelte Rechtsinstitut ist nicht nur auf das Urheberrecht beschränkt, sondern in einem weiteren Bereich anzuwenden.[14] Der Vertragszweck kann zur Auslegung von allgemein gehaltenen Vertragsklauseln herangezogen werden,[15] wobei sich der Umfang des Nutzungsrechts beim Fehlen anderer Anhaltspunkte nach dem damit verfolgten Zweck richtet.[16] Die Gesamtumstände[17] sind bei fehlender ausdrücklicher Vereinbarung bei der Auslegung zu beachten. Dabei ist auch die Verkehrssitte zu beachten.[18] Das Verwertungsrecht ist im Zweifel im Umfang einer bestehenden Branchenübung eingeräumt.[19] Eine zeitliche, räumliche oder inhaltliche Einschränkung des Nutzungsrechts bestimmt sich bei fehlender Präzisierung des Umfangs der Rechtseinräumung nach der Zweckübertragungslehre.[20] Dabei können Nebenpflichten aus einer gegenseitigen Fürsorgepflicht entstehen.[21]

5 Nach Abs. 1 Satz 1 kann durch Vereinbarung das Vertragsgebiet festgelegt werden, wobei vom Gebiet der Bundesrepublik Deutschland als dem Geltungsgebiet des GeschmMG als Vertragsgebiet auszugehen ist. Soll dieses beschränkt werden, so ist hierfür eine vertragliche Regelung erforderlich, wobei für die Abgrenzung sowohl auf politische und geografische Grenzen als auch auf andere Kriterien wie beispielsweise Postleitzahlen oder Telefonvorwahlen zurückgegriffen werden kann. Die Beschränkung des Vertragsgebiets durch Gebietslizenzen ist dann von Bedeutung, wenn die Aufteilung die Erschließung des Marktes besser ermöglicht oder eine Vertriebsorganisation für das Bundesgebiet nicht besteht.

6 Nach den verschiedenen Arten von Benutzungshandlungen[22] richtet sich die Art der Nutzung. Ist vertraglich nichts anderes festgelegt, so sind von der Lizenz alle Benutzungshandlungen erfasst.[23] Der Lizenz-

---

13 BGH, GRUR 1998, 561 – Umsatzlizenz.
14 BGH, GRUR 1996, 121 – Pauschale Rechtseinräumung.
15 BGH, GRUR 1996, 121 – Pauschale Rechtseinräumung.
16 BGH, GRUR 2000, 144 – Comic-Übersetzungen II; BGH, GRUR 1981, 196 – Honorarvereinbarung.
17 BGH, GRUR 1996, 122.
18 BGH, GRUR 1986, 886.
19 BGH, GRUR 1986, 886.
20 BGH, GRUR 1996, 122.
21 BGH, GRUR 2000, 138 – Knopflochnähmaschinen.
22 Vgl. *Eichmann/v. Falckenstein*, § 38 Rn. 31 ff.
23 *Eichmann/v. Falckenstein*, § 31 Rn. 7.

nehmer hat dann insbesondere das Recht, mustergemäße Erzeugnisse selbst herzustellen und diese auch zu verbreiten. Wurde dem Lizenznehmer eine Herstellungslizenz erteilt, so umfasst diese mangels anderer Vereinbarung das Recht, die hergestellten Erzeugnisse zu verbreiten.[24] Die Herstellungslizenz kann jedoch in der Weise beschränkt werden, dass der Lizenznehmer die Produkte ausschließlich an den Lizenzgeber oder von ihm benannte Dritte zu liefern hat.[25] Es besteht auch die Möglichkeit, dass nur eine Vertriebslizenz erteilt wird. Dann muss der Lizenznehmer die Produkte vom Lizenzgeber oder dem Inhaber der Herstellungslizenz erwerben.[26] Es ist zu beachten, dass vertraglich sowohl bei der Herstellungs- als auch bei der Vertriebslizenz weitere Beschränkungen vereinbart werden können; diese haben keine quasi dingliche Wirkung,[27] weshalb Zuwiderhandlungen gegen die Vereinbarung nur schuldrechtliche Ansprüche gegen den Lizenznehmer begründen. Weitergehende Ansprüche gegen die Abnehmer des Lizenznehmers bestehen dagegen nicht.

7   Nach Abs. 1 Satz 2 kann ein Alleinbenutzungsrecht (single use) oder eine Alleinbenutzungslizenz (sole license) vereinbart werden, die als ausschließliche Lizenz bezeichnet wird. Durch diese entsteht nach § 31 Abs. 3 Satz 1 UrhG ein Ausschlussrecht hinsichtlich des Nutzungsrechts, das auch den Lizenzgeber einschließt; dieser Grundsatz kann im GeschmMG als Auslegungsregel herangezogen werden.[28] Sie räumt dem Lizenznehmer die Möglichkeit ein, innerhalb des Umfangs des ihm eingeräumten Rechts in einem bestimmten Marktgebiet das Recht alleine auszuüben. Diese Lizenz kann soweit ausgedehnt werden, dass dem Inhaber des Geschmacksmusters nur noch das formale Geschmacksmuster verbleibt.[29] Dabei ist die ausschließliche Lizenz vom Verkauf des Geschmacksmusters abzugrenzen. Der Lizenznehmer hat die im Lizenzvertrag vereinbarten Grenzen (räumlich, zeitlich, inhaltlich) einzuhalten.

8   Auch als einfache Lizenz wird die nicht ausschließliche Lizenz bezeichnet, bei der neben dem Lizenznehmer auch der Lizenzgeber und ggf. weitere Lizenznehmer die Rechte aus dem Geschmacksmuster

---

24 *Bartenbach/Gennen*, Rn. 1009; *Groß*, Rn. 26.
25 *Groß*, Rn. 26.
26 BGH, GRUR 1966, 576 – Zimcofot; BGH, GRUR 1959, 528 – Autozeltdach.
27 Vgl. *Eichmann/v. Falckenstein*, 3. Aufl., § 31 Rn. 14.
28 Vgl. *Eichmann/v. Falckenstein*, § 31 Rn. 7.
29 *Groß*, Rn. 36.

nutzen können. Hinsichtlich der Beschränkungen gilt das Gleiche wie bei der ausschließlichen Lizenz.

Eine Ausübungspflicht kann sowohl bei der ausschließlichen als auch bei der einfachen[30] Lizenz vereinbart werden. Wird diese nicht erfüllt, besteht Schadenersatzanspruch des Lizenzgebers. Die Ausübungspflicht kann sich auch aus den Gesamtumständen ergeben. Ausübungspflicht besteht regelmäßig bei einer ausschließlichen Umsatzlizenz,[31] wobei sich Umfang und Fortbestand nach dem jeweiligen Einzelfall bestimmen.[32] Ist die Ausübung dem Lizenznehmer unzumutbar, etwa bei Unwirtschaftlichkeit trotz Ausschöpfung aller zumutbarer Bemühungen,[33] kann die Ausübungspflicht entfallen.[34] Dann bestehen sowohl ein Kündigungsrecht als auch Schadenersatzansprüche.[35] Die Berechnung des Schadenersatzes gestaltet sich bei diesen Fallkonstellationen allerdings schwierig.[36] Die Ausübungspflicht manifestiert sich häufig durch die Vereinbarung einer Mindestlizenz.

9

Aus dem Vertragsinhalt ergibt sich, ob der Lizenznehmer zur Vergabe von Unterlizenzen, einer Sonderform der Mitbenutzung von Geschmacksmustern, berechtigt ist.[37] Durch die Beurteilung der beiderseitigen Interessen ist bei fehlender vertraglicher Regelung festzustellen, ob das Recht zur Erteilung von Unterlizenzen besteht. Bei ausschließlichen Lizenzen können Unterlizenzen erteilt werden.[38] Die Regelung des § 35 Abs. 1 Satz 1 UrhG findet auch für das Geschmacksmuster Anwendung. Deshalb kann eine Unterlizenz auch bei ausschließlicher Lizenz nur mit Zustimmung des Geschmacksmusterinhabers erteilt werden.[39] Nach § 35 Abs. 2 i.V.m. § 34 Abs. 1 Satz 2 UrhG kann die Versagung der Zustimmung allerdings unbeachtlich sein, wenn sie sich als treuwidrig erweist. Dagegen berechtigt die einfache Lizenz den Lizenznehmer regelmäßig nicht zur Erteilung von Unterlizenzen. Durch die Erteilung einer Unterlizenz werden alle Beschränkungen, die sich

10

---

30 BGH, GRUR 1980, 38 – Fullplastverfahren.
31 BGH, GRUR 1969, 560 – Frischhaltegefäß; BGH, GRUR 1961, 470 – Mitarbeiter-Urkunde.
32 BGH, GRUR 2000, 138 – Knopflochnähmaschinen.
33 BGH, GRUR 1978, 166 – Banddüngstreuer.
34 BGH, GRUR 2000, 138 – Knopflochnähmaschinen.
35 BGH, GRUR 1980, 40.
36 *Hesse*, GRUR 1972, 505.
37 *Beyerlein*, Der Geschmacksmustervertrag, 32.
38 BGH, GRUR 1953, 114 – Reinigungsverfahren.
39 Vgl. *Eichmann/v. Falkenstein*, § 31 Rn. 10.

aus dem ursprünglichen Lizenzvertrag ergeben, an den Unterlizenznehmer weitergegeben. Eine Erweiterung der Befugnisse ist nicht möglich. Bei der Erteilung der Lizenz kann das Recht des Lizenznehmers zur Erteilung von Unterlizenzen mit quasi-dinglicher Wirkung ausgeschlossen werden,[40] weshalb bei einem Verstoß die Rechte aus dem Geschmacksmuster vom Rechteinhaber gegen den Unterlizenznehmer geltend gemacht werden können. Dem Austausch des Lizenznehmers muss vom Inhaber des Geschmacksmusters zugestimmt werden, da es sich um eine Änderung des ursprünglichen Vertrages handelt.

11 Im Lizenzvertrag ist die Laufzeit des Vertrags zu vereinbaren.[41] Ist diese vertraglich nicht geregelt, fehlt damit eine vertragliche Vereinbarung über das Ende des Vertrags, so endet dieser mit dem Ablauf des Geschmacksmusterschutzes.[42] Die Durchsetzung von Ansprüchen gegen Abnehmer kann durch einen Streit über die Dauer erschwert werden. Eine möglicherweise unzulässige Wettbewerbsbeschränkung kann vorliegen, wenn die Vertragslaufdauer über der Restdauer des Geschmacksmusters liegt.[43] Zwischen den Parteien kann vereinbart werden, dass bestimmte Sachverhalte ein Recht zur außerordentlichen Kündigung begründen oder einen Fristvorlauf zur Folge haben.[44] Üblicherweise werden solche Kündigungsrechte für den Lizenzgeber beim Unterschreiten eines Mindestumsatzes vereinbart, wobei dieses regelmäßig nicht bei der Vereinbarung von Mindestlizenzen gilt. Das Recht zur außerordentlichen Kündigung kann nach § 314 BGB nicht ausgeschlossen werden.[45] Ist der Vertrag beendet, so hat der Lizenznehmer kein weiteres Recht zur Herstellung. Ist dem Lizenzgeber kein Rückkaufsrecht eingeräumt, so kann der Lizenznehmer zum Abverkauf noch vorhandener Erzeugnisse berechtigt sein.[46] Dieses Recht bestimmt sich nach den vertraglichen Regelungen oder den Gesamtumständen. Im Falle einer ausschließlichen (dinglichen) Lizenz ist zu beachten, dass die Kündigung der Lizenz selbst noch nicht dazu führt, dass das durch die im Rahmen der ausschließlichen Lizenzvergabe erfolgte Verfügung beim Lizenznehmer bestehende Recht automatisch an den Geschmacksmusterinhaber und ehemaligen Lizenzgeber zurückfällt. Der

---

40 BGH, GRUR 1987, 37 – Videolizenzvertrag.
41 *Beyerlein*, Der Geschmacksmustervertrag, 36.
42 *Groß*, Rn. 477 m.w.N.
43 Vgl. *Eichmann/v. Falckenstein*, § 31 Rn. 11.
44 BGH, GRUR 2004, 532 – Nassreinigung.
45 *Beyerlein*, Der Geschmacksmustervertrag, 36.
46 BGH, GRUR 1959, 528 – Autozeltdach.

Geschmacksmusterinhaber muss gegebenenfalls das beim ehemaligen Lizenznehmer verbliebene Recht kondizieren. Dies folgt aus der Trennung zwischen schuldrechtlichem Verpflichtungsgeschäft (kausal) und dinglichem Verfügungsgeschäft (sogenanntes Trennungsgeschäft und Abstraktionsprinzip). Das Trennungs- und Abstraktionsprinzip wird auch nicht durch § 9 VerlG unterlaufen, da eine analoge Anwendung des § 9 VerlG sich außerhalb des Urheberrechts aufgrund des Ausnahmecharakters dieser Vorschrift verbietet.[47]

Hat der Lizenznehmer den Bekanntheitsgrad des Erzeugnisses durch Werbeaufwendungen erheblich gesteigert,[48] so hat er nach Vertragsende keinen Anspruch auf Entschädigung. Das Geschmacksmuster fällt uneingeschränkt und vorbehaltlos an den Lizenzgeber zurück. Eine andere vertragliche Regelung ist möglich. Ist die Schutzdauer des Geschmacksmusters abgelaufen, so kann der Lizenznehmer es wie jeder Dritte verwenden. Er hat jedoch fortwirkende Treupflichten zu beachten. Auch sind dabei Marken-[49] und Urheberrechte zu beachten. Besonders die Auflösung des Vertrages vor dem vereinbarten Vertragsende kann die Beachtung von fortwirkenden Treuepflichten auslösen. Ein zeitlich befristetes Vertriebsverbot kann sich ergeben, wenn der Lizenznehmer ohne Wissen des Lizenzgebers während der Vertragslaufzeit den Vertrieb von Abwandlungen aufbaut und nach Abschluss dieser Vorbereitung den Lizenzvertrag kündigt. **12**

Der Umfang der Haftung des Lizenzgebers bestimmt sich primär nach dem Inhalt des Lizenzvertrags, wenn hinsichtlich des lizenzierten Rechts Leistungsstörungen auftreten. Dabei ist stets zu beachten, dass der Lizenzvertrag über ein ungeprüftes Schutzrecht einen aleatorischen (gewagten) Charakter hat.[50] Die Geschäftsgrundlage nach § 313 BGB ist dabei nachrangig,[51] wobei die Rechtsfolgen des BGB unter Beachtung der Rechtsnatur des Lizenzvertrags entsprechend anzuwenden sind. Nach § 453 BGB richten sich die Ansprüche des Lizenznehmers bei der ausschließlichen Lizenz nach den Vorschriften über den Kauf von Sachen.[52] Die Haftung des Lizenzgebers im Geschmacksmusterrecht umfasst folgende Punkte: die Eintragung des Geschmacksmusters **13**

---

47 *Beyerlein*, EWIR 2004, 768; Vgl. zur Analogiefähigkeit des § 9 Verlagsgesetz: BGHZ 27, 90, 94; BGH, GRUR 1982, 371; a.A. LG Mannheim, ZIP 2004, 576.
48 BGH, GRUR 1963, 485 – Micky-Maus-Orangen.
49 BGH, GRUR 1963. 487.
50 Vgl. zum Patentkauf: *Beyerlein*, Mitt. 2004, 193 ff.
51 BGH, GRUR 2001, 223 – Bodenwaschanlage.
52 *Haedicke*, GRUR 2004, 125.

im Zeitpunkt des Vertragsschlusses sowie die Verlängerung der Schutzdauer für die Dauer des Lizenzvertrags. Der Lizenznehmer hat gegen den Lizenzgeber Ansprüche nach §§ 453 Abs. 1, 437 und 311a BGB sowohl bei fehlender Neuheit oder Eigenart[53] als auch bei Gründen, die verhindern, dass das Geschmacksmuster nach seiner Art nicht entstehen kann.[54] Ein Anfechtung wegen arglistiger Täuschung nach § 123 BGB und Schadenersatzansprüche können die Folge von unrichtigen Angaben während der Vertragsverhandlungen zur Schutzrechtslage sein.[55] Fehlt dem Geschmacksmuster die Neuheit oder ist es nicht eigenartig, da es zum vorbekannten Formenschatz gehört,[56] so besteht trotzdem die Möglichkeit, dass der Lizenznehmer vertraglich verpflichtet bleibt. Respektieren – wofür der Lizenzgeber darlegungs- und beweisbelastet ist – alle Wettbewerber das (richtige) Geschmacksmuster, so erfolgt die Zahlung der Lizenzgebühr in nicht kondizierbarer Weise. Der Lizenznehmer steht dann nämlich wirtschaftlich nicht schlechter als er bei Bestand des Schutzrechtes stünde. Respektieren Wettbewerber die faktische Monopolstellung des Lizenznehmers nicht, entfällt die Bindung des Lizenznehmers,[57] jedoch nicht, wenn es – aus welchen Gründen auch immer – keine Wettbewerber gibt. Dann bleibt der Lizenznehmer vertraglich gebunden.[58] Dies wurde so für den Geschmacksmusterkauf[59] sowie für urheberrechtliche Nutzungsverträge[60] entschieden. In entsprechender Anwendung des § 52 Abs. 3 Nr. 2 MarkenG kann es bei Unbilligkeit zu Rückforderungsansprüchen kommen, die den Umständen anzupassen sind. Die Bedeutung, die die Parteien dem wirksamen Geschmacksmusterschutz einem erst noch anzumeldenden Geschmacksmuster beigemessen haben, ist entscheidend für das Bestehen bzw. die Anfechtungs-, Rücktritts- sowie Schadensersatzrechte. Das Gleiche gilt bei Verträgen über die künftige Gestaltung. Steht das Recht zur Verwendung einer lizenzierten Gestaltung im Vordergrund, so kann die Schutzfähigkeit dieser Gestaltung zurücktreten. Eine Haftung des Lizenzgebers für den geschäftlichen Erfolg[61] oder für

---

53 BGH, GRUR 1993, 40 – Keltisches Horoskop; BGH, GRUR 1978, 308 – Speisekartenwerbung; BGH vom 13.2.1970 – I ZR 21/68 – Trinkglasuntersetzer.
54 BGH, GRUR 1957, 595 – Verwandlungstisch.
55 BGH, GRUR 1998, 650 – Krankenhausmüllentsorgungsanlage.
56 BGH vom 13. Februar 1970 – I ZR 21/68 – Trinkglasuntersetzer.
57 BGH, GRUR 1983, 237 – Brückenlegepanzer; BGH, GRUR 1977, 107 – Werbespiegel.
58 BGH, GRUR 1983, 239.
59 BGH, GRUR 1978, 310.
60 BGH, GRUR 1993, 42.
61 BGH, GRUR 1974, 40 – Bremsrolle.

die Fabrikationsreife[62] besteht nicht, da den Parteien bewusst ist, dass ein Lizenzvertrag mit diesen Risiken behaftet ist.

Die Beendigung des Vertrages ist für beide Parteien durch außerordentliche Kündigung nach § 314 Abs. 1 BGB möglich. Voraussetzung dafür ist, dass ihnen bzw. der kündigenden Partei die Fortsetzung des Vertragsverhältnisses bis zum Ablauf der ordentlichen Kündigungsfrist nicht mehr zugemutet werden kann, wobei sich die Unzumutbarkeit aus einer Interessenabwägung, in die alle Umstände des Einzelfalls objektiv gewürdigt werden müssen,[63] ergeben muss.[64] Ist dies nicht der Fall, muss vor Ausübung des Rechts auf außerordentliche Kündigung nach § 314 Abs. 2 BGB eine Abmahnung erfolgen.[65] **14**

Als Störung der Geschäftsgrundlage nach § 313 BGB ist bei dem als Dauerschuldverhältnis angelegten Lizenzvertrag der Verlust der Vorzugsstellung gegenüber den Wettbewerbern zu bewerten,[66] weshalb der Lizenznehmer ein Recht zur Lösung des Vertragsverhältnisses für die Zukunft hat.[67] Ob diesem Recht eine ausschließliche oder einfache Lizenz zugrunde liegt, ist unerheblich.[68] Welche Erfordernisse an die Abmahnung und das Recht auf Kündigung gestellt werden, hängt davon ab, wie stark das Treueverhältnis ausgeprägt ist. Werden Kündigungsgründe nachgeschoben, so ist zu überprüfen, ob sie bereits bei Abgabe der Kündigungserklärung vorlagen und nur noch nicht bekannt waren, oder ob sie erst nach der Kündigung eingetreten sind.[69] **15**

Lizenzverträge unterliegen in der Insolvenz insbesondere der Vorschrift des § 103 InsO.[70] Solange ein Lizenzvertrag beiderseitig nicht vollständig erfüllt ist, kann der Insolvenzverwalter der insolventen Partei des Lizenzvertrages sich entscheiden, ob er den Vertrag weiter erfüllen will oder nicht. § 103 InsO setzt voraus, dass der Vertrag beidseitig nicht vollständig erfüllt ist. Hierfür ist es ausreichend, dass beide Vertragsparteien zumindest im Hinblick auf Nebenpflichten (Weiterentwicklung des Musters, Beibehaltung der Schutzvermerke in Lizenzmaterial **16**

---

62 BGH, GRUR 1955, 338 – Brillengläser.
63 BGH, GRUR 1997, 610 – Tinnitus-Masker.
64 BGH, GRUR 1004, 532 – Nassreinigung; BGH, GRUR 1992, 112 – pulp-wash.
65 BGH, GRUR 1997, 611; BGH, GRUR 1992, 114.
66 BGH, GRUR 1982, 481 – Hartmetallbohrkopf.
67 BGH, GRUR 1993, 40 – Keltisches Horoskop; BGH, GRUR 1957, 595 – Verwandlungstisch.
68 BGH, GRUR 1983, 237 – Brückenlegepanzer.
69 BGH, GRUR 1997, 612.
70 *Beyerlein*, EWIR 2004, 767f. (zu LG Mannheim, ZIP 2004, 576).

§ 31 Lizenz

etc.) den Vertrag nicht vollständig erfüllt haben bzw. noch weiter erfüllen werden müssen. Allerdings ist zu berücksichtigen, dass im Fall einer ausschließlichen (und damit dinglich wirkenden[71]) Lizenz zumindest einseitig durch Gewährung der ausschließlichen Lizenz und der damit verbundenen Verfügung der Lizenzgeber – vorbehaltlich anderer einzelvertraglicher Regelungen – den Lizenzvertrag einseitig vollständig erfüllt haben kann. § 108 InsO ist auf Lizenzverträge, da er sich nur auf Miet- und Pachtverhältnisse über unbewegliche Gegenstände oder Räume sowie Dienstverhältnisse bezieht, nicht (auch nicht analog) auf Lizenzverträge anwendbar.[72]

17 Für Lizenzverträge besteht grundsätzlich keine Formbedürftigkeit, soweit in anderen Gesetzen oder durch Parteivereinbarung nach § 127 BGB nichts anderes bestimmt ist. Ersatzlos ist das Schriftformerfordernis nach § 34 GWB a. F.[73] entfallen, was jedoch nicht bedeutet, dass bei formunwirksamen Verträgen nachträglich Wirksamkeit eintritt[74] sofern er nicht nach § 141 BGB bestätigt wird.[75] Nach § 818 Abs. 2 BGB kann deshalb ein Anspruch auf Wertersatz bestehen, der sich auf die Formunwirksamkeit begründet.[76]

III. Ausgestaltung des Lizenzvertrages

18 Die Regelung des § 31 Abs. 2 setzt vertragliche Absprachen[77] voraus und bezweckt keine Ergänzung des Lizenzvertrags, da die Vereinbarungen mit quasi-dinglicher Wirkung ausgestattet werden. Dabei besteht nicht nur gegen den Lizenznehmer, sondern auch gegen die mittel- und unmittelbaren Abnehmer des Lizenznehmers die Möglichkeit, die Rechte aus dem Geschmacksmuster geltend zu machen, sofern sie die Erzeugnisse des Lizenznehmers im Sinne von § 38 benutzen und dieser

---

71 Vgl. *Günther/Beyerlein*, § 31 Rn. 18.
72 *Beyerlein*, EWIR 2004, 768; a. A. Fezer, WRP 2004, 793, 799 ff.
73 Vgl. hierzu BGH, GRUR 2001, 223 – Bodenwaschanlage; BGH, GRUR 2000, 685 – formunwirksamer Lizenzvertrag mit Anmerkung *Brückmann/Beyerlein*, EWIR 2002, 1087; BGH, GRUR 1999, 602 – Markant; BGH, GRUR 1998, 838 – Lizenz- und Beratungsvertrag; *Eichmann/v. Falckenstein*, 2. Aufl., § 3 Rn. 20, § 14a, Rn. 49.
74 BGH, GRUR 1999, 776 – Coverdisk.
75 BGH, GRUR 1999, 776 – Coverdisk.
76 BGH, WRP 2002, 1001 – Abstreiferleiste.
77 Vgl. hierzu grundlegend *Beyerlein*, Der Geschmacksmustervertrag, 26 ff.

Benutzung nicht die Erschöpfung des Geschmacksmusters entgegenhalten können.[78]

Die vertragliche Vereinbarung bestimmt die Dauer der Lizenz.[79] Sind keine Regeln zur möglichen weiteren Benutzung des Geschmacksmusters vereinbart, so kann der Lizenzgeber unmittelbar nach Vertragsende gegen die Benutzungshandlungen des Lizenznehmers die Rechte aus dem Geschmacksmuster wahrnehmen. **19**

Vereinbarungen, insbesondere hinsichtlich Form, Farbe und Format, beziehen sich auf die Ausgestaltung der lizenzgemäßen Erzeugnisse, wobei eine Festlegung auch durch Bezugnahme auf Musterexemplare möglich ist. Diese konkretisieren dann die Vereinbarung. Es besteht auch die Möglichkeit einer negativen Abgrenzung, in dem vereinbart wird, welche Ausgestaltungen von der Lizenz nicht umfasst sein sollen. **20**

Nach § 11 Abs. 2 Nr. 4 werden bei der Anmeldung bestimmt, welche Erzeugnisse Gegenstand der Eintragung sein sollen. Danach richtet sich auch die Entscheidung, welche Erzeugnisse von der Lizenz umfasst werden. Es empfiehlt sich, in der Lizenzvereinbarung auf Muster Bezug zu nehmen oder diese in gleichartiger Weise zum Gegenstand des Vertrages zu machen, da dadurch später leichter Ansprüche gegen Abnehmer des Lizenznehmers durchgesetzt werden können. Das Gleiche gilt hinsichtlich einer Abgrenzung nach dem verwendeten Material, etwa Holz, Kunststoff, Metall, textile Erzeugnisse etc. Fehlt im Vertrag eine ausdrückliche Vereinbarung, ist anhand der Zweckübertragungstheorie[80] auszulegen, wenn streitig ist, ob der Lizenznehmer zu Variationen für ein bestimmtes eingetragenes Geschmacksmuster berechtigt ist, die den unmittelbaren Gegenstand des Geschmacksmusters betreffen oder das Geschmacksmuster für andere Erzeugnisse verwendet werden dürfen. **21**

Das im Vertrag festgelegte Gebiet beschränkt das Benutzungsrecht bei einer Gebietslizenz,[81] woraus bei Benutzungshandlungen, die nicht im Vertragsgebiet vorgenommen werden die gesetzlichen Rechte des Lizenzgebers geltend gemacht werden können. **22**

---

78 Vgl. *Günther/Beyerlein*, § 48 Rn. 6; *Eichmann/v. Falckenstein*, § 48 Rn. 8.
79 Vgl. *Eichmann/v. Falckenstein*, § 31 Rn. 11.
80 Vgl. *Eichmann/v. Falckenstein*, § 31 Rn. 4; allgemein auch BGH, GRUR 1981, 196, 197 – Honorarvereinbarung; BGH, GRUR 2000, 144, 145 – Comicübersetzungen II.
81 Vgl. *Eichmann/v. Falckenstein*, § 31 Rn. 5.

§ 31   Lizenz

23   Im Lizenzvertrag muss festgelegt werden, ob der Lizenznehmer eine gewisse Qualität zu erfüllen hat. Ist dies nicht geregelt, so gibt § 31 Abs. 2 Nr. 5 kein gesondertes Recht, da er das Bestehen einer vertraglichen Vereinbarung zur Voraussetzung hat. Der Lizenzgeber ist bei Verstößen des Lizenznehmers dann auf schuldrechtliche Ansprüche angewiesen. Hat der Lizenzgeber weiteren Lizenznehmern Lizenzen eingeräumt, beabsichtigt er dies noch oder bringt er selbst nur mustergemäße Erzeugnisse auf den Markt, so besteht ein berechtigtes Interesse des Lizenzgebers an der Einhaltung einer Mindestqualität; hierbei können auch Haftungserwägungen eine Rolle spielen. Am einfachsten erfolgt die Beschreibung der Mindestqualität durch Beschreibung oder Bezugnahme auf Musterexemplare.

IV. Prozessuales

24   § 31 Abs. 3 enthält Regelungen über die Aktivlegitimation im gerichtlichen Verfahren, wonach der Lizenznehmer nur wegen Verletzung des Geschmacksmusters klagen kann, wenn der Lizenzgeber dem zugestimmt hat, wobei es keine Rolle spielt, ob eine ausschließliche oder einfache Lizenz vorliegt. Die Zustimmung muss für sowohl für das Klage- als auch für das einstweilige Verfügungsverfahren vorliegen. Dabei ist es unerheblich ob die Zustimmung als Einwilligung nach § 183 BGB oder als Zustimmung nach § 184 BGB vorliegt; allerdings ist eine konkludente Einwilligung nicht ausreichend.[82] Nach dem Gesetzeswortlaut muss zwar die Zustimmung zur Erhebung der Klage erteilt worden sein, doch wird es als ausreichend angesehen, wenn sie als Entscheidungsvoraussetzung vorliegt, weshalb sie auch in der mündlichen Verhandlung erklärt werden kann, sofern das Vorbringen nicht verspätet ist. Im Eilverfahren muss die Zustimmung vor Erlass des Beschlusses vorliegen. Ebenso ist die Zustimmung des Lizenzgebers bei der außergerichtlichen Geltendmachung von Ansprüchen erforderlich.

25   Beim ausschließlichen Lizenznehmer genügt zur Darlegung der Aktivlegitimation die Vorlage des Lizenzvertrags oder die Vorlage einer Erklärung des Rechtsinhabers über die Lizenzgewährung. Einer Klageermächtigung seitens des Patentinhabers bedarf es nicht.[83] Der einfache Lizenznehmer kann seine Aktivlegitimation dadurch belegen, dass er eine vom Rechtsinhaber unterzeichnete Prozessstandschafts- und Ab-

---

[82] OLG München, Mitt. 1997, 123.
[83] Vgl. *Pitz*, GRUR 2010, 688, 691.

tretungserklärung vorlegt. Dieser Erklärung muss neben der Lizenzerklärung die Ermächtigung zur Geltendmachung von Unterlassungsansprüchen aus dem Klagemuster sowie die Abtretung von Schadensersatzforderungen für die Vergangenheit, Gegenwart und Zukunft enthalten. Empfehlenswert ist die Vorlage einer schriftlichen Lizenzvereinbarung.[84]

Ist der Kläger nur Inhaber eines Nutzungsrechts, so beschränkt sich sein Schadenersatzanspruch auf die Höhe des ihm entstandenen Schadens.[85] Erklärt der Rechtsinhaber keinen Klageverzicht, so bleibt er klageberechtigt. Nach § 31 Abs. 4 analog kann der Lizenzgeber einer Klage des Lizenznehmers beitreten. Nur eine ausschließliche Lizenz gab dem Lizenznehmer nach dem GeschmMG a. F. das Recht zur Klageerhebung,[86] nicht jedoch bei der einfachen Lizenz.[87] Neben dem ausschließlichen Lizenznehmer war der Rechteinhaber nur dann klageberechtigt, wenn er entweder fortlaufend am wirtschaftlichen Erfolg partizipierte und er sich dies vorbehalten hatte oder einzelne Nutzungsrechte nicht übertragen worden waren.[88] Der ausschließliche Lizenznehmer ist aktivlegitimiert, wenn er den Rechteinhaber zur Zustimmung auffordert, dieser jedoch innerhalb einer angemessenen Frist, deren Dauer sich an der Eilbedürftigkeit aus der Sicht des Lizenznehmers richtet, nicht reagiert. Dies gilt nicht, wenn nur eine einfache Lizenz erteilt wurde.[89] Für den Lizenzgeber hat sich hinsichtlich der Aktivlegitimation durch die Änderung des GeschmMG keine Änderung ergeben. Die gesetzlichen Regeln gelten nur dann, wenn hinsichtlich der Aktivlegitimation keine vertraglichen Vereinbarungen getroffen wurden. Obwohl im Rahmen der Vertragsfreiheit zahlreiche Gestaltungsmöglichkeiten denkbar sind, werden Lizenznehmer häufig nur zur Beobachtung und Mitwirkung am Verfahren verpflichtet, ohne dass ihnen die Aktivlegitimation übertragen wird. **26**

Wegen der Individualität des Schadenersatzanspruchs naht nach Abs. 4 der Lizenznehmer ein Beitrittsrecht. Wird Klage auf Feststellung der Schadenersatzpflicht erhoben, so muss die Wahrscheinlichkeit eines Schadens beim Lizenznehmer nachgewiesen werden. Nach den Grundsätzen über die Schadensermittlung beim Schutzrechtsinhaber wird **27**

---

84 Vgl. *Pitz*, GRUR 2010, 688, 691.
85 BGH, GRUR 1999, 984 – Laras Tochter.
86 BGH, GRUR 1998, 379 – Lunette.
87 Vgl. *Eichmann/v. Falckenstein*, 2. Aufl., § 3 Rn. 21 f.
88 BGH, GRUR 1999, 379 – Laras Tochter; OLG München, OLGR 2005, 115.
89 Vgl. *Eichmann/v. Falckenstein*, § 31 Rn. 28.

auch der Schaden beim Lizenznehmer berechnet, wenn es sich um eine ausschließliche Lizenz handelt. Schwieriger ist die Zuordnung des Schadens und die Bestimmung der Höhe des Schadens bei der einfachen Lizenz, wenn ein Dritter das Recht des Lizenznehmers verletzt, weshalb es sinnvoll sein kann, dass alle Lizenznehmer dem Verfahren beitreten, wobei mehrere Lizenznehmer mit gleichgerichtetem Schadensersatzanspruch als Gesamtgläubiger auftreten. Es besteht eine Begrenzung der Schadensersatzanspruchshöhe auf den dem einzelnen Lizenznehmer entstandenen Schaden,[90] weshalb es zweckmäßig sein kann, dass diese ihren Anspruch gemeinsam durchsetzen. Da der Anspruch auf Rechnungslegung akzessorisch zum Schadensersatzanspruch ist, besteht auch hinsichtlich dieses Anspruchs die Möglichkeit des Beitritts. Wegen der Gleichartigkeit der Ansprüche folgt aus dem Beitritt, dass die Lizenznehmer als Streitgenossen im Sinn von § 60 ZPO auftreten, weshalb jeder Beitretende auch nur diese Position erlangt. Nach dem allgemeinen Verfahrensrecht bestimmen sich die weiteren Zulässigkeitsvoraussetzungen.[91]

28 Besteht ein schutzwürdiges Interesse und liegt eine Ermächtigung des Rechtsinhabers vor, so kann ein fremdes Recht im eigenen Namen im Rahmen der gewillkürten Prozessstandschaft geltend gemacht werden,[92] weshalb Lizenznehmer Ansprüche in Prozessstandschaft geltend machen können.[93] Die Ermächtigung zur Geltendmachung kann außerhalb des Lizenzvertrages erklärt werden und ist dann als gesonderte Urkunde vorlegbar. Die Prozessstandschaft kann sich auch aus einer Rechtsabtretung, also beispielsweise für den Anspruch auf Schadenersatz sowohl des Lizenzgebers auf den Lizenznehmer als auch umgekehrt, ergeben.[94]

V. Sukzessionsschutz

29 Erst nach Abschluss des Lizenzvertrags erworbene Rechte können Dritte gegenüber dem Lizenznehmer nach § 31 Abs. 5 nicht geltend machen. Dabei ist es unerheblich, ob das Recht durch die Erteilung weiterer Lizenzen oder durch Übergang und Übertragung des Geschmacks-

---

90 BGH, GRUR 1999, 984 – Laras Tochter.
91 Vgl. Gesetzesbegründung, BlPMZ 2004, 239.
92 BGH, GRUR 1961, 635 – Stahlrohrstuhl I.
93 BGH, GRUR 1981, 652 – Stühle und Tische; BGH, GRUR 1961, 237.
94 BGH, GRUR 1991, 223 – Finnischer Schmuck.

musters nach § 29 erfolgte. Da im GeschmMG 1876 keine Regelung hinsichtlich des Sukzessionsschutzes existierte,[95] erfolgte erstmalig eine Regelung in § 33 UrhG hinsichtlich eines Teilaspekts. 1986 sind als Reaktion auf die Rechtsprechung des BGH § 15 Abs. 3 PatG und § 22 Abs. 3 GebrMG eingeführt worden,[96] wobei § 15 Abs. 3 PatG als Vorbild für § 31 Abs. 5 diente, der inhaltsgleich mit § 30 Abs. 5 MarkenG ist. Die Gewährleistung der Amortisation der Investition ist eines der Ziele des Sukzessionsschutzes. Des Weiteren wird dadurch das Vertrauen des Lizenznehmers in den Fortbestand seiner Rechtsposition geschützt,[97] wovon alle Arten von Lizenzen – also auch einfache Lizenzen und Vertriebslizenzen – umfasst werden. Dritte können nur gegenüber der Vertragspartei Ansprüche geltend machen, die das Geschmacksmuster übertragen oder die Lizenz erteilt hat, sofern sie aus nachfolgenden Vertragsabschlüssen bestehen.

Neben dem Sukzessionsschutz, der für den Lizenznehmer von besonderer Bedeutung ist, stellt sich auch die Frage des Schutzes des Lizenznehmers im Hinblick auf sein Lizenzrecht in der Insolvenz des Lizenzgebers.[98] Auf Lizenzverträge ist grundsätzlich § 103 InsO anwendbar, wobei § 108 Abs. 1 InsO mangels planwidriger Regelungslücke auch nicht analog herangezogen werden kann.[99] Der Insolvenzverwalter kann daher den Lizenzvertrag nach eigener Wahl weiter erfüllen oder die Erfüllung ablehnen. Der Lizenznehmer muss daher versuchen, bis zu einer angedachten Reform des § 108 InsO[100] eine Vertragskonstruktion zu wählen, die durch Einbeziehung von dinglichen Sicherheiten,[101] unter Einbeziehung eines Treuhänders[102] oder vergleichbarer Lösungen eine möglichst sichere Insolvenzfestigkeit seiner Lizenz gewährt oder aber darauf bauen, mit dem Insolvenzverwalter des Lizenzgebers auf

---

95 Vgl. *Eichmann/v. Falckenstein*, 2. Aufl., § 3 Rn. 21 f.
96 BGH, GRUR 1982, 411 – Verankerungsteil.
97 Vgl. Gesetzesbegründung, BlPMZ 2004, 239.
98 Vgl. allgemein *Wiedemann*, Lizenzen und Lizenzverträge in der Insolvenz, Rn. 734 ff.
99 Vgl. *Wiedemann*, Lizenzen und Lizenzverträge in der Insolvenz, Rn. 1123 ff., 1779.
100 Vgl. hierzu *Beyerlein*, WRP 1997, 1074 ff., *McGuire*, GRUR 2009, 13 ff.
101 Vgl. hierzu *Berger*, GRUR 2004, 20 ff.; *Hombrecher*, WRP 2006, 219 ff.; *Wiedemann*, Lizenzen und Lizenzverträge in der Insolvenz, Rn. 1130 ff., 1135 ff., 1171 ff., vgl. im Hinblick auf Nutzungsrechte an Software auch BGH, GRUR 2006, 435 ff. – Softwarenutzungsrecht.
102 Vgl. *Koehler/Ludwig*, WRP 2006, 1342, 1346 seine Lizenz auch in der Insolvenz des Lizenzgebers zu erhalten oder ggf. mit dem Insolvenzverwalter des Lizenzgebers neue Vertragsbedingungen aushandeln.

dem Verhandlungswege einen neuen Lizenzvertrag schließen zu können.

VI. Lizenzgebühren

31 Da es sich bei dem Lizenzvertrag um einen gegenseitigen Vertrag handelt, wird die Lizenz wegen § 320 Abs. 1 BGB nicht ohne Gegenleistung erteilt. Das Geschmacksmuster ist ein immaterielles Gut mit Vermögenswert. Deshalb stellt regelmäßig auch die Gegenleistung einen Vermögenswert dar. Je nach Ausgestaltung[103] des Lizenzvertrags kommt als Vergütung sowohl die Beteiligung an der Substanz oder am Gewinn eines Unternehmens in Betracht als auch eine Vergütung in Geld nach § 244 BGB, was die häufigste Variante ist. Eine Gratislizenz, also die Lizenz ohne Gegenleistung, wird meist im Rahmen der Beilegung von Rechtsstreitigkeiten über den Bestand und/oder eine rechtswidrige Benutzung eines Schutzrechts gewährt, wobei an die Stelle der Vergütung der Verzicht auf Gegenmaßnahmen tritt, z.B. der Verzicht auf Nichtigkeitsklage. Von den Vertragsparteien wird im Verhältnis zu den Einzelheiten der Ausgestaltung des Nutzungsrechts der Vergütung größere Bedeutung beigemessen. Ein Anspruch auf Lizenzzahlung in angemessener Höhe bleibt im Streit bestehen, wenn sich im Rahmen einer Gesamtbetrachtung der Vereinbarung ergibt, dass dies gewollt ist.[104] Gleiches gilt für die Zahlungsmodalitäten. Es besteht die Möglichkeit, dass der Zahlungsanspruch nach § 316 i.V.m. § 315 BGB bestimmt wird.

32 Eine angemessene Erfolgsbeteiligung kann durch die Vereinbarung einer Umsatzlizenz erreicht werden. Sie wird häufig als Stücklizenz beteiligt. Darunter werden jedoch auch Flächen- und Längenmaße als Bemessungsgrundlage für die Höhe der Lizenzgebühr gefasst. Es ist für jedes verkaufte Erzeugnis ein Festbetrag zu bezahlen. Diese Vereinbarung hat einerseits den Vorteil, dass eine Kontrolle des Lizenzgebers relativ einfach möglich ist, andererseits aber den Nachteil, dass der Lizenzgeber an Preissteigerungen nicht partizipiert, was vor allem bei langfristigen Verträgen von Nachteil sein kann.[105] Eine weit verbreitete Möglichkeit ist auch die Vereinbarung einer Prozentlizenz. Die Bemessungsgrundlage ist hier der Umsatz aus jedem einzelnen lizenzpflichti-

---

103 Vgl. allgemein *Beyerlein*, Der Geschmacksmustervertrag, 31 f.
104 BGH, GRUR 1985, 129 – Elektrodenfabrik.
105 *Groß*, Rn. 111.

gen Geschäft. Daraus berechnet sich dann prozentual die Lizenzgebühr. Zwischen den Parteien muss eine Regelung getroffen werden, was als Grundlage für die Berechnung des Umsatzes herangezogen werden soll. Als mögliche Grundlagen kommen der Einzelhandelspreis, der Listenpreis und Nettoverkaufspreis in Betracht.[106] Wird der Rechnungsendbetrag als Bemessungsgrundlage verwendet, so ist zu klären, wie sich Skonti, die der Lizenznehmer seinen Abnehmern gewährt, auf die Lizenzgebühr auswirken, und ob Nebenkosten abzuziehen sind. Der Netto-Rechnungsendbetrag aus voll abgewickelten Geschäften ist zur Berechnung des Umsatzes heranzuziehen, wenn keine Vereinbarung über die Berechnung getroffen wurde.[107] Ist der Zeitpunkt des Anspruchs auf Lizenzgebühr nicht vereinbart, was frei möglich ist,[108] ist er durch Auslegung zu ermitteln.[109] Die Erstattung der Mehrwertsteuer wird vom Anspruch regelmäßig dann nicht umfasst, wenn die Berechnung aufgrund von Nettopreisen vereinbart ist.[110] Ist keine vertragliche Regelung hinsichtlich der Behandlung von Abnahmeverweigerung, Rücktritt oder Nichtzahlung des Abnehmers getroffen, so muss durch Auslegung im Einzelfall bestimmt werden, ob der Lizenzgeber einen Anspruch auf Zahlung hat.[111] Werden von den Parteien Nutzungen in großem Umfang erwartet, kann es den Interessen der Parteien entsprechen, dass Abstaffelungen bei der Umsatzlizenz vereinbart werden.[112] Fällt eine Abwandlung unter den Schutzumfang,[113] so ist auch für diese die Lizenzgebühr aus der Umsatzlizenz zu entrichten, auch wenn der Lizenzgeber keine Zustimmung erteilt hat.[114] Diese Verpflichtung ist dadurch begründet, dass der Lizenzgeber die Rechte aus dem Geschmacksmuster bei einem Verstoß gegen die Beschränkungen im Lizenzvertrag gegen den Lizenznehmer geltend machen kann.[115] Wurde die Änderung des Geschmacksmusters gestattet, so hat der Lizenzgeber einen Anspruch auf vertragsgemäße Vergütung. Zur Sicherung des Lizenzgebers können diesem die Ansprüche gegen die Kunden des Lizenznehmers abgetreten werden, wobei die Gefahr besteht, dass die

---

106 BGH, GRUR 1980, 38 – Fullplastverfahren; *Groß*, Rn. 105.
107 RG, GRUR 1943, 248.
108 BGH, GRUR 1998, 561 – Umsatzlizenz.
109 BGH, GRUR 2004, 532 – Nassreinigung.
110 BGH, NJW 2002, 2312 – Videofilmverwertung.
111 BGH, GRUR 1998, 561 – Umsatzlizenz.
112 BGH, GRUR 1969, 677, 680; *Bartenbach/Gennen*, Rn. 1781; *Groß*, Rn. 109.
113 Vgl. *Eichmann/v. Falckenstein*, § 38 Rn. 22 ff.
114 BGH vom 13.02.1970 – I ZR 21/68 – Trinkglasuntersetzer.
115 Vgl. *Eichmann/v. Falckenstein*, § 31 Rn. 15 f.

§ 31   Lizenz

Sicherungsabtretung von der Rechtsprechung nicht anerkannt wird, wenn sie gegenüber dem zu sichernden Betrag zu hoch wird.[116]

33 Statt der Berechnung aufgrund des Umsatzes ist auch die Berechnung aufgrund des Gewinns, den der Lizenznehmer mit dem Handeln mit dem lizenzierten Erzeugnis erzielt, möglich. Als Bewertungsmaßstab ist beispielsweise der Rohgewinn möglich.[117] Auch eine Betragslizenz kann vereinbart werden. Dabei ist der Lizenznehmer verpflichtet, für jeden lizenzpflichtigen Vorgang einen bestimmten, vorher festgelegten Betrag an den Lizenzgeber zu bezahlen. Dem Sicherungsbedürfnis des Lizenzgebers bezüglich der Marktentwicklung kann durch die Vereinbarung einer Wertsicherungsklausel Rechnung getragen werden. Betragslizenzen werden meist nur für einmalige oder kurzfristige Nutzung vereinbart. Dies begründet sich einerseits in der Genehmigungsbedürftigkeit von Wertsicherungsklauseln nach § 3 WährG und andererseits an der Ungewissheit des Ergebnisses von Änderungsverlangen.

34 Je nach Vorarbeiten des Lizenzgebers und der Verkaufsbedeutung des vertragsgemäßen Designs kann ein höherer oder niedrigerer Lizenzsatz angemessen sein. Bei Immaterialgüterlizenzen sind die Prozentsätze regelmäßig niedriger als bei Produkt- und Designlizenzen. Im Vergleich zur Markenlizenz ist die Gebühr für eine Geschmacksmusterlizenz meist höher[118] und liegt zwischen 1 % und 10 %.[119] Zur Orientierung, was angemessen ist, können Honorarempfehlungen von Verbänden[120] oder branchenspezifische Musterverträge[121] herangezogen werden. Einen interessengerechten Orientierungswert bilden 5 %,[122] soweit keine anderen, besonderen Umstände zu berücksichtigen sind, wobei häufiger nach oben als nach unten abgewichen wird und ein Lizenzsatz von 10 % als relativ hoch anzusehen ist.[123] Allerdings können bei außergewöhnlicher Verkaufsbedeutung des Designs auch höhere Prozentsätze angemessen sein. Dies ist vor allem im Merchandising-Sektor der Fall.

35 Durch die Vereinbarung einer Pauschallizenz kann kostenintensiven Vorarbeiten des Lizenzgebers durch eine Einstandszahlung (lump sum

---

116 BGHZ 26, 185; *Reimer*, GRUR 1957, 195.
117 BGH, GRUR 1997, 610 – Tinnitus-Masker.
118 BGH, GRUR 1975, 85 – Clarissa.
119 BGH, GRUR 1993, 55 – Tchibo/Rolex II.
120 OLG München, ZUM 1993, 153.
121 *Kur*, FS für Schricker, 1995, 505 ff.
122 Vgl. *Eichmann/v. Falckenstein*, § 31 Rn. 17.
123 BGH, GRUR 1991, 914 – Kastanienmuster.

VI. Lizenzgebühren § 31

payment) Rechnung getragen werden.[124] Die Pauschalgebühr ist unabhängig vom Umsatz zu zahlen, indem für einen bestimmten Zeitraum ein fester Betrag zu zahlen ist.[125] Sie tritt häufig in Verbindung mit einer Umsatzlizenz auf. Erreicht der Wert der Nutzungen den Wert der Einstandszahlung nicht, so liegt dies meist im Risikobereich des Lizenznehmers. Abhängig von der branchenüblichen Gepflogenheit und der Höhe der Umsatzlizenz kann neben der Umsatzlizenz ein Designerhonorar zu zahlen sein.[126] Es empfiehlt sich zu vereinbaren, ob die Lizenzgebühr bei vorzeitiger Vertragsauflösung zurückzuzahlen ist oder nicht.[127]

Bei Umsatzlizenzen werden häufig auch Mindestlizenzen, also eine vom Umsatz unabhängige Lizenz,[128] vereinbart, um das Vergütungsinteresse des Lizenzgebers zu sichern.[129] Auch hier trägt der Lizenznehmer das Risiko, dass sich die erwarteten Umsätze nicht erzielen lassen. Der Lizenzgeber erhält durch diese eine Entschädigung für die Zurverfügungstellung des Geschmacksmusters unabhängig von Umsatz und Gewinn. Allerdings kann bei gravierenden Änderungen der Bemessungsgrundlage ohne Verschulden des Lizenznehmers, etwa bei Rohstoffknappheit,[130] mangelndem wirtschaftlichem Erfolg[131] oder mangelnder technischer Wettbewerbsfähigkeit[132] eine Anpassung der Mindestlizenz gerechtfertigt sein. Ist der Vertrag auf längere Zeit angelegt, so empfiehlt es sich, die Mindestlizenz für zeitliche Teilabschnitte zu vereinbaren, wobei eine Erhöhung der Mindestlizenz, die zeitlich gestaffelt sein kann, als sachgerecht anzusehen ist. Eine Anrechnung von Gebühren aus Umsatzlizenzen erfolgt auch ohne ausdrückliche Vereinbarung. Soll dies nicht der Fall sein, so muss dies ausdrücklich geregelt werden. Ist eine ausschließliche Lizenz vereinbart, kann außerdem vereinbart werden, dass sich die ausschließliche Lizenz in eine einfache umwandelt, wenn der zu zahlende Betrag einen bestimmten Betrag nicht erreicht.

36

---

124 BGH, GRUR 1961, 27 – Holzträger.
125 OLG München, WUW/E 1991, 412 – Windsurfing.
126 BGH, GRUR 1991, 914 – Kastanienmuster.
127 *Groß*, Rn. 113.
128 *Groß*, Rn. 118.
129 BGH, GRUR 1974, 40 – Bremsrolle.
130 RG, GRUR 1943, 35.
131 BGH, GRUR 1974, 40.
132 BGH, GRUR 2001, 223 – Bodenwaschanlage; BGH, GRUR 1978, 166 – Banddüngerstreuer.

§ 31 Lizenz

37 Die Rechnungslegung durch den Lizenznehmer ist regelmäßig im Lizenzvertrag als Verpflichtung ausgestaltet und wird entsprechend konkretisiert, wobei die Verpflichtung zur Rechnungslegung nach § 259 BGB auch dann besteht, wenn keine vertragliche Vereinbarung erfolgt ist.[133] Die Rechnungslegung ist Grundlage für eine ordnungsgemäße Abrechnung.[134] Bei kurzer Laufzeit kann die Rechnungslegung zum Ende der Vertragslaufzeit angemessen sein. Bei längerer Vertragslaufzeit empfiehlt es sich jedoch, Rechnungslegung in regelmäßigen Zeitabständen zu vereinbaren und daran anschließend die Entrichtung der fälligen Vergütung. Eine ordnungsgemäße Rechnungslegung setzt voraus, dass alle lizenzpflichtigen Vorgänge in einer geordneten Zusammenstellung aufgelistet sind, diese dem Lizenzgeber vorgelegt wird und die Überprüfung der Richtigkeit und Vollständigkeit ermöglicht.[135] Es kann angezeigt sein, dass die Abnehmer nicht dem Lizenzgeber, sondern einer neutralen Auskunftsperson mitgeteilt werden, wenn Lizenzgeber und Lizenznehmer im Wettbewerb zueinander stehen.[136] Es ist eine ausdrückliche Vereinbarung nötig, wenn der Lizenzgeber die Unterlagen einem vereidigten Buchprüfer zur Überprüfung vorlegen will.[137] Sollte der Buchprüfer substanzielle Fehler bei der Rechnungslegung feststellen, so kann vereinbart werden, dass der Lizenznehmer die Prüfkosten zu tragen hat. Die Abgabe der Versicherung an Eides Statt nach §§ 259 Abs. 2, 261 BGB kann der Lizenzgeber verlangen, wenn ein begründeter Zweifel an der Richtigkeit der Rechnungslegung besteht.[138]

VII. Wettbewerbsbeschränkungen/Kartellrecht

38 Für die Beurteilung von horizontalen und vertikalen Kartellabsprachen und sonstigen wettbewerbsbeschränkenden Abreden wurde das deutsche Recht an das EG-Recht vollständig angeglichen. An die Stelle der bisherigen §§ 1 bis 18 GWB a. F. sind durch die 7. GWB-Novelle 2005 völlig neue Vorschriften (§§ 1 bis 3 GWB) getreten.[139] Die §§ 4 bis 18 GWB a. F. wurden ersatzlos gestrichen. § 1 GWB n. F. entspricht nun

---

133 RGZ 127, 244.
134 BGH, GRUR 1997, 610 – Tinnitus-Masker.
135 BGH, GRUR 1962, 398 – Kreuzbodenventilsäcke.
136 Vgl. *Eichmann/v. Falckenstein*, 2. Aufl., § 14a Rn. 16.
137 BGH, GRUR 1961, 466 – Gewinderollkopf.
138 BGH, GRUR 1962, 400.
139 Vgl. zum Gesetzgebungsverfahren: *Bechthold*, Einführung, Rn. 18.

VII. Wettbewerbsbeschränkungen/Kartellrecht § 31

Art. 81 Abs. 1 EGV (allgemeines Kartellverbot). Verstöße gegen Art. 81 Abs. 1 EGV durch horizontale oder vertikale Kartelle stellen somit zwingend auch einen Verstoß gegen § 1 GWB n.F. dar.[140] § 2 Abs. 1 GWB n.F. enthält die (unmittelbar anwendbare) Freistellungsnorm des Art. 81 Abs. 3 EGV. § 2 Abs. 2 GWB n.F. enthält eine „dynamische" Verweisung auf die jeweils einschlägigen Gruppenfreistellungsverordnungen (GVO). Diese Gesetzesänderung hat zur Folge, dass nun gar nicht mehr geprüft werden muss, ob eine bestimmte Verhaltensweise zur Folge hat, dass der innergemeinschaftliche Handel berührt wird. Die materiellen Vorschriften, die Verhaltensweisen erlauben oder untersagen, sind auf deutscher und auf EG-Ebene identisch, nämlich oberhalb des Bereichs der sog. Zwischenstaatlichkeit aufgrund EG- und deutschen Rechts und unterhalb des Bereichs der Zwischenstaatlichkeit allein aufgrund deutschen Rechts.[141]

Auf Gemeinschaftsebene wurde das europäische Kartellverfahrensrecht durch die VO 1/2003[142] grundlegend reformiert.[143] Wesentliche Neuerungen sind hierbei die Ersetzung der Anmelde- und Genehmigungspflichten durch das System der Legalausnahme (mit dem Risiko der unzutreffenden Selbsteinschätzung), die Stärkung des Vorranges des europäischen vor dem nationalen Kartellrecht und die Ausweitung der Kompetenzen der nationalen Kartellbehörden und Gerichte zur Anwendung des europäischen Kartellrechts.[144] **39**

Wegen des Fehlens spezieller Regelungen über Lizenzverträge sind Klauseln nach Art. 81 EGV zu beurteilen, um zu prüfen, ob hierdurch eine Verhinderung, Einschränkung oder Verfälschung des Wettbewerbs im Gemeinsamen Markt bezweckt oder bewirkt wird. Wird eine marktbeherrschende Stellung missbräuchlich genutzt, greift Art. 82 EGV ein. Allerdings werden der Bestand des Geschmacksmusters und die daraus resultierende Monopolstellung grundsätzlich trotz der diesem Recht per se innewohnenden Wettbewerbsbeschränkung anerkannt.[145] Dadurch wird dem Spannungsverhältnis zwischen dem Schutz des gewerblichen und kommerziellen Eigentums einerseits und dem Grund- **40**

---

140 Vgl. zu den Einzelheiten: *Bechthold*, Einführung Rn. 19ff.
141 *Bechthold*, Einführung Rn. 19.
142 Verordnung (EG) Nr. 1/2003 des Rates vom 16.12.2002 zur Durchführung der in Art. 81 und 82 des Vertrages niedergelegten Wettbewerbsregeln, Abl. 2003 L 1/1.
143 Vgl. *Kamann/Bergmann*, BB 2003, 1743ff.
144 Vgl. *Kamann/Bergmann*, BB 2003, 1743, 1744.
145 Vgl. bei urheberrechtlich geschützten Datenbanken: EuGH, GRUR Int. 2004, 644 – IMS Health.

satz des freien und unbeschränkten Warenverkehrs andererseits Rechnung getragen. Stellt die Ausübung dieser Rechte den Gegenstand, das Mittel oder die Folge eines Kartells dar, so ist ein Verstoß gegen Art. 81 Abs. 1 EGV gegeben.[146] Auch der Schutz von Mustern und Modellen, also Geschmacksmustern, gehört nach Art. 30 EGV zum geistigen und kommerziellen Eigentum.[147] Eine marktbeherrschende Stellung resultiert jedoch noch nicht allein aus dem Bestehen eines Schutzrechts.[148] Bisher vom EuGH nicht entschieden wurde die Frage, ob eine marktbeherrschende Stellung eines Kfz-Herstellers für musterrechtlich geschützte Karosserieteile anzunehmen ist;[149] allerdings wurde entschieden, dass der Hersteller von Karosserieersatzteilen zur Erteilung von Lizenzen nicht gezwungen werden kann.[150] Eine missbräuchliche Diskriminierung kann jedoch durch die Belieferungs- und Preispolitik eines Herstellers entstehen.[151]

41 Besondere Regelungen, die auch für Geschmacksmuster Bedeutung erlangen können, sind in der GVO-TT enthalten: Dort ist eine weitgehende Freistellung für Vertragsparteien mit nur geringer Marktmacht normiert, wenngleich Lizenznehmer nach Art. 5 Abs. 1 Buchst. b GVO-TT nicht bei der Lizenzierung von Verbesserungen freigestellt sind. Eine starke Einengung haben durch Art. 4 Abs. 2 lit. a GVO-TT die Möglichkeiten zur Einflussnahme auf die Preisgestaltung und nach Art. 5 Abs. 1 lit. c TTV auf Nichtangriffsverpflichtungen erfahren, dagegen sind durch Art. 4 Abs. 2 lit. b TTV Vereinbarungen hinsichtlich der Beschränkung des Gebiets und des Kundenstammes schwach ausgeprägt.

---

146 EuGH, GRUR Int. 1982, 530 – Maissaatgut.
147 EuGH, GRUR Int. 1983, 643 – Keurkoop/Nancy Kean Gifts.
148 EuGH, GRUR Int. 1976, 398 – EMI Records/CBS Schallplatten; EuGH, GRUR Int. 1974, 40 – Bremsrolle; *Reischl*, GRUR Int. 1982, 152.
149 *Joliet*, GRUR Int. 1989, 185.
150 EuGH, GRUR Int. 1990, 141 – Volvo.
151 EuGH, GRUR Int. 1990, 140 – Renault; *Eichmann*, GRUR Int. 1990, 132.

§ 32 Angemeldete Geschmacksmuster

Die Vorschriften dieses Abschnitts gelten entsprechend für die durch die Anmeldung von Geschmacksmustern begründeten Rechte.

Übersicht

	Rn.		Rn.
I. Allgemeines	1	II. Wirkungen	2

I. Allgemeines

§ 32 bestimmt, dass die Vorschriften der §§ 29 bis 31 entsprechend auch für bereits angemeldete, aber noch nicht eingetragene Geschmacksmuster gelten sollen. Die Regelung des § 32 ist notwendig, weil die §§ 29 bis 31 nur das durch Eintragung eines Geschmacksmusters entstandene Recht betreffen und keine Regelung für den Zeitraum zwischen der Anmeldung und der Eintragung eines Geschmacksmusters betreffen.   1

II. Wirkungen

In der Gesetzesbegründung wird im Hinblick auf das Rechts des Geschmacksmusteranmelders zwischen Anmeldung und Eintragung des Geschmacksmusters von einer „Anwartschaft" gesprochen.[1] Zwar handelt es sich hierbei um keine Anwartschaft im eigentlichen Sinn, wie sie beispielsweise beim Kauf unter Eigentumsvorbehalt nach BGB üblich ist. Kennzeichnend für die Anwartschaft bzw. das Anwartschaftsrecht ist es, dass mehr als eine bloße abstrakte Aussicht auf einen späteren Rechtserwerb vorliegt und sich eben gerade die Chance auf diesen Rechtserwerb greifbar verdichtet hat, wie es im Hinblick auf eine Geschmacksmusteranmeldung, die noch eine Erteilung vor Erlangung eines Geschmacksmusterrechts voraussetzt, darstellt. Allerdings hat der Anmelder durch die Anmeldung selbst bereits eine Rechtsposition erlangt, die einen Vermögenswert besitzt und deshalb entsprechend den   2

---
1 Vgl. Gesetzesbegründung, BlPMZ 2004, 239.

§ 32   Angemeldete Geschmacksmuster

Vorschriften der §§ 29 bis 31 auch Gegenstand des Rechtsverkehrs sein muss.

3   In Übereinstimmung mit der Gemeinschaftsgeschmacksmusterverordnung (Art. 34 Abs. 2 GGV) kann der Anmelder nach der Anmeldung aber vor Eintragung des Geschmacksmusters seine Rechtsposition Dritten übertragen. Als Korrelat zu dieser Möglichkeit, das noch nicht eingetragene Geschmacksmuster als Vermögensgegenstand einzusetzen, besteht auch für Dritte die Möglichkeit, im Wege einer Verpfändung auf die Rechtsposition des Geschmacksmusteranmelders schon vor Eintragung des Geschmacksmusters zuzugreifen. Zur Terminologie betreffend die Rechtsposition des Anmelders vor Eintragung des Geschmacksmusters kann entsprechend auf die patentrechtliche Terminologie zurückgegriffen werden. Im Patentrecht wird zwischen dem Recht auf das Patent (dieses steht dem jeweiligen Erfinder zu), dem Recht auf Erteilung des Patents (dies steht dem Anmelder eines Patents zu) und dem Rechts aus dem Patent (dies steht dem Patentinhaber zu) unterschieden. Dementsprechend kann das in § 32 geregelte Recht als Recht auf Erteilung eines Geschmacksmusters betrachtet werden, wohingegen nach Eintragung das Recht aus einem Geschmacksmuster vorliegt.

Abschnitt 6

Nichtigkeit und Löschung

§ 33 Nichtigkeit

(1) Ein Geschmacksmuster ist nichtig, wenn das Erzeugnis kein Muster ist, das Muster nicht neu ist oder keine Eigenart hat (§ 2 Abs. 2 oder Abs. 3) oder das Muster vom Geschmacksmusterschutz ausgeschlossen ist (§ 3).

(2) Die Feststellung der Nichtigkeit erfolgt durch Urteil. Zur Erhebung der Klage ist jedermann befugt.

(3) Die Schutzwirkungen der Eintragung eines Geschmacksmusters gelten mit Eintritt der Rechtskraft des Urteils, mit dem die Nichtigkeit des Geschmacksmusters festgestellt wird, als von Anfang an nicht eingetreten. Das Gericht übermittelt dem Deutschen Patent- und Markenamt eine Ausfertigung des rechtskräftigen Urteils.

(4) Die Feststellung der Nichtigkeit kann auch noch nach der Beendigung der Schutzdauer oder nach einem Verzicht auf das Geschmacksmuster erfolgen.

Übersicht

	Rn.		Rn.
I. Allgemeines.	1	III. Verfahren (§ 33 Abs. 2 Satz 1)	7
II. Nichtigkeitsgründe (§ 33 Abs. 1)	3	IV. Klagebefugnis (§ 33 Abs. 2 Satz 2).	16
1. Fehlen der Musterfähigkeit (§ 1 Nr. 1)	4	V. Folgen (§ 33 Abs. 3).	18
2. Fehlende Neuheit und/oder Eigenart (§ 2 Abs. 2 und/oder Abs. 3)	5	VI. Feststellung nach Beendigung der Schutzdauer/nach Verzicht (§ 33 Abs. 4)	20
3. Ausschluss vom Geschmacksmusterschutz (§ 3)	6		

I. Allgemeines

§ 33 ermöglicht die Löschung von Geschmacksmustern, die trotz Schutzunfähigkeit eingetragen wurden. Mit § 33 wurde Art. 11 Abs. 1   1

§ 33 Nichtigkeit

Buchstabe a und b, Abs. 2 Buchstabe c, Abs. 6 und Abs. 9 der GM-Richtlinie umgesetzt. Die weiteren in Art. 11 der GM-Richtlinie enthaltenen Vorgaben wurden mit den §§ 34 bis 36 umgesetzt.

2   Die Löschung eines Geschmacksmusters konnte bereits nach altem Recht verlangt werden. So sah § 10c Abs. 2 Nr. 1 GeschmMG a.F. die Löschung eines Geschmacksmusters vor, wenn dieses am Tag der Anmeldung nicht schutzfähig war. Weiter konnte gemäß § 10c Abs. 2 Nr. 2 GeschmMG a.F. die Löschung verlangt werden, wenn der Anmelder nicht anmeldeberechtigt war. Letztgenannte Regelung ist nunmehr in den §§ 9, 36 Abs. 1 Nr. 4 enthalten.

II. Nichtigkeitsgründe (§ 33 Abs. 1)

3   Abs. 1 nennt abschließend die Nichtigkeitsgründe. Danach wird die Nichtigkeit eines Geschmacksmusters festgestellt, wenn es sich nicht um ein Muster im Sinne des § 1 Nr. 1 handelt, das Geschmacksmuster nach § 2 Abs. 2 nicht neu ist oder nach § 2 Abs. 3 keine Eigenart hat oder das Geschmacksmuster nach § 3 vom Schutz ausgeschlossen ist. Maßgeblicher Beurteilungszeitpunkt ist der Anmeldetag. Bei wirksamer Prioritätsbeanspruchung ist hingegen auf den Prioritätstag abzustellen. Da § 33 die Nichtigkeitsgründe abschließend aufführt und die Bösgläubigkeit des Geschmacksmusterinhabers nicht genannt wird, stellt eine etwaige Bösgläubigkeit des Geschmacksmusterinhabers keinen Nichtigkeitsgrund dar.[1]

1. Fehlen der Musterfähigkeit (§ 1 Nr. 1)

4   Ein Geschmacksmuster ist nichtig, wenn das Erzeugnis kein Muster i.S.d. § 1 Abs. 1 ist (vgl. hierzu Kommentierung bei § 1).

2. Fehlende Neuheit und/oder Eigenart (§ 2 Abs. 2 und/oder Abs. 3)

5   Ein Geschmacksmuster ist nichtig, wenn es am Tag der Anmeldung nicht schutzfähig war. Dies ist der Fall, wenn das Geschmacksmuster nicht neu und/oder nicht eigenartig war (vgl. hierzu Kommentierung bei § 2). Da die materiellen Schutzvoraussetzungen (Neuheit und Eigenart) bei der Anmeldung des Geschmacksmusters nicht geprüft werden, dürfte dieser Löschungsgrund der häufigste sein.

---

1 EuG, GRUR-RR 2010, 189, 190 – Grupo Primer.

3. Ausschluss vom Geschmacksmusterschutz (§ 3)

Ein Geschmacksmuster ist nichtig, wenn es gemäß § 3 vom Geschmacksmusterschutz ausgeschlossen ist. Das ist der Fall, wenn ein Geschmacksmuster ausschließlich durch seine technische Funktion bedingt ist (§ 3 Abs. 1 Nr. 1), es sich um ein „must fit" Teil handelt (§ 3 Abs. 1 Nr. 2), bei Verstoß gegen die öffentliche Ordnung oder die guten Sitten (§ 3 Abs. 1 Nr. 3) sowie bei einer missbräuchlichen Verwendung von nach Artikel 6ter der Pariser Verbandsübereinkunft geschützten Zeichen oder sonstiger Abzeichen, Embleme und Wappen von öffentlichem Interesse (§ 3 Abs. 1 Nr. 4) (vgl. hierzu Kommentierung bei § 3). 6

III. Verfahren (§ 33 Abs. 2 Satz 1)

Gemäß Abs. 2 Satz 1 erfolgt die Feststellung der Nichtigkeit durch Urteil. Folglich ist Klage (eine einstweilige Verfügung ist wegen Vorwegnahme der Hauptsache unzulässig) vor den Geschmacksmustergerichten gemäß § 52 zu erheben (die Einreichung eines Löschungsantrags beim DPMA entsprechend § 54 MarkenG ist nicht vorgesehen). Für die Klage, das Verfahren sowie das Urteil sind allein die §§ 253 ff. ZPO maßgeblich; die §§ 81 ff. PatG sind nicht analog anwendbar.[2] 7

Gegenstand der Klage ist ein im Musterregister eingetragenes Geschmacksmuster, mithin Geschmacksmuster, welche nach dem 30. Juni 1988 beim DPA/DPMA angemeldet wurden. Geschmacksmuster, die vor dem 30. Juni 1988 bei den Amtsgerichten hinterlegt wurden, können ebenso wenig Gegenstand der Klage sein, wie ausländische oder international hinterlegte Geschmacksmuster. Bei einer Sammelanmeldung (§ 12) kann die Löschung auch in Bezug auf einzelne Muster begehrt werden. 8

Die Löschungsklage ersetzt die negative Feststellungsklage. Im Übrigen kann die beklagte Partei im Verletzungsprozess die Löschungsklage im Wege der Widerklage (§ 33 ZPO) geltend machen. Hierzu ist die beklagte Partei indessen nicht verpflichtet. Vielmehr kann die beklagte Partei die Löschungsgründe des § 33 Abs. 1 im Rahmen des Verletzungsprozesses auch einredeweise geltend machen.[3] 9

---

2 Vgl. *Eichmann/v. Falckenstein*, § 33 Rn. 7.
3 BGH, GRUR 1974, 276 – King.

§ 33   Nichtigkeit

10   Der Klageantrag ist auf Feststellung der Nichtigkeit des Geschmacksmusters gerichtet. Der Klageantrag muss ferne den Nichtigkeitsgrund benennen (z. B. „wegen fehlender …").[4] Sollen bei einem Sammelgeschmacksmuster nur einzelne Geschmacksmuster gelöscht werden, sind die zu löschenden Geschmacksmuster so genau zu bestimmen, dass eine Zwangsvollstreckung möglich ist.

11   Die örtliche Zuständigkeit richtet sich nach den allgemeinen Bestimmungen der ZPO, mithin nach den §§ 12ff. ZPO (vgl. § 52 Rn. 6). Hat der Inhaber des Geschmacksmusters im Inland keinen allgemeinen Gerichtsstand, jedoch einen Inlandsvertreter, richtet sich die örtliche Zuständigkeit nach § 58 Abs. 3. Fehlt auch ein Inlandsvertreter, ist das Landgericht München I am Sitz des DPMA nach § 23 ZPO zuständig.[5]

12   Nach § 91 Abs. 1 ZPO hat die unterliegende Partei die Kosten des Rechtsstreits zu tragen, insbesondere die dem Gegner erwachsenen Kosten zu erstatten, soweit sie zur zweckentsprechenden Rechtsverfolgung oder Rechtsverteidigung notwendig waren. Zu diesen Kosten gehören nach § 91 Abs. 2 Satz 1 ZPO auch die gesetzlichen Gebühren und Auslagen des Rechtsanwalts der obsiegenden Partei. Dass die unterliegende Partei neben den Kosten des Rechtsanwalts auch die eines im Nichtigkeitsverfahren mitwirkenden Patentanwalts zu erstatten hat, erscheint dem Autor trotz der Regelung des § 52 Abs. 4 nicht zwingend. So sind durchaus Fallgestaltungen denkbar, die keine besonderen Schwierigkeiten aufweisen und deshalb die Mitwirkung eines Patentanwalts entbehrlich machen (wenn nicht sogar mutwillig erscheinen lassen). Es ist deshalb folgerichtig, die für die Rechtsverfolgung bzw. Rechtsverteidigung notwendigen Kosten durch eine Prüfung im Einzelfall zu ermitteln. Bei Prüfung der Notwendigkeit kommt es darauf an, ob eine verständige und wirtschaftlich vernünftige Partei die die Kosten auslösende Maßnahme im Zeitpunkt ihrer Veranlassung als sachdienlich ansehen durfte. Dabei darf die Partei ihr berechtigtes Interesse verfolgen und die zur vollen Wahrnehmung ihrer Belange erforderlichen Schritte ergreifen.

13   Eine Nichtigkeitsklage ohne vorherige Abmahnung des Rechtsinhabers stellt in der Regel einen Klageüberfall dar. Will der Kläger ein sofortiges Anerkenntnis des Rechtsinhabers mit der Kostenfolge des § 93 ZPO vermeiden, muss er den Rechtsinhaber vor Erhebung der Nichtigkeitsklage unter substantiierter Angabe der geltend gemachten Nichtigkeitsgründe und mit angemessener Fristsetzung auffordern, gegenüber

---
4 Vgl. *Eichmann/v. Falckenstein*, § 33 Rn. 7.
5 Vgl. zum Markenrecht: *Ingerl/Rohnke*, § 55 Rn. 17.

dem DPMA auf das Geschmacksmuster zu verzichten. Dies gilt selbst während eines laufenden Verletzungsverfahrens.[6] Entbehrlich ist eine vorherige Abmahnung nur dann, wenn der Rechtsinhaber durch sein Verhalten unmissverständlich zu erkennen gegeben hat, dass eine Abmahnung nichts fruchten werde.[7]

Der Gegenstandswert ist nach § 51 GKG nach billigem Ermessen zu bestimmen. Maßgeblich ist das wirtschaftliche Interesse des Musterinhabers an der Aufrechterhaltung des Geschmacksmusters.[8] Zu berücksichtigen sind insbesondere bereits entstandene Schadensersatzforderungen des Musterinhabers; so ist etwa die Klagesumme einer bezifferten Musterverletzungsschadensersatzklage bei der Wertbestimmung regelmäßig in voller Höhe einzustellen.[9] Im Übrigen kann bei der Festsetzung des Gegenstandswerts von dem Streitwert eines auf das Geschmacksmuster gestützten Verletzungsprozesses ausgegangen werden, der regelmäßig das Interesse des Nichtigkeitsklägers an der Nichtigerklärung des Geschmacksmusters widerspiegelt. Dem Umstand, dass der gemeine Wert des Geschmacksmusters in der Regel über dieses Individualinteresse hinausgeht, ist bei der Wertfestsetzung mangels anderweitiger Anhaltspunkte dadurch Rechnung zu tragen, dass der Gegenstandswert um ein Viertel höher als der Streitwert des Verletzungsprozesses angenommen wird.[10] **14**

Eine Verjährung der Nichtigkeitsgründe kommt aufgrund des fortdauernden Störungsgrundes nicht in Betracht.[11] **15**

IV. Klagebefugnis (§ 33 Abs. 2 Satz 2)

Gemäß Abs. 2 Satz 2 steht die Klage auf Einwilligung in die Löschung jedermann zu (sog. Popularklage). Ein eigenes Rechtsschutzinteresse oder konkretes Streitverhältnis wird folglich nicht vorausgesetzt. Diese erschien dem Gesetzgeber sachgerecht, um das Register von Geschmacksmustern freizuhalten, die zwar eingetragen sind, die jedoch **16**

---

6 BPatG, GRUR-RR 2009, 325 – Verzichtsaufforderung.
7 Vgl. zum Patentrecht: *Benkard/Rogge*, § 81 Rn. 38.
8 BGH, GRUR 2006, 704 – Markenwert; nach a.A. richtet sich der Streitwert nach dem wirtschaftlichen Interesse, das die Allgemeinheit an der Feststellung der Nichtigkeit des Geschmacksmusters hat.
9 BGH, WRP 2009, 1401 – Druckmaschinen-Temperierungssystem III.
10 BGH, GRUR 2011, 757 – Nichtigkeitsstreitwert.
11 Vgl. zum Markenrecht: *Ingerl/Rohnke*, § 55 Rn. 15.

§ 33 Nichtigkeit

wegen fehlender Schutzvoraussetzungen tatsächlich unwirksam sind. Eine Löschung dieser Scheinrechte liegt im öffentlichen Interesse.[12] Im Einzelfall können der Aktivlegitimation persönliche Einwendungen (z.B. Rechtsmissbrauch, kartellrechtlich zulässige Nichtangriffsabrede etc.) entgegenstehen.[13] Die Aktivlegitimation kann weiter fehlen, wenn zwischen den Parteien ein Vertragsverhältnis besteht, welches eine Treuepflicht begründet hat, mit der ein Löschungsbegehren nicht vereinbar ist (z.B. Löschungsklage des Verkäufers des Geschmacksmusters oder des Lizenznehmers).

17 Passivlegitimiert ist der jeweils eingetragene Inhaber des Geschmacksmusters. Die materiellrechtliche Rechtsinhaberschaft ist unerheblich.[14] Maßgeblich ist der Zeitpunkt der Rechtshängigkeit und damit der Zeitpunkt der Klagezustellung (§ 261 Abs. 1 ZPO). Ändert sich der Registerstand nach Klageerhebung, hat dies folglich keinen Einfluss auf den Prozess.

V. Folgen (§ 33 Abs. 3)

18 Nach Abs. 3 Satz 1 gelten die Schutzwirkungen eines Geschmacksmusters mit Eintritt der Rechtskraft des Urteils, mit dem die Nichtigkeit eines Geschmacksmusters festgestellt wird, als von Anfang an nicht eingetreten. Folglich entfällt der Schutz des Geschmacksmusters nicht nur für die Zukunft, sondern auch für die Vergangenheit.[15] Der Zeitpunkt der tatsächlichen Löschung des Geschmacksmusters aus dem Register ist unerheblich.

19 Die Vollstreckung des Löschungsurteils erfolgt nach § 894 Abs. 1 ZPO. Gemäß Abs. 3 Satz 2 übermittelt das Gericht dem DPMA eine Ausfertigung des rechtskräftigen Urteils. Das DPMA löscht das Geschmacksmuster daraufhin aus dem Register (§ 36 Abs. 1 Nr. 5). Anders als im Markenrecht[16] – hier muss der Kläger nach Erlass des Löschungsurteils unter Vorlage einer vollstreckbaren Ausfertigung des rechtskräftigen Urteils die Löschung der Eintragung im Register beantragen – und

---

12 BGH, GRUR 1963, 519, 521 – Klebemax.
13 Vgl. zum Markenrecht: *Schultz*, § 55 Rn. 6.
14 BGH, GRUR 1966, 107, 108 – Patentrolleneintrag.
15 Vgl. zu § 10c Abs. 2 Nr. 1 GeschmMG a.F.: BGH, GRUR 2004, 941, 942 – Metallbett.
16 Vgl. zum Markenrecht: *Fezer*, § 55 Rn. 21.

nach bisheriger Rechtslage[17] ist ein gesonderter (Löschungs-)Antrag des Klägers beim DPMA nicht erforderlich.

VI. Feststellung nach Beendigung der Schutzdauer/nach Verzicht (§ 33 Abs. 4)

Nach der früheren Rechtsprechung[18] konnte einer Klage auf Einwilligung in die Löschung dann nicht stattgegeben werden, wenn das Geschmacksmuster bereits erloschen war. Eine bereits anhängige Klage musste in der Hauptsache gemäß § 91a ZPO für erledigt erklärt werden. Nach Abs. 4 kann die Nichtigkeit des Geschmacksmusters nunmehr auch dann festgestellt werden, wenn die Schutzdauer des Geschmacksmusters bereits beendet ist oder der Inhaber auf das Geschmacksmuster verzichtet hat. Ein Rechtsschutzinteresse an der Feststellung der Nichtigkeit besteht insbesondere in Fällen, in denen über rechtliche Beziehungen gestritten wird, die einen Zeitraum betreffen, in dem die Schutzdauer noch nicht beendet und kein Verzicht auf ein Geschmacksmuster erklärt worden war.

20

---

17 Vgl. *Nirk/Kurtze*, § 10c Rn. 24.
18 BGH GRUR 1983, 560 – Brückenlegepanzer II; BGH, GRUR 1984, 339 – Überlappungsnaht.

§ 34 Kollision mit anderen Schutzrechten

Die Einwilligung in die Löschung eines Geschmacksmusters kann verlangt werden,

1. soweit in einem späteren Geschmacksmuster ein Zeichen mit Unterscheidungskraft verwendet wird und der Inhaber des Zeichens berechtigt ist, diese Verwendung zu untersagen;
2. soweit das Geschmacksmuster eine unerlaubte Benutzung eines durch das Urheberrecht geschützten Werkes darstellt;
3. soweit das Geschmacksmuster in den Schutzumfang eines früheren Geschmacksmusters fällt, auch wenn dieses erst nach dem Anmeldetag des späteren Geschmacksmusters offenbart wurde.

Der Anspruch kann nur von dem Inhaber des betroffenen Rechts geltend gemacht werden.

Übersicht

	Rn.		Rn.
I. Allgemeines	1	3. Geschmacksmuster (§ 34 Satz 1 Nr. 3)	11
II. Löschungsgründe (§ 34 Satz 1)	2	III. Anspruchsinhaber und Verfahren (§ 34 Satz 2)	13
1. Zeichen mit Unterscheidungskraft (§ 34 Satz 1 Nr. 1)	3		
2. Urheberrecht (§ 34 Satz 1 Nr. 2)	9		

I. Allgemeines

1 Kollidiert ein Geschmacksmuster mit einem Markenrecht (§ 34 Satz 1 Nr. 1), einem Urheberrecht (§ 34 Satz 1 Nr. 2) oder einem früheren Geschmacksmuster (§ 34 Satz 1 Nr. 3) eines anderen Rechtsinhabers, kann dieser gemäß § 34 die Einwilligung des Rechtsinhabers in die Löschung des Geschmacksmusters verlangen. Diese Regelung ist erforderlich, weil das DPMA derartige Drittrechte im Eintragungsverfahren nicht von Amts wegen berücksichtigt. Mit § 34 wurde Art. 11 Abs. 1d), 2 a) und b) und Abs. 4 der GM-Richtlinie umgesetzt. Der Regelungsgehalt entspricht weitgehend § 13 MarkenG. Anders als bei § 13 Abs. 2 MarkenG ist der Katalog der „anderen Schutzrechte" jedoch abschließend.

II. Löschungsgründe (§ 34 Satz 1)

Ein Löschungsgrund liegt vor, wenn der Inhaber des betroffenen Rechts nach dessen Schutzinhalt berechtigt ist, die Benutzung des Geschmacksmusters im gesamten Gebiet der Bundesrepublik Deutschland zu untersagen. Ob dem Inhaber ein solches Verbietungsrecht zusteht, richtet sich nach den jeweiligen Vorschriften über den Schutzinhalt des sonstigen Rechts.[1] **2**

1. Zeichen mit Unterscheidungskraft (§ 34 Satz 1 Nr. 1)

Nach § 34 Satz 1 Nr. 1 – dieser entspricht inhaltlich Art. 25 Abs. 1 e) GGV – kann der Inhaber eines unterscheidungskräftigen Zeichens die Einwilligung in die Löschung des Geschmacksmusters verlangen, soweit dieses Zeichen bei dem späteren Geschmacksmuster verwendet wird und der Inhaber des Zeichens berechtigt ist, diese Verwendung zu untersagen. **3**

Zeichen im Sinne des § 34 Satz 1 Nr. 1 sind Marken i.S.d. § 3 MarkenG, geschäftliche Bezeichnungen i.S.d. § 5 MarkenG sowie das Namensrecht gemäß § 12 BGB. Zu den Namensrechten im Sinne von § 12 BGB zählen neben dem Namen einer natürlichen Person auch der Name einer politischen Partei,[2] eines Verbandes,[3] eines Vereins,[4] einer Stiftung,[5] eines Ordens,[6] der Name einer Universität,[7] einer Gewerkschaft,[8] einer Stadt[9] oder auch das Rote Kreuz.[10] Auch Wappen und Vereinsembleme genießen Namensschutz.[11] **4**

Handelt es sich bei dem Zeichen um eine ältere deutsche Marke, berechtigt das deutsche Recht den Inhaber dieser Marke dazu, die Benutzung seines Zeichens in dem jüngeren Geschmacksmuster zu untersa- **5**

---

1 Vgl. zum Markenrecht: *Fezer*, § 13 Rn. 2.
2 LG Frankfurt, NJW 1952, 794 – SPD; LG Hamburg, NJW 1959, 1927 – SPD; OLG Karlsruhe, NJW 1972, 1810 – CDU; LG Hannover, NJW 1994, 1356 – Statt Partei.
3 OLG Köln, GRUR 1993, 584 – VUBl.
4 RG, JW 1930, 1733; RG, MuW 1930, 239 – ADAC.
5 BGH, GRUR 1988, 560 – Christophorus-Stiftung.
6 BGH, GRUR 1991, 157 – Johanniter-Bier.
7 BGH, WRP 1993, 101 – Universitätsemblem.
8 BGH, GRUR 1965, 377 – GdP.
9 BGH, GRUR 1964, 38 – Dortmund grüßt; LG Mannheim, CR 1996, 353 – Heidelberg.
10 BGH, GRUR 1994, 844, 845 – Rotes Kreuz.
11 Vgl. zum Markenrecht: *Ströbele/Hacker*, § 13 Rn. 11.

gen, wenn wegen der Identität oder Ähnlichkeit des Geschmacksmusters mit der Marke und der Identität oder Ähnlichkeit der durch die Marke und das Geschmacksmuster erfassten Waren oder Dienstleistungen für das Publikum die Gefahr von Verwechslungen besteht (§ 14 Abs. 2 Nr. 2 MarkenG). Der Nichtigkeitsgrund greift also nicht erst bei Zeichenidentität, sondern schon bei bloßer Ähnlichkeit der beiden Zeichen ein.[12] Verwechslungsgefahr i.S.d. § 14 Abs. 2 Nr. 2 MarkenG liegt vor, wenn die Öffentlichkeit glauben könnte, dass die betreffenden Waren oder Dienstleistungen aus demselben Unternehmen oder gegebenenfalls aus wirtschaftlich miteinander verbundenen Unternehmen stammen. Das Bestehen einer Verwechslungsgefahr beim Publikum ist unter Berücksichtigung aller relevanten Umstände des Einzelfalls umfassend zu beurteilen. Bei der umfassenden Beurteilung der Verwechslungsgefahr hinsichtlich der Ähnlichkeit der betreffenden Zeichen in Bild, Klang oder Bedeutung ist auf den Gesamteindruck abzustellen, den die Zeichen hervorrufen, wobei insbesondere ihre unterscheidungskräftigen und dominierenden Elemente zu berücksichtigen sind. Für die umfassende Beurteilung der Verwechslungsgefahr kommt es entscheidend darauf an, wie die Zeichen auf den Durchschnittsverbraucher dieser Waren oder Dienstleistungen wirken. Der Durchschnittsverbraucher nimmt eine Marke oder ein anderes Zeichen mit Unterscheidungskraft regelmäßig als Ganzes wahr und achtet nicht auf die verschiedenen Einzelheiten.[13]

6 Eine Kollision mit dem Zeichen liegt nur dann vor, wenn festgestellt wird, dass das Zeichen nach der Anschauung der angesprochenen Verkehrskreise in dem Geschmacksmuster verwendet wird. Wird festgestellt, dass das Zeichen nach der Anschauung der maßgeblichen Verkehrskreise nicht in dem Geschmacksmuster verwendet wird, kann eine Verwechslungsgefahr eindeutig ausgeschlossen werden.[14]

7 Die Frage, ob das maßgebliche Publikum das Geschmacksmuster als Zeichen mit Unterscheidungskraft wahrnimmt, braucht mit Blick auf die Feststellung einer möglichen markenrechtlichen Verwechslungsgefahr nicht gesondert geprüft zu werden.[15]

8 Wird das Löschungsverfahren auf eine ältere eingetragene Marke gestützt, ist der Einwand mangelnder Benutzung der älteren Marke zuläs-

---
12 EuG, GRUR-RR 2010, 326, 330 – Beifa/Schwan-Stabilo.
13 EuG, GRUR-RR 2010, 326, 330 – Beifa/Schwan-Stabilo.
14 EuG, GRUR-RR 2010, 326, 330 – Beifa/Schwan-Stabilo.
15 EuG, GRUR-RR 2010, 326, 330 – Beifa/Schwan-Stabilo.

sig. Der Inhaber des Geschmacksmusters kann also verlangen, dass der Inhaber die ernsthafte (rechtserhaltende) Benutzung der Marke nachweist.[16]

2. Urheberrecht (§ 34 Satz 1 Nr. 2)

Nach § 34 Satz 1 Nr. 2 – dieser entspricht inhaltlich Art. 25 Abs. 1 f) GGV – kann der Inhaber eines Urheberrechts die Einwilligung in die Löschung des Geschmacksmusters verlangen, wenn das Geschmacksmuster eine unerlaubte Benutzung eines urheberrechtlich geschützten Werkes darstellt.

Urheberrechte i.S.d. § 34 Satz 1 Nr. 2 sind solche i.S.d. § 2 UrhG. Als kollidierende Urheberrechte i.S.d. § 34 Satz 1 Nr. 2 kommen damit vor allem Werke mit der notwendigen Gestaltungshöhe gemäß § 2 Abs. 2 UrhG in Betracht, d.h. Werke der angewandten Kunst, der bildenden Kunst, Film- und Lichtbildwerke, wissenschaftliche, technische Darstellungen sowie Musikwerke.[17]

3. Geschmacksmuster (§ 34 Satz 1 Nr. 3)

Nach § 34 Satz 1 Nr. 3 – dieser entspricht inhaltlich Art. 25 Abs. 1 d) GGV – kann der Inhaber eines früheren Geschmacksmusters die Einwilligung in die Löschung eines späteren Geschmacksmusters verlangen. Voraussetzung hierfür ist zunächst, dass das spätere Geschmacksmuster in den Schutzumfang des früheren Geschmacksmusters fällt. Weitere Bedingung ist, dass das jüngere Geschmacksmuster zwar erst nach dem Anmeldetag des späteren Geschmacksmusters offenbart wurde (das ältere Geschmacksmuster leidet also nicht bereits an mangelnder Neuheit), aber vor dem Anmeldetag des späteren Geschmacksmusters geschützt ist. Damit kann der Inhaber des früheren Geschmacksmusters das später angemeldete Geschmacksmuster beseitigen. Dem Geschmacksmuster kommt auf diese Weise bereits ab dem Anmeldezeitpunkt eine Sperrwirkung gegenüber zeitlich nachrangigen Musteranmeldungen zu. Dies war unter Geltung der GeschmMG a.F. nicht der Fall. Solange ein Geschmacksmuster noch nicht offenbart war, konnte die unabhängige Schaffung eines Geschmacksmusters nämlich zu einem rechtlich geschützten parallelen Geschmacksmuster führen. Den rechtlichen Schutz derartiger Parallelschöpfungen kann der Inhaber des

---

16 EuG, GRUR-RR 2010, 326, 328, 329 – Beifa/Schwan-Stabilo.
17 Vgl. zum Markenrecht: *Ekey/Klippel*, § 13 Rn. 12.

früheren Geschmacksmusters nunmehr gemäß § 34 Satz 1 Nr. 3 beseitigen.

12 Der Begriff der Kollision gemäß § 34 Satz 1 Nr. 3 ist dahin auszulegen, dass ein Geschmacksmuster dann in den Schutzbereich des früheren Geschmacksmuster fällt, wenn es unter Berücksichtigung der Gestaltungsfreiheit des Entwerfers bei seiner Entwicklung keinen anderen Gesamteindruck beim informierten Benutzer erweckt als das in Anspruch genommene ältere Geschmacksmuster (vgl. § 2 Abs. 3).[18]

III. Anspruchsinhaber und Verfahren (§ 34 Satz 2)

13 Der Löschungsanspruch kann gemäß § 34 Satz 2 nur vom Inhaber des betroffenen Rechts, d.h. der Inhaber der Marke, des Urheberrechts oder des früheren Geschmacksmusters geltend gemacht werden. Hierdurch unterscheidet sich § 34 Satz 2 von § 33 Abs. 2 Satz 2, nach welchem die Klage auf Feststellung der Nichtigkeit von jedermann erhoben werden kann.

14 Der Löschungsanspruch ist vom Inhaber des kollidierenden Schutzrechtes mittels einer Klage vor den ordentlichen Gerichten (Geschmacksmustergerichte gemäß § 52) durchzusetzen (wegen der Einzelheiten vgl. Kommentierung zu § 33).

15 § 34 richtet sich nur gegen eingetragene Geschmacksmuster. Ist das Geschmacksmuster noch nicht eingetragen, kann der Inhaber des älteren Rechts jedoch auf Rücknahme der Anmeldung klagen.[19]

16 Durch die Formulierung „soweit" wird klargestellt, dass das Geschmacksmuster nicht notwendigerweise vollständig gelöscht werden muss. Kollidiert nur ein Teil des Geschmacksmusters mit dem entgegenstehenden Recht, so ist der Inhaber des Geschmacksmusters lediglich hinsichtlich dieses Teils zur Einwilligung in die Löschung verpflichtet. Das verbleibende Geschmacksmuster kann nach Maßgabe des § 35 in geänderter Form aufrechterhalten bleiben.

17 Liegt die Einwilligung des Rechtsinhabers in die Löschung oder ein rechtskräftiges Urteil (gemäß § 894 Abs. 1 Satz 1 ZPO ersetzt das Urteil die Willenserklärung des Beklagten) vor, löscht das DPMA das Geschmacksmuster gemäß § 36 Abs. 1 Nr. 4 aus dem Register.

---

18 EuG, GRUR-RR 2010, 189, 191 – Grupo Primer.
19 Vgl. BGH, GRUR 1993, 556, 558 – Triangel; BGH, GRUR 1969, 690, 693 – Faber.

§ 35 Teilweise Aufrechterhaltung

Ein Geschmacksmuster kann in geänderter Form bestehen bleiben,

1. durch Erklärung der Teilnichtigkeit oder im Wege der Erklärung eines Teilverzichts durch den Rechtsinhaber, wenn die Nichtigkeit nach § 33 Abs. 1 wegen mangelnder Neuheit oder Eigenart (§ 2 Abs. 2 oder Abs. 3) oder wegen Ausschlusses vom Geschmacksmusterschutz (§ 3) festzustellen ist, oder

2. durch Einwilligung in die teilweise Löschung oder Erklärung eines Teilverzichts, wenn die Löschung nach § 34 Satz 1 Nr. 1 oder Nr. 2 verlangt werden kann,

sofern dann die Schutzvoraussetzungen erfüllt werden und das Geschmacksmuster seine Identität behält.

Übersicht

	Rn.		Rn.
I. Allgemeines	1	III. § 35 Nr. 2	3
II. § 35 Nr. 1	2	IV. Verfahren	4

I. Allgemeines

Nach § 35 – mit diesem wurde Art. 11 Abs. 7 GM-Richtlinie umgesetzt – kann ein Geschmacksmuster in geänderter Form bestehen bleiben, wenn die Teilnichtigkeit erklärt wird, der Rechtsinhaber einen Teilverzicht erklärt oder in die teilweise Löschung einwilligt (im Falle des Teilverzichts dürfen entfallende Teile der Wiedergabe jedoch nicht durch neue Details ersetzt werden). § 35 gibt dem Inhaber des Geschmacksmusters die Möglichkeit, das Geschmacksmuster im Rahmen eines durch Klage eingeleiteten Nichtigkeitsverfahrens (§ 33) oder bei der Geltendmachung des Anspruchs auf Einwilligung in die Löschung (§ 34) zu verteidigen. Das Geschmacksmuster wird nicht vollständig vernichtet bzw. gelöscht, sondern in seinen Bestand als Rest-Geschmacksmuster aufrechterhalten.[1] Eine vergleichbare Regelung findet sich in Art. 25 Abs. 6 GGV. 1

---

1 Vgl. *Eichmann/v. Falckenstein*, § 35 Rn. 2.

II. § 35 Nr. 1

2 Ist die Nichtigkeit eines Geschmacksmusters nach § 33 Abs. 1 wegen mangelnder Neuheit oder Eigenart (vgl. Kommentierung bei § 2 Abs. 2 und 3) oder wegen eines Ausschlusses vom Geschmacksmusterschutz (vgl. Kommentierung bei § 3) festzustellen, kann das Geschmacksmuster gemäß § 35 Nr. 1 in geänderter Form aufrecht erhalten bleiben. Voraussetzung ist zum einen, dass die geänderte Form einerseits (im Gegensatz zur ursprünglichen Form) die Schutzvoraussetzungen erfüllt. Zum anderen muss das Geschmacksmuster die Identität mit der ursprünglichen Form behalten (= identitätswahrende Änderung); die Nichtigkeit muss sich also gerade aus einer unwesentlichen Einzelheit ergeben.[2] Durch das letztgenannte Erfordernis wird klargestellt, dass ausschließlich der Fortfall einzelner Merkmale eines Geschmacksmusters zulässig ist. An die Stelle wegfallender Merkmale dürfen also keine neuen Erscheinungsmerkmale treten. Vielmehr darf an die Stelle der entfallenen Merkmale nur eine sich aus dem verbleibenden Geschmacksmuster ergebene Ergänzung treten. Die Hinzufügung neuer oder die Ersetzung wegfallender Elemente, welche dem verbleibenden Geschmacksmuster zusätzliche Gestaltungsmerkmale beifügen, ist demgegenüber unzulässig. Der Begriff der Identität i.S.d. § 35 unterscheidet sich vom Begriff der Neuheit i.S.d. § 2 Abs. 2. Nach § 2 Abs. 2 gelten Geschmacksmuster als identisch, wenn sich ihre Merkmale nur in unwesentlichen Einzelheiten unterscheiden. Würde man dieses Verständnis auf § 35 übertragen, wäre eine teilweise Aufrechterhaltung kaum denkbar. Der Wegfall eines Gestaltungsmerkmals, das die Unwirksamkeit eines Geschmacksmusters auslöst, würde nämlich regelmäßig dazu führen, dass sich das Geschmacksmuster mehr als nur unwesentlich von seiner ursprünglichen Gestalt unterscheidet. Nach dem Willen des Gesetzgebers bezweckt § 35 indessen lediglich, dass kein anderes Geschmacksmuster, sondern lediglich das in einzelnen Erscheinungsmerkmalen verkürzte ursprüngliche Geschmacksmuster aufrechterhalten wird.

III. § 35 Nr. 2

3 Unterliegt das Geschmacksmuster nach § 34 Satz 1 Nr. 1 oder Satz 2 der Löschung, kann das Geschmacksmuster nach § 35 Nr. 2 ebenfalls

---

2 Vgl. *Ruhl*, Art. 25 Rn. 49.

in geänderter Form bestehen bleiben. Wegen der Einzelheiten wird auf die vorstehenden Ausführungen verwiesen.

IV. Verfahren

Liegen die Voraussetzungen für die teilweise Aufrechterhaltung vor, stellt das Gericht im Falle des § 33 Abs. 1 die Teilnichtigkeit fest. Kollidiert das Geschmacksmuster mit anderen Schutzrechten (§ 34), ergeht eine Verurteilung lediglich zur Einwilligung in die teilweise Löschung („soweit"). In allen Fällen kann der Geschmacksmusterinhaber auf einzelne Erscheinungsmerkmale seines Geschmacksmusters mit der Folge verzichten, dass der wirksame Teil des Geschmacksmusters aufrechterhalten bleibt. Geschieht dies rechtzeitig, kann der Inhaber des Geschmacksmusters die – aus Kostengründen riskante – Angreifbarkeit eines insofern nicht wirksam bestehenden Geschmacksmusters beseitigen. Dem Teilverzicht kommt damit eine dem Beschränkungsverfahren im Patentrecht (§ 64 PatG) vergleichbare Funktion zu. 4

Mit der Erklärung der Teilverzichts ist eine Wiedergabe einzureichen, die das geänderte Geschmacksmuster zeigt (§ 18 Abs. 2 GeschmMV). Im Falle der Feststellung einer Teilnichtigkeit, der Einwilligung in die teilweise Löschung oder eines Teilverzichts erfolgt nach § 36 Abs. 2 die teilweise Löschung aus dem Register durch eine entsprechende Eintragung. 5

§ 36 Löschung

(1) Die Eintragung eines Geschmacksmusters wird gelöscht
1. bei Beendigung der Schutzdauer;
2. bei Verzicht auf Antrag des Rechtsinhabers, wenn die Zustimmung anderer im Register eingetragener Inhaber von Rechten am Geschmacksmuster sowie des Klägers im Falle eines Verfahrens nach § 9 vorgelegt wird;
3. auf Antrag eines Dritten, wenn dieser mit dem Antrag eine öffentliche oder öffentlich beglaubigte Urkunde mit Erklärungen nach Nummer 2 vorlegt;
4. bei Einwilligung nach § 9 oder § 34 in die Löschung;
5. wegen Nichtigkeit bei Vorlage eines rechtskräftigen Urteils.

(2) Verzichtet der Rechtsinhaber nach Absatz 1 Nr. 2 und 3 nur teilweise auf das Geschmacksmuster, erklärt er nach Absatz 1 Nr. 4 seine Einwilligung in die Löschung eines Teils des Geschmacksmusters oder wird nach Absatz 1 Nr. 5 eine Teilnichtigkeit festgestellt, so erfolgt statt der Löschung des Geschmacksmusters eine entsprechende Eintragung in das Register.

Übersicht

	Rn.		Rn.
I. Allgemeines	1	4. Einwilligung (§ 36 Abs. 1 Nr. 4)	9
II. Löschungsgründe	2	5. Nichtigkeit (§ 36 Abs. 1 Nr. 5)	10
1. Beendigung der Schutzdauer (§ 36 Abs. 1 Nr. 1)	2	III. Teillöschung (§ 36 Abs. 2)	11
2. Verzicht des Rechtsinhabers (§ 36 Abs. 1 Nr. 2)	3	IV. Verfahren	12
3. Antrag eines Dritten (§ 36 Abs. 1 Nr. 3)	8		

I. Allgemeines

1 Der Regelungsgehalt des § 36 entspricht in weiten Teilen dem des § 10c Abs. 1 GeschmMG a.F. Dieser war durch das Geschmacksmusterreformgesetz vom 18. Dezember 1986 mit der Absicht in das Gesetz aufgenommen worden (vor der Änderung des Geschmacksmustergeset-

zes im Jahre 1986 war es nicht möglich, ein Muster oder Modell zu löschen bzw. löschen zu lassen), das Musterregister übersichtlicher zu machen und zugleich seien Aussagekraft zu erhöhen.[1] Namentlich sollte im Interesse besserer Aktualität die Dokumentation bloßer Scheinrechte verhindert und damit die Schutzrechtslage erkennbar gemacht werden.[2]

II. Löschungsgründe

1. Beendigung der Schutzdauer (§ 36 Abs. 1 Nr. 1)

Die Eintragung ist zu löschen, wenn dessen Schutzdauer beendet ist. **2** Dies ist der Fall, wenn die Höchstfrist für den Schutz (25 Jahre ab dem Anmeldetag, vgl. § 27 Abs. 2) erreicht ist oder die Schutzdauer (vgl. § 28) nicht verlängert wurde. Die Löschung erfolgt von Amts wegen ohne entsprechenden Beschluss. Über die Löschung der Eintragung des Geschmacksmusters wegen Nichteintritts der Verlängerung der Schutzdauer entscheidet ausschließlich das DPMA. Eine Nachprüfung durch die ordentlichen Gerichte findet nicht statt;[3] allerdings kann die Rückgängigmachung beantragt werden und ein diesen Antrag zurückweisender Beschluss mit Erinnerung bzw. Beschwerde angegriffen werden.[4] Nach anderer Rechtsauffassung kann der Rechtsinhaber in Fällen, in denen er die Zahlungsfrist ohne Verschulden versäumt hat, Antrag auf Wiedereinsetzung (vgl. Kommentierung bei § 23) stellen; weist das DPMA den Antrag zurück, kann der Rechtsinhaber Beschwerde (§ 23 Abs. 2 Satz 1) zum BPatG einlegen.[5]

2. Verzicht des Rechtsinhabers (§ 36 Abs. 1 Nr. 2)

Bereits vor Ablauf der Schutzdauer kann der Rechtsinhaber – auch teilweise – auf die Eintragung verzichten. Ist das Geschmacksmuster angemeldet, aber noch nicht eingetragen, kann der Anmelder die Anmeldung zurücknehmen. Dies war nach altem Recht nicht möglich, da der Schutz unmittelbar mit der Anmeldung und nicht erst mit der Eintragung entstand.[6]

---

1 Vgl. *Nirk/Kurtze*, § 10c Rn. 2.
2 Vgl. *Eichmann/v. Falckenstein*, 2. Aufl., § 10c Rn. 1.
3 Vgl. zum Markenrecht: *Fezer*, § 47 Rn. 13.
4 Vgl. zum Markenrecht: *Ingerl/Rohnke*, § 47 Rn. 10; *Ströbele/Hacker*, § 47 Rn. 18.
5 Vgl. *Kiethe/Groeschke*, WRP 2005, 979.
6 Vgl. *Eichmann/v. Falckenstein*, § 7 Rn. 10.

§ 36 Löschung

4 Der Löschungsantrag des Rechtsinhabers ist Verfahrenshandlung (Prozesshandlungen, Prozesserklärungen) und auf die Durchführung eines Verwaltungsverfahrens mit konstitutiver Wirkung gerichtet. Der Löschung der Eintragung kommt ausnahmsweise dann nur eine deklaratorische Wirkung zu, wenn der Rechtsinhaber vor der Löschung der Eintragung materiellrechtlich wirksam auf das Geschmacksmuster verzichtet hat.[7] Der Verzicht bewirkt unmittelbar das Erlöschen des Geschmacksmusters, ohne dass es noch einer Vollziehung im Geschmacksmusterregister bedarf.[8]

5 § 36 knüpft für die Wirksamkeit eines Verzichts lediglich an die formelle Berechtigung des eingetragenen Inhabers an. Der materiell Berechtigte kann die Löschung dementsprechend nur dann beantragen, wenn er im Register eingetragen ist. Wird ein Geschmacksmuster auf den Antrag des eingetragenen materiell aber nicht berechtigten Inhabers gelöscht, erlischt das Schutzrecht auch mit Wirkung für den wahren Berechtigten. Dieser kann gegen den Nichtberechtigten Schadensersatzansprüche geltend machen.

6 Bestehen Rechte dritter Personen, die in das Register eingetragen sind, wird das Geschmacksmuster gemäß § 36 Abs. 1 Nr. 2 nur dann gelöscht, wenn dem DPMA die Zustimmung anderer im Register eingetragener Inhaber von Rechten bzw. des Klägers eines auf Übertragung des Geschmacksmusters nach § 9 gerichteten Rechtsstreits vorgelegt wird. Hierdurch sollen die Inhaber in die Lage versetzt werden, unberechtigte Löschungen zu verhindern, bis im Innenverhältnis zwischen dem Rechtsinhaber und Ihnen eine Klärung erfolgt ist. Berechtigte i. S. d. § 36 Abs. 1 Nr. 2 sind insbesondere die Inhaber von dinglichen Rechten nach § 30 (Pfandgläubiger, Nießbrauchsberechtigte etc.). Nach § 18 Abs. 3 Satz 1 GeschmMV reicht für die erforderliche Zustimmung die Abgabe einer von einer dieser Person oder ihrem Vertreter unterschriebenen Zustimmungserklärung aus. Die Zustimmungserklärung muss nicht unmittelbar gegenüber dem DPMA abgegeben werden, sondern kann von dem Dritten auch gegenüber dem Rechtsinhaber erklärt werden.[9] Eine Beglaubigung der Erklärung oder der Unterschrift ist nicht erforderlich (§ 18 Abs. 3 Satz 2 GeschmMV). Anders als im Markenrecht (vgl. § 40 Satz 3 MarkenV) kann die Zustimmung Dritter nicht auf „andere Weise" nachgewiesen werden.

---

7 Vgl. zum Markenrecht: *Fezer*, § 48 Rn. 2.
8 Vgl. zum Markenrecht: *Fezer*, § 48 Rn. 4.
9 Vgl. zum Markenrecht: *Ingerl/Rohnke*, § 48 Rn. 10.

Lizenznehmer (die nicht in das Register eingetragen werden) müssen 7
einem Verzicht weder zustimmen noch werden sie hiervon (vorher oder
nachher) unterrichtet.¹⁰ Erfährt der Lizenznehmer jedoch rechtzeitig,
d.h. noch vor dessen Einreichung von einem Löschungsantrag, kann
der Lizenznehmer vor dem Hintergrund, dass die Löschung des Geschmacksmusters während der Dauer des Lizenzvertrags regelmäßig
eine positive Vertragsverletzung darstellt, gegen den Rechtsinhaber
eine einstweilige Verfügung auf Unterlassung erwirken.¹¹

3. Antrag eines Dritten (§ 36 Abs. 1 Nr. 3)

Nach Abs. 1 Nr. 3 (§ 10c Abs. 1 Nr. 3 GeschmMG a.F.) wird das Ge- 8
schmacksmuster gelöscht, wenn ein Dritter mit seinem Antrag eine öffentliche oder öffentlich beglaubigte Urkunde (§§ 415, 416 ZPO) vorlegt, die einen Verzicht des Rechtsinhabers sowie sonstiger als Inhaber
von Rechten an einem Geschmacksmuster eingetragener Personen enthält. In Betracht kommt eine vom Rechtsinhaber unterzeichnete Verzichtserklärung, deren Unterschrift notariell beglaubigt ist (Die Beglaubigung durch Verwaltungsbehörde oder Polizei genügt für § 129 BGB
nicht).¹² Der Antrag selbst bedarf nur der einfachen Schriftform. Dritter
kann jeder sein.

4. Einwilligung (§ 36 Abs. 1 Nr. 4)

Gemäß Abs. 1 Nr. 4 wird das Geschmacksmuster gelöscht, wenn der In- 9
haber Nichtberechtigter i.S.d. § 9 ist und in die Löschung eingewilligt
hat. Das Gleiche gilt, wenn das Geschmacksmuster mit einem anderen
Schutzrecht kollidiert (§ 34).

5. Nichtigkeit (§ 36 Abs. 1 Nr. 5)

Gemäß Abs. 1 Nr. 5 wird das Geschmacksmuster gelöscht, wenn dem 10
DPMA eine rechtskräftige Entscheidung über die Nichtigkeit des Geschmacksmusters (vgl. § 33) vorgelegt wird. Die Rechtskraft ist gemäß
§ 706 ZPO zu belegen.

---

10 Vgl. zum Markenrecht: *Ströbele/Hacker*, § 48 Rn. 7.
11 Vgl. zum Markenrecht: *Ingerl/Rohnke*, § 48 Rn. 10.
12 Vgl. *Eichmann/v. Falckenstein*, § 36 Rn. 8.

III. Teillöschung (§ 36 Abs. 2)

11 Abs. 2 regelt die Fälle, in denen ein Geschmacksmuster im Wege der Feststellung der Teilnichtigkeit, der Erklärung der Einwilligung in die teilweise Löschung oder eines Teilverzichts nach § 35 in geänderter Form aufrechterhalten werden soll. In diesen Fällen erfolgt die teilweise Löschung des Geschmacksmusters durch Eintragung eines entsprechenden Hinweises, welche Erscheinungsmerkmale des Geschmacksmusters entfallen. Wird teilweise auf das Geschmacksmuster verzichtet, ist der Erklärung eine Wiedergabe des geänderten Geschmacksmusters beizufügen (§ 18 Abs. 2 GeschmMV).

IV. Verfahren

12 Im Fall des § 36 Abs. 1 Nr. 1 nimmt das DPMA die Löschung von Amts wegen vor. In den Fällen des § 36 Abs. 1 Nr. 2 und Nr. 3 ist der Löschungsantrag schriftlich beim DPMA einzureichen. In anhängigen Rechtsmittelverfahren kann der Verzicht auch vor dem BPatG oder BGH erklärt werden.[13] Der Löschungsantrag ist bedingungsfeindlich und daher unbedingt zu stellen.[14] Bei einem Verzicht nach § 36 Abs. 1 Nr. 2 und Abs. 2 sind in der Verzichtserklärung die in § 18 Abs. 1 GeschmMV genannten Angaben anzugeben. Der Löschungsantrag braucht die Worte „Verzicht" oder „Löschung" nicht zu enthalten. Aus dem Löschungsantrag muss sich jedoch der Wille zur sofortigen, endgültigen und gegenüber jedermann wirkenden Rechtsaufgabe ergeben.[15] Auswärtige Antragsteller i. S. d. § 58 müssen einen Inlandsvertreter bestellen.

13 Der Verzicht ist unwiderruflich. Seine Rechtswirkungen treten unmittelbar mit der Erklärung gegenüber dem DPMA ein, ohne dass es hierfür noch einer Vollziehung im Register bedarf.[16] Eine Anfechtung wegen Irrtums ist hingegen möglich.[17] Der Verzicht wirkt lediglich ex nunc, d.h. nur für die Zukunft.[18] Zwischen der Eintragung und dem

---

13 BPatG GRUR 2003, 530, 531 – Waldschlößchen.
14 Vgl. zum Markenrecht: *Fezer*, § 48 Rn. 13.
15 Vgl. *Eichmann/v. Falckenstein*, § 36 Rn. 5.
16 BGH, GRUR 2001, 337, 339 – Easypress; BGH GRUR 2008, 714 – idw; BGH, GRUR 2008, 719 – idw Informationsdienst Wissenschaft.
17 Vgl. zum Markenrecht: *Ströbele/Hacker*, § 48 Rn. 4.
18 BGH, GRUR 2001, 337, 339 – EASYPRESS; BPatG, GRUR 2007, 507, 508 – FUSSBALL WM 2006 II.

Verzicht entstandene Ansprüche (z.B. auf Schadensersatz) bleiben also weiter bestehen.[19]

Die Löschung erfolgt nicht durch (rechtsmittelfähigen) Beschluss, sondern durch Verwaltungsakt. Erfolgt die Löschung offensichtlich zu Unrecht, wird das DPMA das Register auf Hinweis des Rechtsinhabers von Amts wegen berichtigen.[20] Die Eintragung des Geschmacksmusters wird durch einen Vermerk im Geschmacksmusterregister gelöscht (§ 19 GeschmMV). Der Tag und der Grund der Löschung der Eintragung ist in das Geschmacksmusterregister einzutragen (§ 20 Nr. 6 GeschmMV). **14**

Die Löschung erfolgt gebührenfrei. **15**

---

19 Vgl. zum Markenrecht: *Ingerl/Rohnke*, § 48 Rn. 11.
20 Vgl. *Eichmann/v. Falckenstein*, § 36 Rn. 3.

Abschnitt 7
Schutzwirkungen und Schutzbeschränkungen

§ 37 Gegenstand des Schutzes

(1) Der Schutz wird für diejenigen Erscheinungsmerkmale eines Geschmacksmusters begründet, die in der Anmeldung sichtbar wiedergegeben sind.

(2) Enthält für die Zwecke der Aufschiebung der Bekanntmachung eine Anmeldung nach § 11 Abs. 2 Satz 2 einen flächenmäßigen Musterabschnitt, so bestimmt sich bei ordnungemäßer Erstreckung mit Ablauf der Aufschiebung nach § 20 Abs. 2 der Schutzgegenstand nach der eingereichten Wiedergabe des Geschmacksmusters.

Übersicht

	Rn.		Rn.
I. Allgemeines.	1	VI. Offenbarungsgehalt	7
II. Erscheinungsmerkmale.	2	VII. Erläuternde Beschreibung . . .	8
III. Schutz von Grundgedanken der Gestaltung.	3	VIII. Mustergemäßes Erzeugnis . . .	9
IV. Sichtbarkeit	4	IX. Aufschiebung der Bekanntmachung.	10
V. Anmeldung	5		

I. Allgemeines

§ 37 regelt Grundsätzliches bezüglich § 38 hinsichtlich der Rechte aus dem Geschmacksmuster und dem Schutzumfang des Geschmacksmusters, hat dabei aber nur klarstellende Funktion. In der GMRL finden sich weder Vorgaben zu Abs. 1 noch zu Abs. 2. Die von der Rechtsprechung entwickelten und allgemein anerkannten Regeln zum alten Geschmacksmusterrecht werden jetzt in Abs. 1 geregelt. Die in der Anmeldung angegebenen Erscheinungsmerkmale des Erzeugnisses wirken schutzbegründend. Als Vorbild für die äußere Gestaltung gewerblicher

1

Erzeugnisse dient nur die sich aus der Anmeldung ergebende konkrete Verkörperung des Erzeugnisses.[1] Im GeschmMG a.F. war nicht vorgesehen, dass der Anmelder Wiedergaben für die Zeit nach Beendigung der Aufschiebung der Bekanntmachung nachreichen konnte. Abs. 2 stellt dies für das GeschmMG jetzt klar. Eine der Vorschrift des § 37 entsprechende Regelung enthält die GGV nicht, doch sind die in § 37 enthaltenen Regelungen wegen Ihres klarstellenden Charakters auch für das Gemeinschaftsgeschmacksmuster anzuwenden. Dies gilt etwa für die nachgereichten Wiedergaben nach Art. 50 Abs. 4 b) GGV.

II. Erscheinungsmerkmale

2   Die Begriffsbestimmungen des § 1 Nr. 1 und Nr. 2 stellen auf die Erscheinungsmerkmale eines Erzeugnisses ab, so dass nicht unmittelbar ersichtlich ist, was die Erscheinungsmerkmale eines Geschmacksmusters sind. Technisch bedingte Erscheinungsmerkmale oder Erscheinungsmerkmale, die als Verbindungselemente wirken, sind durch § 3 Abs. 1 Nr. 1 und Nr. 2 als Erscheinungsmerkmale von Erzeugnissen vom Geschmacksmusterschutz ausgeschlossen. Aus diesem Grund können regelmäßig nur einzelne Erscheinungsmerkmale vom Schutz ausgeschlossen werden, wie sich unmittelbar aus Abs. 1 ergibt. Schutzgegenstand ist deshalb nicht die vollständige Erscheinungsform eines Erzeugnisses. Ausschlaggebendes Kriterium sind die in der Anmeldung des Geschmacksmusters sichtbar wiedergegebenen Erscheinungsmerkmale des Erzeugnisses. Vom Geschmacksmusterschutz ausgeschlossene Erscheinungsmerkmale wirken auch dann nicht schutzbegründend, wenn sie deutlich sichtbar sind. Die MRL gibt den Ausschluss des Schutzes in den Fällen des § 3 Abs. 1 vor.[2] Die Schutzbegründung nach § 37 Abs. 1 tritt daher hinter die Schutzausschließung nach § 3 Abs. 1 zurück. Voraussetzung für den Schutz ist die Sichtbarkeit der Erscheinungsmerkmale. In den Schutzgegenstand können deshalb nicht sichtbare Erscheinungsmerkmale nicht einbezogen werden. Dabei ist es nicht entscheidend, ob diese durch Beschreibung[3] oder durch die Vorlage eines mustergemäßen Erzeugnisses[4] in den Schutzgegenstand einbe-

---

1 BGH, GRUR 1996, 57 – Spielzeugautos; BGH, GRUR 1981, 269 – Haushaltsschneidemaschine II; BGH, GRUR 1979, 705 – Notizblöcke; BGH, GRUR 1974, 406 – Elektroschalter.
2 Vgl. *Eichmann/v. Falckenstein*, § 11 Rn. 8.
3 S.u. Rn. 8.
4 S.u. Rn. 9.

zogen werden sollen. Für die Beurteilung, ob bestimmte Erscheinungsmerkmale in den Schutzgegenstand einbezogen sind oder nicht, ist es auch nicht entscheidend, ob der informierte Benutzer die nicht sichtbar wiedergegebenen Erscheinungsmerkmale gedanklich ergänzen kann oder ob diese gewöhnlich ein bestimmtes Erscheinungsbild aufweisen.

III. Schutz von Grundgedanken der Gestaltung

Gegenstand eines Geschmacksmusterschutzes kann nur die Erscheinungsform eines Erzeugnisses, also die konkrete Verkörperung sein. Abstrakte Ideen, ästhetische Lehren, Stilarten oder Motive sind hingegen vom Schutz des Geschmacksmusters ausgenommen.[5] Diese Regelung schützt im Geschmacksmusterrecht – ebenso wie im Urheberrecht und beim Nachahmungsschutz im Wettbewerbsrecht – das Freihaltebedürfnis. Der Gedanke, der einer bestimmten Gestaltung zugrunde liegt,[6] findet deshalb nicht Eingang in den Schutzgegenstand des Geschmacksmusters. Ebenso umfasst der Schutzgegenstand nicht die Gestaltungstechnik,[7] das Herstellungsverfahren,[8] die Motive,[9] den Gestaltungsstil[10] oder Stilrichtungen bzw. Anpassungen an den Zeitgeschmack.[11] Der freien künstlerischen Entwicklung unterliegen abstrakte Eigenschaften wie Stil, Motiv, Technik und Methode.[12] Das Geschmacksmusterrecht übernimmt damit die im Urheberrecht entwickelten Regeln.[13] Schutzfähig können dagegen im Einzelfall die Auswahl eines ausgefallenen Motivs[14] oder die konkrete Ausgestaltung eines Stilmittels[15] sein. Aus diesem Grund wird folgende Abgrenzung vorgenommen: Gestaltungsgrundsätze, die schutzwürdig sind, andererseits und Motive und Stilmittel, die zukünftig für den Gemeingebrauch freizuhalten sind oder die sich bereits im allgemeinen Gebrauch befin-

3

---

5 BGH, GRUR 1977, 547; BGH, GRUR 1979, 705 – Notizklötze.
6 BGH, GRUR 1979, 705 – Notizklötze; BGH, GRUR 1977, 547 – Kettenkerze; BGH, GRUR 1974 – Stehlampe; BGH, GRUR 1974, 409.
7 BGH, GRUR 1984, 453 – Hemdblusenkleid; BGH, GRUR 1962, 147; BGH, GRUR 1955, 445 – Mantelmodell.
8 Vgl. *Eichmann/v. Falckenstein*, § 1 Rn. 24, § 37 Rn. 3.
9 BGH, GRUR 1980, 236.
10 BGH, GRUR 1962, 144.
11 BGH, GRUR 1975, 383 – Möbelprogramm.
12 BGH, GRUR 1977, 550.
13 BGH, GRUR 1958, 500 – Mecki I; BGH, GRUR 1952, 516 – Hummel I.
14 BGH, GRUR 1958, 351 – Deutschlanddecke.
15 BGH, GRUR 1961, 640 – Straßenleuchte.

den, andererseits. Dieselbe Beurteilung ist bei Gestaltungen vorzunehmen, die sich an Formen, die der Natur entnommen sind, anlehnen. Je näher der Bezug zur von der Natur vorgegebenen Form ist, desto mehr Gründe sprechen dafür, die Schutzmöglichkeit zu versagen.[16] Auch hier ist das entscheidende Kriterium das Freihaltebedürfnis,[17] dessen Beurteilung stark, jedoch nicht ausschließlich einer wirtschaftlichen Betrachtungsweise unterliegt.[18] Irrelevant für die Beurteilung der Schutzfähigkeit sind besondere Verlegebilder von Fassaden- oder Dacheindeckungsplatten, wenn Schutz durch die bei der Anmeldung eingereichte Abbildung lediglich für die nicht verlegten Platten beantragt wurde.[19]

IV. Sichtbarkeit

4   Das Muster ist notwendiger Bestandteil der Anmeldung. In dieser muss der Schutzgegenstand des Geschmacksmusters sichtbar wiedergegeben sein, da nur die sichtbaren Erscheinungsmerkmale eines Erzeugnisses durch das Geschmacksmuster geschützt sind. Die im Muster nicht sichtbaren Erscheinungsmerkmale werden nicht zur Beurteilung des Schutzgegenstandes herangezogen. Besondere technische Hilfsmittel werden ebenfalls zu dieser Beurteilung nicht herangezogen.[20] Sowohl für die Anmeldung geschaffene Vergrößerungen, Verkleinerungen, Materialänderungen oder sonstige Änderungen bei einem Originalerzeugnis nach § 11 Abs. 2 Satz 2 als auch Abweichungen von Vervielfältigungsgegenständen vom Gegenstand der Anmeldung sind unbeachtlich bei der Beurteilung des Schutzgegenstandes. Vom Geschmacksmuster nicht erfasst ist eine bestimmte Farbgestaltung, wenn nur eine Schwarz-Weiß-Darstellung Gegenstand der Anmeldung war.[21] Bei der zweidimensionalen Darstellung eines dreidimensionalen Modells ist zur Beurteilung des Schutzgegenstandes auf den informierten Benutzer abzustellen. Wenn dieser in der Darstellung das dreidimensionale Modell erkennt, ist dieses vom Schutzgegenstand der zweidimensionalen Darstellung erfasst.[22] Insbesondere bei Bauelementen von komplexen Erzeugnissen ist die Sichtbarkeit für die Beurteilung des Schutzgegen-

---

16 BGH, GRUR 1980, 236; Vgl. *Eichmann/v. Falckenstein*, § 3 Rn. 7.
17 *Eichmann*, FS für Beier, 1996, 456, 463.
18 *Koschtial*, GRUR Int. 2003, 973, 980.
19 BGH, GRUR 2008, 153 Tz. 21 – Dacheindeckungsplatten.
20 *Koschtial*, GRUR Int. 2003, 973, 980.
21 BGH vom 24. November 1983 – I ZR 146/81 – Strahlerserie.
22 Vgl. *Eichmann/v. Falckenstein*, § 11 Rn. 4.

standes von größter Bedeutung.²³ Dagegen ist die Sichtbarkeit im Endgebrauch bei allen anderen Erzeugnissen für die Schutzbegründung unbedeutend.²⁴ Hinsichtlich dieser anderen Erzeugnisse wird durch die Beschreibung gemäß dem Muster des Antrags kein Schutz begründet. Es ist für den Schutzumfang damit unerheblich, ob sich Merkmale im Inneren unter durchsichtigem Material befinden.²⁵ Durch § 3 Abs. 1 Nr. 1 und Nr. 2 vom Geschmacksmusterschutz ausgeschlossene Erscheinungsmerkmale und nicht musterfähige Erscheinungsmerkmale begründen grundsätzlich keinen Geschmacksmusterschutz. Dies gilt auch dann, wenn sie bei Anmeldung sichtbar sind.

V. Anmeldung

Die für die Anmeldung notwendigen Bestandteile sind in § 11 Satz 1 i. V. m. §§ 13 Abs. 1, 16 Abs. 1 Nr. 3 geregelt. Für die Beurteilung des Schutzgegenstands des Geschmacksmusters ist gemäß § 11 Abs. 2 Satz 1 Nr. 3 die tatsächliche Wiedergabe entscheidend. Bei einer Aufschiebung der Bekanntmachung nach § 20 kann die Wiedergabe des Musters durch einen flächenmäßigen Musterabschnitt ersetzt werden. Für die Beurteilung der Reichweite des Schutzgegenstands des Geschmacksmusters ist die Erkennbarkeit in der Wiedergabe des Musters entscheidend, nicht jedoch die Erkennbarkeit von Erscheinungsmerkmalen in der Bekanntmachung der Eintragung; diese Regelung ist auch bei der Wiedergabe eines farbigen Musters in Schwarz-Weiß anzuwenden. Die Bekanntmachung der Eintragung dient nur der Erstinformation der Öffentlichkeit.²⁶ Der Schutzgegenstand definiert sich durch die Gesamtheit der Musterwiedergaben, auch wenn diese aus mehreren Wiedergaben des Musters besteht. Mehrere Fotografien des Modells in verschiedenen Ausführungsformen werden rechtlich als nur eine Wiedergabe gewertet.²⁷ Abweichungen des Modells in den Fotografien werden in die Beurteilung der Reichweite des Schutzgegenstands nicht einbezogen. Um mehrere voneinander abweichende Modelle zu schützen, müssen diese jeweils einzeln angemeldet werden, da eine Vermehrung

5

---

23 Vgl. *Eichmann/v. Falckenstein*, § 4 Rn. 5.
24 Vgl. *Eichmann/v. Falckenstein*, § 1 Rn. 31; *Heinrich* 1.27; a.A. *Koschtial*, GRUR Int. 2003, 973.
25 A.A. *Grünbuch*, 5.4.7.4.
26 Vgl. *Eichmann/v. Falckenstein*, § 20 Rn. 6.
27 BGH, GRUR 2001, 503 – Sitz-Liegemöbel.

der Schutzgegenstände nicht stattfindet.[28] Durch die Einsicht in das Register erfolgt die Kenntnisnahme von der Wiedergabe gemäß § 22 Satz 2. Deshalb ist es für die Bestimmung des Schutzgegenstands unerheblich, wenn bei der Bekanntmachung nur eine Wiedergabe des Schutzgegenstandes abgedruckt wird.

6 Werden durch eine Sammelanmeldung mehrere Geschmacksmuster zusammengefasst, so stellt jedes dieser Geschmacksmuster ein eigenes Schutzrecht dar.[29] Aus diesem Grund ist die Ermittlung des Schutzgegenstandes für jedes einzelne Geschmacksmuster unabdingbar. Es besteht jedoch die Möglichkeit, dass einzelne Gegenstände so zusammen gehören, dass sie als einheitliches Erzeugnis anzusehen sind.[30] Ist es bei Bauteilen von komplexen Erzeugnissen erforderlich, dass bei dem Erzeugnis als Ganzem die Möglichkeit besteht, dieses auseinander- und wieder zusammenbauen zu können, so ergibt sich daraus bereits die Zusammengehörigkeit.[31] Zur Begründung der Schutzfähigkeit ist es erforderlich, dass nicht nur das Gesamterzeugnis, sondern auch die einzelnen Bauteile jeweils für sich betrachtet, die Anforderungen an Neuheit und Eigenart erfüllen. Es kann daher für den informierten Benutzer bei der Beurteilung der Unterschiede gegenüber bekannten Vormustern ausschlaggebend sein, dass Teile eines Erzeugnisses vorliegen, die sowohl gestalterisch als auch funktional eine Einheit bilden. Die Zuordnung eines Bauteils zu einer gestalterischen Einheit durch den informierten Benutzer beeinflusst möglicherweise die Bestimmung des Schutzumfangs. Ein Auseinanderhalten der Offenbarungsgehalte ist für die registerrechtliche Eigenständigkeit von einzelnen Mustern einer Sammelanmeldung nicht erforderlich. Es besteht dabei die Möglichkeit, die gestalterische Zusammengehörigkeit eines Ensembles zu dokumentieren, wie beispielsweise bei einem Geschirr-Set. Dies ist allerdings nur dann der Fall, wenn ein schützenswertes Interesse des Anmelders dem Erfordernis der Einheitlichkeit, der Zusammenfassung mehrerer Gegenstände in einer einzigen Abbildung, widerspricht. Die Möglichkeit einer gestalterischen Verbindung besteht auch bei Anbauteilen,[32] wenn durch die Einzelanmeldung diese gestalterische Verbindung nicht dargestellt werden kann. Als Beispiel seien hier noch die einzelnen Bestandteile eines Möbelanbauprogramms genannt. Die Be-

---

28 BGH, GRUR 2001, 503 – Sitz-Liegemöbel.
29 Vgl. *Eichmann/v. Falckenstein*, § 12 Rn. 3.
30 Vgl. *Eichmann/v. Falckenstein*, § 1 Rn. 35.
31 Vgl. *Eichmann/v. Falckenstein.*, § 1 Rn. 24, § 4 Rn. 3.
32 Vgl. *Eichmann/v. Falckenstein*, § 1 Rn. 36.

urteilung eines Anbauteils der geschmacklichen Wirkung ist nur in der Gesamtschau mit den anderen Teilen desselben Möbelprogramms zu sehen, die in Höhe, Proportion und Erscheinungsbild aufeinander abgestimmt sind.[33] Der VO-Vorschlag 1993 sah dazu in Art. 40 Abs. 1 Satz 2 die Zugehörigkeit aller Erzeugnisse der Sammelanmeldung zur selben Unterklasse oder zur selben Serie oder eine bestimmte Anordnung von Gegenständen vor. Eine Ausnahme sollte nur für den Fall der Verzierung[34] gelten. Ziel des Vorschlags war es, die verschiedenen Möglichkeiten der Innenausstattung innerhalb einer einheitlichen Designidee zu erfassen.[35] Im Gegensatz dazu stellt Art. 37 Abs. 1 Satz 1 der GGV nur noch auf die Zugehörigkeit zur selben Klasse ab. Das Erfordernis der Zugehörigkeit zur selben Unterklasse wurde fallen gelassen. Aufeinander abgestimmte Erscheinungsformen in der Sammelanmeldung können regelmäßige die gestalterische Zusammengehörigkeit von Einzelmustern begründen. Aus den Erzeugnisangaben gemäß § 11 Abs. 2 Nr. 4 sowie notfalls aus einer Beschreibung[36] können sich unterstützende Hinweise für die Beurteilung ergeben. Durch die eigenständige Wiedergabe der Gesamtheit des Schutzbegehrens bei Bauteilen, Bestandteilen von Sets o. Ä. kann die Zusammengehörigkeit begründet und dadurch zum Gegenstand der Sammelanmeldung gemacht werden.

VI. Offenbarungsgehalt

Fehlen bei der grafischen oder fotografischen Darstellung einzelne Erscheinungsmerkmale von Erzeugnissen und sind damit nicht alle Erscheinungsformen erkennbar gemacht, so ist der Offenbarungsgehalt der Wiedergabe nicht vollkommen. Die durch den Gesamteindruck der Wiedergabe erkennbar gemachten Erscheinungsmerkmale bestimmen den Inhalt und den Umfang des Geschmacksmusterschutzes.[37] An die Stelle des durchschnittlichen Mustergestalters, auf den das GeschmMG a.F. abgestellt hatte, tritt in § 37 der informierte Benutzer, was eine Darlegung in gerichtlichen Verfahren praktisch erleichtert. Dessen Beurteilung ist entscheidend für die Ermittlung der Eigenart und die Bestimmung des Schutzgegenstandes. Die Beurteilung der Anmeldung durch den informierten Benutzer im Anmeldezeitpunkt, die dieser ohne

7

---
33 BGH, GRUR 1975, 383 – Möbelprogramm.
34 Vgl. *Eichmann/v. Falckenstein*, § 1 Rn. 11.
35 Vgl. Begründung zu Art. 40 VO-Vorschlag 1993.
36 S.o. Rn. 8.
37 BGH, GRUR 1996, 767 – Holzstühle.

§ 37 Gegenstand des Schutzes

besondere Bemühung auf unter Berücksichtigung des Entwicklungsstandes auf dem einschlägigen Gebiet der Anmeldung entnehmen kann, ist entscheidend für den Offenbarungsgehalt der Wiedergabe.[38] Der Prioritätstag ist entscheidend für den wirksamen Prioritätsanspruch. Für die Wirksamkeit des Prioritätsanspruchs ist es dabei nicht ausreichend, dass sich die Gestaltung aus der Darstellung erahnen lässt. Eine derartige Auslegung würde wegen der Ausweitung des Schutzgegenstands zu einer nicht mehr tragbaren Rechtsunsicherheit führen.[39] Als ausreichend ist es jedoch anzusehen, dass der informierte Benutzer durch einfache gedankliche Interpolation die Form aus einer Zeichnung schließen kann.[40] Allerdings werden beispielsweise Verlegebilder von Platten nicht offenbart, wenn aus der bei der Anmeldung eingereichten Wiedergabe lediglich die Einzelplatten ersichtlich sind.[41]

VII. Erläuternde Beschreibung

8 Nach § 11 Abs. 4 Nr. 1 kann eine Beschreibung zur Erläuterung der Wiedergabe der Anmeldung beigefügt werden. Aus der Wiedergabe nicht ersichtliche Merkmale können wegen der nur erläuternden Funktion der Beschreibung nicht durch diese in den Schutzgegenstand aufgenommen werden. Die Angaben in der Beschreibung wirken nicht wie die gestalterische Wirkung des Musters und können diese daher nicht festlegen.[42] Eine Erweiterung des Schutzgegenstands durch die Beschreibung ist nicht möglich. Durch die Beschreibung kann jedoch der genaue Grund für die im Muster erkennbare geschmackliche Wirkung aufgedeckt werden.[43] Der Schutzgegenstand kann durch die Beschreibung zwar nicht erweitert werden, doch ist eine Beschränkung möglich,[44] wenn dies in der Anmeldung eindeutig klargestellt wurde.[45] In der Beschreibung dürfen ausschließlich diejenigen Erscheinungsmerkmale erklärt werden, die bereits in der Anmeldung sichtbar wiedergegeben sind. Keine Berücksichtigung bei der Beurteilung des Schutzge-

---

38 BGH, GRUR 1977, 6002 – Trockenrasierer; BGH, GRUR 1967, 375 – Kronleuchter.
39 BGH, GRUR 1977, 604.
40 OLG Düsseldorf, GRUR 1983, 750.
41 BGH, GRUR 2008, 153 Tz. 21 – Dacheindeckungsplatten.
42 BGH, GRUR 1974, 337 – Stehlampe; BGH, GRUR 1963, 328 – Fahrradschutzbleche; BGH, GRUR 1962, 144 – Bundstreifensatin I.
43 BGH, GRUR 1974, 739.
44 BGH, GRUR 1963, 329.
45 BGH, GRUR 1962, 146.

genstands finden dagegen weitergehende Erläuterungen etwa hinsichtlich von Empfindungen des Betrachters oder Benutzers. In der Beschreibung können allerdings zusätzliche Hinweise gegeben werden, wenn und soweit ein Werkstoff oder eine Oberflächenstruktur aus der grafischen oder fotografischen Wiedergabe bereits ersichtlich ist.[46] Eine genaue Bezeichnung des Werkstoffs überschreitet die Grenzen der Erläuterungen des sichtbaren Erscheinungsbildes nicht. Der informierte Benutzer wird häufig bestimmte Wertstoffe mit einer Art von Gefühlen oder Empfindungen verbinden können.

VIII. Mustergemäßes Erzeugnis

Durch die Erscheinungsmerkmale des Erzeugnisses, die der informierte Benutzer in der Betrachtung der Wiedergabe erkennt, wird der Offenbarungsgehalt des Geschmacksmusters ausschließlich bestimmt, auch wenn durch ein mustergemäßes Erzeugnis die Grundlage der mit der Anmeldung eingereichten Wiedergabe veranschaulicht wurde. Die Erkennbarkeit des dargestellten Erzeugnisses wird in der Anmeldung durch die Qualität der Wiedergabe, die Art der Wiedergabe und die Anzahl der Darstellungen beeinflusst. Der Anmelder trägt alleine das Risiko, dass das dargestellte Erzeugnis nicht ausreichend erkennbar ist, da bei einem Verletzungsstreit ausschließlich die grafische oder fotografische Darstellung des Erzeugnisses zur Beurteilung herangezogen wird, nicht jedoch ein mustergemäßes Erzeugnis.[47] Deshalb ist mit der notwendigen Sorgfalt bei den entsprechenden Darstellungen vorzugehen.

9

IX. Aufschiebung der Bekanntmachung

Die Wiedergabe kann durch einen flächenhaften Musterabschnitt nach § 11 Abs. 2 Satz 2 ersetzt werden, wenn der Anmelder nach § 21 die Aufschiebung der Bekanntmachung beantragt. Der Schutzgegenstand beurteilt sich für die Dauer der Aufschiebung der Bekanntmachung aus den Erscheinungsmerkmalen des flächenhaften Musterabschnitts. Nach § 21 Abs. 2 ist eine Wiedergabe des Geschmacksmusters einzureichen, wenn die Erstreckung der Schutzdauer angestrebt wird. Danach bestimmt sich der Schutzgegenstand nach der eingereichten Wiedergabe

10

---

46 Vgl. zum Markenrecht: *Eichmann*, MarkenR 2003, 10.
47 BGH, GRUR 1977, 602 – Trockenrasierer; OLG Frankfurt am Main, GRUR 1988, 122; OLG Düsseldorf, GRUR 1983, 750; OLG Köln, GRUR 1956, 92.

§ 37 Gegenstand des Schutzes

des Geschmacksmusters (§ 37 Abs. 2). Zur Beurteilung des Schutzgegenstands ist der (in der Akte verbleibende) flächenhafte Musterabschnitt ebenso wenig heranzuziehen wie ein mustergemäßes Erzeugnis. Der Zeitpunkt des Wechsels bestimmt sich grundsätzlich nach § 21 Abs. 2, worauf § 37 Abs. 2 verweist. Allerdings führt eine frühere Nachholung der Bildbekanntmachung nach § 21 Abs. 3 zu einer Vorverlegung dieses Zeitpunktes. Schließlich ist der Tag, an dem zum ersten Mal Akteneinsicht in die Wiedergabe des Geschmacksmusters möglich ist und die Öffentlichkeit damit erstmals die Möglichkeit hat, sich über die Erscheinungsmerkmale des Geschmacksmusters zu informieren, für die Bestimmung des Zeitpunkts maßgeblich.

§ 38 Rechte aus dem Geschmacksmuster und Schutzumfang

(1) Das Geschmacksmuster gewährt seinem Rechtsinhaber das ausschließliche Recht, es zu benutzen und Dritten zu verbieten, es ohne seine Zustimmung zu benutzen. Eine Benutzung schließt insbesondere die Herstellung, das Anbieten, das Inverkehrbringen, die Einfuhr, die Ausfuhr, den Gebrauch eines Erzeugnisses, in das das Geschmacksmuster aufgenommen oder bei dem es verwendet wird, und den Besitz eines solchen Erzeugnisses zu den genannten Zwecken ein.

(2) Der Schutz aus einem Geschmacksmuster erstreckt sich auf jedes Muster, das beim informierten Benutzer keinen anderen Gesamteindruck erweckt. Bei der Beurteilung des Schutzumfangs wird der Grad der Gestaltungsfreiheit des Entwerfers bei der Entwicklung seines Musters berücksichtigt.

(3) Während der Dauer der Aufschiebung der Bekanntmachung (§ 21 Abs. 1 Satz 1) setzt der Schutz nach den Absätzen 1 und 2 voraus, dass das Muster das Ergebnis einer Nachahmung des Geschmacksmusters ist.

Übersicht

	Rn.		Rn.
I. Allgemeines	1	IX. Grad der Gestaltungsfreiheit	31
II. Benutzungsrecht	5	X. Grad der Eigenart	32
III. Verbietungsrecht	10	XI. Art der Waren	34
IV. Schutzbereich des Geschmacksmusters	11	XII. Besondere Werkstoffe	35
V. Benutzungshandlungen	13	XIII. Beurteilungsgrundsätze	37
VI. Sperrwirkung des Geschmacksmusters	25	XIV. Aufschiebung der Bildbekanntmachung	39
VII. Eindruck des informierten Benutzers	26	XV. Teileschutz	40
VIII. Gesamteindruck des Geschmacksmusters	28	XVI. Abhängiges Geschmacksmuster	41
		XVII. Mittelbare Geschmacksmusterverletzungen	42

§ 38   Rechte aus dem Geschmacksmuster und Schutzumfang

I. Allgemeines

1   Im Bestreben nach Harmonisierung des Geschmacksmusterrechts setzte die Europäische Gemeinschaft hinsichtlich des Schutzumfangs und des Verbietungsrechts auf eine Trennung der einzelnen Regelungen. Der GRL-Vorentwurf 1991 stellte hinsichtlich des Schutzumfangs in Art. 5 Abs. 1 Satz 1 auf die Anschauung der maßgeblichen Öffentlichkeit ab. Er dehnte den Schutzumfang auch auf die Muster aus, die hiernach einen wesentlich ähnlichen Gesamteindruck erwecken; erst der GRL-Vorschlag 1993 stellte in Art. 9 Abs. 1 auf den „informierten Benutzer" ab. Hier folgte im GRL-Vorschlag 1996 eine Präzisierung, die sich an die Verwechslungsgefahr im Markenrecht anlehnte;[1] dieses Kriterium fand aber keine Aufnahme in die endgültige Regelung.

2   Im Verbietungsrecht wollte man gemäß Art. 9 Abs. 1 GRL-Vorentwurf 1991 ursprünglich den Weg gehen, dass einzig der Inhaber eines Musters die Möglichkeit haben sollte, das an einen Dritten gerichtete Verbot, bestimmte Handlungen bei Erzeugnissen vorzunehmen, auszusprechen. Dabei wurde auf dasselbe Muster sowie auf Muster mit im Wesentlichen ähnlichen Gesamteindruck abgestellt. Im GRL-Vorschlag 1993 wurde in Art. 12 Abs. 1 einerseits ausschließlich dem Inhaber des Schutzrechts die Möglichkeit eingeräumt, die Benutzung eines unter das Schutzrecht fallenden Musters zu verbieten, andererseits wurde klargestellt, dass darunter auch bestimmte Handlungen hinsichtlich der Aufnahme eines Musters in ein Erzeugnis oder dessen Verwendung in einem Erzeugnis fallen. Damit wurde auch das Recht auf Benutzung des Musters manifestiert. In der ursprünglichen Fassung des § 5 Satz 1 GeschmMG war nur das Herstellen von Nachbildungen verboten, wenn dies in Verbreitungsabsicht geschah. Im PrPG erfolgte hier eine Klarstellung hinsichtlich der Verbreitung von Nachbildungen, worunter das Inverkehrbringen und Feilhalten fallen. Soweit keine Verbreitungshandlung vorlag, waren weder die Ausstellung noch Besitz, Gebrauch oder Einfuhr verboten.

3   In § 38 wurden Art. 12 GRL und Art. 9 GRL zusammengefasst. In Abs. 3 wurde die Regelung des Art. 19 Abs. 3 i.V.m. Art. 19 Abs. 2 GGV übernommen. Ein durch die Eintragung nach § 27 Abs. 1 nachgewiesener Geschmacksmusterschutz ist Voraussetzung für die Geltendmachung der Rechte. Es wird dabei angenommen, dass der im Register

---

1 *Eichmann*, Mitt. 1998, 252.

eingetragene Inhaber auch Rechtsinhaber ist.[2] Die Ermittlung des Schutzumfangs des Geschmacksmusters ist Voraussetzung für die Geltendmachung der Rechte aus einem geschützten Geschmacksmuster. Ist diese Voraussetzung erfüllt, muss die untersagungsfähige Handlung bestimmt werden, um das Verbietungsrecht ausüben zu können. Prioritätsjüngere Schutzrechte sind für das Benutzungsrecht, das als Grundlage für das Verbietungsrecht anzusehen ist, hinsichtlich ihrer Auswirkung von Bedeutung, da ein Schutz gegen Nachahmung während der Dauer der Aufschiebung der Bekanntmachung nur nach Abs. 3 besteht. Dies ist dadurch begründet, dass während der Aufschiebung das Geschmacksmuster nicht öffentlich zugänglich ist.

Hinsichtlich des Gemeinschaftsgeschmacksmusters ergeben sich in Abs. 1 und Abs. 2 nur kleine Abweichungen, die allerdings nur redaktioneller Art sind. Erst in Abs. 3, der der Regelung des Art. 19 Abs. 3 i.V. m. Abs. 2 GGV entspricht, werden größere Abweichungen sichtbar, da hier deutlicher auf den Zugang der Öffentlichkeit zum Register abgestellt wird. Nicht bekannt gemachte Angaben können nach Art. 50 Abs. 6 GGV während der Dauer der Aufschiebung der Bekanntmachung nur dann gerichtlich geltend gemacht werden, wenn sie dem Anspruchsgegner vorher mitgeteilt wurden. 4

II. Benutzungsrecht

Das ausschließliche Benutzungsrecht des Inhabers kraft Eintragung wurde erstmals in Art. 12 Abs. 1 Satz 1 GRL-Vorschlag 1993 erwähnt. Das Recht aus dem eingetragenen Muster als monopolistischem Recht und die Ausschließlichkeit des Rechts für den Rechteinhaber wurden damals zur Begründung herangezogen. Die Eintragung des Geschmacksmusters ist Voraussetzung für die Sperrwirkung und das Benutzungsrecht. Sie bestimmt auch die Reichweite des Benutzungsrechts. Mit der Löschung des Geschmacksmusters erlischt auch das Benutzungsrecht. Auch der Ablauf der Schutzdauer ohne vorherigen Antrag auf Verlängerung hat ein Erlöschen des Benutzungsrechts für die Zukunft zur Folge. Dagegen wirkt die Nichtigerklärung eines Geschmacksmusters auf den Zeitpunkt der Antragstellung zurück.[3] Verzichtet der Rechteinhaber auf das Geschmacksmuster und wird dieses daraufhin nach § 36 Abs. 1 Nr. 2 gelöscht, so bestimmt sich der Zeit- 5

---

2 Vgl. *Eichmann/v. Falckenstein*, § 1 Rn. 37.
3 Vgl. *Eichmann/v. Falckenstein*, § 33 Rn. 8.

punkt, ab wann die Schutzwirkung aufgehoben ist danach, ob dem Verzicht ein Nichtigkeitsgrund nach § 33 Abs. 1 oder ein Löschungsgrund nach § 34 Satz 1 zugrunde liegt.

6 Zwar entsteht das Benutzungsrecht erst mit der Eintragung des Geschmacksmusters im Register, doch wirkt diese im Rahmen des Prioritätsrechts nach §§ 14 und 15 auf die Zeit vor der Anmeldung zurück. Auch hinsichtlich der Schonfrist nach § 6 gilt diese Rückwirkung. Das Vorbenutzungsrecht ist nur für Benutzungshandlungen und für Maßnahmen, die diese vorbereiten, von Bedeutung.

7 Nach § 38 Abs. 1 Satz 1 stellt das Benutzungsrecht für den Rechteinhaber gleichzeitig ein Verwertungsrecht dar, das durch die Geschmacksmuster Dritter, die später eingetragen wurden, nicht verwirkt wird. Damit stellt das Benutzugsrecht die bedeutendste Ausprägung des Prioritätsrechts dar. Der Anmelde- bzw. der Prioritätstag bestimmen, welches von zwei kollidierenden Geschmacksmusterrechten Vorrang hat. Als Abwehrrecht gegen jüngere Schutzrechte[4] wirkt das Benutzungsrecht ähnlich wie bei technischen Schutzrechten[5] und bei Markenrechten[6]. Die Löschung des rangjüngeren Geschmacksmusters muss deshalb bei Berufung auf das Abwehrrecht als Teil des Benutzungsrechts nicht beantragt werden. Allerdings zeigt die Möglichkeit des Antrags auf Löschung, dass bei bestehendem Geschmacksmusterschutz aus einem jüngeren Geschmacksmuster keine Rechte gegen Erzeugnisse geltend gemacht werden können,[7] die nach einem älteren Geschmacksmuster produziert wurden, wobei die Durchsetzbarkeit des prioritätsälteren gegenüber dem prioritätsjüngeren Recht unerheblich ist.[8]

8 Der Schutzumfang des Schutzgegenstands ist ausschlaggebend für den Umfang des Benutzungsrechts.[9] Auch Modifikationen werden vom Schutzgegenstand mit umfasst, soweit sie mit dem Geschmacksmuster übereinstimmen. Damit werden nicht nur mustergerechte Erzeugnisse geschützt. Somit kann der Rechteinhaber Angriffe aus prioritätsjüngeren Schutzrechten auf die Modifikationen genauso abwehren wie er Lizenzen für diese erteilen kann. Bei übereinstimmenden Schutzwirkun-

---

4 *Eichmann*, Mitt. 1998, 252; *Eichmann*, MarkenR 2003, 10.
5 BGH, GRUR 1989, 411 – Offenend-Spinnmaschine; BGH, GRUR 1967, 477 – UHF-Empfänger II; BGH, GRUR 1963, 563 – Aufhängevorrichtung.
6 BGH, GRUR 2004, 512 – Leysieffer; BGH, GRUR 1986, 538 – Ola.
7 *Eichmann*, MarkenR 2003, 22.
8 BGH, GRUR 2004, 514 – Telekom.
9 Vgl. zum Patentrecht: RG, GRUR 1940, 23.

gen kann das prioritätsältere Schutzrecht gegenüber einem prioriätsjüngeren Schutzrecht anderer Art geltend gemacht werden, also z. B. ein Patentrecht gegenüber einem Geschmacksmuster.[10] Aus diesem Grund kann etwa auch ein Geschmacksmuster mit einem Markenrecht konkurrieren und dem Benutzungsrecht aus dem Geschmacksmuster können Ansprüche aus der Marke entgegengehalten werden.[11]

Anders als etwa das Markenrecht kennt das Geschmacksmusterrecht einen Benutzungszwang nicht, weshalb der Schutz gewerblicher Muster oder Modelle nicht verfallen kann und vom Rechteinhaber keine Maßnahmen gegen den Bestand wegen der Nichtbenutzung zu befürchten sind. Dies wurde auch in Art. 5 B PVÜ so geregelt. Keine Eintragungsvoraussetzung ist die Absicht, das Geschmacksmuster später zu benutzen.[12] Anders als § 3 Abs. 1 MarkenG schreibt § 2 Abs. 1 eine Benutzungsabsicht als Schutzvoraussetzung nicht vor. Dies ist auch nicht erforderlich, da nur bei Marken wegen der Möglichkeit, die Schutzdauer beliebig zu verlängern, und der geringeren Auswahl an Schutzmöglichkeiten die deutliche Gefahr der Blockade der Marke besteht. Es stellt deshalb kein rechtsmissbräuchliches Verhalten dar, wenn der Anmelder Vorratsmuster[13] oder Defensivmuster eintragen lässt und Rechte aus diesen Mustern gegen Benutzer dieser Muster geltend macht. Ein Monopol für alle möglichen Modifikationen darf daraus jedoch nicht entstehen.[14] Dies würde einen unzulässigen Schutz für Ideen, Motive, Stile etc. darstellen, der im Geschmacksmusterrecht nicht besteht.[15] Dies wäre vor allem vor dem Hintergrund gefährlich, dass das Geschmacksmusterrecht eine Zwangslizenz im Gegensatz etwa zum Patentrecht nicht kennt. 9

III. Verbietungsrecht

Die genauen Ausprägungen des Verbietungsrechts ergeben sich einerseits aus § 38 Abs. 1 Satz 2 und andererseits aus den §§ 42 bis 47 und 55 Abs. 1. § 38 Abs. 1 Satz 1 stellt dabei nur die grundlegende Regelung dar, dass einem Dritten die Benutzung des Geschmacksmusters 10

---

10 RG, GRUR 1942, 548 – Muffenrohre.
11 *Eichmann*, MarkenR 2003, 10.
12 OLG Frankfurt am Main, GRUR 1955, 211.
13 OLG Köln, GRUR 1956, 141.
14 OLG Köln, GRUR 1956, 140; OLG Düsseldorf, GRUR 1946, 46.
15 Vgl. *Eichmann/v. Falckenstein*, § 37 Rn. 3.

vom Rechteinhaber verboten werden kann.[16] § 1 Nr. 5 stellt dabei die widerlegbare Vermutung[17] auf, dass der im Register eingetragene Inhaber des Geschmacksmusters auch der Rechteinhaber ist. Hat der Rechteinhaber der Benutzung des Geschmacksmusters zugestimmt, ist ein Verbot der Benutzung ausgeschlossen. Die Zustimmung zur Benutzung erfolgt formfrei. Sie kann daher auch konkludent sowohl durch Einwilligung, § 183 Abs. 1 Satz 1 BGB, als auch als Genehmigung, § 184 Abs. 1 BGB, erteilt werden. Liegt die Zustimmung des Rechteinhabers nicht vor, ist die Benutzung widerrechtlich.

IV. Schutzbereich des Geschmacksmusters

11 Aufgrund des Territorialitätsprinzips und dem daraus folgenden geografischen Schutzbereich, der nicht eigenständig geregelt ist, können nur im Inland stattfindende Benutzungshandlungen verboten werden. Aus diesem Grund sind bei Ein- und Ausfuhren auch nur Tatbeiträge vom Verbietungsrecht umfasst, die im Inland stattfinden, unabhängig davon, ob der Ausgangspunkt der Tathandlung oder deren Ziel im Ausland liegt. Daraus folgt, dass auch das Herstellen von für den Export bestimmten Erzeugnissen eine Verletzung des Schutzrechts darstellt und deshalb verboten ist.[18] Das Gleiche gilt für das Anbieten dieser Erzeugnisse im Inland, selbst wenn sie zum Im- oder Export bestimmt sind.

12 Aus den Voraussetzungen für Musterfähigkeit ergibt sich der sachliche Schutzbereich des Geschmacksmusters ebenso wie aus den Ausschlüssen vom Geschmacksmusterschutz und dem allgemeinen Freihaltebedürfnis.[19] Für den sachlichen Schutzbereich ohne Bedeutung sind dagegen die Klassenzuordnung und die Angabe des Erzeugnisses bzw. der Erzeugnisse. Das Verbietungsrecht erstreckt sich auch nicht auf nicht musterfähige Erzeugnisse. Darunter fallen u.a. Bauwerke, Naturprodukte oder Verfahren. Der Geschmacksmusterschutz für ein Spielzeughaus erstreckt sich deshalb nicht auf ein Bauwerk, das diesem gleicht. Auch dem Musterschutz nicht zugängliche Gestaltungen können jedoch unter dem Aspekt der Abhängigkeit verboten werden.[20] Für we-

---

16 *Beyerlein*, WRP 2004, 678.
17 Vgl. *Eichmann/v. Falckenstein*, § 1 Rn. 38.
18 *Dambach*, 3/12.
19 Vgl. *Eichmann/v. Falckenstein*, § 37 Rn. 3.
20 Vgl. *Eichmann/v. Falckenstein*, § 38 Rn. 38.

sentliche Gebäudebestandteile ist diese Ausnahme in § 43 Abs. 5 geregelt. Danach werden zwar nicht ganze Gebäude, jedoch wesentliche Teile von Gebäuden vom Vernichtungsanspruch erfasst. Bei einer für den Bildschirm bestimmten Darstellung[21] wird nur eine Darstellung mit dem gleichen Gesamteindruck geschützt. Etwas anderes kann sich bei Bildern ergeben, die aufeinander folgen oder die Lichtbildern gleich oder ähnlich sind. Hier kann sich unter Umständen aus der Abhängigkeit ein Schutzrecht ergeben, die jedoch nicht Datenträger für Icons, Homepages oder sonstigen Programmdateien erfasst, da Computerprogramme sowie Erscheinungsmerkmale von Erzeugnissen, die ausschließlich durch deren technische Funktion bedingt sind, nach § 3 Nr. 1 vom sachlichen Schutzbereich des Geschmacksmusterrechts ausgeschlossen sind. Daraus folgt, dass diese Teile eines Geschmacksmusters nicht unter das Verbietungsrecht fallen. Dass die Prüfung technisch bedingte Merkmale nicht beinhaltet, bedeutet nicht, dass diese von der Eintragung ausgeschlossen sind. Erst im Verletzungsstreit entfaltet dieser Ausschluss seine eigentliche Bedeutung, da nur wenige Erzeugnisse denkbar sind, die ausschließlich aus technischen Merkmalen. Jeder Entwerfer soll sich der Formgestaltungsform bedienen können, die den Nützlichkeitszweck des Erzeugnisses am besten gewährleistet, auch wenn die Gefahr der Ähnlichkeit zu bereits bestehenden Geschmacksmustern besteht.[22] Deshalb sind die technischen Merkmale vom sachlichen Schutzbereich ebenso wenig gedeckt wie funktionell bedingte Merkmale.[23] Inwieweit der Gestaltungsfreiraum des Entwerfers eingeengt werden kann, bestimmt die im weiteren Sinn verstandene Funktionalität, die sich auf Erscheinungsmerkmale auswirken kann.

V. Benutzungshandlungen

Die wichtigsten Formen der Benutzungshandlungen werden in Abs. 1 Satz 2 genannt. Die Definition der einzelnen Benutzungshandlungen im Geschmacksmusterrecht im Einklang mit den Gesetzen für andere Schutzrechte wie z. B. §§ 9 Satz 2 Nr. 1 PatG, 11, Abs. 2 GebrMG oder §§ 14 Abs. 3 Nr. 2 und 4 MarkenG. Dabei ist die Aufzählung von Beispielen etwa in § 14 Abs. 3 MarkenG nicht abschließend, sondern nur beispielhaft. Das Verbietungsrecht kann daher auch andere Benut-

13

---

21 Vgl. *Eichmann/v. Falckenstein*, § 1 Rn. 20.
22 Vgl. zum schweizer Recht: SchwBG, GRUR Int. 1988, 437 – Tonkopfmodell.
23 Vgl. *Eichmann/v. Falckenstein*, 3. Aufl., § 3 Rn. 7.

§ 38 Rechte aus dem Geschmacksmuster und Schutzumfang

zungshandlungen umfassen. Die Auslegung der einzelnen Benutzungshandlungen erfolgt einerseits durch die europarechtlichen Vorgaben der GRL, andererseits durch das strafrechtliche Bestimmtheitserfordernis. Diese beiden Pole setzen der Auslegungsfreiheit Grenzen. Bedeutsam für die Auslegung kann dabei sein, dass etwa die Wiedergabe zwar nicht in Abs. 1 Satz 2 geregelt ist, wohl aber in § 40 Nr. 3. Ebenso kann die begriffliche Nähe des Begriffs Durchfuhr zu den Begriffen Ein- und Ausfuhr von Bedeutung sein.

14 Grundlage für die Benutzung ist ein Erzeugnis.[24] Das Geschmacksmuster muss deshalb in ein Erzeugnis aufgenommen worden sein oder in einem Erzeugnis verwendet werden. Keine Auswirkung hat die Anpassung des Geschmacksmusterrechts an den Wortlaut des Art. 7 Abs. 2 GRL außerhalb der must-fit-Klausel.[25]

15 Herstellen im Sinne des Geschmacksmusterrechts bedeutet, dass der ganze Vorgang der körperlichen Anfertigung von Erzeugnissen erfasst ist. Dabei ist es gleichgültig, in welchem Verfahren und in welcher Anzahl das Erzeugnis hergestellt wird. Zivilrechtlich sind der Herstellung vorgelagerte Vorgänge nur hinsichtlich der Erstbegehungsgefahr relevant.[26] Strafrechtlich sind diese vorgelagerten Vorgänge nach § 51 Abs. 3 nur dann interessant, wenn sie das Versuchsstadium erreicht haben. Auch bei Dimensionsvertauschung können rechtsverletzende Erzeugnisse entstehen, wobei die Dimensionsvertauschung für Muster zulässig sein kann, die vor dem 1. Juli 1998 angemeldet worden sind.[27] Das Vorliegen von Verbreitungsabsicht kann als Hinweis gewertet werden, dass die Herstellung nicht nur zu privaten und nichtgewerblichen Zwecken nach § 40 Nr. 1 erfolgte. Weder der geplante Ort noch der beabsichtigte Zeitpunkt, auch nach Ablauf des Schutzzeitraums, des Inverkehrbringens spielen dabei eine Rolle. Eine Herstellung im ausgelagerten Betrieb ist genauso zu behandeln wie die Herstellung im eigenen Betrieb, wobei die Auftragsproduktion ein Herstellenlassen darstellt.[28] Dagegen ist die Reparatur nicht als Herstellungshandlung anzusehen, da sie nur als verkehrsübliche Erhaltungsmaßnahme anzusehen ist. Dazu gehört beispielsweise das Ausbeulen und Lackieren eines beschädigten Kotflügels. Als Neuherstellung und damit als Herstellung im

---

24 Vgl. *Günther/Beyerlein*, § 1 Rn. 21; *Eichmann/v. Falckenstein*, § 1 Rn. 12.
25 Vgl. *Eichmann/v. Falckenstein*, § 3 Rn. 9.
26 Vgl. *Eichmann/v. Falckenstein*, § 42 Rn. 6.
27 Vgl. *Eichmann/v. Falckenstein*, § 66 Rn. 3.
28 Vgl. *Eichmann/v. Falckenstein*, § 42 Rn. 4.

Sinn des Abs. 1 Satz 2 ist auch die Anfertigung eines Einzelteils zum Zweck der Reparatur zu werten, auch wenn es sich um verschleiß- oder beschädigungsanfällige Vorrichtungsteile handelt.[29]

Als Anbieten ist jede Maßnahme zu betrachten, die Ausdruck der Bereitschaft zum Inverkehrbringen ist, wobei es ausreichend ist, dass das Angebot im Inland zum Zwecke des Exports erfolgt.[30] Um eine Handlung als Anbieten zu werten, genügt es wenn sie als invitatio ad offerendum, etwa in Form einer Werbemaßnahme, anzusehen ist. Ein Angebot nach § 145 BGB ist nicht notwendig. Erforderlich ist jedoch, dass eine Verkaufsbereitschaft konkret vorliegt und es sich nicht nur um eine reine Ankündigung handelt.[31] Dabei ist ein einziges Angebot ausreichend, das auch erfolglos sein kann.[32] Auch ein Angebot für die Zeit nach Ablauf der Schutzdauer[33] oder ein Angebot an potenzielle Kunden im Ausland[34] erfüllt den Tatbestand. Dagegen ist das reine Vorzeigen eines rechtsverletzenden Erzeugnisses im Original oder in Abbildung nicht ausreichend. Die tatsächliche Übergabe des Erzeugnisses ist nicht erforderlich.[35] Die Beschreibung in Wort oder Bild ist ausreichend, wenn noch kein Originalerzeugnis zur Verfügung steht.[36] Allerdings beinhaltet die Berechtigung zur Weiterveräußerung von mustergemäßen Erzeugnissen auch das Recht zu angemessener Werbung.[37] Als Anbieten ist es zu werten, wenn Handlungen ohne Besitzübergang aber mit Außenwirkung vorgenommen werden. Auch das Bewerben eines Produkts, das von einem Geschmacksmuster Gebrauch macht, stellt eine Benutzungshandlung im Sinne des § 38 dar, selbst wenn sie nicht als Anbieten zu qualifizieren ist. Die in § 38 ausdrücklich genannten Benutzungshandlungen sind nicht abschließend.[38]

Als Inverkehrbringen wird das Zugänglichmachen von rechtsverletzenden Erzeugnissen in ihrer körperlichen Form für Dritte[39] angesehen,

---

29 *Eichmann*, GRUR Int. 1996, 859.
30 OLG Stuttgart, GRUR Int. 1998, 806.
31 OLG Düsseldorf, GRUR-RR 2001, 24.
32 BGH, GRUR 1991, 316 – Einzelangebot.
33 LG Düsseldorf, InstGE 1, 19.
34 OLG Stuttgart, GRUR Int. 1998, 806.
35 BGH, GRUR 1982, 371 – Scandinavia.
36 BGH, GRUR 1991, 317.
37 Vgl. *Eichmann/v. Falckenstein*, § 48 Rn. 9.
38 OLG Frankfurt am Main, GRUR-RR 2011, 165 – Schuhsohle; im Ergebnis ebenso *Eichmann/v. Falckenstein*, § 38 Rn. 37 und § 48 Rn. 14 unter Berufung auf eine erweiternde Anwendung des Erschöpfungsgrundsatzes.
39 BGH, GRUR 1958, 613 – Tonmöbel.

wobei die Überlassung eines funktionsfähigen Musters ausreichend ist.[40] Das Inverkehrbringen setzt den Übergang der Verfügungsgewalt mit dem Übergang der Verfügungsbefugnis voraus, weshalb Miete, Verpachtung und Leasing zur Erfüllung des Tatbestands ausreichen. Auch durch Schenkung oder Leihe kann der Tatbestand erfüllt werden, da eine Gegenleistung nicht erforderlich ist. Vertragliche Verfügungsbeschränkungen hindern die Erfüllung des Tatbestands nicht. Als Folge daraus erfüllen die reine Übergabe zur Verwahrung, Beförderung oder Ausstellung ebenso wenig den Tatbestand wie die Rückgabe in Ausübung eines Gewährleistungsanspruchs.[41] Als Inverkehrbringen ist auch der Einbau des rechtsverletzend hergestellten Erzeugnisses in ein Gesamterzeugnis und dessen Zugänglichmachen anzusehen, weshalb nicht nur das eigenständig in Verkehr gebrachte Erzeugnis vom Tatbestand erfasst wird. Als strafrechtlicher Versuch kann bereits die Begehungsgefahr gewertet werden, wenn Handlungen vor dem Übergang der Verfügungsgewalt liegen.

18 Das Verbringen von Erzeugnissen aus einem Herkunftsland bzw. in ein Bestimmungsland, das außerhalb Deutschlands liegt stellt eine Ein- bzw. Ausfuhr dar, wobei es für das Vorliegen einer Benutzungshandlung nicht von Belang ist, ob es sich um einen Mitgliedstaat der EU, ein Mitglied des EWR oder ein Drittland handelt. Allerdings ist bei einem Mitgliedstaat der EU die mögliche Erschöpfung des Verbietungsrechts zu beachten.[42] Einfuhr ist das Verbringen der Ware in den inländischen Markt, weshalb der Import in der Absicht des Exports den Tatbestand nicht erfüllt. Die Grenzbeschlagnahme ist in § 55 geregelt. Nur eigene Handlungen des Verletzers und die Auftragserteilung zur Verbringung werden vom Verbietungsrecht erfasst, ohne dass dabei die Schutzrechtslage in dem beteiligten Staat entscheidend wäre. Die Einfuhr aus einem schutzrechtsfreien Land ist daher ebenso untersagt wie die Ausfuhr in ein schutzrechtsfreies Land, wobei es für die Benutzungshandlung ohne Bedeutung ist, welche Maßnahmen nach der Einfuhr durchgeführt werden sollen.[43] Eine Berufung auf die Freistellung durch Ausnahmen von der Schutzwirkung hinsichtlich der nachfolgenden Handlungen ist möglich. Dagegen stellt die Prüfung ähnlich gelagerter Fälle bei der Ausfuhr ein großes Problem dar, da der Einfluss

---

40 LG Düsseldorf, Mitt. 1999, 271.
41 OLG Karlsruhe, Mitt. 1998, 302.
42 Vgl. *Günther/Beyerlein*, § 48 Rn. 4; *Eichmann/v. Falckenstein*, § 48 Rn. 5.
43 OLG Stuttgart, GRUR Int. 1998, 806.

des Rechtsinhabers auf weitere Befassung mit dem Erzeugnis meist gering ist.

Als Durchfuhr wird jedes Verbringen eines Erzeugnisses von einem Auslandsstaat über das Staatsgebiet der Bundesrepublik Deutschland in einen anderen oder denselben Auslandsstaat angesehen. Dem umfassenden Verbietungsrecht ist dabei durch eine differenzierende Bewertung des Gefährdungspotentials Rechnung zu tragen, weshalb Erzeugnisse der Produktpiraterie anders als Erzeugnisse beurteilt werden können, die in anderen Ländern schutzfrei sind. Nach der Rechtsprechung in Deutschland ist die Durchfuhr grundsätzlich rechtsverletzend.[44] Darin ist kein Verstoß gegen Art. 27 Nr. 1 EuGVÜ zu sehen.[45]

19

Anders als im Urheberrecht, in dem die reine Benutzung keinen Verstoß gegen das Recht des Urhebers darstellt,[46] stellt der Gebrauch im Geschmacksmusterrecht eine Rechtsverletzung dar, weshalb alle Maßnahmen der bestimmungsgemäßen Nutzung untersagt sind. Dies gilt auch dann, wenn keine körperliche Einwirkung auf das Erzeugnis stattfindet. Aus diesem Grund ist auch bei Erzeugnissen, die nur zur Betrachtung bestimmt sind, wie Spiegel, Ziergegenstände und Wandschmuck, sofern sie bestimmungsgemäß benutzt werden, ein Gebrauch möglich und nicht nur bei Werkzeugen und Vorrichtungen. Ebenso können Tapeten, Teppiche, Schmuckwaren, Textilien in Gebrauch genommen werden, weshalb die Ausstattung von Räumlichkeiten, die dem Verkauf und der Ausstellung dienen, ebenso dem Verbietungsrecht unterliegen können wie bei einem nicht bestimmungsgemäßen Gebrauch, etwa einer Bodenvase als Schirmständer. Werden Änderungen an dem Erzeugnis vorgenommen, muss geprüft werden, ob das Erzeugnis noch vom Schutzrecht gedeckt ist. Für den Gebrauch ist die Verfügungsgewalt ausreichend; Eigentum ist damit nicht notwendig, weshalb auch bei Miete, Leihe, Leasing und Eigentumsvorbehalt ein Gebrauch möglich ist. Vernichtung und reine Lagerung ohne Außenwirkung stellen keinen Gebrauch dar und sind nach § 40 Nr. 1 und 2 vom Gebrauch ausgenommene Handlungen.

20

Unter Besitz ist die Ausübung der tatsächlichen Verfügungsgewalt nach § 854 BGB zu verstehen, weshalb der mittelbare Besitz im Sinne von § 868 BGB nicht ausreicht. Die englische Version der GRL verwendet den Begriff „stocking". Damit zeigt sich, dass auf die tatsächliche Auf-

21

---

44 KG, GRUR Int. 2002, 327.
45 EuGH, GRUR Int. 2000, 759 – Renault/Maxicar.
46 BGH, GRUR 1991, 449 – Betriebssystem.

§ 38 Rechte aus dem Geschmacksmuster und Schutzumfang

bewahrung des Gegenstands abzustellen ist. Während § 14 Abs. 3 Nr. 2 MarkenG nur den Besitz zum Anbieten und Inverkehrbringen untersagt, wird im Geschmacksmusterrecht jede körperliche Verfügungsgewalt, die zur Vorbereitung einer der anderen Benutzungshandlungen geeignet ist, verboten,[47] weshalb z. B. der Besitz in Exportabsicht ausreichend ist. Auch die reine Lagerung eines Erzeugnisses ist untersagt, selbst wenn sie als Vorbereitungshandlung zum Gebrauch gedacht ist.

22 Als Benutzungshandlung untersagt, wenn auch nicht ausdrücklich in Abs. 1 Nr. 2 aufgelistet, ist die Wiedergabe von Erzeugnissen, die in § 40 Nr. 3 geregelt ist und als zweidimensionale Abbildung eines dreidimensionalen Musters definiert wird. Nur der Rechteinhaber kann daher ohne Verstoß gegen das Geschmacksmusterrecht mustergemäße Erzeugnisse wiedergeben. Nach § 11 Abs. 2 Nr. 3 und Art. 36 Abs. 1 Buchst. c) GGB muss bei der Anmeldung die Wiedergabe des Musters enthalten sein. Dabei ist nicht auf die Wiedergabe nach §§ 15 bis 22 UrhG abzustellen, da das Recht zur Wiedergabe nur einen Ausschnitt des urheberrechtlichen Vervielfältigungsrechts darstellt, der auf die bildhafte Darstellung körperlicher Gegenstände abstellt.[48] Jede Wiedergabe, gleich welcher Art, und jede Form der Erzeugnisabbildung sind als Benutzungshandlung anzusehen, die dem Verbietungsrecht unterliegen kann, wie z. B. die Wiedergabe von mustergemäßen Erzeugnissen in Bildbänden. § 40 Nr. 3 stellt deshalb eine Ausnahmeregelung dar, wonach die Wiedergabe als Zitierung gilt und in der Lehre keine Verletzungshandlung darstellt. Lichtbilder oder grafische Darstellungen sind dagegen als Wiedergaben anzusehen, wenn sie z. B. in einem Verkaufskatalog abgebildet sind.[49] Erzeugnisabbildungen zu Werbezwecken können jedoch möglicherweise von Wiederverkäufern ohne Verstoß gegen das Benutzungsverbot erstellt werden. Der Begriff der Wiedergabe umfasst auch die unkörperliche Wiedergabe auf Projektionsflächen und Bildschirmen.

23 Nur beim Besitz und den Beschränkungen der Schutzwirkung nach § 40 ist der Zweck der Benutzungshandlung entscheidend, weshalb in allen übrigen Fällen alle Benutzungshandlungen untersagt sind, ohne dass dabei auf deren Zweck geachtet werden müsste. Dies entspricht der Regelung im Urheberrecht,[50] wobei die Schrankenregelungen des

---

47 Vgl. *Eichmann/v. Falckenstein*, § 38 Rn. 18.
48 BGH, GRUR 2001, 51 – Parfümflakon.
49 OLG Frankfurt am Main, GRUR 2003, 204.
50 BGH, GRUR 1982, 102 – Masterbänder.

Urheberrechts nicht ins Geschmacksmusterrecht übernommen wurden. Von Bedeutung kann diese Regelung insbesondere bei Wiedergaben sein. Geschmacksmusterrecht und Urheberrecht stellen eigenständige Regelungen dar, weshalb die §§ 45 ff. UrhG nicht in das Geschmacksmusterrecht – auch nicht im Wege der Analogie – übernommen werden können. Außerdem sind die Schrankenbestimmungen des Urheberrechts selbst im Urheberrecht selten analog anwendbar. Besteht allerdings an der Abbildung von Werken an öffentlichen Plätzen ein Interesse nach § 59 UrhG, so ist davon auszugehen, dass diesem Interesse Werke des Urheberrechts zugrunde liegen. Die Wiedergabefreiheit zum Zweck der Zitierung nach § 40 Satz 1 Nr. 3 oder der Grundsatz der Verkehrsfreiheit[51] können für Katalogbilder nach § 58 UrhG herangezogen werden. Als stets zulässig wird in der Gesetzesbegründung zu § 40 die Wiedergabe von geschützten Erzeugnissen im Rahmen der Berichterstattung über die Eröffnung einer Ausstellung oder einer Fernsehsendung angesehen, sofern die Voraussetzungen des § 57 UrhG erfüllt sind. § 58 UrhG erfasst jedoch nur die Darstellung von unwesentlichem Beiwerk,[52] auch wenn sie direkt anwendbar wäre. Hinsichtlich der Berichterstattung über Tagesereignisse wurde im Geschmacksmusterrecht anders als in § 50 UrhG keine eigenständige Regelung getroffen, doch ergibt sich hier derselbe Regelungsgehalt aus Art. 5 Abs. 1 GG, also der Pressefreiheit, die hier eine Schranke für das Eigentumsrecht darstellt.

Auch im Geschmacksmusterrecht gilt der Grundsatz der Selbstständigkeit der Benutzungshandlungen. Aus diesem Grund stellt jede in Abs. 1 Satz 2 genannte Tätigkeit eine eigene Handlung gegen die Rechteinhaber gesondert vorgehen kann, auch wenn verschiedene Personen die Tätigkeit ausgeführt haben. Damit kann beispielsweise einerseits gegen den Hersteller, den Wiederverkäufer oder den Abnehmer oder gegen alle drei aus dem Schutzrecht vorgegangen werden. Die Untersagung von Verbreitungshandlungen ist möglich, wenn die Herstellung im schutzfreien Ausland stattgefunden hat oder den einzelnen Handlungen nach Abs. 1 Satz 2 ein Erwerb im schutzfreien Ausland zugrunde liegt, da eine Beschränkung des Verbreitungsverbots auf widerrechtlich hergestellte Vervielfältigungsstücke nicht existiert. Wenn ein Rechtfertigungsgrund in einer Handlung vorliegt, so sind auch alle nachfolgenden Handlungen gerechtfertigt, da diese trotz der Selbstständigkeit der

24

---

51 Vgl. *Eichmann/v. Falckenstein*, § 48 Rn. 2.
52 BGH, GRUR 1983, 28 – Presseberichterstattung und Kunstwiedergabe II.

einzelnen Benutzungsarten einen Zusammenhang aufweisen, der zu einer Erschöpfung des Verbietungsrechts führt.

VI. Sperrwirkung des Geschmacksmusters

25 Bei der Entwicklung der GRL wurde stets der Gesamteindruck des Geschmacksmusters als maßgebliches Kriterium betrachtet.[53] Aus diesem Grund leitet sich aus dem Verbietungsrecht eine Sperrwirkung ab, wie Abs. 2 Satz 1 eindeutig definiert, da sich der Schutz des Geschmacksmusters auf jedes Muster erstreckt. Aus diesem Grund wird die Ausschließlichkeitswirkung, die § 38 Abs. 1 Satz 1 dem Geschmacksmuster einräumt, nicht eingeschränkt. Eine Nachahmung wird nur hinsichtlich des Schutzes des nicht eingetragenen Gemeinschaftsgeschmacksmusters und während der Dauer der Aufschiebung vorausgesetzt. Aus § 38 Abs. 3 leitet sich die Recherchierbarkeit von Geschmacksmustereintragungen als Grundlage für die Sperrwirkung ab. Aus der uneingeschränkten Sperrwirkung des Geschmacksmusters ergeben sich auch Härten, die durch das in Anspruch genommene Vorbenutzungsrecht sowie die Berufung des Anspruchsgegners auf ein Benutzungsrecht aus einem älteren Geschmacksmuster abgemildert werden, weshalb die Absolutheit der Sperrwirkung gerechtfertigt ist. Es ist deshalb für Ansprüche, die sich aus dem Verbietungsrecht ableiten, unerheblich, ob der Anspruchsgegner das Geschmacksmuster vorsätzlich oder fahrlässig verletzt hat. Einzig entscheidend ist, dass er schuldhaft gehandelt hat. Entscheidend sind diese Unterscheidungskriterien nur bei der Beurteilung der Höhe des Schadenersatzanspruchs. Wegen der Obliegenheit zur Prüfung der Schutzrechtslage vor der erstmaligen Benutzung besteht die Möglichkeit, dass der Verletzer auch ohne Kenntnis des Geschmacksmusters zum Schadenersatz verpflichtet ist.[54]

VII. Eindruck des informierten Benutzers

26 Für die Beurteilung, ob ein Muster gegenüber dem Geschmacksmuster keinen anderen Gesamteindruck erweckt, ist die Wertung des informierten Benutzers[55] ausschlaggebend. Der informierte Benutzer ist eine fiktive Person, die kein Designfachmann ist und vom Gericht er-

---
53 *Eichmann*, Mitt 1998, 252.
54 Vgl. *Günther/Beyerlein*, § 42 Rn. 20 f.; *Eichmann/v. Falckenstein*, § 42 Rn. 10.
55 Vgl. *Eichmann/v. Falckenstein*, § 2 Rn. 24 ff.; *Kur*, GRUR 2002, 661.

VIII. Gesamteindruck des Geschmacksmusters § 38

mittelt werden muss. Dabei ist zu berücksichtigen, dass der „informierte" Benutzer ein gewisses Interesse für verschiedene Gestaltungen in dem jeweils relevanten Designbereich hat. Zudem ist zu unterstellen, dass der informierte Benutzer sämtliche vorbekannten Gestaltungen in dem jeweiligen Bereich kennt und bei seiner Beurteilung berücksichtigt. „Benutzer" ist eine Person, die den jeweiligen Gegenstand bestimmungsgemäß benutzt. Gemeint ist also der Endkunde. Nicht eingeschlossen sind hingegen Händler, welchen einen Gegenstand nur vertreiben. Regelmäßig wird die gesamte Bevölkerung zu den Benutzern gehören. Dies muss aber nicht so sein. Gerade bei Produkten, die nur einen begrenzten Abnehmerkreis haben, muss sorgfältig bestimmt werden, wer der relevante Benutzerkreis ist und welche Kenntnisse diesen Benutzerkreis auszeichnen. Auf dieser Grundlage ist dann der „informierte Benutzer" zu bestimmen.[56]

Die Eigenart des Musters wird durch einen Vergleich des vorbenannten Musters mit dem Schutzgegenstand des Geschmacksmusters ermittelt. Zur Bestimmung des Schutzumfangs wird dieser Schutzgegenstand mit dem beanstandeten Muster verglichen. Um einen übereilten Eingriff in den Schutzumfang wegen Ablehnung der Verletzung aufgrund einfacher Abweichungen oder wegen der Bejahung der Verletzung aufgrund vordergründiger Übereinstimmungen zu vermeiden, ist die Sachkunde des informierten Benutzers für die Entscheidung ausschlaggebend. Dieser ermittelt den Gesamteindruck durch sachkundige Bewertung der Erscheinungsform, wobei er die Möglichkeit hat, Unterschiede festzustellen, die der gewöhnliche Verbraucher nicht erkennen würde.[57] Zur Beurteilung, ob ein Erzeugnis in den Schutzumfang des Geschmacksmusters fällt, ist die Sichtweise des informierten Benutzers, die besonders dann entscheidend ist, wenn der Grad der Gestaltungsfreiheit des Entwerfers sachkundig beurteilt werden muss. 27

VIII. Gesamteindruck des Geschmacksmusters

Die Prüfung, ob das beanstandete Muster einen anderen Gesamteindruck erweckt, beurteilt sich nach dessen Gesamteindruck. Damit ist für diese Prüfung der Gesamteindruck von entscheidender Bedeutung, auch wenn er in Abs. 2 nicht explizit erwähnt ist. Aus diesem Grund ist vorab der Gesamteindruck des Geschmacksmusters zu ermitteln, da 28

---

56 Vgl. *Jestaedt*, GRUR 2008, 19, 20.
57 Vgl. zur Begründung: Art. 11 Abs. 1 VO-Vorschlag 1993.

sich der Schutzumfang sowohl des Geschmacksmusters als auch des beanstandeten Musters nach dem Gesamteindruck richtet.[58] Für den Gesamteindruck von untergeordneter Bedeutung sind dabei Erscheinungsformen, die nicht vom Schutzgegenstand umfasst werden. Die für den Geschmacksmusterschutz und darauf folgend für den Gesamteindruck nicht entscheidenden Merkmale erkennt der informierte Benutzer. Dabei muss er insbesondere diejenigen berücksichtigen, die nicht musterfähig sind, d.h. vom Geschmacksmusterschutz nach § 3 ausgeschlossen sind.

29 Zur Beurteilung, ob eine Verletzung des Geschmacksmusters vorliegt, werden der Gesamteindruck des Musters mit dem Gesamteindruck des Geschmacksmusters verglichen.[59] Alle konkreten Einzelmerkmale sind für die Ermittlung der Eigenart des Musters in einer Gesamtschau zu beurteilen.[60] Darauf aufbauend muss bewertet werden, ob das Muster die prägenden schutzbegründenden Merkmale aufweist und damit der Gesamteindruck mit dem Geschmacksmuster übereinstimmt,[61] wobei eine reine Addition der Übereinstimmungen nicht ausreicht.[62] Nach der Feststellung des Umfangs der Übereinstimmungen und Abweichungen muss deren Gesamteindruck gegeneinander abgewogen werden,[63] wobei Merkmale, die für den Gesamteindruck unwesentlich sind, bei der Beurteilung keine ausschlaggebende Rolle spielen.[64] Die gilt i.d.R. bei Verzierungen, die dem Geschmacksmuster hinzugefügt wurden, etwa durch das Hinzufügen einer Halsschleife zu einer stilisierten Tierfigur.[65] Es spielt dabei keine Rolle, ob eine Verwechslungsgefahr besteht,[66] weshalb es für den Eingriff in den Schutzumfang ohne Bedeutung ist, ob eine Wortmarke hinzugefügt wurde. Während im Markenrecht stets davon ausgegangen wird, dass bei der Frage der Verwechslungsfähigkeit einander gegenüberstehender Zeichen den Gemeinsamkeiten größeres Gewicht beizumessen ist als den Unterschieden, gilt dies nicht zwingend auch für Geschmacksmuster. Das OLG Hamm[67] führt dazu aus, dass an-

---

58 BGH, GRUR 1988, 169 – Messergriff; BGH, GRUR 1980, 235 – Play-family; BGH, GRUR 1965, 198 – Küchenmaschine.
59 Vgl. grundlegend BGH, GRUR 2011, 142, 143 (Tz. 13) – Untersetzer.
60 BGH, GRUR 1980, 235 – Play-family.
61 BGH, GRUR 1984, 597 – vitra programm.
62 BGH, GRUR 1977, 602 – Trockenrasierer.
63 BGH, GRUR 1963, 650 – Plastikkorb.
64 BGH, GRUR 1960, 224 – Simili-Schmuck; LG Frankfurt am Main, GRUR 2001, 1.
65 OLG München, ZUM-RD 2006, 426.
66 *Eichmann*, MarkenR 2003, 10.
67 OLG Hamm, InstGE 8, 233 ff.

ders als im Markenrecht dabei den Gemeinsamkeiten nicht eo ipso ein größeres Gewicht beizumessen sei als den Unterschieden. Zur Begründung wird angeführt, dass hier nicht von einem „unsicheren Erinnerungsbild der Objekte" beim Benutzer auszugehen sei, die nicht nebeneinander betrachtet werden, sondern Geschmacksmuster und potenziell geschmacksmusterverletzendes Erzeugnis ja von ihm unmittelbar gegenübergestellt betrachtet werden.[68] Hiergegen lässt sich treffend anführen, dass wahrnehmungspsychologische und wahrnehmungsphysiologische Überlegungen auch bei einem solchen direkten Vergleich dazu führen, dass Gemeinsamkeiten größere Bedeutung zuzumessen ist als Unterschieden.[69] Im Ergebnis führen aber beide hier widerstreitende Regeln für die Prüfung der Geschmacksmusterverletzung zu keinen brauchbaren Ergebnissen, wenn sie stur und systematisch angewandt werden, ohne den besonderen Umständen des Einzelfalls gerecht zu werden. Insoweit stellt sich bei der tatsächlich anzuwendenden, auf jeden Einzelfall bezogenen Prüfung der Geschmacksmusterverletzung gar nicht die Frage, ob Unterschiede oder Gemeinsamkeiten größeres Gewicht bekommen, da unbeschadet der Beantwortung dieser Frage eben der Gesamteindruck maßgeblich ist. Dabei wird der informierte Betrachter auch stets erkennen, wenn es sich bei vermeintlichen Unterschieden nur um Austausch bzw. verzichtbare Zubehörteile handelt und demnach diese bei der Beurteilung des Gesamteindrucks des Geschmacksmusters außer Betracht bleiben.[70]

Für den Vergleich des informierten Benutzers ist eine unmittelbare Gegenüberstellung von beanstandetem Erzeugnis und Geschmacksmuster nicht zwingend notwendig, gleichwohl meist sinnvoll.[71] So ist beispielsweise bei der Beurteilung des Gesamteindrucks, den ein an einem Peitschenmast aufgehängter Beleuchtungskörper hervorruft, der Eindruck eines nach oben blickenden Straßenbenutzers auszugehen,[72] und bei einer Außenleuchte ist auf den Eindruck, der sich bei der Betrachtung aus einiger Entfernung ergibt, abzustellen.[73] Der Eindruck, der sich aus Kaufangeboten und der Darstellung in Werbemaßnahmen ergibt, ist wegen der Abhängigkeit der Kaufentscheidung von diesen Darstellun- 30

---

68 OLG Hamm, InstGE 8, 233, 241.
69 *Mittelstaedt*, WRP 2007, 1161 ff.
70 Vgl. hierzu OLG Düsseldorf, WRP 2011, 618 – Kinderwagen.
71 BGH, GRUR 1980, 235 – Play-family; LG Frankfurt am Main, GRUR-RR 2001, 1.
72 BGH, GRUR 1961, 640 – Straßenleuchte.
73 BGH, GRUR 1981, 273 – Leuchtenglas.

gen für den informierten Benutzer vorrangig.[74] Das Erscheinungsbild spielt je nach Charakteristik der Abnehmerkreise bei Messen, Ausstellungen, Ladengeschäften, Katalogen und Werbeprospekten eine Rolle. Die Hinzuziehung von Vergrößerungen kann bei sehr kleinen Objekten notwendig sein. Der informierte Benutzer weiß, auf welche Kriterien besonders zu achten ist. Dies gilt auch dann, wenn Erzeugnisse sehr klein sind, unmittelbar aus der Nähe gegenübergestellt werden und damit Gestaltungsdetails in das Erscheinungsbild einfließen oder das Erzeugnis bestimmungsgemäß regelmäßig nur aus großer Entfernung wahrgenommen werden.

IX. Grad der Gestaltungsfreiheit

31 Zur Beurteilung des Schutzumfangs ist nach Abs. 2 Satz 2 der Grad der Gestaltungsfreiheit heranzuziehen[75]. Bei der Beurteilung der Eigenart nach § 2 Abs. 3 Satz 2 ist die Gestaltungsfreiheit des Entwerfers des Erzeugnisses, das geschützt werden soll, entscheidend. Dagegen ist bei der Beurteilung des Schutzumfangs auf die Gestaltungsfreiheit des Entwerfers abzustellen, der das beanstandete Erzeugnis entworfen hat,[76] wobei die Gegebenheiten, die zu berücksichtigen sind, identisch sind.[77] Eine hohe Musterdichte und damit ein kleiner Gestaltungsspielraum des Entwerfers führen zu einem engen Schutzumfang des Musters, mit der Folge, dass bereits geringe Gestaltungsunterschiede beim informierten Benutzer einen anderen Gesamteindruck herrufen können. Dagegen führt eine geringe Musterdichte und damit ein großer Gestaltungsspielraum des Entwerfers zu einem weiten Schutzumfang des Musters, so dass selbst größere Gestaltungsunterschiede beim informierten Benutzer möglicherweise keinen anderen Gesamteindruck erwecken.[78] Auf die Gestaltungsfreiheit kann sich ein Entwerfer nicht bei technisch[79] oder funktionell bedingten Merkmalen[80] berufen. Eine Einschränkung hinsichtlich der Gestaltungsfreiheit ergibt sich auch bei

---

74 Vgl. *Eichmann/v. Falckenstein*, § 2 Rn. 20.
75 BGH, GRUR 2011, 142, 144 (Tz. 17) – Untersetzer.
76 *Eichmann*, GRUR Int. 1996, 859.
77 *Eichmann*, Mitt. 1998, 252.
78 BGH, GRUR 2011, 142, 144 (Tz. 17) – Untersetzer; KG, ZUM 2005, 230, 231; *Koschtial*, GRUR Int. 2003, 973, 977; *Jestaedt*, GRUR 2008, 19, 22.
79 Vgl. *Eichmann/v. Falckenstein*, § 3 Rn. 5.
80 Vgl. *Eichmann/v. Falckenstein*, § 3 Rn. 7.

funktionell ausgerichteten Erscheinungsmerkmalen.[81] Bei dem Vergleich von Mustern, bei denen der Entwerfer völlig frei handeln kann, und Mustern, bei denen der Entwerfer wegen der hochfunktionellen Art bestimmte Vorgaben beachten muss, ist die Ähnlichkeit bei Letzterem wahrscheinlicher.[82] Ebenso kann die Gestaltungsfreiheit bei gattungsspezifischen Merkmalen eingeengt sein, etwa dann, wenn ein Designbereich bereits dicht besetzt ist.[83] Für die Beurteilung des Gestaltungsspielraums des Entwerfers und damit des Schutzumfangs eines eingetragenen Geschmacksmusters ist demzufolge der Zeitpunkt der Anmeldung dieses Musters zur Eintragung maßgeblich.[84] Wäre zur Bestimmung des Schutzumfangs des Klagemusters auf den Gestaltungsspielraum des Entwerfers des angegriffenen Musters und dementsprechend auf den Zeitpunkt der Gestaltung dieses Musters abzustellen,[85] könnte sich der Schutzumfang des Geschmacksmusters im Laufe der Zeit verändern und insbesondere durch eine seit dessen Anmeldung eingetretene Bereicherung des Formenschatzes eingeschränkt werden. Dies würde zu dem widersinnigen Ergebnis führen, dass gerade bei solchen Mustern der Schutz binnen kurzer Zeit entfallen könnte, die wegen ihrer besonderen Eigenart die Gestaltung einer Fülle ähnlicher Muster nach sich ziehen.[86]

X. Grad der Eigenart

Zur Beurteilung des Schutzumfangs wurde insbesondere auch der Grad der Eigenart der Erscheinungsform herangezogen, die Gegenstand des Geschmacksmusters ist. Die Eigenart ergibt sich aus den Erscheinungsformen, die den Gesamteindruck prägen.[87] Zeigt die Gestaltung nur eine geringe Eigenart, so wurde bislang auch von einem engen Schutzumfang ausgegangen,[88] weshalb auch das Verbietungsrecht nur hinsichtlich Gestaltungen greift, deren Übereinstimmung mit dem Gegen-

32

---

81 Vgl. *Eichmann/v. Falckenstein*, § 2 Rn. 28.
82 Begründung zu Art. 11 Abs. 2 VO-Vorschlag 1993.
83 Vgl. *Eichmann/v. Falckenstein*, § 2 Rn. 29.
84 BGH, GRUR 2011, 142, 144 (Tz. 18) – Untersetzer, *Hartwig*, GRUR-RR 2009, 201, 203; a.A. bzw. ungenau noch die Vorauflage in § 38 Rn. 31.
85 So EuG, GRUR-RR 2010, 189 (Tz. 69f.) – Grupo Promer, *Eichmann/v. Falckenstein*, § 38 Rn. 19.
86 BGH, GRUR 2011, 142, 144 (Tz. 18) – Untersetzer; vgl. zum Urheberrecht bereits BGH, GRUR 1961, 635, 638 – Stahlrohrstuhl I.
87 Vgl. *Eichmann/v. Falckenstein*, § 38 Rn. 25.
88 BGH, GRUR 1988, 369 – Messergriff; BGH, GRUR 1976, 261 – Gemäldeleinwand.

§ 38   Rechte aus dem Geschmacksmuster und Schutzumfang

stand des Geschmacksmusters besonders ausgeprägt ist. Das Verbietungsrecht bestand dann nur hinsichtlich Gestaltungen, die identisch oder fast identisch mit dem Geschmacksmuster sind.[89]

33 Auch aus der Vorbekanntheit des Erzeugnisses des Anspruchsgegners wurde eine Einengung des Schutzumfangs abgeleitet.[90] Zur Beurteilung, ob ein Gebrauch des Schutzrechts vorliegt, muss der Schutzumfang bestimmt werden. Davon ist der Gebrauch von Stilmitteln und von einer Formgebung abzugrenzen, die nur in ihrer konkreten Proportion oder in ihren sonstigen Gestaltungsmerkmalen schutzfähig ist.[91] Die bislang weitgehend vertretene Auffassung, wonach ein weiter Schutzumfang sich aus der ausgeprägten Eigenart des Geschmacksmusters ergibt, ist nicht mehr mit der Rechtsprechung des BGH vereinbar: Nach der Rechtsprechung des BGH[92] kommt es für den Schutzumfang eines Geschmacksmusters nicht darauf an, ob und wie weit sich der Gesamteindruck dieses Geschmacksmusters von dem Gesamteindruck vorbekannter Geschmacksmuster unterscheidet. Es kommt also nicht darauf an, inwieweit ein Geschmacksmuster Eigenart hat, sondern allein darauf, ob der Gesamteindruck des angegriffenen Geschmacksmusters mit dem Gesamteindruck dieses Geschmacksmusters übereinstimmt.[93] Der bei der Eigenart zu berücksichtigende Gestaltungsspielraum des Entwerfers steht daher nicht in Wechselwirkung zum Schutzumfang des Geschmacksmusters.[94] Die Merkmale, aus denen sich die Eigenart eines Geschmacksmusters ergibt, können auch deshalb nicht zur Bestimmung seines Schutzumfangs herangezogen werden, weil die Frage, ob sich der Gesamteindruck dieses Geschmacksmusters vom Gesamteindruck vorbekannter Geschmacksmuster unterscheidet und das Geschmacksmuster damit Eigenart hat, aufgrund eines Einzelvergleichs zu beantworten ist, bei dem dieses Geschmacksmuster mit jedem einzelnen vorbekannten Geschmacksmuster verglichen wird.[95] Hierdurch unterscheidet sich die aktuelle Rechtslage zur Rechtslage in Deutschland vor Geltung des aktuellen Geschmacksmusterrechts, als der durch

---

89 BGH, GRUR 1988, 370.
90 BGH, GRUR 2004, 939 – Klemmhebel.
91 BGH, GRUR 1978, 169; *Dittrich*, GRUR 1994, 206; *Gerstenberg*, Mitt. 1964, 207.
92 BGH, GRUR 2011, 142, 143 (Tz. 12) – Untersetzer.
93 BGH, GRUR 2011, 142, 143 (Tz. 12) – Untersetzer; OLG Frankfurt am Main, GRUR-RR 2011, 165, 167 – Schuhsohle; a.A. (aber ausdrücklich aufgegeben) noch OLG Frankfurt am Main, GRUR-RR 2009, 16 – Plastik-Untersetzer.
94 OLG Frankfurt am Main, GRUR-RR 2011, 165, 167 – Schuhsohle.
95 BGH, GRUR 2010, 718 (Tz. 33) – Verlängerte Limousinen; BGH, GRUR 2011, 142, 143 (Tz. 14) – Untersetzer.

einen Gesamtvergleich mit dem vorbekannten Formgestaltungen zu ermittelnde Grad der Eigentümlichkeit den Schutzumfang des Geschmacksmusters noch begründete.[96]

XI. Art der Waren

Keine einheitliche Beurteilung besteht hinsichtlich der Auswirkungen von unterschiedlichen Warenarten auf den Gesamteindruck, weil die Einordnung in Warenklassen nur die Handhabung des Registers vereinfacht. Die Einordnung begründet damit an sich keine Beschränkung des Schutzbereichs,[97] weshalb grundsätzlich alle Verwendungen geschützt sind.[98] Für die verschiedensten Verwendungszecke genießt daher eine als Papiermuster angemeldete Farbstreifenkombination Schutz.[99] Die Angabe, die die Anmeldung nach § 11 Abs. 2 Nr. 4 hinsichtlich der in das Geschmacksmuster aufzunehmenden Erzeugnisse für deren Verwendung enthalten muss, dient nur als Grundlage für die Einordnung in die einzelnen Klassen. Aus ihr folgt jedoch keine Beschränkung des Schutzbereichs.[100] In verschiedenen Warenklassen und hinsichtlich unterschiedlicher Erzeugnisangaben sind deshalb Recherchen nach älteren Geschmacksmustern durchzuführen. Die Einbeziehung benachbarter Bereiche durch den Entwerfer in die Beobachtung[101] kann dabei ebenso als Indiz herangezogen werden wie die Tatsache, dass Gestaltungsübertragungen als normal angesehen werden.[102] Eine Konkretisierung für die Recherche kann sich aus der Offenbarung nach § 5 für mustergemäße Erzeugnisse ergeben. Keine Auswirkungen auf den Unterlassungsanspruch ergeben sich aus möglichen Schwierigkeiten bei der Recherche. Diese Schwierigkeiten können allerdings dazu führen, dass einfache und leichte Fahrlässigkeit im Sinne von § 42 Abs. 2 Satz 3 zu verneinen sind. Nur ein anderer Gesamteindruck für den informierten Benutzer führt dazu, dass das beanstandete Erzeugnis nicht unter den Schutzumfang des Geschmacksmusters fällt, es für

34

---

96 So noch BGH, GRUR 1996, 767, 769 – Holzstühle; BGH GRUR 2000, 1023, 1025 – Speichen-Felgenrad, BGH, GRUR 2001, 503, 505 – Sitz-Liegemöbel; BGH, GRUR 2008, 153 (Tz. 26) – Dacheindeckungsplatten.
97 BGH, GRUR 1996, 57 – Spielzeugautos.
98 BGH, GRUR 1967, 276 – Kronleuchter; BGH, GRUR 1962, 144 – Buntstreifensatin I.
99 BGH, GRUR 1962, 146.
100 Vgl. *Eichmann/v. Falckenstein,* § 38 Rn. 30.
101 Vgl. *Eichmann/v. Falckenstein,* § 5 Rn. 8.
102 Vgl. *Eichmann/v. Falckenstein,* § 2 Rn. 5.

einen anderen Verwendungszweck als das geschützte Erzeugnis bestimmt ist. Abhängigkeit kann sich aus einer Gestaltungsübertragung ergeben. Für den informierten Benutzer können wesensbestimmte Unterschiede zwischen einem Modellfahrzeug und einem Rennwagen[103] von untergeordneter Bedeutung sein, auch wenn sie sich erheblich auf den Gesamteindruck auswirken.[104]

XII. Besondere Werkstoffe

35 Zu unterschiedlichen Folgen beim Gesamteindruck können unterschiedliche Werkstoffe beim geschützten und beanstandeten Erzeugnis führen. Werkstoffe sind bei flächenmäßigen Musterabschnitten und nicht eingetragenen Gemeinschaftsgeschmacksmustern problemlos feststellbar. In allen übrigen Fällen ist nicht das Erscheinungsbild eines flächenmäßigen Musterabschnitts für die Ermittlung des Schutzgegenstands entscheidend sondern die Anmeldung. Nur bei aus der Anmeldung ersichtlichen Unterschieden hinsichtlich der Werkstoffe sind diese von Bedeutung. Unterschiedliche Werkstoffe führen zu keinem anderen Gesamteindruck. Nur bei einer neuen und eigenständigen Wirkung[105] und nicht bestehender Abhängigkeit kann eine Stoffvertauschung von Bedeutung sein. Dies gilt auch, wenn der Werkstoff das einzig schutzbegründende Merkmal ist.[106] Dies kann jedoch nicht zu einer Monopolisierung der Materialverwendung führen. Denn die Materialwirkung tritt neben vielen anderen Gestaltungskomponenten auf und kann im Rahmen des ästhetischen Gesamteindrucks für die Eigenart stark unterschiedlich bewertet werden. Entgegen der Rechtsprechung[107] folgt aus dem Gesagten nicht, dass der Eindruck, der durch das verwendete Material erzeugt wird, außer Acht zu lassen ist. Dies lässt sich nicht aus dem Verbot der Monopolisierung des geschmacksmusterrechtlichen Schutzes für Werkstoffe herleiten.

36 Für die Beurteilung des Schutzumfangs nach § 38 Abs. 2 ist die Aufzählung in § 5 Satz 2 a.F. von unterschiedlicher Bedeutung. Herstellungsverfahren sind vom Schutzgegenstand nicht umfasst. Für die Sperrwirkung ist es ohne Bedeutung, ob eine Nachbildung oder ein

---

103 BGH, GRUR 1996, 59.
104 *Eichmann*, MarkenR, 2003, 10.
105 BGH, GRUR 1962, 144 – Buntstreifensatin I.
106 BGH, GRUR 1967, 376 – Kronleuchter.
107 BGH, GRUR 1980, 235 – Play-family.

mustergemäßes Erzeugnis als Vorlage verwendet wurde. Ohne Einfluss auf den Schutzumfang sind Abmessungen, da sie Wiedergaben üblicherweise nicht zu entnehmen sind. Allerdings finden sie Eingang in den Gesamteindruck, soweit sie der Wiedergabe zu entnehmen sind. Dies gilt nicht für gattungsgleiche Erzeugnisse. Nur nach dem Einzelfall kann beurteilt werden, ob starke Größenunterschiede das Erscheinungsbild derart beeinflussen können, dass ein anderer Gesamteindruck entsteht.[108] Von der Bedeutung der Farbgebung für die Eigenart des Geschmacksmusters hängt es ab, ob durch eine andere Farbgebung ein anderer Gesamteindruck entsteht. Die Farbgebung ist für den Schutzumfang unbedeutend, wenn die Eigenart nur durch die grafische Gestaltung oder die Form bestimmt wird. Eine abweichende Farbgebung kann aus dem Schutzumfang herausführen, wenn die Eigenart nur durch die Farbgebung bestimmt wird. Es sind allerdings sämtliche Erscheinungsmerkmale gegenüberzustellen, wenn sowohl Form- als auch Farbgebung die Eigenart begründen. Nur geringfügige Abweisungen, die nur bei Anwendung besonderer Aufmerksamkeit wahrgenommen werden, sind für den informierten Benutzer unmaßgeblich.[109]

XIII. Beurteilungsgrundsätze

Wegen der Individualität der Beurteilung des Schutzumfangs sind pauschalierende Beurteilungsgrundsätze ungeeignet. Die früher häufig angewandte Regel, dass von einer Übereinstimmung auszugehen sei[110] und nicht von den Abweichungen,[111] kann nicht angewandt werden, wenn es um die Bedeutung der maßgeblichen Erscheinungsmerkmale für die Eigenart und um die Berücksichtigung einer eingeengten Gestaltungsfreiheit geht.[112] Ebenso steht wegen der unmittelbaren Gegenüberstellung der Erzeugnisse eine vorrangige Berücksichtigung der Gemeinsamkeiten[113] einer sachgerechten Beurteilung entgegen. Im Markenrecht wird dagegen bei der Beurteilung der Verwechslungsgefahr

37

---

108 BGH, GRUR 1996, 57 – Spielzeugautos.
109 BGH, GRUR 1976, 261 – Gemäldewand; BGH, GRUR 1965, 198 – Küchenmaschine; BGH, GRUR 1958, 97 – Gartenzwerg.
110 BGH, GRUR 1984, 597 – vitra programm; BGH, GRUR 1981, 269 – Hauhaltsmaschine II; BGH, GRUR 1960, 256 – Chérie.
111 BGH, GRUR 1967, 275 – Kronleuchter; BGH, GRUR 1962, 144 – Buntsatinstreifen I.
112 *Eichmann*, Mitt. 1998, 252.
113 BGH, GRUR 1980, 235 – Play-family; BGH, GRUR 1965, 198 – Küchenmaschine.

mehr auf Übereinstimmung als auf Abweichungen abgestellt.[114] Abweichungen können jedoch auch im Geschmacksmusterrecht hinter die Gemeinsamkeiten zurücktreten, wenn sie nur bei besonderer Aufmerksamkeit wahrnehmbar sind.[115]

38 Zu einer Konkretisierung kann die Gegenüberstellung des Geschmacksmusters und des beanstandeten Erzeugnisses durch eine Merkmalsynopse führen, in der sowohl Übereinstimmungen als auch Abweichungen aufgelistet werden.[116] Eine differenzierende Bewertung ist hierbei geboten, wenn auch Erscheinungsmerkmale erfasst werden, die nicht musterfähig oder technisch bedingt sind. Die Merkmalsynopse kann dabei als Grundlage für die Abfassung der Klageschrift dienen, um die Verletzungsform zu konkretisieren, wenn sie die für den Gesamteindruck maßgeblichen Erscheinungsformen enthält. Allein das Muster als Bestandteil der Anmeldung, die beanstandete Gestaltung im Original oder eine möglichst naturalistische Darstellung kann Gegenstand dieses Vergleichs sein. Bewertung und Gewichtung der für den jeweiligen Gesamteindruck maßgeblichen Erscheinungsmerkmale schließen sich hinsichtlich der Beurteilung des Verletzungstatbestands und der Eigenart den Hilfsmitteln Merkmalsynopse und der Merkmalsanalyse an.[117]

XIV. Aufschiebung der Bildbekanntmachung

39 Mit der Anmeldung kann die Aufschiebung der Bekanntmachung der Wiedergabe nach § 21 Abs. 1 Satz 1 beantragt werden. Darauf nimmt Abs. 3 Bezug. Es erfolgt keine Bildbekanntmachung, da nach § 21 Abs. 1 Satz 2 die Eintragung der Bekanntmachung ins Geschmacksmusterregister beschränkt wird. Nur bei der Möglichkeit der Kenntnisnahme durch Dritte können die Wirkungen des Sperrschutzes eintreten. Eine Einsicht ist nach § 22 Satz 2 Nr. 2 ausgeschlossen, wenn eine Bekanntmachung der Wiedergabe nicht erfolgt ist. Kenntnis vom Gegenstand eines Geschmacksmusters können Dritte durch Verbreitung von mustergemäßen Erzeugnissen oder anderen Maßnahmen zur Offenba-

---

114 Vgl. zum Markenrecht: BGH, GRUR 1999, 588 – Cefalline; BGH, GRUR 1998, 924 – salvent/Salventerol.
115 BGH, GRUR 1980, 235 – Play-family; BGH, GRUR 1958, 509 – Schlafzimmermöbel; BGH, GRUR 1958, 97 – Gartensessel; OLG Köln, NJOZ 2003, 3311.
116 *Engel*, FS für Erdmann, 2002, 89; *Krieger*, FS für Vieregge, 1995, 497.
117 BGH, GRUR 2001, 503; BGH, GRUR 2000, 1023 – 3-Speichen-Felgenrad; *Engel*, FS für Erdmann, 2002, 95.

rung erlangen, auch wenn sie keine Kenntnis aus einer Bildbekanntmachung oder Akteneinsicht haben. Auch die gezielte Information des Rechtsinhabers kann zur Kenntnis führen.[118] Das Muster ist dann Ergebnis einer Nachahmung, wenn der Verletzer in den Schutzumfang eines Geschmacksmusters eingreift und von diesem Kenntnis hat. Es gelten hinsichtlich Darlegungs- und Beweislast dieselben Grundsätze wie beim Schutz des nicht eingetragenen Gemeinschaftsgeschmacksmusters Gegen das Nachahmungsmuster bestehen die Rechte aus Abs. 1 während der Dauer der Aufschiebung der Bekanntmachung. Die Schutzdauer endet nach § 21 Abs. 4 Satz 1, wenn die Bildbekanntmachung nicht nachgeholt wird. Wird sie allerdings nachgeholt, so tritt die Sperrwirkung ein, die allerdings nicht zurückwirkt.[119] Ein Vorbenutzungsrecht kann sich nicht durch kenntnisunabhängige Benutzungshandlungen zwischen dem Tag der Anmeldung nach § 13 und der Nachholung der Bildbekanntmachung ergeben, da der Tag der Anmeldung der entscheidende Zeitpunkt nach § 41 Abs. 1 Satz 1 ist. Dem Bestands- und Vertrauensschutz dient die Regelung des § 9 Abs. 3 Satz 1 bis 3, der auf die nicht vorhersehbare Wirkung der Nachholung einer Bildbekanntmachung abstellt. Der Vorstellung, dass von einer späteren Veröffentlichung ein unabhängiges Muster nicht tangiert wird, trägt das Weiterbenutzungsrecht Rechnung.

XV. Teileschutz

Auch Teile von Erzeugnissen können eigenständigen Schutz genießen.[120] Dies wird dadurch gerechtfertigt, dass auch eine Teilgestaltung den Formenschatz bereichern kann. Deswegen muss ein eigenständiges Verbietungsrecht für den Rechteinhaber bestehen. Dieses umfasst wegen der Möglichkeit, dass auch nur Teile von Erzeugnissen dem Geschmacksmusterschutz unterliegen können, nur die Teile von Erzeugnissen. Erst im Verletzungsstreit wird geprüft, ob eine Musterfähigkeit besteht, wenn der Erzeugnisbestandteil nicht selbstständig eingetragen worden ist. Die Teilgestaltung kann eigenständiger Gegenstand eines Geschmacksmusters sein,[121] weshalb der Geschmacksmusterschutz nur bei einem in sich geschlossenen Teil eines Geschmacksmusters mög-

40

---

118 *Kur*, GRUR 2002, 661.
119 Begründung zu Art. 21 Abs. 2 VO-Vorschlag 1993.
120 A.A. OLG Frankfurt am Main, GRUR-RR 2008, 333, 334 – Weinkaraffe; *Jestaedt*, GRUR 2008, 19, 23; *Ruhl*, GRUR 2010, 289, 299 f.
121 *Ullmann*, GRUR 1993, 336.

lich ist.[122] Es muss die Möglichkeit bestehen, dass ein von der Gesamtform unabhängiger Gesamteindruck festgestellt wird. Dazu muss das Merkmal eine gewisse formliche Eigenständigkeit aufweisen, ebenso wie die Geschlossenheit der Form.[123] Weitere Kriterien sind die Vergleichbarkeit der Gestaltungsformen,[124] die Neuheit und die Eigenart. Bauelemente sind gesondert geregelt. Allgemeine Bedingung für den eigenständigen Schutz von Teilen ist die eigenständige Erfüllung der Schutzvoraussetzungen. Deshalb ist ein eigenständiges Verbietungsrecht für Teile von Erzeugnissen nur gegeben, wenn alle Erfordernisse der Neuheit und Eigenart durch die Teile erfüllt sind.[125] Dies setzt voraus, dass beim Teil gegenüber dem Gesamterzeugnis Eigenständigkeit und Geschlossenheit vorhanden sind. Diese Möglichkeit besteht z.B. beim Griff eines Haushalts- und Berufsmessers,[126] bei der Seiten- oder Heckpartei einer Autokarosserie,[127] bei einem Zündaufsatz eines Feuerzeugs[128] oder dem Grundgerät einer Mehrzweckküchenmaschine ohne auswechselbare Zusatzaufsätze[129] u.Ä.[130] Nicht ausschlaggebend aber von indizieller Bedeutung ist die Frage, ob Gesamterzeugnis und Teil fest miteinander verbunden oder lösbar sind. Keine Eigenständigkeit und keine Geschlossenheit liegen vor, wenn für die optische Wechselwirkung zwischen Gehäuse und Scherkopf eines Trockenrasierers hinsichtlich des spezifischen Kurvenverlaufs des Scherkopfs und dessen Übergangskontur zum Gehäuse Teilschutz begehrt wird.[131] Ebenso fehlt es daran für die Verallgemeinerung von zwei Gestaltungsmerkmalen eines würfelförmigen Notizblocks mit Werbebeschriftung,[132] oder für die Kombinationswirkung von einer seitlichen Kettenverkleidung und einer seitlichen Verkleidung für das Hinterradschutzblech oder das Vorderradschutzblech eines Mopeds.[133] Die Gefahr des Verlusts der Eigenständigkeit und Geschlossenheit als Voraussetzung des Teilschutzes

---

122 BGH, GRUR 1998, 381; BGH, GRUR 1981, 273 – Leuchtenglas; BGH, GRUR 1964, 198 – Küchenmaschine.
123 BGH, GRUR 1979, 795 – Notizklötze; BGH, GRUR 1977, 602 – Trockenrasierer.
124 BGH, GRUR 1977, 605.
125 BGH, GRUR 1981, 274; BGH, GRUR 1977, 605.
126 BGH, GRUR 1988, 369 – Messergriff.
127 OLG München, GRUR-RR 2010, 166, 170 – Geländewagen.
128 BGH, GRUR 1966, 97 – Zündaufsatz.
129 BGH, GRUR 1965, 198 – Küchenmaschine.
130 M. w. N. *Eichmann/v. Falckenstein*, § 38 Rn. 27f.
131 BGH, GRUR 1977, 605.
132 BGH, GRUR 1979, 705 – Notizklötze.
133 BGH, GRUR 1962, 258 – Moped-Modell.

birgt die Verwendung patentrechtlich orientierter Begriffe wie Elementenschutz,[134] Teilkombination[135] oder Unterkombination.[136]

XVI. Abhängiges Geschmacksmuster

Ein Eingriff in das Geschmacksmuster findet statt, wenn es als Grundlage für die Weiterentwicklung dient.[137] Insofern hat sich das Geschmacksmusterrecht an das Patentrecht angelehnt.[138] Eine abhängige Bearbeitung liegt vor, wenn in einem Erzeugnis schutzfähige Teile eines Geschmacksmusters direkt übernommen werden und andere als Grundlage für eine eigenständige Umgestaltung.[139] Das Hinzufügen eines Dekors bei einer eigenartigen Vasenform kann zur Abhängigkeit führen.[140] Dabei ist bei Bearbeitung von Geschmacksmustern mit starker Eigenart schneller eine Abhängigkeit gegeben als bei Geschmacksmustern mit schwacher Eigenart.[141] Die übernommenen Züge des geschützten Erzeugnisses müssen hinter die Eigenart des neuen Erzeugnisses zurücktreten und das ursprüngliche Erzeugnis darf nur noch als Anregung zur eigenständigen Gestaltungsform dienen, um von einer freien Benutzung sprechen zu können.[142] Für abhängige Bearbeitungen ist die Einwilligung des jeweiligen Rechteinhabers erforderlich, der selbst die Bearbeitung nur mit Einwilligung des Bearbeiters verwenden darf. Wird von einer Gestaltung Gebrauch gemacht, die dem Musterschutz nicht zugänglich ist, so kann dies ebenfalls zu Abhängigkeit führen. Dies gilt auch für Filmwerke und ähnlichen Werken. Bei Gebäuden gilt die Ausnahmebestimmung des § 43 Abs. 5. Danach unterliegen wesentliche Teile von Gebäuden nicht der Vernichtung, da sie in ihrer Erscheinungsform vom Gegenstand eines Geschmacksmusters abhängig sein können, obwohl sie dem Geschmacksmusterschutz grundsätzlich nicht zugänglich sind.[143]

41

---

134 BGH, GRUR 1974, 409; BGH, GRUR 1967, 377.
135 BGH, GRUR 1962, 260.
136 BGH, GRUR 1979, 706; OLG Frankfurt am Main, GRUR 1988, 122.
137 *Eck*, S. 213.
138 Vgl. zum Patentrecht: BGH, GRUR 1991, 436 – Befestigungsvorrichtung II.
139 BGH, GRUR 1967, 375 – Kronleuchter.
140 *Eichmann*, Mitt. 1998, 252.
141 *Kur*, ÖBl. 1995, 3.
142 Vgl. zum Urheberrecht: BGH, GRUR 2002, 799 – Stadtbahnfahrzeug.
143 Vgl. *Eichmann/v. Falckenstein*, § 1 Rn. 25.

XVII. Mittelbare Geschmacksmusterverletzungen

42 Eine mittelbare Geschmacksmusterverletzung liegt vor, wenn erst zusammen mit der Verwendung von anderen Teilen eine Geschmacksmusterverletzung gegeben ist. Dadurch sollen Umgehungshandlungen verhindert werden, die sich dadurch auszeichnen, dass der Erwerber selbstständig nicht angreifbare Teile zu einem Vgl. Erzeugnis komplettiert, welches wiederum eine Geschmacksmusterverletzung darstellt. Die Lieferung von Teilen eines Möbelprogramms kann eine mittelbare Geschmacksmusterverletzung darstellen, wenn dieses nur in seiner Gesamtheit Geschmacksmusterschutz genießt.[144] Werden Einzelteile eines rechtsverletzenden Kombinationsschalters in der Absicht geliefert, dass diese vor Ort miteinander verbunden werden, liegt eine unmittelbare Rechtsverletzung vor[145] Aus diesem Grund ist ein vorbehaltloses Verbot von Kombinationsteilen möglich,[146] wobei § 10 PatG (mittelbare Patentverletzung) als Orientierungshilfe verwendet werden kann.[147] Die wesentlichen Teile des Geschmacksmusters, insbesondere die für die Eigenart entscheidenden Erscheinungsmerkmale, müssen in den mittelbar rechtsverletzenden Teilen verwirklicht sein. Wird der Abnehmer etwa durch eine Gebrauchsanleitung zur Rechtsverletzung veranlasst, liegt ausnahmsweise in der Lieferung von Waren eine mittelbare Rechtsverletzung vor, die sonst nicht ausreichen würde. Die Herstellung stellt regelmäßig keine Geschmacksmusterverletzung dar, die nur das Verbreiten, also das Anbieten und Liefern, verwirklicht.[148] Der Lieferant muss außerdem positive Kenntnis von der mittelbaren Geschmacksmusterverletzung haben. Es reicht aus, wenn die Umstände geeignet sind, es offensichtlich zu machen, dass die gelieferten Teile zu einer Verwendung geeignet und bestimmt sind, die den Tatbestand einer Geschmacksmusterverletzung erfüllt. Es müssen bei gerichtlichen Verfahren die tatsächlichen Umstände festgestellt werden, die die Offensichtlichkeit der Verletzung nachweisen.[149] Die vertragliche Verpflichtung für die Abnehmer, die Verletzungshandlung zu unterlassen, sowie deren Information über die Lieferung der Teile als rechtsverletzende

---

144 BGH, GRUR 1975, 383 – Möbelprogramm.
145 BGH, GRUR 1974, 406 – Elektroschalter.
146 LG Düsseldorf, GRUR 1992, 442.
147 LG Düsseldorf, GRUR 1992, 442.
148 BGH, GRUR 1982, 165 – Rigg.
149 BGH, GRUR 2001, 228 – Luftheizgerät.

Handlung ist Inhalt des Anspruchs des Rechteinhabers.[150] Um eine mittelbare Verletzung des Geschmacksmusters herbeizuführen, dürfen die einzelnen Teile, isoliert betrachtet, nicht dazu geeignet sein, auch nur einen Teil eines Geschmacksmusters, der selbstständig geschützt werden kann, zu verletzen, denn sonst würde eine unmittelbare Geschmacksmusterverletzung vorliegen.

---

150 BGH, GRUR 1975, 368.

§ 39 Vermutung der Rechtsgültigkeit

Zugunsten des Rechtsinhabers wird vermutet, dass die an die Rechtsgültigkeit eines Geschmacksmusters zu stellenden Anforderungen erfüllt sind.

Übersicht

	Rn.		Rn.
I. Allgemeines	1	IV. Umfang	6
II. Bedeutung	4	V. Widerlegung	11
III. Voraussetzung	5		

I. Allgemeines

1 § 39 enthält die (widerlegbare) Vermutung der Rechtsgültigkeit zu Gunsten des Rechtsinhabers. Dadurch tritt eine Beweiserleichterung nach § 292 ZPO ein und dem Rechtsinhaber wird die Durchsetzung seiner Ansprüche erleichtert. Es wird vermutet, dass die tatsächlichen Voraussetzungen, die für die Entstehung des Geschmacksmusterschutzes notwendig sind (z.B. Neuheit und Eigenart), bei Vorliegen der Vermutungsvoraussetzungen gegeben sind. Es ist dagegen Sache des Verletzers, gemäß § 292 ZPO darzutun und zu beweisen, dass diese Anforderungen nicht erfüllt sind.[1] Die Regelung ist vor dem Hintergrund beachtenswert, dass es sich bei dem Geschmacksmusterrecht weiterhin um ein „Registerrecht" handelt, das DPMA im Eintragungsverfahren das Vorliegen der materiellen Schutzvoraussetzungen der Neuheit und Eigenart also nicht prüft.

2 Nach § 13 GeschmMG a.F. wurde die Urheberschaft des Anmelders bis zum Gegenbeweis vermutet. Die Vermutung erstreckte sich über ihren Wortlaut hinaus auf die Neuheit des Geschmacksmusters.[2] Ob und wieweit die Vermutung des § 13 GeschmMG a.F. auch die Eigentümlichkeit des Geschmacksmusters umfasst, war lange Zeit umstritten.[3] Der BGH hat dies für das subjektive (urheberbezogene) Element bejaht, für

---

1 Vgl. Gesetzesbegründung, BlPMZ 2004, 242.
2 BGH, GRUR 1958, 509, 510 – Schlafzimmermodell; BGH, GRUR 1966, 681, 683 – Laternenflasche; BGH, GRUR 1969, 80, 91 – Rüschenhaube; BGH, GRUR 1981, 269 – Haushaltsschneidemaschine II.
3 Vgl. *Gerstenberg/Buddeberg*, S. 193.

das objektive (werkbezogene) Element, d.h. für die für den Musterschutz erforderliche Gestaltungshöhe jedoch verneint.[4] Der aus dem Geschmacksmuster klagenden Partei oblag es, die für eine ausreichende Gestaltungshöhe erforderlichen Tatsachen darzulegen, während der Gegner, der sich auf zusätzlichen vorbekannten Formenschatz berief, der der Eigentümlichkeit entgegenstand, diesen darzulegen und zu beweisen hatte.[5]

Eine mit § 39 vergleichbare Regelung findet sich in Art. 85 Abs. 1 Satz 1 GGV. Danach haben die zuständigen Gerichte in Verfahren betreffend eine drohende oder bereits erfolgte Verletzung eines eingetragenen Gemeinschaftsgeschmacksmusters von dessen Rechtsgültigkeit auszugehen. Durch Art. 85 Abs. 1 Satz 1 GGV wird allerdings keine Tatsachenvermutung, sondern eine Rechtsvermutung („Rechtsgültigkeit des Gemeinschaftsgeschmacksmusters") aufgestellt, die nach Art. 85 Abs. 1 Satz 2 GGV nur durch den Erfolg einer Widerklage auf Erklärung der Nichtigkeit aufgehoben werden kann.[6] Bei einem nicht eingetragenen Gemeinschaftsgeschmacksmuster haben die Gerichte von dessen Rechtsgültigkeit auszugehen, wenn der Rechtsinhaber Beweis dafür erbringt, dass das Muster der Öffentlichkeit gemäß Art. 11 GGV zugänglich gemacht wurde und angibt, inwiefern das Muster Eigenart aufweist (Art. 85 Abs. 2 Satz 1 GGV). Auch hier kann der Verletzer die Rechtsgültigkeit mit einer Widerklage auf Erklärung der Nichtigkeit bestreiten (Art. 85 Abs. 2 Satz 2 GGV). 3

II. Bedeutung

Die Rechtsgültigkeit eines Geschmacksmusters kann in der Praxis auf unterschiedliche Weise im Rahmen gerichtlicher Verfahren Bedeutung erlangen. Ein in Anspruch genommener potenzieller Verletzer kann gegenüber dem Kläger den Einwand der Nichtigkeit erheben oder aber auch eine auf die Feststellung der Nichtigkeit gerichtete Widerklage erheben. Auch in einem isolierten Nichtigkeitsverfahren (§ 33), in dem über die Wirksamkeit eines Geschmacksmusters zu befinden ist, gilt 4

---

4 BGH, GRUR 1958, 509, 510 – Schlafzimmermodell; BGH, GRUR 1958, 98 – Gartensessel; BGH, GRUR 1958, 406 – Teppichmuster; BGH, GRUR 1962, 144, 145 – Buntstreifensatin.
5 Vgl. *Eichmann/v. Falckenstein*, 2. Aufl., § 14a Rn. 60 m.w.N.; a.A. *Nirk/Kurtze*, § 13 Rn. 1.
6 Vgl. *Eichmann/v. Falckenstein*, § 39 Rn. 5.

§ 39   Vermutung der Rechtsgültigkeit

die Vermutung der Rechtsgültigkeit. In allen Fällen ist es Sache des Dritten, die gesetzliche Vermutung zu widerlegen.

III. Voraussetzung

5   Voraussetzung der Vermutung ist die Eintragung – nicht die Anmeldung (!) – des Geschmacksmusters zugunsten des Rechtsinhabers.[7] Hierfür ist der Rechtsinhaber darlegungs- und beweispflichtig.[8] Dementsprechend muss der Rechtsinhaber die Eintragung des Geschmacksmusters durch Vorlage geeigneter Unterlagen, insbesondere eines beglaubigten Registerauszuges oder eines Ausdruckes aus der Website des DPMA glaubhaft machen (Verfügungsverfahren) bzw. nachweisen (Klageverfahren). Ausreichend ist auch der Nachweis der Bekanntmachung im Geschmacksmusterblatt nach § 20 Satz 1, da die Bekanntmachung die Eintragung des Geschmacksmusters voraussetzt.[9] Weiter hat der Rechtsinhaber glaubhaft zu machen bzw. nachzuweisen, dass das Geschmacksmuster unverändert eingetragen ist.

IV. Umfang

6   Die Vermutung erstreckt sich auf alle Kriterien, die Gegenstand einer Nichtigkeitsklage (§ 33 Abs. 1) sein können, mithin auf alle Anforderungen an die Rechtsgültigkeit. Insbesondere wird vermutet, dass das Geschmacksmuster die Voraussetzungen der Musterfähigkeit erfüllt, neu (§ 2 Abs. 2) und eigenartig (§ 2 Abs. 3) ist und nicht nach § 3 vom Schutz ausgeschlossen ist. Das gilt auch für einzelne Erscheinungsmerkmale des Geschmacksmusters.[10]

7   Fraglich ist, ob Muster, deren Neuheit und Eigentümlichkeit materiell nach altem Recht zu beurteilen ist (vgl. § 72 Abs. 2), formell die in § 39 geschaffene Vermutung der Rechtsgültigkeit für sich in Anspruch nehmen können. Für das Merkmal der Neuheit kann dies ohne Weiteres dahinstehen, weil schon nach altem Recht eine Vermutung der Neuheit zugunsten des Musterinhabers anerkannt war. Die Eigentümlichkeit wurde nach altem Recht hingegen nicht vermutet, sondern war für § 1

---

[7] Vgl. *Eichmann/v. Falckenstein*, § 39 Rn. 2.
[8] Vgl. *Nirk/Kurtze*, § 13 Rn. 3.
[9] Vgl. *Eichmann/v. Falckenstein*, § 39 Rn. 2.
[10] Vgl. *Eichmann/v. Falckenstein*, § 39 Rn. 3.

Abs. 2 GeschmMG a.F. ausdrücklich festzustellen.[11] Der aus dem Geschmacksmuster klagenden Partei oblag es, die für eine ausreichende Gestaltungshöhe erforderlichen Tatsachen darzulegen, während der Gegner, der sich auf zusätzlichen vorbekannten Formenschatz berief, der der Eigentümlichkeit entgegenstand, diesen darzulegen und zu beweisen hatte.[12] Hat das Geschmacksmuster nicht sichtbare nicht sichtbare Ersatzteile mit rein technischer Zweckbestimmung zum Gegenstand, hat sich an der Verteilung der Darlegungs- und Beweislast durch das Inkrafttreten des neuen GeschmMG nichts geändert. So muss etwa der Hersteller von LKWs, der für die dazugehörigen Ersatzteile Geschmacksmuster nach altem Recht hat eintragen lassen, auch unter Geltung des neuen GeschmMG und der Vermutung der § 39 für solche Ersatzteile, die allein technischen Zwecken dienen und nach dem Einbau nicht mehr sichtbar sind, im Streit über die Beständigkeit der Geschmacksmuster zunächst darlegen, inwieweit überhaupt Gestaltungsspielräume vorhanden waren und in welcher Weise diese ausgenutzt worden sind.[13]

Fraglich ist, ob der Kläger gehalten ist, im Rahmen einer primären Darlegungslast zum Schutzumfang seines Klagegeschmacksmusters vorzutragen. Das OLG Düsseldorf vertritt hierzu die Auffassung, dass ohne Diskussion der vorbekannten Formen weder die Neuheit und Eigenart des Verfügungsgeschmacksmusters noch der Schutzbereich des Geschmacksmusters bestimmt werden könnten. Diese Situation bewertet das Gericht vollumfänglich zugunsten des Rechtsinhabers und Klägers, indem es einen denkbar weiten Schutzbereich des Klagegeschmacksmusters unterstellt.[14] Demgegenüber hat das LG Düsseldorf bemerkt, dass der Kläger jedenfalls dann, wenn es sich um einen Gegenstand aus einem allgemein bekannten Formenschatz wie einer Taschenlampe handele, eine primäre Darlegungslast habe, woraus sich die Eigenart ergebe. Dies sein dem Kläger auch zumutbar, weil es einem Musterinhaber unschwer möglich sei, aus der eigenen „Entwicklungswerkstatt" heraus die Eigenart zu erläutern.[15] Ist der Formenschatz allerdings allgemein bekannt, kann das Gericht nicht ohne Weiteres von einem weiten

8

---

11 BGH, GRUR 1969, 90, 95 – Rüschenhaube.
12 Vgl. *Eichmann/v. Falckenstein*, 2. Aufl., § 14a Rn. 60 m.w.N.; a.A. *Nirk/Kurtze*, § 13 Rn. 1.
13 OLG Hamburg, Urt. v. 25. November 2004 – 5 U 149/03.
14 OLG Düsseldorf, Urt. v. 21. Oktober 2008 – 20 U 154/08 – Leuchte.
15 LG Düsseldorf, Urt. v. 19. Dezember 2005 – 14c O 192/05 – Flashlight; vergleichbar auch LG Frankfurt am Main, GRUR-RR 2009, 16 – Plastik-Untersetzer.

§ 39   Vermutung der Rechtsgültigkeit

Schutzbereich ausgehen, selbst wenn vom Beklagten nur in unzulänglicher Weise Einwendungen im Hinblick auf einen eingeschränkten Schutzbereich vorgebracht werden. Vielmehr hat der Kläger dann, wenn es sich um einen Gegenstand aus einem allgemein bekannten Formenschatz handelt, eine primäre Darlegungslast zu der Frage, woraus sich die Eigenart ergibt.

9   Die Vermutung der Rechtsgültigkeit gilt nicht nur im Klage- und isolierten Nichtigkeitsverfahren,[16] sondern auch im Verfügungsverfahren.[17]

10   Der Inhaber eines nicht eingetragenen Gemeinschaftsgeschmacksmusters muss für die Inanspruchnahme seines Rechts im Verletzungsverfahren nicht nur behaupten, dass, sondern konkret angeben inwiefern sein Geschmacksmuster eine von dem Gegner bestrittene Eigenart aufweist. Im Gegensatz zum eingetragenen Gemeinschaftsgeschmacksmusters (Art. 85 Abs. 1 GGV) wird insoweit die Rechtsgültigkeit nicht vermutet (Art. 85 Abs. 2 GGV). Hierzu ist es in der Regel erforderlich, dass der Inhaber auch Angaben zum vorbekannten Formenschatz macht. Denn nur vor diesem Hintergrund lässt sich die von dem Entwerfer in Anspruch genommene Eigenart und damit auch der geschmacksmusterrechtliche Schutzumfang bestimmen. Der Inhaber kann sich jedenfalls dann nicht darauf beschränken, zur Begründung der Rechtsgültigkeit seines Geschmacksmusters allein die von dem Gegner „exemplarisch" vorgetragenen Entgegenhaltungen bezugnehmend zu kommentieren, wenn nichts dafür ersichtlich ist, dass diese tatsächlich den relevanten Markt auch nur annähernd vollständig wiedergeben. Auch im Bereich des ergänzenden wettbewerblichen Leistungsschutzes (§ 4 Nr. 9 UWG) erfordert die Inanspruchnahme (bestrittener) wettbewerblicher Eigenart in der Regel die Darstellung zumindest derjenigen auf dem Markt bereits eingeführten Konkurrenzprodukte, die nach Auffassung des Verletzten im Ähnlichkeitsbereich liegen.[18]

V. Widerlegung

11   Sinn und Zweck des § 39 ist es, dem Rechtsinhaber im Verletzungsfall die Durchsetzung seiner Ansprüche zu erleichtern. Er braucht deshalb im Umfang der Vermutungen die anspruchsbegründenden Tatsachen

---

16   Vgl. *Bulling/Langöhrig/Hellwig*, Rn. 568.
17   Vgl. Gesetzesbegründung, BlPMZ 2004, 242.
18   OLG Hamburg, Urt. v. 23. April 2008 – 5 U 101/07.

V. Widerlegung § 39

nicht zu beweisen. Es steht dem in Anspruch genommenen vermeintlichen Verletzer allerdings frei, seinerseits darzutun und zu beweisen (§ 292 ZPO), dass die vermuteten Tatsachen nicht vorliegen. Insoweit trifft den Verletzer jedoch die volle Darlegungs- und Beweislast; er muss also den vollen Gegenbeweis führen (Hauptbeweis[19]).[20] Der Einwand der Nichtigkeit kann auf alle Nichtigkeitsgründe gestützt werden.[21] Dabei muss dieser Einwand nicht notwendigerweise vom Verletzer erhoben werden; vielmehr kann die Vermutung auch durch den Vortrag des Verletzten sowie offenkundige Tatsachen (§ 291 ZPO) widerlegt werden. Zudem kann das Gericht auch von der von der Schutzunfähigkeit der Erscheinungsform oder eines Erscheinungsmerkmals eines Geschmacksmusters ausgehen ohne dass sich der Verletzer darauf beruft.[22] Kollidiert das Streitgeschmacksmuster mit anderen Schutzrechten, kann der Verletzer die Durchsetzung der Rechte aus dem Geschmacksmuster durch eine entsprechende Einrede verhindern.[23]

Einwendungen gegen die vermutete Neuheit erfolgen durch Entgegenhaltungen anderer (neuheitsschädlicher) Formgebungen, bei denen die Gestaltungsmerkmale und/oder ihre Kombination identisch (vgl. § 2 Abs. 2) vorweggenommen worden sind.[24] Hierzu muss der potenzielle Verletzer die Formgebungen oder Gestaltungselemente dem Gericht körperlich, in Abbildung oder in einer fotografischen oder sonstigen graphischen Darstellung vorlegen.[25] Die Beschreibung durch Zeugen kommt angesichts der Schwierigkeit, das Aussehen mit den Mitteln der Sprache auszudrücken, regelmäßig nicht in Betracht.[26] Weiter muss der Verletzer darlegen und beweisen, dass den in der Gemeinschaft tätigen Fachkreisen des betreffenden Sektors die Formgebungen vor dem Anmeldetag des Musters bekannt waren bzw. bei zumutbarer Beachtung bekannt sein konnten.

12

---

19 BGH, GRUR 1967, 375 – Kronleuchter; BGH, GRUR 1966, 681, 683 – Laternenflasche.
20 Vgl. *Nirk/Kurtze*, § 13 Rn. 29.
21 Vgl. *Bulling/Langöhrig/Hellwig*, Rn. 567.
22 Vgl. *Eichmann/v. Falckenstein*, § 39 Rn. 4.
23 Vgl. *Bulling/Langöhrig/Hellwig*, Rn. 569.
24 BGH, GRUR 1979, 240, 241 – Küchenschütte; BGH, GRUR 1981, 273, 275 – Leuchtenglas.
25 Vgl. *Nirk/Kurtze*, § 13 Rn. 31.
26 BGH, GRUR 1965, 198, 200 – Küchenmaschine; BGH, GRUR 1966, 681, 683 – Laternenflasche; OLG Düsseldorf, GRUR 1985, 545, 547 – Schlüsselanhänger.

§ 39 Vermutung der Rechtsgültigkeit

13 Auch wenn es dem Beklagten durch den Vortrag zum vorbekannten Formenschatz nicht gelingt, die Neuheit und Eigenart des (Klage-)Geschmacksmusters zu widerlegen, so hat das Gericht den Vortrag des Beklagten wenigstens bei der Frage des Schutzumfangs des (Klage-)Geschmacksmusters zu berücksichtigen. So mag das (Klage-)Geschmacksmuster zwar die Schutzvoraussetzungen der Neuheit und Eigenart erfüllen, aufgrund des vorbekannten Formenschatzes aber einen so geringen Schutzumfang besitzen, dass die angegriffene Verletzungsform aus dem Schutzbereich hinausfällt. Unterlässt es der Beklagte oder Antragsgegner im Geschmacksmusterverletzungsprozess, ein dem Klagemuster nahekommendes vorbekanntes Modell vorzulegen, ist nicht nur von der Schutzfähigkeit des Musters, sondern auch von einem weiten Schutzumfang auszugehen.[27]

14 Ist der Einwand berechtigt, wird dies bei einem Verletzungsstreit nur dann im Urteilstenor erwähnt, wenn der Verletzer (Beklagte) Widerklage auf Feststellung der Nichtigkeit (§ 33 Abs. 2) erhoben hat. Anderenfalls wird die Klage „nur" als unbegründet abgewiesen.

---

27 OLG Frankfurt am Main, GRUR-Prax 2010, 393.

§ 40 Beschränkungen der Rechte aus dem Geschmacksmuster

Rechte aus einem Geschmacksmuster können nicht geltend gemacht werden gegenüber
1. Handlungen, die im privaten Bereich zu nichtgewerblichen Zwecken vorgenommen werden;
2. Handlungen zu Versuchszwecken;
3. Wiedergaben zum Zwecke der Zitierung oder der Lehre, vorausgesetzt, solche Wiedergaben sind mit den Gepflogenheiten des redlichen Geschäftsverkehrs vereinbar, beeinträchtigen die normale Verwertung des Geschmacksmusters nicht über Gebühr und geben die Quelle an;
4. Einrichtungen in Schiffen und Luftfahrzeugen, die im Ausland zugelassen sind und nur vorübergehend in das Inland gelangen;
5. der Einfuhr von Ersatzteilen und von Zubehör für die Reparatur sowie für die Durchführung von Reparaturen an Schiffen und Luftfahrzeugen im Sinne von Nummer 4.

Übersicht

	Rn.		Rn.
I. Allgemeines	1	IV. Zitierung und Lehre (§ 40 Nr. 3)	7
II. Handlungen im privaten Bereich (§ 40 Nr. 1)	2	V. Schiffe und Luftfahrzeuge (§ 40 Nr. 4)	9
III. Handlungen zu Versuchszwecken (§ 40 Nr. 2)	6	VI. Ersatzteile und Zubehör (§ 40 Nr. 5)	10

I. Allgemeines

Gemäß § 38 bietet das Geschmacksmuster grundsätzlich ein uneingeschränktes Verbietungsrecht. Dieses wird durch die Festlegung von Ausnahmen in § 40 eingeschränkt. Dogmatisch ist dies vor dem Hintergrund des Art. 13 GM-Richtlinie so umgesetzt worden, dass der Geschmacksmusterschutz zwar bestehen bleibt, aber im Rahmen der Aus- 1

§ 40 Beschränkungen der Rechte aus dem Geschmacksmuster

nahmebestimmungen des § 40 keine Wirkung entfaltet.[1] § 40 ist dabei Ausfluss der Wechselwirkung zwischen dem durch Art. 14 GG geschützten Recht des Geschmacksmusterinhabers und den durch die Schrankenbestimmung der in § 40 geschützten Interessen. Bei einer Auslegung des § 40 sind beide Rechtspositionen zu beachten.[2]

II. Handlungen im privaten Bereich (§ 40 Nr. 1)

2 Gemäß Nr. 1 sind Handlungen, die im privaten Bereich zu nicht gewerbliche Zwecken vorgenommen werden, von den Schutzwirkungen des Geschmacksmusters ausgenommen. Dieser Ausschlusstatbestand erfordert damit das kumulative Vorliegen von zwei Voraussetzungen (privater Bereich und nicht gewerblicher Zweck). Handlungen, die außerhalb des privaten Bereichs begangen werden, sind aufgrund von § 40 Nr. 1 somit selbst dann nicht erlaubt, wenn ihnen kein gewerblicher Zweck zugrunde liegt. Umgekehrt fallen auch solche Handlungen nicht unter die Ausnahmebestimmung des § 40 Nr. 1, die zu gewerblichen Zwecken im privaten Bereich vorgenommen werden.

3 Ob eine Handlung im privaten Bereich vorgenommen wird, richtet sich nach den objektiven Gegebenheiten. Privater Bereich ist dabei die reine Privatsphäre (z. B. Familie, Haushalt, Sport, Spiel, Unterhaltung).[3] Handlungen außerhalb des privaten Bereichs sind insbesondere solche, die von Gewerbetreibenden oder Angehörigen freier Berufe (Arzt, Apotheker, Anwalt, Architekt usw.) in Ausübung ihrer Tätigkeit oder von natürlichen Personen in Betrieben der sogenannten Urproduktion (Land- und Forstwirtschaft, Jagd, Fischerei usw.) vorgenommen werden. Darüber hinaus können juristische Personen stets nur außerhalb des privaten Bereichs handeln, da sie selbst keinen privaten Bereich haben.[4] Der private Bereich ist auch dann verlassen, wenn ein Privatmann eine von ihm vermietete Wohnung mit geschmacksmustergeschützten Gegenständen ausstattet.[5]

4 Ein Handeln im geschäftlichen Verkehr liegt bei Fallgestaltungen nahe, bei denen der Anbieter wiederholt mit gleichartigen, insbesondere auch

---
1 Vgl. Gesetzesbegründung, BlPMZ 2004, 243.
2 Vgl. allgemein BVerfG, GRUR 2001, 149, 150 – Germania 3; BGH, GRUR, 2003, 1035, 1037 – Hundertwasserhaus.
3 Vgl. zum Patentrecht: Benkard/*Scharen*, § 11 Rn. 3.
4 Vgl. zum Patentrecht: Benkard/*Scharen*, § 11 Rn. 4.
5 RG, BlPMZ 1912, 219.

II. Handlungen im privaten Bereich (§ 40 Nr. 1) § 40

neuen Gegenständen handelt. Ob ein Anbieter von Waren auf einer Internet-Plattform im geschäftlichen Verkehr oder im privaten Bereich handelt, ist aufgrund einer Gesamtschau der relevanten Umstände zu beurteilen. Dazu können wiederholte, gleichartige Angebote, gegebenenfalls auch von neuen Gegenständen, Angebote erst kurz zuvor erworbener Waren, eine ansonsten gewerbliche Tätigkeit des Anbieters, häufige sogenannte Feedbacks und Verkaufsaktivitäten für Dritte zählen.[6] Eine Verkaufstätigkeit über die elektronische Handelsplattform eBay ist regelmäßig als gewerblich einzustufen, wenn der Anbieter als „Powerseller" registriert ist.[7] Gewerblich tätig ist auch derjenige, der in den „Gelben Seiten" als gewerblicher Händler eingetragen ist und Waren verkauft, die nicht für den privaten Gebrauch gedacht sind.[8]

Während das Vorliegen der Voraussetzung „im privaten Bereich" sich 5
nach objektiven Gegebenheiten richtete, besitzt die Voraussetzung „zu nicht gewerblichen Zwecken" ein subjektives Moment. Die Handlung darf nicht zu Erwerbszwecken, in Ausübung eines Berufes (einschließlich der freien Berufe und der Urproduktion) oder bei Gelegenheit der Berufsausübung erfolgen.[9] Die Frage nach dem Vorliegen eines Erwerbszweckes ist unabhängig davon zu beantworten, ob eine besondere Beziehung der Handlung zum Gewerbebetrieb oder Beruf dahingehend besteht, dass die Handlung gerade der Förderung des betreffenden Berufes dient[10] oder ob der betreffenden Handlung Gewinnstreben zugrunde liegt.[11] Bereits eine einmalige Handlung kann zu gewerblichen Zwecken erfolgen, so dass ein wiederholtes Handeln dafür nicht erforderlich ist. Ein Privatmann, der den zunächst zur privaten Nutzung und im privaten Bereich benutzten Gegenstand verkauft, handelt bei der entgeltlichen Veräußerung zu gewerblichen Zwecken.[12]

---

6 BGH, WRP 2009, 967 – Ohrclips.
7 OLG Frankfurt am Main, GRUR 2004, 1042; OLG Frankfurt GRUR-RR 2005, 319, 320; OLG Frankfurt, Beschluss vom 21.3.2007 – 6 W 27/07.
8 OLG Hamm, Urt. v. 18.3.2010 – 4 U 117/09.
9 Vgl. zum Patentrecht: BGH, GRUR 1968, 142, 146 – Glatzenoperation.
10 Vgl. zum Patentrecht: RGZ 39, 32, 33.
11 BGH, GRUR 1968, 142, 146 – Glatzenoperation.
12 Vgl. zum Patentrecht: Benkard/*Scharen*, § 11 Rn. 5; a.A. *Kraßer*, § 33 IV a; einschränkend auch Busse/*Kukenschrijver*, § 11 Rn. 6.

§ 40   Beschränkungen der Rechte aus dem Geschmacksmuster

III. Handlungen zu Versuchszwecken (§ 40 Nr. 2)

6 Gemäß Nr. 2 sind Handlungen zu Versuchszwecken von den Schutzwirkungen des Geschmacksmusters ausgenommen. Die praktische Bedeutung dieser Ausnahme dürfte eher gering sein.[13] Ein Versuch ist dabei jedes planmäßige Vorgehen zur Gewinnung von Erkenntnissen, und zwar unabhängig davon, welchem Zweck die erstrebten Erkenntnisse zu dienen bestimmt sind.[14] Hierunter fallen nicht solche Handlungen, die nicht dem technischen Fortschritt dienen, sondern ausschließlich Mittel zur Durchsetzung wettbewerblicher Zwecke darstellen.[15]

IV. Zitierung und Lehre (§ 40 Nr. 3)

7 Wiedergaben zum Zwecke der Zitierung oder der Lehre sind ebenfalls von den Schutzwirkungen des Geschmacksmusters gemäß Nr. 3 ausgenommen, vorausgesetzt, solche Wiedergaben sind mit den Gepflogenheiten des redlichen Geschäftsverkehrs vereinbar und beeinträchtigen die normale Verwertung des Geschmacksmusters nicht über Gebühr und geben die Quelle an. Lehre und Zitierung erfordern eine erläuternde Befassung mit dem Geschmacksmuster. Darstellungen und Abbildungen, die lediglich zum Schmuck oder Verzierung (ornamental) wirken sollen, fallen nicht unter Nr. 3. Nr. 3 stellt dabei auch lediglich die Wiedergabe als Reproduktion eines geschützten Erzeugnisses frei und nicht die Herstellung selbst oder das Inverkehrbringen. Eingeschränkt wird die Schrankenbestimmung des § 40 Nr. 3 dadurch, dass die Wiedergabe mit den Gepflogenheiten des redlichen Geschäftsverkehrs vereinbar sein muss und dadurch die normale Verwertung des Geschmacksmusters nicht über Gebühr beeinträchtigen darf. Im Rahmen der dabei durchzuführenden Interessenabwägung ist wesentlich darauf abzustellen, dass durch die Wiedergabe die normale Verwertung des Geschmacksmusters nicht beeinträchtigt werden soll.[16] Demzufolge sind Wiedergabe in Ausstellungskatalogen und Versteigerungskatalogen meist als Veranschaulichung i.S.d. § 40 Nr. 3 zu werten.[17] Dabei ist die umfassende Wiedergabe von Mustern eines Entwerfers oder Ge-

---

13 Vgl. *Eichmann/v. Falckenstein*, § 40 Rn. 4.
14 BGHZ 130, 259, 265 – Klinische Versuche I.
15 BGHZ 135, 217, 231 – Klinische Versuche II.
16 Vgl. *Eichmann/v. Falckenstein*, § 40 Rn. 5.
17 BGH, GRUR 1994, 801, 802 – Museumskatalog; BGH, GRUR 1993, 822, 823 – Katalogbild.

schmacksmusterinhabers in der Regel nicht gestattet, wohingegen die Wiedergabe von Mustern mehrerer unterschiedlicher Entwerfer bzw. Geschmacksmusterinhaber noch unter § 40 Nr. 3 im Einzelfall subsumiert werden kann.[18] Die Abbildung eines Geschmacksmusters ist dann nicht „zum Zwecke des Zitats" nach § 40 Nr. 3 zulässig, wenn sie ausschließlich Werbezwecken dient. Die Abbildung eines Geschmacksmusters zum Zwecke der Zitierung setzt voraus, dass eine Verbindung zwischen dem abgebildeten Geschmacksmuster und der damit in Zusammenhang gebrachten Tätigkeit besteht.[19] So ist beispielsweise die Abbildung eines Fahrzeuges in einem Messekatalog, in dem für Leistungen eines Unternehmens geworben wird, gemäß § 40 Nr. 3 nicht erlaubt, wenn eine Verbindung zwischen dem abgebildeten Geschmacksmuster und der im Katalog dargestellten Tätigkeit nicht besteht und das Geschmacksmuster damit nicht als Belegstelle für eigene Ausführungen des Zitierenden dienen kann.[20]

Wer sich auf die Ausnahmevorschriften des § 40 Nr. 3 beruft, muss die Quelle, also die für die Erscheinungsform maßgebliche Herkunft, angeben. Als Quelle ist im Hinblick auf den Sinn und Zweck der Quellenangabe (Information über die gestalterische und betriebliche Herkunft des Gegenstandes) der Hersteller oder – wenn dieser nicht bekannt ist – der Verbreiter anzugeben. Darüber hinaus muss, um auch dem in § 10 normierten Entwerfer Persönlichkeitsrecht gerecht zu werden, der Name des Entwerfers bei der Quellenangabe mit angegeben werden, wenn er bekannt oder ohne Weiteres ermittelbar ist.[21] Bei der Form der Quellenangabe verbietet sich eine schematische Vorgabe. Anzugeben wird zumindest stets der Name bzw. die Firma des Herstellers oder Verbreiters sowie gegebenenfalls der Name des Entwerfers sein. Bei offensichtlicher Verwechslungsgefahr des Herstellers mit anderen natürlichen oder juristischen Personen ist durch geeignete Namens- und oder Adresszusätze die Quellenangabe zu konkretisieren. Adressangaben sind dabei jedoch grundsätzlich nicht notwendig, sofern der Einzelfall keine andere Bewertung nahelegt.[22]

8

---

18 Vgl. *Eichmann/v. Falckenstein*, § 40 Rn. 5.
19 Vgl. allg. *Eichmann/v. Falckenstein*, § 40 Rn. 5, wo allerdings die BGH-Entscheidung I ZR 56/09 noch keine Berücksichtigung finden konnte.
20 BGH, Urt. v. 7.4.2011 – I ZR 56/09, derzeit nur als zusammenfassende Presseerklärung Nummer 57/2011 vom 8.4.2011 vorliegend.
21 Vgl. *Eichmann/v. Falckenstein*, § 40 Rn. 5.
22 Eine Angabepflicht für Ort und Anschrift grundsätzlich ablehnend: *Eichmann/v. Falckenstein*, § 40 Rn. 5.

§ 40   Beschränkungen der Rechte aus dem Geschmacksmuster

V. Schiffe und Luftfahrzeuge (§ 40 Nr. 4)

9   Einrichtungen in Schiffen und Luftfahrzeugen, die im Ausland zugelassen sind und nur vorübergehend in das Inland gelangen, sind gemäß Nr. 4 vom Schutzbereich des Geschmacksmusters ausgenommen. Hierdurch soll der internationale Güter- und Personenverkehr vor unverhältnismäßigen Beeinträchtigungen bewahrt werden.[23] Hervorzuheben ist dabei, dass Landfahrzeuge von dieser Ausnahmevorschrift nicht erfasst sind. Ähnliche, wenn auch nicht deckungsgleiche Regelungen finden sich in § 11 Nr. 4, 5, 6 PatG, wodurch jedoch auch Landfahrzeuge (§ 11 Nr. 5 PatG) erfasst sind.

VI. Ersatzteile und Zubehör (§ 40 Nr. 5)

10   Gemäß Nr. 5 sind des Weiteren die Einfuhr von Ersatzteilen und von Zubehör für die Reparatur sowie für die Durchführung von Reparaturen an Schiffen und Luftfahrzeugen i.S.v. § 40 Nr. 4 von den Schutzwirkungen eines Geschmacksmusters ausgenommen. § 40 Nr. 5 ergänzt die Vorschrift des § 40 Nr. 4 im Hinblick auf Reparaturen von Schiffen und Luftfahrzeugen, die im Ausland zugelassen sind und nur vorübergehend in das Inland gelangen. Allerdings umfasst § 40 Nr. 5 nur die Einfuhr und nicht die Herstellung und das Inverkehrbringen im Inland. Dabei muss der Reparaturzweck schon bei der Einfuhr ins Inland bestehen, da ansonsten die Einfuhrhandlung bereits das Geschmacksmuster verletzt. Eine spätere „Umwidmung" des durch ein Geschmacksmuster geschützten Gegenstandes kann die bereits erfolgte Geschmacksmusterverletzung durch die Einfuhr (§ 38 Abs. 1 Satz 2) nicht rückwirkend wieder ausschließen.

---

23   Vgl. Gesetzesbegründung, BlPMZ 2004, 243.

§ 41 Vorbenutzungsrecht

(1) Rechte nach § 38 können gegenüber einem Dritten, der vor dem Anmeldetag im Inland ein identisches Muster, das unabhängig von einem eingetragenen Geschmacksmuster entwickelt wurde, gutgläubig in Benutzung genommen oder wirkliche und ernsthafte Anstalten dazu getroffen hat, nicht geltend gemacht werden. Der Dritte ist berechtigt, das Muster zu verwerten. Die Vergabe von Lizenzen (§ 31) ist ausgeschlossen.

(2) Die Rechte des Dritten sind nicht übertragbar, es sei denn, der Dritte betreibt ein Unternehmen und die Übertragung erfolgt zusammen mit dem Unternehmensteil, in dessen Rahmen die Benutzung erfolgte oder die Anstalten getroffen wurden.

Übersicht

	Rn.		Rn.
I. Allgemeines	1	VII. Ende der Benutzungshandlung	13
II. Benutzung	3	VIII. Beweisfragen	14
III. Unabhängige Entwicklung	7	IX. Weiterbenutzung nach Wiedereinsetzung	15
IV. Gutgläubigkeit	8		
V. Zeitliche Voraussetzungen	9		
VI. Umfang des Vorbenutzungsrechts	10		

I. Allgemeines

Die absolute Sperrwirkung des § 38 kann zu Härten gegenüber Dritten führen, die parallel zum Geschmacksmusterinhaber ein in den Schutzbereich dessen Geschmacksmusters fallendes eigenes Muster entwickelt haben, ohne dass ihnen dieses Geschmacksmuster bekannt war oder bekannt sein musste. Eine ähnliche Interessenlage besteht bei sogenannten Doppelerfindungen im Patentrecht, wo die Frage der Vorbenutzung in § 12 PatG geregelt ist. In der Geschmacksmusterrichtlinie selbst ist keine Vorschrift über ein Vorbenutzungsrecht enthalten.[1] Da die Möglichkeit der Inanspruchnahme eines Vorbenutzungsrechts allerdings bei Gemeinschaftsgeschmacksmustern (Art. 22 GGV) besteht, ist

1

---
1 *Eichmann*, Mitt. 1998, 252, 261; *Kur*, GRUR 2002, 661, 667.

die Normierung eines Vorbenutzungsrechts im nationalen Recht mit der Geschmacksmusterrichtlinie in Einklang zu bringen.[2]

2 Das Vorbenutzungsrecht gemäß § 41 Abs. 1 bestimmt, dass Rechte nach § 38 gegen den durch die Vorbenutzung Berechtigten dann nicht geltend gemacht werden können, wenn der Vorbenutzungsberechtigte das von ihm genutzte Muster, das unabhängig von dem eingetragenen Geschmacksmuster entwickelt wurde, gutgläubig in Benutzung genommen oder wirkliche oder ernsthafte Anstalten dazu getroffen hat. Neben diesem Ausschluss des Verbotsrechtes in § 41 Abs. 1 Satz 1 bestimmt § 41 Abs. 1 Satz 2 ein positives Verwertungsrecht des Vorbenutzungsberechtigten, allerdings streng unternehmensbezogen und ohne die Möglichkeit der Lizenzvergabe (§ 41 Abs. 1 Satz 3).

II. Benutzung

3 Das Muster muss entweder in Benutzung genommen sein oder es müssen wirkliche und ernsthafte Anstalten hierzu getroffen worden sein. Eine Handlung stellt dann eine Benutzung des Musters dar, wenn sie als Benutzung i.S.d. § 38 Abs. 1 Satz 2 als (dort dann rechtsverletzende) Handlungen normiert ist. Die Rückbeziehung der Benutzungshandlung i.S.d. § 41 auf solche des § 38 Abs. 1 Satz 2 ergibt sich zwingend daraus, dass eben § 41 auch die Reichweite des § 38 einschränkt und insoweit mit diesem in Einklang stehen muss. Aus demselben Grund ergibt sich, dass Gegenstand des Vorbenutzungsrechtes nicht nur identische Muster, sondern alle Muster, die vom Schutzumfang des Geschmacksmusters erfasst werden, sind. Maßgeblich bei der Bestimmung des Vorbenutzungsrechtes ist also nicht die Identität i.S.d. § 2 Abs. 2 Satz 2, sondern der Schutzumfang eines Geschmacksmusters i.S.d. § 38 Abs. 2. Dadurch entsteht ein in sich widerspruchsfreies System; denn entweder begründet eine Handlung ein Vorbenutzungsrecht im Hinblick auf ein Geschmacksmuster oder eine solche Handlung fällt bereits nicht unter den Schutzbereich des Geschmacksmusters, so dass derjenige, der eine solche Handlung vornimmt, in jedem Fall das Geschmacksmuster (bei Vorliegen der sonstigen Voraussetzungen des Vorbenutzungsrechts) nicht verletzt.

4 Die Benutzungshandlung muss im Inland, d.h. innerhalb der Bundesrepublik Deutschland, stattgefunden haben. Benutzungshandlungen in

---

2 Vgl. *Eichmann/v. Falckenstein*, § 41 Rn. 1.

einem anderen Mitgliedstaat der EG[3] sind ebenso wenig ausreichend wie der bloße Import.[4] Ansonsten sind die einzelnen Benutzungsarten, wie sie in § 38 Abs. 1 Satz 2 definiert sind, gleichgestellt.[5] Allerdings können die einzelnen Benutzungshandlungen Auswirkungen auf den Umfang des Vorbenutzungsrechtes haben.[6] Keine Benutzung i.S.d. § 41 ist die einmalige Anfertigung eines unverkäuflichen Modells.[7] Allerdings ist die einmalige Anfertigung eines verkaufsreifen Modells sehr wohl als Benutzungshandlung i.S.d. § 41 einzuordnen.[8] Keine Benutzungshandlung i.S.d. § 41 sind weiter die Anfertigung von Zeichnungen, die als Grundlage für Kaufverhandlungen dienen sollen[9] sowie der Entwurf einer Schutzrechtsanmeldung oder die Anmeldung eines Schutzrechtes.[10] Schließlich sind auch die Verhandlungen über den Abschluss eines Lizenzvertrages im Hinblick auf das Muster keine Benutzungshandlung i.S.d. § 41.[11]

Ausreichend i.S.d. § 41 ist neben der Benutzung des Musters, dass wirkliche und ernsthafte Anstalten dazu getroffen wurden. Der Begriff der „Anstalten" entspricht dabei weitgehend dem Begriff der „Veranstaltung" in § 12 PatG. Aber nicht alle Anstalten, die dem Zweck dienen, ein Muster künftig einmal in Benutzung zu nehmen, erfüllen bereits die Voraussetzungen des § 41. Nur solche Anstalten, die den Entschluss, das Muster zu benutzen, bereits durch Vorbereitung der Benutzung in die Tat umsetzen, sind ausreichend.[12] Neben dem festen und endgültigen Entschluss ist dabei weiter erforderlich, dass solche Vorkehrungen technischer oder kaufmännischer Art getroffen sind, um die alsbaldige Umsetzung des Entschlusses zur Benutzung in die Tat vorzubereiten.[13] Auch insoweit ist es notwendig, dass die Anstalten im Inland

5

---

3 LG Düsseldorf, Mitt. 2001, 561, 565; vgl. zum Patentrecht: BGH, GRUR 1969, 35, 36 – Europareise; *Osterbog*, GRUR Int. 1983, 97, 107.
4 BGH, GRUR 2003, 507, 509 – Enalapril.
5 BGH, GRUR 2003, 507, 509 – Enalapril.
6 Vgl. *Eichmann/v. Falckenstein*, § 41 Rn. 4.
7 Vgl. zum Patentrecht: RGZ 158, 291, 293; BGH, Beschluss vom 22.1.1963 – I a ZR 56/63; Benkard/*Rogge*, § 12 Rn. 12.
8 Vgl. zum Patentrecht: Benkard/*Rogge*, § 12 Rn. 12.
9 Vgl. zum Patentrecht: RG, BlPMZ 1919, 42.
10 Vgl. zum Patentrecht: RGZ 133, 377, 381; RGZ 169, 289, 209; BGHZ 47, 132, 139 – UFH-Empfänger II.
11 Vgl. zum Patentrecht: RG, JW 1899, 397 Nr. 11.
12 Vgl. zum Patentrecht: BGHZ 39, 389, 397 – Taxilan.
13 Vgl. zum Patentrecht: LG Düsseldorf, InstGE 10, 17, 19 (Rn. 72).

getroffen werden.¹⁴ Die Anstalten müssen den ernstlichen Willen erkennen lassen, dass das Muster alsbald benutzt werden soll.¹⁵ Zwar ist gleichgültig, ob Dritte von dem Benutzungswillen Kenntnis erlangt haben,¹⁶ aber der Benutzungswille muss erkennbar bestätigt sein. Der Benutzungswille muss eine endgültige feste Entschließung zur Aufnahme der Benutzung sein und darf nicht noch so vage oder mit Zweifeln behaftet sein, dass sich die die Nutzung beabsichtigende Person jederzeit eines anderen besinnen kann.¹⁷ Auch darf der Entschluss zur Benutzung nicht bedingt sein, sondern muss bedingungsfrei vorliegen.¹⁸ Im Ergebnis ist die Frage, ob „Anstalten" i.S.d. § 41 vorliegen, stets unter Berücksichtigung aller Umstände des Einzelfalls zu entscheiden und entzieht sich schematischer Betrachtung.¹⁹

6 Benutzungshandlungen bzw. Anstalten, die Mitarbeiter oder Organe eines Unternehmens vorgenommen haben, gelten dabei als Benutzungshandlungen bzw. Anstalten des Unternehmens, so dass das Vorbenutzungsrecht beim Unternehmen selbst und nicht dem jeweiligen Mitarbeiter oder Organ entsteht.²⁰ Für die Begründung eines Vorbenutzungsrechts nicht ausreichend sind aber solche Handlungen, die von natürlichen Personen lediglich zu nicht gewerblichen, sondern vielmehr privaten Zwecken vorgenommen werden. Solche nur zu privaten Zwecken vorgenommenen Handlungen erschaffen nicht den der Ratio des § 41 entsprechenden schutzwürdigen Besitzstand. Ein Vorbenutzungsrecht kann darüber hinaus nicht nur derjenige für sich in Anspruch nehmen, der die das Recht begründenden Handlungen im Auftrag oder im Interesse eines anderen ausführt.²¹

III. Unabhängige Entwicklung

7 Grundlage der Benutzungshandlung oder der wirklichen und ernsthaften Anstalten zur Benutzung muss stets eine unabhängige Entwicklung

---

14 Vgl. zum Patentrecht: BGH, GRUR 1969, 35, 36 – Europareise.
15 Vgl. zum Patentrecht: BGHZ 39, 389, 398 – Taxilan; BGH, GRUR 1960, 546, 549 – Bierhahn; BGH, GRUR 1964, 673, 674 – Kasten für Fußabtrittroste; BGH, GRUR 1969, 35, 36.
16 Vgl. zum Patentrecht: Benkard/*Rogge*, § 12 Rn. 13.
17 Vgl. zum Patentrecht: RGZ 78, 436, 440.
18 Vgl. zum Patentrecht: BGHZ 39, 389, 398.
19 Vgl. zum Patentrecht: BGHZ 39, 389, 395; Benkard/*Rogge*, § 12 Rn. 14.
20 Vgl. zum Patentrecht: BGH, GRUR 1993, 460, 463 – Wandabstreifer
21 Vgl. zum Patentrecht: OLG München, InstGE 9, 192, 196 (Rn. 89).

des Musters sein. Eine widerrechtliche Entnahme (§ 9) begründet kein Vorbenutzungsrecht, sondern führt stets zu einer abhängigen Entwicklung.[22]

IV. Gutgläubigkeit

Im Gegensatz zu § 12 Abs. 1 Satz 1 PatG stellt § 41 ausdrücklich auf die Gutgläubigkeit des Vorbenutzungsberechtigten ab. Dabei ergänzt das Erfordernis der Gutgläubigkeit das Erfordernis der unabhängigen Entwicklung.[23] Dabei wird die Gutgläubigkeit grundsätzlich vermutet. Eine widerrechtliche Entnahme widerlegt jedoch stets diese Vermutung. Bei mittelbarer widerrechtlicher Entnahme kann Gutgläubigkeit gleichwohl bestehen.[24] Am einfachsten ist die Gutgläubigkeit zu bejahen bei einer selbstständigen Musterentwicklung durch den Vorbenutzungsberechtigten. Wer ein Muster selbst entwickelt hat, ist nicht auf Informationen Dritter angewiesen und damit nicht von deren (eventuell widerrechtlicher) Herkunft abhängig.

8

V. Zeitliche Voraussetzungen

Maßgeblicher Streitpunkt für die Benutzungshandlungen bzw. die wirklichen und ernsthaften Anstalten hierzu ist nach § 41 der Anmeldetag. Aus Gründen der Rechtssicherheit gilt hier, wie bei der Frage der Neuheit, der Anmeldetag als Einheit, so dass entsprechende Handlungen bereits am Tage vor der Anmeldung des Geschmacksmusters vorgenommen werden müssen, um ein Vorbenutzungsrecht wirksam zu begründen. Am Tag der Anmeldung selbst vorgenommene Handlungen scheiden zur Begründung eines Vorbenutzungsrechtes aus.

9

VI. Umfang des Vorbenutzungsrechts

Der Vorbenutzungsberechtigte hat nach § 41 Abs. 1 Satz 2 das Recht, sein Muster zu verwerten. Verwertung bedeutet die Fortsetzung der Benutzung bzw. die Umwandlung der durch Anstalten getroffenen Vorbe-

10

---

22 Vgl. zum Patentrecht: BGH, GRUR 1964, 673, 675 – Kasten für Fußabtrittroste; *Eichmann*, GRUR 1993, 73, 81.
23 Vgl. *Günther/Beyerlein*, § 41 Rn. 6.
24 *Eichmann*, GRUR 1993, 73, 82.

reitungshandlungen in die beabsichtigte Benutzung.[25] Der quantitative Umfang der Benutzung unterliegt durch § 41 keinen Einschränkungen. Der Vorbenutzungsberechtigte darf die Produktionszahlen senken und auch erhöhen. Selbst ein Übergang von Einzelfertigungen zur Serienherstellung ist vom Vorbenutzungsrecht gedeckt. Welche Benutzungshandlungen tatsächlich durch das Vorbenutzungsrecht freigestellt sind, ergibt sich aus der jeweiligen, dem Vorbenutzungsrecht zugrunde liegenden Handlung. Wer herstellt darf dabei auch anbieten, in Verkehr bringen und ausführen, da diese Handlungen zwingend dem Herstellen im Wirtschaftskreislauf nachfolgen. Wer dagegen sein Benutzungsrecht dadurch erworben hat, dass er lediglich Erzeugnisse in den Verkehr gebracht hat (z.B. Groß- und Einzelhandel), darf unter das Geschmacksmuster fallende Erzeugnisse nicht auch noch herstellen. Eine damit verbundene Ausweitung der Tätigkeit übersteigt die Grenzen des Vorbenutzungsrechts. Es gilt die Regel, dass eine (spätere) Erweiterung des durch das Vorbenutzungsrecht geschützten Besitzstandes, die zwingend eine zusätzliche Einschränkung des Geschmacksmusters zur Folge hätte, nicht gestattet ist.[26] Erlaubt sind jedoch solche Änderungen im Hinblick auf das Muster, die sich auf das Verhältnis zum Gegenstand des Geschmacksmusters nicht auswirken: Vergrößerungen, Verkleinerungen, Farbänderungen und ggf. Materialänderungen sind innerhalb des Vorbenutzungsrechts möglich.

11 Gemäß § 41 Abs. 1 Satz 3 ist dem Vorbenutzungsberechtigten die Erteilung von Lizenzen untersagt. Das Vorbenutzungsrecht ist gemäß § 41 Abs. 2 betriebsbezogen und nur mit dem Betrieb übertragbar. Eine Lizenzerteilung wird jedoch zu einer Aufspaltung des Vorbenutzungsrechts führen, wodurch zum einen die Betriebsbezogenheit unterlaufen würde und zum anderen bei Einräumung einfacher Lizenzen eine Vervielfältigung der Vorbenutzungsrechte die Folge wäre. Eine entgegen § 41 Abs. 2 erteilte Lizenz ist gegenüber dem Geschmacksmusterinhaber nach § 135 Abs. 1 Satz 2 BGB unwirksam.

12 Gemäß § 41 Abs. 2 ist das Vorbenutzungsrecht betriebsbezogen. Es kann daher nur zusammen mit dem Unternehmen oder dem Unternehmensteil, in dessen Rahmen die Benutzung unter die wirklichen und ernsthaften Anstalten dazu getroffen wurden, übertragen werden. Die Übertragung kann dabei sowohl durch Rechtsgeschäft (Unternehmenskauf im Wege des Asset Deals) als auch im Wege der Verschmelzung

---

25 Vgl. *Eichmann/v. Falckenstein*, § 41 Rn. 8.
26 Vgl. zum Patentrecht: BGH, GRUR 2002, 231, 233 – Biegevorrichtung.

(§ 2 UmwG) geschehen. Soweit eine Übertragung des Unternehmens in Form einer Unternehmenspacht oder eines Unternehmensnießbrauchs vorliegt, kann sich der Pächter oder Nießbrauchberechtigte auf das Vorbenutzungsrecht berufen. Im Gegenzug kann der Verpächter oder derjenige, der den Nießbrauch einräumt, sich nicht mehr auf das Vorbenutzungsrecht selbst berufen, da dies wiederum zu einer Vervielfältigung des Vorbenutzungsrechtes führen würde.[27] Auch im Falle der Insolvenz des Unternehmens ist das Vorbenutzungsrecht nicht vom Unternehmen gelöst zu übertragen. Das in die Insolvenzmasse fallende Vorbenutzungsrecht kann nur mit dem Unternehmen übertragen werden. Kommt es zu einer Beendigung des Unternehmens im Rahmen des Insolvenzverfahrens, so erlischt das Vorbenutzungsrecht.

VII. Ende der Benutzungshandlung

Das Vorbenutzungsrecht erlischt nicht ohne Weiteres, wenn der Vorbenutzungsberechtigte nach der Anmeldung des Geschmacksmusters sein Vorbenutzungsrecht nicht mehr ausübt oder bereits erfolgte Benutzungshandlungen einstellt.[28] Es erlischt jedoch bei einer endgültigen Einstellung des Betriebes des zur Vorbenutzung berechtigten Unternehmens.[29] Das Vorbenutzungsrecht erlischt auch, wenn der Vorbenutzungsberechtigte darauf verzichtet, wobei der Verzichtswille erkennbar vortreten muss.[30] Insoweit ist es nicht ausreichend, wenn bei der Herstellung eines Erzeugnisses, das noch unter das Geschmacksmuster und damit das Vorbenutzungsrecht fällt, auf ein anderes, ungeschütztes Erzeugnis umgestellt wird.[31] Darüber hinaus ist eine Verwirkung des Vorbenutzungsrechts für die Fälle denkbar, dass die Benutzungshandlung nach der Anmeldung zunächst jahrelang eingestellt wurden und erst dann wieder aufgenommen wurde, wenn der Geschmacksmusterinhaber mit dem Vertrieb von geschmacksmustergeschützten Gegenständen einen großen wirtschaftlichen Erfolg hat.[32]

13

---

27 *Eichmann/v. Falckenstein*, § 41 Rn. 9.
28 Vgl. zum Patentrecht: BGH, GRUR 1965, 411, 413 – Lacktränkeinrichtung.
29 Vgl. zum Patentrecht: BGH, GRUR 1965, 411, 413 – Lacktränkeinrichtung.
30 Vgl. zum Patentrecht: BGH, GRUR 1965, 411, 413 – Lacktränkeinrichtung.
31 A.A. zum Patentrecht: LG Frankfurt, GRUR 1967, 136, 138.
32 Vgl. zum Patentrecht: BGH, GRUR 1965, 411, 413 – Lacktränkeinrichtung; Benkard/*Rogge*, § 12 Rn. 26.

VIII. Beweisfragen

14 Für die sachlichen Voraussetzungen des Vorbenutzungsrechts gelten die allgemeinen Regelungen der Darlegungs- und Beweislast. Derjenige, der sich auf ein Vorbenutzungsrecht beruft, hat das Vorbenutzungsrecht als rechtshindernde Einwendung darzulegen und gegebenenfalls zu beweisen. Die erhobenen Beweise zum Nachweis der ein Vorbenutzungsrecht begründenden Tatsachen sind dabei sehr kritisch zu würdigen, um einem Missbrauch vorzubeugen.[33] Auch im Geschmacksmusterrecht dürfte der im Patentrecht entwickelte Erfahrungssatz, dass[34] nach der Offenbarung brauchbarer Erfindungen bzw. Muster nicht selten von anderen Personen behauptet wird, schon Ähnliches gemacht zu haben, Geltung beanspruchen. Der Geschmacksmusterinhaber trägt die Darlegungs- und Beweislast für die ein Vorbenutzungsrecht ausschließenden Umstände, insbesondere für die Rechtswidrigkeit der Vorbenutzung.[35] Prozessual ist zu beachten, dass der Klage auf Feststellung eines Vorbenutzungsrechts die Rechtskraft eines Urteils wegen Geschmacksmusterverletzung entgegensteht, wenn der Vorbenutzungseinwand dort bereits als Verteidigungsmittel hätte erhoben werden können.[36]

IX. Weiterbenutzung nach Wiedereinsetzung

15 § 23 Abs. 1 Satz 4 verweist insbesondere auf § 123 Abs. 5 PatG. Sinngemäß bedeutet dies für das Geschmacksmusterrecht: „Wer im Inland in gutem Glauben den Gegenstand eines Geschmacksmusters, das infolge der Wiedereinsetzung wieder in Kraft tritt, in der Zeit zwischen dem Erlöschen und dem Wiederinkrafttreten des Geschmacksmusters in Benutzung genommen oder in dieser Zeit die dazu erforderlichen Anstalten getroffen hat, ist befugt, den Gegenstand des Geschmacksmusters für die Bedürfnisse seines eigenen Betriebs (Unternehmens) in eigenen oder fremden Werkstätten weiter zu benutzen." Diese Regelung entspricht den Gründen der Billigkeit.[37] Gemäß § 123 Abs. 5 Satz 2 PatG ist dieses auch als Weiterbenutzungsrecht zu bezeichnende Vorbenutzungsrecht nur zusammen mit dem Unternehmen, von dem es erworben wurde, übertragbar.

---

33 *Beyerlein*, WRP 2004, 678; vgl. zum Patentrecht: Benkard/*Rogge*, § 12 Rn. 27.
34 BGH, GRUR 1963, 311, 312 – Stapelpresse.
35 Vgl. zum Patentrecht: BGH, GRUR 2003, 507 – Enalapril.
36 Vgl. zum Patentrecht: LG München (Urt. vom 18.3.2010 – 7 O 2475/09, zitiert nach Juris).
37 Vgl. zum Patentrecht: BGH, GRUR 1952, 564, 566 – Wäschepresse.

Abschnitt 8

Rechtsverletzungen

§ 42 Beseitigung, Unterlassung und Schadensersatz

(1) Wer entgegen § 38 Abs. 1 Satz 1 ein Geschmacksmuster benutzt (Verletzer), kann von dem Rechtsinhaber oder einem anderen Berechtigten (Verletzten) auf Beseitigung der Beeinträchtigung und bei Wiederholungsgefahr auf Unterlassung in Anspruch genommen werden. Der Anspruch auf Unterlassung besteht auch dann, wenn eine Zuwiderhandlung erstmalig droht.

(2) Handelt der Verletzer vorsätzlich oder fahrlässig, ist er zum Ersatz des daraus entstandenen Schadens verpflichtet. Bei der Bemessung des Schadensersatzes kann auch der Gewinn, den der Verletzer durch die Verletzung des Rechts erzielt hat, berücksichtigt werden. Der Schadensersatzanspruch kann auch auf der Grundlage des Betrages berechnet werden, den der Verletzer als angemessene Vergütung hätte entrichten müssen, wenn er die Erlaubnis zur Nutzung des Geschmacksmusters eingeholt hätte.

Übersicht

	Rn.
I. Allgemeines	1
II. Anspruch auf Beseitigung (§ 42 Abs. 1 Satz 1 Alt. 1)	2
III. Anspruch auf Unterlassung (§ 42 Abs. 1 Satz 1 Alt. 2)	6
1. Wesen	6
2. Begehungsgefahr	7
a) Wiederholungsgefahr	8
b) Erstbegehungsgefahr (§ 42 Abs. 1 Satz 2)	9
3. Unterlassungserklärung	13
IV. Anspruch auf Schadensersatz (§ 42 Abs. 2 Satz 1)	21
1. Verschulden	21
a) Vorsatz	22
b) Fahrlässigkeit	23
2. Umfang des Schadensersatzes (§ 42 Abs. 2 Satz 2 und 3)	24
a) Entgangener Gewinn (§ 42 Abs. 2 Satz 1)	28
b) Herausgabe des Verletzergewinns (§ 42 Abs. 2 Satz 2)	29
(1) Allgemeines	29
(2) Abzug von „Gemeinkosten"	35
c) Angemessene Vergütung (§ 42 Abs. 2 Satz 3)	40
3. Prozessuale Geltendmachung	44

§ 42 Beseitigung, Unterlassung und Schadensersatz

	Rn.		Rn.
V. Rechnungslegung/Auskunft	46	VII. Vorgerichtliche Maßnahmen	88
1. Rechnungslegung	47	1. Abmahnung	88
a) Voraussetzungen	47	a) Zweck und Inhalt der Abmahnung	88
b) Umfang	48	b) Keine Abmahnpflicht	91
2. Auskunft	49	c) Entbehrlichkeit der Abmahnung	92
3. Wirtschaftsprüfervorbehalt	50	d) Form	94
4. Versicherung an Eides statt	51	e) Zugang	95
VI. Prozessuales	52	f) Nachweis der Vollmacht	98
1. Aktivlegitimation	52	g) Frist	99
2. Passivlegitimation	55	h) Negative Feststellungsklage	100
3. Zuständigkeit	65	i) Schadensersatzpflicht	102
a) Sachliche Zuständigkeit	65	j) Kosten	104
b) Funktionelle Zuständigkeit	66	k) Kosten eines Abwehrschreibens	111
c) Örtliche Zuständigkeit	67	2. Berechtigungsanfrage	112
d) Internationale Zuständigkeit	71	3. Abschlussschreiben	114
4. Einwendungen des Beklagten	72		
5. Beweisregeln	75		
6. Einstweiliges Verfügungsverfahren	78		
7. Schutzschrift	82		
8. Erlöschen des Geschmacksmusterschutzes während des Verletzungsprozesses	85		

I. Allgemeines

1 § 42 regelt die zentralen zivilrechtlichen Ansprüche, die ein Geschmacksmuster dem Rechtsinhaber oder einem anderen Berechtigten (Verletzten) gewährt. So kann derjenige, der entgegen § 38 Abs. 1 Satz 1 ein Geschmacksmuster benutzt (Verletzer), auf Beseitigung der Beeinträchtigung und, wenn Wiederholungs- oder Erstbegehungsgefahr besteht, auch auf Unterlassung in Anspruch genommen werden (§ 42 Abs. 1). Hat der Verletzer schuldhaft gehandelt, steht dem Verletzten ein Anspruch auf Schadensersatz zu (§ 42 Abs. 2 Satz 1). Vergleichbare Vorschriften finden sich in §§ 24 GebrMG, 14 Abs. 5 und 6 MarkenG, 139 PatG, 97 UrhG.

II. Anspruch auf Beseitigung (§ 42 Abs. 1 Satz 1 Alt. 1)

2 Wer durch die rechtswidrige Benutzung eines Geschmacksmusters (ein Verschulden des Verletzers ist nicht erforderlich)[1] eine fortdauernde

---
1 Vgl. zum Urheberrecht: *Möhring/Nicolini*, § 97 Rn. 112.

II. Anspruch auf Beseitigung (§ 42 Abs. 1 Satz 1 Alt. 1)   § 42

Störung geschaffen hat, die nicht schon durch Unterlassen ausgeräumt werden kann, muss diese beseitigen. Der Beseitigungsanspruch überschneidet sich mit dem Vernichtungsanspruch (§ 43), welcher ebenfalls auf die Beseitigung einer fortdauernden Störung gerichtet ist. Abzugrenzen ist der Beseitigungsanspruch vom Anspruch auf Wiederherstellung des früheren Zustandes (§ 249 BGB): Dieser ist als Schadensersatzanspruch nur bei Verschulden gegeben.[2] Vom – ebenfalls verschuldensunabhängigen – Unterlassungsanspruch unterscheidet sich der Beseitigungsanspruch dadurch, dass er nicht auf die Abwehr künftigen rechtswidrigen Handelns, sondern auf die Abwehr einer bereits eingetretenen (fortwirkenden) Beeinträchtigung zielt.[3] Geht der Kläger im Rechtsstreit vom Unterlassungs- zum Beseitigungsanspruch über oder umgekehrt, liegt darin eine Klageänderung.[4]

Der Beseitigungsanspruch setzt grundsätzlich eine (widerrechtliche) Verletzungshandlung voraus, kann also – anders als der Unterlassungsanspruch – nicht vorbeugend gewährt werden.[5] Fällt die Störung weg, erlischt der Beseitigungsanspruch.[6] Endet der Störungszustand während des Prozesses noch in den Tatsacheninstanzen, wird die Beseitigungsklage unbegründet, auch wenn der Kläger die Verfahrensdauer nicht zu vertreten hat.[7] Will der Kläger eine Klageabweisung vermeiden, muss er den Rechtsstreit hinsichtlich des Beseitigungsantrags in der Hauptsache für erledigt erklären. 3

Der Anspruch richtet sich auf Beseitigung der konkreten Störung. Welche Maßnahme zur Beseitigung erforderlich ist (z.B. Berichtigung im Katalog, Mitteilung an Kunden), bestimmt sich nach der Art und Umfang der Beeinträchtigung.[8] Grundsätzlich ist es dem Verletzer überlassen, wie er den Störungszustand beseitigt.[9] Eine bestimmte Maßnahme kann nur verlangt werden, wenn keine andere in Frage kommt (z.B. Löschung der Mustereintragung eines nicht berechtigten Anmelders nach § 9 Abs. 1).[10] Die Beseitigungsmaßnahme muss notwendig, zur Stö- 4

---

2 Vgl. zum Urheberrecht: *Möhring/Nicolini*, § 97 Rn. 112.
3 BGH, WRP 1993, 396, 397 – Maschinenbeseitigung; BGH, GRUR 1998, 415, 416 – Wirtschaftsregister.
4 BGH, NJW-RR 1994, 1404f.
5 Vgl. *Köhler/Bornkamm*, § 8 Rn. 1.77.
6 BGH, WRP 1993, 396 – Maschinenbeseitigung.
7 KG, GRUR-RR 2002, 337.
8 BGH, GRUR 1995, 668, 671 – Emil Nolde.
9 BGH, NJW 1960, 2335.
10 BGH, GRUR 1954, 337, 342 – Radschutz; BGH, GRUR 1964, 82, 87 – Lesering.

rungsbeseitigung geeignet und im engeren Sinne verhältnismäßig, d.h. dem Verletzer zumutbar sein.[11] Dies ist zu verneinen, wenn der mit der Beseitigung verfolgte Zweck auch auf anderem, weniger einschneidendem Weg erreicht werden kann.[12] Der Verletzer ist nur zu solchen Maßnahmen verpflichtet, die in seiner Macht stehen. So kommt eine Rückrufaktion nur in Betracht, wenn sich die störenden Erzeugnisse noch im Einflussbereich des Verletzers befinden und der Verletzer für den Rückruf eine rechtliche Handhabe hat.[13] Eine Herausgabe der rechtsverletzenden Erzeugnisse kann der Verletzte mit dem Beseitigungsanspruch nicht verlangen. Solche Ansprüche werden von § 43 Abs. 2 abschließend und nur gegen Zahlung einer Vergütung geregelt. Die Ansprüche auf Vernichtung und Überlassung nach § 43 schränken den Beseitigungsanspruch ein.[14]

5   Die Kosten der Beseitigung hat der Verletzer zu tragen, ohne dass es eines ausdrücklichen Ausspruchs bedarf.[15] Beseitigt der Verletzte die Störung selbst, kann er die Kosten unter der Voraussetzung, dass die Maßnahmen zweckmäßig, erforderlich und nicht überzogen waren, als Schadensersatz verlangen.[16]

III. Anspruch auf Unterlassung (§ 42 Abs. 1 Satz 1 Alt. 2)

1. Wesen

6   Der Unterlassungsanspruch ist ein Instrument des vorbeugenden Rechtsschutzes[17] und meist der Hauptanspruch des Verletzten. Er dient der Abwehr künftiger Eingriffe in das Muster. Der Unterlassungsanspruch setzt materiellrechtlich eine widerrechtliche Benutzung i.S.d. § 38 sowie Begehungsgefahr in Form einer Wiederholungs- oder Erstbegehungsgefahr voraus. Ein Verschulden des Verletzers ist nicht erforderlich. Der Anspruch besteht also unabhängig davon, ob dem Verletzer

---

11 BGH, GRUR 1994, 630, 633 – Cartier-Armreif; BGH, GRUR 1995, 424, 426 – Abnehmerverwarnung; BGH, GRUR 2002, 709, 711 – Entfernung von Herstellungsnummern III.
12 BGH, GRUR 1956, 553, 558 – Coswig; BGH, GRUR 1957, 278, 279 – Evidur; BGH, GRUR 1963, 539, 542 – echt skai.
13 BGH, GRUR 1974, 666, 669 – Reparaturversicherung.
14 Vgl. zum Urheberrecht: *Möhring/Nicolini*, § 97 Rn. 113.
15 BGH, GRUR 1962, 261 – Öl regiert die Welt.
16 Vgl. zum Urheberrecht: *Möhring/Nicolini*, § 97 Rn. 114.
17 Vgl. zum Markenrecht: *Fezer*, § 14 Rn. 990.

III. Anspruch auf Unterlassung (§ 42 Abs. 1 Satz 1 Alt. 2) **§ 42**

das verletzte Muster bekannt war oder auch nur bekannt sein hätte können.

2. Begehungsgefahr

Die Begehungsgefahr ist materiellrechtliche (nicht prozessrechtliche) Voraussetzung des Unterlassungsanspruchs.[18] Begehungsgefahr liegt vor, wenn entweder die Gefahr einer erstmaligen Verletzung drohend bevorsteht (Erstbegehungsgefahr) oder der Anspruchsgegner bereits eine Verletzungshandlung vorgenommen hat und Wiederholungsgefahr besteht. Im ersten Fall handelt es sich um einen vorbeugenden Unterlassungsanspruch, im zweiten Fall um den Verletzungsunterlassungsanspruch.[19]   7

a) Wiederholungsgefahr

Hat bereits eine Verletzungshandlung stattgefunden, wird – auch bei einer nur einmaligen Verletzung – (widerlegbar) vermutet, dass die Gefahr besteht, dass die Handlung fortgesetzt oder wiederholt wird.[20] An den Fortfall der Wiederholungsgefahr sind strenge Anforderungen zu stellen, den der Verletzer darzulegen und zu beweisen hat.[21] In aller Regel kann der Verletzer die Wiederholungsgefahr nur dadurch ausräumen, dass er eine unbedingte strafbewehrte Unterlassungserklärung abgibt.[22] Weiter entfällt die Wiederholungsgefahr auch dann, wenn der Schuldner dem Gläubiger eine vollstreckbare Ausfertigung einer notariellen Unterwerfungserklärung i.S.d. § 794 Abs. 1 Nr. 5 ZPO, verbunden mit dem Hinweis auf das Erfordernis eines Ordnungsmittelandrohungsbeschlusses zukommen lässt. Dies gilt allerdings nicht, wenn im Einzelfall begründete Zweifel an der Ernsthaftigkeit des Unterlassungswillens des Schuldners oder des Durchsetzungswillens des Gläubigers   8

---

18 BGH, WRP 1980, 253 – Rechtschutzbedürfnis; BGH, GRUR 1992, 318, 319 – Jubiläumsverkauf.
19 Vgl. *Köhler/Bornkamm*, § 8 Rn. 1.10.
20 BGH, GRUR 1997, 379, 380 – Wegfall der Wiederholungsgefahr II; BGH, GRUR 1997, 929, 930 – Herstellergarantie; BGH, GRUR 1998, 1045 – Brennwertkessel; BGH, GRUR 2001, 453, 455 – TCM-Zentrum; BGH, GRUR 2002, 717, 719 – Vertretung der Anwalts-GmbH.
21 BGH, GRUR 1998, 483, 485 – Der M.-Markt packt aus; BGH, GRUR 2002, 180 – Weit-Vor-Winterschluss-Verkauf.
22 BGH, GRUR 1984, 214, 216 – Copy-Charge; BGH, GRUR 1984, 593, 595 – adidas-Sportartikel; BGH, GRUR 2001, 453, 455 – TCM-Zentrum.

bestehen.²³ Die bloße (nicht vertragsstrafengesicherte) Erklärung des Verletzers, die Verletzungshandlung einzustellen, d.h. die Nachbildungen nicht mehr herzustellen und/oder zu vertreiben ist folglich nicht ausreichend.²⁴ Ebenso wenig wird die Wiederholungsgefahr durch die bloße Einstellung der Verletzungshandlung,²⁵ die Liquidation oder die Geschäftsaufgabe beseitigt; in allen Fällen kann der Verletzer seine Tätigkeit nämlich jederzeit wieder aufnehmen.²⁶ Häufig verlangt der Verletzte, dass sich der Verletzer mit der Unterlassungserklärung nicht nur zur Unterlassung, sondern auch zur Auskunft, zum Schadensersatz, zur Kostenerstattung etc. verpflichtet. Diese Bestandteile sind jedoch nicht zwingend. Folglich wird die Wiederholungsgefahr auch dann beseitigt, wenn der Verletzer diese Bestandteile streicht, d.h. eine Unterlassungserklärung abgibt, welche sich auf den Unterlassungsanspruch beschränkt. Das Gleiche gilt für die Streichung des Verzichts auf die Einrede des Fortsetzungszusammenhangs.²⁷

b) Erstbegehungsgefahr (§ 42 Abs. 1 Satz 2)

9   Durch Abs. 1 Satz 2 wird klargestellt,²⁸ dass auch die konkrete Gefahr einer bevorstehenden erstmaligen Musterverletzung den Unterlassungsanspruch auslöst (sog. vorbeugende Unterlassungsklage).²⁹ Erstbegehungsgefahr ist gegeben, wenn eine Musterverletzung erstmals unmittelbar und ernstlich drohend bevorsteht.³⁰ Die bloß theoretische Möglichkeit der Verletzung genügt nicht.³¹ Erforderlich sind vielmehr konkrete und greifbare Anhaltspunkte, dass die erwartete Benutzungshandlung ernsthaft zu befürchten ist. Ob dies der Fall ist, hängt von den

---

23 *Köhler*, GRUR 2010, 6, 10.
24 BGH, GRUR 1991, 769 – Honoraranfrage; BGH, WRP 1994, 506 – Auskunft über Notdienste.
25 BGH, GRUR 1961, 356 – Pressedienst; BGH, GRUR 1972, 558 – Teerspritzmaschine.
26 BGH, GRUR 1998, 824, 828 – Testpreis-Angebot; BGH, GRUR 2001, 453 – TCM-Zentrum.
27 BGH, WRP 1993, 240 – Fortsetzungszusammenhang.
28 Die Neufassung von § 42 Abs. 1 Satz 1 und 2 bedeutet lediglich eine Klarstellung gegenüber der früheren Rechtslage. Nach dieser war der vorbeugende Rechtsschutz bei Vorliegen einer Erstbegehungsgefahr allgemein anerkannt (vgl. *Berlit*, WRP 2007, 732, 733).
29 BGH, GRUR 1962, 34, 35 – Torsana.
30 BGH, GRUR 1992, 116 – Topfgucker-Scheck.
31 Vgl. *Köhler/Bornkamm*, § 8 Rn. 1.17.

III. Anspruch auf Unterlassung (§ 42 Abs. 1 Satz 1 Alt. 2) **§ 42**

Umständen des Einzelfalls ab und ist im Wesentlichen eine tatsächliche Frage.[32]

Die Gefahr einer drohenden Musterverletzung muss sich aufgrund objektiver Umstände ergeben; lediglich subjektive Befürchtungen des Musterinhabers oder vage Vermutungen reichen nicht aus.[33] Anhaltspunkte für eine drohende Verletzungshandlung ergeben sich zumeist aus dem Verhalten des Schuldners. So ist eine Erstbegehungsgefahr insbesondere dann zu bejahen, wenn der Betroffene konkrete Vorbereitungshandlungen trifft oder sich berühmt, bestimmte Handlungen vornehmen zu dürfen.[34] Die bloße Anmeldung eines Musters begründet mangels Benutzungszwang und im Hinblick auf die Zulässigkeit von Vorrats- und Sperrmustern eine Erstbegehungsgefahr nur dann, wenn zusätzliche Anhaltspunkte dafür bestehen, dass eine Benutzung konkret beabsichtigt ist.[35] Eine Rechtsverteidigung kann eine Erstbegehungsgefahr begründen, wenn nicht nur der eigene Rechtsstandpunkt vertreten wird, um sich die bloße Möglichkeit eines entsprechenden Verhaltens für die Zukunft offenzuhalten, sondern den Erklärungen bei Würdigung der Einzelumstände des Falles auch die Bereitschaft zu entnehmen ist, sich unmittelbar oder in naher Zukunft in dieser Weise zu verhalten. An einer Erstbegehungsgefahr fehlt es jedoch insbesondere, wenn der Beklagte durch eine eindeutige Erklärung zweifelsfrei deutlich macht, dass seine Verteidigung früheren Verhaltens als rechtmäßig ausschließlich der Rechtsverteidigung zum Zweck des Obsiegens im laufenden Prozess dient und nicht der beabsichtigten künftigen Fortsetzung.[36]

10

An die Ausräumung der Erstbegehungsgefahr sind geringere Anforderungen zu stellen als an den Wegfall der Wiederholungsgefahr.[37] Anders als für die durch einen begangenen Wettbewerbsverstoß begründete Wiederholungsgefahr besteht für den Fortbestand der Erstbegehungs-

11

---

32 Vgl. *Nirk/Kurtze*, § 14, 14a Rn. 51.
33 Vgl. zum Markenrecht: *Fezer*, § 14 Rn. 997.
34 Gesetzesbegründung, BT-Drucks. 16/5048, S. 37, 50; BGH, GRUR 1992, 320, 321 – R.S.A./Cape; BGH, WRP 1992, 640 – Pressehaftung II; BGH, WRP 1998, 502 – Monopräparate.
35 Vgl. *Eichmann/v. Falckenstein*, § 42 Rn. 14.
36 BGH, WM 1990, 1839, 1841 – Kreishandwerkerschaft II; BGH, GRUR 1992, 404, 405 – Systemunterschiede; BGH, GRUR 1995, 595, 598 – Kinderarbeit; BGH, GRUR 1999, 1097, 1099 – Preissturz ohne Ende; BGH, WRP 2001, 1076 – Berühmungsaufgabe.
37 BGH, GRUR 1992, 116, 117 – Topfgucker-Scheck; BGH, GRUR 1993, 53, 55 – Ausländischer Inserent; BGH, GRUR 2008, 912, 914 – Metrosex.

gefahr keine Vermutung.³⁸ Für die Beseitigung der Erstbegehungsgefahr ist deshalb keine strafbewehrte Unterlassungserklärung erforderlich.³⁹ Bei vorbereitenden Handlungen oder Erklärungen genügt ein actus contrarius, also die Rückgängigmachung oder die Erklärung des Betroffenen, er werde die beanstandete Handlung unterlassen,⁴⁰ bei der Berühmung deren Aufgabe durch eine uneingeschränkte und eindeutige Erklärung, dass die beanstandete Handlung in der Zukunft nicht vorgenommen werde.⁴¹

12 Stützt der Rechtsinhaber den (vorbeugenden) Unterlassungsanspruch auf Erstbegehungsgefahr, hat er die tatsächlichen Umstände, die eine Erstbegehungsgefahr begründen, im Einzelnen darzulegen und ggf. zu beweisen.⁴²

3. Unterlassungserklärung

13 Eine Unterlassungserklärung beseitigt die Wiederholungsgefahr nur, wenn die vom Verletzer für den Fall der Zuwiderhandlung versprochene Vertragsstrafe angemessen ist. Dies ist der Fall, wenn die Vertragsstrafe so hoch ist, dass sich ein Verstoß für den Verletzer voraussichtlich nicht mehr lohnt.⁴³ Die Höhe der Vertragsstrafe richtet sich nach den Umständen des Einzelfalls.⁴⁴ Zu berücksichtigen sind u. a. Art und Größe des Unternehmens, Umsatz und möglicher Gewinn, Schwere und Ausmaß der Verletzungshandlung, Gefährlichkeit für den Verletzten sowie das Verschulden des Verletzers.⁴⁵

14 Die Vertragsstrafe muss bestimmt oder zumindest bestimmbar sein. Als Vertragsstrafe kann ein fester Betrag vereinbart werden (sog. absolute Vertragsstrafe). Die Parteien können aber auch eine relative Vertragsstrafe vereinbaren und diese durch einen Höchstbetrag begrenzen („Vertragsstrafe bis zu … EUR").⁴⁶ In diesem Fall kann der Verletzte

---

38 BGH, GRUR 1989, 432, 434 – Kachelofenbauer I.
39 Vgl. *Köhler/Bornkamm*, § 8 Rn. 1.26.
40 BGH, GRUR 1994, 454, 456 – Schlankheitswerbung.
41 BGH, GRUR 1987, 125, 126 – Berühmung; BGH, ZUM-RD 2002, 59; OLG Köln, GRUR 2007, 338 – Markenspekulant.
42 BGH, GRUR 1990, 685 – Anzeigenpreis I; *Köhler/Bornkamm*, § 8 Rn. 1.17.
43 BGH, WRP 1983, 91, 93 – Vertragsstrafeversprechen; OLG Hamm, WRP 1978, 395, 397.
44 OLG Hamm, WRP 1979, 808; OLG Celle, WRP 1983, 661.
45 BGH, GRUR 1983, 127, 129 – Vertragsstrafeversprechen; BGH, GRUR 1994, 146, 147 – Vertragsstrafebemessung.
46 BGH, WRP 1985, 22 – Vertragsstrafe bis zu … DM I.

III. Anspruch auf Unterlassung (§ 42 Abs. 1 Satz 1 Alt. 2)   § 42

innerhalb des festgelegten Rahmens nach billigem Ermessen die für die konkrete Verletzungshandlung angemessene Strafe bestimmen (§ 315 Abs. 1 BGB). Über die Angemessenheit der Strafe entscheidet im Streitfall gemäß § 315 Abs. 3 BGB das Gericht (sog. „neuer" Hamburger Brauch). Das Versprechen des Verletzers, im Falle eines Verstoßes gegen die Unterlassungserklärung eine Vertragsstrafe an Dritte (etwa an karitative Einrichtungen) zu zahlen, beseitigt die Wiederholungsgefahr regelmäßig nicht.[47]

Die Unterlassungserklärung beseitigt die Wiederholungsgefahr auch dann, wenn sich der Verletzer auf den Standpunkt stellt, sein Verhalten sei rechtmäßig (etwa dadurch, dass die Unterlassungserklärung „ohne Anerkennung einer Rechtspflicht" abgegeben wird). Entscheidend ist allein, ob der Verletzer die Unterlassungserklärung mit Rechtsbindungswillen abgibt.[48]   15

Als abstraktes Schuldversprechen oder -anerkenntnis (§§ 780, 781 BGB) bedarf die Unterlassungserklärung der Schriftform.[49] Ist der Verletzer Kaufmann, entfällt das Schriftformerfordernis (§§ 350, 343 HGB). Hat der Verletzer die Unterlassungserklärung mündlich, telefonisch, per Telefax oder E-Mail abgegeben, hat er diese nach Aufforderung des Verletzten schriftlich zu bestätigen. Kommt der Verletzer dieser Aufforderung nicht nach, ist die Erklärung wegen des Fehlens ernsthafter Unterwerfungsbereitschaft wirkungslos.[50]   16

Der Unterlassungsvertrag kann aus wichtigem Grund in angemessener Frist gekündigt werden. Als Kündigungsgrund kommt insbesondere eine Änderung der Gesetzeslage oder der höchstrichterlichen Rechtsprechung in Betracht.[51] Die Kündigung wirkt ex nunc (für die Zukunft). Eine schon vor der Kündigung verfallene und bezahlte Vertragsstrafe ist nicht zurückzuzahlen.[52]   17

Nach einem Verstoß gegen die Unterlassungserklärung – hierfür trägt der Verletzte die Beweislast – entsteht ein neuer (gesetzlicher) Unter-   18

---

47 BGH, WRP 1987, 724 – getarnte Werbung II; OLG München, WRP, 1977, 11; KG, WRP, 1977, 316; OLG Stuttgart 1978, 540; OLG Hamburg, WRP 1980, 276; OLG Oldenburg, GRUR 1983, 196; OLG Hamm, GRUR 1991, 706.
48 Vgl. *Köhler/Bornkamm*, § 12 Rn. 1.110.
49 Vgl. *Köhler/Bornkamm*, § 12 Rn. 1.102.
50 BGH, GRUR 1990, 530, 532 – Unterwerfung durch Fernschreiben; *Teplitzky*, GRUR 1996, 696, 697.
51 BGH, WRP 1997, 312 – Altunterwerfung I; BGH, WRP 1997, 318 – Altunterwerfung II.
52 BGH, GRUR 1983, 602, 603 – Vertragsstrafenrückzahlung.

§ 42 Beseitigung, Unterlassung und Schadensersatz

lassungsanspruch: Der Verletzte kann eine weitere Unterlassungserklärung mit einer deutlich höheren Vertragsstrafe verlangen.[53] Bei Vereinbarung einer relativen Vertragsstrafe („bis zu ... EUR") kann eine Verschärfung „nicht unter ... EUR" genügen.[54] Weigert sich der Verletzer eine solche Erklärung abzugeben, kann der Verletzte den Unterlassungsanspruch gerichtlich geltend machen.[55]

19 Die Verwirkung der Vertragsstrafe setzt Verschulden voraus. Etwas anderes gilt nur, wenn der Verletzer die Vertragsstrafe ähnlich einer Garantie unabhängig vom Verschulden versprochen hat.[56] Liegt eine Zuwiderhandlung vor, wird das Verschulden des Verletzers vermutet, er muss sich also entlasten.[57] Hinsichtlich der durch die vorprozessuale Geltendmachung eines Vertragsstrafeanspruchs entstandenen Anwaltskosten steht dem Verletzten kein Erstattungsanspruch zu.[58]

20 Der Unterlassungs- und der Schadensersatzanspruch aus der Unterlassungserklärung sowie die Vertragsstrafe verjähren analog § 49.

IV. Anspruch auf Schadensersatz (§ 42 Abs. 2 Satz 1)

1. Verschulden

21 Gemäß Abs. 2 ist der Verletzer dem Musterinhaber zum Ersatz des durch die Musterverletzung entstandenen Schadens verpflichtet. Anders als der Unterlassungsanspruch steht der Schadensersatzanspruch dem Verletzten jedoch nur dann zu, wenn der Verletzer schuldhaft gehandelt hat. Als Verschuldensformen kommen Vorsatz und Fahrlässigkeit in Betracht. Die Schuldfähigkeit bestimmt sich nach den §§ 827, 828 BGB.[59] In der Regel wird sich der Verletzer nicht darauf berufen können, er habe ohne Verschulden gehandelt. So handelt nach der Rechtsprechung des BGH (zumindest) fahrlässig, wer sich – für ihn erkennbar – in einem Grenzbereich des rechtlich Zulässigen bewegt.[60]

---

53 BGH, GRUR 1990, 534 – Abruf-Coupon.
54 Vgl. *Köhler/Bornkamm*, § 12 Rn. 1.155.
55 BGH, WRP 1980, 253 – Rechtsschutzbedürfnis.
56 BGH, GRUR 1987, 648 – Anwalts-Eilbrief; BGH, GRUR 1998, 561, 562 – Verlagsverschulden I.
57 BGH, NJW 1972, 1893, 1895 – K-Rabatt-Sparmarken; BGH, GRUR 1982, 688, 691 – Senioren-Pass.
58 BGH, GRUR 2009, 929 – Vertragsstrafeneinforderung.
59 Vgl. zum Markenrecht: *Fezer*, § 14 Rn. 1015.
60 BGH, GRUR 2007, 871 – Wagenfeld-Leuchte.

IV. Anspruch auf Schadensersatz (§ 42 Abs. 2 Satz 1) § 42

Hat der Verletzer schuldlos gehandelt, steht dem Verletzten über § 50 ein Bereicherungsanspruch gemäß §§ 812 ff. BGB zu.

a) Vorsatz

Vorsätzlich handelt, wer alle Tatumstände kennt, aus denen sich eine objektive Musterverletzung ergibt, und sie verwirklichen will. Die Absicht, den Musterinhaber zu schädigen, ist nicht erforderlich.[61] Bedingter Vorsatz reicht aus. Er liegt vor, wenn der Verletzer ernsthaft mit der Möglichkeit rechnet, dass sein Erzeugnis das Recht des Musterinhabers verletzen könnte, er aber trotzdem (weiter) herstellt und/oder vertreibt und dabei die mögliche objektive Rechtsverletzung bewusst billigend in Kauf nimmt.[62] Ein Irrtum über die einzelnen Tatbestandsmerkmale, auch ein Rechtsirrtum, schließt ein Verschulden regelmäßig nicht aus.[63] Der Vorsatz muss sich nicht auf den Schaden beziehen.[64]

22

b) Fahrlässigkeit

Fahrlässigkeit liegt vor, wenn die im Verkehr erforderliche Sorgfalt außer Acht gelassen wird (§ 276 Abs. 1 Satz 2 BGB). Die Anforderungen an die Sorgfaltspflichten sind verhältnismäßig hoch; es gilt ein objektiver Fahrlässigkeitsmaßstab.[65] Allgemeine Unsitten oder Verständnislosigkeit des Verletzers bleiben außer Betracht.[66] Maßgebend ist der Lebens- und Tätigkeitsbereich, in dem sich die Verletzungshandlung ereignet hat.[67] Von Gewerbetreibenden wird erwartet, dass sie sich über fremde Schutzrechte informieren, die ihren Tätigkeitsbereich betreffen. An den Hersteller sind allerdings regelmäßig strengere Anforderungen zu stellen als an den Händler. So wird von einem Hersteller erwartet, dass er sich auf seinem Fachgebiet auskennt, die Schutzrechtslage überprüft (z.B. mittels Musterrecherchen) und sich auf geeignete Weise vergewissert, dass das eigene Erzeugnis nicht mit Rechten Dritter kollidiert.[68] Der Händler kann sich hingegen weitgehend auf die korrekte

23

---

61 Vgl. *Nirk/Kurtze*, §§ 14, 14a Rn. 39.
62 BGH, GRUR 1958, 613, 614 – Tonmöbel.
63 BGH, GRUR 1998, 569 – Beatles; BGH, GRUR 1999, 51 – Bruce Springsteen and his Band.
64 BGHZ 75, 328, 329.
65 BGHZ 106, 323, 330.
66 BGHZ 30, 7, 15 – Caterina Valente.
67 Vgl. zum Markenrecht: *Ströbele/Hacker*, § 14 Rn. 347.
68 BGH, GRUR 1958, 288, 290 – Dia-Rähmchen I; BGH, GRUR 1964, 640, 642 – Plastikkorb; OLG Düsseldorf, GRUR 1977, 598, 601 – Autoskooter-Halle.

und von Rechten Dritter freie Herstellung durch den Hersteller bzw. seinen Lieferanten verlassen.[69] Allerdings muss ein inländischer Händler damit rechnen, dass sein ausländischer Lieferant die inländischen Schutzrechte nicht in vollem Umfang prüft, kennt und berücksichtigt. Der Importeur einer im Ausland hergestellten Ware hat deshalb die gleichen Prüf- und Sorgfaltspflichten wie ein inländischer Hersteller.[70] Im Übrigen schließt der Irrtum des Nachbildners, er habe genügend Abstand von dem Muster gehalten, die Fahrlässigkeit nicht aus.[71]

2. Umfang des Schadensersatzes (§ 42 Abs. 2 Satz 2 und 3)

24 Inhalt und Umfang des Schadensersatzanspruches richten sich nach den §§ 249 ff. BGB. Dementsprechend hat der Verletzer den Zustand herzustellen, der bestehen würde, wenn das Muster nicht verletzt worden wäre. Zu ersetzen ist der kausal aus der Verletzungshandlung erwachsene und als adäquat dem Verletzer zuzurechnende Schaden. Da eine Wiederherstellung des früheren Zustands (Naturalrestitution nach § 249 Abs. 1 BGB) praktisch nicht möglich ist,[72] ist der Ersatzanspruch regelmäßig auf Geld gerichtet (§ 251 Abs. 1 BGB). Der Ablauf der Schutzfrist lässt Auskunfts- und Schadensersatzansprüche wegen Verletzungen des Schutzrechts unberührt, die während seines Bestehens begangen worden sind.[73]

25 Der Verletzte kann wählen, auf welche Weise er den eingetretenen Schaden darlegt: (1) Als erlittene Vermögenseinbuße einschließlich des entgangenen Gewinns (§§ 249 ff. BGB); (2) auf der Grundlage des Verletzergewinns (Abs. 2 Satz 2) oder (3) der Lizenzgebühr (Abs. 2 Satz 3).[74]

26 Der Verletzte kann den Schadensersatz nach der ihm günstigsten Methode berechnen, d.h. frei zwischen den Berechnungsmethoden wäh-

---

69 BGH, GRUR 1957, 342, 346 – Underberg; BGH, GRUR 1981, 517, 520 – Rollhocker.
70 BGH, GRUR 1981, 517, 520 – Rollhocker; BGH, GRUR 2006, 575, 577 – Melanie.
71 BGH, GRUR 1965, 202 – Küchenmaschine; BGH, GRUR 1981, 262, 272 – Haushaltsschneidemaschine II.
72 BGH, GRUR 1976, 306, 307 – Baumaschinen.
73 BGH, WRP 2005, 878 – Handtuchklemmen; BGH, WRP 2009, 76, 77 – Gebäckpresse.
74 Gesetzesbegründung, BT-Drucks. 16/5048, S. 37, 50; BGH, GRUR 1963, 640, 642 – Plastikkorb; BGH, GRUR 1966, 97, 100 – Zündaufsatz; BGH, GRUR 1974, 53 – Nebelscheinwerfer; BGH, GRUR 1975, 85, 86 – Clarissa; BGH, WRP 2007, 1476 – Zerkleinerungsvorrichtung; *Kämper*, GRUR Int. 2008, 539, 542f.

IV. Anspruch auf Schadensersatz (§ 42 Abs. 2 Satz 1)   § **42**

len.[75] Er kann nicht deshalb auf eine bestimmte Berechnungsmethode verwiesen werden, weil sie für den Verletzer weniger Aufwand bedeutet.[76] Es ist anerkannt, dass der Verletzte nach Erhebung der Schadensersatzklage noch während des laufenden Verfahrens unter den Schadensberechnungsarten wählen darf und von einer Berechnungsform zur anderen übergehen kann. Hierdurch soll ihm ermöglicht werden, ggf. auf Änderungen der Sach- und Beweislage, insbesondere auf Grund des Prozessvorbringens des Verletzers, zu reagieren.[77] Das Wahlrecht des Verletzten erlischt erst dann, wenn der nach einer bestimmten Berechnungsmethode ermittelte Schadensersatz gezahlt oder rechtskräftig zuerkannt worden ist,[78] oder wenn über den Schadensersatzanspruch für den Verletzten selbst unangreifbar nach einer von ihm gewählten Berechnungsart entschieden worden ist.[79] Eine Verquickung der drei Berechnungsarten ist hingegen nicht zulässig.[80] Die drei Arten der Schadensberechnung setzen keinen tatsächlichen Mindestschaden voraus; vielmehr entsteht bereits durch den Eingriff in das geschützte Recht ein Schaden.[81] Gibt es mehrere Verletzer (z.B. Hersteller, Großhändler, Einzelhändler), besteht das Wahlrecht gegenüber jedem Verletzer.[82] Sie haften außerdem als Gesamtschuldner, jedoch nur im Umfang des höchsten gemeinsamen Betrages.[83]

Ein durch Rufschädigung verursachter Marktverwirrungsschaden stellt zwar einen immateriellen Schaden dar, wird aber über den materiellen Schadensbegriff erfasst.[84]   27

a) Entgangener Gewinn (§ 42 Abs. 2 Satz 1)

Der Verletzte kann Ersatz des ihm tatsächlich entstandenen Differenzschadens einschließlich des entgangenen Gewinns verlangen (§§ 249,   28

---

75 BGH, GRUR 1963, 640, 642 – Plastikkorb; BGH, GRUR 1962, 509, 511 – Dia-Rähmchen II.
76 BGH, GRUR 1982, 723, 726 – Dampffrisierstab I.
77 BGH, WRP 2007, 1476 – Zerkleinerungsvorrichtung.
78 BGH, GRUR 1993, 55 – Tchibo/Rolex II; BGH, GRUR 1995, 349, 352 – Objektive Schadensberechnung.
79 BGH, WRP 2007, 1476 – Zerkleinerungsvorrichtung.
80 BGH, GRUR 1974, 53, 54 – Nebelscheinwerfer; BGH, GRUR 1977, 539, 543 – Prozeßrechner.
81 Gesetzesbegründung, BT-Drucks. 16/5048, S. 37, 50.
82 Vgl. *Köhler/Bornkamm*, § 9 Rn. 1.40.
83 BGH, GRUR 2002, 618, 619 – Meißner Dekor.
84 *Seichter*, WRP 2006, 391, 400; *Kämper*, GRUR Int. 2008, 539, 544.

252 BGB). Dabei kann der entgangene Gewinn nicht schlicht mit dem vom Verletzer erzielten Gewinn gleichgesetzt werden, weil die Kaufentscheidung hinsichtlich der rechtsverletzenden Produkte nicht notwendig allein auf der Musterverletzung beruht. Ein Ersatzanspruch setzt damit voraus, dass die Rechtsverletzung für den dem Inhaber entgangenen Gewinn kausal war.[85] Dies hat der Verletzte darzulegen und zu beweisen. Folglich muss der Verletzte dem Gericht Tatsachen vortragen, die es diesem ermöglichen zu beurteilen, dass er den als Schadensersatz verlangten Betrag tatsächlich als Gewinn erzielt hätte, wenn der Verletzer die rechtsverletzenden Handlungen nicht vorgenommen hätte. Die Bestimmung des § 252 Satz 2 BGB, nach welcher der Gewinn als entgangen gilt, der nach dem gewöhnlichen Lauf der Dinge oder nach den besonderen Umständen, insbesondere nach den getroffenen Anstalten und Vorkehrungen, mit Wahrscheinlichkeit erwartet werden konnte, und die Vorschrift des § 287 ZPO, nach der das Gericht unter Würdigung aller Umstände nach freier Überzeugung darüber entscheidet, wie hoch sich ein unter den Parteien streitiger Schaden beläuft, entheben den Verletzten zwar der Notwendigkeit, den entgangenen Gewinn genau zu belegen (der Verletzte braucht nicht darzulegen, ob und welcher Kunde zum Verletzer gewechselt ist).[86] Sie ersparen es ihm jedoch nicht, dem Gericht eine tatsächliche Grundlage zu unterbreiten, die diesem eine wenigstens im groben zutreffende Schätzung des entgangenen Gewinns ermöglicht.[87] Häufig scheitert die Berechnung des Schadens daran, dass sich der Verletzte aus Gründen des Geheimnisschutzes weigert, seine eigene Preiskalkulation offen zu legen und/oder daran, dass es ihm nicht gelingt, einen konkreten Ursachenzusammenhang zwischen der behaupteten Umsatzeinbuße und dem Musterverletzung nachzuweisen.[88] Schließlich stellt es für den Verletzten einen erheblichen Nachteil dar, dass er bei Berechnung nach der Differenzmethode gezwungen ist, gegenüber seinen Konkurrenten wirtschaftlich sensible Daten (Einkaufspreise, Unkosten, Gewinnspanne etc.) zu offenbaren.[89]

---

85 *McGuire*, GRUR Int. 2008, 923, 925.
86 BGH, GRUR 1990, 687, 689 – Anzeigenpreis II.
87 BGH, GRUR 1962, 509, 513 – Dia-Rähmchen II; BGH, GRUR 1980, 841 – Tolbutamid.
88 Vgl. zum Gebrauchsmusterrecht: *Loth*, § 24 Rn. 48.
89 Vgl. zum Markenrecht: *Ströbele/Hacker*, § 14 Rn. 357.

IV. Anspruch auf Schadensersatz (§ 42 Abs. 2 Satz 1) **§ 42**

b) Herausgabe des Verletzergewinns (§ 42 Abs. 2 Satz 2)

(1) Allgemeines

Nach Abs. 2 Satz 2 kann der Verletzte die Herausgabe des vom Verletzer erzielten Gewinns beanspruchen. Rechtsgrundlage für diese Berechnungsmethode ist eine entsprechende Anwendung der Vorschriften über die unechte (angemaßte) Geschäftsführung ohne Auftrag (§§ 687 Abs. 2, 666 ff. i.V.m. § 242 BGB). Sie beruht auf der Erwägung, dass es unbillig wäre, dem Verletzer einen Gewinn, der auf der unbefugten Benutzung des Musters beruht, zu belassen.[90] Vielmehr muss sich der Verletzer so behandeln lassen, als habe er das Muster als Geschäftsführer ohne Auftrag für den Rechtsinhaber benutzt. Dabei ist es unerheblich, ob der Rechtsinhaber in der Lage gewesen wäre, diesen Gewinn zu erzielen; der Verletzte muss den Entgang eigenen Gewinns nach § 252 BGB nicht nachweisen.[91] Um dem Ausgleichsgedanken Rechnung zu tragen, wird vielmehr fingiert, dass der Rechtsinhaber ohne die Rechtsverletzung durch die Verwertung seines Schutzrechts den gleichen Gewinn wie der Verletzer erzielt hätte.[92] Die Abschöpfung des Verletzergewinns dient dabei auch der Sanktionierung des schädigenden Verhaltens[93] und auf diese Weise auch der Prävention gegen eine Verletzung der besonders schutzbedürftigen Immaterialgüterrechte.[94]

29

Berechnet der Verletzte seinen Schaden anhand der erzielten Verletzergewinns ist zu beachten, dass sich der Anspruch auf Herausgabe des Verletzergewinns stets nur auf den Anteil des Gewinns bezieht, der gerade auf der Benutzung des fremden Schutzrechts beruht.[95] Insoweit kommt es maßgeblich darauf an, inwieweit der Entschluss der Käufer zum Erwerb des angegriffenen Erzeugnisses gerade darauf zurückzuführen ist, dass dieses das Geschmacksmuster benutzt. Bei Musterver-

30

---

90 Vgl. *Köhler/Bornkamm*, § 9 Rn. 1.45; BGH, GRUR 1993, 55 – Tchibo/Rolex II.
91 BGH, WRP 1966, 375 – Meßmer-Tee II.
92 BGH, GRUR 1995, 349, 351 – Objektive Schadensberechnung; BGH, WRP 2007, 533 – Steckverbindergehäuse.
93 BGHZ 68, 90, 94 – Kunststoffhohlprofil.
94 BGHZ 57, 116, 118 – Wandsteckdose II.
95 Vgl. für das Urheberrecht: BGH, GRUR 1959, 379, 380 – Gasparone; BGH, GRUR 1987, 37, 39 f. – Videolizenzvertrag; BGH, WRP 2009, 1129, 1134 – Tripp-Trapp-Stuhl. Für das Markenrecht: BGH, WRP 2006, 587 – Noblesse. Für das Geschmacksmusterrecht: BGH, GRUR 1974, 53, 54 – Nebelscheinwerfer; BGHZ 145, 366, 375 – Gemeinkostenanteil. Für den wettbewerbsrechtlichen Leistungsschutz: BGH, GRUR 1993, 55 – Tchibo/Rolex II; BGH GRUR 2007, 431 Tz. 37 – Steckverbindergehäuse.

letzungen kommt daher häufig eine Herausgabe des gesamten Gewinns nicht in Betracht, weil der geschäftliche Erfolg in vielen Fällen nicht ausschließlich oder noch nicht einmal überwiegend auf der Benutzung des Geschmacksmusters beruht. In welchem Umfang dies der Fall ist, kann nur durch eine wertende Betrachtung festgestellt werden.[96] So kann etwa das modische Design von Damenunterwäsche nach den jeweiligen Umständen des Falls, insbesondere der Art und Weise des Vertriebs, als zu 60 % ursächlich für die Kaufentscheidung eingeschätzt werden. Demgegenüber kann der günstigere Preis eines Plagiats gegenüber dem Original nur teilweise als Kaufursache berücksichtigt werden.[97] Für die Entscheidung zum Kauf eines Gebrauchsgegenstandes ist regelmäßig nicht nur die ästhetische Gestaltung, sondern auch die technische Funktionalität von Bedeutung. Es kann daher nicht ohne Weiteres angenommen werden, dass der durch die identische Benutzung eines Geschmacksmusters erzielte Gewinn in vollem Umfang darauf beruht, dass jeder Kaufentschluss – und damit der gesamte Gewinn – allein durch das imitierte Aussehen und nicht durch andere wesentliche Umstände wie etwa die technische Funktionalität oder den niedrigen Preis verursacht worden ist.[98]

31 Die Darlegungs- und Beweislast dafür, dass der Verletzergewinn auf der Musterverletzung beruht, trägt der Kläger. Anhaltspunkte für eine Gewichtung der für den Kaufentschluss maßgeblichen ästhetischen und funktionalen Merkmale können sich insbesondere aus der Art des Erzeugnisses ergeben. So wird der Funktionalität bei Möbeln erfahrungsgemäß eine größere Bedeutung für die Kaufentscheidung zukommen als bei Schmuck.[99]

32 Beruht der vom Verletzer erzielte Gewinn nur zu einem Teil auf der Musterverletzung, kann der Schaden in Form einer Quote des Gewinns nach § 287 ZPO geschätzt werden, wenn nicht ausnahmsweise jeglicher Anhaltspunkt für eine Schätzung fehlt.[100] Die Vorschrift des § 287 ZPO erlaubt jedoch keine willkürliche Schätzung des Tatrichters; vielmehr

---

96 BGH, WRP 2007, 533 – Steckverbindergehäuse.
97 OLG Hamburg, WRP 2009, 215 – Gipürespritze II.
98 BGH, GRUR 1993, 55 – Tchibo/Rolex II; BGH, WRP 2009, 1129, 1135 – Tripp-Trapp-Stuhl.
99 BGH, WRP 2009, 1129, 1135 – Tripp-Trapp-Stuhl.
100 BGH, WRP 2006, 587, 589 – Noblesse; BGH, WRP 2007, 533 – Steckverbindergehäuse; BGH, WRP 2009, 1129, 1134 – Tripp-Trapp-Stuhl.

IV. Anspruch auf Schadensersatz (§ 42 Abs. 2 Satz 1)   § 42

muss die Überzeugungsbildung des Tatrichters auf einer gesicherten Grundlage beruhen.[101]

Der Verschuldensgrad ist für die Haftung auf Herausgabe des Verletzergewinns ohne Bedeutung.[102]   33

Haben innerhalb einer Lieferkette mehrere Lieferanten nacheinander urheberrechtliche Nutzungsrechte verletzt, ist der Verletzte zwar grundsätzlich berechtigt, von jedem Verletzer innerhalb der Verletzerkette die Herausgabe des von diesem erzielten Gewinns als Schadensersatz zu fordern. Der vom Lieferanten an den Verletzten herauszugebende Gewinn wird aber durch Ersatzzahlungen gemindert, die der Lieferant seinen Abnehmern wegen deren Inanspruchnahme durch den Verletzten erbringt.[103]   34

(2) Abzug von „Gemeinkosten"

In der Gerichtspraxis fristete der Anspruch auf Herausgabe des Verletzergewinns lange Zeit ein Schattendasein. Grund hierfür war vor allem, dass die Rechtsprechung die Abzugsfähigkeit von Gemeinkosten uneingeschränkt zugelassen hatte[104] und sich die Verletzer im Rahmen der Rechnungslegung dadurch „arm rechnen" konnten, dass sie von dem erzielten Umsatz neben den bei der Produktion oder dem Vertrieb des verletzenden Produkts entstandenen Kosten auch auf betrieblicher Ebene entstanden Gemeinkosten „anteilig" in Abzug brachten. Gerade die pauschale Anrechnung anteiliger Gemeinkosten führte nicht selten dazu, dass die Rechnungslegung des Verletzers im Ergebnis einen Verlust auswies.[105] Weiter war es für den Verletzten schwierig, die Angaben des Verletzers auf ihre Richtigkeit zu überprüfen.[106] Der Verletzte war deshalb meist gezwungen, seinen Schaden nach der Lizenzanalogie zu berechnen.[107] Mit dem „Gemeinkostenanteil"-Urteil des BGH[108] hat sich die Situation grundlegend verändert. Nunmehr dürfen Gemeinkosten nur abgezogen werden, wenn und soweit sie ausnahmsweise der Herstellung und dem Vertrieb der schutzrechtsverletzenden Gegenstän-   35

---

101 BGH, GRUR 1995, 578, 579 – Steuereinrichtung II.
102 Vgl. zum Urheberrecht: *Ungern-Sternberg*, GRUR 2008, 291, 298 f.; ders., GRUR 2009, 460, 465.
103 BGH, WRP 2009, 1129, 1138 – Tripp-Trapp-Stuhl.
104 BGH, GRUR 1962, 509, 510 f. – Dia-Rähmchen II.
105 *von der Osten*, GRUR 1998, 284, 285 f.
106 *von der Osten*, GRUR 1998, 284, 286; *Rojahn*, GRUR 2005, 623.
107 *Grabinski*, GRUR 2009, 260, 262.
108 BGH, GRUR 2001, 329, 331 – Gemeinkostenanteil.

§ 42   Beseitigung, Unterlassung und Schadensersatz

de unmittelbar zugeordnet werden können.[109] Fixkosten, d.h. Kosten, die von der jeweiligen Verletzung unabhängig sind (z.B. Mieten, zeitabhängige Abschreibungen für Anlagevermögen), sind hingegen nicht abzuziehen. Falls und soweit Fixkosten und variable Gemeinkosten ausnahmsweise den schutzrechtsverletzenden Gegenständen unmittelbar zugerechnet werden können, sind diese allerdings bei der Ermittlung des Verletzergewinns von den Erlösen abzuziehen; die Darlegungs- und Beweislast trägt insoweit der Verletzer.[110]

36   In Konsequenz der Gemeinkostenanteil-Entscheidung des BGH kann sich der Verletzer nicht: (a) auf einen hypothetischen Kausalverlauf ohne Schutzverletzung; (b) auf besondere eigene Vertriebsleistungen; (c) auf eine Eigenartreduzierung aufgrund unbeanstandeten Vertriebs gleicher Gegenstände durch andere Firmen (Verwässerungseinwand); (d) auf aufgewandte Rechtskosten sowie Schadensersatzzahlungen an Dritte in der Lieferkette; (e) auf Kosten, die nicht im Zusammenhang mit den von ihm verkauften und damit gewinnbildenden Gegenständen entstanden sind; berufen und mit diesen Begründungen Abschläge auf den Verletzergewinn geltend machen. Ebenso ist unerheblich, ob dem Verletzer nach Zahlung des Schadensersatzes noch so viel verbleibt, dass wenigstens seine Kosten voll gedeckt sind. Ebenso wenig kommt es darauf an, ob sich ein Verletzer auch dann auf dem Markt halten könnte, wenn er nur schutzrechtsverletzende Erzeugnisse herstellt.[111]

37   Abzugsfähig sind Kosten, die der Herstellung, der Beschaffung und dem Vertrieb der rechtsverletzenden Erzeugnisse unmittelbar zugerechnet werden können. Dazu zählen variable (vom Beschäftigungsgrad abhängige) Kosten für die Herstellung (Material- und Energiekosten, Kosten aufgrund von Ausschuss oder Materialschwund, etc.), die Beschaffung (Einkaufspreis, etc.) und den Vertrieb (Verpackungs- und Transportkosten, produktbezogene Werbung, umsatzabhängige Vertreterprovisionen, etc.) der rechtsverletzenden Erzeugnisse. Abzugsfähige Einzelkosten sind aber auch Fixkosten, welche ausschließlich auf die Benutzung der rechtsverletzenden Erzeugnisse zurückgehen (z.B. Leasingrate für eine bei der Herstellung der rechtsverletzenden Erzeugnisse eingesetzten Maschine; Mietzins für eine Produktionshalle, in der

---

109 BGH, WRP 2007, 533 – Steckverbindergehäuse; BGH, WRP 2009, 1129, 1133 – Tripp-Trapp-Stuhl; OLG Düsseldorf, GRUR 2004, 53; OLG Köln, GRUR-RR 2005, 247.
110 BGH, GRUR 2001, 329, 331 – Gemeinkostenanteil.
111 BGH, GRUR 2001, 329, 331 – Gemeinkostenanteil.

ausschließlich die rechtsverletzenden Erzeugnisse hergestellt und/oder verpackt werden).[112]

Nicht abzugsfähig sind Kosten, die unabhängig vom Umfang der Produktion und des Vertriebs der rechtsverletzenden Erzeugnisse durch die Unterhaltung des Betriebs entstanden sind (z. b. Gehalt des Geschäftsführers, Verwaltungskosten für Buchhaltung, Personalabteilung etc., allgemeine Marketingkosten).[113] **38**

Die Darlegungs- und Beweislast dafür, dass die geltend gemachten Kosten abzugsfähig sind, obliegt dem Verletzer.[114] Der Verletzer muss also vortragen und ggf. beweisen, dass es sich um Kosten handelt, die ohne die Musterverletzung nicht entstanden wären. Eventuelle Nachweisschwierigkeiten auf Grund des Umstandes, dass die Verletzungshandlungen längere Zeit zurückliegen und nicht in allen Einzelheiten dokumentiert werden, gehen im Rahmen des Zumutbaren zu Lasten des Verletzers.[115] Im Übrigen kann das Gericht die anrechenbaren Kosten bei Würdigung aller Umstände als eine für die Berechnung des Verletzergewinns maßgebliche Größe im Rahmen des § 287 ZPO schätzen.[116] **39**

c) Angemessene Vergütung (§ 42 Abs. 2 Satz 3)

Gemäß Abs. 2 Satz 3 kann der Verletzte seinen Schaden entsprechend einer bei Abschluss eines Lizenzvertrags angemessenen Vergütung (= Lizenzgebühr) berechnen.[117] Grundlage dieser Berechnungsart (sog. Lizenzanalogie), die im Großteil aller Fälle gewählt wird, ist die Überlegung, dass der Verletzer nicht besser stehen darf, als er im Falle einer vertraglich eingeräumten Lizenz durch den Musterinhaber stünde.[118] Vielmehr hat der Verletzte Anspruch auf eine angemessene Lizenzgebühr. Ob ein Lizenzvertrag bei rechtmäßigem Verhalten des Verletzers auch tatsächlich zu Stande gekommen wäre, ist für die Schadensberechnung unerheblich;[119] entscheidend ist vielmehr allein, dass der Ver- **40**

---

112 *Grabinski*, GRUR 2009, 260, 262 f.
113 BGH, GRUR 2001, 329, 331 – Gemeinkostenanteil; BGH, GRUR 2007, 431, 433 – Steckverbindergehäuse.
114 BGH, GRUR 2001, 329, 331 – Gemeinkostenanteil.
115 *Grabinski*, GRUR 2009, 260, 263.
116 *Grabinski*, GRUR 2009, 260, 264.
117 BGH, WRP 1966, 375 – Meßmer-Tee II.
118 BGH, GRUR 1987, 37, 39 – Videolizenzvertrag.
119 BGH, WRP 1966, 375 – Meßmer-Tee II.

letzte die Nutzung nicht ohne Gegenleistung gestattet hätte.[120] Ist eine Lizenzvergabe seitens des Musterinhabers allerdings als schlechthin ausgeschlossen anzusehen, scheidet die Fiktion eines Lizenzvertrages aus.[121] Die Berechnung des Schadens nach der Lizenzanalogie führt nicht zum Abschluss eines Lizenzvertrages und damit auch nicht zur Einräumung eines Nutzungsrechts.[122] Der Verletzte kann also weitere Verletzungshandlungen unterbinden.[123] Der Rechtsinhaber kann bereits für das Anbieten eines rechtsverletzenden Gegenstands Schadensersatz verlangen, da dem Anbieten (Bewerben) im Verhältnis zum Inverkehrbringen eigenes Gewicht und somit auch ein eigener Unrechtsgehalt zukommt.[124]

41 Bei der Bemessung der Lizenzgebühr ist rein objektiv darauf abzustellen, was bei vertraglicher Einräumung ein vernünftiger Lizenzgeber verlangt und ein vernünftiger Lizenznehmer gewährt hätte, wenn beide die im Zeitpunkt der Entscheidung gegebene Sachlage gekannt hätten.[125] Die für diesen Zeitpunkt anzustellende Prognose bleibt auch dann maßgeblich, wenn sich das Vertragsrisiko anders entwickelt, gleichgültig zu wessen Nachteil.[126] Das Gericht hat die Höhe der Lizenzgebühr (des Lizenzsatzes) aufgrund einer wertenden Entscheidung unter Würdigung aller Umstände nach freier Überzeugung zu bestimmen (§ 287 Abs. 1 ZPO).[127] Ausgangspunkt für die Höhe der Lizenzgebühr ist der objektive Verkehrswert des Geschmacksmusters und die Nähe der Nachbildung.[128] Dabei ist auch der sachliche Umfang der Nachbildung zu berücksichtigen, und zwar sowohl in quantitativer als auch in qualitativer Hinsicht.[129] Zu berücksichtigen sind weiter Ruf und Qualitäts-Vorstellung der Ware.[130] Genießt die Ware des Rechtsinhabers einen guten Ruf, kann die sonst übliche Lizenzgebühr unter dem Gesichtspunkt der Rufausbeutung (unter Umständen für minderwertige

---

120 BGH, GRUR 1993, 899, 900 f. – Dia-Duplikate; BGH, GRUR 1995, 392 – Objektive Schadensberechnung.
121 BGH, GRUR 1958, 408 – Herrenreiter.
122 BGH, GRUR 2002, 248, 252 – Spiegel-CD-ROM.
123 Vgl. *Köhler/Bornkamm*, § 9 Rn. 1.42.
124 BGH, WRP 2006, 117 – Catwalk.
125 BGH, GRUR 1962, 401, 404 – Kreuzbodenventilsäcke III; BGH, GRUR 1995, 578, 579 – Steuereinrichtung II.
126 BGH, GRUR 1993, 55 – Tchibo/Rolex II.
127 Vgl. zum Gebrauchsmusterrecht: *Loth*, § 24 Rn. 51.
128 BGH, GRUR 1975, 85, 87 – Clarissa.
129 BGH, GRUR 1959, 379, 382 – Gasparone.
130 BGH, WRP 1966, 375 – Meßmer-Tee II.

IV. Anspruch auf Schadensersatz (§ 42 Abs. 2 Satz 1) § 42

Nachbildungen) und einer eingetretenen Marktverwirrung erhöht werden. Im Übrigen kann im Rahmen der Lizenzanalogie zur Ermittlung der angemessenen Lizenzgebühr auf eine frühere Vereinbarung der Parteien zurückgegriffen werden. Dies setzt indessen voraus, dass die damals vereinbarte Lizenzgebühr dem objektiven Wert der Nutzungsberechtigung entsprochen hat.[131]

Da der Schadensersatzanspruch im deutschen Recht dem Ausgleich konkret entstandenen Schäden dient und nicht auf die Bestrafung des Verletzers ausgerichtet ist,[132] kommt eine Erhöhung der Lizenzgebühr unter dem Gesichtspunkt eines „Verletzerzuschlags" (Strafschadensersatz = punitive damages), wie ihn etwa das US-amerikanische Recht kennt, nicht in Betracht.[133] Dies ist auch unter dem Gesichtspunkt der Generalprävention bedauerlich.[134] Jedoch ist dem Risiko der Minderung des Prestigewertes des nachgeahmten Produkts durch eine angemessene Erhöhung der normalerweise üblichen Lizenz Rechnung zu tragen.[135] Lizenzmindernd kann zu berücksichtigen sein, dass Lizenzverträge üblicherweise eine ausschließliche Nutzungsberechtigung vorsehen, während der Verletzte während des Verletzungszeitraums regelmäßig ebenfalls Erzeugnisse auf den Markt gebracht hat.[136] 42

Die Lizenzgebühr wird regelmäßig nach einem Prozentsatz der rechtsverletzenden Verkaufserlöse (Stücklizenz) berechnet. Zu Grunde zu legen ist der Nettoverkaufspreis des Verletzers.[137] Bei großer Stückzahl kann eine Abstaffelung geboten sein.[138] Ist eine Pauschallizenz üblich, 43

---

131 BGH, GRUR 2009, 407, 409 – Whistling for the train.
132 Die Durchsetzungsrichtlinie vom 29. April 2004 (2004/48/EG) verpflichtet die Mitgliedstaaten in ihrem Art. 3 Abs. 2 zwar, „wirksame, verhältnismäßige und abschreckende" Rechtsbehelfe gegen die Verletzung geistigen Eigentums zur Verfügung zu stellen; der 26. Erwägungsgrund der Durchsetzungsrichtlinie stellt indessen klar, dass die Einführung einer Verpflichtung zu einem als Strafe angelegten Schadensersatz von der Richtlinie nicht bezweckt ist, sondern eine Ausgleichsentschädigung für den Rechteinhaber auf objektiver Grundlage. Die Durchsetzungsrichtlinie verlangt folglich keine Festsetzung des Schadensersatzbetrages über die durch objektiv nachprüfbare Umstände belegten Einbußen des Rechteinhabers hinaus.
133 Gesetzesbegründung, BT-Drucks. 16/5048, S. 37, 50; BGH, GRUR 1980, 841, 844 – Tolbutamid; BGHZ 82, 310, 316f. – Fersenabstützvorrichtung; OLG München, NJW-RR 2003, 767; LG Berlin, ZUM-RD 2011, 101.
134 *Kämper*, GRUR Int. 2008, 539, 543 m.w.N.
135 BGH, GRUR 1993, 55 – Tchibo/Rolex II.
136 BGH, GRUR 1975, 85, 87 – Clarissa.
137 BGH, GRUR 1980, 841, 844 – Tolbutamid; OLG Karlsruhe, GRUR 1971, 221, 222 – Pudelzeichen II.
138 BGH, GRUR 1969, 677, 680 – Rüben-Verladeeinrichtung.

so ist sie unabhängig davon zu zahlen, wie lange und intensiv die Verletzungshandlung war.[139] Wird die Verwertung der unrechtmäßig hergestellten Erzeugnisse infolge deren Vernichtung unmöglich, bleibt die Zahlungspflicht des Verletzers gleichwohl bestehen.[140] Darüber hinaus hat der Verletzer angemessene Zinsen zu zahlen, da vernünftige Parteien bei Anschluss eines Lizenzvertrages auch Vereinbarungen zur Fälligkeit und Verzinsung der Lizenzgebühr betroffen hätten.[141]

3. Prozessuale Geltendmachung

44 Der Schadensersatzanspruch kann geltend gemacht werden als: (1) Bezifferte Leistungsklage mit bestimmten Antrag;[142] (2) Leistungsklage mit einem in das Ermessen des Gerichts gestellten Schadensbetrag (§ 287 ZPO);[143] (3) Leistungsklage in Form einer Stufenklage nach § 254 ZPO; (4) Feststellungsklage nach § 256 ZPO.

45 Die Zulässigkeit der Feststellungsklage setzt voraus, dass der Kläger ein rechtliches Interesse an der alsbaldigen Feststellung positiv darlegt.[144] Das Feststellungsinteresse ergibt sich regelmäßig aus dem Interesse an der Klärung der Rechtlage sowie der drohenden Verjährung.[145] Entgegen der früheren Rechtsprechung muss weder – für die Zulässigkeit (§ 256 ZPO) – die Möglichkeit eines (noch ungewissen) Schadenseintritts[146] noch – für die Begründetheit – die Wahrscheinlichkeit eines Schadenseintritts im Sinne einer nicht notwendig hohen[147], aber auch nicht entfernt liegenden Möglichkeit eines Schadens[148] dargetan werden.[149] Vielmehr ist nach der Begründung zum Entwurf des DurchsetzungsG davon auszugehen, dass bereits mit dem Eingriff in das ge-

---

139 BGH, GRUR 1990, 353, 355 – Raubkopien; BGH, GRUR 1993, 899, 901 – Dia-Duplikate.
140 BGH, GRUR 1993, 899, 901 – Dia-Duplikate.
141 BGHZ 82, 310, 316f. – Fersenabstützvorrichtung; OLG Düsseldorf, GRUR-RR 2003, 209, 211; vgl. zur Ermittlung der Schadensersatzlizenzgebühr: *Tetzner*, GRUR 2009, 6 ff.
142 BGH, GRUR 1959, 379, 383 – Gasparone; BGH, GRUR 1975, 85, 86 – Clarissa.
143 BGH, NJW 1966, 780.
144 Vgl. zum Markenrecht: *Fezer*, § 14 Rn. 1047.
145 BGH, GRUR 1960, 256, 260 – Chérie-Musikwecker; BGH, GRUR 1965, 198, 202 – Küchenmaschine.
146 BGH, GRUR 1972, 180, 183 – Cheri.
147 BGH, GRUR 1980, 227, 232 – Monumenta Germaniae Historica.
148 BGH, GRUR 1975, 434, 438 – Bouchet; BGH, GRUR 1999, 587, 590 – Cefallone.
149 Vgl. zum Markenrecht: *Ströbele/Hacker*, § 14 Rn. 413.

schützte Recht ein Schaden entstand ist.[150] Ausgeschlossen ist eine Schadensersatzfeststellung aber dann, wenn die Verletzungshandlung noch nicht begangen wurde und insoweit nur Erstbegehungsgefahr vorliegt.[151]

V. Rechnungslegung/Auskunft

Der Verletzte kann seinen Schadensersatzanspruch bei Erhebung der Klage regelmäßig nicht beziffern. Um dem Verletzten die Vorbereitung eines Schadensersatzanspruches zu ermöglichen, ist der Verletzer zur Rechnungslegung verpflichtet.[152] Darüber hinaus hat der Verletzte – neben dem in § 46 geregelten selbstständigen Anspruch auf Drittauskunft – einen gewohnheitsrechtlich anerkannten[153] Anspruch auf Auskunft. 46

1. Rechnungslegung

a) Voraussetzungen

Der Rechnungslegungsanspruch soll dem Verletzten eine sichere Grundlage für die Berechnung seines Schadens verschaffen. Als Hilfsanspruch für den Schadensersatzanspruch ist der Anspruch auf Rechnungslegung nur gegeben, wenn und soweit auch die Voraussetzungen des dahinter stehenden Anspruchs vorliegen.[154] Es genügt, dass die Entstehung eines Schadens wahrscheinlich ist.[155] Näheres über den Umfang der Verletzungshandlungen braucht der Verletzte nicht darzutun. Insbesondere braucht der Verletzte nicht den Beginn der Verletzungshandlungen nachzuweisen. Klageantrag und Urteilsformel brauchen daher keine zeitliche Beschränkung der Rechnungslegungspflicht zu enthalten.[156] Etwas anderes gilt nur dann, wenn das Verschulden des Ver- 47

---

150 Gesetzesbegründung, BT-Drucks. 16/5048, S. 37, 50.
151 BGH, GRUR 2001, 849, 850f. – Remailing-Angebot; BGH, GRUR 2005, 349, 351f. – Klemmbausteine III.
152 BGH, GRUR 1962, 398, 400 – Kreuzbodenventilsäcke II, BGH, GRUR 1980, 227, 232 – Monumenta Germania Historia.
153 BGH, GRUR 1980, 227, 232 – Monumenta Germaniae Historica; BGH, WRP 1999, 534, 540 – Preisbindung durch Franchisegeber; BGH, GRUR 2001, 841, 842 – Entfernung der Herstellungsnummer II.
154 BGH, GRUR 1989, 411, 413 – Offenend-Spinnmaschine.
155 BGH, GRUR 1975, 434, 437, 438 – Bouchet.
156 BGH GRUR 1988, 307, 308 – Gaby; BGHZ 117, 264, 278f. – Nicola; *Teplitzky*, Kap. 38 Rn. 7.

letzten und damit seine Schadensersatzpflicht erst ab einem bestimmten Zeitpunkt (etwa Erhalt einer Abmahnung/Berechtigungsanfrage) vorliegt. In diesem Fall ist der Verletzer erst ab diesem Zeitpunkt zur Rechnungslegung zu verurteilen (es sei denn es liegen die Voraussetzungen des verschuldensunabhängigen Bereicherungsanspruchs – vgl. Kommentierung bei § 50 – vor).[157] Nach welcher Methode der Verletzte seinen Schaden berechnen wird, braucht er im Prozess um die Rechnungslegung noch nicht zu entscheiden.

b) Umfang

48 Der Anspruch auf Rechnungslegung geht weiter als der Auskunftsanspruch. Die Rechnungslegung muss alle Angaben enthalten, die der Verletzte benötigt, um: (1) Sich für eine der ihm zur Verfügung stehenden Methoden der Schadensberechnung zu entscheiden; (2) die Schadenshöhe oder den Umfang der herauszugebenden Bereicherung konkret zu berechnen und (3) die Richtigkeit der Rechnungslegung zu überprüfen.[158] Eine bloße „geordnete Zusammenstellung der Einnahmen" (§ 259 Abs. 1 BGB) ist regelmäßig nicht ausreichend. Zu nennen sind: Liefermenge, Lieferdaten und Lieferpreise.[159] Ein Importeur hat Einkaufspreise, Mehrwertsteuer und Zölle bekannt zu geben.[160] Für die Ermittlung des Gewinnherausgabeanspruchs kann der Verletzte zusätzlich verlangen, dass der Verletzer ihm seine Gewinnspanne mitteilt.[161] Grenzen ergeben sich aus § 242 BGB: So kann der Verletzte nicht mehr Angaben verlangen, als er zur Bezifferung seiner Forderung benötigt.[162] Insbesondere darf der Anspruch auf Rechnungslegung nicht zur Ausforschung von Kundenbeziehungen des Verletzers führen oder zur Abnahme der Beweislast für die haftungsbegründenden Voraussetzungen weiterer in Betracht kommender Verletzungshandlungen gleicher Art.[163]

---

[157] BGHZ 117, 264, 278 f. – Nicola.
[158] BGH, GRUR 1982, 723, 725 – Dampffrisierstab I; BGHZ 92, 62, 69 – Dampffrisierstab II.
[159] BGH, GRUR 1980, 227, 233 – Monumenta Germaniae Historica.
[160] BGH, GRUR 1974, 54, 55.
[161] BGH, GRUR 1966, 97, 100 – Zündaufsatz.
[162] BGH, GRUR 1973, 375, 378 – Miss Petite.
[163] BGH, GRUR 1980, 1090, 1098 – Das Medizin-Syndikat I.

2. Auskunft

Der Auskunftsanspruch soll dem Verletzten eine genaue Kenntnis über das Ausmaß der Rechtsverletzung verschaffen. Nach Inhalt, Art und Umfang ist der Auskunftsanspruch das Ergebnis einer Abwägung der Interessen von Verletztem und Verletzer.[164] Wegen der Einzelheiten wird auf die Kommentierung zu § 46 verwiesen.

49

3. Wirtschaftsprüfervorbehalt

Erfüllt der Verletzer den Auskunfts- und/oder Rechnungslegungsanspruch, ist er häufig gezwungen, betriebsinterne Angaben (Abnehmer und/oder Lieferanten) zu offenbaren. Dieser Folge seines rechtswidrigen Handelns kann sich der Verletzer regelmäßig nicht durch den Hinweis darauf entziehen, dass zwischen ihm und dem Verletzten ein Wettbewerbsverhältnis besteht. Legt der Verletzer jedoch im Einzelnen dar, dass und warum ihm Auskunft und Rechnungslegung dem Verletzten gegenüber nicht zumutbar sind, kann er darauf bestehen, seine Angaben nur einer neutralen, zur Verschwiegenheit verpflichteten Vertrauensperson (z. B. einem öffentlich bestellten Wirtschaftsprüfer oder vereidigten Buchprüfer) mitzuteilen.[165] Die für die Aufnahme eines Wirtschaftsprüfervorbehalts sprechenden Umstände sind vom Verletzer darzulegen und gegebenenfalls zu beweisen.[166] Die Kosten für die Inanspruchnahme der Vertrauensperson hat der Verletzer zu tragen.[167]

50

4. Versicherung an Eides statt

Besteht Grund zu der Annahme, dass der Verletzer die Angaben nicht mit der erforderlichen Sorgfalt gemacht hat, ist dieser auf Verlangen des Verletzten verpflichtet, die Richtigkeit und Vollständigkeit seiner Angaben zu Protokoll an Eides statt zu versichern (§§ 259 Abs. 2, 260 Abs. 2 BGB). Wegen der Einzelheiten wird auf die Kommentierung zu § 46 Abs. 1 verwiesen.

51

---

164 BGH, GRUR 1981, 535 – Wirtschaftsprüfervorbehalt.
165 BGH, GRUR 1957, 336 – Rechnungslegung; BGH, GRUR 1963, 640, 642 – Plastikkorb; BGH, GRUR 1980, 227, 233 – Monumenta Germaniae Historica.
166 BGH, GRUR 1981, 535 – Wirtschaftsprüfervorbehalt.
167 BGH, GRUR 1963, 640, 642 – Plastikkorb; BGH, GRUR 1980, 227, 233 – Monumenta Germaniae Historica.

VI. Prozessuales

1. Aktivlegitimation

52 Verletzter und damit aktivlegitimiert ist regelmäßig der materiell berechtigte Inhaber des Musters. Nach § 1 Nr. 5 wird vermutet, dass der im Musterregister eingetragene Inhaber der Rechtsinhaber ist. Tritt während eines Prozesses eine Rechtsnachfolge ein, gelten die §§ 265, 325, 727 ZPO. Maßgeblich ist der Zeitpunkt des Rechtserwerbs, nicht der Zeitpunkt einer Änderungseintragung im Musterregister.[168] Im Übrigen kann die Rechtsinhaberschaft auch ohne Eintragung in das Musterregister nachgewiesen werden.

53 Lizenznehmer sind aktivlegitimiert, wenn der Rechtsinhaber der Rechtsverfolgung gemäß § 31 Abs. 3 Satz 1 zugestimmt hat. Dabei wird nicht – anders als im Patent- und Urheberrecht[169] – zwischen ausschließlichen und einfachen Lizenznehmern unterschieden.[170] Im Übrigen kann jeder Lizenznehmer der Verletzungsklage des Musterinhabers beitreten, um den Ersatz des eigenen Schadens geltend zu machen (§ 31 Abs. 4).

54 Die Geltendmachung der Verletzungsansprüche im Wege der Prozessstandschaft setzt eine wirksame Ermächtigung und ein eigenes schutzwürdiges Interesse des Prozessstandschafters an der Rechtsverfolgung voraus.[171] Macht der Rechtsinhaber seine Ansprüche jedoch selbst geltend, kommt gewillkürte Prozessstandschaft zugunsten eines weiteren Klägers nicht in Betracht.[172] Das Gericht hat die Voraussetzungen einer wirksamen Prozessstandschaft in jedem Stadium des Verfahrens von Amts wegen zu prüfen.[173]

2. Passivlegitimation

55 Schuldner der Ansprüche (= passiv legitimiert) ist der Verletzer. Verletzer ist zunächst, wer das Geschmacksmuster in eigener Person i. S. d. § 38 unmittelbar benutzt oder wer als Teilnehmer eine fremde unmittel-

---

168 Vgl. *Eichmann/v. Falckenstein*, § 31 Rn. 27.
169 Vgl. zum Patentrecht: *Benkard*, § 139 Rn. 7; *Schulte*, § 139 Rn. 17; vgl. zum Urheberrecht: *Wandtke/Bullinger*, § 97 Rn. 11
170 Vgl. *Eichmann/v. Falckenstein*, § 31 Rn. 28.
171 BGH, GRUR 1995, 54, 57 – Nicoline.
172 BGH, GRUR 1989, 350, 353 – Abbo/Abo.
173 BGH, GRUR 1993, 151, 152 – Universitätsemblem.

bare Benutzung i. S. d. § 38 ermöglicht oder fördert.[174] Verletzer und damit Schuldner ist weiter, wer die Verwirklichung des Benutzungstatbestands durch den Dritten ermöglicht oder fördert, obwohl er sich mit zumutbarem Aufwand die Kenntnis verschaffen kann, dass die von ihm unterstützte Handlung das absolute Recht des Musterinhabers verletzt.[175]

56 Da Musterverletzungen unerlaubte Handlungen darstellen (§ 51), bestimmen sich Täterschaft und Teilnahme nach den §§ 830, 831, 832 BGB und bezüglich der Gesamtschuld nach § 840 BGB. Mittäterschaft setzt das bewusste und gewollte Zusammenwirken mehrerer zur Herbeiführung eines gemeinsamen Erfolges voraus.[176] Teilnehmer ist, wer durch die Anstiftung oder Beihilfe an einer fremden Tat partizipiert. Die Haftung als Teilnehmer setzt jedoch eine vorsätzliche Partizipation an einer objektiv rechtswidrigen vorsätzlich begangenen Haupttat voraus.[177] Bedingter Vorsatz des Teilnehmers hinsichtlich der Erreichung des deliktischen Erfolges reicht allerdings aus.[178]

57 Eröffnet ein Diensteanbieter im Rahmen des Hosting eine Plattform, auf der private und gewerbliche Anbieter Waren im Internet versteigern können (z. B. eBay), ist der Diensteanbieter dann, wenn ein Anbieter musterverletzende Waren zur Versteigerung stellt, nicht als Täter einer Musterverletzung anzusehen.[179] Eine Haftung des Diensteanbieters als Störer setzt voraus, dass für den Diensteanbieter zumutbare Kontrollmöglichkeiten bestehen, um die Musterverletzung zu unterbinden. Dabei ist dem Diensteanbieter nicht zuzumuten, jedes in einem automatisierten Verfahren unmittelbar ins Internet gestellte Angebot darauf zu überprüfen, ob Schutzrechte Dritter verletzt werden. Wird dem Diensteanbieter jedoch ein Fall einer Musterverletzung bekannt, muss er nicht nur das konkrete Angebot unverzüglich sperren, sondern auch technisch mögliche und zumutbare Maßnahmen ergreifen, um Vorsorge dafür zu treffen, dass es nicht zu weiteren entsprechenden Musterverletzungen kommt.[180]

---

174 BGH, WRP 2009, 1394, 1397 – MP3-Player- Import.
175 BGH, WRP 2009, 1394, 1397 – MP3-Player- Import.
176 BGH, NJW 1972, 40.
177 BGH, GRUR 2004, 860 – Internetversteigerung I.
178 BGH, GRUR 2001, 1038, 1039 – ambiente.de.
179 BGH, GRUR 2004, 860 – Internetversteigerung I.
180 BGH, GRUR 2004, 860 – Internetversteigerung I.

58 Der Spediteur oder Frachtführer darf sich nur so lange ohne Weiteres darauf verlassen, dass von dem Versender oder Empfänger die absoluten Rechte Dritter beachtet werden, wie ihm nicht konkrete Anhaltspunkte dafür vorliegen, dass diese Rechte tatsächlich nicht beachtet worden sind und er – der Spediteur – folglich an der unerlaubten Handlung eines Dritten mitwirkt. Ergeben sich solche Anhaltspunkte, muss der Spediteur die zumutbaren Maßnahmen ergreifen, um den Verdacht der Schutzrechtsverletzung aufzuklären. Ergibt die Aufklärung, dass eine Schutzrechtsverletzung vorliegt, darf der Spediteur die Mitwirkung an der objektiv rechtswidrigen Handlung des Dritten ebenso wenig fortsetzen, wie er sonst vorsätzlich eine Schutzrechtsverletzung unterstützen darf. Kann hingegen der Verdacht der Schutzrechtsverletzung ausgeräumt werden oder ist mit den ihm möglichen und zumutbaren Mitteln eine Klärung der Rechtslage nicht erreichbar und eine Schutzrechtsverletzung mithin nicht positiv festzustellen, ist der Spediteur nicht gehindert, seinen Auftrag auszuführen, auch wenn dies objektiv die Förderung einer Musterverletzung bedeutet. Denn in diesem Fall fällt ihm nicht der Vorwurf zur Last, eine erkennbar rechtswidrige Handlung zu unterstützen.[181]

59 Im Falle einer (drohenden) Verletzung kann der Unterlassungsanspruch nicht nur gegen den unmittelbaren Verletzer, sondern auch gegen den Störer geltend gemacht werden.[182] Dies folgt daraus, dass nach Art. 11 Satz 3 der Richtlinie 2004/48/EG vom 29. April 2004 zur Durchsetzung der Rechte des geistigen Eigentums („Durchsetzungsrichtlinie") die Mitgliedstaaten sicherstellen müssen, dass die Rechtsinhaber im Falle der Verletzung eines Rechts des geistigen Eigentums – also auch im Falle der (drohenden) Verletzung – eine Anordnung auch „gegen Mittelspersonen beantragen können, deren Dienste von einem Dritten zwecks Verletzung eines Rechts des geistigen Eigentums in Anspruch genommen werden". Als Störer haftet derjenige auf Unterlassung, der – ohne selbst Täter oder Teilnehmer zu sein – in irgendeiner Weise willentlich und adäquat kausal zur Verletzung eines geschützten Gutes beiträgt.[183] Weil die Störerhaftung nicht über Gebühr auf Dritte erstreckt werden darf, die nicht selbst die rechtswidrige Beeinträchtigung vorgenommen haben, setzt die Haftung des Störers die Verletzung von Prüfungspflichten voraus. Deren Umfang bestimmt sich danach, ob und in-

---

181 BGH, WRP 2009, 1394, 1399f. – MP3-Player-Import.
182 BGH, GRUR 2004, 860 – Internetversteigerung I; BGH, GRUR 2007, 708 – Internetversteigerung II.
183 BGH, GRUR 2002, 618, 619 – Meißner Dekor; OLG Köln, GRUR 2010, 464.

wieweit dem als Störer in Anspruch Genommenen nach den Umständen eine Prüfung zuzumuten ist.[184] Der Betreiber einer Internetplattform oder eines Internetauktionshauses muss immer dann, wenn er auf eine klare Rechtsverletzung hingewiesen worden ist, nicht nur das konkrete Angebot unverzüglich sperren. Er muss vielmehr auch Vorsorge dafür treffen, dass es möglichst nicht zu weiteren derartigen Rechtsverletzungen kommt.[185]

Gesetzliche Vertreter (Vorstand, Geschäftsführer[186]) sowie leitende Angestellte haften persönlich, soweit sie die Musterverletzung entweder durch eigenes Tun selbst veranlasst haben oder daran mitgewirkt haben oder zumindest die Möglichkeit hatten, sie zu unterbinden.[187] Die bloße Kenntnis von den rechtsverletzenden Vorgängen begründet eine persönliche Haftung indessen nur dann, wenn im konkreten Fall Organisationspflichten verletzt wurden. Dies ist z. B. der Fall, wenn das rechtsverletzende Handeln in den Zuständigkeitsbereich des Geschäftsführers fällt.[188] Die persönliche Inanspruchnahme von Geschäftsführern erhöht den Druck auf der Beklagtenseite und ermöglicht darüber hinaus, Geschäftsführer und Gesellschaft als Gesamtschuldner (§§ 840, 421 ff. BGB) in Anspruch zu nehmen.[189] Letzteres ist insbesondere deshalb von Bedeutung, weil die beklagte Gesellschaft nach Erledigung des Rechtsstreits häufig nicht in der Lage ist, die von ihr im Fall des Unterliegens geschuldeten Prozesskosten zu tragen, geschweige denn Schadensersatz zu leisten.[190] **60**

Juristische Personen haften für ihre gesetzlichen Vertreter und leitenden Angestellten (§ 31 BGB). Der Inhaber eines Unternehmens haftet für Handlungen seiner Arbeitnehmer oder Beauftragten (vgl. Kommentierung zu § 44). **61**

Ist eine Tochtergesellschaft in den Vertrieb der Muttergesellschaft eingebunden und ihrem beherrschenden Einfluss ausgesetzt, können An- **62**

---

184 BGH, GRUR 2007, 708 – Internet-Versteigerung II.
185 OLG Düsseldorf, ZUM-RD 2009, 536 – Haftung von eBay für markenverletzende Angebote; OLG Karlsruhe, WRP 2010, 1279, 1283 – Parfumtester ohne Originalverpackung.
186 Vgl. zur Haftung des GmbH-Geschäftsführers für die Verletzung gewerblicher Schutzrechte: *Werner*, GRUR 2009, 820 ff.
187 BGH, GRUR 1986, 248, 250 – Sporthosen; BGH, GRUR 2009, 685 Rn. 33 – ahd. de.
188 LG Düsseldorf, GRUR Int. 1986, 807 – Feldversuche.
189 *Pitz*, GRUR 2009, 805, 807.
190 *Werner*, GRUR 2009, 820.

sprüche, die auf Grund einer Musterverletzung gegen die Tochtergesellschaft bestehen, auch gegenüber der Muttergesellschaft geltend gemacht werden.[191]

63 Schuldner des Unterlassungsanspruchs (sowie der Ansprüche auf Auskunft, Schadensersatz und Vernichtung der verletzenden Gegenstände) kann auch derjenige sein, der lediglich eine weitere Ursache für die Rechtsverletzung gesetzt hat. So kommt etwa eine Haftung desjenigen in Betracht, der seinen Telefon- oder Faxanschluss einem Dritten überlässt, der dann seinerseits von diesem Anschluss aus das Schutzrecht verletzende Handlungen begeht. Die Verantwortlichkeit des Störers folgt daraus, dass er die durch Überlassung des Anschlusses ermöglichten Rechtsverletzungen nicht unterbunden hat, obwohl er dazu als Inhaber des Anschlusses die Möglichkeit gehabt hätte und ein derartiges Einschreiten von ihm mit Blick auf die aus dieser Stellung resultierenden Befugnisse und die Überlassung des Anschlusses zu erwarten war.[192] Besteht zwischen zwei Unternehmen eine derartig enge Verbindung, dass sie dieselbe Geschäftsadresse, denselben Telefon- und Faxanschluss und zudem denselben Geschäftsführer haben, haftet das Unternehmen bei Rechtsverletzungen für seine Schwesterngesellschaft.[193]

64 Mehrere Verletzer (Hersteller, Abnehmer etc.) sind jeder für sich zur Unterlassung verpflichtet und können insoweit gemeinsam verklagt werden. In Bezug auf Ansprüche nach § 42 Abs. 2 haften mehrere Verletzer gesamtschuldnerisch.[194] Handelt es sich bei den gewerblichen Abnehmern der rechtsverletzenden Erzeugnisse um eigene Kunden bzw. potenzielle Kunden des Musterinhabers, ist ein Vorgehen gegen diese Abnehmer unter wirtschaftlichen Gesichtspunkten nicht immer sinnvoll. Die Klage gegen den Hersteller bietet zudem den Vorteil, dass die „Quelle" der rechtsverletzenden Aktivitäten angegriffen und im Erfolgsfall die weitere musterverletzende Benutzung unterbunden wird.[195]

---

191 BGH, GRUR 2005, 864 – Meißner Dekor II.
192 BGH, GRUR 1999, 977 – Räumschild.
193 OLG Frankfurt am Main, MMR 2010, 621.
194 Vgl. zum Markenrecht: *Ströbele/Hacker*, § 14 Rn. 390.
195 *Pitz*, GRUR 2009, 805, 807.

3. Zuständigkeit

a) Sachliche Zuständigkeit

Sachlich zuständig sind gemäß § 52 Abs. 1 ausschließlich, d.h. unabhängig vom Streitwert die Landgerichte (vgl. Kommentierung zu § 52 Abs. 1). 65

b) Funktionelle Zuständigkeit

Geschmacksmusterstreitsachen sind gemäß § 95 Abs. 1 Nr. 4c) GVG Handelssachen. Für diese sind die Kammern für Handelssachen zuständig. 66

c) Örtliche Zuständigkeit

Die örtliche Zuständigkeit richtet sich nach den Bestimmungen der ZPO. Maßgebend ist der allgemeine Gerichtsstand des Beklagten (§ 12 ZPO). Dies ist bei natürlichen Personen der Wohnsitz (§ 13 ZPO) oder sein gewöhnlicher Aufenthaltsort (§ 16 ZPO), bei juristischen Personen und Personengesellschaften entscheidet deren Sitz (§ 17 ZPO). Für ausländische Beklagte kann sich der Gerichtsstand aus § 58 Abs. 3 ergeben. 67

Da die Verletzung eines Geschmacksmusters gemäß § 51 eine unerlaubte Handlung darstellt, lässt sich die örtliche Zuständigkeit zudem über § 32 ZPO herleiten. Wird die Verletzungshandlung durch einen Übersendungsakt begangen (z.B. Übersendung eines Prospekts oder rechtsverletzender Erzeugnisse), so ist der Gerichtsstand des § 32 ZPO sowohl am Absendeort also auch am Bestimmungsort begründet.[196] Erfolgt die Verletzung in einem Druckwerk (z.B. Zeitungsinserat), ist der Gerichtsstand nach § 32 ZPO überall dort gegeben, wo diese Druckschriften im regelmäßigen Geschäftsbetrieb durch den Zeitungsverlag verbreitet werden.[197] Auf sonstige Medien (Funk, Fernsehen) sind die erwähnten Grundsätze entsprechend anzuwenden.[198] Begehungsort ist also jeder Ort, an dem die Information dritten Personen bestimmungsgemäß zur Kenntnis gebracht wird und keine bloß zufällige Kenntnis- 68

---

196 BGH, GRUR 1964, 316, 318 – Stahlexport.
197 BGH, GRUR 1971, 153 – Wettbewerbssache; BGH, GRUR 1978, 194, 195 – Profil.
198 LG Düsseldorf, GRUR 1998, 159, 160.

nahme vorliegt.[199] Erfolgt die Rechtsverletzung im Internet, geht die vorherrschende Auffassung aufgrund der bundesweiten Abrufbarkeit des Internets davon aus, dass bundesweit jedes Gericht örtlich zuständig ist. Dies gilt unabhängig davon, ob der Verletzer ein regional oder bundesweit tätiges Unternehmen ist.[200] Indessen scheint es vorzugswürdig, auch bei Verletzungshandlungen im Internet nicht auf die bloße technische Verfügbarkeit des Internets, sondern auf eine „bestimmungsgemäße und nicht nur zufällige" Abrufbarkeit abzustellen. Maßgeblich sollte also sein, an welchen Verkehrskreis sich der Inhalt der Website richten soll und damit der Wirkungskreis des Inhabers der Website. Ergibt sich aus dem Inhalt der Website ein nur lokal begrenzter Wirkungskreis, muss dies bei der Bestimmung des Gerichtsstands entsprechend berücksichtigt werden.[201] Bei Erstbegehungsgefahr kommt jeder Gerichtsort in Betracht, an dem eine Verletzungshandlung zu erwarten ist.[202]

69 Der Kläger/Antragsteller kann zwischen mehreren örtlich zuständigen Gerichten wählen (§ 35 ZPO). Dieses Wahlrecht verengt sich nicht dadurch, dass eine negative Feststellungsklage des Beklagten anhängig ist.[203] Bei der Gerichtswahl ist allerdings zu berücksichtigen, dass diese im Einzelfall rechtsmissbräuchlich sein kann: Zwar ist es nicht als rechtsmissbräuchlich anzusehen, wenn der Kläger das ihm bequemste oder genehmste Gericht auswählt, also beispielsweise sein Heimatgericht oder das Gericht mit der ihm am günstigsten erscheinenden Rechtsprechung. Es ist gerade in Rechtsstreitigkeiten des gewerblichen Rechtsschutzes weder ungewöhnlich noch anrüchig, wenn der Kläger/Antragsteller das Gericht wählt, welches ihm im Hinblick auf die dort vorherrschende Rechtsprechung zur Erreichung ihrer Prozessziele am meisten Erfolg versprechend erscheint. Etwas anderes kann jedoch gelten, wenn der Verletzte den oder die Verletzer deutschlandweit in Anspruch nimmt, und zwar möglichst weit von ihrem Wohn- und Geschäftssitz entfernt, und zwar auch dann, wenn das Sitz- oder das nächstgelegene Gericht zum Kreis der ansonsten vom Verletzten Präfe-

---

199 Vgl. *Köhler/Bornkamm*, § 14 Rn. 16.
200 Vgl. *Mühlberger*, WRP 2008, 1419, 1420 m.w.N.
201 Vgl. *Mühlberger*, WRP 2008, 1419, 1422 m.w.N.
202 BGH, GRUR Int. 1994, 963, 965 – Beta.
203 BGH, GRUR 1994, 846, 848 – Parallelverfahren II.

rierten zählt.[204] Die Begründung örtlicher Zuständigkeit durch Testanfragen oder Testkäufe ist nicht rechtsmissbräuchlich.[205]

Gemäß § 52 Abs. 2 können die Landesregierungen Geschmacksmusterstreitigkeiten bestimmten Landgerichten zuweisen. Dies ist geschehen (vgl. Kommentierung zu § 52 Abs. 2). 70

d) Internationale Zuständigkeit

Ob ein deutsches oder ein ausländisches Gericht zuständig ist, bestimmt sich nach den Regeln der örtlichen Zuständigkeit (sog. Doppelfunktionalität).[206] Grundsätzlich ist daher ein nach den §§ 12 ff. ZPO örtlich zuständiges deutsches Gericht auch international zuständig.[207] Maßgeblich sind die Vorschriften der EuGVVO (VO Nr. 44/2001 vom 22. Dezember 2000 über die gerichtliche Zuständigkeit und die Anerkennung und Vollstreckung von Entscheidungen in Zivil- und Handelssachen). Diese haben in ihrem Anwendungsbereich Vorrang vor dem nationalen Recht.[208] Relevant sind folgende Zuständigkeiten: (1) Wohnsitz des Beklagten (Art. 2 EuGVVO); (2) Erfüllungsort (Art. 5 Nr. 1 EuGVVO); (3) Begehungsort einer unerlaubten Handlung (Art. 5 Nr. 3 EuGVVO); (4) Zweigniederlassung, Agentur oder sonstige Niederlassung (Art. 5 Nr. 5 EuGVVO); (5) Beklagtenmehrheit (Art. 6 Nr. 1 EuGVVO); (6) Zuständigkeitsvereinbarungen (Art. 23 Abs. 1a EuGVVO).[209] Bei Angeboten im Internet ist die deutsche Gerichtsbarkeit nur dann gegeben, wenn ein Inlandsbezug festzustellen ist; der bloße Umstand, dass der Server in Deutschland steht, ist nicht ausreichend.[210] 71

4. Einwendungen des Beklagten

Im Verletzungsprozess kann der Beklagte zunächst Einwendungen gegen die Rechtsbeständigkeit des (Klage-)Musters erheben (sog. geschmacksmusterbezogene Einwendungen). Die Einwendungen können sich auf die Entstehung, den Fortbestand sowie das Erlöschen des Musters, die materielle Rechtsinhaberschaft sowie die formellen Vorausset- 72

---

204 KG, WRP 2008, 511, 512 – Missbräuchliche Gerichtsstandswahl im Lauterkeitsrecht.
205 OLG Düsseldorf, GRUR 1951, 516; LG Düsseldorf, GRUR 1950, 381.
206 BGH, GRUR 1987, 172, 173 – Unternehmensberatungsgesellschaft I.
207 BGH, RIW 1992, 673; OLG Koblenz, GRUR 1993, 763.
208 Vgl. *Köhler/Bornkamm*, UWG Einl Rn. 5.29.
209 Vgl. *Köhler/Bornkamm*, UWG Einl Rn. 5.30 ff.
210 BGH, GRUR 2011, 558.

§ 42   Beseitigung, Unterlassung und Schadensersatz

zungen beziehen. So kann der Beklagte einwenden, dem Muster fehle die Geschmacksmusterfähigkeit (§§ 1, 3), die Neuheit (§ 2 Abs. 2) und/ oder die Eigenart (§ 2 Abs. 3). Weiter kann der Beklagte Mängel im Anmeldeverfahren (§ 11 i.V.m. §§ 3 ff. GeschmMV), fehlende Inhaberschaft sowie den Ablauf der Schutzdauer (§§ 27, 28) geltend machen. Schließlich kann der Beklagte einwenden, dass Muster habe aufgrund geringer Eigenart einen nur engen Schutzumfang, so dass nur identische oder fast identische Gestaltungen vom Verbietungsrecht umfasst werden.[211]

73 Weiter kann der Beklagte einwenden, es handele sich bei dem angegriffenen Erzeugnis nicht um eine Nachbildung des (Klage-)Musters (sog. nachbildungsbezogene Einwendungen). Namentlich kann der Beklagte sich auf die fehlende Übereinstimmung zwischen dem Muster und dem angegriffenen Erzeugnis berufen. Weiter kann der Beklagte die Unerheblichkeit der übereinstimmenden Gestaltungsmerkmale auf den ästhetischen Gesamteindruck geltend machen.

74 Darüber hinaus kann der Beklagte sonstige Einwendungen erheben. So kann der Beklagte einwenden, dass seine Benutzungshandlung gemäß § 40 von der Wirkung des Musters ausgenommen ist. Weiter kann sich der Beklagte auf ein Vorbenutzungsrecht (§ 41) oder auf die Einwilligung des Musterinhabers (z.B. in einem Lizenzvertrag) berufen. In Betracht kommt ferner der Einwand der Erschöpfung (§ 48) sowie – bei verspäteter Geltendmachung der Rechte – der Einwand der Verwirkung. Für letzteres sind ein berechtigtes Vertrauen des Beklagten auf die Duldung seines Verhaltens (Duldungsanschein)[212] sowie der Aufbau eines wertvollen Besitzstandes beim Beklagten[213] erforderlich.

5. Beweisregeln

75 Der Kläger muss die formellen Voraussetzungen des Musterschutzes darlegen und beweisen. Gemäß § 1 Nr. 5 wird vermutet, dass der in das Register eingetragene Inhaber Rechtsinhaber des Musters ist. Weiter wird gemäß § 39 zugunsten des Rechtsinhabers die Rechtswirksamkeit des Musters (Musterfähigkeit, Neuheit, Eigenart, kein Ausschluss vom Geschmacksmusterschutz) vermutet (nach altem Recht wurde die Eigentümlichkeit nicht vermutet, sondern war für § 1 Abs. 2 GeschmMG

---

211 BGH, GRUR 1988, 369, 370 – Messergriff.
212 Vgl. *Köhler/Bornkamm*, § 11 Rn. 2.20ff.
213 Vgl. *Köhler/Bornkamm*, § 11 Rn. 2.24ff

a. F. ausdrücklich festzustellen[214]). Für die Vorverbreitung von Erzeugnissen, aus denen sich eine Einschränkung des Schutzumfangs ergeben kann, ist der Beklagte darlegungs- und beweispflichtig.[215]

Die Beweislast für die Verletzung des Musters trägt der Kläger. Das Gleiche gilt für alle sonstigen anspruchsbegründenden Tatsachen, wie z. B. die Wiederholungsgefahr beim Unterlassungsanspruch oder das Verschulden beim Schadensersatzanspruch.[216] Die Widerrechtlichkeit (Rechtswidrigkeit) des Eingriffs braucht der Kläger hingegen nicht darzutun; sie wird impliziert. Dementsprechend muss der Beklagte das Vorliegen eines Rechtfertigungsgrundes – etwa eines Vorbenutzungsrechtes – darlegen und beweisen.[217] Das gilt auch für den Eintritt der Erschöpfung nach § 48.[218] Etwas anderes gilt nur dann, wenn der Musterinhaber seine Erzeugnisse im Europäischen Wirtschaftsraum im Rahmen eines ausschließlichen Vertriebssystems vertreibt und es in allen Ländern der Europäischen Union und des Europäischen Wirtschaftsraums jeweils nur einen Alleinvertriebsberechtigten (Generalimporteur) für besagte Erzeugnisse gibt, der nach den getroffenen Vereinbarungen verpflichtet ist, die Erzeugnisse nicht an Zwischenhändler zum Weitervertrieb außerhalb seines jeweiligen Vertragsgebiets abzugeben. In diesem Fall obliegt im Verletzungsprozess dem Musterinhaber der Nachweis, dass von einem angeblichen Verletzer in den Verkehr gebrachte Originalerzeugnisse ursprünglich von ihm selbst oder mit seiner Zustimmung erstmals außerhalb des Europäischen Wirtschaftsraums in den Verkehr gebracht worden sind.[219]

76

Sonstige rechtshindernde, rechtsvernichtende und rechtshemmende Tatsachen hat der Beklagte darzulegen und zu beweisen.[220]

77

6. Einstweiliges Verfügungsverfahren

Im Geschmacksmusterrecht sind einstweilige Verfügungen – auch im Beschlusswege – keine Ausnahme.[221] Insbesondere im Hinblick darauf,

78

---

214 BGH, GRUR 1969, 90, 95 – Rüschenhaube.
215 BGH, GRUR 1981, 820, 822 – Stahlrohrstuhl II; BGH, GRUR 2004, 931, 941 – Klemmhebel.
216 Vgl. zum Gebrauchsmusterrecht: *Loth*, § 24 Rn. 20; vgl. zum Patentrecht: *Benkard*, § 139 Rn. 115.
217 BGH, GRUR 1965, 411, 414.
218 BGH, GRUR 2000, 879, 880 – Stüssy.
219 BGH, GRUR 2004, 156, 157 f. – Stüssy II.
220 Vgl. *Eichmann/v. Falckenstein*, § 42 Rn. 39.
221 Vgl. *Eichmann/v. Falckenstein*, § 42 Rn. 49.

§ 42   Beseitigung, Unterlassung und Schadensersatz

dass es sich bei dem Geschmacksmuster um ein ungeprüftes Recht handelt, ist bei der Beantragung und dem Erlass einstweiliger Verfügungen jedoch besondere Sorgfalt geboten. Zudem ist eine Abwägung vorzunehmen zwischen dem Interesse des Antragstellers an der Durchsetzung seines Ausschließlichkeitsrechts und den Nachteilen, welchen dem Antragsgegner durch die einstweilige Verfügung drohen. Namentlich ist zu berücksichtigen, dass der dem vermeintlichen Verletzer bei unberechtigter Unterlassungsverfügung drohende Schaden (Existenzbedrohung, Produktionseinstellung, Gefährdung von Arbeitsplätzen) nach Umfang und Beweismöglichkeit regelmäßig sehr viel gewichtiger ist als der dem Verletzten bei Fortsetzung der behaupteten Verletzung drohende Schaden.[222] Auch wird ein Schaden des vermeintlichen Verletzers durch den späteren Schadenausgleich nach § 945 ZPO regelmäßig nur unvollkommen kompensiert. Aus diesem Grunde sollte die Vollziehung einer einstweiligen Verfügung regelmäßig von einer Sicherheitsleistung des Antragstellers (§§ 921 Abs. 2, 936 ZPO) abhängig gemacht werden.[223]

79 Der Antragsteller muss die Dringlichkeit (Verfügungsgrund) darlegen und glaubhaft machen (§ 936 i.V.m. § 920 Abs. 2 ZPO). Eine analoge Anwendung der Dringlichkeitsvermutung des § 12 Abs. 2 UWG kommt – ebenso wie im Marken- und Urheberrecht[224] – nicht in Betracht.[225] Der Verfügungsgrund ergibt sich noch nicht ohne Weiteres daraus, dass die Musterverletzung gegenwärtig vorgenommen wird oder in naher Zukunft droht und eine schutzrechtsverletzende Tätigkeit bis zum Erlass eines Urteils in der Hauptsache nicht anders unterbunden werden kann. Es ist vielmehr eine Interessenabwägung erforderlich.[226] Bei dieser sind insbesondere zu berücksichtigen: (1) Betroffener Produktionsanteil; (2) der gefährdete Marktanteil; (3) Einfluss auf die Abwicklung konkreter Verträge; (4) Realisierungsmöglichkeiten späterer Ersatzansprüche; (5) bei Verletzungshandlungen von ausländischen Un-

---

222 Vgl. zum Patentrecht: *Benkard*, § 139 Rn. 153a.
223 Vgl. *Jestaedt*, GRUR 1981, 154; *Fritze*, GRUR Int. 1987, 139; *Meier-Beck*, GRUR 1988, 866.
224 KG, NJW-RR 2001, 1201, 1202; OLG Düsseldorf, GRUR-RR 2002, 212; OLG München, WRP 2007, 201; OLG Hamburg, WRP 2007, 816; OLG Stuttgart, ZUM-RD 2009, 455, 457.
225 Vgl. *Köhler/Bornkamm*, § 12 Rn. 3.14; *Teplitzky*, Kap. 54 Rn. 20; OLG Düsseldorf, GRUR-RR 2002, 212; OLG Frankfurt am Main, WRP 2002, 1457; KG, NJW-RR, 2003.
226 OLG Frankfurt am Main, GRUR 1981, 905, 907; OLG Düsseldorf, GRUR 1983, 79, 80; OLG Hamburg, GRUR 1984, 105; OLG Karlsruhe, GRUR 1988, 900.

ternehmen – etwa auf Messen – deren Sitz und das damit verbundene Problem einer Durchsetzung der Ansprüche im Klageverfahren; (6) Grad der Sicherheit der Schutzrechtslage und der Verletzungsfrage.[227] Hat der Rechtsinhaber Lizenzen erteilt, kann er eher auf eine Klärung im Hauptsacheverfahren und einen Ersatzanspruch verweisen als derjenige, dem es gerade auf die Ausnutzung einer Monopolstellung ankommt.[228]

Unabhängig von der Anwendbarkeit der Dringlichkeitsvermutung des § 12 Abs. 2 UWG ist für das Verfahren der einstweiligen Verfügung anerkannt, dass ein Verfügungsgrund dann fehlt, wenn der Verletzte nach Kenntnis oder grob fahrlässiger Unkenntnis von der Verletzungshandlung und vom Verletzer zu lange gewartet hat, bevor er die einstweilige Verfügung beantragt. Zwischen den Oberlandesgerichten gehen die Meinungen darüber auseinander, welcher Zeitraum im gewerblichen Rechtsschutz jedenfalls in der Regel als neuheitsschädlich angesehen werden kann.[229] Regelmäßig sollte der Verletze den Verfügungsantrag spätestens vier bis sechs Wochen nach Kenntniserlangung gestellt haben.[230] **80**

Die Frist beginnt zu laufen, sobald der Rechtsinhaber hinreichend verlässliche Kenntnis von Tat und Täter hat. Hierzu gehört zunächst Kenntnis von der konkreten Verletzungsform in ihren relevanten Gestaltungsmerkmalen, mithin der Erhalt eines Musters oder einer Abbildung (eine telefonische Beschreibung reicht nicht aus).[231] Erforderlich ist positive Kenntnis des Rechtsinhabers; bloßes Kennenmüssen darf der Dringlichkeit mangels einer allgemeinen Marktbeobachtungsobliegenheit oder Obliegenheit zu ständiger Markenüberwachung nie schaden.[232] Die Dringlichkeit beurteilt sich im Verhältnis der Parteien zueinander; sind dem Rechtsinhaber gleichartige Verletzungshandlungen eines Dritten bekannt, ist dies grundsätzlich nicht dringlichkeitsschädlich.[233] Etwas anderes kann gelten, wenn der zuerst bemerkte Dritte nicht offenkundig so im Lager des Verletzers steht, dass eine Inan- **81**

---

227 Vgl. zum Patentrecht: *Benkard*, § 139 Rn. 153a.
228 Vgl. zum Patentrecht: *Benkard*, § 139 Rn. 153a.
229 Vgl. zum Wettbewerbsrecht: *Köhler/Bornkamm*, § 12 Rn. 3.15.
230 Eine umfangreiche Rechtsprechungsübersicht zu Fragen der Dringlichkeit findet sich bei *Harte/Henning*, § 12 Rn. 942ff.
231 OLG Köln, GRUR 1995, 520.
232 Vgl. zum Markenrecht: *Ingerl/Rohnke*, vor §§ 14–19d Rn. 198 m.w.N.
233 OLG Hamburg, GRUR-RR 2007, 73 – Parfümtester II; OLG Stuttgart, GRUR-RR 2005, 307ff. – e-motion/iMOTION.

spruchnahme des Verletzers schon damals möglich gewesen wäre und sich aufdrängte.[234]

7. Schutzschrift

82 Muss der Verletzer – etwa nach erfolgter Abmahnung – befürchten, dass gegen ihn eine einstweilige Verfügung beantragt wird, empfiehlt es sich, eine Schutzschrift zu hinterlegen. Dabei macht es der Gerichtsort der unerlaubten Handlung (§ 51 i.V.m. § 32 ZPO) erforderlich, die Schutzschrift nicht nur bei dem für den Wohnort oder Sitz des Verletzers (örtlich) zuständigen (Geschmacksmuster-)Gericht, sondern auch bei anderen (Geschmacksmuster-)Gerichten – jeweils bei allen zuständigen Kammern – zu hinterlegen. Mit der Schutzschrift legt der Verletzer dar, aufgrund welcher Umstände der erwartete Verfügungsantrag unbegründet ist, d.h. weshalb der Verfügungsantrag (als unzulässig und/oder unbegründet) zurückzuweisen ist. Dementsprechend enthält die Schutzschrift neben der Darstellung des Sachverhalts sowie den Rechtsausführungen den (Haupt-)Antrag, den zu erwartenden Antrag gleich, d.h. ohne mündliche Verhandlung durch Beschluss zurückzuweisen sowie den Hilfsantrag, nicht ohne mündliche Verhandlung zu entscheiden, d.h. Termin zur mündlichen Verhandlung anzuberaumen. Das Gericht hat eine ihm zugeleitete Schutzschrift unter dem Gesichtspunkt des rechtlichen Gehörs (Art. 103 Abs. 1 GG) zu beachten.[235]

83 Nach Eingang der Schutzschrift und des Verfügungsantrages kann das Gericht: (1) Die einstweilige Verfügung ohne mündliche Verhandlung erlassen; (2) den Verfügungsantrag durch Beschluss zurückweisen (in diesem Fall hat das Gericht den Antragsteller auf die Schutzschrift hinzuweisen[236]); (3) Termin zur mündlichen Verhandlung anberaumen. Wird die einstweilige Verfügung erlassen und hat sich der Rechtsanwalt in der Schutzschrift zum Prozessbevollmächtigten bestellt, ist dies durch die Benennung im Passivrubrum der Verfügung kenntlich zu machen. In diesem Fall muss die Verfügung dem Prozessbevollmächtigten zugestellt werden. Das Gleiche gilt, wenn der Verletzte auf andere Weise Kenntnis von der Bestellung erlangt hat.[237] Ist dem Verletzten nicht

---

234 Vgl. zum Markenrecht: *Ingerl/Rohnke*, vor §§ 14–19d Rn. 199.
235 OLG München, WRP 1983, 358; OLG Koblenz, GRUR 1995, 171.
236 Vgl. *Teplitzky*, Kap. 55 Rn. 22.
237 OLG Düsseldorf, GRUR 1984, 79, 80; OLG Karlsruhe, WRP 1986, 166; OLG Frankfurt am Main, GRUR 1988, 858; OLG Celle, GRUR 1989, 541; OLG Hamburg, WRP 1993, 822.

bekannt, dass sich ein Rechtsanwalt in der Schutzschrift als Prozessbevollmächtigter bestellt hat – der Verletzte muss hierzu keine Nachforschungen anstellen[238] –, ist es ausreichend, wenn dem Verletzer persönlich zugestellt wird.[239]

Da im Verfügungsverfahren kein Anwaltszwang herrscht (§§ 936, 920 Abs. 3, 78 Abs. 5 ZPO), kann der Verletzer die Schutzschrift selbst einreichen. Beauftragt der Verletzer einen Rechtsanwalt mit der Hinterlegung der Schutzschrift, sind die Kosten hierfür grundsätzlich erstattungsfähig, wenn ein entsprechender Verfügungsantrag bei diesem Gericht eingeht. Dies gilt auch dann, wenn der Verfügungsantrag abgelehnt oder zurückgenommen wird, ohne dass eine mündliche Verhandlung stattgefunden hat.[240] Aus diesem Grund sollte die Schutzschrift für den Fall der Antragsrücknahme einen Kostenantrag gemäß § 269 Abs. 3 ZPO (analog) enthalten. Geht die Schutzschrift erst nach Rücknahme oder endgültiger Zurückweisung des Verfügungsantrags bei Gericht ein, scheidet eine Kostenerstattung aus.[241] Für seine Tätigkeit erhält der Rechtsanwalt – unabhängig von der Anzahl der hinterlegten Schutzschriften – die 1,3-fache Gebühr nach Nr. 3100 VV RVG, wenn der Verfügungsantrag bei Gericht eingeht und später wieder zurückgenommen wird.[242] Ist der Rechtsanwalt im Rahmen eines Einzelauftrages tätig geworden, so verdient er eine 0,8 Verfahrensgebühr (Nr. 3403 VV RVG).[243] Die Kosten einer bei dem unzuständigen Gericht eingereichten Schutzschrift sind dann erstattungsfähig, wenn auch der Verfügungsantrag bei diesem Gericht eingeht und das Verfahren sodann an das zuständige Gericht abgegeben wird.[244] Der Gegenstandswert der Schutzschrift richtet sich im Regelfall nach dem Wert des Verfügungsantrages.[245]

8. Erlöschen des Geschmacksmusterschutzes während des Verletzungsprozesses

Der Schutz des (Klage-)Geschmacksmusters kann während eines laufenden Verletzungsprozesses aus verschiedenen Gründen erlöschen. So

---

238 OLG Düsseldorf, GRUR 1984, 79, 81; OLG Hamburg, MD 1994, 1131, 1132.
239 OLG Hamburg, MD 1994, 1131, 1132; OLG Stuttgart, WRP 1996, 60, 61.
240 BGH, WRP 2003, 516 – Kosten einer Schutzschrift.
241 OLG Karlsruhe, WRP 1981, 39; *Deutsch*, GRUR 1990, 327, 331.
242 BGH, GRUR 2008, 640 – Kosten der Schutzschrift III.
243 Vgl. *Gerold/Schmidt*, Anhang D Rn. 204.
244 OLG Rostock, GRUR-RR 2011, 230.
245 Vgl. *Gerold/Schmidt*, Anhang D Rn. 207.

§ 42   Beseitigung, Unterlassung und Schadensersatz

kann der Schutz etwa dadurch rückwirkend (ex tunc) entfallen, dass das Geschmacksmuster für nichtig erklärt wird. Weiter kann das Geschmacksmuster seine Wirkung dadurch verlieren, dass die Schutzdauer (§ 27 Abs. 2) abläuft. Endet der Schutz des Geschmacksmusters, kann dem Kläger (Antragsteller) der Unterlassungsanspruch nicht mehr zuerkannt werden. Liegt zum Zeitpunkt des Wirkungsverlusts noch keine Unterlassungsverurteilung vor, hat der Kläger, um einer Abweisung seines Unterlassungsantrags zu entgehen, die Hauptsache für erledigt zu erklären. Zu geschehen hat dies in derjenigen Instanz, in der es zu dem erledigenden Ereignis gekommen ist.[246] Hat das Geschmacksmuster seine Wirkung (erst) im Anschluss an eine in den Vorinstanzen bereits erfolgte Unterlassungsverurteilung einbüßt, hält der BGH ein abweichendes prozessuales Vorgehen für angebracht.[247]

86 Die Ansprüche des Verletzten auf Schadensersatz, Rechnungslegung sowie Auskunft bleiben ungeachtet des Erlöschens des Geschmacksmusterschutzes für diejenigen Benutzungshandlungen bestehen, die vor dem Wirkungsverlust des (Klage-)Geschmacksmusters begangen worden sind. Hinsichtlich solcher Benutzungshandlungen, die sich zeitlich nach dem Wirkungsverlust ereignet haben, entfallen die vorgenannten Ansprüche hingegen.[248]

87 Erlischt das (Klage-)Geschmacksmuster im laufenden Rechtsstreit wegen des Ablaufs der gesetzlichen (Höchst-)Schutzdauer, hat dies regelmäßig keinen Einfluss auf den Streitwert. Grund hierfür ist, dass der bisherige Unterlassungsanspruch mit dem Auslaufen des Geschmacksmusters in einen Schadenersatzanspruch umschlägt, der nunmehr entsprechend höher zu bewerten ist. Demgegenüber ist eine Herabsetzung des Streitwerts dann angezeigt, wenn der Verletzer die Benutzung des Geschmacksmusters vor Eintritt des Wirkungsverlusts freiwillig einstellt. In diesem Fall erweist sich nämlich die bei Einreichung der Klage zur Bewertung des Unterlassungsanspruchs angestellte Prognose, die Verletzungshandlung werde für die Restlaufzeit des Geschmacksmusters fortgesetzt, gegebenenfalls sogar ausgedehnt, als unzutreffend.[249]

---

246 *Kühnen*, GRUR 2009, 288, 289.
247 BGH, GRUR 1990, 007, 1001 – Ethofumesat.
248 *Kühnen*, GRUR 2009, 288, 290.
249 *Kühnen*, GRUR 2009, 288, 293.

VII. Vorgerichtliche Maßnahmen

1. Abmahnung

a) Zweck und Inhalt der Abmahnung

Die Abmahnung ist ein an eine bestimmte Person oder einen bestimmbaren Personenkreis gerichtetes ernsthaftes und endgültiges Unterlassungsbegehren.[250] Sie ist der übliche Weg, den Verletzer (Abgemahnten) vorprozessual auf eine Musterverletzung hinzuweisen und künftigen Verletzungshandlungen vorzubeugen. Mit der Abmahnung wird der Abgemahnte aufgefordert, innerhalb einer angemessenen Frist eine strafbewehrte Unterlassungserklärung abzugeben. Zudem wird dem Abgemahnten für den Fall, dass er die geforderte Unterlassungserklärung nicht abgibt, ein gerichtliches Vorgehen angedroht.[251] Typischerweise hat eine Abmahnung folgenden Inhalt: (1) Kurze Beschreibung des zugrunde liegenden Sachverhalts;[252] (2) rechtliche Begründung warum eine Musterverletzung vorliegt;[253] (3) Aufforderung ein bestimmtes Verhalten zu unterlassen;[254] (4) Aufforderung innerhalb einer bestimmten Frist eine – zweckmäßigerweise vorformulierte – strafbewehrte Unterlassungs- und Verpflichtungserklärung abzugeben;[255] (5) anderenfalls Androhung gerichtlicher Schritte.[256]

88

Der Verletzte ist grundsätzlich berechtigt, mehrere rechtlich selbstständige Verletzer, die parallel inhaltsgleiche Verletzungshandlungen vornehmen, gesondert in Anspruch zu nehmen, ohne dass hierin ein rechtsmissbräuchliches Verhalten gesehen werden kann. Ihm ist nämlich die wirtschaftliche oder gar rechtliche Verknüpfung der Verletzer in aller Regel unbekannt oder nur schwer verlässlich einschätzbar. Dem Verletzten ist nicht zumutbar, vor einer Abmahnung oder der gerichtlichen Geltendmachung seiner Ansprüche gegen jeden Verletzer Erhebungen über die Binnenstruktur der Störerschar vorzuschalten.[257]

89

---

250 BGHZ 38, 200, 203; OLG Karlsruhe, WRP 1974, 215, 217; OLG Düsseldorf, GRUR 1973, 102, 103.
251 Vgl. *Köhler/Bornkamm*, § 12 Rn. 1.12.
252 OLG Hamburg, MD 1990, 1216, 1218; OLG Koblenz, WRP 1981, 409, 412; OLG Köln, MD 1987, 821, 823.
253 OLG Koblenz, 1981, 671, 674; OLG Stuttgart, WRP 1984, 439; OLG Hamburg, WRP 1996, 773.
254 OLG München, WRP 1976, 264.
255 Vgl. *Köhler/Bornkamm*, § 12 Rn. 1.16.
256 OLG München, WRP 1981, 601; OLG Hamburg, WRP 1986, 292.
257 OLG Stuttgart, GRUR-RR 2002, 381, 382 f. – Hot Chili; LG München, ZUM-RD 2009, 352, 355.

90 Abnehmer des Herstellers (Importeurs etc.) sollten angesichts des damit verbundenen Risikos grundsätzlich erst nach einer erfolglosen Abmahnung des Herstellers abgemahnt werden.[258] Nur ganz besondere Umstände rechtfertigen eine Ausnahme.[259] Weist der verletzte Abnehmer des Herstellers auf sein Muster hin und erklärt, er sei entschlossen, dieses Muster im Falle einer Verletzung zu verteidigen, und zwar auch gegenüber solchen Unternehmen, die rechtsverletzende Erzeugnisse von anderen Herstellern erwerben, dürfen solche Hinweise den Adressaten nicht irreführen. Relevante Tatsachen sind vollständig, zutreffend und unmissverständlich anzugeben;[260] außerdem dürfen die Schutzrechtshinweise den Adressaten nicht verunsichern. Er muss klar erkennen können, welches Muster geltend gemacht und welche Handlung beanstandet wird.[261]

b) Keine Abmahnpflicht

91 Der Verletzte ist nicht verpflichtet, den Verletzer vor Klageerhebung oder Stellung eines Verfügungsantrags abzumahnen; die Abmahnung ist also keine Prozessvoraussetzung.[262] Vielmehr kann der Verletzte seine Ansprüche sofort gerichtlich geltend machen. Hatte der Verletzer mangels Abmahnung allerdings keine Gelegenheit, seine Verletzungshandlung abzustellen und einer Unterlassungsaufforderung nachzukommen, kann der Verletzer den geltend gemachten Anspruch sofort anerkennen. In diesem Fall hat der Verletzte gemäß § 93 ZPO die Kosten des Rechtsstreits zu tragen.

c) Entbehrlichkeit der Abmahnung

92 Die Abmahnung ist entbehrlich, wenn sie dem Verletzten unzumutbar ist. Dies kann unter anderem der Fall sein: (1) Wenn die Abmahnung zu einer unbilligen Verzögerung für den Verletzten führen würde (z.B. besondere Dringlichkeit bei Messen oder Sonderveranstaltungen);[263] (2) wenn die einstweilige Verfügung im Falle der Abmahnung vermut-

---

258 Vgl. *Nirk/Kurtze*, § 14, 14a Rn. 112.
259 BGH, GRUR 1979, 332, 336 – Brombeerleuchte.
260 BGH, GRUR 1995, 424, 426 – Abnehmerverwarnung.
261 OLG Düsseldorf, GRUR 2003, 814, 816.
262 BGH, WRP 2005, 1408, 1411 – Unbegründete Verwarnung; OLG Köln, WRP 1996, 333, 336.
263 OLG Naumburg, WRP 1996, 264; Nach Auffassung des LG Düsseldorf (InstGE 4, 159 – Interpack; InstGE 3, 221 – Rahmengestell) und des LG München (InstGE 12, 289 – Messeauftritt) ist eine (ggf. mündliche) Abmahnung auch bei einer (Patent-)Verletzung durch Ausstellung auf einer Messe grundsätzlich erforderlich.

lich ins Leere ginge (z.B. Vereitelung der Sequestration in Fällen der Produktpiraterie);[264] (3) wenn der Verletzte bei objektiver Betrachtung annehmen durfte, dass eine Durchsetzung seiner Ansprüche nur mit Hilfe der Gerichte möglich sein werde (z.b. aufgrund des vorausgegangenen Verhaltens des Verletzers).[265] Dass der Verletzer aus Sicht des Verletzten vorsätzlich handelt, macht die Abmahnung hingegen regelmäßig nicht entbehrlich.[266] Beruft sich der Verletzte unter Hinweis auf eine außergewöhnlichen Eilbedürftigkeit auf die Unzumutbarkeit der Abmahnung, muss er angesichts der Schnelligkeit moderner Nachrichtenübermittlungswege (Telefax, E-Mail) unter Aufführung einzelner Zeitangaben darlegen, dass selbst für die Abmahnung mit nur kurzer Unterwerfungsfrist, beispielsweise per Telefax mit Stundenfrist, kein Raum mehr war. Die Abmahnung ist notfalls unter Anwesenden auszusprechen oder zu überbringen, wenn andere Möglichkeiten wegen eines fehlenden Telekommunikationsanschlusses auf dem Messestand nicht zur Verfügung stehen.[267]

Fraglich (und von der Rechtsprechung nicht entschieden) ist, ob eine Abmahnung auch dann unzumutbar ist, wenn die Gefahr besteht, dass der Verletzer die Abmahnung zum Anlass nimmt, in einem anderen Mitgliedstaat der EU mit bekanntermaßen langsamer Rechtsschutzgewährung eine negative Feststellungsklage wegen Nichtverletzung des streitgegenständlichen Geschmacksmusters zu erheben, so dass ein späteres Verletzungsverfahren nach Art. 27 Abs. 1 EuGVVO ausgesetzt werden muss (sog. Torpedo).[268] Vor dem Hintergrund, dass derartige negative Feststellungsklagen in der überwiegenden Mehrzahl rechtsmissbräuchlich sind (weshalb die ausländischen Gerichten die Zuständigkeit/Zulässigkeit von „Torpedo"-Klagen zunehmend verneinen),[269] liegt es nahe, eine Unzumutbarkeit zumindest in solchen Fallkonstellationen 93

---

264 OLG Hamburg, WRP 1988, 47; OLG Düsseldorf, WRP 1997, 471, 472; OLG München, NJWE-WettbR 1999, 239; OLG Hamburg, GRUR-RR 2004, 191; OLG Hamburg, GRUR-RR 2007, 27; KG, GRUR 2008, 371; LG Düsseldorf, InstGE 12, 234, 237, Urt. v. 16.3.2010 – 4a O 238/09.
265 OLG Frankfurt am Main, WRP 1981, 282; OLG Nürnberg, WRP 1981, 290, 291; LG Hagen, WRP 2002, 361.
266 OLG Hamburg, WRP 1995, 1037, 1038; a.A.: OLG Karlsruhe, WRP 1981, 542; OLG Köln WRP 1983, 118.
267 Vgl. zum Patentrecht: *Benkard*, § 139 Rn. 163.
268 Vgl. zum Patentrecht: *Benkard*, § 139 Rn. 163; *Mes*, § 139 Rn. 174.
269 Vgl. Tribunale di Bologna, GRUR Int. 2000, 1021 – Verpackungsmaschine; Tribunal de Grande Instance de Paris, GRUR Int. 2001, 173 – The General Hospital/Bracco; Rechtbank van eerste aanleg te Brussel, GRUR Int. 2001, 170 – Röhm Enzyme.

anzunehmen, in denen dem Verletzten bekannt ist, dass der Verletzer auf eine frühere Abmahnung mit einer negativen Feststellungsklage reagiert hat.

d) Form

94 Die Abmahnung ist nicht an eine bestimmte Form gebunden. Sie kann deshalb sowohl (fern-)mündlich – insbesondere im Zusammenhang mit einer Messesache – als auch schriftlich (per Brief, Telefax, oder E-Mail) erfolgen.[270] Aus Beweisgründen empfiehlt sich jedoch die Schriftform.

e) Zugang

95 Das Risiko der Übermittlung trägt nach wohl noch h. M. der Abgemahnte.[271] Dementsprechend genügt es, wenn der Verletzte die Abmahnung ordnungsgemäß absendet; das Risiko des Zugangs trägt – auch bei einer Telefaxabmahnung – der Abgemahnte. Ist der Zugang der Abmahnung streitig, muss der Verletzte lediglich darlegen und glaubhaft machen, alles Erforderliche getan zu haben, um dem Verletzer Gelegenheit zur Abgabe einer strafbewehrten Unterlassungserklärung zu geben.

96 Den Verletzer, der sich auf § 93 ZPO (sofortiges Anerkenntnis) beruft, trifft nach den allgemeinen Beweisgrundsätzen die Darlegungs- und Beweislast dafür, dass er die Forderung sofort anerkannt hat, d.h. vor seiner gerichtlichen Inanspruchnahme nicht abgemahnt wurde. Da es sich bei der nicht erfolgten Abmahnung aus der Sicht des Verletzers um eine negative Tatsache handelt, kann er sich im Prozess zunächst allerdings auf die bloße Behauptung beschränken, eine Abmahnung nicht erhalten zu haben. Der danach dem Verletzten obliegenden Beweislast, er habe den Verletzer abgemahnt, genügt dieser – nach dem auch im Prozessrecht geltenden Grundsatz von Treu und Glauben (§ 242 BGB) – jedoch ebenfalls bereits dann, wenn er dem einfachen Bestreiten des Verletzers mit einem qualifizierten Vortrag über die genauen Umstände der Absendung der Abmahnung entgegentritt. Stellt der Verletzer in einem solchen Fall gleichwohl den Zugang der Abmahnung in Abrede,

---

270 OLG Frankfurt am Main, GRUR 1988, 32; OLG München, WRP 1988, 62, 63; OLG Düsseldorf, GRUR 1990, 310; KG, WRP, 1994, 39; OLG Hamburg, NJW-RR 1994, 629.
271 Vgl. *Köhler/Bornkamm*, § 12 Rn. 1.31 f. m.w.N.

ist es an ihm, dies im Einzelnen darzulegen und zu beweisen.[272] Gleichwohl ist dem Abmahnenden zu empfehlen, für die Abmahnung einen „sicheren" Weg (Einschreiben mit Rückschein; Zustellung durch Gerichtsvollzieher gemäß § 132 Abs. 1 BGB; Einschaltung von Boten oder sonstigen Zeugen) zu wählen. Wird die Abmahnung per Telefax versendet, reicht allein die Vorlage des Sendeberichts für die Beweisführung des Zugangs nicht aus.[273] Ist dem Abmahnenden positiv bekannt, dass seine Abmahnung nicht zugegangen ist (z.B. durch Rückbrief), ist er im Regelfall gehalten, nochmals abzumahnen.[274] Hat der Abgemahnte die Annahme der Abmahnung grundlos verweigert oder bewusst vereitelt oder keine zumutbaren Vorkehrungen für den Empfang getroffen, kann er sich nicht auf fehlenden Zugang berufen.[275]

97 Den Abmahnenden trifft weiter keine Nachforschungspflicht über den Verbleib einer angekündigten Unterlassungserklärung: Der Abmahnende ist also nicht verpflichtet, vor Klageerhebung nochmals an der Verletzer heranzutreten, wenn dieser auf die Abmahnung zwar ankündigt, die geforderte Unterlassungserklärung abzugeben, sodann jedoch nur die geforderte Abmahnpauschale, nicht aber die Unterlassungserklärung bei dem Abmahnenden eingeht.[276]

f) Nachweis der Vollmacht

98 Ob die Wirksamkeit einer anwaltlichen Abmahnung vom Nachweis der Bevollmächtigung (Vorlage einer Vollmacht) abhängig ist, ist umstritten.[277] Da eine Abmahnung eine Rechtshandlung und kein einseitiges Rechtsgeschäft darstellt, ist nach wohl herrschender Meinung[278] davon auszugehen, dass der Abgemahnte eine Abmahnung nicht mit Verweis auf § 174 Satz 1 BGB zurückweisen kann. Dies gilt zumindest dann, wenn die Abmahnung – wie üblich – mit einem Angebot zum Abschluss eines Unterwerfungsvertrages verbunden ist.[279] Auch eine ana-

---

272 BGH, WRP 2007, 781; OLG Jena, WRP 2007, 102; OLG Frankfurt am Main, WRP 2009, 347; LG Erfurt, ZUM-RD, 2009, 281; LG Rostock, WRP 2009, 1314.
273 OLG Schleswig, GRUR-RR 2008, 138.
274 OLG Frankfurt am Main, WRP 1980, 84; OLG Stuttgart, WRP 1983, 361; KG, WRP 1992, 716.
275 OLG Naumburg, NJWE-WettbR 1999, 241; OLG Düsseldorf, GRUR-RR 2001, 199.
276 OLG Celle, GRUR 2009, Heft 5, IX.
277 Vgl. *Busch*, GRUR 2006, 478.
278 Vgl. *Teplitzky*, WRP 2010, 1427 ff.
279 BGH, WRP 2010, 1495 – Vollmachtsnachweis.

loge Anwendung kommt nicht in Betracht.[280] Der Abgemahnte kann jedoch die Abgabe der strafbewehrten Unterlassungserklärung von dem Nachweis der ordnungsgemäßen Bevollmächtigung abhängig machen, da die Aufforderung zur Abgabe dieser Erklärung eine Willenserklärung ist. Angesichts der abweichende Auffassung ist dem Abmahner gleichwohl dringend zu empfehlen, der Abmahnung eine Vollmachtsurkunde beizufügen, und zwar im Original per Post (eventuell nachträglich) und als Faxkopie im Vorwege per Telefax.[281] Enthält die von einem Vertreter verfasste Abmahnung bereits das Angebot zum Abschluss eines bestimmten Unterlassungsvertrages mit Vertragsstrafenversprechen, handelt der Abgemahnte treuwidrig, wenn er dieses Angebot durch Unterzeichnung und Zusendung an den Vertreter unverzüglich akzeptiert, zugleich aber die Abmahnung unter Hinweis auf das Fehlen der Originalvollmacht unverzüglich zurückweist. In diesem Fall kommt eine entsprechende Anwendung von § 174 Satz 1 BGB nicht in Betracht.[282]

g) Frist

99 Die Frist zur Abgabe der Unterlassungserklärung muss angemessen sein. Die Angemessenheit ist anhand der Umstände des Einzelfalls und aufgrund einer Interessenabwägung zu beurteilen: Zu berücksichtigen sind insbesondere Art, Dauer und Schwere der Verletzungshandlung. Die Frist muss so bemessen sein, dass der Abgemahnte Zeit zum Überlegen und zum Einholen von Rechtsrat hat.[283] Im Allgemeinen ist eine Frist von fünf bis zehn Werktagen ab Zugang der Abmahnung ausreichend. Ist die Sache besonders eilbedürftig, kann auch eine Frist von nur wenigen Stunden noch angemessen sein.[284] Ist die Frist zu kurz oder bereits bei Zustellung der Abmahnung abgelaufen, ist die Abmah-

---

280 OLG München, WRP 1971, 487, 488; OLG Hamm, WRP 1982, 592, 593; OLG Celle, WRP 1983, 606; OLG Köln, WRP 1985, 360, 361; OLG Hamburg, WRP 1986, 106; KG, GRUR 1988, 79; OLG Karlsruhe, NJW-RR 1990,1323; *Harte/Henning*, § 12 Rn. 31; *Köhler/Bornkamm*, § 12 UWG, Rn. 1.27; *Teplitzky*, Kap. 41, Rn. 6; a.A.: OLG Nürnberg, WRP 1991, 522, 523; OLG Dresden, NJWE-WettbR 1999, 140; OLG Düsseldorf, WRP 2001, 52.
281 Vgl. zum Patentrecht: *Benkard*, § 139 Rn. 163; vgl. zum UWG: *Harte/Henning*, § 12 Rn. 32.
282 OLG Celle, WRP 2010, 1409 – Abmahnung.
283 Vgl. *Köhler/Bornkamm*, § 12 Rn. 1.19.
284 OLG München, WRP 1988, 62, 63; OLG Hamburg, WRP 1995, 125, 126; OLG Frankfurt am Main, WRP 1996, 1194.

h) Negative Feststellungsklage

Ist die Abmahnung unberechtigt, kann der Abgemahnte die Berechtigung der Abmahnung in einer negativen Feststellungsklage (§ 256 ZPO) gerichtlich überprüfen lassen: Das erforderliche Feststellungsinteresse wird durch die in der Abmahnung liegende Rechtsberührung begründet und zwar mit sofortiger Wirkung.[286] Das für die Feststellungsklage erforderliche rechtliche Interesse ergibt sich aus dem Umstand, dass der Inhaber eines Gewerbebetriebes wegen der einschneidenden Wirkungen, die ein Abmahnung für ihn in aller Regel zur Folge hat, erheblichen wirtschaftlichen Risiken für den Bestand seines Unternehmens ausgesetzt sein kann.[287] Die Abmahnung stellt den Abgemahnten vor allem vor die Frage, ob er die Herstellung und/oder den Vertrieb der umstrittenen Erzeugnisse fortsetzen soll. Sie nötigt ihn zu einem weitreichenden, unmittelbar an der Fortsetzung des Betriebes im ganzen oder auf einem Teilgebiet betreffenden Entschluss.[288]

100

Ob der Abgemahnte vor Erhebung der Klage verpflichtet ist, eine Gegenabmahnung auszusprechen, d.h. den Abmahnenden auffordern muss, dass er die ursprünglichen Forderungen nicht weiter verfolgt, sondern vielmehr auf diese verzichtet, ist umstritten. Nach der hier vertretenen Auffassung trifft denjenigen, der zu Unrecht abgemahnt wurde, keinerlei Verpflichtung, außergerichtlich zu reagieren. Insbesondere ergibt sich eine solche Pflicht nicht aus dem gesetzlichen Schuldverhältnis, das durch die ausgesprochene Abmahnung begründet wird.[289] Der zu Unrecht Abgemahnte ist deshalb grundsätzlich nicht – auch nicht zur Vermeidung der Kostenfolge des § 93 ZPO – gehalten, eine Gegenabmahnung auszusprechen.[290] Etwas anderes gilt, wenn ein besonderer Grund vorliegt. Dies ist z.B. der Fall, wenn die Abmahnung in tatsächlicher und/oder rechtlicher Hinsicht auf offensichtlich unzutreffenden Annahmen beruht, bei deren Richtigstellung mit einer Ände-

101

---

285 BGH, GRUR 1990, 381, 382 – Antwortpflicht des Abgemahnten; KG, WRP 1977, 582, 584; OLG Hamburg, WRP 1995, 1043; OLG Köln, WRP 1996, 1214, 1215.
286 Vgl. *Teplitzky*, Kap. 41 Rn. 68; *Köhler/Bornkamm*, § 12 Rn. 1.74.
287 BGH, GRUR 1997, 741, 742 – Chinaherde.
288 BGH, GRUR 1997, 741, 742 – Chinaherde.
289 OLG Hamburg, WRP 2009, 335.
290 Vgl. *Köhler/Bornkamm*, § 12 Rn. 1.74 m.w.N.; a.A. KG, WRP 1980, 206; OLG Frankfurt am Main, WRP 1982, 295; OLG München, GRUR 1985, 161.

rung der Auffassung des Abmahnenden gerechnet werden kann, oder wenn seit der Abmahnung ein längerer Zeitraum verstrichen ist und der Abmahnende in diesem entgegen seiner Androhung keine gerichtlichen Schritte eingeleitet hat.[291] Trifft den Abmahnenden ein Übernahmeverschulden, kann der zu Unrecht Abgemahnte vom Abmahnenden gemäß § 678 BGB den Ersatz der Kosten für eine Gegenabmahnung verlangen.[292] Der Streitwert der Klage richtet sich nach dem wirtschaftlichen Interesse des Beklagten an der Unterbindung der „Musterverletzung" des Klägers. Damit entspricht der Wert der negativen Feststellungsklage dem einer spiegelbildlichen Leistungs-(Unterlassungs-)klage des Beklagten.[293]

i) Schadensersatzpflicht

102 Die unbegründete Abmahnung kann den Abmahnenden unter dem Gesichtspunkt eines rechtswidrigen und schuldhaften Eingriffs in das Recht am eingerichteten und ausgeübten Gewerbebetrieb zum Schadensersatz (§ 823 Abs. 1 BGB) verpflichten.[294] Der Abmahnende handelt schuldhaft, wenn er es bei der Prüfung der Rechtsbeständigkeit seines Musters und der Beurteilung der Verletzungsfrage an der ihm billigerweise zuzumutende Sorgfalt hat fehlen lassen und nicht gewissenhaft vorgegangen ist. Das ist dann nicht der Fall, wenn der Abmahnende nach sorgfältiger Prüfung und der Einschaltung von erfahrenen Beratern, etwa Rechts- und/oder Patentanwälten, annehmen durfte, es liege eine Musterverletzung vor.[295] Zu berücksichtigen ist jedoch, dass es sich bei dem Muster um ein ungeprüftes Recht handelt; bei diesem sind die Sorgfaltspflichten strenger als bei geprüften Schutzrechten (Patenten, Marken).[296] Die Anforderungen, die bei Abnehmerabmahnungen an die Sorgfaltspflicht des Abmahnenden zu stellen sind, sind strenger als bei Herstellerverwarnungen.[297]

---

291 BGH, WRP 2004, 1032, 1036 – Gegenabmahnung; *Teplitzky*, Kap. 41 Rn. 72–74; *Köhler/Piper*, vor § 13 Rn. 205 f.; *Köhler/Bornkamm*, § 12 Rn. 1.74.
292 OLG München, WRP 2008, 1384.
293 KG, WRP 2009, 339; a.A. OLG München, GRUR 1986, 840; nicht eindeutig insoweit BGH, NJW 1970, 2025.
294 BGH, GRUR 2005, 1408, 1410 – Unbegründete Verwarnung.
295 BGH, GRUR 1976, 715, 717 – Spritzgießmaschine; BGH, GRUR 1974, 290, 292 – Maschenfester Strumpf.
296 BGH, GRUR 1974, 290 – Maschenfester Strumpf; BGH, GRUR 1979, 332, 336 – Brombeerleuchte; BGH, WRP 1997, 957 – Chinaherde.
297 BGH, GRUR 1979, 332, 336 – Brombeerleuchte.

Bei einer unberechtigten Abnehmerabmahnung kann der Abmahnende dem Hersteller gegenüber auf Schadensersatz und Beseitigung unter dem Gesichtspunkt der gezielten Behinderung (§ 4 Nr. 10 UWG) und ggf. auch der Mitbewerberherabsetzung (§ 4 Nr. 7 UWG) und der Anschwärzung (§ 4 Nr. 8 UWG) haften.[298] Das Gleiche gilt, wenn der Abmahnende ein nicht rechtskräftiges Verletzungsurteil an die gewerblichen Abnehmer des streitigen Erzeugnisses versendet und in seinem Abmahnschreiben bei einem nicht unbeachtlichen Teil der Adressaten den Eindruck vermittelt, das Urteil sei rechtskräftig.[299]

103

j) Kosten

Für eine berechtigte Abmahnung kann der Abmahnende vom Abgemahnten nach den Grundsätzen der Geschäftsführung ohne Auftrag (§§ 683 Abs. 1, 677, 670 BGB) die Erstattung von Abmahnkosten verlangen. Denn die Beseitigung eines einen Unterlassungsanspruch begründenden Störzustandes liegt (auch) im objektiven Interesse des Abgemahnten.[300] Allerdings sind Aufwendungen für eine Abmahnung vom Abgemahnten nur dann zu erstatten, wenn sie zur zweckentsprechenden Rechtsverfolgung notwendig sind. Das gilt auch hinsichtlich der Kosten für die Beauftragung eines Rechtsanwalts.[301] Auszugehen ist dabei von dem mutmaßlichen Willen (§ 683 BGB) des Abgemahnten, die Aufwendungen für eine Abmahnung möglichst niedrig zu halten.[302] Da das Geschmacksmusterrecht eine Spezialmaterie darstellt (dies ergibt sich bereits aus der Kostenerstattungsregel des § 52 Abs. 4), darf sich der Verletzte bei der Abmahnung regelmäßig rechtsanwaltlicher oder patentrechtsanwaltlicher Hilfe bedienen. Etwas anderes mag gelten, wenn der Verletzte aufgrund seiner Erfahrung und personellen Ausstattung (Rechtsabteilung) in der Lage ist, selbst abzumahnen.[303] Die Beweislast dafür, dass die Einschaltung eines Rechts- oder Patentanwaltes ausnahmsweise nicht erforderlich war, trägt indessen

104

---

298 Vgl. *Köhler/Bornkamm*, § 4 Rn. 10.179.
299 BGH, GRUR 1995, 424 – Abnehmerverwarnung.
300 BGH, GRUR 1973, 384, 385 – Goldene Armbänder; BGH, GRUR 1991, 550, 552 – Zaunlasur; zum Ersatz von Abmahnkosten im Fall einer Störerhaftung vgl. LG Köln, ZUM-RD 2011, 112.
301 BGHZ 52, 393, 399f. – Fotowettbewerb.
302 BGHZ 52, 393, 400 – Fotowettbewerb; BGH, GRUR 1984, 691, 692 – Anwaltsabmahnung.
303 Vgl. *Teplitzky*, Kap. 41 Rn. 82; BGH, WRP 2004, 495, 496 – Auswärtiger Rechtsanwalt IV; BGH, WRP 2008, 1188 – Abmahnkostenersatz.

der Abgemahnte. Der Erstattungsanspruch kann allerdings entfallen, wenn es sich bei der Abmahnung um eine von vielfachen Serienabmahnungen handelt, zu denen es allein zum Zwecke des Geldverdienens gekommen ist.[304]

105 In Fällen sog. „Schubladen-Verfügungen"[305] besteht demgegenüber kein Ersatzanspruch (§§ 683 Satz 1, 677, 667 BGB) für die ausgesprochene außergerichtliche Abmahnung. Grund hierfür ist, dass die Abmahnung nach Erlass einer Verbotsverfügung unabhängig von der Reaktion des (Unterlassungs-) Schuldners nicht (mehr) in dessen Interesse liegt. Unerheblich ist dabei etwa, ob der Abgemahnte im Zeitpunkt der Abmahnung von der bereits erlassenen Verbotsverfügung weiß. Maßgeblich ist, dass der Schuldner den Rechtsstreit im Fall der nachgeschalteten Abmahnung nicht mehr durch eine Unterlassungserklärung – kostengünstig – vermeiden kann. Diesen Zweck der Abmahnung vermittelt die dem Erlass einer Verbotsverfügung nachgeschaltete Abmahnung nicht (mehr).[306]

106 Dass der Abgemahnte die Kosten des abmahnenden Rechts- oder Patentanwaltes zu erstatten hat, steht außer Zweifel.[307] Demgegenüber ist umstritten, ob der Abgemahnte auch die Kosten zu erstatten hat, welche durch die (zusätzliche) Zuziehung eines Patentanwaltes – neben der Beauftragung des Rechtsanwaltes – entstehen. Die herrschende Meinung in Rechtsprechung und Literatur vertritt die Auffassung, dass § 52 Abs. 4 GeschmMG analog – direkt anwendbar ist die Vorschrift nicht, weil sie nach ihrem Wortlaut lediglich die Vertretung vor ordentlichen Gerichten erfasst – auf die vorgerichtliche Vertretung in markenrechtlichen Streitigkeiten anzuwenden ist.[308] Demnach wäre die Notwendigkeit der Einschaltung eines Patentanwaltes in geschmacksmusterrechtlichen Streitigkei-

---

304 BGH, WRP 2001, 148; OLG Düsseldorf, GRUR-RR 2002, 215.
305 Bei einer „Schubladen-Verfügung" erwirkt der Antragsteller eine einstweilige Verfügung ohne den Antragsgegner zuvor abgemahnt zu haben. Nach deren Erlass stellt der Antragsteller die einstweilige Verfügung jedoch nicht sofort zu, sondern hält diese zunächst in der „Schublade" zurück. Stattdessen mahnt er den Antragsgegner ab fordert diesen zur Unterlassung etc. auf. Kommt der Antragsgegner (Abgemahnte) dieser Aufforderung nicht nach, holt der Antragsteller die einstweilige Verfügung aus der „Schublade" und lässt diese zustellen.
306 BGH, WRP 2010, 258, 259 Rn. 15 ff. – Schubladenverfügung.
307 BGH, GRUR 1995, 338, 342 – Kleiderbügel.
308 Vgl. zum Markenrecht: BGH, GRUR 2009, 888 – Thermoroll; OLG Karlsruhe, GRUR 1999, 343, 346; OLG Karlsruhe, GRUR-RR 2006, 302; OLG Köln, 28. April 2006, Az.: 6 U 222/05; OLG Stuttgart, WRP 2007, 1265; OLG Hamburg, GRUR-RR 2008, 370; OLG Zweibrücken, GRUR-RR 2009, 327; KG, GRUR-RR 2010, 403; *Ingerl/Rohnke*, § 140 Rn. 61; *Ströbele/Hacker*, § 140 Rn. 53.

ten grundsätzlich nicht zu überprüfen.[309] Die Gegenmeinung wendet – nach Auffassung der Autoren zu Recht[310] – ein, dass sich eine analoge Anwendung bereits mangels einer „planwidrigen Regelungslücke" verbiete. Stattdessen beurteilte sich die Frage der Erstattungsfähigkeit vorprozessualer Patentanwaltskosten nach der Erforderlichkeit der Hinzuziehung.[311] Die Mitwirkung des Patentanwaltes ist folglich nicht erforderlich, wenn sich die Tätigkeit des Patentanwalts darauf beschränkt, die vom Rechtsanwalt vorgenommene rechtliche Bewertung zu überprüfen; denn zu dieser rechtlichen Bewertung muss ein Rechtsanwalt auch ohne die Hilfe eines Patentanwalts in der Lage sein. Hingegen kann die ergänzende Zuziehung eines Patentanwalts dann als erforderlich angesehen werden, wenn dieser Tätigkeiten übernommen und ausgeführt hat, die – wie etwa Recherchen zum vorbekannten Formenschatz – in das typische Arbeitsfeld des Patentanwalts gehören.[312] Im Übrigen kann ein Verstoß – im Fall einer Gegenabmahnung der Nichtverstoß – auch derart eindeutig sein, dass sich die (zusätzliche) Hinzuziehung eines Patentanwalts als rechtsmissbräuchlich darstellt.[313] Insoweit ist zu berücksichtigen, dass für den Anspruch aus § 42 Abs. 2 Satz 1 GeschmMG die allgemeinen Grundsätze des Schadensersatzrechts nach §§ 249 ff. BGB gelten.[314] Demnach hat der Verletzte bei der außergerichtlichen Verfolgung seiner Rechte den Grundsatz der Schadensminderungspflicht zu beachten. Diese Schadensminderungspflicht erfordert, dass der Verletzte Maßnahmen unterlässt, die ein verständiger Mensch, der die Kosten dafür selbst aufwenden müsste, unterließe.[315] Nach diesen Grundsätzen muss der Verletzte in Routinefällen, die keine besonderen rechtlichen Schwierigkeiten aufweisen (also insbesondere bei eindeutiger Rechtslage), auf die Einschaltung eines zusätzlichen Patentanwaltes verzichten, soweit er einen Rechtsanwalt mit Erfahrungen im Geschmacksmusterrecht mit der Überwachung und Abmahnung von Musterverletzungen beauftragt hat.[316]

---

309 Vgl. zum Markenrecht: *Ingerl/Rohnke*, § 140 Rn. 61.
310 Vgl. *Günther/Pfaff*, WRP 2010, 708 ff.
311 Vgl. zum Markenrecht: OLG Düsseldorf, 30.10.2007 – I-20 U 52/07; OLG Frankfurt am Main, GRUR-RR 2010, 127.
312 Vgl. zum Markenrecht: BGH, GRUR 2011, 754 – Kosten des Patentanwalts II; OLG Frankfurt am Main, MittdtPatA 2006, 480.
313 Vgl. zum Markenrecht: LG Berlin, MMR 2008, 354.
314 Vgl. zum Markenrecht: *Ströbele/Hacker*, § 14 Rn. 352 f.; LG Hamburg, GRUR-RR 2005, 344.
315 Vgl. *Palandt*, § 254 Rn. 36.
316 Vgl. zum Markenrecht: LG Hamburg, GRUR-RR 2005, 344; LG Berlin, MittdtPatA 2008, 372.

§ 42   Beseitigung, Unterlassung und Schadensersatz

107 Ist ein Anwalt nur mit der Abmahnung, nicht mit der Klagerhebung oder Stellung eines Verfügungsantrages, beauftragt worden, steht ihm nach §§ 2 Abs. 2, 13 RVG i.V.m. Nr. 2300 VV RVG eine Geschäftsgebühr zu. Der Gebührenrahmen beträgt 0,5 bis 2,5, die Mittelgebühr also 1,5. Da es sich beim Geschmacksmusterrecht um eine Spezialmaterie handelt, die Tätigkeit also „schwierig" i.S.d. Nr. 2300 VV RVG ist, gilt die Begrenzung auf eine 1,3 Geschäftsgebühr nicht.[317] Dies gilt zumindest solange der Rechtsanwalt ohne Mitwirkung eines Patentanwalts abmahnt.[318] Wirkt ein Patentanwalt an der Abmahnung mit, kann der Rechtsanwalt nur eine 1,3 Geschäftsgebühr verlangen.[319] Kommt es nach erfolgloser Abmahnung zum gerichtlichen Verfahren, ist die Geschäftsgebühr zur Hälfte, maximal jedoch mit einem Gebührensatz von 0,75 auf die Verfahrensgebühr (Nr. 3100 VV zu § 2 Abs. 2 RVG) anzurechnen. Hierbei vermindert sich nicht die bereits entstandene Geschäftsgebühr, sondern die in dem anschließenden gerichtlichen Verfahren anfallende Verfahrensgebühr (§ 15a RVG).[320] Soweit ein Ersatzanspruch besteht, ist die Geschäftsgebühr deshalb in voller Höhe einzuklagen. Ein für die Abmahnung vereinbartes Honorar ist der Anrechnung allerdings entzogen.[321]

108 Lässt der Verletzte mehrere Verletzer mit inhaltlich Identischem abmahnen, können die Verletzer sich nicht darauf berufen, dass eine niedrigere Geschäftsgebühr angemessen wäre: Ist der Verletzte berechtigt, mehrere Verletzer einzeln abzumahnen, so muss es auch gerechtfertigt sein, für die Frage der Gebührenhöhe die jeweiligen selbstständig nebeneinanderliegenden Verstöße der einzelnen Verletzer unabhängig voneinander zu betrachten. Im Übrigen sind keine nachvollziehbaren Kriterien dafür ersichtlich, welche der mehreren Verletzer in den Genuss der geringeren Geschäftsgebühr kommen sollen bzw. welcher der mehreren Verletzer als einziger die höhere Geschäftsgebühr zu erstatten hätte.[322]

109 Die im Vorfeld eines gerichtlichen Verfahrens entstandene Geschäftsgebühr kann im Kostenfestsetzungsverfahren nach §§ 103, 104 ZPO nicht berücksichtigt werden.[323] Dementsprechend können weder die

---

317 Vgl. *Günther*, WRP 2009, 118 ff.
318 A. A. OLG Hamburg, Urt. v. 21.1.2010 – 3 U 264/06.
319 Vgl. *Günther/Beyerlein*, WRP 2004, 1222, 1223.
320 BGH, NJW 2008, 1323; BGH, WRP 2009, 75.
321 BGH, NJW-RR 2010, 359; OLG Stuttgart, OLG-Report 2009, 685, betr. Pauschalhonorar; OLG Frankfurt am Main, AnwBl 2009, 310, betr. Zeithonorar.
322 LG München, ZUM-RD 2009, 352, 355 f.
323 BGH, NJW 2007, 2049; BGH, WRP 2009, 75.

Kosten für eine Abmahnung noch die für die vorprozessuale Abwehr von Ansprüchen der Partei entstandene Geschäftsgebühr Gegenstand einer Kostenfestsetzung nach §§ 103, 104 ZPO sein.[324]

Wendet der Beklagte im Rahmen einer Zahlungsklage ein, der Kläger habe die Kosten noch nicht an seine Anwälte bezahlt, ist dies irrelevant. Der Anspruch auf Ersatz der durch eine Abmahnung verursachten Anwaltskosten mag gemäß dem Prinzip der Naturalherstellung vor Bezahlung der Kosten durch die Partei zunächst auf Befreiung (Freistellung) von der (Honorar-)Verbindlichkeit gerichtet sein. Damit der Befreiungsanspruch in einen Zahlungsanspruch übergeht, genügt es aber, wenn die Inanspruchnahme des Befreiungsgläubigers (der Partei) durch den Dritten (den Rechtsanwalt) mit Sicherheit zu erwarten ist.[325]

110

k) Kosten eines Abwehrschreibens

(Anwalts-)Kosten, welche dem Abgemahnten durch die Zurückweisung einer Abmahnung entstehen („Abwehrschreiben"), stellen keine notwendigen Kosten der Rechtsverteidigung i.S.d. § 91 Abs. 1 Satz 1 ZPO dar und sind im Kostenfestsetzungsverfahren nicht erstattungsfähig.[326] Dies gilt selbst dann, wenn am Ende des Abwehrschreibens angemerkt ist, der Verfasser gehe davon aus, dass der Abmahnende, sollte er wider Erwarten einen Rechtsstreit einleiten, das Abwehrschreiben von sich aus dem Verfügungsantrag an das Gericht beilegen werde.

111

2. Berechtigungsanfrage

Anstatt abzumahnen, kann der (vermeintlich) Verletzte dem (vermeintlichen) Verletzer eine sog. Berechtigungsanfrage zukommen lassen. Die Berechtigungsanfrage enthält eine Darstellung des Musters, eine Aufforderung zum Meinungsaustausch über die Schutzrechtslage sowie die Frage, weshalb der Empfänger sich berechtigt glaubt, das Muster zu benutzen (z.B. Vorbenutzungsrecht nach § 41). Abweichend von der Abmahnung enthält die Berechtigungsanfrage kein Verlangen nach Abgabe einer Unterlassungserklärung. Auch fehlt die Androhung gerichtlicher Schritte bei Erfolglosigkeit der Anfrage. Ob die Anfrage als Abmahnung oder „nur" als Berechtigungsanfrage zu qualifizieren ist, hängt vom Einzelfall ab. Auch dann, wenn die Anfrage mit einer aus-

112

---

324 BGH, WRP 2006, 237; BGH, NJW 2008, 1323.
325 OLG Köln, WRP 2009, 1290, 1295 – Aqua Clean Koi.
326 BGH, WRP 2008, 947 – Kosten eines Abwehrschreibens.

drücklichen Aufforderung zur Stellungnahme verbunden ist, handelt es sich (noch) um eine Berechtigungsanfrage.[327]

113 Die unberechtigte Berechtigungsanfrage stellt im Gegensatz zur unberechtigten Abmahnung (noch) keinen zum Schadensersatz oder zur Unterlassung verpflichtenden Eingriff in den eingerichteten und ausgeübten Gewerbebetrieb dar, ist für den Verletzten also weniger riskant.[328] Auch kann der (vermeintliche) Verletzer bei einer unberechtigten Berechtigungsanfrage keine negative Feststellungsklage erheben.[329] Ein Anspruch auf Kostenerstattung besteht nicht, weil die Berechtigungsanfrage primär im eigenen Interesse des Anfragenden ist.[330] Beantwortet der Adressat die Berechtigungsanfrage nicht oder vertritt er in seiner Antwort die Auffassung, zur Benutzung des Geschmacksmusters berechtigt zu sein, muss der Verletzte den Verletzer zur Vermeidung eines sofortigen Anerkenntnisses (§ 93 ZPO) vor Einleitung gerichtlicher Schritte gleichwohl abmahnen.[331] Die Berechtigungsanfrage macht eine spätere Abmahnung also keineswegs entbehrlich.

3. Abschlussschreiben

114 Die einstweilige Verfügung dient der Sicherung eines Individualanspruchs oder der einstweiligen Regelung eines streitigen Rechtsverhältnisses (§§ 935, 940 ZPO). Insoweit deckt sie sich mit einem der Unterlassungsklage stattgebenden Urteil des Hauptprozesses und ermöglicht bereits die Durchsetzung des Unterlassungsanspruchs im Wege der Zwangsvollstreckung (§§ 936, 928, 890 ZPO). Sie bleibt aber auch in diesen Fällen nur eine vorläufige Regelung. Wird sie wie im Streitfall ohne mündliche Verhandlung durch Beschluss erlassen (§ 937 Abs. 2 ZPO), kann sie mit dem Widerspruch angegriffen werden und ist aufgrund mündlicher Verhandlung durch Urteil aufzuheben, wenn sich ihr Erlass als nicht oder nicht mehr gerechtfertigt erweist (§ 925 ZPO). Aber auch dann, wenn sie aufgrund mündlicher Verhandlung durch Urteil erlassen oder nach Erhebung eines Widerspruchs durch Urteil formell rechtskräftig bestätigt worden ist, bleibt sie eine nur vorläufige Regelung. Dies folgt insbesondere daraus, dass dem Antragsteller (Ver-

---

327 BGH, GRUR 1979, 332, 334 – Brombeerleuchte; BGH, GRUR 1997, 896, 897 – Mecki-Igel III.
328 OLG München, WRP 1980, 228, 229.
329 OLG München, Mitt 1998, 117.
330 Vgl. *Eichmann/v. Falckenstein*, § 42 Rn. 52; BGH, GRUR 1997, 896 – Mecki-Igel III.
331 OLG Hamburg, GRUR 2006, 616.

fügungskläger) auf Antrag des Antragsgegners (Verfügungsbeklagten) eine Frist zur Klageerhebung gesetzt werden kann, wenn die Hauptsache noch nicht anhängig ist (§ 926 ZPO). Führt der Hauptprozess zur Abweisung der Klage, ist die einstweilige Verfügung auf Antrag des Antragsgegners wegen veränderter Umstände aufzuheben.

Zur endgültigen Erledigung des Rechtsstreits, namentlich der Vermeidung eines Hauptsacheverfahrens ist es sachdienlich, den Adressat der einstweiligen Verfügung mittels eines sog. Abschlussschreibens aufzufordern, die einstweilige Verfügung als endgültige Regelung anzuerkennen (sog. Abschlusserklärung). Mit der Abschlusserklärung muss der Antragsgegner die durch die einstweilige Verfügung ergangene Regelung als endgültige Regelung des Rechtsstreits anerkennen und gleichzeitig auf die Rechte aus §§ 924 (Widerspruch), 926 (Erzwingung des Hauptsacheverfahrens) und 927 ZPO (Beantragung der Aufhebung wegen veränderter Umstände) verzichten. Anstelle einer Abschlusserklärung kann der Antragsgegner auch eine strafbewehrte Unterlassungs- und Verpflichtungserklärung abgeben.[332] Erhebt der Antragsteller (Hauptsache-) Klage, ohne den Antragsgegner zuvor zur Abgabe einer Abschlusserklärung aufgefordert zu haben, kann der Antragsgegner (nunmehr Beklagte) die Klage mit der Kostenfolge des § 93 ZPO sofort anerkennen.[333]

115

Der Adressat des Abschlussschreibens muss ausreichend Zeit haben, die einstweilige Verfügung von sich aus als endgültige Regelung anzuerkennen. Wie lange der Antragsteller warten muss, bevor ein Abschlussschreiben versandt wird, hängt von den Umständen des Einzelfalls ab. Als angemessen wird im Regelfall eine Frist von zwischen mindestens 12 Tagen und maximal einem Monat angesehen.[334] Im Regelfall ist eine Frist von 2 Wochen ausreichend.[335] Je nach den Umständen des Einzelfalls kann aber auch eine längere Frist angemessen sein.[336] Dies gilt insbesondere dann, wenn der Antragsgegner die Bereitschaft zum Einlenken signalisiert hat und der Abschlusserklärung

116

---

332 OLG Karlsruhe, NJWE-WettbR 1998, 140; OLG Frankfurt am Main, WRP 1998, 895, 897, OLG Hamburg, NJWE-WettbR 2000, 71; OLG Bamberg, WRP 2003, 102; *Teplitzky*, Kap. 43 Rn. 37.
333 Vgl. zum Wettbewerbsrecht: *Köhler/Bornkamm*, § 12 Rn. 3.70.
334 Vgl. zum Wettbewerbsrecht: *Teplitzky*, Kap. 43 Rn. 32 m.w.N.
335 Vgl. zum Wettbewerbsrecht: *Harte/Henning*, vor § 12 Rn. 257; OLG Hamburg, ZUM-RD 2009, 382, 386; a.A. *Köhler/Bornkamm*, § 12 Rn. 3.71 – mindestens 4 Wochen ab Zustellung der eV.
336 Vgl. zum Wettbewerbsrecht: *Harte/Henning*, vor § 12 Rn. 257.

§ 42   Beseitigung, Unterlassung und Schadensersatz

nur solche Hinderungsgründe entgegenstehen, mit deren alsbaldigen Behebung zuverlässig zu rechnen ist.[337] Die Frist berechnet sich im Regelfall ab dem Zeitpunkt der Zustellung der einstweiligen Verfügung.

117 Die Anfertigung eines Abschlussschreibens gehört nicht mehr zum vorangegangenen Eilverfahren, sondern zur angedrohten Hauptsacheklage und begründet einen neuen Gebührentatbestand.[338] Die anfallenden Anwaltsgebühren sind in der Regel nach den Grundsätzen der Geschäftsführung ohne Auftrag (§§ 683 Abs. 1, 677, 670 BGB) vom Adressaten des Abschlussschreibens zu ersetzen.[339]

118 Für die Versendung eines Abschlussschreibens kann nach einer weit verbreiteten Ansicht eine 1,3 Geschäftsgebühr angesetzt werden. Dies wird damit begründet, dass es sich bei dem Abschlussschreiben regelmäßig nicht um eine bloße formularmäßige Anfrage handelt, der keine Überlegungen in sachlicher oder rechtlicher Hinsicht vorausgehen müssen. Vielmehr müsse der Rechtsanwalt vor Absendung des Abschlussschreibens den geltend gemachten Anspruch erneut überprüfen, insbesondere auch, ob sich zwischenzeitlich Umstände ergeben haben, die den Bestand des Anspruches als beeinträchtigt erscheinen lassen. Die Situation stelle sich für den Rechtsanwalt damit in vergleichbarer Weise dar wie bei der Abmahnung.[340] Demgegenüber halten verschiedene Oberlandesgericht eine 0,8 Geschäftsgebühr für angemessen und verweisen darauf, dass es sich bei der Versendung des Abschlussschreibens selbst dann um eine einfache Angelegenheit handelt, wenn der Ausgangsrechtsstreit schwierig war, da die Klärung streitiger Rechtsfragen durch die gerichtliche Entscheidung bereits stattgefunden hat. Das Abschlussschreiben stelle grundsätzliche geringere Anforderungen als die erste Abmahnung.[341] Der letztgenannten Auffassung ist nach Auffassung des Autors zu folgen.[342] Eine Erstattung der Patentanwaltskosten kann nicht verlangt werden; § 52 Abs. 4 findet auf das Abschlussschreiben weder unmittelbar noch analog Anwendung.[343]

---

337 Vgl. zum Wettbewerbsrecht: *Köhler/Bornkamm*, § 12 Rn. 3.73.
338 BGH, NJW 1973, 901; BGH, NJW 2008, 1744; BGH, WRP 2009, 744 – Außergerichtliche Tätigkeit eines Rechtsanwalts.
339 Vgl. zum Wettbewerbsrecht: *Köhler/Bornkamm*, § 12 Rn. 3.73.
340 OLG Hamm, WRP 2008, 135.
341 OLG Hamburg, WRP 1982, 477; OLG Hamburg, ZUM-RD 2009, 382, 386; OLG Düsseldorf, MittdtPatA 2008, 561.
342 Vgl. *Günther*, WRP 2010, 1440, 1442.
343 OLG Düsseldorf, MittdtPatA 2008, 561.

§ 43 Vernichtung, Rückruf und Überlassung

(1) Der Verletzte kann den Verletzer auf Vernichtung der im Besitz oder Eigentum des Verletzers befindlichen rechtswidrig hergestellten, verbreiteten oder zur rechtswidrigen Verbreitung bestimmten Erzeugnisse in Anspruch nehmen. Satz 1 ist entsprechend auf die im Eigentum des Verletzers stehenden Vorrichtungen anzuwenden, die vorwiegend zur Herstellung dieser Erzeugnisse gedient haben.

(2) Der Verletzte kann den Verletzer auf Rückruf von rechtswidrig hergestellten, verbreiteten oder zur rechtswidrigen Verbreitung bestimmten Erzeugnissen oder auf deren endgültiges Entfernen aus den Vertriebswegen in Anspruch nehmen.

(3) Statt der in Absatz 1 vorgesehenen Maßnahmen kann der Verletzte verlangen, dass ihm die Erzeugnisse, die im Eigentum des Verletzers stehen, gegen eine angemessene Vergütung, welche die Herstellungskosten nicht übersteigen darf, überlassen werden.

(4) Die Ansprüche nach den Absätzen 1 bis 3 sind ausgeschlossen, wenn die Maßnahme im Einzelfall unverhältnismäßig ist. Bei der Prüfung der Verhältnismäßigkeit sind auch die berechtigten Interessen Dritter zu berücksichtigen.

(5) Wesentliche Bestandteile von Gebäuden nach § 93 des Bürgerlichen Gesetzbuchs sowie ausscheidbare Teile von Erzeugnissen und Vorrichtungen, deren Herstellung und Verbreitung nicht rechtswidrig ist, unterliegen nicht den in den Absätzen 1 bis 3 vorgesehenen Maßnahmen.

Übersicht

	Rn.		Rn.
I. Allgemeines	1	e) Aktivlegitimation	10
II. Anspruch auf Vernichtung von Erzeugnissen (§ 43 Abs. 1 Satz 1)	2	2. Anspruchsinhalt	11
		3. Kosten der Vernichtung	13
1. Anspruchsvoraussetzungen	3	III. Anspruch auf Vernichtung von Vorrichtungen (§ 43 Abs. 1 Satz 2)	14
a) Musterverletzung	3	1. Vorrichtungen	15
b) Gegenstand des Vernichtungsanspruchs	5	2. Funktion	16
c) Passivlegitimation	6	3. Eigentum des Verletzers	18
d) Besitz oder Eigentum des Verletzers	8	IV. Anspruch auf Rückruf (§ 43 Abs. 2)	19

§ 43   Vernichtung, Rückruf und Überlassung

	Rn.		Rn.
1. Anspruchsvoraussetzung	20	VII. Verhältnismäßigkeit	
2. Gegenstände des Anspruchs	21	(§ 43 Abs. 4)	40
3. Passivlegitimation	22	1. Unverhältnismäßigkeit	
4. Anspruchsinhalt	23	(§ 43 Abs. 4 Satz 1)	41
5. Prozessuales	26	2. Berechtigte Drittinteressen	
V. Anspruch auf Entfernen aus den Vertriebswegen (§ 43 Abs. 2)	28	(§ 43 Abs. 4 Satz 2)	42
		3. Prozessuales	43
1. Anspruchsvoraussetzung	29	VIII. Ausnahmen (§ 43 Abs. 5)	45
2. Anspruchsinhalt	30	1. Wesentliche Bestandteile von Gebäuden	46
3. Prozessuales	34		
VI. Anspruch auf Überlassung (§ 43 Abs. 3)	36	2. Ausscheidbare Teile von Erzeugnissen und Vorrichtungen	47
1. Erzeugnisse im Eigentum des Verletzers	37	IX. Prozessuales	48
2. Überlassen	38	X. Einstweilige Verfügung	56
3. Angemessene Vergütung	39		

I. Allgemeines

1   § 43 wurde nach dem Gesetz zur Verbesserung der Durchsetzung von Rechten des geistigen Eigentums vom 7. Juli 2008[1] neu gefasst. Der in Abs. 1 geregelte Vernichtungsanspruch soll zum einen sicherstellen, dass schutzrechtsverletzende Erzeugnisse endgültig aus dem Marktkreislauf genommen werden.[2] Zum anderen soll die Vernichtung abschreckend wirken und als generalpräventives Mittel helfen, die Produktpiraterie zu bekämpfen.[3] Schließlich kommt dem Vernichtungsanspruch Sanktionsfunktion zu, da mit der Vernichtung zugleich die begangene Geschmacksmusterverletzung bestraft wird.[4] Es handelt sich um eine zulässige Inhalts- und Schrankenbestimmung des Eigentums.[5] Die Ansprüche auf Rückruf und endgültiges Entfernen rechtsverletzender Erzeugnisse (Abs. 2) haben ihre Grundlage in Art. 10 Abs. 1 der europäischen Richtlinie 2004/48/EG zur Durchsetzung des geistigen Eigentums vom 29. April 2004 („Enforcement-Richtlinie") und stellen – ebenso wie der Vernichtungsanspruch – eine Konkretisierung des allge-

---

1 BGBl. 2008 I, S. 1191; Materialien in BT-Drucks. 16/5048; auch abgedruckt in BlPMZ 2008, 289 ff.
2 Vgl. zum Markenrecht: *Fezer*, § 19 Rn. 21.
3 BGH, WRP 1997, 1189 ff. – Vernichtungsanspruch.
4 Vgl. zum Markenrecht: *Ekey/Klippel*, § 18 Rn. 6.
5 Vgl. zum Patentrecht: *Busse*, § 140a Rn. 3.

II. Anspruch auf Vernichtung von Erzeugnissen (§ 43 Abs. 1 Satz 1)   **§ 43**

meinen Beseitigungsanspruchs (§ 42 Abs. 1) dar. Dementsprechend setzen die Ansprüche aus § 43 kein Verschulden des Verletzers, sondern lediglich eine rechtswidrige Verletzungshandlung i.S.d. § 42 voraus.[6] Vergleichbare Regelungen finden sich in §§ 24a GebrMG, 18 MarkenG, 140a PatG, 98 UrhG.

II. Anspruch auf Vernichtung von Erzeugnissen (§ 43 Abs. 1 Satz 1)

Abs. 1 Satz 1 gewährt dem Verletzten einen Anspruch auf Vernichtung der sein Geschmacksmuster verletzenden Erzeugnisse, die im Besitz oder Eigentum des Verletzers stehen. Der Vernichtungsanspruch besteht unabhängig vom Vorliegen eines Unterlassungsanspruchs oder gar (verschuldensabhängigen) Schadensersatzanspruch.[7]   2

1. Anspruchsvoraussetzungen

a) Musterverletzung

Der Vernichtungsanspruch setzt lediglich eine objektiv rechtswidrige Verletzungshandlung nach § 42 Abs. 1 voraus.[8] Ein Verschulden des Verletzers ist nicht erforderlich (kann allerdings im Rahmen der Verhältnismäßigkeitsprüfung nach Abs. 4 von Bedeutung sein).[9] Die Abgabe einer (strafbewehrten) Unterlassungserklärung beseitigt zwar die Wiederholungsgefahr hinsichtlich des Unterlassungsanspruches, beseitigt hingegen nicht die Verletzungshandlung und damit auch nicht den Vernichtungsanspruch.[10] Hat der Verletzte dem Verletzer hingegen eine Aufbrauchsfrist gewährt, kommt eine Vernichtung nicht in Betracht.[11]   3

Rechtswidrig hergestellt ist das Erzeugnis, wenn der Hersteller sich weder auf eine vertraglich eingeräumte Befugnis (z.B. Lizenz) noch auf eine geschmacksmusterrechtliche Schrankenbestimmung berufen kann.[12] Auch die Verbreitung rechtmäßig hergestellter Erzeugnisse kann rechtswidrig sein, z.B. wenn der Lizenzvertrag eine bestimmte   4

---

6 Vgl. zum Urheberrecht: *Dreyer/Kotthoff/Meckel*, § 98 Rn. 1.
7 Vgl. zum Markenrecht: *Fezer*, § 18 Rn. 24.
8 BGH, GRUR 2006, 504, 508 – Parfümtestkäufe.
9 Vgl. zum Markenrecht: *Ströbele/Hacker*, § 18 Rn. 17.
10 Vgl. zum Markenrecht: *Ströbele/Hacker*, § 18 Rn. 16 m.w.N.; *Fezer*, § 18 Rn. 25.
11 Vgl. zum Markenrecht: *Ströbele/Hacker*, § 18 Rn. 18.
12 Vgl. zum Urheberrecht: *Dreyer/Kotthoff/Meckel*, § 98 Rn. 2.

Art der Verbreitung erlaubt, der Lizenznehmer jedoch eine andere wählt, oder wenn die Nutzungsberechtigung zwischen Herstellung und Verbreitung endet.[13] Die objektive Rechtswidrigkeit der Geschmacksmusterverletzung ist ausreichend; ein Verschulden des Verletzers ist folglich nicht erforderlich.[14] Lediglich bei der Abwägung, ob die Vernichtung ausnahmsweise gemäß § 43 Abs. 3 durch eine Beseitigungsmaßnahme zu ersetzen ist, können Existenz und Ausmaß des Verschuldens von Bedeutung sein.[15]

b) Gegenstand des Vernichtungsanspruchs

5   Gegenstand des Vernichtungsanspruchs sind alle rechtswidrig hergestellten, rechtswidrig verbreiteten oder zur rechtswidrigen Verbreitung bestimmten Erzeugnisse sowie die entsprechenden Werbemittel. Erfasst wird auch der Inlandsvertrieb von rechtsverletzenden Erzeugnissen, die im schutzrechtsfreien Ausland hergestellt worden sind.[16] Nicht erforderlich ist, dass die Herstellung der Erzeugnisse bereits vollendet ist. Ob ein Erzeugnis zur rechtswidrigen Verbreitung bestimmt ist, hängt von der subjektiven Entscheidung desjenigen ab, der die Erzeugnisse herstellt und lässt sich in der Regel nur aus Indizien folgern.[17] Sie können den Beweis ersten Anscheins begründen, der vom Verletzer zu entkräften ist. Ausgenommen sind die in § 43 Abs. 5 genannten Gegenstände, also wesentliche Bestandteile von Gebäuden sowie ausscheidbare Teile von Erzeugnissen und Vorrichtungen, deren Herstellung und Verbreitung nicht rechtswidrig ist (vgl. Kommentierung zu Abs. 5).

c) Passivlegitimation

6   Der Vernichtungsanspruch richtet sich gegen den Verletzer. Das ist der Hersteller oder derjenige, der rechtsverletzende Erzeugnisse verbreitet hat oder zur Verbreitung vorrätig hält. Schuldner des Vernichtungsanspruchs (und des Unterlassungsanspruchs) ist aber nicht nur, wer das Geschmacksmuster entgegen § 38 Abs. 1 Satz 1 selbst benutzt hat oder vorsätzlich die Verwirklichung des Benutzungstatbestands durch einen Dritten ermöglicht oder fördert. Verletzer und damit Schuldner ist vielmehr auch, wer die Verwirklichung des Benutzungstatbestands durch

---

13 Vgl. zum Urheberrecht: *Dreyer/Kotthoff/Meckel*, § 98 Rn. 2.
14 BGH, GRUR 1996, 271, 275 – Gefärbte Jeans.
15 BGH, WRP 1997, 1189 ff. – Vernichtungsanspruch.
16 Vgl. *Eichmann/v. Falckenstein*, § 43 Rn. 3.
17 Vgl. zum Urheberrecht: *Möhring/Nicolini*, § 98 Rn. 16.

II. Anspruch auf Vernichtung von Erzeugnissen (§ 43 Abs. 1 Satz 1) § 43

den Dritten ermöglicht oder fördert, obwohl er sich mit zumutbarem Aufwand die Kenntnis verschaffen kann, dass die von ihm unterstützte Handlung das absolute Recht des Musterinhabers verletzt. Den Spediteur oder Frachtführer trifft keine generelle Prüfungspflicht im Hinblick auf Schutzrechtsverletzungen durch die transportierte Ware.[18] Vielmehr dürfen Transportunternehmen grundsätzlich darauf vertrauen, dass kein Geschmacksmuster verletzt ist. Eine Pflicht zur Einholung von Erkundigungen und gegebenenfalls zur eigenen Prüfung der Ware kann jedoch für den Spediteur entstehen, wenn ihm konkrete Anhaltspunkte für eine Schutzrechtsverletzung vorliegen.[19] Das Transportunternehmen ist dann verpflichtet, zumutbare Aufklärungsmaßnahmen zu treffen, um den Verdacht aufzuklären und festzustellen, ob es seine Dienstleistung fortführen darf oder unterlassen muss, um nicht selbst als Verletzer zu haften. Dabei dürfen an die Prüfung keinen überhöhten, die geschäftliche Betätigung unzumutbar erschwerenden Anforderungen gestellt werden.[20]

Gegenüber dem Besitzer, der keine Rechtsverletzung begangen hat, besteht der Vernichtungsanspruch nicht.[21] Private Endabnehmer, die einschlägige Erzeugnisse zu nichtgewerblichen Zwecken erwerben, einführen oder besitzen, werden gemäß § 40 Nr. 1 nicht erfasst.[22] 7

d) Besitz oder Eigentum des Verletzers

Der Verletzer muss Eigentümer oder Besitzer der zu vernichtenden Erzeugnisse sein. Unter Eigentum sind alle Arten des Eigentums im Sinne des § 903 BGB (z.B. Alleineigentum, Miteigentum, Gesamthandeigentum, Vorbehaltseigentum, Sicherungseigentum, Treuhandeigentum) zu verstehen.[23] Besitz ist sowohl der unmittelbare Besitz (§ 854 Abs. 1 BGB) als auch der mittelbare Besitz (§ 868 BGB). Besitzer im Sinne des Abs. 1 Satz 1 ist auch derjenige, dessen Ware vom Zoll beschlagnahmt, sichergestellt, sequestriert oder verwahrt ist (z.B. im Wege der Grenzbeschlagnahme), diesem aber noch nicht entzogen ist oder vernichtet wurde.[24] Der (mittelbare) besitz folgt in diesem Fall aus dem 8

---
18 BGH, GRUR 1957, 352, 354 – Taeschner/Pertussin II.
19 BGH, GRUR 2009, 1142, 1145 – MP3-Player-Import.
20 *Gärtner*, GRUR 2009, 1147, 1148.
21 Vgl. zum Urheberrecht: *Dreyer/Kotthoff/Meckel*, § 98 Rn. 1.
22 Vgl. zum Markenrecht: *Ekey/Klippel*, § 18 Rn. 10.
23 Vgl. zum Gebrauchsmusterrecht: *Loth*, § 24a Rn. 9; zum Markenrecht: *Ströbele/Hacker*, § 18 Rn. 27; *Fezer*, § 18 Rn. 49.
24 BGH, NJW 1993, 935, 936.

§ 43   Vernichtung, Rückruf und Überlassung

Umstand, dass der Zoll die Waren aufgrund eines öffentlich-rechtlichen Besitzmittlungsverhältnisses auch für diese Person besitzt.[25]

9   Maßgeblicher Zeitpunkt für den Besitz oder das Eigentum ist die Rechtshängigkeit (Klagezustellung). Tritt nach Eintritt der Rechtshängigkeit ein Besitz- oder Eigentumswechsel ein, gilt für den Rechtsnachfolger § 325 ZPO.[26] Die Klärung der Eigentumsfrage kann dem Vollstreckungsverfahren vorbehalten werden.[27]

e) Aktivlegitimation

10   Aktivlegitimiert ist derjenige, dessen Rechte oder Befugnisse durch die Verletzungshandlung beeinträchtigt werden.[28] Das ist regelmäßig der Inhaber des verletzten Geschmacksmusters. Der Lizenznehmer kann ein Verletzungsverfahren (Klage/Antrag auf Erlass einer einstweiligen Verfügung) nur mit Zustimmung des Lizenzgebers anhängig machen (vgl. § 31 Abs. 3 Satz 1). Der ausschließliche (nicht auch der einfache) Lizenznehmer ist jedoch aktivlegitimiert, wenn der Rechtsinhaber nach Aufforderung nicht innerhalb angemessener Frist ein Verletzungsverfahren anhängig macht (vgl. § 31 Abs. 2 Satz 2). Prozessstandschaft ist nach den allgemeinen Regeln möglich.

2. Anspruchsinhalt

11   Der Anspruch geht auf Vernichtung der rechtswidrig hergestellten, verbreiteten oder zur rechtswidrigen Verbreitung bestimmten Erzeugnisse. Mit *Fezer* ist davon auszugehen, dass der Vernichtungsanspruch nicht auf die Vernichtung beschränkt ist, sondern grundsätzlich auch auf Herausgabe der Erzeugnisse an den Verletzten (soweit sich diese nicht bereits in seinem Besitz befinden). Insoweit unterscheidet sich der Vernichtungsanspruch vom allgemeinen Beseitigungsanspruch nach § 42 Abs. 1; bei diesem kann der Verletzer die Maßnahmen zur Beseitigung der Verletzung selbst vornehmen.[29] Weiter hat der Verletzte ein Wahlrecht, wer die Vernichtung vorzunehmen hat (diese Frage ist allerdings stark umstritten[30]). Hierbei bestehen drei Möglichkeiten: (1) Vernichtung durch den Verletzer, (2) Vernichtung durch den Verletzten oder (3)

---

25 OLG Karlsruhe, InstGE 12, 220, Urt. v. 26.5.2010 – 6 U 100/08.
26 Vgl. *Eichmann/v. Falckenstein*, § 43 Rn. 3.
27 BGH, GRUR 2002, 228, 230 – P-Vermerk.
28 Vgl. zum Urheberrecht: *Möhring/Nicolini*, § 97 Rn. 73.
29 Vgl. zum Markenrecht: *Fezer*, § 18 Rn. 54.
30 Vgl. zum Markenrecht: *Ströbele/Hacker*, § 18 Rn. 33 m.w.N.

III. Anspruch auf Vernichtung von Vorrichtungen (§ 43 Abs. 1 Satz 2) **§ 43**

Vernichtung durch einen unabhängigen Dritten, insbesondere den Gerichtsvollzieher (die Vernichtung durch den Gerichtsvollzieher hat den Vorteil, dass die durch die Vernichtung entstehenden Kosten eindeutig belegbar sind[31]).

Vernichtung ist die Zerstörung der Substanz von Erzeugnissen. Abzugrenzen hiervon ist die Unbrauchbarmachung, bei welcher der Materialwert erhalten bleibt. Als Vernichtungsmaßnahmen kommen in Betracht: Verbrennen von Gegenständen aus brennbarem Material; Einschmelzen oder Verschrotten von Werkzeugen, Maschinen und Formen; Einstampfen oder Zerreißen von Druckschriften. Die Art und Weise der Vernichtung hängt von der Beschaffenheit des zu vernichtenden Erzeugnisses ab.[32] Ein Anspruch auf eine bestimmte Art und Weise der Vernichtung besteht nur dann, wenn nicht mehrere verlässliche technische Möglichkeiten in Betracht kommen.[33] **12**

3. Kosten der Vernichtung

Die Kosten der Vernichtung hat der Verletzer zu tragen.[34] Erfolgt die Vernichtung durch den Verletzten, hat der Verletzer dem Verletzten die hierdurch entstehenden Kosten zu erstatten.[35] **13**

III. Anspruch auf Vernichtung von Vorrichtungen (§ 43 Abs. 1 Satz 2)

Abs. 1 Satz 2 dehnt den Vernichtungsanspruch auf Vorrichtungen aus, die im Eigentum des Verletzers stehen und vorwiegend zur Herstellung der schutzrechtsverletzende Erzeugnisse gedient haben. Hierdurch soll die Herstellung weiterer rechtsverletzender Erzeugnisse erschwert und ein Abschreckungseffekt erzielt werden.[36] **14**

---

31 Vgl. zum Urheberrecht: *Dreyer/Kotthoff/Meckel*, § 98 Rn. 4.
32 Vgl. zum Markenrecht: *Fezer*, § 18 Rn. 63.
33 Vgl. zum Markenrecht: *Ingerl/Rohnke*, § 18 Rn. 30; *Fezer* räumt dem Verletzten ein Wahlrecht über die Art und Weise der Vernichtung ein, § 18 Rn. 56.
34 BGH, GRUR 1997, 899, 902 – Vernichtungsanspruch.
35 Vgl. zum Markenrecht: *Fezer*, § 18 Rn. 66.
36 Vgl. *Eichmann/v. Falckenstein*, § 43 Rn. 4.

§ 43 Vernichtung, Rückruf und Überlassung

1. Vorrichtungen

15 Vorrichtungen („instrumenta sceleris") sind solche, die zur Herstellung der Erzeugnisse geeignet sind.[37] Der Begriff ist weit zu verstehen. Er umfasst Sachen, Einrichtungen und Geräte jeder Art, insbesondere Gussformen, Spezialwerkzeuge, Spritz- und Nähmaschinen, Stempel, Schablonen, Matrizen, Negative, Zeichnungen, Vorrichtungen zur Nachahmung von Hologrammen etc.

2. Funktion

16 Die Vorrichtungen unterliegen dem Vernichtungsanspruch nur dann, wenn sie „vorwiegend" zur Herstellung von rechtsverletzenden Erzeugnissen gedient haben (nach § 43 Abs. 4 a. F. mussten die Vorrichtungen „ausschließlich oder nahezu ausschließlich" zur rechtswidrigen Herstellung von Erzeugnissen bestimmt sein). Ob die Vorrichtungen selbst rechtmäßig oder widerrechtlich hergestellt worden sind, ist nicht entscheidend.[38] Die Formulierung „vorwiegend" entspricht der in Art. 10 der Enforcement-Richtlinie und legt es nahe, einen Vernichtungsanspruch schon immer dann zuzusprechen, wenn die Vorrichtung zur mehr als 50 % zur rechtswidrigen Herstellung von Erzeugnissen eingesetzt worden ist.[39]

17 Die Zweckbestimmung zur rechtswidrigen Herstellung kann sich aufgrund der tatsächlichen Benutzungslage in der Vergangenheit sowie aus der Zweckbestimmung für die Zukunft ergeben.[40] Die Zweckbestimmung muss zum Zeitpunkt der Herstellung der Vorrichtung noch nicht erfüllt sein.[41] Die zukünftigen Verwendungsabsichten sind unerheblich, können jedoch im Rahmen des § 43 Abs. 4 bei der Verhältnismäßigkeitsprüfung berücksichtigt werden.[42] Die rein theoretische Möglichkeit für anderweitige Verwendungen genügt nicht.[43] „Neutrale" Vorrichtungen, d. h. solche, die auch anderweitig eingesetzt werden können (z. B. Kopiergeräte, Computer), unterfallen dem Vernichtungsanspruch

---

37 Vgl. zum Urheberrecht: *Dreyer/Kotthoff/Meckel*, § 98 Rn. 3.
38 Vgl. zum Urheberrecht: *Dreier/Schulze*, § 98 Rn. 13.
39 Vgl. zum Urheberrecht: *Dreyer/Kotthoff/Meckel*, § 98 Rn. 3.
40 Vgl. zum Gebrauchsmusterrecht: *Loth*, § 24a Rn. 7; vgl. zum Markenrecht: *Fezer*, § 18 Rn. 41.
41 BGH, GRUR 1960, 443, 446 – Orientteppich.
42 Vgl. zum Markenrecht: *Ingerl/Rohnke*, § 18 Rn. 15.
43 Vgl. *Eichmann/v. Falckenstein*, § 43 Rn. 4; vgl. zum Markenrecht: *Fezer*, § 18 Rn. 43.

dann nicht, wenn sie eindeutig nicht mehr zur widerrechtlichen Herstellung benutzt werden.[44]

3. Eigentum des Verletzers

Der Verletzer muss im Zeitpunkt der Klageerhebung Eigentümer der Vorrichtungen sein. Dies hat der Verletzte darzulegen und zu beweisen.[45] Der bloße Besitz ermöglicht keinen Zugriff.[46] Diese Einschränkung eröffnet dem Verletzer ein weites Umgehungsfeld – etwa durch die Behauptung, die Vorrichtungen seien „nur" gemietet oder es bestehe ein Eigentumsvorbehalt des Lieferanten – und stellt daher eine Schwachstelle der Regelung dar.[47] Die Eigentumsvermutung des § 1006 BGB kann keine Abhilfe leisten, da sie nur zugunsten des Besitzers gilt, nicht auch zu dessen Lasten.[48]

18

IV. Anspruch auf Rückruf (§ 43 Abs. 2)

Nach Abs. 2 kann der Verletzte den Verletzer auf Rückruf schutzrechtsverletzender Erzeugnisse in Anspruch nehmen.

19

1. Anspruchsvoraussetzung

Die allgemeinen Anspruchsvoraussetzungen sind mit denen des Vernichtungsanspruchs identisch. Demnach ist Voraussetzung des Rückrufanspruchs das Vorliegen einer objektiv rechtswidrigen Musterverletzung. Ein Verschulden der Verletzers ist hingegen nicht erforderlich.[49]

20

2. Gegenstände des Anspruchs

Gegenstand des Anspruchs sind die rechtswidrig hergestellten, verbreiteten oder zur rechtswidrigen Verbreitung bestimmten Erzeugnisse. Während der Vernichtungsanspruch ausschließlich die im Besitz oder Eigentum des Verletzers befindlichen Erzeugnisse zum Gegenstand hat, betrifft der Rückrufanspruch gerade solche Gegenstände, welche bereits aus der Hoheitssphäre des Verletzers herausgelangt sind und auf

21

---

44 Vgl. zum Markenrecht: *Fezer*, § 18 Rn. 45.
45 KG, NJW 2002, 621.
46 Vgl. zum Markenrecht: *Ekey/Klippel*, § 18 Rn. 20.
47 Vgl. *Ensthaler*, GRUR 1992, 273, 277.
48 Vgl. zum Markenrecht: *Ströbele/Hacker*, § 18 Rn. 30.
49 Vgl. zum Markenrecht: *Fezer*, § 18 Rn. 68.

welcher er keinen unmittelbaren (rechtlichen) Einfluss mehr besitzt.[50] Insoweit unterscheidet sich der Rückrufanspruch von der früheren Rechtsprechung zum Störungsbeseitigungsanspruch (§ 1004 BGB analog): Nach dieser konnte der Verletzte nur die Beseitigung solcher rechtverletzender Gegenstände verlangen, über welche der Verletzer noch die Verfügungsgewalt hat.[51] Hinsichtlich Waren, die bereits ins Ausland verbracht worden sind, besteht kein Rückrufanspruch.[52]

3. Passivlegitimation

22 Der Anspruch kann gegenüber sämtlichen Verletzern, die im geschäftlichen Verkehr gehandelt haben (was auch den Störer mit einschließt), geltend gemacht werden. Der Anspruch ist also nicht auf Hersteller oder Importeure beschränkt.[53] Ein Rückrufanspruch gegenüber Privatpersonen kommt nicht in Betracht.[54]

4. Anspruchsinhalt

23 Der Anspruch geht auf Rückruf der rechtswidrig hergestellten, verbreiteten oder zur rechtswidrigen Verbreitung bestimmten Erzeugnisse (ein Anspruch auf Rückruf von Werbematerialien besteht grundsätzlich nicht).

24 Der Rückrufanspruch umfasst solche Maßnahmen, die der Information sowohl innerhalb der Vertriebswege als auch auf dem Markt diesen, um die rechtswidrigen Erzeugnisse aus den Vertriebswegen und allgemein vom Markt zu nehmen. Namentlich soll verhindert werden, dass die rechtswidrigen Erzeugnisse vom Endabnehmer endgültig erworben werden.[55] In welcher Form der Rückruf erfolgt, hängt von den Umständen des Einzelfalls ab. Die Art und Weise des Rückrufs kann der Verletzer selbst bestimmen. Sind dem Verletzer die Abnehmer namentlich bekannt, erscheint ein konkretes Anschreiben an diese Abnehmer die gebotene Maßnahme zu sein. Sind die Abnehmer dem Verletzer hingegen unbekannt, kommt nur ein Rückruf durch Anzeigen in einschlägigen Zeitschriften in Betracht. Inhaltlich muss der Rückruf eine unmiss-

---

50 *Jestaedt*, GRUR 2009, 102, 103; vgl. zum Markenrecht, *Fezer*, § 18 Rn. 74.
51 BGH, GRUR 1954, 337, 342 – Radschutz; BGH, GRUR 1974, 666, 669 – Reparaturversicherung.
52 Vgl. zum Markenrecht: *Ströbele/Hacker*, § 18 Rn. 52.
53 *Jestaedt*, GRUR 2009, 102, 104.
54 Vgl. zum Markenrecht: *Ströbele/Hacker*, § 18 Rn. 52 m.w.N.
55 Vgl. zum Markenrecht, *Fezer*, § 18 Rn. 75.

verständliche und ernsthafte Aufforderung zur Rückgabe des rechtsverletzenden Erzeugnisses aufweisen. Hierbei ist auf die rechtsverletzende Qualität der Erzeugnisse hinzuweisen.[56] Weiter muss in dem Rückruf darauf hingewiesen werden, dass die Rückgabe der Erzeugnisse gegen Erstattung des Kaufpreises erfolgt. Des Weiteren wird man verlangen können, dass die Modalitäten der Rückgabe, eine Ansprechperson und ein Ort angegeben werden, an welchem die Rückgabe erfolgen kann.[57]

Der Verletzer ist lediglich zur Durchführung von Rückrufhandlungen verpflichtet; hingegen schuldet der Verletzer keinen konkreten Erfolg. Somit ist der Rückrufanspruch bereits dann erfüllt, wenn der Verletzer die rechtsverletzenden Erzeugnisse tatsächlich zurückgerufen hat. Ob die Adressaten des Rückrufs dem Rückruf Folge leisten, d.h. die rechtsverletzenden Erzeugnisse tatsächlich zurückgeben, kann dahinstehen.[58] 25

5. Prozessuales

Für die Bestimmtheit des Antrags (§ 253 Abs. 2 Nr. 2 ZPO) ist es ausreichend, die Erzeugnisse, die Gegenstand des Rückrufs sind, konkret zu bezeichnen. Im Übrigen ist bei der Formulierung des Antrages zu berücksichtigen, dass der Verletzer die konkrete Art und Weise des Rückrufs selbst bestimmen kann.[59] Sofern Alternativen bestehen, kann der Verletze also keine konkrete und eindeutig festgelegte Maßnahme (Vorformulierung eines Rückrufschreibens, Abdruck einer vorformulierten Rückrufaufforderung in festgelegten Medien etc.) verlangen. Vielmehr ist der Antrag regelmäßig so zu formulieren, dass dem Verletzten aufgegeben wird, die rechtsverletzenden Erzeugnisse aus den Vertriebswegen zurückzurufen.[60] 26

Die Vollstreckung erfolgt gemäß § 887 ZPO, d.h. durch Ersatzvornahme.[61] Problematisch ist, dass dem Verletzten die Abnehmer der Erzeugnisse regelmäßig nicht bekannt sind. Die notwendigen Information kann der Verletze jedoch über den Auskunftsanspruch erlangen oder, sofern dies nicht möglich ist, als Ersatzvornahme einen „öffentlichen 27

---

56 Vgl. zum Markenrecht: *Ströbele/Hacker*, § 18 Rn. 54; OLG Köln, GRUR-RR 2008, 365, 366 – Möbelhandel.
57 *Jestaedt*, GRUR 2009, 102, 103.
58 *Jestaedt*, GRUR 2009, 102, 104.
59 Vgl. zum Markenrecht: *Fezer*, § 18 Rn. 78.
60 *Jestaedt*, GRUR 2009, 102, 104.
61 Vgl. zum Markenrecht: *Fezer*, § 18 Rn. 79.

Rückruf" durch Anzeigen in Zeitschriften vornehmen. Dass für die Erfüllung des Rückrufanspruchs möglicherweise verschiedene Mittel zur Verfügung stehen, unter welchen der Verletzer grundsätzlich frei wählen kann, verhindert eine Vollstreckung nach § 887 ZPO nicht.[62]

V. Anspruch auf Entfernen aus den Vertriebswegen (§ 43 Abs. 2)

28 Alternativ („oder") zum Rückrufanspruch hat der Verletzte einen Anspruch auf endgültiges Entfernen der rechtsverletzenden Erzeugnisse aus den Vertriebswegen. Neben dem Anspruch auf Rückruf und dem Anspruch auf Vernichtung dürfte der Anspruch regelmäßig keine eigenständige Bedeutung haben.[63]

1. Anspruchsvoraussetzung

29 Voraussetzung des Entfernungsanspruchs ist das Vorliegen einer objektiv rechtswidrigen Musterverletzung. Ein Verschulden der Verletzers ist nicht erforderlich.[64]

2. Anspruchsinhalt

30 Gegenstand des Entfernungsanspruchs sind allein die rechtsverletzenden Erzeugnisse; Werbematerialien werden hingegen nicht erfasst. Der Anspruch bezieht nur auf die Vertriebswege. Mithin betrifft die Verpflichtung nur solche Erzeugnisse, welche sich noch bei einem Händler befinden. Erzeugnisse, die sich bereits bei einem Endnutzer befinden, werden hingegen nicht erfasst. Dies gilt unabhängig davon, ob der Endnutzer gewerblich tätig ist oder nicht.[65]

31 Der Entfernungsanspruch geht über den Rückruf hinaus. Anders als beim Rückruf ist der Verletzer zu einem „Erfolg" verpflichtet, nämlich zu einem „endgültigen" Entfernen der Erzeugnisse aus den Vertriebswegen. Es reicht also nicht aus, wenn der jeweilige Händler die Erzeugnisse lediglich „aussortiert" und einlagert. Vielmehr sind rechtsverletzende Erzeugnisse erst dann endgültig aus den Vertriebswegen entfernt,

---

62 *Jestaedt*, GRUR 2009, 102, 104.
63 Vgl. zum Markenrecht: *Ströbele/Hacker*, § 18 Rn. 57.
64 Vgl. zum Markenrecht: *Fezer*, § 18 Rn. 68.
65 *Jestaedt*, GRUR 2009, 102, 105.

V. Anspruch auf Entfernen aus den Vertriebswegen (§ 43 Abs. 2) § 43

wenn der Händler sie entweder vernichtet oder an den Verletzer zurückgegeben hat.[66]

Die zur Erreichung des geschuldeten Erfolges notwendigen Maßnahmen kann der Verletzer selbst bestimmen. Da der Verletzer einen Erfolg schuldet, kann er sich allerdings nicht damit entlasten, er habe die erforderlichen Maßnahmen ergriffen. Der Verletzer muss zunächst die Vertriebswege zur Rückgabe der Erzeugnisse auffordern. Hinsichtlich solcher rechtsverletzenden Erzeugnisse, welche dem Verletzer bekannt sind, oder durch den Rückruf bekannt werden, muss er aktiv die Rückgabe verfolgen. Eine Grenze ist erst bei Unmöglichkeit bzw. Unverhältnismäßigkeit des Entfernens (Abs. 4) erreicht.[67] 32

Die Verpflichtung entfällt, wenn die Leistung objektiv oder für den Schuldner unmöglich ist (§ 275 BGB). Hierbei ist die Unmöglichkeit von der Leistungserschwerung abzugrenzen. So tritt etwa keine Unmöglichkeit deshalb ein, weil der Verletzer keine rechtlichen Einflussmöglichkeiten auf den Händler, welcher nunmehr Eigentümer des rechtsverletzenden Erzeugnisses ist, hat. Hingegen ist Unmöglichkeit anzunehmen, wenn feststeht, dass das Erzeugnis vom jetzigen Eigentümer nicht mehr erlangt werden kann, weil dieser ein Entfernen aus den Vertriebswegen endgültig verweigert. Für diese Umstände trägt der Verletzer die Beweislast. Subjektive Unmöglichkeit kann auch dann vorliegen, wenn der Verletzer keine Kenntnis von noch in den Vertriebswegen vorhandenen Erzeugnissen hat und die ihm zumutbaren Anstrengungen zur Kenntniserlangung (durch den Rückruf) ergriffen hat. Erhält der Verletzer jedoch Informationen über noch in den Vertriebswegen vorhandene Erzeugnisse (z.B. im Zwangsvollstreckungsverfahren), kann er sich nicht auf eine Unkenntnis berufen und muss die ihm zumutbaren Maßnahmen zum Entfernen aus den Vertriebswegen ergreifen.[68] 33

3. Prozessuales

Der Entfernungsanspruch ist zwar auf einen konkreten Erfolg gerichtet; die Art der Umsetzung bleibt jedoch dem Verletzer vorbehalten. Folglich kann der (Klage-)Antrag nur so formuliert werden, dass der Verlet- 34

---

66 *Jestaedt*, GRUR 2009, 102, 105.
67 *Jestaedt*, GRUR 2009, 102, 105.
68 *Jestaedt*, GRUR 2009, 102, 105.

zer verpflichtet wird, die schutzrechtsverletzenden Erzeugnisse endgültig aus den Vertriebswegen zu entfernen.[69]

35 Das Entfernen aus den Vertriebswegen stellt eine vertretbare Handlung dar. Folglich kann die Zwangsvollstreckung im Wege der Ersatzvornahme (§ 887 ZPO) erfolgen. Hinsichtlich der voraussichtlichen Kosten (z.B. Kosten für den „Rückkauf" der schutzrechtsverletzenden Erzeugnisse) kann der Verletzte eine Vorauszahlung verlangen (§ 887 Abs. 2 ZPO).[70]

VI. Anspruch auf Überlassung (§ 43 Abs. 3)

36 Abs. 3 bestimmt, dass der Verletzte anstelle der Vernichtung (Abs. 1) die Überlassung der im Eigentum des Verletzers stehenden Erzeugnisse verlangen kann. Voraussetzung ist die Zahlung einer angemessenen Vergütung. Der Anspruch geht auf Besitzverschaffung und Einwilligung in die Eigentumsübergabe Zug um Zug gegen Zahlung der Vergütung.[71] Der Verletzte hat ein Wahlrecht, das bis zur Erfüllung besteht, so dass ein auf Vernichtung – wahlweise Überlassung – formulierter Klageantrag ausreicht.[72]

1. Erzeugnisse im Eigentum des Verletzers

37 Der Überlassungsanspruch erfordert, dass der Verletzter Eigentümer der fraglichen Erzeugnisse ist. Bloßer Besitz des Verletzers ist also nicht ausreichend. Erzeugnisse, die sich bereits im Eigentum eines unbeteiligten Dritten befinden, werden nicht erfasst. Der private Käufer ist nicht Beteiligter, obwohl er beim rechtswidrigen Absatz als Erwerber mitwirkt.[73]

2. Überlassen

38 Überlassung bedeutet die Übertragung von Besitz und Eigentum an den rechtswidrigen Erzeugnissen. Der Übernehmer hat bei den übernommenen Gegenständen die Rechte Dritte und Rechte des Verletzers zu

---

69 *Jestaedt*, GRUR 2009, 102, 105.
70 *Jestaedt*, GRUR 2009, 102, 105.
71 Vgl. *Eichmann/v. Falckenstein*, § 43 Rn. 7.
72 Vgl. zum Urheberrecht: *Dreier/Schulze*, § 98 Rn. 18.
73 Vgl. zum Urheberrecht: *Möhring/Nicolini*, § 98 Rn. 25.

beachten. Nutzen darf der Verletzte die übernommenen Gegenstände nur unter Beachtung bestehender Rechte Dritter.[74]

3. Angemessene Vergütung

Der Verletzer hat die Erzeugnisse nur gegen eine angemessene Vergütung, welche die Herstellungskosten nicht übersteigen darf, zu überlassen. Was angemessen ist, richtet sich nach objektiven Gesichtspunkten und ist im Streitfall vom Gericht festzusetzen (§ 287 ZPO). Um dem Gericht die Bestimmung zu ermöglichen, kann der Verletzte im Wege der Stufenklage zunächst Rechnungslegung über die Höhe der Herstellungskosten verlangen.[75] Höchstgrenze für die Vergütung sind die tatsächlichen Herstellungskosten. Dabei ist von den niedrigeren Herstellungskosten des Verletzers auszugehen. Fallen die Herstellungskosten des Verletzers ausnahmsweise höher aus als die Kosten, die der Verletzte hätte aufwenden müssen, sind die niedrigeren Kosten des Verletzten in Ansatz zu bringen.[76]

39

VII. Verhältnismäßigkeit (§ 43 Abs. 4)

Gemäß Abs. 4 Satz 1 sind die Ansprüche nach Abs. 1 bis 3 ausgeschlossen, wenn die Maßnahme im Einzelfall unverhältnismäßig ist. Bei der Prüfung der Verhältnismäßigkeit sind gemäß Abs. 4 Satz 2 auch die berechtigten Interessen Dritter zu berücksichtigen.

40

1. Unverhältnismäßigkeit (§ 43 Abs. 4 Satz 1)

Die Vernichtung, der Rückruf oder die Überlassung der Erzeugnisse muss unverhältnismäßig sein, d.h. gegen den Verhältnismäßigkeitsgrundsatz verstoßen. Die Verhältnismäßigkeit ist anhand einer umfassenden Güter- und Interessenabwägung, bei welcher die tatsächlichen Umstände des konkreten Falles zu berücksichtigen sind, zu beurteilen.[77] In die Abwägung sind insbesondere einzubeziehen: Schuldlosigkeit oder Grad der Schuld; Ausmaß und Art der Rechtsverletzung, d.h. Schwere des Eingriffs; Schadensrelation, d.h. Umfang des bei der Vernichtung der Erzeugnisse für den Verletzer entstehenden Schadens im

41

---

74 Vgl. zum Urheberrecht: *Möhring/Nicolini*, § 98 Rn. 27.
75 Vgl. zum Urheberrecht: *Fromm/Nordemann*, §§ 98/99 Rn. 4.
76 Vgl. zum Urheberrecht: *Dreier/Schulze*, § 98 Rn. 19.
77 Vgl. zum Markenrecht: *Fezer*, § 18 Rn. 94.

§ 43 Vernichtung, Rückruf und Überlassung

Vergleich zu dem durch die Verletzung eingetretenen wirtschaftlichen Schaden des Rechtsinhabers.[78] Weitere Abwägungspunkte können sich aus der Beschaffenheit der Ware ergeben. Handelt es sich um Waren von minderer oder sogar gemeingefährlicher Qualität (z.B. leicht entflammbares Spielzeug), kommt nur eine Vernichtung in Betracht.[79] Im Übrigen ist bei der Abwägung zu berücksichtigen, dass der Gesetzgeber die Ansprüche nach Abs. 1 bis 3 bewusst als drastische Sanktion eingeführt hat.[80] Abs. 4 ist deshalb ein eng auszulegender Ausnahmetatbestand, die Maßnahmen nach Abs. 1 bis 3 die Regelmaßnahme.[81] Aus diesem Grund wird eine Abwendungsbefugnis gegen Geldzahlung regelmäßig nicht[82] oder nur unter sehr engen Voraussetzungen (Schuldlosigkeit des Verletzers; Entstehung eines unverhältnismäßig großen Schadens beim Verletzer; Zumutbarkeit einer Abwendung in Geld) anzuerkennen sein.[83]

2. Berechtigte Drittinteressen (§ 43 Abs. 4 Satz 2)

42 Gemäß Abs. 4 Satz 2 sind bei der Interessenabwägung auch die berechtigten Interessen Dritter zu berücksichtigen. Als Interessen dritter Personen sind die Interessen der an dem Rechtsverhältnis Beteiligten zu verstehen.[84] Der Kreis der rechtserheblichen dritten Personen und die Reichweite der Drittinteressen können abhängig von der Art des Anspruches (Vernichtung, Rückruf, Entfernung, Überlassung) unterschiedlich zu bewerten sein.[85] Die Interessen der Allgemeinheit sind hingegen grundsätzlich nicht zu berücksichtigen.[86]

3. Prozessuales

43 Ob die Voraussetzungen der Unverhältnismäßigkeit und der anderweitig möglichen Zustandsbeseitigung vorliegen, ist im Urteilsverfahren

---

78 BGH, WRP 1997, 1189 ff. – Vernichtungsanspruch.
79 Vgl. zum Markenrecht: *Ströbele/Hacker*, § 18 Rn. 33.
80 Vgl. zum Markenrecht: *Ströbele/Hacker*, § 18 Rn. 32.
81 BGH, WRP 1997, 1189 ff. – Vernichtungsanspruch.
82 Vgl. zum Patentrecht: *Busse*, § 140a Rn. 22.
83 Vgl. zum Markenrecht: *Fezer*, § 18 Rn. 108.
84 Vgl. zum Markenrecht: *Fezer*, § 18 Rn. 95.
85 Vgl. zum Markenrecht: *Fezer*, § 18 Rn. 96.
86 A.A. *Fezer*, § 18 Rn. 103: *Fezer* will die Allgemeininteressen etwa dann in die Rechtswertung über die Unverhältnismäßigkeit einbeziehen, wenn sich die Vernichtung der Produkte als „volkswirtschaftlich und sozial unerträglich" darstellt und eine anderweitige Verwertung der Produkte als naheliegend und angemessen erscheint.

zu entscheiden und muss mit an Sicherheit grenzender Wahrscheinlichkeit bejaht werden. Eine Bejahung nach den Regeln des prima-facie-Beweises ist vor dem Hintergrund, dass nicht die Beseitigung, sondern die Vernichtung/Überlassung die Regelmaßnahme ist, nicht ausreichend.[87] Die Darlegungs- und Beweislast liegt ausnahmslos beim Verletzer.[88]

Der Verletzte kann zwischen mehreren, weniger einschneidenden Beseitigungsmaßnahmen wählen.[89] Dabei hat er die Art und Weise der Beseitigung im Klageantrag genau anzugeben.[90] Unabhängig hiervon können sich die Parteien im Rahmen der Vertragsfreiheit darauf einigen, die Erzeugnisse einer karitativen oder humanitären Verwendung zuzuführen.[91] Dem Gericht ist eine solche Anordnung verwehrt.[92]

44

VIII. Ausnahmen (§ 43 Abs. 5)

Nach Abs. 5 sind wesentliche Bestandteile von Gebäuden sowie ausscheidbare Teile von Erzeugnissen und Vorrichtungen, deren Herstellung und Verbreitung nicht rechtswidrig ist, von den Maßnahmen der Absätze 1 bis 3 vollständig ausgenommen.

45

1. Wesentliche Bestandteile von Gebäuden

Während § 98 Abs. 5 UrhG nur „Bauwerke" (vgl. § 2 Abs. 1 Nr. 4 UrhG) von den Ansprüchen freistellt, spricht Abs. 5 von „wesentlichen Bestandteilen von Gebäuden". Unter dem Begriff Gebäude sind Bauwerke aller Art zu verstehen.[93] Hierunter fallen neben Häusern auch Mauern und Brücken,[94] Tiefgaragen,[95] Windkraftanlagen[96] und Rohbauten.[97] Für die Unterscheidung zwischen wesentlichen und unwesentlichen Bestandteilen kommt es nicht darauf an, ob die betreffenden Be-

46

---

87 Vgl. zum Urheberrecht: *Möhring/Nicolini*, § 98 Rn. 35.
88 Vgl. zum Urheberrecht: *Dreier/Schulze*, § 98 Rn. 26.
89 OLG München, GRUR 1996, 56, 57 – Pantherring.
90 Vgl. zum Urheberrecht: *Möhring/Nicolini*, § 98 Rn. 37.
91 Vgl. zum Urheberrecht: *Möhring/Nicolini*, § 98 Rn. 38.
92 Vgl. zum Markenrecht: *Ekey/Klippel*, § 18 Rn. 35; a. A. *Fezer*, § 18 Rn. 110.
93 BGH, NJW 1999, 2434, 2435.
94 OLG Karlsruhe, NJW 1991, 926.
95 BGH, NJW 1982, 756.
96 *Ganter*, WM 2002, 106.
97 BGH, NJW 1979, 712.

standteile für die Gesamtsache wesentlich sind. Entscheidend ist vielmehr, ob bei Zerlegung der Gesamtsache einer, nicht notwendig jeder der Teile zerstört oder in seinem Wesen verändert würde. Ist dies der Fall, so wird die Sacheinheit geschützt; der Bestandteil ist wesentlich. Ist dies nicht der Fall, so findet die Sacheinheit keinen Schutz; die Bestandteile können als unwesentliche Bestandteile Gegenstand von Sonderrechten sein.[98] Eine Anwendung von Abs. 5 kommt z. B. dann in Betracht, wenn bewegliche, durch ein Geschmacksmuster geschützte Gegenstände, in ein Gebäude eingefügt werden und zu dessen wesentlichem Bestandteil werden. In diesem Fall wäre eine Trennung nicht ohne Zerstörung des Bauwerks möglich. Abs. 5 dient damit dem Schutz des im Bauwerk verkörperten wirtschaftlichen Wertes.

2. Ausscheidbare Teile von Erzeugnissen und Vorrichtungen

47 Ausscheidbare Teile von Erzeugnissen und Vorrichtungen sind ebenfalls von den Maßnahmen der Absätze 1 bis 3 ausgeschlossen. Ausscheidbar sind Teile, wenn der Rest noch wirtschaftlich verwertbar ist.[99] Wird ein ausscheidbarer Teil mit vernichtet usw., können dem Eigentümer Ansprüche aus § 823 Abs. 1 BGB zustehen.[100]

IX. Prozessuales

48 Der Verletzte kann zwischen dem Vernichtungs- und dem Überlassungsanspruch wählen. Dieses Wahlrecht hat der Verletzte jedoch wegen der notwendigen Konkretisierung des Klageantrags spätestens mit der Klageerhebung auszuüben.[101]

49 Wählt der Verletzte den Vernichtungsanspruch, verurteilt das Gericht den Verletzer zur Herausgabe der rechtsverletzenden Erzeugnisse an den Gerichtsvollzieher zur Vernichtung.[102] Umstritten ist, ob der Verletzte verlangen kann, dass die Erzeugnisse zum Zwecke der Vernichtung an ihn selbst herausgegeben werden. Nach der Rechtsprechung des BGH ist dies zumindest dann der Fall, wenn sich die zu vernichtenden Erzeugnisse im Gewahrsam eines Dritten befinden und die Rückgabe der Erzeugnisse an den Verletzer für den Verletzten unzumutbar

---

98 Vgl. *Staudinger*, BGB, 2004, § 93 Rn. 14.
99 Vgl. *Eichmann/v. Falckenstein*, § 43 Rn. 9.
100 Vgl. zum Urheberrecht: *Möhring/Nicolini*, § 101 Rn. 24.
101 Vgl. zum Urheberrecht: *Fromm/Nordemann*, §§ 98/99 Rn. 2 m.w.N.
102 BGH, GRUR 2003, 228, 230 – P-Vermerk.

ist.[103] Ob die Herausgabe an den Verletzten zum Zwecke der Vernichtung „generell als dem Vernichtungsanspruch immanent anzusehen" ist, hat der BGH offengelassen. Nach *Fezer* ist ein Anspruch auf Herausgabe an den Verletzten immer dann anzuerkennen, wenn die Vernichtung der rechtswidrigen Erzeugnisse sichergestellt und deren Verwertung durch den Verletzten ausgeschlossen ist.[104] Dem ist zuzustimmen.

Verlangt der Verletzte Überlassung, verurteilt das Gericht den Verletzer zur Besitzverschaffung und Einwilligung in die Eigentumsübergabe Zug um Zug gegen Zahlung der Vergütung.[105] Hinsichtlich der zu leistenden Vergütung muss der Verletzte einen bestimmten, d.h. eine bezifferten Klageantrag stellen. Um Anhaltspunkte für eine angemessene Vergütung zu gewinnen, kann der Verletzte Stufenklage erheben und vom Verletzer zunächst Auskunft und Rechnungslegung hinsichtlich des Umfangs der Verletzungshandlung verlangen.[106] **50**

Die Darlegungs- und Beweislast für die anspruchsbegründenden Tatsachen liegt beim Verletzten, für die Ausnahmetatbestände (Abs. 4) beim Verletzer.[107] Sein Interesse an der Vernichtung muss der Verletzte weder besonders begründen noch in irgendeiner Weise rechtfertigen.[108] **51**

Der Streitwert bemisst sich am wirtschaftlichen Interesse des Verletzten und kann im Einzelfall den Verkehrswert der Erzeugnisse übersteigen.[109] **52**

Der Klageantrag muss konkret gefasst sein, d.h. die dem Anspruch unterliegenden Erzeugnisse genau bezeichnen. Die Vollstreckung erfolgt durch den Gerichtsvollzieher. Dementsprechend hat der Verpflichtete die dem Anspruch unterliegenden Erzeugnisse zum Zwecke der Vernichtung an den Gerichtsvollzieher herauszugeben (§§ 883, 886 ZPO). Der Verletzer kann die Zwangsvollstreckung jedoch dadurch abwenden, dass er dem Verletzten die vollzogene Vernichtung nachweist.[110] Die Rechtskraft des Urteils ist keine Voraussetzung für dessen Vollziehung: Bei der Vollstreckung aus vorläufig vollstreckbaren Urteilen **53**

---

103 BGH, WRP 1997, 1189ff. – Vernichtungsanspruch.
104 Vgl. zum Markenrecht: *Fezer*, § 18 Rn. 61.
105 Vgl. *Eichmann/v. Falckenstein*, § 43 Rn. 7.
106 Vgl. zum Urheberrecht: *Dreyer/Kotthoff/Meckel*, § 98 Rn. 9.
107 Vgl. zum Patentrecht: *Busse*, § 140a Rn. 23.
108 Vgl. zum Markenrecht: *Ekey/Klippel*, § 18 Rn. 33.
109 Vgl. zum Markenrecht: *Ingerl/Rohnke*, § 18 Rn. 35.
110 Vgl. zum Urheberrecht: *Möhring/Nicolini*, § 98 Rn. 7.

§ 43   Vernichtung, Rückruf und Überlassung

wird der Verletzer durch § 709 ZPO und durch § 717 Abs. 2 (Vollstreckung aus LG-Urteil) bzw. durch § 711 Satz 1 ZPO (Vollstreckung aus OLG-Urteil) geschützt.

54   Die Kosten für die Vernichtung, Zustandsbeseitigung und Verwahrung sind notwendige Kosten der Zwangsvollstreckung (§ 788 Abs. 1 Satz 1 ZPO) und deshalb vom Verletzer zu tragen.[111] Die entsprechende Verpflichtung kann bereits im Erkenntnisverfahren ausgesprochen werden.[112] Gegen den Ansatz überhöhter Vernichtungskosten kann sich der Verletzer im Vollstreckungsverfahren (§ 793 ZPO) zur Wehr setzen.[113]

55   Die Benutzung eines Geschmacksmusters ohne Zustimmung des Rechtsinhabers ist strafbar (§ 51). Die sich auf die Straftat beziehenden Gegenstände können deshalb gemäß § 51 Abs. 5 i.V.m. § 74a StGB eingezogen werden (vgl. dortige Kommentierung). Der Vernichtungsanspruch nach Abs. 1 kann auch bei einem Strafverfahren im Rahmen des sog. Adhäsionsverfahrens (§§ 403-406c StPO) geltend gemacht werden und hat gemäß § 51 Abs. 5 Satz 3 gegenüber der Einziehung Vorrang.[114]

X. Einstweilige Verfügung

56   Durch einstweilige Verfügung kann die Vernichtung wegen der Vorwegnahme der Hauptsache nicht angeordnet werden.[115] Möglich und sinnvoll ist es jedoch, den Vernichtungsanspruch durch eine einstweilige Verfügung auf Herausgabe an einen Gerichtsvollzieher zu sichern (sog. Sequestration).[116] Der Verfügungsantrag ist zu richten auf Herausgabe der Waren, Materialien und Geräte an den Gerichtsvollzieher zur Verwahrung oder ggf. an einen Sequester, soweit eine Verwahrung erforderlich ist (vgl. § 938 Abs. 2 ZPO).[117] Zur weiteren Sicherung des Vernichtungsanspruchs kommt ein Verbot der Rückgabe rechtsverletzender Erzeugnisse an den Lieferanten des Verletzers in Betracht.[118]

---

111 BGH, WRP 1997, 1189 ff. – Vernichtungsanspruch.
112 BGH, a.a.O.
113 BGH, a.a.O.
114 Vgl. zum Markenrecht: *Ströbele/Hacker*, § 18 Rn. 14.
115 OLG Hamburg, GRUR 1984, 758 und WRP 1988, 47; KG, WRP 1984, 326; OLG Nürnberg, WRP 1995, 427; OLG Düsseldorf, WRP 1997, 472.
116 OLG Hamburg, WRP 1997, 106, 112 – Gucci.
117 OLG Nürnberg, WRP 2002, 345, 346 – NIKE-Transit; LG Berlin, GRUR-RR 2004, 16, 17 – Fernglas.
118 OLG Frankfurt am Main, GRUR-RR 2003, 96 – Uhrennachbildungen.

X. Einstweilige Verfügung § 43

Dem Erlass einer einstweiligen Verfügung steht nicht entgegen, dass nur mildere Mittel als die Vernichtung in Betracht kommen.[119] Die Dringlichkeitsvermutung des § 12 Abs. 2 UWG ist entsprechend anwendbar.[120]

Der Verfügungsgrund für den Sequestrationsanspruch ist gegeben, wenn für die Durchsetzung des Vernichtungsanspruchs ein eigenständiges Sicherungsbedürfnis besteht.[121] Bei der insoweit vorzunehmenden Interessenabwägung ist einerseits zu beachten, dass der Anspruchsgegner, dem der Vertrieb der Verletzungsgegenstände ohnehin untersagt sein wird, weil der Sequestrationsanspruch regelmäßig nur flankierend zu einem Unterlassungsanspruch geltend gemacht werden wird, durch die Verpflichtung zur Herausgabe der Verletzungsgegenstände an den Gerichtsvollzieher keine erhebliche weitere Beeinträchtigung seiner Rechte erfährt. Andererseits ist zugunsten des Anspruchsgegners zu berücksichtigen, dass eine Obliegenheit zur Abmahnung in Fällen des begründeten Sequestrationsanspruchs regelmäßig deshalb nicht besteht, weil dies dem Zweck des Sequestrationsverfahrens zuwiderliefe und dem Anspruchsgegner deshalb auch im Falle eines sofortigen Anerkenntnisses die Kostenfolge des § 93 ZPO nicht zugutekommt. Letzten Endes ist in Bezug auf das Sicherungsbedürfnis entscheidend, wie hoch nach den Gesamtumständen die Gefahr einzuschätzen ist, dass der Verletzer nach einem Hinweis auf die Entdeckung der Verletzungshandlung versuchen wird, die Verletzungsgegenstände beiseite zu schaffen und sich dadurch dem Vernichtungsanspruch zu entziehen.[122]

57

Vor Beantragung der einstweiligen Verfügung ist eine Abmahnung wegen der damit verbundenen Gefahr der Vereitelung der Sicherstellung nach überwiegender Meinung unzumutbar und damit entbehrlich.[123] An die Glaubhaftmachung der Vereitelungsgefahr sind regelmäßig keine besonderen Anforderungen zu stellen. *Ingerl/Rohnke* führen insoweit zutreffend aus, dass auch grundsätzlich seriöse, zunächst gutgläubig ankaufende Unternehmen ohne Weiteres dem Anreiz erliegen, die

58

---

119 OLG Stuttgart, NJW-RR 2001, 257.
120 Vgl. zum Markenrecht: *Ströbele/Hacker*, § 18 Rn. 47.
121 OLG Frankfurt am Main, GRUR 2005, 264.
122 OLG Frankfurt am Main, Beschluss vom 25. Januar 2010 – 6 W 4/10.
123 OLG Frankfurt am Main, GRUR 1983, 753, 757 und GRUR 2002, 1096; KG, WRP 1984, 325, 326 und GRUR 2008, 371; OLG Nürnberg, WRP 1985, 427; OLG Hamburg, WRP 1988, 47, GRUR-RR 2004, 191 und GRUR-RR 2007, 27; OLG Düsseldorf, WRP 1997, 471; OLG München, NJWE-WettbR 1999, 239; OLG Köln, NJWE-WettbR 2000, 303.

§ 43   Vernichtung, Rückruf und Überlassung

Ware während der Abmahnfrist beschleunigt an Endverbraucher abzustoßen oder an dem Verletzten noch unbekannte Unternehmen weiterzuschieben, um der Vernichtung zu entgehen.[124] Das OLG Frankfurt am Main vertritt hingegen die Auffassung, dass bei einem großen und renommierten Handelsunternehmen nicht ohne Weiteres unterstellt werden kann, dass dieses nach einem Hinweis auf die Entdeckung der Verletzungshandlung versuchen wird, die Verletzungsgegenstände beiseite zu schaffen und sich dadurch dem Vernichtungsanspruch zu entziehen. Eine – der Sicherung des Vernichtungsanspruchs dienende – Sequestration komme deshalb regelmäßig nicht in Betracht.[125]

---

124 Vgl. zum Markenrecht: *Ingerl/Rohnke*, § 18 Rn. 41.
125 OLG Frankfurt am Main, GRUR-Prax 2010, 393.

§ 44 Haftung des Inhabers eines Unternehmens

Ist in einem Unternehmen von einem Arbeitnehmer oder Beauftragten ein Geschmacksmuster widerrechtlich verletzt worden, so hat der Verletzte die Ansprüche aus den §§ 42 und 43 mit Ausnahme des Anspruchs auf Schadenersatz auch gegen den Inhaber des Unternehmens.

Übersicht

	Rn.		Rn.
I. Allgemeines.................	1	4. Unternehmensinhaber......	10
II. Haftungsvoraussetzungen......	2	5. Verschulden.............	12
1. Geschmacksmusterverletzung..	2	III. Umfang der Haftung........	13
2. In einem Unternehmen........	3	V. Weitergehende Ansprüche...	14
3. Von einem Arbeitnehmer oder Beauftragten...............	5		

I. Allgemeines

Mit § 44 wurde die Regelung des § 14a Abs. 3 GeschmMG a.F. i.V.m. § 100 UrhG a.F. inhaltlich unverändert übernommen. Bei Verletzungen eines Geschmacksmusters durch einen Arbeitnehmer oder Beauftragten eines Unternehmens kann der Verletzte die sich aus §§ 42, 43 ergebenden Ansprüche mit Ausnahme des Anspruchs auf Schadensersatz nicht nur gegenüber dem unmittelbar handelnden Arbeitnehmer und Beauftragten, sondern auch gegen den Inhaber des Unternehmens geltend machen. Der Inhaber des Unternehmens haftet also im Sinne einer Erfolgshaftung[1] als Verletzer. Hierdurch soll verhindert werden, dass sich der Inhaber des Unternehmens bei ihm zugute kommenden Geschmacksmusterverletzungen hinter abhängigen Dritten (= Hilfspersonen) versteckt.[2] Denn durch die Hilfspersonen erweitert der Unternehmer seinen Geschäftskreis („arbeitsteilige Organisation des Unternehmens") und erhöht damit das Risiko von Verstößen innerhalb seines Unternehmens.[3] Gleichzeitig zieht der Unternehmer die Vorteile aus

1

---

1 BGH, GRUR 2002, 907, 909 – Filialleiterfehler.
2 BGH, GRUR 1993, 37, 39 – Seminarkopien; BGH, BGH, WRP 1995, 696 – Franchise-Nehmer; GRUR 2003, 453, 454 – Verwertung von Kundenlisten; BGH, WRP 2008, 186 – Telefonaktion.
3 BGH, GRUR 1995, 605, 607 – Franchisenehmer.

der Tätigkeit seiner Hilfspersonen, die sich in einem von ihm beherrschbaren Gefahrenkreis bewegen.[4] Die Zurechnung erlaubt es dem Verletzten, das Problem „bei der Wurzel" zu packen, statt der möglicherweise zahlreichen Hilfspersonen des Unternehmensinhabers „hinterherlaufen" zu müssen. Schließlich verbessern sich bei einer Durchsetzung des Anspruchs gegen den „Hintermann" die Aussichten, dass der Verletzte mögliche Ansprüche effektiv durchsetzen kann.[5] Mit § 44 vergleichbare Regelungen finden sich in §§ 14 Abs. 7 MarkenG, 8 Abs. 2 UWG.

II. Haftungsvoraussetzungen

1. Geschmacksmusterverletzung

2   Voraussetzung der Haftung nach § 44 ist eine widerrechtliche Geschmacksmusterverletzung i.S.d. §§ 42 ff. Es müssen sämtliche Voraussetzungen des objektiven Verletzungstatbestandes vorliegen. Subjektive Voraussetzungen brauchen hingegen weder beim Arbeitnehmer/Beauftragten noch beim Unternehmer erfüllt zu sein.[6] Die Haftung setzt auch nicht voraus, dass dem Unternehmer die Verletzung bekannt ist;[7] selbst wenn die Verletzung gegen den ausdrücklichen Willen des Unternehmens erfolgt, ist eine Haftung begründet.[8] Sind die Ansprüche gegen den Arbeitnehmer/Beauftragten aus §§ 42, 43 nicht entstanden, greift § 44 nicht ein.[9]

2. In einem Unternehmen

3   Die Verletzungshandlung muss „im Unternehmen" begangen worden sein. „Im Unternehmen" ist nicht räumlich zu verstehen; die Haftung nach § 44 ist also nicht auf Handlungen beschränkt, die sich innerhalb der Räumlichkeiten des Unternehmens ereignen. Abzustellen ist vielmehr auf den Sachzusammenhang des betrieblichen Aufgabenbereichs des Arbeitnehmers/Beauftragten. Die Verletzungshandlung ist folglich innerhalb des Unternehmens begangen, wenn sie bei der Ausführung der dem Arbeitnehmer im Unternehmen obliegenden Tätigkeit oder bei

---

4 Vgl. *Köhler/Bornkamm*, § 8 Rn. 233.
5 *Renner/Schmidt*, GRUR 2009, 908.
6 Vgl. zum Urheberrecht: *Möhring/Nicolini*, § 100 Rn. 10.
7 Vgl. zum Urheberrecht: *Wandtke/Bullinger*, § 99 Rn. 2.
8 Vgl. zum Urheberrecht: *Dreier/Schulze*, § 99 Rn. 6.
9 BGH, GRUR 1996, 798, 800 – Lohnentwesungen.

der Ausführung der dem Beauftragten zugewiesenen Aufträge geschehen ist: Es muss also ein unmittelbarer innerer Zusammenhang der Verletzungshandlung mit den betrieblichen Aufgaben des Angestellten/Beauftragten bestehen.[10] Die Handlung darf also insbesondere nicht allein privaten Zwecken dienen.[11] Ob der Arbeitnehmer/Beauftragte ohne Wissen oder gegen den Willen des Unternehmers handelte, ist unerheblich.[12] Angesichts der Intention des § 44, für einen möglichst wirksamen Rechtsschutz zu sorgen, ist der Begriff des Unternehmens weit zu verstehen.[13] Die Beweislast der Unternehmensbezogenheit trägt grundsätzlich der Kläger; steht dieser allerdings außerhalb des Geschehensablaufs und kann den Sachverhalt nicht von sich aus ermitteln, so ist der Anspruchsgegner nach den Grundsätzen der sekundären Behauptungslast verpflichtet, sich an der Aufklärung des Sachverhalts zu beteiligen. Der Anspruchsgegner kann sich also nicht darauf beschränken, die Unternehmensinhaber zu bestreiten, sondern muss nach Treu und Glauben darlegen, dass die bestrittene Behauptung unrichtig ist. Kommt es in diesem Fall nicht zu einem substantiierten Bestreiten, gilt die Unternehmensbezogenheit als zugestanden (§ 138 Abs. 3 ZPO).[14]

Eine private Tätigkeit, die der Arbeitnehmer/Beauftragte innerhalb des Unternehmens „bei Gelegenheit" (vgl. § 278 BGB) im eigenen Interesse ausübt, die also ihm selbst und nicht dem Unternehmen zugute kommt, ist dem Inhaber des Unternehmens nicht zuzurechnen. Dies gilt auch dann, wenn der Arbeitsnehmer/Beauftragte Betriebsmittel des Unternehmens benutzt. Eine Haftung des Unternehmensinhabers ist ferner zu verneinen, wenn der Arbeitnehmer/Beauftragte sich ohne Wissen des Unternehmensinhabers dessen Namen anmaßt, um Handlungen vorzunehmen, die nie Gegenstand des Unternehmens waren.[15] Weiter haftet der Auftraggeber auch dann nicht als Inhaber i.S.d. § 44, wenn der von ihm Beauftragte im konkreten Fall zwar geschäftlich tätig geworden ist, das betreffende geschäftliche Handeln jedoch nicht der Geschäftsorganisation des Auftraggebers, sondern derjenigen eines Dritten oder des Beauftragten selbst zuzurechnen ist. Ist der Beauftragte etwa noch für andere Personen oder Unternehmen tätig oder unterhält er neben dem Geschäftsbereich, mit dem er für den Auftraggeber

4

---

10 Vgl. zum Markenrecht: *Fezer*, § 14 Rn. 1058.
11 BGH, GRUR 2007, 994 – Gefälligkeit.
12 OLG München, WRP 1989, 755, 756.
13 Vgl. zum Urheberrecht: *Dreier/Schulze*, § 99 Rn. 4.
14 OLG München, GRUR-RR 2007, 345 – Beweislastverteilung.
15 OLG Frankfurt, WRP 1984, 330.

tätig wird, noch weitere, davon zu unterscheidende Geschäftsbereiche, so beschränkt sich die Haftung des Auftraggebers auf diejenigen geschäftlichen Handlungen des Beauftragten, die dieser im Zusammenhang mit dem Geschäftsbereich vornimmt, der dem Auftragsverhältnis zugrunde liegt. Dies gilt jedenfalls dann, wenn der Auftrag auf einen bestimmten Geschäftsbereich des Beauftragten beschränkt ist und der Auftraggeber nicht damit rechnen muss, dass der Beauftragte auch anderweitig für ihn tätig wird.[16]

3. Von einem Arbeitnehmer oder Beauftragten

5   Die Verletzung muss von einem Arbeitnehmer oder einem Beauftragten begangen werden. Beide Begriffe sind weit auszulegen.[17] Wie die Beteiligten ihre Rechtsbeziehungen ausgestaltet haben, ist unerheblich.[18]

6   Arbeitnehmer ist, wer aufgrund eines entgeltlichen oder unentgeltlichen Beschäftigungsverhältnisses verpflichtet ist, in dem Unternehmen abhängige Dienste zu erbringen.[19] Hierzu gehören neben Angestellten, Arbeitern, Volontären und Auszubildenden auch angestellte Reisende und Vertreter.[20] Die Rechtsnatur sowie die Wirksamkeit des Beschäftigungsverhältnisses sind unbeachtlich.[21]

7   Beauftragter ist, wer, ohne Arbeitnehmer zu sein, ausdrücklich oder stillschweigend aufgrund eines Vertragsverhältnisses in dem Geschäftsbetrieb, wenn auch nur gelegentlich, tätig ist.[22] Erforderlich ist, dass das Arbeitsergebnis des Beauftragten auch dem Betriebsorganismus zugute kommt und die Unternehmensleitung auf dessen Handeln „kraft eines die Zugehörigkeit der einzelnen Glieder zu dem Organismus begründenden Vertrages" sowohl eine bestimmenden Einfluss als auch die Macht hat, diesen Einfluss durchzusetzen. Dabei kommt es nicht darauf an, welchen Einfluss sich der Betriebsinhaber gesichert hat, sondern welchen Einfluss er sich sichern konnte und musste.[23]

---

16 BGH, GRUR 2009, 1167 – Partnerprogramm.
17 Vgl. *Köhler/Bornkamm*, § 8 Rn. 2.34.
18 BGH, WRP 1964, 171 – Unterkunde; *Harte/Henning*, § 8 Rn. 250; *Köhler/Bornkamm*, § 8 Rn. 2.44.
19 BGH, GRUR 1984, 54, 55 – Kopierläden; BGH, GRUR 1993, 37, 39 – Seminarkopien; OLG Bremen, GRUR 1985, 536 – Asterix-Plagiate.
20 Vgl. zum Urheberrecht: *Möhring/Nicolini*, § 100 Rn. 6.
21 *Renner/Schmidt*, GRUR 2009, 908, 909.
22 Vgl. zum Markenrecht: *Fezer*, § 14 Rn. 1062.
23 *Renner/Schmidt*, GRUR 2009, 908, 909.

II. Haftungsvoraussetzungen § 44

Auch selbstständige Unternehmen können Beauftragte sein.[24] Voraussetzung hierfür ist, dass das beauftragte selbstständige Unternehmen in die betriebliche Organisation des Betriebsinhabers in der Weise eingegliedert ist, dass einerseits der Betriebsinhaber auf das beauftragte Unternehmen einen bestimmenden, durchsetzbaren Einfluss hat und dass andererseits der Erfolg der Geschäftstätigkeit des beauftragten Unternehmens dem Betriebsinhaber zugute kommt.[25] Hiervon ist auszugehen, wenn es sich bei dem beauftragten Unternehmen um eine Tochtergesellschaft des Betriebsinhabers handelt und dieser – über die Funktion einer reinen Holding-Gesellschaft hinaus – beherrschenden Einfluss auf die Tätigkeit des Tochterunternehmens ausübt.[26] Bei einer in den Vertrieb der Muttergesellschaft eingebundenen Tochtergesellschaft ist dies ohne Weiteres anzunehmen.[27] Zu nennen sind weiter: Lieferant und Zwischenhändler;[28] für einen Großhändler werbender Einzelhändler;[29] selbstständiger Handelsvertreter;[30] Werbeagenturen;[31] Zeitungsverleger für Anzeigenkunden nur bei Übernahme zusätzlicher Geschäftsbesorgungsaufgaben ähnlich einer Werbeagentur;[32] Franchisenehmer.[33] Im Übrigen kommt es nicht darauf an, welchen Einfluss sich der Inhaber gesichert hat, sondern welchen Einfluss er sich sichern konnte und musste.[34] Der Unternehmensinhaber haftet daher gegebenenfalls auch für ohne sein Wissen und gegen seinen Willen von einem Beauftragten begangene Rechtsverstöße.

8

Unterhält ein Unternehmen ein Werbepartnerprogramm, bei dem seine Werbepartner auf ihrer Website ständig einen Link auf die das Angebot dieses Unternehmens enthaltende Internetseite bereitstellen (sog. Affiliate-Marketing), so sind diese Werbepartner („Affiliates") regelmäßig

9

---

24 BGH, WRP 1964, 171 – Unterkunde; BGH, GRUR 1991, 772, 774 – Anzeigenrubrik I; BGH, WRP 1995, 696 – Franchisenehmer.
25 BGH, GRUR 1995, 605, 607 – Franchisenehmer; BGH, GRUR 2005, 864, 865 – Meißner Dekor II; *Köhler/Bornkamm*, § 8 Rn. 2.41; *Teplitzky*, Kap. 14 Rn. 26.
26 OLG Frankfurt, WRP 2001, 1111, 1113.
27 BGH, NJW-RR 2005, 1489 – Meißner Dekor II.
28 RGZ 151, 287, 294 – Alpina.
29 BGH, GRUR 1964, 263, 266 – Unterkunde.
30 BGH, WRP 1971, 67 – Branchenverzeichnis.
31 BGH, GRUR 1991, 772, 774 – Anzeigenrubrik I; BGH, GRUR 1973, 208, 209 – Neues aus der Medizin.
32 BGH, WRP 1991, 79 – Anzeigenauftrag.
33 BGH, WRP 1995, 696 – Franchisenehmer.
34 BGH, GRUR 1995, 605, 607 – Franchisenehmer.

als Beauftragte des Unternehmens („Merchants") anzusehen.[35] Die Haftung nach § 44 beschränkt sich allerdings auf das Handeln des Beauftragten auf eine bestimmte zum Partnerprogramm angemeldete Website, wenn nur über diese Website getätigte Links abgerechnet werden und der Auftraggeber auch nicht damit rechnen muss, dass der Beauftragte noch anderweitig für ihn tätig wird.[36]

4. Unternehmensinhaber

10 Inhaber des Unternehmens ist diejenige natürliche oder juristische Person, in deren Namen der Betrieb geführt wird und der im Rechtsverkehr die Verantwortung für das Unternehmen übernommen hat. Das ist der Eigentümer, Besitzer, Nießbraucher oder Pächter des Unternehmens.[37] Als Inhaber eines Unternehmens kommt neben dem Einzelkaufmann auch jeder andere Rechtsträger (Kapitalgesellschaft, rechtsfähige Personengesellschaft) in Betracht. Bei Kapitalgesellschaften (GmbH, AG, KAG, e.V., r.V., Genossenschaften) ist die Gesellschaft als Inhaber des Unternehmens anzusehen. Bei den Personengesellschaften OHG und KG sind die persönlich haftenden Gesellschafter neben der Gesellschaft, bei der GbR sind nur alle Gesellschaften gemeinsam passivlegitimiert. Erweckt jemand nach außen den Anschein Unternehmensinhaber zu sein, ohne tatsächlich die Verantwortung innezuhaben, reicht dies für eine Haftung nach § 44 nicht aus.[38] Unternehmer im Sinne des § 44 sind auch politische Parteien, Bürgerinitiativen, Vereine und andere Organisationen mit ideeller Zielsetzung.[39] Bei Beamten und staatlichen Angestellten ist der Staat und nicht die einzelne Behörde Unternehmer. Zweigniederlassungen sind Teil des Gesamtunternehmens; rechtlich selbstständige Tochtergesellschaften sind nicht Teil der Muttergesellschaft.[40]

11 Der Inhaber des Unternehmens ist von dem Leiter des Unternehmens zu unterscheiden.[41] Auch die gesetzlichen Vertreter (Organe) einer juristischen Person (Vorstand, GmbH-Geschäftsführer, verfassungsmäßig

---

35 BGH, WRP 2009, 1520 – Partnerprogramm; OLG Frankfurt, Urt. v. 12.12.2002 – 6 U 130/02; OLG Köln, MMR 2006, 622ff.; OLG Köln, CR 2008, 521f.; LG Berlin, MMR 2006, 118; LG Potsdam, K&R 2008, 117.
36 BGH, WRP 2009, 1520 – Partnerprogramm.
37 *Renner/Schmidt*, GRUR 2009, 908, 909.
38 Vgl. *Köhler/Bornkamm*, § 8 Rn. 2.49.
39 OLG Bremen, GRUR 1985, 536 – Asterix-Plagiate.
40 Vgl. zum Urheberrecht: *Dreier/Schulze*, § 99 Rn. 7.
41 Vgl. zum Markenrecht: *Fezer*, § 14 Rn. 1064.

berufene Vertreter) sind nicht Unternehmensinhaber.[42] Das Gleiche gilt für die persönlich haftenden Gesellschafter einer OHG oder KG sowie die einzelnen Mitglieder eine GbR oder Erbengemeinschaft.[43]

5. Verschulden

Der Unternehmensinhaber haftet unabhängig von einem eigenen Ver- **12** schulden. Anders als bei § 831 BGB hat der Inhaber des Unternehmens nicht die Möglichkeit eines „Entlastungsbeweises" (Exkulpation). Es handelt sich bei § 44 folglich um eine echte Erfolgshaftung. Die Haftung besteht auch dann, wenn der Arbeitnehmer oder Beauftragte ohne Wissen oder gegen eine Weisung des Inhabers handelt.[44] Die unmittelbare Haftung der Täter bleibt daneben bestehen.

III. Umfang der Haftung

Der Inhaber des Unternehmens haftet auf Beseitigung (§ 42 Abs. 1), **13** Unterlassung (§ 42 Abs. 1), Vernichtung (§ 43 Abs. 1) sowie auf Überlassung von Erzeugnissen und Vorrichtungen (§ 43 Abs. 2), jedoch nicht für Ansprüche, die den subjektiven Verletzungstatbestand (Vorsatz/Fahrlässigkeit) voraussetzen. Eine Haftung des Unternehmensinhabers für Schadensersatz (§ 42 Abs. 2) sowie die dazugehörenden Nebenansprüche auf Auskunft (§ 46) und Rechnungslegung (§ 42 Abs. 2) besteht folglich nicht.[45] Insoweit unterscheidet sich § 44 von den sonstigen Regelungen (vgl. §§ 14 Abs. 7, 15 Abs. 6 MarkenG).

V. Weitergehende Ansprüche

§ 44 Satz 2 a.F. stellte klar, dass weitergehende Ansprüche gegen den **14** Unternehmensinhaber durch den Anspruch aus § 44 Satz 1 a.F. nicht berührt wurden. Diese Regelung war im Hinblick auf die Regelung des § 50 nicht erforderlich.

---

42 OLG Hamburg, WRP 1962, 330: Vorstand einer AG.
43 Vgl. *Köhler/Bornkamm*, § 8 Rn. 2.50.
44 OLG München, WRP 1989, 755, 756.
45 Vgl. zum Urheberrecht: *Dreier/Schulze*, § 99 Rn. 8.

§ 45 Entschädigung

Handelt der Verletzer weder vorsätzlich noch fahrlässig, so kann er zur Abwendung der Ansprüche nach den §§ 42 und 43 den Verletzten in Geld entschädigen, wenn ihm durch die Erfüllung der Ansprüche ein unverhältnismäßig großer Schaden entstehen würde und dem Verletzten die Abfindung in Geld zuzumuten ist. Als Entschädigung ist der Betrag zu zahlen, der im Falle einer vertraglichen Einräumung des Rechts als Vergütung angemessen gewesen wäre. Mit der Zahlung der Entschädigung gilt die Einwilligung des Verletzten zur Verwertung im üblichen Umfang als erteilt.

Übersicht

	Rn.		Rn.
I. Allgemeines	1	3. Zumutbarkeit für Verletzten	5
II. Anwendungsbereich	2	IV. Angemessene Entschädigung (§ 45 Satz 2)	6
III. Voraussetzungen	3	V. Einwilligung als Fiktion (§ 45 Satz 3)	7
1. Mangelndes Verschulden des Verletzers	3		
2. Unverhältnismäßig hoher Schaden beim Verletzer	4		

I. Allgemeines

1 Entsprechend der früheren Regelung (§ 14a Abs. 3 GeschmMG a.F. i.V.m. § 101 Abs. 1 UrhG a.F.) enthält § 45 ein Abwendungsrecht des schuldlosen Verletzers gegenüber Ansprüchen nach den §§ 42 und 43. Handelt der Verletzer weder vorsätzlich noch fahrlässig, so kann er den Verletzten zur Abwendung der jeweiligen Ansprüche in Geld entschädigen. Voraussetzung ist, dass dem Verletzer durch die Erfüllung der Ansprüche ein unverhältnismäßig großer Schaden entstehen würde und dem Verletzten eine Abfindung in Geld zugemutet werden kann; eine allgemeine Aufbrauchsfrist[1] kommt hingegen in der Regel nicht in Betracht.[2] Die Regelung soll verhindern, dass die Durchsetzung geschmacksmusterrechtlicher Ansprüche zu einer unverhältnismäßigen

---

[1] Bei einer solchen Frist würde es dem Verletzer gerichtlich erlaubt werden, auch noch nach Feststellung seiner rechtswidrigen Handlungen hieraus hervorgegangene Erzeugnisse zu verbreiten, wenn ihm ansonsten erhebliche Nachteile erwachsen würden.
[2] OLG Hamburg, WRP 2010, 1416 – Kaminöfen.

Vernichtung hoher wirtschaftlicher Werte führt.³ Als Ausnahmevorschrift ist § 45 eng auszulegen.⁴ Eine identische Regelung findet sich in § 100 UrhG.

II. Anwendungsbereich

Abgelöst werden können nur die Ansprüche auf Beseitigung und Unterlassung (§ 42) und auf Vernichtung und Überlassung (§ 43). Der Anspruch auf Schadensersatz kann, da er Verschulden voraussetzt (§ 42 Abs. 2 Satz 1), nicht abgelöst werden. Bei mehreren Verletzern sind die Voraussetzungen des § 45 für jeden von ihnen gesondert zu prüfen.⁵ 2

III. Voraussetzungen

1. Mangelndes Verschulden des Verletzers

Der Verletzer muss schuldlos, d.h. weder vorsätzlich noch fahrlässig 3 gehandelt haben. Dies ist der Fall, wenn entweder die Rechtsverletzung überhaupt ohne Verschulden begangen worden ist⁶ oder wenn der Verpflichtete nach § 44 ohne eigenes Verschulden für die schuldhafte Verletzung eines Arbeitnehmers oder Beauftragten einzustehen hat.⁷ Muss sich der Verpflichtete als Unternehmer das Verschulden des eigentlichen Verletzers (seines Mitarbeiters) nach § 278 BGB, aus Organisationsverschulden oder aus § 31 BGB zurechnen lassen, ist § 45 nicht anwendbar. Haftet der Unternehmer für das Verschulden seiner Mitarbeiter nur nach § 831 BGB, kann er sich exkulpieren, d.h. versuchen, den Entlastungsbeweis dafür zu führen, dass er den Täter sorgfältig ausgewählt und überwacht hat. Die Beweislast für das mangelnde Verschulden liegt beim Verletzer; Zweifel gehen zu seinen Lasten.⁸

---

3 Vgl. *Nirk/Kurtze*, § 14a Rn. 97.
4 Vgl. zum Urheberrecht: *Möhring/Nicolini*, § 101 Rn. 3; *Dreyer/Kotthoff/Meckel*, § 101 Rn. 1.
5 Vgl. zum Urheberrecht: *Möhring/Nicolini*, § 101 Rn. 8.
6 OLG Köln, GRUR 2000, 43, 45 – Klammerpose.
7 Vgl. zum Urheberrecht: *Möhring/Nicolini*, § 101 Rn. 7.
8 Vgl. zum Urheberrecht: *Fromm/Nordemann*, § 100 Rn. 10.

§ 45 Entschädigung

2. Unverhältnismäßig hoher Schaden beim Verletzer

4 Eine Ablösung kommt nur in Betracht, wenn dem Verletzer bei der Erfüllung der Ansprüche nach §§ 42 und 43 ein unverhältnismäßig großer Schaden entsteht. Unverhältnismäßig groß ist der Schaden, wenn er in krassem Widerspruch („ganz außer Verhältnis") zu der Bedeutung des unverschuldeten Rechtsverletzung steht. An die Unverhältnismäßigkeit sind hohe Anforderungen zu stellen.[9] Ein Anhaltspunkt ist insbesondere die Höhe der Lizenzgebühren, die für die Nutzung des Musters zu zahlen gewesen wäre.[10] Ein unverhältnismäßig großer Schaden kann insbesondere dann entstehen, wenn sich die Rechtsverletzung auf einzelne, kaum erkennbare Teile des Gesamtwerks beschränkt, die Beseitigung aber nur mit kostspieligen Änderungen des Gesamtwerks möglich wäre. Lässt sich eine Beseitigung ohne großen Kostenaufwand durchführen, kommt eine Ablösung nicht in Betracht.[11] Ob der Verletzer von der Abwendungsbefugnis Gebrauch machen will, liegt allein bei ihm; der Verletzte kann die Ablösung nicht fordern.[12]

3. Zumutbarkeit für Verletzten

5 Dem Verletzten muss die Entschädigung in Geld zumutbar sein. Hierbei sind die Interessen beider Seiten gegeneinander abzuwägen.[13] Dabei ist zu berücksichtigen, dass die Argumente für die Zumutbarkeit nicht aus der unverhältnismäßigen Größe des Schadens gewonnen, sondern aus anderen Gesichtspunkten hergeleitet werden müssen.[14] Der hohe Schaden allein begründet also noch nicht die Zumutbarkeit.[15] Zu vergleichen ist der Aufwand, der betrieben werden müsste, um die geltend gemachte Ansprüche zu erfüllen, mit dem Vorteil, den die Erfüllung für den Verletzten hat, und dem Nachteil, der ihn treffen würde, wenn der Anspruch nicht durchgesetzt wird.[16] Ebenso wie bei der Einräumung einer Aufbrauchsfrist kommt es auf die Umstände des Einzelfalls an. Eine Entschädigung kommt insbesondere in Betracht, wenn davon aus-

---

9 Vgl. zum Urheberrecht: *Wandtke/Bullinger*, § 100 Rn. 7.
10 Vgl. zum Urheberrecht: *Dreyer/Kotthoff/Meckel*, § 101 Rn. 3.
11 Vgl. zum Urheberrecht: *Schricker/Loewenheim*, § 100 Rn. 5.
12 Vgl. zum Urheberrecht: *Möhring/Nicolini*, § 101 Rn. 9.
13 BGH GRUR 1976, 317, 321 – Unsterbliche Stimmen.
14 Vgl. zum Urheberrecht: *Möhring/Nicolini*, § 101 Rn. 13.
15 Vgl. zum Urheberrecht: *Schricker/Loewenheim*, § 100 Rn. 6; *Dreyer/Kotthoff/Meckel*, § 101 Rn. 4.
16 Vgl. zum Urheberrecht: *Möhring/Nicolini*, § 101 Rn. 13.

zugehen ist, dass der Verletzte bei ordnungsgemäßer Anfrage zur Einräumung eines Benutzungsrechtes gegen eine angemessene Lizenzgebühr bereit gewesen wäre.[17]

IV. Angemessene Entschädigung (§ 45 Satz 2)

Nach Satz 2 richtet sich die Höhe des als Entschädigung zu zahlenden Geldbetrages nach der für eine entsprechende Lizenz angemessenen Vergütung. Da mit der Zahlung der Entschädigung auch die Einwilligung des Verletzten in die üblichen weiteren Verwertungsmaßnahmen als erteilt gilt, sind bei der Bestimmung der angemessenen Vergütung Art und Umfang der üblichen Verwertung zu berücksichtigen. Die Festsetzung der Vergütung kann im Klageantrag in das Ermessen des Gerichts gestellt werden (§ 287 ZPO). Gegebenenfalls ist über die Höhe der Entschädigung durch Sachverständigengutachten Beweis zu erheben.[18] Zahlt der Verletzer vor Rechtshängigkeit oder während des Prozesses zur Abwendung der Ansprüche eine bestimmte Summe an den Verletzten, trägt er selbst das Risiko für die Angemessenheit des Betrages.[19] Hält der Verletzte den Betrag für nicht angemessen, kann er die Ansprüche, die der Verletzer ablösen wollte einklagen und es dem Verletzer überlassen, sich demgegenüber auf die Ablösungsbefugnis zu berufen.[20]

6

V. Einwilligung als Fiktion (§ 45 Satz 3)

Zahlt der Verletzer die Entschädigungssumme, erlischen die Ansprüche (Unterlassung-, Beseitigung etc.), auf den sich die Abwendungsbefugnis bezieht.[21] Die abgelösten Ansprüche leben auch dann nicht wieder auf, wenn der an ihre Stelle getretene Ablösungsanspruch nicht oder schlecht erfüllt wird, d.h. der Verletzer den Ablösungsbetrag nicht, nicht vollständig oder verspätet zahlt.[22] Mit der Zahlung der Entschädigung gilt eine Einwilligung des Verletzten in die Verwertung des Ge-

7

---

17 Vgl. zum Urheberrecht: *Fromm/Nordemann*, § 100 Rn. 6.
18 Vgl. zum Urheberrecht: *Schricker/Loewenheim*, § 100 Rn. 7.
19 Vgl. zum Urheberrecht: *Fromm/Nordemann*, § 100 Rn. 10.
20 Vgl. zum Urheberrecht: *Schricker/Loewenheim*, § 100 Rn. 9; *Dreier/Schulze*, § 100 Rn. 8.
21 Vgl. zum Urheberrecht: *Dreyer/Kotthoff/Meckel*, § 101 Rn. 6.
22 Vgl. zum Urheberrecht: *Möhring/Nicolini*, § 101 Rn. 10.

§ 45 Entschädigung

schmacksmusters in dem für eine Lizenz üblichen Umfang als erteilt. Die Wirkung der Einwilligung bezieht sich auf die Vergangenheit bis zu dem Zeitpunkt der Rechtsverletzung. Sie eröffnet dem Verletzer insbesondere die Möglichkeit der Weiterveräußerung z.B. des Verkaufs der rechtswidrig hergestellten Erzeugnisse.[23] Die Erklärung des Verletzten, er sei trotz der Zahlung der Entschädigung mit einer weiteren Verwertung nicht einverstanden, ist rechtlich bedeutungslos.[24]

---

23 Vgl. zum Urheberrecht: *Dreyer/Kotthoff/Meckel*, § 101 Rn. 6.
24 Vgl. zum Urheberrecht: *Möhring/Nicolini*, § 101 Rn. 18.

§ 46 Auskunft

(1) Der Verletzte kann den Verletzer auf unverzügliche Auskunft über die Herkunft und den Vertriebsweg der rechtsverletzenden Erzeugnisse in Anspruch nehmen.

(2) In Fällen offensichtlicher Rechtsverletzung oder in Fällen, in denen der Verletzte gegen den Verletzer Klage erhoben hat, besteht der Anspruch unbeschadet von Absatz 1 auch gegen eine Person, die in gewerblichem Ausmaß

1. rechtsverletzende Erzeugnisse in ihrem Besitz hatte,
2. rechtsverletzende Dienstleistungen in Anspruch nahm,
3. für rechtsverletzende Tätigkeiten genutzte Dienstleistungen erbrachte oder
4. nach den Angaben einer in Nummer 1, 2 oder Nummer 3 genannten Person an der Herstellung, Erzeugung oder am Vertrieb solcher Erzeugnisse beteiligt war,

es sei denn, die Person wäre nach den §§ 383 bis 385 der Zivilprozessordnung im Prozess gegen den Verletzer zur Zeugnisverweigerung berechtigt. Im Fall der gerichtlichen Geltendmachung des Anspruchs nach Satz 1 kann das Gericht den gegen den Verletzer anhängigen Rechtsstreit auf Antrag bis zur Erledigung des wegen des Auskunftsanspruchs geführten Rechtsstreits aussetzen. Der zur Auskunft Verpflichtete kann von dem Verletzten den Ersatz der für die Auskunftserteilung erforderlichen Aufwendungen verlangen.

(3) Der zur Auskunft Verpflichtete hat Angaben zu machen über

1. Namen und Anschrift der Hersteller, Lieferanten und anderer Vorbesitzer der Erzeugnisse oder Dienstleistungen sowie der gewerblichen Abnehmer und Verkaufsstellen, für die sie bestimmt waren, und
2. die Menge der hergestellten, ausgelieferten, erhaltenen oder bestellten Erzeugnisse sowie über die Preise, die für die betreffenden Erzeugnisse oder Dienstleistungen bezahlt wurden.

(4) Die Ansprüche nach den Absätzen 1 und 2 sind ausgeschlossen, wenn die Inanspruchnahme im Einzelfall unverhältnismäßig ist.

§ 46 Auskunft

(5) Erteilt der zur Auskunft Verpflichtete die Auskunft vorsätzlich oder grob fahrlässig falsch oder unvollständig, so ist er dem Verletzten zum Ersatz des daraus entstehenden Schadens verpflichtet.

(6) Wer eine wahre Auskunft erteilt hat, ohne dazu nach Absatz 1 oder Absatz 2 verpflichtet gewesen zu sein, haftet Dritten gegenüber nur, wenn er wusste, dass er zur Auskunftserteilung nicht verpflichtet war.

(7) In Fällen offensichtlicher Rechtsverletzung kann die Verpflichtung zur Erteilung der Auskunft im Wege der einstweiligen Verfügung nach den §§ 935 bis 945 der Zivilprozessordnung angeordnet werden.

(8) Die Erkenntnisse dürfen in einem Strafverfahren oder in einem Verfahren nach dem Gesetz über Ordnungswidrigkeiten wegen einer vor der Erteilung der Auskunft begangenen Tat gegen den Verpflichteten oder gegen einen in § 52 Abs. 1 der Strafprozessordnung bezeichneten Angehörigen nur mit Zustimmung des Verpflichteten verwertet werden.

(9) Kann die Auskunft nur unter Verwendung von Verkehrsdaten (§ 3 Nr. 30 des Telekommunikationsgesetzes) erteilt werden, ist für ihre Erteilung eine vorherige richterliche Anordnung über die Zulässigkeit der Verwendung der Verkehrsdaten erforderlich, die von dem Verletzten zu beantragen ist. Für den Erlass dieser Anordnung ist das Landgericht, in dessen Bezirk der zur Auskunft Verpflichtete seinen Wohnsitz, seinen Sitz oder eine Niederlassung hat, ohne Rücksicht auf den Streitwert ausschließlich zuständig. Die Entscheidung trifft die Zivilkammer. Für das Verfahren gelten die Vorschriften des Gesetzes über die Angelegenheiten der freiwilligen Gerichtsbarkeit mit Ausnahme des § 28 Abs. 2 und 3 entsprechend. Die Kosten der richterlichen Anordnung trägt der Verletzte. Gegen die Entscheidung des Landgerichts ist die sofortige Beschwerde zum Oberlandesgericht statthaft. Sie kann nur darauf gestützt werden, dass die Entscheidung auf einer Verletzung des Rechts beruht. Die Entscheidung des Oberlandesgerichts ist unanfechtbar. Die Vorschriften zum Schutz personenbezogener Daten bleiben im Übrigen unberührt.

(10) Durch Absatz 2 in Verbindung mit Absatz 9 wird das Grundrecht des Fernmeldegeheimnisses (Artikel 10 des Grundgesetzes) eingeschränkt.

Übersicht

	Rn.		Rn.
I. Allgemeines	1	VII. Schadensersatzpflicht	
II. Auskunftsanspruch gegen den Verletzer (§ 46 Abs. 1)	2	(§ 46 Abs. 5)	43
1. Verletzungstatbestand	2	VIII. Haftung gegenüber Dritten (§ 46 Abs. 6)	46
2. Auskunftsberechtigter	3	IX. Einstweilige Verfügung	
3. Auskunftsverpflichteter	4	(§ 46 Abs. 7)	48
III. Auskunftsanspruch gegen Dritte (§ 46 Abs. 2)	5	X. Verwertungsverbot (§ 46 Abs. 8)	51
1. Voraussetzungen	5	XI. Verwendung von Verkehrsdaten (§ 46 Abs. 9)	53
2. Auskunftsberechtigter	6	1. Allgemeines	53
3. Auskunftsverpflichteter	7	2. Zuständigkeit	55
a) Besitz rechtsverletzender Waren (Nr. 1)	8	3. Anzuwendendes Recht	56
b) Inanspruchnahme rechtsverletzender Dienstleistungen (Nr. 2)	9	4. Rechtsweg	57
		5. Kostentragung	59
c) Erbringen von Dienstleistungen für rechtsverletzende Tätigkeit (Nr. 3)	10	6. Datenschutz	61
		XII. Grundrecht des Fernmeldegeheimnisses (§ 46 Abs. 10)	62
d) Als Beteiligte benannte Personen (Nr. 4)	11	XIII. Prozessuales	63
e) Gewerbliches Ausmaß	12	XIV. Unselbstständiger Auskunftsanspruch	66
4. Offensichtliche Rechtsverletzung oder Klageerhebung	14	1. Voraussetzungen	67
a) Offensichtliche Rechtsverletzung	15	2. Aktiv- und Passivlegitimation	68
b) Klageerhebung gegen den Verletzer	19	3. Erforderlichkeit	69
		4. Zumutbarkeit	70
5. Ausschluss bei Zeugnisverweigerungsrecht	20	5. Umfang und Inhalt der Auskunft	71
6. Aussetzung des Verfahrens	21	6. Auskunftserteilung	75
7. Kosten der Auskunft	22	7. Auskunftsmängel	76
IV. Art und Weise der Auskunft	23	8. Auskunftsklage	80
V. Umfang der Auskunft (§ 46 Abs. 3)	32	9. Einstweilige Verfügung	82
VI. Unverhältnismäßigkeit der Auskunft (§ 46 Abs. 4)	40	10. Verjährung	83

§ 46   Auskunft

I. Allgemeines

1   § 46¹ gewährt dem Verletzten einen selbstständigen und verschuldensunabhängigen Auskunftsanspruch über die Warenherkunft und den Vertriebsweg (sog. Drittauskunft). Die Drittauskunft dient der Stärkung des Schutzes des geistigen Eigentums und der effektiven Bekämpfung der Produktpiraterie. So erklärt sich die Verpflichtung zur unverzüglichen Auskunftserteilung auch ohne Verschulden (Abs. 1) und die Möglichkeit zur Durchsetzung im Wege der einstweiligen Verfügung bei offensichtlicher Rechtverletzung (Abs. 7). Der Anspruch dient insbesondere dazu, den Ursprung und die Vertriebswege der schutzrechtsverletzenden Erzeugnisse vollständig aufzudecken sowie die „Hintermänner" zu ermitteln. Ziel ist es, die Quelle, aus der die Rechtsverletzung fließt und jederzeit erneut fließen kann, schnellstmöglich vollständig zu verschließen.² Eine darüber hinausgehende Abschreckungsfunktion kommt der Auskunftspflicht im Gegensatz zum Vernichtungsanspruch (§ 43) nicht zu.³ Weitgehend identische Regelungen finden sich in §§ 24b GebrMG, 19 MarkenG, 140b PatG, 101 UrhG.

II. Auskunftsanspruch gegen den Verletzer (§ 46 Abs. 1)

1. Verletzungstatbestand

2   Der Anspruch auf die Drittauskunft setzt eine objektive und vollendete⁴ Verletzungshandlung i. S. d. § 42 voraus. Dabei muss die Rechtsverletzung zu gewerblichen Zwecken (vgl. § 40 Nr. 1) erfolgt sein. Die Rechtswidrigkeit wird durch den objektiven Tatbestand indiziert.⁵ Ein Verschulden des Verletzers – insbesondere die Kenntnis des Verletzers von dem Rechtsbestand des Musters – ist nicht erforderlich.⁶ Ist das

---

1   Geändert durch das „Gesetz zur Verbesserung der Durchsetzung von Rechten des geistigen Eigentums" (VDRgEG) vom 7. Juli 2008 (BGBl. 2008 I, S. 1191; Materialien in BT-Drucks. 16/5048; auch abgedruckt in BlPMZ 2008, 289 ff.).
2   BGH, WRP 1994, 519 – Cartier-Armreif; OLG Zweibrücken, WRP 1997, 611 – Plagiierter Schmuck; BGH, GRUR 2002, 709, 712 – Entfernung der Herstellernummer III.
3   Vgl. zum Markenrecht: *Ingerl/Rohnke*, § 19 Rn. 4.
4   Vgl. zum Markenrecht: *Fezer*, § 19 Rn. 21.
5   Vgl. zum Markenrecht: *Fezer*, § 19 Rn. 21.
6   OLG Zweibrücken, WRP 1997, 611 – Plagiierter Schmuck; OLG Frankfurt, WRP 1998, 223, 224 – ck be.

II. Auskunftsanspruch gegen den Verletzer (§ 46 Abs. 1)   § 46

Musterrecht nicht nach § 48 erschöpft, erfasst § 46 auch alle Fallkonstellationen des Parallelimports und Reimports von Originalwaren.[7]

2. Auskunftsberechtigter

Auskunftsberechtigter ist grundsätzlich der Inhaber des verletzten Musters oder dessen Rechtsnachfolger. Der Lizenznehmer ist regelmäßig nicht anspruchsberechtigt. Etwas anderes gilt jedoch dann, wenn der Musterinhaber der Erhebung der Verletzungsklage gemäß § 31 Abs. 3 zugestimmt hat.[8] Der Musterinhaber kann auch jeden Dritten ermächtigen, den Auskunftsanspruch geltend zu machen (Prozessstandschaft). Voraussetzung ist, dass der Dritte ein eigenes wirtschaftliches Interesse an der Rechtsverfolgung hat.[9] Der Prozessstandschaftler kann Auskunft an sich selbst verlangen.[10]   3

3. Auskunftsverpflichteter

Der Auskunftsanspruch richtet sich gegen den Verletzer. Das ist jeder, der als Täter, Mittäter (§ 830 Abs. 1 Satz 1 BGB), Anstifter oder Gehilfe (§ 830 Abs. 2 BGB) in eine Verletzungshandlung i.S.d. § 42 involviert ist. Weiter haftet auf Auskunft der sog. Störer,[11] d.h. derjenige, der auch ohne Verschulden in irgendeiner Weise willentlich und adäquat kausal zur Verletzung eines geschützten Rechts oder Rechtsguts beiträgt, sofern er die rechtliche Möglichkeit zur Verhinderung dieser Handlung hat und zumutbare Prüfungspflichten verletzt. Private Letztverbraucher, die einschlägige Erzeugnisse zu nichtgeschäftlichen Zwecken erwerben, einführen oder besitzen, sind hingegen nicht zur Auskunft verpflichtet.[12] Sind mehrere Personen auskunftspflichtig, schuldet jeder nur für sich Auskunft. Dies gilt auch dann, wenn für den Hauptanspruch eine gesamt-   4

---

7 BGH, GRUR 1996, 271, 275 – Gefärbte Jeans; BGH, GRUR 2002, 1063, 1067 – Aspirin; OLG Köln, GRUR 1999, 337 – Sculpture; OLG Köln, GRUR 1999, 346 – Davidoff Cool Water; OLG Frankfurt, WRP 1998, 223, 224 – ck be.
8 BGH, GRUR 2008, 614, 615 – Acerbon; OLG Düsseldorf, GRUR 1993, 818, 820; OLG Hamburg, GRUR-RR 2005, 181, 182.
9 BGH, GRUR 1983, 370, 372 – Mausfigur; BGH, GRUR 1986, 742, 743 – Videofilmvorführung
10 BGH, GRUR 1995, 216 – Oxygenol II.
11 Vgl. zum Markenrecht: *Fezer*, § 19 Rn. 22 m.w.N.
12 Vgl. zum Markenrecht: *Fezer*, § 19 Rn. 21 m.w.N.

§ 46 Auskunft

schuldnerische Haftung (z. B. nach §§ 830, 840 BGB) besteht.[13] Mehrere Verletzer sind i. d. R. nicht Gesamtschuldner.[14]

III. Auskunftsanspruch gegen Dritte (§ 46 Abs. 2)

1. Voraussetzungen

5 Nach bisher geltendem deutschem Recht hatte der Verletzte nur gegen den Verletzer einen Anspruch auf Auskunft. Nach der Gesetzesänderung kann der Verletzte nunmehr auch Dritte in Anspruch nehmen. Der Auskunftsanspruch nach Abs. 2 setzt – wie Abs. 1 – eine vollendete Geschmacksmusterverletzung voraus. Weiter besteht der Anspruch nur dann, wenn die Rechtsverletzung offensichtlich ist oder bereits eine Verletzungsklage rechtshängig ist (bloße Einreichung bei Gericht genügt nicht[15]).

2. Auskunftsberechtigter

6 Berechtigter des Anspruchs auf Drittauskunft ist der Verletzte bzw. dessen Rechtsnachfolger (s. Rn. 3).

3. Auskunftsverpflichteter

7 Der Auskunftspflicht nach Abs. 2 unterliegen Personen, die in gewerblichem Ausmaß rechtsverletzende Erzeugnisse in ihrem Besitz hatten (Nr. 1), rechtsverletzende Dienstleistungen in Anspruch nahmen (Nr. 2) oder die für rechtsverletzende Tätigkeiten Dienstleistungen in gewerblichem Ausmaß erbracht haben (Nr. 3). Sollten sich nach Erteilung der Auskunft Hinweise auf weitere Beteiligte ergeben, so erstreckt sich der Auskunftsanspruch auch auf diese Personen (Nr. 4). Durch die Formulierung „unbeschadet von Absatz 1" soll zum Ausdruck gebracht werden, dass die in Abs. 2 genannten Personen auch gemäß Abs. 1 in Anspruch genommen werden können, wenn sie Störer sind.[16] Die Auskunftspflicht besteht auch nach Beendigung der Handlungen fort.[17]

---

13 BGH, GRUR 1981, 592, 595 – Championne du Monde.
14 Vgl. zum Markenrecht: *Ingerl/Rohnke*, § 19 Rn. 8.
15 *Pitz*, GRUR 2009, 805, 807.
16 Vgl. Gesetzesbegründung BT-Drucks 16/5048, S. 38, 50.
17 Vgl. zum Markenrecht: *Fezer*, § 19 Rn. 26.

III. Auskunftsanspruch gegen Dritte (§ 46 Abs. 2)   § 46

a) Besitz rechtsverletzender Waren (Nr. 1)

Ausreichend für den Besitz rechtsverletzender Waren ist jede Art von Besitz, also unmittelbarer Besitz (§ 854 BGB) und mittelbarer Besitz (§ 868 BGB), Alleinbesitz und Mitbesitz, nicht aber die Position des Besitzdieners (§ 855 BGB).[18] Erfasst wird auch der frühere Besitzer (Vorbesitzer).

8

b) Inanspruchnahme rechtsverletzender Dienstleistungen (Nr. 2)

Die Inanspruchnahme rechtsverletzender Dienstleistungen erfordert weder eine Entgeltlichkeit der Leistungsbeziehungen, noch ist eine rechtsgeschäftliche Grundlage der Inanspruchnahme der Dienstleistung erforderlich.[19]

9

c) Erbringen von Dienstleistungen für rechtsverletzende Tätigkeit (Nr. 3)

Nr. 3 umfasst typische Sachverhalte der Störerhaftung. Unter den Anwendungsbereich der Nr. 3 fallen z.B. Transportunternehmen, die rechtsverletzende Waren befördern, Internet-Auktionshäuser, unter deren Internetauftritt Angebotsseiten mit rechtsverletzenden Waren eingestellt werden und Access-Provider, die lediglich den Zugang zu Internettauschbörsen vermitteln.[20]

10

d) Als Beteiligte benannte Personen (Nr. 4)

Die Auskunftspflicht trifft weiter Personen, die von auskunftsverpflichteten Personen im Zusammenhang mit der Rechtsverletzung als Beteiligte genannt werden. Erforderlich sind angaben, die eine rechtsverletzende Beteiligung des Dritten klar ersichtlich und wahrscheinlich mach (sog. qualifiziertes Benennen). Erscheint der Dritte hingegen als unglaubwürdig oder seine Aussage als unglaubhaft (etwa aufgrund von Widersprüchen), begründen dessen Angaben keine Auskunftsverpflichtung der benannten Person.[21]

11

---

18 Vgl. zum Markenrecht: *Fezer*, § 19 Rn. 26.
19 Vgl. zum Markenrecht: *Fezer*, § 19 Rn. 28.
20 Vgl. zum Markenrecht: *Fezer*, § 19 Rn. 29.
21 Vgl. zum Markenrecht: *Fezer*, § 19 Rn. 30.

e) Gewerbliches Ausmaß

12 Abs. 2 setzt voraus, dass die Rechtsverletzung in gewerblichem Ausmaß geschieht. Bei der Auslegung des „gewerblichen Ausmaßes" ist nicht auf die Formulierung „im geschäftlichen Verkehr" abzustellen. Denn beide Begriffe haben unterschiedliche Bedeutungen. Dabei ist der der Unterschied nicht quantitativ zu bemessen in dem Sinne, dass nicht bereits ein „geschäftlicher Verkehr" genüge, sondern erst ein „gewerbliches Ausmaß" einen Auskunftsanspruch begründen könnte. Vielmehr ist der Unterscheid inhaltlicher Art.[22] Während eine Rechtsverletzung durch das Merkmal „im geschäftlichen Verkehr" hinsichtlich der Art und Weise ihrer Begehung eingegrenzt wird, stellt das „gewerbliche Ausmaß" auf „die Schwere der beim Rechtsinhaber eingetretenen einzelnen Rechtsverletzung" ab.[23] Zutreffend wird darauf hingewiesen, dass ein Handeln im geschäftlichen Verkehr einen Zusammenhang mit Erwerb oder Berufsausübung voraussetzt, also nicht den privaten Bereich abdeckt, während ein „gewerbliches Ausmaß" auch bei rein privatem Handeln erreicht werden kann.[24] Die Motive des Rechtsverletzers, insbesondere also das Vorliegen einer Gewinnerzielungsabsicht, oder die Nachhaltigkeit seines Handelns sind für das Ausmaß der beim Rechtsinhaber eingetretenen einzelnen Rechtsverletzung nur von nachrangiger Bedeutung. Entscheidend, aber auch ausreichend ist es, dass die Rechtsverletzung ein Ausmaß aufweist, wie dies üblicherweise mit einer auf einem gewerblichen Handeln beruhenden Rechtsverletzung verbunden ist.[25]

13 Nach den Erwägungsgründen der Enforcement-Richtlinie (RL 2004/48/EG) zeichnen sich Rechtsverletzungen, die in gewerblichem Ausmaß vorgenommen werden, dadurch aus, dass sie zwecks Erlangung eines unmittelbaren oder mittelbaren wirtschaftlichen oder kommerziellen Vorteils vorgenommen werden. Handlungen, die in gutem Glauben von Endverbrauchern vorgenommen werden, sind hiernach in der Regel nicht erfasst.[26] Entscheidend für das Vorliegend einer Rechtsverletzung in gewerblichem Ausmaß ist also, dass der Rahmen des Privaten überschritten wird.[27] Entscheidend, aber auch ausreichend ist es,

---

22 OLG Köln, ZUM 2009, 425.
23 Vgl. Gesetzesbegründung, BT-Drucks 16/8783, S. 38, 50.
24 Vgl. *Kitz*, NJW 2008, 2374, 2375.
25 OLG Köln, ZUM 2009, 425, 426.
26 Vgl. zum Urheberrecht: *Dreyer/Kotthoff/Meckel*, § 101 Rn. 3.
27 LG Hamburg, MMR 2009, 570.

dass die Rechtsverletzung ein Ausmaß aufweist, wie dies üblicherweise mit einer auf einem gewerblichen Handeln beruhenden Rechtsverletzung verbunden ist.[28] Das Merkmal einer Rechtsverletzung „gewerblichen Ausmaßes" setzt also nicht eine bestimmte Anzahl von einzelnen Rechtsverletzungen, sondern eine Rechtsverletzung von erheblicher Schwere voraus, die über den Bereich einer Nutzung zum privaten Gebrauch hinausgeht.[29] Dementsprechend kann ein Endverbraucher „gewerbliches Ausmaß" auch bei einem privaten Handeln erreichen, wenn der Endverbraucher nach den objektiven Umständen eine ausreichende Anzahl oder Menge rechtsverletzender Waren in seinem Besitz hat oder in entsprechendem Umfang rechtsverletzende Dienstleistungen in Anspruch nimmt, oder wenn eine besondere Schwere der Rechtsverletzung gegeben ist.[30]

4. Offensichtliche Rechtsverletzung oder Klageerhebung

Die Auskunftspflicht des Dritten, der nicht Verletzer im Sinne des § 46 Abs. 1 ist, besteht nur unter der Voraussetzung, dass die Rechtsverletzung offensichtlich ist oder eine Klage gegen den Verletzer rechtshängig ist. 14

a) Offensichtliche Rechtsverletzung

Liegt eine offensichtliche Rechtsverletzung vor, ist der Dritte bereits vor Erhebung einer Klage gegen den Verletzer zur Auskunft verpflichtet. 15

Eine offensichtliche Rechtsverletzung liegt nur dann vor, wenn sie so eindeutig ist, dass eine Fehlentscheidung (oder eine andere Beurteilung im Rahmen des richterlichen Ermessens) und damit eine ungerechtfertigte Belastung des Antragsgegners kaum möglich ist. Das trifft nur zu, wenn ein Sachverhalt vorliegt, der in tatsächlicher und rechtlicher Hinsicht keinen Zweifel am Vorliegen der Rechtsverletzung aufkommen lässt und auch keine Anhaltspunkte am Vorliegen tatsächlicher Umstände erkennbar sind, die ein anderes Ergebnis rechtfertigen könnten.[31] Maßgeblich ist die Eindeutigkeit der Sach- und Rechtslage aus Sicht 16

---

28 OLG Köln, ZUM 2009, 425; OLG Karlsruhe, ZUM 2009, 957, 960.
29 OLG Schleswig, GRUR-RR 2010, 239, 240.
30 Vgl. zum Markenrecht: *Fezer*, § 19 Rn. 34.
31 OLG Düsseldorf, GRUR 1993, 818, 820; OLG Karlsruhe, CR 2000, 285; OLG Karlsruhe, ZUM 2009, 957, 960; LG Köln, MMR 2009, 645, 646.

§ 46 Auskunft

des Gerichts.[32] Im Hinblick darauf, dass das Geschmacksmuster ein ungeprüftes Schutzrecht ist, sind an die Offensichtlichkeit strenge Anforderungen zu stellen. Darüber hinaus muss die Durchsetzung des Auskunftsanspruchs im Wege der einstweiligen Verfügung zum Schutz der berechtigten Interessen des Auskunftsgebers auf das unbedingt notwendige Maß begrenzt bleiben.[33] Um die ungerechtfertigte Belastung Dritter auszuschließen, ist grundsätzlich ein strenger Maßstab anzulegen.[34]

17 Eine offensichtliche Rechtsverletzung scheidet aus, wenn konkrete anspruchsbegründende Tatsachen vom Antragsgegner bestritten sind und zur Glaubhaftmachung auf Mittel zurückgegriffen werden muss, deren Beweiswert erst nach ihrer Würdigung durch das Gericht beurteilt werden kann, sofern nicht das Ergebnis dieser Würdigung nach den konkreten Umständen geradezu zwingend zugunsten des Antragstellers ausfallen muss. Dies gilt insbesondere, wenn eine eidesstattliche Versicherung oder eine Zeugenaussage im Hinblick auf nicht völlig fernliegende Überlegungen auf die persönliche Glaubwürdigkeit des Erklärenden hin zu überprüfen ist. Unter diesen Umständen mag nämlich das entscheidende Gericht im Ergebnis ein erhebliches Maß an Wahrscheinlichkeit annehmen oder zu einer seine möglichen Zweifel ausschließenden Überzeugung gelangen. Eine abweichende Würdigung der Glaubhaftmachungsmittel, insbesondere im Hinblick auf die Glaubwürdigkeit, durch die Rechtsmittelinstanz oder in einem späteren Hauptsacheverfahren muss jedoch in aller Regel in Betracht gezogen werden. Es fehlt dann an der notwendigen Offensichtlichkeit der Rechtsverletzung.[35]

18 Liegt eine „offensichtliche Rechtsverletzung" vor, kann der Auskunftsanspruch auch im Wege der einstweiligen Verfügung durchgesetzt werden (vgl. Abs. 7).

b) Klageerhebung gegen den Verletzer

19 Weiter besteht die Auskunftsverpflichtung Dritter, wenn der Verletzte gegen den Verletzer bzw. einen der Verletzer Klage erhoben hat. Erforderlich ist die Einreichung einer den Erfordernissen des § 253 Abs. 1 bis 5 ZPO genügenden Klageschrift. Die Beantragung einer einstweiligen Verfügung reicht ebenso wenig aus, wie ein Antrag auf Gewährung

---
32 OLG Hamburg, WRP 1997, 103 – Cotto.
33 Vgl. zum Patentrecht: *Benkard*, § 140b Rn. 11.
34 Vgl. zum Urheberrecht: *Dreyer/Kotthoff/Meckel*, § 101 Rn. 6.
35 LG Mannheim, NJOZ 2010, 1566.

von Prozesskostenhilfe oder ein Beweissicherungsantrag nach den §§ 46a und 46b. Aus der Formulierung „erhoben hat" folgt, dass die Klage gegen den Verletzer im Zeitpunkt der Geltendmachung auf Drittauskunft noch rechtshängig sein muss; liegt hinsichtlich der Verletzungsklage bereits ein rechtskräftiges Urteil vor oder haben sich die Parteien dieses Rechtsstreits vergleichsweise geeinigt, erlischt auch der Anspruch auf Drittauskunft hinsichtlich des streitgegenständlichen Auskunftsverlangens.[36]

5. Ausschluss bei Zeugnisverweigerungsrecht

Der Dritte soll im Rahmen des Auskunftsanspruchs nicht schlechter gestellt werden, als wenn er wegen des Sachverhalts in einem Gerichtsverfahren als Zeuge geladen wäre.[37] Aus diesem Grund besteht die Verpflichtung zur Drittauskunft nicht, wenn der Dritte als Zeuge ein Zeugnisverweigerungsrecht (§§ 383–385 ZPO) beanspruchen könnte. Aus der Formulierung „es sei denn" folgt, dass der Dritte die Voraussetzungen für das Zeugnisverweigerungsrecht darzulegen und zu beweisen hat.[38]

20

6. Aussetzung des Verfahrens

Nach Abs. 2 Satz 2 kann der Rechtsstreit gegen den Verletzer auf Antrag einer Partei bis zur Auskunftserteilung ausgesetzt werden (§ 148 ZPO). Hierdurch soll verhindert werden, dass im Verletzungsverfahren eine abschließende Entscheidung ergeht, bevor eine für diesen Rechtsstreit möglicherweise bedeutsame Auskunft Dritter erteilt ist.[39] Über den Antrag entscheidet das Gericht nach pflichtgemäßem Ermessen ohne mündliche Verhandlung durch Beschluss (§ 248 Abs. 2 ZPO).

21

7. Kosten der Auskunft

Nach Abs. 2 Satz 3 muss der Dritte die Auskunft nicht auf eigene Kosten erteilen. Vielmehr kann er die erforderlichen Aufwendungen vom Verletzten ersetzt verlangen. Dies ist deshalb gerechtfertigt, weil der Dritte, solange er nicht als Störer gemäß Abs. 1 in Anspruch genommen werden kann, letztlich als Unbeteiligter in Anspruch genommen

22

---

36 Vgl. zum Markenrecht: *Fezer*, § 19 Rn. 36.
37 Vgl. Gesetzesbegründung BT-Drucks 16/5048, S. 39, 50.
38 Vgl. zum Urheberrecht: *Dreyer/Kotthoff/Meckel*, § 101 Rn. 9.
39 Vgl. Gesetzesbegründung BT-Drucks 16/5048, S. 39, 50.

wird. Der Rechtsinhaber kann diese Kosten vom Verletzer als Schadensersatz verlangen, wenn der Verletzer schuldhaft gehandelt hat, so dass im Ergebnis der Verursacher die Kosten zu tragen hat.[40] Ersatzfähig sind die Kosten nur insoweit, als sie für die vollständige und richtige Auskunft erforderlich sind.

IV. Art und Weise der Auskunft

23 Die Auskunft ist ebenso wie die nach § 242 BGB eine Wissenserklärung, die gegebenenfalls auch durch die negative Erklärung, den Hersteller und weitere Vorbesitzer nicht zu kennen, erfüllt werden kann.[41] Die Auskunftspflicht beschränkt sich allerdings nicht auf das präsente Wissen des Verpflichteten. Vielmehr ist dieser gehalten, seine Geschäftsunterlagen durchzusehen und alle ihm zugänglichen Informationen aus seinem Unternehmensbereich zur Erteilung einer vollständigen Auskunft heranzuziehen.[42] Der Auskunftsanspruch nach § 46 kann, soweit der zur Auskunft Verpflichtete seinen Lieferanten anhand seiner Unterlagen nicht mit ausreichender Sicherheit feststellen kann, im Einzelfall auch eine Pflicht begründen, diese Zweifel durch Nachfrage bei den in Betracht kommenden Lieferanten aufzuklären.[43] Dagegen umfasst der Auskunftsanspruch grundsätzlich nicht die Verpflichtung des Auskunftsschuldners, Nachforschungen bei Dritten vorzunehmen, um unbekannte Vorlieferanten und den Hersteller erst zu ermitteln.[44] Eine solche Ermittlungspflicht wäre mit der Rechtsnatur der Auskunft als Wissenserklärung und dem Erfordernis, die Drittauskunft unverzüglich zu erteilen, nicht zu vereinbaren.[45]

24 Die Auskunftspflicht ist nicht höchstpersönlich, kann also auch durch hierzu beauftragte Vertreter (Prokuristen, Handlungsbevollmächtigte oder Prozessbevollmächtigte) erfüllt werden. Erforderlich ist, dass die Person, welche die Auskunft erteilt, dem Verletzer eindeutig zurechenbar ist.[46] Will der Verletzer seine Auskunftspflicht durch Erklärungen Dritter erfüllen, muss er sich deren Erklärungen unmissverständlich zu Eigen

---

40 Vgl. Gesetzesbegründung BT-Drucks 16/5048, S. 39, 50.
41 BGH, WRP 1994, 519 – Cartier-Armreif; BGH, WRP 1999, 860, 864 – Telefaxgeräte.
42 BGH, GRUR 1995, 338, 340 – Kleiderbügel.
43 OLG Köln, GRUR 1999, 337, 339.
44 BGH, WRP 1994, 519 – Cartier-Armreif.
45 BGH, GRUR 2003, 433, 434 – Cartier-Ring.
46 BGH, GRUR 1961, 288, 291 – Zahnbürsten; *Eichmann*, GRUR 1990, 575, 576.

IV. Art und Weise der Auskunft   § 46

machen. Ein bloßer Verweis reicht nicht aus.[47] In einer mehrstufigen Vertriebskette hat jeder Verletzer seine eigene Auskunft zu erteilen.[48]

§ 46 schreibt für die Auskunft keine bestimmte Form vor. Aufgrund der Verkehrssitte ist jedoch davon auszugehen, dass die Auskunft grundsätzlich schriftlich zu erteilen ist.[49] Die Auskunft kann auch in Schriftsätzen eines Rechtsstreits erfolgen, wenn sie deutlich als Erfüllung des Auskunftsanspruchs zu verstehen ist.[50] **25**

Die Auskunft ist unverzüglich, d.h. ohne schuldhaftes Zögern (§ 121 Abs. 1 Satz 1 BGB) nach Aufforderung durch den Auskunftsberechtigten zu erteilen. Eine Woche ist regelmäßig ausreichend. Wird die Auskunft nicht fristgerecht oder unverzüglich erteilt, kann der Verletzte eigene Recherchen zur Herkunft und dem Vertriebsweg der Erzeugnisse durchführen. Die hierdurch entstandenen Kosten kann der Verletzte unter den Voraussetzungen der §§ 284 ff. BGB ersetzt verlangen.[51] **26**

Ist die Auskunft nicht ernst gemeint, unvollständig oder von vornherein unglaubhaft,[52] ist die Erklärung als nicht abgegeben anzusehen. Er tritt keine Erfüllung i.S.v. § 362 BGB ein.[53] **27**

Besteht der begründete Verdacht, dass die Auskunft falsch ist oder nicht mit der erforderlichen Sorgfalt erteilt worden ist, kann der Verletzte gemäß § 259 BGB verlangen, dass der Verletzer die Richtigkeit und Vollständigkeit der Auskunft an Eides Statt versichert.[54] Diese Verpflichtung besteht nicht, wenn die Angelegenheit von geringer Bedeutung ist (§ 259 Abs. 3 BGB). Das Gleiche gilt bei einem vertraglichen Bucheinsichtsrechts; hier fehlt das Rechtsschutzbedürfnis für eine eidesstattliche Versicherung.[55] **28**

Anhaltspunkte für den Mangel der Sorgfalt können sich aus der Art der Auskunft (Rechnungslegung), aus nachgewiesenen Unrichtigkeiten und Unvollständigkeiten, aber auch aus dem früheren Verhalten des Verlet- **29**

---

47 OLG Karlsruhe, GRUR 1999, 343, 346 – REPLAY-Jeans.
48 Vgl. zum Markenrecht: *Ingerl/Rohnke*, § 19 Rn. 14.
49 Vgl. zum Patentrecht: *Benkard*, § 140b Rn. 7; vgl. zum Markenrecht: *Ströbele/Hacker*, § 19 Rn. 69.
50 BGH, GRUR 1960, 248.
51 Vgl. zum Markenrecht: *Ströbele/Hacker*, § 19 Rn. 51.
52 BGH, GRUR 2001, 841, 844 – Entfernung von Herstellungsnummer II; OLG Hamburg, GRUR-RR 2001, 197.
53 Vgl. *Köhler/Bornkamm*, § 9 Rn. 4.32.
54 BGH, GRUR 2001, 841, 845 – Entfernung der Herstellungsnummer II; BGH, GRUR 2007, 877, 880 – Windsor Estate.
55 BGH, NJW 1998, 1636, 1637.

zers ergeben.⁵⁶ An die Darlegung der fehlenden Sorgfalt sind keine zu hohen Anforderungen zu stellen: Vielmehr ist dem Verletzer die Abgabe einer eidesstattlichen Versicherung schon dann zumutbar, wenn tatsächliche Anhaltspunkte für Nachlässigkeit oder gar bewusste Falschauskunft vorliegen.⁵⁷

30 Der Auskunftspflichtige kann die eidesstattliche Versicherung freiwillig vor dem Amtsgericht des Wohnorts oder der Erfüllungsorts abgeben (§§ 261 BGB, 163, 79 FGG). Weigert sich der Auskunftspflichtige, die Versicherung abzugeben, muss der Auskunftsberechtigte Klage erheben. Ein obsiegendes Urteil ist nach § 888 ZPO zu vollstrecken.⁵⁸ Die Kosten der Abnahme der eidesstattlichen Versicherung (nicht die Kosten eines Prozesses) trägt der Auskunftsberechtigte (§ 261 Abs. 3 BGB⁵⁹).

31 Kann der Verletzte nachweisen, dass die erteilte Auskunft unvollständig ist – entweder von vornherein oder weil neue Tatsachen bekannt werden oder die zugrunde gelegten Tatsachen sich als unrichtig erweisen –, besteht ein Ergänzungsanspruch der mit den Zwangsmitteln des § 888 ZPO durchgesetzt werden kann.⁶⁰ Der Verletzer kann eine von ihm nachträglich als unrichtig erkannte Auskunft berichtigen.⁶¹

V. Umfang der Auskunft (§ 46 Abs. 3)

32 Gegenstand des Auskunftsanspruchs sind die vollständigen Namen und die verkehrsüblichen Anschriften aller Hersteller, Lieferanten und Vorbesitzer (z.B. Frachtführer, Spediteure, Lagerhalter) sowie der gewerblichen Abnehmer und Verkaufsstellen. Im Gegensatz zum früheren Recht wird der „Auftraggeber" nicht mehr genannt.⁶²

33 Der Anspruch bezieht sich auf sämtliche der genannten Personen, nicht nur auf unmittelbare Vorbesitzer. Ob die Vorbesitzer rechtswidrig gehandelt haben, ist irrelevant. Folglich sind auch die Beteiligten bekannt zu geben, die im Ausland ansässig sind oder gehandelt haben, und zwar

---

56 Vgl. zum Patentrecht: *Benkard*, § 139 Rn. 91.
57 Vgl. zum Markenrecht: *Ingerl/Rohnke*, § 19 Rn. 58.
58 Vgl. zum Patentrecht: *Busse*, § 140b Rn. 73.
59 BGH, NJW 2000, 2113.
60 BGH, WRP 1994, 519 – Cartier-Armreif; OLG Zweibrücken, WRP 1997, 611, 614; OLG München, NJWE-WettbR 1996, 134.
61 BGH, GRUR 1982, 724 – Dampffrisierstab I.
62 Vgl. zum Markenrecht: *Ströbele/Hacker*, § 19 Rn. 30f.

V. Umfang der Auskunft (§ 46 Abs. 3) § 46

unabhängig davon, ob das betreffende Muster auch dort geschützt ist.[63] Anzugeben sind weiter die Menge der hergestellten, ausgelieferten, erhaltenen oder bestellten Erzeugnisse. Abs. 3 soll den Auskunftsanspruch nicht einschränken, sondern lediglich konkretisieren. Er stellt deshalb keine abschließende Aufzählung dar. Können Herkunft und Vertriebsweg anhand der in Abs. 3 genannten Angaben nicht vollständig aufgedeckt werden, ist der Vertreiber aus Abs. 1 zu weitergehenden Informationen verpflichtet.[64]

Hersteller ist im Allgemeinen der Erzeuger, auch in Lohnfertigung 34 oder Heimarbeit.[65] Bei arbeitsteiliger Produktion können mehrere Hersteller sein. Lieferant ist in der Regel der Veräußerer. Die rechtliche Einordnung des Veräußerungsgeschäftes (Kauf, Tausch etc.) und des Lieferaktes (Eigentumsvorbehalt, Kommission etc.) ist ohne Bedeutung. Als Vorbesitzer sind auch Spediteure, Frachtführer, Lagerhalter anzusehen; mittelbarer Besitz ist ausreichend.[66]

Damit der Verletzte den Vertriebsweg nachvollziehen kann, sind Namen und Anschrift der gewerblichen Abnehmer anzugeben. Nicht erforderlich ist das Bestehen eines Gewerbebetriebs.[67] Über private Personen muss keine Auskunft erteilt werden.[68] Der Auskunftsverpflichtete muss aber mitteilen, ob es sich um gewerbliche oder private Abnehmer handelt. Ausgeschlossen sind Abnehmer, bei denen weitere Verbreitungshandlungen nicht zu erwarten sind.[69] Damit scheiden Letztverbraucher aus, gleichgültig, ob sie Gewerbetreibende oder Freiberufler sind. Bloße Angebotsempfänger sind ebenfalls nicht mitzuteilen.[70]

Die Angabe über die Menge (Stückzahl oder andere übliche Maßeinheiten) umfasst die hergestellten, ausgelieferten, erhaltenen oder bestellten Erzeugnisse.[71] Die Angaben sind – auch wenn sich dies nicht eindeutig dem Wortlaut des Abs. 3 entnehmen lässt – den einzelnen Herstellern, Lieferanten, Vorbesitzern, Abnehmern oder Auftraggebern

---

63 Vgl. zum Markenrecht: *Harte-Bavendamm*, § 5 Rn. 59; vgl. zum Patentrecht: *Busse*, § 140b Rn. 9.
64 Vgl. zum Urheberrecht: *Möhring/Nicolini*, § 101a Rn. 10.
65 Vgl. *Eichmann*, GRUR 1990, 575, 577.
66 Vgl. zum Gebrauchsmusterrecht: *Loth*, § 24b Rn. 25.
67 Vgl. zum Markenrecht: *Fezer*, § 19 Rn. 9.
68 Vgl. zum Urheberrecht: *Dreyer/Kotthoff/Meckel*, § 101 Rn. 12.
69 Vgl. zum Patentrecht: *Busse*, § 140b Rn. 13.
70 Vgl. zum Gebrauchsmusterrecht: *Loth*, § 24b Rn. 26.
71 Vgl. zum Markenrecht: *Ströbele/Hacker*, § 19 Rn. 35.

zuzuordnen.[72] Neu in das Gesetz aufgenommen wurde die Verpflichtung, Angaben über die Preise, die für das betreffende Erzeugnis bezahlt wurden, zu machen. Diese Auskunft konnte nach altem Recht nur im Rahmen des allgemeinen Auskunfts- und Rechnungslegungsanspruchs verlangt werden.[73]

37 Zwischen dem I. Zivilsenat (zuständig für nicht-technische Schutzrechte und Wettbewerbsrecht) und dem X. Zivilsenat (zuständig für technische Schutzrechte) des BGH bestand fast 20 Jahre Streit darüber, ob der Auskunftsanspruch zeitlich dahingehend zu begrenzen ist, dass dieser erst von der ersten Verletzungshandlung an besteht. Der I. Zivilsenat vertrat mit seiner „Gaby" Rechtsprechung die Auffassung, dass der Auskunftsanspruch nur den Zeitraum ab der ersten vom Schutzrechtsinhaber vorgetragenen und bewiesenen Verletzungshandlung erfasst. Der Verletzer musste daher nur über solche Verletzungshandlungen Auskunft erteilen, die nach diesem Zeitpunkt lagen.[74] Demgegenüber steht der X. Zivilsenat seit jeher auf dem Standpunkt, dass der Auskunftsanspruch den gesamten Zeitraum während der Schutzdauer des Rechts erfasse, d.h. von dessen Entstehung an bis zur ersten bewiesenen Verletzungshandlung, mit der Folge, dass der Schutzrechtsinhaber Auskunft auch über frühere Verletzungshandlungen verlangen kann.[75] Die Literatur schloss sich überwiegend der Auffassung des X. Zivilsenats an.[76] Mit der Entscheidung „Windsor Estate" hat der I. Zivilsenat einen Richtungswechsel vollzogen und sich der Rechtsprechung des X. Zivilsenats angeschlossen.[77] Der zeitliche Umfang des Auskunftsanspruchs ist damit erheblich ausgedehnt.[78] Über Lieferungen vor Entstehung des Schutzrechts besteht hingegen kein Auskunftsanspruch nach § 46.[79]

---

72 Vgl. zum Gebrauchsmusterrecht: *Loth*, § 24b Rn. 27.
73 Vgl. zum Gebrauchsmusterrecht: *Loth*, § 24b Rn. 28.
74 Vgl. BGH, GRUR 1988, 306, 307 – Gaby; BGH, GRUR 1995, 50, 54 – Indorektal/Indohexal.
75 BGH, GRUR 1992, 612 – Nicola.
76 Vgl. *Krieger*, GRUR 1989, 802; *Tilmann*, GRUR 1990, 160; *Jestaedt*, GRUR 1993, 222f.; vgl. zum Markenrecht: *Fezer*, § 19 Rn. 12; *Ingerl/Rohnke*, § 19 Rn. 34; vgl. zum Gebrauchsmusterrecht: *Loth*, § 24b Rn. 29.
77 BGH, GRUR 2007, 877 – Windsor Estate.
78 Vgl. *Steinbeck*, GRUR 2008, 110.
79 OLG Frankfurt, NJW-RR 1998, 1007, 1008.

Ein Anspruch auf Einsicht in die Bücher steht dem Verletzten nicht zu.[80] Eine Pflicht zur Vorlage von Belegen wird überwiegend verneint,[81] kann nach der Rechtsprechung jedoch gegeben sein, wenn der Berechtigte hierauf angewiesen ist und dem Verletzer diese zusätzliche Verpflichtung zugemutet werden kann.[82] Auch kann der Verletzte keine Rechnungslegung verlangen, da eine solche nur der Berechnung des (verschuldensabhängigen) Schadensersatzanspruchs dient.[83]   38

Eine eingeschränkte Auskunftserteilung in der Form, dass der Verletzer die einschlägigen Daten einem zur Verschwiegenheit verpflichteten Dritten (z.B. Wirtschaftsprüfer) erteilt und diesen zugleich ermächtigt, dem Verletzten auf eine konkrete Anfrage Auskunft zu erteilen, ob ein bestimmter Lieferantenname etc. in der erteilten Auskunft enthalten ist (sog. Wirtschaftsprüfervorbehalt), ist mit dem Wesen der Drittauskunft schon im Ansatz unvereinbar und kann allenfalls in seltenen Ausnahmefällen erwogen werden.[84]   39

VI. Unverhältnismäßigkeit der Auskunft (§ 46 Abs. 4)

Der Auskunftsanspruch wird durch den Grundsatz der Verhältnismäßigkeit beschränkt. Die Drittauskunft ist folglich nur zu erteilen, wenn der Grundsatz der Verhältnismäßigkeit gewahrt ist; die Auskunft muss also geeignet, erforderlich und angemessen sein.[85] Ob dies der Fall ist, hängt von den Umständen des Einzelfalls ab. Es ist eine umfassende Interessenabwägung vorzunehmen, bei der das Informationsinteresse des Verletzten einerseits und das Geheimhaltungsinteresse des Verletzers andererseits gegeneinander abzuwägen sind:[86] Der Verletzte hat ein Interesse an der Ermittlung weiterer Verletzer und der Verfolgung weiterer Verletzungshandlungen. Dem steht das Interesse des Verletzers an   40

---

80 OLG Köln, GRUR 1995, 767, 677 – Vorlage von Geschäftsunterlagen; OLG Karlsruhe, GRUR 1995, 772, 773 – Selbstständiger Auskunftsanspruch; OLG Zweibrücken, WRP 1997, 611, 614 – Plagiierter Schmuck.
81 Vgl. zum Markenrecht: *Fezer*, § 19 Rn. 9; vgl. zum Patentrecht: *Benkard*, § 140b Rn. 7.
82 BGH, GRUR 2002, 709, 712 – Entfernung der Herstellungsnummer III; BGH, GRUR 2003, 433, 434 – Cartier-Ring.
83 Vgl. zum Urheberrecht: *Möhring/Nicolini*, § 101a Rn. 6.
84 Vgl. zum Markenrecht: *Ströbele/Hacker*, § 19 Rn. 39; BGH, GRUR 1995, 338, 341 f. – Kleiderbügel; BGH, GRUR 2002, 709, 713 – Entfernung der Herstellernummer III; OLG Düsseldorf, GRUR 1993, 905, 708 – Bauhaus-Leuchte.
85 Vgl. zum Urheberrecht: *Schricker/Loewenheim*, § 101 Rn. 85.
86 BGH, GRUR 2006, 504, 507 – Parfümtestkäufe.

der Geheimhaltung seiner Bezugs- und Absatzwege und seiner internen Unternehmensdaten gegenüber.[87]

41 An die Unverhältnismäßigkeit der Auskunftserteilung sind strengere Anforderungen zu stellen als an die Unverhältnismäßigkeit des Vernichtungsanspruchs.[88] Das Geheimhaltungsinteresse hat hinter dem Auskunftsinteresse zurückzutreten, wenn das Verhalten des Verletzers deutlich macht, dass der Verletzte anderenfalls vor weiteren Verletzungshandlungen nicht sicher ist und es sich nicht um eine einzelne Verletzung handelt.[89] Der Anspruch entfällt, wenn der Auskunftsberechtigte kein oder nur ein äußerst geringes Interesse daran haben kann, die Lieferanten oder gewerbliche Abnehmer zu erfahren, insbesondere wenn es sich um einen Einzelfall handelt oder keine weiteren Verletzungen zu befürchten und eingetretene Schäden ausgeglichen sind.[90] Der Umstand, dass der Verletzer den benannten Dritten auch der Gefahr einer strafrechtlichen Verfolgung aussetzt, hat bei der Interessenabwägung einzufließen, steht aber der Zumutbarkeit einer Drittauskunft – ungeachtet des Umstandes, dass es weithin als anstößig empfunden wird, einen Dritten einer strafbaren Handlung zu bezichtigen[91] – nicht von vornherein entgegen.[92] Im Übrigen ist bei der Interessenabwägung zu berücksichtigen, dass der Gesetzgeber durch die Einführung des § 46 zum Ausdruck gebracht hat, dass er die Interessen des Verletzten am Schutz seines geistigen Eigentums grundsätzlich höher bewertet, als die Interessen des Verletzers an der Geheimhaltung seiner Bezugsquellen und Vertriebswege.[93] Von der Auskunftspflicht kann deshalb nur dann – ganz oder teilweise (z.B. hinsichtlich einzelner Daten und/oder durch Einräumung eines Wirtschaftsprüfervorbehalts) – abgesehen werden, wenn sich der Streitfall durch besondere Umstände auszeichnet, die ihn aus der Reihe der üblichen Verletzungssachverhalte herausheben und die dokumentieren, dass der Verletzte bei Anlegung eines objektiven Maßstabes, gemessen am Regelfall, ein außergewöhnlich geringes Informationsinteresse hat, das trotz des geschehenen wi-

---

87 Vgl. zum Gebrauchsmusterrecht: *Loth*, § 24b Rn. 23.
88 Vgl. zum Gebrauchsmusterrecht: *Loth*, § 24b Rn. 23.
89 OLG Düsseldorf, GRUR 1993, 818, 820.
90 Vgl. zum Patentrecht: *Busse*, § 140b Rn. 6.
91 BGH, GRUR 1984, 659, 661 – Ausschreibungsunterlagen.
92 BGH, GRUR 1984, 659, 661 – Ausschreibungsunterlagen; *Fritze*, GRUR 1976, 370; *Tilmann*, GRUR 1987, 251, 260.
93 BGH, WRP 1994, 519 – Cartier-Armreif; OLG Zweibrücken, WRP 1997, 611 – Plagiierter Schmuck.

derrechtlichen Eingriffs in seine Schutzposition ausnahmsweise hinter den Geheimhaltungsbelangen des Verletzers zurückstehen muss, oder dass – umgekehrt – auf Seiten des Verletzers, gemessen am Regelfall, derart außergewöhnliche Nachteile aus der Auskunftserteilung drohen, dass demgegenüber das Informationsinteresse des verletzten zurückzutreten hat.[94] Dementsprechend kommt eine Unverhältnismäßigkeit nur dann in Betracht, wenn mit Sicherheit ausgeschlossen werden kann, dass der Verletzte die begehrten Angaben zur Geltendmachung nachvollziehbarer Verletzungsansprüche gegen Lieferanten oder Abnehmer benötigen kann.[95] Eine andere Beurteilung kann bei einem lediglich vereinzelten Vertrieb nicht-erschöpfter Originalware geboten sein (vor allem, wenn diese im Inland bezogen wurde und keine Anhaltspunkte bestanden, dass es sich um nicht-erschöpfte Ware handelt).[96]

Die Darlegungs- und Beweislast für die Unverhältnismäßigkeit liegt beim Verletzer oder beim Dritten.[97] Zweifel gehen zu seinen Lasten. 42

VII. Schadensersatzpflicht (§ 46 Abs. 5)

Um den zur Auskunft Verpflichteten zu einer richtigen und vollständigen Auskunft zu veranlassen, bestimmt Abs. 5, dass der Verletzte Schadensersatz verlangen kann, wenn der zur Auskunft Verpflichtete die Auskunft vorsätzlich oder grob fahrlässig falsch oder unvollständig erteilt.[98] Die Regelung ist deklaratorischer Natur, da eine Schlechterfüllung des Auskunftsanspruchs schon nach den allgemeinen Regeln eine Schadensersatzverpflichtung auslöst.[99] Namentlich stellt die unvollständige oder unrichtige Auskunft eine zum Schadensersatz verpflichtende Pflichtverletzung eines gesetzlichen Schuldverhältnisses (§ 280 Abs. 1 BGB) dar.[100] Im Übrigen kommt eine deliktische Haftung des Verletzers in Betracht: Erteilt der Verletzer vorsätzlich oder grob fahrlässig eine falsche Auskunft, ergibt sich die zivilrechtliche Haftung aus § 823 Abs. 2 BGB i.V.m. § 263 Abs. 1 StGB sowie aus §§ 824, 826 BGB.[101] 43

---

94 OLG Düsseldorf, InstGE 12, 210 (Beschluss vom 21.7.2010 – I-2 U 47/10).
95 Vgl. zum Markenrecht: *Ingerl/Rohnke*, § 19 Rn. 39.
96 Vgl. zum Markenrecht: *Ströbele/Hacker*, § 19 Rn. 38 unter Verweis auf BGH, GRUR 2006, 504, 507 – Parfümtestkäufe.
97 BGH, GRUR 1995, 338, 340 – Kleiderbügel.
98 Vgl. Gesetzesbegründung BT-Drucks 16/5048, S. 39, 50.
99 Vgl. zum Urheberrecht: *Dreyer/Kotthoff/Meckel*, § 101 Rn. 15.
100 *Schmidhuber*, WRP 2008, 296, 299.
101 Vgl. zum Markenrecht: *Ingerl/Rohnke*, § 19 Rn. 45.

Gibt der Auskunftsverpflichtete auf Betreiben des Verletzten nach Erteilung einer falschen oder unvollständigen Auskunft eine diese bestätigende und folglich falsche eidesstattliche Versicherung ab, folgt der Schadensersatzanspruch aus § 823 Abs. 2 i.V.m. §§ 156, 163 StGB.[102]

44 Voraussetzung für den Schadensersatzanspruch ist, dass die Auskunft objektiv falsch oder unvollständig und subjektiv vorsätzlich oder zumindest grob fahrlässig erteilt wurde und dies zu einem adäquat-kausalen Schaden des Verletzten führt. Ein Sorgfaltsverstoß liegt bereits dann vor, wenn der Auskunftspflichtige über sein präsentes Wissen hinaus nicht alle ihm zugänglichen Informationen aus seinem Unternehmensbereich zur Erfüllung einer vollständigen und richtigen Auskunft heranzieht und gegebenenfalls Zweifel durch Nachfrage bei seinen Lieferanten aufklärt.[103]

45 Der entstandene Schaden umfasst vor allem zusätzlich entstandene Rechtsverfolgungs- und Nachforschungskosten.[104]

VIII. Haftung gegenüber Dritten (§ 46 Abs. 6)

46 Abs. 6 regelt eine Haftungserleichterung für den Fall, dass jemand einem unberechtigten Auskunftsverlangen nachkommt und sich deshalb Regressforderungen Dritter gegenüber sieht. Die Beschränkung der Haftung auf Vorsatz, die nur für wahrheitsgemäße Angaben gilt, trägt dem Umstand Rechnung, dass insbesondere in Fällen des Abs. 2 der Verpflichtete kaum beurteilen kann, ob überhaupt eine Rechtsverletzung vorliegt. Die Vorschrift ist keine eigene Anspruchsgrundlage für Forderungen Dritter. Vielmehr hat sie eine Filterwirkung, soweit ein Anspruch auf Schadensersatz aus anderen Bestimmungen folgt.[105]

47 Das Haftungsprivileg des Abs. 6 greift bei Erteilung einer wahren Auskunft ein. Unwahr ist die Auskunft, wenn sie im Hinblick auf den Auskunftsanspruch entweder falsch oder unvollständig ist. Rechtsfolge ist die Beschränkung der Haftung auf vorsätzliches Handeln.[106]

---

102 *Schmidhuber*, WRP 2008, 296, 298.
103 BGH, GRUR 2003, 433, 434 – Cartier-Ring.
104 Vgl. zum Markenrecht: *Ströbele/Hacker*, § 19 Rn. 60.
105 Vgl. Gesetzesbegründung BT-Drucks 16/5048, S. 39, 50.
106 Vgl. zum Markenrecht: *Fezer*, § 19 Rn. 68.

IX. Einstweilige Verfügung (§ 46 Abs. 7)

Ist eine Rechtsverletzung offensichtlich (vgl. Rn. 15 ff.), kann der Auskunftsanspruch (auch) im einstweiligen Verfügungsverfahren (§§ 935 ff., 916 ff. ZPO) durchgesetzt werden. Das Erfordernis der offensichtlichen Rechtsverletzung bezweckt, die Gefahr einer nachträglichen Aufhebung der einstweiligen Verfügung möglichst gering zu halten. Die Durchsetzung der – irreversiblen – Erfüllung von Auskunftsansprüchen im Wege der einstweiligen Verfügung kann nur in Betracht kommen, wenn das entscheidende Gericht praktisch ausschließen kann, dass eine übergeordnete Instanz zu einem anderen Ergebnis gelangt.[107] Dies gilt nicht nur unter dem Gesichtspunkt einer möglicherweise abweichenden Beurteilung der Rechtslage, sondern gleichermaßen für verbleibende Ungewissheiten im Rahmen der Tatsachenfeststellung. Sowohl unter dem Aspekt der rechtlichen, als auch der tatsächlichen Beurteilung des Streitstoffs gilt es, eine die Hauptsache vorwegnehmende Entscheidung nur zu treffen, wenn eine Fehlbeurteilung mit hinreichender Sicherheit ausgeschlossen werden kann.[108]

48

Die bloße Glaubhaftmachung der Offensichtlichkeit der Rechtsverletzung genügt nicht; die Offensichtlichkeit der Rechtsverletzung muss vielmehr abschließend beurteilt werden können.[109] Nach Auffassung des OLG Frankfurt reicht es nicht aus, dass die Rechtsverletzung nur wahrscheinlich ist; vielmehr darf eine andere Beurteilung als die einer Rechtsverletzung kaum möglich erscheinen.[110] Um die Kostenfolge des § 93 ZPO zu vermeiden, sollte der Verletzte dem Auskunftsschuldner jedoch zunächst Gelegenheit zur außergerichtlichen Auskunftserteilung geben.[111] Dem Gericht bleibt es überlassen, die Anordnung der einstweiligen Verfügung zum Schutz des Auskunftspflichtigen in geeigneten Fällen von einer Sicherheitsleistung abhängig zu machen (§§ 936, 921 Abs. 2 Satz 2 ZPO) und/oder vor Erlass eine mündliche Verhandlung durchzuführen (§ 937 Abs. 2 ZPO).[112]

49

Der Verletzte muss die Dringlichkeit seines Auskunftsbegehrens (= Verfügungsgrund) glaubhaft machen; eine analoge Anwendung der Dringlichkeitsvermutung des § 12 Abs. 2 UWG kommt nicht in Be-

50

---

107 Vgl. zum Markenrecht: *Fezer*, § 19 Rn. 72.
108 LG Mannheim, NJOZ 2010, 1566.
109 Vgl. zum Markenrecht: *Ströbele/Hacker*, § 19 Rn. 46.
110 OLG Frankfurt, GRUR-RR 2003, 32 – Offensichtliche Rechtsverletzung.
111 Vgl. *Eichmann*, GRUR 1990, 575, 588.
112 Vgl. zum Urheberrecht: *Dreier/Schulze*, § 101 Rn. 29.

§ 46 Auskunft

tracht.¹¹³ Verpflichtet sich der Verletzer nach unverzüglicher Auskunftsaufforderung zu kurzfristiger Auskunftserteilung, die er dann jedoch verweigert, beginnt eine neue Dringlichkeitsfrist zu laufen.¹¹⁴

X. Verwertungsverbot (§ 46 Abs. 8)

51 Abs. 8 trägt dem strafrechtlichen Grundsatz Rechnung, dass kein Täter sich selbst belasten und kein enger Angehöriger gegen einen engen Angehörigen aussagen muss.¹¹⁵ Dementsprechend verbietet Abs. 8, die erteilte Auskunft in einem Straf- oder Ordnungswidrigkeitenverfahren gegen den Auskunftsverpflichteten oder seine Angehörigen (§ 52 Abs. 1 StPO) zu verwerten. Dies gilt jedoch nur im Hinblick auf Straftaten, die vor der Erteilung der Auskunft begangen worden waren; es gilt also insbesondere nicht für Straftaten, die bei der Erteilung der Auskunft begangen werden.¹¹⁶ Die Festsetzung von Ordnungsmitteln und Zwangsmitteln in der Zwangsvollstreckung wird ebenfalls nicht berührt.¹¹⁷ Ebenso wenig kann der Verletzer die Auskunft mit der Begründung verweigern, er setze sich hierdurch einem Vertragsstrafeanspruch des Rechtsinhabers oder der Verhängung eines Ordnungsmittels nach § 890 ZPO aus.¹¹⁸

52 Erteilt der Auskunftspflichtige die Zustimmung zur Verwendung, entfällt das Verwertungsverbot auch gegenüber den Angehörigen.¹¹⁹ In Verfahren gegen Hersteller, Zwischenhändler, Abnehmer oder andere Tatbeteiligte kann die erteilte Auskunft hingegen verwendet werden. Das Verwertungsverbot erfasst auch solche Tatsachen und Beweismittel, die zwar nicht unmittelbar Gegenstand der Auskunftserteilung sind, zu denen aber die Auskunft unmittelbar den Weg gewiesen hat.¹²⁰ Nicht ausgeschlossen ist dagegen die strafrechtliche Verwertung von Tatsachen, die auf andere Weise als durch die Auskunft, insbesondere durch

---

113 OLG Köln, WRP 2003, 1008 f.; *Köhler/Bornkamm*, § 12 Rn. 3.14 m.w.N.; *Teplitzky*, Kap. 54 Rn. 20 m.w.N.; vgl. zum Markenrecht: *Fezer*, § 19 Rn. 73; *Ströbele/Hacker*, § 19 Rn. 47; a.A. *Ingerl/Rohnke*, § 19 Rn. 45.
114 Vgl. zum Markenrecht: *Ingerl/Rohnke*, § 19 Rn. 54.
115 BVerfGE 56, 37, 41 ff.
116 Vgl. zum Markenrecht: *Ströbele/Hacker*, § 19 Rn. 76.
117 *Eichmann*, GRUR 1990, 575, 579.
118 Vgl. *Harte-Bavendamm*, § 5 Rn. 59; a.A. v. *Ungern-Sternberg*, WRP 1984, 55.
119 *Lührs*, GRUR 1994, 264, 269.
120 Vgl. zum Markenrecht: *Fezer*, § 19 Rn. 83; vgl. zum Urheberrecht: *Schricker/Loewenheim*, § 101 Rn. 98.

strafrechtliche Ermittlungen bekannt geworden sind. Verwertet werden können auch solche Tatsachen, die bereits vor Erteilung der Auskunft bekannt waren oder die sich auf Handlungen beziehen, die im Zuge der Auskunftserteilung (also etwa eine nach §§ 156, 163 StGB strafbare falsche eidesstattliche Versicherung) oder später begangen werden.[121]

XI. Verwendung von Verkehrsdaten (§ 46 Abs. 9)

1. Allgemeines

Abs. 9 betrifft den Sonderfall, dass dem Dritten die Erteilung der begehrten Auskunft nur unter Verwendung von Verkehrsdaten im Sinne des § 3 Nr. 30 des Telekommunikationsgesetzes („TKG") möglich ist. Dieser Fall ist bei Rechtsverletzungen im Internet denkbar, wenn Daten mit Hilfe von dynamischen IP-Adressen (IP: internet protocol), vor allem über so genannte FTP-Server (FTP: file transfer protocol), im Netz ausgetauscht werden. Potenzielle Rechtsverletzer können in solchen Fällen meist nicht unmittelbar über Bestandsdaten ermittelt werden, sondern nur mit Hilfe von Verkehrsdaten. Verkehrsdaten enthalten nähere Umstände der Telekommunikation – insbesondere zeitliche Umstände einer bestimmten Datenverbindung und deren Zuordnung zu einem Telefonanschluss – und unterliegen dem einfach-gesetzlich (§ 88 TKG) und verfassungsrechtlich (Art. 10 Abs. 1 GG) geschützten Fernmeldegeheimnis.[122] Im Hinblick auf die besondere Schutzwürdigkeit von Verkehrsdaten und um Internet-Provider und Telekommunikationsunternehmen von der Prüfung zu entlasten, ob eine offensichtliche Rechtsverletzung vorliegt, ist der Auskunftsanspruch unter einen Richtervorbehalt gestellt. Die gerichtliche Anordnung setzt einen entsprechenden Antrag des Verletzten voraus. Das Gericht hat das Vorliegen der Auskunftsvoraussetzungen zu prüfen. Hierzu bedarf es allerdings keines gegen den Dritten gerichteten kontradiktorischen Auskunftsverfahrens, sondern es genügt eine gerichtliche Entscheidung, welche die Verwendung von Verkehrsdaten zur Erteilung der Auskunft zulässt.

53

Ist von vornherein klar, dass die begehrten Verkehrsdaten aus rechtlichen oder tatsächlichen Gründen nicht mehr herausgegeben werden können (üblicherweise löschen die Provider die Verkehrsdaten nach

54

---

121 Vgl. zum Urheberecht: *Dreier/Schulze*, § 101 Rn. 33.
122 Nach Auffassung des OLG Schleswig greift die vergleichbare Regelung des § 101 Abs. 9 UrhG nicht in verfassungswidriger Weise in das Fernmeldegeheimnis ein; vgl. GRUR-RR 2010, 239, 240.

§ 46 Auskunft

Ablauf von sieben Tagen), fehlt einem Antrag nach Abs. 9 das Rechtsschutzbedürfnis.[123] Aus diesem Grund empfiehlt es sich, zunächst eine Sicherungsanordnung, die den Provider verpflichtet, die Access-Daten auch nach Ablauf der sieben Tage nicht zu löschen, zu erwirken.[124] Erst danach wird der eigentliche Auskunftsanspruch geltend gemacht.

2. Zuständigkeit

55 Nach Abs. 9 Satz 2 sind für die Anordnung ausschließlich die Landgerichte sachlich zuständig. Örtlich zuständig ist das Landgericht, in dessen Bezirk der zur Auskunft Verpflichtete seinen Wohnsitz, seinen Sitz oder seine Niederlassung hat. Zwischen diesen drei Gerichtsständen besteht kein gleichberechtigtes Wahlrecht. Vielmehr ist bei auskunftsverpflichteten juristischen Personen alleine deren Sitz maßgeblich.[125] Im Übrigen ist die Regelung zur Zuständigkeitskonzentration (vgl. § 52 Abs. 2) anzuwenden.[126] Die Entscheidung trifft die Zivilkammer (Abs. 9 Satz 3).

3. Anzuwendendes Recht

56 Auf das Verfahren sind auch nach dem Inkrafttreten des FamFG die Vorschriften des FGG – mit Ausnahme von § 28 Abs. 2 und 3 FGG – entsprechend anzuwenden (Abs. 9 Satz 4).[127] Folglich hat das Gericht das Vorliegen der Auskunftsvoraussetzungen von Amts wegen zu ermitteln (§ 12 FGG) und gegebenenfalls eine Abwägung zwischen den Interessen des Rechtsinhabers und dem Fernmeldegeheimnis vorzunehmen.[128] Der Erlass der einstweiligen Anordnung erfordert allerdings, dass das Vorliegen der Voraussetzungen für eine Anordnung gemäß § 46 Abs. 9 glaubhaft gemacht ist.[129] Wegen § 11 FGG herrscht kein Anwaltszwang.[130]

4. Rechtsweg

57 Gegen die Entscheidung des Landgerichts kann sofortige Beschwerde zum Oberlandesgericht eingelegt werden (Abs. 9 Satz 6 i.V.m. § 22

---

123 LG Köln, Beschluss vom 4.5.2009 – 9 OH 197/09.
124 OLG Karlsruhe, GRUR-RR 2009, 379; LG Hamburg, GRUR-RR 2009, 390.
125 OLG Düsseldorf, GRUR-RR 2009, 324.
126 Vgl. Gesetzesbegründung, BT-Drucks 16/5046, S. 40, 50.
127 OLG Frankfurt, ZUM 2009, 639; OLG Karlsruhe, ZUM 2009, 957, 958.
128 Vgl. zum Markenrecht: *Fezer*, § 19 Rn. 81.
129 OLG Köln, ZUM 2008, 978; OLG Karlsruhe, ZUM 2009, 957, 959.
130 Vgl. zum Markenrecht: *Ströbele/Hacker*, § 19 Rn. 70.

XI. Verwendung von Verkehrsdaten (§ 46 Abs. 9)   § 46

FGG). Es findet allein eine Überprüfung in rechtlicher Hinsicht statt (Abs. 9 Satz 7). Ein weiteres Rechtsmittel gegen die Entscheidung des Oberlandesgerichts ist nicht vorgesehen (Abs. 9 Satz 8); eine Vorlage an den Bundesgerichtshof ist ausgeschlossen.

Der Inhaber eines Internetanschlusses kann nicht feststellen lassen, dass die richterliche Anordnung zur Auskunft seiner Verkehrsdaten gemäß § 46 Abs. 9 rechtswidrig ist, soweit er dies auf Umstände stützt, deren Prüfung nicht Gegenstand des Anordnungsverfahrens sind, wie zum Beispiel eine angeblich fehlerhafte Auskunft des Providers über die Zuordnung der angegebenen IP-Adresse oder die tatsächlichen Vorgänge in Bezug auf die Nutzung des fraglichen Internetanschlusses. Der Anschlussinhaber kann aber geltend machen, dass das Gericht zu Unrecht ein gewerbliches Ausmaß der in Rede stehenden Rechtsverletzung angenommen hat.[131]   58

5. Kostentragung

Die Kosten für die richterliche Anordnung trägt zunächst der Verletzte (Abs. 9 Satz 5); er kann diese später als Schaden gegenüber dem Verletzer geltend machen.   59

Die Gerichtsgebühren für die Entscheidung über den Antrag betragen EUR 200 (§ 128c Abs. 1 Nr. 5 KostO). Ob die Gebühr einfach oder mehrfach anfällt, hängt allein davon ab, ob es sich formal um eine Antragsschrift handelt. Dies gilt auch für den Fall, dass dem Antrag unterschiedliche IP-Adressen, Datenträger oder mehrere Geschmacksmuster zu Grunde liegen.[132] Wird der Antrag zurückgenommen, bevor über ihn eine Entscheidung ergangen ist, reduzieren sich die Gerichtsgebühren auf EUR 50 (§ 128c Abs. 2 KostO). Bei Zurückweisung oder Zurücknahme des Antrags kann von der Erhebung von Kosten abgesehen werden, wenn der Antrag auf unverschuldeter Unkenntnis der tatsächlichen oder rechtlichen Verhältnisse beruhte (§§ 128c Abs. 3, 130 Abs. 5 KostO).   60

6. Datenschutz

Abs. 9 Satz 9 stellt klar, dass außerhalb des Anwendungsbereichs des Abs. 9 Satz 1 bis 8 Auskunft über personenbezogene Daten nur unter Beachtung der jeweils einschlägigen Datenschutzvorschriften erteilt werden darf.   61

---

131 OLG Köln, ZUM 2011, 56.
132 OLG München, ZUM 2011, 75.

XII. Grundrecht des Fernmeldegeheimnisses (§ 46 Abs. 10)

62 Abs. 10 trägt dem Zitiergebot des Art. 19 Abs. 1 Satz 2 GG Rechnung. Danach muss ein Gesetz, durch das ein Grundrecht eingeschränkt wird, dieses Grundrecht unter Angabe des Artikels nennen.

XIII. Prozessuales

63 Der Auskunftsanspruch ist im Wege der Auskunftsklage einklagbar und kann unter den Voraussetzungen des Abs. 7 auch im Verfügungsverfahren durchgesetzt werden.

64 Der Streitwert der Auskunftsklage ist abhängig vom wirtschaftlichen Interesse des Klägers an der Erfüllung der Auskunftspflicht. Während für den Auskunftsanspruch als Hilfsanspruch zur Schadensfeststellungsklage nur etwa 10 % des gesamten Streitwerts einer Unterlassungs- und Schadensersatzklage anzusetzen sind, kann der Streitwert bei § 46, wo letztlich Unterlassungs- und Ersatzansprüche gegen Dritte das Interesse des Klägers ausmachen, deutlich höher liegen.[133] Der Streitwert des Verfügungsverfahrens ist mit dem des Hauptsacheverfahrens identisch, da die Hauptsache vorweggenommen wird.[134]

65 Da es sich bei der Auskunftserteilung regelmäßig um eine unvertretbare Handlung handelt, erfolgt die Zwangsvollstreckung gemäß § 888 ZPO durch Zwangsgeld und Zwangshaft.[135] Einer vorläufigen Vollstreckung steht die Endgültigkeit einer einmal erteilten Auskunft nicht generell entgegen.[136] Ein mit den Zwangsmitteln des § 888 ZPO durchsetzbarer Anspruch auf Vervollständigung einer Auskunft kann gegeben sein, wenn weitere Tatsachen zutage treten, welche die bisher erteilte Auskunft als unvollständig erscheinen lassen,[137] oder wenn die bisherige Auskunft auf einer falschen tatsächlichen Grundlage gegeben wurde und deshalb nicht als ordnungsgemäße und vollständige Erfüllung der Auskunftspflicht angesehen werden kann.[138] Erklärt der Auskunftsverpflichtete aber im Bewusstsein des Umfangs seiner Aus-

---

133 Vgl. zum Markenrecht: *Ströbele/Hacker*, § 19 Rn. 48; *Eichmann*, GRUR 1990, 590 nennt 25 %.
134 KG, GRUR 1992, 611 – Hard Rock Cafe.
135 OLG Düsseldorf, GRUR 1979, 275.
136 BGH, GRUR 1996, 78 – Umgehungsprogramm.
137 BGH, GRUR 1984, 728, 730 – Dampffrisierstab II.
138 OLG Düsseldorf, GRUR 1963, 78, 79.

kunftsverpflichtung, nur in einem bestimmten Umfang etwas zu wissen, so kann nicht von einer unvollständigen Erklärung gesprochen werden, die es rechtfertigte, ihn durch Zwangsgeld oder Zwangshaft gemäß § 888 ZPO zur Gewissenserforschung anzuhalten.[139]

XIV. Unselbstständiger Auskunftsanspruch

Die Rechtsprechung gewährt dem Verletzten als Hilfsanspruch zur Verwirklichung seines Schadensersatzanspruchs auf Grundlage des § 242 BGB einen Anspruch gegen den Verletzter auf Auskunftserteilung und Rechnungslegung. Hierdurch soll es dem Verletzten ermöglicht werden, zu prüfen, ob und ggf. in welcher Höhe ihm Hauptansprüche (Schadensersatz-, Beseitigungs- und/oder Bereicherungsanspruch) gegen den Verletzer zustehen.[140] Die Rechnungslegung ist eine gesteigerte Form der Auskunft. Für sie gelten die gleichen Grundsätze wie für den Auskunftsanspruch. Aus einer Auskunftspflicht folgt aber nicht ohne Weiteres eine Rechnungslegungspflicht.[141]

66

1. Voraussetzungen

Der Auskunftsanspruch setzt eine Rechtsverletzung i.S.d. § 42 voraus. Ein Schaden braucht noch nicht eingetreten zu sein; es genügt, darzulegen, dass der Eintritt eines Schadens wahrscheinlich ist.[142] Voraussetzung für das Bestehen des Auskunftspruches ist aber das Bestehen eines Hauptanspruchs. Ist er (noch) nicht entstanden, besteht auch (noch) kein Auskunftsanspruch.[143] Näheres über den Umfang der Verletzungshandlungen braucht der Verletzte nicht darzutun. Insbesondere braucht der Verletzte nicht den Beginn der Verletzungshandlungen nachzuweisen.[144] Anders als der Anspruch auf Drittauskunft ist der unselbstständige Auskunftsanspruch verschuldensabhängig.[145] Dient der Auskunftsanspruch der Vorbereitung eines Anspruchs aus ungerechtfer-

67

---

139 BGH, WRP 1994, 519 – Cartier-Armreif.
140 BGH, GRUR 1980, 227, 232 – Monumenta Germaniae Historica; BGH, GRUR 1984, 728, 729 – Dampffrisierstab II; BGH, GRUR 1991, 153, 155 – Pizza & Pasta; BGH, GRUR 1995, 50, 53 – Indorektal/Indohexal.
141 Vgl. *Köhler/Bornkamm*, § 9 Rd. 4.6.
142 BGH, WRP 1976, 306 – Fernschreibverzeichnisse; BGH, GRUR 1991, 316 – Einzelangebot.
143 Vgl. *Köhler/Bornkamm*, § 9 Rn. 4.4.
144 Vgl. zum Patentrecht: *Benkard*, § 139 Rn. 88.
145 BGH, GRUR 1968, 367, 369 – Ausschreibungsunterlagen.

tigter Bereicherung, ist ein Verschulden des Verletzers hingegen nicht erforderlich; das Fehlen jeder Fahrlässigkeit kann allerdings im Einzelfall in die Interessenabwägung über Existenz und Umfang der Auskunftspflicht einfließen.[146]

2. Aktiv- und Passivlegitimation

68   Hier gelten die Ausführungen zu Abs. 1 entsprechend.

3. Erforderlichkeit

69   Ob und inwieweit der Verletzer Auskunft bzw. Rechnungslegung schuldet, hängt davon ab, ob die entsprechenden Informationen zur Vorbereitung und Durchsetzung des Hauptanspruchs erforderlich und geeignet sind.[147] Die Auskunft bzw. Rechnungslegung ist immer dann erforderlich, wenn der Verletzte über die verlangten Informationen noch nicht verfügt und sie auch nicht ohne besonderen Aufwand selbst aus allgemein zugänglichen, verlässlichen Quellen besorgen kann.[148] Hat der Verletzte hingegen früher gegebene Informationsmöglichkeiten nicht genutzt[149] oder vorhandenen Informationen vorwerfbar nicht gesichert, mithin seine Ungewissheit verschuldet, scheidet ein Auskunftsanspruch aus.[150]

4. Zumutbarkeit

70   Die Auskunft darf den Verletzer nicht unbillig belasten, muss ihm also zumutbar sein. Ob dies der Fall ist, ist im Rahmen einer Interessenabwägung zu ermitteln. Bei dieser sind insbesondere Art und Schwere der Rechtsverletzung, Arbeitsaufwand des Auskunftspflichtigen sowie das Geheimhaltungsinteresse des Verletzers und das Aufklärungsinteresse des Verletzten zu berücksichtigen. Auf Seiten des Verletzten ist zu prüfen, welche Angaben zur Vorbereitung und Durchsetzung des jeweiligen Hauptanspruchs erforderlich sind. Andererseits gebieten Treu und Glauben eine schonende Rücksichtnahme auf die Belange des Verletzers.[151] Ein Auskunftsanspruch scheidet aus, soweit der mit der Ermittlung der betreffenden Tatsachen verbundene Aufwand in keinem sinn-

---

146 Vgl. *Harte-Bavendamm*, § 5 Rn. 70.
147 Vgl. zum Wettbewerbsrecht: *Köhler/Bornkamm*, § 9 Rn. 4.13.
148 Vgl. zum Markenrecht: *Ingerl/Rohnke*, § 19 Rn. 68.
149 BGH, NJW 1980, 2463, 2464.
150 Vgl. zum Wettbewerbsrecht: *Köhler/Bornkamm*, § 9 Rn. 4.10.
151 BGH, GRUR 1987, 647 – Briefentwürfe.

vollen Verhältnis zum mutmaßlichen Anspruchsumfang steht.[152] Die Auskunftserteilung wird nicht dadurch unzumutbar, dass sie zu strafrechtlicher Verfolgung des Verletzers oder Dritter führen kann.[153]

5. Umfang und Inhalt der Auskunft

Der Rechtsinhaber kann vom Verletzer Auskunft über solche Tatsachen verlangen, über deren Bestehen er in entschuldbarer Weise im Ungewissen ist, deren Kenntnis aber im Wissensbereich des Verletzers liegt und von diesem mitgeteilt werden können. 71

Der Anspruch auf Auskunftserteilung und Rechnungslegung dient dazu, dem Verletzten eine Berechnung nach jeder der ihm zur Verfügung stehenden Berechnungsmethoden (entgangener Gewinn; angemessene Lizenzgebühr; Herausgabe des Verletzergewinns) zu ermöglichen, die Schadenshöhe oder den Umfang der herauszugebenden Bereicherung konkret zu berechnen und darüber hinaus die Richtigkeit der Auskunft nachzuprüfen. Was im Einzelnen dazu erforderlich und zumutbar ist, bestimmt sich nach den Umständen des einzelnen Falls unter Berücksichtigung der Verkehrsübung und nach den allgemeinen Regeln des § 242 BGB.[154] Die Rechnungslegung geht inhaltlich über die Erteilung einer Auskunft hinaus und enthält neben der auch mit der Auskunft verbundenen Unterrichtung die weitergehende genauere Information durch Vorlage einer geordneten Aufstellung der Einnahmen und Ausgaben.[155] 72

Zusätzlich zu den in § 46 Abs. 1 und 2 geschuldeten Auskünften kann der Verletzte von Verletzer aller weiteren Angaben einfordern, die es ihm ermöglichen, seinen dem Grunde nach bestehenden Schadensersatzanspruch ziffernmäßig nach Maßgabe der ihm zur Verfügung stehenden Berechnungsarten der Höhe nach zu bestimmen.[156] Dient der Auskunftsanspruch dazu, den entgangenen Gewinn der Verletzten zu berechnen, ist regelmäßig über die Art, den Zeitpunkt und den Umfang der Rechtsverletzungen Auskunft zu erteilen.[157] Eine Mitteilung der 73

---

152 Vgl. *Harte-Bavendamm*, § 5 Rn. 71.
153 BGHZ 41, 318, 327.
154 BGH, GRUR 1984, 728, 730 – Dampffrisierstab II.
155 BGH, GRUR 1985, 472 – Thermotransformator.
156 Vgl. zum Gebrauchsmusterrecht: *Loth*, § 24b Rn. 8.
157 BGH, GRUR 1961, 288, 293 – Zahnbürsten; BGH, GRUR 1973, 375, 377 – Miss Petite; BGH, GRUR 1977, 491, 493 – Allstar; BGH, GRUR 1981, 286, 288 – Goldene Karte I; BGH, GRUR 1982, 420, 423 – BBC/DDC.

§ 46   Auskunft

vom Verletzer erzielten Verkaufspreise wird im Allgemeinen nur zurückhaltend für erforderlich gehalten.[158] Will der Verletzte seinen Schaden anhand einer fiktiven Lizenz berechnen, so kann er vor allem die Aufdeckung der getätigten Umsätze aufgegliedert in Zeiträume (wegen der aufgelaufenen Zinsen) verlangen.[159] Will der Verletzte dagegen den Verletzergewinn heraus verlangen, hat der Verletzer Rechnung über seine Einnahmen (Liefermengen, -preise, -zeiten, -orte und Abnehmer; nicht dagegen: Angebote, Angebotspreise und -empfänger) und Ausgaben (Einstandspreise, Fertigungs- und Lohnkosten, ggf. auch Vertriebskosten) zu legen und die zur Überprüfung der Richtigkeit und Vollständigkeit notwendigen Angaben zu machen.[160] Soweit nur ein Bereicherungsanspruch in Betracht kommt, können keine Angaben über die konkreten Herstellungs- und Vertriebskosten verlangt werden.[161]

74   Der Anspruch auf Drittauskunft kann nicht dadurch erweitert werden, dass auf seiner Grundlage nicht geschuldete Angaben im Wege des allgemeinen Auskunftsanspruchs verfolgt werden.[162]

6. Auskunftserteilung

75   Die Auskunft erfolgt in Form der Mitteilung einer geordneten Zusammenstellung. Fehlen genauere Unterlagen, kann der Verletzte die Angabe der mutmaßlichen Tatsachen und Schätzung auf dieser Grundlage verlangen.[163] Eine negative Erklärung kann ausreichen.[164] Der Wirtschaftsprüfervorbehalt hat auch im Zusammenspiel mit dem allgemeinen Auskunfts- und Rechnungslegungsanspruch kaum noch praktische Bedeutung.[165]

7. Auskunftsmängel

76   Für die Erfüllung der Auskunftspflicht kommt es auf die inhaltliche Richtigkeit und Vollständigkeit grundsätzlich nicht an; ein Anspruch auf Vervollständigung der Auskunft besteht nur unter besonderen Um-

---

158 Vgl. *Harte-Bavendamm*, § 5 Rn. 74.
159 Vgl. *Harte-Bavendamm*, § 5 Rn. 71.
160 Vgl. *Harte-Bavendamm*, § 5 Rn. 75; *Hefermehl/Köhler/Bornkamm – Köhler*, § 9 Rn. 4.28.
161 Vgl. zum Gebrauchsmusterrecht: *Loth*, § 24b Rn. 14.
162 OLG Karlsruhe, GRUR 1995, 772, 773.
163 BGH, GRUR 1984, 728 – Dampffrisierstab II.
164 BGH, GRUR 2001, 841 – Entfernung der Herstellungsnummer II.
165 BGH, GRUR 1995, 338, 340 – Kleiderbügel.

ständen.¹⁶⁶ Bei begründetem Verdacht, dass die Auskunft falsch ist oder nicht mit der erforderlichen Sorgfalt erteilt worden ist, hat der Verletzer die Richtigkeit und Vollständigkeit seiner Angaben gemäß § 259 BGB an Eides Statt zu versichern.¹⁶⁷

Der Verletzer hat die Möglichkeit, unzureichende oder unrichtige Angaben zu vervollständigen oder zu berichtigen.¹⁶⁸ 77

Soweit sich der Verletzte die erteilte Auskunft zur Ermittlung seines Schadensersatzanspruchs zu Eigen macht, wird diese als richtig vermutet. Macht der Verletzte im Ersatzprozess geltend, die von ihm erteilte Auskunft weise eine Unrichtigkeit zu seinem Nachteil auf, trägt er die Darlegungs- und Beweislast.¹⁶⁹ 78

Erteilt der Verletzer vorsätzlich eine falsche oder unvollständige Auskunft, kommt eine Strafbarkeit wegen Betruges und die daraus resultierende zivilrechtliche Haftung (§ 823 Abs. 2 BGB i.V.m. § 263 Abs. 1 StGB, §§ 824, 826 BGB) in Betracht.¹⁷⁰ Gibt der Verletzer eine seine früheren(falsche) Auskunft bestätigende eidesstattliche Versicherung ab, kann ein Schadensersatzanspruch gemäß § 823 Abs. 2 BGB i.V.m. §§ 163, 156 StGB bestehen.¹⁷¹ 79

8. Auskunftsklage

Der Streitwert der Auskunftsklage hängt vom wirtschaftlichen Interesse des Klägers an der Erfüllung der Auskunftspflicht ab. Bemessungsgrundlage ist entweder der zugrunde liegende Ersatzanspruch (von dem bis zu ein Drittel angemessen erscheint) oder notfalls der Unterlassungsanspruch (hiervon 10 %¹⁷²). 80

Als in der Regel unvertretbare Handlung ist die Auskunftserteilung gemäß § 888 ZPO zu erzwingen.¹⁷³ Nur ausnahmsweise kommt eine Vollstreckung nach §§ 887, 892 ZPO in Betracht. 81

---

166 Vgl. zum Patentrecht: *Busse*, § 140b Rn. 62.
167 BGH, GRUR 2001, 841, 845 – Entfernung der Herstellungsnummer II.
168 BGH, GRUR 1982, 723 – Dampffrisierstab I.
169 BGH, GRUR 1993, 897 – Mogul-Anlage.
170 Vgl. Schmidhuber, WRP 2008, 298; vgl. zum Markenrecht: *Ingerl/Rohnke*, § 19 Rn. 45.
171 Vgl. Schmidhuber, WRP 2008, 298.
172 Vgl. zum Markenrecht: *Ingerl/Rohnke*, § 19 Rn. 48 ff.
173 *Eichmann*, GRUR 1990, 575, 580.

9. Einstweilige Verfügung

82 Anders als im Fall des § 46 Abs. 7 kann der Auskunftsanspruch wegen Vorwegnahme der Hauptsache grundsätzlich nicht im Eilverfahren geltend gemacht werden.[174]

10. Verjährung

83 Als Hilfsansprüche unterliegen die Ansprüche auf Auskunft und Rechnungslegung keiner eigenen Verjährung. Vielmehr richtet sich die Verjährung nach der Verjährung des (Haupt-)Anspruchs, den der Auskunftsanspruch vorbereiten soll.[175] Der Auskunftsanspruch kann aber selbstständig verwirkt werden.[176]

---

174 OLG Hamburg, GRUR-RR 2007, 29, 30 – Cerebro Card; KG, GRUR 1988, 403.
175 BGH, GRUR 1972, 558, 560 – Teerspritzmaschinen.
176 BGHZ 39, 87, 92.

§ 46a Vorlage und Besichtigung

(1) Bei hinreichender Wahrscheinlichkeit einer Rechtsverletzung kann der Rechtsinhaber oder ein anderer Berechtigter den vermeintlichen Verletzer auf Vorlage einer Urkunde oder Besichtigung einer Sache in Anspruch nehmen, die sich in dessen Verfügungsgewalt befindet, wenn dies zur Begründung seiner Ansprüche erforderlich ist. Besteht die hinreichende Wahrscheinlichkeit einer in gewerblichem Ausmaß begangenen Rechtsverletzung, so erstreckt sich der Anspruch auch auf die Vorlage von Bank-, Finanz- oder Handelsunterlagen. Soweit der vermeintliche Verletzer geltend macht, dass es sich um vertrauliche Informationen handelt, trifft das Gericht die erforderlichen Maßnahmen, um den im Einzelfall gebotenen Schutz zu gewährleisten.

(2) Der Anspruch nach Absatz 1 ist ausgeschlossen, wenn die Inanspruchnahme im Einzelfall unverhältnismäßig ist.

(3) Die Verpflichtung zur Vorlage einer Urkunde oder zur Duldung der Besichtigung einer Sache kann im Wege der einstweiligen Verfügung nach den §§ 935 bis 945 der Zivilprozessordnung angeordnet werden. Das Gericht trifft die erforderlichen Maßnahmen, um den Schutz vertraulicher Informationen zu gewährleisten. Dies gilt insbesondere in den Fällen, in denen die einstweilige Verfügung ohne vorherige Anhörung des Gegners erlassen wird.

(4) § 811 des Bürgerlichen Gesetzbuchs sowie § 46 Abs. 8 gelten entsprechend.

(5) Wenn keine Verletzung vorlag oder drohte, kann der vermeintliche Verletzer von demjenigen, der die Vorlage oder Besichtigung nach Absatz 1 begehrt hat, den Ersatz des ihm durch das Begehren entstandenen Schadens verlangen.

Übersicht

	Rn.
I. Allgemeines	1
II. Anspruchsvoraussetzungen (§ 46a Abs. 1 Satz 1)	2
1. Hinreichende Wahrscheinlichkeit einer Rechtsverletzung	3
2. Anspruchsgegenstand	4
3. Verfügungsgewalt des Verletzers	7
4. Erforderlichkeit zur Begründung des Hauptanspruchs	8
III. Schutzmaßnahmen (§ 46a Abs. 1 Satz 3)	9

§ 46a Vorlage und Besichtigung

	Rn.		Rn.
IV. Streitwert	12	VIII. Beweisverwertungsverbot (§ 46a Abs. 4 i.V.m. § 46 Abs. 8)	24
V. Verhältnismäßigkeit (§ 46a Abs. 2)	13		
VI. Einstweilige Verfügung (§ 46a Abs. 3)	15	IX. Schadensersatzanspruch (§ 46a Abs. 5)	25
VII. Modalitäten der Vorlage/Besichtigung (§ 46a Abs. 4 i.V.m. § 811 BGB)	20	X. Sachliche und örtliche Zuständigkeit der Gerichte	26

I. Allgemeines

1 § 46a wurde durch das „Gesetz zur Verbesserung der Durchsetzung von Rechten des geistigen Eigentums" (VDRgEG) vom 7.7.2008[1] eingeführt und dient der Umsetzung der Art. 6 und 7 der Richtlinie 2004/48/EG des Europäischen Parlaments und des Rates vom 29.4.2004 zur Durchsetzung der Rechte des geistigen Eigentums („Enforcement-Richtlinie"[2]). Im Gegensatz zu § 46, der Auskunftsansprüche grundsätzlich als Rechtsfolge einer erfolgten Verletzung normiert, betrifft § 46a die Aufklärung des Sachverhalts. Durch die Auskünfte soll der Rechtsinhaber erst in die Lage versetzt werden, festzustellen, ob eine Verletzungshandlung vorliegt, bzw. welchen Umfang diese hat.[3] Damit durchbricht § 46a den im deutschen Zivilrecht geltenden Beibringungsgrundsatz. Der Anspruch setzt voraus, dass eine Rechtsverletzung hinreichend wahrscheinlich ist, sich die Urkunde oder Sache in der Verfügungsgewalt des vermeintlichen Verletzers befindet und zur Begründung des Anspruchs erforderlich ist. Weitgehend identische Regelungen finden sich in §§ 24c GebrMG, 19a MarkenG, 140c PatG, 101a UrhG. Allgemeine Vorlage- und Besichtigungsansprüche (§§ 809, 810 BGB)[4] sowie gerichtliche Anordnungsbefugnisse (§§ 142, 144 ZPO) bleiben neben § 46a anwendbar.[5]

---

1 BGBl. 2008 I, S. 1191; Materialien in BT-Drucks 16/5058; auch abgedruckt in BlPMZ 2008, 289 ff.
2 ABl. EU Nr. L 195 vom 2.6.2004, S. 16.
3 Vgl. zum Markenrecht: *Ingerl/Rohnke*, § 19a Rn. 2.
4 Hierzu ausführlich: *Frank/Wiegand*, CR 2007, 481 ff.
5 Vgl. zum Markenrecht: *Ströbele/Hacker*, § 19a Rn. 3 f.

II. Anspruchsvoraussetzungen (§ 46a Abs. 1 Satz 1)

Der Anspruch setzt voraus, dass eine Rechtsverletzung hinreichend wahrscheinlich ist, sich die Urkunde oder Sache in der Verfügungsgewalt des vermeintlichen Verletzers befindet und zur Begründung des Anspruchs erforderlich ist.

1. Hinreichende Wahrscheinlichkeit einer Rechtsverletzung

Der Anspruch auf Vorlage oder Besichtigung kann nicht schon bei jedwedem Verdacht oder einer bloßen Vermutung gewährt werden,[6] sondern setzt eine hinreichende Wahrscheinlichkeit einer (widerrechtlichen) Rechtsverletzung voraus. Eine „hinreichende Wahrscheinlichkeit" ist weniger als eine „offensichtliche Rechtsverletzung (§ 46 Abs. 7), aber auch weniger als ein „erheblicher Grad an Wahrscheinlichkeit", wie der X. Zivilsenat des BGH ursprünglich[7] zu § 809 BGB verlangt hatte.[8] Ein Verschulden des vermeintlichen Verletzers ist nicht erforderlich.[9] Eine drohende Rechtsverletzung ist ausreichend (vgl. „drohte" in § 46a Abs. 5).[10] In Bezug auf die hinreichende Wahrscheinlichkeit ist die Glaubhaftmachung (§ 294 ZPO) ausreichend.[11] Der Anspruchsteller muss aber jedenfalls alle ihm vernünftigerweise zur Verfügung stehenden Beweismittel zur hinreichenden Begründung seines Anspruchs vorlegen; ein bloßer Vortrag ohne Beweismittel genügt nicht.[12]

2. Anspruchsgegenstand

Gegenstand des Anspruchs ist eine Urkunde oder eine Sache, die sich in der Verfügungsgewalt des Verletzers befindet. Urkunde i.S.d. § 46a sind nicht nur solche Schriftstücke, die nach den §§ 415ff. ZPO in einem späteren Verfahren Beweis über die Abgabe der darin enthaltenen Erklärungen erbringen können, sondern auch solche Urkunden, die der Informationsgewinnung über den wahrscheinlichen Sachverhalt

---

6 LG Köln, MMR 2009, 640.
7 BGH, GRUR 1985, 512, 516 – Druckbalken.
8 Vgl. zum Markenrecht: *Ströbele/Hacker*, § 19a Rn. 7; *Ingerl/Rohnke*, § 19a Rn. 6.
9 Vgl. zum Markenrecht: *Ströbele/Hacker*, § 19a Rn. 6.
10 Vgl. zum Markenrecht: *Ströbele/Hacker*, § 19a Rn. 7.
11 Vgl. zum Urheberrecht: *Fromm/Nordemann*, § 101a Rn. 15.
12 Vgl. zum Urheberrecht: *Wandtke/Bullinger*, § 101a Rn. 13.

§ 46a Vorlage und Besichtigung

einer Verletzungshandlung dienen können.[13] „Sache" sind alle körperlichen Gegenstände im Sinne des § 90 BGB.

5 Keine Urkunden sind Bank-, Finanz- oder Handelsunterlagen (Rechnungen, Bestellscheine, Lieferpapiere etc.). Diese Unterlagen können nur unter den besonderen Voraussetzungen des Abs. 1 Satz 2 (= hinreichende Wahrscheinlichkeit einer Rechtsverletzung im „gewerblichen Ausmaß") verlangt werden[14]. Im gewerblichen Ausmaß erfolgte Rechtsverletzungen zeichnen sich dadurch aus, dass sie zwecks Erlangung eines unmittelbaren oder mittelbaren wirtschaftlichen oder kommerziellen Vorteils geschehen; dies schließt in der Regel Handlungen aus, die in gutem Glauben von Endverbrauchern vorgenommen werden[15] (wegen des Begriffes „gewerbliches Ausmaß" wird auf die Kommentierung zu § 46 Abs. 2 verwiesen). Bankunterlagen betreffen jedenfalls alle Bankgeschäfte i.S.d. § 1 Abs. 1 KWG. Finanzunterlagen betreffen das gesamte Finanzwesen, vor allem Buchhaltungsunterlagen, Vermögensverzeichnisse oder Steuererklärungen.[16] Handelsunterlagen sind z.B. Rechnungen, Stücklisten, Versandpapiere, Gesundheitszeugnisse (vgl. Art. 902 Zollkodex-DVO). Eine Unterscheidung zwischen den Begriffen muss nicht getroffen werden. Die Vorlage betriebsinterner Aufzeichnungen und Gedächtnisstützen, d.h. einseitige Aufzeichnungen von Sachbearbeitern, ist aber regelmäßig nicht erfasst.[17]

6 Um Ausforschungen zu verhindern, muss der Verletzte den Gegenstand der Besichtigung oder Vorlage (Urkunde oder Sache) in seinem Antrag möglichst genau bezeichnen.[18] Wie genau das Beweismittel zu bezeichnen ist, hängt vom Einzelfall ab. Allgemein wird vorausgesetzt, dass das Beweismittel für Dritte eindeutig identifizierbar ist.[19] Soweit eine Sache besichtigt werden soll, ist der Ort anzugeben, an dem sie sich gegenwärtig befindet.[20] § 46a gibt daher kein Recht zu umfassenden Ermittlungen, Kontrollen oder Durchsuchungen, mit denen der Verletzte erst ermitteln will, ob der Gegner die Verfügungsgewalt über irgendwelche Urkunden oder Sachen besitzt.[21]

---

13 Vgl. zum Markenrecht: *Fezer*, § 19a Rn. 21.
14 Vgl. zum Markenrecht: *Ströbele/Hacker*, § 19a Rn. 8.
15 Vgl. zum Urheberrecht: *Wandtke/Bullinger*, § 101a Rn. 25.
16 Vgl. zum Urheberrecht: *Schricker/Loewenheim*, § 101a Rn. 29.
17 Vgl. zum Urheberrecht: *Wandtke/Bullinger*, § 101a Rn. 26.
18 Vgl. Gesetzesbegründung, BT-Drucks 16/5048, S. 40, 50.
19 Vgl. zum Urheberrecht: *Fromm/Nordemann*, § 101a Rn. 10.
20 Vgl. zum Patentrecht: *Schulte*, § 140c Rn. 42.
21 Vgl. zum Markenrecht: *Ströbele/Hacker*, § 19a Rn. 11.

3. Verfügungsgewalt des Verletzers

Die vorzulegende Urkunde oder die zu besichtigende Sache muss sich in der Verfügungsgewalt des vermeintlichen Verletzers – das ist jeder Täter und Teilnehmer einer Geschmacksmusterverletzung – befinden. Anspruchsverpflichteter ist derjenige, der die Sache jederzeit an sich ziehen kann oder selbst einen Vorlegungsanspruch hat. Mittelbarer Besitz reicht folglich nicht aus.[22] Befinden sich die vorzulegende Urkunde in der Verfügungsgewalt eines Dritten, kommt eine Vorlage nach § 428 f. ZPO in Betracht.

7

4. Erforderlichkeit zur Begründung des Hauptanspruchs

Der Verletzte hat weiter schlüssig darzulegen, dass die Vorlage der Urkunde oder die Besichtigung der Sache bei Berücksichtigung der schon vorhandenen Beweismittel zur Begründung des vermuteten Anspruchs erforderlich ist.[23] Durch diese Voraussetzung soll gewährleistet werden, dass der Anspruch nicht zur allgemeinen Ausforschung des Verletzers missbraucht wird. Vielmehr greift er nur dann ein, wenn der Verletzte die hierdurch gewonnene Kenntnis zur Durchsetzung seiner Ansprüche benötigt. Dies ist vor allem dann der Fall, wenn es darum geht, eine bestrittene anspruchsbegründende Tatsache nachzuweisen oder überhaupt erst Kenntnis von dieser Tatsache zu erlangen.[24] Kann der Verletzte die Rechtsverletzung durch andere ihm zumutbare Maßnahmen (z.B. Testkauf, Nachforschungen bei Abnehmern, im Internet oder anhand von Werbematerial) ermitteln, ist die Vorlage/Besichtigung nicht erforderlich.[25] Das Gleiche gilt, wenn etwaige Ansprüche wegen der Rechtsverletzung nicht mehr durchsetzbar wären (z.B. wegen Verwirkung).[26] Demgegenüber ist der Rechtsinhaber weder verpflichtet, besonders teure Ermittlungen durchzuführen (z.B. durch Beauftragung von Detektivbüros), noch muss er solche Maßnahmen ergreifen, die den mutmaßlichen Verletzer ggf. misstrauisch machen und zur Beweisvereitelung veranlassen könnten.[27]

8

---

22 Vgl. zum Markenrecht: *Fezer*, § 19a Rn. 24.
23 Vgl. *Kitz*, NJW 2008, 2374, 2376.
24 Vgl. Gesetzesbegründung, BT-Drucks 16/5048, S. 40, 50.
25 *Zöllner*, GRUR-Prax, 2010, 74.
26 Vgl. zum Markenrecht: *Ströbele/Hacker*, § 19a Rn. 12.
27 Vgl. zum Markenrecht: *Ingerl/Rohnke*, § 19a Rn. 9.

III. Schutzmaßnahmen (§ 46a Abs. 1 Satz 3)

9   Macht der Verletzer geltend, dass durch die Vorlage und/oder Besichtigung vertrauliche Informationen betroffen sind, steht dies dem Anspruch nicht grundsätzlich entgegen (anderenfalls liefe der Anspruch ins Leere). Vielmehr hat das Gericht in diesem Fall erforderliche Schutzmaßnahmen zu ergreifen, d.h. den Anspruch so fassen, dass der Schutz vertraulicher Informationen gewährleistet ist.[28] Die hierzu erforderlichen Maßnahmen werden in das Ermessen des Gerichts gestellt, wobei das Gericht bei der Ausgestaltung die beiderseitigen Interessen zu beachten hat. In Betracht kommt regelmäßig, dass die Offenbarung lediglich gegenüber einem zur Verschwiegenheit verpflichteten Dritten zu erfolgen hat, der sodann darüber Auskunft geben kann, ob und gegebenenfalls in welchem Umfang die behauptete Rechtsverletzung vorliegt.[29] Weiter kann das Gericht dem Verletzer zunächst gestatten, bestimmte Teile der Urkunde oder des Sachverständigengutachtens zu schwärzen.[30] Anhand des verbleibenden ungeschwärzten Prozessstoffs muss der Verletzte dann darlegen, welche geschwärzten Stellen für ihn aus welchem Grund zur Geltendmachung seines Anspruchs freigegeben werden müssten, während der Verletzer seine Geheimhaltungsinteressen gerade in Bezug auf diese Stellen präzisieren muss. Nach und nach kann das Gericht dann die Freigabe weiterer geschwärzter Stellen anordnen.[31] Letztlich hängen die erforderlichen Maßnahmen jedoch von den Umständen des Einzelfalls ab.[32]

10 Soweit es sich nicht um ein einstweiliges Verfügungsverfahren handelt (vgl. Abs. 3 Satz 2), hat das Gericht die vorstehenden Anforderungen nur auf Einwand des Betroffenen zu prüfen („Soweit ... geltend macht ...").[33] Die Darlegungs- und Beweislast für das Vorliegen eines Geschäftsgeheimnisses und die drohenden Beeinträchtigungen durch Bekanntgabe dieses Geheimnisses trägt der Anspruchsschuldner.[34]

11 Abs. 1 Satz 3 enthält keine Regelung zum Ausschluss der Öffentlichkeit in der mündlichen Verhandlung. Diese richtet sich ausschließlich

---

28 Vgl. *Kitz*, NJW 2008, 2374, 2376.
29 Vgl. zu § 809 BGB: BGH, GRUR 2002, 1046 ff. – Faxkarte.
30 BGH, GRUR 2006, 962, 967 – Restschadstoffentfernung.
31 Vgl. *Kitz*, NJW 2008, 2374, 2376.
32 Vgl. Gesetzesbegründung, BT-Drucks 16/5048, S. 40, 50.
33 Vgl. zum Urheberrecht: *Fromm/Nordemann*, § 101a Rn. 26.
34 BGH, GRUR 2010, 318 – Lichtbogenschnürung.

nach § 172 GVG.³⁵ Wird gegen eine gerichtliche Geheimhaltungsauflage gemäß § 174 Abs. 3 GVG verstoßen, ist der Verstoß nach § 353d Nr. 2 StGB strafrechtlich sanktioniert. Im Übrigen können sich aus den allgemeinen Vorschriften Sanktionen ergeben. In Betracht kommt insbesondere ein Verstoß gegen § 203 StGB sowie gegen das (anwaltliche) Standesrecht.³⁶

IV. Streitwert

Der Streitwert des Besichtigungsanspruchs richtet sich nach dem Streitwert der Ansprüche, deren Vorbereitung er dient. Für die Bemessung des Streitwerts eines Besichtigungsanspruchs kann auf die Grundsätze zur Bemessung des Streitwerts eines Auskunftsanspruchs zurückgegriffen werden, der gleichfalls der Vorbereitung eines Hauptanspruchs dient.³⁷ Der Auskunftsanspruch ist in der Regel mit einem Zehntel bis einem Viertel des Werts des Hauptanspruchs zu bewerten; dabei ist der Wert des Auskunftsanspruchs umso höher zu bemessen, je mehr der Kläger zur Begründung seines Hauptanspruchs auf die Auskunftserteilung angewiesen ist.

12

V. Verhältnismäßigkeit (§ 46a Abs. 2)

Nach Abs. 2 ist der Anspruch ausgeschlossen, wenn die Inanspruchnahme im Einzelfall unverhältnismäßig ist. Durch den Grundsatz der Verhältnismäßigkeit soll vermieden werden, dass der Verletzte bereits bei vergleichsweise geringfügigen Verletzungen umfangreiche Vorlage- und Besichtigungsansprüche geltend machen kann. Bei der Anwendung des Verhältnismäßigkeitsgrundsatzes ist das Informationsinteresse des Verletzten gegen das Geheimhaltungsinteresse des vermeintlichen Verletzers abzuwägen. Das Verlangen kann unverhältnismäßig sein, wenn bei geringfügigen Verletzungen umfangreiche Vorlageansprüche geltend gemacht werden.³⁸ Weiter kann Unverhältnismäßigkeit dann vorliegen, wenn das Geheimhaltungsinteresse des angeblichen Verletzers das Interesse des Rechtsinhabers an der Vorlage oder Besichtigung bei Weitem überwiegt und dem Geheimhaltungsinteresse auch nicht durch

13

---
35 Vgl. Gesetzesbegründung, BT-Drucks 16/5048, S. 40, 50.
36 Vgl. zum Urheberrecht: *Wandtke/Bullinger*, § 101a Rn. 32.
37 BGH, WRP 2010, 902, 903 – Streitwert eines Besichtigungsanspruchs.
38 *Zöllner*, GRUR-Prax, 2010, 74, 75.

§ 46a   Vorlage und Besichtigung

Maßnahmen nach Abs. 1 Satz 3 angemessen Rechnung getragen werden kann. Im Übrigen muss die Vertraulichkeit der Information nicht in einem Geschäfts- oder Betriebsgeheimnis liegen, sondern kann sich auch daraus ergeben, dass die Vorlage der Urkunde einen Eingriff in das allgemeine Persönlichkeitsrecht des Anspruchsgegners oder eine Vertrauensbruch gegenüber einem Dritten bedeuten würde.[39]

14   Die Darlegungs- und Beweislast für die Unverhältnismäßigkeit trägt der Anspruchsgegner.[40]

VI. Einstweilige Verfügung (§ 46a Abs. 3)

15   Nach Abs. 3 Satz 1 können die Ansprüche auch durch einstweilige Verfügung (Leistungsverfügung) gesichert werden. Dies ist deshalb bemerkenswert, weil durch den Erlass einer einstweiligen Verfügung üblicherweise die Hauptsache nicht vorweggenommen werden darf. Anders als § 46 Abs. 7, der die Durchsetzung von Auskunftsansprüchen im Eilverfahren auf Fälle offensichtlicher Rechtsverletzungen beschränkt, enthält § 46a Abs. 3 für den Verfügungsanspruch keine Einschränkung. Einschränkungen können sich jedoch aus dem Verhältnismäßigkeitsgrundsatz (§ 46a Abs. 2) ergeben.[41]

16   Nach Abs. 3 Satz 2 muss das Gericht beim Erlass der einstweiligen Verfügung im Rahmen seines Ermessens (§ 938 ZPO) den möglichen Geheimhaltungsinteressen des Antragsgegners Rechnung tragen. Diese Beschränkung ist notwendig, weil nach Abs. 1 Satz 3 der Schutz vertraulicher Informationen nur gewährleistet ist, wenn dies der Gegner verlangt. Die einstweilige Verfügung kann aber auch ohne vorherige Anhörung des Gegners erlassen werden, so dass dieser sein Geheimhaltungsinteresse überhaupt nicht geltend machen kann. Denkbar ist in diesen Fällen auch, die Vorlage an einen zur Verschwiegenheit verpflichteten Dritten anzuordnen.

17   Die Dringlichkeitsvermutung des § 12 Abs. 2 UWG ist nicht entsprechend anzuwenden.[42] Folglich muss der Rechtsinhaber den Verfügungsgrund, d. h. die Dringlichkeit glaubhaft zu machen (§§ 935, 936, 920 Abs. 2 ZPO).[43] Die Dringlichkeit kann sich insbesondere aus der Be-

---

39   Vgl. zum Markenrecht: *Fezer*, § 19a Rn. 26.
40   Vgl. zum Markenrecht: *Ströbele/Hacker*, § 19a Rn. 25.
41   Vgl. zum Urheberrecht: *Dreyer/Kotthoff/Meckel*, § 101a Rn. 9.
42   Vgl. Gesetzesbegründung, BT-Drucks 16/5048, S. 41, 50.
43   OLG Köln, GRUR-RR 2009, 325; OLG Hamm, ZUM-RD 2010, 27.

fürchtung ergeben, dass der Verletzer den Besichtigungsgegenstand oder die vorzulegende Urkunde beiseiteschafft, verändert oder vernichtet.[44] Die patentrechtliche Literatur und die Rechtsprechung des LG Düsseldorf und des LG Mannheim gehen überwiegend davon aus, dass ein Verfügungsgrund im Rahmen der Besichtigungsverfügung stets gegeben ist. Insbesondere sei es ohne Belang, wenn der Antragsteller, nachdem er hinreichende Anhaltspunkte für eine Patentrechtsverletzung habe, bis zur Beantragung der Besichtigungsverfügung längere Zeit zuwarte. Nach § 935 ZPO seien einstweilige Verfügungen bereits zulässig, wenn zu besorgen sei, dass durch die Veränderung des bestehenden Zustands die Verwirklichung des Rechts einer Partei vereitelt oder wesentlich erschwert werde. Solange sich die zu besichtigende Sache in der Hand des möglichen Antragsgegners befinde, bestehe stets die Gefahr, dass dieser Veränderungen an der Sache vornehme.[45] Im Ergebnis soll also eine permanente Vereitelungsgefahr und somit eine „Dauerdringlichkeit" bestehen.[46]

Eine Abmahnung ist im Hinblick auf die damit verbundene Anspruchsgefährdung in der Regel unzumutbar und damit entbehrlich.[47] 18

Der Streitwert der einstweiligen Verfügung richtet sich nach dem Wert der begleitenden Besichtigungsverfügung. Letztere dürfte regelmäßig nur einen Bruchteil des Wertes des Verletzungsprozesses ausmachen.[48] 19

VII. Modalitäten der Vorlage/Besichtigung (§ 46a Abs. 4 i.V.m. § 811 BGB)

Abs. 4 verweist wegen der Modalitäten der Vorlage bzw. der Besichtigung auf § 811 BGB. Die dort geregelten Grundsätze sind auf den Anspruch übertragbar, da § 46a letztlich an die allgemeinen Vorschriften von § 809f. BGB anknüpft.[49] Nach § 811 Abs. 1 Satz 1 BGB erfolgt die Vorlegung an dem Ort, an dem sich die vorzulegende Sache befindet (§§ 820, 811 BGB) oder am Wohnsitz des Schuldners (§ 269 Abs. 1 BGB). Sowohl der Verletzte als auch der Verletzer können die Vorlegung an einem anderen Orte verlangen, wenn ein wichtiger Grund vor- 20

---

44 Vgl. zum Urheberrecht: *Dreyer/Kotthoff/Meckel*, § 101a Rn. 10.
45 Vgl. *Kühnen*, GRUR 2005, 185.
46 Vgl. *Eck/Dombrowski*, GRUR 2008, 387, 392.
47 Vgl. zum Markenrecht: *Ströbele/Hacker*, § 19a Rn. 29.
48 *Zöllner*, GRUR-Prax, 2010, 74, 77.
49 Vgl. Gesetzesbegründung, BT-Drucks 16/5048, S. 41, 50.

§ 46a Vorlage und Besichtigung

liegt (§ 811 Abs. 1 Satz 2 BGB).[50] Die Gefahr und die Kosten hat derjenige zu tragen, welcher die Vorlegung verlangt (§ 811 Abs. 2 Satz 1 BGB). Nach § 811 Abs. 2 Satz 1 BGB hat der Anspruchsteller die Sachgefahr und die Kosten (Transport, Verpackung, Porto, Sachverständigenkosten etc.) zu tragen. Der Besitzer kann die Vorlegung verweigern, bis der Antragsteller ihm die Kosten vorschießt und wegen der Gefahr Sicherheit leistet (§ 811 Abs. 2 Satz 2 BGB). Für die Höhe der Kaution ist maßgeblich, wie hoch der Schaden durch die anzuordnenden Maßnahmen für den Anspruchsgegner sein kann; hier wird das Gericht den potenziellen Schaden meist nach § 287 ZPO beziffern können. Gegebenenfalls ist auch gar keine Kaution erforderlich, nämlich dann, wenn weder Kosten noch Schaden zu befürchten sind. Wegen der Art und Weise der Sicherheitsleistung ist auf §§ 232 ff. BGB abzustellen.[51]

21 Vorzulegen ist die Originalurkunde. Abschriften (auch beglaubigte) sind nur dann vorzulegen, soweit das Interesse gerade an ihnen besteht, z.B. weil das Original nicht mehr vorhanden ist.[52] Den Vorlageanspruch kann der Verletzer regelmäßig dadurch erfüllen, dass er die Urkunden am Aufbewahrungsort zur Einsichtnahme zugänglich macht. Haben die Urkunden einen größeren Umfang und ist deren Prüfung am Vorlageort nicht möglich, kann der Verletze die Anfertigung von Kopien oder die Mitnahme der Urkunden verlangen.[53]

22 Der Begriff der Besichtigung ist weit auszulegen.[54] Grundsätzlich kann der Verletzte die Art der Besichtigung verlangen, die zur Erlangung der Gewissheit über das Bestehen eines Verletzungsanspruchs erforderlich ist.[55] Die Sache darf nicht nur in Augenschein genommen werden, sondern durch Betasten, Vermessen und Wiegen untersucht werden.[56] Dies schließt im Rahmen der Verhältnismäßigkeit auch Eingriffe in die Substanz ein.[57] Die Besichtigung kann auch durch einen neutralen Sachver-

---

50 OLG Köln, NJW-RR 1996, 382.
51 Vgl. zum Urheberrecht: *Wandtke/Bullinger*, § 101a Rn. 36.
52 Vgl. zum Urheberrecht: *Schricker/Loewenheim*, § 101a Rn. 27.
53 OLG Köln, NJW-RR 1996, 382.
54 Vgl. zum Markenrecht: *Fezer*, § 19a Rn. 27.
55 Vgl. Gesetzesbegründung, BT-Drucks 16/5048, S. 40, 50.
56 *Zöllner*, GRUR-Prax, 2010, 74, 75.
57 BGH, GRUR 2002, 1046, 1049 – Faxkarte: Eingriff in die Substanz des Erzeugnisses ist zulässig, solange der Eingriff das Integritätsinteresse des Schuldners nicht unzumutbar beeinträchtigt; noch entgegengesetzte Meinung: BGH, GRUR 1985, 512, 516 – Druckbalken: Die Besichtigung schließt solche Untersuchungsmethoden ein, die ausgeübt werden können, ohne dass dabei in die Substanz der zu untersuchenden Sache eingegriffen wird.

ständigen vorgenommen werden, der dann dem Verletzten Auskunft erteilt.[58] Hierdurch kann zugleich das Geheimhaltungsinteresse des Anspruchsgegners gewahrt werden. Zudem steht für den späteren Verletzungsprozess ein neutrales Beweismittel zur Verfügung.[59] Eine Durchsuchung der Geschäftsräume mit dem Ziel, noch nicht näher definierte Beweismittel aufzufinden, wird durch § 46a nicht ermöglicht.[60] Eine derartige Durchsuchung würde auf eine unzulässige Ausforschung hinauslaufen und zudem in unverhältnismäßiger Weise in die Rechte des Schuldners eingreifen.[61] Der Schuldner muss jedoch ihm zumutbare Mitwirkungshandlungen erbringen, also die zu besichtigende Sache zugänglich machen, Vorrichtungen soweit erforderlich in Gang setzen oder Sicherungen (z. B. Passwörter) neutralisieren.[62]

Die Vollstreckung des Vorlage- und Besichtigungsanspruchs richtet sich nach § 883 ZPO (= Vollstreckung von Herausgabeansprüchen).[63]

VIII. Beweisverwertungsverbot (§ 46a Abs. 4 i.V.m. § 46 Abs. 8)

Nach Abs. 4 ist § 46 Abs. 8 entsprechend anwendbar. Folglich dürfen die Erkenntnisse in einem Straf- oder Ordnungswidrigkeitenverfahren wegen einer vor der Erteilung der Auskunft begangenen Tat gegen den Verpflichteten oder gegen einen in § 52 Abs. 1 StPO bezeichneten Angehörigen nur mit Zustimmung des Verpflichteten verwertet werden. Wegen der Einzelheiten wird auf die Kommentierung zu § 46 Abs. 8 verwiesen.

IX. Schadensersatzanspruch (§ 46a Abs. 5)

Mit Abs. 5 wurde Art. 7 Abs. 4 der Durchsetzungsrichtlinie umgesetzt. Er gibt dem vermeintlichen Verletzer einen verschuldensunabhängigen Schadensersatzanspruch gegen denjenigen, der die Vorlage oder Besichtigung begehrt hat. Diese strikte Gefährdungshaftung bedeutet eine

---

58 Vgl. zu § 809 BGB: BGH, GRUR 2002, 1046 ff. – Faxkarte.
59 *Zöllner*, GRUR-Prax, 2010, 74, 75.
60 *Seichter*, WRP 2006, 391, 395; BGH, GRUR 2004, 420, 421 – Kontrollbesuch.
61 Vgl. zum Markenrecht: *Ingerl/Rohnke*, § 19a Rn. 14.
62 Vgl. zum Markenrecht: *Ingerl/Rohnke*, § 19a Rn. 15.
63 Vgl. zum Markenrecht: *Fezer*, § 19a Rn. 39 m.w.N.

§ 46a Vorlage und Besichtigung

Schlechterstellung des Rechtsinhabers gegenüber § 809 BGB.[64] Voraussetzung für den Anspruch ist, dass keine Verletzung vorlag oder drohte. Erstattungsfähig ist der durch das Vorlage- und Besichtigungsbegehren adäquat verursachte Schaden. Als Schaden kommen nicht nur die aufgelaufenen Verfahrenskosten in Betracht. Vielmehr wird der Schaden regelmäßig (auch) darin bestehen, dass der vermeintliche Verletzte vertrauliche Informationen erhalten hat.[65] Deren Verwertung kann dadurch unterbunden werden, dass das Gericht dem vermeintlich Verletzten bei Meidung von Ordnungsmitteln untersagt, diese Informationen zu verwerten.[66] Weiter umfasst der Schadensersatzanspruch unter Berücksichtigung des Grundsatzes der Naturalrestitution (§ 249 Abs. 1 BGB) die Herausgabe von ggf. erlangten Gegenständen.[67]

X. Sachliche und örtliche Zuständigkeit der Gerichte

26 Für die Beweisanordnung ist gemäß § 486 Abs. 1 Satz 2 ZPO das Gericht der Hauptsache, bei dem der Rechtsstreit bereits anhängig ist oder anhängig zu machen wäre, zuständig. Gemäß § 937 Abs. 1 ZPO besteht dieselbe Zuständigkeitsregelung für die flankierende Duldungsverfügung. Mit „Hauptsache" ist nicht der Besichtigungsanspruch gemeint, sondern der Anspruch wegen Musterverletzung, der durch die Durchführung der Besichtigung geklärt werden soll. Folglich ist ein Gerichtsstand für den Besichtigungsantrag überall dort gegeben, wo der Verletzte eine Verletzungsklage erheben könnte.[68]

27 Verweigert der Verletzer dem Gutachter und ggf. den Prozessbevollmächtigten des Verletzten den Zutritt zu den Wohn- und/oder Geschäftsräumen, in denen sich die zu besichtigende Sache befindet, kann der Zugang nur noch mit Hilfe eines entsprechenden Durchsuchungsanordnung nach § 758a ZPO vollstreckt werden. Für diese Anordnung ist ausschließlich das Amtsgericht zuständig, in dessen Bezirk die Besichtigung stattfindet (§ 758a Abs. 1 Satz 1 i.V.m. § 802 ZPO). Vielfach wird die Ansicht vertreten, die richterliche Anordnung nach § 46a enthalte bereits die richterliche Anordnung nach § 758a ZPO. Hiergegen spricht allerdings die ausschließliche Zuständigkeitszuweisung in

---

64 Vgl. *Frank/Wiegand*, CR 2007, 481, 485.
65 Vgl. zum Markenrecht: *Fezer*, § 19a Rn. 49.
66 Vgl. *Kitz*, NJW 2008, 2374, 2377.
67 Vgl. zum Urheberrecht: *Wandtke/Bullinger*, § 101a Rn. 42.
68 Vgl. VPP-Rundbrief, *Fitzner/Kather*, 2009, 58, 62.

§ 802 ZPO. Um das Risiko auszuschließen, dass das Ergebnis der Besichtigung wegen eines Eingriffs in die grundgesetzlich geschützte Unverletzlichkeit der Wohnung (Art. 13 GG) nicht verwertbar ist, sollte der Verletzte davon absehen, ohne eine Durchsuchungsanordnung des zuständigen Amtsgerichts eine Durchsuchung durchzuführen. Ebenso sollte der Verletzer darauf verzichten, die Durchsuchung unter dem Aspekt einer „Gefahr in Verzuge" (§ 758a Abs. 1 Satz 2 ZPO) durchzuführen.[69]

---

69 Vgl. VPP-Rundbrief, *Fitzner/Kather*, 2009, 58, 62.

§ 46b Sicherung von Schadensersatzansprüchen

(1) Der Verletzte kann den Verletzer bei einer in gewerblichem Ausmaß begangenen Rechtsverletzung in den Fällen des § 42 Abs. 2 auch auf Vorlage von Bank-, Finanz- oder Handelsunterlagen oder einen geeigneten Zugang zu den entsprechenden Unterlagen in Anspruch nehmen, die sich in der Verfügungsgewalt des Verletzers befinden und die für die Durchsetzung des Schadensersatzanspruchs erforderlich sind, wenn ohne die Vorlage die Erfüllung des Schadensersatzanspruchs fraglich ist. Soweit der Verletzer geltend macht, dass es sich um vertrauliche Informationen handelt, trifft das Gericht die erforderlichen Maßnahmen, um den im Einzelfall gebotenen Schutz zu gewährleisten.

(2) Der Anspruch nach Absatz 1 ist ausgeschlossen, wenn die Inanspruchnahme im Einzelfall unverhältnismäßig ist.

(3) Die Verpflichtung zur Vorlage der in Absatz 1 bezeichneten Urkunden kann im Wege der einstweiligen Verfügung nach den §§ 935 bis 945 der Zivilprozessordnung angeordnet werden, wenn der Schadensersatzanspruch offensichtlich besteht. Das Gericht trifft die erforderlichen Maßnahmen, um den Schutz vertraulicher Informationen zu gewährleisten. Dies gilt insbesondere in den Fällen, in denen die einstweilige Verfügung ohne vorherige Anhörung des Gegners erlassen wird.

(4) § 811 des Bürgerlichen Gesetzbuchs sowie § 46 Abs. 8 gelten entsprechend.

Übersicht

	Rn.		Rn.
I. Allgemeines	1	V. Verhältnismäßigkeit (§ 46b Abs. 2)	7
II. Anspruchsvoraussetzungen (§ 46b Abs. 1 Satz 1)	2	VI. Einstweilige Verfügung (§ 46b Abs. 3)	8
1. Rechtsverletzung	2	VII. Modalitäten der Vorlage/Besichtigung (§ 46b Abs. 4)	11
2. Gefährdung der Zwangsvollstreckung	3	VIII. Beweisverwertungsverbot (§ 46b Abs. 4)	12
III. Gegenstand des Anspruchs	4		
IV. Schutzmaßnahmen (§ 46b Abs. 1 Satz 1)	6		

I. Allgemeines

§ 46b wurde durch das „Gesetz zur Verbesserung der Durchsetzung 1
von Rechten des geistigen Eigentums" (VDRgEG) vom 7.7.2008[1] eingeführt und dient vor allem der Umsetzung von Art. 9 Abs. 2 Satz 2 der Richtlinie der Richtlinie 2004/48/EG des Europäischen Parlaments und des Rates vom 29.4.2004 zur Durchsetzung der Rechte des geistigen Eigentums („Enforcement-Richtlinie"[2]). Die Vorschrift unterscheidet sich insoweit von § 46a, als sie nicht der Gewinnung von Beweismitteln, sondern der Sicherung der Erfüllung des Schadensersatzanspruchs des Verletzten dient. Der Verletzte soll sich Kenntnis über die konkreten Vermögenswerte des Verletzers machen können, um einer Beseitigung von Vermögenswerten gegebenenfalls durch einen Antrag auf Anordnung des dinglichen Arrests (§§ 916 ff. ZPO) zuvorkommen zu können.[3] Der Verletzte ist mithin gegenüber dem „normalen" zivilprozessualen Antragsteller privilegiert, indem er die Tatsachen zur Darlegung des entsprechenden Arrestgrundes selbst vom Schuldner heraus verlangen kann. Überdies wird sein Rechtsschutzinteresse insofern bevorzugt, dass als Tatbestandsvoraussetzung die Erfüllung des Schadensersatzanspruches lediglich „fraglich" und nicht dessen Vollstreckung i.S.d. §§ 916 ff. ZPO „vereitelt oder wesentlich erschwert" (so § 917 Abs. 1 ZPO) sein muss.[4] Weitgehend identische Vorschriften finden sich in §§ 24d GebrMG, 19b MarkenG, 140d PatG, 101b UrhG.

II. Anspruchsvoraussetzungen (§ 46b Abs. 1 Satz 1)

1. Rechtsverletzung

Voraussetzung für den Anspruch ist, dass dem Verletzten gegen den 2
Verletzer nach § 42 Abs. 2 ein Schadensersatzanspruch zusteht. Es muss also seitens des Verletzers eine schuldhafte Rechtsverletzung i.S.d. § 42 vorliegen. Weiter muss der Verletzer in gewerblichem Ausmaß, d.h. zur Erlangung eines unmittelbaren oder mittelbaren wirtschaftlichen oder kommerziellen Vorteils gehandelt haben. Hiervon ist auszugehen, wenn jemand eine solche Menge und Vielfalt an Waren

---

1 BGBl. 2008 I, S. 1191; Materialien in BT-Drucks 16/5058; auch abgedruckt in BlPMZ 2008, 289 ff.
2 ABl. EU Nr. L 195 vom 2.6.2004, S. 16.
3 Vgl. zum Markenrecht: *Fezer*, § 19b Rn. 3.
4 *Nägele/Nitsche*, WRP 2007, 1047, 1054.

§ 46b   Sicherung von Schadensersatzansprüchen

besitzt, dass dieser Besitz vernünftigerweise nicht anders erklärbar ist.[5] Ein Anfangsverdacht ist nicht ausreichend; vielmehr muss der Verletzte alle Anspruchsvoraussetzungen, insbesondere das Verschulden des Verletzers und den Eintritt eines ersatzfähigen Schadens nachweisen.[6]

2. Gefährdung der Zwangsvollstreckung

3   Die Vorlage der Unterlagen muss zur Durchsetzung des Schadensersatzanspruches in der Weise erforderlich sein, dass die Zwangsvollstreckung des Schadensersatzanspruches ansonsten gefährdet wäre. Der Anspruch besteht also erst dann, wenn der Verletzer den Anspruch nicht erfüllt und wenn der Verletzte keine ausreichende Kenntnis über das Vermögen des Verletzers hat, um die Durchsetzung seines Anspruchs wirksam betreiben zu können.[7]

III. Gegenstand des Anspruchs

4   Der Vorlageanspruch erstreckt sich auf die Vorlage von Bank-, Finanz- oder Handelsunterlagen (z.B. Rechnungen, Bestellscheine und Lieferpapiere). Erfasst werden nur solche Urkunden, die einen Hinweis auf die beim Verletzer vorhandenen Vermögenswerte geben und auch diese nur in einem zur Erfüllung des Anspruchs erforderlichen Umfang.[8] Haben die Urkunden einen größeren Umfang und ist deren Prüfung am Vorlageort praktisch nicht durchführbar, kann der Verletzte die Anfertigung von Kopien oder die Mitnahme der Urkunden verlangen.[9]

5   Nach dem Wortlaut des Abs. 1 Satz 1 müssen sich die vorzulegenden Unterlagen in der Verfügungsgewalt des Verletzers befinden. Die unmittelbare Verfügungsgewalt ist nicht erforderlich, anderenfalls könnte § 46b leicht umgangen werden.[10] Dementsprechend ist Abs. 1 Satz 1 mit *Fezer* dahin auszulegen, dass der Verletzer auch in der Verfügungsgewalt Dritter (Bank, Steuerberater etc.) befindliche Unterlagen zugänglich zu machen hat, soweit ihm dies nicht rechtlich oder tatsäch-

---

5 Vgl. zum Urheberrecht: *Wandtke/Bullinger*, § 101b Rn. 9.
6 Vgl. zum Markenrecht: *Fezer*, § 19b Rn. 6.
7 Vgl. Gesetzesbegründung, BT-Drucks 16/5048, S. 41, 50.
8 Vgl. Gesetzesbegründung, BT-Drucks 16/5048, S. 41, 50.
9 OLG Köln, NJW-RR 1996, 382.
10 Vgl. zum Urheberrecht: *Wandtke/Bullinger*, § 101b Rn. 7.

lich unmöglich ist (§ 275 BGB).[11] Ein Dritter, der nicht Verletzer ist, kann jedoch nicht passivlegitimiert sein.[12]

IV. Schutzmaßnahmen (§ 46b Abs. 1 Satz 1)

Der Schutz vertraulicher Informationen ist entsprechend § 46a geregelt. Bei der Anwendung der Vorschrift ist zu berücksichtigen, dass es gerade ihr Zweck ist, dass der Verletzte Kenntnis von Vermögenswerten des Verletzers erlangt. Daher kann der Schutz der vertraulichen Informationen einerseits keinesfalls so weit gehen, dass dem Verletzten diese Kenntnisnahme nicht gewährt wird. Andererseits ist aber zu berücksichtigen, dass die vorzulegenden Unterlagen auch andere Informationen enthalten können, deren Kenntnis für die Vollstreckung nicht erforderlich ist. Insoweit muss dem legitimen Interesse des Verletzers an der Geheimhaltung Rechnung getragen werden.[13]

6

V. Verhältnismäßigkeit (§ 46b Abs. 2)

Der Anspruch ist nach Abs. 2 ausgeschlossen, wenn die Inanspruchnahme im Einzelfall unverhältnismäßig ist. Durch den Verhältnismäßigkeitsgrundsatz soll verhindert werden, dass bereits bei geringfügigen Verletzungen umfangreiche Vorlageansprüche geltend gemacht werden können.[14] Wegen der Einzelheiten wird auf die Kommentierung zu § 46a Abs. 2 verwiesen.

7

VI. Einstweilige Verfügung (§ 46b Abs. 3)

Nach Abs. 3 kann der Vorlageanspruch auch im Verfahren des einstweiligen Rechtsschutzes durchgesetzt werden, ohne dass das Verbot der Vorwegnahme der Hauptsache dem entgegenstünde. Gleiches muss konsequenterweise für den Zugangsanspruch gelten, da es sich dabei letztlich nur um eine besondere Modalität der Vorlage handelt.[15] Wie bei § 46 Abs. 7 setzt die einstweilige Verfügung allerdings voraus, dass der Schadensersatzanspruch offensichtlich besteht. Diese einschränken-

8

---
11 Vgl. zum Markenrecht: *Fezer*, § 19b Rn. 9; so auch *Ströbele/Hacker*, § 19b Rn. 9.
12 BGH, GRUR 2006, 962, 966 – Restschadstoffentfernung.
13 Vgl. Gesetzesbegründung, BT-Drucks 16/5048, S. 41 f., 50.
14 Vgl. Gesetzesbegründung, BT-Drucks 16/5048, S. 42, 50.
15 Vgl. zum Markenrecht: *Ströbele/Hacker*, § 19b Rn. 16.

§ 46b Sicherung von Schadensersatzansprüchen

de Voraussetzung trägt dem Umstand Rechnung, dass es sich bei dem Vorlageanspruch um einen sehr weitgehenden Eingriff in die Rechte des Verletzers handelt. Dies gilt umso mehr, als im einstweiligen Rechtsschutzverfahren der Schadensersatzanspruch noch nicht einmal feststeht, sondern die Glaubhaftmachung ausreicht.[16] Offensichtlich ist die Rechtsverletzung nur dann, wenn der Verletzte einen Sachverhalt glaubhaft machen kann, der in tatsächlicher und rechtlicher Hinsicht keinen Zweifel am Bestehen des Schadensersatzanspruches aufkommen lässt und auch keine Anhaltspunkte für das Vorliegen tatsächlicher Umstände erkennbar sind, die ein anderes Ergebnis rechtfertigen könnten.[17] Zweifel in tatsächlicher, aber auch in rechtlicher Hinsicht stehen der Annahme einer offensichtlichen Rechtsverletzung entgegen.[18] Der Verletzte trägt die Darlegungs- und Beweislast.[19]

9 Abs. 3 entbindet den Verletzten nicht von der Glaubhaftmachung der übrigen Voraussetzungen, namentlich der Gefährdung der Durchsetzung seiner Ansprüche (= Verfügungsgrund).[20] Eine analoge Anwendung der Dringlichkeitsvermutung des § 12 Abs. 2 UWG kommt nicht in Betracht.[21] Das Sicherungsinteresse wird sich regelmäßig daraus ergeben, dass eine wirksame Vollziehung des dinglichen Arrests (§§ 916 ff. ZPO) ohne Kenntnis der Vermögenswerte des Schuldners faktisch ausscheidet und der Vorlageanspruch insofern der Vorbereitung des Arrestverfahrens dient.[22]

10 Der Verfügungsantrag ist auf die Herausgabe der Unterlagen an den Gerichtsvollzieher zum Zwecke der Vorlage an den Antragsteller zu richten.[23]

---

16 Vgl. Gesetzesbegründung, BT-Drucks 16/5048, S. 42, 50.
17 Vgl. zum Urheberrecht: *Dreyer/Kotthoff/Meckel*, § 101b Rn. 6; OLG Hamburg, GRUR-RR 2003, 101, 103 – Pflasterspender.
18 OLG Hamburg, WRP 1997, 106, 113 – Gucci; OLG Hamburg, WRP 1997, 103, 105 f. – Cotto.
19 Vgl. zum Urheberrecht: *Wandtke/Bullinger*, § 101b Rn. 15.
20 Vgl. Gesetzesbegründung, BT-Drucks 16/5048, S. 42, 50.
21 Vgl. zum Markenrecht: *Ströbele/Hacker*, § 19b Rn. 19.
22 Vgl. zum Markenrecht: *Fezer*, § 19b Rn. 15.
23 Vgl. zum Markenrecht: *Ströbele/Hacker*, § 19b Rn. 18.

VII. Modalitäten der Vorlage/Besichtigung (§ 46b Abs. 4)

Abs. 4 verweist wegen der Modalitäten der Vorlage bzw. der Besichtigung auf § 811 BGB. Wegen der Einzelheiten wird auf die Kommentierung zu § 46a Abs. 4 verwiesen. 11

VIII. Beweisverwertungsverbot (§ 46b Abs. 4)

Nach Abs. 4 ist § 46 Abs. 8 entsprechend anwendbar. Folglich dürfen die Erkenntnisse in einem Straf- oder Ordnungswidrigkeitenverfahren wegen einer vor der Erteilung der Auskunft begangenen Tat gegen den Verpflichteten oder gegen einen in § 52 Abs. 1 StPO bezeichneten Angehörigen nur mit Zustimmung des Verpflichteten verwertet werden. Wegen der Einzelheiten wird auf die Kommentierung zu § 46 Abs. 8 verwiesen. 12

§ 47 Urteilsbekanntmachung

Ist eine Klage auf Grund dieses Gesetzes erhoben worden, kann der obsiegenden Partei im Urteil die Befugnis zugesprochen werden, das Urteil auf Kosten der unterliegenden Partei öffentlich bekannt zu machen, wenn sie ein berechtigtes Interesse darlegt. Art und Umfang der Bekanntmachung werden im Urteil bestimmt. Die Befugnis erlischt, wenn von ihr nicht innerhalb von drei Monaten nach Eintritt der Rechtskraft des Urteils Gebrauch gemacht worden ist. Der Ausspruch nach Satz 1 ist nicht vorläufig vollstreckbar.

Übersicht

	Rn.		Rn.
I. Allgemeines	1	III. Art und Umfang der Bekanntmachung (§ 47 Satz 2)	12
II. Anspruchsvoraussetzungen (§ 47 Satz 1)	2	IV. Frist der Bekanntmachung (§ 47 Satz 3)	16
1. Erhebung einer Klage auf Grund dieses Gesetzes	3	V. Kosten der Bekanntmachung	17
2. Urteil	4	VI. Anderweitige Bekanntmachung von Urteilen, Beschlüssen, Unterlassungserklärungen	18
3. Obsiegen	5		
4. Berechtigtes Interesse an der Bekanntmachung	6		
5. Rechtskraft	10		
6. Antrag der obsiegenden Partei	11		

I. Allgemeines

1   Die Regelung des § 47[1] ist an die Stelle von § 14a Abs. 3 GeschmMG a.F. i.V.m. § 103 UrhG getreten und entspricht im Wesentlichen den Regelungen in §§ 24e GebrMG, 19c MarkenG, 140e PatG, 103 UrhG, 12 Abs. 3 UWG. Sinn und Zweck der Urteilsbekanntmachung ist, dem berechtigten Interesse der obsiegenden Partei Rechnung zu tragen, der Öffentlichkeit mitzuteilen, dass ein Geschmacksmuster verletzt wurde oder ein Plagiatsvorwurf unbegründet ist. Der Anspruch auf Bekanntmachung ist ein Beseitigungsanspruch, um fortwirkenden Störungen entgegenzuwirken.[2] Weitere Möglichkeiten der Beseitigung wie der

---

1   Geändert durch das „Gesetz zur Verbesserung der Durchsetzung von Rechten des geistigen Eigentums" (VDRgEG) vom 7. Juli 2008 (BGBl. 2008 I, S. 1191; Materialien in BT-Drucks 16/5048; auch abgedruckt in BlPMZ 2008, 289 ff.).
2   BGH, WRP 2002, 990, 993 – Stadtbahnfahrzeug.

II. Anspruchsvoraussetzungen (§ 47 Satz 1)   § **47**

Widerruf,³ die Berichtigung⁴ und die Bekanntmachung von Unterlassungserklärungen,⁵ bestehen neben § 47 fort.⁶ Zu denken ist weiterhin an die Befugnis zur Bekanntmachung von Strafurteilen gemäß § 51 Abs. 6. Ein Anspruch auf Veröffentlichung gegen Dritte (Presse, Rundfunk, Fernsehen) besteht nach § 47 nicht. Ansprüche gegen die Presse richten sich nach dem Presse- und Medienrecht.⁷

II. Anspruchsvoraussetzungen (§ 47 Satz 1)

Die Bekanntmachungsbefugnis setzt einen entsprechenden Ausspruch in einem rechtskräftigen Urteil voraus.⁸ Der Ausspruch ergeht nur auf Antrag der obsiegenden Partei.⁹ Diese muss ein berechtigtes Interesse an der Bekanntmachung darlegen und beweisen.   2

1. Erhebung einer Klage auf Grund dieses Gesetzes

Die Veröffentlichungsbefugnis setzt eine „auf Grund" des GeschmMG erhobene Klage, mithin ein Verfahren, das mit einer Klageerhebung begonnen hat, voraus. Ein Urteil im einstweiligen Verfügungsverfahren fällt ebenso wie ein Urteil in einem Ordnungsmittelverfahren (§§ 888, 890 ZPO) nicht unter § 47.¹⁰ Die Vorschrift ist – anders als § 12 Abs. 3 UWG – nicht nur auf Unterlassungsklagen anwendbar, sondern auch auf Beseitigungs-, Schadensersatz- und Löschungsklagen.¹¹ Weiter ist die Vorschrift anwendbar bei Klagen aus Gemeinschaftsgeschmacksmustern (Art. 88 Abs. 2, 89 GGV) sowie international hinterlegten Mustern („IR-Muster"). Liegen der Klage ausschließlich Ansprüche nach den Vorschriften eines anderen Gesetzes zugrunde, kommt nur der allgemeine Bekanntmachungsanspruch in Betracht (vgl. BGH, GRUR 1987, 189 – Veröffentlichungsbefugnis beim Ehrenschutz).¹² Erledigt sich der Rechtsstreit dadurch, dass der Beklagte eine (strafbe-   3

---

3 BGH, GRUR 1960, 500, 502 – Plagiatsvorwurf I.
4 BGH, GRUR 1960, 500, 504 – Plagiatsvorwurf I.
5 BGH, GRUR 1967, 362, 366 – Spezialsalz I; BGH, GRUR 1972, 550, 552 – Spezialsalz II.
6 Vgl. zum Urheberrecht: *Wandtke/Bullinger*, § 103 Rn. 1.
7 Vgl. zum Urheberrecht: *Schricker/Loewenheim*, § 103 Rn. 2.
8 BGH, GRUR 1967, 362, 366 – Spezialsalz I.
9 Vgl. zum Urheberrecht: *Fromm/Nordemann*, § 103 Rn. 11.
10 OLG Frankfurt, NJW-RR 1996, 423.
11 Vgl. zum MarkenG: *Fezer*, § 19c Rn. 5.
12 Vgl. zum Markenrecht: *Fezer*, § 19c Rn. 6.

§ 47 Urteilsbekanntmachung

wehrte) Unterlassungserklärung abgibt, kann der Kläger auf Grundlage des materiellen Beseitigungsanspruchs (§ 42 Abs. 1 Satz 1) eine der Unterlassungserklärung angepasste Form der Bekanntmachung verlangen. Voraussetzung hierfür ist, dass die Störung noch fortwirkt.[13]

2. Urteil

4   Bekannt gemacht werden darf nur ein „Urteil". Hierunter fallen Endurteile (§ 300 ZPO), Teilurteile (§ 301 ZPO) sowie die übrigen Urteilsformen der §§ 302 ff. ZPO. Beschlüsse jeglicher Form – auch solche der Berufungsgerichte nach § 522 Abs. 2 ZPO – sowie Unterlassungserklärungen können nicht nach § 47 veröffentlicht werden.[14] In Betracht kommt jedoch eine Bekanntmachung auf Grundlage des Beseitigungsanspruches aus § 42 Abs. 1 Satz 1 (vgl. Ziffer VI.).[15]

3. Obsiegen

5   Die Bekanntmachungsbefugnis besteht nur bei einem „Obsiegen". Da § 47 nicht auf die Parteirollen abstellt, sondern auf das „Obsiegen", ist es bei vollständiger oder teilweiser Klageabweisung auch dem Beklagten (Verletzer) möglich, eine Bekanntmachungsbefugnis zu erhalten.[16] In Fällen teilweisen Obsiegens hat jede Partei die Möglichkeit, einen Antrag hinsichtlich des ihrem berechtigten Interesses entsprechenden Teils des Urteils zu stellen.[17] Von einer Bekanntmachung durch beide Parteien sollte nach *Fezer* abgesehen werden, wenn dies zu einer Verwirrung der Öffentlichkeit führen würde.[18] Wurde die Verletzungsklage abgewiesen, kann eine Bekanntmachung naheliegen, wenn der Fall größeres Aussehen in der Allgemeinheit oder zumindest in Kreisen der Konkurrenten erregt hat.[19]

4. Berechtigtes Interesse an der Bekanntmachung

6   Die Urteilsbekanntmachung ist nur auszusprechen, wenn die obsiegende Partei hieran ein berechtigtes Interesse hat. Ob dieses gegeben ist,

---

13 Vgl. zum Markenrecht: *Fezer*, § 19c Rn. 6.
14 Vgl. zum Urheberrecht: OLG Frankfurt am Main, NJW-RR 1996, 423; *Fromm/Nordemann*, § 103 Rn. 6.
15 OLG Hamm, GRUR 1993, 511.
16 Vgl. *Nirk/Kurtze*, §§ 14, 14a Rn. 102; *Steigüber*, GRUR 2011, 295, 296.
17 Vgl. zum Urheberrecht: *Wandtke/Bullinger*, § 103 Rn. 3.
18 Vgl. zum Markenrecht: *Fezer*, § 19c Rn. 7.
19 Vgl. zum Markenrecht: *Ströbele/Hacker*, § 19c Rn. 7.

hat das Gericht anhand einer umfassenden Interessenabwägung nach pflichtgemäßem Ermessen zu bestimmen.[20] Das Gericht soll in seiner Entscheidung über die Bekanntmachungsbefugnis die Vorteile der einen und die Nachteile der anderen Partei infolge einer Bekanntmachung bzw. Nichtbekanntmachung abwägen.[21] Maßgeblicher Zeitpunkt für die Interessenabwägung ist die letzte mündliche Verhandlung.[22]

Die Urteilsbekanntmachung muss geeignet und erforderlich sein, um einen fortwirkenden Störungszustand zu beseitigen.[23] Kann die durch die Rechtsverletzung eingetretene Beeinträchtigung auf andere Weise als durch Bekanntmachung beseitigt werden, kommt die Bekanntmachung des Urteils nicht in Betracht. Bei der Interessenabwägung sind insbesondere Art, Schwere und Umfang der Verletzung sowie das Verschulden der unterliegenden Partei zu berücksichtigen. Von Bedeutung ist weiter, ob und in welchem Umfang die Verletzung in der Öffentlichkeit bekannt geworden ist, noch bekannt zu werden droht oder bereits vergessen ist.[24] Einzubeziehen sind weiter die Auswirkungen einer unterlassenen Bekanntmachung. Andererseits darf die unterliegende Partei durch die Bekanntmachung keine unangemessenen Nachteile erleiden, insbesondere darf diese nicht unnötig in der Öffentlichkeit bloßgestellt oder herabgesetzt werden. Zu unterbleiben hat die Bekanntmachung auch dann, wenn sie nur einen Teil der Öffentlichkeit aufzuklären geeignet ist, oder einen anderen verwirren würde.[25]

7

Erlischt das (Klage-)Geschmacksmuster während des Verletzungsprozesses, wird der Bekanntmachungsanspruch hierdurch nicht per se in Frage gestellt. Dies folgt aus dem Umstand, dass die Entscheidungen in Verfahren wegen Verletzungen von Rechten des Geistigen Eigentums (auch) deshalb veröffentlicht werden sollen, um künftige Verletzer abzuschrecken und zur Sensibilisierung der breiten Öffentlichkeit beizutragen.[26] Diese präventiven Zwecke werden nicht dadurch gegenstandslos, dass das (Klage-)Geschmacksmuster seine Wirkung verliert. Allerdings kann die Befugnis zur Veröffentlichung im konkreten Einzelfall durchaus zu verweigern sein, wenn nach den gesamten Umständen ein

8

---

20 BGH, GRUR 1998, 568, 570 – Beatles-Doppel-CD.
21 *Steigüber*, GRUR 2011, 295, 296.
22 BGH, WRP 2002, 990, 993 – Stadtbahnfahrzeug.
23 Vgl. zum Urheberrecht: *Dreyer/Kotthoff/Meckel*, § 103 Rn. 3.
24 Vgl. zum Urheberrecht: *Schricker/Wild*, § 103 Rn. 4.
25 BGH, GRUR 1966, 623, 625 – Kupferberg.
26 Vgl. Erwägungsgrund 27 der Richtlinie 2004/48/EG vom 29.4.2004 („Enforcement-Richtlinie").

berechtigtes Interesse daran, dass das Verletzungsurteil bekannt gemacht wird, nicht besteht.[27]

9 Die für das berechtigte Interesse erforderlichen Tatsachen hat der Antragsteller darzulegen und zu beweisen.[28] Ob die vorgetragenen Tatsachen das Interesse an der Bekanntmachung begründen, ist Rechtsfrage.[29] Für gegenläufige Belange, die einer Veröffentlichung oder einer bestimmten Art/einem bestimmten Umfang der Bekanntmachung entgegenstehen, ist der Antragsgegner darlegungs- und beweispflichtig.[30]

5. Rechtskraft

10 Voraussetzung für die Bekanntmachung des Urteils ist dessen Rechtskraft (Satz 4). Eine Bekanntmachung vor Rechtskraft des Urteils muss ausdrücklich zugelassen werden und kommt nur in Betracht, wenn schwerwiegende Interessen des Berechtigten eine unverzügliche Störungsbeseitigung erfordern.[31] Wird ein nicht rechtskräftiges Urteil bekannt gemacht und später abgeändert, ist das abändernde Urteil ebenfalls bekannt zu machen,[32] allerdings nur auf Antrag.[33] Die Bekanntmachung eines im Eilverfahren erstrittenen Urteils ist nicht möglich.[34] Das Gleiche gilt für einen im Eilverfahren erwirkten Beschluss.[35] Etwas anderes gilt ausnahmsweise dann, wenn die einstweilige Verfügung durch Abgabe einer Abschlusserklärung zu einer endgültigen Entscheidung geworden ist.[36]

---

27 *Kühnen*, GRUR 2010, 288, 293.
28 Vgl. zum Urheberrecht: *Schricker/Loewenheim*, § 103 Rn. 6; a.A. *Fromm/Nordemann*, § 103 Rn. 7, danach braucht das berechtigte Interesse nur dargetan, jedoch nicht glaubhaft oder gar nachgewiesen werden. Es genügt, dass eine gewisse Wahrscheinlichkeit für die Darstellung der beantragenden Partei spricht.
29 Vgl. zum Urheberrecht: *Schricker/Wild*, § 103 Rn. 4.
30 Vgl. zum Patentrecht: *Schulte*, § 140e Rn. 12.
31 OLG Celle, GRUR-RR 2001, 125, 126 – Stadtbahnwagen.
32 Vgl. zum Urheberrecht: *Dreyer/Kotthoff/Meckel*, § 103 Rn. 4; *Greuner*, GRUR 1962, 71, 74.
33 Vgl. zum Urheberrecht: *Fromm/Nordemann*, § 103 Rn. 10.
34 A.A. *Fezer*, § 19c Rn. 5. Dieser hält die Vorschrift bei richtlinienkonformer Auslegung auch auf einstweilige Verfügungen anwendbar.
35 OLG Frankfurt, NJW-RR 1996, 423.
36 Vgl. zum Markenrecht: *Fezer*, § 19c Rn. 5.

6. Antrag der obsiegenden Partei

Die Entscheidung ergeht nicht von Amts wegen, sondern nur auf Antrag der obsiegenden Partei.[37] Der Antrag ist konstitutiv.[38] Der beigetretene Nebenintervenient ist nicht antragsberechtigt, weil er in der Hauptsache keine Verurteilung erstreiten kann.[39] Die unterlegene Partei ist anzuhören.[40]

11

III. Art und Umfang der Bekanntmachung (§ 47 Satz 2)

Öffentliche Bekanntmachung bedeutet die Bekanntmachung gegenüber einem größeren, individuell unbestimmten Personenkreis,[41] so dass etwa ein Rundschreiben an einen begrenzten Personenkreis nicht ausreichend ist.[42] Art und Umfang der Bekanntmachung sind im Urteil zu bestimmen (§ 47 Satz 2) und richten sich im Wesentlichen danach, was zur Störungsbeseitigung, d.h. zur sachgerechten Unterrichtung der Öffentlichkeit erforderlich ist.[43]

12

Die „Art" der Bekanntmachung bezieht sich darauf, in welchem Medium (Printmedien, Fernsehen und Rundfunk, Tele- oder Mediendienst), in welcher Aufmachung (Größe usw.), wo, wie oft und wie lange die Bekanntmachung erfolgen darf.[44] Bei Fernsehen und Rundfunk ist zweifelhaft, ob diese sich auf eine Bekanntmachung einlassen, weswegen eine Bekanntmachung durch diese Medien nicht ausgesprochen werden sollte.[45]

13

Der „Umfang" bezieht sich darauf, ob das Urteil als Ganzes (Urteilskopf, Urteilsformel, Tatbestand, Entscheidungsgründe) oder nur in Teilen (z.B. lediglich Urteilsauspruch, Entscheidungsgründe nur auszugsweise) bekannt gemacht werden darf.[46] Dies ist am Maßstab des berechtigten Interesses an der Bekanntmachung festzustellen.[47] Die Ver-

14

---

37 Vgl. zum Urheberrecht: *Fromm/Nordemann*, § 103 Rn. 11.
38 Vgl. zum Patentrecht: *Schulte*, § 140e Rn. 8.
39 Vgl. zum Patentrecht: *Schulte*, § 140e Rn. 8.
40 Vgl. zum Markenrecht: *Fezer*, § 19c Rn. 7.
41 Vgl. zum Patentrecht: *Schulte*, § 140e Rn. 14.
42 Vgl. zum UWG: *Köhler/Bornkamm*, § 12 Rn. 4.11.
43 Vgl. zum Urheberrecht: *Wandtke/Bullinger*, § 103 Rn. 6.
44 Vgl. zum UWG: *Köhler/Bornkamm*, § 12 Rn. 4.13.
45 Vgl. zum Urheberrecht: *Wandtke/Bullinger*, § 103 Rn. 6.
46 Vgl. zum Patentrecht: *Schulte*, § 140e Rn. 15.
47 BGH, GRUR 1992, 527, 529 – Plagiatsvorwurf II.

§ 47 Urteilsbekanntmachung

öffentlichung des gesamten Urteils wird nur selten notwendig sein. Im Übrigen ist beim Umfang der Bekanntmachung immer auch die Breitenwirkung der Verletzungshandlung zu bedenken.[48] Waren durch die Verletzungshandlung lediglich Fachkreise betroffen, kann es geboten sein, lediglich eine Veröffentlichung in der entsprechenden Fachpresse als angemessen zu betrachten.[49] Weiter sind im Rahmen auch das Recht der unterlegenen Partei auf informationelle Selbstbestimmung und etwaige sonstige Rechte, in welche die Erteilung der Veröffentlichungsbefugnis eingreifen kann, zu berücksichtigen.[50] Mit *Ingerl/Rohnke* ist jedoch davon auszugehen, dass Ordnungsmittelandrohungen veröffentlicht werden können, um den angestrebten Abschreckungseffekt zu verstärken. Das verbreitete Missverständnis juristischer Laien, bei der Ordnungsmittelandrohung handele es sich um eine bereits ausgeurteilte Geldstrafe, ist als systemimmanent hinzunehmen.[51]

15 Das Urteil begründet keine Veröffentlichungspflicht eines dort bezeichneten Mediums. Sollte sich das Medium weigern, das Urteil zu veröffentlichen, ist auf ein anderes vergleichbares Medium auszuweichen. Diese Möglichkeit sollte bereits im Tenor vorgesehen sein.[52]

IV. Frist der Bekanntmachung (§ 47 Satz 3)

16 Gemäß Satz 4 darf die Bekanntmachung erst veranlasst werden, wenn die Entscheidung rechtskräftig geworden ist. Die Frist beginnt mit Zustellung des rechtskräftigen Urteils zu laufen. Wird das Urteil nicht innerhalb von 3 Monaten nach Eintritt der Rechtskraft bekannt gemacht, erlischt die Bekanntmachungsbefugnis (Satz 3). Es genügt, wenn der Berechtigte innerhalb dieser Frist alle für die Bekanntmachung erforderlichen Maßnahmen getroffen hat (z.B. Erteilung des Anzeigenauftrages);[53] die Bekanntmachung selbst kann dann auch später als nach drei Monaten erfolgen, sofern dies „alsbald" geschieht.[54] Bloß interne Vorbereitungshandlungen reichen aber nicht aus.[55]

---

48 Vgl. zum Urheberrecht: *Wandtke/Bullinger*, § 103 Rn. 6.
49 Vgl. zum Urheberrecht: *Wandtke/Bullinger*, § 103 Rn. 7.
50 So BT-Drucks 16/5048, 42.
51 Vgl. zum Markenrecht: *Ingerl/Rohnke*, § 19c Rn. 10.
52 Vgl. zum Markenrecht: *Ingerl/Rohnke*, § 19c Rn. 12.
53 *Maaßen*, MarkenR, 2008, 417, 422.
54 Vgl. zum PatG: *Schulte*, § 140e Rn. 18.
55 Vgl. zum Markenrecht: *Ströbele/Hacker*, § 19c Rn. 11.

V. Kosten der Bekanntmachung

Die Kosten der Bekanntmachung hat gemäß Satz 1 („auf Kosten") die unterliegende Partei zu tragen. § 103 stellt insoweit eine eigenständige Anspruchsgrundlage für die Kostentragungspflicht dar. Eines gesonderten Ausspruchs über die Kosten bedarf es im zu veröffentlichenden Urteil daher nicht.[56] Anders als nach bisherigen Recht (§ 47 Abs. 3 Satz 1) kann die unterliegende Partei nicht mehr zur Vorauszahlung der Bekanntmachungskosten verurteilt werden. Stattdessen hat die obsiegende Partei die Kosten zunächst selbst zu tragen und später als Kosten der Zwangsvollstreckung (§ 788 ZPO) festsetzen zu lassen (§§ 91, 103 ZPO) und beizutreiben.[57] Wird beiden Parteien eine Veröffentlichungsbefugnis zugesprochen (bei teilweisen Obsiegen und Unterliegen), besteht wechselseitige Tragungspflicht für die Kosten der jeweils anderen Seite.[58]

17

VI. Anderweitige Bekanntmachung von Urteilen, Beschlüssen, Unterlassungserklärungen

Liegen die Voraussetzungen für eine Urteilsveröffentlichung nicht vor, ist unter dem Gesichtspunkt des allgemeinen Beseitigungsanspruchs (§ 42 Abs. 1 Satz 1) eine private Veröffentlichung auf eigene Kosten oder auf Kosten des Verletzers zulässig. Die Veröffentlichung von Unterlassungserklärungen kommt insbesondere in Betracht, wenn sie zur Erledigung der Hauptsache geführt haben.[59] Wird ein im Rahmen eines einstweiligen Verfügungsverfahrens ergangenes Urteil veröffentlicht, ist auf den Umstand des vorläufigen Rechtsschutzes hinzuweisen.[60] Weiter ist bei Eigenmaßnahmen wegen möglicher Unsachlichkeit oder Übermaßes und dem darauf folgenden Schadensersatzrisiko (§§ 823, 824, 826 BGB) besondere Vorsicht geboten. Dies gilt vor allem wenn die Parteien Wettbewerber i.S.d. § 2 Abs. 1 Nr. 3 UWG sind; in diesem Fall sind insbesondere die Verbote herabsetzender bezugnehmender Werbung und Ehrverletzung (§§ 4 Nr. 8, 6 Abs. 2 Nr. 5 UWG) zu be-

18

---

56 Vgl. zum Urheberrecht: *Dreier/Schulze*, § 103 Rn. 8.
57 Vgl. zum Markenrecht: *Ströbele/Hacker*, § 19c Rn. 10.
58 Vgl. zum Patentrecht: *Schulte*, § 140e Rn. 16.
59 BGH, GRUR 1987, 362, 366 – Spezialsalz I; BGH, GRUR 1972, 570, 552 – Spezialsalz II.
60 Vgl. zum Urheberrecht: *Schricker/Loewenheim*, § 103 Rn. 4.

§ 47 Urteilsbekanntmachung

achten.[61] Die Kosten der Veröffentlichung können bei Verschulden des Verletzers über § 42 Abs. 2 Satz 1 als Schadensersatz geltend gemacht werden.[62] Fehlt es an einem Verschulden des Verletzers, können die Kosten über die §§ 677, 683, 670 BGB geltend gemacht werden.[63]

---

61 Vgl. zum Urheberrecht: *Schricker/Loewenheim*, § 103 Rn. 4.
62 OLG Frankfurt, NJW-RR 1996, 423, 424.
63 Vgl. zum Urheberrecht: *Fromm/Nordemann*, § 103 Rn. 13.

§ 48 Erschöpfung

Die Rechte aus einem Geschmacksmuster erstrecken sich nicht auf Handlungen, die ein Erzeugnis betreffen, in das ein unter den Schutzumfang des Rechts an einem Geschmacksmuster fallendes Muster eingefügt oder bei dem es verwendet wird, wenn das Erzeugnis vom Rechtsinhaber oder mit seiner Zustimmung in einem Mitgliedstaat der Europäischen Union oder in einem anderen Vertragsstaat des Abkommens über den Europäischen Wirtschaftsraum in den Verkehr gebracht worden ist.

Übersicht

	Rn.		Rn.
I. Allgemeines	1	4. In der EU/im EWR	9
II. Voraussetzungen	2	III. Wirkung der Erschöpfung	11
1. Inverkehrbringen	3	IV. Darlegungs- und Beweislast	13
2. Durch den Rechtsinhaber	5		
3. Mit Zustimmung des Rechtsinhabers	6		

I. Allgemeines

§ 48 regelt die Erschöpfung des Geschmacksmusterschutzes. Der Grundsatz der Erschöpfung (auch Verbrauch genannt) besagt, dass der Rechtsinhaber sein ausschließliches Verwertungsrecht ausgenutzt und damit verbraucht hat, wenn er (oder mit seiner Zustimmung ein Dritter) das geschützte Erzeugnis in der EU oder im EWR in den Verkehr gebracht hat. Das Erzeugnis wird „gemeinfrei" mit der Folge, dass bestimmte weitere Verwertungshandlungen nicht mehr vom Schutzrecht erfasst werden. Der Rechtsinhaber kann folglich den Erstverkauf in die EU/EWR, nicht jedoch die weitere Vertriebskette innerhalb der EU/EWR kontrollieren. Das Institut der Erschöpfung soll den freien Warenverkehr innerhalb der EU/EWR (Art. 28 EGV) gewährleisten. Namentlich soll verhindert werden, dass der Rechtsinhaber durch sein Musterrecht auf den Vertriebsweg und den Preis der rechtmäßig hergestellten Erzeugnisse Einfluss nimmt.[1] Mit § 48 vergleichbare Regelun- 1

---
[1] Vgl. zum Markenrecht: *Schultz*, § 24 Rn. 1.

gen finden sich in Art. 21 GGV, 13 GMV sowie in § 24 MarkenG, §§ 17 Abs. 2, 69c Abs. 3 UrhG. Für das Patentrecht findet sich ein gesetzlicher Erschöpfungstatbestand nur in dem am 28.2.2005 in Kraft getretenen § 9a Abs. 2 PatG.[2]

II. Voraussetzungen

2   Die Rechte aus dem Geschmacksmuster – genauer das Verbietungsrecht nach § 42 – sind hinsichtlich eines bestimmten (einzelnen) Erzeugnisses erschöpft (verbraucht), wenn das fragliche Erzeugnis durch den Rechtsinhaber selbst oder mit seiner Zustimmung durch einen Dritten im Gebiet der EU bzw. der EWR erstmalig in den Verkehr gebracht worden ist. Sie ist Rechtsfolge der Tatsache, dass der Rechtsinhaber oder ein mit dessen Zustimmung handelnder Dritter das unter den Schutz des Geschmacksmusters fallende Erzeugnis an einem Ort innerhalb eines bestimmten Gebiets (BRD, EU oder EWR) in den Verkehr gebracht hat.[3]

1. Inverkehrbringen

3   Ein „Inverkehrbringen" i.S.d. § 48 liegt vor, wenn die tatsächliche Verfügungsgewalt im geschäftlichen Verkehr vom Rechtsinhaber auf einen unabhängigen Dritten übergeht. Ausreichend ist jede Art der körperlichen Übergabe, die es dem Dritten ermöglicht, das Erzeugnis zu veräußern oder zu gebrauchen. Unerheblich ist, ob die rechtliche Verfügungsgewalt oder das Eigentum an den Dritten übergeht.[4] Die körperliche Übergabe an den Spediteur, Frachtführer oder Lagerhalter reicht hingegen nicht aus.[5] Das Gleiche gilt bei der Lieferung an eine andere Konzerngesellschaft, wenn die Verfügungsmacht bei derselben Stelle verbleibt, also die belieferte Konzerngesellschaft gegenüber der Lieferantin weisungsgebunden ist.[6] Eine andere Beurteilung kann angezeigt sein, wenn die Konzerngesellschaften trotz ihrer Konzerngebundenheit

---

2 Vgl. zum Patentrecht: *Benkard*, § 9 Rn. 15.
3 BGH, GRUR 1997, 116 – Prospekthalter; BGH, GRUR 2001, 223 – Bodenwaschanlage.
4 Vgl. zum Patentrecht: *Benkard*, § 9 Rn. 17.
5 Vgl. zum Markenrecht: *Ingerl/Rohnke*, § 24 Rn. 19.
6 BGH, GRUR 2007, 882 – Parfumtester; OLG Karlsruhe, GRUR 1999, 343, 345 – REPLAY-Jeans; OLG Köln, GRUR 1999, 337, 338 – Sculpture; OLG Köln, GRUR 1999, 346, 347 – Davidoff Cool Water.

miteinander in Wettbewerb stehen.⁷ Veräußerungen an Handelsunternehmen, die mit dem Rechtsinhaber nicht konzernmäßig verflochten, aber in ein exklusives oder selektives Vertriebssystem eingebunden sind, sind wie Veräußerungen an unabhängige Dritte zu behandeln, führen also zur Erschöpfung.⁸ Ob die bloße Durchfuhr (Transit) durch den EWR ein Inverkehrbringen darstellt, ist umstritten. Dies wird teilweise unter der Voraussetzung bejaht, dass während des Transits ein Wechsel der tatsächlichen Verfügungsgewalt stattfindet, größtenteils aber verneint.⁹ In der Sicherheitsübereignung liegt noch keine Veräußerung; erst mit der Verwertung tritt Erschöpfung ein. Umgekehrt ist es beim Eigentumsvorbehalt.¹⁰

Die bloße Herstellung des Erzeugnisses mit Zustimmung des Rechtsinhabers in einem Mitgliedstaat der EU (oder des EWR) reicht für eine Erschöpfung grundsätzlich nicht aus.¹¹ Das gilt auch dann, wenn in dem betreffenden Land kein Geschmacksmuster besteht oder auch kein Geschmacksmusterschutz möglich ist.¹² 4

2. Durch den Rechtsinhaber

Die Erschöpfungswirkung tritt ein, sobald der Rechtsinhaber das Erzeugnis in der EU/im EWR in den Verkehr gebracht hat. Weiterer rechtsgeschäftlicher Erklärungen des Rechtsinhabers, etwa zur Zulässigkeit des Weiterverkaufs, bedarf es nicht.¹³ Auch kann der Rechtsinhaber den Eintritt der Erschöpfung nicht durch einseitige Vorbehalte¹⁴ oder durch vertragliche Abreden ausschließen. Bringt ein mit Rechtsinhaber konzernverbundenes Unternehmen das Erzeugnis in den Verkehr, ist im Allgemeinen zumindest von einer stillschweigenden Zu- 5

---

7 BGH, GRUR 1969, 479, 480 – Colle de Cologne; OLG Köln, GRUR 1999, 346, 347 – Davidoff Cool Water.
8 Vgl. zum Markenrecht: *Ströbele/Hacker*, § 24 Rn. 37.
9 Vgl. zum Markenrecht: *Schultz*, § 24 Rn. 18; *Ströbele/Hacker*, § 24 Rn. 39; *Eisenführ/Schennen*, Art. 13 Rn. 12; EuGH, GRUR Int. 2007, 241 – Diesel; vgl. zum Urheberrecht: *Schricker/Loewenheim*, § 17 Rn. 46; vgl. zum Patentrecht: *Schulte*, § 9 Rn. 62.
10 Vgl. zum Urheberrecht: *Schricker/Loewenheim*, § 17 Rn. 50.
11 Vgl. zum Patentrecht: *Benkard*, § 9 Rn. 16; *Mes*, § 9 Rn. 60.
12 BGH, GRUR 2000, 299, 300 – Karate.
13 Vgl. zum Markenrecht: *Ingerl/Rohnke*, § 24 Rn. 23.
14 BGH, GRUR 1986, 737.

stimmung des Rechtsinhabers auszugehen.[15] Das Inverkehrbringen wird deshalb dem Rechtsinhaber zugerechnet.[16]

3. Mit Zustimmung des Rechtsinhabers

6 Eine Erschöpfung tritt auch dann ein, wenn das Erzeugnis durch einen Dritten mit Zustimmung des Rechtsinhabers in den Verkehr gebracht wird. Zustimmung bedeutet einvernehmliches Inverkehrbringen.[17] Im Interesse der Rechtssicherheit kann die Zustimmung keinen Beschränkungen oder Bedingungen unterworfen werden.[18] Regelmäßig ist eine ausdrückliche Zustimmung erforderlich; eine konkludente Zustimmung kann nur in Ausnahmefällen angenommen werden: An ihr Vorliegen sind strenge Anforderungen zu stellen.[19] Allein der Umstand, dass der Rechtsinhaber nicht alle nachfolgenden Erwerber über den Widerspruch gegen den Vertrieb in der EU/im EWR unterrichtet hat, ist für die Annahme einer konkludenten Zustimmung nicht ausreichend. Auch kann eine konkludente Zustimmung nicht etwa deshalb angenommen werden, weil auf den Waren nicht angegeben ist, dass das Inverkehrbringen in die EU/in den EWR verboten ist oder weil das Eigentum ohne Vorbehalt übertragen worden ist.[20] Auch die Duldung einer Musterverletzung und die bloße Hinnahme des Inverkehrbringens durch einen Dritten genügt nicht.[21] Ebenso wenig genehmigt der Rechtsinhaber das Inverkehrbringen dadurch, dass er wegen einer Verletzung des Geschmacksmusters Schadensersatz fordert oder entgegennimmt.[22]

7 Die Zustimmung zum Inverkehrbringen außerhalb der EU/des EWR schließt nicht automatisch die Zustimmung zum Export in die EU/den EWR ein.[23] Ob derjenige, der das Erzeugnis in die EU/in den EWR einführt, Kenntnis von dem Widerspruch des Rechtsinhabers gegen den Vertrieb in der EU/im EWR hat, ist unerheblich.[24]

---

15 BGH, GRUR 1973, 468, 470 – Cinzano.
16 Vgl. zum Markenrecht: *Ströbele/Hacker*, § 24 Rn. 30; *Fezer*, § 24 Rn. 28.
17 Vgl. zum Markenrecht: *Schultz*, § 24 Rn. 19.
18 BGH, GRUR 1986, 736, 737 – Schallplattenvermietung.
19 EuGH, GRUR Int. 2002, 147, 150 – Davidoff, Tz. 47.
20 EuGH a.a.O. – Davidoff, Tz. 60.
21 Vgl. zum Markenrecht: *Fezer*, § 24 Rn. 30.
22 BGH, GRUR 2009, 856 Rn. 64f. – Tripp-Trapp-Stuhl.
23 OLG Frankfurt, GRUR Int. 1998, 213 – Reimport aus Russland; OLG Köln, GRUR 1999, 337, 338 – Reimport aus Taiwan.
24 EuGH a.a.O. – Davidoff, Tz. 66.

II. Voraussetzungen § 48

Unter bestimmten Voraussetzungen muss sich der Rechtsinhaber auch die Zustimmung eines Dritten zurechnen lassen. Zu denken ist hier insbesondere an den Vertrieb durch eine Gesellschaft, die demselben Konzern wie der Rechtsinhaber angehört.[25] Weiter muss sich der Rechtsinhaber das Verhalten des Inhabers eines Alleinvertriebsrechts,[26] eines Alleinimporteurs[27] oder eines Lizenznehmers[28] zurechnen lassen. Das Gleiche gilt für den Vertrieb eines Erzeugnisses im Rahmen einer Auftragsproduktion.[29] Der Rechtsinhaber kann den Eintritt der Erschöpfung nicht durch die Vereinbarung besonderer (schuldrechtlicher) Bedingungen verhindern.[30] Verstößt der Dritte durch das Inverkehrbringen gegen einer der in § 31 Abs. 2 genannten Beschränkungen[31] (mit der Folge, dass dem Rechtsinhaber geschmacksmusterrechtliche Ansprüche gegen den Dritten zustehen), bleibt die Erschöpfungswirkung aus.[32] Das gilt auch für die sog. Surplus-Produktion, also in den Fällen, in denen der Hersteller mehr Erzeugnisse herstellt, als er aufgrund des ihm eingeräumten Nutzungsrechts darf. Bringt der Hersteller diese Mehrproduktion in den Verkehr, so fehlt es insoweit an der Zustimmung des Rechtsinhabers.[33]

8

4. In der EU/im EWR

Da es einen weltweiten Erschöpfungsgrundsatz nicht gibt,[34] tritt die Erschöpfung nur ein, wenn das Erzeugnis in der BRD, einem anderen Mitgliedstaat der EU (hierzu zählen nach Art. 299 Abs. 2 EGV auch die französischen überseeischen Départements[35]) oder im EWR (dieser umfasst zusätzlich zu den Mitgliedstaaten der EU noch Island, Liechtenstein und Norwegen) in den Verkehr gebracht wird. Bei einem Inverkehrbringen in einem Drittstaat tritt die Erschöpfung hingegen nicht

9

---

25 Vgl. zum Markenrecht: *Fezer*, § 24 Rn. 28; *Schultz*, § 24 Rn. 22.
26 Vgl. zum Markenrecht: *Fezer*, § 24 Rn. 31.
27 Vgl. zum Markenrecht: *Ströbele/Hacker*, § 24 Rn. 32.
28 Vgl. zum Markenrecht: *Fezer*, § 24 Rn. 34.
29 OLG Köln, GRUR 2000, 56, 57 – Dachbahnen.
30 Vgl. zum Markenrecht: *Schultz*, § 24 Rn. 23.
31 Diese sind abschließend aufgezählt, EuGH, GRUR 2009, 593 Rn. 50, 51 – Copad.
32 Vgl. zum Markenrecht: *Ekey/Klippel*, § 24 Rn. 15.
33 Vgl. zum Urheberrecht: *Schricker/Loewenheim*, § 17 Rn. 57.
34 BGH, GRUR 1996, 271 – Gefärbte Jeans; EuGH, GRUR Int. 1998, 695, 696f. – Silhouette; EuGH, GRUR Int. 1999, 870, 872 – Docksides/Sabega.
35 OLG Hamburg, GRUR 1999, 749, 740 – EASTPAK-Rucksäcke.

ein.³⁶ Maßgeblich ist der Ort des Inverkehrbringens, auf den Herstellungsort kommt es nicht an.³⁷ Wird Originalware außerhalb der EU/des EWR erstmals in den Verkehr gebracht, kann diese nicht ohne die Zustimmung des Rechtsinhabers in die EU/den EWR eingeführt werden. Ob der Rechtsinhaber selbst seinen Sitz innerhalb oder außerhalb der EU/des EWR hat, ist irrelevant.³⁸

10 Angesichts des Territorialitätsprinzips führen Vertriebshandlungen, welche der Rechtsinhaber (oder mit seiner Zustimmung Dritte) in Drittländern (= Nicht-EU- und EWR-Staaten) vornimmt, führen nur zu Erschöpfung in dem jeweiligen Vertriebsstaat, nicht aber zur Erschöpfung der inhaltsgleichen, parallelen Schutzrechte, die der Rechtsinhaber in anderen Staaten besitzt.³⁹

III. Wirkung der Erschöpfung

11 Durch das Inverkehrbringen erschöpfen sich alle dem Rechtsinhaber nach § 38 Abs. 1 Satz 2 vorbehaltenen Rechte. Der Rechtsinhaber kann folglich weder den Reimport noch den Parallelimport der Ware in die EG/den EWR verhindern. Vielmehr sind der Produktvertrieb sowie die Produktwerbung innerhalb der EU/des EWR nach dem Eintritt der Erschöpfung grundsätzlich frei.⁴⁰ Die Erschöpfungswirkung tritt hinsichtlich aller Ansprüche (Unterlassung, Auskunft, Schadensersatz, Vernichtung etc.) ein.⁴¹ Die Wirkungen der Erschöpfung treten immer nur an den konkret in den Verkehr gebrachten Erzeugnissen und nicht an einzelnen ihrer (Gestaltungs-)Merkmale ein.⁴² Es reicht folglich nicht aus, dass der Rechtsinhaber oder mit dessen Zustimmung Dritte andere, gleich beschaffene oder ähnliche Erzeugnisse in den Verkehr gebracht haben.⁴³ Überschreitet der Lizenznehmer vereinbarte Produktionsmen-

---

36 EuGH, GRUR 1998, 919 – Silhouette; GRUR Int. 1999, 870 – Sebago; GRUR 2006, 146 – Class International; GRUR 2009, 1159 – Diesel/Makro; BGH, GRUR 1996, 271, 273 – Gefärbte Jeans; GRUR 2000, 300; GRUR 2000, 879, 880 – stüssy I.
37 BGH, GRUR 1981, 362, 364 – Schallplattenimport.
38 Vgl. zum Markenrecht: *Ingerl/Rohnke*, § 24 Rn. 46.
39 Vgl. zum Patentrecht: *Schulte*, § 9 Rn. 27.
40 Vgl. zum Markenrecht: *Fezer*, § 24 Rn. 27.
41 Vgl. zum Markenrecht: *Ingerl/Rohnke*, § 24 Rn. 54.
42 BGH, WRP 2010, 896, Tz. 55 – Verlängerte Limousinen.
43 Vgl. zum Markenrecht: *Ströbele/Hacker*, § 24 Rn. 41.

gen, erschöpft sich das Verbietungsrecht nicht an den lizenzwidrig hergestellten Exemplaren.[44]

Hinsichtlich der Erschöpfung der Geschmacksmusterrechte ist zu beachten, dass weder das europäische noch das deutsche Geschmacksmusterrecht Vorschriften enthalten, nach denen eine einmal eingetretene geschmacksmusterrechtliche Erschöpfung nachträglich wieder entfallen kann. Hierdurch unterscheiden sich das europäische und das deutsche Geschmacksmusterrecht vom europäischen und deutschen Markenrecht. Nach Art. 7 Abs. 2 Markenrechts-Richtlinie (ebenso Art. 13 Abs. 2 GMV, § 24 Abs. 2 MarkenG) entfällt eine bereits eingetretene Erschöpfung der Markenrechte nachträglich wieder, wenn berechtigte Gründe es rechtfertigen, dass der Markeninhaber sich dem weiteren Vertrieb der Waren widersetzt, insbesondere wenn der Zustand der Waren nach ihrem Inverkehrbringen verändert oder verschlechtert ist. Vergleichbare Vorschriften kennt das Geschmacksmusterrecht nicht. Aus dem Fehlen solcher Vorschriften ist zu schließen, dass die Erschöpfung der Geschmacksmusterrechte umfassend und endgültig ist. Die Erschöpfung der Geschmacksmusterrechte bleibt auch dann bestehen, wenn das Erzeugnis nach seinem Inverkehrbringen verändert wird.[45]

IV. Darlegungs- und Beweislast

Grundsätzlich hat jede Prozesspartei die tatsächlichen Voraussetzungen der ihr günstigen Rechtsnorm darzulegen und zu beweisen. Dies gilt auch für den Einwand der Erschöpfung, der einen Ausnahmetatbestand vom Ausschließlichkeitsrecht des Rechtsinhabers darstellt. Dementsprechend ist grundsätzlich derjenige darlegungs- und beweispflichtig, der sich auf die Erschöpfung beruft. Dies ist der in Anspruch genommene (potenzielle) Verletzer.[46] Eine Ausnahme gilt jedoch dann, wenn bei Anwendung dieses Grundsatzes eine konkrete Gefahr der Abschottung nationaler Märkte entsteht. Vertreibt der Rechtsinhaber die Erzeugnisse innerhalb des EWR über ein „ausschließliches Vertriebssystem" und gibt es in allen Ländern des EWR jeweils nur einen Alleinvertriebsberechtigten, der die Waren nicht außerhalb seines jeweiligen

---

44 Vgl. zum Urheberrecht: *Fromm/Nordemann*, § 17 Rn. 34; *Schricker/Loewenheim*, § 17 Rn. 57.
45 *Schabenberger*, WRP 2010, 892, 997.
46 BGH, WRP 2000, 1280 – Stüssy.

§ 48 Erschöpfung

Vertragsgebietes abgeben darf, obliegt im Verletzungsprozess dem Rechtsinhaber der Nachweis dafür, dass die vom angeblichen Verletzer in den Verkehr gebrachte Erzeugnisse ursprünglich vom Rechtsinhaber selbst oder mit seiner Zustimmung erstmals außerhalb der EU und des EWR (somit nicht schutzrechtserschöpfend) in den Verkehr gebracht worden sind.[47] Der Beklagte hat alsdann zu beweisen, dass der Rechtsinhaber dem weiteren Vertrieb der Ware in der EU oder dem EWR zugestimmt hat.[48]

---

[47] BGH, WRP 2004, 243 – Stüssy II; EuGH, WRP 2003, 623 – Van Doren + Q.
[48] BGH, WRP 2000, 1280 – Stüssy; BGH, WRP 2004, 243 – Stüssy II.

§ 49 Verjährung

Auf die Verjährung der in den §§ 42 bis 47 genannten Ansprüche finden die Vorschriften des Abschnitts 5 des Buches 1 des Bürgerlichen Gesetzbuchs entsprechende Anwendung. Hat der Verpflichtete durch die Verletzung auf Kosten des Berechtigten etwas erlangt, findet § 852 des Bürgerlichen Gesetzbuchs entsprechende Anwendung.

Übersicht

	Rn.
I. Allgemeines	1
II. Sachlicher Anwendungsbereich	2
III. Verjährungsfrist und Verjährungsbeginn	6
1. Verjährung des Unterlassungsanspruchs	7
a) Rechtsverletzung	7
b) Kenntnis des Berechtigten	9
2. Verjährung des Schadensersatzanspruchs	14
3. Verjährung des Auskunftsanspruchs	16
4. Verjährung des Anspruchs aus ungerechtfertigter Bereicherung (§ 49 Satz 2)	17
5. Verjährung rechtskräftig festgestellter Ansprüche	18
IV. Hemmung, Ablaufhemmung und Neubeginn der Verjährung	19

	Rn.
1. Hemmung der Verjährung	19
a) Hemmung bei Verhandlungen	20
b) Hemmung durch Rechtsverfolgung	22
2. Neubeginn der Verjährung	24
V. Rechtslage nach Verjährungseintritt	25
VI. Ausschluss der Verjährungseinrede	28
1. Verzicht	28
2. Unzulässige Rechtsausübung	29
VII. Beweislast	30
VIII. Verwirkung (§ 242 BGB)	31
IX. Strafanspruch im Zwangsvollstreckungsverfahren	39
X. Verjährung des Strafanspruchs des Staates	40

I. Allgemeines

Satz 1 bestimmt, dass die in den §§ 42 bis 47 genannten Ansprüche nach den Vorschriften des Abschnitts 5 des Buches 1 des BGB (§§ 194 bis 218 BGB) verjähren. Hat der Verpflichtete durch die Verletzung auf Kosten des Berechtigten etwas erlangt, findet gemäß Satz 2 § 852 BGB Anwendung. Damit entspricht § 49 sowohl der früheren Regelung (§ 14a Abs. 4 GeschmMG a. F.) als auch den Regelungen in den übrigen

1

§ 49 Verjährung

gewerblichen Schutzrechten (§§ 24c GebrMG, 20 MarkenG, 141 PatG, 102 UrhG).

II. Sachlicher Anwendungsbereich

2 § 49 erfasst alle in den §§ 42 bis 47 genannten Verletzungsansprüche des Rechtsinhabers. Darüber hinaus findet § 49 nach überwiegender Ansicht auch auf vertragliche Unterlassungsansprüche Anwendung.[1] Der Anspruch auf Erstattung von Abmahnkosten unterliegt ebenfalls der dreijährigen Verjährung des § 49 und zwar unabhängig davon, ob diese aufgrund deliktischen Schadenersatzes, Geschäftsführung ohne Auftrag oder ggf. im vertraglichen Anerkenntnis geschuldet werden.[2] Dies gilt auch dann, wenn die Abmahnung sich neben geschmacksmusterrechtlichen Ansprüchen auch auf wettbewerbsrechtliche Ansprüche stützt.[3] Die konkurrierenden Ansprüche verjähren nach den jeweils für sie geltenden Vorschriften.[4]

3 § 49 gilt nicht für den aus den allgemeinen Bestimmungen des BGB (§§ 812 ff.) abgeleiteten primären Bereicherungsanspruch (vgl. Kommentierung bei § 50); für diesen gilt unmittelbar die allgemeine Verjährungsregelung des § 195 BGB ohne eine Sonderregelung entsprechend § 48 Satz 2 oder § 852 BGB. Das Gleiche gilt für den Beseitigungsanspruch, soweit er aus § 1004 BGB und nicht aus dem Schadenersatzanspruch nach § 42 abgeleitet wird. Sie gilt auch nicht für den aus § 242 BGB abgeleiteten allgemeinen Auskunftsanspruch zur Feststellung und Durchsetzung eines Unterlassungs- oder Schadenersatzanspruch.[5]

4 Vertragliche Unterlassungsansprüche verjähren entsprechend der allgemeinen Regelung des § 199 BGB, d.h. im Falle von Kenntnis in 3 Jahren (§§ 195, 199 Abs. 1 i.V.m. Abs. 5 BGB), im Falle fehlender Kenntnis in 10 Jahren (§ 199 Abs. 4 BGB). Die gleiche Regelung gilt für verwirkte Vertragsstrafen.[6]

5 Zahlungsansprüche auf Lizenzgebühren verjähren in 3 Jahren (§§ 195, 199 Abs. 1 BGB). Sonstige Erfüllungsansprüche aus dem Lizenzvertrag innerhalb von 3 Jahren bei Kenntnis (§ 199 Abs. 1 BGB) bzw. in-

---

1 Vgl. zum Markenrecht: *Ekey/Klippel*, § 20 Rn. 20; *Ingerl/Rohnke*, § 20 Rn. 6.
2 Vgl. zum Markenrecht: *Schultz*, § 20 Rn. 6; *Ingerl/Rohnke*, § 20 Rn. 6.
3 Vgl. zum Markenrecht: *Fezer*, § 20 Rn. 10; *Ströbele/Hacker*, § 20 Rn. 4.
4 BGH, GRUR 1968, 367, 370 – Corrida; BGH, GRUR 1984, 820, 823 – Intermarkt II.
5 Vgl. zum Patentrecht: *Benkard*, § 141 Rn. 3.
6 Vgl. zum Patentrecht: *Mes*, § 141 Rn. 17.

nerhalb von 10 Jahren bei fehlender Kenntnis von der Entstehung an (§ 199 Abs. 4 BGB).[7] Der Lizenznehmer ist im Zusammenhang mit festgestellten Patentverletzungen regelmäßig nicht Wissensvertreter des Lizenzgebers.[8] Daher setzt die Kenntnis des Lizenznehmers den Lauf der Verjährungsfrist zu Lasten des Lizenzgebers nur dann in Gang, wenn der Lizenzgeber den Lizenznehmer mit der Geltendmachung von Rechten aus dem Patent beauftragt hat.[9]

III. Verjährungsfrist und Verjährungsbeginn

Die regelmäßige Verjährungsfrist beträgt gemäß § 195 BGB 3 Jahre. Die Frist beginnt mit dem „Schluss des Jahres, in dem der Anspruch entstanden ist und der Gläubiger von den, den Anspruch begründenden Umständen und der Person des Schuldners Kenntnis erlangt oder ohne grobe Fahrlässigkeit erlangen müsste" (§ 199 Abs. 1 BGB). Entstanden ist der Anspruch, sobald er erstmals geltend gemacht werden kann und notfalls im Wege der Klage durchgesetzt werden kann.[10]

1. Verjährung des Unterlassungsanspruchs

a) Rechtsverletzung

Voraussetzung für den Beginn der Verjährungsfrist ist die Entstehung des Anspruchs (§ 199 Abs. 1 Ziffer 1 BGB). Der Unterlassungsanspruch entsteht mit dem Abschluss der ersten Verletzungshandlung im Sinne des § 42. Besteht die Verletzung aus einer oder mehreren Einzelhandlungen, läuft hinsichtlich jeder Einzelhandlung eine eigene Verjährungsfrist. Besteht die Verletzungshandlung in einer Dauerhandlung (dies sind Handlungen, die ununterbrochen verletzen, solange der durch sie hervorgerufene Zustand andauert; z.B. Anbieten in einem Katalog/ im Internet, Ausstellen im Schaufenster), liegt vor Abschluss der Handlung keine vollendete Verletzungshandlung vor. Folglich kann die Verjährung während des Andauerns der Handlung nicht beginnen.[11] Erst

---

7 Vgl. zum Patentrecht: *Mes*, § 141 Rn. 18.
8 Vgl. zum Patentrecht: *Mes*, § 141 Rn. 19.
9 BGH, GRUR 1998, 133 – Kunststoffaufbereitung.
10 BGHZ 55, 340, 341; 79, 176, 177f.
11 BGH; GRUR 1974, 99, 100 – Brünova; GRUR 1978, 492, 495 – Fahrradgepäckträger II.

§ 49 Verjährung

mit dem Ende der Dauerhandlung (dies ist bei Katalogen der Ablauf der Gültigkeitsdauer[12]) beginnt die Verjährungsfrist.[13]

8 Die Verjährungsfrist kann auch ohne Vorliegen einer Verletzungshandlung zu laufen beginnen, nämlich aufgrund von Erstbegehungsgefahr.[14] Für die Entstehung des vorbeugenden Unterlassungsanspruchs ist erforderlich, dass jedenfalls die Begehungsgefahr greifbar dargetan werden kann. Dies ist der Fall, sobald ein Tatbestand vorliegt, der ausreicht, ein Gericht davon zu überzeugen, dass eine Zuwiderhandlung ernstlich droht.[15]

b) Kenntnis des Berechtigten

9 Weitere Voraussetzung für den Beginn der Verjährungsfrist ist – nicht nur beim Unterlassungsanspruch – die positive Kenntnis oder die auf grober Fahrlässigkeit beruhende Unkenntnis des Gläubigers von den anspruchsbegründenden Tatsachen und von der Person des Schuldners (§ 199 Abs. 1 Ziffer 2 BGB). Die Kenntnis braucht sich grundsätzlich nur auf die Tatsachen zu beziehen. Dass der Verletzte die Tatsachen auch rechtlich zutreffend gewürdigt hat, ist für den Beginn der Verjährung nicht erforderlich, da er sich rechtlich beraten lassen kann.[16]

10 Positive Kenntnis von der Verletzungshandlung liegt vor, wenn der Verletzte alle Tatsachen kennt, die ihm eine einigermaßen gesicherte Basis für eine Klage bieten.[17] Dabei können die inneren Tatumstände aus den äußeren Tatumständen hergeleitet werden.[18] Hinsichtlich der Person des Verletzers liegt der erforderliche Kenntnisstand nur dann vor, wenn neben dessen Namen auch dessen ladungsfähige Anschrift bekannt ist. Ist die Verletzungshandlung von mehreren begangen worden, sind die Voraussetzungen der Kenntnis für jeden einzelnen gesondert zu prüfen. Bei unterschiedlicher Kenntniserlangung können daher gegen mehrere Verletzer unterschiedliche Verjährungsfristen bestehen.[19] Soweit es um Schadensersatzansprüche geht, genügt die Kenntnis, dass überhaupt ein

---

12 OLG Stuttgart, NJWE-WettbR 1999, 200, 202.
13 Vgl. zum Markenrecht: *Fezer*, § 20 Rn. 33.
14 Vgl. zum Markenrecht: *Ekey/Klippel*, § 20 Rn. 41.
15 *Schulz*, WRP 2005, 278.
16 Vgl. zum UWG: *Köhler/Bornkamm*, § 11 Rn. 1.26.
17 BGH, GRUR 1988, 832, 834 – Benzinwerbung.
18 BGH, GRUR 1964, 218, 220 – Düngekalkhandel.
19 *Teplitzky*, Kap. 16 Rn. 11.

Schaden entstanden ist. Ein bloßer Verdacht stellt noch keine Kenntnis dar,[20] kann aber grob fahrlässige Unkenntnis begründen.

Eine Pflicht zur allgemeinen Marktbeobachtung besteht nicht.[21] Liegen indessen Anhaltspunkte für eine Verletzungshandlung vor, muss sich der Rechtsinhaber zur Vermeidung des Einwands der groben Fahrlässigkeit aktiv um Aufklärung bemühen.[22] Dies gilt insbesondere dann, wenn der Verletzte die erforderlichen Informationen in zumutbarer Weise ohne nennenswerte Mühe (z.B. über öffentliche Nachschlagwerke oder Register) beschaffen kann. In diesem Fall gilt der Verletzer in dem Augenblick als bekannt, in dem der Verletzte auf die entsprechende Erkundigung hin Kenntnis erhalten hätte.[23]   11

Die Kenntnis bzw. die grob fahrlässige Unkenntnis muss in der Person des Anspruchsberechtigten, mithin beim Rechtsinhaber vorliegen. Bei mehreren Rechtsinhabern ist die Kenntnis eines Inhabers ausreichend.[24] Ist der Rechtsinhaber eine juristische Person, ist auf die Kenntnis eines vertretungsberechtigten Organs abzustellen. Erlangen Mitarbeiter des Rechtsinhabers Kenntnis von der Verletzungshandlung, ist dies nur relevant, wenn es sich um Mitarbeiter handelt, die gerade mit der Wahrung der Musterrechte befasst sind, z.B. Testkäufer.[25] Kein „Wissensvertreter" ist der Patent- oder Rechtsanwalt, dessen Mandat sich nicht auf die Vorbereitung oder Geltendmachung materiell-rechtlicher Ansprüche aus dem Muster bezieht, der Lizenznehmer, dem die Verfolgung von Rechtsverletzungen nicht überlassen worden ist[26] oder ein sonstiger Dritter.[27]   12

Liegt keine Kenntnis im Sinne des § 199 Abs. 1 Nr. 2 BGB vor, verjährt der Unterlassungsanspruch 10 Jahre nach der Zuwiderhandlung (§ 199 Abs. 4 i.V.m. Abs. 5 BGB).[28]   13

---

20 BGH, NJW 1985, 2022, 2023.
21 Vgl. zum Markenrecht: *Ekey/Klippe*, § 20 Rn. 48; *Ingerl/Rohnke*, § 20 Rn. 18.
22 Vgl. zum Markenrecht: *Ekey/Klippel*, § 20 Rn. 46.
23 Vgl. zum Markenrecht: *Fezer*, § 20 Rn. 35.
24 *Teplitzky*, Kap. 16 Rn. 8.
25 Vgl. zum Markenrecht: *Ekey/Klippel*, § 20 Rn. 49.
26 BGH, GRUR 1998, 133, 137 – Kunststoffaufbereitung.
27 Vgl. zum Markenrecht: *Schultz*, § 20 Rn. 18.
28 Vgl. zum Patentrecht: *Mes*, § 141 Rn. 14.

§ 49   Verjährung

2. Verjährung des Schadensersatzanspruchs

14   Das Entstehen des Schadensersatzanspruches setzt neben einer Verletzungshandlung der Eintritt eines Schadens voraus.[29] Von der Entstehung eines Schadens ist auszugehen, wenn mit einiger Aussicht auf Erfolg wenigstens eine Schadensersatz-Feststellungsklage (§ 256 ZPO) oder eine Stufenklage (§ 254 ZPO) erhoben werden kann und dies dem Verletzten zumutbar ist.[30] Der Verjährungsbeginn setzt also nicht die Berechenbarkeit des Schadens voraus.[31]

15   Ohne Rücksicht auf die Kenntnis oder grob fahrlässige Unkenntnis an die Entstehung des Anspruchs an verjährt der Schadensersatzanspruch in 10 Jahren von ihrer Entstehung an (§§ 199 Abs. 3 Satz 1 Nr. 1, 199 Abs. 4 BGB), ohne Rücksicht auf ihre Entstehung in 30 Jahren von der Begehung der musterverletzenden Handlung an (§ 199 Abs. 3 Satz 1 Nr. 2 BGB). Gemäß § 199 Abs. 3 Satz 2 BGB ist jeweils die früher endende Frist maßgeblich. Im Übrigen ist zu beachten, dass das Prinzip der Ultimoverjährung (§ 199 Abs. 1 BGB) für die absolute Verjährung nicht gilt. Vielmehr kommt es auf eine taggenaue Ermittlung der Anspruchsentstehung an.[32]

3. Verjährung des Auskunftsanspruchs

16   Der Auskunftsanspruch (§ 46) dient der Vorbereitung einer Schadensersatzklage und unterliegt deshalb der Verjährung des Schadensersatzanspruchs. Die Verjährungsfrist beginnt, sobald der Berechtigte Kenntnis von der Schadensentstehung erlangt hat. Durch die Klage auf Auskunft oder Rechnungslegung wird die Verjährung des Schadensersatzanspruches nicht unterbrochen.[33]

4. Verjährung des Anspruchs aus ungerechtfertigter Bereicherung (§ 49 Satz 2)

17   Satz 2 bestimmt, dass § 852 BGB entsprechende Anwendung findet, wenn der Verpflichtete durch die Verletzung auf Kosten des Berechtigten etwas erlangt hat. Dementsprechend ist der Verletzer auch nach Eintritt der Verjährung des Ersatzanspruches zur Herausgabe dessen,

---

29   BGH, WRP 1995, 603 – Beschädigte Verpackung II.
30   BGH, GRUR 1974, 99, 100 – Brünova.
31   Vgl. zum Markenrecht: *Ströbele/Hacker*, § 20 Rn. 27.
32   Vgl. zum Markenrecht: *Ströbele/Hacker*, § 20 Rn. 5, 30.
33   Vgl. zum Markenrecht: *Fezer*, § 20 Rn. 44.

was er durch die Verletzungshandlung erlangt hat, nach den Vorschriften über die ungerechtfertigte Bereicherung (§§ 812 ff. BGB) verpflichtet. Der Umfang der Herausgabepflicht richtet sich nach §§ 818, 819, 822 BGB. Als Bereicherung (Wertersatz) kommt insbesondere eine angemessene Lizenzgebühr nach den Grundsätzen der Lizenzanalogie (vgl. § 42) in Betracht.[34] Der Anspruch verjährt gemäß § 852 Satz 2 BGB in 10 Jahren von seiner Entstehung an, ohne Rücksicht auf das Entstehen in 30 Jahren, gerechnet ab der Verletzungshandlung oder dem sonstigen, den Schaden auslösenden Ereignis an.

5. Verjährung rechtskräftig festgestellter Ansprüche

Abweichend von § 195 BGB verjähren rechtskräftig festgestellte Ansprüche sowie Ansprüche aus vollstreckbaren Vergleichen innerhalb von 30 Jahren (§ 197 Abs. 1 Nr. 3 und Nr. 4 BGB). Die Verjährungsfrist beginnt mit der formellen Rechtskraft der Entscheidung bzw. der Errichtung des vollstreckbaren Titels (§ 201 BGB). Ist die titulierte Forderung auf ein Unterlassen gerichtet, beginnt die Verjährung so lange nicht zu laufen, wie der Schuldner den Titel beachtet und der Gläubiger deshalb weder Möglichkeit noch Anlass hat, aus dem Unterlassungstitel gegen den Schuldner vorzugehen.[35]

18

IV. Hemmung, Ablaufhemmung und Neubeginn der Verjährung

1. Hemmung der Verjährung

Nach Maßgabe der §§ 203 ff. BGB kann der Ablauf der Verjährungsfrist durch verschiedene Umstände gehemmt werden. Nach § 209 BGB wird der Zeitraum, währenddessen die Verjährung gehemmt wird, in die Verjährungsfrist nicht eingerechnet. Die Verjährungshemmung bewirkt also, dass die Verjährungsfrist zum Stillstand kommt und nach Beendigung weiterläuft.[36]

19

---

34 Vgl. zum Markenrecht: *Ströbele/Hacker*, § 20 Rn. 44.
35 Vgl. zum Markenrecht: *Ströbele/Hacker*, § 20 Rn. 7; BGH, GRUR 1979, 121, 122 – Verjährungsunterbrechung.
36 Vgl. zum Markenrecht: *Schultz*, § 20 Rn. 28.

§ 49   Verjährung

a) Hemmung bei Verhandlungen

20   Nach § 203 Satz 1 BGB ist die Verjährung im Falle von Verhandlungen zwischen den Parteien so lange gehemmt, bis der eine oder andere Teil die Fortsetzung der Verhandlungen verweigert. Der Begriff der Verhandlung ist weit auszulegen.[37] Es genügt jeder Meinungsaustausch über den Anspruch oder seine tatsächlichen Gründe, wenn nicht sofort erkennbar ist, dass die Ansprüche vom Verpflichteten abgelehnt werden.[38] Nicht erforderlich ist, dass der Verpflichtete Vergleichsbereitschaft in Aussicht stellt. Es genügen Erklärungen, die den Geschädigten zu der Annahme berechtigen, der Verpflichtete lasse sich jedenfalls auf Erörterungen über die Berechtigung der geltend gemachten Ansprüche ein.[39]

21   Die Hemmung endet durch Verweigerung der Fortsetzung der Verhandlungen. Dies muss grundsätzlich durch ein klares und eindeutiges Verhalten einer der Parteien zum Ausdruck kommen.[40] Lässt der Verletzte die Verhandlungen einschlafen, endet die Hemmung in dem Zeitpunkt, zu dem der nächste Schritt nach Treu und Glauben zu erwarten gewesen wäre.[41] Um dem Verletzten hinreichend Zeit für die Einleitung weiterer verjährungshemmender Maßnahmen zu geben, tritt die Verjährung gemäß § 203 Satz 2 BGB frühestens 3 Monate nach dem Ende der Hemmung ein.[42]

b) Hemmung durch Rechtsverfolgung

22   Die Verjährung wird weiter durch Rechtsverfolgung gehemmt (§ 204 Abs. 1 BGB). Zu denken ist hier insbesondere an die Klageerhebung (§ 204 Abs. 1 Nr. 1 BGB) und die Zustellung des Antrages auf Erlass einer einstweiligen Verfügung (§ 204 Abs. 1 Nr. 9 BGB). Durch die Verteidigung gegen eine negative Feststellungsklage tritt keine Hemmung ein.[43] Der Umfang der Hemmung wird grundsätzlich durch den Streitgegenstand (Antrag in Verbindung mit dem vorgetragenen Lebenssachverhalt) der erhobenen Klage/des gestellten Verfügungsantrags

---

37 BGH, NJW 1983, 2075.
38 BGH, NJW 2004, 1654.
39 Vgl. *Palandt*, § 203 Rn. 2.
40 BGH, NJW 1998, 2819.
41 BGH, NJW 1986, 1337, 1338.
42 Vgl. zum Markenrecht: *Ströbele/Hacker*, § 20 Rn. 38.
43 BGH, WRP 1994, 810, 812 – Parallelverfahren II.

IV. Hemmung, Ablaufhemmung und Neubeginn der Verjährung § 49

bestimmt.[44] Wird der Unterlassungsanspruch durch eine einstweilige Verfügung gesichert, betrifft die Hemmung folglich nur den Unterlassungsanspruch. Hinsichtlich der Ansprüche auf Auskunft und Schadensersatz tritt keine Hemmung ein,[45] es sei denn, der Auskunftsanspruch wird bei einer offensichtlichen Rechtsverletzungen gemäß § 46 Abs. 2 selbst im Wege der einstweiligen Verfügung durchgesetzt.[46]

Die Hemmung endet 6 Monate nach der rechtskräftigen Entscheidung oder anderweitigen Beendigung des eingeleiteten Verfahrens (§ 204 Abs. 2 Satz 1 BGB). Für das Verfügungsverfahren bedeutet dies im Einzelnen: (1) Wird die einstweilige Verfügung nicht erlassen, endet die Hemmung 6 Monate nach dem Zurückweisungsbeschluss oder der Entscheidung über die sofortige Beschwerde gegen die Zurückweisung; (2) Wird die einstweilige Verfügung erlassen und vollzogen, d.h. dem Gegner zugestellt, endet die Hemmung 6 Monate nach Zustellung der einstweiligen Verfügung; (3) Wird die einstweilige Verfügung erlassen und legt der Gegner hiergegen Widerspruch (und später eventuell Berufung) ein, endet die Hemmung 6 Monate nach Ablauf der Berufungsfrist (bzw. Verkündung des Berufungsurteils bei Berufungseinlegung). Weiter endet die Hemmung nach § 204 Abs. 2 Satz 2 BGB, wenn das Verfahren dadurch in Stillstand gerät, dass die Parteien es nicht betreiben. Nutzen die Parteien den Verfahrensstillstand hingegen zu Vergleichsverhandlungen, wird die Verjährung gemäß § 203 BGB gehemmt. **23**

2. Neubeginn der Verjährung

Der Neubeginn der Verjährung (früher „Unterbrechung") bewirkt, dass die Verjährungsfrist nach Beendigung von neuem zu laufen beginnt (§ 212 BGB). Ein Neubeginn der Verjährung tritt ein, wenn entweder der Schuldner dem Gläubiger gegenüber den Anspruch durch Abschlagszahlung, Zinszahlung, Sicherheitsleistung oder in anderer Weise anerkennt (§ 212 Abs. 1 Nr. 1 BGB) oder eine gerichtliche oder behördliche Vollstreckungshandlung vorgenommen oder beantragt wird (§ 212 Abs. 1 Nr. 2 BGB). Andere Handlungen als die in § 212 Abs. 1 BGB genannten führen nicht zu einem Neubeginn oder einer Hemmung der Verjährung.[47] Ein Anerkenntnis im Sinne des § 212 Abs. 1 **24**

---

44 BGH, NJW 1999, 2110.
45 OLG Hamburg, WRP 2009, 1572 – Smartsurfer.
46 *Schabenberger*, WRP 2002, 292; *Maurer*, GRUR 2003, 208.
47 Vgl. zum Markenrecht: *Ingerl/Rohnke*, § 20 Rn. 31.

§ 49   Verjährung

Nr. 1 BGB ist jedes Verhalten, aus dem unzweideutig hervorgeht, dass sich der Schuldner des Bestehens der Schuld bewusst ist. Die Abgabe einer (strafbewehrten) Unterlassungserklärung stellt deshalb regelmäßig ein Anerkenntnis i. S. d. § 212 Abs. 1 Nr. 1 BGB dar.[48] Kein Neubeginn der Verjährung wird hingegen durch die Verteidigung gegenüber einer negativen Feststellungsklage bewirkt.[49]

V. Rechtslage nach Verjährungseintritt

25   Auch nach dem Eintritt der Verjährung bestehen die in den §§ 42 bis 47 genannten Ansprüche zwar grundsätzlich fort (erlöschen also nicht); dem Verletzer steht jedoch ein Leistungsverweigerungsrecht zu, welches er prozessual und außerprozessual im Wege der (Verjährungs-) Einrede geltend machen kann (§ 214 Abs. 1 BGB). Hat der Verletzer in Unkenntnis der Verjährung etwas geleistet, kann er das Geleistete nicht zurückfordern (§ 214 Abs. 2 BGB); dies gilt auch für eine nach Eintritt der Verjährung abgegebene strafbewehrte Unterlassungs- und Verpflichtungserklärung.[50]

26   Die Verjährung des Unterlassungsanspruchs gibt dem Schuldner lediglich das Recht, den Gläubiger an der Durchsetzung des konkret in Rede stehenden verjährten Anspruchs zu hindern; hingegen ist der Schuldner nicht berechtigt, die gleiche (Verletzungs-) Handlung erneut zu begehen. Die (gesetzlichen oder vertraglichen) Verpflichtungen des Schuldners im Übrigen werden von der Verjährung nicht berührt. Der Verstoß gegen sie begründet einen neuen Unterlassungsanspruchs.[51]

27   Da die Verjährungseinrede nicht von Amts wegen geprüft wird, muss die vom Verletzer im Prozess ausdrücklich erhoben werden.[52] Die Geltendmachung im Prozess führt zur Erledigung der Hauptsache.[53] Erklärt der Kläger (Antragsteller) den Rechtsstreit in der Hauptsache nicht für erledigt (vgl. § 91a ZPO), ist die Klage abzuweisen bzw. ein Verfügungsantrag zurückzuweisen. Es gelten die allgemeinen Verspätungsvorschriften (§§ 156, 296 ZPO); ist die Verjährung vor dem Schluss der

---

48 KG, GRUR 1990, 546, 547 – Verjährungsunterbrechung.
49 BGH, WRP 1994, 810, 812 – Parallelverfahren II.
50 Vgl. zum UWG: *Köhler/Bornkamm*, § 11 Rn. 1.47; *Piper/Ohly/Sosnitza*, § 11 Rn. 44.
51 Vgl. zum UWG: *Piper/Ohly/Sosnitza*, § 11 Rn. 45.
52 Zur Auslegung der Einrede: BGH, GRUR 2009, 678 – POST/RegioPost, Tz. 39f.
53 OLG Karlsruhe, GRUR 1985, 454; OLG München, WRP 1987, 267; *Teplitzky*, Kap. 46 Rn. 37.

letzten mündlichen Verhandlung 1. Instanz eingetreten, kann die erst im Berufungsverfahren erhobene Einrede nur unter der Voraussetzung des § 531 ZPO berücksichtigt werden.[54] Anders ist die Rechtslage, wenn nicht nur die Einredeerhebung, sondern auch die zur Verjährung führenden Tatsachen unstreitig sind.[55] Erhebt der Beklagte die Verjährungseinrede trotz Verjährung des streitigen Anspruchs nicht, ist es nicht Sache des Gerichts, den Beklagten nach § 139 ZPO auf diesen vom Beklagten etwa übersehenen Umstand hinzuweisen.[56]

VI. Ausschluss der Verjährungseinrede

1. Verzicht

Das Verjährungsrecht ist weitgehend dispositiv, die Parteien können also Vereinbarungen zur Erleichterung und zur Erschwerung der Verjährung treffen.[57] Folglich kann der Schuldner auf die Einrede der Verjährung verzichten. Nach § 202 Abs. 1 BGB kann die Verjährung bei Haftung wegen Vorsatzes jedoch nicht im Voraus durch Rechtsgeschäft erleichtert werden. Weiter bestimmt § 202 Abs. 2 BGB, dass die Verjährung durch Rechtsgeschäft nicht über eine Frist von 30 Jahren ab dem gesetzlichen Verjährungsbeginn ausgedehnt werden kann. An die Stelle der unwirksamen Vereinbarung tritt die gesetzliche Regelung. Im Übrigen bleibt der Vertrag wirksam.[58]

28

2. Unzulässige Rechtsausübung

Ferner kann sich der Verletzer nicht auf den Eintritt der Verjährung berufen, wenn dies eine unzulässige Rechtsausübung nach § 242 BGB darstellt, d.h. rechtsmissbräuchlich ist.[59] Dies wird im Hinblick darauf, dass das Verjährungsrecht weitgehend dispositiv ist, nur in Ausnahmefällen anzunehmen sein. Für den Rechtsmissbrauch werden daher vor allem Fälle in Betracht kommen, in denen der Schuldner den Gläubiger getäuscht hat.[60] Weiter ist an Fälle zu denken, in denen der Gläubiger

29

---

54 BGH, GRUR 2006, 401 – Zylinderrohr.
55 BGH, NJW-RR 2006, 630 – Verjährung; BGH, NJW 2008, 1312; a.A.: BGH, GRUR 2006, 401 – Zylinderrohr.
56 BGH, NJW 2004, 164, 165.
57 Vgl. zum Markenrecht: *Ingerl/Rohnke*, § 20 Rn. 36.
58 Vgl. *Palandt*, § 202 Rn. 6.
59 Vgl. zum Markenrecht: *Fezer*, § 20 Rn. 28.
60 Vgl. zum Markenrecht: *Ingerl/Rohnke*, § 20 Rn. 36.

§ 49 Verjährung

annehmen durfte, der Schuldner werde sich nur sachlich und nicht mit der Einrede der Verjährung verteidigen und der Gläubiger deshalb von einer Unterbrechung der Verjährung durch die Klageerhebung abgesehen hat.[61] Ein solches Vertrauen kann sich insbesondere daraus ergeben, dass die Parteien ernsthafte Verhandlungen über Grund oder Höhe des Anspruches geführt haben.[62] Hingegen reicht es nicht aus, wenn der der Schuldner ein Abschlussschreiben unbeantwortet lässt und den Antrag auf Klageerhebung nach § 926 ZPO erst nach der Verjährung des Anspruchs stellt.[63]

VII. Beweislast

30 Der Verletzer hat die tatsächlichen Voraussetzungen der Verjährung zu beweisen, insbesondere die Kenntniserlangung durch den Berechtigten bzw. die Umstände, aus denen die grob fahrlässige Unkenntnis folgt. Der Anspruchsberechtigte hat aber, soweit es um Umstände aus seiner Sphäre geht, an der Sachaufklärung mitzuwirken. Gegebenenfalls muss er darlegen, was er zur Ermittlung der Voraussetzungen seines Anspruchs und der Person des Verpflichteten getan hat.[64] Dafür reicht die Behauptung des Schuldners, es bestünde im Großunternehmen des Gläubigers ein Auskunfts- oder Controlling-System zur Ermittlung von Rechtsverletzungen, nicht aus. Vorgetragen werden müssen vielmehr konkrete Anhaltspunkte, die eine Inanspruchnahme des Controllingsystems begründen. Erst dann kann dem Gläubiger eine sekundäre Darlegungslast in Hinblick auf seine fehlende Kenntnis obliegen.[65] Den Verletzten trifft die Beweislast für die tatsächlichen Voraussetzungen der Hemmung, der Unterbrechung, den Verzicht oder die unzulässige Rechtsausübung.[66]

VIII. Verwirkung (§ 242 BGB)

31 Anders als im MarkenG (vgl. § 21 MarkenG) ist der Einwand der Verwirkung im GeschmMG nicht ausdrücklich geregelt. Es ist jedoch im

---

61 BGH, GRUR 1978, 492, 495 – Fahrradgepäckträger II.
62 BGHZ 93, 64, 66.
63 BGH, GRUR 1981, 447, 448 – Abschlussschreiben.
64 Vgl. zum UWG: *Köhler/Bornkamm*, § 11 Rn. 1.54.
65 OLG Jena, WRP 2007, 1121 f.
66 Vgl. zum Markenrecht: *Schultz*, § 20 Rn. 34; *Ingerl/Rohnke*, § 20 Rn. 38.

VIII. Verwirkung (§ 242 BGB) §49

deutschen Recht seit langem anerkannt, dass die Geltendmachung von Verletzungsansprüchen aus einem Geschmacksmuster unter dem Gesichtspunkt der unzulässigen Rechtsausübung gegen Treu und Glauben (§ 242 BGB) verstoßen kann und die Ansprüche insoweit der Verwirkung unterliegen.[67] Im Gegensatz zur Verjährung, die den Fortbestand des Anspruchs nicht berührt, lässt die Verwirkung den Anspruch erlöschen und begründet damit eine anspruchsvernichtende Einwendung des Verletzers.[68]

Nach der Rechtsprechung ist ein Recht ist verwirkt, wenn der Rechtsinhaber über einen längeren Zeitraum untätig geblieben ist, obwohl er den Verstoß gegen seine Rechte kannte oder bei der gebotenen Wahrnehmung seiner Interessen kennen musste und der Verletzer mit der Duldung seines Verhaltens durch etwaige Berechtigte rechnen durfte, und wenn er sich daraufhin einen wertvollen Besitzstand geschaffen hat.[69] Systematisch handelt es sich um einen Fall unzulässiger Rechtsausübung wegen widersprüchlichen Verhaltens. Angesichts der Wertigkeit des Geschmacksmusterrechts kommt eine Verwirkung nur ausnahmsweise in besonders gelagerten Fällen in Betracht.[70] **32**

Um die Verwirkung eines Rechts anzunehmen, müssen folgende Voraussetzungen erfüllt sein:[71] **33**

- Länger anhaltende redliche Benutzung durch den Verletzer: Was ein „längerer Zeitraum" ist, richtet sich nach den Umständen des Einzelfalls. Bei Berücksichtigung der vergleichbaren Regelung in § 21 MarkenG ist im Allgemeinen jedoch ein Benutzungszeitraum von mindestens 5 Jahren erforderlich. Bei der Bestimmung des Zeitraums ist auch die Zeit zu berücksichtigen, innerhalb derer ein Rechtsvorgänger des Verletzers das Geschmacksmuster benutzt hat.[72] **34**

- Duldung des Verletzten (bei positiver Kenntnis) bzw. Untätigkeit des Verletzten (bei Kennenmüssen). Eine fahrlässige Unkenntnis ist zu bejahen, wenn der Musterinhaber eine im eigenen Interesse gebotene und zumutbare Marktbeobachtung unterlässt. Kommt der Musterinhaber **35**

---

67 BGH, GRUR 1981, 652, 653 – Stühle und Tische; *Klaka* in GRUR 1970, 265 ff.
68 Vgl. zum Urheberrecht: *Fromm/Nordemann,* § 102 Rn. 11.
69 BGH, GRUR 2000, 605, 607 – comtes/ComTel; BGH, GRUR 2001, 1161, 1163 – CompuNet/ComNet.
70 Vgl. zum Urheberrecht: *Fromm/Nordemann,* § 102 Rn. 11; *Schricker/Loewenheim,* § 97 Rn. 200.
71 Vgl. zusammenfassend BGH, GRUR 2001, 323, 325 – Temperaturwächter.
72 Vgl. zum MarkenG: *Ingerl/Rohnke,* § 21 Rn. 30.

§ 49 Verjährung

dieser Pflicht nicht nach, muss er sich dieses fahrlässige Verhalten zu seinen Lasten anrechnen lassen. Er ist dann so zu behandeln, als hätte er von der Verletzung Kenntnis gehabt.[73]

36 • Berechtigtes Vertrauen des Verletzers: Der Verpflichtete hat sich darauf eingestellt und durfte sich darauf einstellen, dass der Berechtigte aufgrund des geschaffenen Vertrauenstatbestandes sein Recht nicht mehr geltend macht. Der Beginn des Vertrauenstatbestandes setzt voraus, dass dem Berechtigten die Verletzung bekannt war oder auf Grund zumutbare Marktbeobachtung bekannt sein konnte. Kein Vertrauensschutz besteht, wenn der Verpflichtete davon ausgehen muss, dass der Berechtigte von den ihm zustehenden Ansprüchen keine Kenntnis hat.

37 • Wertvoller Besitzstand beim Verletzer: Der Verletzer muss sich einen wertvollen Besitzstand geschaffen haben. Der Wert des Besitzstandes ist objektiv zu bestimmen. Maßgebend dafür ist ein Unternehmen vom Zuschnitt des Verletzers. In der Regel müssen die Angaben des Verletzers über seine Umsätze sowie über seine Werbe- und Vertriebsaufwendungen beurteilt werden. Grundsätzlich muss der Besitzstand im Inland bestehen. Die Verwirkung von Schadenersatzansprüchen setzt dagegen keinen schutzwürdigen Besitzstand voraus, sondern nur, dass der Schuldner nach hinreichend langer Duldung durch den Rechtsinhaber darauf vertrauen durfte, dieser werde nicht mehr mit Schadensersatzansprüchen wegen solcher Handlungen an ihn herantreten, die er aufgrund des geweckten Duldungsanscheins vorgenommen hat.[74]

38 Die vorgenannten Kriterien stehen zueinander in einer Wechselbeziehung. so dass eine Gesamtwürdigung vorzunehmen ist.[75] Als Ausprägung von § 242 BGB ist der Einwand der Verwirkung immer von einer Abwägung der beiderseitigen Interessen gekennzeichnet.[76] Je länger der Verletzte zuwartet, obwohl eine Geltendmachung des Anspruchs zu erwarten wäre, desto schutzwürdiger wird das Vertrauen des Verletzers. Auch sind z.B. an den Besitzstand umso geringere Anforderungen zu

---

73 Vgl. zum MarkenG: *Ströbele/Hacker*, § 21 Rn. 43.
74 Vgl. zum Patentrecht: *Benkard*, § 9 Rn. 67 m.w.N.
75 BGH, GRUR 1993, 151 154 – Universitätsemblem; BGH, GRUR 1993, 913, 915 – KOWOG; BGH, GRUR 2001, 323, 327 – Temperaturwächter; OLG Hamburg, GRUR-RR 2003, 2, 4 – Catapresan; OLG Hamburg, GRUR-RR 2004, 5, 7 – Cellofit/Cellvit.
76 BGH, GRUR 1966, 427, 428 – Prince Albert.

stellen, je schutzwürdiger das Vertrauen des Verletzers in seine Berechtigung ist.[77]

IX. Strafanspruch im Zwangsvollstreckungsverfahren

Besitzt der Gläubiger bereits einen Unterlassungstitel (einstweilige Verfügung/Urteil) und verstößt der Schuldner hiergegen, gilt für die Zwangsvollstreckungs-Verjährung nicht § 49, sondern gemäß § 890 ZPO Art. 9 EGStGB.[78] Dementsprechend tritt die Verjährung zwei Jahre ab Beendigung der Handlung ein. Das Gericht hat die Verjährung von Amts wegen zu prüfen.[79] 39

X. Verjährung des Strafanspruchs des Staates

Das GeschmMG enthält in § 51 Strafvorschriften. Die Verfolgungsverjährung richtet sich nach § 78 Abs. 3 Nr. 4 StGB (fünf Jahre). 40

---

77 Vgl. zum UWG: *Köhler/Bornkamm*, § 11 Rn. 2.18 m.w.N.
78 Vgl. zum UWG: *Harte/Henning*, § 11 Rn. 26; *Zöller*, § 890 Rn. 24
79 BayObLG, WuM 1995, 443.

§ 50 Ansprüche aus anderen gesetzlichen Vorschriften

Ansprüche aus anderen gesetzlichen Vorschriften bleiben unberührt.

Übersicht

	Rn.		Rn.
I. Allgemeines	1	c) § 5 Abs. 2 und § 5 Abs. 1 Satz 2 Nr. 1 UWG	14
II. In Betracht kommende Ansprüche	2	d) § 6 Abs. 2 Nr. 3 UWG	16
1. Bereicherungsrecht	2	e) § 6 Abs. 2 Nr. 6 UWG	17
2. Wettbewerbsrecht	5	3. Weitere Ansprüche	18
a) § 4 Nr. 9 UWG	6	III. Verjährung	19
b) § 3 Abs. 3 i.V.m. Nr. 13 Anhang UWG	13		

I. Allgemeines

1 § 50 (§ 14a Abs. 2 GeschmMG a. F.) bestimmt, dass Ansprüche aus anderen gesetzlichen Vorschriften unberührt bleiben. Damit stellt § 50 klar, dass die spezifischen Vorschriften des Geschmacksmusterrechts keine abschließende Regelung sind, sondern in Anspruchsmehrheit zu anderen gesetzlichen Anspruchsgrundlagen treten können. Identische Vorschriften finden sich in §§ 24g GebrMG, 19d MarkenG, 141a PatG, 102a UrhG.

II. In Betracht kommende Ansprüche

1. Bereicherungsrecht

2 Der Bereicherungsanspruch nach § 812ff. BGB ist durch die Rechtsprechung auch im Geschmacksmusterrecht seit langem allgemein anerkannt.[1] Die besondere Bedeutung des Bereicherungsanspruchs folgt

---

[1] BGH, GRUR 1963, 640, 642 – Plastikkorb; BGH, GRUR 1982, 301, 303 – Kunststoffhohlprofil II.

daraus, dass er gegenüber dem Schadensersatzanspruch nach § 42 Abs. 2 verschuldensunabhängig ist.[2]

Der Bereicherungsanspruch erstreckt sich auf das vom Verletzer durch die Schutzrechtsverletzung Erlangte, d. h. auf den grundlosen Vermögenszuwachs beim Verletzer. Dabei ist das „Erlangte" i. S. d. § 812 BGB nicht in der Lizenzersparnis zu sehen, sondern im Gebrauch des immateriellen Schutzgegenstandes.[3] Hierdurch greift der Verletzer in die ausschließliche Benutzungsbefugnis des Rechtsinhabers ein.[4] Da das Erlangte seiner Natur nach nicht herausgeben kann, ist gemäß § 818 Abs. 2 BGB sein Wert zu ersetzen. Für die Wertbestimmung ist der objektive Verkehrswert des Erlangten maßgeblich. Mithin hat der Verletzer dem für die Benutzung des geschützten Musters eine angemessenen Lizenz zu zahlen. Mit Zahlung der angemessenen Lizenz ist der Bereicherungsanspruch abgegolten. Zur Herausgabe der aus dem Schutzrechtsgebrauch gezogenen Nutzungen, d. h. des Verletzergewinns ist der Verletzer folglich nicht verpflichtet.[5] Auf den Wegfall der Bereicherung (§ 818 Abs. 3 BGB) kann sich der Verletzer nicht berufen, da das Erlangte, d.h. der Gebrauch des fremden Schutzgegenstandes nicht mehr entfallen kann.[6]

Zur Vorbereitung des Bereicherungsanspruchs steht dem Verletzten ein Auskunfts- und Rechnungslegungsanspruch zu.[7]

2. Wettbewerbsrecht

Besteht zwischen dem Verletzer und Verletztem ein Wettbewerbsverhältnis, können dem Verletzten Unterlassungs- und Schadensersatzansprüche aus UWG (§§ 3, 4, 8, 9 UWG) zustehen. Da der wettbewerbliche Leistungsschutz von dem Grundsatz ausgeht, dass die Nachahmung fremder Produkte zulässig ist, die Schutzrechtsverletzung als solche also noch keine Wettbewerbswidrigkeit darstellt,[8] müssen besondere

---

2 BGH, GRUR 1965, 198, 202 – Küchenmaschine; BGH, GRUR 1966, 681, 684 – Laternenflasche.
3 BGH, GRUR 1982, 301, 303 – Kunststoffhohlprofil II.
4 Vgl. zum Urheberrecht: *Wandtke/Bullinger*, § 97 Rn. 82.
5 BGH, GRUR 1982, 301, 303 – Kunststoffhohlprofil II; BGH, GRUR 1987, 520, 523 – Chanel No. 5.
6 BGH, GRUR 1971, 522 – Gasparone II.
7 BGH, GRUR 1960, 256, 259 – Chérie-Musikwecker; BGH, WRP 1996, 13, 18 – Spielzeugautos.
8 BGH, GRUR 1992, 697, 699 – ALF; BGHZ 44, 295, 296 – Apfel-Madonna; BGHZ 26, 52, 59 – Sherlock Holmes.

§ 50   Ansprüche aus anderen gesetzlichen Vorschriften

Begleitumstände hinzutreten, die das Handeln des Verletzers unlauter erscheinen lassen.

a) § 4 Nr. 9 UWG

6   § 4 Nr. 9 UWG bietet einen „ergänzenden wettbewerbsrechtlichen Leistungsschutz". Dieser setzt das Vorliegen folgender Merkmale voraus: (1) wettbewerbliche Eigenart des nachgeahmten Produktes; (2) identische oder ähnliche Nachahmung; (3) ein Sittenwidrigkeitsmerkmal, z. B. eine vermeidbare Herkunftstäuschung (§ 4 Nr. 9 lit. a UWG), Rufausnutzung/-ausbeutung,[9] Beeinträchtigung der Wertschätzung, Schädigung des guten Rufs des Originals (§ 4 Nr. 9 lit. b UWG),[10] Erschleichen/Vertrauensbruch (§ 4 Nr. 9 lit. c UWG)[11] sowie bei systematischer Nachahmung das Einschieben in eine fremde Serie.[12] Zwischen dem Grad der wettbewerblichen Eigenart, der Art und Weise und der Intensität der Übernahme sowie den besonderen wettbewerbsrechtlichen Umständen besteht eine Wechselwirkung. Je größer die wettbewerbliche Eigenart und je höher der Grad der Übernahme sind, desto geringere Anforderungen sind an die besonderen Umstände zu stellen, die die Wettbewerbswidrigkeit der Nachahmung begründen.[13] Subjektive Erfordernisse bestehen nicht, doch setzt der Begriff der Nachahmung voraus, dass der Nachahmer das Original kennt.[14]

7   Der ergänzende wettbewerbsrechtliche Leistungsschutz gegen eine vermeidbare Herkunftstäuschung setzt in aller Regel eine gewisse Bekanntheit des nachgeahmten Produkts voraus, weil ansonsten die Gefahr einer Herkunftstäuschung nicht bestehen kann. Eine Verkehrsgeltung ist insoweit nicht erforderlich. Ausreichend ist vielmehr, dass das wettbewerblich eigenartige Erzeugnis bei nicht unerheblichen Teilen der angesprochenen Verkehrskreise eine solche Bekanntheit erreicht hat, dass sich in relevantem Umfang die Gefahr der Herkunftstäu-

---

9   BGH, GRUR 1996, 508, 509 – Uhren-Applikation.
10 BGH, WRP 1998, 732, 735 f. – Les-Paul-Gitarren.
11 BGH, WRP 1983, 484 – Brombeer-Muster; BGH, WRP 2003, 500 – Präzisionsmessgeräte.
12 BGH, WRP 1999, 816 – Güllepumpen.
13 BGH, WRP 2001, 153 – Messerkennzeichnung; BGH, WRP 2004, 1498 – Metallbett; BGH, WRP 2006, 75, 77 – Jeans.
14 Vgl. zum UWG: *Piper/Ohly/Sosnitza*, § 4 Rn. 9/25.

schung ergeben kann, wenn Nachahmungen vertrieben werden.¹⁵ Nicht erforderlich ist dagegen, dass die angesprochenen Verkehrskreise das nachgeahmte Produkt namentlich dem Unternehmen des Verletzten zuordnen können.¹⁶ Indizien für die wettbewerbliche Eigenart können Neuheit, Gestaltungshöhe, Verkehrsbekanntheit, Absatzzahlen,¹⁷ Lizenzierungserfordernisse,¹⁸ aber auch der für Entwicklung und Markterschließung erforderliche Aufwand an Mühe und Kosten¹⁹ sein.

Die Schutzdauer des wettbewerbsrechtlichen Nachahmungsschutzes unterliegt nicht von vornherein einer zeitlichen Beschränkung.²⁰ Bei Modeneuheiten kommt ein Nachahmungsschutz jedoch regelmäßig nur für einen Zeitraum der Erscheinungssaison der Modeneuheit in Betracht. Danach besteht generell Nachahmungsfreiheit.²¹ Bei nicht saisongebundenen Moderzeugnissen kann der Schutz auch über einen Saison hinaus bestehen.²² Für eine unlauterere Behinderung liegt die zeitliche Höchstgrenze jedoch regelmäßig zwei Jahren nach Markteinführung.²³ **8**

Der Kläger muss sämtliche Anspruchsvoraussetzungen einschließlich der Merkmale der wettbewerblichen Eigenart darlegen und beweisen. Folglich muss der Kläger die Merkmale aufzeigen, welche die wettbewerbliche Eigenart begründen (die Vermutung des § 39 streitet nicht für ihn). Dafür wird vielfach bereits die Vorlage des Produkts ausreichen.²⁴ Ist das nicht der Fall, muss der Kläger auch zum Abstand zu den vorbekannten Erzeugnissen der Wettbewerber vorträgt. Sodann ist es Sache des Beklagten, darzutun und ggf. zu beweisen, dass die prägenden Merkmale des Klagemodells auf Vorbekanntes zurückgreifen, dass die Verwertung entsprechender Produkte allgemein üblich geworden ist oder dass später auf den Markt gekommene Erzeugnisse mit ähnlichen Merkmalen eine zunächst vorhandene Eigenart des Klage- **9**

---

15 BGH, WRP 2002, 207 – Noppenbahnen; BGH, WRP 2002, 1054 – Bremszangen; BGH, GRUR 2005, 166, 167 – Puppenausstattungen; BGH, GRUR 2005, 600, 602 – Handtuchklemmen; BGH, WRP 2006, 75, 79 – Jeans.
16 BGH, WRP 2006, 75, 79 – Jeans.
17 BGH, GRUR 2007, 339 – Stufenleitern.
18 BGH, GRUR 1963, 152, 156 – Rotaprint.
19 BGH, GRUR 1992, 448, 450 – Pullovermuster.
20 BGH, WRP 2006, 75, 79 – Jeans.
21 BGH, GRUR 1973, 478, 480 – Modeneuheit.
22 BGH, GRUR 1984, 453, 454 – Hemdblusenkleid.
23 BGH, GRUR 1998, 477, 480 – Trachtenjanker.
24 Vgl. zum UWG: *Piper/Ohly/Sosnitza*, § 4 Rn. 9/92.

modells geschwächt oder beseitigt haben.[25] Da der Vorsatz zum Tatbestand der wettbewerbswidrigen Nachahmung gehört, muss der Kläger grundsätzlich auch den Vorsatz des Verletzers darlegen und beweisen.[26] Auch im Fall der unmittelbaren Leistungsübernahme spricht keine Vermutung für das Vorliegen von Unlauterkeitsmerkmalen,[27] doch spricht ein Anscheinsbeweis für die Kenntnis des Nachahmers vom Original, wenn sich beide Produkte weitgehend gleichen.[28]

10 Die Ansprüche aus ergänzendem wettbewerbsrechtlichem Leistungsschutz wegen vermeidbarer Herkunftstäuschung werden nicht dadurch ausgeschlossen, dass für das Erzeugnis Schutz für ein nicht eingetragenes Gemeinschaftsgeschmacksmuster nach Art. 3 ff. GGV besteht oder bestanden hat.[29]

11 Die Beurteilung von Ansprüchen aus ergänzendem wettbewerbsrechtlichem Leistungsschutz kann nicht auf die Beurteilung von Ansprüchen aus einem Geschmacksmuster übertragen werden. Dies verbietet sich bereits deshalb, weil diese Ansprüche unterschiedliche Schutzvoraussetzungen haben und ein Anspruch aus einem Geschmacksmuster – anders als der Anspruch aus ergänzendem wettbewerbsrechtlichem Leistungsschutz – nicht voraussetzt, dass die Gefahr einer vermeidbaren Herkunftstäuschung besteht. Selbst wenn demnach Ansprüche aus ergänzendem wettbewerbsrechtlichem Leistungsschutz ausscheiden (z.B. weil wegen des gestalterischen Abstands zwischen den Produkten keine Gefahr einer Herkunftstäuschung besteht), kann daraus nicht ohne Weiteres geschlossen werden, dass auch Ansprüche aus einem entsprechenden Geschmacksmuster ausgeschlossen sind.[30]

12 Ist der Tatbestand der §§ 3, 4 Nr. 9 UWG erfüllt, so stehen nach der Rechtsprechung lauterkeitsrechtliche Ansprüche grundsätzlich nur dem Originalhersteller zu. Ihm wird überdies die Möglichkeit der dreifachen Schadensberechnung zugestanden. Dagegen stehen den sonstigen Mitbewerbern und Verbänden keine Ansprüche zu.[31]

---

25 BGH, WRP 1998, 377 – Trachtenjanker.
26 BGH, GRUR 1977, 614, 617 – Gebäudefassade.
27 A.A. BGH, GRUR 1969, 618, 620 – Kunststoffzähne.
28 Vgl. zum UWG: *Piper/Ohly/Sosnitza*, § 4 Rn. 9/92.
29 BGH, WRP 2006, 75, 77 – Jeans; BGH, GRUR 2008, 790 Tz 35 – Baugruppe.
30 BGH, GRUR 2010, 80, 84 – LIKEaBIKE.
31 *Köhler*, GRUR 2009, 445, 450.

II. In Betracht kommende Ansprüche § 50

b) § 3 Abs. 3 i.V.m. Nr. 13 Anhang UWG

Nach § 3 Abs. 3 i.V.m. Nr. 13 Anhang UWG ist gegenüber Verbrauchern stets unzulässig eine „Werbung für eine Ware oder Dienstleistung, die der Ware oder Dienstleistung eines Mitbewerbers ähnlich ist, wenn dies in der Absicht geschieht, über die betriebliche Herkunft der beworbenen Ware oder Dienstleistung zu täuschen". Maßgebend für die „Ähnlichkeit" der Produkte sind – wie bei den entsprechenden Bestimmungen des Markenrechts[32] – alle erheblichen Umstände, die das Verhältnis der Produkte zueinander kennzeichnen, insbesondere die Art und der Verwendungszweck sowie die Nutzung und die Eigenart als miteinander konkurrierende oder einander ergänzende Waren oder Dienstleistungen. Allerdings dürften nur solche Produkte in den Anwendungsbereich der Nr. 13 fallen, die aus Sicht des Verbrauchers substituierbar sind. Es muss sich dabei nicht notwendig um Produktnachahmungen handeln. Entscheidend ist vielmehr die für das Alternativprodukt betriebene Werbung. Ob eine Irreführung über die betriebliche Herkunft vorliegt, beurteilt sich anhand einer Gesamtbetrachtung, bei der der Grad der Ähnlichkeit der Waren, die Bekanntheit des Originalprodukts und die Art der Werbung zu berücksichtigen sind.[33]

13

c) § 5 Abs. 2 und § 5 Abs. 1 Satz 2 Nr. 1 UWG

Nach § 5 Abs. 2 UWG ist eine geschäftliche Handlung „auch irreführend, wenn sie im Zusammenhang mit der Vermarktung von Waren oder Dienstleistungen einschließlich vergleichender Werbung eine Verwechslungsgefahr mit einer anderen Ware oder Dienstleistung oder mit der Marke oder einem anderen Kennzeichen eines Mitbewerbers hervorruft". Der Begriff der Verwechslungsgefahr ist wie im Markenrecht auszulegen. Verwechslungsgefahr liegt danach dann vor, wenn die angesprochenen Verkehrskreise glauben könnten, dass die in Frage stehenden Waren oder Dienstleistungen aus demselben Unternehmen oder gegebenenfalls aus wirtschaftlich verbundenen Unternehmen stammen. Dabei kann eine Verwechslungsgefahr nicht nur durch das Angebot einer Produktnachahmung, sondern auch auf andere Weise begründet werden.[34]

14

---

32 Vgl. EuGH, GRUR 1998, 922 Rn. 22 – Canon; BGH, WRP 2004, 357 – GeDIOS.
33 *Köhler*, GRUR 2009, 445, 448.
34 *Köhler*, GRUR 2009, 445, 448.

15 § 5 Abs. 1 Satz 2 Nr. 1 UWG rechnet zu den irreführenden Angaben unter anderem auch Angaben über die „betriebliche Herkunft" einer Ware oder Dienstleistung. Im Verhältnis zu § 5 Abs. 1 Satz 2 Nr. 1 UWG ist § 5 Abs. 2 UWG als besonderer Beispielstatbestand zu begreifen. Beide Vorschriften überschneiden sich in ihrem Anwendungsbereich und sind grundsätzlich nebeneinander anwendbar.[35]

d) § 6 Abs. 2 Nr. 3 UWG

16 Nach § 6 Abs. 2 Nr. 3 UWG ist ein Vergleich unzulässig, wenn er „im geschäftlichen Verkehr zur Gefahr von Verwechslungen zwischen dem Werbenden und einem Mitbewerber oder zwischen den von diesen angebotenen Waren oder Dienstleistungen oder den von ihnen verwendeten Kennzeichen führt". Zu einer Verwechslung der Produkte von Werbendem und Mitbewerber ohne gleichzeitige Kennzeichenverwechslung kann es durch die bloße Produktgestaltung oder Produktbeschreibung kommen, wenn das Produkt kennzeichenrechtlich (noch) nicht geschützt ist oder wenn auf das fremde Kennzeichen nicht Bezug genommen wird. Da die vergleichende Werbung an sich eine Gegenüberstellung der Produkte des Werbenden und des Mitbewerbers voraussetzt, ist der Tatbestand wohl nur dann erfüllt, wenn eine *„gespaltene Verkehrsauffassung"* vorliegt, also die überwiegende Mehrzahl zwar den Unterschied erkennt, gleichwohl aber ein nicht unerheblicher Teil der angesprochenen Kreise die verglichenen Produkte verwechselt, etwa die Produkte des Werbenden für Originalprodukte oder Zweitprodukte des Mitbewerbers hält.[36]

e) § 6 Abs. 2 Nr. 6 UWG

17 Nach § 6 Abs. 2 Nr. 6 UWG ist ein Vergleich unzulässig, wenn er „eine Ware oder Dienstleistung als Imitation oder Nachahmung einer unter einem geschützten Kennzeichen vertriebenen Ware oder Dienstleistung darstellt". Der Tatbestand ist restriktiv auszulegen, um zu verhindern, dass den Verbrauchern entgegen dem Zweck der Richtlinie im Hinblick auf die Vergleichbarkeit gleichwertiger Fremdprodukte mit Markenprodukten vorteilhafte Sachinformationen vorenthalten werden.[37] Es muss sich daher um eine „offene" Darstellung der beworbenen Produkte als „Imitation" oder „Nachahmung" oder eine implizite, aber aus der Sicht

---

35 *Köhler*, GRUR 2009, 445, 448.
36 *Köhler*, GRUR 2009, 445, 449.
37 BGH, WRP 2008, 930 Rn. 22 – Imitationswerbung.

3. Weitere Ansprüche

In Betracht kommen weiter Ansprüche aus Geschäftsführung ohne Auftrag für die Erstattung der Abmahnkosten (§§ 687 Abs. 2, 667 BGB), die gewohnheitsrechtlich entwickelten akzessorischen Ansprüche auf Auskunft und Rechnungslegung nach § 242 BGB[39] sowie Ansprüche aus unerlaubten Handlungen (§ 823 Abs. 1 BGB; § 51 i.V.m. § 823 Abs. 2 BGB). Uneingeschränkt anwendbar ist außerdem § 826 BGB.[40]

18

III. Verjährung

Durch die systematische Stellung der Vorschrift nach § 49 wird klargestellt, dass Ansprüche aus anderen gesetzlichen Vorschriften nach den dort jeweils geltenden Bestimmungen verjähren.[41]

19

---

38 BGH, WRP 2008, 930 Rn. 26 – Imitationswerbung.
39 Vgl. zum Urheberrecht: *Schricker/Loewenheim*, § 102a Rn. 5.
40 Vgl. zum Urheberrecht: *Dreyer/Kotthoff/Meckel*, § 97 Rn. 37; *Schricker/Loewenheim*, § 102a Rn. 6.
41 Vgl. amtliche Begründung zum Gesetz zur Verbesserung der Durchsetzung von Rechten des geistigen Eigentums, BT-Drucks., 16/5048, S. 42.

§ 51 Strafvorschriften

(1) Wer entgegen § 38 Abs. 1 Satz 1 ein Geschmacksmuster benutzt, obwohl der Rechtsinhaber nicht zugestimmt hat, wird mit Freiheitsstrafe bis zu drei Jahren oder mit Geldstrafe bestraft.

(2) Handelt der Täter gewerbsmäßig, so ist die Strafe Freiheitsstrafe bis zu fünf Jahren oder Geldstrafe.

(3) Der Versuch ist strafbar.

(4) In den Fällen des Absatzes 1 wird die Tat nur auf Antrag verfolgt, es sei denn, dass die Strafverfolgungsbehörde wegen des besonderen öffentlichen Interesses an der Strafverfolgung ein Einschreiten von Amts wegen für geboten hält.

(5) Gegenstände, auf die sich die Straftat bezieht, können eingezogen werden. § 74a des Strafgesetzbuchs ist anzuwenden. Soweit den in § 43 bezeichneten Ansprüchen im Verfahren nach den Vorschriften der Strafprozessordnung über die Entschädigung des Verletzten (§§ 403 bis 406c) stattgegeben wird, sind die Vorschriften über die Einziehung nicht anzuwenden.

(6) Wird auf Strafe erkannt, so ist, wenn der Rechtsinhaber es beantragt und ein berechtigtes Interesse daran dartut, anzuordnen, dass die Verurteilung auf Verlangen öffentlich bekannt gemacht wird. Die Art der Bekanntmachung ist im Urteil zu bestimmen.

Übersicht

	Rn.		Rn.
I. Allgemeines	1	5. Besonderes öffentliches Interesse	16
II. Grundtatbestand (§ 51 Abs. 1)	3	VI. Einziehung (§ 51 Abs. 5)	17
III. Qualifikationstatbestand (§ 51 Abs. 2)	7	1. Einziehung nach § 74 StGB	17
IV. Versuch (§ 51 Abs. 3)	9	2. Einziehung nach § 74a StGB	18
V. Strafantrag (§ 51 Abs. 4)	10	3. Adhäsionsverfahren	22
1. Antragsberechtigung	11	VII. Verjährung	23
2. Antragsform	13	VIII. Urteilsbekanntmachung (§ 51 Abs. 6)	24
3. Antragsinhalt	14		
4. Antragsfrist	15	IX. Zivilrechtliche Auswirkungen	27

I. Allgemeines

Mit § 51 wurde im Wesentlichen die Strafbestimmung des § 14 GeschmMG a.F. übernommen. Die Bedeutung des strafrechtlichen Schutzes wird insbesondere in der generalpräventiven Wirkung gegenüber Produktpiraten gesehen.[1] Daneben kann das Strafrecht zu einer Verbesserung der zivilrechtlichen Stellung des Verletzten führen. So kann etwa der Verletze im Wege der Akteneinsicht Erkenntnisse über Art und Ausmaß der Verletzungshandlungen und der daran beteiligten Personen gewinnen.[2] § 51 Abs. 2 bis Abs. 6 ist mit §§ 25 Abs. 2 bis Abs. 6 GebrMG, 143 Abs. 2 bis Abs. 6 MarkenG, 142 Abs. 2 bis Abs. 6 PatG identisch.

1

Gemäß § 374 Nr. 8 StPO kann der Verletzte einfache Geschmacksmusterverletzungen (§ 51 Abs. 1) im Wege der Privatklage verfolgen. Im von Amts wegen betriebenen Strafverfahren (§ 51 Abs. 2) kann der Verletzte als Nebenkläger auftreten (§ 395 Abs. 2 Nr. 3 StPO). Der (auch ausschließliche) Lizenznehmer kann demgegenüber nicht als Privat- oder Nebenkläger auftreten.[3]

2

II. Grundtatbestand (§ 51 Abs. 1)

Nach Abs. 1 macht sich strafbar, wer ein Geschmacksmuster benutzt, d.h. herstellt, anbietet, in den Verkehr bringt, einführt, ausführt etc. (vgl. Kommentierung bei § 38), obwohl der Rechtsinhaber nicht zugestimmt hat. Voraussetzung ist, dass das Geschmacksmuster sämtliche Schutzvoraussetzungen erfüllt. Das Geschmacksmuster muss folglich zum Zeitpunkt der Tat eingetragen (§ 27 Abs. 1) sein. In materiellrechtlicher Hinsicht ist Musterfähigkeit erforderlich. Das Geschmacksmuster darf also nicht gemäß § 3 vom Geschmacksmusterschutz ausgeschlossen sein. Weiter muss das Geschmacksmuster neu sein und Eigenart besitzen (§ 2 Abs. 1). Mithin müssen sämtliche Voraussetzungen des zivilrechtlichen Unterlassungsanspruches (§ 42 i.V.m. § 38 Abs. 1 Satz 1) vorliegen. Zulässige Handlungen i.S.d. § 40 werden von § 51 nicht erfasst.

3

Das Fotografieren von Messe-Exponaten kann als Unterfall des Herstellens eines rechtsverletzenden Erzeugnisses strafbar sein. Vorausset-

4

---

1 Vgl. zum Markenrecht: *Ströbele/Hacker*, § 143 Rn. 9.
2 Vgl. zum Markenrecht: *Ströbele/Hacker*, § 143 Rn. 10.
3 Vgl. zum Markenrecht: *Ströbele/Hacker*, § 143 Rn. 27.

Günther

zung hierfür ist unter anderem, dass das fotografierte Ausstellungsstück seine Wirkung vorrangig einer zweidimensionalen Erscheinungsform verdankt; da nur dann die größtmögliche Übereinstimmung von geschütztem Produkt und seiner fotographischen Abbildung gewährleistet ist. Das Fotografieren von nicht als Geschmacksmuster eingetragenen Designerprodukten kann als unbefugte Sicherung eines Geschäfts- oder Betriebsgeheimnisses nach § 17 Abs. 2 Nr. 1 UWG strafbar sein, wenn das Design (noch) als geheimhaltungsbedürftige Tatsache anzusehen und der Zugang zur Ausstellung nur einem bestimmten Personenkreis gestattet ist.[4]

5   Der subjektive Tatbestand des § 51 setzt Vorsatz (§ 15 StGB) voraus. Bedingter Vorsatz reicht aus.[5] Der Täter muss sämtliche Tatbestandsmerkmale kennen und diese wissentlich und willentlich verwirklichen. Im Rahmen des bedingten Vorsatzes reicht es aus, wenn die Verwirklichung des Tatbestandes vom Täter als möglich und naheliegend erkannt und billigend in Kauf genommen worden ist. Eine fahrlässige Geschmacksmusterverletzung ist nicht strafbar (§ 15 StGB).

6   Gemäß § 25 Abs. 1 StGB wird als Täter bestraft, wer die Straftat selbst (unmittelbare Täterschaft) oder durch einen anderen (mittelbare Täterschaft) begeht. Begehen mehrere die Straftat gemeinschaftlich, wird jeder als (Mit-) Täter nach § 25 Abs. 2 StGB bestraft. Strafbar ist weiter die Anstiftung (§ 26 StGB) sowie die Beihilfe (§ 27 StGB) zu einer Straftat. Bei juristischen Personen ist Täter der vorsätzlich handelnde gesetzliche Vertreter. Wird die Tat auch nur teilweise im Inland begangen, unterfällt sie dem deutschen Strafrecht (§ 3 StGB).

III. Qualifikationstatbestand (§ 51 Abs. 2)

7   Durch den Qualifikationstatbestand des Abs. 2 – dieser soll primär Wiederholungstäter erfassen – wird der Strafrahmen auf bis zu fünf Jahren Freiheitsstrafe oder Geldstrafe erhöht. Vorausgesetzt wird, dass der Täter gewerbsmäßig handelt. Der Begriff der Gewerbsmäßigkeit ist ebenso auszulegen wie in anderen Strafvorschriften.[6] Danach liegt Gewerbsmäßigkeit vor, wenn sich der Täter durch wiederholte Begehung einer Straftat aus deren Vorteilen eine fortlaufende Einnahmequelle

---

4 *Brandau/Gal*, GRUR 2009, 118, 123.
5 Vgl. zum Gebrauchsmusterrecht: *Loth*, § 25 Rn. 9.
6 BGH, NJW 2004, 1674, 1679 – CD-Export.

von einigem Umfang und einiger Dauer verschafft.[7] Soweit Wiederholungsabsicht vorliegt, kann bereits bei der ersten Tat die Strafschärfung eingreifen.[8] Nicht erforderlich ist, dass es sich um die Haupteinnahmequelle des Täters handelt; ein bloßer Nebenerwerb kann genügen.[9] Auch muss die Vorstellung des Täters nicht von vornherein auf eine unbegrenzte Dauer angelegt sein.[10]

Das Tatbestandsmerkmal der Gewerbsmäßigkeit ist von den Begriffen des gewerblichen Handelns, sowie des Handelns im geschäftlichen Verkehr zu unterscheiden. Ein schlicht verbotswidriges Handeln im Rahmen eines Gewerbebetriebes erfüllt den Qualifikationstatbestand des § 51 Abs. 2 noch nicht;[11] der Täter muss gerade das Begehen von Straftaten zum Zweck seiner wirtschaftlichen Betätigung machen.[12] Einen Gewerbebetrieb braucht der Täter gar nicht zu haben.[13] 8

IV. Versuch (§ 51 Abs. 3)

Abs. 3 stellt bereits den Versuch unter Strafe. Hierdurch soll ein frühes Einschreiten der Strafverfolgungsbehörden und damit eine effektive Bekämpfung von Schutzrechtsverletzungen gewährleistet werden. Erfasst wird der unmittelbare Beginn der Tatbestandsverwirklichung, also die zwischen Vorbereitung und Vollendung liegende Handlungsphase (§ 22 StGB). Erfasst werden insbesondere das Bereithalten einer Fälscherwerkstatt, oder das Herstellen von Einzelteilen, durch deren Zusammensetzung eine schutzrechtsverletzende Ware entsteht. Die Strafbarkeit des Versuches bezieht sich sowohl auf das Grunddelikt (Abs. 1) als auch auf den Qualifikationstatbestand (Abs. 2). 9

V. Strafantrag (§ 51 Abs. 4)

Handelt der Täter nicht gewerbsmäßig (§ 51 Abs. 2), wird die Tat nur auf Antrag verfolgt (§ 77 ff. StGB). Der Antrag ist Prozessvorausset- 10

---

7 BGHSt 1, 383; BGH, NJW 1996, 1069 f.
8 Vgl. zum Markenrecht: *Schultz*, § 143 Rn. 7.
9 BGH, NJW 1953, 955.
10 Vgl. zum Urheberrecht: *Fromm/Nordemann*, § 108a Rn. 5.
11 Vgl. zum Markenrecht: *Fezer*, § 143 Rn. 34.
12 BGH, NJW 2004, 1674, 1679 – CD-Export.
13 Vgl. zum Urheberrecht: *Schricker/Loewenheim*, § 108a Rn. 2.

zung; fehlt er, ist das Verfahren einzustellen (§§ 206a, 260 Abs. 3 StPO).[14]

1. Antragsberechtigung

11 Antragsberechtigt ist der Verletzte (§ 77 Abs. 1 StGB). Dies ist derjenige, in dessen Rechte der Täter durch die verbotene Handlung eingegriffen hat.[15] Antragsberechtigt ist damit der eingetragene Inhaber des Geschmacksmusters oder dessen Rechtsnachfolger. Darüber hinaus kann der Strafantrag auch durch den Inhaber einer ausschließlichen Lizenz gestellt werden.[16] Sind mehrere Verletzte vorhanden, so ist jeder selbstständig antragsberechtigt (§ 77 Abs. 4 StGB). Für jeden Antragsberechtigten läuft eine gesonderte Antragsfrist (§ 77b StGB). Die Zurücknahme eines Antrags berührt die anderen Anträge nicht.

12 Ist der Verletzte eine juristische Person (GmbH, AG etc.), ist der Strafantrag von ihrem gesetzlichen Vertreter (Geschäftsführer, Vorstand etc.) zu stellen (§ 77 StGB). Bei einer offenen Handelsgesellschaft sind deren Gesellschafter sämtlich antragsberechtigt. Bei Insolvenz des Verletzten ist neben ihm auch der Insolvenzverwalter antragsberechtigt.[17] Der Inlandsvertreter eines im Ausland ansässigen Musterinhabers ist nach § 58 Abs. 1 befugt, Strafanträge im Namen des Rechtsinhabers zu stellen.[18]

2. Antragsform

13 Der Strafantrag bedarf der Schriftform (§ 158 Abs. 2 StPO). Der Antrag muss bei der Staatsanwaltschaft (ungeachtet örtlicher oder funktionaler Zuständigkeit) oder einem Gericht, d.h. einem ordentlichen Gericht (grundsätzlich das AG, bei Anhängigkeit das befasste Gericht) schriftlich oder zu Protokoll, bei einer anderen Behörde schriftlich gestellt werden; auf die örtliche Zuständigkeit kommt es nicht an. Die Antragstellung durch Telefax wahrt die Schriftform. Dies gilt auch für ein Computertelefax und zwar unabhängig von einer eingescannten Unterschrift. Unabhängig von der Verwendung einer digitalen Signatur ist auch eine Antragstellung per E-Mail zulässig, da sie sich bezüglich der Feststellung des Erklärungsurhebers und der Gewissheit, dass der

---

14 Vgl. zum Urheberrecht: *Schricker/Loewenheim*, § 109 Rn. 7.
15 BGHSt 31, 207.
16 RGSt 11, 266.
17 Vgl. zum Patentrecht: *Benkard*, § 142 Rn. 10.
18 Vgl. zum Markenrecht: *Ingerl/Rohnke*, § 143 Rn. 7.

V. Strafantrag (§ 51 Abs. 4) **§ 51**

Antrag mit seinem Willen abgesandt wurde, nicht grundlegend von den anerkannten, aber durchaus manipulationsanfälligen Antragsformen Telegramm, Fernschreiben oder Computerfax unterscheidet.[19] Ein Telefonanruf genügt zur Antragstellung hingegen nicht.[20] Unter „anderer Behörde" sind nur Polizeidienststellen zu verstehen, jedoch nicht ausländische.[21] Im Übrigen kann die Stellung des Antrags auch in der Erhebung der Privatklage liegen (§ 381 StPO).

3. Antragsinhalt

Inhaltlich muss im Strafantrag lediglich der Wille des Berechtigten zum Ausdruck kommen, bestimmte Handlungen strafrechtlich verfolgen zu lassen.[22] Der Strafantrag braucht die Handlung, die verfolgt werden soll, nicht rechtlich zu kennzeichnen. Folglich ist es unschädlich, wenn die Handlung rechtlich unrichtig und nicht erschöpfend bezeichnet ist.[23] Die Angabe der Person, die verfolgt werden soll, ist nicht erforderlich. Im Wege der Auslegung ist aber zu ermitteln, auf wen der Antragsteller seinen Antrag erstreckt wissen will.[24] Der Antrag muss frei von Bedingungen sein. Bei Hinzufügen einer aufschiebenden Bedingung liegt kein gültiger Antrag vor. Eine auflösende Bedingung berührt die Wirksamkeit der Antragstellung hingegen nicht.[25] Der Strafantrag umfasst regelmäßig jede nachweisbare Verletzung, mithin auch solche, die dem Verletzten unbekannt sind. Der Antragsberechtigte kann den Antrag jedoch in sachlicher oder in persönlicher Hinsicht oder nach beiden Richtungen beschränken.[26] Die Beschränkung kann der Antragsberechtigte nach freiem Belieben vornehmen; er ist hierbei nicht an den Gleichheitssatz des Art. 3 GG gebunden.[27] Enthält der Antrag keinen Beschränkung, so ergreift er die Tat in ihrer gesamten rechtlichen Bedeutung und in den Grenzen des § 264 StPO. Andere Beschränkungen, etwa auf eine bestimmte Strafe wie „nur Geldstrafe", sind unbeachtlich.[28]

14

---

19 Vgl. *Schönke/Schröder*, § 77 Rn. 36.
20 BGH, NJW 1971, 903.
21 Vgl. *Schönke/Schröder*, § 77b Rn. 9.
22 Vgl. *Schönke/Schröder*, § 77 Rn. 38.
23 Vgl. *Schönke/Schröder*, § 77 Rn. 39.
24 Vgl. *Schönke/Schröder*, § 77 Rn. 40.
25 Vgl. *Schönke/Schröder*, § 77 Rn. 41.
26 Vgl. zum Patentrecht: *Benkard*, § 142 Rn. 13.
27 Vgl. *Schönke/Schröder*, § 77 Rn. 44.
28 Vgl. *Schönke/Schröder*, § 77 Rn. 42.

§ 51 Strafvorschriften

4. Antragsfrist

15 Nach § 77b Abs. 1 StGB ist der Strafantrag bis zum Ablauf einer Frist von drei Monaten zu stellen. Die Frist beginnt mit Ablauf des Tages, an dem der Berechtigte von der Tat und der Person des Täters Kenntnis erlangt hat (§ 77b Abs. 2 StGB). Kenntnis von der Tat bedeutet Wissen solcher Tatsachen, die zu einer eigenen verständigen Beurteilung und zu einem Schluss auf die Beschaffenheit der Tat in ihren wesentlichen Beziehungen berechtigen.[29] Der Täter (d. h. Tatverdächtige) ist bekannt, wenn er im Antrag individuell erkennbar gemacht werden kann; das Wissen des Namens ist nicht erforderlich, noch weniger Kenntnis der Lebensumstände und des Aufenthaltsorts.[30] Folglich kann der Strafantrag bereits gestellt werden, bevor der Täter dem Antragsberechtigten namentlich bekannt ist. Sind mehrere antragsberechtigt, schließt die Versäumung der Frist durch einen Berechtigten das Recht der anderen nicht aus (§ 77b Abs. 3 StGB).[31] Gemäß § 77 d Abs. 1 StGB kann der Antrag bis zum rechtskräftigen Abschluss des Verfahrens zurückgenommen werden.

5. Besonderes öffentliches Interesse

16 Der Strafantrag ist entbehrlich, wenn die Strafverfolgung im besonderen öffentlichen Interesse liegt. In diesem Fall können die Strafverfolgungsbehörden auch ohne Strafantrag von Amts wegen einschreiten (ggf. auch gegen den Willen des Verletzten[32]). Ein besonderes öffentliches Interesse ist insbesondere dann anzunehmen, wenn der Täter einschlägig vorbestraft ist, ein erheblicher Schaden droht oder eingetreten ist, die Tat den Verletzten in seiner wirtschaftlichen Existenz bedroht oder die öffentliche Sicherheit oder die Gesundheit der Verbraucher gefährdet (Nr. 261a RiStBV). Auch generalpräventive Erwägungen können zur Bejahung des öffentlichen Interesses führen.[33] Ob ein besonderes öffentliches Interesse vorliegt, haben die Strafverfolgungsbehörden nach pflichtgemäßem Ermessen zu entscheiden.

---

29 Vgl. zum Urheberrecht: *Schricker/Loewenheim*, § 109 Rn. 10.
30 Vgl. *Schönke/Schröder*, § 77 Rn. 34.
31 Vgl. zum Patentrecht: *Benkard*, § 142 Rn. 14.
32 Vgl. zum Urheberrecht: *Fromm/Nordemann*, § 109 Rn. 16.
33 Vgl. zum Urheberrecht: *Fromm/Nordemann*, § 109 Rn. 14.

VI. Einziehung (§ 51 Abs. 5)

1. Einziehung nach § 74 StGB

Abs. 5 Satz 1 ermöglicht die Einziehung von Gegenständen, auf die sich die Straftat bezieht (§§ 74 ff. StGB). Die Einziehung dient der Sicherung, indem weitere Straftaten verhindert werden. Für Täter und Tatbeteiligte ist die Einziehung zugleich Sanktionsmaßnahme.[34] Anknüpfungspunkt der Einziehung ist eine vorsätzliche, rechtswidrige und schuldhafte Tat (§ 74 Abs. 1 StGB); der Versuch reicht aus, wenn er als solcher strafbar ist.[35] Soweit die Einziehung Strafcharakter hat, müssen sämtliche Strafbarkeits- und Prozessvoraussetzungen gegeben sein. Umgekehrt hindern etwaige Schuld- oder Strafaufhebungsgründe eine strafbare Einziehung. Wird das Strafverfahren nach §§ 153 ff. StPO eingestellt, bleibt eine Einziehung im selbstständigen Verfahren möglich.[36] Einziehungsfähige Gegenstände i.S.d. § 74 StGB sind nicht nur (bewegliche oder unbewegliche) Sachen, sondern auch Rechte.[37] Durch die Tat sind Gegenstände hervorgebracht, die mit ihr in unmittelbarem ursächlichem Zusammenhang stehen (producta sceleris). Der Einziehung unterliegen weiter Gegenstände, die zur Begehung der Tat oder ihrer Vorbereitung gebraucht worden oder bestimmt gewesen sind (instrumenta sceleris).[38] Die Einziehung liegt im pflichtgemäßen Ermessen des Gerichts.[39]

17

2. Einziehung nach § 74a StGB

Abs. 5 Satz 2 verweist auf § 74a StGB. § 74a StGB erstreckt die Einziehung auf Personen, die zwar nicht Täter oder Teilnehmer, aber zurzeit der Entscheidung Eigentümer oder Inhaber des Gegenstandes sind und die im Zusammenhang mit der Tat vorwerfbar gehandelt haben.

18

Die Beihilfeklausel (§ 74a Nr. 1 StGB) verlangt in objektiver Hinsicht zunächst, dass die dem Dritten gehörende Sache bzw. das ihm zustehende Recht Mittel oder Gegenstand der Tat oder ihrer Vorbereitung gewesen ist. Das ist vor allem dort der Fall, wo der betroffene Gegenstand als Tatwerkzeug gedient hat. Erforderlich ist ferner, dass die Ver-

19

---

34 Vgl. *Eichmann/v. Falckenstein*, § 51 Rn. 12.
35 Vgl. *Schönke/Schröder*, § 74 Rn. 2f.
36 Vgl. MüKo, § 74 Rn 8.
37 Vgl. *Schönke/Schröder*, § 74 Rn. 6.
38 Vgl. zum Urheberrecht: *Dreier/Schulze*, § 110 Rn. 1.
39 Vgl. zum Urheberrecht: *Fromm/Nordemann*, § 110 Rn. 6.

wicklung des Gegenstandes in die Tat auf einen Beitrag des Eigentümers zurückgeht.[40] In subjektiver Hinsicht wird Leichtfertigkeit, d.h. ein besonders starker Grad von Sorglosigkeit (= grobe Fahrlässigkeit) verlangt. Gleichgültig ist hierbei, ob es sich um ein pflichtwidriges Nichterkennen des rechtswidrigen Täterverhaltens oder um nachlässige Eigentumsüberwachung handelt.[41]

20 Die Erwerbsklausel (§ 74a Nr. 2 StGB) setzt objektiv den Erwerb eines einziehungsunterworfenen Gegenstandes voraus. Unter „Erwerb" ist die Begründung eines Rechtsverhältnisses zu verstehen, kraft dessen der fragliche Gegenstand durch Erlangung des Eigentums an der Sache bzw. der rechtlichen Inhaberschaft über das Recht (z.B. durch Abtretung) der Einziehung nach § 74 StGB entzogen wird.[42] Da es sich um Gegenstände handeln muss, die – abgesehen von den Eigentumsverhältnissen – an sich der Einziehung nach § 74 Abs. 1 StGB oder einer sonstigen Sondervorschrift unterliegen, kommt praktisch nur ein Erwerb in Betracht, der nach der einziehungsbegründenden Tat stattgefunden hat.[43] In subjektiver Hinsicht muss der Erwerber Kenntnis von den einziehungsbegründenden Tatumständen gehabt haben. Im Gegensatz zu Nr. 1 reicht dafür leichtfertige Nichtkenntnis nicht aus; vielmehr muss der Erwerber positiv wissen, dass der betroffene Gegenstand in eine strafbare Handlung verstrickt war, die eine Einziehung rechtfertigen würde. Zudem muss der Erwerber verwerflich gehandelt haben. Folglich ist der Anwendungsbereich des § 74a Nr. 2 StGB auf Fälle beschränkt, in denen der Erwerb in begünstigender, hehlerischer oder sonstwie ausbeuterischer Absicht erfolgt.[44]

21 Die Einziehung ist fakultativ und steht im pflichtgemäßen Ermessen des Gerichtes (§ 74b Abs. 2 StGB). Mit Rechtskraft der Einziehungsentscheidung geht das Eigentum an den Gegenständen auf den Staat über (§ 74e Abs. 1 StGB). Dieser führt die Gegenstände im Allgemeinen der Vernichtung zu.

3. Adhäsionsverfahren

22 Der Verletzte kann seinen zivilrechtlichen Vernichtungsanspruch nach § 43 im Rahmen des Strafprozesses geltend machen (Adhäsionsverfah-

---

40 Vgl. *Schönke/Schröder*, § 74a Rn. 5.
41 Vgl. *Schönke/Schröder*, § 74a Rn. 6.
42 Vgl. *Schönke/Schröder*, § 74a Rn. 7.
43 Vgl. *Schönke/Schröder*, § 74a Rn. 8.
44 Vgl. *Schönke/Schröder*, § 74a Rn. 9.

ren nach §§ 403 bis 406c StPO). Wird dem Vernichtungsanspruch in einem solchen Verfahren stattgegeben, bestimmt Abs. 5 Satz 3, dass eine strafrechtliche Einziehung ausscheidet. Mit dem Vorrang des zivilrechtlichen Anspruchs vor der strafrechtlichen Einziehung wird dem in erster Linie auf eine private Rechtsverfolgung angelegten System des Schutzes des geistigen Eigentums Rechnung getragen.[45]

VII. Verjährung

Die Verjährungsfrist beträgt sowohl beim Grunddelikt als auch beim Qualifikationsdelikt fünf Jahre (§ 78 Abs. 4, Abs. 3 Nr. 4 StGB). Die Frist beginnt mit Beendigung der Musterverletzung (§ 78a StGB). Die Vollstreckung der verhängten Strafe verjährt – abhängig von deren Höhe – nach zehn, fünf oder drei Jahren (§ 79 Abs. 3 StGB). 23

VIII. Urteilsbekanntmachung (§ 51 Abs. 6)

Gemäß Abs. 6 kann das Gericht die öffentliche Bekanntmachung des (Straf-)Urteils anordnen. Voraussetzung hierfür ist, (1) eine Verurteilung wegen einer Tat gemäß § 51, (2) ein Antrag des Verletzten sowie (3) ein berechtigtes Interesse an der Bekanntmachung. § 51 greift auch bei der Verurteilung zu einer Bewährungsstrafe, wogegen eine Verwarnung mit Strafvorbehalt gemäß § 59 StGB nicht genügt.[46] Der Verletzte muss den Antrag auf Bekanntgabe im laufenden Strafverfahren vor Abschluss der mündlichen Verhandlung stellen. Hierbei muss der Verletzte von sich aus ein berechtigtes Interesse dartun; weitere Anforderungen – etwa Glaubhaftmachung i.S.v. § 294 ZPO – bestehen nicht.[47] Ob ein berechtigtes Interesse an der Urteilsbekanntmachung besteht, ist anhand der Umstände des Einzelfalls zu ermitteln. Zu berücksichtigen ist einerseits das Interesse des Verletzten an einer Beseitigung der eingetretenen Marktverwirrung, andererseits das Interesse des Verletzers, im Geschäftsverkehr nicht unnötig herabgesetzt und diffamiert zu werden.[48] Im Ergebnis dürfte bei einer strafrechtlichen Verurteilung, welche ein vorsätzliches handeln voraussetzt, das berechtigte Interesse des Verletzten eher anzunehmen sein als bei einer zivilrechtlichen Verurtei- 24

---

45 Vgl. zum Markenrecht: *Fezer*, § 143 Rn. 43.
46 Vgl. zum Urheberrecht: *Wandtke/Bullinger*, § 110 Rn. 3.
47 Vgl. zum Urheberrecht: *Wandtke/Bullinger*, § 110 Rn. 4.
48 Vgl. zum Markenrecht: *Fezer*, § 143 Rn. 45.

§ 51　Strafvorschriften

lung⁴⁹ Wurde bereits eine Veröffentlichungsbefugnis gemäß § 47 zugesprochen, dürfte dies die Anordnung der Urteilsveröffentlichung nach § 51 hingegen regelmäßig ausschließen.⁵⁰

25　Das Gericht hat die Art der Bekanntmachung (wann, wie, wo, wie oft) gemäß Abs. 6 Satz 2 im Urteil zu bestimmen. Sie richten sich nach den gleichen Kriterien, anhand derer bereits die Interessenabwägung erfolgt.⁵¹ Zweckmäßig ist eine Bekanntmachung in vielgelesenen Tageszeitungen oder Fachblättern des Geschäftszweigs.⁵² Zu bestimmen ist außerdem der zur Veröffentlichung Berechtigte und der genaue Gegenstand der Veröffentlichung.

26　Gemäß § 463c StPO wird die Urteilsveröffentlichung nur vollzogen, wenn der Berechtigte dies innerhalb eines Monats nach Zustellung der rechtskräftigen Entscheidung verlangt. Die Kostenfolge ergibt sich aus § 464a Abs. 1 Satz 2 StPO.

IX. Zivilrechtliche Auswirkungen

27　Solange nicht eine der Parteien vorsätzlich gehandelt hat, sind Rechtsgeschäfte über die Belieferung mit geschmacksmusterverletzender Ware nicht gemäß § 134 BGB i.V.m. § 143 BGB nichtig.⁵³

49　Vgl. zum Urheberrecht: *Dreier/Schulze*, § 110 Rn. 4; a.A. *Möhring/Nicolini*, § 111 Rn. 5: Strafe wiege in der Öffentlichkeit schwerer als eine Verurteilung im Zivilprozess und sei damit wesentlich nachteiliger für den Täter.
50　Vgl. zum Urheberrecht: *Dreier/Schulze*, § 110 Rn. 4.
51　Vgl. zum Urheberrecht: *Dreier/Schulze*, § 110 Rn. 5.
52　Vgl. *Baumbach/Hefermehl*, § 23 Rn. 13.
53　BGH, WRP 1996, 744, 746 – Akkreditiv-Übertragung.

Abschnitt 9
Verfahren in Geschmacksmusterstreitsachen

§ 52 Geschmacksmusterstreitsachen

(1) Für alle Klagen, durch die ein Anspruch aus einem der in diesem Gesetz geregelten Rechtsverhältnisse geltend gemacht wird (Geschmacksmusterstreitsachen), sind die Landgerichte ohne Rücksicht auf den Streitwert ausschließlich zuständig.

(2) Die Landesregierungen werden ermächtigt, durch Rechtsverordnung die Geschmacksmusterstreitsachen für die Bezirke mehrerer Landgerichte einem von ihnen zuzuweisen, sofern dies der sachlichen Förderung oder schnelleren Erledigung der Verfahren dient. Die Landesregierungen können diese Ermächtigungen auf die Landesjustizverwaltungen übertragen.

(3) Die Länder können durch Vereinbarung den Geschmacksmustergerichten eines Landes obliegende Aufgaben ganz oder teilweise dem zuständigen Geschmacksmustergericht eines anderen Landes übertragen.

(4) Von den Kosten, die durch die Mitwirkung eines Patentanwalts in einer Geschmacksmusterstreitsache entstehen, sind die Gebühren nach § 13 des Rechtsanwaltsvergütungsgesetzes und außerdem die notwendigen Auslagen des Patentanwalts zu erstatten.

Übersicht

	Rn.
I. Allgemeines	1
II. Gerichtliche Zuständigkeit (§ 52 Abs. 1)	2
1. Sachliche Zuständigkeit	2
2. Örtliche Zuständigkeit	6
3. Funktionale Zuständigkeit	7
III. Konzentrationsermächtigung (§ 52 Abs. 2 und 3)	8
IV. Erstattung von Patentanwaltskosten (§ 52 Abs. 4)	12
1. Prozessuale Mitwirkung	13
a) Allgemeines	13
b) Patentanwalt	14
c) Geschmacksmusterstreitsache	15
d) Mitwirkung	16
e) Kosten des Patentanwaltes	18
2. Vorprozessuale Mitwirkung	25

§ 52 Geschmacksmusterstreitsachen

I. Allgemeines

1 § 52 Abs. 1 und Abs. 2 entsprechen der alten Rechtslage (§ 15 Abs. 1 und Abs. 2 GeschmMG a.F.). Während § 52 Abs. 1 abweichend von §§ 23, 71 GVG die sachliche Zuständigkeit der Landgerichte für Geschmacksmusterstreitsachen ohne Rücksicht auf den Streitwert regelt, enthält § 52 Abs. 2 eine Rechtsgrundlage für eine Zuständigkeitskonzentration in Geschmacksmusterstreitsachen. Danach werden die Landesregierungen ermächtigt, durch Rechtsverordnung die Geschmacksmusterstreitsachen für die Bezirke mehrerer Landgerichte einem von Ihnen zuzuweisen, sofern dies der sachlichen Förderung oder schnelleren Erledigung der Verfahren dient. Weiter besteht gemäß § 52 Abs. 3 die Möglichkeit der länderübergreifenden Konzentration. § 52 Abs. 4 bestimmt die Erstattungsfähigkeit der Kosten, welche durch die Mitwirkung eines Patentanwalts entstehen. Dies entspricht der bisherigen Regelung (§ 15 Abs. 3 GeschmMG a.F.). Vergleichbare Regelungen finden sich in §§ 27 GebrMG, 140 MarkenG, 143 PatG.

II. Gerichtliche Zuständigkeit (§ 52 Abs. 1)

1. Sachliche Zuständigkeit

2 Abs. 1 begründet die ausschließliche sachliche Zuständigkeit der Landgerichte für Geschmacksmusterstreitsachen, schließt also – unabhängig vom Streitwert – die Zuständigkeit der Amtsgerichte aus. Anlass für die Zuständigkeitskonzentration bei den Landgerichten ist die Überlegung, dass es sich beim Geschmacksmusterrecht um eine schwierige Spezialmaterie handelt. Die Zuständigkeitskonzentration bezweckt damit – gemeinsam mit Abs. 2 – die Entscheidung durch ein besonders sachkundiges und erfahrenes Gericht.

3 Der Begriff der „Geschmacksmusterstreitsache" ist weit auszulegen.[1] Erforderlich, aber auch ausreichend ist ein Bezug zum GeschmMG dergestalt, dass das Rechtsverhältnis, aus dem der geltend gemachte Anspruch abgeleitet wird, den Bestimmungen dieses Gesetzes unterliegt. Dementsprechend gelten als Geschmacksmusterstreitsache alle Klagen, durch die ein Anspruch aus einem im GeschmMG geregelten Rechtsverhältnis geltend gemacht wird, und zwar unabhängig davon, ob es sich um die Geltendmachung quasi-dinglicher Rechte oder um rein schuldrechtliche

---

1 Vgl. zur Kennzeichenstreitsache (§ 140 MarkenG): BGH, GRUR 2004, 622; vgl. zur Patentstreitsache (§ 143 PatG): BGH, GRUR 2011, 662 – Patentstreitsache.

II. Gerichtliche Zuständigkeit (§ 52 Abs. 1) **§ 52**

Ansprüche handelt. Im Übrigen ist es ausreichend, wenn die Entscheidung des Rechtsstreits (auch) von im GeschmMG geregelten Rechtsverhältnissen abhängt. Unter § 52 fallen damit insbesondere die gesetzlichen Ansprüche, namentlich die in den §§ 42 ff. geregelten Ansprüche als auch alle Streitigkeiten aus vertraglichen Verpflichtungen (z. B. Bestand, Umfang oder Erfüllung eines Lizenzvertrages). Geschmacksmusterstreitsachen sind weiter Klagen auf Löschung des Geschmacksmusters (§ 33), Klagen auf Zahlung von Abmahnkosten (Kostenerstattungsklage),[2] Klagen über die Berechtigung geschmacksmusterrechtlicher Abmahnungen sowie die Erstattung von Kosten nach unberechtigter Verwarnung (Abwehrkostenklage), Klagen auf Unterlassung von Schutzrechtsberühmungen,[3] Klagen auf Schadensersatz nach § 945 ZPO sowie Klagen auf Zahlung von Vertragsstrafen.[4] Als Geschmacksmusterstreitsachen anzusehen sind schließlich auch Honorarklagen eines Rechtsanwalts oder Patentanwalts in Geschmacksmustersachen (Beratungs- oder Vertretungstätigkeit), wenn Streit über Fragen des Spezialgerichts besteht.[5] Ein Rechtsstreit ist jedoch nicht bereits deshalb Geschmacksmusterstreitsache, weil Ansprüche aus einem Vertrag geltend gemacht werden, in dem sich eine Partei zur Übertragung (zumindest auch) eines Geschmacksmusters verpflichtet hat.[6]

Ob eine Geschmacksmusterstreitsache vorliegt, ist nach dem Sachvortrag des Klägers (Widerklägers) zu beurteilen. Es genügt, dass der Kläger einen Tatbestand behauptet, der die Voraussetzungen für die Annahme einer Geschmacksmusterstreitsache begründet. Eine Schlüssigkeits- oder Begründetheitsprüfung findet nicht statt. Nicht erforderlich ist, dass der Kläger geschmacksmusterrechtliche Bestimmungen ausdrücklich nennt. 4

Klagen i. S. d. § 52 Abs. 1 sind insbesondere Leistungs- und Feststellungsklagen. Der Begriff „Klage" ist jedoch nicht ausschließlich im Sinne eines Hauptsacheverfahrens zu verstehen. Vielmehr handelt es sich auch bei Verfahren über den Erlass einer einstweiligen Verfügung[7] 5

---

2 OLG Karlsruhe, GRUR-RR 2006, 302.
3 OLG Nürnberg, MittdtPatA 1985, 97.
4 OLG Düsseldorf, GRUR 1984, 650; OLG München, GRUR-RR 2004, 190; LG Oldenburg, ZUM-RD 2011, 315.
5 OLG Karlsruhe, GRUR 1997, 359; OLG Naumburg, GRUR-RR 2010, 402 – Patentanwaltliche Honorarklage; vgl. zum Markenrecht: *Fezer*, § 140 Rn. 3; a. A. *Ingerl/Rohnke*, § 140 Rn. 11.
6 BGH, GRUR 2011, 662 – Patentstreitsache.
7 OLG Düsseldorf, GRUR 1960, 123.

Günther

sowie bei Verfahren über den Erlass von Arresten zur Sicherung eines Anspruchs[8] um Klagen und damit um Geschmacksmusterstreitsachen i.S.d. § 52. Das Gleiche gilt für die Vollstreckungsverfahren vor dem Prozessgericht nach §§ 887–890 ZPO,[9] Vollstreckungsgegenklagen nach § 767 ZPO[10] sowie die Auskunftsvollstreckung.[11]

2. Örtliche Zuständigkeit

6 Die örtliche Zuständigkeit in Geschmacksmusterstreitsachen richtet sich nach den allgemeinen Vorschriften der §§ 12 ff. ZPO (vgl. Kommentierung zu § 42).

3. Funktionale Zuständigkeit

7 Gemäß § 95 Abs. 1 Nr. 4 c) GVG handelt es sich bei Geschmacksmusterstreitsachen i.S.v. § 52 Abs. 1 um Handelssachen. Dies gilt unabhängig von der Kaufmannseigenschaft der Parteien. Voraussetzung dafür, dass der Rechtsstreit vor der Kammer für Handelssachen verhandelt wird, ist, dass der Kläger dies in der Klageschrift (im Verfügungsantrag) beantragt hat (§ 96 Abs. 1 GVG). Hat der Kläger dies unterlassen und ist der Rechtsstreit bei der Zivilkammer anhängig, ist der Rechtsstreit auf Antrag des Beklagten (§ 96 Abs. 1 Satz 1 GVG), welcher vor der mündlichen Verhandlung zu stellen ist (§ 101 Abs. 1 GVG) an die Kammer für Handelssachen zu verweisen (eine Verweisung vom Amts wegen ist gemäß § 96 Abs. 3 GVG nicht möglich).

III. Konzentrationsermächtigung (§ 52 Abs. 2 und 3)

8 Nach Abs. 2 Satz 1 sind die Landesregierungen befugt, Geschmacksmusterstreitsachen bei einem oder mehreren Landgerichten zu konzentrieren. Gemäß Abs. 2 Satz 2 können die Landesregierungen diese Konzentrationsermächtigung auf die Landesjustizverwaltung übertragen. Von der Möglichkeit der länderübergreifenden Konzentration gemäß § 52 Abs. 3 haben bislang nur Berlin und Brandenburg Gebrauch gemacht (Staatsvertrag vom 20. November 1995).

---

8 OLG Karlsruhe, GRUR 1973, 26.
9 OLG München, GRUR 1978, 499; OLG Frankfurt, GRUR 1979, 340; OLG Düsseldorf, GRUR 1983, 512.
10 OLG Düsseldorf, GRUR 1985, 220.
11 Vgl. zum Markenrecht: *Fezer*, § 140 Rn. 5.

III. Konzentrationsermächtigung (§ 52 Abs. 2 und 3)   § 52

Derzeit sind in den einzelnen Bundesländern die folgenden Landgerichte zuständig:[12]   9

Baden-Württemberg:	LG Mannheim für den OLG-Bezirk Karlsruhe; LG Stuttgart für den OLG-Bezirk Stuttgart;
Bayern:	LG München I für den OLG-Bezirk München; LG Nürnberg-Fürth für die OLG-Bezirke Nürnberg und Bamberg;
Berlin:	LG Berlin;
Brandenburg:	LG Berlin;
Bremen:	LG Bremen;
Hamburg:	LG Hamburg;
Hessen:	LG Frankfurt am Main;
Mecklenburg-Vorpommern:	LG Rostock;
Niedersachsen:	LG Braunschweig;
Nordrhein-Westfalen:	LG Düsseldorf für den OLG-Bezirk Düsseldorf; LG Bielefeld für die Landgerichtsbezirke Bielefeld, Detmold, Paderborn; LG Bochum für die Landgerichtsbezirke Arnsberg, Bochum, Dortmund, Essen, Hagen, Siegen, LG Köln für den OLG-Bezirk Köln;
Rheinland-Pfalz:	LG Frankenthal (Pfalz);
Saarland:	LG Saarbrücken;
Sachsen:	LG Leipzig;
Sachsen-Anhalt:	LG Magdeburg;
Schleswig-Holstein:	LG Kiel;
Thüringen:	LG Erfurt.

Die Zuständigkeit der nach Abs. 2 bestimmten Geschmacksmustergerichte ist eine ausschließliche Zuständigkeit und von Amts wegen zu berücksichtigen. Die Zuständigkeit eines Landgerichts, das nicht Geschmacksmustergericht ist, kann weder durch eine Gerichtsstandvereinbarung der Parteien noch durch rügeloses Verhandeln zur Hauptsache begründet werden (§ 40 Abs. 2 ZPO).[13] Etwas anderes gilt nur dann, wenn hierdurch die Zuständigkeit eines anderen für Geschmacksmusterstreitsachen zuständigen Gerichts begründet wird.   10

---

12 BlPMZ 2001, 306; vgl. www.grur.de, Stichwort „Landgerichte".
13 Vgl. zum Patentrecht: *Schulte*, § 143 Rn. 15.

§ 52 Geschmacksmusterstreitsachen

11 Macht der Kläger eine Geschmacksmusterstreitsache bei einem nach Abs. 1, Abs. 2 unzuständigen Landgericht anhängig, muss er beantragen, den Rechtsstreit an das zuständige Landgericht zu verweisen (§ 281 ZPO). Tut er dies nicht, wird die Klage als unzulässig abgewiesen.[14] Gemäß § 513 Abs. 2 ZPO kann die Berufung nicht darauf gestützt werden, dass das Gericht des ersten Rechtszuges seine Zuständigkeit zu Unrecht bejaht hat (das Gleiche gilt gemäß § 545 Abs. 2 ZPO für die Revision).[15] Das Berufungsgericht sowie der BGH haben jedoch zu jeder Zeit des Verfahrens von Amts wegen die internationale Zuständigkeit deutscher Gerichte zu prüfen.[16]

IV. Erstattung von Patentanwaltskosten (§ 52 Abs. 4)

12 Abs. 4 sieht vor, dass die Gebühren für eine nach § 4 PatAnwO zulässige Mitwirkung eines Patentanwalts in voller Höhe[17] nach Maßgabe des § 13 RVG erstattungsfähig sind.

1. Prozessuale Mitwirkung

a) Allgemeines

13 Den Patentanwälten steht außer der Befugnis zur Vertretung anderer vor dem Patentamt und dem Patentgericht sowie im Berufungsverfahren vor dem Bundesgerichtshof (§ 3 Abs. 2 Nr. 2, 3 PatAnwO, § 121 Abs. 1 PatG) und außer der Befugnis zur Rechtsberatung in Angelegenheiten der gewerblichen Schutzrechte, Sortenschutzrechte usw. (§ 3 Abs. 2 Nr. 1, Abs. 4 PatAnwO) auch die Befugnis zur Mitwirkung in Rechtsstreitigkeiten vor den ordentlichen Gerichten zu, in denen ein Anspruch aus einem der im PatG, im GebrMG, im MarkenG, im Gesetz über Arbeitnehmererfindungen usw. geregelten Rechtsverhältnisse geltend gemacht wird (§ 4 Abs. 1 PatAnwO) sowie zur Mitwirkung in sonstigen Rechtsstreitigkeiten, soweit für deren Entscheidung eine Frage von Bedeutung ist, die ein gewerbliches Schutzrecht usw. betrifft (§ 4 Abs. 2 PatAnwO). Diese Befugnis erstreckt sich auf die Gerichte aller Instanzen, auch die mit Rechtsanwaltszwang (§ 78 ZPO), und ist unabhängig vom Sitz des Gerichts und des Patentanwalts.[18]

---

14 Vgl. zum Patentrecht: *Schulte*, § 143 Rn. 16.
15 Vgl. zum Patentrecht: *Schulte*, § 143 Rn. 17.
16 BGH, NJW-RR 2002, 1149.
17 OLG Hamburg, MDR 2005, 1196; OLG Frankfurt, GRUR-RR 2005, 104.
18 Vgl. zum Markenrecht: *Fezer*, § 140 Rn. 31.

IV. Erstattung von Patentanwaltskosten (§ 52 Abs. 4)   § 52

b) Patentanwalt

Patentanwalt ist zunächst jeder nach der PatAnwO zugelassene Patentanwalt sowie jeder nach Art. 134 EPÜ zugelassene Vertreter beim Europäischen Patentamt.[19] Weiter soll Abs. 4 auch auf ausländische, nach Ausbildung und Funktion deutschen Patentanwälten entsprechende Personen Anwendung finden.[20] 14

c) Geschmacksmusterstreitsache

Der Erstattungsanspruch setzt voraus, dass der Patentanwalt an einer Geschmacksmusterstreitsache mitgewirkt hat. Der Begriff „Geschmacksmusterstreitsache" ist weit auszulegen und umfasst sowohl das Erkenntnis-, das einstweilige Verfügungs- als auch das Zwangsvollstreckungsverfahren.[21] Weiter zählt hierzu auch die gerichtliche Geltendmachung von Gebührenansprüchen eines Patentanwalts auf Grund seiner Tätigkeit in Geschmacksmustersachen.[22] Bei einer objektiven (kumulativen) Klagenhäufung beschränkt sich die auf Abs. 4 gestützte Erstattungspflicht nur auf die – abtrennbaren – musterrechtlichen Ansprüche. Im Übrigen beurteilt sich die Erstattungsfähigkeit der Patentanwaltskosten nach § 91 Abs. 1 ZPO.[23] Für den nach § 91 Abs. 1 Satz 1 ZPO erforderlichen konkreten Prozessbezug genügt es nicht, dass die Kenntnisse aus der Tätigkeit der Patentanwaltes irgendwann in einem Rechtsstreit verwendet werden, sondern die Tätigkeit des Patentanwaltes muss sich auf den konkreten Rechtsstreit beziehen und gerade mit Rücksicht auf den konkreten Prozess in Auftrag gegeben worden sein.[24] 15

d) Mitwirkung

Eine Mitwirkung i.S.d. Abs. 4 liegt dann vor, wenn der Patentanwalt nach Auftragserteilung durch die Partei irgendeine streitbezogene Tätigkeit vorgenommen hat, so dass der Patentanwalt einen Gebühren- 16

---

19 OLG Karlsruhe, NJW-RR 2005, 430 – European Patent Attorney.
20 BGH, GRUR 2007, 999 – Consulente in marci; OLG Düsseldorf, GRUR 1988, 761 f.; OLG Frankfurt, GRUR 1994, 852; OLG Frankfurt, GRUR-RR 2006, 422; KG, GRUR-RR 2008, 373 – Schweizer Anwalt.
21 OLG Düsseldorf, GRUR-RR 2010, 405; OLG Stuttgart, MittdtPatA 2006, 182; OLG Frankfurt, GRUR 1997, 340; OLG Frankfurt, MittdtPatA 1995, 80; KG, MittdtPatA 1995, 81; OLG Düsseldorf, GRUR 1983, 512.
22 OLG Naumburg, GRUR-RR 2010, 402.
23 OLG Stuttgart, GRUR-RR 2009, 79.
24 OLG Stuttgart, GRUR-RR 2007, 96.

spruch gegenüber seinem Auftraggeber erlangt hat.[25] Der Erstattungsberechtigte ist hinsichtlich der Gebühren des Patentanwaltes vom konkreten Nachweis der Notwendigkeit der Mitwirkung des Patentanwalts entbunden. Für die Festsetzung der gebühren reicht es folglich aus, dass ein Patentanwalt mitgewirkt, d.h. tatsächlich irgendeine streitbezogene Tätigkeit entfaltet hat; auf die Frage, ob der Patentanwalt im Rahmen seiner Tätigkeit spezifische Fragen des Geschmacksmusterschutzes behandelt hat, kommt es nicht an. Ebenso wenig bedarf es einer Prüfung von Umfang, Schwierigkeitsgrad, Erforderlichkeit oder gar Entscheidungserheblichkeit der Mitwirkungshandlungen.[26] Dementsprechend genügt als Mitwirkung des Patentanwalts jede auf die Förderung des Verfahrens bezogene Tätigkeit, beispielsweise Führung des Schriftwechsels mit dem Prozessbevollmächtigten,[27] Kenntnisnahme von Schriftsätzen des Prozessbevollmächtigten,[28] telefonische Besprechung mit der Partei oder dem Prozessbevollmächtigten.[29]

17 Die Mitwirkung des Patentanwalts ist glaubhaft zu machen (vgl. § 104 Abs. 2 Satz 1 ZPO),[30] wobei es im Hinblick auf die Verfahrensgebühr (Nr. 3100 VV RVG) regelmäßig ausreicht, dass die Mitwirkung des Patentanwalts in der Klageschrift oder in dem Antrag auf Erlass einer einstweiligen Verfügung angezeigt und im Kostenfestsetzungsverfahren eine Kostenrechnung des Patentanwalts vorgelegt wird.[31] Der Erstattungsanspruch besteht unabhängig davon, ob die Mitwirkung des Patentanwalts notwendig war.[32] Dementsprechend findet eine Einzelfallprüfung, ob die Mitwirkung des Patentanwalts geboten war, nicht statt.[33] Gleichwohl kann das Gericht prüfen, ob in dem Verfahren überhaupt geschmacksmusterrechtliche Fragen streitig waren.[34]

---

25 OLG Frankfurt, GRUR 1965, 506; OLG Frankfurt, GRUR 1978, 450; OLG Köln, GRUR 1984, 162.
26 BGH, WRP 2003, 755f.; OLG München, GRUR-RR 2004, 128 und GRUR-RR 2004, 224; OLG Karlsruhe, GRUR-RR 2006, 302.
27 OLG Düsseldorf, MittdtPatA 1980, 40.
28 OLG München, MittdtPatA 1994, 24, 25.
29 OLG Braunschweig, MittdtPatA 1999, 311; OLG Düsseldorf, MittdtPatA 1984, 99.
30 KG, WRP 1997, 37; OLG München, MittdtPatA 1982, 199.
31 OLG München, MittdtPatA 1982, 199; OLG München, MittdtPatA 1997, 167, 168.
32 BGH GRUR 2003, 639 – Kosten des Patentanwalts; BPatG GRUR 2000, 331; OLG München GRUR 1961, 375; OLG München GRUR 1978, 196; OLG München GRUR-RR 2004, 128.
33 OLG Frankfurt, GRUR-RR 2001, 199.
34 OLG Frankfurt, GRUR 1983, 435.

IV. Erstattung von Patentanwaltskosten (§ 52 Abs. 4) § 52

e) Kosten des Patentanwaltes

Das Anfallen der verschiedenen Gebühren (Verfahrensgebühr, Termins- 18
gebühr, Einigungsgebühr) ist jeweils gesondert zu prüfen und festzustellen. Wegen des Anfallens der Verfahrensgebühr wird auf das Vorgesagte verwiesen. Die Terminsgebühr (Nr. 3104 VV RVG) fällt für die Teilnahme an der mündlichen Verhandlung an. Ob der anwesende Patentanwalt in der Verhandlung das Wort ergriffen hat, ist nicht entscheidend.[35] Um späteren Streit über die Mitwirkung des Patentanwalts zu vermeiden, empfiehlt es sich, die Anwesenheit des Patentanwalts im Protokoll der mündlichen Verhandlung aufzunehmen. Die Einigungsgebühr (Nr. 1003 VV RVG) fällt an, wenn der Patentanwalt den Vergleich (auch beratend) mit vorbereitet hat.[36]

Gemäß Abs. 4 sind auch die Auslagen des Patentanwalts zu erstatten. 19
Hierzu zählen insbesondere die Reisekosten zum Verhandlungstermin (Nr. 7003, 7004 VV RVG)[37], Abwesenheitsgelder (Nr. 7005 VV RVG), notwendige Kommunikationskosten (Nr. 7002 VV RVG) sowie Recherchekosten zur Vorbereitung der Rechtsverteidigung gegen die drohende Verletzungsklage (auch die Eigenrecherche des Patentanwalts).[38] Bei der Recherche ist für die Kostenerstattung gemäß § 9 JVEG ein Stundensatz von EUR 95 (Honorargruppe 10) zugrunde zu legen.[39]

Hinsichtlich der Reise- und Abwesenheitskosten eines am Gerichtsort 20
nicht ansässigen Rechtsanwalts ist anerkannt, dass diese insoweit zu erstatten sind, als dessen Zuziehung notwendig war (§ 91 Abs. 2 Satz 1 zweiter Halbsatz ZPO). Ob das der Fall war, bemisst sich danach, was eine vernünftige und kostenorientierte Partei als sachdienlich ansehen durfte.[40] Eine nicht am Gerichtsort ansässige Partei ist in diesem Rahmen kostenrechtlich nicht darauf angewiesen, einen Rechtsanwalt am Ort des Prozessgerichts mit ihrer Prozessvertretung zu beauftragen. Vielmehr kann sie grundsätzlich die Kosten ihres Prozessbevollmächtigten auch dann erstattet verlangen, wenn dieser am Gerichtsort nicht

---

35 Vgl. zum Markenrecht: *Ingerl/Rohnke*, § 140 Rn. 77; strenger OLG Köln, MittdtPatA 2002, 563, 564.
36 OLG Köln, MittdtPatA 2002, 563, 564.
37 OLG Düsseldorf, GRUR-RR 2009, 200: Keine Kostenerstattung für „Business-Class"-Flug.
38 OLG Düsseldorf, InstGE 12, 252; OLG Frankfurt, GRUR 1996, 967; OLG Düsseldorf, MittdtPatA 1989,93; OLG Düsseldorf, GRUR 1969, 104.
39 OLG Düsseldorf, InstGE 12, 252.
40 BGH, NJW-RR 2004, 858.

ansässig ist. Das hat der BGH wiederholt für den Fall entschieden, dass die Partei einen in ihrer Nähe ansässigen Rechtsanwalt beauftragt hat.[41] Ein tragender Grund hierfür ist zunächst die Annahme, dass ein persönliches mündliches Gespräch erforderlich und gewünscht ist. Zudem kann eine Partei ein berechtigtes Interesse haben, sich durch den Rechtsanwalt ihres Vertrauens auch vor auswärtigen Gerichten vertreten zu lassen. Schließlich spricht für die Erstattungsfähigkeit der Kosten regelmäßig auch der Gesichtspunkt der außergerichtlichen Vorbefassung. Denn auch von einer kostenbewussten Partei kann selbst im Interesse der erstattungspflichtigen Gegenpartei nicht erwartet werden, auf den mit der Sache bereits vertrauten Rechtsanwalt zu verzichten und einen neuen Prozessbevollmächtigten am Gerichtsort zu beauftragen.[42] Für die Erstattung der Auslagen, die wie hier für die Mitwirkung eines Patentanwalts in einer Geschmacksmusterstreitsache angefallen sind, können letztlich keine anderen Grundsätze gelten. So ist etwa für das vergleichbare Markenverletzungsverfahren anerkannt, dass bei einem Unternehmen, das häufig Rechtsstreitigkeiten in Markensachen zu führen hat, im Rahmen der Kostenfestsetzung auch das Interesse zu berücksichtigen ist, mit besonders sachkundigen Beratern seines Vertrauens in örtlicher Nähe zusammenzuarbeiten.[43] Bei überörtlichen Patentanwaltssozietäten mit Kanzlei am oder in nächster Nähe des Gerichtsortes dürften Reise- und Abwesenheitskosten des auswärtigen Patentanwaltes nur dann erstattungsfähig sein, wenn die Terminswahrnehmung wegen besonderer, tatsächlicher oder rechtlicher Komplexität einem Patentanwalt aus der Kanzlei vor Ort nicht übertragen werden konnte.[44]

21 Die Kosten eines ausländischen Patentanwaltes sind zu erstatten, wenn dieser nach seiner Ausbildung und seinem Tätigkeitsbereich einem in Deutschland zugelassenen Patentanwalt im Wesentlichen gleichgestellt werden kann.[45] Fallen durch die Einschaltung eines ausländischen Patentanwalts höhere Reisekosten an als bei der Einschaltung eines deutschen Patentanwalts, sind die (höheren) Reisekosten nur dann erstattungsfähig, wenn gerade die Mitwirkung des ausländischen Patentanwalts notwendig war.[46]

---

41 BGH, NJW 2003, 898, 900.
42 BGH NJW-RR 2004, 858.
43 BGH WRP 2007, 1205.
44 Vgl. zum Markenrecht: *Ingerl/Rohnke*, § 140 Rn. 80 m.w.N.
45 BGH, GRUR 2007, 999 – Consulente in marchi.
46 Vgl. zum Markenrecht: *Ingerl/Rohnke*, § 140 Rn. 84 m.w.N.

IV. Erstattung von Patentanwaltskosten (§ 52 Abs. 4) **§ 52**

Ein Erstattungsanspruch nach Abs. 4 ist auch dann gegeben, wenn der **22** Patentanwalt der gleichen Sozietät angehört, wie der Rechtsanwalt.[47] Die Frage, ob ein als Rechtsanwalt und zugleich als Patentanwalt zugelassener Prozessbevollmächtigter auch die Gebühren für seine Tätigkeit als Patentanwalt erstattet erhält, war in der instanzgerichtlichen Rechtsprechung und Literatur umstritten.[48] Es wurde die Auffassung vertreten, dass in derartigen Fällen keine zusätzliche Gebühr anfalle, dass dies von den Umständen des Einzelfalls, insbesondere der tatsächlich erbrachten Mehrleistung des Prozessbevollmächtigten als Patentanwalt abhänge oder dass die Gebühr im Fall der doppelten Mandatierung und Vertretung generell zu erstatten sei. Nach der Rechtsprechung des BGH steht die (zusätzliche) Patentanwaltsgebühr dem Prozessbevollmächtigten dann zu, wenn er in beiden Funktionen als Rechtsanwalt und als Patentanwalt beauftragt wurde und an dem Rechtsstreit sowohl als Rechtsanwalt als auch als Patentanwalt in der jeweiligen Funktion als Organ der Rechtspflege mitgewirkt hat.[49] Schließlich sind die Kosten des Patentanwalts neben denen des Rechtsanwalts auch dann zu ersetzen, wenn der Patentanwalt zwar Betroffener der Streitsache ist, aber selbst nicht Partei, sondern Partner der parteifähigen Partnerschaftsgesellschaft.[50]

Im Berufungs- und Revisionsverfahren erhöhen sich die Gebühren des **23** Patentanwalts entsprechend den Gebühren des Prozessbevollmächtigten.[51] Im Rechtsmittelverfahren darf der Rechtsmittelbeklagte einen Patentanwalt aber erst hinzuziehen, wenn das Rechtsmittel begründet ist.[52]

In analoger Anwendung von § 11 RVG ist eine Festsetzung der angefal- **24** lenen Gebühren gegen die eigene Partei möglich.[53] Zudem steht dem

---

47 OLG Düsseldorf, GRUR-RR 2003, 30 – Patentanwaltskosten; OLG Braunschweig, MittdtPatA 1999, 311; OLG Nürnberg, GRUR 1990, 130.
48 Vgl. zum Markenrecht; Fezer, § 140 Rn. 47 m.w.N.
49 BGH, GRUR 2003, 639, 640; BGH, WRP 2003, 755 – Kosten des Patentanwalts; OLG Karlsruhe, AnWBl. 1989, 106, 107; OLG München, JurBüro 1983, 815; a.A. *Fezer*, § 140 Rn. 19.
50 OLG Dresden, GRUR-RR 2008, 264.
51 OLG Düsseldorf, GRUR 1988, 761; OLG Frankfurt, GRUR 1988, 530; OLG Karlsruhe, GRUR 1980, 331; anderer Ansicht hinsichtlich der Revisionsinstanz: OLG München, GRUR 1997, 339; OLG Hamburg, MDR 1988, 684.
52 OLG Stuttgart, GRUR-RR 2004, 279.
53 BPatG, GRUR 2002, 732, 733; OLG München, GRUR 1978, 450; a.A. OLG Düsseldorf, GRUR-RR 2009, 240.

Patentanwalt gegen die Streitwertfestsetzung ein eigenes Beschwerderecht zu.[54]

2. Vorprozessuale Mitwirkung

25 Bei der Mitwirkung des Patentanwalts vor Prozessbeginn – insbesondere einer Abmahnung – wird Abs. 4 nach der herrschenden Meinung analog (direkt anwendbar ist die Vorschrift nicht, weil sie nach ihrem Wortlaut lediglich die Vertretung vor ordentlichen Gerichten erfasst) auf die Geschäftsgebühr (Nr. 2300 VV RVG) angewandt.[55] Eine analoge Anwendung verbietet sich indessen, weil es an den Voraussetzungen für eine Analogie fehlt: Eine Analogie ist nur dann zulässig und geboten, wenn das Gesetz eine planwidrige Regelungslücke enthält und der zu beurteilende Sachverhalt in rechtlicher Hinsicht so weit mit dem Tatbestand vergleichbar ist, den der Gesetzgeber geregelt hat, dass angenommen werden kann, der Gesetzgeber wäre bei einer Interessenabwägung, bei der er sich von den gleichen Grundsätzen hätte leiten lassen wie bei dem Erlass der herangezogenen Gesetzesvorschrift, zu dem gleichen Abwägungsergebnis gekommen.[56] Kommt eine analoge Anwendung von § 52 Abs. 4 GeschmMG nicht in Betracht, hängt die Frage, ob wegen einer Abmahnung sowohl Rechts- als auch Patentanwaltskosten zu ersetzen sind, allein von den einschlägigen materiell-rechtlichen Vorschriften (Geschäftsführung ohne Auftrag, §§ 683, 677 BGB) ab.[57] Das Gleiche gilt für die Mitwirkung des Patentanwaltes bei der Abschlusskorrespondenz, namentlich dem Abschlussschreiben nach Erlass einer einstweiligen Verfügung (vgl. Kommentierung zu § 42).[58]

---

54 OLG Karlsruhe, MittdtPatA 1972, 66.
55 BGH, WRP 2009, 1080 – Thermoroll; OLG Frankfurt, GRUR-RR 2001, 199; OLG Karlsruhe, GRUR 1999, 343, 347.
56 BGH, NJW 2007, 3124 m.w.N.
57 OLG Frankfurt, GRUR-RR 2010, 127; OLG Düsseldorf, MittdtPatA 2008, 561; LG Hamburg, GRUR-RR 2005, 344; ausführlich zur Erstattungsfähigkeit: *Tyra*, WRP 2007, 1059.
58 *Günther/Pfaff*, WRP 2010, 708, 709.

§ 53 Gerichtsstand bei Ansprüchen nach diesem Gesetz und dem Gesetz gegen den unlauteren Wettbewerb

Ansprüche, welche die in diesem Gesetz geregelten Rechtsverhältnisse betreffen und auch auf Vorschriften des Gesetzes gegen den unlauteren Wettbewerb gegründet werden, können abweichend von § 14 des Gesetzes gegen den unlauteren Wettbewerb vor dem für das Geschmacksmusterstreitverfahren zuständigen Gericht geltend gemacht werden.

Übersicht

	Rn.		Rn.
I. Allgemeines	1	1. Zuständigkeit nach §§ 12 ff. ZPO	5
II. Normzweck	3	2. Zuständigkeit nach § 32 ZPO	6
III. Voraussetzungen	4	3. Zuständigkeitsrüge und Verweisung	13
IV. Der örtliche Gerichtsstand	5		

I. Allgemeines

Das GeschmMG enthält bis auf die Regelung des § 58 Abs. 3 (Inlandsvertreter) keine Regelung betreffend die örtliche Zuständigkeit in Geschmacksmusterstreitsachen. Dementsprechend ist die örtliche Zuständigkeit nach den allgemeinen Vorschriften (§§ 12 ff. ZPO) zu bestimmen (vgl. Kommentierung zu § 52). Wird der geltend gemachte Anspruch auf Vorschriften des UWG gestützt wird, gelten grundsätzlich die ausschließlichen Gerichtsstände der örtlichen Zuständigkeit nach § 14 UWG. Regelungsgegenstand des § 53 ist das Verhältnis der Gerichtsstandsregelungen des § 52 für Geschmacksmusterstreitsachen und des § 14 UWG für Wettbewerbssachen zueinander, wenn sich beim Streitgegenstand Geschmacksmusterrecht und Wettbewerbsrecht überschneiden.[1] § 53 schränkt die ausschließlichen Gerichtsstände des § 14 UWG insoweit ein, dass der Anspruch auch dann, wenn eine Geschmacksmusterstreitsache auf eine Vorschrift des UWG gegründet wird, nicht im Gerichtsstand des § 14 UWG geltend gemacht zu werden. Liegt keine Geschmacksmusterstreitsache im Sinne des § 52

1

---

1 Vgl. zum Markenrecht: *Fezer*, § 141 Rn. 1.

Abs. 1 vor, gilt in Wettbewerbssachen die ausschließliche Zuständigkeit nach § 14 UWG uneingeschränkt.² § 53 beschränkt sich demzufolge darauf, die Ausschließlichkeit der Gerichtsstände des § 14 UWG für Ansprüche aufzuheben, die zwar auf Bestimmungen des UWG gestützt werden, jedoch (auch) die im GeschmMG geregelten Rechtsverhältnisse betreffen. Der Regelungsgehalt des § 53 entspricht dem des § 141 MarkenG.

2 § 53 gilt für alle Ansprüche, die im GeschmMG geregelte Rechtsverhältnisse „betreffen". Der Begriff „betreffen" ist weit auszulegen. Es genügt jeder objektiv nachvollziehbare Zusammenhang des Anspruchs mit Geschmacksmustern. Damit geht der Begriff des „betreffen" noch über den Begriff der „Geschmacksmusterstreitsache" im Sinne des § 52 Abs. 1 hinaus. Nicht erforderlich ist, dass die Parteien geschmacksmusterrechtliche Bestimmungen nennen oder der geschmacksmusterrechtliche Bezug bei der Entscheidung eine Rolle spielt.

II. Normzweck

3 § 53 trägt damit dem Umstand Rechnung, dass sich Ansprüche aus dem Geschmacksmusterrecht und aus dem UWG häufig überschneiden. Durch § 53 wird es dem Kläger ermöglicht, seine Klage außerhalb des in § 14 UWG normierten Gerichtsstands vor dem nach § 52 zuständigen Geschmacksmustergericht geltend zu machen. Hierdurch wird die besondere Sachkunde und Erfahrung der Geschmacksmustergerichte auch dann genutzt, wenn aufgrund der Zuständigkeitsregelung des § 14 UWG ein „normales" Landgericht zuständig wäre.

III. Voraussetzungen

4 § 53 gilt für alle Ansprüche, die im GeschmMG geregelte Rechtsverhältnisse „betreffen". Somit geht der Anwendungsbereich des § 53 noch über die „Geschmacksmusterstreitsache" i.S.d. § 52 Abs. 1 hinaus. Es genügt jeder objektiv nachvollziehbare Zusammenhang des Anspruchs mit einem Geschmacksmuster. Hierzu reicht es aus, wenn sich der geschmacksmusterrechtliche Bezug aus dem rechtserheblichen Sachvortrag der Parteien objektiv ergibt, insbesondere aus den schlüssigen Darlegungen des Klägers, der sich auf § 53 zur Begründung der

---

2 Vgl. zum Markenrecht: *Fezer*, § 141 Rn. 7.

Zuständigkeit des angerufenen Gerichts beruft; die ausdrückliche Nennung geschmacksmusterrechtlicher Vorschriften ist nicht erforderlich.[3] Schließlich kann für die Anwendung des § 53 dahinstehen, ob der geschmacksmusterrechtliche Bezug bei der Entscheidung des Gerichts eine Rolle spielt. Ausreichend ist, dass überhaupt geschmacksmusterrechtliche Verhältnisse betroffen sind, mögen sie sich auch letztlich als nicht entscheidungserheblich erweisen.[4]

IV. Der örtliche Gerichtsstand

1. Zuständigkeit nach §§ 12ff. ZPO

Nach § 12 ZPO ist für Klagen und einstweilige Verfügungen das Landgericht zuständig, in dessen Bezirk die beklagte Partei ihren allgemeinen Gerichtsstand hat. Allgemeiner Gerichtsstand ist bei natürlichen Personen der Wohnsitz (§ 13 ZPO i.V.m. §§ 7ff. BGB) oder der gewöhnliche Aufenthaltsort, bei juristischen Personen deren Sitz (§ 17 ZPO). Hat jemand zum Betrieb einer Fabrik, einer Handlung oder eines anderen Gewerbes eine Niederlassung, von der aus unmittelbar Geschäfte geschlossen werden („Niederlassung"), kann auch dort geklagt werden (§ 21 ZPO). Hat die beklagte Partei im Inland weder einen Wohnsitz/Sitz noch eine Niederlassung, kommt der Gerichtsstand des Vermögens (§ 23 ZPO) in Frage (das Vermögen muss in keinerlei Beziehung zum Gegenstand der Klage stehen). Kommen mehrere Gerichte in Betracht, steht dem Kläger ein Wahlrecht zu (§ 35 ZPO). In allen Fällen ist jedoch die Konzentrationsermächtigung des § 52 Abs. 2 zu berücksichtigen.

5

2. Zuständigkeit nach § 32 ZPO

Von besonderer Bedeutung ist der Gerichtsstand der unerlaubten Handlung am Begehungsort gemäß § 32 ZPO. Zuständig ist das Gericht, in dessen Bezirk die unerlaubte Handlung begangen worden ist. Das ist jeder Ort, an dem eines der wesentlichen Tatbestandsmerkmale verwirklicht wurde.[5] Die Zuständigkeit ist auch am Ort des Erfolgseintritts, d.h. an dem Ort, an dem in das geschützte Rechtsgut eingegriffen und

6

---

3 Vgl. zum Markenrecht: *Ingerl/Rohnke*, § 141 Rn. 3; *Fezer*, § 141 Rn. 8.
4 Vgl. zum Markenrecht: *Ingerl/Rohnke*, § 141 Rn. 3.
5 BGH, GRUR 1964, 316, 318 – Stahlexport; BGH, GRUR 1978, 194, 195 – Profil; BGH, GRUR 1994, 530, 532 – Beta.

§ 53   Gerichtsstand bei Ansprüchen

die Tat hierdurch vollendet wird, begründet.[6] Der Ort des Schadenseintritts ist nur dann relevant, wenn der Schadenseintritt zur vorgeworfenen Rechtsverletzung gehört und nicht nur irgendwelche Schadensfolgen unabhängig vom Verletzungsort eintreten.[7] Auf die vorbeugende Unterlassungsklage ist § 32 ZPO analog anzuwenden.[8] Abzustellen ist auf den Ort, an dem die Erstbegehungsgefahr droht.[9]

7   Der Gerichtsstand nach § 32 ZPO gilt verschuldensunabhängig, so dass auch verschuldensunabhängige Ansprüche im Gerichtsstand des § 32 ZPO geltend gemacht werden können.

8   Bei schriftlichen Abmahnungen sind Absende- und Empfangsort maßgeblich.[10] Das Gleiche gilt bei der Versendung von E-Mails.[11]

9   Erfolgt die Verletzung im Einzelhandel, kann der Hersteller auch am Verkaufsort belangt werden, wenn dort die Ware mit seinem Wissen und Wollen vertrieben wird.[12] Bei Geschmacksmusterverletzungen in Printmedien (Annoncen in Zeitschriften, Katalogen, Prospekten etc.) kann nach § 32 ZPO im Bereich des bestimmungsgemäßen, d.h. nicht nur zufälligen Verbreitungsgebiets der Druckschrift geklagt werden. Dies gilt unabhängig davon, ob viele oder wenige Exemplare verbreitet werden.[13] Jedoch ist es kein Verbreiten, wenn der Bezug der Druckschrift nur dazu dienen soll, den Gerichtsstand des Begehungsortes zu begründen,[14] oder wenn die Druckschrift an den Urlaubsort nachgesandt wird.[15]

10   Bei Wettbewerbsverstößen in Hörfunk und Fernsehen ist Handlungsort der Sitz der Sendeanstalt und Erfolgsort der Ort, an dem die Sendung empfangen werden kann. Auch hier werden die Grundsätze zur Verbreitung von Druckschriften herangezogen, so dass es auf die bestimmungsgemäße Verbreitung der Sendung ankommt.[16]

---

6   OLG Hamburg, MDR 1955, 616; OLG Hamburg, WRP 1992, 805.
7   BGH, GRUR 1978, 194, 195 – Profil; BGH, GRUR 1964, 3165, 318 – Stahlexport.
8   OLG München, WRP 1986, 272; OLG Hamburg, GRUR 1987, 403; OLG Stuttgart, WRP 1988, 331; OLG Düsseldorf, WRP 1994, 877, 879.
9   BGH, GRUR 1994, 530, 532 – Beta.
10 BGH, GRUR 1964, 316, 318 – Stahlexport.
11 LG Nürnberg-Fürth, NJW-CoR 1997, 229.
12 LG Mainz, BB 1971, 143.
13 BGH, GRUR 1978, 194, 195 – Profil; OLG München, WRP 1986, 357; OLG Düsseldorf, WRP 1987, 477.
14 BGH, GRUR 1998, 194 – Profil.
15 KG, GRUR 1989, 134, 135.
16 Vgl. *Piper/Ohly/Sosnitza*, § 14 Rn. 12.

IV. Der örtliche Gerichtsstand § 53

Bei Zuwiderhandlungen im Internet ist zwischen Handlungs- und Erfolgsort zu unterscheiden. Handlungsort ist der Wohnsitz oder Sitz des Informationsanbieters,[17] nicht aber der Standort des Servers, auf dem die wettbewerbswidrige Information bereitgehalten wird,[18] weil dieser Ort eher technisch bedingt und zufällig ist. Im Hinblick auf die Allgegenwärtigkeit des Internets genügt für den Erfolgsort nicht schon die bloße Abrufbarkeit der Information.[19] Vielmehr ist der Erfolgsort nur dann im Inland belegen, wenn sich der Internet-Auftritt bestimmungsgemäß dort auswirken soll.[20] Kriterien hierfür können nach dem Inhalt der Website etwa die Sprache, akzeptierte Währungen oder die Art der beworbenen Waren sein. Ein Hinweis, mit dem der Werbende ankündigt, Adressaten in einem bestimmten Land nicht zu beliefern, kann ein Indiz für eine Einschränkung des Verbreitungsgebiets sein. Voraussetzung hierfür ist, dass der Hinweis klar und eindeutig gestaltet, aufgrund seiner Aufmachung als ernst gemeint aufzufassen ist und vom Werbenden auch tatsächlich beachtet wird.[21]

11

Die Begründung der örtlichen Zuständigkeit durch Testanfragen oder Testkäufe ist nicht rechtsmissbräuchlich.[22]

12

3. Zuständigkeitsrüge und Verweisung

Die Rüge fehlender örtlicher Gerichtszuständigkeit ist vor Verhandlung zur Hauptsache (vgl. § 39 ZPO), d.h. vor Antragstellung (§ 137 Abs. 1 ZPO) zu erheben. Eine rügelose Einlassung kann die Zuständigkeit jedoch nur begründen, wenn es sich bei dem zunächst angerufenen Gericht um eine nach § 52 Abs. 1, Abs. 2 für Geschmacksmusterstreitsachen zuständiges Gericht handelt (§ 40 Abs. 2 Satz 2 ZPO). Ist die Zuständigkeitsrüge erfolgreich, verweist das Gericht den Rechtsstreit auf entsprechenden Antrag durch unanfechtbaren Beschluss mit bindender Wirkung an das örtlich zuständige Gericht (§ 281 ZPO). Unterlässt der Kläger einen Verweisungsantrag, wird die Klage wegen Unzuständigkeit als unzulässig abgewiesen.

13

---

17 Vgl. *Harte/Henning*, § 14 Rn. 64.
18 A.A. LG Hamburg, GRUR-RR 2002, 267, 268; *Fezer*, § 14 Rn. 25.
19 Vgl. *Piper/Ohly/Sosnitza*, § 14 Rn. 12.
20 BGH, GRUR 2006, 513, 514 – Arzneimittelwerbung im Internet; BGH, GRUR 2005, 431, 432 – Hotel Maritime.
21 BGH, GRUR 2006, 513, 514 – Arzneimittelwerbung im Internet.
22 Vgl. zum MarkenG: *Ingerl/Rohnke*, § 140 Rn. 50 m.w.N.

§ 54 Streitwertbegünstigung

(1) Macht in bürgerlichen Rechtsstreitigkeiten, in denen durch Klage ein Anspruch aus einem der in diesem Gesetz geregelten Rechtsverhältnisse geltend gemacht wird, eine Partei glaubhaft, dass die Belastung mit den Prozesskosten nach dem vollen Streitwert ihre wirtschaftliche Lage erheblich gefährden würde, so kann das Gericht auf ihren Antrag anordnen, dass die Verpflichtung dieser Partei zur Zahlung von Gerichtskosten sich nach einem ihrer Wirtschaftslage angepassten Teil des Streitwerts bemisst.

(2) Die Anordnung nach Absatz 1 hat zur Folge, dass die begünstigte Partei die Gebühren ihres Rechtsanwalts ebenfalls nur nach diesem Teil des Streitwerts zu entrichten hat. Soweit ihr Kosten des Rechtsstreits auferlegt werden oder soweit sie diese übernimmt, hat sie die von dem Gegner entrichteten Gerichtsgebühren und die Gebühren seines Rechtsanwalts nur nach dem Teil des Streitwerts zu erstatten. Soweit die außergerichtlichen Kosten dem Gegner auferlegt oder von ihm übernommen werden, kann der Rechtsanwalt der begünstigten Partei seine Gebühren von dem Gegner nach dem für diesen geltenden Streitwert beitreiben.

(3) Der Antrag nach Absatz 1 kann vor der Geschäftsstelle des Gerichts zur Niederschrift erklärt werden. Er ist vor der Verhandlung zur Hauptsache zu stellen. Danach ist er nur zulässig, wenn der angenommene oder festgesetzte Streitwert später durch das Gericht heraufgesetzt wird. Vor der Entscheidung über den Antrag ist der Gegner zu hören.

Übersicht

	Rn.		Rn.
I. Allgemeines	1	1. Anwendungsbereich	8
II. Streitwert	3	2. Voraussetzungen	10
III. Streitwertbegünstigung		IV. Verfahren (§ 54 Abs. 3)	13
(§ 54 Abs. 1)	8	V. Rechtsfolgen (§ 54 Abs. 2)	18

I. Allgemeines

Durch § 54 wird einer wirtschaftlich schwachen Partei nun auch im Geschmacksmusterrecht die Möglichkeit eröffnet, auf ihren Antrag die einseitige Herabsetzung des Gebührenstreitwerts zu ihren Gunsten herbeizuführen (unter Geltung des bisherigen GeschmMG war eine Streitwertbegünstigung nicht möglich). Der Zweck der Regelung – diese ist mit den Vorschriften der §§ 26 GebrMG, 142 MarkenG, 144 PatG identisch – liegt darin, den wirtschaftlich schwächeren vor dem Kostenrisiko eines Geschmacksmusterstreitverfahrens zu schützen. Er soll den Prozess mit einem seinen wirtschaftlichen Verhältnissen angepassten Streitwert führen können. Für den wirtschaftlich Stärkeren bleibt dagegen der volle Streitwert maßgebend. Die Begünstigung hat somit nur dann Bedeutung, wenn der Begünstigte in dem Rechtsstreit ganz oder teilweise unterliegt. In diesem Fall berechnen sich die von ihm zu tragenden Gebühren nur nach dem Teilstreitwert, wie in § 54 Abs. 2 im Einzelnen geregelt.

1

Die Streitwertbegünstigung unterscheidet sich grundsätzlich von der Prozesskostenhilfe (§§ 114ff. ZPO) und wird deshalb unabhängig von der Gewährung von Prozesskostenhilfe angeordnet. Beide Maßnahmen schließen sich deshalb nicht gegenseitig aus.[1]

2

II. Streitwert

Nach § 3 ZPO wird der Streitwert (Gegenstandswert) nach freiem Ermessen vom Gericht geschätzt und festgesetzt. Er ist Grundlage für die Berechnung der Gerichts- und Anwaltsgebühren (§§ 12ff. GKG; §§ 7ff. RVG). Streitwertangaben der Parteien haben indizielle Wirkung,[2] binden das Gericht jedoch nicht. Vielmehr hat das Gericht die Streitwertangabe anhand der objektiven Gegebenheiten zu überprüfen und mit üblichen Wertfestsetzungen in gleichgelagerten Fällen zu vergleichen.[3]

3

Ausschlaggebend für den Streitwert ist in erster Linie das wirtschaftliche Interesse des Klägers an der Durchsetzung der geltend gemachten Ansprüche.[4] Das wirtschaftliche Interesse des Klägers bestimmt sich

4

---

1 BGH, GRUR 1953, 123.
2 BGH, GRUR 1986, 93f. – Berufungssumme.
3 BGH, GRUR 1977, 748, 749 – Kaffee-Verlosung II.
4 BGH, GRUR 1990, 1052f. – Streitwertbemessung.

§ 54 Streitwertbegünstigung

wiederum nach dem wirtschaftlichen Wert des Geschmacksmusterrechts und dem Ausmaß und der Gefährlichkeit der Verletzungshandlung (sog. Angriffsfaktor).[5] Zu berücksichtigen sind insbesondere der bisherige Umsatz und die Umsatzerwartung des Verletzten. Von Bedeutung sind weiter die Laufzeit des Schutzrechts, der mutmaßliche Umsatz des Verletzers, der Umfang und die Werbung des Verletzers, die Größe und wirtschaftliche Bedeutung des Verletzers sowie die Vertriebsart des Verletzers.[6] Generalpräventive Aspekte sollen bei der Streitwertfestsetzung keine Rolle spielen.[7] Maßgeblicher Zeitpunkt für die Bewertung ist die Klageeinreichung (bzw. Antragstellung im Verfügungsverfahren) nach § 4 ZPO, wobei spätere Werterhöhungen für den Gebührenstreitwert (§§ 39, 40 GKG) bis zum Schluss der mündlichen Verhandlung zu berücksichtigen sind.[8]

5 Werden mit der Klage neben dem Unterlassungsanspruch weitere Ansprüche (Auskunft, Rechnungslegung, Schadensersatz etc.) geltend gemacht, liegt das Schwergewicht der Klage in der Regel auf dem in die Zukunft gerichteten Unterlassungsanspruch.[9] Der Wert des Auskunftsanspruchs liegt regelmäßig deutlich unter dem Wert des Unterlassungsanspruchs (gewöhnlich 1/10 des Gesamtstreitwerts). Der Wert des Schadensersatzanspruchs wird üblicherweise mit 2/10 des Gesamtstreitwerts bzw. 25 % des Werts des Unterlassungsanspruchs angesetzt. Bei einer Klage auf Vernichtung der verletzenden Erzeugnisse (§ 43) hängt der Streitwert von dem Wert der zu vernichtenden Erzeugnisse ab.

6 Ob der Streitwert im Verfügungsverfahren aufgrund der Vorläufigkeit des Verfügungsverfahrens niedriger anzusetzen ist, als im Hauptsacheverfahren, ist in der Rechtsprechung umstritten. Ein Teil der Rechtsprechung bejaht dies und nimmt generell einen Abzug von 1/3,[10] 1/2,[11]

---

5 Vgl. zum Markenrecht: *Fezer*, § 142 Rn. 4.
6 OLG München, GRUR 1957, 148; OLG Karlsruhe, GRUR 1966, 691; LG Frankfurt, WRP 1974, 101; OLG Stuttgart, NJW-RR 1987, 429; OLG Koblenz, NJW-WettbR 1996, 92 f.; im markenrechtlichen Widerspruchsverfahren geht der BGH von einem Regelstreitwert von EUR 50.000,– aus (vgl. GRUR 2006, 704).
7 OLG Frankfurt GRUR-RR 2005, 71, 72 – Toile Monogram; a. A. zum Urheberrecht: OLG Hamburg, GRUR-RR 2004, 342 – Kartenausschnitte; KG, GRUR 2005, 88 – Stadtplanausschnitte.
8 Vgl. zum Markenrecht: *Ingerl/Rohnke*, § 142 Rn. 4.
9 OLG Karlsruhe, GRUR 1966, 691.
10 OLG Koblenz, WRP 1969, 166 f.
11 OLG Oldenburg, WRP 1991, 602, 604; OLG Oldenburg, NJW-RR 1996, 946.

III. Streitwertbegünstigung (§ 54 Abs. 1) **§ 54**

oder 2/3[12] vor. Richtigerweise sind beim Streitwert des Verfügungsverfahrens gegenüber dem Streitwert der Hauptsache jedoch nur geringe Abschläge vorzunehmen.[13] Dies folgt aus dem Umstand, dass einstweilige Verfügungen zwar nur vorläufige Regelungen darstellen, jedoch häufig zu einer Erledigung der Auseinandersetzung führen.

Für die Nichtigkeitsklage richtet sich der Streitwert nach dem wirtschaftlichen Interesse, das die Allgemeinheit an der Löschung des Geschmacksmusters hat.[14] Einen Anhalt für die Bewertung des wirtschaftlichen Interesses der Allgemeinheit an der Beseitigung des Geschmacksmusters für die restliche Laufzeit bieten die Erträge, die das Geschmacksmuster bis zum Ablauf der Schutzdauer unter gewöhnlichen Verhältnissen erwarten lässt.[15] 7

III. Streitwertbegünstigung (§ 54 Abs. 1)

1. Anwendungsbereich

Nach Abs. 1 muss es sich um eine Geschmacksmusterstreitsache handeln. Wie bei § 52 Abs. 1 auch ist der Begriff der Geschmacksmusterstreitsache weit auszulegen. Auf die Verfahren vor dem DPMA und dem BPatG findet § 54 keine Anwendung („in bürgerlichen Rechtsstreitigkeiten", „durch Klage"). Bei sehr niedrigen Streitwerten bis zu EUR 5.000 kommt eine Streitwertbegünstigung i.d.R. nicht in Betracht.[16] 8

Entgegen dem Wortlaut des Abs. 1 kann die Streitwertbegünstigung nicht nur bei einer „Klage" sondern auch im einstweiligen Verfügungsverfahren angeordnet werden.[17] Dabei kann der Antragsgegner den Antrag auf Streitwertbegünstigung auch dann mit Erfolg stellen, wenn er gegen die einstweilige Verfügung keinen Widerspruch eingelegt hat.[18] 9

---

12 KG, WRP 1989, 166f.
13 OLG Frankfurt, WRP 1981, 221; OLG Köln, WRP 1984, 169; OLG München, WRP 1985, 661 f.; OLG Köln, NJW-WettbR 2000, 247f.
14 BGH, GRUR 1957, 79, 80; BGH, MittdtPatA 1963, 60.
15 BGH, GRUR 1957, 79, 80.
16 OLG Koblenz, GRUR 1984, 746; LG Düsseldorf, GRUR-RR 2006, 393, 304 – technikquelle.info.
17 OLG Koblenz, NJW-WettbR 1996, 92f.
18 OLG Hamburg, GRUR 1985, 148.

2. Voraussetzungen

10 Voraussetzung für die Streitwertbegünstigung ist, dass die von einer Partei aus dem vollen Streitwert für eine Instanz zu tragenden Kosten ihre wirtschaftliche Lage erheblich gefährden. Hierbei ist ein strenger Maßstab anzulegen. Allgemeine wirtschaftliche Schwierigkeiten der Partei genügen nicht.[19] Ist dem Antragsteller nach den konkreten Umständen eine Kreditaufnahme zuzumuten, fehlt es an einer erheblichen Gefährdung der wirtschaftlichen Lage.[20]

11 Der Antragsteller hat die erhebliche Gefährdung seiner wirtschaftlichen Lage glaubhaft zu machen (§ 294 ZPO). Der Antragsteller hat deshalb nachprüfbare schriftliche Unterlagen (z.B. Steuerbescheide der letzten Jahre, eidesstattliche Versicherung zur Vermögenslage) vorzulegen.

12 Im Gegensatz zur Prozesskostenhilfe ist im Rahmen der Streitwertbegünstigung nicht zu prüfen, ob die beabsichtigte Rechtsverfolgung oder Rechtsverteidigung hinreichende Aussicht auf Erfolg bietet.[21] Gleichwohl kann das Gericht die Herabsetzung des Streitwerts bei einer missbräuchlichen Prozessführung ablehnen. Einen solchen Rechtsmissbrauch hat die Rechtsprechung unter anderem bejaht, wenn bereits ein Antrag auf Prozesskostenhilfe wegen Aussichtslosigkeit der Rechtsverfolgung abgelehnt worden ist,[22] wenn der Antragsteller den Prozess in Wahrheit nicht fortzuführen beabsichtigt, wenn der Antragsteller selbst zu einem früheren Zeitpunkt auf eine Erhöhung des Streitwerts hingewirkt hat,[23] wenn der Antragsteller bei eindeutiger Rechtslage auf eine Abmahnung nicht reagiert und dadurch die Kostenbelastung verursacht hat,[24] oder wenn die ungünstige Rechtslage in einer Geschmacksmusterstreitsache auf einer Versäumnis einer Verjährungsunterbrechung durch den Antragsteller beruht.

IV. Verfahren (§ 54 Abs. 3)

13 Die Anordnung einer Streitwertbegünstigung setzt die Stellung eines Antrags auf Herabsetzung des Streitwerts voraus. Der Antrag kann

---

19 OLG Karlsruhe, WRP 1981, 660; OLG Stuttgart, WRP 1982, 489; KG, WRP 1984, 20.
20 OLG Düsseldorf, MittdtPatA 1973, 177, 180.
21 OLG Frankfurt, GRUR 1989, 133; OLG Koblenz, GRUR 1996, 139.
22 RG, GRUR 1938, 325; MuW 1940, 99.
23 OLG Hamburg, GRUR 1957, 146.
24 OLG Hamburg, WRP 1985, 281.

nach Abs. 3 Satz 1 vor der Geschäftsstelle des Gerichts zur Niederschrift erklärt werden. Dementsprechend unterliegt der Antrag auch im Anwaltsprozess nach § 78 Abs. 3 ZPO nicht dem Anwaltszwang.

Gemäß Abs. 3 Satz 2 ist der Antrag für jede Instanz gesondert vor Verhandlung zur Hauptsache (§ 137 Abs. 1 ZPO) zu stellen.[25] Wird der Antrag später gestellt, ist er gemäß Abs. 3 Satz 3 nur zulässig, wenn ein zunächst festgelegter Streitwert nachträglich durch das Gericht heraufgesetzt wird. Wurde in der mündlichen Verhandlung noch kein Streitwert angenommen oder festgesetzt, ist der Antrag spätestens vor der nächstfolgenden Verhandlung zur Hauptsache zu stellen.[26] Wird ein Verfahren ohne Verhandlung zur Hauptsache erledigt und daraufhin erstmalig ein Streitwert festgesetzt, ist der Antrag innerhalb einer angemessenen Frist zu stellen.[27] Wurde den Streitwert erst nach dem Beginn der Verhandlung zur Hauptsache, also nach der Antragstellung, vom Gericht festgesetzt, ist der Antrag auf Streitwertbegünstigung auch nach Urteilsverkündung für die vorangegangene Instanz zulässig.[28] Im einstweiligen Verfügungsverfahren kann der Antrag bis zum Abschluss der jeweiligen Instanz gestellt werden.[29]

14

Vor der Entscheidung ist der Antragsgegner zu hören (Abs. 3 Satz 4). Hierbei gelten allerdings die Einschränkungen des § 117 Abs. 2 Satz 2 ZPO entsprechend. Dementsprechend dürfen die vom Antragsteller vorgelegten Erklärungen und Belege zu seiner wirtschaftlichen Lage dem Antragsgegner nur mit Zustimmung des Antragstellers zugänglich gemacht werden.

15

Die Entscheidung über die Anordnung einer Streitwertbegünstigung liegt im pflichtgemäßen Ermessen des Gerichts („kann") und erfolgt für jede Instanz gesondert durch Beschluss. Gegen den Beschluss ist die einfache Beschwerde nach § 68 GKG gegeben.[30] Hierbei ist zu berücksichtigen, dass die Beschwerde nur innerhalb von sechs Monaten nach rechtskräftiger Entscheidung (§ 68 Abs. 1 Satz 3 i.V.m. § 63 Abs. 3 Satz 2 GKG) eingelegt werden kann.[31] Beschwerdeberechtigt

16

---

25 OLG Karlsruhe, GRUR 1962, 586.
26 RG, GRUR 1940, 95.
27 BGH, GRUR 1965, 562 – Teilstreitwert; KG, WRP 1983, 561; OLG Koblenz, GRUR 1996, 139, 140.
28 BPatG, Beschluss vom 23. Juli 2010 – 4 Ni 50/07 – GRUR-Prax 2010, 441.
29 KG, WRP 1982, 530; OLG Hamburg, WRP 1985, 281; OLG Hamburg, WRP 1994, 499.
30 OLG Düsseldorf, GRUR 1954, 115, OLG München, NJW 1959, 52.
31 OLG Karlsruhe, GRUR 1962, 586.

§ 54   Streitwertbegünstigung

sind neben den jeweils beschwerten Parteien auch die Rechtsanwälte sowie die mitwirkenden Patentanwälte.[32]

17 Tritt während der Instanz eine erhebliche Verbesserung der wirtschaftlichen Lage der begünstigten Partei dahingehend ein, dass die erhebliche Gefährdung nach § 54 Abs. 1 entfällt, ist das Gericht verpflichtet, die Entscheidung über die Streitwertbegünstigung auf Antrag der Gegenpartei oder eines der Prozessbevollmächtigten zu ändern oder aufzuheben. Treten die Anordnungsvoraussetzungen erst während des Verfahrens durch grundlegende Verschlechterung der wirtschaftlichen Lage einer Partei ein, so kann der Antrag entsprechend Abs. 3 Satz 3 auch noch nach Verhandlung zur Hauptsache innerhalb angemessener Frist seit der Verschlechterung gestellt werden.[33] Verschlechtert sich die wirtschaftliche Lage einer Partei während einer Instanz nachhaltig, ist auch bei früherer Ablehnung ein nochmaliger Antrag für dieselbe Instanz zuzulassen.[34]

V. Rechtsfolgen (§ 54 Abs. 2)

18 Die Folgen der Streitwertbegünstigung hängen vom Ausgang des Rechtsstreits ab:

Verliert die begünstigte Partei den Rechtsstreit, muss sie die Gerichtskosten (§ 54 Abs. 1), die vom Gegner verauslagten Gerichtskosten (§ 54 Abs. 2 Satz 2), die Gebühren des gegnerischen Rechtsanwalts (§ 54 Abs. 2 Satz 2) und die Gebühren des eigenen Rechtsanwalts (§ 54 Abs. 2 Satz 1) nur nach dem Teilstreitwert bezahlen. Das Gleiche gilt für die Kosten eventuell mitwirkender Patentanwälte (§ 52 Abs. 3).

19 Bei teilweisem Unterliegen (Kostenquotelung) berechnet sich der Kostenausgleich zunächst nach dem Teilstreitwert, jedoch kann der Prozessbevollmächtigte der begünstigten Partei seine Gebühren aus dem vollen Streitwert von dem Gegner erstattet verlangen (§ 54 Abs. 2 Satz 3), obwohl der Gegner selbst seinen Erstattungsanspruch nur nach dem Teilstreitwert berechnen kann.

20 Obsiegt die begünstigte Partei, wirkt sich die Streitwertbegünstigung aus, wenn der Obsiegende die Gerichtskosten beim zahlungsunfähigen Gegner nicht beitreiben kann und der Begünstigte als Veranlasser (Klä-

---
32 KG, WRP 1978, 134; KG, WRP 1978, 300; OLG Koblenz, GRUR 1996, 139.
33 Vgl. zum Patentrecht: *Benkard*, § 144 Rn. 11.
34 Vgl. zum Markenrecht: *Ingerl/Rohnke*, § 142 Rn. 37.

V. Rechtsfolgen (§ 54 Abs. 2) § **54**

ger) des Rechtsstreits gemäß § 49 GKG als Zweitschuldner für die Gerichtskosten haftet. In diesem Fall schuldet der Begünstigte die Gerichtskosten nur aus dem niedrigeren Teilstreitwert.

Zu den Gerichtsgebühren i. S. d. § 54 Abs. 2 Satz 2 zählen immer nur die streitwertabhängigen Gerichtsgebühren sowie alle streitwertabhängigen Rechtsanwaltsgebühren einschließlich derjenigen eines Verkehrsanwalts. Auslagen des Gerichts (Kosten einer Beweisaufnahme, Zahlungen an Sachverständige etc.) sind somit auch bei herabgesetztem Streitwert in voller Höhe zu begleichen.[35]   **21**

---

35 OLG München, GRUR 1960, 79.

Abschnitt 10
Vorschriften über Maßnahmen der Zollbehörde

§ 55 Beschlagnahme

(1) Liegt eine Rechtsverletzung nach § 38 Abs. 1 Satz 1 offensichtlich vor, so unterliegt das jeweilige Erzeugnis auf Antrag und gegen Sicherheitsleistung des Rechtsinhabers bei seiner Einfuhr oder Ausfuhr der Beschlagnahme durch die Zollbehörde, soweit nicht die Verordnung (EG) Nr. 1383/2003 des Rates vom 22. Juli 2003 über das Vorgehen der Zollbehörden gegen Waren, die im Verdacht stehen, bestimmte Rechte geistigen Eigentums zu verletzen, und die Maßnahmen gegenüber Waren, die erkanntermaßen derartige Rechte verletzen (ABl. EG Nr. L 196 S. 7) in ihrer jeweils geltenden Fassung anzuwenden ist. Das gilt für den Verkehr mit anderen Mitgliedstaaten der Europäischen Union sowie mit den anderen Vertragsstaaten des Abkommens über den Europäischen Wirtschaftsraum nur, soweit Kontrollen durch die Zollbehörden stattfinden.

(2) Ordnet die Zollbehörde die Beschlagnahme an, so unterrichtet sie unverzüglich den Verfügungsberechtigten sowie den Rechtsinhaber. Diesem sind Herkunft, Menge und Lagerort der Erzeugnisse sowie Name und Anschrift des Verfügungsberechtigten mitzuteilen; das Brief- und Postgeheimnis (Artikel 10 des Grundgesetzes) wird insoweit eingeschränkt. Dem Rechtsinhaber ist Gelegenheit zu geben, die Erzeugnisse zu besichtigen, soweit hierdurch nicht in Geschäfts- oder Betriebsgeheimnisse eingegriffen wird.

Übersicht

	Rn.		Rn.
I. Allgemeines	1	b) Offensichtliche Rechts-	
II. Beschlagnahme (§ 55 Abs. 1)	3	verletzung	5
1. Anwendungsbereich	3	c) Bei der Einfuhr oder Ausfuhr	7
2. Materielle Voraussetzungen	4	3. Formelle Voraussetzungen	8
a) Rechtsverletzung nach § 38 Abs. 1 Satz 1	4	a) Antragstellung	8

§ 55 Beschlagnahme

	Rn.		Rn.
b) Sicherheitsleistung	9	2. Auskunftsrecht (§ 55 Abs. 2 Satz 2)	11
III. Verfahren nach Beschlagnahmeanordnung (§ 55 Abs. 2)	10	3. Besichtigungsrecht (§ 55 Abs. 2 Satz 3)	12
1. Benachrichtigung des Verfügungsberechtigten und Rechtsinhabers (§ 55 Abs. 2 Satz 1)	10	IV. Kostentragung	13

I. Allgemeines

1 Die dem Verletzten zustehenden Ansprüche gemäß §§ 42 ff. bieten in der Praxis häufig einen nur unzureichenden Schutz. Dies gilt insbesondere dann, wenn der Verletzer lediglich kleine Warenmengen besitzt. In diesem Fall steht die gerichtliche Geltendmachung zivilrechtlicher Ansprüche im Hinblick auf die entstehenden Kosten oft nicht im Verhältnis zum Nutzen. Daneben sieht der Verletzte sich meist ausländischen Verletzern gegenüber, so dass Probleme mit der Vollstreckung nationaler gerichtlicher Titel zu erwarten sind, sofern die Person des Verletzers überhaupt für die Zustellung einer Klage oder einstweiligen Verfügung ausfindig gemacht werden kann. Als ein probates Mittel gegen solche Verletzer hat sich in der Vergangenheit die Grenzbeschlagnahme erwiesen. Sinn der Grenzbeschlagnahme ist es, widerrechtliche Nachbildungen aus dem Verkehr zu ziehen, bevor diese auf den inländischen Markt gelangen.[1]

2 Die §§ 55 bis 57 haben die in § 14a Abs. 3 GeschmMG a. F. i.V.m. § 111b UrhG enthaltende Regelung des geltenden Rechts als selbstständige Vorschriften übernommen. § 55 Abs. 1 enthält die Voraussetzungen einer Beschlagnahme rechtsverletzender Waren durch die Zollbehörden. § 55 Abs. 2 regelt die weiteren Maßnahmen der Zollbehörde nach Berichtigung von der Beschlagnahme. § 55 entspricht im Wesentlichen §§ 25a Abs. 1 und 2 GebrMG, 146 MarkenG, 142a Abs. 1 und 2 PatG, 111b Abs. 1 und 2 UrhG.

---

[1] Vgl. *Günther/Beyerlein*, WRP 2004, 452.

II. Beschlagnahme (§ 55 Abs. 1)

1. Anwendungsbereich

Ausgenommen vom Anwendungsbereich der §§ 55 ff. ist der Anwendungsbereich der Verordnung (EG) Nr. 1383/2003 des Rates vom 22. Juli 2003 (ProduktpiraterieVO). Diese ist am 1. Juli 2004 an die Stelle der Verordnung (EG) Nr. 3295/94 des Rates vom 22. Dezember 1994 getreten und erlaubt die Grenzbeschlagnahme sowohl bei der Verletzung eingetragener als auch nicht eingetragener Geschmacksmusterrechte (Art. 2 Abs. 1 lit. b). Die ProduktpiraterieVO regelt das Tätigwerden der nationalen Zollbehörden für Grenzbeschlagnahmen an den Außengrenzen der EU. § 55 gilt demgegenüber für Grenzbeschlagnahmen an den Binnengrenzen bei Einfuhren aus oder Ausfuhren nach anderen Mitgliedstaaten der EU. Da Kontrollen an den EU-Binnengrenzen aufgrund des Schengener Abkommens seit dem 1. Januar 1993 nicht mehr stattfinden, ist die praktische Bedeutung von § 55 eher gering.[2] Noch weiter eingeengt wird der Anwendungsbereich des § 55 durch die Anwendung des EG-Rechts auch auf das sog. Nichterhebungsverfahren nach Art. 84 Abs. 1 Buchst. a der Verordnung (EWG) Nr. 2913/92 zur Festlegung des Zollkodex der Gemeinschaften (ABl. Nr. L 302 vom 19. Oktober 1992, S. 1).[3]

3

2. Materielle Voraussetzungen

a) Rechtsverletzung nach § 38 Abs. 1 Satz 1

Voraussetzung für eine Grenzbeschlagnahme nach § 55 ist, dass eine Rechtsverletzung nach § 38 Abs. 1 Satz 1 vorliegt. Dies ist der Fall, wenn der Verletzer vom Rechtsinhaber gemäß §§ 38 Abs. 1 Satz 1, 42 Abs. 1 auf Unterlassung der Einfuhr oder Ausfuhr in Anspruch genommen werden kann, d.h. eine widerrechtliche Nachbildung des geschützten Musters vorliegt. Ob der Verletzer schuldhaft gehandelt hat, ist rechtlich irrelevant.[4] Einfuhren und Ausfuhren im Reisegepäck von Privatpersonen sind von der Grenzbeschlagnahme ausgenommen. In diesem Fall handelt es sich um Handlungen, die im privaten Bereich zu nichtgewerblichen Zwecken vorgenommen werden. Gegen diese können nen gemäß § 40 Ziffer 1 keine Rechte aus dem Geschmacksmuster gel-

4

---

2 Vgl. *Cordes*, GRUR 2007, 483, 484.
3 Vgl. zum Urheberrecht: *Dreier/Schulze*, § 111b Rn. 2.
4 Vgl. zum Urheberrecht: *Schricker/Loewenheim*, § 111b Rn. 4.

§ 55 Beschlagnahme

tend gemacht werden. Von § 55 ebenfalls nicht erfasst wird der Verstoß gegen schuldrechtliche Verpflichtungen, z.B. der Verstoß gegen Qualitätsauflagen des Lizenzvertrages.[5] Eine Rechtsverletzung liegt schließlich auch dann nicht vor, wenn die betreffenden Erzeugnisse zuvor bereits in einem anderen EU- bzw. EWR-Mitgliedstaat oder auch in Deutschland selbst vom Rechtsinhaber oder mit seiner Zustimmung in den Verkehr gebracht worden sind. Denn insoweit tritt gemeinschaftsrechtliche Erschöpfung ein (vgl. § 48), und die Einfuhr verletzt nicht mehr das deutsche Geschmacksmuster.

b) Offensichtliche Rechtsverletzung

5   Eine Grenzbeschlagnahme nach § 55 kommt nur in Betracht, wenn die Rechtsverletzung offensichtlich ist. Grund für diese Einschränkung ist, sicherzustellen, dass die Beschlagnahme, die für den Verfügungsberechtigten sowie den freien Warenverkehr einen massiven Eingriff darstellt, bei unklarer Rechtslage unterbleibt. Die Gefahr rechtsfehlerhafter und damit ungerechtfertigter Beschlagnahme soll weitestgehend ausgeschlossen werden.

6   „Offensichtlich" ist die Rechtsverletzung nur dann, wenn sie sich ohne juristische und sonstige Fachkenntnisse feststellen lässt, sie also gleichsam „auf der Hand" liegt. Mithin dürfen keine vernünftigen Zweifel an der Rechtsverletzung vorliegen.[6] Bestehen Zweifel an der Rechtslage oder der Vollständigkeit des Sachverhalts, ist die Rechtsverletzung nicht offensichtlich. Abzustellen ist hierbei auf einen durchschnittlich geschulten Zollbeamten, da dieser die Prüfung vornimmt und letztendlich die Entscheidung darüber zu treffen hat, ob die Beschlagnahme angeordnet wird oder nicht. Nicht erheblich ist, ob der Zollbeamte die offensichtliche Rechtsverletzung allein aufgrund eigener Kenntnisse feststellen kann. Er kann zur Entscheidungsfindung vielmehr auch auf ergänzende Angaben des Antragstellers, die dieser z.B. im Anschluss an eine Inaugenscheinnahme der streitgegenständlichen Vervielfältigungsstücke abgibt, berücksichtigen.[7] Im Übrigen ist zu berücksichtigen, dass die für die Grenzbeschlagnahme zuständigen Zollbehörden bei der Beurteilung, ob eine widerrechtliche Nachbildung vorliegt, nicht über die Kenntnisse verfügen, welche bei den Geschmacksmustergerichten unterstellt werden können. Im Rahmen des § 55 ist der Begriff „offen-

---

5 Vgl. zum Urheberrecht: *Fromm/Nordemann*, §§ 111b/111c Rn. 8.
6 Vgl. *Cordes*, GRUR 2007, 483, 485.
7 Vgl. zum Urheberrecht: *Wandtke/Bullinger*, § 111c Rn. 35.

II. Beschlagnahme (§ 55 Abs. 1)   § 55

sichtlich" deshalb enger auszulegen als im Rahmen des § 46 Abs. 3. Je mehr sich der nachgeahmte Gegenstand vom Original entfernt, desto weniger wird eine offensichtliche Rechtsverletzung vorliegen, mag die Grenze des Schutzumfangs auch noch nicht überschritten sein.[8] Um den Beschlagnahmeerfolg zu erhöhen, empfiehlt es sich, den Zollbehörden möglichst umfassende Erkennungshinweise sowie gegebenenfalls Hinweise auf konkrete Lieferungen zukommen zu lassen. Dazu können Lizenznehmerlisten und Listen von bekannten Verletzern („weiße" und „schwarze" Listen) sowie typische Erzeugnismerkmale gehören.[9] Ist die Zollbehörde in Besitz einer Schutzschrift, ist diese bei der Beurteilung zu berücksichtigen.[10]

c) Bei der Einfuhr oder Ausfuhr

Nach dem Wortlaut des § 55 unterliegen nur solche Nachahmungen der Grenzbeschlagnahme, welche eingeführt oder ausgeführt werden. Der Fall des Transits (Durchfuhr) wird nicht erwähnt. Der EuGH hat für die ProduktpiraterieVO entschieden, dass diese auch auf Fälle des Transits anwendbar ist;[11] bei richtlinienkonformer Auslegung des § 55 wäre folglich davon auszugehen, dass § 55 auch Fälle der reinen Durchfuhr umfasst.[12] Dies würde jedoch dem ausdrücklichen Willen des deutschen Gesetzgebers widersprechen.[13] Aus diesem Grund ist davon auszugehen, dass § 55 bei der reinen Durchfuhr nicht anwendbar ist.[14]   7

3. Formelle Voraussetzungen

a) Antragstellung

Zwingende Voraussetzung für eine Grenzbeschlagnahme ist ein Antrag des Rechtsinhabers oder seines Vertreters bei der zuständigen Bundesfinanzdirektion (§ 57 Abs. 1). Der Begriff des Rechtsinhabers ist weit zu verstehen. Antragsberechtigt ist damit nicht nur der Inhaber des Musters sondern auch jede andere zur Benutzung des Musters befugte Person. Zu   8

---

8 Vgl. zum Urheberrecht: *Dreier/Schulze*, § 111b Rn. 9.
9 Vgl. *Cordes*, GRUR 2007, 483, 485.
10 Vgl. zum Urheberrecht: *Schricker/Loewenheim*, § 111b Rn. 4.
11 EuG, WRP 2000, 713, 716 – Polo/Lauren.
12 Vgl. *Hacker*, MarkenR 2004, 257 ff.
13 BT-Drucks. 11/4792, S. 41
14 Vgl. zum Urheberrecht: *Schricker/Loewenheim*, § 111b Rn. 3; *Dreier/Schulze*, § 111b Rn. 7; *Fromm/Nordemann*, §§ 111b/111c Rn. 8.

§ 55   Beschlagnahme

denken ist hier insbesondere an Lizenznehmer (unabhängig davon, ob es sich um eine ausschließliche oder einfache Lizenz handelt)[15] sowie z. B. deutsche Tochterfirmen eines ausländischen Rechtsinhabers. Bundesweit zuständig für die Grenzbeschlagnahme ist die Bundesfinanzdirektion Südost (Zentralstelle Gewerblicher Rechtsschutz, Sophienstraße 6, 80284 München, www.grenzbeschlagnahme.de).

b) Sicherheitsleistung

9   Die Bundesfinanzdirektion hat dem Antrag auf Grenzbeschlagnahme nur stattzugeben, wenn der Antragsteller Sicherheit leistet. Die Höhe der Sicherheitsleistung liegt im pflichtgemäßen Ermessen der Oberfinanzdirektion. Bei der Höhe der Sicherheitsleistung ist zu berücksichtigen, dass diese einen etwaigen Haftungsanspruch des Einführers/Ausführers gegenüber dem Antragsteller (Rechtsinhabers) für ungerechtfertigte Beschlagnahmen decken soll (vgl. § 56 Abs. 5). Bisher wurden Sicherheiten zwischen EUR 10.000 und EUR 25.000 hinterlegt.[16] Regelmäßig erfolgt die Sicherheitsleistung durch Erbringung einer selbstschuldnerischen Bürgschaft einer Bank.

III. Verfahren nach Beschlagnahmeanordnung (§ 55 Abs. 2)

1. Benachrichtigung des Verfügungsberechtigten und Rechtsinhabers (§ 55 Abs. 2 Satz 1)

10   Die Zollbehörde hat den Rechtsinhaber und den Verfügungsberechtigten unverzüglich (§ 121 Abs. 1 Satz 1 BGB) nach der Beschlagnahme über diese zu informieren. Verfügungsberechtigter ist der Eigentümer der beschlagnahmten Ware. Ist dieser nicht bekannt, ist Verfügungsberechtigter derjenige, der die Waren einführt oder ausführt (Importeur, Exporteur oder Spediteur). Der Verfügungsberechtigte ist über die Rechtsfolge eines unterbliebenen Widerspruchs (§ 56 Abs. 1) zu unterrichten.

2. Auskunftsrecht (§ 55 Abs. 2 Satz 2)

11   Gemäß Abs. 2 Satz 2 ist die Zollbehörde verpflichtet, dem Rechtsinhaber Herkunft, Menge und Lagerort der Erzeugnisse, sowie Name und

---

15 Vgl. zum Markenrecht: *Fezer*, § 146 Rn. 7 m. w. N.
16 Vgl. *Hoffmeister*, MarkenR 2002, 387.

Anschrift der Verfügungsberechtigten mitzuteilen. Hierdurch soll der Rechtsinhaber in die Lage versetzt werden, im Falle eines Widerspruchs des Verfügungsberechtigten (§ 56 Abs. 2) eine gerichtliche Entscheidung nach § 56 Abs. 3 Satz 2 herbeizuführen.

3. Besichtigungsrecht (§ 55 Abs. 2 Satz 3)

Soweit hierdurch keine Geschäftsgeheimnisse verletzt werden, ist dem Rechtsinhaber Gelegenheit zu geben, die beschlagnahmten Erzeugnisse zu besichtigen. Hierdurch soll es dem Rechtsinhaber ermöglicht werden, zu prüfen, ob eine Rechtsverletzung vorliegt. Erkennt der Rechtsinhaber hierbei, dass die Beschlagnahme zu Unrecht erfolgt ist, ist der Rechtsinhaber gehalten, seinen Antrag zurückzunehmen. Anderenfalls läuft der Rechtsinhaber Gefahr, sich gemäß § 56 gegenüber dem Verfügungsberechtigten schadensersatzpflichtig zu machen. Die Besichtigung hat in den Räumen zu erfolgen, in denen der Zoll die beschlagnahmten Erzeugnisse verwahrt; eine Aushändigung eines Musterstücks ist rechtswidrig, weil dies über die allein zulässige Besichtigung hinausgeht. Unter der Voraussetzungen, dass die beschlagnahmten Erzeugnisse hierdurch nicht beschädigt oder verändert werden, dürfen der Rechtsinhaber oder seine Begleitpersonen die Erzeugnisse fotografieren, röntgen oder mit einem Ultraschallgerät untersuchen.[17]

12

IV. Kostentragung

Für die Kosten, welche durch die Beschlagnahme anfallen (insbesondere Lagerkosten während einer gerichtlichen Auseinandersetzung), hat zunächst der Antragsteller einzustehen. Liegt tatsächlich eine Rechtsverletzung vor, können die Kosten gegenüber dem schuldhaft handelnden Verletzer als Teil der Rechtsverfolgungskosten im Wege des Schadensersatzes nach den allgemeinen Regeln (vgl. Kommentierung bei § 42) durchgesetzt werden. Fallen durch die Vernichtung der beschlagnahmten Waren Kosten an, können diese unter der Voraussetzung, dass ein zivilrechtlicher Vernichtungsanspruch besteht (vgl. Kommentierung bei § 43), als Teil der Vollstreckungskosten gemäß § 788 ZPO festgesetzt werden.[18] Spediteure, Frachtführer und Lagerhalter handeln im Allgemeinen nicht schuldhaft und sind lediglich Störer. Dement-

13

---

17 Vgl. *Deumeland*, GRUR 2006, 994, 995.
18 Vgl. zum Markenrecht: *Ingerl/Rohnke*, § 146 Rn. 8.

sprechend haften sie regelmäßig nicht auf Schadensersatz, d.h. die Kosten der Einlagerung, wohl aber für die Vernichtungskosten (der Vernichtungsanspruch nach § 43 ist verschuldensunabhängig). Der Spediteur, Frachtführer oder Lagerhalter muss hinsichtlich der letztgenannten Kosten ggf. Regress bei seinem Auftraggeber nehmen.[19]

---

19 Vgl. zum Markenrecht: *Ingerl/Rohnke*, § 146 Rn. 8.

§ 56 Einziehung, Widerspruch

(1) Wird der Beschlagnahme nicht spätestens nach Ablauf von zwei Wochen nach Zustellung der Mitteilung nach § 55 Abs. 2 Satz 1 widersprochen, so ordnet die Zollbehörde die Einziehung der beschlagnahmten Erzeugnisse an.

(2) Widerspricht der Verfügungsberechtigte der Beschlagnahme, so unterrichtet die Zollbehörde hiervon unverzüglich den Rechtsinhaber. Dieser hat gegenüber der Zollbehörde unverzüglich zu erklären, ob er den Antrag nach § 55 Abs. 1 in Bezug auf die beschlagnahmten Erzeugnisse aufrechterhält.

(3) Nimmt der Rechtsinhaber den Antrag zurück, hebt die Zollbehörde die Beschlagnahme unverzüglich auf. Hält der Rechtsinhaber den Antrag aufrecht und legt er eine vollziehbare gerichtliche Entscheidung vor, die die Verwahrung der beschlagnahmten Erzeugnisse oder eine Verfügungsbeschränkung anordnet, trifft die Zollbehörde die erforderlichen Maßnahmen.

(4) Liegen die Fälle des Absatzes 3 nicht vor, hebt die Zollbehörde die Beschlagnahme nach Ablauf von zwei Wochen nach Zustellung der Mitteilung an den Rechtsinhaber nach Absatz 2 Satz 1 auf. Weist der Rechtsinhaber nach, dass die gerichtliche Entscheidung nach Absatz 3 Satz 2 beantragt, ihm aber noch nicht zugegangen ist, wird die Beschlagnahme für längstens zwei weitere Wochen aufrechterhalten.

(5) Erweist sich die Beschlagnahme als von Anfang an ungerechtfertigt und hat der Rechtsinhaber den Antrag nach § 55 Abs. 1 in Bezug auf die beschlagnahmten Erzeugnisse aufrechterhalten oder sich nicht unverzüglich erklärt (Absatz 2 Satz 2), so ist er verpflichtet, den dem Verfügungsberechtigten durch die Beschlagnahme entstandenen Schaden zu ersetzen.

Übersicht

	Rn.		Rn.
I. Allgemeines	1	2. Widerspruch gegen Beschlagnahme (§ 56 Abs. 2)	4
II. Verfahrensablauf	2	III. Schadensersatz (§ 56 Abs. 5)	9
1. Kein Widerspruch gegen Beschlagnahme (§ 56 Abs. 1)	2		

§ 56   Einziehung, Widerspruch

I. Allgemeines

1   Mit § 56 wurden die früheren Bestimmungen über die Einziehung beschlagnahmter Erzeugnisse (Abs. 1), zum Widerspruchsverfahren (Abs. 2 bis 4) und die Verpflichtung zum Schadensersatz bei zu Unrecht erfolgter Beschlagnahme (Abs. 5) unverändert übernommen (§ 14a Abs. 3 GeschmMG a.F. i.V.m. § 111b Abs. 3 bis Abs. 5 UrhG). Vergleichbare Vorschriften finden sich in § 25a Abs. 3 bis 5 GebrMG, §§ 147, 149 MarkenG, § 142a Abs. 3 bis 5 PatG sowie § 111b Abs. 3 bis 6 UrhG.

II. Verfahrensablauf

1. Kein Widerspruch gegen Beschlagnahme (§ 56 Abs. 1)

2   Widerspricht der Verfügungsberechtigte binnen zwei Wochen nach Zustellung der Mitteilung nach § 55 Abs. 2 Satz 1 nicht der Beschlagnahme, werden die beschlagnahmten Waren ohne gerichtliche Entscheidung von der Zollbehörde eingezogen und in aller Regel nach Rechtskraft der Einziehungsverfügung vernichtet, um so sicherzustellen, dass sie nicht mehr zum Schaden des Rechtsinhabers auf den Markt kommen.[1] Eines weiteren Tätigwerdens des Rechtsinhabers, d.h. einer gesonderten Antragstellung bedarf es nicht. Die Einziehungsverfügung ist mit einer Rechtsmittelbelehrung zu versehen und dem Verfügungsberechtigten zuzustellen.[2]

3   Gegen die Einziehung der beschlagnahmten Waren kann der Verfügungsberechtigte gemäß § 57 Abs. 2 Satz 1 i.V.m. § 62 OWiG eine gerichtliche Entscheidung beantragen (vgl. Kommentierung bei § 57). Unterlässt der Verfügungsberechtigte auch dieses Rechtsmittel, wird die Einziehungsanordnung rechtskräftig und das Eigentum an den beschlagnahmten Waren geht auf den Staat über. Die Zollbehörden sind nunmehr berechtigt, die eingezogenen Waren zu vernichten. Hierdurch soll sichergestellt werden, dass diese nicht mehr zum Schaden des Schutzrechtsinhabers auf den Markt kommen.[3]

---

[1] Vgl. zum Urheberrecht: *Dreier/Schulze*, § 111b Rn. 11.
[2] Vgl. zum Gebrauchsmusterrecht: *Loth*, § 25a Rn. 11.
[3] Vgl. zum Markenrecht: *Fezer*, § 147 Rn. 3.

2. Widerspruch gegen Beschlagnahme (§ 56 Abs. 2)

Hat der Verfügungsberechtigte der Beschlagnahme binnen zwei Wochen nach Zustellung einer entsprechenden Mitteilung widersprochen (eine Widerspruchsbegründung ist nicht erforderlich), hat die Zollbehörde den Rechtsinhaber hiervon unverzüglich zu unterrichten. Der Rechtsinhaber muss nunmehr unverzüglich (ohne schuldhaftes Zögern; § 121 Abs. 1 Satz 1 BGB) gegenüber der Zollbehörde erklären, ob er den Beschlagnahmeantrag aufrecht erhält oder zurücknimmt. 4

Nimmt der Rechtsinhaber den Beschlagnahmeantrag zurück, ist die Beschlagnahme gemäß Abs. 3 Satz 1 unverzüglich aufzuheben. Das Gleiche gilt, wenn der Rechtsinhaber sich binnen zwei Wochen ab Unterrichtung über den Widerspruch des Verfügungsberechtigten nicht äußert (Abs. 4 Satz 1). 5

Hält der Rechtsinhaber den Beschlagnahmeantrag hinsichtlich der beschlagnahmten Ware aufrecht, hat er gemäß Abs. 3 Satz 2 innerhalb von zwei Wochen nach der Mitteilung über den Widerspruch des Verfügungsberechtigten eine vollziehbare gerichtliche Entscheidung vorzulegen (nicht nur zu erwirken!), welche die Verwahrung der beschlagnahmten Erzeugnisse oder eine Verfügungsbeschränkung anordnet.[4] Als vollziehbare gerichtliche Entscheidung kommen primär eine einstweilige Verfügung eines ordentlichen Gerichts (§ 935 ZPO), mit der die Sequestration oder Verwahrung durch den Gerichtsvollzieher angeordnet wird (§ 938 Abs. 2 ZPO), in Betracht.[5] Der Antrag lautet darauf, die beschlagnahmten Erzeugnisse zur Sicherstellung und Verwahrung an den Gerichtsvollzieher herauszugeben. Im Verfügungsantrag sind Ort und Datum der Beschlagnahme anzugeben. Darüber hinaus sind die beschlagnahmten Erzeugnisse möglichst genau – auch mengenmäßig – zu beschreiben. Daneben kann das Zivilgericht auch ein Einfuhrverbot anordnen.[6] Der Rechtsinhaber ist jedoch nicht auf die Geltendmachung zivilrechtlicher Ansprüche beschränkt; vielmehr kann der Antragsteller auch die Einleitung eines strafrechtlichen Ermittlungsverfahrens veranlassen und so eine strafprozessuale Beschlagnahme auf Grund richterlicher Anordnung gemäß § 98 Abs. 1 Satz 1 StPO) herbeiführen.[7] In praxi wird eine solche kaum in Frage kommen, weil 6

---

[4] OLG Karlsruhe, GRUR-RR 2002, 278 – DVD-Player.
[5] Vgl. zum Markenrecht: *Fezer*, § 147 Rn. 4.
[6] Vgl. zum Markenrecht: LG Düsseldorf, GRUR 1996, 44 – adidas Import.
[7] Vgl. zum Gebrauchsmusterrecht: *Loth*, § 25a Rn. 12; vgl. zum Patentrecht: *Busse*, § 142a Rn. 16.

§ 56 Einziehung, Widerspruch

eine Strafverfolgung in Geschmacksmustersachen so gut wie nicht stattfindet.[8]

7 Für die Erlangung *und* Vorlage der gerichtlichen Entscheidung stehen dem Rechtsinhaber zunächst zwei Wochen zur Verfügung (Abs. 4 Satz 1). Gemäß Abs. 4 Satz 2 gewährt die Zollbehörde dem Rechtsinhaber jedoch eine Nachfrist von zwei Wochen, wenn dieser nachweist (Vorlage einer Kopie des Antrags auf gerichtliche Entscheidung), dass er eine gerichtliche Entscheidung beantragt, diese jedoch noch nicht ergangen oder ihm noch nicht zugegangen ist. Sobald der Zollstelle die entsprechende gerichtliche Entscheidung vorliegt, hebt sich die Beschlagnahme auf und übergibt die Ware gleichzeitig an den Verwahrer oder an die sonst berechtigte Person.[9] Gelingt es dem Rechtsinhaber innerhalb einer Frist von vier Wochen nach Unterrichtung vom Widerspruch des Verfügungsberechtigten nicht, eine gerichtliche Entscheidung vorzulegen, hebt die Zollbehörde die Beschlagnahme in jedem Fall auf.[10]

8 Legt der Rechtsinhaber der Zollbehörde die gerichtliche Entscheidung nach Abs. 3 Satz 2 fristgerecht vor, hebt die Zollbehörde die Beschlagnahme auf und übergibt die Ware – soweit vom Gericht zugesprochen – an den Sequester. Es ist dann Aufgabe des Rechtsinhaber, gegen den Verfügungsberechtigten einen endgültigen (Hauptsache-)Titel über die Vernichtung der beschlagnahmten Waren zu erwirken oder mit dem Verfügungsberechtigten eine Einigung über die Modalitäten der Vernichtung zu erreichen.[11]

III. Schadensersatz (§ 56 Abs. 5)

9 Die Grenzbeschlagnahme beruht ähnlich wie eine einstweilige Verfügung auf einer summarischen Prüfung. Zum Schutz des von einer ungerechtfertigten Beschlagnahme Betroffenen sieht Abs. 5 eine Schadensersatzpflicht des Rechtsinhabers vor. Die Intention des Abs. 5 entspricht den Schadensersatzregelungen der §§ 945, 717 Abs. 2 ZPO (verschuldensunabhängige Risikohaftung).[12]

---

8 Vgl. *Cordes*, GRUR 2007, 483, 484.
9 Vgl. zum Urheberrecht: *Dreier/Schulze*, § 111b Rn. 12.
10 OLG München, WRP 1997, 975, 977 – Jeans-Hemden.
11 Vgl. zum Urheberrecht: *Fromm/Nordemann*, §§ 111b/111c Rn. 14.
12 Vgl. zum Patentrecht: *Busse*, § 142a Rn. 17.

III. Schadensersatz (§ 56 Abs. 5)   § 56

Voraussetzung einer Haftung ist zunächst, dass die Beschlagnahme von 10
Anfang an ungerechtfertigt war. Dies ist der Fall, wenn die beschlagnahmten Erzeugnisse zum Zeitpunkt der Beschlagnahme nicht rechtsverletzend gewesen sind oder es an einer Verletzungshandlung nach § 42 gefehlt hat oder die Verletzungshandlung gerechtfertigt gewesen ist.[13] Weitere Voraussetzung ist, dass der Rechtsinhaber nach der Mitteilung vom Widerspruch des Verfügungsberechtigten nicht unverzüglich (§ 121 BGB) reagiert hat. Der Rechtsinhaber muss also nach Erhalt der Mitteilung über den Widerspruch des Verfügungsberechtigten seinen Beschlagnahmeantrag aufrechterhalten (§ 56 Abs. 5, 1. Alternative) oder er muss seine Verpflichtung zur unverzüglichen Rückäußerung (§ 56 Abs. 2 Satz 2) verletzt und dadurch die Freigabe der beschlagnahmten Waren verzögert haben (§ 56 Abs. 5, 2. Alternative). Es besteht also keine Schadensersatzpflicht, wenn sich der Antragsteller im Rahmen des Abs. 2 korrekt verhalten hat.[14] Um das Haftungsrisiko zu vermindern, sollte der Rechtsinhaber nach der Mitteilung von der Beschlagnahme unverzüglich überprüfen, ob die beschlagnahmten Waren seine Rechte verletzen. Ist dies nicht der Fall, muss der Rechtsinhaber unverzüglich die Freigabe der beschlagnahmten Ware erklären.

Der ersatzfähige Schaden umfasst nur solche Nachteile, die dem Verfü- 11
gungsberechtigten durch die schuldhafte Nichtzurücknahme des Antrags bzw. durch die Verzögerung aufgrund nicht rechtzeitiger Rückäußerung entstanden sind.[15] Zu ersetzen ist der Verzögerungsschaden, der dem Verfügungsberechtigten ab dem Zeitpunkt der Unterrichtung des Rechtsinhabers über den Widerspruch adäquat-kausal entstanden ist.[16] In der Praxis kommen insbesondere die Geltendmachung von entgangenem Gewinn aus Geschäften, die aufgrund der Beschlagnahme nicht oder nur mit teurerer Ersatzware durchgeführt werden konnten sowie der Ersatz eventueller Konventionalstrafen, die der Verfügungsberechtigte aufgrund der verzögerten Freigabe der Waren an seine Vertragspartner zahlen musste, in Betracht.[17] Zu ersetzen sind auch die notwendigen Rechtsverfolgungskosten.[18]

---

13 Vgl. zum Patentrecht: *Benkard*, § 142a Rn. 15.
14 Vgl. zum Urheberrecht: *Möhring/Nicolini*, § 111a Rn. 5; vgl. zum Markenrecht: *Fezer*, § 149 Rn. 3.
15 Vgl. zum Urheberrecht: *Dreier/Schulze*, § 111b Rn. 16.
16 Vgl. zum Urheberrecht: *Fromm/Nordemann*, §§ 111b/111c Rn. 15.
17 Vgl. zum Urheberrecht: *Wandtke/Bullinger*, § 111c Rn. 79.
18 Vgl. zum Markenrecht: *Ingerl/Rohnke*, § 149 Rn. 1.

§ 56 Einziehung, Widerspruch

12 Handelt der Rechtsinhaber vorsätzlich oder fahrlässig, kommt neben einem Schadensersatzanspruch nach § 57 Abs. 5 ein Schadensersatzanspruch nach §§ 826, 823 Abs. 2 i.V.m. StGB-Normen in Betracht.[19]

---

19 Vgl. zum Gebrauchsmusterrecht: *Loth*, § 25a Rn. 14; Vgl. zum Markenrecht: *Ingerl/ Rohnke*, § 149 Rn. 1; *Fezer*, § 149 Rn. 3; vgl. zum Urheberrecht: *Dreier/Schulze*, § 111b Rn. 15.

§ 57 Zuständigkeiten, Rechtsmittel

(1) Der Antrag nach § 55 Abs. 1 ist bei der Bundesfinanzdirektion zu stellen und hat Wirkung für ein Jahr, sofern keine kürzere Geltungsdauer beantragt wird; er kann wiederholt werden. Für die mit dem Antrag verbundenen Amtshandlungen werden vom Rechtsinhaber Kosten nach Maßgabe des § 178 der Abgabenordnung erhoben.

(2) Die Beschlagnahme und die Einziehung können mit den Rechtsmitteln angefochten werden, die im Bußgeldverfahren nach dem Gesetz über Ordnungswidrigkeiten gegen die Beschlagnahme und Einziehung zulässig sind. Im Rechtsmittelverfahren ist der Rechtsinhaber zu hören. Gegen die Entscheidung des Amtsgerichts ist die sofortige Beschwerde zulässig; über sie entscheidet das Oberlandesgericht.

Übersicht

	Rn.		Rn.
I. Allgemeines	1	3. Geltungsdauer	6
II. Antrag (§ 57 Abs. 1 Satz 1)	2	III. Kosten (§ 57 Abs. 1 Satz 2)	7
1. Zuständigkeit	2	IV. Rechtsmittel (§ 57 Abs. 2)	8
2. Antragsinhalt	4		

I. Allgemeines

Das Grenzbeschlagnahmeverfahren wird nicht von Amts wegen eingeleitet, sondern setzt einen Antrag des Rechtsinhabers voraus.[1] Vor diesem Hintergrund bestimmt Abs. 1 Satz 1 die Zuständigkeit und die Geltungsdauer des Antrags auf Grenzbeschlagnahme, Abs. 1 Satz 2 die Kostentragung für die mit dem Grenzbeschlagnahmeantrag verbundenen Amtshandlungen. Abs. 2 regelt die Rechtsmittel des von der Beschlagnahmeanordnung und/oder der Einziehungsverfügung Betroffenen. Vergleichbare Vorschriften finden sich in §§ 25a Abs. 6 und 7 GebrMG, 148 MarkenG, 142a Abs. 6 und 7 PatG sowie § 111b Abs. 6 bis 7 UrhG.

1

---
1 Vgl. zum Patentrecht: *Busse*, § 142a Rn. 7.

II. Antrag (§ 57 Abs. 1 Satz 1)

1. Zuständigkeit

2 Die ausschließliche Zuständigkeit für Anträge auf Grenzbeschlagnahme nach § 55 Abs. 1 (Beschlagnahme an den Binnengrenzen) sowie nach der Verordnung (EG) Nr. 1383/2003 (Beschlagnahme an den Außengrenzen der EU) liegt bei der Bundesfinanzdirektion. Bundesweit zuständig ist die Bundesfinanzdirektion Südost, Zentralstelle Gewerblicher Rechtsschutz (ZGR), mit Sitz in München.

3 Lehnt die Bundesfinanzdirektion den Antrag auf Durchführung der Grenzbeschlagnahme ab oder gibt sie diesen nicht im beantragten Umfang statt, kann der Antragsteller hiergegen gemäß § 347 AO innerhalb einer Frist von einem Monat ab Zugang der Entscheidung Einspruch einlegen. Wird seinem Antrag auch dann nicht (vollständig) entsprochen, kann der Antragsteller sein Begehren im Wege der Verpflichtungsklage (§ 40 Abs. 1 FGO) vor den Finanzgerichten verfolgen.[2]

2. Antragsinhalt

4 Eine besondere Form ist nicht vorgeschrieben. Aus dem Antrag muss sich jedoch die Absicht des Antragstellers ergeben, eine Beschlagnahme zu erreichen. Gleichzeitig muss erkennbar sein, welche Rechte mit der Beschlagnahme gesichert werden sollen. Bei der Antragstellung ist das Schutzrecht nachzuweisen. Dem Antrag sollte deshalb ein entsprechender Schutzrechtsnachweis, z.B. beglaubigter Auszug aus dem Musterregister beigefügt werden.[3] Da der Antrag die Zollbehörde in die Lage versetzen soll, die schutzrechtsverletzende Ware zu identifizieren, sollte der Antragsteller etwaige Erkennungsmerkmale für echte und gefälschte Ware (z.B. Beschaffenheit und Verpackung der Originalware, autorisierte Vertriebswege etc.) möglichst genau angeben.

5 Der Rechtsinhaber kann die Grenzbeschlagnahme nicht auf bestimmte Verletzer beschränken oder die Durchführung des Verfahrens davon abhängig machen, bei wem die Ware beschlagnahmt wurde. Zulässig ist es jedoch, die Grenzbeschlagnahme auf gewisse Mindestmengen zu beschränken, mithin Bagatellfälle auszuschließen.[4]

---

2 Vgl. zum Urheberrecht: *Wandtke/Bullinger*, § 111c Rn. 71.
3 Vgl. zum Markenrecht: *Fezer*, § 148 Rn. 7.
4 Vgl. *Cordes*, GRUR 483, 485.

3. Geltungsdauer

Die Geltungsdauer des Antrags auf Grenzbeschlagnahme ist auf ein Jahr begrenzt (vor dem Inkrafttreten des Gesetzes zur Verbesserung der Durchsetzung von Rechten des geistigen Eigentums: zwei Jahre). Es steht dem Antragsteller jedoch frei, eine kürzere Geltungsdauer zu beantragen (etwa weil die Schutzdauer des Geschmacksmusters endet). Gemäß Abs. 1 Satz 1 kann der Antrag beliebig oft wiederholt werden.

III. Kosten (§ 57 Abs. 1 Satz 2)

Nach Abs. 1 Satz 2 hat der Antragsteller nach Maßgabe des § 178 AO die Kosten zu tragen, welche durch die mit dem Antrag verbundenen Amtshandlungen entstehen. Indessen werden nach § 12 Abs. 1 ZKostV mit Wirkung vom 1. April 2005 für Grenzbeschlagnahmeanträge keine Gebühren mehr erhoben. Zu erstatten sind jedoch Auslagen, insbesondere Fernsprechgebühren, Übersetzungen, Vergütungen von Zeugen und Sachverständigen sowie die Kosten für die Beförderung, Verwahrung und Vernichtung der beschlagnahmten Waren.[5] Kostenschuldner gegenüber dem Zoll ist stets der Antragsteller. Dies gilt auch dann, wenn die rechtsverletzenden Waren vom Zoll bei dem Lagerhalter beschlagnahmt und bis zur Vernichtung dort belassen wurden.[6]

IV. Rechtsmittel (§ 57 Abs. 2)

Gemäß Abs. 2 ist gegen die Beschlagnahme und gegen die Einziehung der Rechtsweg zu den ordentlichen Gerichten gegeben.

Gegen die Anordnung der Beschlagnahme kann der durch die Beschlagnahme Betroffene die gerichtliche Entscheidung beantragen (§ 62 OWiG). Eine Frist ist hierfür nicht vorgesehen. Zuständig für die Entscheidung ist das Amtsgericht (§§ 62 Abs. 2 Satz 1, 68 Abs. 1 Satz 1 OWiG).

Gegen die Anordnung der Einziehung (bei dieser handelt es sich gemäß § 87 Abs. 3 Satz 1 OWiG um einen Einziehungsbescheid, der gemäß § 87 Abs. 3 Satz 2 OWiG einem Bußgeldbescheid gleich steht), kann

---

5 Vgl. zum Markenrecht: *Fezer*, § 148 Rn. 8 f.
6 OLG Köln, WRP 2005, 1294, 1295.

Günther

§ 57 Zuständigkeiten, Rechtsmittel

der durch die Einziehung Betroffene gemäß § 67 OWiG binnen zwei Wochen Einspruch einlegen.

11 Gegen die Entscheidung des Amtsgerichts kann der Betroffene gemäß Abs. 2 Satz 3 i.V.m. §§ 46 Abs. 1 OWiG, 311 Abs. 2 StPO innerhalb einer Woche sofortige Beschwerde einlegen. Über diese entscheidet das Oberlandesgericht (Abs. 3 Satz 4). Gemäß Abs. 2 Satz 2 ist der Rechtsinhaber im Rechtsmittelverfahren zu hören. Eine direkte Beteiligung des Rechtsinhabers am Verfahren findet jedoch nicht statt.

12 Gesetzlich nicht geregelt ist, ob der Rechtsinhaber Beschwerde einlegen kann, wenn das Rechtsmittel des Verfügungsberechtigten erfolgreich ist. Das ist zu verneinen, da der Rechtsinhaber nicht Partei des Verfahrens ist; etwaige Ansprüche muss der Rechtsinhaber auf dem Zivilrechtsweg durchsetzen.[7]

13 In Abs. 2 wird nur die Rechtswegmöglichkeit geregelt, die dem Rechtsinhaber und dem Verfügungsberechtigten zusteht. Von der Beschlagnahme bzw. Einziehung können aber auch andere Personen betroffen sein, so etwa der Eigentümer der beschlagnahmten Gegenstände und auch deren Käufer, sofern er bereits feststeht. Der Eingriff in ihre Rechte eröffnet nach Art. 19 Abs. 4 GG den Rechtsweg zu den Zivilgerichten.[8]

---

7 Vgl. zum Markenrecht: *Ingerl/Rohnke*, § 148 Rn. 2.
8 Vgl. *Deumeland*, GRUR 2006, 994, 996.

§ 57a Verfahren nach der Verordnung (EG) Nr. 1383/2003

(1) Setzt die zuständige Zollbehörde nach Artikel 9 der Verordnung (EG) Nr. 1383/2003 die Überlassung der Waren aus oder hält diese zurück, unterrichtet sie davon unverzüglich den Rechtsinhaber sowie den Anmelder oder den Besitzer oder den Eigentümer der Waren.

(2) Im Fall des Absatzes 1 kann der Rechtsinhaber beantragen, die Waren in dem nachstehend beschriebenen vereinfachten Verfahren im Sinn des Artikels 11 der Verordnung (EG) Nr. 1383/2003 vernichten zu lassen.

(3) Der Antrag muss bei der Zollbehörde innerhalb von zehn Arbeitstagen oder im Fall leicht verderblicher Waren innerhalb von drei Arbeitstagen nach Zugang der Unterrichtung nach Absatz 1 schriftlich gestellt werden. Er muss die Mitteilung enthalten, dass die Waren, die Gegenstand des Verfahrens sind, ein nach diesem Gesetz geschütztes Recht verletzen. Die schriftliche Zustimmung des Anmelders, des Besitzers oder des Eigentümers der Waren zu ihrer Vernichtung ist beizufügen. Abweichend von Satz 3 kann der Anmelder, der Besitzer oder der Eigentümer die schriftliche Erklärung, ob er einer Vernichtung zustimmt oder nicht, unmittelbar gegenüber der Zollbehörde abgeben. Die in Satz 1 genannte Frist kann vor Ablauf auf Antrag des Rechtsinhabers um zehn Arbeitstage verlängert werden.

(4) Die Zustimmung zur Vernichtung gilt als erteilt, wenn der Anmelder, der Besitzer oder der Eigentümer der Waren einer Vernichtung nicht innerhalb von zehn Arbeitstagen oder im Fall leicht verderblicher Waren innerhalb von drei Arbeitstagen nach Zugang der Unterrichtung nach Absatz 1 widerspricht. Auf diesen Umstand ist in der Unterrichtung nach Absatz 1 hinzuweisen.

(5) Die Vernichtung der Waren erfolgt auf Kosten und Verantwortung des Rechtsinhabers.

(6) Die Zollstelle kann die organisatorische Abwicklung der Vernichtung übernehmen. Absatz 5 bleibt unberührt.

(7) Die Aufbewahrungsfrist nach Artikel 11 Abs. 1 zweiter Spiegelstrich der Verordnung (EG) Nr. 1383/2003 beträgt ein Jahr.

§ 57a Verfahren nach der Verordnung (EG) Nr. 1383/2003

(8) Im Übrigen gelten die §§ 55 bis 57 entsprechend, soweit nicht die Verordnung (EG) Nr. 1383/2003 Bestimmungen enthält, die dem entgegenstehen.

Übersicht

	Rn.		Rn.
I. Allgemeines	1	VIII. Freigabe gegen Sicherheitsleistung (Art. 14 PPVO)	26
II. Anwendungsbereich der PPVO	2		
III. Formelle Voraussetzungen	4	IX. Kosten der Vernichtung (§ 57a Abs. 5)	27
1. Antragstellung	4		
2. Freistellungserklärung	9	X. Abwicklung der Vernichtung (§ 57a Abs. 6)	28
3. Kosten	10		
4. Geltungsdauer	11	XI. Aufbewahrungsfrist (§ 57a Abs. 7)	29
5. Rechtsschutzmöglichkeiten	12		
IV. Materielle Voraussetzungen	14	XII. Entsprechende Anwendung der §§ 55 bis 57 (§ 57a Abs. 8)	30
V. Aussetzung der Überlassung/ Zurückhaltung von Waren (§ 57a Abs. 1)	17	XIII. Schadensersatzpflicht bei unberechtigter Beschlagnahme	31
VI. Vereinfachtes Verfahren nach Art. 11 PPVO (§ 57a Abs. 2)	19	XIV. Haftung der Zollbehörden	33
VII. Gerichtliche Verfahren zur Feststellung der Schutzrechtsverletzung	23	XV. Abweichende Vorschriften der PPVO	34

I. Allgemeines

1 § 57a wurde durch das „Gesetz zur Verbesserung der Durchsetzung von Rechten des geistigen Eigentums" (VDRgEG) vom 7. Juli 2008[1] eingeführt und regelt das Verfahren der Grenzbeschlagnahme nach der Verordnung (EG) Nr. 1383/2003 vom 22. Juli 2003 (ABl. EU Nr. L 196 vom 2. August 2003), die am 1. Juli 2004 in Kraft getreten ist (Produktpiraterieverordnung = „PPVO").[2] Gemäß Abs. 8 gelten für eine Beschlagnahme nach der PPVO die Bestimmungen der §§ 55 bis 57 entsprechend, soweit in der PPVO keine besonderen Verfahrensregelungen getroffen wurden. Hierdurch wird sichergestellt, dass die Grenzbe-

---

1 BGBl. 2008 I, S. 1191; Materialien in BT-Drucks 16/5058; auch abgedruckt in BlPMZ 2008, 289 ff.
2 Sehr instruktiv: *Cordes*, „Die Grenzbeschlagnahme in Patentsachen", GRUR 2007, 483 ff.; *Haft*, „Grenzbeschlagnahme und andere Eingriffsmöglichkeiten der Zollbehörden gegen Verletzer", GRUR Int. 2009, 826 ff.

schlagnahmeverfahren für Beschlagnahmen auf der Grundlage der PPVO nach denselben Grundsätzen ablaufen wie Beschlagnahmen auf der Grundlage der nationalen Vorschriften.[3] Die PPVO ist gegenüber dem nationalen Grenzbeschlagnahmeverfahren der §§ 55–57 vorrangig und ist deshalb von deutlich größerer praktischer Bedeutung.[4] Weitgehend identische Vorschriften finden sich in §§ 150 MarkenG, 142b PatG, 111c UrhG.

II. Anwendungsbereich der PPVO

Das Gemeinschaftsrecht sah ursprünglich nur ein Vorgehen gegen markenverletzende Waren vor.[5] In der Folgezeit ist aber der Anwendungsbereich dieser Bestimmungen immer weiter ausgedehnt worden. Nach Art. 2 Abs. 2 der geltenden PPVO können auch Verstöße gegen eingetragene nationale und Gemeinschaftsgeschmacksmusterrechte Anlass für Grenzmaßnahmen geben. Geschmacksmuster mit aufgeschobener Bekanntmachung können Grundlage einer Maßnahme der Zollbehörde sein, sofern der Zentralstelle die Eintragungsunterlagen mit Abbildungen vorgelegt werden.[6] Für Gemeinschaftsgeschmacksmuster kann über die Bundesfinanzdirektion Südost (Zentralstelle Gewerblicher Rechtsschutz) auch ein Tätigwerden der Zollbehörden anderer Mitgliedstaaten erreicht werden (Art. 5 Abs. 3 PPVO). 2

Die PPVO betrifft ausschließlich Handlungen im Warenverkehr mit Drittstaaten, ist also nur auf solche Waren anwendbar, die aus Drittstaaten in den zollrechtlich freien Verkehr der Europäischen Union oder in ein Nichterhebungsverfahren eingeführt oder ausgeführt werden.[7] Maßnahmen im innergemeinschaftlichen Verkehr richten sich unmittelbar nach den §§ 55 bis 57.[8] 3

---

3 Vgl. zum Markenrecht: *Fezer*, § 150 Rn. 4.
4 Vgl. zum Markenrecht: *Ingerl/Rohnke*, § 150 Rn. 1.
5 Art. 1 Abs. 2 Verordnung (EWG) Nr. 3842/86.
6 *Haft*, GRUR Int. 2009, 826, 828.
7 Vgl. zum Urheberrecht: *Schricker/Loewenheim*, § 111c Rn. 2.
8 Vgl. zum Markenrecht: *Ströbele/Hacker*, § 150 Rn. 3.

§ 57a Verfahren nach der Verordnung (EG) Nr. 1383/2003

III. Formelle Voraussetzungen

1. Antragstellung

4 Voraussetzung für ein Tätigwerden der Zollbehörden ist, dass der Rechtsinhaber bei der zuständigen Zolldienststelle (in Deutschland die Bundesfinanzdirektion Südost, Zentralstelle Gewerblicher Rechtsschutz, Sophienstraße 6, 80333 München) einen schriftlichen Antrag auf Tätigwerden der Zollbehörden stellt (Art. 5 Abs. 1 PPVO).

5 Der Antrag kann nach Art. 5 Abs. 1 PPVO vom Rechtsinhaber gestellt werden, wobei dieser Begriff in Art. 2 Abs. 2 PPVO näher erläutert ist. Er umfasst neben dem Inhaber des Geschmacksmusters (Art. 2 Abs. 2 lit. a) PPVO) jede andere zur Nutzung des Geschmacksmusters befugte Person oder seine Vertreter (Art. 2 Abs. 2 lit. b) PPVO). In Betracht kommen z.B. die deutsche Tochtergesellschaft eines ausländischen Rechtsinhabers, die für den Vertrieb der betreffenden Waren im Inland zuständig und vom Inhaber des Rechts entsprechend bevollmächtigt ist[9] sowie inländische Lizenznehmer.[10]

6 Der Antrag ist gemäß Art. 5 Abs. 5 PPVO auf dem Formblatt zu stellen und muss den Nachweis erhalten, dass der Rechtsinhaber Inhaber des geltend gemachten Rechts an den betreffenden Waren ist. Weiter muss der Antrag alle Angaben enthalten, die es den Zollbehörden ermöglichen, die betreffenden Waren leicht zu erkennen, insbesondere eine genaue und ausführliche technische Beschreibung der Waren (Art. 5 Abs. 5 i) PPVO), genaue Informationen zur Art der vermuteten Rechtsverletzung (Art. 5 Abs. 5 ii) PPVO) sowie Name und Adresse der vom Rechtsinhaber benannten Kontaktperson (Art. 5 Abs. 5 iii) PPVO). Weiter soll der Rechtsinhaber Informationen geben, welche es den Zollbehörden ermöglichen, Originalware von unerlaubt hergestellten Waren zu unterscheiden (Art. 5 Abs. 5a) bis h) PPVO). Fehlen entsprechende Angaben, kann die zuständige Zolldienststelle die Bearbeitung des Antrags ablehnen (Art. 5 Abs. 8 PPVO). Diese Mindestangaben können durch weitere Angaben ergänzt werden, z. B. hinsichtlich benutzter Handelswege und Beförderungsmittel, hinsichtlich technischer Unterschiede zwischen den Originalwaren und den nachgeahmten Waren usw. Ergänzend können die Zollbehörden gemäß Art. 5 Abs. 6 PPVO zusätzliche Angaben verlangen, die für das betroffene Schutz-

---

9 Vgl. zum Urheberrecht: *Wandtke/Bullinger*, § 111c Rn. 15.
10 Vgl. zum Markenrecht: *Ingerl/Rohnke*, § 150 Rn. 6.

recht spezifisch sind.[11] Daneben können die Zollbehörden bei einem Tätigwerden auch Informationen berücksichtigen, die sie vom Rechtsinhaber im Rahmen einer Anhörung erhalten haben (Art. 9 Abs. 1 PPVO). Der deutsche Zoll ist für Schulungen insbesondere zu Erkennungsmerkmalen für Geschmacksmusterverletzungen sehr aufgeschlossen. In jedem Fall ist es angezeigt und üblich, den Zollbehörden Informationsmaterial in elektronischem Format für das Zollintranet bereitzustellen.[12]

Die Entscheidung über den Antrag wird dem Rechtsinhaber innerhalb von 30 Arbeitstagen nach Erhalt des Antrages schriftlich mitgeteilt (Art. 5 Abs. 7 Satz 1 PPVO). 7

Der Rechtsinhaber kann die Grenzbeschlagnahme nicht auf bestimmte Verletzer beschränken oder die Durchführung des Verfahrens davon abhängig machen, bei wem die Ware beschlagnahmt wurde. Hat der Rechtsinhaber – etwa wegen des organisatorischen Aufwandes – kein Interesse daran, dass (auch) bei kleineren Warensendungen eine Grenzbeschlagnahme erfolgt, kann er den Antrag jedoch auf gewisse Mindestmengen beschränken.[13] 8

2. Freistellungserklärung

Abweichend vom deutschen Recht (§ 55 Abs. 1 Satz 1) braucht der Rechtsinhaber keine Sicherheitsleistung zu erbringen. Gemäß Art. 6 Abs. 1 PPVO ist der Rechtsinhaber jedoch verpflichtet, seinem Antrag eine Erklärung beizufügen, mit welcher er die etwaige Haftung gegenüber den von einer Grenzbeschlagnahme betroffenen Personen für den Fall übernimmt, dass das nach Art. 9 Abs. 1 PPVO eingeleitete Verfahren aufgrund einer Handlung oder Unterlassung des Rechtsinhabers eingestellt wird. Gleiches gilt für den Fall, dass festgestellt wird, dass die betreffenden Waren kein Recht geistigen Eigentums verletzen.[14] Ferner hat der Rechtsinhaber zuzusagen, alle Kosten zu tragen, welche aus der zollamtlichen Überwachung von dem Antrag betroffener Waren entstehen. Eine Bonitätsprüfung findet nicht statt.[15] Auf diese Verpflichtungserklärung kann auch dann nicht verzichtet werden, wenn der 9

---

11 *Haft*, GRUR Int. 2009, 826, 829.
12 *Haft*, GRUR Int. 2009, 826, 829.
13 Vgl. *Cordes*, GRUR 2007, 483, 485.
14 Vgl. *Cordes*, GRUR 2007, 483, 489.
15 *Haft*, GRUR Int. 2009, 826, 829.

§ 57a Verfahren nach der Verordnung (EG) Nr. 1383/2003

Antragsteller für seinen parallel nach § 57 gestellten Antrag eine Bankbürgschaft übergeben hat.[16]

3. Kosten

10 Die Bearbeitung des Antrags ist kostenfrei (Art. 5 Abs. 7 Satz 2 PPVO).

4. Geltungsdauer

11 Gibt die zuständige Zolldienststelle dem Antrag statt, setzt sie den Zeitraum fest, in dem die Zollbehörden tätig werden müssen. Dieser Zeitraum ist auf höchstens ein Jahr begrenzt (Art. 8 Abs. 1 Satz 2 PPVO), kann jedoch – jeweils um höchstens ein Jahr – verlängert werden (Art. 8 Abs. 1 Satz 3 PPVO). Die Entscheidung über den Verlängerungsantrag kann allerdings davon abhängig gemacht werden, dass der Rechtsinhaber Antragsteller alle ggf. im Rahmen des bisherigen Antrags auf Tätigwerden entstandenen Verbindlichkeiten tilgt (Art. 8 Abs. 1 Satz 3 PPVO).

5. Rechtsschutzmöglichkeiten

12 Lehnt die Bundesfinanzdirektion den Antrag auf Tätigwerden ganz oder teilweise ab, kann der Rechtsinhaber gegen einen entsprechenden Beschluss innerhalb eines Monats ab Zustellung Einspruch einlegen (§ 347 AO). Über diese Möglichkeit ist der Rechtsinhaber zu belehren (Art. 5 Abs. 8 PPVO).[17] Wird dem Antrag auch dann nicht (vollständig) entsprochen, kann der Rechtsinhaber sein Begehren im Wege der Verpflichtungsklage (§ 40 Abs. 1 FGO) vor den Finanzgerichten verfolgen.[18] Sollte die Bundesfinanzdirektion dem Antrag nicht innerhalb angemessener Frist entsprechen, kann der Rechtsinhaber Untätigkeitsklage erheben (Art. 245 Zollkodex).[19]

13 Dem Einführenden stehen vor einer Aussetzung der Überlassung bzw. Zurückhaltung von Waren gegen den generellen Grenzbeschlagnahmeantrag des Rechtsinhabers mangels unmittelbarer Drittbetroffenheit keine Rechtsschutzmöglichkeiten offen.[20]

---

16 Vgl. zum Urheberrecht: *Wandtke/Bullinger*, § 111c Rn. 18.
17 Vgl. zum Urheberrecht: *Wandtke/Bullinger*, § 111c Rn. 20.
18 Vgl. zum Urheberrecht: *Wandtke/Bullinger*, § 111c Rn. 71.
19 Vgl. *Cordes*, GRUR 2007, 483, 489.
20 Vgl. *Cordes*, GRUR 2007, 483, 489.

IV. Materielle Voraussetzungen

Materielle Voraussetzung für das Tätigwerden der Zollbehörden ist, dass Waren, die sich in einer der in Art. 1 Abs. 1 der PPVO genannten Situation befinden, im Verdacht stehen, ein Recht geistigen Eigentums zu verletzen. „Waren, die ein Recht geistigen Eigentums verletzen", sind beim Geschmacksmuster „unerlaubt hergestellte Waren". Als „unerlaubt hergestellte Waren" gelten insbesondere Waren, die Vervielfältigungsstücke oder Nachbildungen sind oder solche enthalten und ohne Zustimmung des Inhabers des Geschmacksmusterrechts (unabhängig davon, ob es nach einzelstaatlichem Recht eingetragen ist) oder ohne Zustimmung einer von dem Rechtsinhaber im Herstellungsland ermächtigten Person angefertigt werden (Art. 2 Abs. 1 lit. b) PPVO). Ob eine Rechtsverletzung vorliegt, ist nach den Rechtsvorschriften des Mitgliedstaats zu beurteilen, in dessen Hoheitsgebiet sich die Waren in einer der in Art. 1 Abs. 1 PPVO genannten Situationen befinden (Art. 10 Satz 1 PPVO). Eine Nichtigkeitsklage gegen das Geschmacksmuster (vgl. § 33) ist jedenfalls solange unbeachtlich, wie nicht zumindest erstinstanzlich entschieden ist, dass das Geschmacksmuster nicht rechtsbeständig ist. Aber auch nach einer erstinstanzlichen Entscheidung sind grundsätzlich noch Grenzmaßnahmen möglich, solange die Entscheidung nicht rechtskräftig ist.[21]

14

Das Tätigwerden der Zollbehörden setzt einen „hinreichenden Verdacht", dass Waren ein Recht geistigen Eigentums verletzen (Art. 4 Abs. 1 PPVO) voraus. Hinreichend ist der Verdacht, wenn die Schutzrechtsverletzung überwiegend wahrscheinlich ist.[22] In der Praxis wird die Frage, ob ein Verdachtsmoment vorliegt bzw. ob eine Verletzung offensichtlich ist, jedoch regelmäßig anhand der Identifikation verdächtiger Produkte durch den Schutzrechtsinhaber entschieden. Eine rechtliche Prüfung durch die Zollbehörden, ob tatsächlich eine Verletzung gegeben ist, erfolgt jedoch nicht und kann auch praktisch nicht erfolgen.[23]

15

Die PPVO gilt nicht für Waren, die durch ein Geschmacksmusterrecht geschützt sind und die mit Zustimmung des Rechtsinhabers hergestellt worden sind, sich jedoch ohne dessen Zustimmung in einer der in Art. 1 Abs. 1 PPVO genannten Situationen befinden (Art. 3 Abs. 1

16

---

21 *Haft*, GRUR Int. 2009, 826, 831.
22 Vgl. zum Patentrecht: *Benkard*, § 142a Rn. 20.
23 *Haft*, GRUR Int. 2009, 826, 829.

§ 57a Verfahren nach der Verordnung (EG) Nr. 1383/2003

Satz 1 PPVO). Damit ist die Beschlagnahme von Parallelimporten aus dem Anwendungsbereich der PPVO ausgenommen.[24] Gleiches gilt für Originalwaren, deren Weitervertrieb sich der Rechtsinhaber aus berechtigten Gründen widersetzt, insbesondere weil die Waren nach ihrem Inverkehrbringen verändert oder verschlechtert worden sind sowie für Waren, die von einem Lizenznehmer unter Verstoß gegen eine gegenständliche Beschränkung des Lizenzrechts hergestellt worden sind (Art. 3 Abs. 1 Satz 2 PPVO).[25] Schließlich bestimmt Art. 3 Abs. 2 PPVO, dass Waren im persönlichen Gepäck eines Reisenden von Grenzmaßnahmen ausgeschlossen sind, sofern die Warenmenge nicht die für die Gewährung einer Zollbefreiung festgelegten Grenzen überschreitet und auch keine Anhaltspunkte dafür vorliegen, dass die Waren Gegenstand eines gewerblichen Handels sind. Dabei liegt die Grenze zwischen gewerblichem und Privatverkehr grundsätzlich bei einem Warenwert von EUR 430 (für Reisende im Flug- oder Seeverkehr) bzw. EUR 300 (für sonstige Reisende) bzw. EUR 175 (für Reisende unter 15 Jahren, unabhängig vom Verkehrsmittel). Für den Postverkehr gelten diese Freigrenzen jedoch nicht.[26]

V. Aussetzung der Überlassung/Zurückhaltung von Waren (§ 57a Abs. 1)

17 Stehen Waren im Verdacht (ein hinreichend begründeter Verdacht reicht aus), ein Recht geistigen Eigentums zu verletzen, setzt die Zollbehörde deren Überlassung aus und hält die Waren zurück. Zu einer Beschlagnahme der Waren ist die Zollbehörde – anders als nach § 55 Abs. 1 Satz 1 – nicht berechtigt.

18 Hat die Zollstelle die Überlassung der Waren ausgesetzt oder die Waren zurückgehalten, informiert sie gemäß Art. 9 Abs. 2 PPVO/§ 57a Abs. 1 sowohl den Rechtsinhaber als auch den Anmelder, Besitzer oder Eigentümer der Waren (im Folgenden „Verfügungsberechtigter"). Dabei ist die Zollstelle befugt, dem Rechtsinhaber und dem Verfügungsberechtigten die tatsächliche oder geschätzte Menge und die tatsächliche oder vermutete Art der Waren mitzuteilen. Weiter kann die Zollbehörde dem Rechtsinhaber Name und Anschrift des Empfängers sowie des Versenders, des Anmelders oder des Besitzers der Waren, den Ursprung und

---

24 Vgl. zum Markenrecht: *Fezer*, § 150 Rn. 8; *Ströbele/Hacker*, § 150 Rn. 5.
25 *Haft*, GRUR Int. 2009, 826, 828.
26 *Haft*, GRUR Int. 2009, 826, 828.

VI. Vereinfachtes Verfahren nach Art. 11 PPVO (§ 57a Abs. 2) §57a

die Herkunft der Waren mitteilen (Art. 9 Abs. 3 Satz 1 PPVO). Daneben kann die Zollbehörde dem Rechtsinhaber Muster der Waren überlassen (Art. 9 Abs. 3 Satz 2 PPVO). In der Unterrichtung muss die Zollbehörde darauf hinweisen, dass ein fehlender Widerspruch des Verfügungsberechtigten gegen die Vernichtung als Zustimmung gilt (§ 57a Abs. 4 Satz 2).

VI. Vereinfachtes Verfahren nach Art. 11 PPVO (§ 57a Abs. 2)

Beim vereinfachten Verfahren nach Art. 11 PPVO können die Zollbehörden die zurückgehaltenen Waren mit Zustimmung des Rechtsinhabers unter zollamtlicher Überwachung vernichten lassen. Eine (gerichtliche) Feststellung, ob die Waren tatsächlich ein Recht am geistigen Eigentum verletzen, ist nicht erforderlich. 19

Um eine Vernichtung der Waren zu erreichen, muss der Rechtsinhaber innerhalb von zehn Tagen (bei leicht verderblichen Waren innerhalb von drei Tagen) nach Zugang der Unterrichtung nach Art. 9 Abs. 2 PPVO/Abs. 1 der Zolldienststelle, welche die Maßnahme verfügt hat (nicht der Bundesfinanzdirektion), schriftlich (E-Mail genügt nicht; §§ 126, 126a BGB) mitteilen, dass eine Rechtsverletzung vorliegt (Abs. 3 Satz 1). Dabei muss der Rechtsinhaber zwingend mitteilen, dass die Waren, die Gegenstand des Verfahrens sind, ein nach dem GeschmMG geschütztes Recht verletzen (Abs. 3 Satz 2). Weiter muss der Rechtsinhaber den Zollbehörden eine schriftliche Zustimmung des Verfügungsberechtigten zu ihrer Vernichtung übermitteln (Abs. 3 Satz 3). Diese Erklärung (Zustimmung zur Vernichtung) kann der Verfügungsberechtigte auch unmittelbar gegenüber der Zollbehörde abgeben (Abs. 3 Satz 4). Als Verfahrenserklärung ist die Zustimmung weder widerruflich noch anfechtbar.[27] Auf Antrag des Rechtsinhabers kann die Zollbehörde die Frist um höchstens 10 Arbeitstage verlängern (Art. 13 Abs. 1 Satz 2 PPVO/§ 57a Abs. 3 Satz 5). 20

Die Zustimmung zur Vernichtung gilt gemäß Abs. 4 Satz 1 als erteilt, wenn der Verfügungsberechtigte der Vernichtung nicht innerhalb von zehn Arbeitstagen oder im Fall leicht verderblicher Waren innerhalb von drei Arbeitstagen nach Zugang der Unterrichtung nach Abs. 1 widerspricht. Gemäß Abs. 4 Satz 2 muss die Zollbehörde den Verfügungs- 21

---
27 Vgl. zum Markenrecht: *Ströbele/Hacker*, § 150 Rn. 41.

§ 57a Verfahren nach der Verordnung (EG) Nr. 1383/2003

berechtigten darauf hinweisen, dass ein fehlender Widerspruch gegen die Vernichtung als Zustimmung gilt.

22 Eine Einigung zwischen dem Rechtsinhaber und dem Verfügungsberechtigten dahingehend, dass der Verfügungsberechtigte die unerlaubt hergestellte Ware – gegebenenfalls gegen Bezahlung – an den Rechtsinhaber übereignet, sieht die PPVO nicht vor. Vielmehr sind die Waren, da sie Gegenstand eines zollamtlichen Verfahrens sind, insoweit der Dispositionsbefugnis des Verfügungsberechtigten und des Rechtsinhabers entzogen.[28]

VII. Gerichtliche Verfahren zur Feststellung der Schutzrechtsverletzung

23 Widerspricht der Verfügungsberechtigte der Vernichtung fristgerecht, findet das Verfahren des Art. 13 PPVO Anwendung (Art. 11 Abs. 2 PPVO). In diesem Fall kommt eine Vernichtung der Waren nur in Betracht, wenn der Rechtsinhaber gegen den Verletzer eine gerichtliche Entscheidung erwirkt, welche die Rechtsverletzung feststellt. Der Rechtsinhaber muss die Zollstelle innerhalb einer Frist von zehn Tagen (bei leicht verderblichen Waren innerhalb von drei Arbeitstagen) nach Zugang der Unterrichtung nach Art. 9 Abs. 2 PPVO/Abs. 1 von der Einleitung eines (zivil-)gerichtlichen Verfahrens nach Art. 10 PPVO informieren (Art. 13 Abs. 1 Satz 1 PPVO). Bei „normalen" Waren kann die Zollstelle die Frist um höchstens zehn Arbeitstage verlängern (Art. 13 Abs. 1 Satz 2 PPVO); bei leicht verderblichen Waren ist eine Fristverlängerung hingegen ausgeschlossen (Art. 13 Abs. 2 Satz 2 PPVO).

24 Umstritten ist, ob es ausreicht, dass der Rechtsinhaber eine einstweilige Verfügung beantragt.[29] Hiergegen wird überzeugend und im Ergebnis zutreffend eingewandt, dass eine einstweilige Verfügung stets nur zu einer Anspruchssicherung führt (insbesondere zu einer Sicherung eines etwaigen Vernichtungsanspruchs), der Rechtsinhaber hingegen nachweisen müsse, dass er ein Verfahren eingeleitet habe, welches zur Vernichtung der Waren führe.[30] Eine Vernichtung der Ware ist hingegen nur über eine Hauptsacheklage, mit welcher der Vernichtungsanspruch

---

28 Vgl. zum Urheberrecht: *Wandtke/Bullinger*, § 111c Rn. 68.
29 Bejahend OLG München, WRP 1997, 975, 977; *Fezer*, § 150 Rn. 19; *Ingerl/Rohnke*, § 150 Rn. 12.
30 Vgl. zum Markenrecht: *Ströbele/Hacker*, § 150 Rn. 30.

(§ 43 Abs. 1) geltend gemacht werde, zu erreichen (eine Vernichtung der Waren aufgrund einer einstweiligen Verfügung scheitert am Verbot der Vorwegnahme der Hauptsache). Dass im Laufe eines Klageverfahrens nicht unerhebliche Lagerkosten entstehen können – für die letztlich der Rechtsinhaber einzustehen hat – ist hinzunehmen. Alternativ kommt die Einleitung eines Strafverfahrens in Betracht; hier wird die Vernichtung der Ware durch eine strafrechtliche Einziehung (§ 51 Abs. 5 Satz 1) oder die Geltendmachung des Vernichtungsanspruchs im Adhäsionsverfahren (§§ 403 bis 406c StPO i.V.m. § 51 Abs. 5 Satz 3) erreicht.[31]

Unterlässt es der Rechtsinhaber, die Zollstelle innerhalb der relevanten Frist über die Einleitung eines (zivil-)gerichtlichen Verfahrens zu unterrichten (die Vorlage einer gerichtlichen Entscheidung ist nicht erforderlich),[32] wird die Überlassung der Waren bewilligt oder die Zurückhaltung aufgehoben, sofern alle Zollförmlichkeiten erfüllt sind. 25

VIII. Freigabe gegen Sicherheitsleistung (Art. 14 PPVO)

Nach Art. 14 Abs. 1 PPVO kann der Anmelder, der Eigentümer, der Einführer, der Besitzer oder Empfänger der Ware die Freigabe gegen Sicherheitsleistung erwirken, wenn innerhalb der Frist des Art. 13 PPVO zwar ein Verfahren eingeleitet wurde, allerdings (noch) keine Sicherungsmaßnahme erlassen worden ist. Um die Freigabe zu erreichen, muss der Anmelder etc. der Waren bei der betroffenen Zolldienststelle einen Antrag stellen. Mit dem Antrag kann der Anmelder etc. einen Vorschlag für eine angemessene Höhe der Sicherheit unterbreiten. Die Sicherheit ist gemäß Art. 14 Abs. 2 PPVO so zu bemessen, dass die Interessen des Rechtsinhabers ausreichend geschützt sind. Damit ist nicht nur die Höhe der Rechtsverfolgungskosten, auch durch mehrere Instanzen, zu hinterlegen (zur Orientierung kann § 110 ZPO herangezogen werden), sondern darüber hinaus ist auch Sicherheit für einen angemessenen Schadensersatz zu leisten.[33] Zu dem Antrag hat die Zolldienststelle den Rechtsinhaber in der Regel schriftlich anzuhören.[34] 26

---

31 Vgl. zum Markenrecht: *Ströbele/Hacker*, § 150 Rn. 31.
32 So aber *Fezer*, § 150 Rn. 19.
33 Vgl. zum Markenrecht: *Ingerl/Rohnke*, § 150 Rn. 14.
34 *Haft*, GRUR Int. 2009, 826, 831.

IX. Kosten der Vernichtung (§ 57a Abs. 5)

27 Nach Abs. 5 trägt der Rechtsinhaber die Kosten der Vernichtung. Weiter hat der Rechtsinhaber gemäß Art. 15 PPVO i.V.m. Art. 6 Abs. 1 PPVO die Kosten der Lagerung zu tragen. Der Rechtsinhaber kann diese Kosten nach den allgemeinen Grundsätzen von den Verletzern und Störern als Schadensersatz oder Kosten der Zwangsvollstreckung erstattet verlangen.[35]

X. Abwicklung der Vernichtung (§ 57a Abs. 6)

28 Nach Abs. 6 kann die Zollstelle die Abwicklung der Vernichtung übernehmen.

XI. Aufbewahrungsfrist (§ 57a Abs. 7)

29 Art. 11 Abs. 1 zweiter Spiegelstrich PPVO sieht vor, dass die Zollbehörden Proben oder Muster so aufbewahren müssen, dass sie in Gerichtsverfahren in dem Mitgliedstaat, in dem sich dies als notwendig erweisen könnte, als zulässige Beweismittel vorgelegt werden können. Diese Aufbewahrungsfrist beträgt nach Abs. 7 ein Jahr.

XII. Entsprechende Anwendung der §§ 55 bis 57 (§ 57a Abs. 8)

30 Nach Abs. 8 gelten die Vorschriften der §§ 55 bis 57 auch für Sachverhalte, die in den Anwendungsbereich der PPVO fallen, soweit nicht in der PPVO andere Regelungen getroffen sind.

XIII. Schadensersatzpflicht bei unberechtigter Beschlagnahme

31 Erweist sich die Maßnahme der Zollbehörde als unberechtigt, liegt bei gewerblichen Einführenden regelmäßig ein Eingriff in den eingerichteten und ausgeübten Gewerbebetrieb vor, der vom Rechtsinhaber adäquat kausal veranlasst wurde. Zudem liegt – auch beim nicht gewerb-

---

35 Vgl. zum Markenrecht: *Ingerl/Rohnke*, § 150 Rn. 15.

lich Handelnden – regelmäßig ein Eingriff in absolut geschützte Rechte (Eigentum, Besitz) i.S.d. § 823 BGB vor.[36]

Eine Haftung des Rechtsinhabers scheidet aus, wenn der Rechtsinhaber nach Beschau der Waren bzw. Prüfung von Mustern zu dem Ergebnis gelangt, dass keine Rechtsverletzung vorliegt und darüber unverzüglich innerhalb der Frist des Art. 13 PPVO die zuständige Zolldienststelle informiert. Dagegen kommt eine Haftung des Rechtsinhabers dann in Betracht, wenn der Rechtsinhaber versäumt, fristgerecht das nach Art. 10 PPVO vorgesehene Verfahren einzuleiten, also nicht fristgerecht eine Verletzungsklage einreicht. Geschieht dies aufgrund von Nachlässigkeit oder weil der Rechtsinhaber es vorzieht, das Verfahren nicht zu betreiben, ist die Zolldienststelle zudem berechtigt, den generellen Grenzbeschlagnahmeantrag für dessen verbleibende Geltungsdauer auszusetzen oder eine künftige Verlängerung abzulehnen (Art. 12 PPVO).[37]

32

XIV. Haftung der Zollbehörden

Sollten die Zollbehörden eine Beschlagnahme schuldhaft unterlassen, kommen gemäß Art. 19 Abs. 1 PPVO i.V.m. § 839 BGB Amtshaftungsansprüche in Betracht. Eine Amtshaftung kommt allerdings nicht schon allein deshalb in Betracht, weil die Zollbehörden rechtsverletzende Ware nicht erkannt haben. Vielmehr ist für eine Amtshaftung schuldhaftes Handeln erforderlich. Ein solches kann gegeben sein, wenn der Rechtsinhaber die Zollbehörden selbst auf konkrete Warenlieferungen hingewiesen hat oder aus den Zollanmeldeunterlagen die Rechtsverletzung leicht erkennbar war. Die Ersatzpflicht greift gemäß § 839 Abs. 3 BGB nicht ein, wenn der Verletzte es schuldhaft unterlassen hat, den Schaden durch Gebrauch eines Rechtsmittels abzuwenden. In den Fällen, in denen der Rechtsinhaber Kenntnis von der Einfuhr rechtsverletzender Waren hat, wird eine Ersatzpflicht ausscheiden, wenn der Rechtsinhaber durch eine einstweilige Verfügung die weitere Verbreitung der Ware verhindern konnte.[38]

33

---

36 Vgl. *Cordes*, GRUR 2007, 483, 489.
37 Vgl. *Cordes*, GRUR 2007, 483, 489.
38 Vgl. *Cordes*, GRUR 2007, 483, 489.

§ 57a Verfahren nach der Verordnung (EG) Nr. 1383/2003

XV. Abweichende Vorschriften der PPVO

34 Anders als nach nationalem Recht (§ 55 Abs. 1 Satz 1) kann die Zollbehörde im Anwendungsbereich der PPVO auch ohne Antrag des Rechtsinhabers tätig werden (Art. 4 Abs. 1 PPVO). Im Rahmen der „ex-officio"-Maßnahmen können die Zollbehörden kurzzeitig die Überlassung der Waren aussetzen oder die Waren zurückhalten. Hierdurch soll dem Rechtsinhaber ermöglicht werden, einen Antrag auf Tätigwerden der Zollbehörden (Art. 5 PPVO) zu stellen. Weitergehende Maßnahmen erfolgen nur, sofern der Rechtsinhaber innerhalb einer Frist von drei Tagen einen entsprechenden Antrag stellt.[39]

35 Abweichend vom deutschen Recht (§ 55 Abs. 1 Satz 1) kann der Antrag auf Tätigwerden der Zollbehörden nicht nur vom Rechtsinhaber gestellt werden; antragsberechtigt ist vielmehr auch jede andere zur Nutzung des Geschmacksmusterrechts befugte Person oder ihr Vertreter (Art. 2 Abs. 2 lit. b) PPVO).

36 Abweichend vom deutschen Recht braucht der Rechtsinhaber keine Sicherheitsleistung zu erbringen. Der Rechtsinhaber muss sich jedoch bei der Antragstellung verpflichten, einen möglichen Schaden des Verfügungsberechtigten zu ersetzen und für die Kosten der Lagerung aufzukommen.

37 Das Tätigwerden der Zollbehörden setzt keine „offensichtliche Rechtsverletzung" (vgl. § 55 Abs. 1 Satz 1) voraus, sondern lediglich einen „hinreichenden Verdacht", dass Waren ein Recht geistigen Eigentums verletzen (Art. 4 Abs. 1 PPVO).

38 Nach europäischem Recht reicht es aus, dass der Rechtsinhaber binnen zehn bzw. drei Arbeitstagen nach Eingang der Benachrichtigung über die Aussetzung der Überlassung oder von der Zurückhaltung ein Verfahren auf Feststellung der Rechtsverletzung einleitet und hierüber die Zollbehörde unterrichtet (Art. 13 PPVO). Nach deutschem Recht muss der Rechtsinhaber den Zollbehörden hingegen binnen zwei oder maximal vier Wochen eine vollziehbare gerichtliche Entscheidung vorlegen (§ 56 Abs. 3 Satz 2 und Abs. 4). Mithin ist nach Gemeinschaftsrecht ein Hauptsacheverfahren durchzuführen, während der Rechtsinhaber nach deutschem Recht auf den einstweiligen Rechtsschutz angewiesen ist.[40]

---

39 *Haft*, GRUR Int. 2009, 826, 830.
40 *Haft*, GRUR Int. 2009, 826, 831.

Abschnitt 11

Besondere Bestimmungen

§ 58 Inlandsvertreter

(1) Wer im Inland weder Wohnsitz, Sitz noch Niederlassung hat, kann an einem in diesem Gesetz geregelten Verfahren vor dem Deutschen Patent- und Markenamt oder dem Bundespatentgericht nur teilnehmen und die Rechte aus einem Geschmacksmuster nur geltend machen, wenn er im Inland einen Rechtsanwalt oder Patentanwalt als Vertreter bestellt hat, der zur Vertretung im Verfahren vor dem Deutschen Patent- und Markenamt, dem Bundespatentgericht und in bürgerlichen Rechtsstreitigkeiten, die das Geschmacksmuster betreffen, sowie zur Stellung von Strafanträgen bevollmächtigt ist.

(2) Staatsangehörige eines Mitgliedstaates der Europäischen Union oder eines anderen Vertragsstaates des Abkommens über den Europäischen Wirtschaftsraum können zur Erbringung einer Dienstleistung im Sinne des Vertrages zur Gründung der Europäischen Gemeinschaft als Vertreter im Sinne des Absatzes 1 bestellt werden, wenn sie berechtigt sind, ihre berufliche Tätigkeit unter einer der in der Anlage zu § 1 des Gesetzes über die Tätigkeit europäischer Rechtsanwälte in Deutschland vom 9. März 2000 (BGBl. I S. 182) oder zu § 1 des Gesetzes über die Eignungsprüfung für die Zulassung zur Patentanwaltschaft vom 6. Juli 1990 (BGBl. I S. 1349, 1351) in der jeweils geltenden Fassung genannten Berufsbezeichnungen auszuüben.

(3) Der Ort, an dem ein nach Absatz 1 bestellter Vertreter seinen Geschäftsraum hat, gilt im Sinne des § 23 der Zivilprozessordnung als der Ort, an dem sich der Vermögensgegenstand befindet; fehlt ein solcher Geschäftsraum, so ist der Ort maßgebend, an dem der Vertreter im Inland seinen Wohnsitz, und in Ermangelung eines solchen der Ort, an dem das Deutsche Patent- und Markenamt seinen Sitz hat.

(4) Die rechtsgeschäftliche Beendigung der Bestellung eines Vertreters nach Absatz 1 wird erst wirksam, wenn sowohl diese Beendi-

§ 58 Inlandsvertreter

gung als auch die Bestellung eines anderen Vertreters gegenüber dem Deutschen Patent- und Markenamt oder dem Bundespatentgericht angezeigt wird.

Übersicht

	Rn.		Rn.
I. Allgemeines	1	6. Stellung des Vertretenen	14
II. Vertretungspflicht für Auswärtige (§ 58 Abs. 1)	2	III. Vertreter aus dem EU-Ausland (§ 58 Abs. 2)	15
1. Auswärtiger	2	IV. Gerichtsstand bei Vertretung (§ 58 Abs. 3)	19
2. Verfahrensteilnahme	4		
3. Zur Vertretung zugelassene Personen	7	V. Beendigung der Bestellung des Inlandsvertreters (§ 58 Abs. 4)	21
4. Vollmacht	9		
5. Fehlen oder Wegfall des Inlandsvertreters	12		

I. Allgemeines

1 § 58 schreibt jedem Beteiligten in Verfahren vor dem DPMA oder dem BPatG ohne einen eigenen Wohnsitz, Geschäftssitz oder eine Niederlassung im Inland die Bestellung eines hier ansässigen Patent- oder Rechtsanwalts als „Inlandsvertreter" vor. Hierbei handelt es sich nicht um eine Rechtspflicht, sondern um eine Obliegenheit, deren Nichtbeachtung einzig denjenigen trifft, der gehalten ist, den Vertreter zu bestellen.[1] Das Erfordernis eines Inlandsvertreters ist unabhängig von der Staatsangehörigkeit des Beteiligten, betrifft also auch im Ausland ansässige Deutsche. Ansonsten ist vor dem DPMA und dem BPatG eine anwaltliche oder patentanwaltliche Vertretung – vergleichbar mit dem Anwaltszwang gemäß § 78 ZPO in Verfahren vor den Landgerichten – grundsätzlich nicht erforderlich. Sinn der Bestimmung ist, in Verfahren vor dem DPMA, dem BPatG sowie in zivilrechtlichen Verfahren dem DPMA, dem BPatG sowie den übrigen Verfahrensbeteiligten den geschäftlichen und prozessualen Verkehr mit auswärtigen Beteiligten zu erleichtern.[2] Insbesondere sollen Auslandszustellungen, die regelmäßig eine längere Zeitspanne erfordern, vermieden werden. Zudem soll ein inländischer Gerichtsstand sichergestellt werden. Hingegen bezweckt

---

1 BGH, GRUR 2009, 701 – Niederlegung der Inlandsvertretung.
2 BGH, GRUR 1969, 437, 438 – Inlandsvertreter; BPatG, MittdtPatA 1997, 160, 161 – Ultra Glow.

§ 58 nicht die Beschränkung des Auswärtigen in seiner Postulationsfähigkeit.[3] Identische Regelungen finden sich in §§ 28 GebrMG, 96 MarkenG, 25 PatG.

II. Vertretungspflicht für Auswärtige (§ 58 Abs. 1)

1. Auswärtiger

Einen Inlandsvertreter benötigt, wer im Inland weder einen Wohnsitz (bei natürlichen Personen, vgl. §§ 7 ff. BGB) noch eine Niederlassung (bei juristischen Personen, vgl. §§ 24, 80 BGB, 5 AktG) hat. Der Vertreterzwang besteht unabhängig von der Staatsangehörigkeit,[4] gilt also auch für im Ausland ansässige Deutsche, nicht aber für Ausländer mit deutschem Wohnsitz oder Sitz.[5] 2

Unter dem Begriff Niederlassung ist der Ort zu verstehen, von dem aus Gewerbetreibende jeder Art, natürliche und juristische Personen, namentlich Einzelkaufleute, ihre Geschäfte dauerhaft leiten.[6] Als Niederlassung i. S. d. § 58 Abs. 1 kommen insbesondere Zweigniederlassungen (vgl. §§ 13 ff. HGB) in Betracht. Erforderlich ist eine selbstständige und auf Dauer angelegte Geschäftstätigkeit. Eine bloße Betriebsstätte, ein Außenbüro oder ein unselbstständiges Verkaufskontor, die nicht erkennbar selbstständig am Wirtschaftsverkehr teilnehmen, genügt diesen Anforderungen nicht.[7] Die Niederlassung muss im Zeitpunkt der Verfahrensteilnahme bzw. der Geltendmachung von Rechten bestehen; die bloße Absicht, eine solche zu gründen, genügt nicht.[8] 3

2. Verfahrensteilnahme

Die Verpflichtung zur Bestellung eines Inlandsvertreters besteht für alle Verfahren, für die das DPMA und das BPatG zuständig sind. Im Hinblick auf den Zweck der Vorschrift ist eine weite Auslegung geboten.[9] In Betracht kommen insbesondere Handlungen im Anmelde-, Prüfungs-, Akt- 4

---

3 BGH, GRUR 1969, 437, 438 – Inlandsvertreter; BGH, GRUR 1972, 536 – Akustische Wand.
4 Vgl. zum Gebrauchsmusterrecht: *Bühring*, § 28 Rn. 28; *Loth*, § 28 Rn. 2.
5 Vgl. zum Markenrecht: *Ekey/Klippel*, § 96 Rn. 4.
6 Vgl. zum Markenrecht: *Ekey/Klippel*, § 96 Rn. 6.
7 BPatG, MittdtPatA 1982, 77.
8 BPatG, GRUR 1983, 370.
9 Vgl. zum Gebrauchsmusterrecht: *Loth*, § 28 Rn. 3; vgl. zum Patentrecht: *Busse*, § 25 Rn. 12.

§ 58 Inlandsvertreter

einsichts-, Umschreibungs-,[10] Wiedereinsetzungs-, Kostenfestsetzungs-, Stundungs-, Löschungs- und Nichtigkeits- sowie im Beschwerdeverfahren. Zu nennen ist weiter die Geltendmachung von Rechten aus dem Muster, d. h. insbesondere alle bürgerlichen Rechtsstreitigkeiten (Verletzungsklagen, Anträge auf einstweilige Verfügung), die das Muster betreffen (hier folgt der Vertreterzwang bereits aus § 78 ZPO i.V.m. § 52 Abs. 1), sowie die Stellung von Strafanträgen nach § 51 Abs. 4.[11]

5 Für reine Tathandlungen (z.B. Entrichtung von Gebühren, Verlängerung der Schutzdauer) ist eine Vertreterbestellung nicht erforderlich. Das Gleiche gilt für rein materiell-rechtliche Rechtshandlungen (z.B. Veräußerung, Verpfändung, Lizenzerteilung etc.), die rein passive Inhaberschaft des Musters sowie die außergerichtliche Geltendmachung von Rechten aus und im Zusammenhang mit dem Muster (z.B. Abmahnung).[12]

6 Verfahrensteilnahme ist jede Beteiligung an einem vor dem DPMA oder dem BPatG anhängigen Verfahren.[13] Es muss folglich ein Rechtsverkehr mit dem Auswärtigen stattfinden. Ob der Auswärtige Antragsteller oder Antragsgegner ist oder das Muster gegen Angriffe Dritter verteidigt, ist unerheblich.[14]

3. Zur Vertretung zugelassene Personen

7 Inlandsvertreter können in der BRD als Rechtsanwälte (nicht beim BGH zugelassene Anwälte, vgl. § 172 BRAO) oder als Patentanwälte (beschränkt auch Patentassessoren nach § 155 Abs. 2 PatAnwO) zugelassene Personen und deren amtliche Vertreter sein. Es muss sich nicht um eine einzige Person handeln, vielmehr können auch alle zu einer entsprechenden inländischen Kanzlei gehörenden Anwälte bestellt werden.[15]

8 Erlaubnisscheininhaber (§ 178 Abs. 1 PatAnwO) sind ebenfalls vertretungsberechtigt, soweit ihnen diese Befugnis auf einen bis zum 1. Juli 1967 gestellten Antrag erteilt wurde (§ 178 Abs. 2 PatAnwO).[16]

---

10 BPatG, GRUR-RR 2008, 414 – Umschreibungsverfahren.
11 Vgl. zum Patentrecht: *Busse*, § 25 Rn. 12.
12 Vgl. zum Gebrauchsmusterrecht: *Loth*, § 28 Rn. 3; vgl. zum Patentrecht: *Busse*, § 25 Rn. 17, 19.
13 Vgl. *Eichmann/v. Falckenstein*, § 58 Rn. 9.
14 Vgl. zum Markenrecht: *Fezer*, § 96 Rn. 7.
15 Vgl. zum Markenrecht: *Ingerl/Rohnke*, § 96 Rn. 24.
16 Vgl. zum Patentrecht: *Busse*, § 25 Rn. 28.

II. Vertretungspflicht für Auswärtige (§ 58 Abs. 1) § 58

4. Vollmacht

Die Bestellung des Inlandsvertreters erfolgt durch eine (rechtsgeschäft- 9
liche) Bevollmächtigung durch den Auswärtigen. Die Erteilung de
Vollmacht kann gemäß § 167 Abs. 1 BGB gegenüber dem Inlandsvertreter oder gegenüber dem Dritten, dem gegenüber die Vertretung stattfinden soll (DPMA, BPatG, Gerichte), erfolgen. Die Vollmacht muss mindestens den in § 58 Abs. 1 umschriebenen Umfang haben. Bleibt die Vollmacht unter den gesetzlichen Mindestumfang (etwa indem bestimmte Verfahrenshandlungen ausgeschlossen werden), ist sie wirkungslos.[17] Zur Klarstellung empfiehlt sich deshalb eine Bevollmächtigung „im Umfang des § 58 Abs. 1 GeschmMG".[18] Eine derartige Vollmacht ermächtigt den Vertreter zu allen das Verfahren vor dem DPMA oder BPatG unmittelbar betreffenden Verfahrenshandlungen einschließlich der Zurücknahme oder Beschränkung der Anmeldung.[19] Zudem kann der Inlandsvertreter Untervollmachten erteilen, wobei der Unterbevollmächtigte nicht selbst zu dem Personenkreis gehören muss, der als Inlandsvertreter zugelassen ist.[20] Zu rein materiellrechtlichen Verfügungen über das Muster oder die Anmeldung (z.B. Übertragung, Verzicht, Lizenzerteilung) ist der Vertreter indessen nicht ohne Weiteres berechtigt.[21]

Die Bevollmächtigung ist an sich nicht formgebunden. § 5 Abs. 1 10
Satz 1 DPMAV bestimmt jedoch, dass Bevollmächtigte – soweit sie nicht nur zum Empfang von Zustellungen oder Mitteilungen ermächtigt sind – beim DPMA eine vom Auftraggeber unterschriebene Vollmachtsurkunde einzureichen haben. Eine Beglaubigung der Vollmachtsurkunde oder der Unterschrift ist nicht erforderlich (§ 15 Abs. 1 Satz 2 DPMAV). Die Vertreterbestellung wird in das Register eingetragen (§ 13 Abs. 1 Nr. 1 GeschmMV) und veröffentlicht (§ 14 GeschmMV).

Das Erlöschen der Vollmacht folgt den allgemeinen Grundsätzen 11
(§ 168 BGB) und bestimmt sich in erster Linie nach dem Inhalt der Vollmacht selbst bzw. nach dem der Erteilung zugrunde liegenden Rechtsverhältnis.[22] Die Vollmacht erlischt im Zweifel durch den Tod

---

17 Vgl. zum Markenrecht: *Fezer*, § 96 Rn. 15.
18 Vgl. zum Patentrecht: *Busse*, § 25 Rn. 29.
19 BGH, GRUR 1972, 536, 537 – Akustische Wand.
20 Vgl. *Eichmann/v. Falckenstein*, § 58 Rn. 6.
21 Vgl. zum Patentrecht: *Busse*, § 25 Rn. 35.
22 Vgl. zum Patentrecht: *Busse*, § 25 Rn. 38.

des Inlandsvertreters, nicht aber durch den Tod des Vertretenen (§§ 675, 672, 673 BGB). Der Widerruf oder die Niederlegung der Vertretung haben sofortige Wirkung und lassen das Verfahrenshindernis auch bei Fortdauer der Eintragung des Inlandsvertreters im Register wiederaufleben.

5. Fehlen oder Wegfall des Inlandsvertreters

12 Die Bestellung eines Inlandsvertreters ist Verfahrensvoraussetzung für die Teilnahme eines Auswärtigen an einem patentamtlichen oder patentgerichtlichen Verfahren und von Amts wegen zu berücksichtigen.[23] Die ohne Vertreterbestellung vorgenommenen Handlungen sind zwar nicht unwirksam, jedoch mit einem verfahrensrechtlichen Mangel behaftet. Die Bestellung des Inlandsvertreters kann bis zum Erlass einer Sachentscheidung nachgeholt werden.[24] Hierzu ist der der Auswärtige unter Fristsetzung aufzufordern.[25] Wird die Vertreterbestellung rechtzeitig nachgeholt, bleibt die noch vor der Vertreterbestellung eingereichte Musteranmeldung mit ihrem damaligen Anmeldetag zulässig.[26] Kommt der Auswärtige der Aufforderung nicht nach, ist eine Anmeldung als unzulässig zurückzuweisen und eine Beschwerde als unzulässig zu verwerfen.[27] Eine Wiedereinsetzung in eine patentamtliche oder richterliche Frist zur Vertreterbestellung ist nicht möglich.[28]

13 Da der Auswärtige selbst voll verhandlungsfähig bleibt (vgl. Rn. 15), führt der Wegfall des Inlandsvertreters (z.B. durch Tod) nicht zu einer Unterbrechung des Verfahrens gemäß § 244 ZPO. Damit ein sachlicher Fortgang des Verfahrens möglich ist, muss der Auswärtige jedoch einen neuen Inlandsvertreter bestellen.[29]

6. Stellung des Vertretenen

14 Die Bestellung des Inlandsvertreters dient nicht der sachgerechten Verfahrensvertretung des Auswärtigen, sondern soll primär sicherstellen, dass im Inland Zustellungen vorgenommen werden können. Die Ver-

---

[23] BGH, GRUR 1969, 437, 438 – Inlandsvertreter.
[24] Vgl. zum Gebrauchsmusterrecht: *Loth*, § 28 Rn. 6.
[25] BPatG, GRUR 1990, 113 – Bestellung eines Inlandsvertreters.
[26] Vgl. zum Markenrecht: *Ingerl/Rohnke*, § 96 Rn. 7.
[27] BPatGE 2, 19, 21; BPatGE 17, 11, 13; BGH, GRUR 1969, 437, 438 – Inlandsvertreter.
[28] BPatGE, 31, 29.
[29] BGH, GRUR 1969, 437, 438 – Inlandsvertreter.

handlungs- und Postulationsfähigkeit des Auswärtigen wird durch das Erfordernis, einen Inlandsvertreter zu bestellen, also nicht berührt. Dementsprechend bleibt der Auswärtige neben dem Inlandsvertreter voll verhandlungs- und postulationsfähig, ist also nicht daran gehindert, eigene Verfahrenshandlungen und Erklärungen vorzunehmen.[30] Weiter kann der Auswärtige neben dem Inlandsvertreter eine weitere Person mit der Vertretung beauftragen, wobei dieser Vertreter nicht als Inlandsvertreter zugelassen sein muss.[31]

III. Vertreter aus dem EU-Ausland (§ 58 Abs. 2)

Ausländische Rechtsanwälte und Patentanwälte aus einem anderen Mitgliedstaat der EU oder einem anderen EWR-Staat können zum Vertreter bestellt werden, wenn sie berechtigt sind, ihre berufliche Tätigkeit unter einer Berufsbezeichnung auszuüben, die in der Anlage zu § 1 EuRAG bzw. in der Anlage 1 des Gesetzes über die Eignungsprüfung für die Zulassung zur Patentanwaltschaft vom 6. Juli 1990[32] genannt sind (§ 58 Abs. 2 Satz 1).[33]

15

Bis zum 1. Oktober 2009 mussten Inlandsvertreter, die als Rechts- oder Patentanwälte im EU-Ausland oder im EWR ansässig sind, einen Zustellungsbevollmächtigten im Inland bestellen (§ 58 Abs. 2 Satz 2). Diese Regelung ist durch das Patentrechtsmodernisierungsgesetz vom 31. Juli 2009[34] ersatzlos entfallen. Grund für die Streichung war, dass die Regelung nach Auffassung der EU-Kommission verhinderte, dass im EU-Ausland niedergelassene Rechts- oder Patentanwälte die ihnen nach dem EG-Vertrag garantierte Dienstleistungsfreiheit ungehindert ausüben können. So führte die Kommission aus, dass die Beauftragung eines Zustellungsbevollmächtigten im Inland für ausländische Rechts- oder Patentanwälte, die einen Verfahrensbeteiligten vor dem DPMA oder dem BPatG als Inlandsvertreter vertreten wollen, zusätzliche Kosten und Belastungen verursache. Dies könne ausländische Rechts- oder Patentanwälte davon abhalten, in Deutschland ihre Dienstleistungen zu erbringen.[35]

16

---

30 BPatGE 4, 160, 161; BGH, GRUR 1969, 437, 438 – Inlandsvertreter; BPatG, MittdtPatA 1997, 160, 161 – Ultra Glow.
31 BPatGE 4, 160, 161; BPatG, MittdtPatA 1997, 160, 161 – Ultra Glow.
32 BGBl. I S. 1349, 1351.
33 Vgl. zum Patentrecht: *Busse*, § 25 Rn. 22.
34 BGBl. I. S. 2521, 2525.
35 Vgl. BT-Drucks 16/11339, S. 18, 48.

17 Unbeschadet der Streichung des § 58 Abs. 2 Satz 2 kann es für Inlandsvertreter nach § 58 Abs. 2 auch zukünftig sinnvoll sein, sich zur Sicherstellung einer ordnungsgemäßen Zustellung von amtlichen Dokumenten eines Zustellungsbevollmächtigten im Inland zu bedienen. Es bleibt diesen Inlandsvertretern allerdings selbst überlassen, das etwaige Verlust oder Verzögerungsrisiko einer Postsendung aus Deutschland in das europäische Ausland einzuschätzen und auf dieser Basis gegebenenfalls freiwillig einen inländischen Zustellungsbevollmächtigten zu bestellen. Dieser kann frei gewählt werden und muss insbesondere kein in Deutschland ansässiger Patent oder Rechtsanwalt sein. § 171 ZPO erlaubt die Zustellung an einen bevollmächtigten Vertreter, dessen Vollmacht gemäß § 167 BGB als „Zustellungsvollmacht" ohne Weiteres auf die Entgegennahme zuzustellen der Schriftstücke beschränkt werden kann.[36]

18 Um die wirksame Zustellung amtlicher Sendungen unmittelbar an die im Ausland niedergelassenen Inlandsvertreter sicherzustellen, kann auf die Regelungen der Verordnung (EG) Nr. 1393/2007 des Europäischen Parlaments und des Rates vom 13. November 2007 über die Zustellung gerichtlicher und außergerichtlicher Schriftstücke in Zivil- und Handelssachen in den Mitgliedstaaten („Zustellung von Schriftstücken") und zur Aufhebung der Verordnung (EG) Nr. 1348/2000 des Rates zurückgegriffen werden.[37] Diese Verordnung sieht in Art. 14 generell die Möglichkeit einer Zustellung von gerichtlichen Schriftstücken durch Einschreiben mit Rückschein vor. Hat ein Zustellungsversuch nach der Zustellungsverordnung ausnahmsweise keinen Erfolg, kann unter den dort genannten Voraussetzungen auf § 185 Satz 1 Nr. 2 ZPO zurückgegriffen werden. Danach kommt eine öffentliche Zustellung in Betracht, wenn eine Zustellung im Ausland nicht möglich ist oder keinen Erfolg verspricht.[38]

IV. Gerichtsstand bei Vertretung (§ 58 Abs. 3)

19 Nach § 23 ZPO ist für Klagen wegen vermögensrechtlicher Ansprüche gegen einen Auswärtigen das Gericht zuständig, in dessen Bezirk sich Vermögens des Auswärtigen oder der mit der Klage in Anspruch ge-

---

36 Vgl. BT-Drucks 16/11339, S. 26f., 48.
37 Vgl. BT-Drucks 16/11339, S. 18f., 48.
38 Vgl. BT-Drucks 16/11339, S. 41, 48.

V. Beendigung der Bestellung des Inlandsvertreters (§ 58 Abs. 4) **§ 58**

nommene Gegenstand befindet.[39] Das Muster als Vermögensgegenstand ist jedoch in der gesamten BRD belegen. Dementsprechend könnten Ansprüche aus dem Muster oder gegen das Muster unter Hinweis auf den Bestand des Musters an irgendeinem Ort erhoben werden. Da dies äußerst unpraktisch ist,[40] gilt nach § 58 Abs. 3 als Ort des inländischen Vermögensgegenstandes (hierunter fallen neben deutschen Mustern auch internationale Muster mit Wirkung in Deutschland) der Ort des Büros („Geschäftsraums") des Inlandsvertreters. Fehlt ein solcher Geschäftsraum im Inland, so ist der Ort maßgebend, an dem der Vertreter im Inland seinen Wohnsitz hat. Fehlt auch ein solcher, wird der Gerichtsstand durch den Sitz des DPMA in München bestimmt.[41]

Auch die als Inlandsvertreter bestellten Anwälte aus anderen EU/EWR-Mitgliedstaaten (Abs. 2) sind „nach Absatz 1 bestellte Vertreter".[42] 20

V. Beendigung der Bestellung des Inlandsvertreters (§ 58 Abs. 4)

Abs. 4 entspricht § 87 Abs. 1 ZPO. Die (rechtsgeschäftliche) Beendigung der Bestellung eines Inlandsvertreters wird erst wirksam, wenn sowohl diese Beendigung als auch die Bestellung eines anderen Vertreters gegenüber dem DPMA oder dem BPatG angezeigt wird. Bis zur Eintragung der angezeigten Niederlegung in das Register bleibt der Inlandsvertreter berechtigt und verpflichtet, d.h. nur ihm und nicht dem Vertretenen ist zuzustellen.[43] Sinn und Zweck der Regelung ist es, zu gewährleisten, dass förmliche Zustellungen effizient durchgeführt werden können. Die Regelung erfasst nur solche Fälle, in denen den Auswärtigen nach § 58 Abs. 1 die Obliegenheit trifft, einen Inlandsvertreter zu bestellen.[44] 21

Mit Beschluss vom 11. Februar 2009 hat der BGH zu § 25 Abs. 4 PatG entschieden, dass ein Inlandsvertreter sein Mandat gegenüber dem DPMA außerhalb konkret anhängiger Verfahren wirksam niederlegen 22

---

39 RG, GRUR 1938, 763 – Pottascheherstellung.
40 Vgl. zum Markenrecht: *Fezer*, § 96 Rn. 21.
41 OLG Düsseldorf, BB 1970, 1110; LG München, GRUR 1962, 165; LG Braunschweig, GRUR 1974, 174.
42 Vgl. zum Markenrecht: *Ingerl/Rohnke*, § 96 Rn. 34.
43 BPatGE 28, 219.
44 BGH, GRUR 2009, 701 – Niederlegung der Inlandsvertretung.

§ 58 Inlandsvertreter

kann, auch wenn kein neuer Inlandsvertreter bestellt wird.[45] Nach Auffassung des BGH fülle die bloße Innehabung eines auch im Hoheitsgebiet der Bundesrepublik Deutschland wirksamen (europäischen) Patents die Voraussetzungen des § 25 Abs. 1 PatG nicht aus. Sie stelle insbesondere keine Teilnahme an einem im PatG geregelten Verfahren dar. Das DPMA legt die in der Entscheidung vertretene Rechtsauffassung auch bei Anwendung des § 58 Abs. 4 zugrunde.[46]

23 Ein früherer Inlandsvertreter hat einen Anspruch darauf, dass seine zwischenzeitlich materiell-rechtlich nicht mehr begründete Eintragung als Vertreter im Register (§ 13 Abs. 2 Nr. 1 GeschmMV) berichtigt wird.[47]

---

45 BGH, GRUR 2009, 701 – Niederlegung der Inlandsvertretung.
46 Mitteilung Nr. 4/09 der Präsidentin des DPMA über die geänderte Praxis bei Niederlegung der Inlandsvertretung.
47 BPatG, GRUR 2009, 188 – Inlandsvertreter III.

§ 59 Geschmacksmusterberühmung

Wer eine Bezeichnung verwendet, die geeignet ist, den Eindruck zu erwecken, dass ein Erzeugnis durch ein Geschmacksmuster geschützt sei, ist verpflichtet, jedem, der ein berechtigtes Interesse an der Kenntnis der Rechtslage hat, auf Verlangen Auskunft darüber zu geben, auf welches Geschmacksmuster sich die Verwendung der Bezeichnung stützt.

Übersicht

	Rn.		Rn.
I. Allgemeines	1	4. Umfang der Auskunftspflicht	7
II. Voraussetzungen und Inhalt des Anspruchs	2	5. Schadensersatz bei falscher/ unvollständiger Auskunft	11
1. Geschmacksmusterberühmung	2	6. Gerichtliche Durchsetzung	12
2. Auskunftsberechtigter	4	III. Rechtsfolgen	13
3. Auskunftsverpflichteter	6		

I. Allgemeines

Der öffentliche Hinweis auf das Bestehen eines Geschmacksmusterschutzes dient der Werbung für die Ware (Werbewirkung)[1] sowie der Warnung (insbesondere an Wettbewerber), den bestehenden Schutz zu beachten (Warnwirkung).[2] Durch den in § 59 enthaltenen (beschränkten) Auskunftsanspruch soll für denjenigen, der sich durch die Behauptung eines Geschmacksmusterschutzes (Geschmacksmusterberühmung) beeinträchtigt fühlt, das Risiko eines wettbewerbsrechtlichen Vorgehens vermindert werden; sie sollen nicht gezwungen werden, ein Verfahren auf die Gefahr hin einzuleiten, dass der Gegner einen der Angabe entsprechenden Schutz nachweisen kann.[3] Dementsprechend wird § 59 als vorbereitender Anspruch für folgende wettbewerbsrechtliche Ansprüche verstanden.[4] Einen weitergehenden Anspruch auf Aufklärung über die gesamte Schutzrechtslage, auf die sich der Mitbewer-

1

---

1 BGH, GRUR 1966, 92 – Bleistiftabsätze.
2 BGH, GRUR 1985, 520, 521 – Konterhauben-Schrumpfsystem.
3 Vgl. zum Patentrecht: *Kraßer*, S. 933.
4 BGH, GRUR 1954, 391 – Prallmühle; OLG Frankfurt, GRUR 1967, 88, 89; OLG Frankfurt, WRP 1974, 159, 161; LG Düsseldorf, MittdtPatA 2005, 24.

ber einzustellen wünscht, gibt § 59 hingegen nicht.[5] § 59 begründet ein gesetzliches Schuldverhältnis zwischen dem, der sich des Musterschutzes berühmt und jedem, der ein berechtigtes Interesse an der Auskunft hat.[6] Vergleichbare Regelungen finden sich in §§ 30 GebrMG, 146 PatG. Diese wurden unter Geltung des GeschmMG a.F. analog angewendet.[7]

II. Voraussetzungen und Inhalt des Anspruchs

1. Geschmacksmusterberühmung

2 Anspruchsvoraussetzung ist eine Geschmacksmusterberühmung, d.h. eine Angabe, die (objektiv) geeignet ist, bei einem nicht unbeachtlichen Teil der angesprochenen Kreise den Eindruck zu erwecken, dass das Erzeugnis durch ein Geschmacksmuster geschützt ist.[8] Erforderlich ist ein gewisser, nach außen wirkender, den Wettbewerb um Abnehmer und Interessenten beeinflussender Öffentlichkeitsbezug des Angabe („Breitenwirkung").[9] Die Angabe muss also dazu bestimmt und geeignet sein, einen größeren Personenkreis zu erreichen.[10] Die Verwarnung eines oder mehrerer Verletzer genügt nicht. Das Gleiche gilt für Mitteilungen, die nur gegenüber einem geschlossenen Kreis einzelner Kunden gemacht werden.[11]

3 Der Eindruck kann sich auf ein deutsches Geschmacksmuster, auf ein – eingetragenes oder nicht eingetragenes – Gemeinschaftsgeschmacksmuster oder auf eine internationale Hinterlegung beziehen.[12] Die Berühmung kann in verschiedenen Formen zum Ausdruck kommen. Zu denken ist insbesondere an wörtliche Angaben (z.B. „Geschmacksmuster", „Musterschutz", „Muster gesch.", „Design gesch.", „Design Patent", „gesetzlich geschützt", „unter Geschmacksmusterschutz", „Muster angemeldet" etc.)[13] oder Symbole auf dem Erzeugnis oder seiner Verpackung. Ob eine nur mündliche Berühmung Ansprüche nach § 59

---

5 Vgl. zum Patentrecht: *Schulte,* § 146 Rn. 4.
6 LG Düsseldorf, GRUR 2002, 602; LG Düsseldorf, MittdtPatA 2005, 24.
7 OLG Düsseldorf, GRUR 1976, 34 – Becherhalter.
8 Vgl. zum Patentrecht: *Busse,* § 146 Rn. 11.
9 Vgl. zum Patentrecht: *Kraßer,* S. 934.
10 Vgl. zum Patentrecht: *Schulte,* § 146 Rn. 8.
11 BGH, GRUR 1951, 314 – Motorblock; OLG Karlsruhe, GRUR 1984, 106; LG Düsseldorf, GRUR 1967, 525.
12 Vgl. *Eichmann/v. Falckenstein,* § 59 Rn. 2.
13 *Ebert-Weidenfeller/Schmüser,* GRUR-Prax 2011, 74.

auslöst, ist zweifelhaft.[14] Bei einer nur mündlichen Bekanntgabe an einen einzelnen Kunden/Interessenten ist dies mangels Öffentlichkeit zu verneinen.[15] Für die Auslegung der Angabe kommt es auf das Verständnis sowohl der Werbeadressaten als auch des Personenkreises an, der ein berechtigtes Interesse an der Auskunft haben kann.[16]

2. Auskunftsberechtigter

Auskunftsberechtigt ist jeder, der ein berechtigtes Interesse an der Kenntnis der Rechtslage hat. Dies ist jeder, der durch eine irreführende Berühmung beeinträchtigt sein könnte, mithin unmittelbare oder mittelbare Wettbewerber des Berühmenden sowie Verbände i.S.d. § 8 Abs. 3 Nr. 2 UWG. Auskunftsberechtigt sind weiter Personen, die als Hersteller, Designer oder Anbieter von Erzeugnissen Gefahr laufen, in den Schutzbereich des der Berühmung zugrunde liegenden Geschmacksmusters einzugreifen.[17] In der Regel muss der Auskunftsbegehrende gewerblich tätig sein, namentlich Erzeugnisse gleicher oder verwandter Art herstellen oder vertreiben.[18] Ein besonderes rechtliches Interesse wird nicht verlangt.[19] Ein privates oder wissenschaftliches Interesse genügt nicht.[20] 4

Duldet der Auskunftsberechtigte die unstatthafte Anpreisung über einen längeren Zeitraum, so verwirkt er seinen Auskunftsanspruch grundsätzlich nicht. Dies ergibt sich aus dem Umstand, dass die Auskunftspflicht auch zum Schutze der Allgemeinheit festgelegt ist.[21] Macht der Auskunftspflichtige geltend, das Auskunftsverlangen verstoße gegen Treu und Glauben, so ist er hierfür darlegungs- und beweispflichtig.[22] 5

---

14 Vgl. zum Patentrecht: bejahend *Benkard*, § 146 Rn. 3; *Busse*, § 146 Rn. 13.
15 BGH, GRUR 1954, 391 – Prallmühle; OLG Karlsruhe, GRUR 1984, 106, 107.
16 Vgl. *Eichmann/v. Falckenstein*, § 59 Rn. 2.
17 Vgl. *Eichmann/v. Falckenstein*, § 59 Rn. 3.
18 OLG Frankfurt, GRUR 1967, 88, 89.
19 Vgl. zum Patentrecht: *Benkard*, § 146 Rn. 5.
20 Vgl. zum Gebrauchsmusterrecht: *Loth*, § 30 Rn. 5; Vgl. zum Patentrecht: *Schulte*, § 146 Rn. 11.
21 RG, GRUR 1961, 275; MittdtPatA 1937, 107.
22 OLG Frankfurt, GRUR 1967, 88, 89.

§ 59 Geschmacksmusterberühmung

3. Auskunftsverpflichteter

6 Zur Auskunft verpflichtet ist derjenige, der sich eigenverantwortlich des Musterschutzes berühmt, wer also den Schutzrechtshinweis anbringt oder in den öffentlichen Ankündigungen verwendet. In Betracht kommt in erster Linie der Hersteller. Händler oder Importeure, welche lediglich die mit dem Vermerk versehene Erzeugnisse weiter vertreiben, sind nicht auskunftsverpflichtet, es sei denn, dass er die Handlungen selbst vorgenommen oder an ihnen mitgewirkt haben.[23] Der Lizenznehmer ist nach den gleichen Gesichtspunkten auskunftsverpflichtet.[24]

4. Umfang der Auskunftspflicht

7 Die Auskunft ist nur auf Verlangen eines Berechtigten zu erteilen und kann ohne Einhaltung von Form und Fristen gefordert werden. Der Auskunftsbegehrende muss sein berechtigtes Interesse bereits in seinem Aufforderungsschreiben dartun.[25] Eine Wiederholungsgefahr ist für die Geltendmachung des Auskunftsanspruchs nicht erforderlich.[26]

8 Gegenstand der Auskunft ist die Bekanntgabe des Geschmacksmusters, das Grundlage der Berühmung ist.[27] Sind die geschuldeten Angaben bereits vollständig in der Berühmung enthalten, ist die Auskunftspflicht ausgeschlossen.[28] Ist das Geschmacksmuster bereits eingetragen, genügt die Angabe der Eintragungsnummer.[29] Ist das Geschmacksmuster noch nicht eingetragen oder die Bekanntmachung gemäß § 21 aufgeschoben, muss das Geschmacksmuster nur identifiziert, nicht jedoch dessen Inhalt offen gelegt werden.[30] Nach der Eintragung hat der Auskunftsverpflichtete die Auskunft jedoch ohne weiteres Verlangen durch Angabe des Aktenzeichens zu ergänzen.[31] Bei Berühmung mit mehreren Schutzrechten besteht Aufklärungspflicht über diese.[32] Ein An-

---

23 Vgl. zum Gebrauchsmusterrecht: *Loth*, § 30 Rn. 6.
24 Vgl. zum Patentrecht: *Busse*, § 146 Rn. 15; OLG Frankfurt, WRP 1974, 159, 163.
25 OLG Düsseldorf, MittdPatA 1957, 155, 156.
26 Vgl. zum Patentrecht: *Benkard*, § 146 Rn. 5.
27 Vgl. *Eichmann/v. Falckenstein*, § 59 Rn. 4.
28 Vgl. zum Patentrecht: *Busse*, § 146 Rn. 16; *Schulte*, § 146 Rn. 12.
29 Vgl. zum Patentrecht: *Kraßer*, S. 934.
30 Vgl. *Eichmann/v. Falckenstein*, § 59 Rn. 4.
31 Vgl. zum Patentrecht: *Busse*, § 146 Rn. 18.
32 OLG Karlsruhe, GRUR 1984, 106, 108.

spruch auf Überlassung von Unterlagen oder auf Einsicht in die Akten der Anmeldung wird durch § 59 nicht begründet.[33]

Besteht kein Geschmacksmusterschutz, wird der Auskunftsanspruch durch eine entsprechende Fehlanzeige erfüllt. In diesem Fall ist dem Werbenden zu empfehlen, seine Auskunft mit einer unbedingten strafbewehrten Unterlassungserklärung im Hinblick auf die weitere Verwendung des Schutzrechtshinweises zu verbinden; anderenfalls kann der Auskunftsgläubiger Ansprüche wegen wettbewerbsrechtlicher Irreführung (§§ 3, 5 Abs. 1 Satz 2 Nr. 3 UWG) durchsetzen.[34] 9

Bestehen Zweifel an der Richtigkeit der Auskunft, besteht kein Anspruch auf Abgabe einer eidesstattlichen Versicherung (§ 260 Abs. 2 BGB ist nicht anwendbar, da der Auskunftsanspruch vorrangig der Klärung der Wettbewerbslage dient, nicht aber der Bekanntgabe eines „Inbegriffs von Gegenständen").[35] 10

5. Schadensersatz bei falscher/unvollständiger Auskunft

Erteilt der Auskunftsverpflichtete die Auskunft schuldhaft falsch, unvollständig oder verspätet, so ist er wegen Schlechterfüllung des Auskunftsanspruchs (positive Vertragsverletzung) zum Ersatz des Schadens verpflichtet, der dem Auskunftsberechtigten durch dessen Aufwendungen für die ergebnislos bleibende Rechtsverfolgung entstanden ist (§ 280 Abs. 1 BGB).[36] 11

6. Gerichtliche Durchsetzung

Die gerichtliche Durchsetzung des Auskunftsanspruchs erfolgt durch Leistungsklage und ist Geschmacksmusterstreitsache i.S.d. § 52.[37] Örtlich zuständig ist das Gericht des allgemeinen Gerichtsstands des Auskunftsschuldners.[38] 12

---

33 BGH, GRUR 1954, 391 – Prallmühle; BPatGE 2, 189.
34 *Ebert-Weidenfeller/Schmüser*, GRUR-Prax 2011, 74.
35 Vgl. zum Patentrecht: *Benkard*, § 146 Rn. 7.
36 LG Düsseldorf, GRUR 2002, 602; vgl. zum Patentrecht: *Kraßer*, S. 935; *Benkard*, § 146 Rn. 6; *Schulte*, § 146 Rn. 25.
37 Vgl. zum Patenrecht: *Schulte*, § 146 Rn. 15.
38 Vgl. *Eichmann/v. Falckenstein*, § 59 Rn. 5.

III. Rechtsfolgen

13 Die Zulässigkeit einer Werbung mit Schutzrechtshinweisen beurteilt sich nach dem Wettbewerbsrecht und dem bürgerlichen Recht.[39] Eine unzulässige (irreführende) Geschmacksmusterberühmung löst Unterlassungs-, Auskunfts- und Schadensersatzansprüche nach den §§ 3, 4, 5 (Abs. 2 Nr. 3), 8, 9 UWG, 242, 823, 826, 1004 BGB aus.

14 Bei der Beurteilung der Zulässigkeit der Geschmacksmusterberühmung ist davon auszugehen, dass die Werbung mit (bestehenden) ungeprüften gewerblichen Schutzrechten wie Geschmacks- und Gebrauchsmustern grundsätzlich zulässig ist.[40] Einen Rechtssatz, dass eine Werbung mit ungeprüften Schutzrechten stets wettbewerbswidrig sei, gibt es folglich nicht. Entscheidend ist, ob der Verkehr den objektiv zutreffenden werblichen Hinweis auf ein Geschmacksmuster falsch versteht.[41] Die Zulässigkeit der Werbung kann insbesondere von der Art des bezeichneten Erzeugnisses oder den angesprochenen Verkehrskreisen abhängen. Abzustellen ist auf den verständigen, durchschnittlich informierten sowie aufmerksamen Durchschnittsverbraucher.[42] Eine Angabe, die als Hinweis auf ein Muster wirkt, darf nur gemacht werden, wenn ein Geschmacksmuster jedenfalls im Inland besteht; anderenfalls ist sie irreführend, wenn nicht unübersehbar klargestellt ist, dass sie sich nur auf ausländische Muster stützt.[43] Irreführend ist es weiter, wenn der Werbende bei einer Geschmacksmusteranmeldung den Eindruck erweckt, das Geschmacksmuster sei bereits eingetragen.[44] Das Gleiche gilt für die Werbung mit einem Geschmacksmuster, dessen Schutzdauer abgelaufen ist.

---

39 Vgl. zum Patentrecht: *Benkard*, § 146 Rn. 23.
40 Vgl. zum Gebrauchsmusterrecht: *Loth*, § 30 Rn. 9.
41 Vgl. *Köhler/Bornkamm*, § 5 Rn. 5.121.
42 Vgl. zum Gebrauchsmusterrecht: *Loth*, § 30 Rn. 9; *Bühring*, § 30 Rn. 9.
43 Vgl. zum Patentrecht: *Kraßer*, S. 937.
44 Vgl. *Köhler/Bornkamm*, § 5 Rn. 5.121.

§ 60 Geschmacksmuster nach dem Erstreckungsgesetz

(1) Für alle nach dem Erstreckungsgesetz vom 23. April 1992 (BGBl. I S. 938), zuletzt geändert durch Artikel 2 Abs. 10 des Gesetzes vom 12. März 2004 (BGBl. I S. 390), erstreckten Geschmacksmuster gelten die Vorschriften dieses Gesetzes, soweit in den Absätzen 2 bis 7 nichts Abweichendes bestimmt ist.

(2) Die Schutzdauer für Geschmacksmuster, die am 28. Oktober 2001 nicht erloschen sind, endet 25 Jahre nach Ablauf des Monats, in den der Anmeldetag fällt. Die Aufrechterhaltung des Schutzes wird durch Zahlung einer Aufrechterhaltungsgebühr für das 16. bis 20. Jahr und für das 21. bis 25. Jahr, gerechnet vom Anmeldetag an, bewirkt.

(3) Ist der Anspruch auf Vergütung wegen der Benutzung eines Geschmacksmusters nach den bis zum Inkrafttreten des Erstreckungsgesetzes anzuwendenden Rechtsvorschriften bereits entstanden, so ist die Vergütung noch nach diesen Vorschriften zu zahlen.

(4) Wer ein Geschmacksmuster, das durch einen nach § 4 des Erstreckungsgesetzes in der Fassung vom 31. Mai 2004 erstreckten Urheberschein geschützt war oder das zur Erteilung eines Urheberscheins angemeldet worden war, nach den bis zum Inkrafttreten des Erstreckungsgesetzes anzuwendenden Rechtsvorschriften rechtmäßig in Benutzung genommen hat, kann dieses im gesamten Bundesgebiet weiterbenutzen. Der Inhaber des Schutzrechts kann von dem Benutzungsberechtigten eine angemessene Vergütung für die Weiterbenutzung verlangen.

(5) Ist eine nach § 4 des Erstreckungsgesetzes in der Fassung vom 31. Mai 2004 erstreckte Anmeldung eines Patents für ein industrielles Muster nach § 10 Abs. 1 der Verordnung über industrielle Muster vom 17. Januar 1974 (GBl. I Nr. 15 S. 140), die durch die Verordnung vom 9. Dezember 1988 (GBl. I Nr. 28 S. 333) geändert worden ist, bekannt gemacht worden, so steht dies der Bekanntmachung der Eintragung der Anmeldung in das Musterregister nach § 8 Abs. 2 des Geschmacksmustergesetzes in der bis zum Ablauf des 31. Mai 2004 geltenden Fassung gleich.

(6) Soweit Geschmacksmuster, die nach dem Erstreckungsgesetz auf das in Artikel 3 des Einigungsvertrages genannte Gebiet oder

das übrige Bundesgebiet erstreckt worden sind, in ihrem Schutzbereich übereinstimmen und infolge der Erstreckung zusammentreffen, können die Inhaber dieser Schutzrechte oder Schutzrechtsanmeldungen ohne Rücksicht auf deren Zeitrang Rechte aus den Schutzrechten oder Schutzrechtsanmeldungen weder gegeneinander noch gegen die Personen, denen der Inhaber des anderen Schutzrechts oder der anderen Schutzrechtsanmeldung die Benutzung gestattet hat, geltend machen. Der Gegenstand des Schutzrechts oder der Schutzrechtsanmeldung darf jedoch in dem Gebiet, auf das das Schutzrecht oder die Schutzrechtsanmeldung erstreckt worden ist, nicht oder nur unter Einschränkungen benutzt werden, soweit die uneingeschränkte Benutzung zu einer wesentlichen Beeinträchtigung des Inhabers des anderen Schutzrechts oder der anderen Schutzrechtsanmeldung oder der Personen, denen er die Benutzung des Gegenstands seines Schutzrechts oder seiner Schutzrechtsanmeldung gestattet hat, führen würde, die unter Berücksichtigung aller Umstände des Falles und bei Abwägung der berechtigten Interessen der Beteiligten unbillig wäre.

(7) Die Wirkung eines nach § 1 oder § 4 des Erstreckungsgesetzes in der Fassung vom 31. Mai 2004 erstreckten Geschmacksmusters tritt gegen denjenigen nicht ein, der das Geschmacksmuster in dem Gebiet, in dem es bis zum Inkrafttreten des Erstreckungsgesetzes nicht galt, nach dem für den Zeitrang der Anmeldung maßgeblichen Tag und vor dem 1. Juli 1990 rechtmäßig in Benutzung genommen hat. Dieser ist befugt, das Geschmacksmuster im gesamten Bundesgebiet für die Bedürfnisse seines eigenen Betriebs in eigenen oder fremden Werkstätten mit den sich in entsprechender Anwendung des § 12 des Patentgesetzes ergebenden Schranken auszunutzen, soweit die Benutzung nicht zu einer wesentlichen Beeinträchtigung des Inhabers des Schutzrechts oder der Personen, denen er die Benutzung des Gegenstands seines Schutzrechts gestattet hat, führt, die unter Berücksichtigung aller Umstände des Falles und bei Abwägung der berechtigten Interessen der Beteiligten unbillig wäre. Bei einem im Ausland hergestellten Erzeugnis steht dem Benutzer ein Weiterbenutzungsrecht nach Satz 1 nur zu, wenn durch die Benutzung im Inland ein schutzwürdiger Besitzstand begründet worden ist, dessen Nichtanerkennung unter Berücksichtigung aller Umstände des Falles für den Benutzer eine unbillige Härte darstellen würde.

I. Allgemeines § 60

Übersicht

	Rn.		Rn.
I. Allgemeines	1	V. Weiterbenutzungsrecht (§ 60 Abs. 4)	10
II. Anwendbarkeit des GeschmMG (§ 60 Abs. 1)	3	VI. Bekanntmachung der Anmeldung (§ 60 Abs. 5)	11
III. Ausweitung der Schutzdauer (§ 60 Abs. 2)	8	VII. Kollisionsfälle (§ 60 Abs. 6)	12
IV. Vergütungsanspruch (§ 60 Abs. 3)	9	VIII. Weiterbenutzungsrecht (§ 60 Abs. 7)	13

I. Allgemeines

Mit dem Einigungsvertrag vom 31. August 1990 wurden die im Bundesgebiet („alte" Bundesländer) geltenden bundesdeutschen Rechtsvorschriften auch auf dem Gebiet des gewerblichen Rechtsschutzes im Beitrittsgebiet („neue" Bundesländer) am 3. Oktober 1990 in Kraft gesetzt. Für Geschmacksmuster und typographische Schriftzeichen bedeutet dies, dass ab dem 3. Oktober 1990 nur noch für ganz Deutschland einheitliche Geschmacksmuster und typographische Schriftzeichen angemeldet und eingetragen werden konnten.[1] Die vollständige Rechtseinheit wurde aber zunächst nur für die ab dem 3. Oktober 1990 eingereichten Anmeldungen verwirklicht. „Altrechte", also alle vor der Wiedervereinigung im Bundesgebiet oder im Beitrittsgebiet angemeldeten Muster (im Beitrittsgebiet „Urheberscheine" bzw. „Musterpatente"), wurden hingegen nur für ihr bisheriges Schutzgebiet aufrechterhalten.[2] Außerdem unterlagen sie jeweils den bis zum 2. Oktober 1990 für sie geltenden Rechtsvorschriften. 1

Durch das Gesetz über die Erstreckung von gewerblichen Schutzrechten (Erstreckungsgesetz – ErstrG) vom 23. April 1992 (BGBl. I S. 938), welches am 1. Mai 1992 in Kraft trat, wurde die fortbestehende Teilung Deutschlands in zwei Schutzrechtsgebiete grundsätzlich beseitigt. Gemäß §§ 1, 4 ErstrG wurden alle vor dem 3. Oktober 1990 nur in jeweils einem der beiden Teilgebiete Deutschlands angemeldeten oder erteilten bzw. eingetragenen Schutzrechte in ihrer Wirkung auf das jeweils andere Teilgebiet und damit auf das gesamte Gebiet der Bundes- 2

---
1 Vgl. *Gerstenberg/Buddeberg*, S. 61.
2 *V. Mühlendahl/Mühlens*, GRUR 1992, 729.

§ 60 Geschmacksmuster nach dem Erstreckungsgesetz

republik Deutschland erstreckt. Die Erstreckung erfolgte automatisch (von Gesetzes wegen) unter Beibehaltung der Priorität des Schutzrechtes. Eines Antrages des Rechtsinhabers und/oder der Zahlung von Gebühren bedurfte es nicht.[3] Die Erstreckung erfolgte unabhängig von der Rechtspersönlichkeit des Rechtsinhabers, d.h. unabhängig davon, ob es sich bei dem Rechtsinhaber um eine inländische oder ausländische natürliche oder juristische Person handelt.[4] Unerheblich war weiter, ob dem Rechtsinhaber für denselben Schutzgegenstand im Bundesgebiet oder im Beitrittsgebiet bereits ein Schutzrecht zustand.[5] Die §§ 26ff. ErstrG sahen Regelungen für Fälle vor, in denen inhaltlich übereinstimmende Schutzrechte aus den beiden Gebieten aufeinander treffen (Kollisionsfälle). § 5 ErstrG bestimmte die grundsätzliche Anwendung von Bundesrecht auf Altrechte mit Ursprung in der früheren DDR (mit Ausnahme der bisher für sie geltenden Regelungen betreffend die Schutzfähigkeit und Schutzdauer). Urheberscheine und Musterpatente wurden also so behandelt, als seien sie Geschmacksmuster unter dem GeschmMG.

II. Anwendbarkeit des GeschmMG (§ 60 Abs. 1)

3   Nach Abs. 1 gelten die Bestimmungen des GeschmMG für alle erstreckten Geschmacksmuster, soweit die Absätze 2 bis 7 nichts Abweichendes regeln. Erstreckte Geschmacksmuster i.S.d. Abs. 1 sind die nach § 1 ErstrG auf das Beitrittsgebiet erstreckten Geschmacksmuster (Altrechte der Bundesrepublik Deutschland – Erstreckung von West nach Ost) sowie die nach § 4 ErstrG auf das übrige Bundesgebiet als Geschmacksmuster (§ 16 Abs. 1 Satz 1 ErstrG) erstreckten Urheberscheine und Patente für industrielle Muster (Altrechte der früheren DDR – Erstreckung von Ost nach West).

4   In der DDR wurde das Geschmacksmusterrecht im Jahre 1974 durch die „Verordnung über den Rechtsschutz für Muster und Modelle der Industriellen Formgestaltung in der DDR" (Verordnung über industrielle Muster – MuVO) unter Aufhebung des GeschmMG vom 11. Januar 1876 vollständig neu gestaltet.[6] Danach konnte Musterschutz in Form von Urheberscheinen (§§ 6ff. MuVO) oder von Musterpatenten

---

3 *Gaul/Burgmer*, GRUR 1992, 284.
4 *Gaul/Burgmer*, GRUR 1992, 284.
5 Vgl. zum Patentrecht: *Benkard*, Einleitung Rn. 20f.
6 Vgl. *Nirk/Kurtze*, Einführung Rn. 32.

II. Anwendbarkeit des GeschmMG (§ 60 Abs. 1) § 60

(§§ 19 ff. MuVO) erlangt werden (Ende 1989 bestanden ca. 7.100 industrielle Muster in der DDR).[7,8] Beide Schutzrechtsarten widerspiegeln jeweils unterschiedliche Eigentumsverhältnisse an Ergebnissen der industriellen Formgestaltung.[9] Urheberscheine wurden für Muster erteilt, die in volkseigenen Betrieben oder in anderen sozialistischen Einrichtungen (§ 1 Abs. 2 i.V.m. §§ 4 ff. MuVO) entstanden sind. Demgegenüber waren Musterpatente für freie Gestalter (Designer) und für ausländische Anmelder vorgesehen.[10] Urheberscheine waren in ihren Wirkungen den Wirtschaftspatenten vergleichbar, begründeten also kein Ausschließlichkeitsrecht, sondern ein gesetzliches Nutzungsrecht für sämtliche sozialistischen Betriebe (§ 13 Abs. 1 Satz 5 MuVO).[11] Daneben begründete der Urheberschein für den Urheber einen Anspruch auf moralische Würdigung und materielle Anerkennung (§ 13 Abs. 1 Satz 4 MuVO).[12] Dagegen begründete das Musterpatent das ausschließliche Recht des Inhabers zur Benutzung des Musters (einschließlich Verwertung durch Lizenzvergabe und Veräußerung) sowie zur Geltendmachung von Ansprüchen bei widerrechtlicher Benutzung (§ 20 Abs. 1 MuVO), entsprach also in seinen Wirkungen in etwa dem Geschmacksmuster im Bundesgebiet.[13]

Materielle Voraussetzungen zur Erlangung eines Musterschutzes waren 5
nach § 1 Abs. 3 MuVO: (1) die (Welt-) Neuheit der Formgestaltung im objektiven Sinne (§§ 1 Abs. 3 Nr. 1, 6 Abs. 2 MuVO); (2) ein Fortschritt auf gestalterischem Gebiet (§§ 1 Abs. 3 Nr. 2, 6 Abs. 3 MuVO); (3) die Geeignetheit als Vorlage für die industrielle, d.h. maschinelle Produktion (§ 1 Abs. 3 Nr. 3 MuVO). Eine Neuheitsschonfrist für den Urheber oder Anmelder gewährte das DDR-Musterrecht nicht.[14] Die Legaldefinition des „gestalterischen Fortschritts" erfasste alternativ: (1) die Erhöhung des Gebrauchswertes eines Erzeugnisses unter Berücksichtigung eines vertretbaren technisch-ökonomischen Aufwandes; (2) die erhebliche Senkung des Aufwandes zur Herstellung eines Erzeugnisses bei insgesamt gleich bleibendem Gebrauchswert. Hierdurch sollte gewährleistet werden, dass nur solche Formgestaltungen Muster-

---

7 *V. Mühlendahl*, GRUR 1990, 722.
8 *Gaul/Burgmer*, GRUR 1992, 285.
9 *Richter*, GRUR Int. 1989, 755.
10 *Richter*, GRUR Int. 1989, 755.
11 *Gaul/Burgmer*, GRUR 1992, 285.
12 Vgl. *Gerstenberg/Buddeberg*, S. 62.
13 Vgl. *Nirk/Kurtze*, Einführung Rn. 31.
14 Vgl. *Adrian*, S. 155.

schutz erlangen, die nicht allein formal anders sind als bekanntes Design (also neu), sondern ästhetisch, funktional und/oder in der Erzeugnisherstellung besser. Damit ging das Schutzkriterium des „gestalterischen Fortschritts" weit über vergleichbare Voraussetzungen (z.B. „Originalität" oder „Eigentümlichkeit") hinaus.[15]

6 Vom Schutz ausgeschlossen waren industrielle Muster, die „gegen die Grundsätze der sozialistischen Moral verstoßen oder ausschließlich funktionell oder technisch konstruktiv bedingt sind" (§ 6 Abs. 4 MuVO). Zudem konnte Musterschutz nur für Erzeugnisse erlangt werden, die während ihres bestimmungsgemäßen Gebrauchs ein ständig visuell wahrnehmbares äußeres zwei- und dreidimensionales Erscheinungsbild aufweisen.[16] Dementsprechend konnten der ständigen Betrachtung durch den Menschen entzogene Gestaltungen (z.B. Schiffsschrauben und Turbinenschaufeln) oder Produkte, die kein konkretes äußeres Erscheinungsbild haben (z.B. Stoffe in Pulverform oder Flüssigkeiten), keinen Musterschutz erlangen.[17]

7 Die Schutzdauer („Laufdauer") für industrielle Muster, für die ein Urheberschein oder ein Musterpatent erteilt wurde, betrug 15 Jahre (§§ 12 Abs. 2 und 21 Abs. 1 MuVO) und begann mit dem Tag, der auf den Eingangstag der Musteranmeldung beim DDR-Patentamt folgte.[18] Dementsprechend war für die Frage der Schutzfähigkeit eines nach § 4 ErstrG erstreckten Musters noch bis zum Jahr 2007 das Recht der früheren DDR anzuwenden (vgl. §§ 5 Satz 1, 16 Abs. 1 Satz 2 ErstrG).[19]

III. Ausweitung der Schutzdauer (§ 60 Abs. 2)

8 Abs. 2 enthält die grundsätzliche Regelung der durch Art. 10 Abs. 6 des Gesetzes zur Bereinigung von Kostenregelungen auf dem Gebiet des geistigen Eigentums vom 13. Dezember 2001 (BGBl. I S. 3656) neu eingefügten Sätze 2 und 3 des § 16 Abs. 1 ErstrG. Danach endet die Schutzdauer für Geschmacksmuster, die am 28. Oktober 2001 nicht erloschen sind, 25 Jahre nach Ablauf des Monats, in den der Anmeldetag fällt. Die Aufrechterhaltung wird durch Zahlung einer Aufrechterhaltungsgebühr für das 16. bis 20. Jahr und für das 21. bis 25. Jahr, ge-

---

15 Vgl. *Adrian*, S. 155.
16 Vgl. *Adrian*, S. 153.
17 *Richter*, GRUR Int. 1989, 753.
18 Vgl. *Adrian*, S. 156.
19 Vgl. *Nirk/Kurtze*, Einführung Rn. 33.

rechnet vom Anmeldetag an, bewirkt. § 62 Abs. 2 unterscheidet nicht zwischen erstreckten Mustern mit Ursprung im Bundesgebiet (§ 1 ErstrG) und erstreckten Mustern mit Ursprung im Beitrittsgebiet (§ 4 ErstrG).[20]

IV. Vergütungsanspruch (§ 60 Abs. 3)

Abs. 3 übernimmt die Regelung des § 17 ErstrG, nach der ein bereits nach der MuVO-DB entstandener Vergütungsanspruch des Urhebers gegen den Inhaber des Geschmacksmusters weiter galt („Ist der Anspruch des Inhabers eines Musters oder Modells auf Vergütung nach den bisher anzuwendenden Rechtsvorschriften bereits entstanden, so ist die Vergütung noch nach diesen Vorschriften zu zahlen"). 9

V. Weiterbenutzungsrecht (§ 60 Abs. 4)

Abs. 4 übernimmt § 18 ErstrG. Nach § 18 Satz 1 ErstrG konnte derjenige, der ein Muster oder Modell, das durch einen nach § 4 ErstrG erstreckten Urheberschein geschützt ist oder das zur Erteilung eines Urheberscheins angemeldet wurde, rechtmäßig in Benutzung genommen hatte, dieses im gesamten Bundesgebiet weiter benutzen. Nach § 18 Satz 2 ErstrG konnte der Inhaber des Schutzrechts von dem Benutzungsberechtigten für die Weiterbenutzung eine angemessene Vergütung verlangen. 10

VI. Bekanntmachung der Anmeldung (§ 60 Abs. 5)

Abs. 5 übernimmt § 19 Abs. 1 Satz 1 ErstrG. Dieser bestimmte, dass bei nach § 4 ErstrG erstreckten Anmeldungen eines Patents für ein industrielles Muster eine bereits nach § 10 Abs. 1 MuVO erfolgte Bekanntmachung („Eine den Anmeldeerfordernissen entsprechende Anmeldung wird vom Amt für Erfindungs- und Patentwesen in das Register für industrielle Muster eingetragen und bekannt gemacht.") einer Bekanntmachung der Eintragung nach § 8 Abs. 2 GeschmMG a.F. gleichsteht. 11

---

20 Vgl. *Eichmann/v. Falckenstein*, § 60 Rn. 3.

VII. Kollisionsfälle (§ 60 Abs. 6)

12 Abs. 6 übernimmt § 26 Abs. 3 ErstrG, der die Vorschriften seiner Absätze 1 bis 2 (sog. Koexistenzlösung) auf Geschmacksmuster für entsprechend anwendbar erklärte. Nach der Koexistenzlösung bleiben die Schutzrechte auch in Kraft, wenn ihre Schutzbereiche übereinstimmen. Die Inhaber der übereinstimmenden Rechte können somit die Ansprüche aus den Mustern zwar gegenüber Dritten geltend machen, das Verbietungsrecht besteht jedoch weder gegenüber dem anderen Rechtsinhaber noch gegenüber solchen Personen, denen der Inhaber die Benutzung gestattet hatte (freiwillig erteilte Lizenzen) oder die vom Inhaber ein rechtmäßiges Nutzungsrecht ableiten können (§ 60 Abs. 6 Satz 1).[21] Dabei ist unerheblich, ob der Inhaber die Benutzung vor oder nach dem Inkrafttreten des ErstrG gestattet hat.[22] Eine Ausnahme findet sich lediglich insoweit, als die Benutzung unter Berücksichtigung aller Umstände des Falles und bei Abwägung der berechtigten Interessen aller Beteiligten unbillig wäre (§ 60 Abs. 6 Satz 2). In diesem Fall kann das Benutzungsrecht im hinzugekommenen Gebiet ganz oder teilweise beschränkt werden.

VIII. Weiterbenutzungsrecht (§ 60 Abs. 7)

13 Abs. 7 übernimmt den Regelungsgehalt des § 28 Abs. 3 ErstrG, der die Vorschriften seiner Absätze 1 bis 2 auf Geschmacksmuster für entsprechend anwendbar erklärte. Danach treten die Wirkungen eines erstreckten Geschmacksmusters gegen denjenigen nicht ein, der das Muster in dem Gebiet, in dem das Muster bisher nicht galt, zwischen dem Prioritätstag und dem 1. Juli 1990 (Inkrafttreten der Währungs-, Wirtschafts- und Sozialunion) rechtmäßig in Benutzung genommen hat. Benutzungshandlungen in einem ausländischen Staat reichen nicht aus.[23] Benutzungshandlungen, die nach dem 1. Juli 1990 vorgenommen worden sind, begründen ebenfalls kein Weiterbenutzungsrecht.[24]

14 Hat der Benutzer durch eine rechtswidrige Handlung gegenüber dem Berechtigten Kenntnis vom Muster erlangt, ist die Benutzung unrechtmäßig vorgenommen und der Erwerb des Weiterbenutzungsrechts aus-

---

21 *V. Mühlendahl/Mühlens*, GRUR 1992, 741.
22 Vgl. *Nirk/Kurtze*, Einführung Rn. 33.
23 Vgl. zum Patentrecht: *Benkard*, § 12 Rn. 35.
24 Vgl. zum Patentrecht: *Benkard*, § 12 Rn. 36.

VIII. Weiterbenutzungsrecht (§ 60 Abs. 7) **§ 60**

geschlossen. Die Erlangung der Kenntnis durch Geschmacksmustermusterunterlagen schadet nicht.[25] Gutgläubigkeit ist nicht erforderlich. Die Rechtswidrigkeit der Vorbenutzung ist – vorbehaltlich besonderer Beweislastregeln – grundsätzlich vom Kläger zu beweisen.[26]

Schranken für das Weiterbenutzungsrecht ergeben sich daraus, dass das Weiterbenutzungsrecht auf Benutzungen für die Bedürfnisse des eigenen Betriebs in eigenen oder fremden Werkstätten – nicht aber mengenmäßig oder auf bestimmte Produktionsanlagen – beschränkt und an den Betrieb gebunden ist.[27] Ferner gilt die Schranke des § 12 Abs. 1 Satz 3 PatG, nach welcher die Befugnis nur zusammen mit dem Betrieb vererbt oder veräußert werden kann (gesetzliches Veräußerungsverbot i.S.d. § 134 BGB). **15**

Abs. 7 Satz 3 unterwirft einen bestimmten Fall der Benutzung (Anbieten, Inverkehrbringen oder Gebrauchen eines Erzeugnisses, das im Ausland hergestellt worden ist, sowie das Einführen oder Besitzen eines solchen Gegenstandes) einer Sonderregelung. Hierdurch soll sichergestellt werden, dass in Importfällen kein Weiterbenutzungsrecht gewährt wird, das nach der Ratio des § 60 Abs. 7 ErstrG nicht schutzwürdig erscheint. Ein Weiterbenutzungsrecht ist dann zu bejahen, wenn der Benutzer über den Import und den eventuellen Vertrieb des importierten Erzeugnisses hinaus personelle, sachliche oder finanzielle Mittel zur Weiterverarbeitung des Erzeugnisses, zu seiner Eingliederung in eine größere wirtschaftliche oder technische Einheit oder zur wirtschaftlich-organisatorischen Absicherung seines Vertriebs aufgewandt hat, deren Nichtberücksichtigung eine unbillige Härte darstellen würde.[28] **16**

---

25 Vgl. zum Patentrecht: *Benkard*, § 12 Rn. 35.
26 BGH, GRUR 2003, 507 – Enalapril.
27 Vgl. zum Patentrecht: *Benkard*, § 12 Rn. 37.
28 BGH, GRUR 2003, 507, 511 – Enalapril.

Günther

§ 61 Typografische Schriftzeichen

(1) Für die nach Artikel 2 des Schriftzeichengesetzes in der bis zum Ablauf des 1. Juni 2004 geltenden Fassung angemeldeten typografischen Schriftzeichen wird rechtlicher Schutz nach diesem Gesetz gewährt, soweit in den Absätzen 2 bis 5 nichts Abweichendes bestimmt ist.

(2) Für die bis zum Ablauf des 31. Mai 2004 eingereichten Anmeldungen nach Artikel 2 des Schriftzeichengesetzes finden weiterhin die für sie zu diesem Zeitpunkt geltenden Bestimmungen über die Voraussetzungen der Schutzfähigkeit Anwendung.

(3) Rechte aus Geschmacksmustern können gegenüber Handlungen nicht geltend gemacht werden, die vor dem 1. Juni 2004 begonnen wurden und die der Inhaber des typografischen Schriftzeichens nach den zu diesem Zeitpunkt geltenden Vorschriften nicht hätte verbieten können.

(4) Bis zur Eintragung der in Absatz 1 genannten Schriftzeichen richten sich ihre Schutzwirkungen nach dem Schriftzeichengesetz in der bis zum Ablauf des 31. Mai 2004 geltenden Fassung.

(5) Für die Aufrechterhaltung der Schutzdauer für die in Absatz 1 genannten Schriftzeichen sind abweichend von § 28 Abs. 1 Satz 1 erst ab dem elften Jahr der Schutzdauer Aufrechterhaltungsgebühren zu zahlen.

Übersicht

	Rn.		Rn.
I. Allgemeines	1	V. Schutzwirkungen (§ 61 Abs. 4)	10
II. Umwandlung der Schutzwirkung (§ 61 Abs. 1)	2	VI. Aufrechterhaltung der Schutzdauer (§ 61 Abs. 5)	11
III. Schutzfähigkeit (§ 61 Abs. 2)	4	VII. Anmeldung	12
IV. Rechtswirkungen (§ 61 Abs. 3)	9		

I. Allgemeines

1 Neue und eigentümliche typographische Schriftzeichen konnten bis zum Inkrafttreten des geltenden GeschmMG (1. Juni 2004) über Art. 2

III. Schutzfähigkeit (§ 61 Abs. 2) **§ 61**

SchriftzG a.F. Musterschutz erlangen. Nunmehr sind typografische Schriftzeichen als Erzeugnisse im Sinne des § 1 Nr. 2 geschmacksmusterfähig und können unmittelbar nach dem GeschmMG als Geschmacksmuster geschützt werden. Eines speziellen Schriftzeichengesetzes bedarf es folglich nicht mehr. Zweck des § 61 Abs. 1 ist es, mit Inkrafttreten des geltenden GeschmMG typografische Schriftzeichen als Geschmacksmuster zu behandeln. Die zum 1. Juni 2004 bereits eingetragenen typografischen Schriftzeichen werden in Geschmacksmuster überführt. Dabei enthalten die Absätze 2 bis 5 einige, teilweise nur vorübergehende Besonderheiten. § 61 hat somit den Charakter einer Übergangsvorschrift für typografische Schriftzeichen.[1] Er soll sicherstellen, dass bei der Überführung der bis zum Inkrafttreten der Änderungen nach dem Schriftzeichengesetz in zulässiger Weise begründeten Schutzrechte in Geschmacksmuster in angemessener Weise sowohl den Interessen der Schutzrechtsinhaber wie auch Dritter Rechnung getragen wird.[2]

II. Umwandlung der Schutzwirkung (§ 61 Abs. 1)

Nach Abs. 1 findet für bis zum 1. Juni 2004 angemeldete und schon eingetragene Schriftzeichen mit diesem Zeitpunkt eine Umwandlung der Schutzwirkungen vom Nachbildungsschutz in absoluten Schutz mit Sperrwirkung nach § 38 für die Dauer ihrer restlichen Laufzeit statt. Nach dem Inkrafttreten des geltenden GeschmMG angemeldete Schriftzeichen sind Geschmacksmuster.[3] 2

Der Schutzbereich des SchriftzG erfasst nur das Herstellen und Verbreiten von Schriftzeichen, die für die Herstellung von Texten durch graphische Techniken bestimmt sind, sowie die Herstellung solcher Texte; andere Verwendungsarten unterliegen dem Verbietungsrecht nicht.[4] 3

III. Schutzfähigkeit (§ 61 Abs. 2)

Nach Abs. 1 sollen die nach dem SchriftzG begründeten Schutzrechte für die Dauer ihrer Laufzeit als Geschmacksmuster fortbestehen. Hin- 4

---
1 Vgl. *Eichmann/v. Falckenstein*, § 61 Rn. 2.
2 Vgl. Gesetzesbegründung, BlPMZ 2004, 248.
3 Vgl. *Eichmann/v. Falckenstein*, § 61 Rn. 3.
4 Vgl. *Eichmann/v. Falckenstein*, 2. Aufl., Allgemeines Rn. 22.

Günther

sichtlich ihrer Schutzfähigkeit sind gemäß Abs. 2 allerdings die nach dem SchriftzG geltenden Voraussetzungen anzuwenden.[5] Angriffe auf den Bestand von vor dem 1. Juni 2004 angemeldete oder eingetragene Schriftzeichen müssen folglich mit mangelnder Schutzfähigkeit nach den bisher geltenden Vorschriften begründet werden. Die §§ 1 bis 6 GeschmMG n.F. sind nicht anwendbar.[6]

5   Nach Art. 2 Abs. 1 Nr. 1 SchriftzG galten als „typographische Schriftzeichen" Sätze der Muster von

a) Buchstaben oder Alphabeten im engeren Sinne mit Zubehör wie Akzenten und Satzzeichen,

b) Ziffern und anderen figürlichen Zeichen, wie konventionellen Zeichen, Symbolen und wissenschaftlichen Zeichen,

c) Ornamenten, wie Einfassungen, Fleurons und Vignetten, die dazu bestimmt sind, Texte durch graphische Techniken aller Art herzustellen.

6   Gegenstand des Schutzes sind nicht der einzelne Buchstabe oder die einzelne Zahl, sondern die Gesamtheit der Muster von Buchstaben und Alphabete und/oder Zahlen. Einzelne Buchstaben (z.B. besonders ausgestaltetes „C" in dem Wort „Coca Cola") oder einzelne Zahlen (z.B. „4711") konnten nach dem SchriftzG – wohl aber nach dem GeschmMG a.F. – keinen Schutz erlangen.[7] Dasselbe galt für mehrere Buchstaben, z.B. in Form eines Druckschriftentitels oder einer werblichen Gestaltung (schriftbildlich besonders ausgestaltete Werbeslogans), solange sie nicht die Anforderungen an einen Satz erfüllten und die Anfertigung eines mindestens dreizeiligen Textes gestatteten.[8]

7   Die Sätze der Muster mussten zur Herstellung von Texten durch graphische Techniken bestimmt und geeignet sein. Der Begriff „Text" wurde im Interesse der Schöpfer von Schriftzeichen weit ausgelegt und umfasste „jede Vermittlung eines Geflechts logischer Gedankengänge". Die „Vermittlung eines nur das ästhetische Empfinden ansprechenden optischen Eindrucks" genügte hingegen nicht.[9] Der Begriff „graphische Techniken" war ebenfalls weit auszulegen, erstreckte sich also nicht nur auf die Herstellung von Texten durch die bei Inkrafttreten des

---

5 Vgl. Gesetzesbegründung, BlPMZ 2004, 249.
6 Vgl. *Eichmann/v. Falckenstein*, § 61 Rn. 3.
7 Vgl. *Nirk/Kurtze*, § 1 Annex 1 Rn. 7.
8 Vgl. *Eichmann/v. Falckenstein*, 2. Aufl., § 1 Rn. 53.
9 Vgl. *Nirk/Kurtze*, § 1 Annex 1 Rn. 8.

SchriftzG bekannten graphischen Techniken, sondern erfasste alle Techniken, welche die herkömmlichen graphischen Techniken ergänzen und/oder erweitern (z. B. digitale Techniken und Laser-Techniken).[10] Buchstaben usw., die aufgestickt oder aufgemalt werden (etwa als Monogramme), waren ebensowenig nach dem SchriftzG geschützt wie Buchstabenformen zum Backen.[11] Nicht zur Herstellung von Texten i. S. d. SchriftzG bestimmt waren Sätze von Einzelbuchstaben (Einzelzahlen) oder von Werbeslogans; sie waren auch nicht „Repräsentanten" einer zu schützenden Schrift.[12]

Voraussetzung für den Schutz typographischer Schriftzeichen nach dem SchriftzG war weiter – wie nach dem GeschmMG a. F. –, dass diese neu und eigentümlich sind.[13] Neuheit und Eigentümlichkeit der typographischen Schriftzeichen wurden durch ihren Stil oder Gesamteindruck bestimmt (Art. 2 Abs. 1 Nr. 2 SchriftzG a. F.).[14] Schriftzeichen, deren Form durch rein technische Erfordernisse bedingt ist, konnten keinen Schutz nach dem SchriftzG erlangen.[15] Da Schutzgegenstand die Schrift in ihrer Gesamtheit ist – und nicht der einzelnen Buchstabe, die einzelne Zahl – durften bei der Neuheitsprüfung als Entgegenhaltung nur konkret bezeichnete andere Schriften berücksichtigt werden, und zwar ebenfalls in ihrer Gesamtheit und jeweils nur als Einzelschrift (nicht also die Gesamtheit all der Schriften, in denen sich identische Formelemente finden). Auf das Vorhandensein einzelner gleicher oder ähnlicher Buchstaben in einer anderen Schrift kam es nicht an.[16]

8

IV. Rechtswirkungen (§ 61 Abs. 3)

Durch Abs. 3 soll sichergestellt werden, dass eine durch die Anwendung des neuen Geschmacksmusterrechts möglicherweise erfolgende Erweiterung des Schutzumfangs sich nicht nachteilig auf schutzwürdige Belange Dritter auswirkt. Zu diesem Zweck können die Rechte aus dem Geschmacksmuster gegenüber solchen Handlungen nicht geltend gemacht werden, die vor dem 1. Juni 2004 begonnen wurden und die nach dem alten Schriftzeichenrecht nicht hätten verboten werden kön-

9

---

10 Vgl. *Eichmann/v. Falckenstein*, § 61 Rn. 4.
11 Vgl. *Nirk/Kurtze*, § 1 Annex 1 Rn. 10 f.
12 Vgl. *Nirk/Kurtze*, § 1 Annex 1 Rn. 12 ff.
13 Vgl. *Eichmann/v. Falckenstein*, 2. Aufl., § 1 Rn. 54.
14 Vgl. *Nirk/Kurtze*, § 1 Annex 1 Rn. 19.
15 Vgl. *Kelbel*, GRUR 1982, 79.
16 Vgl. *Nirk/Kurtze*, § 1 Annex 1 Rn. 22; *Eichmann/v. Falckenstein*, § 61 Rn. 5.

§ 61 Typografische Schriftzeichen

nen. Damit lehnt sich § 61 Abs. 3 an Art. 12 Abs. 2 GM-Richtlinie an, der eine vergleichbare Regelung bei dem Übergang vom alten zum neuen Geschmacksmusterrecht enthält und insoweit in § 72 Abs. 2 Satz 2 umgesetzt wurde.[17]

V. Schutzwirkungen (§ 61 Abs. 4)

10 Abs. 4 bestimmt, dass sich für die noch nach dem SchriftzG eingereichten Anmeldungen die Schutzwirkungen bis zu ihrer Eintragung in das Register nach dem SchriftzG in der bis zum Tag vor Inkrafttreten der neuen Fassung geltenden Fassung richten. Diese Regelung ist zur Vermeidung einer Schutzlücke erforderlich. Denn § 27 Abs. 1 gewährt einen Schutz erst ab dem Zeitpunkt der Eintragung.[18] Nach altem Recht begann der Schutz typografischer Schriftzeichen hingegen bereits mit dem Zeitpunkt der Anmeldung (Art. 2 Abs. 1 Satz 4 SchriftzG a.F. i.V.m. § 7 Abs. 1 GeschmMG a.F.).

VI. Aufrechterhaltung der Schutzdauer (§ 61 Abs. 5)

11 Die Erstschutzdauer bei typographischen Schriftzeichen betrug 10 Jahre (Art. 2 Abs. 1 Nr. 4 Satz 1 SchriftzG a.F.). Mithin waren in den Anmeldegebühren schon die Verlängerungsgebühren für das 6. bis 10. Schutzjahr enthalten (mit Ausnahme der typografischen Muster, für die nach § 8b Abs. 1 GeschmMG a.F. eine Aufschiebung der Bildbekanntmachung beantragt wurde). Diesem Umstand trägt Abs. 5 Rechnung, indem die durch § 28 Abs. 1 Satz 1 bestimmte Aufrechterhaltungsphase vom 6. bis zum 10. Jahr der Schutzdauer als gegenstandslos behandelt wird und eine Aufrechterhaltung erst ab dem 11. Schutzjahr in Betracht kommt.[19] In diesen Fällen wird bei der Erstreckung für die als typografische Schriftzeichen angemeldeten Muster wie bisher eine höhere Erstreckungsgebühr erhoben (EUR 150 für ein Geschmacksmuster – Nummer 341 900 Gebührenverzeichnis zum PatKostG; EUR 15 für jedes Geschmacksmuster einer Sammelanmeldung – Nummer 341 950 Gebührenverzeichnis zum PatKostG).

---

17 Vgl. Gesetzesbegründung, BlPMZ 2004, 249.
18 Vgl. Gesetzesbegründung, BlPMZ 2004, 249.
19 Vgl. *Eichmann/v. Falckenstein*, § 61 Rn. 8.

VII. Anmeldung

Zu typografischen Schriftzeichen sind keine Erzeugnisse zu benennen. Sie sind auch keiner Warenklasse zuzuordnen. Die Wiedergabe des Musters muss alle Buchstaben des Alphabets in Groß- und Kleinschreibung, alle arabischen Ziffern sowie einen daraus gefertigten fünfzeiligen Text in Schriftgröße 16 umfassen (§ 6 Abs. 6 GeschmMV).[20]

12

---

20 Vgl. § 11 Rn. 33.

Abschnitt 12

Gemeinschaftsgeschmacksmuster

§ 62 Weiterleitung der Anmeldung

Werden beim Deutschen Patent- und Markenamt Anmeldungen von Gemeinschaftsgeschmacksmustern nach Artikel 35 Abs. 2 der Verordnung (EG) Nr. 6/2002 des Rates vom 12. Dezember 2001 über das Gemeinschaftsgeschmacksmuster (ABl. EG 2002 Nr. L 3 S. 1) eingereicht, so vermerkt das Deutsche Patent- und Markenamt auf der Anmeldung den Tag des Eingangs und leitet die Anmeldung ohne Prüfung unverzüglich an das Harmonisierungsamt für den Binnenmarkt (Marken, Muster und Modelle) weiter.

Übersicht

	Rn.		Rn.
I. Allgemeines................	1	III. Weiterleitungsgebühren.....	5
II. Aufgaben des DPMA..........	2	IV. Verspäteter Eingang beim HABM..................	7

I. Allgemeines

Nach Art. 35 Abs. 1 GGV kann der Anmelder die Anmeldung eines Gemeinschaftsgeschmacksmuster wahlweise beim Harmonisierungsamt für den Binnenmarkt („HABM") in Alicante oder bei der Zentralbehörde für den gewerblichen Rechtsschutz eines Mitgliedstaates oder in den Benelux-Ländern beim Benelux-Markenamt einreichen. Für den Fall, dass der Anmelder die Anmeldung in Deutschland beim Deutschen Patent- und Markenamt („DPMA") einreicht, enthält § 62 ausdrücklich die aus Art. 35 Abs. 2 Satz 1 GGV folgende Pflicht zur unverzüglichen Weiterleitung. Der Regelungsinhalt des § 62 entspricht dem des § 125a MarkenG.   1

§ 62 Weiterleitung der Anmeldung

II. Aufgaben des DPMA

2   Wird die Anmeldung des Gemeinschaftsgeschmacksmusters gemäß Art. 35 Abs. 1 b) GGV beim DPMA eingereicht, hat dieses die Anmeldung gemäß Art. 35 Abs. 2 Satz 1 GGV innerhalb von zwei Wochen an das HABM weiterzuleiten.

3   Die Aufgabe des DPMA beschränkt sich darauf, auf der Anmeldung den Eingang zu vermerken und die Anmeldung ohne weitere Prüfung (Form, Sprache, Inhalt der Anmeldung) an das HABM weiterzuleiten. Das DPMA wird folglich ausschließlich als Empfangsbehörde tätig. Diese Beschränkung ist erforderlich, weil das DPMA die Anmeldung „unverzüglich" – gemäß Art. 35 Abs. 2 Satz 1 GGV innerhalb von 2 Wochen – an das HABM weiterzuleiten hat. Andere Erklärungen als Anmeldungen nimmt das DPMA nicht entgegen. Reicht der Anmelder dennoch weitergehende Unterlagen beim DPMA ein, sind diese unter Hinweis auf die Unzuständigkeit des DPMA unverzüglich an diesen zurückzusenden. Eine Weiterleitung an das HABM findet nicht statt. Zahlungen an das HABM können nicht an das DPMA geleistet werden.

4   Die Annahmezuständigkeit des DPMA beschränkt sich nicht auf Anmelder mit Sitz in Deutschland, sondern ist umfassend. Voraussetzung für die Weiterleitungsverpflichtung ist lediglich, dass das beim DPMA eingegangene Schriftstück erkennen lässt, dass es sich um eine Gemeinschaftsgeschmacksmusteranmeldung handelt. Um sicherzustellen, dass das DPMA die Eilbedürftigkeit der Weiterleitung erkennt, sollte der Vordruck für eine Gemeinschaftsgeschmacksmusteranmeldung verwendet werden.

III. Weiterleitungsgebühren

5   Nach Art. 35 Abs. 2 Satz 2 GGV kann das DPMA für die Entgegennahme und Weiterleitung der Anmeldung eine Gebühr verlangen. Diese darf die Verwaltungskosten für die Entgegennahme und Weiterleitung der Annahme jedoch nicht übersteigen. Die Gebühr betrug bis zum 13. Februar 2010 abhängig vom Gewicht EUR 25 (bis 2 kg), EUR 50 (bis 12 kg) oder EUR 70 (über 12 kg). Seit dem 13. Februar 2010 fällt für jede Anmeldung – unabhängig vom Gewicht – eine Gebühr von EUR 25 an (Nr. 344 100 Gebührenverzeichnis zum PatKostG). Dabei gilt eine Sammelanmeldung als eine Anmeldung.

Die Gebühr wird mit dem Eingang der Gemeinschaftsmarkenanmel- 6
dung beim DPMA fällig und ist innerhalb von drei Monaten zu bezahlen (§§ 3 Abs. 1 Satz 1, 6 Abs. 1 Satz 2 PatKostG).[1] Wird die Gebühr nicht oder verspätet gezahlt, ist dies für die Anmeldung und ihre Priorität irrelevant. Vielmehr ist das DPMA bereits vor Gebühreneingang verpflichtet, die Anmeldung weiterzuleiten (§ 5 Abs. 1 Satz 2 PatKostG).[2]

IV. Verspäteter Eingang beim HABM

Geht eine Anmeldung später als zwei Monate nach ihrem Zugang beim 7
DPMA beim HABM ein, gilt als Anmeldetag der Tag, an dem das HABM die Anmeldung tatsächlich erhalten hat (Art. 38 Abs. 2 GGV). Der Tag des Eingangs der Anmeldung beim DPMA ist also nicht mehr prioritätsbegründend.[3] Eine Wiedereinsetzung in den vorigen Stand (Art. 67 GGV) kommt nicht in Betracht, da die 2-Monats-Frist des Art. 38 Abs. 2 GGV keine von dem Anmelder gegenüber dem HABM einzuhaltende Frist ist.[4] Die Einreichung der Anmeldung beim DPMA ist deshalb mit einem nicht unerheblichen Risiko (Verlust der Priorität, Verlust der Neuheit/Eigenart) verbunden. Da auch ein Amtshaftungsanspruch den unwiederbringlich verlorengegangenen Anmeldetag nicht wiederherzustellen vermag,[5] sollte die Anmeldung nur dann beim DPMA eingereicht werden, wenn hierdurch gegenüber der Einreichung der Anmeldung beim HABM ein Prioritätsvorsprung erreicht werden kann (insbesondere bei Anmeldungen am Wochenende, da das HABM am Wochenende kein Eingangsdatum vergibt). In allen anderen Fällen ist die Anmeldung beim DPMA nicht empfehlenswert.

---

1 Vgl. zum Markenrecht: *Ingerl/Rohnke*, § 125a Rn. 4.
2 Vgl. zum Markenrecht: *Ströbele/Hacker*, § 125a Rn. 3.
3 Vgl. zum Markenrecht: *Ingerl/Rohnke*, § 125a Rn. 10.
4 Vgl. zum Markenrecht: *Ingerl/Rohnke*, § 125a Rn. 9.
5 Vgl. zum Markenrecht: *Ingerl/Rohnke*, § 125a Rn. 9.

§ 63 Gemeinschaftsgeschmacksmusterstreitsachen

(1) Für alle Klagen, für die die Gemeinschaftsgeschmacksmustergerichte im Sinne des Artikels 80 Abs. 1 der Verordnung (EG) Nr. 6/2002 zuständig sind (Gemeinschaftsgeschmacksmusterstreitsachen), sind als Gemeinschaftsgeschmacksmustergerichte erster Instanz die Landgerichte ohne Rücksicht auf den Streitwert ausschließlich zuständig.

(2) Die Landesregierungen werden ermächtigt, durch Rechtsverordnung die Gemeinschaftsgeschmacksmusterstreitverfahren für die Bezirke mehrerer Gemeinschaftsgeschmacksmustergerichte einem dieser Gerichte zuzuweisen. Die Landesregierungen können diese Ermächtigung durch Rechtsverordnung auf die Landesjustizverwaltungen übertragen.

(3) Die Länder können durch Vereinbarung den Gemeinschaftsgeschmacksmustergerichten eines Landes obliegende Aufgaben ganz oder teilweise dem zuständigen Gemeinschaftsgeschmacksmustergericht eines anderen Landes übertragen.

(4) Auf Verfahren vor den Gemeinschaftsgeschmacksmustergerichten sind § 52 Abs. 4 und § 53 entsprechend anzuwenden.

Übersicht

	Rn.		Rn.
I. Allgemeines	1	IV. Konzentrationsermächtigung (§ 63 Abs. 2)	9
II. Zuständigkeit der GGM-Gerichte (§ 63 Abs. 1)	2	V. Länderübergreifende Konzentration (§ 63 Abs. 3)	10
III. Internationale Zuständigkeit	5	VI. Verfahren (§ 63 Abs. 4)	11

I. Allgemeines

1 Für Klagen i.S.d. Art. 81 GGV (Rechtsstreitigkeiten über die Verletzung und Gültigkeit von Gemeinschaftsgeschmacksmustern) sind die Gemeinschaftsgeschmacksmustergerichte (Art. 80 GGV) ausschließlich zuständig. Gemeinschaftsgeschmacksmustergerichte („GGM-Ge-

richte") sind die nationalen Gerichte. Nach Art. 80 Abs. 1 GGV müssen die Mitgliedstaaten eine möglichst geringe Zahl von GGM-Gerichten erster und zweiter Instanz benennen. Entsprechend dieser Regelung bestimmt § 63, dass für Klagen i.S.d. Art. 80 Abs. 1 GGV die Landgerichte als Gemeinschaftsgeschmacksmustergerichte erster Instanz ausschließlich zuständig sind. § 63 Abs. 1 entspricht damit § 52 Abs. 1. Gemäß Abs. 2 Satz 1 werden die Landesregierungen ermächtigt, die Zuständigkeit für Gemeinschaftsgeschmacksmusterstreitsachen auf einzelne Landgerichte zu konzentrieren (vgl. § 52 Abs. 2 Satz 1). Gemäß Abs. 2 Satz 2 können die Landesregierungen die Befugnis zur Zuständigkeitskonzentration durch Rechtsverordnung auf die Landesjustizverwaltungen übertragen (vgl. § 52 Abs. 2 Satz 2). Ferner sind die Länder gemäß Abs. 3 ermächtigt, die sachliche Zuständigkeit für Gemeinschaftsgeschmacksmusterstreitsachen auch länderübergreifend bei einzelnen Landgerichten zu konzentrieren (vgl. § 52 Abs. 3). § 63 bezweckt damit – ebenso wie § 52 – das (Gemeinschafts-)Geschmacksmusterstreitsachen von Gerichten mit besonderer Sachkunde und Erfahrung bearbeitet werden. Der Regelungsgehalt des § 63 entspricht weitgehend dem des § 125e MarkenG.

II. Zuständigkeit der GGM-Gerichte (§ 63 Abs. 1)

Abs. 1 bestimmt, dass die GGM-Gerichte für Verletzungsklagen (Art. 81a) GGV), Feststellung der Nichtverletzung (Art. 81b) GGV), Klagen auf Erklärung der Nichtigkeit eines nicht eingetragenen Gemeinschaftsgeschmacksmusters (Art. 81c) GGV) sowie Widerklagen auf Erklärung der Nichtigkeit eines Gemeinschaftsgeschmacksmusters (Art. 81d), 84 GGV) zuständig sind. Die Zuständigkeit beschränkt sich nicht auf das Hauptsacheverfahren, sondern gilt auch für den einstweiligen Rechtsschutz gemäß §§ 935 ff. ZPO (Art. 90 GGV).

Gemäß Abs. 1 sind zunächst sämtliche Landgerichte streitwertunabhängig GGM-Gerichte erster Instanz. Anders als das MarkenG (vgl. § 125a Abs. 2) enthält das GeschmMG keine ausdrückliche Bestimmung dahingehend, dass die Oberlandesgerichte GGM-Gerichte zweiter Instanz sind. Dies folgt jedoch aus Art. 92 Abs. 2 GGV i.V.m. § 119 Abs. 1 Nr. 2 GVG. Hinsichtlich der Zuständigkeit des BGH als Revisionsgericht in Gemeinschaftsgeschmacksmusterstreitsachen bedurfte es im Hinblick auf die Verweisung des Art. 92 Abs. 3 GGV ebenfalls keiner Regelung.

§ 63 Gemeinschaftsgeschmacksmusterstreitsachen

4   Eine Liste mit allen GGM-Gerichten findet sich auf der Internetseite des HABM (http://oami.eu.int/pdf/design/cdcourts.pdf).

III. Internationale Zuständigkeit

5   Handelt es sich bei der Streitigkeit um eine andere als die in Art. 81 GGV geregelten Klagen, richtet sich die internationale Zuständigkeit nach dem EuGVÜ (Art. 79 GGV). Für derartige Verfahren ist das Gericht örtlich und sachlich zuständig, welches für entsprechende Streitigkeiten um ein nationales Musterrecht zuständig wäre (Art. 93 Abs. 1 GGV). In Deutschland wird es sich bei solchen Klagen regelmäßig um Geschmacksmusterstreitsachen handeln, für welche gemäß § 52 die Geschmacksmustergerichte zuständig sind.

6   Die Zuständigkeit der GGM-Gerichte erstreckt sich auf die begangenen oder drohenden Verletzungshandlungen in allen Mitgliedstaaten (Art. 83 Abs. 1 GGV). Vorrang haben die GGM-Gerichte des Mitgliedstaats, in dem der Beklagte seinen Wohnsitz oder eine Niederlassung hat (Art. 82 Abs. 1 GGV). Hat der Beklagte weder einen Wohnsitz noch eine Niederlassung in einem der Mitgliedstaaten, sind GGM-Gerichte des Mitgliedstaats zuständig, in dem der Kläger seinen Wohnsitz oder eine Niederlassung hat (Art. 82 Abs. 2 GGV). Ist auch ein solcher nicht gegeben, sind die GGM-Gerichte Spaniens zuständig (Art. 82 Abs. 3 GGV).

7   Bei einer Verletzung durch mehrere Personen, die in verschiedenen EU-Mitgliedstaaten ansässig sind, ist die internationale Zuständigkeit gegeben und der Gerichtsstand der Streitgenossenschaft (Art. 6 EuGVÜ) begründet, wenn eine dieser Personen ihren Wohnsitz im Bezirk des angerufenen GGM-Gerichts hat.[1]

8   Durch Zuständigkeitsvereinbarungen können die Parteien vereinbaren, dass ein anderes Gemeinschaftsgeschmacksmustergericht zuständig ist. Eine Zuständigkeitsvereinbarung, nach welcher ein nationales Gericht, welches kein Gemeinschaftsgeschmacksmustergericht ist, zuständig sein soll, ist jedoch unwirksam. Im Übrigen kann die Zuständigkeit eines anderen GGM-Gerichtes auch durch rügelose Einlassung begründet werden (Art. 23, 24 EuGVVO).

---

1 LG Düsseldorf, GRUR-RR 2008, 368.

IV. Konzentrationsermächtigung (§ 63 Abs. 2)

Abs. 2 enthält eine Rechtsgrundlage für eine Zuständigkeitskonzentrationen in Gemeinschaftsgeschmacksmusterstreitsachen. Aufgrund dieser Konzentrationsermächtigung wurde in den Bundesländern eine ausschließliche Zuständigkeit für Gemeinschaftsgeschmacksmusterstreitsachen der folgenden Landgerichte als erstinstanzliche GGM-Gerichte begründet:

Baden-Württemberg:	LG Mannheim, LG Stuttgart
Bayern:	LG München I, LG Nürnberg-Fürth
Berlin:	LG Berlin
Brandenburg:	LG Berlin
Bremen:	LG Bremen
Hamburg:	LG Hamburg
Hessen:	LG Frankfurt am Main
Mecklenburg-Vorpommern:	LG Neubrandenburg, LG Rostock, LG Schwerin, LG Stralsund
Niedersachsen:	LG Braunschweig
Nordrhein-Westfalen:	LG Düsseldorf
Rheinland-Pfalz:	LG Frankenthal
Saarland:	LG Saarbrücken
Sachsen:	LG Bautzen, LG Chemnitz, LG Dresden, LG Görlitz, LG Leipzig, LG Zwickau
Sachsen-Anhalt:	LG Magdeburg
Schleswig-Holstein:	LG Flensburg, LG Itzehoe, LG Kiel, LG Lübeck
Thüringen:	LG Erfurt

Mit der Benennung von insgesamt 28 Landgerichten hat Deutschland dem Gebot des Art. 80 Abs. 1 GGV, „eine möglichst geringe Anzahl" nationaler Gerichte erster und zweiter Instanz zu benennen, mit Abstand am wenigsten umgesetzt.

V. Länderübergreifende Konzentration (§ 63 Abs. 3)

Nach Abs. 3 besteht eine Ermächtigung der Länder, die sachliche Zuständigkeit für Gemeinschaftsgeschmacksmusterstreitsachen auch (bundes-)länderübergreifend bei einzelnen Landgerichten zu konzentrieren. Hiervon haben bislang lediglich Berlin und Brandenburg Gebrauch gemacht (LG Berlin auch zuständig für Brandenburg).

VI. Verfahren (§ 63 Abs. 4)

11 Soweit die GGV keine abweichenden Regelungen enthält, ist das Verfahren vor den deutschen GGM-Gerichten das Gleiche wie in nationalen Geschmacksmusterstreitsachen. Dementsprechend verweist Abs. 4 für das Verfahren vor den deutschen GGM-Gerichten auf § 52 Abs. 4 und § 53 (wegen der Einzelheiten vgl. Kommentierung bei §§ 52, 53).

12 Art. 89 GGV bestimmt, welche (Mindest-)Sanktionen die GGM-Gerichte bei einer erfolgten oder drohenden Verletzung eines eingetragenen oder nicht eingetragenen Gemeinschaftsgeschmacksmusters anordnen können. Nach Art. 89 Abs. 1a) GGV kann das GGM-Gericht dem Beklagten rechtsverletzende Handlungen verbieten. Das Verbot gilt für das gesamte Gebiet der EU (Art. 83 Abs. 1 GGV); der Kläger kann allerdings auch einen geographisch engeren Antrag stellen.[2] Eine in einem Mitgliedstaat begangene Verletzungshandlung begründet i. d. R. Begehungsgefahr für das ganze Gebiet der EU.[3] Weiter kann das GGM-Gericht die Beschlagnahme von rechtsverletzenden Erzeugnissen (Art. 89 Abs. 1b) GGV) sowie von Hilfsmitteln der Herstellung dieser Erzeugnisse (Art. 89 Abs. 1c) GGV) anordnen. Weiter sind die GGM-Gerichte gemäß Art. 89 Abs. 1d) GGV befugt, andere Sanktionen, die den Umständen angemessen und in der Rechtsordnung des betroffenen Mitgliedstaats vorgesehen sind (z. B. Vernichtung gemäß § 43), anzuordnen. Schließlich bestimmt Art. 88 Abs. 2 GGV, dass die GGM-Gerichte hinsichtlich weiterer Ansprüche, die nicht durch die GGV erfasst sind, ihr nationales Recht anwenden. Auf dieser Grundlage kann ein deutsches GGM-Gericht dem Verletzten u. a. Ansprüche auf Schadensersatz (§ 42 Abs. 2), Auskunft (§ 46) und Urteilsbekanntmachung (§ 47) zusprechen.

13 Ist vor einem Gemeinschaftsgeschmacksmustergericht eine Klage i. S. d. Art. 81 GGV – mit Ausnahme einer Klage auf Feststellung der Nichtverletzung – erhoben worden, setzt das Gericht das Verfahren regelmäßig aus, wenn bereits bei einem anderen Gemeinschaftsgeschmacksmustergericht eine Widerklage oder beim Harmonisierungsamt ein Antrag auf Erklärung der Nichtigkeit des eingetragenen Gemeinschaftsgeschmacksmusters gestellt worden ist (Art. 91 Abs. 1 GGV). Ist beim Harmonisierungsamt ein Nichtigkeitsverfahren gemäß Art. 52 GGV anhängig, setzt das Gemeinschaftsgeschmacksmustergericht das Verfahren regelmäßig

---

2 *Hoffrichter-Daunicht*, MittdtPatA 2008, 451; *Koch/Samwer*, MarkenR 2006, 499 bei Fn. 62.
3 BGH, GRUR 2008, 254 – THE HOME STORE.

VI. Verfahren (§ 63 Abs. 4) **§ 63**

aus, wenn die Rechtsgültigkeit des eingetragenen Gemeinschaftsgeschmacksmusters bereits aufgrund einer Widerklage vor einem Gemeinschaftsgeschmacksmustergericht angegriffen worden ist (Art. 91 Abs. 2 Satz 1 GGV). Das Verfahren beim Harmonisierungsamt ist jedoch fortzusetzen, wenn das Gemeinschaftsgeschmacksmustergericht auf Antrag einer Prozesspartei seinerseits das Verfahren aussetzt (Art. 91 Abs. 2 Satz 2 GGV). Wird das Verfahren vor einem Gemeinschaftsgeschmacksmustergericht ausgesetzt, kann das Gemeinschaftsgeschmacksmustergericht einstweilige Maßnahmen einschließlich Sicherungsmaßnahmen treffen (Art. 91 Abs. 3 GGV).

Gemäß Art. 95 Abs. 1 Satz 1 GGV besteht eine Pflicht des später angerufenen Gemeinschaftsgeschmacksmustergerichts, sich von Amts wegen zugunsten des zuerst angerufenen Gemeinschaftsgeschmacksmustergerichts für unzuständig zu erklären, wenn es sich um Verletzungsklagen zwischen denselben Parteien wegen derselben Handlung handelt. Hierdurch soll verhindert werden, dass der Inhaber nationaler Geschmacksmuster und eines identischen Gemeinschaftsgeschmacksmusters die inhaltsgleichen Schutzrechte zur Erhebung mehrfacher Verletzungsklagen missbraucht. Zudem soll verhindert werden, dass dort, wo neben dem Gemeinschaftsgeschmacksmuster ein identisches nationales Geschmacksmuster besteht, zwischen denselben Parteien mehrfach und unter Umständen widersprüchlich entschieden wird. 14

Nach Art. 95 Abs. 2 und Abs. 3 GGV ist die Klage aus einem Gemeinschaftsgeschmacksmuster oder einem nationalen Geschmacksmuster abzuweisen, wenn wegen derselben Handlungen zwischen denselben Parteien ein rechtskräftiges Urteil in der Sache aufgrund eines Musterrechts, das gleichzeitigen Schutz gewährt, ergangen ist. Hierbei kommt es nicht darauf an, welches Verfahren zuerst anhängig gemacht wurde, sondern darauf, welches Verfahren zuerst rechtskräftig entschieden wird. 15

Gegen Entscheidungen der GGM-Gerichte erster Instanz findet gemäß Art. 92 Abs. 1 GGV die Berufung bei den GGM-Gerichten zweiter Instanz statt. Die deutschen GGM-Gerichte zweiter Instanz ergeben sich aus den allgemeinen landesrechtlichen Bezirkszuweisungen. Die Bedingungen für die Einlegung der Berufung richten sich gemäß Art. 92 Abs. 2 GGV nach dem nationalen Recht des Mitgliedstaates, in dem das GGM-Gericht zweiter Instanz seinen Sitz hat, in Deutschland also primär nach der ZPO. Sehen die nationalen Vorschriften weitere Rechtsmittel vor, sind diese auf die Entscheidungen der GGM-Gerichte zweiter Instanz anwendbar (Art. 92 Abs. 3 GGV). 16

§ 64 Erteilung der Vollstreckungsklausel

Für die Erteilung der Vollstreckungsklausel nach Artikel 71 Abs. 2 Satz 2 der Verordnung (EG) Nr. 6/2002 ist das Bundespatentgericht zuständig. Die vollstreckbare Ausfertigung wird vom Urkundsbeamten der Geschäftsstelle des Bundespatentgerichts erteilt.

1 Art. 71 Abs. 1 GGV bestimmt, dass jede rechtskräftige Entscheidung des HABM, die Kosten festsetzt, in jedem Mitgliedstaat ein vollstreckbarer Titel ist. Die Entscheidung des HABM ist unmittelbar Vollstreckungsgrundlage; einer Anerkennung nach dem EuGVÜ oder eines anderen besonderen Verfahrens wie der Erlangung eines Vollstreckungsurteils bedarf es nicht. Nach nationalem Recht ist für die Zwangsvollstreckung regelmäßig die Erteilung einer Vollstreckungsklausel erforderlich (vgl. für Deutschland: §§ 794 Abs. 1 Nr. 2, 724, 725, 795, 798 ZPO). Art. 71 Abs. 2 Satz 2 GGV bestimmt daher, dass die Regierungen der Mitgliedstaaten der Europäischen Gemeinschaft jeweils eine staatliche Behörde benennen, welche die Vollstreckungsklausel für eine Kostenentscheidung des HABM erteilt.

2 In Deutschland ist zuständige „staatliche Behörde" i.S.d. Art. 71 Abs. 2 Satz 2 GGV das BPatG, und zwar der Urkundsbeamte der Geschäftsstelle, dessen Aufgabe der Rechtspfleger wahrnimmt (vgl. § 23 Abs. 1 Nr. 13 RPflG). Der Urkundsbeamte der Geschäftsstelle des BPatG ist nach Auffassung des Gesetzgebers die geeignete Stelle zur Erteilung der Vollstreckungsklausel, da dieser z.B. in Markensachen bereits für die Erteilung der vollstreckbaren Ausfertigung bei Kostenfestsetzungsbeschlüssen des DPMA zuständig ist (vgl. § 63 Abs. 3 Satz 5 MarkenG). Eine mit § 64 vergleichbare Regelung findet sich in § 125i MarkenG.

3 Der Schuldner wird vor der Erteilung der Vollstreckungsklausel regelmäßig nicht gehört (Ausnahmen in § 730 ZPO genannt). Da die Gerichtssprache deutsch ist (§ 184 GVG), ist bei Entscheidungen des HABM in anderen Sprachen eine Übersetzung einzureichen.

4 Nach Art. 71 Abs. 2 Satz 2 GGV ist die Prüfung des Urkundsbeamten auf die Echtheit des Titels, also auf dessen Herkunft und erkennbare Legitimation der Ausstellung,[1] beschränkt; eine Prüfung auf inhaltliche Richtigkeit des Kostenfestsetzungsbeschlusses des HABM findet hin-

---

1 Vgl. *Eichmann/v. Falckenstein*, § 64 Rn. 2.

Erteilung der Vollstreckungsklausel **§ 64**

gegen nicht statt. Gegen die Entscheidung des Rechtspflegers ist die Erinnerung gemäß § 23 Abs. 2 Satz 1 RPflG gegeben.² Sie ist binnen einer Frist von zwei Wochen einzulegen (§ 23 Abs. 2 Satz 2 RPflG).

Ist der Kostenfestsetzungsbeschluss des HABM und damit die Erteilung der Vollstreckungsklausel unrichtig, steht ausschließlich das Rechtsmittel des Art. 71 Abs. 4 Satz 1 GGV (Entscheidung des EuG) zur Verfügung. Die in der Bundesrepublik Deutschland nach nationalem Recht erfolgten Vollstreckungsmaßnahmen (§§ 803 ff. ZPO) sind gemäß Art. 71 Abs. 4 Satz 2 GGV nach nationalem Recht angreifbar, insbesondere gemäß §§ 765a, 766 ZPO.³ 5

---

2 Vgl. zum MarkenG: *Ingerl/Rohnke*, § 125i Rn. 1.
3 Vgl. *Eichmann/v. Falckenstein*, § 64 Rn. 2.

§ 65 Strafbare Verletzung eines Gemeinschaftsgeschmacksmusters

(1) Wer entgegen Artikel 19 Abs. 1 der Verordnung (EG) Nr. 6/2002 ein Gemeinschaftsgeschmacksmuster benutzt, obwohl der Inhaber nicht zugestimmt hat, wird mit Freiheitsstrafe bis zu drei Jahren oder mit Geldstrafe bestraft.

(2) § 51 Abs. 2 bis 6 gilt entsprechend.

1   Die GGV selbst enthält mangels gemeinschaftsrechtlicher Strafrechtsordnung keine strafrechtlichen Sanktionen hinsichtlich der Verletzung eines Gemeinschaftsgeschmacksmusters. § 65 regelt deshalb in Abs. 1, dass auch die Verletzung eines Gemeinschaftsgeschmacksmusters eine Straftat darstellt. Weiter erklärt Abs. 2 die Regelungen in § 51 Abs. 2 bis 6 für entsprechend anwendbar. Der Regelungsgehalt des § 65 entspricht damit dem des § 143a MarkenG.

2   Eine Verletzung des Gemeinschaftsgeschmacksmusters liegt vor, wenn Dritte das (eingetragene oder nicht eingetragene) Gemeinschaftsgeschmacksmuster ohne Zustimmung des Inhabers im Inland benutzen (herstellen, anbieten, in Verkehr bringen, einführen, ausführen etc.).

3   Durch die Verweisung in Abs. 2 wird sichergestellt, dass der strafrechtliche Schutzumfang des Gemeinschaftsgeschmacksmusters dem des nationalen Musters entspricht. Die Verweisungen betreffen die Strafmaßerhöhung bei gewerbsmäßigem Handeln (§ 51 Abs. 2), die Strafbarkeit des Versuchs (§ 51 Abs. 3), das Strafantragserfordernis (§ 51 Abs. 4), die Einziehung gemäß § 74a StGB (§ 51 Abs. 5) sowie die Veröffentlichung des Urteils (§ 51 Abs. 6). Wegen der Einzelheiten wird auf die Kommentierung bei § 51 verwiesen. Die Privatklage bzw. die Nebenklagebefugnis des Verletzten folgt aus § 374 Abs. 1 Nr. 8 StPO bzw. aus § 395 Abs. 1 Nr. 6 StPO.

4   Anders als bei der Verletzung nationaler Geschmacksmuster kann die Anwendbarkeit deutschen Strafrechts nicht nur für Inlandstaten begründet werden (strafrechtlicher Territorialitätsgrundsatz, § 3 StGB), sondern in den Fällen des § 7 StGB auch für Auslandstaten.[1]

---

1   Vgl. zum MarkenG: *Erbs/Kohlhaas*, § 143a Rn. 6.

Abschnitt 13

Schutz gewerblicher Muster und Modelle nach dem Haager Abkommen

Vor §§ 66 bis 71 International registrierte Geschmacksmuster

Übersicht

	Rn.		Rn.
I. Grundzüge	1	9. Sammelanmeldung	30
II. Rechtliche Grundlagen	7	10. Amtsgebühren	31
III. Vor- und Nachteile	11	V. Verfahrensablauf	35
1. Vorteile	11	1. Verfahren vor der WIPO	35
2. Nachteile	14	2. Verfahren vor den Behörden der benannten Länder	40
IV. Formelle Voraussetzungen der Anmeldung	17	VI. Wirkung des IR-Musters	42
1. Anmeldeberechtigung	17	VII. Schutzdauer	43
2. Antragsformular	19	1. Verlängerung von IR-Mustern	44
3. Sprache	23	2. Verlängerung von IR-Mustern, die ausschließlich dem Abkommen in der Fassung von 1934 unterliegen	49
4. Angaben zur Schutzerstreckung	24		
5. Wiedergabe	26		
6. Beschreibung	27		
7. Erzeugnisangabe	28		
8. Inanspruchnahme einer Priorität	29		

I. Grundzüge

Durch die Eintragung eines international registrierten Geschmacksmusters („IR-Muster") kann der Anmelder mit einer einzigen Anmeldung auf relativ einfache und kostengünstige Weise Geschmacksmusterschutz in einer Vielzahl von Ländern erwerben. Durch die Registrierung des IR-Musters entsteht in den vom Anmelder benannten Vertragsstaaten derselbe Schutz wie bei einer nationalen Geschmacksmusteranmeldung in diesen Vertragsstaaten. 1

Die Anmeldung und Registrierung eines IR-Musters erfolgt bei der Weltorganisation für geistiges Eigentum (Englisch: „WIPO" = „World 2

Vor §§ 66 bis 71 International registrierte Geschmacksmuster

Intellectual Property Organization"/Französisch: „OMPI" = „Organisation Mondiale de la Propriété Intellectuelle") in Genf.

3 Im Unterschied zum Gemeinschaftsgeschmacksmuster (hier entsteht der Schutz „automatisch" in allen Mitgliedstaaten der Europäischen Union) kann der Anmelder die Länder, in denen das IR-Muster Schutz genießen soll, auswählen. Der Schutz des IR-Musters gilt danach also nicht „international", sondern ist auf die Mitgliedstaaten begrenzt, die der Anmelder benannt hat.

4 Mit der Eintragung eines IR-Musters kann kein „globaler" Schutz erreicht werden. Dies ist darauf zurückzuführen, dass bis heute lediglich die nachfolgenden Staaten/Verbünde den verschiedenen Versionen des HMA angehören. Dies sind derzeit (Stand 31. August 2011):

Ägypten, Albanien, Armenien, Aserbaidschan

Belgien, Belize, Benin, Bosnien und Herzegowina, Botswana, Bulgarien

Dänemark, Deutschland

Elfenbeinküste, Estland, Europäische Union

Frankreich

Gabun, Georgien, Ghana, Griechenland

Indonesien, Island, Italien

Kirgisistan, Kroatien

Lettland, Lichtenstein, Litauen, Luxemburg

Mali, Marokko, Mazedonien, Moldawien, Monaco, Mongolei, Montenegro

Namibia, Niederlande, Niger, Nordkorea, Norwegen

Oman, OAPI („organisation Africaine de la Propriété Intellectuelle" = Afrikanische Organisation für geistiges Eigentum der französischsprachigen) Mitgliedstaaten sind:
Äquatorialguinea, Benin, Burkina Faso, Elfenbeinküste, Gabun, Guinea, Guinea-Bissau, Kamerun, Kongo, Mali, Mauretanien, Niger, Senegal, Togo, Tschad und Zentralafrikanische Republik

Polen

Ruanda, Rumänien

São Tomé und Príncipe, Schweiz, Senegal, Serbien, Singapur, Slowenien, Spanien, Suriname, Syrien

Tunesien, Türkei

Ukraine, Ungarn

Streicht man von den vorgenannten Vertragsstaaten die Staaten, in denen Schutz bereits durch ein Gemeinschaftsgeschmacksmuster erlangt werden kann, wird ersichtlich, dass nur wenige „wichtige" Länder verbleiben und andere bedeutende (Industrie-)Staaten wie die USA, Kanada, Japan, Russland, China und Indien (noch) fehlen.

Bei der Vorbereitung der Anmeldung ist zunächst festzustellen, welchem oder welchen Abkommen das Ursprungsland des Anmelders (welches regelmäßig auch die Ursprungsbehörde stellen wird) angehört. Die Zugehörigkeit des Ursprungslandes zu einem Abkommen eröffnet dessen Anwendungsbereich. Zum anderen richtet sich der mögliche geographische Schutzumfang des Musters nach dem oder den jeweils anzuwendenden Abkommen. Denn der Geschmacksmusterschutz kann nur für jene Länder beantragt und in Anspruch genommen werden, die dem oder den gleichen Abkommen angehören wie die Vertragspartei des Anmelders. 5

Im Unterschied zum Gemeinschaftsgeschmacksmuster handelt es sich beim IR-Muster nicht um ein einzelnes Geschmacksmuster mit internationaler Wirkung: Vielmehr fasst die internationale Registrierung die durch ein IR-Muster gewonnenen Schutzrechte wie ein Bündel zusammen. In jedem in der Anmeldung benannten Land entsteht also ein eigenständiges Geschmacksmusterrecht. Entsprechend dieser Systematik (Bündel von Einzelmustern) entscheiden die jeweiligen nationalen Behörden eigenständig darüber, ob dem IR-Muster in dem jeweiligen Land Schutz gewährt werden kann oder nicht. Dabei wenden die nationalen Behörden das nationale (Muster-)Recht an. Der Schutz von internationalen Registrierungen richtet sich in Deutschland folglich nach dem GeschmMG. Wenn in Deutschland Schutz aus einer internationalen Registrierung in Anspruch genommen wird, müssen daher sämtliche materiellrechtlichen Schutzvoraussetzungen des GeschmMG erfüllt sein.[1] 6

II. Rechtliche Grundlagen

Grundlage für den Schutz international registrierter Geschmacksmuster ist das Haager Musterabkommen über die internationale Hinterlegung gewerblicher Muster und Modelle vom 6. November 1925 („HMA"). 7

---

1 BGH, GRUR 1967, 533, 535 – Myoplast.

8 Das ursprüngliche HMA wurde mehrmals modifiziert. Diese modifizierten Versionen wurden selbst Gegenstand von Abkommen, die heute insgesamt unter dem HMA zusammengefasst sind, nämlich:

– das Londoner Abkommen vom 2. Juni 1934
  („1934" oder „London Act"),
– das Haager Abkommen vom 28. November 1960
  („1960" oder „Hague Act"),
– die Stockholmer Ergänzungsvereinbarung zum
  Haager Abkommen vom 14. Juli 1967 („Stockholm Act"),
– das Genfer Abkommen vom 2. Juli 1999
  („1999" oder „Geneva Act").

Diese Abkommen – wenn auch unter dem Oberbegriff Haager Abkommen zusammengefasst – gelten eigenständig und unabhängig voneinander. Sie sehen zum Teil unterschiedliche formelle Anforderungen an Geschmacksmusteranmeldungen vor. Vor allem das Londoner Abkommen weicht in mehreren Punkten von den Vorschriften des Haager und Genfer Abkommens ab. Hingegen ähneln sich die Regelungen der Haager und Genfer Abkommen überwiegend.

9 Mit Wirkung zum 1. Januar 2010 ist das Londoner Abkommen (1934) „eingefroren" worden. Das bedeutet, dass ab diesem Zeitpunkt keine Neuanmeldungen mehr unter dem Londoner Abkommen eingereicht werden können. Bereits registrierte IR-Muster sind bis zum Ende der maximalen Laufzeit weiterhin gültig. Für die Praxis hat dieses „Einfrieren" keine großen Auswirkungen, da bis auf zwei Länder (Indonesien und Tunesien) alle Mitgliedsländer auch dem Haager und/oder dem Genfer Abkommen angehören (Deutschland ist Mitglied aller drei Abkommen).

10 Für das Verfahren bei der WIPO relevant ist insbesondere die Ausführungsverordnung zum Haager Musterabkommen über die internationale Hinterlegung gewerblicher Muster und Modelle („AO") vom 1. Oktober 1985 sowie die Gemeinsamen Vorschriften („Common Regulations under the 1999 Act, the 1960 Act and the 1934 Act of the Hague Agreement").

III. Vor- und Nachteile

1. Vorteile

Um Musterschutz in den vom Anmelder ausgewählten Vertragsstaaten zu erlangen, muss nur ein Antrag gestellt werden. Dies senkt den (Verwaltungs-)Aufwand gegenüber einem Bündel nationaler Einzelanmeldungen erheblich. 11

Im Allgemeinen hat eine IR-Musteranmeldung erhebliche Kostenvorteile gegenüber einer entsprechenden Anzahl nationaler Musteranmeldungen, da keine nationalen Vertreter in den ausgewählten Vertragsstaaten zu beauftragen sind (sofern keine nationalen Schutzhindernisse vorliegen). 12

Der Anmelder kann motiviert von seiner Geschäftstätigkeit frei auswählen, in welchen Vertragsstaaten das IR-Muster Schutz beanspruchen soll. Er ist – anders als beim Gemeinschaftsgeschmacksmuster – nicht gezwungen, Musterschutz in für ihn „uninteressanten" Ländern zu erwerben. 13

2. Nachteile

Bei Beanstandungen durch die nationale Behörde muss in dem jeweiligen Land ein dort zugelassener Vertreter mit der Wahrnehmung der Interessen beauftragt werden. Dies kann sehr kostenintensiv sein. 14

Das Anmeldungsverfahren scheint – insbesondere im Vergleich zum Gemeinschaftsgeschmacksmuster – recht kompliziert. Alle Abkommen sind in einem Anmeldeformular und -Verfahren zusammengefasst. Die Komplexität ergibt sich vor allem aus den unterschiedlichen nationalen Vorschriften und Rechtssystemen. 15

Da bislang nur wenige „wichtige" Staaten dem HMA beigetreten sind, gewährt auch das IR-Muster keinen „weltweiten" Schutz. 16

IV. Formelle Voraussetzungen der Anmeldung

1. Anmeldeberechtigung

Die Voraussetzungen zur Anmeldung eines IR-Musters sind gering. Sie beschränken sich auf die persönlichen Voraussetzungen, die ein Anmelder erfüllen muss: Anmelder eines IR-Musters kann jeder Angehörige (natürliche oder juristische Person) eines Staates sein, der Mitglied des 17

Vor §§ 66 bis 71 International registrierte Geschmacksmuster

HMA ist sowie jeder, der in einem solchen Staat seinen Sitz oder Wohnsitz oder eine tatsächliche und nicht nur zum Schein bestehende gewerbliche oder Handelsniederlassung hat.

18 Neben den persönlichen Voraussetzungen muss der Anmelder keine weiteren Voraussetzungen erfüllen, um Inhaber eines IR-Musters zu werden. Die Anmeldung eines IR-Musters erfordert insbesondere – anders als das Markenrecht – keine nationale Anmeldung oder Eintragung des Geschmacksmusters im Ursprungsland. Die Anmeldung des IR-Musters kann also (auch) eine „Erstanmeldung" sein; ein deutscher Anmelder kann somit durch eine internationale Registrierung Geschmacksmusterschutz auch für das Gebiet der Bundesrepublik Deutschland herbeiführen (Art. 7 Abs. 1 a HMA). Insoweit unterscheidet sich das IR-Muster von der IR-Marke. Letztere setzt stets voraus, dass der Anmelder dieselbe Marke bereits national angemeldet hat bzw. bereits eine entsprechende (nationale) Markeneintragung vorliegt. Auch „Doppelbenennungen" der EU-Mitgliedstaaten, die auch national Mitgliedstaaten sind, sind möglich. Ein Anmelder kann also sowohl Deutschland als auch die Europäische Union (inklusive Deutschland) benennen.

2. Antragsformular

19 Der Antrag auf internationale Registrierung unterliegt strengen Formerfordernissen; diese Formerfordernisse sind zwingend. Ein ordnungsgemäßes Gesuch um internationale Registrierung liegt nur dann vor, wenn der vorgeschriebene Vordruck in der korrekten Verfahrenssprache verwendet, richtig und vollständig ausgefüllt wird und alle beizufügenden Unterlagen mit dem Antrag eingereicht werden.

20 Für einen Antrag auf internationale Registrierung sind die von der WIPO herausgegebenen Formblätter zu verwenden. Diese können bei der WIPO bestellt bzw. über die dortige Internetseite (www.wipo.int/hague/en/forms) abgerufen werden. Seit dem 1. Januar 2009 ist auch eine elektronische Anmeldung („e-filing") möglich.

21 Das Anmeldeformular ist mit Schreibmaschine oder mit PC auszufüllen (WIPO akzeptiert keine handschriftlich ausgefüllten Formblätter) und zu unterschreiben. Enthält der Antrag keine in Farbe zu veröffentlichende Wiedergabe, kann der Antrag per Telefax eingereicht werden. Aufgrund der technischen Unzulänglichkeiten der Telefaxtechnik (schlechte Wiedergabequalität) – ist jedoch von einer Anmeldung aus-

IV. Formelle Voraussetzungen der Anmeldung **Vor §§ 66 bis 71**

schließlich per Telefax abzuraten. Geht es dagegen darum, der Anmeldung eine möglichst „gute" Priorität zu sichern, kann die Anmeldung vorab per Telefax eingereicht werden. In diesem Fall ist das Original der Anmeldung innerhalb von 20 Tagen nachzureichen (maßgeblich für den Anmeldetag ist das Datum des Telefaxzugangs).

Der Antrag ist regelmäßig bei der WIPO in Genf einzureichen (Art. 4 Abs. 1 Nr. 1 HMA). Nach dem Haager Abkommen von 1960 können die Vertragsstaaten allerdings abweichend hiervon bestimmen, dass die Anmeldung über das jeweilige nationale Amt des Ursprungslandes eingereicht wird (Art. 4 Abs. 2 HMA). IR-Anmeldungen können inzwischen auch beim DPMA eingereicht werden. Das DPMA leitet die Anmeldung an die WIPO weiter. Der Tag, an dem die Anmeldung beim DPMA eingeht, gilt als Anmeldetag des IR-Musters, sofern sie sich nur auf die Genfer Akte stützt und innerhalb eines Monats weitergeleitet wird. Für die Weiterleitung erhebt das DPMA eine Gebühr von EUR 25 pro Anmeldung. **22**

3. Sprache

Der Anmelder kann zwischen Englisch, Französisch und seit 1. April 2010 auch Spanisch als Verfahrenssprache wählen. Wird eine unzulässige Verfahrenssprache verwendet, wird der Antrag auf internationale Registrierung nicht als solcher betrachtet. **23**

4. Angaben zur Schutzerstreckung

In der Anmeldung ist anzugeben, für welche Staaten Schutz beansprucht wird. Dabei ist der Schutz auf die Staaten beschränkt, die dem gleichen Abkommen angehören wie das Ursprungsland. Ist das Ursprungsland des Anmelders Partei des Haager und Genfer Abkommens, kann für all die Vertragsparteien Schutz beansprucht werden, die einem der beiden Abkommen angehören. **24**

Anders als bei der IR-Marke ist es beim IR-Muster nicht möglich, den Schutz eines bereits eingetragenen IR-Musters nachträglich auf weitere Staaten auszuweiten („Erstreckung"). Der Anmelder muss deshalb vor der Anmeldung sorgfältig prüfen, in welchen Vertragsstaaten er Schutz benötigt. Eine spätere Schutzerstreckung mittels einer Neu-Anmeldung dürfte regelmäßig daran scheitern, dass das angemeldete Geschmacksmuster dann nicht mehr neu ist. **25**

Vor §§ 66 bis 71   International registrierte Geschmacksmuster

5. Wiedergabe

26 Eine Darstellung des Musters oder Modells in grafischer oder fotografischer Form ist essentieller Bestandteil der Anmeldung (Art. 5 Abs. 1 HMA). Im Einzelnen gilt Folgendes:

- Die Wiedergabe kann sowohl durch Fotografien als auch andere grafische Darstellungsformen erfolgen.
- Die Wiedergabe kann schwarz/weiß oder farbig sein.
- Grafische Darstellungen müssen von hoher Qualität und mit Zeichengerät oder elektronisch auf hochwertigem weißem, undurchsichtigem und absolut rechteckigen Papier erstellt sein. Schattierungen bzw. Schraffierungen sind erlaubt, um Plastizität zu schaffen. Bei elektronischen Darstellungen ist ein Hintergrund erlaubt, solange dieser neutral und schlicht ist und alle Kanten rechteckig sind.
- Die Wiedergabe ist in den Antrag einzukleben oder auf ein separates weißes, nicht durchsichtiges DIN A4-Blatt im Hochformat auszudrucken. Das Blatt darf höchstens 25 Darstellungen enthalten.
- Das Geschmacksmuster ist vor einem neutralen Hintergrund darzustellen. Korrekturen mit Tinte oder Korrekturflüssigkeit sind nicht erlaubt.
- Das Format der Wiedergabe muss rechteckig und zur Veröffentlichung geeignet sein.
- Die Wiedergabe darf andere Darstellungen weder ganz noch teilweise enthalten.
- Die Wiedergabe darf nicht größer sein als 16 x 16 cm, wobei keine der Dimensionen kleiner als 3 cm sein darf.
- Der Abstand zwischen den einzelnen Wiedergaben muss mindestens 5 mm betragen und der Abstand von den Wiedergaben zum Papierrand mindestens 3 mm.
- Dasselbe Erzeugnis kann aus mehreren Blickwinkeln gezeigt werden.
- Auf dem Umgebungsrand einer jeden Fotografie oder anderen grafischen Darstellung ist eine Nummerierung anzubringen. Falls dasselbe Muster aus verschiedenen Blickwinkeln dargestellt ist, erfolgt die Nummerierung durch zwei separate Ziffern, die durch einen Punkt zu trennen sind (z.B. 1.1, 1.2, 1.3 usw. für das erste Muster, 2.1, 2.2, 2.3 usw. für das zweite Geschmacksmuster usw.).

IV. Formelle Voraussetzungen der Anmeldung **Vor §§ 66 bis 71**

- Zweidimensionale Muster dürfen nicht größer als 26,2 x 17 cm (ungefaltet), nicht schwerer als 50 g und nicht dicker als 3 mm sein. Die Muster sind auf DIN A4-Papier zu kleben und zu nummerieren.
- Die Ausmaße von Paketen mit Mustern dürfen nicht größer als 30 cm sein und nicht schwerer – einschließlich Verpackung – als 4 kg.
- Verderbliche Waren oder Produkte, deren Lagerung schwierig ist, werden nicht akzeptiert.

6. Beschreibung

Nach dem Haager und Genfer Abkommen ist es zulässig, mit der Anmeldung eine Beschreibung des Geschmacksmusters einzureichen. Die Beschreibung darf sich nur auf die sichtbaren Merkmale des Musters beziehen, ist in der Sprache der Anmeldung zu verfassen und sollte 100 Wörter nicht überschreiten (anderenfalls fällt für jedes weitere Wort eine Gebühr von CHF 2 an). 27

7. Erzeugnisangabe

Es sind die Erzeugnisse anzugeben, welche vom Geschmacksmusterschutz erfasst sein sollen. Die Erzeugnisangabe wird – anders als beim deutschen und Gemeinschaftsgeschmacksmuster – in Einzahl angegeben. Grundlage für die Erzeugnisangabe ist die Locarno Klassifizierung. 28

8. Inanspruchnahme einer Priorität

Wurde bereits eine nationale Geschmacksmusteranmeldung vorgenommen (sog. Erstanmeldung), kann innerhalb von sechs Monaten deren Priorität in Anspruch genommen werden (Art. 9 HMA). Möglich ist weiter die Inanspruchnahme einer Ausstellungspriorität (Art. 11 PVÜ). Schließlich kann die Anmeldung des IR-Musters als Erstanmeldung und damit als Priorität für weitere (nationale) Anmeldungen dienen. 29

9. Sammelanmeldung

Die Anmeldung kann bis zu 100 Einzelanmeldungen zusammenfassen. Voraussetzung ist, dass die Erzeugnisse derselben Warenklasse angehören (Art. 5 Abs. 4 HMA). Maßgeblich ist die internationale Klassifizierung von Locarno. 30

Vor §§ 66 bis 71   International registrierte Geschmacksmuster

10. Amtsgebühren

31 Die am 1. Januar 2009 in Kraft getretene neue Gebührenordnung der WIPO hat die Gebührenberechnung sehr stark vereinfacht. Die Gebühren setzen sich aus der Grundgebühr, der Bekanntmachungsgebühr und der Benennungsgebühr für die jeweiligen Staaten (Level 1–3) zusammen.

32 Die Grundgebühr beträgt CHF 397. Bei der Anmeldung eines Sammelgeschmacksmusters fällt für jedes zusätzliche Muster eine Gebühr von CHF 19 an. Die Bekanntmachungsgebühr beträgt je Wiedergabe CHF 17 und verzichtet auf die Unterscheidung von Veröffentlichungen in schwarzweiß oder Farbe. Dazu kommt eine Gebühr pro DIN A 4-Seite, auf der die Wiedergaben auf Papier aufgebracht werden – diese Gebühr wird aber nicht fällig, wenn man das neue E-Filing-System nutzt.

33 Die Benennungsgebühr besteht aus einer Standardländergebühr, die sich in drei verschiedene Level aufteilt: Level 1 für Länder, deren zuständige Behörde keine substanzielle Prüfung durchführt, Level 2 für Länder, deren zuständige Behörde eine substanzielle Prüfung durchführt mit Ausnahme einer Neuheitsprüfung und Level 3 für Länder, deren zuständige Behörde eine substanzielle Prüfung, einschließlich einer (eingeschränkten) Neuheitsprüfung durchführt und wenn das nationale Recht ein Widerspruchsverfahren zulässt. Zusätzlich zu der Standardländergebühr können Prüfungsländer auch eine Individualgebühr verlangen. Die Gebührenlevel der Länder, die Individualgebühren sowie die insgesamt zu entrichtenden Gebühren können auf der Internetseite der WIPO abgefragt werden; dort findet sich unter dem Stichwort „Fees" ein „Fee Calculator" (http://www.wipo.int/hague_feecalc/).

34 Die zur Verfügung stehenden Zahlungsmodalitäten sind jeweils auf den Formblättern der WIPO angegeben. Dort ist die gewünschte Zahlungsart anzukreuzen.

V. Verfahrensablauf

1. Verfahren vor der WIPO

35 Nach Eingang der Anmeldung prüft die WIPO, ob die formellen Anmeldevoraussetzungen erfüllt sind. Dazu gehört etwa die Vollständigkeit der eingereichten Unterlagen, die Qualität und eindeutige Erkennbarkeit der Wiedergabe des Musters sowie die Gebührenzahlung. Eine

V. Verfahrensablauf **Vor §§ 66 bis 71**

Prüfung der materiellrechtlichen Schutzvoraussetzungen findet hingegen nicht statt.

Stellt die WIPO formelle Mängel fest, informiert sie den Anmelder und 36 fordert diesen auf, die Mängel innerhalb einer Frist von drei Monaten zu beheben. Kommt der Anmelder dieser Aufforderung nicht oder nicht rechtzeitig nach, weist die WIPO die Anmeldung zurück.

Kommt der Anmelder der Aufforderung der WIPO nach oder erfüllt 37 die Anmeldung von Anfang an die formellen Voraussetzungen, trägt die WIPO das Geschmacksmuster in das internationale Register ein. Dies teilt die WIPO den Behörden der benannten Vertragsstaaten sowie dem Anmelder mit. Die WIPO prüft nicht, ob das Muster schutzfähig ist. Diese Prüfung ist Aufgabe der Behörden der benannten Vertragsstaaten.

Das Geschmacksmuster wird regelmäßig 6 Monate nach seiner Eintra- 38 gung auf der Website der WIPO (http://www.wipo.int/hague/en/bulletin) veröffentlicht (Regel 17 (1) (iii) GV). Eine Veröffentlichung in Papierform erfolgt nicht (mehr). Von diesem Grundsatz gibt es jedoch einige Ausnahmen. So kann der Anmelder beantragen, dass das Muster unmittelbar nach der Eintragung veröffentlicht wird (Regel 17 (1) (i) GV). Dies ist in Ländern sinnvoll, in denen erst nach der Veröffentlichung des Geschmacksmusters Rechte aus dem Geschmacksmuster geltend gemacht werden können. Weiter kann der Anmelder den Zeitpunkt der Veröffentlichung dadurch beeinflussen, dass er bei der Anmeldung eine um bis zu 12 (1960 Haager Abkommen) oder bis zu 30 Monaten (1999 Genfer Abkommen) aufgeschobene Bekanntmachung beantragt (Regel 17 (1) (ii) GV i.V.m. Regel 10 AO).

Mit der Eintragung des Musters ist das Verfahren vor der WIPO grund- 39 sätzlich abgeschlossen. Für die weiteren Verfahrensschritte fungiert die WIPO nur noch als ausführendes Organ und Vermittlungsstelle.

2. Verfahren vor den Behörden der benannten Länder

Nach der Registrierung des Geschmacksmusters überprüfen die natio- 40 nalen Ämter das Geschmacksmuster nach dem jeweiligen nationalen Geschmacksmusterrecht. Sollte das Geschmacksmuster nicht den materiellen Anforderungen des nationalen Geschmacksmusterrechts genügen – die Prüfung der formellen Anforderungen obliegt allein der WIPO –, kann das nationale Amt den Musterschutz zurückweisen. Diese Zurückweisung muss innerhalb einer Frist von 6 Monaten ab Veröffentlichung des Geschmacksmusters erfolgen; anderenfalls bleibt sie unberücksichtigt. „Prüfungsländer" haben die Möglichkeit, diese Zurückweisungsfrist auf 12 Monate zu erhöhen. Dies muss aber vorher bekannt gegeben worden sein. Diese Information und weitere spezielle Anforderungen der einzelnen Länder, die der Anmelder kennen sollte, sind auf einer Liste „Declarations made under the Hague Agreement aufgeführt (http://www.wipo.int/hague/en/members).

41 Gegen die Zurückweisung der Anmeldung steht dem Inhaber das gleiche Rechtsmittel zu, das ihm bei einer unmittelbaren Anmeldung des Geschmacksmusters in dem betreffenden Vertragsstaat gegen die Zurückweisung der Anmeldung zustehen würde. Das Rechtsmittel ist direkt bei dem Amt, das die Schutzverweigerung ausgesprochen hat, einzulegen. Die WIPO ist hierfür nicht zuständig. In der Regel muss sich der Anmelder vor der nationalen Behörde durch einen dort ansässigen Vertreter (Rechts- oder Patentanwalt) vertreten lassen.

VI. Wirkung des IR-Musters

42 Solange die nationalen Ämter keine Schutzverweigerung ausgesprochen haben, genießt das IR-Muster in den benannten Staaten unmittelbar den gleichen Schutz wie ein im jeweiligen Land registriertes nationales Muster. Im Verletzungsfall ist das materielle Recht des Staates anzuwenden, in dem die Musterverletzung stattgefunden hat bzw. stattfindet. Wenn in Deutschland Schutz aus einer internationalen Registrierung in Anspruch genommen wird, richtet sich die Ermittlung des Offenbarungsgehalts und der Eigenart sowie die Prüfung des Verletzungstatbestandes also nach deutschem Recht.[2] Soweit nach deutschem Recht Vermutungen in Anspruch genommen werden können (z.B. § 39 GeschmMG – Vermutung der Rechtsgültigkeit), gilt das auch für internationale Registrierungen.[3]

VII. Schutzdauer

43 Die Schutzdauer des Musters beträgt zunächst 5 Jahre. Der Fristbeginn richtet sich nach dem Zeitpunkt der internationalen Registrierung. Durch Erneuerung der Registrierung kann die Schutzdauer verlängert

---

2 BGH, GRUR 1998, 379, 382 – Lunette.
3 LG Frankfurt am Main, GRUR 1957, 631.

VII. Schutzdauer **Vor §§ 66 bis 71**

werden. Die unterschiedlichen Abkommen sehen unterschiedliche Verlängerungszeiträume vor:

- Nach dem Haager Abkommen von 1960 kann das Geschmacksmuster einmal um weitere 5 Jahre verlängert werden. Ein darüber hinausgehender Schutz richtet sich nach dem nationalen Recht der einzelnen Vertragsparteien.
- Das Genfer Abkommen von 1999 erlaubt eine zweimalige Verlängerung der Schutzdauer um jeweils 5 Jahre. Mithin kann der Schutz für mindestens 15 Jahre aufrechterhalten werden. Ob darüber hinaus – und für welchen Gesamtzeitraum – Schutz beansprucht werden kann, richtet sich nach dem nationalen Recht der benannten Mitgliedstaaten, deren Behörden das Muster eingetragen haben.
- Nach dem Londoner Abkommen von 1934 kann der Musterschutz nur einmal – dann für weitere 10 Jahre – verlängert werden. Damit besteht ein maximaler Schutz von 15 Jahren.

1. Verlängerung von IR-Mustern

Die Verlängerung erfolgt grundsätzlich direkt bei der WIPO. Die Verlängerung kann alle oder nur einen Teil der Vertragsstaaten umfassen. Umfasst die Eintragung mehrere Muster (Sammelgeschmacksmuster), kann der Inhaber die Verlängerung auf bestimmte Muster beschränken. 44

Für den Verlängerungsantrag sollte das Formblatt der WIPO („DM/4") verwendet werden. Der Verlängerungsantrag muss vor Ablauf des ersten Zeitabschnitts bei der WIPO eingehen. 45

Die Erneuerung erfolgt durch die Zahlung der internationalen Erneuerungsgebühr und der von den Vertragsstaaten erhobenen Erneuerungsgebühren jeweils während des letzten Jahres des jeweiligen Zeitabschnitts von 5 Jahren. Erfolgt die Erneuerung nicht innerhalb des vorbenannten Zeitabschnitts, kann der Inhaber die Erneuerung innerhalb von 6 Monaten nach Ablauf dieses Zeitabschnitts vornehmen, wenn er zusätzlich zu der internationalen Erneuerungsgebühr und den von den Staaten erhobenen Erneuerungsgebühren die hierfür vorgesehene Zuschlagsgebühr entrichtet. 46

Die Verlängerungsgebühr setzt sich aus der „Basic Fee" sowie der „Standard Designation Fee" zusammen. Die „Basic Fee" beträgt CHF 200 für das erste sowie CHF 17 für jedes weitere Geschmacksmuster. Die „Standard Designation Fee" beläuft sich bei dem ersten Ge- 47 schmacksmuster auf CHF 21 sowie auf CHF 1 für jedes weitere Muster. Hinzu kommen die individuellen Verlängerungsgebühren der Vertragsstaaten. Geht die Verlängerungsgebühr (erst) innerhalb von sechs Monaten nach Ablauf des ersten Zeitabschnitts ein, ist eine Zuschlagsgebühr zu zahlen.

48 Wird der Verlängerungsantrag rechtzeitig eingereicht und die Verlängerungsgebühr entrichtet, trägt die WIPO die Verlängerung in das internationale Register ein und teilt dies dem Inhaber mit. Wird die Verlängerungsfrist nicht eingehalten, entspricht der Verlängerungsantrag nicht den Erfordernissen oder wird die fällige Gebühr nicht entrichtet, weist die WIPO den Antrag zurück, teilt dies dem Inhaber unter Angabe der Zurückweisungsgründe mit und erstattet die entrichtete Gebühr abzüglich einer Verwaltungsgebühr (CHF 50) zurück.

2. Verlängerung von IR-Mustern, die ausschließlich dem Abkommen in der Fassung von 1934 unterliegen

49 Für den Verlängerungsantrag sollte das von der WIPO im Internet bereitgestellte Formblatt („DM/35") verwendet werden.

§ 66 Anwendung dieses Gesetzes

Dieses Gesetz ist auf Eintragungen oder Registrierungen gewerblicher Muster und Modelle nach dem Haager Abkommen vom 6. November 1925 über die internationale Eintragung gewerblicher Muster und Modelle (Haager Abkommen) (RGBl. 1928 II S. 175, 203) und dessen am 2. Juni 1934 in London (RGBl. 1937 II S. 583, 617), am 28. November 1960 in Den Haag (BGBl. 1962 II S. 774) und am 2. Juli 1999 in Genf (BGBl. 2009 II S. 837) unterzeichneten Fassungen (internationale Eintragungen), deren Schutz sich auf das Gebiet der Bundesrepublik Deutschland bezieht, entsprechend anzuwenden, soweit in diesem Abschnitt, dem Haager Abkommen oder dessen Fassungen nichts anderes bestimmt ist.

Übersicht

	Rn.		Rn.
I. Allgemeines	1	III. Abweichende Regelungen	5
II. Anwendung des GeschmMG	2		

I. Allgemeines

§ 66 bestimmt, dass – soweit der 13. Abschnitt des GeschmMG oder die verschiedenen Fassungen des Haager Abkommens („HMA") keine andere Regelung treffen – das GeschmMG auf internationale Eintragungen oder Registrierungen gewerblicher Muster und Modelle nach dem HMA („IR-Muster") anzuwenden ist. Das gilt nicht nur für das Verfahren vor dem DPMA, sondern insbesondere auch im Bereich der Verletzungsansprüche, die aus IR-Mustern geltend gemacht werden können. IR-Muster sind also im Inland vollwertige Schutzrechte.[1] Zweck der Regelungen des 13. Abschnitts (§§ 66 bis 71) ist es, IR-Muster und deutsche Geschmacksmuster möglichst weitgehend gleichzustellen.[2] Mit § 66 vergleichbare Regelungen finden sich in §§ 107 Abs. 1, 119 Abs. 1 MarkenG.

1

---

1 Vgl. zum Markenrecht: *Ingerl/Rohnke*, § 107 Rn. 1.
2 Vgl. *Eichmann/v. Falkenstein*, § 66 Rn. 1.

II. Anwendung des GeschmMG

2 Die Anwendung des GeschmMG ist unabhängig davon, ob das IR-Muster nach der Genfer Akte (1999), der Haager Akte (1960) oder der Londoner Akte (1934) angemeldet worden ist. Die Terminologie „Eintragung oder Registrierung" entstammt jeweils den unterschiedlichen Akten. Art. 10 Abs. 1 der Genfer Akte verwendet die Begrifflichkeit „internationale Eintragung", Art. 6 Abs. 2 der Haager Akte „Registrierung der internationalen Hinterlegung im internationalen Register" und die Londoner Akte verwendet die Begrifflichkeit „Eintragung des Gesuchs um Vornahme einer internationalen Hinterlegung".

3 Allgemeine Voraussetzung der Anwendung des GeschmMG ist, dass sich der Schutz des IR-Musters (auch) auf das Gebiet der Bundesrepublik Deutschland bezieht. Wann dies der Fall ist, hängt davon ab, nach welcher Fassung die Anmeldung vorgenommen worden ist. Nach der Genfer Akte (Art. 14 Abs. 1) und der Haager Akte (Art. 7 Abs. 1 Buchstabe a) ist erforderlich, dass die Bundesrepublik Deutschland ausdrücklich von dem Anmelder benannt wird. Im Unterschied zur Londoner Akte ist die Benennung der Bundesrepublik Deutschland selbst dann möglich, wenn diese gleichzeitig Vertragspartei des Anmelders ist. Nach der Londoner Fassung (Art. 4 Abs. 2, Art. 1) erstreckt sich der Schutz des IR-Musters dagegen automatisch auf alle Vertragsparteien, die der Londoner Akte beigetreten sind, mit der Ausnahme der Vertragspartei des Anmelders.

4 Das GeschmMG wird in der Weise angewandt, dass bei den anwendbaren Bestimmungen „Internationale Eintragung mit Schutz für die BRD" an die Stelle von „Geschmacksmuster" tritt.[3] Nicht anwendbar sind – weil das HMA 1999 insoweit eigenständige Regelungen enthält – die Bestimmungen der §§ 7, 8, 9 Abs. 2 bis Abs. 4, 10, 11 bis 26, 27 und 28, 29 bis 32 sowie 33 bis 36 GeschmMG.

III. Abweichende Regelungen

5 Nach § 66 Halbsatz 2 haben zunächst die abweichenden Regelungen der einzelnen HMA-Akten Vorrang. Beispielsweise können IR-Muster, welche unter der Londoner Akte eingetragen worden sind, nicht auf Eintragungshindernisse (§ 69) hin überprüft werden. Auch ist eine indi-

---

[3] Vgl. *Eichmann/v. Falkenstein*, § 66 Rn. 6.

III. Abweichende Regelungen § 66

rekte Einreichung der internationalen Anmeldung nach der Londoner Akte nicht möglich (§ 67). Weiterhin haben Ausnahmeregelungen, welche im 13. Abschnitt des GeschmMG enthalten sind (z. B. § 71 Abs. 2), Vorrang.

§ 67 Einreichung der internationalen Anmeldung

Die internationale Anmeldung gewerblicher Muster oder Modelle kann nach Wahl des Anmelders entweder direkt beim Internationalen Büro der Weltorganisation für geistiges Eigentum (Internationales Büro) oder über das Deutsche Patent- und Markenamt eingereicht werden.

1 Nach § 67 kann der Anmelder eine internationale Anmeldung wahlweise entweder direkt beim Internationalen Büro der WIPO oder indirekt über das DPMA einreichen. Wird die Anmeldung beim DPMA eingereicht, leitet das DPMA die eingereichten Unterlagen an das Internationale Büro weiter. Diese Möglichkeit besteht für Anmeldungen unter der Genfer Akte (Art. 4 Abs. 1 lit. a), da die Bundesrepublik Deutschland keine gegenteilige Erklärung abgegeben hat, sowie aufgrund der Regelung in § 67 auch unter der Haager Akte (Art. 4 Abs. 1 Nr. 2). Für die Londoner Akte ist § 67 hingegen nicht anwendbar. Im Übrigen ist die Möglichkeit der indirekten Einreichung internationaler Anmeldungen weder auf Anmelder bestimmter Herkunft oder Nationalität beschränkt, noch müssen in der Anmeldung bestimmte Vertragsparteien/ Bestimmungsstaaten benannt sein.[1] Eine Einreichung der Anmeldung beim DPMA ist folglich auch dann möglich, wenn der Anmelder kein Deutscher ist (bzw. keinen Sitz in Deutschland hat) und/oder die Anmeldung die Bundesrepublik Deutschland nicht erfasst. Für das Gemeinschaftsgeschmacksmuster findet sich in § 62 eine mit § 67 vergleichbare Regelung.

2 Nach Art. 9 Abs. 1 i.V.m. Art. 10 Abs. 2 lit. a der Genfer Akte, nach Art. 6 Abs. 2 der Haager Akte bzw. nach Art. 3 Abs. 1 der Londoner Akte gilt der Tag, an welchem die internationale Anmeldung beim Internationalen Büro eingeht, sowohl als Anmelde- als auch als Eintragungstag. Voraussetzung hierfür ist, dass keine bestimmten Mängel vorliegen. Wählt der Anmelder dagegen die indirekte Anmeldung (über das DPMA), gilt für Anmeldungen nach der Genfer Akte der Tag, an dem die Anmeldung beim nationalen Amt eingeht, als Anmelde- und damit auch als Eintragungstag (Regel 13 Abs. 3 Ziffer i GAO). Voraussetzung ist, dass die Anmeldung innerhalb eines Monats von diesem

---

1 Vgl. *Eichmann/v. Falckenstein*, § 67 Rn. 1.

Tag an gerechnet beim Internationalen Büro eingeht. Für Anmeldungen nach der Haager Akte dagegen gilt der Tag des Eingangs beim Internationalen Büro als Anmelde- bzw. Eintragungstag (Regel 13 Abs. 3 Ziffer ii GAO).

Auch wenn die Anmeldung über das DPMA eingereicht wird, sind die Amtsgebühren ausschließlich unmittelbar an die WIPO zu zahlen. Das DPMA hat insoweit keine Empfangsvollmacht. Andere Erklärungen als die Anmeldung (z.B. Rücknahme, Verzicht) können beim DPMA nicht eingereicht werden; sie sind direkt bei der WIPO einzureichen.   3

§ 68 Weiterleitung der internationalen Anmeldung

Werden beim Deutschen Patent- und Markenamt internationale Anmeldungen gewerblicher Muster oder Modelle eingereicht, so vermerkt das Deutsche Patent- und Markenamt auf der Anmeldung den Tag des Eingangs und leitet die Anmeldung ohne Prüfung unverzüglich an das Internationale Büro weiter.

Übersicht

	Rn.		Rn.
I. Allgemeines	1	III. Weiterleitungsgebühr	4
II. Tätigkeit des DPMA	2		

I. Allgemeines

1 Wird beim DPMA eine internationale Anmeldung eingereicht (in Papierform), vermerkt das DPMA auf der Anmeldung den Tag des Eingangs und leitet die Anmeldung unverzüglich an das Internationale Büro (nachfolgend „WIPO") weiter. Zwar ergibt sich eine solche Verpflichtung nicht ausdrücklich aus dem HMA bzw. den verschiedenen Fassungen; allerdings bestimmt Regel 13 Abs. 3 Ziffer i GAO, dass für internationale Anmeldungen unter der Genfer Fassung als Anmeldetag der Tag ihres Eingangs beim DPMA gilt, vorausgesetzt, sie geht innerhalb eines Monats bei der WIPO ein.

II. Tätigkeit des DPMA

2 Die Funktion des DPMA beschränkt sich auf die Annahme der Anmeldung und deren unverzügliche Weiterleitung an die WIPO. Eine weitergehende Prüfung der Anmeldung durch das DPMA findet weder in formeller (Form, Sprache, Inhalt) noch in materieller Hinsicht statt. Die Verpflichtung zur unverzüglichen Weiterleitung beinhaltet auch die Wahl eines sicheren und schnellen Übermittlungsweges. Bei Verletzung dieser Pflichten drohen Amtshaftungsansprüche.[1] Gemäß Art. 13

---
1 Vgl. zum MarkenG: *Ingerl/Rohnke*, § 125a Rn. 6.

Abs. 1 Satz 1 GAO ist das DPMA verpflichtet, dem Anmelder das Datum, an dem die Anmeldung bei ihm eingegangen ist, durch Übersendung einer Empfangsbescheinigung mitzuteilen. Weiter hat das DPMA der WIPO bei der Weiterleitung der Anmeldung mitzuteilen, an welchem Tag die Anmeldung bei ihm eingegangen ist (Art. 13 Abs. 1 Satz 2 GAO). Schließlich bestimmt Art. 13 Abs. 1 Satz 3 GAO, dass das DPMA dem Anmelder mitzuteilen hat, dass es die Anmeldung an die WIPO weitergeleitet hat.

§ 68 sieht nur die Weiterleitung der Anmeldung vor. Reicht der Anmelder Unterlagen zu einer bereits eingereichten und weitergeleiteten Anmeldung nach, so sind diese direkt bei der WIPO einzureichen. Das DPMA sendet etwaige Nachreichungen an den Anmelder zurück.[2]

III. Weiterleitungsgebühr

Nach Art. 4 Abs. 2 der Genfer Akte (nicht jedoch nach der Haager Akte) kann das Amt jeder Vertragspartei verlangen, dass der Anmelder ihm eine Weiterleitungsgebühr für jede über es eingereichte Anmeldung entrichtet. Für internationale Anmeldungen, die nach Maßgabe des Anmelderstatus und ausgewählten Bestimmungsstaaten ausschließlich der Haager Akte unterliegen, ist hingegen keine Weiterleitungsgebühr zu entrichten.[3] Das DPMA erhebt für die Weiterleitung einer Anmeldung eine Gebühr von EUR 25 pro Anmeldung (Nr. 345 100 Gebührenverzeichnis zum PatKostG). Dabei gilt eine Sammelanmeldung als eine Anmeldung. Die Gebühr wird mit dem Eingang der Anmeldung beim DPMA fällig und ist innerhalb von drei Monaten zu bezahlen (§§ 3 Abs. 1 Satz. 1, 6 Abs. 1 Satz 2 PatKostG). Das DPMA ist allerdings bereits vor Zahlung der Gebühr zur Weiterleitung der Anmeldung verpflichtet (§ 5 Abs. 1 Satz 2 PatKostG);[4] folglich ist die Nichtzahlung für die Anmeldung und ihre Priorität irrelevant.[5]

---

2 Vgl. *Eichmann/v. Falckenstein*, § 68 Rn. 3.
3 Vgl. *Eichmann/v. Falckenstein*, § 68 Rn. 4.
4 Vgl. zum MarkenG: *Ingerl/Rohnke*, § 125a Rn. 4; *Ströbele/Hacker*, § 125a Rn. 3.
5 Vgl. *Eichmann/v. Falckenstein*, § 68 Rn. 4.

§ 69 Prüfung auf Eintragungshindernisse

(1) Internationale Eintragungen werden in gleicher Weise wie Geschmacksmuster, die zur Eintragung in das vom Deutschen Patent- und Markenamt geführte Register angemeldet sind, nach § 18 auf Eintragungshindernisse geprüft. An die Stelle der Zurückweisung der Anmeldung tritt die Schutzverweigerung.

(2) Stellt das Deutsche Patent- und Markenamt bei der Prüfung fest, dass Eintragungshindernisse nach § 18 vorliegen, so übermittelt es dem Internationalen Büro innerhalb einer Frist von sechs Monaten ab Veröffentlichung der internationalen Eintragung eine Mitteilung über die Schutzverweigerung. In der Mitteilung werden alle Gründe für die Schutzverweigerung angeführt.

(3) Nachdem das Internationale Büro an den Inhaber der internationalen Eintragung eine Kopie der Mitteilung über die Schutzverweigerung abgesandt hat, hat das Deutsche Patent- und Markenamt diesem Gelegenheit zu geben, zu der Schutzverweigerung Stellung zu nehmen und auf den Schutz zu verzichten. Ihm stehen gegenüber dem Deutschen Patent- und Markenamt die gleichen Rechtsbehelfe zu wie bei der Zurückweisung einer Anmeldung zur Eintragung eines Geschmacksmusters in das vom Deutschen Patent- und Markenamt geführte Register. Wird rechtskräftig festgestellt, dass der Schutz zu Unrecht verweigert worden ist, nimmt das Deutsche Patent- und Markenamt die Schutzverweigerung unverzüglich zurück.

Übersicht

	Rn.		Rn.
I. Prüfung auf Eintragungshindernisse (§ 69 Abs. 1 Satz 1)	1	1. Gelegenheit zur Stellungnahme (§ 69 Abs. 3 Satz 1)	8
II. Schutzverweigerung (§ 69 Abs. 1 Satz 2)	3	2. Entscheidung des DPMA (§ 69 Abs. 3 Satz 2)	10
III. Mitteilung über die Schutzverweigerung (§ 69 Abs. 2)	4	3. Rechtsmittel des Inhabers (§ 69 Abs. 3 Satz 3)	11
IV. Weiteres Verfahren (§ 69 Abs. 3)	8	4. Rücknahme der Schutzverweigerung (§ 69 Abs. 3 Satz 4)	13

II. Schutzverweigerung (§ 69 Abs. 1 Satz 2)   **§ 69**

I. Prüfung auf Eintragungshindernisse (§ 69 Abs. 1 Satz 1)

Gemäß Abs. 1 Satz 1 werden internationale Eintragungen vom DPMA ebenso nach § 18 auf Eintragungshindernisse hin überprüft wie national angemeldete Geschmacksmuster. Nicht geprüft werden können internationale Eintragungen nach der Londoner Akte, da diese keine nationale Prüfung zulässt. Für die Londoner Fassung ist § 69 daher nicht anwendbar (vgl. § 66). Die Regelung entspricht der in § 113 Abs. 1 MarkenG für international registrierte Marken getroffenen Regelung.   1

Der Prüfungsumfang des DPMA ist – wie bei der Prüfung nationaler Geschmacksmusterabmeldungen – auf folgende Fragen beschränkt: (1) Ob der Gegenstand der Anmeldung kein Muster i.S.d. § 1 Nr. 1 ist, (2) ob das Muster nach § 3 Abs. 1 Nr. 3 gegen die öffentliche Ordnung oder gegen die guten Sitten verstößt, (3) ob das Muster nach § 3 Abs. 1 Nr. 4 eine missbräuchliche Benutzung eines der Zeichen (oder von sonstigen Abzeichen, Emblemen und Wappen von öffentlichem Interesse) darstellt, die in Artikel 6ter der Pariser Verbandübereinkunft zum Schutz des gewerblichen Eigentums aufgeführt sind. Die materiellen Schutzvoraussetzungen (Neuheit und Eigenart) sind vom DPMA hingegen nicht zu prüfen und können folglich bei Fehlen auch nicht beanstandet werden.   2

II. Schutzverweigerung (§ 69 Abs. 1 Satz 2)

Das DPMA ist erst nach Veröffentlichung der bereits erfolgten internationalen Eintragung durch das Internationale Büro – die Eintragung trägt in der Regel das gleiche Datum wie die Anmeldung – berechtigt, das gewerbliche Muster oder Modell auf Eintragungshindernisse hin zu überprüfen. Eine Zurückweisung der Anmeldung durch das DPMA ist folglich nicht mehr möglich. Dementsprechend bestimmt Abs. 1 Satz 2, dass an die Stelle der in § 18 vorgesehenen Rechtsfolge der Zurückweisung der Anmeldung die Verweigerung des Schutzes tritt (vgl. Art. 12 Abs. 1 der Genfer Akte sowie Art. 8 Abs. 1 der Haager Akte). Diese Regelung entspricht der in § 113 Abs. 2 MarkenG für international registrierte Marken getroffenen Regelung.   3

III. Mitteilung über die Schutzverweigerung (§ 69 Abs. 2)

4   Nach Abs. 2 Satz 1 hat das DPMA das Internationale Büro innerhalb einer Frist von sechs Monaten von der vorläufigen Schutzverweigerung in Kenntnis zu setzen. Die Frist beginnt mit der Veröffentlichung der internationalen Eintragung zu laufen und ergibt sich aus Art. 12 Abs. 2 lit. a) der Genfer Akte bzw. aus Art. 8 Abs. 1 der Haager Akte, jeweils in Verbindung mit Regel 18 Abs. 1 lit. a) GAO. Erfolgt keine fristgerechte Mitteilung, ist die Schutzwirkung der internationalen Eintragung endgültig, der Schutz kann nur noch unter den Voraussetzungen des § 70 nachträglich entzogen werden.[1]

5   Nach Abs. 2 Satz 2 muss das DPMA in der Mitteilung die Gründe für die Schutzverweigerung aufführen. Dabei hat das DPMA alle dem Schutz entgegenstehenden Gründe zu nennen;[2] eine Änderung oder Ergänzung der Gründe ist nur innerhalb der Frist des Abs. 2 Satz 1 möglich.[3] Demgegenüber muss das DPMA nicht alle Tatsachen mitteilen, auf die sich die Schutzversagung stützt. Diese können auch noch in einem nachfolgenden amtlichen und gerichtlichen Verfahren ergänzt werden, soweit dadurch die in der Mitteilung angegebenen Gründe nicht überschritten werden.[4] Einzelheiten zur Form und zum Inhalt der Mitteilung über die Schutzverweigerung ergeben sich aus Regel 18 Abs. 2 lit. a) und b) GAO.

6   Nach Erhalt der Mitteilung über die (vorläufige) Schutzverweigerung leitet das Internationale Büro unverzüglich eine Kopie der Mitteilung an den Inhaber weiter (Art. 18 Abs. 6 GAO).

7   Enthält die Mitteilung des DPMA einen der in Art. 19 Abs. 1 lit. a) GAO genannten Mängel, wird die Mitteilung vom Internationalen Büro nicht als solche betrachtet und nicht im internationalen Register eingetragen, ist also wirkungslos. Enthält die Mitteilung des DPMA einen der in Art. 19 Abs. 2 Satz 1 GAO genannten Mängel, trägt das Internationale Büro die Schutzverweigerung gleichwohl in das internationale Register ein und übermittelt dem Inhaber eine Kopie der Mitteilung. Auf Verlangen des Inhabers fordert das Internationale Büro das DPMA auf, seine Mitteilung unverzüglich zu berichtigen (Art. 19 Abs. 2 Satz 2 GAO).

---

1 Vgl. zum Markenrecht: *Ströbele/Hacker*, § 113 Rn. 10.
2 Vgl. zum Markenrecht: *Ströbele/Hacker*, § 113 Rn. 5.
3 Vgl. *Eichmann/v. Falckenstein*, § 69 Rn. 3.
4 Vgl. zum Markenrecht: *Ströbele/Hacker*, § 113 Rn. 7; *Ingerl/Rohnke*, § 113 Rn. 8.

IV. Weiteres Verfahren (§ 69 Abs. 3)

1. Gelegenheit zur Stellungnahme (§ 69 Abs. 3 Satz 1)

Nach Abs. 3 Satz 1 muss das DPMA dem Inhaber der internationalen Eintragung, nachdem dieser durch das Internationale Büro über die Schutzverweigerung informiert worden ist, Gelegenheit geben, zu der Schutzverweigerung Stellung zu nehmen. Auch hat der Inhaber das Recht, auf den Schutz in Bezug auf die Bundesrepublik Deutschland zu verzichten. Gemäß § 17a GeschmMV beträgt die Frist, innerhalb derer der Inhaber zu der Schutzverweigerung Stellung nehmen kann, vier Monate. Die Frist beginnt mit dem Tag, an dem das Internationale Büro die Mitteilung über die Schutzverweigerung an den Inhaber (oder dessen Vertreter) absendet. 8

Hat der Inhaber innerhalb der Bundesrepublik Deutschland weder Wohnsitz, Sitz noch Niederlassung, muss er innerhalb von vier Monaten einen Inlandsvertreter (§ 58) bestellen, der gegenüber dem DPMA zur vorläufigen Schutzverweigerung Stellung nimmt. Erfolgt keine rechtzeitige Bestellung eines Inlandsvertreters, wird die Schutzverweigerung endgültig.[5] 9

2. Entscheidung des DPMA (§ 69 Abs. 3 Satz 2)

Nach Ablauf der Frist zur Stellungnahme entscheidet das DPMA mittels Beschluss über die Aufrechterhaltung der Schutzverweigerung, d.h. über die endgültige Verweigerung des Schutzes (Abs. 2 Satz 2). Der Beschluss ist dem Inhaber zuzustellen. 10

3. Rechtsmittel des Inhabers (§ 69 Abs. 3 Satz 3)

Hält das DPMA die Schutzverweigerung aufrecht, stehen dem Inhaber gegen die Entscheidung des DPMA gemäß Abs. 3 Satz 3 dieselben Rechtsbehelfe zur Verfügung, die ihm zugestanden hätten, wenn er das gewerbliche Muster oder Modell als Geschmacksmuster beim DPMA angemeldet hätte. Hierüber hat das DPMA den Inhaber durch eine entsprechende Rechtsmittelbelehrung zu unterrichten.[6] 11

Legt der Inhaber gegen die Aufrechterhaltung der Schutzverweigerung kein Rechtsmittel ein, erlangt die Schutzverweigerung Rechtskraft. Die 12

---

5 Vgl. zum Markenrecht: *Ingerl/Rohnke*, § 113 Rn. 9.
6 Vgl. zum Markenrecht: *Ströbele/Hacker*, § 113 Rn. 8.

endgültige Schutzverweigerung beseitigt die internationale Registrierung rückwirkend.[7]

4. Rücknahme der Schutzverweigerung (§ 69 Abs. 3 Satz 4)

13 Legt der Inhaber gegen die Aufrechterhaltung der Schutzverweigerung erfolgreich Rechtsmittel ein, hat das DPMA nach Abs. 3 Satz 4 die Erklärung der Schutzverweigerung gegenüber dem Internationalen Büro unverzüglich zurückzunehmen. Form und der Inhalt der Rücknahme ergeben sich aus Regel 18 Abs. 4 GAO. Mit der Rücknahme der Schutzverweigerung entfällt das Schutzhindernis und die Eintragung für die Bundesrepublik Deutschland ist rückwirkend (ec tunc) wirksam (§ 71 Abs. 3, Art. 14 Abs. 2 lit. b) Genfer Akte).

14 Bleibt der Rechtsbehelf des Inhabers gegen die Aufrechterhaltung der Schutzverweigerung erfolglos, wird die internationale Eintragung endgültig gelöscht. Das DPMA versendet eine Abschlussmitteilung an das Internationale Büro (Art. 20 Abs. 1 GAO) und das Internationale Büro trägt die Ungültigkeitserklärung zusammen mit den in der Ungültigkeitserklärung enthaltenen Angaben im internationalen Register ein (Art. 20 Abs. 2 GAO).

---

[7] Vgl. zum Markenrecht: *Ströbele/Hacker*, § 113 Rn. 8.

§ 70 Nachträgliche Schutzentziehung

(1) An die Stelle der Klage auf Feststellung der Nichtigkeit nach § 33 tritt die Klage auf Feststellung der Unwirksamkeit für das Gebiet der Bundesrepublik Deutschland. An die Stelle der Klage auf Einwilligung in die Löschung nach § 9 Absatz 1 und § 34 tritt die Klage auf Einwilligung in die Schutzentziehung. Das Gericht übermittelt dem Deutschen Patent- und Markenamt eine Ausfertigung des rechtskräftigen Urteils. § 35 gilt entsprechend.

(2) Ist dem Deutschen Patent- und Markenamt mitgeteilt worden, dass die Unwirksamkeit einer internationalen Eintragung für das Gebiet der Bundesrepublik Deutschland festgestellt worden oder ihr der Schutz entzogen worden ist, setzt es das Internationale Büro unverzüglich davon in Kenntnis.

Übersicht

	Rn.		Rn.
I. Klage auf Feststellung der Unwirksamkeit (§ 70 Abs. 1 Satz 1) bzw. Einwilligung in die Schutzentziehung (§ 70 Abs. 1 Satz 2)..	1	III. Teilweise Schutzentziehung (§ 70 Abs. 1 Satz 4)	5
II. Übermittlung des Gerichts (§ 70 Abs. 1 Satz 3)............	3	IV. Mitteilungspflicht des DPMA (§ 70 Abs. 2)...............	6

I. Klage auf Feststellung der Unwirksamkeit (§ 70 Abs. 1 Satz 1) bzw. Einwilligung in die Schutzentziehung (§ 70 Abs. 1 Satz 2)

Aus Art. 15 Abs. 1 HMA (Genfer Fassung) ergibt sich, dass die zuständigen Behörden einer benannten Vertragspartei berechtigt sind, die Wirkungen der internationalen Eintragung in ihrem Gebiet ganz oder teilweise für ungültig zu erklären (sog. Ungültigerklärung). Vor diesem Hintergrund enthält § 70 nähere Bestimmungen hinsichtlich der nachträglichen Entziehung des Schutzes einer internationalen Eintragung für die Bundesrepublik Deutschland. 1

Für internationale Eintragungen, welche sich auf die Bundesrepublik Deutschland beziehen, gelten über § 66 sowohl die Nichtigkeitsgründe 2

(§ 33) als auch die Gründe, die einen Anspruch auf Einwilligung in die Löschung gewähren (§§ 9 und 34), entsprechend. Abs. 1 stellt dazu klar, dass in diesen Fällen nicht die Feststellung der Nichtigkeit oder die Einwilligung in die Löschung der internationalen Eintragung insgesamt, sondern nur eine auf die Bundesrepublik Deutschland beschränkte Feststellung der Unwirksamkeit (Satz 1) bzw. eine Einwilligung in die „Schutzentziehung" (Satz 2) beantragt werden kann.[1] Bei der ersten Alternative handelt es sich um eine Gestaltungsklage (negative Feststellungsklage), wie sie in § 33 für nationale Geschmacksmuster vorgesehen ist. Der Klageantrag der zweiten Alternative ist darauf zu richten, dass der Inhaber der internationalen Eintragung in die Schutzentziehung einwilligt. Strukturell entspricht Abs. 1 der in § 115 Abs. 1 MarkenG für international registrierte Marken getroffenen Regelung.

II. Übermittlung des Gerichts (§ 70 Abs. 1 Satz 3)

3 Nach Satz 3 ist das erkennende Gericht, welches eine rechtskräftige Entscheidung getroffen hat, verpflichtet, diese dem DPMA mitzuteilen (diese Verpflichtung entspricht § 33 Abs. 3 Satz 2). Eines gesonderten Antrags des obsiegenden Klägers bedarf es nicht, weil das Gericht durch Abs. 1 Satz 3 gesetzlich zur Amtshilfe gegenüber dem DPMA verpflichtet ist.[2] Eine Übermittlung durch die Prozessparteien ist ebenfalls nicht vorgesehen.[3] Im Hinblick darauf, dass nach Art. 15 HMA nur die nationalen Behörden die Befugnis zur Ungültigerklärung haben, kann das Löschungsurteil nicht direkt beim Internationalen Büro vorgelegt werden.[4]

4 Nach Erhalt der rechtskräftigen Entscheidung spricht das DPMA die Schutzentziehung von Amts wegen[5] durch Beschluss aus und teilt dies dem Internationalen Büro zur deklaratorischen Eintragung in das internationale Register mit (vgl. Abs. 2). Die Löschung hat Wirkung ex tunc (rückwirkend). Gegen den Beschluss ist zwar grundsätzlich die Beschwerde statthaft; es findet jedoch keine Überprüfung in der Sache statt. Vielmehr beschränkt sich die Prüfung darauf, ob das dem DPMA

---

1 Vgl. zum Markenrecht: *Ingerl/Rohnke*, § 115 Rn. 2.
2 Vgl. *Eichmann/v. Falckenstein*, § 70 Rn. 3.
3 Vgl. *Eichmann/v. Falckenstein*, § 70 Rn. 3.
4 Vgl. zum Markenrecht: *Ingerl/Rohnke*, § 115 Rn. 4.
5 Vgl. *Eichmann/v. Falckenstein*, § 36 Rn. 7.

vorgelegte Urteil rechtskräftig ist, gegen den eingetragenen Inhaber wirkt und das gelöschte Geschmacksmuster betrifft.[6]

III. Teilweise Schutzentziehung (§ 70 Abs. 1 Satz 4)

Satz 4 stellt durch den Verweis auf § 35 klar, dass der Schutz einer internationalen Eintragung auch teilweise entzogen werden kann.

5

IV. Mitteilungspflicht des DPMA (§ 70 Abs. 2)

Nach Abs. 2 ist das DPMA verpflichtet, das Internationale Büro über eine endgültige Schutzentziehung zu informieren, wenn es selbst davon Kenntnis erlangt hat. Der erforderliche Inhalt der Mitteilung ergibt sich aus Art. 20 Abs. 1 Satz 2 GAO. Nach Erhalt der Mitteilung trägt das Internationale Büro die Ungültigerklärung zusammen mit den in der Mitteilung des DPMA enthaltenen Angaben im internationalen Register ein (Art. 20 Abs. 2 GAO).

6

---

6 Vgl. zum Markenrecht: *Ingerl/Rohnke*, § 115 Rn. 5.

§ 71 Wirkung der internationalen Eintragung

(1) Eine internationale Eintragung, deren Schutz sich auf das Gebiet der Bundesrepublik Deutschland bezieht, hat ab dem Tag ihrer Eintragung dieselbe Wirkung, wie wenn sie an diesem Tag beim Deutschen Patent- und Markenamt als Geschmacksmuster angemeldet und in dessen Register eingetragen worden wäre.

(2) Die in Absatz 1 bezeichnete Wirkung gilt als nicht eingetreten, wenn der internationalen Eintragung der Schutz verweigert (§ 69 Absatz 2), deren Unwirksamkeit für das Gebiet der Bundesrepublik Deutschland festgestellt (§ 70 Absatz 1 Satz 1) oder ihr nach § 9 Absatz 1 oder § 34 Satz 1 der Schutz entzogen worden ist (§ 70 Absatz 1 Satz 2).

(3) Nimmt das Deutsche Patent- und Markenamt die Mitteilung der Schutzverweigerung zurück, wird die internationale Eintragung für die Bundesrepublik Deutschland rückwirkend ab dem Tag ihrer Eintragung wirksam.

Übersicht

	Rn.		Rn.
I. Allgemeines	1	III. Schutzverweigerung (§ 71 Abs. 2)	4
II. Wirkung der internationalen Eintragung (§ 71 Abs. 1)	2	IV. Rücknahme der Schutzverweigerung (§ 71 Abs. 3)	5

I. Allgemeines

1 § 71 betrifft die Schutzerstreckung eines international registrierten Geschmacksmusters auf das Gebiet der Bundesrepublik Deutschland. Namentlich bestimmt § 71, dass die internationale Eintragung dieselbe Wirkung hat, wie wenn das Geschmacksmuster beim DPMA als nationales Geschmacksmuster angemeldet und eingetragen worden wäre. Der Rechtsinhaber genießt also in demselben Umfang Schutz, den das GeschmMG einem im inländischen Register eingetragenen Geschmacksmuster gewährt. Insoweit ist die Regelung mit § 112 MarkenG vergleichbar.

II. Wirkung der internationalen Eintragung (§ 71 Abs. 1)

Nach Abs. 1 kommt einer internationalen Eintragung ab dem Tag ihrer Eintragung in das Register bei der WIPO dieselbe Wirkung zu wie einem beim DPMA angemeldeten und eingetragenen Geschmacksmuster. Dies gilt unabhängig davon, unter welcher Akte das Geschmacksmuster angemeldet worden ist. Abs. 1 gewährleistet, dass grundsätzlich internationalen Eintragungen nach den drei Akten des Haager Abkommens jeweils die gleiche Wirkung zugesprochen wird, nämlich vollständige Entfaltung der Schutzwirkung mit dem Tag der internationalen Eintragung.

Maßgeblich für den Wirkungseintritt ist allein die Eintragung im Register der WIPO;[1] auf das Veröffentlichungsdatum kommt es hingegen nicht an.[2] Lediglich für Vertragsparteien mit Neuheitsprüfung sieht die Haager Akte (1960) vor, dass die Wirkung der internationalen Eintragung erst nach Ablauf der Erklärungsfrist für die Schutzverweigerung eintritt, es sei denn, die nationale Gesetzgebung sieht einen früheren Zeitpunkt vor. Das DPMA führt jedoch keine Neuheitsprüfung von Amts wegen durch. Die Genfer Akte (1999) bestimmt in Art. 14 Abs. 1, dass vom Datum der internationalen Eintragung an die internationale Eintragung in jeder benannten Vertragspartei mindestens dieselbe Wirkung hat wie ein nach dem Recht dieser Vertragspartei ordnungsgemäß eingereichter Antrag auf Schutzerteilung für das gewerbliche Muster oder Modell. Folglich treten die Wirkungen der internationalen Eintragung spätestens mit Ablauf der Sechsmonatsfrist nach Veröffentlichung des gewerblichen Musters oder Modells ein (innerhalb dieser Frist kann gemäß Regel 18 Abs. 1 GAO eine Schutzverweigerung ausgesprochen werden). Um internationale Eintragungen nach den verschiedenen Akten weitestgehend gleich zu behandeln, werden internationale Eintragungen nach der Genfer Akte (1999) ebenfalls zum Zeitpunkt ihrer Eintragung beim Internationalen Büro wirksam.

III. Schutzverweigerung (§ 71 Abs. 2)

Im Fall der Erklärung einer Schutzverweigerung durch die Bundesrepublik Deutschland nach der Genfer Akte (1999) oder der Haager Akte (1960) in Bezug auf Deutschland entfallen die Wirkungen der interna-

---
1 Vgl. *Eichmann/v. Falckenstein*, § 71 Rn. 2.
2 Vgl. zum Markenrecht: *Ingerl/Rohnke*, § 112 Rn. 1.

tionalen Eintragung rückwirkend. In diesem Fall können aus der internationalen Eintragung in der Bundesrepublik Deutschland keine Rechte geltend gemacht werden. Gleiches gilt für den Fall, dass ein Gericht rechtskräftig durch Urteil feststellt, dass die internationale Eintragung – bezogen auf die Bundesrepublik Deutschland – unwirksam ist. Auch bei einem Urteil, das die Einwilligung in die Schutzentziehung ersetzt, entfällt die Wirkung der internationalen Eintragung rückwirkend, vorausgesetzt, es liegen Löschungsgründe nach § 9 Abs. 1 oder § 34 vor. Damit wird im Interesse einer einheitlichen Handhabung für alle in den §§ 69, 70 geregelten Fälle der Schutzverweigerung und der nachträglichen Schutzentziehung für die Bundesrepublik Deutschland eine einheitliche Rechtsfolge angeordnet.

IV. Rücknahme der Schutzverweigerung (§ 71 Abs. 3)

5   Abs. 3 bestimmt, dass im Fall der Rücknahme der Mitteilung einer Schutzverweigerung durch das DPMA gegenüber dem Internationalen Büro die Wirkungen der internationalen Eintragung wieder aufleben. Entsprechend der Regelung in Abs. 1 treten diese rückwirkend ab dem Tag der internationalen Eintragung ein.

Abschnitt 14

Übergangsvorschriften

§ 72 Anzuwendendes Recht

(1) Auf Geschmacksmuster, die vor dem 1. Juli 1988 nach dem Geschmacksmustergesetz in der im Bundesgesetzblatt Teil III, Gliederungsnummer 442-1, veröffentlichten bereinigten Fassung, zuletzt geändert durch Artikel 8 des Gesetzes vom 23. Juli 2002 (BGBl. I S. 2850), angemeldet worden sind, finden die bis zu diesem Zeitpunkt geltenden Vorschriften weiterhin Anwendung.

(2) Auf Geschmacksmuster, die vor dem 28. Oktober 2001 angemeldet oder eingetragen worden sind, finden weiterhin die für sie zu diesem Zeitpunkt geltenden Bestimmungen über die Voraussetzungen der Schutzfähigkeit Anwendung. Rechte aus diesen Geschmacksmustern können nicht geltend gemacht werden, soweit sie Handlungen im Sinne von § 38 Abs. 1 betreffen, die vor dem 28. Oktober 2001 begonnen wurden und die der Verletzte vor diesem Tag nach den Vorschriften des Geschmacksmustergesetzes in der im Bundesgesetzblatt Teil III, Gliederungsnummer 442-1, veröffentlichten bereinigten Fassung in der zu diesem Zeitpunkt geltenden Fassung nicht hätte verbieten können.

(3) Für Geschmacksmuster, die vor dem 1. Juni 2004 angemeldet, aber noch nicht eingetragen worden sind, richten sich die Schutzwirkungen bis zur Eintragung nach den Bestimmungen des Geschmacksmustergesetzes in der im Bundesgesetzblatt Teil III, Gliederungsnummer 442-1, veröffentlichten bereinigten Fassung in der bis zum Ablauf des 31. Mai 2004 geltenden Fassung.

(4) Artikel 229 § 6 des Einführungsgesetzes zum Bürgerlichen Gesetzbuche findet mit der Maßgabe entsprechende Anwendung, dass § 14a Abs. 3 des Geschmacksmustergesetzes in der im Bundesgesetzblatt Teil III, Gliederungsnummer 442-1, veröffentlichten bereinigten Fassung in der bis zum 1. Januar 2002 geltenden Fassung den Vorschriften des Bürgerlichen Gesetzbuchs über die Verjährung in der bis zum 1. Januar 2002 geltenden Fassung gleichgestellt ist.

§ 72 Anzuwendendes Recht

Übersicht

	Rn.		Rn.
I. Allgemeines	1	III. Verjährung	7
II. Stichtagsregelung	3		

I. Allgemeines

1 § 72 beinhaltet den Grundsatz für die Überleitungsbestimmungen des neuen Geschmacksmusterrechts in der Form, dass das neue Geschmacksmusterrecht gemäß § 72 Abs. 1 bis 3 Rückwirkung entfaltet.[1] Maßgeblich bei den Überleitungsbestimmungen in § 72 Abs. 1 bis 3 sind drei Stichtage (1. Juli 1988, 28. Oktober 2001, 1. Juni 2004), die aus der Historie der Gesetzgebung zum Geschmacksmusterrecht resultieren. Die Überleitungsbestimmungen werden dabei einerseits den Vorgaben der Geschmacksmusterrichtlinie und den dortigen Erwägungsgründen gerecht und berücksichtigen darüber hinaus auch, unter dem Gesichtspunkt des Vertrauensschutzes, dass belastende Rückwirkungen ausgeschlossen sein müssen.[2] § 72 Abs. 4 flankiert diese Überleitungsbestimmungen mit einer Sonderregelung für die Verjährung.

2 § 72 entspricht inhaltlich und wortgleich der bisherigen Regelung in § 66, die aufgrund der Einführung des Abschnitts 13 (Schutz gewerblicher Muster und Modelle nach dem Haager-Abkommen) zu einer Verschiebung in der Nummerierung führte. Hierbei sollten die bisher in §§ 66, 67 enthaltenen Übergangsvorschriften letztlich wieder an das Ende des Geschmacksmustergesetzes gestellt werden.

II. Stichtagsregelung

3 Unbeschadet der in § 72 Abs. 1 bis 3 geregelten Überleitungsbestimmungen anhand von Stichtagen gilt der nicht ausdrücklich[3] normierte Grundsatz, dass das Geschmacksmustergesetz in seiner neuen Fassung Rückwirkung entfaltet.[4] § 72 Abs. 1 bis 3 stellen damit lediglich Aus-

---

1 BGH, GRUR 2008, 790 (Tz. 26) – Baugruppe.
2 *Eichmann/v. Falckenstein*, § 72 Rn. 1.
3 *Eichmann/v. Falckenstein*, § 72 Rn. 2.
4 BGH, GRUR 2008, 790 (Tz. 26) – Baugruppe.

nahmen zu dem Grundsatz der Rückwirkung dar, die besonders für die bedeutenden Vorschriften der §§ 38, 42, 46 gilt.[5]

Da eine Überleitung der bei den Registergerichten eingereichten Altanmeldungen bei Inkrafttreten des Änderungsgesetzes vom 18. Dezember 1986 nicht erfolgt ist, gilt der 1. Juli 1988 als erster bedeutender Stichtag gemäß § 72 Abs. 1. Dieser bestimmt nun, dass für die vor dem Stichtag angemeldeten Altmuster das damalige Recht weiterhin Anwendung findet.[6] Praktisch bedeutend ist dies vor dem Hintergrund nicht mehr, weil die maximale Schutzdauer von damals 15 Jahren für vor dem 1. Juli 1988 angemeldete Geschmacksmuster spätestens am 1. Juli 2003 abgelaufen ist und für die ab 1. Juli 1988 angemeldeten Geschmacksmuster die Bestimmungen des neuen Rechts lediglich mit den durch § 72 Abs. 2 gemachten Einschränkungen gelten. 4

Die Mitgliedstaaten der europäischen Gemeinschaft waren durch Art. 19 der Geschmacksmusterrichtlinie verpflichtet, diese bis zum 28. Oktober 2001 als nationales Recht umzusetzen. Hieraus ergibt sich der in § 72 Abs. 2 genannte Stichtag des 28. Oktober 2001. Die Vorschrift dient dazu, dem Vertrauensschutz Rechnung zu tragen[7] und dafür zu vermeiden, dass ein einmal wirksam begründetes Geschmacksmusterrecht nicht im Nachhinein in seinem Bestand angreifbar wird. Für vor dem 28. Oktober 2001 angemeldete oder eingetragene Geschmacksmuster richten sich die Voraussetzungen der Musterfähigkeit, der Neuheit und der Eigentümlichkeit (nicht der Eigenart, die ja erst durch das geltende Recht eingeführt wurde) nach den Bestimmungen des zu diesem Zeitpunkt noch geltenden Rechts.[8] Die Ausnahmevorschrift des § 72 Abs. 2 beschränkt sich jedoch auf die Vorschriften, die die Voraussetzungen der Schutzfähigkeit betreffen, so dass die §§ 33, 34 nicht anwendbar sind und die Löschung sich nach § 10c Abs. 2 GeschmMG a.F. richtet.[9] Die Neuheitsschonfrist in der geänderten Fassung des § 6 findet Anwendung, allerdings mit Rückwirkung auf den 28. Oktober 2001.[10] Ansonsten gilt 5

---

5 BGH, GRUR 2008, 790 (Tz. 32) – Baugruppe; BGH, GRUR 2010, 80 (Tz. 47) – LIKEaBIKE.
6 Vgl. hierzu allgemein BGH, GRUR 1993, 667 – Schutzdauerverlängerung; *Eichmann/v. Falckenstein*, § 72 Rn. 3.
7 BGH, GRUR 2008, 790 (Tz. 26) – Baugruppe.
8 BGH, GRUR 2004, 939, 940 – Klemmhebel; BGH, GRUR 2005, 600, 603 – Handtuchklemmen; BGH, GRUR 2008, 153 (Tz. 20) – Dacheindeckungsplatten; BGH, GRUR 2008, 790 (Tz. 16) – Baugruppe; BGH, GRUR 2010, 80 (Tz. 48) – LIKEaBIKE.
9 BGH, GRUR 2008, 153 (Tz. 19) – Dacheindeckungsplatten.
10 OLG Hamburg, Urt. v. 11.3.2009 – 5 U 166/07 – Kabelbündler (zitiert nach juris).

§ 72 Anzuwendendes Recht

auch im Hinblick auf den Stichtag 28. Oktober 2001 der Grundsatz der Rückwirkung, der sich insbesondere auf die Schutzwirkungen aus dem Geschmacksmuster und die damit im Zusammenhang stehenden Ansprüche auf Unterlassung und Schadensersatz bezieht.[11] Der Grundsatz der Rückwirkung gilt darüber hinaus auch für die Schutzdauer, da einer Ausdehnung der maximalen Laufzeit des Geschmacksmusters auf 25 Jahre keine Bedenken im Hinblick auf Vertrauensschutz entgegenstehen, da der Vertrauensschutz dem Rechteinhaber und nicht der Allgemeinheit, insbesondere also potenziellen Nachahmern, zugebilligt wird.[12]

6   In § 72 Abs. 3 wird als Stichtag der 1. Juni 2004 genannt als der Tag, an dem die Neufassung des Geschmacksmustergesetzes in Kraft trat. Hintergrund dieser Regelung ist, dass nach § 7 Abs. 1 GeschmMG a. F. der Musterschutz bereits mit der Anmeldung selbst begonnen hat, wohingegen er nunmehr gemäß § 27 Abs. 1 erst mit der Eintragung des Musters in das Register beginnt. Muster, die vor dem Stichtag angemeldet, aber noch nicht eingetragen worden sind, hätten so rückwirkend ihren Schutz (bis zur erfolgten Eintragung in das Register) wieder verlieren können, nachdem er ihnen zuvor zugesprochen worden war.[13]

III. Verjährung

7   § 72 Abs. 4 enthält eine Sonderregelung für die Verjährung. Diese Regelung wurde notwendig, da die Verjährung gemäß § 49 sich (wenn auch nur geringfügig) von der bisherigen Regelung in § 14a Abs. 3 GeschmMG a.F. i.V. m. § 102 UrhG unterscheidet und im Rahmen des Schuldrechtsmodernisierungsgesetzes die damalige Regelung durch § 14a Abs. 4 GeschmMG ersetzt wurde. Durch Letzteres wurde eine entsprechende Anwendbarkeit der Verjährungsbestimmungen des BGB (§§ 194 ff. BGB) festgelegt. Für vor dem 1. Januar 2002 verjährte Ansprüche führt dies zu keiner Änderung. Für am 1. Januar 2002 bestehende, aber noch nicht verjährte Ansprüche, kann dies bedeutsam werden, da grundsätzlich § 49 gilt.[14]

---

11 BGH, GRUR 2006, 143, 144 – Catwalk.
12 Ebenso *Eichmann/v. Falckenstein*, § 72 Rn. 4.
13 Vgl. *Eichmann/v. Falckenstein*, § 72 Rn. 5 mit ausführlicher Darstellung der Umstellungsnotwendigkeit für Anmeldungen in diesem Zeitraum.
14 Einzelheiten, insbesondere auch im Hinblick auf die einschlägigen Regelungen in Art. 229 § 6 EGBGB finden sich bei *Eichmann/v. Falckenstein*, § 72 Rn. 6, wo allerdings die Vorschrift des Art. 229 § 6 EGBGB überwiegend verkürzt lediglich als § 6 zitiert wird.

§ 73 Rechtsbeschränkungen

(1) Rechte aus einem Geschmacksmuster können gegenüber Handlungen nicht geltend gemacht werden, die die Benutzung eines Bauelements zur Reparatur eines komplexen Erzeugnisses im Hinblick auf die Wiederherstellung von dessen ursprünglicher Erscheinungsform betreffen, wenn diese Handlungen nach dem Geschmacksmustergesetz in der im Bundesgesetzblatt Teil III, Gliederungsnummer 442-1, veröffentlichten bereinigten Fassung in der bis zum Ablauf des 31. Mai 2004 geltenden Fassung nicht verhindert werden konnten.

(2) Für bestehende Lizenzen an dem durch die Anmeldung oder Eintragung eines Geschmacksmusters begründeten Recht, die vor dem 1. Juni 2004 erteilt wurden, gilt § 31 Abs. 5 nur, wenn das Recht ab dem 1. Juni 2004 übergegangen oder die Lizenz ab diesem Zeitpunkt erteilt worden ist.

(3) Ansprüche auf Entwerferbenennung nach § 10 können nur für Geschmacksmuster geltend gemacht werden, die ab dem 1. Juni 2004 angemeldet werden.

(4) Die Schutzwirkung von Abwandlungen von Grundmustern nach § 8a des Geschmacksmustergesetzes in der bis zum Ablauf des 31. Mai 2004 geltenden Fassung richtet sich nach den Bestimmungen des Geschmacksmustergesetzes in der im Bundesgesetzblatt Teil III, Gliederungsnummer 442-1, veröffentlichten bereinigten Fassung in der bis zum Ablauf des 31. Mai 2004 geltenden Fassung. § 28 Abs. 2 ist für die Aufrechterhaltung von Abwandlungen eines Grundmusters mit der Maßgabe anzuwenden, dass zunächst die Grundmuster berücksichtigt werden.

Übersicht

	Rn.		Rn.
I. Allgemeines	1	IV. Entwerferbenennung	8
II. Reparaturklausel	2	V. Abwandlungsmuster	9
III. Sukzessionsschutz bei Lizenzen	6		

§ 73 Rechtsbeschränkungen

I. Allgemeines

1 § 73 enthält zahlreiche Rechtsbeschränkungen. Hierzu zählen die sog. Reparaturklausel gemäß § 73 Abs. 1, Regelungen zum Sukzessionsschutz von Lizenzen gemäß § 73 Abs. 2, eine Einschränkung des Rechtes auf Entwerferbenennung gemäß § 73 Abs. 3 sowie Regelungen zum sog. Abwandlungsmuster gemäß § 73 Abs. 4. Der Wortlaut des § 73 entspricht dem des bisherigen § 67, wobei die Änderung in der Nummerierung ihren Grund im neu eingefügten Abschnitt 13 hat (Schutz gewerbliche Muster und Modelle nach dem Haager Abkommen).

II. Reparaturklausel

2 § 73 Abs. 1 enthält eine Rechtsbeschränkung für sog. Must-Match-Teile. Gegenstand der Regelung sind damit Bauelemente, die für die Reparatur eines komplexen Erzeugnisses i.S.d. § 1 Nr. 3 zur Wiederherstellung von dessen ursprünglicher Erscheinungsform bestimmt sind.[1] Hiervon zu unterscheiden sind die sog. Must-Fit-Teile,[2] also solche Teile, die aufgrund ihrer Merkmale der Form oder Gestalt bewirken, dass sie mit einem anderen Gegenstand so verbunden oder in ihm, um ihn herum oder an ihm so angebracht werden können, dass jeder Gegenstand seine Funktion erfüllen kann. Erfolgt die Reparatur allerdings durch Austausch mit einem neuen Bauelement, hat dies ein Inverkehrbringen zur Folge.[3] Die Zulässigkeit von Reparaturmaßnahmen mit Bauelementen richtet sich nach den Bestimmungen der bis 2004 geltenden Fassung des Geschmacksmusterrechts, wobei hier nicht nur nach den Schutzwirkungen, sondern auch nach den Schutzvoraussetzungen auf Basis des bisherigen Rechts geprüft werden muss. Gemäß Art. 14 der Geschmacksmusterrichtlinie bezieht sich im Hinblick auf die Benutzung von Must-Match-Teilen die Beibehaltung des vor 2004 geltenden Rechts auch auf solche Geschmacksmuster, die ab dem 1. Juni 2004 angemeldet wurden. Die Schutzfähigkeit per se von Geschmacksmustern für Must-Match-Teile richtet sich dabei nach allgemeinen Grundsätzen und ist nicht in § 73 geregelt.[4] Ebenso wie § 40 stellt § 72 Abs. 1 eine Beschränkung der Rechte, die gegenüber Benutzungshand-

---

1 Vgl. *Eichmann/v. Falckenstein*, § 73, Rn. 4.
2 Vgl. *Eichmann/v. Falckenstein*, § 3 Rn. 13.
3 Vgl. *Eichmann/v. Falckenstein*, § 38 Rn. 35.
4 Vgl. *Eichmann/v. Falckenstein*, § 73 Rn. 4 mit Verweis auf OLG München, Urt. v. 12.5.2005 – 29 U 2833/04 (BeckRS 2005, 07902).

II. Reparaturklausel § 73

lungen geltend gemacht werden können dar, wobei eben nur Benutzungshandlungen zur Reparatur[5] umfasst sind. Weitergehende Rechte und Ansprüche gegen den Bestand von Geschmacksmustern können aus § 73 Abs. 1 nicht hergeleitet werden.[6]

Für Rechte aus vor dem 1. Juni 2004 angemeldeten Geschmacksmustern bleibt das zu diesem Zeitpunkt geltende Recht insbesondere im Hinblick auf Musterfähigkeit, Neuheit, Eigentümlichkeit (nicht Eigenart) und Schutzwirkungen anwendbar. Dieselbe Rechtslage ist auch für ab dem 1. Juni 2004 angemeldete Geschmacksmuster maßgeblich.[7] Fällt ein Must-Match-Teil in den Schutzumfang eines Geschmacksmusters, werden der Reparatur vorgelagerte Maßnahmen (Anbieten, Inverkehrbringen, Einfuhr, etc.) und die Reparatur selbst von § 73 Abs. 1 erfasst, was meist erst beim Inverkehrbringen und beim vorbereitenden Anbieten erkennbar wird. Andere Ansprüche gegenüber Handlungen, die weder Reparatur noch Reparaturvorbereitung im oben genannten Sinne sind, beurteilen sich nicht nach § 73 Abs. 1, sondern nach den allgemeinen Bestimmungen des geltenden Rechts. **3**

§ 73 Abs. 1 ist weiterhin in der gesetzgeberischen Diskussion. Nachdem zu Anfang lediglich für sog. Must-Fit-Teile eine Schutzausschließung gefordert wurde,[8] wurde nachfolgend eine Sonderregelung für sog. Must-Match-Teile erarbeitet. Auch sog. Lizenzlösungen wurden dabei erwogen,[9] die letztlich aber vom Europäischen Rat nicht gebilligt wurden. Mangels Einigung zwischen Europäischem Parlament und Europäischem Rat wurde eine Revisionsklausel in die Diskussion gebracht, die weitere Konsultationen mit den beteiligten Kreisen ermöglicht. Am 14. September 2004 verabschiedete die Europäische Kommission einen Änderungsvorschlag für Art. 14 der Geschmacksmusterrichtlinie, wonach kein Geschmacksmusterschutz für Muster bestehen soll, die als Bauelemente eines komplexen Erzeugnisses mit dem Ziel verwendet werden, die Reparatur des komplexen Erzeugnisses zu ermöglichen. Darüber hinaus sollen die Mitgliedstaaten dazu angehalten werden, eine Information der Verbraucher über den Ursprung der Er- **4**

---

5 Mit umfasst sind auch der Reparatur vorgelagerte Handlungen, wenn die nachfolgende Reparatur bestimmungsgemäß im Inland erfolgen soll.
6 *Eichmann/v. Falckenstein*, § 73 Rn. 4.
7 *Eichmann/v. Falckenstein*, § 73 Rn. 5.
8 Vgl. *Eichmann*, GRUR Int. 1996, 859, *Kur*, GRUR 2002, 661.
9 *Eichmann/v. Falckenstein*, § 73 Rn. 1.

§ 73 Rechtsbeschränkungen

satzteile sicherzustellen.[10] Die weitere Entwicklung wird kontrovers diskutiert und bleibt abzuwarten.[11]

5 Allgemein und besonders für Must-Match-Teile gilt, dass das Geschmacksmusterrecht eine Zwangslizenz wie beispielsweise in § 24 PatG nicht kennt. Dies schließt jedoch nicht aus, dass aus kartellrechtlichen Gründen ein Zwangslizenzeinwand gegeben sein kann (§ 20 Abs. 1 GWB, Art. 82 Abs. 2 lit. b EG). Letzteres setzt aber ein missbräuchliches Verhalten voraus, das nicht allein damit begründet werden kann, dass aus einer beherrschenden Stellung heraus Dritten Lizenzen auch nicht gegen eine angemessene Vergütung für die Lieferung von Austauschteilen erteilt werden.[12]

III. Sukzessionsschutz bei Lizenzen

6 § 73 Abs. 2 bestimmt, dass die Regelung in § 31 Abs. 5 nur dann für bestehende Lizenzen an dem durch die Anmeldung oder Eintragung eines Geschmacksmusters begründeten Rechts gilt, die vor dem 1. Juli erteilt wurden, wenn das Recht ab dem 1. Juni 2000 übergegangen oder die Lizenz nach diesem Zeitpunkt erteilt worden ist. Damit gilt der in § 31 Abs. 5 normierte Sukzessionsschutz zu Gunsten des Lizenznehmers nicht uneingeschränkt, sondern steht nur denjenigen Lizenzen zur Verfügung, die nach dem 1. Juli 2004 entweder erteilt wurden oder bei denen ein Rechtsübergang des lizenzierten Geschmacksmusters nach diesem Zeitpunkt stattfand.

7 Inhaltlich entspricht dies der Regelung in § 155 MarkenG. Für zuvor stattgefundene Lizenzerteilungen oder Rechtsübergänge greift die Vorschrift des § 31 Abs. 5 nicht, so dass sich die rechtliche Beurteilung nach der davor geltenden Rechtslage richtet.[13]

IV. Entwerferbenennung

8 Gemäß § 73 Abs. 3 bestehen Ansprüche auf Entwerferbenennung nach § 10 nur für solche Geschmacksmuster, die ab dem 1. Juni 2004 ange-

---

10 Vgl. *Bulling*, Mitt. 2005, 163; *Eichmann/v. Falckenstein*, § 73 Rn. 1.
11 Vgl. *Weiden*, GRUR 2008, 232 ff.; *Bulling*, Mitt. 2009, 498 ff.
12 EuGH, GRUR Int. 1990, 141 (Rn. 11) – Volvo/Veng; Einzelheiten m.w.N. aus der Rechtsprechung bei *Eichmann/v. Falckenstein*, § 73 Rn. 6.
13 *Eichmann/v. Falckenstein*, 2. Aufl., § 3 Rn. 21 f.

meldet worden sind. Hintergrund dieser Regelung ist, dass bei vor dem 1. Juni 2004 angemeldeten Geschmacksmustern eine (nachträgliche) Entwerferbenennung mit einem unangemessen hohen Arbeitsaufwand für das DPMA verbunden wäre.[14] Entscheidend ist nach dem insoweit eindeutigen Gesetzeswortlaut nicht der Zeitpunkt des Entwurfs oder der Zeitpunkt der Entscheidung des Entwerfers, dass er als solcher benannt werden möchte, sondern der stets eindeutig festzustellende Zeitpunkt der Anmeldung des Geschmacksmusters.[15]

V. Abwandlungsmuster

§ 73 Abs. 4 regelt die Übergangsbestimmungen zu sog. Abwandlungs- 9
mustern. Hiernach konnte im Rahmen einer Sammelanmeldung ein Muster als sog. Grundmuster und weitere Muster als sog. Abwandlungsmuster angemeldet werden. Da in solchen Fällen eine Bildbekanntmachung nur für das Grundmuster und nicht für die Abwandlungsmuster erfolgte, war eine Vereinbarkeit dieser Regelung mit der absoluten Sperrwirkung des Geschmacksmusters nach neuem Recht nicht mehr in Einklang zu bringen, da insoweit eine ausreichende Informationsmöglichkeit über vorhandene Muster fehlen würde. Für bis zum 1. Juni 2004 angemeldete Grund- und Abwandlungsmuster richtet sich deren Schutzwirkung im Hinblick auf die Abwandlungsmuster nach der bis dahin geltenden Fassung des Geschmacksmustergesetzes, für die Grundmuster nach neuem Recht, da insoweit eine Bildbekanntmachung zwingend erfolgte. Wesentlicher Unterschied ist, dass für Abwandlungsmuster dadurch kein absoluter Schutz, sondern nur ein Schutz gegen Nachahmung gewährleistet ist. Auch hierin ist eine begründete Ausnahme der ansonsten grundsätzlich geltenden Rückwirkung des neuen Geschmacksmusterrechts zu sehen.

§ 73 Abs. 4 Satz 2 regelt die Frage, wie das DPMA verfahren muss, 10
wenn eine Aufrechterhaltungsgebühr ohne nähere Angaben nur für einen Teil einer Sammelanmeldung gezahlt wird. Im Rahmen der Sammelanmeldung gilt gemäß § 28 Abs. 2, dass sich die Aufrechterhaltung nach der Reihenfolge der Anmeldung richtet. Als Ausnahme hierzu bestimmt § 73 Abs. 4 Satz 2, dass zunächst die Grundmuster Berücksichtigung finden und dann erst die Abwandlungsmuster. Wenn Grundmuster aufrechterhalten werden, kann auch für die ihnen zugeordneten Ab-

---

14 *Eichmann/v. Falckenstein*, § 73 Rn. 8.
15 *Eichmann/v. Falckenstein*, § 73 Rn. 8.

§ 73 Rechtsbeschränkungen

wandlungsmuster eine Aufrechterhaltung herbeigeführt werden, was jedoch eine nachträgliche Bildbekanntmachung dieser Bestandteile der Sammelanmeldung zwingend erforderlich macht, um hier eine entsprechende Schutzwirkung herbeizuführen.[16]

---

16 *Eichmann/v. Falckenstein*, § 73 Rn. 9.

Anhang – Gesetze und Materialien

I. Richtlinie 98/71/EG des Europäischen Parlaments und des Rates vom 13. Oktober 1998 über den rechtlichen Schutz von Mustern und Modellen

DAS EUROPÄISCHE PARLAMENT UND DER RAT DER EUROPÄISCHEN UNION –

gestützt auf den Vertrag zur Gründung der Europäischen Gemeinschaft, insbesondere auf Artikel 100a,

auf Vorschlag der Kommission[1]

nach Stellungnahme des Wirtschafts- und Sozialausschusses[2]

gemäß dem Verfahren des Artikels 189b des Vertrags,[3] aufgrund des vom Vermittlungsausschuß am 29. Juli 1998 gebilligten gemeinsamen Entwurfs,

in Erwägung nachstehender Gründe:

(1) Zu den im Vertrag festgelegten Zielen der Gemeinschaft gehört es, die Grundlagen für einen immer engeren Zusammenschluß der europäischen Völker zu schaffen, engere Beziehungen zwischen den Mitgliedstaaten der Gemeinschaft zu fördern und durch gemeinsames Handeln den wirtschaftlichen und sozialen Fortschritt der Länder der Gemeinschaft zu fördern, indem die Europa trennenden Schranken beseitigt werden. Zu diesem Zweck sieht der Vertrag die Errichtung eines Binnenmarkts vor, was die Beseitigung der Hindernisse für den freien Warenverkehr umfaßt; er sieht ferner die Errichtung eines Systems vor, das den Wettbewerb innerhalb des Binnenmarkts vor Verfälschungen schützt. Die Angleichung der Rechtsvorschriften der Mitgliedstaaten über den rechtlichen Schutz von Mustern und Modellen (nachstehend „Muster" genannt) würde diese Ziele fördern.

(2) Die Unterschiede in dem von den Rechtsordnungen der Mitgliedstaaten gebotenen rechtlichen Schutz von Mustern wirken sich unmittelbar auf die Errichtung und das Funktionieren des Binnenmarkts mit Bezug auf Waren aus,

---

1 ABl. C 345 vom 23.12.1993, S. 14, und ABl. C 142 vom 14.5.1996, S. 7.
2 ABl. C 388 vom 31.12.1994, S. 9, und ABl. C 110 vom 2.5.1995, S. 12.
3 Stellungnahme des Europäischen Parlaments vom 12. Oktober 1995 (ABl. C 287 vom 30.10.1995, S. 157), Gemeinsamer Standpunkt des Rates vom 17. Juni 1997 (ABl. C 237 vom 4.8.1997, S. 1), Beschluß des Europäischen Parlaments vom 22. Oktober 1997 (ABl. C 339 vom 10.11.1997, S. 52). Beschluß des Europäischen Parlaments vom 15. September 1998. Beschluß des Rates vom 24. September 1998.

bei denen Muster verwendet werden. Solche Unterschiede können zu einer Verzerrung des Wettbewerbs im Binnenmarkt führen.

(3) Daher ist im Hinblick auf das reibungslose Funktionieren des Binnenmarkts die Angleichung der Gesetze der Mitgliedstaaten zum Schutz von Mustern notwendig.

(4) Es ist wichtig, dabei die Lösungen und Vorteile zu berücksichtigen, die das Gemeinschaftsmustersystem den Unternehmen bieten wird, die Rechte an Mustern erwerben wollen.

(5) Es ist nicht notwendig, die Gesetze der Mitgliedstaaten zum Schutz von Mustern vollständig anzugleichen. Es ist ausreichend, wenn sich die Angleichung auf diejenigen innerstaatlichen Rechtsvorschriften beschränkt, die sich am unmittelbarsten auf das Funktionieren des Binnenmarkts auswirken. Bestimmungen über Sanktionen und Rechtsbehelfe sowie Vollzugsbestimmungen sollten Sache des innerstaatlichen Rechts bleiben. Die Ziele dieser beschränkten Annäherung lassen sich nicht ausreichend verwirklichen, wenn die Mitgliedstaaten für sich allein handeln.

(6) Folglich sollte es den Mitgliedstaaten weiterhin freistehen, Verfahrensvorschriften für die Eintragung, die Verlängerung der Schutzfrist und die Nichtigerklärung von Rechten an Mustern sowie Bestimmungen über die Rechtswirkung der Nichtigkeit zu erlassen.

(7) Diese Richtlinie schließt nicht aus, daß auf die Muster Rechtsvorschriften der Mitgliedstaaten und der Gemeinschaft Anwendung finden, die einen anderen Schutz als den durch die Eintragung oder Bekanntmachung des Musters erworbenen Schutz gewähren, wie die Vorschriften über nicht eingetragene Rechte an Mustern, Marken, Patenten und Gebrauchsmustern, unlauteren Wettbewerb oder zivilrechtliche Haftung.

(8) Solange das Urheberrecht nicht harmonisiert ist, ist es wichtig, den Grundsatz der Kumulation des Schutzes nach dem einschlägigen Recht für den Schutz eingetragener Muster und nach dem Urheberrecht festzulegen, während es den Mitgliedstaaten freigestellt bleibt, den Umfang des urheberrechtlichen Schutzes und die Voraussetzungen festzulegen, unter denen dieser Schutz gewährt wird.

(9) Für die Verwirklichung der Ziele des Binnenmarkts ist es erforderlich, daß die Bedingungen für die Erlangung eines eingetragenen Rechts an einem Muster in allen Mitgliedstaaten identisch sind. Zu diesem Zweck ist es notwendig, eine einheitliche Definition des Begriffs des Musters und der Erfordernisse im Hinblick auf Neuheit und Eigenart aufzustellen, denen eingetragene Rechte an Mustern entsprechen müssen.

(10) Für die Erleichterung des freien Warenverkehrs ist es wesentlich, daß eingetragene Rechte an Mustern dem Rechtsinhaber in allen Mitgliedstaaten grundsätzlich einen gleichwertigen Schutz gewähren.

Anhang I

(11) Der Schutz von Mustern wird durch Eintragung für diejenigen Merkmale eines Musters eines ganzen Erzeugnisses oder eines Teils davon begründet, die in einer Anmeldung sichtbar wiedergegeben und der Öffentlichkeit durch Bekanntmachung oder Einsichtnahme zugänglich gemacht worden sind.

(12) Der Schutz sollte sich weder auf Bauelemente erstrecken, die während der bestimmungsgemäßen Verwendung eines Erzeugnisses nicht sichtbar sind, noch auf Merkmale eines Bauelements, die unsichtbar sind, wenn das Bauelement eingebaut ist, oder die selbst nicht die Voraussetzungen der Neuheit oder Eigenart erfüllen. Merkmale eines Musters, die aus diesen Gründen vom Schutz ausgenommen sind, sollten bei der Beurteilung, ob andere Merkmale des Musters die Schutzvoraussetzungen erfüllen, nicht herangezogen werden.

(13) Die Eigenart eines Musters sollte danach beurteilt werden, inwieweit sich der Gesamteindruck, den der Anblick des Musters beim informierten Benutzer hervorruft, deutlich von dem unterscheidet, den der vorbestehende Formschatz bei ihm hervorruft, und zwar unter Berücksichtigung der Art des Erzeugnisses, bei dem das Muster benutzt wird oder in das es aufgenommen wird, und insbesondere des jeweiligen Industriesektors und des Grades der Gestaltungsfreiheit des Entwerfers bei der Entwicklung des Musters.

(14) Technologische Innovationen sollten nicht durch einen rechtlichen Schutz des Musters für ausschließlich technisch bedingte Merkmale behindert werden. Dies setzt jedoch nicht voraus, daß ein Muster einen ästhetischen Gehalt aufweisen sollte. Ebensowenig sollte die Interoperabilität von Erzeugnissen unterschiedlichen Fabrikats dadurch behindert werden, daß sich der Schutz auf das Design mechanischer Verbindungselemente erstreckt. Merkmale eines Musters, die aus diesen Gründen vom Schutz ausgenommen sind, sollten bei der Beurteilung, ob andere Merkmale des Musters die Schutzvoraussetzungen erfüllen, nicht herangezogen werden.

(15) Abweichend hiervon können die mechanischen Verbindungselemente von Kombinationsteilen ein wichtiges Element der innovativen Merkmale von Kombinationsteilen bilden und einen wesentlichen Aktivposten für das Marketing darstellen, und sollten daher schutzfähig sein.

(16) Es besteht kein Recht an einem Muster, wenn es gegen die öffentliche Ordnung oder gegen die guten Sitten verstößt. Diese Richtlinie stellt jedoch keine Harmonisierung der nationalen Begriffe der öffentlichen Ordnung oder der guten Sitten dar.

(17) Für das reibungslose Funktionieren des Binnenmarkts ist es entscheidend, die durch eingetragene Rechte an Mustern verliehene Schutzdauer zu vereinheitlichen.

(18) Diese Richtlinie läßt die Anwendbarkeit der Wettbewerbsregeln der Artikel 85 und 86 des Vertrages unberührt.

Anhang I

(19) Für etliche Industriesektoren ist die rasche Annahme dieser Richtlinie dringend geworden. Derzeit läßt sich eine vollständige Angleichung der Rechtsvorschriften der Mitgliedstaaten über die Benutzung geschützter Muster zur Reparatur eines komplexen Erzeugnisses im Hinblick auf die Wiederherstellung von dessen ursprünglicher Erscheinungsform dann nicht durchführen, wenn das Erzeugnis, in das das Muster aufgenommen ist oder bei dem es benutzt wird, Bauelement eines komplexen Erzeugnisses ist, von dessen Erscheinungsform das geschützte Muster abhängt. Der Umstand, daß die Rechtsvorschriften der Mitgliedstaaten über die Benutzung geschützter Muster für eine derartige Reparatur komplexer Erzeugnisse nicht vollständig angeglichen sind, sollte der Angleichung anderer einzelstaatlicher Vorschriften des Rechts zum Schutz von Mustern, die das Funktionieren des Binnenmarkts ganz unmittelbar berühren, nicht entgegenstehen. Daher sollten die Mitgliedstaaten in der Zwischenzeit gemäß dem Vertrag Bestimmungen beibehalten, die die Benutzung des Musters eines Bauelements zur Reparatur eines komplexen Erzeugnisses im Hinblick auf die Wiederherstellung von dessen ursprünglicher Erscheinungsform ermöglichen sollen; führen sie neue Bestimmungen über eine derartige Benutzung ein, so sollten diese lediglich die Liberalisierung des Handels mit solchen Bauelementen ermöglichen. Mitgliedstaaten, in denen es zum Zeitpunkt des Inkrafttretens dieser Richtlinie keinen Musterschutz für Bauelemente gibt, sind nicht verpflichtet, eine Eintragung der Muster für solche Elemente einzuführen. Drei Jahre nach Ablauf der Umsetzungsfrist sollte die Kommission einen Bericht vorlegen, in dem die Auswirkungen dieser Richtlinie auf die Industrie der Gemeinschaft, die Verbraucher, den Wettbewerb und das Funktionieren des Binnenmarkts untersucht werden. In bezug auf Bauelemente komplexer Erzeugnisse sollte in diesem Bericht insbesondere die Harmonisierung auf der Grundlage etwaiger Optionen, einschließlich eines Vergütungssystems und einer begrenzten Ausschließlichkeitsfrist, geprüft werden. Spätestens ein Jahr nach Vorlage ihres Berichts sollte die Kommission nach Anhörung der am stärksten betroffenen Parteien dem Europäischen Parlament und dem Rat die zur Vollendung des Binnenmarkts in bezug auf Bauelemente von komplexen Erzeugnissen notwendigen Änderungen dieser Richtlinie sowie etwaige weitere von ihr für erforderlich gehaltene Änderungen vorschlagen.

(20) Die Übergangsbestimmung in Artikel 14 betreffend die Benutzung des Musters eines Bauelements zur Reparatur eines komplexen Erzeugnisses im Hinblick auf die Wiederherstellung von dessen ursprünglicher Erscheinungsform darf keinesfalls als Hindernis für den freien Verkehr mit einem Erzeugnis, das ein derartiges Bauelement bildet, ausgelegt werden.

(21) Die Sachgründe für die Zurückweisung der Eintragung in den Mitgliedstaaten, die eine Sachprüfung der Anmeldungen vor ihrer Eintragung vorsehen, und die Sachgründe für die Nichtigkeit eingetragener Rechte an Mustern in allen Mitgliedstaaten müssen erschöpfend aufgezählt werden –

HABEN FOLGENDE RICHTLINIE ERLASSEN:

Artikel 1 – Begriffe

Im Sinne dieser Richtlinie

a) ist ein „Muster oder Modell" (nachstehend „Muster" genannt) die Erscheinungsform eines ganzen Erzeugnisses oder eines Teils davon, die sich insbesondere aus den Merkmalen der Linien, Konturen, Farben, der Gestalt, Oberflächenstruktur und/oder der Werkstoffe des Erzeugnisses selbst und/oder seiner Verzierung ergibt;
b) ist ein „Erzeugnis" jeder industrielle oder handwerkliche Gegenstand, einschließlich – unter anderem – von Einzelteilen, die zu einem komplexen Erzeugnis zusammengebaut werden sollen, Verpackung, Ausstattung, graphischen Symbolen und typographischen Schriftbildern; ein Computerprogramm gilt jedoch nicht als „Erzeugnis";
c) ist ein „komplexes Erzeugnis" ein Erzeugnis aus mehreren Bauelementen, die sich ersetzen lassen, so daß das Erzeugnis auseinander- und wieder zusammengebaut werden kann.

Artikel 2 – Anwendungsbereich

(1) Diese Richtlinie gilt für:

a) die bei den Zentralbehörden für den gewerblichen Rechtsschutz der Mitgliedstaaten eingetragenen Rechte an Mustern;
b) die beim Benelux-Musteramt eingetragenen Rechte an Mustern;
c) die mit Wirkung für einen Mitgliedstaat international eingetragenen Rechte an Mustern;
d) die Anmeldungen der unter den Buchstaben a), b) und c) genannten Rechte an Mustern.

(2) Im Sinne dieser Richtlinie schließt die Eintragung eines Musters auch die an die Hinterlegung anschließende Bekanntmachung eines Musters durch ein Amt für den gewerblichen Rechtsschutz eines Mitgliedstaats ein, in dem durch eine solche Bekanntmachung ein Recht an einem Muster begründet wird.

Artikel 3 – Schutzvoraussetzungen

(1) Die Mitgliedstaaten schützen Muster durch Eintragung und gewähren den Inhabern von Mustern nach Maßgabe dieser Richtlinie ausschließliche Rechte.

(2) Ein Muster wird durch ein Musterrecht geschützt, wenn es neu ist und Eigenart hat.

(3) Das Muster, das bei einem Erzeugnis, das Bauelement eines komplexen Erzeugnisse ist, benutzt oder in dieses Erzeugnis eingefügt wird, gilt nur dann als neu und hat nur dann Eigenart,

a) wenn das Bauelement, das in das komplexe Erzeugnis eingefügt ist, bei dessen bestimmungsgemäßer Verwendung sichtbar bleibt und

Anhang I

b) soweit diese sichtbaren Merkmale des Bauelements selbst die Voraussetzungen der Neuheit und Eigenart erfüllen.

(4) „Bestimmungsgemäße Verwendung" im Sinne des Absatzes 3 Buchstabe a) bedeutet die Verwendung durch den Endbenutzer, ausgenommen Maßnahmen der Instandhaltung, Wartung oder Reparatur.

Artikel 4 – Neuheit

Ein Muster gilt als neu, wenn der Öffentlichkeit vor dem Tag der Anmeldung des Musters zur Eintragung oder, wenn eine Priorität in Anspruch genommen wird, vor dem Prioritätstag kein identisches Muster zugänglich gemacht worden ist. Muster gelten als identisch, wenn sich ihre Merkmale nur in unwesentlichen Einzelheiten unterscheiden.

Artikel 5 – Eigenart

(1) Ein Muster hat Eigenart, wenn sich der Gesamteindruck, den es beim informierten Benutzer hervorruft, von dem Gesamteindruck unterscheidet, den ein anderes Muster bei diesem Benutzer hervorruft, das der Öffentlichkeit vor dem Tag seiner Anmeldung zur Eintragung oder, wenn eine Priorität in Anspruch genommen wird, am Prioritätstag zugänglich gemacht worden ist.

(2) Bei der Beurteilung der Eigenart wird der Grad der Gestaltungsfreiheit des Entwerfers bei der Entwicklung des Musters berücksichtigt.

Artikel 6 – Offenbarung

(1) Im Sinne der Artikel 4 und 5 gilt ein Muster als der Öffentlichkeit zugänglich gemacht, wenn es nach der Eintragung oder auf sonstige Weise bekanntgemacht, ausgestellt, im Verkehr verwendet oder aus anderen Gründen offenbart wurde, es sei denn, daß dies den in der Gemeinschaft tätigen Fachkreisen des betreffenden Sektors im normalen Geschäftsverlauf nicht vor dem Tag der Anmeldung zur Eintragung oder, wenn eine Priorität in Anspruch genommen wird, am Prioritätstag bekannt sein konnte. Ein Muster gilt jedoch nicht als der Öffentlichkeit zugänglich gemacht, wenn es lediglich einem Dritten unter der ausdrücklichen oder stillschweigenden Bedingung der Vertraulichkeit offenbart wurde.

(2) Eine Offenbarung bleibt bei der Anwendung der Artikel 4 und 5 unberücksichtigt, wenn ein Muster, für das der Schutz eingetragener Rechte an Mustern eines Mitgliedstaats in Anspruch genommen wird, der Öffentlichkeit zugänglich gemacht wird:

a) durch den Entwerfer oder seinen Rechtsnachfolger oder durch einen Dritten als Folge von Informationen oder Handlungen des Entwerfers oder seines Rechtsnachfolgers und

b) während der zwölf Monate vor dem Tag der Anmeldung oder, wenn eine Priorität in Anspruch genommen wird, vor dem Prioritätstag.

(3) Absatz 2 gilt auch dann, wenn das Muster als Folge einer mißbräuchlichen Handlung gegen den Entwerfer oder seinen Rechtsnachfolger der Öffentlichkeit zugänglich gemacht wurde.

Artikel 7 – Durch ihre technische Funktion bedingte Muster und Muster von Verbindungselementen

(1) Ein Recht an einem Muster besteht nicht an Erscheinungsmerkmalen eines Erzeugnisses, die ausschließlich durch dessen technische Funktion bedingt sind.

(2) Ein Recht an einem Muster besteht nicht an Erscheinungsmerkmalen eines Erzeugnisses, die zwangsläufig in ihrer genauen Form und ihren genauen Abmessungen nachgebildet werden müssen, damit das Erzeugnis, in das das Muster aufgenommen oder bei dem es verwendet wird, mit einem anderen Erzeugnis mechanisch zusammengebaut oder verbunden oder in diesem, an diesem oder um dieses herum angebracht werden kann, so daß beide Erzeugnisse ihre Funktion erfuellen.

(3) Ungeachtet des Absatzes 2 besteht ein Recht an einem Muster unter den in den Artikeln 4 und 5 festgelegten Voraussetzungen an einem Muster, das dem Zweck dient, den Zusammenbau oder die Verbindung einer Vielzahl von untereinander austauschbaren Teilen innerhalb eines modularen Systems zu ermöglichen.

Artikel 8 – Muster, die gegen die öffentliche Ordnung oder gegen die guten Sitten verstoßen

Es besteht kein Recht an einem Muster, wenn es gegen die öffentliche Ordnung oder gegen die guten Sitten verstößt.

Artikel 9 – Schutzumfang

(1) Der Umfang des Schutzes aus einem Recht an einem Muster erstreckt sich auf jedes Muster, das beim informierten Benutzer keinen anderen Gesamteindruck erweckt.

(2) Bei der Beurteilung des Schutzumfangs wird der Grad der Gestaltungsfreiheit des Entwerfers bei der Entwicklung seines Musters berücksichtigt.

Artikel 10 – Schutzdauer

Nach Eintragung wird ein Muster, das die Voraussetzungen des Artikels 3 Absatz 2 erfuellt, für einen oder mehrere Zeiträume von fünf Jahren, beginnend mit dem Tag der Anmeldung, als Muster geschützt. Der Rechtsinhaber kann die Schutzfrist um einen oder mehrere Zeiträume von je fünf Jahren bis zu

Anhang I

einer Gesamtlaufzeit von 25 Jahren ab dem Tag der Anmeldung verlängern lassen.

Artikel 11 – Nichtigkeitsgründe und Eintragungshindernisse

(1) Ein Muster wird von der Eintragung ausgeschlossen, oder das Recht an einem Muster wird, wenn das Muster eingetragen worden ist, für nichtig erklärt,

a) wenn das Muster kein Muster im Sinne des Artikels 1 Buchstabe a) ist, oder
b) wenn es die Schutzvoraussetzungen der Artikel 3 bis 8 nicht erfuellt, oder
c) wenn der Anmelder oder der Inhaber des Rechts an einem Muster nach dem Recht des betreffenden Mitgliedstaats nicht dazu berechtigt ist, oder
d) wenn das Muster mit einem früheren Muster kollidiert, das der Öffentlichkeit nach dem Tag der Anmeldung oder, wenn eine Priorität in Anspruch genommen wird, nach dem Prioritätstag zugänglich gemacht wurde und das durch ein eingetragenes Gemeinschaftsmuster oder eine Anmeldung als Gemeinschaftsmuster oder ein Recht des betreffenden Mitgliedstaats an einem Muster oder die Anmeldung eines solchen Rechts von einem Tag an geschützt ist, der vor dem erwähnten Tag liegt.

(2) Die Mitgliedstaaten können vorsehen, daß ein Muster von der Eintragung ausgeschlossen oder, wenn es eingetragen ist, für nichtig erklärt wird,

a) wenn in einem späteren Muster ein Zeichen mit Unterscheidungskraft verwendet wird und das Gemeinschaftsrecht oder das einzelstaatliche Recht des betreffenden Mitgliedstaats, dem das Zeichen unterliegt, den Inhaber des Zeichens dazu berechtigt, diese Verwendung zu untersagen, oder
b) wenn das Muster eine unerlaubte Benutzung eines Werks darstellt, das nach dem Urheberrecht des betreffenden Mitgliedstaats geschützt ist, oder
c) wenn das Muster eine mißbräuchliche Benutzung eines der in Artikel 6b der Pariser Verbandsübereinkunft zum Schutz des gewerblichen Eigentums aufgeführten Zeichen oder von Abzeichen, Emblemen und Wappen darstellt, die nicht in Artikel 6b der genannten Übereinkunft erfaßt sind und die für den betreffenden Mitgliedstaat von öffentlichem Interesse sind.

(3) Der in Absatz 1 Buchstabe c) vorgesehene Grund darf ausschließlich von der Person geltend gemacht werden, die nach dem Recht des betreffenden Mitgliedstaats Anspruch auf das Recht an einem Muster hat.

(4) Die in Absatz 1 Buchstabe d) und in Absatz 2 Buchstaben a) und b) vorgesehenen Gründe dürfen ausschließlich vom Anmelder oder vom Inhaber des kollidierenden Rechts geltend gemacht werden.

(5) Der in Absatz 2 Buchstabe c) vorgesehene Grund darf ausschließlich von Personen oder Rechtsträgern geltend gemacht werden, die von der Benutzung betroffen sind.

(6) Die Absätze 4 und 5 berühren nicht die Freiheit der Mitgliedstaaten vorzusehen, daß die in Absatz 1 Buchstabe d) und in Absatz 2 Buchstabe c) vorgesehenen Gründe von der zuständigen Behörde des betreffenden Mitgliedstaats auch von Amts wegen geltend gemacht werden können.

(7) Wenn gemäß Absatz 1 Buchstabe b) oder Absatz 2 ein Muster von der Eintragung ausgeschlossen oder das Recht an einem Muster für nichtig erklärt worden ist, kann das Muster eingetragen oder das Recht an einem Muster beibehalten werden, und zwar in einer geänderten Form, sofern dann die Schutzvoraussetzungen erfuellt werden und das Muster seine Identität behält. Eintragung oder Beibehaltung in einer geänderten Form können die Eintragung in Verbindung mit einem teilweisen Verzicht des Inhabers des Rechts an einem Muster oder die Aufnahme einer Gerichtsentscheidung über die teilweise Nichtigkeit des Rechts an einem Muster in das Musterregister einschließen.

(8) Jeder Mitgliedstaat kann vorsehen, daß abweichend von den Absätzen 1 bis 7 die Eintragungshindernisse oder Nichtigkeitsgründe, die in diesem Staat vor dem Tag gegolten haben, an dem die zur Durchführung dieser Richtlinie erforderlichen Bestimmungen in Kraft treten, auf die Anmeldungen von Mustern, die vor diesem Tag eingereicht worden sind, sowie auf die entsprechenden Eintragungen Anwendung finden.

(9) Ein Recht an einem Muster kann auch noch nach seinem Erlöschen oder nach dem Verzicht darauf für nichtig erklärt werden.

Artikel 12 – Rechte aus dem Muster

(1) Die Eintragung eines Musters gewährt seinem Inhaber das ausschließliche Recht, es zu benutzen und Dritten zu verbieten, es ohne seine Zustimmung zu benutzen. Die erwähnte Benutzung schließt insbesondere die Herstellung, das Anbieten, das Inverkehrbringen, die Einfuhr, die Ausfuhr oder die Benutzung eines Erzeugnisses, in das das Muster aufgenommen oder bei dem es verwendet wird, oder den Besitz des Erzeugnisses zu den genannten Zwecken ein.

(2) Soweit nach dem Recht eines Mitgliedstaats die in Absatz 1 genannten Handlungen vor dem Tag, an dem die zur Durchführung dieser Richtlinie erforderlichen Bestimmungen in Kraft treten, nicht verhindert werden konnten, können die Rechte aus dem Muster nicht geltend gemacht werden, um eine Fortsetzung solcher Handlungen durch eine Person, die mit diesen Handlungen vor diesem Tag begonnen hat, zu verhindern.

Artikel 13 – Beschränkung der Rechte aus dem Muster

(1) Die Rechte aus einem Muster nach seiner Eintragung können nicht geltend gemacht werden für:

a) Handlungen, die im privaten Bereich zu nichtgewerblichen Zwecken vorgenommen werden;

Anhang I

b) Handlungen zu Versuchszwecken;
c) die Wiedergabe zum Zweck der Zitierung oder zum Zweck der Lehre, vorausgesetzt, solche Handlungen sind mit den Gepflogenheiten des redlichen Geschäftsverkehrs vereinbar, beeinträchtigen die normale Verwertung des Musters nicht über Gebühr und die Quelle wird angegeben.

(2) Die Rechte aus einem Muster nach seiner Eintragung können außerdem nicht geltend gemacht werden für:

a) Einrichtungen in Schiffen und Luftfahrzeugen, die in einem anderen Land zugelassen sind und vorübergehend in das Hoheitsgebiet des betreffenden Mitgliedstaats gelangen;
b) die Einfuhr von Ersatzteilen und Zubehör für die Reparatur solcher Fahrzeuge in dem betreffenden Mitgliedstaat;
c) die Durchführung von Reparaturen an solchen Fahrzeugen.

Artikel 14 – Übergangsbestimmungen

Solange nicht auf Vorschlag der Kommission gemäß Artikel 18 Änderungen dieser Richtlinie angenommen worden sind, behalten die Mitgliedstaaten ihre bestehenden Rechtsvorschriften über die Benutzung des Musters eines Bauelements zur Reparatur eines komplexen Erzeugnisses im Hinblick auf die Wiederherstellung von dessen ursprünglicher Erscheinungsform bei und führen nur dann Änderungen an diesen Bestimmungen ein, wenn dadurch die Liberalisierung des Handels mit solchen Bauelementen ermöglicht wird.

Artikel 15 – Erschöpfung der Rechte

Die Rechte aus einem Muster nach seiner Eintragung erstrecken sich nicht auf Handlungen, die ein Erzeugnis betreffen, in das ein unter den Schutzumfang des Rechts an einem Muster fallendes Muster eingefügt oder bei dem es verwendet wird, wenn das Erzeugnis vom Inhaber des Rechts an einem Muster oder mit seiner Zustimmung in der Gemeinschaft in den Verkehr gebracht worden ist.

Artikel 16 – Verhältnis zu anderen Formen des Schutzes

Diese Richtlinie läßt Vorschriften des Gemeinschaftsrechts oder des Rechts des betreffenden Mitgliedstaats über nicht eingetragene Rechte an Mustern, Marken oder andere Zeichen mit Unterscheidungskraft, Patente und Gebrauchsmuster, Schriftbilder, zivilrechtliche Haftung und unlauteren Wettbewerb unberührt.

Artikel 17 – Verhältnis zum Urheberrecht

Das nach Maßgabe dieser Richtlinie durch ein in einem oder mit Wirkung für einen Mitgliedstaat eingetragenes Recht an einem Muster geschützte Muster ist auch nach dem Urheberrecht dieses Staates von dem Zeitpunkt an schutzfähig, an dem das Muster geschaffen oder in irgendeiner Form festgelegt wurde. In welchem Umfang und unter welchen Bedingungen ein solcher Schutz gewährt wird, wird einschließlich der erforderlichen Gestaltungshöhe von dem einzelnen Mitgliedstaat festgelegt.

Artikel 18 – Revision

Drei Jahre nach der in Artikel 19 genannten Umsetzungsfrist legt die Kommission einen Bericht vor, in dem die Auswirkungen dieser Richtlinie auf die Industrie der Gemeinschaft, insbesondere die am stärksten betroffenen Industriesektoren und namentlich die Hersteller von komplexen Erzeugnissen und Bauelementen, auf die Verbraucher, den Wettbewerb und das Funktionieren des Binnenmarkts analysiert werden. Spätestens ein Jahr danach wird die Kommission dem Europäischen Parlament und dem Rat die zur Vollendung des Binnenmarkts in bezug auf Bauelemente von komplexen Erzeugnissen notwendigen Änderungen dieser Richtlinie sowie etwaige weitere Änderungen vorschlagen, die sie aufgrund ihrer Konsultation mit den am stärksten betroffenen Parteien für erforderlich hält.

Artikel 19 – Umsetzung

(1) Die Mitgliedstaaten setzen die Rechts- und Verwaltungsvorschriften, die erforderlich sind, um dieser Richtlinie bis zum 28. Oktober 2001 nachzukommen, in Kraft.

Wenn die Mitgliedstaaten diese Vorschriften erlassen, nehmen sie in den Vorschriften selbst oder durch einen Hinweis bei der amtlichen Veröffentlichung auf diese Richtlinie Bezug. Die Mitgliedstaaten regeln die Einzelheiten der Bezugnahme.

(2) Die Mitgliedstaaten teilen der Kommission die Vorschriften mit, die sie auf dem unter diese Richtlinie fallenden Gebiet erlassen.

Artikel 20 – Inkrafttreten

Diese Richtlinie tritt am zwanzigsten Tag nach ihrer Veröffentlichung im Amtsblatt der Europäischen Gemeinschaften in Kraft.

Artikel 21 – Adressaten

Diese Richtlinie ist an die Mitgliedstaaten gerichtet.

Geschehen zu Luxemburg am 13. Oktober 1998.

Im Namen des Europäischen Parlaments

Der Präsident

J. M. Gil-Robles

Anhang I

Im Namen des Rates
Der Präsident
C. Einem

Erklärung der Kommission

Die Kommission teilt das Anliegen des Europäischen Parlaments, Nachahmungen zu bekämpfen.

Die Kommission beabsichtigt, vor Jahresende ein Grünbuch über Piraterie und Nachahmungen im Binnenmarkt vorzulegen.

Die Kommission wird in diesem Grünbuch die Anregung des Parlaments aufgreifen, für Nachahmer die Verpflichtung einzuführen, den Inhabern von Rechten an einem Muster Auskünfte über ihre rechtswidrigen Handlungen zu erteilen.

Erklärung der Kommission zu Artikel 18

Unbeschadet des Artikels 18 schlägt die Kommission vor, unmittelbar nach der Annahme der Richtlinie einen Konsultationsprozeß einzuleiten, an dem die im Kfz-Sektor tätigen Hersteller sowohl von komplexen Erzeugnissen als auch von Bauelementen beteiligt werden. Zweck dieser Konsultationen ist eine freiwillige Vereinbarung zwischen den betroffenen Parteien über den Schutz von Mustern und Modellen in Fällen, in denen das Erzeugnis, in das das Muster aufgenommen ist oder bei dem es benutzt wird, Bauelement eines komplexen Erzeugnisses ist, von dessen Erscheinungsform das geschützte Muster abhängt.

Die Kommission wird den Konsultationsprozeß koordinieren und das Parlament und den Rat über dessen Entwicklung unterrichten. Die konsultierten Parteien werden von der Kommission ersucht werden, ein Spektrum möglicher Optionen zu prüfen, auf denen eine freiwillige Vereinbarung beruhen kann, einschließlich eines Vergütungssystems und einer begrenzten Musterschutzdauer.

II. Geschmacksmustergesetz vom 12. März 2004 (BGBl. I S. 390), das zuletzt durch Artikel 6 des Gesetzes vom 31. Juli 2009 (BGBl. I S. 2521) geändert worden ist

Abschnitt 1
Schutzvoraussetzungen

§ 1 Begriffsbestimmungen

Im Sinne dieses Gesetzes

1. ist ein Muster die zweidimensionale oder dreidimensionale Erscheinungsform eines ganzen Erzeugnisses oder eines Teils davon, die sich insbesondere aus den Merkmalen der Linien, Konturen, Farben, der Gestalt, Oberflächenstruktur oder der Werkstoffe des Erzeugnisses selbst oder seiner Verzierung ergibt;
2. ist ein Erzeugnis jeder industrielle oder handwerkliche Gegenstand, einschließlich Verpackung, Ausstattung, grafischer Symbole und typografischer Schriftzeichen sowie von Einzelteilen, die zu einem komplexen Erzeugnis zusammengebaut werden sollen; ein Computerprogramm gilt nicht als Erzeugnis;
3. ist ein komplexes Erzeugnis ein Erzeugnis aus mehreren Bauelementen, die sich ersetzen lassen, so dass das Erzeugnis auseinander- und wieder zusammengebaut werden kann;
4. ist eine bestimmungsgemäße Verwendung die Verwendung durch den Endbenutzer, ausgenommen Maßnahmen der Instandhaltung, Wartung oder Reparatur;
5. gilt als Rechtsinhaber der in das Register eingetragene Inhaber des Geschmacksmusters.

§ 2 Geschmacksmusterschutz

(1) Als Geschmacksmuster wird ein Muster geschützt, das neu ist und Eigenart hat.

(2) Ein Muster gilt als neu, wenn vor dem Anmeldetag kein identisches Muster offenbart worden ist. Muster gelten als identisch, wenn sich ihre Merkmale nur in unwesentlichen Einzelheiten unterscheiden.

(3) Ein Muster hat Eigenart, wenn sich der Gesamteindruck, den es beim informierten Benutzer hervorruft, von dem Gesamteindruck unterscheidet, den ein anderes Muster bei diesem Benutzer hervorruft, das vor dem Anmeldetag offenbart worden ist. Bei der Beurteilung der Eigenart wird der Grad der Gestaltungsfreiheit des Entwerfers bei der Entwicklung des Musters berücksichtigt.

Anhang II

§ 3 Ausschluss vom Geschmacksmusterschutz

(1) Vom Geschmacksmusterschutz ausgeschlossen sind
1. Erscheinungsmerkmale von Erzeugnissen, die ausschließlich durch deren technische Funktion bedingt sind;
2. Erscheinungsmerkmale von Erzeugnissen, die zwangsläufig in ihrer genauen Form und ihren genauen Abmessungen nachgebildet werden müssen, damit das Erzeugnis, in das das Muster aufgenommen oder bei dem es verwendet wird, mit einem anderen Erzeugnis mechanisch zusammengebaut oder verbunden oder in diesem, an diesem oder um dieses herum angebracht werden kann, so dass beide Erzeugnisse ihre Funktion erfüllen;
3. Muster, die gegen die öffentliche Ordnung oder gegen die guten Sitten verstoßen;
4. Muster, die eine missbräuchliche Benutzung eines der in Artikel 6ter der Pariser Verbandsübereinkunft zum Schutz des gewerblichen Eigentums aufgeführten Zeichen oder von sonstigen Abzeichen, Emblemen und Wappen von öffentlichem Interesse darstellen.

(2) Erscheinungsmerkmale im Sinne von Absatz 1 Nr. 2 sind vom Geschmacksmusterschutz nicht ausgeschlossen, wenn sie dem Zweck dienen, den Zusammenbau oder die Verbindung einer Vielzahl von untereinander austauschbaren Teilen innerhalb eines Bauteilesystems zu ermöglichen.

§ 4 Bauelemente komplexer Erzeugnisse

Ein Muster, das bei einem Erzeugnis, das Bauelement eines komplexen Erzeugnisses ist, benutzt oder in dieses Erzeugnis eingefügt wird, gilt nur dann als neu und hat nur dann Eigenart, wenn das Bauelement, das in ein komplexes Erzeugnis eingefügt ist, bei dessen bestimmungsgemäßer Verwendung sichtbar bleibt und diese sichtbaren Merkmale des Bauelements selbst die Voraussetzungen der Neuheit und Eigenart erfüllen.

§ 5 Offenbarung

Ein Muster ist offenbart, wenn es bekannt gemacht, ausgestellt, im Verkehr verwendet oder auf sonstige Weise der Öffentlichkeit zugänglich gemacht wurde, es sei denn, dass dies den in der Gemeinschaft tätigen Fachkreisen des betreffenden Sektors im normalen Geschäftsverlauf vor dem Anmeldetag des Musters nicht bekannt sein konnte. Ein Muster gilt nicht als offenbart, wenn es einem Dritten lediglich unter der ausdrücklichen oder stillschweigenden Bedingung der Vertraulichkeit bekannt gemacht wurde.

§ 6 Neuheitsschonfrist

Eine Offenbarung bleibt bei der Anwendung des § 2 Abs. 2 und 3 unberücksichtigt, wenn ein Muster während der zwölf Monate vor dem Anmeldetag durch den Entwerfer oder seinen Rechtsnachfolger oder durch einen Dritten als

Folge von Informationen oder Handlungen des Entwerfers oder seines Rechtsnachfolgers der Öffentlichkeit zugänglich gemacht wurde. Dasselbe gilt, wenn das Muster als Folge einer missbräuchlichen Handlung gegen den Entwerfer oder seinen Rechtsnachfolger offenbart wurde.

Abschnitt 2
Berechtigte

§ 7 Recht auf das Geschmacksmuster

(1) Das Recht auf das Geschmacksmuster steht dem Entwerfer oder seinem Rechtsnachfolger zu. Haben mehrere Personen gemeinsam ein Muster entworfen, so steht ihnen das Recht auf das Geschmacksmuster gemeinschaftlich zu.

(2) Wird ein Muster von einem Arbeitnehmer in Ausübung seiner Aufgaben oder nach den Weisungen seines Arbeitgebers entworfen, so steht das Recht an dem Geschmacksmuster dem Arbeitgeber zu, sofern vertraglich nichts anderes vereinbart wurde.

§ 8 Formelle Berechtigung

Anmelder und Rechtsinhaber gelten in Verfahren, die ein Geschmacksmuster betreffen, als berechtigt und verpflichtet.

§ 9 Ansprüche gegenüber Nichtberechtigten

(1) Ist ein Geschmacksmuster auf den Namen eines nicht nach § 7 Berechtigten eingetragen, kann der Berechtigte unbeschadet anderer Ansprüche die Übertragung des Geschmacksmusters oder die Einwilligung in dessen Löschung verlangen. Wer von mehreren Berechtigten nicht als Rechtsinhaber eingetragen ist, kann die Einräumung seiner Mitinhaberschaft verlangen.

(2) Die Ansprüche nach Absatz 1 können nur innerhalb einer Ausschlussfrist von drei Jahren ab Bekanntmachung des Geschmacksmusters durch Klage geltend gemacht werden. Das gilt nicht, wenn der Rechtsinhaber bei der Anmeldung oder bei einer Übertragung des Geschmacksmusters bösgläubig war.

(3) Bei einem vollständigen Wechsel der Rechtsinhaberschaft nach Absatz 1 Satz 1 erlöschen mit der Eintragung des Berechtigten in das Register Lizenzen und sonstige Rechte. Wenn der frühere Rechtsinhaber oder ein Lizenznehmer das Geschmacksmuster verwertet oder dazu tatsächliche und ernsthafte Anstalten getroffen hat, kann er diese Verwertung fortsetzen, wenn er bei dem neuen Rechtsinhaber innerhalb einer Frist von einem Monat nach dessen Eintragung eine einfache Lizenz beantragt. Die Lizenz ist für einen angemessenen Zeitraum zu angemessenen Bedingungen zu gewähren. Die Sätze 2 und 3 finden keine Anwendung, wenn der Rechtsinhaber oder der Lizenznehmer zu dem Zeitpunkt, als er mit der Verwertung begonnen oder Anstalten dazu getroffen hat, bösgläubig war.

Anhang II

(4) Die Einleitung eines gerichtlichen Verfahrens gemäß Absatz 2, die rechtskräftige Entscheidung in diesem Verfahren sowie jede andere Beendigung dieses Verfahrens und jede Änderung der Rechtsinhaberschaft als Folge dieses Verfahrens werden in das Register für Geschmacksmuster (Register) eingetragen.

§ 10 Entwerferbenennung

Der Entwerfer hat gegenüber dem Anmelder oder dem Rechtsinhaber das Recht, im Verfahren vor dem Deutschen Patent- und Markenamt und im Register als Entwerfer benannt zu werden. Wenn das Muster das Ergebnis einer Gemeinschaftsarbeit ist, kann jeder einzelne Entwerfer seine Nennung verlangen.

Abschnitt 3
Eintragungsverfahren

§ 11 Anmeldung

(1) Die Anmeldung zur Eintragung eines Geschmacksmusters in das Register ist beim Deutschen Patent- und Markenamt einzureichen. Die Anmeldung kann auch über ein Patentinformationszentrum eingereicht werden, wenn diese Stelle durch Bekanntmachung des Bundesministeriums der Justiz im Bundesgesetzblatt dazu bestimmt ist, Geschmacksmusteranmeldungen entgegenzunehmen.

(2) Die Anmeldung muss enthalten:

1. einen Antrag auf Eintragung,
2. Angaben, die es erlauben, die Identität des Anmelders festzustellen,
3. eine zur Bekanntmachung geeignete Wiedergabe des Musters und
4. eine Angabe der Erzeugnisse, in die das Geschmacksmuster aufgenommen oder bei denen es verwendet werden soll.

Wird ein Antrag nach § 21 Abs. 1 Satz 1 gestellt, kann die Wiedergabe durch einen flächenmäßigen Musterabschnitt ersetzt werden.

(3) Die Anmeldung muss den weiteren Anmeldungserfordernissen entsprechen, die in einer Rechtsverordnung nach § 26 bestimmt worden sind.

(4) Die Anmeldung kann zusätzlich enthalten:

1. eine Beschreibung zur Erläuterung der Wiedergabe,
2. einen Antrag auf Aufschiebung der Bildbekanntmachung nach § 21 Abs. 1 Satz 1,
3. ein Verzeichnis mit der Warenklasse oder den Warenklassen, in die das Geschmacksmuster einzuordnen ist,
4. die Angabe des Entwerfers oder der Entwerfer,
5. die Angabe eines Vertreters.

(5) Die Angaben nach Absatz 2 Nr. 4 und Absatz 4 Nr. 3 haben keinen Einfluss auf den Schutzumfang des Geschmacksmusters.

(6) Der Anmelder kann die Anmeldung jederzeit zurücknehmen.

§ 12 Sammelanmeldung

(1) Mehrere Muster können in einer Anmeldung zusammengefasst werden (Sammelanmeldung). Die Sammelanmeldung darf nicht mehr als 100 Muster umfassen, die derselben Warenklasse angehören müssen.

(2) Der Anmelder kann eine Sammelanmeldung durch Erklärung gegenüber dem Deutschen Patent- und Markenamt teilen. Die Teilung lässt den Anmeldetag unberührt. Ist die Summe der Gebühren, die nach dem Patentkostengesetz für jede Teilanmeldung zu entrichten wären, höher als die gezahlten Anmeldegebühren, so ist der Differenzbetrag nachzuentrichten.

§ 13 Anmeldetag

(1) Der Anmeldetag eines Geschmacksmusters ist der Tag, an dem die Unterlagen mit den Angaben nach § 11 Abs. 2

1. beim Deutschen Patent- und Markenamt
2. oder, wenn diese Stelle durch Bekanntmachung des Bundesministeriums der Justiz im Bundesgesetzblatt dazu bestimmt ist, bei einem Patentinformationszentrum

eingegangen sind.

(2) Wird wirksam eine Priorität nach § 14 oder § 15 in Anspruch genommen, tritt bei der Anwendung der §§ 2 bis 6, 12 Abs. 2 Satz 2, § 21 Abs. 1 Satz 1, § 34 Satz 1 Nr. 3 und § 41 der Prioritätstag an die Stelle des Anmeldetages.

§ 14 Ausländische Priorität

(1) Wer nach einem Staatsvertrag die Priorität einer früheren ausländischen Anmeldung desselben Geschmacksmusters in Anspruch nimmt, hat vor Ablauf des 16. Monats nach dem Prioritätstag Zeit, Land und Aktenzeichen der früheren Anmeldung anzugeben und eine Abschrift der früheren Anmeldung einzureichen. Innerhalb der Frist können die Angaben geändert werden.

(2) Ist die frühere Anmeldung in einem Staat eingereicht worden, mit dem kein Staatsvertrag über die Anerkennung der Priorität besteht, so kann der Anmelder ein dem Prioritätsrecht nach der Pariser Verbandsübereinkunft entsprechendes Prioritätsrecht in Anspruch nehmen, soweit nach einer Bekanntmachung des Bundesministeriums der Justiz im Bundesgesetzblatt der andere Staat auf Grund einer ersten Anmeldung beim Deutschen Patent- und Markenamt ein Prioritätsrecht gewährt, das nach Voraussetzungen und Inhalt dem Prioritätsrecht nach der Pariser Verbandsübereinkunft vergleichbar ist; Absatz 1 ist anzuwenden.

Anhang II

(3) Werden die Angaben nach Absatz 1 rechtzeitig gemacht und wird die Abschrift rechtzeitig eingereicht, so trägt das Deutsche Patent- und Markenamt die Priorität in das Register ein. Hat der Anmelder eine Priorität erst nach der Bekanntmachung der Eintragung eines Geschmacksmusters in Anspruch genommen oder Angaben geändert, wird die Bekanntmachung insofern nachgeholt. Werden die Angaben nach Absatz 1 nicht rechtzeitig gemacht oder wird die Abschrift nicht rechtzeitig eingereicht, so gilt die Erklärung über die Inanspruchnahme der Priorität als nicht abgegeben. Das Deutsche Patent- und Markenamt stellt dies fest.

§ 15 Ausstellungspriorität

(1) Hat der Anmelder ein Muster auf einer inländischen oder ausländischen Ausstellung zur Schau gestellt, kann er, wenn er die Anmeldung innerhalb einer Frist von sechs Monaten seit der erstmaligen Zurschaustellung einreicht, von diesem Tag an ein Prioritätsrecht in Anspruch nehmen.

(2) Die Ausstellungen im Sinne des Absatzes 1 werden im Einzelfall in einer Bekanntmachung des Bundesministeriums der Justiz im Bundesgesetzblatt über den Ausstellungsschutz bestimmt.

(3) Wer eine Priorität nach Absatz 1 in Anspruch nimmt, hat vor Ablauf des 16. Monats nach dem Tag der erstmaligen Zurschaustellung des Musters diesen Tag und die Ausstellung anzugeben sowie einen Nachweis für die Zurschaustellung einzureichen. § 14 Abs. 3 gilt entsprechend.

(4) Die Ausstellungspriorität nach Absatz 1 verlängert die Prioritätsfristen nach § 14 Abs. 1 nicht.

§ 16 Prüfung der Anmeldung

(1) Das Deutsche Patent- und Markenamt prüft, ob
1. die Anmeldegebühren nach § 5 Abs. 1 Satz 1 des Patentkostengesetzes und
2. der Auslagenvorschuss nach § 5 Abs. 1 Satz 1 des Patentkostengesetzes gezahlt wurden,
3. die Voraussetzungen für die Zuerkennung des Anmeldetages nach § 11 Abs. 2 vorliegen und
4. die Anmeldung den sonstigen Anmeldungserfordernissen entspricht.

(2) Gilt die Anmeldung wegen Nichtzahlung der Anmeldegebühren nach § 6 Abs. 2 des Patentkostengesetzes als zurückgenommen, stellt das Deutsche Patent- und Markenamt dies fest.

(3) Werden bei nicht ausreichender Gebührenzahlung innerhalb einer vom Deutschen Patent- und Markenamt gesetzten Frist die Anmeldegebühren für eine Sammelanmeldung nicht in ausreichender Menge nachgezahlt oder wird vom Anmelder keine Bestimmung darüber getroffen, welche Geschmacksmuster durch den gezahlten Gebührenbetrag gedeckt werden sollen, so bestimmt

das Deutsche Patent- und Markenamt, welche Geschmacksmuster berücksichtigt werden. Im Übrigen gilt die Anmeldung als zurückgenommen. Das Deutsche Patent- und Markenamt stellt dies fest.

(4) Wurde lediglich der Auslagenvorschuss für die Bekanntmachungskosten nicht oder nicht in ausreichender Höhe gezahlt, ist Absatz 3 entsprechend anzuwenden, mit der Maßgabe, dass das Deutsche Patent- und Markenamt die Anmeldung ganz oder teilweise zurückweist.

(5) Das Deutsche Patent- und Markenamt fordert bei Mängeln nach Absatz 1 Nr. 3 und 4 den Anmelder auf, innerhalb einer bestimmten Frist die festgestellten Mängel zu beseitigen. Kommt der Anmelder der Aufforderung des Deutschen Patent- und Markenamts nach, so erkennt das Deutsche Patent- und Markenamt bei Mängeln nach Absatz 1 Nr. 3 als Anmeldetag nach § 13 Abs. 1 den Tag an, an dem die festgestellten Mängel beseitigt werden. Werden die Mängel nicht fristgerecht beseitigt, so weist das Deutsche Patent- und Markenamt die Anmeldung durch Beschluss zurück.

§ 17 Weiterbehandlung der Anmeldung

(1) Ist nach Versäumung einer vom Deutschen Patent- und Markenamt bestimmten Frist die Geschmacksmusteranmeldung zurückgewiesen worden, so wird der Beschluss über die Zurückweisung wirkungslos, ohne dass es seiner ausdrücklichen Aufhebung bedarf, wenn der Anmelder die Weiterbehandlung der Anmeldung beantragt und die versäumte Handlung nachholt.

(2) Der Antrag zur Weiterbehandlung ist innerhalb einer Frist von einem Monat nach Zustellung des Beschlusses über die Zurückweisung der Geschmacksmusteranmeldung einzureichen. Die versäumte Handlung ist innerhalb dieser Frist nachzuholen.

(3) Gegen die Versäumung der Frist nach Absatz 2 und der Frist zur Zahlung der Weiterbehandlungsgebühr nach § 6 Abs. 1 Satz 1 des Patentkostengesetzes ist eine Wiedereinsetzung nicht gegeben.

(4) Über den Antrag beschließt die Stelle, die über die nachgeholte Handlung zu beschließen hat.

§ 18 Eintragungshindernisse

Ist der Gegenstand der Anmeldung kein Muster im Sinne des § 1 Nr. 1 oder ist ein Muster nach § 3 Abs. 1 Nr. 3 oder Nr. 4 vom Geschmacksmusterschutz ausgeschlossen, so weist das Deutsche Patent- und Markenamt die Anmeldung zurück.

§ 19 Führung des Registers und Eintragung

(1) Das Register für Geschmacksmuster wird vom Deutschen Patent- und Markenamt geführt.

(2) Das Deutsche Patent- und Markenamt trägt die eintragungspflichtigen Angaben des Anmelders in das Register ein, ohne dessen Berechtigung zur Anmeldung und die Richtigkeit der in der Anmeldung gemachten Angaben zu prüfen, und bestimmt, welche Warenklassen einzutragen sind.

§ 20 Bekanntmachung

Die Eintragung in das Register wird mit einer Wiedergabe des Geschmacksmusters durch das Deutsche Patent- und Markenamt bekannt gemacht. Sie erfolgt ohne Gewähr für die Vollständigkeit der Abbildung und die Erkennbarkeit der Erscheinungsmerkmale des Musters. Die Kosten der Bekanntmachung werden als Auslagen erhoben.

§ 21 Aufschiebung der Bekanntmachung

(1) Mit der Anmeldung kann für die Wiedergabe die Aufschiebung der Bekanntmachung um 30 Monate ab dem Anmeldetag beantragt werden. Wird der Antrag gestellt, so beschränkt sich die Bekanntmachung auf die Eintragung des Geschmacksmusters in das Register.

(2) Der Schutz kann auf die Schutzdauer nach § 27 Abs. 2 erstreckt werden, wenn der Rechtsinhaber innerhalb der Aufschiebungsfrist die Erstreckungsgebühr nach § 5 Abs. 1 Satz 1 des Patentkostengesetzes entrichtet. Sofern von der Möglichkeit des § 11 Abs. 2 Satz 2 Gebrauch gemacht worden ist, ist innerhalb der Aufschiebungsfrist auch eine Wiedergabe des Geschmacksmusters einzureichen.

(3) Die Bekanntmachung mit der Wiedergabe nach § 20 wird unter Hinweis auf die Bekanntmachung nach Absatz 1 Satz 2 bei Ablauf der Aufschiebungsfrist oder auf Antrag auch zu einem früheren Zeitpunkt nachgeholt.

(4) Die Schutzdauer endet mit dem Ablauf der Aufschiebungsfrist, wenn der Schutz nicht nach Absatz 2 erstreckt wird. Bei Geschmacksmustern, die auf Grund einer Sammelanmeldung eingetragen worden sind, kann die nachgeholte Bekanntmachung auf einzelne Geschmacksmuster beschränkt werden.

§ 22 Einsichtnahme in das Register

Die Einsicht in das Register steht jedermann frei. Das Recht, die Wiedergabe eines Geschmacksmusters und die vom Deutschen Patent- und Markenamt über das Geschmacksmuster geführten Akten einzusehen, besteht, wenn

1. die Wiedergabe bekannt gemacht worden ist,
2. der Anmelder oder Rechtsinhaber seine Zustimmung erteilt hat oder
3. ein berechtigtes Interesse glaubhaft gemacht wird.

§ 23 Verfahrensvorschriften, Beschwerde und Rechtsbeschwerde

(1) Das Deutsche Patent- und Markenamt entscheidet im Verfahren nach diesem Gesetz durch ein rechtskundiges Mitglied im Sinne des § 26 Abs. 2 Satz 2 des Patentgesetzes. Für die Ausschließung und Ablehnung dieses Mitglieds des Deutschen Patent- und Markenamts gelten die §§ 41 bis 44, 45 Abs. 2 Satz 2 und die §§ 47 bis 49 der Zivilprozessordnung über die Ausschließung und Ablehnung der Gerichtspersonen entsprechend. Über das Ablehnungsgesuch entscheidet, soweit es einer Entscheidung bedarf, ein anderes rechtskundiges Mitglied des Deutschen Patent- und Markenamts, das der Präsident des Deutschen Patent- und Markenamts allgemein für Entscheidungen dieser Art bestimmt hat. § 123 Abs. 1 bis 5 und 7 und die §§ 124, 126 bis 128 des Patentgesetzes finden entsprechende Anwendung.

(2) Gegen die Beschlüsse des Deutschen Patent- und Markenamts im Verfahren nach diesem Gesetz findet die Beschwerde an das Bundespatentgericht statt. Über die Beschwerde entscheidet ein Beschwerdesenat des Bundespatentgerichts in der Besetzung mit drei rechtskundigen Mitgliedern. Die §§ 69, 73 Abs. 2 bis 4, § 74 Abs. 1, § 75 Abs. 1, die §§ 76 bis 80 und 86 bis 99, 123 Abs. 1 bis 5 und 7 und die §§ 124, 126 bis 128 des Patentgesetzes finden entsprechende Anwendung.

(3) Gegen die Beschlüsse des Beschwerdesenats über eine Beschwerde nach Absatz 2 findet die Rechtsbeschwerde an den Bundesgerichtshof statt, wenn der Beschwerdesenat die Rechtsbeschwerde zugelassen hat. § 100 Abs. 2 und 3, die §§ 101 bis 109, 123 Abs. 1 bis 5 und 7 sowie § 124 des Patentgesetzes finden entsprechende Anwendung.

§ 24 Verfahrenskostenhilfe

In Verfahren nach § 23 erhält der Anmelder auf Antrag unter entsprechender Anwendung der §§ 114 bis 116 der Zivilprozessordnung Verfahrenskostenhilfe, wenn hinreichende Aussicht auf Eintragung des Musters in das Register besteht. Auf Antrag des Rechtsinhabers kann Verfahrenskostenhilfe auch für die Kosten der Erstreckung des Schutzes nach § 21 Abs. 2 Satz 1 und für die Aufrechterhaltungsgebühren nach § 28 Abs. 1 Satz 1 gewährt werden. § 130 Abs. 2, 3 und 5 sowie die §§ 133 bis 138 des Patentgesetzes finden entsprechende Anwendung.

§ 25 Elektronische Verfahrensführung, Verordnungsermächtigung

(1) Soweit in Verfahren vor dem Patentamt für Anmeldungen, Anträge oder sonstige Handlungen die Schriftform vorgesehen ist, gelten die Regelungen des § 130a Abs. 1 Satz 1 und 3 sowie Abs. 3 der Zivilprozessordnung entsprechend.

(2) Die Prozessakten des Patentgerichts und des Bundesgerichtshofs können elektronisch geführt werden. Die Vorschriften der Zivilprozessordnung über

Anhang II

elektronische Dokumente, die elektronische Akte und die elektronische Verfahrensführung im Übrigen gelten entsprechend, soweit sich aus diesem Gesetz nichts anderes ergibt.

(3) Das Bundesministerium der Justiz bestimmt durch Rechtsverordnung ohne Zustimmung des Bundesrates

1. den Zeitpunkt, von dem an elektronische Dokumente bei dem Patentamt und den Gerichten eingereicht werden können, die für die Bearbeitung der Dokumente geeignete Form und die zu verwendende elektronische Signatur;
2. den Zeitpunkt, von dem an die Prozessakten nach Absatz 2 elektronisch geführt werden können, sowie die hierfür geltenden organisatorisch-technischen Rahmenbedingungen für die Bildung, Führung und Aufbewahrung der elektronischen Prozessakten.

§ 26 Verordnungsermächtigungen

(1) Das Bundesministerium der Justiz regelt durch Rechtsverordnung, die nicht der Zustimmung des Bundesrates bedarf,

1. die Einrichtung und den Geschäftsgang des Deutschen Patent- und Markenamts sowie die Form des Verfahrens in Geschmacksmusterangelegenheiten, soweit nicht durch Gesetz Bestimmungen darüber getroffen sind,
2. die Form und die sonstigen Erfordernisse der Anmeldung und der Wiedergabe des Musters,
3. die zulässigen Abmessungen eines nach § 11 Abs. 2 Satz 2 der Anmeldung beigefügten Musterabschnitts,
4. den Inhalt und Umfang einer der Anmeldung beigefügten Beschreibung zur Erläuterung der Wiedergabe,
5. die Einteilung der Warenklassen,
6. die Führung und Gestaltung des Registers einschließlich der in das Register einzutragenden Tatsachen sowie die Einzelheiten der Bekanntmachung,
7. die Behandlung der einer Anmeldung zur Wiedergabe des Geschmacksmusters beigefügten Erzeugnisse nach Löschung der Eintragung in das Register und
8. das Verfahren beim Deutschen Patent- und Markenamt für den Schutz gewerblicher Muster und Modelle nach dem Haager Abkommen.

(2) Das Bundesministerium der Justiz wird ermächtigt, durch Rechtsverordnung, die nicht der Zustimmung des Bundesrates bedarf, Beamte des gehobenen und mittleren Dienstes sowie vergleichbare Angestellte mit der Wahrnehmung von Geschäften im Verfahren in Registersachen zu betrauen, die ihrer Art nach keine besonderen rechtlichen Schwierigkeiten bieten. Ausgeschlossen davon sind jedoch

1. die Feststellungen und die Entscheidungen nach § 14 Abs. 3 Satz 4 und § 16 Abs. 2 bis 5 aus Gründen, denen der Anmelder widersprochen hat,

2. die Zurückweisung nach § 18 und die Verweigerung des Schutzes einer internationalen Eintragung nach § 69,
3. die Löschung nach § 36 Abs. 1 Nr. 2 bis 5,
4. die von den Angaben des Anmelders (§ 11 Abs. 4 Nr. 3) abweichende Entscheidung über die in das Register einzutragenden und bekannt zu machenden Warenklassen und
5. die Abhilfe oder Vorlage der Beschwerde (§ 23 Abs. 2 Satz 3) gegen einen Beschluss im Verfahren nach diesem Gesetz.

(3) Für die Ausschließung und Ablehnung einer nach Maßgabe des Absatzes 2 Satz 1 betrauten Person findet § 23 Abs. 1 Satz 2 und 3 entsprechende Anwendung.

(4) Das Bundesministerium der Justiz kann die Ermächtigungen nach den Absätzen 1 und 2 durch Rechtsverordnung, die nicht der Zustimmung des Bundesrates bedarf, ganz oder teilweise auf das Deutsche Patent- und Markenamt übertragen.

Abschnitt 4
Entstehung und Dauer des Schutzes

§ 27 Entstehung und Dauer des Schutzes

(1) Der Schutz entsteht mit der Eintragung in das Register.

(2) Die Schutzdauer des Geschmacksmusters beträgt 25 Jahre, gerechnet ab dem Anmeldetag.

§ 28 Aufrechterhaltung

(1) Die Aufrechterhaltung des Schutzes wird durch Zahlung einer Aufrechterhaltungsgebühr jeweils für das 6. bis 10., 11. bis 15., 16. bis 20. und für das 21. bis 25. Jahr der Schutzdauer bewirkt. Sie wird in das Register eingetragen und bekannt gemacht.

(2) Wird bei Geschmacksmustern, die auf Grund einer Sammelanmeldung eingetragen worden sind, die Aufrechterhaltungsgebühr ohne nähere Angaben nur für einen Teil der Geschmacksmuster gezahlt, so werden diese in der Reihenfolge der Anmeldung berücksichtigt.

(3) Wird der Schutz nicht aufrechterhalten, so endet die Schutzdauer.

Anhang II

Abschnitt 5
Geschmacksmuster als Gegenstand des Vermögens

§ 29 Rechtsnachfolge

(1) Das Recht an einem Geschmacksmuster kann auf andere übertragen werden oder übergehen.

(2) Gehört das Geschmacksmuster zu einem Unternehmen oder zu einem Teil eines Unternehmens, so wird das Geschmacksmuster im Zweifel von der Übertragung oder dem Übergang des Unternehmens oder des Teils des Unternehmens, zu dem das Geschmacksmuster gehört, erfasst.

(3) Der Übergang des Rechts an dem Geschmacksmuster wird auf Antrag des Rechtsinhabers oder des Rechtsnachfolgers in das Register eingetragen, wenn er dem Deutschen Patent- und Markenamt nachgewiesen wird.

§ 30 Dingliche Rechte, Zwangsvollstreckung, Insolvenzverfahren

(1) Das Recht an einem Geschmacksmuster kann

1. Gegenstand eines dinglichen Rechts sein, insbesondere verpfändet werden, oder
2. Gegenstand von Maßnahmen der Zwangsvollstreckung sein.

(2) Die in Absatz 1 Nr. 1 genannten Rechte oder die in Absatz 1 Nr. 2 genannten Maßnahmen werden auf Antrag eines Gläubigers oder eines anderen Berechtigten in das Register eingetragen, wenn sie dem Deutschen Patent- und Markenamt nachgewiesen werden.

(3) Wird das Recht an einem Geschmacksmuster durch ein Insolvenzverfahren erfasst, so wird das auf Antrag des Insolvenzverwalters oder auf Ersuchen des Insolvenzgerichts in das Register eingetragen. Für den Fall der Mitinhaberschaft an einem Geschmacksmuster findet Satz 1 auf den Anteil des Mitinhabers entsprechende Anwendung. Im Fall der Eigenverwaltung (§ 270 der Insolvenzordnung) tritt der Sachwalter an die Stelle des Insolvenzverwalters.

§ 31 Lizenz

(1) Der Rechtsinhaber kann Lizenzen für das gesamte Gebiet oder einen Teil des Gebiets der Bundesrepublik Deutschland erteilen. Eine Lizenz kann ausschließlich oder nicht ausschließlich sein.

(2) Der Rechtsinhaber kann die Rechte aus dem Geschmacksmuster gegen einen Lizenznehmer geltend machen, der hinsichtlich

1. der Dauer der Lizenz,
2. der Form der Nutzung des Geschmacksmusters,
3. der Auswahl der Erzeugnisse, für die die Lizenz erteilt worden ist,
4. des Gebiets, für das die Lizenz erteilt worden ist, oder

5. der Qualität der vom Lizenznehmer hergestellten Erzeugnisse gegen eine Bestimmung des Lizenzvertrags verstößt.

(3) Unbeschadet der Bestimmungen des Lizenzvertrags kann der Lizenznehmer ein Verfahren wegen Verletzung eines Geschmacksmusters nur mit Zustimmung des Rechtsinhabers anhängig machen. Dies gilt nicht für den Inhaber einer ausschließlichen Lizenz, wenn der Rechtsinhaber, nachdem er dazu aufgefordert wurde, innerhalb einer angemessenen Frist nicht selbst ein Verletzungsverfahren anhängig macht.

(4) Jeder Lizenznehmer kann als Streitgenosse einer vom Rechtsinhaber erhobenen Verletzungsklage beitreten, um den Ersatz seines eigenen Schadens geltend zu machen.

(5) Die Rechtsnachfolge nach § 29 oder die Erteilung einer Lizenz im Sinne des Absatzes 1 berührt nicht Lizenzen, die Dritten vorher erteilt worden sind.

§ 32 Angemeldete Geschmacksmuster

Die Vorschriften dieses Abschnitts gelten entsprechend für die durch die Anmeldung von Geschmacksmustern begründeten Rechte.

Abschnitt 6
Nichtigkeit und Löschung

§ 33 Nichtigkeit

(1) Ein Geschmacksmuster ist nichtig, wenn das Erzeugnis kein Muster ist, das Muster nicht neu ist oder keine Eigenart hat (§ 2 Abs. 2 oder Abs. 3) oder das Muster vom Geschmacksmusterschutz ausgeschlossen ist (§ 3).

(2) Die Feststellung der Nichtigkeit erfolgt durch Urteil. Zur Erhebung der Klage ist jedermann befugt.

(3) Die Schutzwirkungen der Eintragung eines Geschmacksmusters gelten mit Eintritt der Rechtskraft des Urteils, mit dem die Nichtigkeit des Geschmacksmusters festgestellt wird, als von Anfang an nicht eingetreten. Das Gericht übermittelt dem Deutschen Patent- und Markenamt eine Ausfertigung des rechtskräftigen Urteils.

(4) Die Feststellung der Nichtigkeit kann auch noch nach der Beendigung der Schutzdauer oder nach einem Verzicht auf das Geschmacksmuster erfolgen.

§ 34 Kollision mit anderen Schutzrechten

Die Einwilligung in die Löschung eines Geschmacksmusters kann verlangt werden,

Anhang II

1. soweit in einem späteren Geschmacksmuster ein Zeichen mit Unterscheidungskraft verwendet wird und der Inhaber des Zeichens berechtigt ist, diese Verwendung zu untersagen;
2. soweit das Geschmacksmuster eine unerlaubte Benutzung eines durch das Urheberrecht geschützten Werkes darstellt;
3. soweit das Geschmacksmuster in den Schutzumfang eines früheren Geschmacksmusters fällt, auch wenn dieses erst nach dem Anmeldetag des späteren Geschmacksmusters offenbart wurde.

Der Anspruch kann nur von dem Inhaber des betroffenen Rechts geltend gemacht werden.

§ 35 Teilweise Aufrechterhaltung

Ein Geschmacksmuster kann in geänderter Form bestehen bleiben,

1. durch Erklärung der Teilnichtigkeit oder im Wege der Erklärung eines Teilverzichts durch den Rechtsinhaber, wenn die Nichtigkeit nach § 33 Abs. 1 wegen mangelnder Neuheit oder Eigenart (§ 2 Abs. 2 oder Abs. 3) oder wegen Ausschlusses vom Geschmacksmusterschutz (§ 3) festzustellen ist, oder
2. durch Einwilligung in die teilweise Löschung oder Erklärung eines Teilverzichts, wenn die Löschung nach § 34 Satz 1 Nr. 1 oder Nr. 2 verlangt werden kann,

sofern dann die Schutzvoraussetzungen erfüllt werden und das Geschmacksmuster seine Identität behält.

§ 36 Löschung

(1) Die Eintragung eines Geschmacksmusters wird gelöscht

1. bei Beendigung der Schutzdauer;
2. bei Verzicht auf Antrag des Rechtsinhabers, wenn die Zustimmung anderer im Register eingetragener Inhaber von Rechten am Geschmacksmuster sowie des Klägers im Falle eines Verfahrens nach § 9 vorgelegt wird;
3. auf Antrag eines Dritten, wenn dieser mit dem Antrag eine öffentliche oder öffentlich beglaubigte Urkunde mit Erklärungen nach Nummer 2 vorlegt;
4. bei Einwilligung nach § 9 oder § 34 in die Löschung;
5. wegen Nichtigkeit bei Vorlage eines rechtskräftigen Urteils.

(2) Verzichtet der Rechtsinhaber nach Absatz 1 Nr. 2 und 3 nur teilweise auf das Geschmacksmuster, erklärt er nach Absatz 1 Nr. 4 seine Einwilligung in die Löschung eines Teils des Geschmacksmusters oder wird nach Absatz 1 Nr. 5 eine Teilnichtigkeit festgestellt, so erfolgt statt der Löschung des Geschmacksmusters eine entsprechende Eintragung in das Register.

Abschnitt 7
Schutzwirkungen und Schutzbeschränkungen

§ 37 Gegenstand des Schutzes

(1) Der Schutz wird für diejenigen Merkmale der Erscheinungsform eines Geschmacksmusters begründet, die in der Anmeldung sichtbar wiedergegeben sind.

(2) Enthält für die Zwecke der Aufschiebung der Bekanntmachung eine Anmeldung nach § 11 Abs. 2 Satz 2 einen flächenmäßigen Musterabschnitt, so bestimmt sich bei ordnungsgemäßer Erstreckung mit Ablauf der Aufschiebung nach § 21 Abs. 2 der Schutzgegenstand nach der eingereichten Wiedergabe des Geschmacksmusters.

§ 38 Rechte aus dem Geschmacksmuster und Schutzumfang

(1) Das Geschmacksmuster gewährt seinem Rechtsinhaber das ausschließliche Recht, es zu benutzen und Dritten zu verbieten, es ohne seine Zustimmung zu benutzen. Eine Benutzung schließt insbesondere die Herstellung, das Anbieten, das Inverkehrbringen, die Einfuhr, die Ausfuhr, den Gebrauch eines Erzeugnisses, in das das Geschmacksmuster aufgenommen oder bei dem es verwendet wird, und den Besitz eines solchen Erzeugnisses zu den genannten Zwecken ein.

(2) Der Schutz aus einem Geschmacksmuster erstreckt sich auf jedes Muster, das beim informierten Benutzer keinen anderen Gesamteindruck erweckt. Bei der Beurteilung des Schutzumfangs wird der Grad der Gestaltungsfreiheit des Entwerfers bei der Entwicklung seines Musters berücksichtigt.

(3) Während der Dauer der Aufschiebung der Bekanntmachung (§ 21 Abs. 1 Satz 1) setzt der Schutz nach den Absätzen 1 und 2 voraus, dass das Muster das Ergebnis einer Nachahmung des Geschmacksmusters ist.

§ 39 Vermutung der Rechtsgültigkeit

Zugunsten des Rechtsinhabers wird vermutet, dass die an die Rechtsgültigkeit eines Geschmacksmusters zu stellenden Anforderungen erfüllt sind.

§ 40 Beschränkungen der Rechte aus dem Geschmacksmuster

Rechte aus einem Geschmacksmuster können nicht geltend gemacht werden gegenüber

1. Handlungen, die im privaten Bereich zu nichtgewerblichen Zwecken vorgenommen werden;
2. Handlungen zu Versuchszwecken;
3. Wiedergaben zum Zwecke der Zitierung oder der Lehre, vorausgesetzt, solche Wiedergaben sind mit den Gepflogenheiten des redlichen Geschäftsver-

Anhang II

kehrs vereinbar, beeinträchtigen die normale Verwertung des Geschmacksmusters nicht über Gebühr und geben die Quelle an;
4. Einrichtungen in Schiffen und Luftfahrzeugen, die im Ausland zugelassen sind und nur vorübergehend in das Inland gelangen;
5. der Einfuhr von Ersatzteilen und von Zubehör für die Reparatur sowie für die Durchführung von Reparaturen an Schiffen und Luftfahrzeugen im Sinne von Nummer 4.

§ 41 Vorbenutzungsrecht

(1) Rechte nach § 38 können gegenüber einem Dritten, der vor dem Anmeldetag im Inland ein identisches Muster, das unabhängig von einem eingetragenen Geschmacksmuster entwickelt wurde, gutgläubig in Benutzung genommen oder wirkliche und ernsthafte Anstalten dazu getroffen hat, nicht geltend gemacht werden. Der Dritte ist berechtigt, das Muster zu verwerten. Die Vergabe von Lizenzen (§ 31) ist ausgeschlossen.

(2) Die Rechte des Dritten sind nicht übertragbar, es sei denn, der Dritte betreibt ein Unternehmen und die Übertragung erfolgt zusammen mit dem Unternehmensteil, in dessen Rahmen die Benutzung erfolgte oder die Anstalten getroffen wurden.

Abschnitt 8
Rechtsverletzungen

§ 42 Beseitigung, Unterlassung und Schadenersatz

(1) Wer entgegen § 38 Abs. 1 Satz 1 ein Geschmacksmuster benutzt (Verletzer), kann von dem Rechtsinhaber oder einem anderen Berechtigten (Verletzten) auf Beseitigung der Beeinträchtigung und bei Wiederholungsgefahr auf Unterlassung in Anspruch genommen werden. Der Anspruch auf Unterlassung besteht auch dann, wenn eine Zuwiderhandlung erstmalig droht.

(2) Handelt der Verletzer vorsätzlich oder fahrlässig, ist er zum Ersatz des daraus entstandenen Schadens verpflichtet. Bei der Bemessung des Schadenersatzes kann auch der Gewinn, den der Verletzer durch die Verletzung des Rechts erzielt hat, berücksichtigt werden. Der Schadensersatzanspruch kann auch auf der Grundlage des Betrages berechnet werden, den der Verletzer als angemessene Vergütung hätte entrichten müssen, wenn er die Erlaubnis zur Nutzung des Geschmacksmusters eingeholt hätte.

§ 43 Vernichtung, Rückruf und Überlassung

(1) Der Verletzte kann den Verletzer auf Vernichtung der im Besitz oder Eigentum des Verletzers befindlichen rechtswidrig hergestellten, verbreiteten oder zur rechtswidrigen Verbreitung bestimmten Erzeugnisse in Anspruch nehmen. Satz 1 ist entsprechend auf die im Eigentum des Verletzers stehenden Vorrich-

tungen anzuwenden, die vorwiegend zur Herstellung dieser Erzeugnisse gedient haben.

(2) Der Verletzte kann den Verletzer auf Rückruf von rechtswidrig hergestellten, verbreiteten oder zur rechtswidrigen Verbreitung bestimmten Erzeugnissen oder auf deren endgültiges Entfernen aus den Vertriebswegen in Anspruch nehmen.

(3) Statt der in Absatz 1 vorgesehenen Maßnahmen kann der Verletzte verlangen, dass ihm die Erzeugnisse, die im Eigentum des Verletzers stehen, gegen eine angemessene Vergütung, welche die Herstellungskosten nicht übersteigen darf, überlassen werden.

(4) Die Ansprüche nach den Absätzen 1 bis 3 sind ausgeschlossen, wenn die Maßnahme im Einzelfall unverhältnismäßig ist. Bei der Prüfung der Verhältnismäßigkeit sind auch die berechtigten Interessen Dritter zu berücksichtigen.

(5) Wesentliche Bestandteile von Gebäuden nach § 93 des Bürgerlichen Gesetzbuchs sowie ausscheidbare Teile von Erzeugnissen und Vorrichtungen, deren Herstellung und Verbreitung nicht rechtswidrig ist, unterliegen nicht den in den Absätzen 1 bis 3 vorgesehenen Maßnahmen.

§ 44 Haftung des Inhabers eines Unternehmens

Ist in einem Unternehmen von einem Arbeitnehmer oder Beauftragten ein Geschmacksmuster widerrechtlich verletzt worden, so hat der Verletzte die Ansprüche aus den §§ 42 und 43 mit Ausnahme des Anspruchs auf Schadenersatz auch gegen den Inhaber des Unternehmens.

§ 45 Entschädigung

Handelt der Verletzer weder vorsätzlich noch fahrlässig, so kann er zur Abwendung der Ansprüche nach den §§ 42 und 43 den Verletzten in Geld entschädigen, wenn ihm durch die Erfüllung der Ansprüche ein unverhältnismäßig großer Schaden entstehen würde und dem Verletzten die Abfindung in Geld zuzumuten ist. Als Entschädigung ist der Betrag zu zahlen, der im Falle einer vertraglichen Einräumung des Rechts als Vergütung angemessen gewesen wäre. Mit der Zahlung der Entschädigung gilt die Einwilligung des Verletzten zur Verwertung im üblichen Umfang als erteilt.

§ 46 Auskunft

(1) Der Verletzte kann den Verletzer auf unverzügliche Auskunft über die Herkunft und den Vertriebsweg der rechtsverletzenden Erzeugnisse in Anspruch nehmen.

(2) In Fällen offensichtlicher Rechtsverletzung oder in Fällen, in denen der Verletzte gegen den Verletzer Klage erhoben hat, besteht der Anspruch unbeschadet von Absatz 1 auch gegen eine Person, die in gewerblichem Ausmaß

Anhang II

1. rechtsverletzende Erzeugnisse in ihrem Besitz hatte,
2. rechtsverletzende Dienstleistungen in Anspruch nahm,
3. für rechtsverletzende Tätigkeiten genutzte Dienstleistungen erbrachte oder
4. nach den Angaben einer in Nummer 1, 2 oder Nummer 3 genannten Person an der Herstellung, Erzeugung oder am Vertrieb solcher Erzeugnisse beteiligt war,

es sei denn, die Person wäre nach den §§ 383 bis 385 der Zivilprozessordnung im Prozess gegen den Verletzer zur Zeugnisverweigerung berechtigt. Im Fall der gerichtlichen Geltendmachung des Anspruchs nach Satz 1 kann das Gericht den gegen den Verletzer anhängigen Rechtsstreit auf Antrag bis zur Erledigung des wegen des Auskunftsanspruchs geführten Rechtsstreits aussetzen. Der zur Auskunft Verpflichtete kann von dem Verletzten den Ersatz der für die Auskunftserteilung erforderlichen Aufwendungen verlangen.

(3) Der zur Auskunft Verpflichtete hat Angaben zu machen über

1. Namen und Anschrift der Hersteller, Lieferanten und anderer Vorbesitzer der Erzeugnisse oder Dienstleistungen sowie der gewerblichen Abnehmer und Verkaufsstellen, für die sie bestimmt waren, und
2. die Menge der hergestellten, ausgelieferten, erhaltenen oder bestellten Erzeugnisse sowie über die Preise, die für die betreffenden Erzeugnisse oder Dienstleistungen bezahlt wurden.

(4) Die Ansprüche nach den Absätzen 1 und 2 sind ausgeschlossen, wenn die Inanspruchnahme im Einzelfall unverhältnismäßig ist.

(5) Erteilt der zur Auskunft Verpflichtete die Auskunft vorsätzlich oder grob fahrlässig falsch oder unvollständig, so ist er dem Verletzten zum Ersatz des daraus entstehenden Schadens verpflichtet.

(6) Wer eine wahre Auskunft erteilt hat, ohne dazu nach Absatz 1 oder Absatz 2 verpflichtet gewesen zu sein, haftet Dritten gegenüber nur, wenn er wusste, dass er zur Auskunftserteilung nicht verpflichtet war.

(7) In Fällen offensichtlicher Rechtsverletzung kann die Verpflichtung zur Erteilung der Auskunft im Wege der einstweiligen Verfügung nach den §§ 935 bis 945 der Zivilprozessordnung angeordnet werden.

(8) Die Erkenntnisse dürfen in einem Strafverfahren oder in einem Verfahren nach dem Gesetz über Ordnungswidrigkeiten wegen einer vor der Erteilung der Auskunft begangenen Tat gegen den Verpflichteten oder gegen einen in § 52 Abs. 1 der Strafprozessordnung bezeichneten Angehörigen nur mit Zustimmung des Verpflichteten verwertet werden.

(9) Kann die Auskunft nur unter Verwendung von Verkehrsdaten (§ 3 Nr. 30 des Telekommunikationsgesetzes) erteilt werden, ist für ihre Erteilung eine vorherige richterliche Anordnung über die Zulässigkeit der Verwendung der Verkehrsdaten erforderlich, die von dem Verletzten zu beantragen ist. Für den Erlass dieser Anordnung ist das Landgericht, in dessen Bezirk der zur Auskunft

Verpflichtete seinen Wohnsitz, seinen Sitz oder eine Niederlassung hat, ohne Rücksicht auf den Streitwert ausschließlich zuständig. Die Entscheidung trifft die Zivilkammer. Für das Verfahren gelten die Vorschriften des Gesetzes über das Verfahren in Familiensachen und in den Angelegenheiten der freiwilligen Gerichtsbarkeit entsprechend. Die Kosten der richterlichen Anordnung trägt der Verletzte. Gegen die Entscheidung des Landgerichts ist die Beschwerde statthaft. Die Beschwerde ist binnen einer Frist von zwei Wochen einzulegen. Die Vorschriften zum Schutz personenbezogener Daten bleiben im Übrigen unberührt.

(10) Durch Absatz 2 in Verbindung mit Absatz 9 wird das Grundrecht des Fernmeldegeheimnisses (Artikel 10 des Grundgesetzes) eingeschränkt.

§ 46a Vorlage und Besichtigung

(1) Bei hinreichender Wahrscheinlichkeit einer Rechtsverletzung kann der Rechtsinhaber oder ein anderer Berechtigter den vermeintlichen Verletzer auf Vorlage einer Urkunde oder Besichtigung einer Sache in Anspruch nehmen, die sich in dessen Verfügungsgewalt befindet, wenn dies zur Begründung seiner Ansprüche erforderlich ist. Besteht die hinreichende Wahrscheinlichkeit einer in gewerblichem Ausmaß begangenen Rechtsverletzung, so erstreckt sich der Anspruch auch auf die Vorlage von Bank-, Finanz- oder Handelsunterlagen. Soweit der vermeintliche Verletzer geltend macht, dass es sich um vertrauliche Informationen handelt, trifft das Gericht die erforderlichen Maßnahmen, um den im Einzelfall gebotenen Schutz zu gewährleisten.

(2) Der Anspruch nach Absatz 1 ist ausgeschlossen, wenn die Inanspruchnahme im Einzelfall unverhältnismäßig ist.

(3) Die Verpflichtung zur Vorlage einer Urkunde oder zur Duldung der Besichtigung einer Sache kann im Wege der einstweiligen Verfügung nach den §§ 935 bis 945 der Zivilprozessordnung angeordnet werden. Das Gericht trifft die erforderlichen Maßnahmen, um den Schutz vertraulicher Informationen zu gewährleisten. Dies gilt insbesondere in den Fällen, in denen die einstweilige Verfügung ohne vorherige Anhörung des Gegners erlassen wird.

(4) § 811 des Bürgerlichen Gesetzbuchs sowie § 46 Abs. 8 gelten entsprechend.

(5) Wenn keine Verletzung vorlag oder drohte, kann der vermeintliche Verletzer von demjenigen, der die Vorlage oder Besichtigung nach Absatz 1 begehrt hat, den Ersatz des ihm durch das Begehren entstandenen Schadens verlangen.

§ 46b Sicherung von Schadenersatzansprüchen

(1) Der Verletzte kann den Verletzer bei einer in gewerblichem Ausmaß begangenen Rechtsverletzung in den Fällen des § 42 Abs. 2 auch auf Vorlage von Bank-, Finanz- oder Handelsunterlagen oder einen geeigneten Zugang zu den

Anhang II

entsprechenden Unterlagen in Anspruch nehmen, die sich in der Verfügungsgewalt des Verletzers befinden und die für die Durchsetzung des Schadensersatzanspruchs erforderlich sind, wenn ohne die Vorlage die Erfüllung des Schadensersatzanspruchs fraglich ist. Soweit der Verletzer geltend macht, dass es sich um vertrauliche Informationen handelt, trifft das Gericht die erforderlichen Maßnahmen, um den im Einzelfall gebotenen Schutz zu gewährleisten.

(2) Der Anspruch nach Absatz 1 ist ausgeschlossen, wenn die Inanspruchnahme im Einzelfall unverhältnismäßig ist.

(3) Die Verpflichtung zur Vorlage der in Absatz 1 bezeichneten Urkunden kann im Wege der einstweiligen Verfügung nach den §§ 935 bis 945 der Zivilprozessordnung angeordnet werden, wenn der Schadensersatzanspruch offensichtlich besteht. Das Gericht trifft die erforderlichen Maßnahmen, um den Schutz vertraulicher Informationen zu gewährleisten. Dies gilt insbesondere in den Fällen, in denen die einstweilige Verfügung ohne vorherige Anhörung des Gegners erlassen wird.

(4) § 811 des Bürgerlichen Gesetzbuchs sowie § 46 Abs. 8 gelten entsprechend.

§ 47 Urteilsbekanntmachung

Ist eine Klage auf Grund dieses Gesetzes erhoben worden, kann der obsiegenden Partei im Urteil die Befugnis zugesprochen werden, das Urteil auf Kosten der unterliegenden Partei öffentlich bekannt zu machen, wenn sie ein berechtigtes Interesse darlegt. Art und Umfang der Bekanntmachung werden im Urteil bestimmt. Die Befugnis erlischt, wenn von ihr nicht innerhalb von drei Monaten nach Eintritt der Rechtskraft des Urteils Gebrauch gemacht worden ist. Der Ausspruch nach Satz 1 ist nicht vorläufig vollstreckbar.

§ 48 Erschöpfung

Die Rechte aus einem Geschmacksmuster erstrecken sich nicht auf Handlungen, die ein Erzeugnis betreffen, in das ein unter den Schutzumfang des Rechts an einem Geschmacksmuster fallendes Muster eingefügt oder bei dem es verwendet wird, wenn das Erzeugnis vom Rechtsinhaber oder mit seiner Zustimmung in einem Mitgliedstaat der Europäischen Union oder in einem anderen Vertragsstaat des Abkommens über den Europäischen Wirtschaftsraum in den Verkehr gebracht worden ist.

§ 49 Verjährung

Auf die Verjährung der in den §§ 42 bis 47 genannten Ansprüche finden die Vorschriften des Abschnitts 5 des Buches 1 des Bürgerlichen Gesetzbuchs entsprechende Anwendung. Hat der Verpflichtete durch die Verletzung auf Kosten des Berechtigten etwas erlangt, findet § 852 des Bürgerlichen Gesetzbuchs entsprechende Anwendung.

§ 50 Ansprüche aus anderen gesetzlichen Vorschriften

Ansprüche aus anderen gesetzlichen Vorschriften bleiben unberührt.

§ 51 Strafvorschriften

(1) Wer entgegen § 38 Abs. 1 Satz 1 ein Geschmacksmuster benutzt, obwohl der Rechtsinhaber nicht zugestimmt hat, wird mit Freiheitsstrafe bis zu drei Jahren oder mit Geldstrafe bestraft.

(2) Handelt der Täter gewerbsmäßig, so ist die Strafe Freiheitsstrafe bis zu fünf Jahren oder Geldstrafe.

(3) Der Versuch ist strafbar.

(4) In den Fällen des Absatzes 1 wird die Tat nur auf Antrag verfolgt, es sei denn, dass die Strafverfolgungsbehörde wegen des besonderen öffentlichen Interesses an der Strafverfolgung ein Einschreiten von Amts wegen für geboten hält.

(5) Gegenstände, auf die sich die Straftat bezieht, können eingezogen werden. § 74a des Strafgesetzbuchs ist anzuwenden. Soweit den in § 43 bezeichneten Ansprüchen im Verfahren nach den Vorschriften der Strafprozessordnung über die Entschädigung des Verletzten (§§ 403 bis 406c) stattgegeben wird, sind die Vorschriften über die Einziehung nicht anzuwenden.

(6) Wird auf Strafe erkannt, so ist, wenn der Rechtsinhaber es beantragt und ein berechtigtes Interesse daran dartut, anzuordnen, dass die Verurteilung auf Verlangen öffentlich bekannt gemacht wird. Die Art der Bekanntmachung ist im Urteil zu bestimmen.

Abschnitt 9
Verfahren in Geschmacksmusterstreitsachen

§ 52 Geschmacksmusterstreitsachen

(1) Für alle Klagen, durch die ein Anspruch aus einem der in diesem Gesetz geregelten Rechtsverhältnisse geltend gemacht wird (Geschmacksmusterstreitsachen), sind die Landgerichte ohne Rücksicht auf den Streitwert ausschließlich zuständig.

(2) Die Landesregierungen werden ermächtigt, durch Rechtsverordnung die Geschmacksmusterstreitsachen für die Bezirke mehrerer Landgerichte einem von ihnen zuzuweisen, sofern dies der sachlichen Förderung oder schnelleren Erledigung der Verfahren dient. Die Landesregierungen können diese Ermächtigungen auf die Landesjustizverwaltungen übertragen.

(3) Die Länder können durch Vereinbarung den Geschmacksmustergerichten eines Landes obliegende Aufgaben ganz oder teilweise dem zuständigen Geschmacksmustergericht eines anderen Landes übertragen.

Anhang II

(4) Von den Kosten, die durch die Mitwirkung eines Patentanwalts in einer Geschmacksmusterstreitsache entstehen, sind die Gebühren nach § 13 des Rechtsanwaltsvergütungsgesetzes und außerdem die notwendigen Auslagen des Patentanwalts zu erstatten.

§ 53 Gerichtsstand bei Ansprüchen nach diesem Gesetz und dem Gesetz gegen den unlauteren Wettbewerb

Ansprüche, welche die in diesem Gesetz geregelten Rechtsverhältnisse betreffen und auch auf Vorschriften des Gesetzes gegen den unlauteren Wettbewerb gegründet werden, können abweichend von § 14 des Gesetzes gegen den unlauteren Wettbewerb vor dem für das Geschmacksmusterstreitverfahren zuständigen Gericht geltend gemacht werden.

§ 54 Streitwertbegünstigung

(1) Macht in bürgerlichen Rechtsstreitigkeiten, in denen durch Klage ein Anspruch aus einem der in diesem Gesetz geregelten Rechtsverhältnisse geltend gemacht wird, eine Partei glaubhaft, dass die Belastung mit den Prozesskosten nach dem vollen Streitwert ihre wirtschaftliche Lage erheblich gefährden würde, so kann das Gericht auf ihren Antrag anordnen, dass die Verpflichtung dieser Partei zur Zahlung von Gerichtskosten sich nach einem ihrer Wirtschaftslage angepassten Teil des Streitwerts bemisst.

(2) Die Anordnung nach Absatz 1 hat zur Folge, dass die begünstigte Partei die Gebühren ihres Rechtsanwalts ebenfalls nur nach diesem Teil des Streitwerts zu entrichten hat. Soweit ihr Kosten des Rechtsstreits auferlegt werden oder soweit sie diese übernimmt, hat sie die von dem Gegner entrichteten Gerichtsgebühren und die Gebühren seines Rechtsanwalts nur nach dem Teil des Streitwerts zu erstatten. Soweit die außergerichtlichen Kosten dem Gegner auferlegt oder von ihm übernommen werden, kann der Rechtsanwalt der begünstigten Partei seine Gebühren von dem Gegner nach dem für diesen geltenden Streitwert beitreiben.

(3) Der Antrag nach Absatz 1 kann vor der Geschäftsstelle des Gerichts zur Niederschrift erklärt werden. Er ist vor der Verhandlung zur Hauptsache zu stellen. Danach ist er nur zulässig, wenn der angenommene oder festgesetzte Streitwert später durch das Gericht heraufgesetzt wird. Vor der Entscheidung über den Antrag ist der Gegner zu hören.

Abschnitt 10
Vorschriften über Maßnahmen der Zollbehörde

§ 55 Beschlagnahme bei der Ein- und Ausfuhr

(1) Liegt eine Rechtsverletzung nach § 38 Abs. 1 Satz 1 offensichtlich vor, so unterliegt das jeweilige Erzeugnis auf Antrag und gegen Sicherheitsleistung

des Rechtsinhabers bei seiner Einfuhr oder Ausfuhr der Beschlagnahme durch die Zollbehörde, soweit nicht die Verordnung (EG) Nr. 1383/2003 des Rates vom 22. Juli 2003 über das Vorgehen der Zollbehörden gegen Waren, die im Verdacht stehen, bestimmte Rechte geistigen Eigentums zu verletzen, und die Maßnahmen gegenüber Waren, die erkanntermaßen derartige Rechte verletzen (ABl. EU Nr. L 196 S. 7) in ihrer jeweils geltenden Fassung anzuwenden ist. Das gilt für den Verkehr mit anderen Mitgliedstaaten der Europäischen Union sowie mit den anderen Vertragsstaaten des Abkommens über den Europäischen Wirtschaftsraum nur, soweit Kontrollen durch die Zollbehörden stattfinden.

(2) Ordnet die Zollbehörde die Beschlagnahme an, so unterrichtet sie unverzüglich den Verfügungsberechtigten sowie den Rechtsinhaber. Diesem sind Herkunft, Menge und Lagerort der Erzeugnisse sowie Name und Anschrift des Verfügungsberechtigten mitzuteilen; das Brief- und Postgeheimnis (Artikel 10 des Grundgesetzes) wird insoweit eingeschränkt. Dem Rechtsinhaber ist Gelegenheit zu geben, die Erzeugnisse zu besichtigen, soweit hierdurch nicht in Geschäfts- oder Betriebsgeheimnisse eingegriffen wird.

§ 56 Einziehung, Widerspruch

(1) Wird der Beschlagnahme nicht spätestens nach Ablauf von zwei Wochen nach Zustellung der Mitteilung nach § 55 Abs. 2 Satz 1 widersprochen, so ordnet die Zollbehörde die Einziehung der beschlagnahmten Erzeugnisse an.

(2) Widerspricht der Verfügungsberechtigte der Beschlagnahme, so unterrichtet die Zollbehörde hiervon unverzüglich den Rechtsinhaber. Dieser hat gegenüber der Zollbehörde unverzüglich zu erklären, ob er den Antrag nach § 55 Abs. 1 in Bezug auf die beschlagnahmten Erzeugnisse aufrechterhält.

(3) Nimmt der Rechtsinhaber den Antrag zurück, hebt die Zollbehörde die Beschlagnahme unverzüglich auf. Hält der Rechtsinhaber den Antrag aufrecht und legt er eine vollziehbare gerichtliche Entscheidung vor, die die Verwahrung der beschlagnahmten Erzeugnisse oder eine Verfügungsbeschränkung anordnet, trifft die Zollbehörde die erforderlichen Maßnahmen.

(4) Liegen die Fälle des Absatzes 3 nicht vor, hebt die Zollbehörde die Beschlagnahme nach Ablauf von zwei Wochen nach Zustellung der Mitteilung an den Rechtsinhaber nach Absatz 2 Satz 1 auf. Weist der Rechtsinhaber nach, dass die gerichtliche Entscheidung nach Absatz 3 Satz 2 beantragt, ihm aber noch nicht zugegangen ist, wird die Beschlagnahme für längstens zwei weitere Wochen aufrechterhalten.

(5) Erweist sich die Beschlagnahme als von Anfang an ungerechtfertigt und hat der Rechtsinhaber den Antrag nach § 55 Abs. 1 in Bezug auf die beschlagnahmten Erzeugnisse aufrechterhalten oder sich nicht unverzüglich erklärt (Absatz 2 Satz 2), so ist er verpflichtet, den dem Verfügungsberechtigten durch die Beschlagnahme entstandenen Schaden zu ersetzen.

Anhang II

§ 57 Zuständigkeiten, Rechtsmittel

(1) Der Antrag nach § 55 Abs. 1 ist bei der Bundesfinanzdirektion zu stellen und hat Wirkung für ein Jahr, sofern keine kürzere Geltungsdauer beantragt wird; er kann wiederholt werden. Für die mit dem Antrag verbundenen Amtshandlungen werden vom Rechtsinhaber Kosten nach Maßgabe des § 178 der Abgabenordnung erhoben.

(2) Die Beschlagnahme und die Einziehung können mit den Rechtsmitteln angefochten werden, die im Bußgeldverfahren nach dem Gesetz über Ordnungswidrigkeiten gegen die Beschlagnahme und Einziehung zulässig sind. Im Rechtsmittelverfahren ist der Rechtsinhaber zu hören. Gegen die Entscheidung des Amtsgerichts ist die sofortige Beschwerde zulässig; über sie entscheidet das Oberlandesgericht.

(3) (weggefallen)

§ 57a Verfahren nach der Verordnung (EG) Nr. 1383/2003

(1) Setzt die zuständige Zollbehörde nach Artikel 9 der Verordnung (EG) Nr. 1383/2003 die Überlassung der Waren aus oder hält diese zurück, unterrichtet sie davon unverzüglich den Rechtsinhaber sowie den Anmelder oder den Besitzer oder den Eigentümer der Waren.

(2) Im Fall des Absatzes 1 kann der Rechtsinhaber beantragen, die Waren in dem nachstehend beschriebenen vereinfachten Verfahren im Sinn des Artikels 11 der Verordnung (EG) Nr. 1383/2003 vernichten zu lassen.

(3) Der Antrag muss bei der Zollbehörde innerhalb von zehn Arbeitstagen oder im Fall leicht verderblicher Waren innerhalb von drei Arbeitstagen nach Zugang der Unterrichtung nach Absatz 1 schriftlich gestellt werden. Er muss die Mitteilung enthalten, dass die Waren, die Gegenstand des Verfahrens sind, ein nach diesem Gesetz geschütztes Recht verletzen. Die schriftliche Zustimmung des Anmelders, des Besitzers oder des Eigentümers der Waren zu ihrer Vernichtung ist beizufügen. Abweichend von Satz 3 kann der Anmelder, der Besitzer oder der Eigentümer die schriftliche Erklärung, ob er einer Vernichtung zustimmt oder nicht, unmittelbar gegenüber der Zollbehörde abgeben. Die in Satz 1 genannte Frist kann vor Ablauf auf Antrag des Rechtsinhabers um zehn Arbeitstage verlängert werden.

(4) Die Zustimmung zur Vernichtung gilt als erteilt, wenn der Anmelder, der Besitzer oder der Eigentümer der Waren einer Vernichtung nicht innerhalb von zehn Arbeitstagen oder im Fall leicht verderblicher Waren innerhalb von drei Arbeitstagen nach Zugang der Unterrichtung nach Absatz 1 widerspricht. Auf diesen Umstand ist in der Unterrichtung nach Absatz 1 hinzuweisen.

(5) Die Vernichtung der Waren erfolgt auf Kosten und Verantwortung des Rechtsinhabers.

(6) Die Zollstelle kann die organisatorische Abwicklung der Vernichtung übernehmen. Absatz 5 bleibt unberührt.

(7) Die Aufbewahrungsfrist nach Artikel 11 Abs. 1 zweiter Spiegelstrich der Verordnung (EG) Nr. 1383/2003 beträgt ein Jahr.

(8) Im Übrigen gelten die §§ 55 bis 57 entsprechend, soweit nicht die Verordnung (EG) Nr. 1383/2003 Bestimmungen enthält, die dem entgegenstehen.

Abschnitt 11
Besondere Bestimmungen

§ 58 Inlandsvertreter

(1) Wer im Inland weder Wohnsitz, Sitz noch Niederlassung hat, kann an einem in diesem Gesetz geregelten Verfahren vor dem Deutschen Patent- und Markenamt oder dem Bundespatentgericht nur teilnehmen und die Rechte aus einem Geschmacksmuster nur geltend machen, wenn er im Inland einen Rechtsanwalt oder Patentanwalt als Vertreter bestellt hat, der zur Vertretung im Verfahren vor dem Deutschen Patent- und Markenamt, dem Bundespatentgericht und in bürgerlichen Rechtsstreitigkeiten, die das Geschmacksmuster betreffen, sowie zur Stellung von Strafanträgen bevollmächtigt ist.

(2) Staatsangehörige eines Mitgliedstaates der Europäischen Union oder eines anderen Vertragsstaates des Abkommens über den Europäischen Wirtschaftsraum können zur Erbringung einer Dienstleistung im Sinne des Vertrages zur Gründung der Europäischen Gemeinschaft als Vertreter im Sinne des Absatzes 1 bestellt werden, wenn sie berechtigt sind, ihre berufliche Tätigkeit unter einer der in der Anlage zu § 1 des Gesetzes über die Tätigkeit europäischer Rechtsanwälte in Deutschland vom 9. März 2000 (BGBl. I S. 182) oder zu § 1 des Gesetzes über die Eignungsprüfung für die Zulassung zur Patentanwaltschaft vom 6. Juli 1990 (BGBl. I S. 1349, 1351) in der jeweils geltenden Fassung genannten Berufsbezeichnungen auszuüben.

(3) Der Ort, an dem ein nach Absatz 1 bestellter Vertreter seinen Geschäftsraum hat, gilt im Sinne des § 23 der Zivilprozessordnung als der Ort, an dem sich der Vermögensgegenstand befindet; fehlt ein solcher Geschäftsraum, so ist der Ort maßgebend, an dem der Vertreter im Inland seinen Wohnsitz, und in Ermangelung eines solchen der Ort, an dem das Deutsche Patent- und Markenamt seinen Sitz hat.

(4) Die rechtsgeschäftliche Beendigung der Bestellung eines Vertreters nach Absatz 1 wird erst wirksam, wenn sowohl diese Beendigung als auch die Bestellung eines anderen Vertreters gegenüber dem Deutschen Patent- und Markenamt oder dem Bundespatentgericht angezeigt wird.

Anhang II

§ 59 Geschmacksmusterberühmung

Wer eine Bezeichnung verwendet, die geeignet ist, den Eindruck zu erwecken, dass ein Erzeugnis durch ein Geschmacksmuster geschützt sei, ist verpflichtet, jedem, der ein berechtigtes Interesse an der Kenntnis der Rechtslage hat, auf Verlangen Auskunft darüber zu geben, auf welches Geschmacksmuster sich die Verwendung der Bezeichnung stützt.

§ 60 Geschmacksmuster nach dem Erstreckungsgesetz

(1) Für alle nach dem Erstreckungsgesetz vom 23. April 1992 (BGBl. I S. 938), zuletzt geändert durch Artikel 2 Abs. 10 des Gesetzes vom 12. März 2004 (BGBl. I S. 390), erstreckten Geschmacksmuster gelten die Vorschriften dieses Gesetzes, soweit in den Absätzen 2 bis 7 nichts Abweichendes bestimmt ist.

(2) Die Schutzdauer für Geschmacksmuster, die am 28. Oktober 2001 nicht erloschen sind, endet 25 Jahre nach Ablauf des Monats, in den der Anmeldetag fällt. Die Aufrechterhaltung des Schutzes wird durch Zahlung einer Aufrechterhaltungsgebühr für das 16. bis 20. Jahr und für das 21. bis 25. Jahr, gerechnet vom Anmeldetag an, bewirkt.

(3) Ist der Anspruch auf Vergütung wegen der Benutzung eines Geschmacksmusters nach den bis zum Inkrafttreten des Erstreckungsgesetzes anzuwendenden Rechtsvorschriften bereits entstanden, so ist die Vergütung noch nach diesen Vorschriften zu zahlen.

(4) Wer ein Geschmacksmuster, das durch einen nach § 4 des Erstreckungsgesetzes in der Fassung vom 31. Mai 2004 erstreckten Urheberschein geschützt war oder das zur Erteilung eines Urheberscheins angemeldet worden war, nach den bis zum Inkrafttreten des Erstreckungsgesetzes anzuwendenden Rechtsvorschriften rechtmäßig in Benutzung genommen hat, kann dieses im gesamten Bundesgebiet weiterbenutzen. Der Inhaber des Schutzrechts kann von dem Benutzungsberechtigten eine angemessene Vergütung für die Weiterbenutzung verlangen.

(5) Ist eine nach § 4 des Erstreckungsgesetzes in der Fassung vom 31. Mai 2004 erstreckte Anmeldung eines Patents für ein industrielles Muster nach § 10 Abs. 1 der Verordnung über industrielle Muster vom 17. Januar 1974 (GBl. I Nr. 15 S. 140), die durch die Verordnung vom 9. Dezember 1988 (GBl. I Nr. 28 S. 333) geändert worden ist, bekannt gemacht worden, so steht dies der Bekanntmachung der Eintragung der Anmeldung in das Musterregister nach § 8 Nr. 2 des Geschmacksmustergesetzes in der bis zum Ablauf des 31. Mai 2004 geltenden Fassung gleich.

(6) Soweit Geschmacksmuster, die nach dem Erstreckungsgesetz auf das in Artikel 3 des Einigungsvertrages genannte Gebiet oder das übrige Bundesgebiet erstreckt worden sind, in ihrem Schutzbereich übereinstimmen und infolge der Erstreckung zusammentreffen, können die Inhaber dieser Schutzrechte oder

Schutzrechtsanmeldungen ohne Rücksicht auf deren Zeitrang Rechte aus den Schutzrechten oder Schutzrechtsanmeldungen weder gegeneinander noch gegen die Personen, denen der Inhaber des anderen Schutzrechts oder der anderen Schutzrechtsanmeldung die Benutzung gestattet hat, geltend machen. Der Gegenstand des Schutzrechts oder der Schutzrechtsanmeldung darf jedoch in dem Gebiet, auf das das Schutzrecht oder die Schutzrechtsanmeldung erstreckt worden ist, nicht oder nur unter Einschränkungen benutzt werden, soweit die uneingeschränkte Benutzung zu einer wesentlichen Beeinträchtigung des Inhabers des anderen Schutzrechts oder der anderen Schutzrechtsanmeldung oder der Personen, denen er die Benutzung des Gegenstands seines Schutzrechts oder seiner Schutzrechtsanmeldung gestattet hat, führen würde, die unter Berücksichtigung aller Umstände des Falles und bei Abwägung der berechtigten Interessen der Beteiligten unbillig wäre.

(7) Die Wirkung eines nach § 1 oder § 4 des Erstreckungsgesetzes in der Fassung vom 31. Mai 2004 erstreckten Geschmacksmusters tritt gegen denjenigen nicht ein, der das Geschmacksmuster in dem Gebiet, in dem es bis zum Inkrafttreten des Erstreckungsgesetzes nicht galt, nach dem für den Zeitrang der Anmeldung maßgeblichen Tag und vor dem 1. Juli 1990 rechtmäßig in Benutzung genommen hat. Dieser ist befugt, das Geschmacksmuster im gesamten Bundesgebiet für die Bedürfnisse seines eigenen Betriebs in eigenen oder fremden Werkstätten mit den sich in entsprechender Anwendung des § 12 des Patentgesetzes ergebenden Schranken auszunutzen, soweit die Benutzung nicht zu einer wesentlichen Beeinträchtigung des Inhabers des Schutzrechts oder der Personen, denen er die Benutzung des Gegenstands seines Schutzrechts gestattet hat, führt, die unter Berücksichtigung aller Umstände des Falles und bei Abwägung der berechtigten Interessen der Beteiligten unbillig wäre. Bei einem im Ausland hergestellten Erzeugnis steht dem Benutzer ein Weiterbenutzungsrecht nach Satz 1 nur zu, wenn durch die Benutzung im Inland ein schutzwürdiger Besitzstand begründet worden ist, dessen Nichtanerkennung unter Berücksichtigung aller Umstände des Falles für den Benutzer eine unbillige Härte darstellen würde.

§ 61 Typografische Schriftzeichen

(1) Für die nach Artikel 2 des Schriftzeichengesetzes in der bis zum Ablauf des 1. Juni 2004 geltenden Fassung angemeldeten typografischen Schriftzeichen wird rechtlicher Schutz nach diesem Gesetz gewährt, soweit in den Absätzen 2 bis 5 nichts Abweichendes bestimmt ist.

(2) Für die bis zum Ablauf des 31. Mai 2004 eingereichten Anmeldungen nach Artikel 2 des Schriftzeichengesetzes finden weiterhin die für sie zu diesem Zeitpunkt geltenden Bestimmungen über die Voraussetzungen der Schutzfähigkeit Anwendung.

(3) Rechte aus Geschmacksmustern können gegenüber Handlungen nicht geltend gemacht werden, die vor dem 1. Juni 2004 begonnen wurden und die der

Anhang II

Inhaber des typografischen Schriftzeichens nach den zu diesem Zeitpunkt geltenden Vorschriften nicht hätte verbieten können.

(4) Bis zur Eintragung der in Absatz 1 genannten Schriftzeichen richten sich ihre Schutzwirkungen nach dem Schriftzeichengesetz in der bis zum Ablauf des 31. Mai 2004 geltenden Fassung.

(5) Für die Aufrechterhaltung der Schutzdauer für die in Absatz 1 genannten Schriftzeichen sind abweichend von § 28 Abs. 1 Satz 1 erst ab dem elften Jahr der Schutzdauer Aufrechterhaltungsgebühren zu zahlen.

Abschnitt 12
Gemeinschaftsgeschmacksmuster

§ 62 Weiterleitung der Anmeldung

Werden beim Deutschen Patent- und Markenamt Anmeldungen von Gemeinschaftsgeschmacksmustern nach Artikel 35 Abs. 2 der Verordnung (EG) Nr. 6/2002 des Rates vom 12. Dezember 2001 über das Gemeinschaftsgeschmacksmuster (ABl. EG 2002 Nr. L 3 S. 1) eingereicht, so vermerkt das Deutsche Patent- und Markenamt auf der Anmeldung den Tag des Eingangs und leitet die Anmeldung ohne Prüfung unverzüglich an das Harmonisierungsamt für den Binnenmarkt (Marken, Muster und Modelle) weiter.

§ 63 Gemeinschaftsgeschmacksmusterstreitsachen

(1) Für alle Klagen, für die die Gemeinschaftsgeschmacksmustergerichte im Sinne des Artikels 80 Abs. 1 der Verordnung (EG) Nr. 6/2002 zuständig sind (Gemeinschaftsgeschmacksmusterstreitsachen), sind als Gemeinschaftsgeschmacksmustergerichte erster Instanz die Landgerichte ohne Rücksicht auf den Streitwert ausschließlich zuständig.

(2) Die Landesregierungen werden ermächtigt, durch Rechtsverordnung die Gemeinschaftsgeschmacksmusterstreitverfahren für die Bezirke mehrerer Gemeinschaftsgeschmacksmustergerichte einem dieser Gerichte zuzuweisen. Die Landesregierungen können diese Ermächtigung durch Rechtsverordnung auf die Landesjustizverwaltungen übertragen.

(3) Die Länder können durch Vereinbarung den Gemeinschaftsgeschmacksmustergerichten eines Landes obliegende Aufgaben ganz oder teilweise dem zuständigen Gemeinschaftsgeschmacksmustergericht eines anderen Landes übertragen.

(4) Auf Verfahren vor den Gemeinschaftsgeschmacksmustergerichten sind § 52 Abs. 4 und § 53 entsprechend anzuwenden.

Anhang II

§ 64 Erteilung der Vollstreckungsklausel

Für die Erteilung der Vollstreckungsklausel nach Artikel 71 Abs. 2 Satz 2 der Verordnung (EG) Nr. 6/2002 ist das Bundespatentgericht zuständig. Die vollstreckbare Ausfertigung wird vom Urkundsbeamten der Geschäftsstelle des Bundespatentgerichts erteilt.

§ 65 Strafbare Verletzung eines Gemeinschaftsgeschmacksmusters

(1) Wer entgegen Artikel 19 Abs. 1 der Verordnung (EG) Nr. 6/2002 ein Gemeinschaftsgeschmacksmuster benutzt, obwohl der Inhaber nicht zugestimmt hat, wird mit Freiheitsstrafe bis zu drei Jahren oder mit Geldstrafe bestraft.

(2) § 51 Abs. 2 bis 6 gilt entsprechend.

Abschnitt 13
Schutz gewerblicher Muster und Modelle
nach dem Haager Abkommen

§ 66 Anwendung dieses Gesetzes

Dieses Gesetz ist auf Eintragungen oder Registrierungen gewerblicher Muster und Modelle nach dem Haager Abkommen vom 6. November 1925 über die internationale Eintragung gewerblicher Muster und Modelle (Haager Abkommen) (RGBl. 1928 II S. 175, 203) und dessen am 2. Juni 1934 in London (RGBl. 1937 II S. 583, 617), am 28. November 1960 in Den Haag (BGBl. 1962 II S. 774) und am 2. Juli 1999 in Genf (BGBl. 2009 II S. 837) unterzeichneten Fassungen (internationale Eintragungen), deren Schutz sich auf das Gebiet der Bundesrepublik Deutschland bezieht, entsprechend anzuwenden, soweit in diesem Abschnitt, dem Haager Abkommen oder dessen Fassungen nichts anderes bestimmt ist.

§ 67 Einreichung der internationalen Anmeldung

Die internationale Anmeldung gewerblicher Muster oder Modelle kann nach Wahl des Anmelders entweder direkt beim Internationalen Büro der Weltorganisation für geistiges Eigentum (Internationales Büro) oder über das Deutsche Patent- und Markenamt eingereicht werden.

§ 68 Weiterleitung der internationalen Anmeldung

Werden beim Deutschen Patent- und Markenamt internationale Anmeldungen gewerblicher Muster oder Modelle eingereicht, so vermerkt das Deutsche Patent- und Markenamt auf der Anmeldung den Tag des Eingangs und leitet die Anmeldung ohne Prüfung unverzüglich an das Internationale Büro weiter.

Anhang II

§ 69 Prüfung auf Eintragungshindernisse

(1) Internationale Eintragungen werden in gleicher Weise wie Geschmacksmuster, die zur Eintragung in das vom Deutschen Patent- und Markenamt geführte Register angemeldet sind, nach § 18 auf Eintragungshindernisse geprüft. An die Stelle der Zurückweisung der Anmeldung tritt die Schutzverweigerung.

(2) Stellt das Deutsche Patent- und Markenamt bei der Prüfung fest, dass Eintragungshindernisse nach § 18 vorliegen, so übermittelt es dem Internationalen Büro innerhalb einer Frist von sechs Monaten ab Veröffentlichung der internationalen Eintragung eine Mitteilung über die Schutzverweigerung. In der Mitteilung werden alle Gründe für die Schutzverweigerung angeführt.

(3) Nachdem das Internationale Büro an den Inhaber der internationalen Eintragung eine Kopie der Mitteilung über die Schutzverweigerung abgesandt hat, hat das Deutsche Patent- und Markenamt dem Inhaber Gelegenheit zu geben, innerhalb einer Frist von vier Monaten zu der Schutzverweigerung Stellung zu nehmen und auf den Schutz zu verzichten. Nach Ablauf dieser Frist entscheidet das Deutsche Patent- und Markenamt über die Aufrechterhaltung der Schutzverweigerung durch Beschluss. Soweit das Deutsche Patent- und Markenamt die Schutzverweigerung aufrechterhält, stehen dem Inhaber gegenüber dem Beschluss die gleichen Rechtsbehelfe zu wie bei der Zurückweisung einer Anmeldung zur Eintragung eines Geschmacksmusters in das vom Deutschen Patent- und Markenamt geführte Register. Soweit das Deutsche Patent- und Markenamt die Schutzverweigerung nicht aufrechterhält oder soweit rechtskräftig festgestellt wird, dass der Schutz zu Unrecht verweigert wurde, nimmt das Deutsche Patent- und Markenamt die Schutzverweigerung unverzüglich zurück.

§ 70 Nachträgliche Schutzentziehung

(1) An die Stelle der Klage auf Feststellung der Nichtigkeit nach § 33 tritt die Klage auf Feststellung der Unwirksamkeit für das Gebiet der Bundesrepublik Deutschland. An die Stelle der Klage auf Einwilligung in die Löschung nach § 9 Absatz 1 und § 34 tritt die Klage auf Einwilligung in die Schutzentziehung. Das Gericht übermittelt dem Deutschen Patent- und Markenamt eine Ausfertigung des rechtskräftigen Urteils. § 35 gilt entsprechend.

(2) Ist dem Deutschen Patent- und Markenamt mitgeteilt worden, dass die Unwirksamkeit einer internationalen Eintragung für das Gebiet der Bundesrepublik Deutschland festgestellt worden oder ihr der Schutz entzogen worden ist, setzt es das Internationale Büro unverzüglich davon in Kenntnis.

§ 71 Wirkung der internationalen Eintragung

(1) Eine internationale Eintragung, deren Schutz sich auf das Gebiet der Bundesrepublik Deutschland bezieht, hat ab dem Tag ihrer Eintragung dieselbe Wirkung, wie wenn sie an diesem Tag beim Deutschen Patent- und Markenamt

als Geschmacksmuster angemeldet und in dessen Register eingetragen worden wäre.

(2) Die in Absatz 1 bezeichnete Wirkung gilt als nicht eingetreten, wenn der internationalen Eintragung der Schutz verweigert (§ 69 Absatz 2), deren Unwirksamkeit für das Gebiet der Bundesrepublik Deutschland festgestellt (§ 70 Absatz 1 Satz 1) oder ihr nach § 9 Absatz 1 oder § 34 Satz 1 der Schutz entzogen worden ist (§ 70 Absatz 1 Satz 2).

(3) Nimmt das Deutsche Patent- und Markenamt die Mitteilung der Schutzverweigerung zurück, wird die internationale Eintragung für die Bundesrepublik Deutschland rückwirkend ab dem Tag ihrer Eintragung wirksam.

Abschnitt 14
Übergangsvorschriften

§ 72 Anzuwendendes Recht

(1) Auf Geschmacksmuster, die vor dem 1. Juli 1988 nach dem Geschmacksmustergesetz in der im Bundesgesetzblatt Teil III, Gliederungsnummer 442-1, veröffentlichten bereinigten Fassung, zuletzt geändert durch Artikel 8 des Gesetzes vom 23. Juli 2002 (BGBl. I S. 2850), angemeldet worden sind, finden die bis zu diesem Zeitpunkt geltenden Vorschriften weiterhin Anwendung.

(2) Auf Geschmacksmuster, die vor dem 28. Oktober 2001 angemeldet oder eingetragen worden sind, finden weiterhin die für sie zu diesem Zeitpunkt geltenden Bestimmungen über die Voraussetzungen der Schutzfähigkeit Anwendung. Rechte aus diesen Geschmacksmustern können nicht geltend gemacht werden, soweit sie Handlungen im Sinne von § 38 Abs. 1 betreffen, die vor dem 28. Oktober 2001 begonnen wurden und die der Verletzte vor diesem Tag nach den Vorschriften des Geschmacksmustergesetzes in der im Bundesgesetzblatt Teil III, Gliederungsnummer 442-1, veröffentlichten bereinigten Fassung in der zu diesem Zeitpunkt geltenden Fassung nicht hätte verbieten können.

(3) Für Geschmacksmuster, die vor dem 1. Juni 2004 angemeldet, aber noch nicht eingetragen worden sind, richten sich die Schutzwirkungen bis zur Eintragung nach den Bestimmungen des Geschmacksmustergesetzes in der im Bundesgesetzblatt Teil III, Gliederungsnummer 442-1, veröffentlichten bereinigten Fassung in der bis zum Ablauf des 31. Mai 2004 geltenden Fassung.

(4) Artikel 229 § 6 des Einführungsgesetzes zum Bürgerlichen Gesetzbuche findet mit der Maßgabe entsprechende Anwendung, dass § 14a Abs. 3 des Geschmacksmustergesetzes in der im Bundesgesetzblatt Teil III, Gliederungsnummer 442-1, veröffentlichten bereinigten Fassung in der bis zum 1. Januar 2002 geltenden Fassung den Vorschriften des Bürgerlichen Gesetzbuchs über die Verjährung in der bis zum 1. Januar 2002 geltenden Fassung gleichgestellt ist.

Anhang II

§ 73 Rechtsbeschränkungen

(1) Rechte aus einem Geschmacksmuster können gegenüber Handlungen nicht geltend gemacht werden, die die Benutzung eines Bauelements zur Reparatur eines komplexen Erzeugnisses im Hinblick auf die Wiederherstellung von dessen ursprünglicher Erscheinungsform betreffen, wenn diese Handlungen nach dem Geschmacksmustergesetz in der im Bundesgesetzblatt Teil III, Gliederungsnummer 442-1, veröffentlichten bereinigten Fassung in der bis zum Ablauf des 31. Mai 2004 geltenden Fassung nicht verhindert werden konnten.

(2) Für bestehende Lizenzen an dem durch die Anmeldung oder Eintragung eines Geschmacksmusters begründeten Recht, die vor dem 1. Juni 2004 erteilt wurden, gilt § 31 Abs. 5 nur, wenn das Recht ab dem 1. Juni 2004 übergegangen oder die Lizenz ab diesem Zeitpunkt erteilt worden ist.

(3) Ansprüche auf Entwerferbenennung nach § 10 können nur für Geschmacksmuster geltend gemacht werden, die ab dem 1. Juni 2004 angemeldet werden.

(4) Die Schutzwirkung von Abwandlungen von Grundmustern nach § 8a des Geschmacksmustergesetzes in der bis zum Ablauf des 31. Mai 2004 geltenden Fassung richtet sich nach den Bestimmungen des Geschmacksmustergesetzes in der im Bundesgesetzblatt Teil III, Gliederungsnummer 442-1, veröffentlichten bereinigten Fassung in der bis zum Ablauf des 31. Mai 2004 geltenden Fassung. § 28 Abs. 2 ist für die Aufrechterhaltung von Abwandlungen eines Grundmusters mit der Maßgabe anzuwenden, dass zunächst die Grundmuster berücksichtigt werden.

III. Verordnung zur Ausführung des Geschmacksmustergesetzes (Geschmacksmusterverordnung – GeschmMV)

Abschnitt 1
Allgemeines

§ 1 Anwendungsbereich

Für die im Geschmacksmustergesetz geregelten Verfahren vor dem Deutschen Patent- und Markenamt (Geschmacksmusterangelegenheiten) gelten ergänzend zu den Bestimmungen des Geschmacksmustergesetzes und der DPMA-Verordnung die Bestimmungen dieser Verordnung.

§ 2 DIN-Normen

DIN-Normen, auf die in dieser Verordnung verwiesen wird, sind im Beuth-Verlag GmbH, Berlin und Köln, erschienen und beim Deutschen Patent- und Markenamt in München archivmäßig gesichert niedergelegt.

Abschnitt 2
Eintragungsverfahren

§ 3 Inhalt der Anmeldung

(1) Die Anmeldung muss enthalten:

1. einen Antrag auf Eintragung (§ 4),
2. Angaben zum Anmelder (§ 5 Abs. 1 bis 4),
3. die Wiedergabe des Musters (§ 6) oder im Falle des § 11 Abs. 2 Satz 2 des Geschmacksmustergesetzes den flächenmäßigen Musterabschnitt (§ 7) und
4. die Angabe der Erzeugnisse (§ 8).

(2) Die Anmeldung kann ferner enthalten:

1. eine Beschreibung zur Erläuterung der Wiedergabe (§ 9),
2. einen Antrag auf Aufschiebung der Bekanntmachung der Wiedergabe nach § 21 Abs. 1 Satz 1 des Geschmacksmustergesetzes,
3. die Angabe der Warenklasse oder ein Verzeichnis mit den Warenklassen, in die das Geschmacksmuster einzuordnen ist (§ 8),
4. die Angabe des Entwerfers oder der Entwerfer (§ 5 Abs. 6),
5. Angaben zum Vertreter (§ 5 Abs. 5),
6. eine Erklärung über die Inanspruchnahme der Priorität einer früheren ausländischen Anmeldung desselben Geschmacksmusters oder einer Ausstellungspriorität (§ 10).

§ 4 Antrag auf Eintragung

(1) Die Anmeldung zur Eintragung eines Geschmacksmusters muss unter Verwendung des vom Deutschen Patent- und Markenamt herausgegebenen Formblatts eingereicht werden. Für die elektronische Einreichung ist § 12 der DPMA-Verordnung maßgebend. Für die elektronische Einreichung ist § 12 der DPMA-Verordnung maßgebend.

(2) Der Eintragungsantrag für eine Sammelanmeldung (§ 12 des Geschmacksmustergesetzes) muss zusätzlich folgende Angaben enthalten:
1. die Erklärung, für wie viele Muster die Eintragung in das Geschmacksmusterregister beantragt wird, und
2. ein Anlageblatt, das folgende Angaben enthält:
    a) eine fortlaufende Nummerierung der in der Anmeldung zusammengefassten Muster in arabischen Ziffern,
    b) die Zahl der zu den einzelnen Mustern eingereichten Darstellungen und
    c) die Erklärung, dass die Erzeugnisangabe für alle Muster gilt, oder bei jedem Muster die Angabe der Erzeugnisse, bei denen es verwendet oder in die es aufgenommen werden soll.

Als Anlageblatt muss das vom Deutschen Patent- und Markenamt herausgegebene Formblatt verwendet werden.

(3) Wird mit der Anmeldung beantragt, die Bekanntmachung der Wiedergabe aufzuschieben (§ 21 Abs. 1 Satz 1 des Geschmacksmustergesetzes), so bezieht sich dieser Antrag auf alle in der Sammelanmeldung zusammengefassten Muster.

§ 5 Angaben zum Anmelder, Vertreter und Entwerfer

(1) Die Anmeldung muss folgende Angaben zum Anmelder enthalten:
1. ist der Anmelder eine natürliche Person, den Vor- und Zunamen oder, falls die Eintragung unter der Firma des Anmelders erfolgen soll, die Firma, wie sie im Handelsregister eingetragen ist;
2. ist der Anmelder eine juristische Person oder eine Personengesellschaft, den Namen dieser Person oder Gesellschaft; die Bezeichnung der Rechtsform kann auf übliche Weise abgekürzt werden. Sofern die juristische Person oder Personengesellschaft in einem Register eingetragen ist, muss der Name entsprechend dem Registereintrag angegeben werden. Bei einer Gesellschaft bürgerlichen Rechts sind auch der Name und die Anschrift mindestens eines vertretungsberechtigten Gesellschafters anzugeben;
3. die Anschrift des Anmelders (Straße, Hausnummer, Postleitzahl, Ort).

(2) In der Anmeldung können eine von der Anschrift des Anmelders abweichende Postanschrift, eine Postfachanschrift sowie Telefonnummern, Telefaxnummern und sonstige Anschlüsse zur elektronischen Datenübermittlung angegeben werden.

(3) Wird die Anmeldung von mehreren Personen eingereicht, so gelten die Absätze 1 und 2 für alle Personen.

(4) Hat der Anmelder seinen Wohnsitz oder Sitz im Ausland, so ist bei der Angabe der Anschrift nach Absatz 1 Nr. 3 außer dem Ort auch der Staat anzugeben. Der Ortsname ist zu unterstreichen. Außerdem können gegebenenfalls Angaben zum Bezirk, zur Provinz oder zum Bundesstaat gemacht werden, in dem der Anmelder seinen Wohnsitz oder Sitz hat oder dessen Rechtsordnung er unterliegt.

(5) Falls ein Vertreter bestellt ist, so gelten die Absätze 1 und 2 hinsichtlich der Angabe des Namens und der Anschrift des Vertreters entsprechend. Hat das Deutsche Patent- und Markenamt dem Vertreter eine Kennnummer oder die Nummer einer allgemeinen Vollmacht zugeteilt, so soll diese angegeben werden. Ist ein Vertreter nach § 58 Abs. 2 des Geschmacksmustergesetzes bestellt, so gilt Absatz 4 Satz 1 und 2 entsprechend.

(6) Absatz 1 Nr. 1 und 3 sowie die Absätze 2 bis 4 gelten für die Benennung des Entwerfers entsprechend.

§ 6 Wiedergabe des Musters

(1) Die Wiedergabe besteht aus bis zu zehn fotografischen oder sonstigen grafischen Darstellungen des Musters. Jede darüber hinausgehende Darstellung bleibt unberücksichtigt. Die Darstellungen sind auf den vom Deutschen Patent- und Markenamt herausgegebenen Formblättern aufzudrucken oder aufzukleben. Bei Sammelanmeldungen (§ 12 des Geschmacksmustergesetzes) ist für jedes Muster ein gesondertes Formblatt zu verwenden. Die Formblätter dürfen keinerlei erläuternden Text, erläuternde Bezeichnungen, Symbole oder Bemaßungen enthalten.

(2) Die Darstellungen sind mit durch Punkte gegliederten arabischen Zahlen fortlaufend zu nummerieren. Die Zahl links vom Punkt bezeichnet die Nummer des Musters und die Zahl rechts vom Punkt die Nummer der Darstellung. Die Nummerierung ist neben den Darstellungen auf den Formblättern anzubringen. Für die Reihenfolge der Darstellungen ist die Nummerierung durch den Anmelder ausschlaggebend.

(3) Das Muster ist auf neutralem Hintergrund darzustellen. Die Darstellung soll das zum Schutz angemeldete Muster ohne Beiwerk zeigen und darf keine Erläuterung, Nummerierung oder Maßangabe enthalten. Eine einzelne Darstellung darf nur eine Ansicht zeigen. Die Darstellung muss dauerhaft und unverwischbar sein.

(4) Die Darstellungen können statt auf einem Formblatt auf einem Datenträger eingereicht werden. Der Datenträger muss lesbar sein und darf keine Viren oder sonstigen schädlichen Programme enthalten. Die beim Deutschen Patent- und Markenamt lesbaren Formate der Datenträger werden auf der Internetseite

www.dpma.de bekannt gegeben. Ist der Datenträger nicht lesbar, gilt die Wiedergabe als nicht eingereicht. Die Darstellungen sind im Grafikformat JPEG (*.jpg) als einzelne Dateien auf dem Stammverzeichnis eines leeren Datenträgers abzulegen. Die Auflösung muss mindestens 300 dpi, die Bildgröße mindestens 3 × 3 Zentimeter betragen. Eine Datei darf nicht größer als 2 Megabyte sein. Die Dateinamen sind entsprechend Absatz 2 zu wählen.

(5) Betrifft die Anmeldung ein Muster, das aus einem sich wiederholenden Flächenmuster besteht, so muss die Wiedergabe das vollständige Muster und einen hinreichend großen Teil der Fläche mit dem sich wiederholenden Muster zeigen.

(6) Betrifft die Anmeldung ein Muster, das aus typografischen Schriftzeichen besteht, so muss die Wiedergabe des Musters alle Buchstaben des Alphabets in Groß- und Kleinschreibung, alle arabischen Ziffern sowie fünf Zeilen Text, jeweils in Schriftgröße 16 Punkt, umfassen.

(7) (weggefallen)

§ 7 Flächenmäßige Musterabschnitte

(1) Flächenmäßige Musterabschnitte (§ 11 Abs. 2 Satz 2 des Geschmacksmustergesetzes) sind in zwei übereinstimmenden Exemplaren einzureichen. Jeder Musterabschnitt ist auf der Rückseite fortlaufend zu nummerieren. Der Musterabschnitt darf ein Format von 50 × 100 × 2,5 Zentimeter oder 75 × 100 × 1,5 Zentimeter nicht überschreiten und muss auf das Format DIN A4 zusammenlegbar sein. Die in einer Anmeldung eingereichten flächenmäßigen Musterabschnitte dürfen einschließlich Verpackung insgesamt nicht schwerer als 15 Kilogramm sein. Es dürfen keine Musterabschnitte eingereicht werden, die verderblich sind oder deren Aufbewahrung gefährlich ist, insbesondere, weil sie leicht entflammbar, explosiv, giftig oder mit Schädlingen behaftet sind.

(2) Wird die Eintragung eines Musters beantragt, das aus einem sich wiederholenden Flächenmuster besteht, muss der Musterabschnitt das vollständige Muster und einen der Länge und Breite nach ausreichenden Teil der Fläche mit dem sich wiederholenden Muster zeigen. Es gelten die in Absatz 1 Satz 2 festgelegten Größenbeschränkungen.

§ 8 Angabe der Erzeugnisse, Klassifizierung, Warenliste

(1) Die Angabe der Erzeugnisse, in die das Geschmacksmuster aufgenommen oder bei denen es verwendet werden soll, und die Klassifizierung richten sich nach der in der Anlage 1 zu dieser Verordnung enthaltenen Einteilung der Klassen und Unterklassen und der in der Anlage 2 zu dieser Verordnung enthaltenen Warenliste. Das Deutsche Patent- und Markenamt bestimmt die in das Geschmacksmusterregister einzutragenden und bekannt zu machenden Warenklassen und Unterklassen.

(2) Stellt das Deutsche Patent- und Markenamt im Rahmen der Prüfung nach § 16 des Geschmacksmustergesetzes fest, dass die in der Anmeldung enthaltene Erzeugnisangabe eine sachgerechte Recherche nach dem mit der Wiedergabe dargestellten Muster nicht zulässt, so kann das Deutsche Patent- und Markenamt der Erzeugnisangabe einen zusätzlichen Warenbegriff hinzufügen.

(3) Ändert sich die Klasseneinteilung nach der Eintragung des Geschmacksmusters, so wird die Klassifizierung der Erzeugnisse auf Antrag des Rechtsinhabers oder bei der Eintragung der Aufrechterhaltung des Schutzes von Amts wegen angepasst.

§ 9 Beschreibung zur Erläuterung der Wiedergabe

(1) Wird zur Erläuterung der Wiedergabe eine Beschreibung eingereicht (§ 11 Abs. 4 Nr. 1 des Geschmacksmustergesetzes), so darf sie sich nur auf diejenigen Merkmale beziehen, die aus der Wiedergabe des Musters oder dem flächenmäßigen Musterabschnitt ersichtlich sind.

(2) Die Beschreibung eines Musters darf bis zu 100 Wörter enthalten und ist auf einem gesonderten Blatt einzureichen. Die Beschreibung muss aus fortlaufendem Text bestehen und darf keine grafischen oder sonstigen Gestaltungselemente enthalten. Bei Sammelanmeldungen (§ 12 des Geschmacksmustergesetzes) können die Beschreibungen nach Musternummern geordnet in einem Dokument zusammengefasst werden.

(3) Bei Verwendung digitaler Datenträger zur Einreichung der Wiedergabe (§ 6 Abs. 2) kann die Beschreibung im Format „*.txt" auf dem Datenträger gespeichert werden. Bei Sammelanmeldungen sind die Beschreibungen entsprechend Absatz 2 Satz 3 zusammenzufassen.

§ 10 Angaben bei Inanspruchnahme einer Priorität

(1) Wird in der Anmeldung die Inanspruchnahme der Priorität einer früheren ausländischen Anmeldung erklärt, so sind Zeit, Land und Aktenzeichen dieser Anmeldung anzugeben und eine Abschrift dieser Anmeldung einzureichen (§ 14 Abs. 1 Satz 1 des Geschmacksmustergesetzes).

(2) Wird die Inanspruchnahme einer Ausstellungspriorität erklärt, so sind der Tag der erstmaligen Zurschaustellung sowie die Ausstellung anzugeben. Zum Nachweis für die Zurschaustellung (§ 15 Abs. 3 Satz 1 des Geschmacksmustergesetzes) ist eine Bescheinigung einzureichen, die während der Ausstellung von der für den Schutz des geistigen Eigentums auf dieser Ausstellung zuständigen Stelle erteilt worden ist. In der Bescheinigung muss bestätigt werden, dass das Muster in das entsprechende Erzeugnis aufgenommen oder dabei verwendet und auf der Ausstellung offenbart wurde; sie muss außerdem den Tag der Eröffnung der Ausstellung enthalten und, wenn die erstmalige Offenbarung nicht mit dem Eröffnungstag der Ausstellung zusammenfällt, den Tag, an dem es erstmals offenbart wurde, angeben. Der Bescheinigung ist eine von der ge-

nannten Stelle beglaubigte Darstellung über die tatsächliche Offenbarung des Erzeugnisses beizufügen. Für die Bescheinigung soll das vom Deutschen Patent- und Markenamt herausgegebene Formblatt benutzt werden.

(3) Die Möglichkeit, die Angaben nach § 14 Abs. 1 Satz 2 des Geschmacksmustergesetzes zu ändern oder die Prioritätserklärung innerhalb von 16 Monaten nach dem Prioritätstag oder dem Tag der erstmaligen Zurschaustellung abzugeben (§ 14 Abs. 1 Satz 1, § 15 Abs. 3 Satz 1 des Geschmacksmustergesetzes), bleibt unberührt.

§ 11 Teilung einer Sammelanmeldung

(1) Eine Sammelanmeldung kann nach § 12 Abs. 2 des Geschmacksmustergesetzes in zwei oder mehrere Anmeldungen geteilt werden.

(2) In der Teilungserklärung sind anzugeben:

1. das Aktenzeichen der Sammelanmeldung und
2. die Nummern der Muster, die abgeteilt werden sollen.

(3) Ändern sich die Angaben nach § 5 Abs. 1 und 5 infolge einer Änderung in der Person des Anmelders oder Vertreters hinsichtlich eines Teils der Muster, so wird die Sammelanmeldung entsprechend geteilt.

(4) Die Teilung wird vorgenommen, wenn der nach § 12 Abs. 2 Satz 3 des Geschmacksmustergesetzes zu entrichtende Differenzbetrag gezahlt wurde.

§ 12 Weiterbehandlung

Ein Antrag nach § 17 Abs. 1 des Geschmacksmustergesetzes muss folgende Angaben enthalten:

1. das Aktenzeichen der Anmeldung,
2. den Namen des Anmelders und
3. das Datum des Beschlusses, auf den sich der Antrag bezieht.

§ 13 Eintragung der Anmeldung

(1) Zu der Anmeldung werden folgende Angaben in das Geschmacksmusterregister eingetragen:

1. das Aktenzeichen der Anmeldung,
2. der Name und der Wohnort oder Sitz des Anmelders, bei ausländischen Orten auch der Staat (§ 5 Abs. 1 und 4),
3. die Zustellungsanschrift mit einer Angabe zum Zustellungsempfänger,
4. der Anmeldetag (§ 13 Abs. 1 und § 16 Abs. 5 Satz 2 des Geschmacksmustergesetzes),
5. der Tag der Eintragung,
6. die Erzeugnisse (§ 8) und

7. die Warenklassen (§ 19 Abs. 2 des Geschmacksmustergesetzes), bestehend aus der Angabe der Klassen und Unterklassen.

(2) Gegebenenfalls werden folgende Angaben eingetragen:
1. der Name und die Anschrift des Vertreters (§ 5 Abs. 5),
2. der Name und die Anschrift des Entwerfers (§ 5 Abs. 6),
3. der Name und der Wohnort des benannten vertretungsberechtigten Gesellschafters einer Gesellschaft bürgerlichen Rechts (§ 5 Abs. 1 Nr. 2),
4. ein Hinweis, ob die Eintragung die Anmeldung eines einzelnen Musters oder eine Sammelanmeldung (§ 12 des Geschmacksmustergesetzes) betrifft. Bei Eintragung einer Sammelanmeldung wird ferner die Zahl der in der Anmeldung zusammengefassten Muster angegeben (§ 4 Abs. 2 Nr. 1),
5. die fortlaufende Nummerierung des Musters bei Sammelanmeldungen (§ 4 Abs. 2 Nr. 2 Buchstabe a),
6. (weggefallen)
7. die Beschreibung (§ 11 Abs. 4 Nr. 1 des Geschmacksmustergesetzes),
8. der Antrag auf Aufschiebung der Bekanntmachung der Wiedergabe (§ 21 Abs. 1 Satz 1 des Geschmacksmustergesetzes),
9. ein Hinweis auf die Ersetzung der Wiedergabe durch einen flächenmäßigen Musterabschnitt (§ 11 Abs. 2 Satz 2 des Geschmacksmustergesetzes),
10. Zeit, Land und Aktenzeichen der früheren Anmeldung desselben Musters bei Inanspruchnahme einer Priorität nach § 14 des Geschmacksmustergesetzes,
11. der Tag der erstmaligen Zurschaustellung und Bezeichnung der Ausstellung bei Inanspruchnahme einer Ausstellungspriorität nach § 15 des Geschmacksmustergesetzes,
12. die unverbindliche Erklärung über das Interesse an der Vergabe von Lizenzen,
13. dingliche Rechte (§ 30 Abs. 1 Nr. 1, § 32 des Geschmacksmustergesetzes),
14. Maßnahmen der Zwangsvollstreckung (§ 30 Abs. 1 Nr. 2, § 32 des Geschmacksmustergesetzes) und
15. ein Insolvenzverfahren (§ 30 Abs. 3, § 32 des Geschmacksmustergesetzes).

(3) Im Falle von Rechtsübergängen wird nur derjenige in das Register eingetragen, der zum Zeitpunkt der Eintragung des Geschmacksmusters Inhaber des durch die Anmeldung begründeten Rechts ist.

(4) Ist die Aufschiebung der Bekanntmachung der Wiedergabe nach § 21 Abs. 1 Satz 1 des Geschmacksmustergesetzes beantragt worden, so beschränkt sich die Eintragung der Anmeldung auf die Angaben nach Absatz 1 Nr. 1 bis 5, nach Absatz 2 Nummer 1, 3, 8, 12 bis 15 sowie den Prioritätstag nach Absatz 2 Nummer 10 und 11. Wird der Schutz auf die Schutzdauer nach § 27 Abs. 2 des Geschmacksmustergesetzes erstreckt (§ 21 Abs. 2 Satz 1 des Geschmacksmustergesetzes), so werden die übrigen Angaben eingetragen.

Anhang III

(5) Auf die Eintragung von typografischen Schriftzeichen finden Absatz 1 Nr. 6 und 7 und Absatz 2 Nr. 9 keine Anwendung.

§ 14 Bekanntmachung

Das Deutsche Patent- und Markenamt veröffentlicht:
1. regelmäßig erscheinende Übersichten über die in das Geschmacksmusterregister nach § 13 eingetragenen Tatsachen,
2. die Wiedergabe der Geschmacksmuster, soweit deren Bekanntmachung nicht nach § 21 Abs. 1 Satz 2 des Geschmacksmustergesetzes unterbleibt. Bei Sammeleintragungen werden die Darstellungen mit den fortlaufenden Nummern bekannt gemacht.

§ 15 Eintragungsurkunde

Die Eintragungsurkunde nach § 25 der DPMA-Verordnung enthält folgende Angaben:

1. das Aktenzeichen,
2. die Anzahl der Geschmacksmuster,
3. Angaben zum Rechtsinhaber,
4. den Anmeldetag,
5. den Eintragungstag,
6. Angaben zur Klassifikation und
7. die Erzeugnisse.

Abschnitt 3
Sonstige Verfahren

§ 16 Teilung einer Sammeleintragung

(1) Für die Teilung einer Sammeleintragung gilt § 11 Abs. 1 bis 3 entsprechend.

(2) Betrifft ein Antrag auf Eintragung eines Rechtsübergangs nach § 28 der DPMA-Verordnung nur einen Teil der in einer Sammeleintragung enthaltenen Geschmacksmuster, so sind diese Geschmacksmuster in dem Antrag anzugeben. Die Geschmacksmuster, die von dem Rechtsübergang erfasst sind, werden abgetrennt und in einer Teilungsakte weitergeführt.

§ 17 Angaben bei Erstreckung und Aufrechterhaltung

(1) Bei der Zahlung der Erstreckungsgebühr und der Bekanntmachungskosten sind anzugeben:

1. das Aktenzeichen der Eintragung,
2. der Verwendungszweck und
3. der Name des Rechtsinhabers nach § 5 Abs. 1.

(2) Soll die Erstreckung des Schutzes nur für einzelne Geschmacksmuster innerhalb einer Sammeleintragung bewirkt werden, so ist ein Antrag einzureichen, der folgende Angaben enthält:
1. das Aktenzeichen der Eintragung,
2. den Namen des Rechtsinhabers nach § 5 Abs. 1 und
3. die laufenden Nummern der Geschmacksmuster, deren Schutz erstreckt werden soll.

(3) Beantragt der Rechtsinhaber die Nachholung der Bekanntmachung der Wiedergabe vor Ablauf der Frist nach § 21 Abs. 1 Satz 1 des Geschmacksmustergesetzes, sind in dem Antrag anzugeben:
1. das Aktenzeichen der Eintragung,
2. der Name des Rechtsinhabers nach § 5 Abs. 1 und
3. der Zeitpunkt, zu dem die Bekanntmachung erfolgen soll.

(4) Bei der Zahlung der Aufrechterhaltungsgebühr sind die Absätze 1 und 2 entsprechend anzuwenden.

§ 17a Schutzverweigerung bei internationalen Eintragungen

Der Inhaber einer internationalen Eintragung nach § 66 des Geschmacksmustergesetzes kann zu der Mitteilung über die Schutzverweigerung (§ 69 Absatz 2 des Geschmacksmustergesetzes) innerhalb einer Frist von vier Monaten ab dem Tag, an dem das Internationale Büro die Mitteilung absendet, Stellung nehmen.

§ 17b Umschreibung internationaler Eintragungen

Das Deutsche Patent- und Markenamt erteilt auf Antrag des neuen Eigentümers die Bestätigung nach Regel 21 Absatz 1 Buchstabe b Ziffer ii der Gemeinsamen Ausführungsordnung zu den Fassungen des Haager Abkommens von 1999, 1960 und 1934 für die Umschreibung der internationalen Eintragung, sofern der neue Eigentümer die Rechtsnachfolge nachweist. § 28 Absatz 3 der DPMA-Verordnung gilt entsprechend.

Abschnitt 4
Verzicht, Löschung

§ 18 Verzicht

(1) In der Verzichtserklärung nach § 36 Abs. 1 Nr. 2 und Abs. 2 des Geschmacksmustergesetzes sind anzugeben:
1. das Aktenzeichen der Eintragung,
2. der Name und die Anschrift des Inhabers nach § 5 Abs. 1 und 4,

Anhang III

3. falls auf einzelne Geschmacksmuster innerhalb einer Sammeleintragung verzichtet wird (§ 36 Abs. 1 Nr. 2 des Geschmacksmustergesetzes), die Geschmacksmuster, die gelöscht werden sollen.

(2) Wird auf ein Geschmacksmuster teilweise verzichtet, so ist der Erklärung eine Wiedergabe des geänderten Geschmacksmusters nach § 6, im Falle des § 11 Abs. 2 Satz 2 des Geschmacksmustergesetzes ein geänderter flächenmäßiger Musterabschnitt nach § 7 beizufügen. Die Teilverzichtserklärung soll nicht mehr als 100 Wörter umfassen. Sie wird eingetragen und mit der Wiedergabe bekannt gemacht. Bei Sammeleintragungen ist für jedes Geschmacksmuster, auf das teilweise verzichtet wird, eine gesonderte Teilverzichtserklärung abzugeben.

(3) Für die nach § 36 Abs. 1 Nr. 2 des Geschmacksmustergesetzes erforderliche Zustimmung eines im Register eingetragenen Inhabers eines Rechts an dem Geschmacksmuster reicht die Abgabe einer von dieser Person oder ihrem Vertreter unterschriebenen Zustimmungserklärung aus. Eine Beglaubigung der Erklärung oder der Unterschrift ist nicht erforderlich.

§ 19 Löschung der Eintragung

Die Eintragung wird durch einen Vermerk im Geschmacksmusterregister gelöscht (§ 36 Abs. 1 des Geschmacksmustergesetzes).

Abschnitt 5
Weitere Registereintragungen, Übersetzungen

§ 20 Weitere Eintragungen in das Geschmacksmusterregister

Neben den nach dem Geschmacksmustergesetz und dieser Verordnung vorgeschriebenen Eintragungen werden folgende Angaben in das Geschmacksmusterregister eingetragen:

1. die Erstreckung des Schutzes auf die Schutzdauer nach § 27 Abs. 2 des Geschmacksmustergesetzes (§ 21 Abs. 2 Satz 1 des Geschmacksmustergesetzes),
2. falls die Bekanntmachung der Wiedergabe nachgeholt worden ist, der Tag der Bekanntmachung sowie der Hinweis auf die Bekanntmachung nach § 21 Abs. 1 Satz 2 des Geschmacksmustergesetzes (§ 21 Abs. 3 des Geschmacksmustergesetzes),
3. Änderungen der in § 13 Abs. 1 Nr. 2 und Abs. 2 Nr. 1 aufgeführten Angaben,
4. ein Antrag auf Wiedereinsetzung in den vorigen Stand (§ 23 Abs. 1 Satz 4 des Geschmacksmustergesetzes in Verbindung mit § 123 des Patentgesetzes) und dessen Gewährung,
5. die Teilung einer Sammeleintragung (§ 16) und

6. der Tag und der Grund der Löschung der Eintragung des Geschmacksmusters (§ 36 Abs. 1 des Geschmacksmustergesetzes).

§ 21 Deutsche Übersetzungen

(1) Deutsche Übersetzungen von Schriftstücken, die zu den Unterlagen der Anmeldung zählen, müssen von einem Rechtsanwalt oder Patentanwalt beglaubigt oder von einem öffentlich bestellten Übersetzer angefertigt sein. Die Unterschrift des Übersetzers ist öffentlich zu beglaubigen (§ 129 des Bürgerlichen Gesetzbuchs), ebenso die Tatsache, dass der Übersetzer für derartige Zwecke öffentlich bestellt ist.

(2) Deutsche Übersetzungen von

1. Prioritätsbelegen, die nach der revidierten Pariser Verbandsübereinkunft zum Schutz des gewerblichen Eigentums (BGBl. 1970 II S. 391) vorgelegt werden, oder
2. Abschriften früherer Anmeldungen (§ 14 Abs. 1 Satz 1 des Geschmacksmustergesetzes)

sind nur auf Anforderung des Deutschen Patent- und Markenamts einzureichen.

(3) Deutsche Übersetzungen von Schriftstücken, die

1. nicht zu den Unterlagen der Anmeldung zählen und
2. in englischer, französischer, italienischer oder spanischer Sprache eingereicht wurden,

sind nur auf Anforderung des Deutschen Patent- und Markenamts nachzureichen.

(4) Werden fremdsprachige Schriftstücke, die nicht zu den Unterlagen der Anmeldung zählen, in anderen Sprachen als in Absatz 3 Nr. 2 aufgeführt eingereicht, so sind Übersetzungen in die deutsche Sprache innerhalb eines Monats nach Eingang der Schriftstücke nachzureichen.

(5) Die Übersetzung nach Absatz 3 oder Absatz 4 muss von einem Rechtsanwalt oder Patentanwalt beglaubigt oder von einem öffentlich bestellten Übersetzer angefertigt sein. Wird die Übersetzung nicht fristgerecht eingereicht, so gilt das fremdsprachige Schriftstück als zum Zeitpunkt des Eingangs der Übersetzung zugegangen.

Abschnitt 6
Schlussvorschriften

§ 22 Aufbewahrung der Wiedergabe des Musters

Das Deutsche Patent- und Markenamt bewahrt die Wiedergabe des Musters (§ 6) auch nach der Löschung der Eintragung im Geschmacksmusterregister dauernd auf.

Anhang III

§ 23 Übergangsregelung aus Anlass des Inkrafttretens dieser Verordnung

...

§ 24 Übergangsregelung für künftige Änderungen

Für Geschmacksmusteranmeldungen, die vor Inkrafttreten von Änderungen dieser Verordnung eingereicht worden sind und noch nicht eingetragen sind, gelten die Vorschriften dieser Verordnung in ihrer bis dahin geltenden Fassung.

§ 25 Inkrafttreten, Außerkrafttreten

(1) Die Verordnung tritt am 1. Juni 2004 in Kraft.

(2) § 23 tritt am 1. Januar 2005 außer Kraft.

Anlage 1 (zu § 8 Abs. 1 Satz 1) Einteilung der Klassen und Unterklassen

(Fundstelle: Anlageband zum BGBl. I 2009, Nr. 19, S. 765 vom 15. April 2009, S. 2–13)

Anlage 2 (zu § 8 Abs. 1 Satz 1) Warenliste

(Fundstelle: Anlageband zum BGBl. I 2009, Nr. 19, S. 765 vom 15. April 2009, S. 14–91)

IV. Verordnung über das Deutsche Patent- und Markenamt (DPMA-Verordnung – DPMAV)

Auf Grund

– des § 27 Abs. 5, der §§ 28, 29 Abs. 3, des § 34 Abs. 6 und 8, des § 43 Abs. 8 Nr. 2 und des § 63 Abs. 4 des Patentgesetzes in der Fassung der Bekanntmachung vom 16. Dezember 1980 (BGBl. 1981 I S. 1), von denen § 27 Abs. 5 zuletzt durch Artikel 7 Nr. 10, § 29 Abs. 3 durch Artikel 7 Nr. 12, § 34 Abs. 6 und 8 durch Artikel 7 Nr. 16 Buchstabe a bis c sowie § 63 Abs. 4 zuletzt durch Artikel 7 Nr. 27 Buchstabe b Doppelbuchstabe bb des Gesetzes vom 13. Dezember 2001 (BGBl. I S. 3656) und § 28 durch Artikel 2 Abs. 7 Nr. 1 des Gesetzes vom 12. März 2004 (BGBl. I S. 390) geändert worden sind,
– des § 4 Abs. 4 und 7, § 10 Abs. 2 und des § 29 des Gebrauchsmustergesetzes in der Fassung der Bekanntmachung vom 28. August 1986 (BGBl. I S. 1455), von denen § 4 Abs. 4 und 7 durch Artikel 8 Nr. 1 Buchstabe a, c und d sowie § 10 Abs. 2 durch Artikel 8 Nr. 5 des Gesetzes vom 13. Dezember 2001 (BGBl. I S. 3656), § 29 durch Artikel 2 Abs. 8 Nr. 3 des Gesetzes vom 12. März 2004 (BGBl. I S. 390) geändert worden sind,
– des § 65 sowie des § 138 Abs. 2 des Markengesetzes vom 25. Oktober 1994 (BGBl. I S. 3084, 1995 I S. 156), von denen § 138 Abs. 2 durch Artikel 9 Nr. 32 des Gesetzes vom 13. Dezember 2001 (BGBl. I S. 3656) und § 65 Abs. 1 Nr. 1 durch Artikel 2 Abs. 9 Nr. 7 des Gesetzes vom 12. März 2004 (BGBl. I S. 390) geändert worden sind,
– des § 3 Abs. 3 und des § 4 Abs. 4 des Halbleiterschutzgesetzes vom 22. Oktober 1987 (BGBl. I S. 2294) in Verbindung mit § 10 Abs. 2 des Gebrauchsmustergesetzes in der Fassung der Bekanntmachung vom 28. August 1986 (BGBl. I S. 1455), von denen § 3 Abs. 3 durch Artikel 2 Abs. 15 des Gesetzes vom 12. März 2004 (BGBl. I S. 390) geändert worden ist, und
– des § 26 Abs. 1, 2 und 4 des Geschmacksmustergesetzes vom 12. März 2004 (BGBl. I S. 390)

sowie in Verbindung mit Artikel 28 des Gesetzes vom 16. Juli 1998 (BGBl. I S. 1827) und Artikel 29 des Gesetzes vom 13. Dezember 2001 (BGBl. I S. 3656) verordnet das Bundesministerium der Justiz:

Abschnitt 1
Organisation, Befugnisse

§ 1 Leitung, Aufsicht, Übertragung von Verordnungsermächtigungen

(1) Der Präsident oder die Präsidentin leitet und beaufsichtigt den gesamten Geschäftsbetrieb des Deutschen Patent- und Markenamts und wirkt auf die gleichmäßige Behandlung der Geschäfte und auf die Beachtung gleicher Grundsätze hin.

Anhang IV

(2) Die Ermächtigungen in § 27 Abs. 5, § 29 Abs. 3, § 34 Abs. 6 und 8 sowie in § 63 Abs. 4 des Patentgesetzes, in § 4 Abs. 4 und 7 sowie § 10 Abs. 2 des Gebrauchsmustergesetzes, in § 3 Abs. 3 sowie in § 4 Abs. 4 des Halbleiterschutzgesetzes in Verbindung mit § 10 Abs. 2 des Gebrauchsmustergesetzes, in § 65 Abs. 1 Nr. 2 bis 13 sowie § 138 Abs. 1 des Markengesetzes, in § 26 Absatz 1 Nummer 2 bis 8 und Abs. 2 des Geschmacksmustergesetzes werden auf das Deutsche Patent- und Markenamt übertragen.

§ 2 Prüfungsstellen und Patentabteilungen

(1) Der Präsident oder die Präsidentin bestimmt den Geschäftskreis der Prüfungsstellen und Patentabteilungen sowie die Vorsitzenden und stellvertretenden Vorsitzenden der Patentabteilungen und regelt das Verfahren zur Klassifizierung der Anmeldungen.

(2) Die Vorsitzenden der Patentabteilungen leiten die Geschäfte in den Verfahren vor ihren Patentabteilungen. In den Verfahren vor den Patentabteilungen übernimmt, soweit die jeweiligen Vorsitzenden nichts anderes bestimmt haben, ein Prüfer oder eine Prüferin die Berichterstattung. Die Berichterstattung umfasst den Vortrag in der Sitzung und die Vorbereitung der Beschlüsse und Gutachten. Die Vorsitzenden prüfen die Entwürfe der Beschlüsse und Gutachten für ihre Patentabteilung und stellen sie fest. Über sachliche Meinungsverschiedenheiten beschließt die jeweilige Patentabteilung.

(3) In Verfahren vor der Patentabteilung bedarf es der Beratung und Abstimmung in einer Sitzung für

1. Beschlüsse, durch die über die Aufrechterhaltung, den Widerruf oder die Beschränkung des Patents entschieden wird,
2. Beschlüsse über die Erteilung eines ergänzenden Schutzzertifikats oder die Zurückweisung der Zertifikatsanmeldung,
3. die Festsetzung der Vergütung nach § 23 Abs. 4 und 6 des Patentgesetzes,
4. Beschlüsse über die Gewährung von Verfahrenskostenhilfe für Verfahrensgebühren in Beschränkungs- und Einspruchsverfahren sowie über die Beiordnung eines Vertreters nach § 133 des Patentgesetzes,
5. Gutachten und Beschlüsse, durch welche die Abgabe eines Gutachtens abgelehnt wird.

Von einer Sitzung kann ausnahmsweise abgesehen werden, sofern die jeweils zuständigen Vorsitzenden sie nicht für erforderlich halten.

(4) Die Patentabteilungen entscheiden nach Stimmenmehrheit; bei Stimmengleichheit gibt die Stimme ihrer Vorsitzenden den Ausschlag.

§ 3 Gebrauchsmusterstelle und Gebrauchsmusterabteilungen

(1) Der Präsident oder die Präsidentin bestimmt den Geschäftskreis der Gebrauchsmusterstelle und der Gebrauchsmusterabteilungen sowie die Vorsitzen-

den und stellvertretenden Vorsitzenden der Gebrauchsmusterabteilungen und regelt das Verfahren zur Klassifizierung der Anmeldungen.

(2) Die Vorsitzenden der Gebrauchsmusterabteilungen leiten die Geschäfte in den Verfahren vor ihren Gebrauchsmusterabteilungen. In den Verfahren vor den Gebrauchsmusterabteilungen übernimmt, soweit die jeweiligen Vorsitzenden nichts anderes bestimmt haben, ein Prüfer oder eine Prüferin die Berichterstattung. Die Berichterstattung umfasst den Vortrag in der Sitzung und die Vorbereitung der Beschlüsse und Gutachten. Die Vorsitzenden prüfen die Entwürfe der Beschlüsse und Gutachten für ihre Gebrauchsmusterabteilung und stellen sie fest. Über sachliche Meinungsverschiedenheiten beschließt die jeweilige Gebrauchsmusterabteilung.

(3) In Verfahren vor der Gebrauchsmusterabteilung bedarf es der Beratung und Abstimmung in einer Sitzung für

1. Beschlüsse, durch die über den Löschungsantrag entschieden wird,
2. Gutachten und Beschlüsse, durch welche die Abgabe eines Gutachtens abgelehnt wird.

Von einer Sitzung kann ausnahmsweise abgesehen werden, sofern die jeweils zuständigen Vorsitzenden sie nicht für erforderlich halten.

(4) Die Gebrauchsmusterabteilungen entscheiden nach Stimmenmehrheit; bei Stimmengleichheit gibt die Stimme ihrer Vorsitzenden den Ausschlag.

§ 4 Topografiestelle und Topografieabteilung

(1) Der Präsident oder die Präsidentin bestimmt den Geschäftskreis der Topografiestelle und der Topografieabteilung sowie den oder die Vorsitzende und den oder die stellvertretende Vorsitzende der Topografieabteilung.

(2) Der oder die Vorsitzende der Topografieabteilung leitet die Geschäfte in den Verfahren vor der Topografieabteilung. In den Verfahren vor der Topografieabteilung übernimmt, soweit der oder die Vorsitzende nichts anderes bestimmt hat, ein technisches Mitglied die Berichterstattung. Die Berichterstattung umfasst den Vortrag in der Sitzung und die Vorbereitung der Beschlüsse und Gutachten. Der oder die Vorsitzende prüft die Entwürfe der Beschlüsse und Gutachten für die Topografieabteilung und stellt sie fest. Über sachliche Meinungsverschiedenheiten beschließt die Topografieabteilung.

(3) In Verfahren vor der Topografieabteilung bedarf es der Beratung und Abstimmung in einer Sitzung für

1. Beschlüsse, durch die über den Löschungsantrag entschieden wird, und
2. Gutachten und Beschlüsse, durch welche die Abgabe eines Gutachtens abgelehnt wird.

Von einer Sitzung kann ausnahmsweise abgesehen werden, sofern der oder die Vorsitzende sie nicht für erforderlich hält.

Anhang IV

(4) Die Topografieabteilung entscheidet nach Stimmenmehrheit; bei Stimmengleichheit gibt die Stimme des oder der Vorsitzenden den Ausschlag.

§ 5 Markenstellen und Markenabteilungen

(1) Der Präsident oder die Präsidentin bestimmt den Geschäftskreis der Markenstellen und Markenabteilungen sowie die Vorsitzenden und stellvertretenden Vorsitzenden der Markenabteilungen und regelt das Verfahren zur Klassifizierung der Anmeldungen.

(2) Die Vorsitzenden der Markenabteilungen leiten die Geschäfte in den Verfahren vor ihren Markenabteilungen; sie bestimmen die weiteren Mitglieder und die Berichterstatter.

(3) In Verfahren vor der Markenabteilung bedarf es der Beratung und Abstimmung in einer Sitzung für

1. Beschlüsse nach den §§ 54 und 57 des Markengesetzes und
2. Aufgaben der Markenabteilungen, die nicht von den Vorsitzenden allein bearbeitet werden oder von ihnen an Angehörige der Markenabteilung nach § 56 Abs. 3 Satz 3 des Markengesetzes übertragen worden sind.

Von der Beratung kann abgesehen werden, wenn die jeweils zuständigen Vorsitzenden sie nicht für erforderlich halten.

(4) Die Markenabteilungen entscheiden nach Stimmenmehrheit; bei Stimmengleichheit gibt die Stimme ihrer Vorsitzenden den Ausschlag.

§ 6 Geschmacksmusterstelle

Der Präsident oder die Präsidentin bestimmt den Geschäftskreis der Geschmacksmusterstelle und regelt das Verfahren zur Klassifizierung der Anmeldungen.

Abschnitt 2
Verfahrensvorschriften

§ 7 DIN-Normen

DIN-Normen, auf die in dieser Verordnung verwiesen wird, sind im Beuth-Verlag GmbH, Berlin und Köln, erschienen und beim Deutschen Patent- und Markenamt in München archivmäßig gesichert niedergelegt.

§ 8 Behandlung von Eingängen, Empfangsbescheinigung

(1) Auf den Geschäftssachen wird der Tag des Eingangs vermerkt.

(2) Bei Schutzrechtsanmeldungen übermittelt das Deutsche Patent- und Markenamt dem Anmelder unverzüglich eine Empfangsbescheinigung, die das an-

Anhang IV

gemeldete Schutzrecht bezeichnet und das Aktenzeichen der Anmeldung sowie den Tag des Eingangs der Anmeldung angibt.

§ 9 Formblätter

(1) Das Deutsche Patent- und Markenamt gibt für Schutzrechtsanmeldungen und andere Anträge Formblätter heraus, die in Papier oder elektronischer Form zur Verfügung gestellt werden. Die Formblätter sollen verwendet werden, soweit dies nicht ohnehin zwingend vorgeschrieben ist. Anstelle der vom Deutschen Patent- und Markenamt zur Verfügung gestellten oder zwingend vorgeschriebenen Formblätter können Formblätter gleichen Inhalts und vergleichbaren Formats verwendet werden, wie zum Beispiel mittels elektronischer Datenverarbeitung erstellte oder bearbeitete Formblätter.

(2) Formblätter sollen so ausgefüllt sein, dass sie die maschinelle Erfassung und Bearbeitung gestatten.

(3) Die in Verordnungen des Deutschen Patent- und Markenamts zwingend vorgeschriebenen Formblätter werden im Blatt für Patent-, Muster- und Zeichenwesen bekannt gemacht.

§ 10 Originale

(1) Originale von Anträgen und Eingaben sind unterschrieben einzureichen.

(2) Für die Schriftstücke ist dauerhaftes, nicht durchscheinendes Papier im Format DIN A4 zu verwenden. Die Schrift muss leicht lesbar und dokumentenecht sein. Vom oberen und vom linken Seitenrand jedes Blattes ist ein Randabstand von mindestens 2,5 Zentimeter einzuhalten. Die Blätter eines Schriftstücks sollen fortlaufend nummeriert sein.

§ 11 Übermittlung durch Telefax

(1) Das unterschriebene Original kann auch durch Telefax übermittelt werden.

(2) Das Deutsche Patent- und Markenamt kann die Wiederholung der Übermittlung durch Telefax oder das Einreichen des Originals verlangen, wenn es begründete Zweifel an der Vollständigkeit der Übermittlung oder der Übereinstimmung des Originals mit dem übermittelten Telefax hat oder wenn die Qualität der Wiedergabe den Anforderungen des Deutschen Patent- und Markenamts nicht entspricht.

§ 12 Einreichung elektronischer Dokumente

Elektronische Dokumente sind nach Maßgabe der Verordnung über den elektronischen Rechtsverkehr beim Deutschen Patent- und Markenamt vom 26. September 2006 (BGBl. I S. 2159) in ihrer jeweils geltenden Fassung einzureichen.

§ 13 Vertretung

(1) Beteiligte können sich in jeder Lage des Verfahrens durch Bevollmächtigte vertreten lassen.

(2) Die Bevollmächtigung eines Zusammenschlusses von Vertretern gilt, wenn nicht einzelne Personen, die in dem Zusammenschluss tätig sind, ausdrücklich als Vertreter bezeichnet sind, als Bevollmächtigung aller in dem Zusammenschluss tätigen Vertreter.

§ 14 Mehrere Beteiligte, mehrere Vertreter

(1) Falls mehrere Personen ohne gemeinsamen Vertreter gemeinschaftlich an einem Verfahren beteiligt oder mehrere Vertreter mit unterschiedlicher Anschrift bestellt sind, ist anzugeben, wer für alle Beteiligten als zustellungs- und empfangsbevollmächtigt bestimmt ist; diese Erklärung ist von allen Anmeldern oder Vertretern zu unterzeichnen. Fehlt eine solche Angabe, so gilt die Person als zustellungs- und empfangsbevollmächtigt, die zuerst genannt ist.

(2) Falls von einem Beteiligten mehrere Vertreter bestellt sind, ist anzugeben, welcher dieser Vertreter als zustellungs- und empfangsbevollmächtigt bestimmt ist. Fehlt eine solche Bestimmung, so ist derjenige Vertreter zustellungs- und empfangsbevollmächtigt, der zuerst genannt ist.

(3) Absatz 2 gilt entsprechend, wenn mehrere gemeinschaftlich an einem Verfahren beteiligte Personen mehrere Vertreter als gemeinsame Vertreter bestimmt haben.

(4) Die Absätze 2 und 3 gelten nicht, wenn ein Zusammenschluss von Vertretern mit der Vertretung beauftragt worden ist. In diesem Fall reicht die Angabe des Namens des Zusammenschlusses aus. Hat ein solcher Zusammenschluss mehrere Anschriften, so ist anzugeben, welche Anschrift maßgebend ist. Fehlt eine solche Angabe, so ist diejenige Anschrift maßgebend, die zuerst genannt ist.

§ 15 Vollmachten

(1) Bevollmächtigte, soweit sie nicht nur zum Empfang von Zustellungen oder Mitteilungen ermächtigt sind, haben beim Deutschen Patent- und Markenamt eine vom Auftraggeber unterschriebene Vollmachtsurkunde einzureichen. Eine Beglaubigung der Vollmachtsurkunde oder der Unterschrift ist nicht erforderlich.

(2) Die Vollmacht kann sich auf mehrere Anmeldungen, auf mehrere eingetragene Schutzrechte oder auf mehrere Verfahren erstrecken. Die Vollmacht kann sich auch als „Allgemeine Vollmacht" auf die Bevollmächtigung zur Vertretung in allen das jeweilige Schutzrecht betreffenden Angelegenheiten erstrecken. In den in den Sätzen 1 und 2 genannten Fällen muss die Vollmachtsurkunde nur in einem Exemplar eingereicht werden.

(3) Vollmachtsurkunden müssen auf prozessfähige, mit ihrem bürgerlichen Namen bezeichnete Personen lauten. Die Bevollmächtigung eines Zusammenschlusses von Vertretern unter Angabe des Namens dieses Zusammenschlusses ist zulässig.

(4) Das Deutsche Patent- und Markenamt hat das Fehlen einer Vollmacht oder Mängel der Vollmacht von Amts wegen zu berücksichtigen, wenn nicht Rechtsanwälte, Patentanwälte, Erlaubnisscheininhaber oder in den Fällen des § 155 der Patentanwaltsordnung Patentassessoren als Bevollmächtigte auftreten.

§ 16 Kennnummern für Anmelder, Vertreter und Angestelltenvollmachten

Zur Erleichterung der Bearbeitung von Anmeldungen teilt das Deutsche Patent- und Markenamt den Anmeldern, den Vertretern und den eingereichten Angestelltenvollmachten Kennnummern zu, die in den vom Deutschen Patent- und Markenamt herausgegebenen Formularen angegeben werden sollen.

§ 17 Sonstige Erfordernisse für Anträge und Eingaben

(1) Nach Mitteilung des Aktenzeichens ist dieses auf allen Anträgen und Eingaben anzugeben. Auf allen Bestandteilen einer an das Deutsche Patent- und Markenamt gerichteten Sendung ist anzugeben, zu welchem Antrag oder zu welcher Eingabe sie gehören.

(2) Sind in mehrseitigen Verfahren vor dem Deutschen Patent- und Markenamt mehrere Parteien beteiligt, so sind allen Schriftstücken Abschriften für die übrigen Beteiligten beizufügen. Kommt ein Beteiligter dieser Verpflichtung nicht nach, so steht es im Ermessen des Deutschen Patent- und Markenamts, ob es die erforderliche Zahl von Abschriften auf Kosten dieses Beteiligten anfertigt oder dazu auffordert, Abschriften nachzureichen.

§ 18 Fristen

(1) Die vom Deutschen Patent- und Markenamt bestimmten oder auf Antrag gewährten Fristen sollen mindestens einen Monat, bei Beteiligten, die im Inland weder Sitz, Niederlassung oder Wohnsitz haben, mindestens zwei Monate betragen.

(2) Eine Fristverlängerung kann bei Angabe von ausreichenden Gründen gewährt werden.

(3) Weitere Fristverlängerungen werden nur gewährt, wenn ein berechtigtes Interesse glaubhaft gemacht wird. In Verfahren mit mehreren Beteiligten soll außerdem das Einverständnis der anderen Beteiligten glaubhaft gemacht werden.

§ 19 Entscheidung nach Lage der Akten

(1) Über Anträge oder Erinnerungen ohne Begründung kann im einseitigen Verfahren nach Ablauf von einem Monat nach Eingang nach Lage der Akten

entschieden werden, wenn in dem Antrag oder der Erinnerung keine spätere Begründung oder eine spätere Begründung ohne Antrag auf Gewährung einer Frist nach § 18 angekündigt worden ist.

(2) Über Anträge, Widersprüche oder Erinnerungen ohne Begründung kann im mehrseitigen Verfahren nach Lage der Akten entschieden werden, wenn in dem Antrag, dem Widerspruch oder der Erinnerung keine spätere Begründung oder eine spätere Begründung ohne Antrag auf Gewährung einer Frist nach § 18 angekündigt worden ist und wenn der andere Beteiligte innerhalb der Fristen des § 18 Abs. 1 keine Stellungnahme abgibt oder eine spätere Stellungnahme ohne Antrag auf Gewährung einer Frist nach § 18 ankündigt. Wird der Antrag, der Widerspruch oder die Erinnerung zurückgewiesen, muss eine Stellungnahme der anderen Beteiligten nicht abgewartet werden.

§ 20 Form der Ausfertigungen

(1) Ausfertigungen von Beschlüssen, Bescheiden und sonstigen Mitteilungen enthalten in der Kopfzeile die Angabe „Deutsches Patent- und Markenamt" und am Schluss die Bezeichnung der zuständigen Stelle oder Abteilung.

(2) Ausfertigungen von Beschlüssen, Bescheiden und sonstigen Mitteilungen enthalten den Namen und gegebenenfalls die Dienstbezeichnung der Person, die den Beschluss, Bescheid oder die Mitteilung unterzeichnet hat und werden von der Person unterschrieben, die die Ausfertigung hergestellt hat. Der Unterschrift steht ein Namensabdruck zusammen mit einem Abdruck des Dienstsiegels des Deutschen Patent- und Markenamts gleich.

(3) Formlose EDV-Mitteilungen enthalten in der Kopfzeile die Angabe „Deutsches Patent- und Markenamt", den Hinweis, dass die Mitteilung maschinell erstellt wurde und nicht unterschrieben wird, und die Angabe der zuständigen Stelle.

§ 21 Zustellung und formlose Übersendung

(1) Soweit durch Gesetz oder Rechtsverordnung eine Zustellung nicht vorgesehen ist, werden Bescheide und sonstige Mitteilungen des Deutschen Patent- und Markenamts formlos übersandt.

(2) Als formlose Übermittlung gilt auch die Übersendung durch Telefax.

§ 22 Akteneinsicht

(1) Über den Antrag auf Einsicht in die Akten sowie in die zu den Akten gehörenden Muster, Modelle und Probestücke nach § 31 Abs. 1 Satz 1 des Patentgesetzes, § 8 Abs. 5 Satz 2 des Gebrauchsmustergesetzes, § 4 Abs. 3 des Halbleiterschutzgesetzes in Verbindung mit § 8 Abs. 5 Satz 2 des Gebrauchsmustergesetzes, § 62 Abs. 1 und 2 des Markengesetzes sowie § 22 Satz 2 des Geschmacksmustergesetzes entscheidet die Stelle des Deutschen Patent- und Mar-

kenamts, die für die Bearbeitung der Sache, über welche die Akten geführt werden, zuständig ist oder, sofern die Bearbeitung abgeschlossen ist, zuletzt zuständig war, sofern nicht durch Gesetz oder Rechtsverordnung etwas anderes bestimmt ist.

(2) Die Einsicht in das Original der Akten von Anmeldungen und von eingetragenen Schutzrechten wird nur in den Dienstgebäuden des Deutschen Patent- und Markenamts gewährt. Auf Antrag wird Akteneinsicht durch die Erteilung von Kopien oder beglaubigten Kopien der gesamten Akten oder von Teilen der Akten gewährt.

(3) Soweit der Inhalt von Akten des Deutschen Patent- und Markenamts auf Mikrofilm aufgenommen ist, wird Einsicht in die Akten dadurch gewährt, dass der Mikrofilm zur Verfügung gestellt wird.

(4) Flächenmäßige Musterabschnitte können abweichend von Absatz 2 nur bei der mit der Führung des Geschmacksmusterregisters beauftragten Stelle des Deutschen Patent- und Markenamts eingesehen werden. Satz 1 gilt auch für Modelle, die nach § 7 Abs. 6 des Geschmacksmustergesetzes in seiner bis zum 1. Juni 2004 geltenden Fassung eingereicht worden sind.

§ 23 Auskünfte

(1) Das Deutsche Patent- und Markenamt kann ausländischen oder zwischenstaatlichen Behörden Auskünfte aus Akten von Patentanmeldungen zur gegenseitigen Unterrichtung über das Ergebnis von Prüfungsverfahren und von Ermittlungen zum Stand der Technik erteilen, soweit es sich um Anmeldungen von Erfindungen handelt, für die auch bei diesen ausländischen oder zwischenstaatlichen Behörden die Erteilung eines Patents beantragt worden ist.

(2) In Geschmacksmustersachen führt das Deutsche Patent- und Markenamt auf schriftlichen Antrag eine Recherche anhand des Namens des Rechtsinhabers durch und erteilt über das Ergebnis Auskunft. Der Antrag, in dem der Name und der Wohnort oder Sitz des Rechtsinhabers anzugeben sind, kann auf einzelne Warenklassen und auf einen Zeitraum beschränkt werden, in dem die Anmeldungen eingereicht worden sind. Die Auskunft enthält folgende Angaben:

1. den Namen des Rechtsinhabers, seinen Wohnort oder Sitz, bei ausländischen Orten auch den Staat,
2. den Tag der Anmeldung des Musters,
3. das Aktenzeichen der Eintragung,
4. die Erzeugnisse,
5. die Warenklassen,
6. den Tag der Eintragung und
7. den Tag der Bekanntmachung der Eintragung.

Anhang IV

Die Auskunft über die nach § 7 des Geschmacksmustergesetzes in seiner bis zum 1. Juni 2004 geltenden Fassung eingetragenen Geschmacksmuster enthält anstelle der Erzeugnisse die Bezeichnung der Anmeldung.

§ 24 Verfahrenskostenhilfe

(1) Über den Antrag auf Gewährung von Verfahrenskostenhilfe nach § 135 des Patentgesetzes entscheidet nach dessen § 27 Abs. 1 Nr. 2 und Abs. 4 die Patentabteilung.

(2) Über den Antrag auf Gewährung von Verfahrenskostenhilfe nach § 21 Abs. 2 des Gebrauchsmustergesetzes in Verbindung mit § 135 des Patentgesetzes, nach § 11 Abs. 2 des Halbleiterschutzgesetzes in Verbindung mit § 21 Abs. 2 des Gebrauchsmustergesetzes und § 135 des Patentgesetzes sowie nach § 24 des Geschmacksmustergesetzes entscheidet die Stelle des Deutschen Patent- und Markenamts, die für die Bearbeitung der Sache zuständig ist oder, sofern das Schutzrecht bereits eingetragen ist, zuletzt zuständig war, sofern nicht durch Rechtsverordnung etwas anderes bestimmt ist.

§ 25 Urkunden, Schmuckurkunden

(1) Das Deutsche Patent- und Markenamt fertigt für die Schutzrechtsinhaber gedruckte Urkunden über die Erteilung des Patents, die Eintragung des Gebrauchsmusters, der Marke, des Geschmacksmusters sowie des Schutzes der Topografie in das jeweilige Register.

(2) Den Patentinhabern wird auf Antrag eine kostenpflichtige Schmuckurkunde ausgefertigt.

§ 26 Berichtigung der Register und Veröffentlichungen

(1) In dem Berichtigungsantrag sind anzugeben:
1. das Aktenzeichen des Schutzrechts,
2. der Name und die Anschrift des Inhabers des Schutzrechts,
3. falls der Inhaber des Schutzrechts einen Vertreter bestellt hat, der Name und die Anschrift des Vertreters,
4. die Bezeichnung des Fehlers, der berichtigt werden soll,
5. die einzutragende Berichtigung.

(2) Enthalten mehrere Eintragungen von Schutzrechten desselben Inhabers denselben Fehler, so kann der Antrag auf Berichtigung dieses Fehlers für alle Eintragungen gemeinsam gestellt werden.

(3) Die Absätze 1 und 2 sind entsprechend auf die Berichtigung von Veröffentlichungen anzuwenden.

§ 27 Änderungen von Namen oder Anschriften

(1) In dem Antrag auf Eintragung von Änderungen des Namens oder der Anschrift des Inhabers eines eingetragenen Schutzrechts sind anzugeben:
1. das Aktenzeichen des Schutzrechts,
2. der Name, der Sitz und die Zustellungsanschrift des Inhabers des Schutzrechts in der im Register eingetragenen Form,
3. falls der Inhaber des Schutzrechts einen Vertreter bestellt hat, der Name, der Sitz und die Zustellungsanschrift des Vertreters,
4. der Name, der Sitz und die Zustellungsanschrift in der neu in das Register einzutragenden Form.

(2) Betrifft die Änderung mehrere eingetragene Schutzrechte desselben Inhabers, so kann der Antrag auf Eintragung der Änderung für alle Schutzrechte gemeinsam gestellt werden.

(3) Die Absätze 1 und 2 sowie § 13 sind entsprechend auf Anträge zur Eintragung von Änderungen des Namens oder der Anschrift eines Vertreters oder eines Zustellungsbevollmächtigten anzuwenden.

§ 28 Eintragung eines Rechtsübergangs

(1) Der Antrag auf Eintragung eines Rechtsübergangs nach § 30 Abs. 3 des Patentgesetzes, § 8 Abs. 4 des Gebrauchsmustergesetzes, § 4 Abs. 2 des Halbleiterschutzgesetzes in Verbindung mit § 8 Abs. 4 des Gebrauchsmustergesetzes, § 27 Abs. 3 des Markengesetzes und § 29 Abs. 3 des Geschmacksmustergesetzes soll unter Verwendung des vom Deutschen Patent- und Markenamt herausgegebenen Formblatts gestellt werden.

(2) In dem Antrag sind anzugeben:
1. das Aktenzeichen des Schutzrechts,
2. der Name, der Sitz und die Zustellungsanschrift des Inhabers des Schutzrechts in der im Register eingetragenen Form,
3. Angaben über die Rechtsnachfolger entsprechend § 4 Abs. 2 Nr. 1, Abs. 3 der Patentverordnung, § 3 Abs. 2 Nr. 1, Abs. 3 der Gebrauchsmusterverordnung, § 5 Abs. 1 bis 4 der Markenverordnung, § 5 Abs. 1 bis 4 der Geschmacksmusterverordnung und § 3 Abs. 1 Nr. 5, Abs. 2, 5 Nr. 1 und 2 der Halbleiterschutzverordnung,
4. falls die Rechtsnachfolger einen Vertreter bestellt haben, der Name und die Anschrift des Vertreters nach Maßgabe des § 13.

(3) Für den Nachweis des Rechtsübergangs reicht es aus,
1. dass der Antrag von den eingetragenen Inhabern oder ihren Vertretern und von den Rechtsnachfolgern oder ihren Vertretern unterschrieben ist oder
2. dass dem Antrag, wenn er von den Rechtsnachfolgern gestellt wird,

Anhang IV

a) eine von den eingetragenen Inhabern oder ihren Vertretern unterschriebene Erklärung beigefügt ist, dass sie der Eintragung der Rechtsnachfolge zustimmen, oder

b) Unterlagen beigefügt sind, aus denen sich die Rechtsnachfolge ergibt, wie zum Beispiel ein Übertragungsvertrag oder eine Erklärung über die Übertragung, wenn die entsprechenden Unterlagen von den eingetragenen Inhabern oder ihren Vertretern und von den Rechtsnachfolgern oder ihren Vertretern unterschrieben sind.

(4) Für die in Absatz 3 Nr. 2 genannten Erklärungen sollen die vom Deutschen Patent- und Markenamt herausgegebenen Formblätter verwendet werden. Für den in Absatz 3 Nr. 2 Buchstabe b genannten Übertragungsvertrag kann ebenfalls das vom Deutschen Patent- und Markenamt herausgegebene Formblatt verwendet werden.

(5) In den Fällen des Absatzes 3 ist eine Beglaubigung der Erklärung oder der Unterschriften nicht erforderlich.

(6) Das Deutsche Patent- und Markenamt kann in den Fällen des Absatzes 3 weitere Nachweise verlangen, wenn sich begründete Zweifel an dem Rechtsübergang ergeben.

(7) Der Nachweis des Rechtsübergangs auf andere Weise als nach Absatz 3 bleibt unberührt.

(8) Der Antrag auf Eintragung des Rechtsübergangs kann für mehrere Schutzrechte gemeinsam gestellt werden.

§ 29 Eintragung von dinglichen Rechten

(1) Dem Antrag auf Eintragung einer Verpfändung oder eines sonstigen dinglichen Rechts an dem durch die Eintragung eines gewerblichen Schutzrechts begründeten Rechts sind die erforderlichen Nachweise beizufügen.

(2) Beim Übergang von dinglichen Rechten ist § 28 Abs. 2 bis 8 entsprechend anzuwenden.

§ 30 Maßnahmen der Zwangsvollstreckung, Insolvenzverfahren

(1) Der Antrag auf Eintragung einer Maßnahme der Zwangsvollstreckung in das Register kann vom Inhaber des eingetragenen Schutzrechts oder von demjenigen, der die Zwangsvollstreckung betreibt, gestellt werden. Dem Antrag sind die erforderlichen Nachweise beizufügen.

(2) Dem Antrag auf Eintragung eines Insolvenzverfahrens in das Register sind die erforderlichen Nachweise beizufügen.

§ 31 Aufbewahrung von eingereichten Gegenständen oder Unterlagen

Über Muster, Modelle, Probestücke und ähnliche der Anmeldung beigefügte Unterlagen, deren Rückgabe nicht beantragt worden ist, verfügt der Präsident oder die Präsidentin,

1. wenn die Anmeldung des Patents, der Topografie, der Marke oder des Geschmacksmusters zurückgewiesen oder zurückgenommen worden ist, nach Ablauf eines Jahres nach unanfechtbarer Zurückweisung oder Zurücknahme;
2. wenn das Patent erteilt oder widerrufen worden ist, nach Ablauf eines Jahres nach Eintritt der Unanfechtbarkeit des Beschlusses über die Erteilung oder den Widerruf;
3. wenn die Topografie eingetragen worden ist, nach Ablauf von drei Jahren nach Beendigung der Schutzfrist;
4. wenn die Marke eingetragen worden ist, nach Ablauf eines Jahres nach Eintragung oder, wenn Widerspruch eingelegt worden ist, nach Ablauf eines Jahres nach dem Eintritt der Unanfechtbarkeit der Entscheidung über den Widerspruch;
5. wenn das Geschmacksmuster eingetragen worden ist, nach Ablauf von drei Jahren nach Beendigung der Schutzfrist.

Abschnitt 3
Schlussvorschriften

§ 32 Übergangsregelung aus Anlass des Inkrafttretens dieser Verordnung

Für Anträge, die vor Inkrafttreten dieser Verordnung eingereicht worden sind, finden die Vorschriften der Verordnung über das Deutsche Patent- und Markenamt vom 5. September 1968 (BGBl. I S. 997), zuletzt geändert durch Artikel 24 des Gesetzes vom 13. Dezember 2001 (BGBl. I S. 3656), weiter Anwendung.

§ 33 Übergangsregelung für künftige Änderungen

Für Anträge, die vor Inkrafttreten von Änderungen dieser Verordnung eingereicht worden sind, gelten die Vorschriften dieser Verordnung jeweils in ihrer bis dahin geltenden Fassung.

§ 34 Inkrafttreten, Außerkrafttreten

(1) Diese Verordnung tritt vorbehaltlich des Absatzes 2 am 1. Juni 2004 in Kraft.

(2) § 1 Abs. 2 tritt am Tage nach der Verkündung in Kraft.

V. Gesetz zum Wiener Abkommen vom 12. Juni 1973 über den Schutz typografischer Schriftzeichen und ihre internationale Hinterlegung (Schriftzeichengesetz)

Artikel 1 Zustimmung zum Wiener Abkommen

(1) Dem in Wien am 12. Juni 1973 von der Bundesrepublik Deutschland unterzeichneten Wiener Abkommen über den Schutz typografischer Schriftzeichen und ihre internationale Hinterlegung einschließlich der Ausführungsordnung sowie dem Beitritt zum Protokoll vom 12. Juni 1973 zu diesem Abkommen wird zugestimmt. Das Abkommen sowie die Ausführungsordnung und das Protokoll zu dem Abkommen werden nachstehend veröffentlicht.

(2) Änderungen der Ausführungsordnung nach Artikel 29 Abs. 3 des Abkommens sind im Bundesgesetzblatt bekanntzumachen.

Artikel 2 Wirkung einer internationalen Anmeldung

Eine internationale Hinterlegung und Eintragung auf Grund des Wiener Abkommens vom 12. Juni 1973 über den Schutz typografischer Schriftzeichen und ihre internationale Hinterlegung gilt im Geltungsbereich dieses Gesetzes als Anmeldung nach den Vorschriften des Geschmacksmustergesetzes vom 12. März 2004 (BGBl. I S. 390).

Artikel 3 Schlußvorschriften

(1) Dieses Gesetz tritt am Tage nach seiner Verkündung in Kraft. Jedoch tritt Artikel 2 an dem Tage in Kraft, an dem das in Artikel 1 genannte Abkommen nach seinem Artikel 35 für die Bundesrepublik Deutschland in Kraft tritt.

(2) Der Tag, an dem das in Artikel 1 genannte Abkommen nach seinem Artikel 35 für die Bundesrepublik Deutschland in Kraft tritt, ist im Bundesgesetzblatt bekanntzugeben.

VI. Verordnung (EG) Nr. 1383/2003 des Rates vom 22. Juli 2003 über das Vorgehen der Zollbehörden gegen Waren, die im Verdacht stehen, bestimmte Rechte geistigen Eigentums zu verletzen, und die Maßnahmen gegenüber Waren, die erkanntermaßen derartige Rechte verletzen

DER RAT DER EUROPÄISCHEN UNION –

gestützt auf den Vertrag zur Gründung der Europäischen Gemeinschaft, insbesondere auf Artikel 133,

auf Vorschlag der Kommission,

in Erwägung nachstehender Gründe:

(1) Um das Funktionieren des Systems zu verbessern, das mit der Verordnung (EG) Nr. 3295/94 des Rates vom 22. Dezember 1994 über Maßnahmen zum Verbot der Überführung nachgeahmter Waren und unerlaubt hergestellter Vervielfältigungsstücke oder Nachbildungen in den zollrechtlich freien Verkehr oder in ein Nichterhebungsverfahren sowie zum Verbot ihrer Ausfuhr und Wiederausfuhr eingeführt wurde, sind aus den Erfahrungen mit der Anwendung der genannten Verordnung Folgerungen zu ziehen. Im Interesse der Klarheit sollte die Verordnung (EG) Nr. 3295/94 aufgehoben und ersetzt werden.

(2) Durch das Inverkehrbringen nachgeahmter und unerlaubt hergestellter Waren und allgemein durch das Inverkehrbringen von Waren, die Rechte geistigen Eigentums verletzen, wird den rechtstreuen Herstellern und Händlern sowie den Rechtsinhabern erheblicher Schaden zugefügt; außerdem werden die Verbraucher getäuscht und mitunter Gefahren für ihre Gesundheit und ihre Sicherheit ausgesetzt. Daher sollte soweit wie möglich verhindert werden, dass solche Waren auf den Markt gelangen, und es sollten Maßnahmen zur wirksamen Bekämpfung dieser illegalen Praktiken ergriffen werden, ohne jedoch den rechtmäßigen Handel in seiner Freiheit zu beeinträchtigen. Dieses Ziel steht im Einklang mit Anstrengungen auf internationaler Ebene, die derzeit unternommen werden.

(3) In Fällen, in denen das Ursprungs- oder Herkunftsland der nachgeahmten Waren, der unerlaubt hergestellten Waren und allgemein der Waren, die ein Recht geistigen Eigentums verletzen, ein Drittstaat ist, sollten ihr Verbringen in das Zollgebiet der Gemeinschaft einschließlich der Umladung, ihre Überführung in den zollrechtlich freien Verkehr der Gemeinschaft, ihre Überführung in ein Nichterhebungsverfahren und ihr Verbringen in eine Freizone oder ein Freilager verboten und ein geeignetes Verfahren eingeführt werden, um die Zollbehörden in die Lage zu versetzen, die Einhaltung dieses Verbots unter den bestmöglichen Bedingungen zu gewährleisten.

(4) Die Zollbehörden sollten auch tätig werden können, wenn nachgeahmte Waren, unerlaubt hergestellte Waren und Waren, die bestimmte Rechte geistigen Eigentums verletzen, ausgeführt, wiederausgeführt oder aus dem Zollgebiet der Gemeinschaft verbracht werden.

(5) Das Tätigwerden der Zollbehörden sollte darin bestehen, im Fall von Waren, die im Verdacht stehen, nachgeahmte oder unerlaubt hergestellte Waren oder Waren zu sein, die bestimmte Rechte geistigen Eigentums verletzen, für die Zeit, die für die Feststellung erforderlich ist, ob es sich tatsächlich um solche Waren handelt, entweder die Überlassung dieser Waren zur Überführung in den zollrechtlich freien Verkehr, zur Ausfuhr oder zur Wiederausfuhr auszusetzen oder diese Waren zurückzuhalten, wenn sie im Rahmen eines Nichterhebungsverfahrens, beim Verbringen in eine Freizone oder ein Freilager, bei einer Wiederausfuhr, für welche die Mitteilung genügt, oder beim Verbringen in das Zollgebiet oder aus dem Zollgebiet entdeckt werden.

(6) Die Angaben in dem Antrag auf Tätigwerden, wie z.B. seine Geltungsdauer und seine Form, müssen für alle Mitgliedstaaten harmonisiert werden. Dasselbe gilt auch für die Voraussetzungen für die Annahme des Antrags durch die Zollbehörden und die Dienststelle, die dafür zuständig sind, ihn entgegenzunehmen, zu bearbeiten und zu registrieren.

(7) Den Mitgliedstaaten sollte die Möglichkeit eingeräumt werden, die betreffenden Waren auch vor Stellung oder Zulassung eines Antrags für eine bestimmte Zeit zurückzuhalten, damit der Rechtsinhaber bei den Zollbehörden einen Antrag auf Tätigwerden stellen kann.

(8) In Verfahren, die eingeleitet werden, um festzustellen, ob ein Recht geistigen Eigentums nach einzelstaatlichen Rechtsvorschriften verletzt ist, sind die Kriterien maßgebend, nach denen sich bestimmt, ob die in dem betreffenden Mitgliedstaat hergestellten Waren Rechte geistigen Eigentums verletzen. Die Bestimmungen der Mitgliedstaaten über die Zuständigkeit der Justizbehörden und die Gerichtsverfahren bleiben von dieser Verordnung unberührt.

(9) Um die Anwendung dieser Verordnung sowohl für die Zollverwaltungen als auch für die Rechtsinhaber zu erleichtern, sollte auch ein flexibleres Verfahren vorgesehen werden, nach dem Waren, die bestimmte Rechte geistigen Eigentums verletzen, vernichtet werden können, ohne dass ein Verfahren zur Feststellung, ob ein Recht geistigen Eigentums nach den Rechtsvorschriften des betreffenden Mitgliedstaats verletzt ist, eingeleitet werden muss.

(10) Es müssen die Maßnahmen festgelegt werden, denen Waren unterworfen werden, die erwiesenermaßen nachgeahmt oder unerlaubt hergestellt sind oder allgemein bestimmte Rechte geistigen Eigentums verletzen. Diese Maßnahmen sollten nicht nur den für den Handel mit diesen Waren Verantwortlichen den aus diesem Geschäft erwachsenden wirtschaftlichen Gewinn entziehen und ihr Handeln ahnden, sondern auch wirksam von künftigen Vorgängen dieser Art abschrecken.

Anhang VI

(11) Um die Zollabfertigung der im persönlichen Gepäck von Reisenden enthaltenen Waren nicht zu behindern, ist es angebracht, Waren, die nachgeahmt oder unerlaubt hergestellt sein oder bestimmte Rechte geistigen Eigentums verletzen könnten und die in den im Gemeinschaftsrecht für die Gewährung einer Zollbefreiung vorgesehenen Grenzen aus Drittstaaten eingeführt werden, aus dem Geltungsbereich dieser Verordnung auszuschließen, es sei denn, bestimmte konkrete Hinweise lassen darauf schließen, dass gewerblicher Handel vorliegt.

(12) Die einheitliche Anwendung der in dieser Verordnung vorgesehenen gemeinsamen Vorschriften muss sichergestellt und die gegenseitige Amtshilfe zum einen zwischen den Mitgliedstaaten und zum anderen zwischen den Mitgliedstaaten und der Kommission verstärkt werden, um eine möglichst hohe Effizienz dieser Richtlinie zu gewährleisten, insbesondere durch Anwendung der Verordnung (EG) Nr. 515/97 des Rates vom 13. März 1997 über die gegenseitige Amtshilfe zwischen Verwaltungsbehörden der Mitgliedstaaten und die Zusammenarbeit dieser Behörden mit der Kommission im Hinblick auf die ordnungsgemäße Anwendung der Zoll- und der Agrarregelung.

(13) Unter Berücksichtigung unter anderem der Erfahrungen mit der Anwendung dieser Verordnung sollte die Möglichkeit geprüft werden, die Liste der unter diese Verordnung fallenden Rechte geistigen Eigentums zu erweitern.

(14) Die zur Durchführung dieser Verordnung erforderlichen Maßnahmen sollten gemäß dem Beschluss 1999/468/EG des Rates vom 28. Juni 1999 zur Festlegung der Modalitäten für die Ausübung der der Kommission übertragenen Durchführungsbefugnisse festgelegt werden.

(15) Die Verordnung (EG) Nr. 3295/94 sollte aufgehoben werden -
HAT FOLGENDE VERORDNUNG ERLASSEN:

Kapitel I
Gegenstand und Geltungsbereich

Artikel 1

(1) In dieser Verordnung sind die Voraussetzungen festgelegt, unter denen die Zollbehörden tätig werden können, wenn Waren in folgenden Situationen im Verdacht stehen, ein Recht geistigen Eigentums zu verletzen:
a) wenn sie nach Artikel 61 der Verordnung (EWG) Nr. 2913/92 des Rates vom 12. Oktober 1992 zur Festlegung des Zollkodex der Gemeinschaften zur Überführung in den zollrechtlich freien Verkehr, zur Ausfuhr oder zur Wiederausfuhr angemeldet werden;
b) wenn sie im Rahmen einer zollamtlichen Prüfung von Waren entdeckt werden, die nach Artikel 37 und Artikel 183 der Verordnung (EWG) Nr. 2913/92 in das Zollgebiet oder aus dem Zollgebiet der Gemeinschaft verbracht

Anhang VI

werden, die in ein Nichterhebungsverfahren im Sinne des Artikels 84 Absatz 1 Buchstabe a) der genannten Verordnung überführt werden, deren nach Artikel 182 Absatz 2 der genannten Verordnung mitteilungspflichtige Wiederausfuhr im Gange ist oder die in eine Freizone oder ein Freilager im Sinne des Artikels 166 der genannten Verordnung verbracht werden.

(2) In dieser Verordnung sind ferner die Maßnahmen festgelegt, die von den zuständigen Behörden zu treffen sind, wenn die in Absatz 1 genannten Waren erkanntermaßen ein Recht geistigen Eigentums verletzen.

Artikel 2

(1) Für die Zwecke dieser Verordnung sind „Waren, die ein Recht geistigen Eigentums verletzen":

a) „nachgeahmte Waren", das heißt:
  i) Waren einschließlich ihrer Verpackungen, auf denen ohne Genehmigung Marken oder Zeichen angebracht sind, die mit der Marke oder dem Zeichen identisch sind, die für derartige Waren rechtsgültig eingetragen sind, oder die in ihren wesentlichen Merkmalen nicht von einer solchen Marke oder dem Zeichen zu unterscheiden sind und damit die Rechte des Inhabers der betreffenden Marke im Sinne der Verordnung (EG) Nr. 40/94 des Rates vom 20. Dezember 1993 über die Gemeinschaftsmarke oder nach den Rechtsvorschriften des Mitgliedstaats, in dem der Antrag auf Tätigwerden der Zollbehörden gestellt wird, verletzen;
  ii) Kennzeichnungsmittel (einschließlich Emblemen, Anhängern, Aufklebern, Prospekten, Bedienungs- oder Gebrauchsanweisungen oder Garantiedokumenten, die ein solches Kennzeichnungsmittel tragen), auch gesondert gestellt, auf welche die unter Ziffer i) genannten Umstände zutreffen;
  iii) die mit Marken nachgeahmter Waren versehenen Verpackungen, die gesondert gestellt werden und auf welche die unter Ziffer i) genannten Umstände zutreffen;
b) „unerlaubt hergestellte Waren": insbesondere Waren, die Vervielfältigungsstücke oder Nachbildungen sind oder solche enthalten und ohne Zustimmung des Inhabers des Urheberrechts oder verwandten Schutzrechts oder eines Geschmacksmusterrechts, unabhängig davon, ob es nach einzelstaatlichem Recht eingetragen ist, oder ohne Zustimmung einer von dem Rechtsinhaber im Herstellungsland ermächtigten Person angefertigt werden, sofern die Herstellung dieser Vervielfältigungsstücke oder Nachbildungen das betreffende Recht im Sinne der Verordnung (EG) Nr. 6/2002 des Rates vom 12. Dezember 2001 über Gemeinschaftsgeschmacksmuster oder nach den Rechtsvorschriften des Mitgliedstaats, in dem der Antrag auf Tätigwerden der Zollbehörden gestellt wird, verletzen würde;
c) Waren, die in dem Mitgliedstaat, in dem der Antrag auf Tätigwerden der Zollbehörden gestellt wird,

i) ein Patent nach den Rechtsvorschriften dieses Mitgliedstaats,
ii) ein ergänzendes Schutzzertifikat im Sinne der Verordnung (EWG) Nr. 1768/92 des Rates oder der Verordnung (EG) Nr. 1610/96 des Europäischen Parlaments und des Rates,
iii) ein nationales Schutzrecht für Sorten nach den Rechtsvorschriften dieses Mitgliedstaats oder ein gemeinschaftliches Schutzrecht im Sinne der Verordnung (EG) Nr. 2100/94 des Rates,
iv) eine Ursprungsbezeichnung oder eine geografische Angabe nach den Rechtsvorschriften dieses Mitgliedstaats oder im Sinne der Verordnungen (EWG) Nr. 2081/92 und (EG) Nr. 1493/1999 des Rates,
v) eine geografische Angabe im Sinne der Verordnung (EWG) Nr. 1576/89 des Rates

verletzen.

(2) Für die Zwecke dieser Verordnung ist „Rechtsinhaber"

a) der Inhaber einer Marke, eines Urheberrechts oder verwandter Schutzrechte, eines Geschmacksmusterrechts, eines Patents, eines ergänzenden Schutzzertifikats, eines Sortenschutzrechts, einer geschützten Ursprungsbezeichnung, einer geschützten geografischen Angabe, oder allgemein eines der in Absatz 1 genannten Rechte oder
b) jede andere zur Nutzung der unter Buchstabe a) genannten Rechte geistigen Eigentums befugte Person oder ihr Vertreter.

(3) Formen oder Matrizen, die speziell zur Herstellung von Waren, die ein Recht geistigen Eigentums verletzen, bestimmt oder daran angepasst worden sind, werden diesen Waren gleichgestellt, sofern die Verwendung dieser Formen oder Matrizen nach den Rechtsvorschriften der Gemeinschaft oder des Mitgliedstaats, in dem der Antrag auf Tätigwerden der Zollbehörden gestellt wird, die Rechte des Rechtsinhabers verletzt.

Artikel 3

(1) Diese Verordnung gilt nicht für Waren, die mit Zustimmung des Markeninhabers mit einer Marke versehen worden sind, oder für Waren mit geschützter Ursprungsbezeichnung oder geschützter geografischer Angabe oder für Waren, die durch ein Patent, ein ergänzendes Schutzzertifikat, ein Urheberrecht oder verwandte Schutzrechte, durch ein Geschmacksmusterrecht oder ein Sortenschutzrecht geschützt sind und die mit Zustimmung des Rechtsinhabers hergestellt worden sind, sich jedoch ohne dessen Zustimmung in einer der in Artikel 1 Absatz 1 genannten Situationen befinden.

Ferner gilt sie nicht für die in Unterabsatz 1 genannten Waren, die unter anderen als den mit dem betreffenden Rechtsinhaber vereinbarten Bedingungen hergestellt oder durch ein anderes in Artikel 2 Absatz 1 genanntes Recht geistigen Eigentums geschützt sind.

Anhang VI

(2) Enthält das persönliche Gepäck von Reisenden Waren ohne kommerziellen Charakter in den Grenzen, die für die Gewährung einer Zollbefreiung festgelegt sind, und liegen keine konkreten Hinweise vor, die darauf schließen lassen, dass diese Waren Gegenstand eines gewerblichen Handels sind, so betrachten die Mitgliedstaaten diese Waren als aus dem Geltungsbereich dieser Verordnung ausgeschlossen.

Kapitel II
Antrag auf Tätigwerden der Zollbehörden

Abschnitt 1
Maßnahmen, die einem Antrag auf Tätigwerden der Zollbehörden vorausgehen

Artikel 4

(1) Ergibt sich, bevor ein Antrag des Rechtsinhabers gestellt oder zugelassen worden ist, bei einem Tätigwerden der Zollbehörden in einer der in Artikel 1 Absatz 1 genannten Situationen der hinreichend begründete Verdacht, dass Waren ein Recht geistigen Eigentums verletzen, so können die Zollbehörden für drei Arbeitstage nach Eingang der Benachrichtigung bei dem Rechtsinhaber sowie dem Anmelder oder dem Besitzer der Waren, sofern diese bekannt sind, die Überlassung der Waren aussetzen oder die Waren zurückhalten, um dem Rechtsinhaber die Möglichkeit zu geben, einen Antrag auf Tätigwerden nach Artikel 5 zu stellen.

(2) Ohne andere Informationen als die tatsächliche oder geschätzte Zahl und die Art der Gegenstände preiszugeben, können die Zollbehörden den Rechtsinhaber nach Maßgabe der in dem betreffenden Mitgliedstaat geltenden Vorschriften bitten, ihnen Informationen zu übermitteln, die ihren Verdacht bestätigen könnten, bevor sie ihn über die mögliche Rechtsverletzung unterrichten.

Abschnitt 2
Stellung und Bearbeitung des Antrags auf Tätigwerden der Zollbehörden

Artikel 5

(1) Der Rechtsinhaber kann in jedem Mitgliedstaat bei der zuständigen Zolldienststelle einen schriftlichen Antrag auf Tätigwerden der Zollbehörden stellen, wenn sich Waren in einer der in Artikel 1 Absatz 1 genannten Situationen befinden (Antrag auf Tätigwerden).

(2) Jeder Mitgliedstaat benennt die Zolldienststelle, die dafür zuständig ist, den Antrag auf Tätigwerden entgegenzunehmen und zu bearbeiten.

Anhang VI

(3) Sind Systeme für den elektronischen Datenaustausch vorhanden, so fordern die Mitgliedstaaten den Rechtsinhaber auf, den Antrag auf Tätigwerden auf elektronischem Wege einzureichen.

(4) Ist der Antragsteller Rechtsinhaber einer Gemeinschaftsmarke, eines gemeinschaftlichen Geschmacksmusterrechts, eines gemeinschaftlichen Sortenschutzrechts oder eines gemeinschaftlichen Schutzrechts an einer Ursprungsbezeichnung oder einer geografischen Angabe, so kann außer dem Tätigwerden der Zollbehörden des Mitgliedstaats, in dem der Antrag gestellt wird, auch das Tätigwerden der Zollbehörden eines oder mehrerer anderer Mitgliedstaaten beantragt werden.

(5) Der Antrag auf Tätigwerden ist auf dem Formblatt zu stellen, das nach dem in Artikel 21 Absatz 2 genannten Verfahren festgelegt wird; der Antrag muss alle Angaben enthalten, die es den Zollbehörden ermöglichen, die betreffenden Waren leicht zu erkennen, insbesondere

i) eine genaue und ausführliche technische Beschreibung der Waren,
ii) genaue Informationen zur Art des Betrugs, von denen der Rechtsinhaber möglicherweise Kenntnis hat,
iii) Name und Adresse der vom Rechtsinhaber benannten Kontaktperson.

Der Antrag auf Tätigwerden muss ferner die Erklärung des Antragstellers nach Artikel 6 und den Nachweis enthalten, dass der Antragsteller Inhaber des geltend gemachten Rechts an den betreffenden Waren ist.

Im Fall des Absatzes 4 ist in dem Antrag auf Tätigwerden anzugeben, für welche(n) Mitgliedstaat(en) das Tätigwerden der Zollbehörden beantragt wird, sowie die Namen und Anschriften des Rechtsinhabers in jedem der betroffenen Mitgliedstaaten.

Zur Information sollten weitere Angaben übermittelt werden, sofern sie dem Rechtsinhaber bekannt sind, zum Beispiel:

a) Wert der Originalware ohne Steuern auf dem legalen Markt des Mitgliedstaats, in dem der Antrag auf Tätigwerden gestellt worden ist,
b) Ort, an dem sich die Waren befinden, oder vorgesehener Bestimmungsort,
c) Nämlichkeitszeichen der Sendung oder der Packstücke,
d) vorgesehener Tag der Ankunft oder des Abgangs der Waren,
e) benutztes Beförderungsmittel,
f) Person des Einführers, des Ausführers oder des Besitzers der Waren,
g) Herstellungsland oder -länder, benutzte Handelswege,
h) technische Unterschiede zwischen den echten und den verdächtigen Waren.

(6) Es können auch besondere Angaben verlangt werden, die für das in dem Antrag auf Tätigwerden genannte Recht geistigen Eigentums spezifisch sind.

(7) Die mit einem Antrag auf Tätigwerden befasste zuständige Zolldienststelle bearbeitet diesen Antrag und teilt dem Antragsteller ihre Entscheidung innerhalb von 30 Arbeitstagen nach Erhalt des Antrags schriftlich mit.

Anhang VI

Eine Gebühr zur Deckung der durch die Bearbeitung des Antrags entstehenden Verwaltungskosten wird vom Rechtsinhaber nicht verlangt.

(8) Enthält der Antrag nicht die in Absatz 5 vorgeschriebenen Angaben, so kann die zuständige Zolldienststelle beschließen, den Antrag auf Tätigwerden nicht zu bearbeiten; in diesem Fall muss sie ihre Entscheidung begründen und die verfügbaren Rechtsmittel angeben. Der Antrag kann erst dann erneut vorgelegt werden, wenn er ordnungsgemäß vervollständigt worden ist.

Artikel 6

(1) Anträgen auf Tätigwerden ist eine nach Maßgabe des einzelstaatlichen Rechts in schriftlicher Form oder auf elektronischem Weg einzureichende Erklärung des Rechtsinhabers beizufügen, mit der er die etwaige Haftung gegenüber den von einer in Artikel 1 Absatz 1 genannten Situation betroffenen Personen für den Fall übernimmt, dass das nach Artikel 9 Absatz 1 eingeleitete Verfahren aufgrund einer Handlung oder Unterlassung des Rechtsinhabers eingestellt oder dass festgestellt wird, dass die betreffenden Waren kein Recht geistigen Eigentums verletzen.

In dieser Erklärung sagt er ferner zu, alle Kosten zu tragen, die nach dieser Verordnung daraus entstehen, dass die Waren nach Artikel 9 und gegebenenfalls nach Artikel 11 unter zollamtlicher Überwachung bleiben.

(2) Im Fall eines Antrags nach Artikel 5 Absatz 4 sagt der Rechtsinhaber in der Erklärung zu, gegebenenfalls für eine Übersetzung zu sorgen und die Kosten dafür zu tragen; diese Erklärung gilt für jeden Mitgliedstaat, in dem die dem Antrag stattgebende Entscheidung Anwendung findet.

Artikel 7

Die Artikel 5 und 6 finden auf Verlängerungsanträge entsprechende Anwendung.

Abschnitt 3
Annahme des Antrags auf Tätigwerden

Artikel 8

(1) Gibt die zuständige Zolldienststelle dem Antrag auf Tätigwerden statt, so setzt sie den Zeitraum fest, in dem die Zollbehörden tätig werden müssen. Dieser Zeitraum wird auf höchstens ein Jahr festgesetzt. Ist dieser Zeitraum abgelaufen, so kann er auf Antrag des Rechtsinhabers von der Dienststelle, welche die erste Entscheidung getroffen hat, nach Tilgung aller Verbindlichkeiten des Rechtsinhabers im Rahmen dieser Verordnung verlängert werden.

Der Rechtsinhaber unterrichtet die in Artikel 5 Absatz 2 genannte zuständige Zolldienststelle, wenn sein Recht nicht mehr rechtsgültig eingetragen ist oder erlischt.

(2) Die dem Antrag des Rechtsinhabers auf Tätigwerden stattgebende Entscheidung wird unverzüglich den Zollstellen des/der Mitgliedstaat(en) mitgeteilt, bei denen die Waren, von denen im Antrag angegeben ist, dass sie ein Recht geistigen Eigentums verletzen, voraussichtlich abgefertigt werden.

Gibt die zuständige Zolldienststelle einem Antrag auf Tätigwerden nach Artikel 5 Absatz 4 statt, so wird der Zeitraum, in dem die Zollbehörden tätig werden müssen, auf ein Jahr festgesetzt; ist dieser Zeitraum abgelaufen, so wird er von der Dienststelle, die den ersten Antrag bearbeitet hat, auf schriftlichen Antrag des Rechtsinhabers verlängert. Artikel 250 erster Gedankenstrich der Verordnung (EWG) Nr. 2913/92 findet auf die diesem Antrag stattgebende Entscheidung sowie auf die Entscheidungen zu ihrer Verlängerung oder Aufhebung entsprechende Anwendung.

Wird dem Antrag auf Tätigwerden stattgegeben, so obliegt es dem Antragsteller, diese Entscheidung und weitere zweckdienliche Unterlagen sowie gegebenenfalls Übersetzungen den zuständigen Zolldienststellen des/der Mitgliedstaat(en) zu übermitteln, in dem/denen der Antragsteller das Tätigwerden der Zollbehörden beantragt hat. Mit Zustimmung des Antragstellers kann diese Übermittlung jedoch direkt von der Zolldienststelle vorgenommen werden, welche die Entscheidung getroffen hat.

Auf Verlangen der Zollbehörden der betreffenden Mitgliedstaaten übermittelt der Antragsteller alle Zusatzinformationen, die für die Ausführung der genannten Entscheidung erforderlich sind.

(3) Der in Absatz 2 Unterabsatz 2 genannte Zeitraum beginnt an dem Tag, an dem die dem Antrag stattgebende Entscheidung getroffen wird. Diese Entscheidung tritt in dem/den Mitgliedstaat(en), an die sie gerichtet ist, erst in Kraft, wenn sie nach Absatz 2 Unterabsatz 3 übermittelt wurde und der Rechtsinhaber die Formalitäten nach Artikel 6 erfüllt hat.

Die Entscheidung wird danach unverzüglich den Zollstellen mitgeteilt, bei denen die Waren, die im Verdacht stehen, ein Recht geistigen Eigentums zu verletzen, voraussichtlich abgefertigt werden.

Dieser Absatz findet auf die Entscheidung zur Verlängerung der ersten Entscheidung entsprechende Anwendung.

Kapitel III
Voraussetzungen für das Tätigwerden der Zollbehörden und der für die Entscheidung in der Sache zuständigen Stelle

Artikel 9

(1) Stellt eine Zollstelle, der die dem Antrag des Rechtsinhabers stattgebende Entscheidung nach Artikel 8 übermittelt worden ist, gegebenenfalls nach Anhörung des Antragstellers fest, dass in der Entscheidung genannten Waren, die

Anhang VI

sich in einer der in Artikel 1 Absatz 1 genannten Situationen befinden, im Verdacht stehen, ein Recht geistigen Eigentums zu verletzen, so setzt sie die Überlassung dieser Waren aus oder hält diese Waren zurück.

Die Zollstelle unterrichtet unverzüglich die zuständige Zolldienststelle, die den Antrag auf Tätigwerden bearbeitet hat.

(2) Die zuständige Zolldienststelle oder die in Absatz 1 genannte Zollstelle unterrichtet den Rechtsinhaber sowie den Anmelder oder den Besitzer der Waren im Sinne des Artikels 38 der Verordnung (EWG) Nr. 2913/92 von ihrem Tätigwerden; sie ist befugt, ihnen die tatsächliche oder geschätzte Menge und die tatsächliche oder vermutete Art der Waren mitzuteilen, deren Überlassung ausgesetzt ist oder die zurückgehalten werden, ohne dass die Übermittlung dieser Informationen sie jedoch zur Befassung der für die Entscheidung in der Sache zuständigen Stelle verpflichtet.

(3) Zum Zweck der Feststellung, ob ein Recht geistigen Eigentums nach den Rechtsvorschriften des betreffenden Mitgliedstaats verletzt ist, teilt die Zollstelle oder die Dienststelle, die den Antrag bearbeitet hat, dem Rechtsinhaber unter Beachtung der Rechtsvorschriften dieses Mitgliedstaats über den Schutz personenbezogener Daten und den Schutz des Geschäfts- und Betriebs- sowie des Berufs- und Dienstgeheimnisses auf Antrag, sofern sie bekannt sind, Name und Anschrift des Empfängers sowie des Versenders, des Anmelders oder des Besitzers der Waren, den Ursprung und die Herkunft der Waren mit, die im Verdacht stehen, ein Recht geistigen Eigentums zu verletzen.

Die Zollstelle gibt dem Antragsteller und den von einer in Artikel 1 Absatz 1 genannten Situation betroffenen Personen die Möglichkeit, die Waren, deren Überlassung ausgesetzt ist oder die zurückgehalten werden, zu inspizieren.

Die Zollstelle kann bei der Prüfung der Waren Proben oder Muster entnehmen und sie nach Maßgabe der in dem betreffenden Mitgliedstaat geltenden Vorschriften auf ausdrücklichen Antrag des Rechtsinhabers diesem ausschließlich zu dem Zweck, das weitere Verfahren zu erleichtern, und zum Zweck der Analyse übergeben oder übermitteln. Sofern die Umstände es gestatten, müssen die Proben oder Muster, gegebenenfalls vorbehaltlich der in Artikel 11 Absatz 1 zweiter Gedankenstrich genannten Anforderungen, nach Abschluss der technischen Analyse zurückgegeben werden, bevor gegebenenfalls die Waren überlassen werden oder ihre Zurückhaltung aufgehoben wird. Analysen dieser Proben oder Muster werden unter der alleinigen Verantwortung des Rechtsinhabers durchgeführt.

Artikel 10

Ob ein Recht geistigen Eigentums nach einzelstaatlichen Rechtsvorschriften verletzt ist, richtet sich nach den Rechtsvorschriften des Mitgliedstaats, in dessen Hoheitsgebiet sich die Waren in einer der in Artikel 1 Absatz 1 genannten Situationen befinden.

Diese Rechtsvorschriften gelten auch für die unverzügliche Unterrichtung der in Artikel 9 Absatz 1 genannten Dienststelle oder Zollstelle über die Einleitung des Verfahrens nach Artikel 13, sofern dieses nicht von dieser Dienststelle oder Zollstelle durchgeführt wird.

Artikel 11

(1) Für den Fall, dass Zollbehörden Waren, die im Verdacht stehen, ein Recht geistigen Eigentums zu verletzen, zurückgehalten oder deren Überlassung ausgesetzt haben, als sich diese in einer der in Artikel 1 Absatz 1 genannten Situationen befanden, können die Mitgliedstaaten gemäß ihren innerstaatlichen Rechtsvorschriften ein vereinfachtes Verfahren vorsehen, nach dem die Zollbehörden diese Waren mit Zustimmung des Rechtsinhabers unter zollamtlicher Überwachung vernichten lassen können, ohne dass festgestellt werden muss, ob ein Recht geistigen Eigentums nach den Rechtsvorschriften des betreffenden Mitgliedstaats verletzt ist. Dazu müssen die Mitgliedstaaten gemäß ihrer innerstaatlichen Rechtsvorschriften dafür sorgen, dass folgende Bedingungen erfüllt sind:

– Innerhalb von zehn Arbeitstagen oder im Fall leicht verderblicher Waren innerhalb von drei Arbeitstagen nach Eingang der Benachrichtigung gemäß Artikel 9 muss der Rechtsinhaber den Zollbehörden schriftlich mitteilen, dass die Waren, die Gegenstand des Verfahrens sind, ein in Artikel 2 Absatz 1 genanntes Recht geistigen Eigentums verletzen, und diesen Behörden die schriftliche Zustimmung des Anmelders, des Besitzers oder des Eigentümers der Waren zur Vernichtung der Waren übermitteln. Mit Genehmigung der Zollbehörden kann der Anmelder, der Besitzer oder der Eigentümer der Waren diese Information direkt der Zollbehörde übermitteln. Diese Zustimmung gilt als erteilt, wenn der Anmelder, der Besitzer oder der Eigentümer der Waren eine Vernichtung innerhalb der vorgeschriebenen Frist nicht ausdrücklich abgelehnt hat. Gegebenenfalls kann diese Frist um weitere zehn Arbeitstage verlängert werden.

– Die Vernichtung muss – sofern die innerstaatlichen Rechtsvorschriften nichts anderes vorsehen – auf Kosten und auf Verantwortung des Rechtsinhabers erfolgen, nachdem systematisch Proben oder Muster entnommen worden sind, die von den Zollbehörden so aufbewahrt werden, dass sie in Gerichtsverfahren in dem Mitgliedstaat, in dem sich dies als notwendig erweisen könnte, als zulässige Beweismittel vorgelegt werden können.

(2) In allen übrigen Fällen, wie bei Widerspruch des Anmelders, Besitzers oder Eigentümers gegen die Vernichtung, findet das Verfahren des Artikels 13 Anwendung.

Anhang VI

Artikel 12

Die dem Rechtsinhaber nach Artikel 9 Absatz 3 Unterabsatz 1 übermittelten Informationen werden von diesem nur für die in den Artikeln 10 und 11 sowie in Artikel 13 Absatz 1 vorgesehenen Zwecke verwendet.

Jede andere Verwendung, die gemäß den innerstaatlichen Rechtsvorschriften des Mitgliedstaats, in dem die Situation entstanden ist, nicht gestattet ist, kann auf der Grundlage des Rechts des Mitgliedstaats, in dem sich die betreffenden Waren befinden, die zivilrechtliche Haftung des Rechtsinhabers auslösen und dazu führen, dass der Antrag auf Tätigwerden für die bis zu seiner Verlängerung verbleibende Geltungsdauer in dem Mitgliedstaat, in dem die betreffenden Handlungen stattgefunden haben, ausgesetzt wird.

Bei weiteren Verstößen gegen diese Bestimmung kann die zuständige Zolldienststelle die Verlängerung ablehnen. Im Fall eines Antrags auf Tätigwerden nach Artikel 5 Absatz 4 muss sie auch die anderen auf dem Formblatt angegebenen Mitgliedstaaten benachrichtigen.

Artikel 13

(1) Ist die in Artikel 9 Absatz 1 genannte Zollstelle nicht innerhalb von zehn Arbeitstagen nach Eingang der Benachrichtigung von der Aussetzung der Überlassung oder von der Zurückhaltung darüber unterrichtet worden, dass ein Verfahren nach Artikel 10 eingeleitet worden ist, in dem festgestellt werden soll, ob ein Recht geistigen Eigentums nach den Rechtsvorschriften des betreffenden Mitgliedstaats verletzt ist, oder hat sie nicht gegebenenfalls innerhalb dieser Frist die Zustimmung des Rechtsinhabers nach Artikel 11 Absatz 1 erhalten, so wird die Überlassung der Waren bewilligt oder die Zurückhaltung aufgehoben, sofern alle Zollförmlichkeiten erfüllt sind.

Gegebenenfalls kann diese Frist um höchstens zehn Arbeitstage verlängert werden.

(2) Bei leicht verderblichen Waren, die im Verdacht stehen, ein Recht geistigen Eigentums zu verletzen, beträgt die in Absatz 1 genannte Frist drei Arbeitstage. Diese Frist kann nicht verlängert werden.

Artikel 14

(1) Bei Waren, die im Verdacht stehen, ein Geschmacksmusterrecht, ein Patent, ein ergänzendes Schutzzertifikat oder ein Sortenschutzrecht zu verletzen, kann der Anmelder, der Eigentümer, der Einführer, der Besitzer oder der Empfänger der Waren gegen Leistung einer Sicherheit die Überlassung der betreffenden Waren oder die Aufhebung ihrer Zurückhaltung erwirken, sofern

a) die in Artikel 9 Absatz 1 genannte Dienststelle oder Zollstelle nach Artikel 13 Absatz 1 darüber unterrichtet worden ist, dass innerhalb der Frist des Artikels 13 Absatz 1 ein Verfahren eingeleitet wurde, in dem festgestellt wer-

den soll, ob ein Recht geistigen Eigentums nach den Rechtsvorschriften des betreffenden Mitgliedstaats verletzt ist;
b) die hierzu befugte Stelle bei Ablauf der Frist des Artikels 13 Absatz 1 keine Sicherungsmaßnahmen zugelassen hat;
c) alle Zollförmlichkeiten erfüllt sind.

(2) Die in Absatz 1 vorgesehene Sicherheit muss so bemessen sein, dass die Interessen des Rechtsinhabers ausreichend geschützt sind.

Die Leistung dieser Sicherheit lässt die Möglichkeit unberührt, andere Rechtsbehelfe in Anspruch zu nehmen, die dem Rechtsinhaber zur Verfügung stehen.

Ist das Verfahren, in dem festgestellt werden soll, ob ein Recht geistigen Eigentums nach den Rechtsvorschriften des betreffenden Mitgliedstaats verletzt ist, auf andere Weise als auf Antrag des Inhabers eines Geschmacksmusterrechts, eines Patents, eines ergänzenden Schutzzertifikats oder eines Sortenschutzrechts eingeleitet worden, so wird die Sicherheit freigegeben, sofern die Person, die das Verfahren eingeleitet hat, nicht innerhalb von 20 Arbeitstagen, nachdem sie die Benachrichtigung von der Aussetzung der Überlassung oder von der Zurückhaltung erhalten hat, von ihrem Recht Gebrauch macht, den Rechtsweg zu beschreiten.

Im Fall des Artikels 13 Absatz 1 Unterabsatz 2 kann diese Frist auf höchstens 30 Arbeitstage verlängert werden.

Artikel 15

Die Bedingungen für die Lagerung der Waren während der Aussetzung der Überlassung oder der Zurückhaltung werden von den Mitgliedstaaten festgelegt, dürfen aber keine Kosten für die Zollverwaltungen verursachen.

Kapitel IV
Bestimmungen über Waren, die erkanntermaßen ein Recht geistigen Eigentums verletzen

Artikel 16

Waren, bei denen nach Abschluss des in Artikel 9 vorgesehenen Verfahrens festgestellt wurde, dass sie ein Recht geistigen Eigentums verletzen, dürfen nicht

– in das Zollgebiet der Gemeinschaft eingelassen,
– in den zollrechtlich freien Verkehr überführt,
– aus dem Zollgebiet der Gemeinschaft verbracht,
– ausgeführt,
– wiederausgeführt,
– in ein Nichterhebungsverfahren überführt oder
– in eine Freizone oder ein Freilager verbracht

werden.

Anhang VI

Artikel 17

(1) Unbeschadet der anderen Rechtsbehelfe, die der Rechtsinhaber in Anspruch nehmen kann, treffen die Mitgliedstaaten die erforderlichen Maßnahmen, damit die zuständigen Stellen

a) die Waren, die erkanntermaßen ein Recht geistigen Eigentums verletzen, nach den einschlägigen innerstaatlichen Rechtsvorschriften ohne Entschädigung und, sofern die innerstaatlichen Rechtsvorschriften nichts anderes vorsehen, ohne Kosten für die Staatskasse vernichten oder auf eine Weise aus dem Handel ziehen können, die einen Schaden für den Rechtsinhaber verhindert;

b) hinsichtlich dieser Waren sonstige Maßnahmen treffen können, mit denen den betreffenden Personen wirksam der aus dem Vorgang erwachsende wirtschaftliche Gewinn entzogen wird.

Um den betreffenden Personen wirksam den aus dem Vorgang erwachsenden wirtschaftlichen Gewinn zu entziehen, ist es abgesehen von Ausnahmefällen nicht als ausreichend anzusehen, wenn nur die Marken entfernt werden, mit denen die nachgeahmten Waren zu Unrecht versehen sind.

(2) Auf Waren, die erkanntermaßen ein Recht geistigen Eigentums verletzen, kann zugunsten der Staatskasse verzichtet werden. In diesem Fall findet Absatz 1 Buchstabe a) Anwendung.

Kapitel V
Sanktionen

Artikel 18

Jeder Mitgliedstaat setzt Sanktionen für Verstöße gegen diese Verordnung fest. Diese Sanktionen müssen wirksam, verhältnismäßig und abschreckend sein.

Kapitel VI
Haftung der Zollbehörden und des Rechtsinhabers

Artikel 19

(1) Die Annahme eines Antrags auf Tätigwerden verleiht dem Rechtsinhaber für den Fall, dass Waren, die ein Recht geistigen Eigentums verletzen, von einer Zollstelle nicht entdeckt und folglich überlassen oder nicht gemäß Artikel 9 Absatz 1 zurückgehalten werden, einen Anspruch auf Entschädigung nur nach Maßgabe des Rechts des Mitgliedstaats, in dem der Antrag gestellt worden ist, oder im Fall eines Antrags nach Artikel 5 Absatz 4 nur nach Maßgabe des Rechts des Mitgliedstaats, in dem die Waren von einer Zollstelle nicht entdeckt wurden.

Anhang VI

(2) Durch die Ausübung der Zuständigkeiten für den Kampf gegen Waren, die ein Recht geistigen Eigentums verletzen, durch eine Zollstelle oder eine sonstige hierzu befugte Stelle entsteht eine Haftung dieser Zollstelle oder Stelle gegenüber den von den in Artikel 1 Absatz 1 genannten Situationen und den Maßnahmen nach Artikel 4 betroffenen Personen für Schäden, die diesen Personen aus dem Eingreifen der Stelle entsteht, nur nach Maßgabe des Rechts des Mitgliedstaats, in dem der Antrag gestellt worden ist, oder im Fall eines Antrags nach Artikel 5 Absatz 4 nur nach Maßgabe des Rechts des Mitgliedstaats, in dem der Verlust oder Schaden entstanden ist.

(3) Die etwaige zivilrechtliche Haftung des Rechtsinhabers richtet sich nach dem Recht des Mitgliedstaats, in dem sich die Waren in einer der in Artikel 1 Absatz 1 genannten Situationen befinden.

Kapitel VII
Schlussbestimmungen

Artikel 20

Die für die Anwendung dieser Verordnung erforderlichen Maßnahmen werden nach dem Verfahren des Artikels 21 Absatz 2 festgelegt.

Artikel 21

(1) Die Kommission wird vom Ausschuss für den Zollkodex unterstützt.

(2) Wird auf diesen Absatz Bezug genommen, so gelten die Artikel 4 und 7 des Beschlusses 1999/468/EG.

Der Zeitraum nach Artikel 4 Absatz 3 des Beschlusses 1999/468/EG wird auf drei Monate festgesetzt.

Artikel 22

Die Mitgliedstaaten übermitteln der Kommission alle zweckdienlichen Angaben zur Anwendung dieser Verordnung.

Die Kommission übermittelt diese Angaben den übrigen Mitgliedstaaten.

Die Verordnung (EG) Nr. 515/97 findet entsprechende Anwendung.

Die Einzelheiten des Verfahrens für den Informationsaustausch werden im Rahmen der Durchführungsvorschriften nach dem in Artikel 21 Absatz 2 genannten Verfahren festgelegt.

Artikel 23

Die Kommission erstattet dem Rat anhand der in Artikel 22 genannten Angaben jährlich Bericht über die Anwendung dieser Verordnung. Diesem Bericht

861

Anhang VI

kann gegebenenfalls ein Vorschlag zur Änderung der Verordnung beigefügt werden.

Artikel 24

Die Verordnung (EG) Nr. 3295/94 wird mit Wirkung vom 1. Juli 2004 aufgehoben.

Bezugnahmen auf die aufgehobene Verordnung gelten als Bezugnahmen auf diese Verordnung.

Artikel 25

Diese Verordnung tritt am siebten Tag nach ihrer Veröffentlichung im Amtsblatt der Europäischen Union in Kraft.

Sie gilt ab 1. Juli 2004.

Diese Verordnung ist in allen ihren Teilen verbindlich und gilt unmittelbar in jedem Mitgliedstaat.

Geschehen zu Brüssel am 22. Juli 2003.

Im Namen des Rates

Der Präsident

G. Alemanno

VII. Verordnung (EG) Nr. 6/2002 des Rates vom 12. Dezember 2001 über das Gemeinschaftsgeschmacksmuster

geändert durch Verordnung (EG) Nr. 1891/2006 des Rates vom 18. Dezember 2006 zur Änderung der Verordnungen (EG) Nr. 6/2002 und (EG) Nr. 40/94, mit der dem Beitritt der Europäischen Gemeinschaft zur Genfer Akte des Haager Abkommens über die internationale Eintragung gewerblicher Muster und Modelle Wirkung verliehen wird

DER RAT DER EUROPÄISCHEN UNION –

gestützt auf den Vertrag zur Gründung der Europäischen Gemeinschaft, insbesondere auf Artikel 308,

auf Vorschlag der Kommission,

nach Stellungnahme des Europäischen Parlaments,

nach Stellungnahme des Wirtschafts- und Sozialausschusses,

in Erwägung nachstehender Gründe:

(1) Ein einheitliches System für die Erlangung eines Gemeinschaftsgeschmacksmusters, dem einheitlicher Schutz mit einheitlicher Wirkung für die gesamte Gemeinschaft verliehen wird, würde die im Vertrag festgelegten Ziele der Gemeinschaft fördern.

(2) Nur die Benelux-Länder haben bisher ein einheitliches Geschmacksmusterschutzgesetz erlassen. In allen anderen Mitgliedstaaten ist der Geschmacksmusterschutz Gegenstand einschlägiger einzelstaatlicher Gesetze und beschränkt sich auf das Gebiet des jeweiligen Mitgliedstaats. Daher können identische Muster in den verschiedenen Mitgliedstaaten unterschiedlich und zugunsten verschiedener Inhaber geschützt werden, was beim Handel zwischen den Mitgliedstaaten zwangsläufig zu Konflikten führt.

(3) Die erheblichen Unterschiede zwischen den Geschmacksmusterschutzgesetzen der Mitgliedstaaten verhindern und verzerren den gemeinschaftsweiten Wettbewerb. Im Vergleich zum innerstaatlichen Handel und Wettbewerb mit Erzeugnissen, in denen ein Muster Verwendung findet, werden nämlich der innergemeinschaftliche Handel und Wettbewerb durch eine große Zahl von Anmeldungen, Behörden, Verfahren, Gesetzen, einzelstaatlich begrenzten ausschließlichen Rechten, sowie den Verwaltungsaufwand mit entsprechend hohen Kosten und Gebühren für den Anmelder verhindert und verzerrt. Die Richtlinie 98/71/EG des Europäischen Parlaments und des Rates vom 13. Oktober 1998 über den rechtlichen Schutz von Mustern und Modellen trägt dazu bei, diesen Problemen abzuhelfen.

Anhang VII

(4) Der auf das Gebiet der einzelnen Mitgliedstaaten beschränkte Geschmacksmusterschutz kann – unabhängig davon, ob deren Rechtsvorschriften aneinander angeglichen sind oder nicht – bei Erzeugnissen, bei denen ein Geschmacksmuster verwendet wird, das Gegenstand nationaler Rechte seitens unterschiedlicher Personen ist, zu einer Spaltung des Binnenmarktes führen und stellt damit ein Hindernis für den freien Warenverkehr dar.

(5) Daher ist ein in den einzelnen Mitgliedstaaten unmittelbar geltendes Gemeinschaftsgeschmacksmuster notwendig; denn nur auf diese Weise ist es möglich, durch eine Anmeldung beim Harmonisierungsamt für den Binnenmarkt (Marken, Muster und Modelle) aufgrund eines einzigen Verfahrens nach Maßgabe eines Gesetzes ein Geschmacksmusterrecht für ein alle Mitgliedstaaten umfassendes Gebiet zu erlangen.

(6) Da die Ziele der beabsichtigten Aktion, nämlich insbesondere der Schutz eines Geschmacksmusters in einem einzigen Gebiet, das alle Mitgliedstaaten umfasst, auf Ebene der Mitgliedstaaten nicht ausreichend erreicht werden können und daher wegen des Umfangs und der Wirkungen der Schaffung eines gemeinschaftlichen Geschmacksmusters und einer entsprechenden Gemeinschaftsbehörde besser auf Gemeinschaftsebene zu verwirklichen sind, kann die Gemeinschaft im Einklang mit dem in Artikel 5 des Vertrags niedergelegten Subsidiaritätsprinzip tätig werden. Entsprechend dem Verhältnismäßigkeitsgrundsatz nach demselben Artikel geht die vorliegende Verordnung nicht über das zur Erreichung dieser Ziele erforderliche Maß hinaus.

(7) Ein verbesserter Schutz für gewerbliche Geschmacksmuster fördert deshalb nicht nur den Beitrag einzelner Entwerfer zu der herausragenden Gesamtleistung der Gemeinschaft auf diesem Gebiet, sondern ermutigt auch zur Innovation und zur Entwicklung neuer Erzeugnisse sowie zu Investitionen für ihre Herstellung.

(8) Ein solches Geschmacksmustersystem wäre die Voraussetzung, um auf den wichtigsten Ausfuhrmärkten der Gemeinschaft auf einen entsprechenden Geschmacksmusterschutz hinzuwirken.

(9) Die materiellrechtlichen Bestimmungen dieser Verordnung über das Geschmacksmusterrecht sollten den entsprechenden Bestimmungen der Richtlinie 98/71/EG angepasst werden.

(10) Technologische Innovationen dürfen nicht dadurch behindert werden, dass ausschließlich technisch bedingten Merkmalen Geschmacksmusterschutz gewährt wird. Das heißt nicht, dass ein Geschmacksmuster unbedingt einen ästhetischen Gehalt aufweisen muss. Ebenso wenig darf die Interoperabilität von Erzeugnissen unterschiedlichen Fabrikats dadurch behindert werden, dass sich der Schutz auf das Design mechanischer Verbindungselemente erstreckt. Dementsprechend dürfen Merkmale eines Geschmacksmusters, die aus diesen Gründen vom Schutz ausgenommen sind, bei der Beurteilung, ob andere Merk-

male des Geschmacksmusters die Schutzvoraussetzungen erfüllen, nicht herangezogen werden.

(11) Abweichend hiervon können die mechanischen Verbindungselemente von Kombinationsteilen ein wichtiges Element der innovativen Merkmale von Kombinationsteilen bilden und einen wesentlichen Faktor für das Marketing darstellen und sollten daher schutzfähig sein.

(12) Der Schutz sollte sich weder auf Bauelemente erstrecken, die während der bestimmungsgemäßen Verwendung eines Erzeugnisses nicht sichtbar sind, noch auf Merkmale eines Bauelements, die unsichtbar sind, wenn das Bauelement eingebaut ist, oder die selbst nicht die Voraussetzungen der Neuheit oder Eigenart erfüllen. Merkmale eines Geschmacksmusters, die aus diesen Gründen vom Schutz ausgenommen sind, sollten bei der Beurteilung, ob andere Merkmale des Geschmacksmusters die Schutzvoraussetzungen erfüllen, nicht herangezogen werden.

(13) Durch die Richtlinie 98/71/EG konnte keine vollständige Angleichung der Rechtsvorschriften der Mitgliedstaaten im Bereich der Anwendung des Musterschutzes auf Bauelemente erreicht werden, die mit dem Ziel verwendet werden, die Reparatur eines komplexen Erzeugnisses zu ermöglichen, um diesem wieder sein ursprüngliches Erscheinungsbild zu verleihen, wenn das Muster bei einem Erzeugnis benutzt oder in dieses Erzeugnis eingefügt wird, das Bauelement eines komplexen Erzeugnisses ist, von dessen Erscheinungsbild das Muster abhängig ist. Im Rahmen des Vermittlungsverfahrens hinsichtlich der genannten Richtlinie hat sich die Kommission verpflichtet, die Auswirkungen dieser Richtlinie drei Jahre nach Ablauf der Umsetzungsfrist zu überprüfen, insbesondere im Hinblick auf die Industriesektoren, die am stärksten betroffen sind. Unter diesen Umständen ist es angebracht, das Recht an dem durch diese Verordnung eingeführten Muster nicht zu gewähren, wenn dieses Muster bei einem Erzeugnis benutzt oder in dieses Erzeugnis eingefügt wird, das Bauelement eines komplexen Erzeugnisses ist, von dessen Erscheinungsbild das Muster abhängig ist, und das mit dem Ziel verwendet wird, die Reparatur dieses komplexen Erzeugnisses zu ermöglichen, um diesem wieder sein ursprüngliches Erscheinungsbild zu verleihen, bis der Rat über seine Politik auf diesem Gebiet auf der Grundlage eines Vorschlags der Kommission einen Beschluss gefasst hat.

(14) Ob ein Geschmacksmuster Eigenart besitzt, sollte danach beurteilt werden, inwieweit sich der Gesamteindruck, den der Anblick des Geschmacksmusters beim informierten Benutzer hervorruft, deutlich von dem unterscheidet, den der vorbestehende Formschatz bei ihm hervorruft, und zwar unter Berücksichtigung der Art des Erzeugnisses, bei dem das Geschmacksmuster benutzt wird oder in das es aufgenommen wird, und insbesondere des jeweiligen Industriezweigs und des Grades der Gestaltungsfreiheit des Entwerfers bei der Entwicklung des Geschmacksmusters.

(15) Ein Gemeinschaftsgeschmacksmuster sollte so weit wie möglich den Bedürfnissen aller Wirtschaftszweige in der Gemeinschaft entsprechen.

(16) Einige dieser Wirtschaftszweige bringen zahlreiche Geschmacksmuster für Erzeugnisse hervor, die häufig nur eine kurze Lebensdauer auf dem Markt haben; für sie ist ein Schutz ohne Eintragungsformalitäten vorteilhaft und die Schutzdauer von geringerer Bedeutung. Andererseits gibt es Wirtschaftszweige, die die Vorteile der Eintragung wegen ihrer größeren Rechtssicherheit schätzen und der Möglichkeit einer längeren, der absehbaren Lebensdauer ihrer Erzeugnisse auf dem Markt entsprechenden Schutzdauer bedürfen.

(17) Hierfür sind zwei Schutzformen notwendig, nämlich ein kurzfristiges nicht eingetragenes Geschmacksmuster und ein längerfristiges eingetragenes Geschmacksmuster.

(18) Ein eingetragenes Gemeinschaftsgeschmacksmuster macht die Schaffung und Führung eines Registers erforderlich, in das alle Anmeldungen eingetragen werden, die den formalen Erfordernissen entsprechen und deren Anmeldetag feststeht. Das Eintragungssystem sollte grundsätzlich nicht auf eine materiellrechtliche Prüfung der Erfüllung der Schutzvoraussetzungen vor der Eintragung gegründet sein. Dadurch wird die Belastung der Anmelder durch Eintragungs- und andere Verfahrensvorschriften auf ein Minimum beschränkt.

(19) Das Gemeinschaftsgeschmacksmuster sollte nur dann bestehen, wenn das Geschmacksmuster neu ist und wenn es außerdem eine Eigenart im Vergleich zu anderen Geschmacksmustern besitzt.

(20) Es ist auch notwendig, dass der Entwerfer oder sein Rechtsnachfolger die Erzeugnisse, in denen das Geschmacksmuster verwendet wird, vor der Entscheidung darüber, ob der Schutz durch ein eingetragenes Gemeinschaftsgeschmacksmuster wünschenswert ist, auf dem Markt testen können. Daher ist vorzusehen, dass Offenbarungen des Geschmacksmusters durch den Entwerfer oder seinen Rechtsnachfolger oder missbräuchliche Offenbarungen während eines Zeitraums von 12 Monaten vor dem Tag der Einreichung der Anmeldung eines eingetragenen Gemeinschaftsgeschmacksmusters bei der Beurteilung der Neuheit oder der Eigenart des fraglichen Geschmacksmusters nicht schaden.

(21) Der ausschließliche Charakter des Rechts aus dem eingetragenen Gemeinschaftsgeschmacksmuster steht mit seiner größeren Rechtssicherheit im Einklang. Das nicht eingetragene Gemeinschaftsgeschmacksmuster sollte dagegen nur das Recht verleihen, Nachahmungen zu verhindern. Der Schutz kann sich somit nicht auf Erzeugnisse erstrecken, für die Geschmacksmuster verwendet werden, die das Ergebnis eines selbstständigen Entwurfs eines anderen Entwerfers sind; dieses Recht sollte sich auch auf den Handel mit Erzeugnissen erstrecken, in denen nachgeahmte Geschmacksmuster verwendet werden.

(22) Die Durchsetzung dieser Rechte muss den einzelstaatlichen Rechtsvorschriften überlassen bleiben; daher sind in allen Mitgliedstaaten einige grundle-

gende einheitliche Sanktionen vorzusehen, damit unabhängig von der Rechtsordnung, in der die Durchsetzung verlangt wird, den Rechtsverletzungen Einhalt geboten werden kann.

(23) Ein Dritter, der glaubhaft machen kann, dass er ein in den Schutzumfang des eingetragenen Gemeinschaftsgeschmacksmusters fallendes Geschmacksmuster, das diesem nicht nachgeahmt wurde, in der Gemeinschaft gutgläubig in Nutzung, einschließlich der Nutzung für gewerbliche Zwecke, genommen oder wirkliche und ernsthafte Anstalten dazu getroffen hat, hat unter Umständen Anspruch auf eine begrenzte Nutzung des Geschmacksmusters.

(24) Ein grundlegendes Ziel dieser Verordnung besteht darin, dass das Verfahren zur Erlangung eines eingetragenen Gemeinschaftsgeschmacksmusters für die Anmelder mit den geringst möglichen Kosten und Schwierigkeiten verbunden ist, damit es sowohl für kleine und mittlere Unternehmen als auch für einzelne Entwerfer leicht zugänglich ist.

(25) Wirtschaftszweige, die sehr viele möglicherweise kurzlebige Geschmacksmuster während kurzer Zeiträume hervorbringen, von denen vielleicht nur einige tatsächlich vermarktet werden, werden das nicht eingetragene Gemeinschaftsgeschmacksmuster vorteilhaft finden. Für diese Wirtschaftszweige besteht ferner der Bedarf, leichter auf das eingetragene Gemeinschaftsgeschmacksmuster zugreifen zu können. Die Möglichkeit, eine Vielzahl von Geschmacksmustern in einer Sammelanmeldung zusammenzufassen, würde diesem Bedürfnis abhelfen. Die in einer Sammelanmeldung enthaltenen Geschmacksmuster können allerdings geltend gemacht werden oder Gegenstand einer Lizenz, eines dinglichen Rechts, einer Zwangsvollstreckung, eines Insolvenzverfahrens, eines Verzichts, einer Erneuerung, einer Rechtsübertragung, einer Aufschiebung der Bekanntmachung oder einer Nichtigerklärung unabhängig voneinander sein.

(26) Die normale Bekanntmachung nach Eintragung eines Gemeinschaftsgeschmacksmusters könnte in manchen Fällen den kommerziellen Erfolg des Geschmacksmusters zunichte machen oder gefährden. Die Möglichkeit, die Bekanntmachung um einen angemessenen Zeitraum aufzuschieben, schafft in solchen Fällen Abhilfe.

(27) Ein Klageverfahren betreffend die Rechtsgültigkeit eines eingetragenen Gemeinschaftsgeschmacksmusters an einem einzigen Ort wäre gegenüber Verfahren vor unterschiedlichen einzelstaatlichen Gerichten kosten- und zeitsparend.

(28) In diesem Zusammenhang ist insbesondere die Möglichkeit der Beschwerde vor einer Beschwerdekammer und in letzter Instanz vor dem Gerichtshof zu gewährleisten. Auf diese Weise würde sich eine einheitliche Auslegung der Voraussetzungen für die Rechtsgültigkeit von Gemeinschaftsgeschmacksmustern herausbilden.

(29) Es ist von wesentlicher Bedeutung, dass die Rechte aus einem Gemeinschaftsgeschmacksmuster in der gesamten Gemeinschaft wirksam durchgesetzt werden können.

(30) Die Streitbeilegungsregelungen sollten so weit wie möglich ein „forum shopping" verhindern. Daher sind klare Regeln über die internationale Zuständigkeit erforderlich.

(31) Diese Verordnung schließt nicht aus, dass auf Geschmacksmuster, die durch Gemeinschaftsgeschmacksmuster geschützt werden, Rechtsvorschriften zum gewerblichen Rechtsschutz oder andere einschlägige Vorschriften der Mitgliedstaaten Anwendung finden, die sich beispielsweise auf den durch Eintragung erlangten Geschmacksmusterschutz oder auf nicht eingetragene Geschmacksmuster, Marken, Patente und Gebrauchsmuster, unlauteren Wettbewerb oder zivilrechtliche Haftung beziehen.

(32) In Ermangelung einer vollständigen Angleichung des Urheberrechts ist es wichtig, den Grundsatz des kumulativen Schutzes als Gemeinschaftsgeschmacksmuster und nach dem Urheberrecht festzulegen, während es den Mitgliedstaaten freigestellt bleibt, den Umfang des urheberrechtlichen Schutzes und die Voraussetzungen festzulegen, unter denen dieser Schutz gewährt wird.

(33) Die zur Durchführung dieser Verordnung erforderlichen Maßnahmen sollten nach dem Beschluss 1999/468/EG des Rates vom 28. Juni 1999 zur Festlegung der Modalitäten für die Ausübung der der Kommission übertragenen Durchführungsbefugnissegetroffen werden –

HAT FOLGENDE VERORDNUNG ERLASSEN:

Titel I
Allgemeine Bestimmungen

Artikel 1 – Gemeinschaftsgeschmacksmuster

(1) Ein den Voraussetzungen dieser Verordnung entsprechendes Geschmacksmuster wird nachstehend „Gemeinschaftsgeschmacksmuster" genannt.

(2) Ein Geschmacksmuster wird:

a) durch ein „nicht eingetragenes Gemeinschaftsgeschmacksmuster" geschützt, wenn es in der in dieser Verordnung vorgesehenen Weise der Öffentlichkeit zugänglich gemacht wird;
b) durch ein „eingetragenes Gemeinschaftsgeschmacksmuster" geschützt, wenn es in der in dieser Verordnung vorgesehenen Weise eingetragen ist.

(3) Das Gemeinschaftsgeschmacksmuster ist einheitlich. Es hat dieselbe Wirkung in der gesamten Gemeinschaft. Es kann nur für dieses gesamte Gebiet eingetragen oder übertragen werden oder Gegenstand eines Verzichts oder einer Entscheidung über die Nichtigkeit sein, und seine Benutzung kann nur

für die gesamte Gemeinschaft untersagt werden. Dieser Grundsatz gilt, sofern in der Verordnung nichts anderes bestimmt ist.

Artikel 2 – Amt

Das Harmonisierungsamt für den Binnenmarkt (Marken, Muster und Modelle), nachstehend „Amt" genannt, das im Rahmen der Verordnung (EG) Nr. 40/94 des Rates vom 20. Dezember 1993 über die Gemeinschaftsmarke[6], nachstehend „Verordnung über die Gemeinschaftsmarke" genannt, errichtet wurde, erfüllt die Aufgaben, die ihm durch diese Verordnung übertragen werden.

Titel II
Materielles Geschmacksmusterrecht

Abschnitt 1
Schutzvoraussetzungen

Artikel 3 – Begriffe

Im Sinne dieser Verordnung bezeichnet:

a) „Geschmacksmuster" die Erscheinungsform eines Erzeugnisses oder eines Teils davon, die sich insbesondere aus den Merkmalen der Linien, Konturen, Farben, der Gestalt, Oberflächenstruktur und/oder der Werkstoffe des Erzeugnisses selbst und/oder seiner Verzierung ergibt;
b) „Erzeugnis" jeden industriellen oder handwerklichen Gegenstand, einschließlich – unter anderem – der Einzelteile, die zu einem komplexen Erzeugnis zusammengebaut werden sollen, Verpackung, Ausstattung, graphischen Symbolen und typographischen Schriftbildern; ein Computerprogramm gilt jedoch nicht als „Erzeugnis";
c) „komplexes Erzeugnis" ein Erzeugnis aus mehreren Bauelementen, die sich ersetzen lassen, so dass das Erzeugnis auseinander- und wieder zusammengebaut werden kann.

Artikel 4 – Schutzvoraussetzungen

(1) Ein Geschmacksmuster wird durch ein Gemeinschaftsgeschmacksmuster geschützt, soweit es neu ist und Eigenart hat.

(2) Ein Geschmacksmuster, das in einem Erzeugnis, das Bauelement eines komplexen Erzeugnisses ist, benutzt oder in dieses Erzeugnis eingefügt wird, gilt nur dann als neu und hat nur dann Eigenart:

a) wenn das Bauelement, das in das komplexe Erzeugnis eingefügt ist, bei dessen bestimmungsgemäßer Verwendung sichtbar bleibt, und
b) soweit diese sichtbaren Merkmale des Bauelements selbst die Voraussetzungen der Neuheit und Eigenart erfüllen.

Anhang VII

(3) „Bestimmungsgemäße Verwendung" im Sinne des Absatzes 2 Buchstabe a) bedeutet Verwendung durch den Endbenutzer, ausgenommen Instandhaltungs-, Wartungs- oder Reparaturarbeiten.

Artikel 5 – Neuheit

(1) Ein Geschmacksmuster gilt als neu, wenn der Öffentlichkeit:

a) im Fall nicht eingetragener Gemeinschaftsgeschmacksmuster vor dem Tag, an dem das Geschmacksmuster, das geschützt werden soll, erstmals der Öffentlichkeit zugänglich gemacht wird,

b) im Fall eingetragener Gemeinschaftsgeschmacksmuster vor dem Tag der Anmeldung zur Eintragung des Geschmacksmusters, das geschützt werden soll, oder, wenn eine Priorität in Anspruch genommen wird, vor dem Prioritätstag,

kein identisches Geschmacksmuster zugänglich gemacht worden ist.

(2) Geschmacksmuster gelten als identisch, wenn sich ihre Merkmale nur in unwesentlichen Einzelheiten unterscheiden.

Artikel 6 – Eigenart

(1) Ein Geschmacksmuster hat Eigenart, wenn sich der Gesamteindruck, den es beim informierten Benutzer hervorruft, von dem Gesamteindruck unterscheidet, den ein anderes Geschmacksmuster bei diesem Benutzer hervorruft, das der Öffentlichkeit zugänglich gemacht worden ist, und zwar:

a) im Fall nicht eingetragener Gemeinschaftsgeschmacksmuster vor dem Tag, an dem das Geschmacksmuster, das geschützt werden soll, erstmals der Öffentlichkeit zugänglich gemacht wird,

b) im Fall eingetragener Gemeinschaftsgeschmacksmuster vor dem Tag der Anmeldung zur Eintragung oder, wenn eine Priorität in Anspruch genommen wird, vor dem Prioritätstag.

(2) Bei der Beurteilung der Eigenart wird der Grad der Gestaltungsfreiheit des Entwerfers bei der Entwicklung des Geschmacksmusters berücksichtigt.

Artikel 7 – Offenbarung

(1) Im Sinne der Artikel 5 und 6 gilt ein Geschmacksmuster als der Öffentlichkeit zugänglich gemacht, wenn es nach der Eintragung oder auf andere Weise bekannt gemacht, oder wenn es ausgestellt, im Verkehr verwendet oder auf sonstige Weise offenbart wurde, und zwar vor dem in Artikel 5 Absatz 1 Buchstabe a) und Artikel 6 Absatz 1 Buchstabe a) beziehungsweise in Artikel 5 Absatz 1 Buchstabe b) und Artikel 6 Absatz 1 Buchstabe b) genannten Zeitpunkt, es sei denn, dass dies den in der Gemeinschaft tätigen Fachkreisen des betreffenden Wirtschaftszweigs im normalen Geschäftsverlauf nicht bekannt sein konnte. Ein Geschmacksmuster gilt jedoch nicht als der Öffentlichkeit zugäng-

lich gemacht, wenn es lediglich einem Dritten unter der ausdrücklichen oder stillschweigenden Bedingung der Vertraulichkeit offenbart wurde.

(2) Eine Offenbarung bleibt bei der Anwendung der Artikel 5 und 6 unberücksichtigt, wenn ein Geschmacksmuster, das als eingetragenes Gemeinschaftsgeschmacksmuster geschützt werden soll, der Öffentlichkeit zugänglich gemacht worden ist:

a) durch den Entwerfer oder seinen Rechtsnachfolger oder durch einen Dritten als Folge von Informationen oder Handlungen des Entwerfers oder seines Rechtsnachfolgers, und

b) während der zwölf Monate vor dem Anmeldetag oder, wenn eine Priorität in Anspruch genommen wird, vor dem Prioritätstag.

(3) Absatz 2 gilt auch dann, wenn das Geschmacksmuster als Folge einer missbräuchlichen Handlung gegen den Entwerfer oder seinen Rechtsnachfolger der Öffentlichkeit zugänglich gemacht wurde.

Artikel 8 – Durch ihre technische Funktion bedingte Geschmacksmuster und Geschmacksmuster von Verbindungselementen

(1) Ein Gemeinschaftsgeschmacksmuster besteht nicht an Erscheinungsmerkmalen eines Erzeugnisses, die ausschließlich durch dessen technische Funktion bedingt sind.

(2) Ein Gemeinschaftsgeschmacksmuster besteht nicht an Erscheinungsmerkmalen eines Erzeugnisses, die zwangsläufig in ihrer genauen Form und ihren genauen Abmessungen nachgebildet werden müssen, damit das Erzeugnis, in das das Geschmacksmuster aufgenommen oder bei dem es verwendet wird, mit einem anderen Erzeugnis mechanisch verbunden oder in diesem, an diesem oder um dieses herum angebracht werden kann, so dass beide Erzeugnisse ihre Funktion erfüllen können.

(3) Ungeachtet des Absatzes 2 besteht ein Gemeinschaftsgeschmacksmuster unter den in den Artikeln 5 und 6 festgelegten Voraussetzungen an einem Geschmacksmuster, das dem Zweck dient, den Zusammenbau oder die Verbindung einer Vielzahl von untereinander austauschbaren Erzeugnissen innerhalb eines modularen Systems zu ermöglichen.

Artikel 9 – Geschmacksmuster, die gegen die öffentliche Ordnung oder gegen die guten Sitten verstoßen

Ein Gemeinschaftsgeschmacksmuster besteht nicht an einem Geschmacksmuster, wenn dieses gegen die öffentliche Ordnung oder gegen die guten Sitten verstößt.

Anhang VII

Abschnitt 2
Umfang und Dauer des Schutzes

Artikel 10 – Schutzumfang

(1) Der Umfang des Schutzes aus dem Gemeinschaftsgeschmacksmuster erstreckt sich auf jedes Geschmacksmuster, das beim informierten Benutzer keinen anderen Gesamteindruck erweckt.

(2) Bei der Beurteilung des Schutzumfangs wird der Grad der Gestaltungsfreiheit des Entwerfers bei der Entwicklung seines Geschmacksmusters berücksichtigt.

Artikel 11 – Schutzdauer des nicht eingetragenen Gemeinschaftsgeschmacksmusters

(1) Ein Geschmacksmuster, das die im 1. Abschnitt genannten Voraussetzungen erfüllt, wird als ein nicht eingetragenes Gemeinschaftsgeschmacksmuster für eine Frist von drei Jahren geschützt, beginnend mit dem Tag, an dem es der Öffentlichkeit innerhalb der Gemeinschaft erstmals zugänglich gemacht wurde.

(2) Im Sinne des Absatzes 1 gilt ein Geschmacksmuster als der Öffentlichkeit innerhalb der Gemeinschaft zugänglich gemacht, wenn es in solcher Weise bekannt gemacht, ausgestellt, im Verkehr verwendet oder auf sonstige Weise offenbart wurde, dass dies den in der Gemeinschaft tätigen Fachkreisen des betreffenden Wirtschaftszweigs im normalen Geschäftsverlauf bekannt sein konnte. Ein Geschmacksmuster gilt jedoch nicht als der Öffentlichkeit zugänglich gemacht, wenn es lediglich einem Dritten unter der ausdrücklichen oder stillschweigenden Bedingung der Vertraulichkeit offenbart wurde.

Artikel 12 – Schutzdauer des eingetragenen Gemeinschaftsgeschmacksmusters

Nach Eintragung durch das Amt wird ein Geschmacksmuster, das die im 1. Abschnitt genannten Voraussetzungen erfüllt, für einen Zeitraum von fünf Jahren, beginnend mit dem Anmeldetag durch ein eingetragenes Gemeinschaftsgeschmacksmuster geschützt. Der Rechtsinhaber kann die Schutzdauer einmal oder mehrmals um einen Zeitraum von jeweils fünf Jahren bis zu einer Gesamtlaufzeit von 25 Jahren ab dem Anmeldetag verlängern lassen.

Artikel 13 – Verlängerung

(1) Die Eintragung des eingetragenen Gemeinschaftsgeschmacksmusters wird auf Antrag des Rechtsinhabers oder einer von ihm hierzu ausdrücklich ermächtigten Person verlängert, sofern die Verlängerungsgebühr entrichtet worden ist.

(2) Das Amt unterrichtet den Inhaber des eingetragenen Gemeinschaftsgeschmacksmusters und die im Register eingetragenen Inhaber von Rechten an

dem eingetragenen Gemeinschaftsgeschmacksmuster, die im Register gemäß Artikel 72 (nachstehend „Register" genannt) eingetragen sind, rechtzeitig vor dem Ablauf der Eintragung. Das Unterbleiben dieser Unterrichtung hat keine Haftung des Amtes zur Folge.

(3) Innerhalb eines Zeitraums von sechs Monaten vor Ablauf des letzten Tages des Monats, in dem die Schutzdauer endet, ist der Antrag auf Verlängerung einzureichen und die Verlängerungsgebühr zu entrichten. Der Antrag und die Gebühr können noch innerhalb einer Nachfrist von sechs Monaten nach Ablauf des in Satz 1 genannten Tages eingereicht bzw. gezahlt werden, sofern innerhalb dieser Nachfrist eine Zuschlaggebühr entrichtet wird.

(4) Die Verlängerung wird am Tage nach Ablauf der bestehenden Eintragung wirksam. Sie wird im Register eingetragen.

Abschnitt 3
Recht auf das Gemeinschaftsgeschmacksmuster

Artikel 14 – Recht auf das Gemeinschaftsgeschmacksmuster

(1) Das Recht auf das Gemeinschaftsgeschmacksmuster steht dem Entwerfer oder seinem Rechtsnachfolger zu.

(2) Haben mehrere Personen ein Geschmacksmuster gemeinsam entwickelt, so steht ihnen das Recht auf das Gemeinschaftsgeschmacksmuster gemeinsam zu.

(3) Wird ein Geschmacksmuster jedoch von einem Arbeitnehmer in Ausübung seiner Aufgaben oder nach den Weisungen seines Arbeitgebers entworfen, so steht das Recht auf das Gemeinschaftsgeschmacksmuster dem Arbeitgeber zu, sofern vertraglich nichts anderes vereinbart wurde oder sofern die anwendbaren innerstaatlichen Rechtsvorschriften nichts anderes vorsehen.

Artikel 15 – Geltendmachung der Berechtigung auf das Gemeinschaftsgeschmacksmuster

(1) Wird ein nicht eingetragenes Gemeinschaftsgeschmacksmuster von einer Person offenbart oder geltend gemacht, die hierzu nach Artikel 14 nicht berechtigt ist, oder ist ein eingetragenes Gemeinschaftsgeschmacksmuster auf den Namen einer solchen Person eingetragen oder angemeldet worden, so kann der nach Artikel 14 Berechtigte unbeschadet anderer Möglichkeiten verlangen, dass er als der rechtmäßige Inhaber des Gemeinschaftsgeschmacksmusters anerkannt wird.

(2) Steht einer Person das Recht auf ein Gemeinschaftsgeschmacksmuster gemeinsam mit anderen zu, so kann sie entsprechend Absatz 1 verlangen, dass sie als Mitinhaber anerkannt wird.

(3) Ansprüche gemäß Absatz 1 oder 2 verjähren in drei Jahren nach dem Zeitpunkt der Veröffentlichung im Falle eingetragener Gemeinschaftsgeschmacks-

muster bzw. der Offenbarung im Falle nicht eingetragener Gemeinschaftsgeschmacksmuster. Dies gilt nicht, wenn die Person, der kein Recht am Gemeinschaftsgeschmacksmuster zusteht, zu dem Zeitpunkt, zu dem dieses Muster angemeldet, offenbart oder ihr übertragen wurde, bösgläubig war.

(4) Im Falle des eingetragenen Gemeinschaftsgeschmacksmusters wird Folgendes in das Register eingetragen:

a) der Vermerk, dass ein gerichtliches Verfahren gemäß Absatz 1 eingeleitet wurde;
b) die rechtskräftige Entscheidung bzw. jede andere Beendigung des Verfahrens;
c) jede Änderung in der Inhaberschaft an dem eingetragenen Gemeinschaftsgeschmacksmuster, die sich aus der rechtskräftigen Entscheidung ergibt.

Artikel 16 – Wirkungen der Gerichtsentscheidung über den Anspruch auf ein eingetragenes Gemeinschaftsgeschmacksmuster

(1) Bei vollständigem Wechsel der Rechtsinhaberschaft an einem eingetragenen Gemeinschaftsgeschmacksmuster infolge eines gerichtlichen Verfahrens gemäß Artikel 15 Absatz 1 erlöschen mit der Eintragung der berechtigten Person in das Register die Lizenzen und sonstigen Rechte.

(2) Hat vor der Eintragung der Einleitung des gerichtlichen Verfahrens nach Artikel 15 Absatz 1 der Inhaber des eingetragenen Gemeinschaftsgeschmacksmusters oder ein Lizenznehmer das Geschmacksmuster in der Gemeinschaft verwertet oder dazu wirkliche und ernsthafte Anstalten getroffen, so kann er diese Verwertung fortsetzen, wenn er bei dem in das Register eingetragenen neuen Inhaber innerhalb der in der Durchführungsverordnung vorgeschriebenen Frist eine nicht ausschließliche Lizenz beantragt. Die Lizenz ist für einen angemessenen Zeitraum zu angemessenen Bedingungen zu gewähren.

(3) Absatz 2 findet keine Anwendung, wenn der Inhaber der eingetragenen Gemeinschaftsgeschmackmuster oder der Lizenznehmer zu dem Zeitpunkt, zu dem er mit der Verwertung des Geschmacksmusters begonnen oder Anstalten dazu getroffen hat, bösgläubig war.

Artikel 17 – Vermutung zugunsten des eingetragenen Geschmacksmusterinhabers

In jedem Verfahren vor dem Amt sowie in allen anderen Verfahren gilt die Person als berechtigt, auf deren Namen das Gemeinschaftsgeschmacksmuster eingetragen wurde, oder vor der Eintragung die Person, in deren Namen die Anmeldung eingereicht wurde.

Artikel 18 – Recht des Entwerfers auf Nennung

Der Entwerfer hat wie der Anmelder oder der Inhaber des eingetragenen Gemeinschaftsgeschmacksmusters das Recht, vor dem Amt und im Register als

Anhang VII

Entwerfer genannt zu werden. Ist das Geschmacksmuster das Ergebnis einer Gemeinschaftsarbeit, so kann die Nennung des Entwerferteams an die Stelle der Nennung der einzelnen Entwerfer treten.

Abschnitt 4
Wirkung des Gemeinschaftsgeschmacksmusters

Artikel 19 – Rechte aus dem Gemeinschaftsgeschmacksmuster

(1) Das eingetragene Gemeinschaftsgeschmacksmuster gewährt seinem Inhaber das ausschließliche Recht, es zu benutzen und Dritten zu verbieten, es ohne seine Zustimmung zu benutzen. Die erwähnte Benutzung schließt insbesondere die Herstellung, das Anbieten, das Inverkehrbringen, die Einfuhr, die Ausfuhr oder die Benutzung eines Erzeugnisses, in das das Muster aufgenommen oder bei dem es verwendet wird, oder den Besitz des Erzeugnisses zu den genannten Zwecken ein.

(2) Das nicht eingetragene Gemeinschaftsgeschmacksmuster gewährt seinem Inhaber das Recht, die in Absatz 1 genannten Handlungen zu verbieten, jedoch nur, wenn die angefochtene Benutzung das Ergebnis einer Nachahmung des geschützten Musters ist.

Die angefochtene Benutzung wird nicht als Ergebnis einer Nachahmung des geschützten Geschmacksmusters betrachtet, wenn sie das Ergebnis eines selbstständigen Entwurfs eines Entwerfers ist, von dem berechtigterweise angenommen werden kann, dass er das von dem Inhaber offenbarte Muster nicht kannte.

(3) Absatz 2 gilt auch für eingetragene Gemeinschaftsgeschmacksmuster, deren Bekanntmachung aufgeschoben ist, solange die entsprechenden Eintragungen im Register und die Akte der Öffentlichkeit nicht gemäß Artikel 50 Absatz 4 zugänglich gemacht worden sind.

Artikel 20 – Beschränkung der Rechte aus dem Gemeinschaftsgeschmacksmuster

(1) Die Rechte aus dem Gemeinschaftsgeschmacksmuster können nicht geltend gemacht werden für:

a) Handlungen, die im privaten Bereich zu nichtgewerblichen Zwecken vorgenommen werden,
b) Handlungen zu Versuchszwecken,
c) die Wiedergabe zum Zwecke der Zitierung oder für Lehrzwecke, sofern solche Handlungen mit den Gepflogenheiten des redlichen Geschäftsverkehrs vereinbar sind, die normale Verwertung des Geschmacksmusters nicht über Gebühr beeinträchtigen und die Quelle angegeben wird.

(2) Die Rechte aus dem Gemeinschaftsgeschmacksmuster können ferner nicht geltend gemacht werden für:

Anhang VII

a) Einrichtungen in Schiffen und Luftfahrzeugen, die in einem Drittland zugelassen sind und vorübergehend in das Gebiet der Gemeinschaft gelangen,
b) die Einfuhr von Ersatzteilen und Zubehör für die Reparatur solcher Fahrzeuge in die Gemeinschaft,
c) die Durchführung von Reparaturen an solchen Fahrzeugen.

Artikel 21 – Erschöpfung der Rechte

Die Rechte aus dem Gemeinschaftsgeschmacksmuster erstrecken sich nicht auf Handlungen, die ein Erzeugnis betreffen, in welches ein unter den Schutzumfang des Gemeinschaftsgeschmacksmusters fallendes Geschmacksmuster aufgenommen oder bei dem es verwendet wird, wenn das Erzeugnis vom Inhaber des Gemeinschaftsgeschmacksmusters oder mit dessen Zustimmung in der Gemeinschaft in den Verkehr gebracht worden ist.

Artikel 22 – Vorbenutzungsrecht betreffend das eingetragene Gemeinschaftsgeschmacksmuster

(1) Ein Dritter, der glaubhaft machen kann, dass er vor dem Anmeldetag oder, wenn eine Priorität in Anspruch genommen wird, vor dem Prioritätstag, innerhalb der Gemeinschaft ein in den Schutzumfang eines eingetragenen Gemeinschaftsgeschmacksmusters fallendes Geschmacksmuster, das diesem nicht nachgeahmt wurde, gutgläubig in Benutzung genommen oder wirkliche und ernsthafte Anstalten dazu getroffen hat, hat ein Vorbenutzungsrecht.

(2) Das Vorbenutzungsrecht berechtigt den Dritten, das Muster für die Zwecke, für die er es vor dem Anmelde- oder Prioritätstag des eingetragenen Gemeinschaftsgeschmacksmusters in Benutzung genommen hat, oder für die er wirkliche und ernsthafte Anstalten getroffen hat, zu verwerten.

(3) Das Vorbenutzungsrecht erstreckt sich nicht auf das Recht, eine Lizenz zur Nutzung des Geschmacksmusters an andere Personen zu vergeben.

(4) Das Vorbenutzungsrecht ist nicht übertragbar, es sei denn, bei dem Dritten handelt es sich um ein Unternehmen und die Übertragung erfolgt zusammen mit dem Unternehmensteil, in dessen Rahmen die Benutzung erfolgte oder die Anstalten getroffen wurden.

Artikel 23 – Verwendung durch die Regierung

Die Rechtsvorschriften eines Mitgliedstaats, aufgrund deren nationale Geschmacksmuster von der Regierung oder für die Regierung verwendet werden können, können auch auf Gemeinschaftsgeschmacksmuster angewandt werden, jedoch nur insoweit, als deren Verwendung für wesentliche Verteidigungs- oder Sicherheitserfordernisse notwendig ist.

Anhang VII

Abschnitt 5
Nichtigkeit

Artikel 24 – Erklärung der Nichtigkeit

(1) Ein eingetragenes Gemeinschaftsgeschmacksmuster wird auf Antrag beim Amt nach dem Verfahren gemäß Titel VI und Titel VII oder von einem Gemeinschaftsgeschmacksmustergericht auf Widerklage im Verletzungsverfahren für nichtig erklärt.

(2) Ein Gemeinschaftsgeschmacksmuster kann auch nach Erlöschen des Gemeinschaftsgeschmacksmusters oder dem Verzicht darauf für nichtig erklärt werden.

(3) Ein nicht eingetragenes Gemeinschaftsgeschmacksmuster wird von einem Gemeinschaftsgeschmacksmustergericht auf Antrag bei diesem oder auf Widerklage im Verletzungsverfahren für nichtig erklärt.

Artikel 25 – Nichtigkeitsgründe

(1) Ein Gemeinschaftsgeschmacksmuster kann nur dann für nichtig erklärt werden:

a) wenn kein Geschmacksmuster im Sinne von Artikel 3 Buchstabe a) vorliegt,
b) wenn es die Voraussetzungen der Artikel 4 bis 9 nicht erfüllt,
c) wenn dem Inhaber des Rechts infolge einer Gerichtsentscheidung kein Recht an dem Gemeinschaftsgeschmacksmuster im Sinne von Artikel 14 zusteht,
d) wenn das Gemeinschaftsgeschmacksmuster mit einem älteren Geschmacksmuster kollidiert, das der Öffentlichkeit nach dem Anmeldetag oder, wenn eine Priorität in Anspruch genommen wird, nach dem Prioritätstag des Gemeinschaftsgeschmacksmusters zugänglich gemacht wurde und das seit einem vor diesem Tag liegenden Zeitpunkt geschützt ist,
   i) durch ein eingetragenes Gemeinschaftsgeschmacksmuster oder durch die Anmeldung eines solchen,
   oder
   ii) durch ein eingetragenes Geschmacksmusterrecht eines Mitgliedstaats oder durch die Anmeldung eines solchen,
   oder
   iii) durch ein eingetragenes Muster oder Modell nach der am 2. Juli 1999 in Genf angenommenen und vom Rat mit dem Beschluss 2006/954/EG gebilligten Genfer Akte des Haager Abkommens über die internationale Eintragung gewerblicher Muster und Modelle (im Folgenden „Genfer Akte" genannt), das in der Gemeinschaft Wirkung entfaltet, oder durch die Anmeldung eines solchen;
e) wenn in einem jüngeren Geschmacksmuster ein Zeichen mit Unterscheidungskraft verwendet wird und das Gemeinschaftsrecht oder das nationale

Anhang VII

Recht des Mitgliedstaats, dem das Zeichen unterliegt, den Rechtsinhaber dazu berechtigen, diese Verwendung zu untersagen,
f) wenn das Geschmacksmuster eine unerlaubte Verwendung eines Werkes darstellt, das nach dem Urheberrecht eines Mitgliedstaats geschützt ist,
g) wenn das Geschmacksmuster eine missbräuchliche Verwendung eines der in Artikel 6b der Pariser Verbandsübereinkunft zum Schutz des gewerblichen Eigentums (nachstehend „Pariser Verbandsübereinkunft") genannten Gegenstände und Zeichen oder anderer als der in Artikel 6b aufgezählten Stempel, Kennzeichen und Wappen, die für einen Mitgliedstaat von besonderem öffentlichen Interesse sind, darstellt.

(2) Den Nichtigkeitsgrund gemäß Absatz 1 Buchstabe c) kann nur die Person geltend machen, der nach Artikel 14 das Recht am Gemeinschaftsgeschmacksmuster zusteht.

(3) Die Nichtigkeitsgründe gemäß Absatz 1 Buchstabe d), e) und f) kann nur der Anmelder oder Inhaber des älteren Rechts geltend machen.

(4) Den Nichtigkeitsgrund gemäß Absatz 1 Buchstabe g) kann nur die Person oder Einrichtung geltend machen, die von der Verwendung betroffen ist.

(5) Die Absätze 3 und 4 beeinträchtigen nicht das Recht der Mitgliedstaaten, vorzusehen, dass die Nichtigkeitsgründe nach Absatz 1 Buchstabe d) und g) auch von der zuständigen Behörde des betreffenden Mitgliedstaats von Amts wegen geltend gemacht werden können.

(6) Wenn ein eingetragenes Gemeinschaftsgeschmacksmuster gemäß Absatz 1 Buchstabe b), e), f) oder g) für nichtig erklärt worden ist, kann es in einer geänderten Form beibehalten werden, sofern dann die Schutzvoraussetzungen erfüllt werden und das Geschmacksmuster seine Identität behält. „Beibehaltung in einer geänderten Form" bedeutet Eintragung in Verbindung mit einem teilweisen Verzicht des Inhabers des eingetragenen Gemeinschaftsgeschmacksmusters oder die Aufnahme einer Gerichtsentscheidung oder einer Entscheidung des Amts über die teilweise Nichtigkeit des eingetragenen Gemeinschaftsgeschmacksmusters in das Register.

Artikel 26 – Wirkung der Nichtigkeit

(1) Die in dieser Verordnung vorgesehenen Wirkungen eines Gemeinschaftsgeschmacksmusters gelten in dem Umfang, in dem das Gemeinschaftsgeschmacksmuster für nichtig erklärt wurde, als von Anfang an nicht eingetreten.

(2) Vorbehaltlich der nationalen Rechtsvorschriften über Klagen auf Ersatz des Schadens, der durch fahrlässiges oder vorsätzliches Handeln des Inhabers des Gemeinschaftsgeschmacksmusters verursacht worden ist, sowie vorbehaltlich der nationalen Rechtsvorschriften über ungerechtfertigte Bereicherung berührt die Rückwirkung der Nichtigkeit des Gemeinschaftsgeschmacksmusters nicht:

a) Entscheidungen in Verletzungsverfahren, die vor der Entscheidung über die Nichtigkeit rechtskräftig geworden und vollstreckt worden sind,

b) vor der Entscheidung über die Nichtigkeit geschlossene Verträge insoweit, als sie vor dieser Entscheidung erfüllt worden sind; es kann jedoch verlangt werden, dass in Erfüllung des Vertrages gezahlte Beträge aus Billigkeitsgründen insoweit zurückerstattet werden, als die Umstände dies rechtfertigen.

Titel III
Das Gemeinschaftsgeschmacksmuster als Vermögensgegenstand

Artikel 27 – Gleichstellung des Gemeinschaftsgeschmacksmusters mit dem Geschmacksmusterrecht eines Mitgliedstaats

(1) Soweit in den Artikeln 28 bis 32 nichts anderes bestimmt ist, wird das Gemeinschaftsgeschmacksmuster als Vermögensgegenstand in seiner Gesamtheit und für das gesamte Gebiet der Gemeinschaft wie ein nationales Geschmacksmusterrecht des Mitgliedstaats behandelt, in dem:

a) der Inhaber zum maßgebenden Zeitpunkt seinen Wohnsitz oder Sitz hat, oder

b) wenn Buchstabe a) nicht anwendbar ist, der Inhaber zum maßgebenden Zeitpunkt eine Niederlassung hat.

(2) Im Falle eines eingetragenen Gemeinschaftsgeschmacksmusters findet Absatz 1 entsprechend den Eintragungen im Register Anwendung.

(3) Wenn im Falle gemeinsamer Inhaber zwei oder mehr von ihnen die in Absatz 1 genannten Bedingungen erfüllen, bestimmt sich der nach Absatz 1 maßgebende Mitgliedstaat:

a) im Falle des nicht eingetragenen Gemeinschaftsgeschmacksmusters durch Bezugnahme auf denjenigen gemeinsamen Inhaber, der von den gemeinsamen Inhabern einvernehmlich bestimmt wurde,

b) im Falle des eingetragenen Gemeinschaftsgeschmacksmusters durch Bezugnahme auf den ersten der gemeinsamen Inhaber in der Reihenfolge, in der sie im Register genannt sind.

(4) Liegen die Voraussetzungen der Absätze 1, 2 und 3 nicht vor, so ist der nach Absatz 1 maßgebende Mitgliedstaat der Staat, in dem das Amt seinen Sitz hat.

Artikel 28 – Übergang der Rechte an einem eingetragenen Gemeinschaftsgeschmacksmuster

Der Übergang der Rechte an einem eingetragenen Gemeinschaftsgeschmacksmuster unterliegt folgenden Bestimmungen:

Anhang VII

a) Der Rechtsübergang wird auf Antrag eines Beteiligten in das Register eingetragen und bekannt gemacht.

b) Solange der Rechtsübergang nicht in das Register eingetragen ist, kann der Rechtsnachfolger seine Rechte, die mit der Eintragung des Gemeinschaftsgeschmacksmusters verbunden sind, nicht geltend machen.

c) Sind gegenüber dem Amt Fristen zu wahren, so können, sobald der Antrag auf Eintragung des Rechtsübergangs beim Amt eingegangen ist, die entsprechenden Erklärungen gegenüber dem Amt vom Rechtsnachfolger abgegeben werden.

d) Alle Dokumente, die gemäß Artikel 66 der Zustellung an den Inhaber des eingetragenen Gemeinschaftsgeschmacksmusters bedürfen, sind vom Amt an den als Inhaber Eingetragenen oder gegebenenfalls an dessen Vertreter zu richten.

Artikel 29 – Dingliche Rechte an einem eingetragenen Gemeinschaftsgeschmacksmuster

(1) Das eingetragene Gemeinschaftsgeschmacksmuster kann verpfändet werden oder Gegenstand eines sonstigen dinglichen Rechts sein.

(2) Die in Absatz 1 genannten Rechte werden auf Antrag eines Beteiligten in das Register eingetragen und bekannt gemacht.

Artikel 30 – Zwangsvollstreckung

(1) Das eingetragene Gemeinschaftsgeschmacksmuster kann Gegenstand von Maßnahmen der Zwangsvollstreckung sein.

(2) Für die Zwangsvollstreckungsmaßnahmen gegenüber einem eingetragenen Gemeinschaftsgeschmacksmuster sind die Gerichte und Behörden des nach Artikel 27 maßgebenden Mitgliedstaats ausschließlich zuständig.

(3) Die Zwangsvollstreckungsmaßnahmen werden auf Antrag eines Beteiligten in das Register eingetragen und bekannt gemacht.

Artikel 31 – Insolvenzverfahren

(1) Ein Gemeinschaftsgeschmacksmuster kann nur dann von einem Insolvenzverfahren erfasst werden, wenn dieses in dem Mitgliedstaat eröffnet wird, in dessen Hoheitsgebiet der Schuldner den Mittelpunkt seiner Interessen hat.

(2) Absatz 1 ist im Fall der Mitinhaberschaft an einem Gemeinschaftsgeschmacksmuster auf den Anteil des Mitinhabers entsprechend anzuwenden.

(3) Wird das Gemeinschaftsgeschmacksmuster von einem Insolvenzverfahren erfasst, so wird dies auf Antrag der zuständigen nationalen Stelle in das Register eingetragen und in dem Blatt für Gemeinschaftsgeschmacksmuster gemäß Artikel 73 Absatz 1 veröffentlicht.

Artikel 32 – Lizenz

(1) Das Gemeinschaftsgeschmacksmuster kann für das gesamte Gebiet oder einen Teil der Gemeinschaft Gegenstand von Lizenzen sein. Eine Lizenz kann ausschließlich oder nicht ausschließlich sein.

(2) Unbeschadet etwaiger vertraglicher Ansprüche kann der Rechtsinhaber gegenüber dem Lizenznehmer die Rechte aus dem Gemeinschaftsgeschmacksmuster geltend machen, wenn der Lizenznehmer hinsichtlich der Dauer der Lizenz, der Form der Nutzung des Geschmacksmusters, der Auswahl der Erzeugnisse, für die die Lizenz erteilt wurde, und der Qualität der vom Lizenznehmer hergestellten Erzeugnisse gegen eine Bestimmung seines Lizenzvertrags verstößt.

(3) Unbeschadet der Bestimmungen des Lizenzvertrags kann der Lizenznehmer ein Verfahren wegen Verletzung eines Gemeinschaftsgeschmacksmusters nur mit Zustimmung des Rechtsinhabers anhängig machen. Jedoch kann der Inhaber einer ausschließlichen Lizenz ein solches Verfahren anhängig machen, wenn der Rechtsinhaber des Gemeinschaftsgeschmacksmusters nach Aufforderung innerhalb einer angemessenen Frist nicht selbst ein Verletzungsverfahren anhängig macht.

(4) Jeder Lizenznehmer kann einer vom Rechtsinhaber des Gemeinschaftsgeschmacksmusters erhobenen Verletzungsklage beitreten, um den Ersatz seines eigenen Schadens geltend zu machen.

(5) Die Erteilung oder der Übergang einer Lizenz an einem eingetragenen Gemeinschaftsgeschmacksmuster wird auf Antrag eines Beteiligten in das Register eingetragen und bekannt gemacht.

Artikel 33 – Wirkung gegenüber Dritten

(1) Die Wirkungen der in den Artikeln 28, 29, 30 und 32 bezeichneten Rechtshandlungen gegenüber Dritten richten sich nach dem Recht des nach Artikel 27 maßgebenden Mitgliedstaats.

(2) Bei eingetragenen Gemeinschaftsgeschmacksmustern entfalten die in den Artikeln 28, 29 und 32 bezeichneten Rechtshandlungen gegenüber Dritten in allen Mitgliedstaaten erst Wirkung, wenn sie in das Register eingetragen worden sind. Gleichwohl kann eine Rechtshandlung, die noch nicht eingetragen ist, Dritten entgegengehalten werden, die Rechte an dem eingetragenen Gemeinschaftsgeschmacksmuster nach dem Zeitpunkt der Rechtshandlung erworben haben, aber zum Zeitpunkt des Erwerbs dieser Rechte von der Rechtshandlung Kenntnis hatten.

(3) Absatz 2 gilt nicht gegenüber einer Person, die das eingetragene Gemeinschaftsgeschmacksmuster oder ein Recht daran im Wege des Rechtsübergangs des Unternehmens in seiner Gesamtheit oder einer anderen Gesamtrechtsnachfolge erwirbt.

(4) Bis zum Inkrafttreten gemeinsamer Vorschriften in den Mitgliedstaaten betreffend das Insolvenzverfahren richtet sich die Wirkung eines Insolvenzverfahrens gegenüber Dritten nach dem Recht des Mitgliedstaats, in dem das Verfahren nach den dort geltenden Rechtsvorschriften oder Verordnungen zuerst eröffnet wird.

Artikel 34 – Anmeldung des Gemeinschaftsgeschmacksmusters als Vermögensgegenstand

(1) Die Anmeldung des eingetragenen Gemeinschaftsgeschmacksmusters als Vermögensgegenstand wird in ihrer Gesamtheit und für das gesamte Gebiet der Gemeinschaft wie ein nationales Geschmacksmusterrecht des Mitgliedstaats behandelt, der sich nach Artikel 27 bestimmt.

(2) Die Artikel 28 bis 33 finden auf Anmeldungen eingetragener Gemeinschaftsgeschmacksmuster entsprechende Anwendung. Ist die Wirkung einer dieser Bestimmungen von der Eintragung ins Register abhängig, muss diese Formvorschrift bei der Eintragung des entstehenden Gemeinschaftsgeschmacksmusters erfüllt werden.

Titel IV
Die Anmeldung eines Gemeinschaftsgeschmacksmusters

Abschnitt 1
Einreichung der und Anforderungen an die Anmeldung

Artikel 35 – Einreichung und Weiterleitung der Anmeldung

(1) Die Anmeldung des Gemeinschaftsgeschmacksmusters kann nach Wahl des Anmelders eingereicht werden:
a) beim Amt, oder
b) bei der Zentralbehörde für den gewerblichen Rechtsschutz eines Mitgliedstaates, oder
c) in den Benelux-Ländern beim Benelux-Musteramt.

(2) Wird die Anmeldung bei der Zentralbehörde für den gewerblichen Rechtsschutz eines Mitgliedstaats oder beim Benelux-Musteramt eingereicht, so trifft diese Behörde oder dieses Amt alle erforderlichen Maßnahmen, damit die Anmeldung binnen zwei Wochen nach Einreichung an das Amt weitergeleitet wird. Die Zentralbehörde beziehungsweise das Benelux-Musteramt kann vom Anmelder eine Gebühr verlangen, die die Verwaltungskosten für Entgegennahme und Weiterleitung der Anmeldung nicht übersteigen darf.

(3) Sobald das Amt eine von einer Zentralbehörde für den gewerblichen Rechtsschutz eines Mitgliedstaates oder vom Benelux-Musteramt weitergelei-

tete Anmeldung erhalten hat, setzt es den Anmelder unter Angabe des Tags des Eingangs davon in Kenntnis.

(4) Zehn Jahre nach Inkrafttreten dieser Verordnung erstellt die Kommission einen Bericht über das Funktionieren des Systems zur Einreichung von Anmeldungen für eingetragene Gemeinschaftsgeschmacksmuster und unterbreitet dabei gegebenenfalls Änderungsvorschläge.

Artikel 36 – Erfordernisse der Anmeldung

(1) Die Anmeldung des eingetragenen Gemeinschaftsgeschmacksmusters muss enthalten:

a) einen Antrag auf Eintragung;
b) Angaben, die auf die Identität des Anmelders schließen lassen;
c) eine zur Reproduktion geeignete Wiedergabe des Geschmacksmusters. Ist jedoch ein Muster Gegenstand der Anmeldung und enthält die Anmeldung den Antrag, die Bekanntmachung der Anmeldung gemäß Artikel 50 aufzuschieben, kann die Wiedergabe des Musters durch eine Probe ersetzt werden.

(2) Die Anmeldung muss außerdem die Angabe der Erzeugnisse enthalten, in die das Geschmacksmuster aufgenommen oder bei denen es verwendet werden soll.

(3) Darüber hinaus kann die Anmeldung enthalten:

a) eine Beschreibung mit einer Erläuterung der Wiedergabe oder die Probe,
b) einen Antrag auf Aufschiebung der Bekanntmachung der Eintragung gemäß Artikel 50,
c) Angaben zu seinem Vertreter, falls der Anmelder einen solchen benannt hat,
d) die Klassifikation der Erzeugnisse, in die das Geschmacksmuster aufgenommen oder bei denen es verwendet werden soll nach Klassen,
e) die Nennung des Entwerfers oder des Entwerferteams oder die Erklärung auf Verantwortung des Anmelders, dass der Entwerfer oder das Entwerferteam auf das Recht, genannt zu werden, verzichtet hat.

(4) Bei der Anmeldung ist eine Eintragungsgebühr und eine Bekanntmachungsgebühr zu entrichten. Wird ein Antrag auf Aufschiebung der Bekanntmachung gemäß Absatz 3 Buchstabe b gestellt, so tritt eine Gebühr für die Aufschiebung der Bekanntmachung an die Stelle der Bekanntmachungsgebühr.

(5) Die Anmeldung muss den Erfordernissen der Durchführungsverordnung genügen.

(6) Die Angaben gemäß Absatz 2 sowie gemäß Absatz 3 Buchstaben a) und d) beeinträchtigen nicht den Schutzumfang des Geschmacksmusters als solchen.

Anhang VII

Artikel 37 – Sammelanmeldungen

(1) Mehrere Geschmacksmuster können in einer Sammelanmeldung für eingetragene Gemeinschaftsgeschmacksmuster zusammengefasst werden. Außer im Falle von Verzierungen besteht diese Möglichkeit vorbehaltlich des Erfordernisses, dass alle Erzeugnisse, in die die Geschmacksmuster aufgenommen oder bei denen sie verwendet werden sollen, derselben Klasse der Internationalen Klassifikation für gewerbliche Muster und Modelle angehören müssen.

(2) Für die Sammelanmeldung ist neben den in Artikel 36 Absatz 4 bezeichneten Gebühren eine zusätzliche Eintragungsgebühr und eine zusätzliche Bekanntmachungsgebühr zu entrichten. Sofern die Sammelanmeldung einen Antrag auf Aufschiebung der Bekanntmachung enthält, tritt die zusätzliche Gebühr für die Aufschiebung der Bekanntmachung an die Stelle der zusätzlichen Bekanntmachungsgebühr. Die zusätzlichen Gebühren entsprechen einem Prozentsatz der Grundgebühren für jedes zusätzliche Geschmacksmuster.

(3) Die Sammelanmeldung muss den Erfordernissen der Durchführungsverordnung entsprechen.

(4) Alle in der Sammelanmeldung oder der Sammeleintragung enthaltenen Geschmacksmuster können für die Zwecke dieser Verordnung unabhängig voneinander behandelt werden. Sie können insbesondere unabhängig von den anderen Geschmacksmustern geltend gemacht werden, Gegenstand einer Lizenz, eines dinglichen Rechts, einer Zwangsvollstreckung, eines Insolvenzverfahrens oder eines Verzichts, einer Erneuerung, einer Rechtsübertragung oder einer Aufschiebung der Bekanntmachung sein, sowie für nichtig erklärt werden. Die Aufteilung einer Sammelanmeldung oder einer Sammeleintragung in gesonderte Anmeldungen oder Eintragungen ist nur unter den in der Durchführungsverordnung aufgeführten Bedingungen zulässig.

Artikel 38 – Anmeldetag

(1) Der Anmeldetag eines eingetragenen Gemeinschaftsgeschmacksmusters ist der Tag, an dem die Unterlagen mit den Angaben nach Artikel 36 Absatz 1 beim Amt oder, wenn die Anmeldung bei der Zentralbehörde für den gewerblichen Rechtsschutz eines Mitgliedstaats oder beim Benelux-Musteramt eingereicht worden ist, bei der Zentralbehörde bzw. beim Benelux-Musteramt eingereicht worden sind.

(2) Wird eine Anmeldung bei der Zentralbehörde für den gewerblichen Rechtsschutz eines Mitgliedstaats oder beim Benelux-Musteramt eingereicht und langt sie beim Amt später als zwei Monate nach dem Tag ein, an dem die Unterlagen mit den Angaben nach Artikel 36 Absatz 1 eingereicht worden sind, so gilt abweichend von Absatz 1 als Anmeldetag der Tag, an dem das Amt diese Unterlagen erhalten hat.

Artikel 39 – Wirkung wie eine nationale Anmeldung

Die Anmeldung eines eingetragenen Gemeinschaftsgeschmacksmusters, deren Anmeldetag feststeht, hat in den Mitgliedstaaten die Wirkung einer vorschriftsmäßigen nationalen Anmeldung mit der gegebenenfalls für die besagte Anmeldung in Anspruch genommenen Priorität.

Artikel 40 – Klassifikation

Der Anhang zu dem am 8. Oktober 1968 in Locarno unterzeichneten Abkommen zur Errichtung einer Internationalen Klassifikation für gewerbliche Muster und Modelle findet auf diese Verordnung Anwendung.

Abschnitt 2
Priorität

Artikel 41 – Prioritätsrecht

(1) Jedermann, der in einem oder mit Wirkung für einen Vertragsstaat der Pariser Verbandsübereinkunft oder des Übereinkommens zur Errichtung der Welthandelsorganisation ein Geschmacksmuster oder ein Gebrauchsmuster vorschriftsmäßig angemeldet hat, oder sein Rechtsnachfolger genießt hinsichtlich der Anmeldung als eingetragenes Gemeinschaftsgeschmacksmuster für dieses Muster oder Gebrauchsmuster ein Prioritätsrecht von sechs Monaten nach Einreichung der ersten Anmeldung.

(2) Als prioritätsbegründend wird jede Anmeldung anerkannt, der nach dem innerstaatlichen Recht des Staates, in dem sie eingereicht worden ist, oder nach zwei- oder mehrseitigen Verträgen die Bedeutung einer vorschriftsmäßigen nationalen Anmeldung zukommt.

(3) Unter „vorschriftsmäßiger nationaler Anmeldung" ist jede Anmeldung zu verstehen, die die Feststellung des Tags ihrer Einreichung erlaubt; das spätere Schicksal der Anmeldung ist ohne Bedeutung.

(4) Zur Feststellung der Priorität wird als die erste Anmeldung, von deren Einreichung an die Prioritätsfrist läuft, auch eine jüngere Anmeldung angesehen, die dasselbe Geschmacksmuster betrifft wie eine ältere erste in demselben oder für denselben Staat eingereichte Anmeldung, sofern diese ältere Anmeldung vor der Einreichung der jüngeren Anmeldung zurückgenommen, fallen gelassen oder zurückgewiesen worden ist, ohne zur öffentlichen Einsichtnahme ausgelegt zu sein und ohne dass Rechte bestehen geblieben sind, und sofern sie nicht bereits als Grundlage für die Inanspruchnahme des Prioritätsrechts gedient hat. Die ältere Anmeldung kann in diesem Fall nicht mehr als Grundlage für die Inanspruchnahme des Prioritätsrechts dienen.

(5) Ist die erste Anmeldung in einem nicht zu den Vertragsstaaten der Pariser Verbandsübereinkunft oder des Übereinkommens zur Errichtung der Welthan-

delsorganisation gehörenden Staat eingereicht worden, so finden die Absätze 1 bis 4 nur insoweit Anwendung, als dieser Staat veröffentlichten Feststellungen zufolge aufgrund einer Anmeldung beim Amt unter Voraussetzungen und mit Wirkungen, die denen dieser Verordnung vergleichbar sind, ein Prioritätsrecht gewährt.

Artikel 42 – Inanspruchnahme der Priorität

Der Anmelder eines eingetragenen Gemeinschaftsgeschmacksmusters, der die Priorität einer früheren Anmeldung in Anspruch nehmen will, hat eine Prioritätserklärung und eine Abschrift der früheren Anmeldung einzureichen. Ist letztere nicht in einer dieser Sprachen abgefasst, kann das Amt die Übersetzung der früheren Anmeldung in eine dieser Sprachen verlangen.

Artikel 43 – Wirkung des Prioritätsrechts

Das Prioritätsrecht hat die Wirkung, dass der Prioritätstag als Tag der Anmeldung des eingetragenen Gemeinschaftsgeschmacksmusters im Sinne der Artikel 5, 6, 7, 22, des Artikels 25 Absatz 1 Buchstabe d) und des Artikels 50 Absatz 1 gilt.

Artikel 44 – Ausstellungspriorität

(1) Hat der Anmelder eines eingetragenen Gemeinschaftsgeschmacksmusters Erzeugnisse, in die das Geschmacksmuster aufgenommen sind oder bei denen sie verwendet werden, auf einer amtlichen oder amtlich anerkannten internationalen Ausstellung nach den Vorschriften des am 22. November 1928 in Paris unterzeichneten Übereinkommens über Internationale Ausstellungen offenbart, so kann er, wenn er die Anmeldung innerhalb einer Frist von sechs Monaten seit der erstmaligen Offenbarung der Erzeugnisse einreicht, ein Prioritätsrecht ab diesem Tag im Sinne des Artikels 43 in Anspruch nehmen.

(2) Jeder Anmelder, der nach Absatz 1 Priorität in Anspruch nehmen will, muss gemäß den in der Durchführungsverordnung festgelegten Einzelheiten Nachweise für die Zurschaustellung der Erzeugnisse, in die das Geschmacksmuster aufgenommen ist oder bei denen es verwendet wird, vorlegen.

(3) Eine Ausstellungspriorität, die in einem Mitgliedstaat oder einem Drittstaat gewährt wurde, verlängert die Prioritätsfrist des Artikels 41 nicht.

Titel V
Eintragungsverfahren

Artikel 45 – Prüfung der Anmeldung auf Formerfordernisse

(1) Das Amt prüft, ob die Anmeldung den in Artikel 36 Absatz 1 aufgeführten Erfordernissen für die Zuerkennung eines Anmeldetags genügt.

(2) Das Amt prüft, ob:

a) die Anmeldung den sonstigen in Artikel 36 Absätze 2, 3, 4 und 5 sowie im Falle einer Sammelanmeldung den in Artikel 37 Absätze 1 und 2 vorgesehenen Erfordernissen genügt;
b) die Anmeldung den in der Durchführungsverordnung zu den Artikeln 36 und 37 vorgesehenen Formerfordernissen genügt;
c) die Erfordernisse nach Artikel 77 Absatz 2 erfüllt sind;
d) die Erfordernisse für die Inanspruchnahme der Priorität erfüllt sind, wenn Priorität in Anspruch genommen wird.

(3) Die Einzelheiten der Prüfung der Anmeldung auf Formerfordernisse werden in der Durchführungsverordnung festgelegt.

Artikel 46 – Behebbare Mängel

(1) Stellt das Amt bei der Prüfung gemäß Artikel 45 Mängel fest, die beseitigt werden können, so fordert es den Anmelder auf, die Mängel innerhalb der vorgeschriebenen Frist zu beheben.

(2) Betreffen die Mängel die Erfordernisse gemäß Artikel 36 Absatz 1 und kommt der Anmelder der Aufforderung des Amtes innerhalb der vorgeschriebenen Frist nach, so erkennt das Amt als Anmeldetag den Tag an, an dem die Mängel behoben werden. Werden die Mängel nicht innerhalb der vorgeschriebenen Frist behoben, so gilt die Anmeldung nicht als Anmeldung eines eingetragenen Gemeinschaftsgeschmacksmusters.

(3) Betreffen die Mängel die Erfordernisse gemäß Artikel 45 Absatz 2 Buchstaben a), b) und c), einschließlich der Entrichtung der Gebühren, und kommt der Anmelder der Aufforderung des Amtes innerhalb der vorgeschriebenen Frist nach, so erkennt das Amt als Anmeldetag den Tag an, an dem die Anmeldung ursprünglich eingereicht wurde. Werden die Mängel oder der Zahlungsverzug nicht innerhalb der vorgeschriebenen Frist behoben, so wird die Anmeldung vom Amt zurückgewiesen.

(4) Betreffen die Mängel die Erfordernisse gemäß Artikel 45 Absatz 2 Buchstabe d) und werden sie nicht innerhalb der vorgeschriebenen Frist behoben, so erlischt der Prioritätsanspruch für die Anmeldung.

Artikel 47 – Eintragungshindernisse

(1) Kommt das Amt bei der Prüfung gemäß Artikel 45 zu dem Schluss, dass das Geschmacksmuster, für das Schutz beantragt wird:

a) der Begriffsbestimmung nach Artikel 3 Buchstabe a) nicht entspricht, oder
b) gegen die öffentliche Ordnung oder die guten Sitten verstößt, so weist es die Anmeldung zurück.

(2) Die Anmeldung kann nur zurückgewiesen werden, wenn dem Anmelder zuvor Gelegenheit gegeben worden ist, die Anmeldung zurückzunehmen oder zu ändern oder eine Stellungnahme einzureichen.

Artikel 48 – Eintragung

Sind die Erfordernisse einer Anmeldung eines eingetragenen Gemeinschaftsgeschmacksmusters erfüllt und wurde die Anmeldung nicht gemäß Artikel 47 zurückgewiesen, trägt das Amt die Anmeldung im Register für Gemeinschaftsgeschmacksmuster als eingetragenes Gemeinschaftsgeschmacksmuster ein. Die Eintragung erfolgt unter dem Datum des Anmeldetags gemäß Artikel 38.

Artikel 49 – Bekanntmachung

Nach der Eintragung macht das Amt das eingetragene Gemeinschaftsgeschmacksmuster im Blatt für Gemeinschaftsgeschmacksmuster nach Artikel 73 Absatz 1 bekannt. Der Inhalt der Bekanntmachung wird in der Durchführungsverordnung festgelegt.

Artikel 50 – Aufgeschobene Bekanntmachung

(1) Der Anmelder eines eingetragenen Gemeinschaftsgeschmacksmusters kann mit der Anmeldung beantragen, die Bekanntmachung des eingetragenen Gemeinschaftsgeschmacksmusters um 30 Monate ab dem Anmeldetag oder, wenn Priorität in Anspruch genommen wird, ab dem Prioritätstag, aufzuschieben.

(2) Wird der Antrag gestellt, so trägt das Amt, wenn die Bedingungen nach Artikel 48 erfüllt sind, das eingetragene Gemeinschaftsgeschmacksmuster zwar ein, aber vorbehaltlich des Artikels 74 Absatz 2 werden weder die Darstellung des Geschmacksmusters noch sonstige Unterlagen im Zusammenhang mit der Anmeldung zur öffentlichen Einsichtnahme ausgelegt.

(3) Das Amt veröffentlicht im Blatt für Gemeinschaftsgeschmacksmuster einen Hinweis auf die aufgeschobene Bekanntmachung des eingetragenen Gemeinschaftsgeschmacksmusters. Begleitet wird der Hinweis von Angaben, die es erlauben, die Identität des Rechtsinhabers des eingetragenen Gemeinschaftsgeschmacksmusters festzustellen, von der Angabe des Anmeldetages und von sonstigen in der Durchführungsverordnung festgelegten Angaben.

(4) Bei Ablauf der Aufschiebungsfrist oder auf Antrag des Rechtsinhabers zu einem früheren Zeitpunkt legt das Amt alle Eintragungen im Register und die Akte betreffend die Anmeldung zur öffentlichen Einsichtnahme aus und macht das eingetragene Gemeinschaftsgeschmacksmuster im Blatt für Gemeinschaftsgeschmacksmuster bekannt, vorausgesetzt, dass innerhalb der in der Durchführungsverordnung festgelegten Frist:

a) die Bekanntmachungsgebühr und im Falle einer Sammelanmeldung die zusätzliche Bekanntmachungsgebühr entrichtet werden,

b) der Rechtsinhaber – bei einer Nutzung der in Artikel 36 Absatz 1 Buchstabe c) gebotenen Möglichkeit – die Wiedergabe des Geschmacksmusters beim Amt hinterlegt hat.

Entspricht der Rechtsinhaber diesen Erfordernissen nicht, so wird das eingetragene Gemeinschaftsgeschmacksmuster so behandelt, als habe es die in dieser Verordnung festgelegten Wirkungen von Anfang an nicht gehabt.

(5) Im Falle einer Sammelanmeldung ist es möglich, Absatz 4 auf nur einige der in der Sammelanmeldung enthaltenen Geschmacksmuster anzuwenden.

(6) Die Einleitung eines gerichtlichen Verfahrens auf der Grundlage eines eingetragenen Gemeinschaftsgeschmacksmusters während der Frist der Aufschiebung der Bekanntmachung ist nur möglich, wenn die im Register und in der den Antrag betreffenden Akte enthaltenen Angaben der Person mitgeteilt wurden, gegen die der Prozess angestrengt wird.

Titel VI
Verzicht auf das eingetragene Gemeinschaftsgeschmacksmuster und Nichtigkeit

Artikel 51 – Verzicht

(1) Der Verzicht auf das eingetragene Gemeinschaftsgeschmacksmuster ist vom Rechtsinhaber dem Amt schriftlich zu erklären. Er wird erst wirksam, wenn er im Register eingetragen ist.

(2) Wird auf ein Gemeinschaftsgeschmacksmuster verzichtet, das Gegenstand einer aufgeschobenen Bekanntmachung ist, so wird das Geschmacksmuster so behandelt, als habe es die in dieser Verordnung festgelegten Wirkungen von Anfang an nicht gehabt.

(3) Auf ein eingetragenes Gemeinschaftsgeschmacksmuster kann teilweise verzichtet werden, sofern die geänderte Form die Schutzvoraussetzungen erfüllt und die Identität des Musters gewahrt bleibt.

(4) Der Verzicht wird nur mit Zustimmung des im Register eingetragenen Rechtsinhabers so eingetragen. Ist eine Lizenz in das Register eingetragen, so wird der Verzicht erst dann eingetragen, wenn der Inhaber des eingetragenen Gemeinschaftsgeschmacksmusters glaubhaft macht, dass er den Lizenznehmer von seiner Verzichtsabsicht unterrichtet hat. Die Eintragung wird nach Ablauf der in der Durchführungsverordnung vorgeschriebenen Frist vorgenommen.

(5) Wurde aufgrund von Artikel 14 im Zusammenhang mit der Berechtigung zu einem eingetragenen Gemeinschaftsgeschmacksmuster vor einem Gemeinschaftsgeschmacksmustergericht Klage erhoben, so trägt das Amt den Verzicht nur mit Zustimmung des Klägers in das Register ein.

Anhang VII

Artikel 52 – Antrag auf Nichtigerklärung

(1) Vorbehaltlich des Artikels 25 Absätze 2, 3, 4 und 5 kann jede natürliche oder juristische Person sowie eine hierzu befugte Behörde beim Amt einen Antrag auf Nichtigerklärung eines eingetragenen Gemeinschaftsgeschmacksmusters stellen.

(2) Der Antrag ist schriftlich einzureichen und zu begründen. Er gilt erst als gestellt, wenn die Gebühr für den Antrag auf Nichtigerklärung entrichtet worden ist.

(3) Ein Antrag auf Nichtigerklärung ist unzulässig, wenn ein Gemeinschaftsgeschmacksmustergericht über einen Antrag wegen desselben Anspruchs zwischen denselben Parteien bereits rechtskräftig entschieden hat.

Artikel 53 – Prüfung des Antrags

(1) Gelangt das Amt zu dem Ergebnis, dass der Antrag auf Nichtigerklärung zulässig ist, so prüft es, ob die in Artikel 25 genannten Nichtigkeitsgründe der Aufrechterhaltung des eingetragenen Gemeinschaftsgeschmacksmusters entgegenstehen.

(2) Bei der Prüfung des Antrags, die nach Maßgabe der Durchführungsverordnung durchzuführen ist, fordert das Amt die Beteiligten so oft wie erforderlich auf, innerhalb einer von ihm zu bestimmenden Frist eine Stellungnahme zu seinen Mitteilungen oder zu den Schriftsätzen anderer Beteiligter einzureichen.

(3) Die Entscheidung, durch die das eingetragene Gemeinschaftsgeschmacksmuster für nichtig erklärt wird, wird in das Register eingetragen, nachdem sie rechtskräftig geworden ist.

Artikel 54 – Beteiligung des angeblichen Rechtsverletzers am Verfahren

(1) Wurde ein Antrag auf Erklärung der Nichtigkeit eines eingetragenen Gemeinschaftsgeschmacksmusters gestellt und wurde vom Amt noch keine rechtskräftige Entscheidung getroffen, so kann ein Dritter, der glaubhaft macht, dass ein Verfahren wegen der Verletzung desselben Gemeinschaftsgeschmacksmusters gegen ihn eingeleitet worden ist, dem Nichtigkeitsverfahren beitreten, wenn er den Antrag innerhalb von drei Monaten ab dem Tag der Einleitung des Verletzungsverfahrens einreicht. Dasselbe gilt für jeden Dritten, der glaubhaft macht, dass der Rechtsinhaber des Gemeinschaftsgeschmacksmusters ihn aufgefordert hat, eine angebliche Verletzung des Gemeinschaftsgeschmacksmusters zu beenden, und dass er ein Verfahren eingeleitet hat, um eine Gerichtsentscheidung darüber herbeizuführen, dass er das Gemeinschaftsgeschmacksmuster nicht verletzt.

(2) Der Antrag auf Beitritt zum Verfahren ist schriftlich einzureichen und zu begründen. Dieser Antrag gilt erst als gestellt, wenn die Gebühr sowie die in Artikel 52 Absatz 2 genannte Gebühr entrichtet worden sind. Danach wird der

Antrag vorbehaltlich in der Durchführungsverordnung aufgeführter Ausnahmen als Antrag auf Nichtigerklärung behandelt.

**Titel VII
Beschwerden**

Artikel 55 – Beschwerdefähige Entscheidungen

(1) Die Entscheidungen der Prüfer, der Marken- und Musterverwaltungs- und Rechtsabteilung und der Nichtigkeitsabteilungen sind mit der Beschwerde anfechtbar. Die Beschwerde hat aufschiebende Wirkung.

(2) Eine Entscheidung, die ein Verfahren gegenüber einem Beteiligten nicht abschließt, ist nur zusammen mit der Endentscheidung anfechtbar, sofern nicht in der Entscheidung die gesonderte Beschwerde zugelassen ist.

Artikel 56 – Beschwerdeberechtigte und Verfahrensberechtigte

Die Beschwerde steht denjenigen zu, die an dem Verfahren beteiligt waren, das zu der Entscheidung geführt hat, soweit sie durch die Entscheidung des Amtes beschwert sind. Die übrigen an diesem Verfahren Beteiligten sind am Beschwerdeverfahren beteiligt.

Artikel 57 – Frist und Form der Beschwerde

Die Beschwerde ist innerhalb von zwei Monaten nach Zustellung der Entscheidung schriftlich beim Amt einzulegen. Die Beschwerde gilt erst als eingelegt, wenn die Beschwerdegebühr entrichtet worden ist. Innerhalb von vier Monaten nach Zustellung der Entscheidung ist die Beschwerde schriftlich zu begründen.

Artikel 58 – Abhilfe

(1) Erachtet die Dienststelle, deren Entscheidung angefochten wird, die Beschwerde als zulässig und begründet, so hat sie ihre Entscheidung zu berichtigen. Dies gilt nicht, wenn dem Beschwerdeführer ein anderer an dem Verfahren Beteiligter gegenübersteht.

(2) Wird die Entscheidung innerhalb eines Monats nach Eingang der Begründung nicht berichtigt, so ist sie unverzüglich ohne sachliche Stellungnahme der Beschwerdekammer vorzulegen.

Artikel 59 – Prüfung der Beschwerde

(1) Ist die Beschwerde zulässig, so prüft die Beschwerdekammer, ob die Beschwerde begründet ist.

(2) Bei der Prüfung der Beschwerde fordert die Beschwerdekammer die Beteiligten so oft wie erforderlich auf, innerhalb einer von ihr zu bestimmenden

Frist eine Stellungnahme zu ihren Mitteilungen oder zu den Schriftsätzen der anderen Beteiligten einzureichen.

Artikel 60 – Entscheidung über die Beschwerde

(1) Nach der Prüfung, ob die Beschwerde begründet ist, entscheidet die Beschwerdekammer über die Beschwerde. Die Beschwerdekammer wird entweder im Rahmen der Zuständigkeit der Dienststelle tätig, die die angefochtene Entscheidung erlassen hat, oder verweist die Angelegenheit zur weiteren Bearbeitung an diese Dienststelle zurück.

(2) Verweist die Beschwerdekammer die Angelegenheit zur weiteren Bearbeitung an die Dienststelle zurück, die die angefochtene Entscheidung erlassen hat, so ist diese Dienststelle durch die rechtliche Beurteilung der Beschwerdekammer, die der Entscheidung zugrunde gelegt ist, gebunden, soweit der Tatbestand derselbe ist.

(3) Die Entscheidungen der Beschwerdekammer werden erst mit dem Ablauf der in Artikel 61 Absatz 5 genannten Frist oder, wenn innerhalb dieser Frist eine Klage beim Gerichtshof eingereicht wurde, mit dem Tag der Zurückweisung dieser Klage wirksam.

Artikel 61 – Klage beim Gerichtshof

(1) Die von den Beschwerdekammern getroffenen Entscheidungen sind mit der Klage beim Gerichtshof anfechtbar.

(2) Die Klage kann auf die Behauptung der Unzuständigkeit, der Verletzung wesentlicher Verfahrensvorschriften, der Verletzung des Vertrages, dieser Verordnung und einer bei ihrer Durchführung anzuwendenden Rechtsnorm oder auf Ermessensmissbrauch gestützt werden.

(3) Der Gerichtshof kann die angefochtene Entscheidung aufheben oder abändern.

(4) Das Klagerecht steht den an dem Verfahren vor der Beschwerdekammer Beteiligten zu, soweit sie durch die Entscheidung beschwert sind.

(5) Die Klage ist innerhalb von zwei Monaten nach Zustellung der Entscheidung der Beschwerdekammer beim Gerichtshof zu erheben.

(6) Das Amt hat die Maßnahmen zu ergreifen, die sich aus dem Urteil des Gerichtshofs ergeben.

Titel VIII
Verfahren vor dem Amt

Abschnitt 1
Allgemeine Vorschriften

Artikel 62 – Begründung der Entscheidungen

Die Entscheidungen des Amtes sind mit Gründen zu versehen. Sie dürfen nur auf Gründe gestützt werden, zu denen die Beteiligten sich äußern konnten.

Artikel 63 – Ermittlung des Sachverhalts von Amts wegen

(1) In dem Verfahren vor dem Amt ermittelt das Amt den Sachverhalt von Amts wegen. Soweit es sich jedoch um Verfahren bezüglich einer Nichtigerklärung handelt, ist das Amt bei dieser Ermittlung auf das Vorbringen und die Anträge der Beteiligten beschränkt.

(2) Das Amt braucht Tatsachen und Beweismittel, die von den Beteiligten verspätet vorgebracht werden, nicht zu berücksichtigen.

Artikel 64 – Mündliche Verhandlung

(1) Das Amt ordnet von Amts wegen oder auf Antrag eines Verfahrensbeteiligten eine mündliche Verhandlung an, sofern es dies für sachdienlich erachtet.

(2) Die mündliche Verhandlung, einschließlich der Verkündung der Entscheidung, ist öffentlich, sofern die Dienststelle, die das Verfahren durchführt, nicht in Fällen anderweitig entscheidet, in denen insbesondere für eine am Verfahren beteiligte Partei die Öffentlichkeit des Verfahrens schwerwiegende und ungerechtfertigte Nachteile zur Folge haben könnte.

Artikel 65 – Beweisaufnahme

(1) In den Verfahren vor dem Amt sind insbesondere folgende Beweismittel zulässig:

a) Vernehmung der Beteiligten,
b) Einholung von Auskünften,
c) Vorlegung von Urkunden und Beweisstücken,
d) Vernehmung von Zeugen,
e) Begutachtung durch Sachverständige,
f) schriftliche Erklärungen, die unter Eid oder an Eides statt abgegeben werden oder nach den Rechtsvorschriften des Staates, in dem sie abgegeben werden, die gleiche Wirkung haben.

(2) Die befasste Dienststelle des Amtes kann eines ihrer Mitglieder mit der Durchführung der Beweisaufnahme beauftragen.

(3) Hält das Amt die mündliche Vernehmung eines Beteiligten, Zeugen oder Sachverständigen für erforderlich, so wird der Betroffene zu einer Vernehmung vor dem Amt geladen.

(4) Die Beteiligten werden von der Vernehmung eines Zeugen oder eines Sachverständigen vor dem Amt benachrichtigt. Sie sind berechtigt, an der Zeugenvernehmung teilzunehmen und Fragen an den Zeugen oder Sachverständigen zu richten.

Artikel 66 – Zustellung

Das Amt stellt von Amts wegen alle Entscheidungen und Ladungen sowie die Bescheide und Mitteilungen zu, durch die eine Frist in Lauf gesetzt wird oder die nach anderen Vorschriften dieser Verordnung oder nach der Durchführungsverordnung zuzustellen sind oder für die der Präsident des Amtes die Zustellung vorgeschrieben hat.

Artikel 67 – Wiedereinsetzung in den vorigen Stand

(1) Der Anmelder, der Inhaber des eingetragenen Gemeinschaftsgeschmacksmusters oder jeder andere an einem Verfahren vor dem Amt Beteiligte, der trotz Beachtung aller nach den gegebenen Umständen gebotenen Sorgfalt verhindert worden ist, gegenüber dem Amt eine Frist einzuhalten, wird auf Antrag wieder in den vorigen Stand eingesetzt, wenn die Verhinderung nach dieser Verordnung den Verlust eines Rechts oder eines Rechtsmittels zur unmittelbaren Folge hat.

(2) Der Antrag ist innerhalb von zwei Monaten nach Wegfall des Hindernisses schriftlich einzureichen. Die versäumte Handlung ist innerhalb dieser Frist nachzuholen. Der Antrag ist nur innerhalb eines Jahres nach Ablauf der versäumten Frist zulässig. Ist der Antrag auf Verlängerung der Eintragung nicht eingereicht worden oder sind die Verlängerungsgebühren nicht entrichtet worden, so wird die in Artikel 13 Absatz 3 zweiter Satz vorgesehene Nachfrist von sechs Monaten in die Frist von einem Jahr eingerechnet.

(3) Der Antrag ist zu begründen, wobei die zur Begründung dienenden Tatsachen glaubhaft zu machen sind. Er gilt erst als gestellt, wenn die Wiedereinsetzungsgebühr entrichtet worden ist.

(4) Über den Antrag entscheidet die Dienststelle, die über die versäumte Handlung zu entscheiden hat.

(5) Dieser Artikel ist nicht auf die Fristen des Absatzes 2 sowie des Artikels 41 Absatz 1 anzuwenden.

(6) Wird dem Anmelder oder dem Inhaber des eingetragenen Gemeinschaftsgeschmacksmusters die Wiedereinsetzung in den vorigen Stand gewährt, so kann er Dritten gegenüber, die in der Zeit zwischen dem Eintritt des Rechtsverlusts an der Anmeldung oder der Eintragung des eingetragenen Gemeinschaftsge-

schmacksmusters und der Bekanntmachung des Hinweises auf die Wiedereinsetzung in den vorigen Stand Erzeugnisse, in die ein Muster aufgenommen ist oder bei denen es verwendet wird, das unter den Schutzumfang des eingetragenen Gemeinschaftsgeschmacksmusters fällt, gutgläubig in den Verkehr gebracht haben, keine Rechte geltend machen.

(7) Dritte, die sich auf Absatz 6 berufen können, können gegen die Entscheidung über die Wiedereinsetzung des Anmelders oder des Inhabers des eingetragenen Gemeinschaftsgeschmacksmusters in den vorigen Stand binnen zwei Monaten nach dem Zeitpunkt der Bekanntmachung des Hinweises auf die Wiedereinsetzung in den vorigen Stand Drittwiderspruch einlegen.

(8) Dieser Artikel lässt das Recht eines Mitgliedstaats unberührt, Wiedereinsetzung in den vorigen Stand in Bezug auf Fristen zu gewähren, die in dieser Verordnung vorgesehen und den Behörden dieses Staats gegenüber einzuhalten sind.

Artikel 68 – Heranziehung allgemeiner Grundsätze

Soweit diese Verordnung, die Durchführungsverordnung, die Gebührenordnung oder die Verfahrensordnung der Beschwerdekammern Vorschriften über das Verfahren nicht enthalten, berücksichtigt das Amt die in den Mitgliedstaaten allgemein anerkannten Grundsätze des Verfahrensrechts.

Artikel 69 – Erlöschen von Zahlungsverpflichtungen

(1) Ansprüche des Amtes auf die Zahlung der Gebühren verjähren in vier Jahren nach Ablauf des Kalenderjahres, in dem die Gebühr fällig geworden ist.

(2) Ansprüche gegen das Amt auf Rückerstattung von Gebühren oder von Geldbeträgen, die bei der Entrichtung einer Gebühr zu viel gezahlt worden sind, verjähren in vier Jahren nach Ablauf des Kalenderjahres, in dem der Anspruch entstanden ist.

(3) Die in den Absätzen 1 und 2 vorgesehene Frist wird im Falle des Absatzes 1 durch eine Aufforderung zur Zahlung der Gebühr und im Falle des Absatzes 2 durch eine schriftliche Geltendmachung des Anspruchs unterbrochen. Sie beginnt mit der Unterbrechung erneut zu laufen und endet spätestens sechs Jahre nach Ablauf des Jahres, in dem sie ursprünglich zu laufen begonnen hat, es sei denn, dass der Anspruch in der Zwischenzeit gerichtlich geltend gemacht worden ist. In diesem Fall endet die Frist frühestens ein Jahr nach der Rechtskraft der Entscheidung.

Abschnitt 2
Kosten

Artikel 70 – Kostenverteilung

(1) Der im Verfahren zur Erklärung der Nichtigkeit des eingetragenen Gemeinschaftsgeschmacksmusters oder im Beschwerdeverfahren unterliegende Beteiligte trägt die von dem anderen Beteiligten zu entrichtenden Gebühren sowie alle für die Durchführung des Verfahrens notwendigen Kosten, die dem anderen Beteiligten entstehen, einschließlich der Reise- und Aufenthaltskosten und der Kosten der Bevollmächtigten, Beistände und Anwälte im Rahmen der Tarife, die für jede Kostengruppe gemäß der Durchführungsverordnung festgelegt werden.

(2) Soweit jedoch die Beteiligten jeweils in einem oder mehreren Punkten unterliegen oder soweit es die Billigkeit erfordert, beschließt die Nichtigkeitsabteilung oder Beschwerdekammer eine andere Kostenverteilung.

(3) Der Beteiligte, der ein Verfahren dadurch beendet, dass er auf das eingetragene Gemeinschaftsgeschmacksmuster verzichtet oder dessen Eintragung nicht verlängert oder den Antrag auf Erklärung der Nichtigkeit oder die Beschwerde zurückzieht, trägt die Gebühren sowie die Kosten des anderen Beteiligten gemäß den Absätzen 1 und 2.

(4) Im Falle der Einstellung des Verfahrens entscheidet die Nichtigkeitsabteilung oder Beschwerdekammer über die Kosten nach freiem Ermessen.

(5) Vereinbaren die Beteiligten vor der Nichtigkeitsabteilung oder Beschwerdekammer eine andere als die in den Absätzen 1 bis 4 vorgesehene Kostenregelung, so nimmt das Amt diese Vereinbarung zur Kenntnis.

(6) Die Geschäftsstelle der Nichtigkeitsabteilung oder Beschwerdekammer setzt auf Antrag den Betrag der nach den Absätzen 1 bis 5 zu erstattenden Kosten fest. Gegen die Kostenfestsetzung der Geschäftsstelle ist der innerhalb der in der Durchführungsverordnung festgelegten Frist gestellte Antrag auf Entscheidung durch die Nichtigkeitsabteilung oder Beschwerdekammer zulässig.

Artikel 71 – Vollstreckung der Kostenentscheidung

(1) Jede rechtskräftige Entscheidung des Amtes, die Kosten festsetzt, ist ein vollstreckbarer Titel.

(2) Die Zwangsvollstreckung erfolgt nach den Vorschriften des Zivilprozessrechts des Staates, in dessen Hoheitsgebiet sie stattfindet. Die Vollstreckungsklausel wird nach einer Prüfung, die sich lediglich auf die Echtheit des Titels erstrecken darf, von der staatlichen Behörde erteilt, welche die Regierung jedes Mitgliedstaats zu diesem Zweck bestimmt und dem Amt und dem Gerichtshof benennt.

(3) Sind diese Förmlichkeiten auf Antrag der die Vollstreckung betreibenden Partei erfüllt, so kann diese die Zwangsvollstreckung nach innerstaatlichem Recht betreiben, indem sie die zuständige Stelle unmittelbar anruft.

(4) Die Zwangsvollstreckung kann nur durch eine Entscheidung des Gerichtshofs ausgesetzt werden. Für die Prüfung der Ordnungsmäßigkeit der Vollstreckungsmaßnahmen sind jedoch die Rechtsprechungsorgane des betreffenden Mitgliedstaats zuständig.

Abschnitt 3
Unterrichtung der Öffentlichkeit und der Behörden der Mitgliedstaaten

Artikel 72 – Register für Gemeinschaftsgeschmacksmuster

Das Amt führt ein Register mit der Bezeichnung "Register für Gemeinschaftsgeschmacksmuster", in dem alle Angaben vermerkt werden, deren Eintragung in dieser Verordnung oder in der Durchführungsverordnung vorgeschrieben ist. Jedermann kann in das Register Einsicht nehmen, sofern nicht Artikel 50 Absatz 2 etwas anderes bestimmt.

Artikel 73 – Regelmäßig erscheinende Veröffentlichungen

(1) Das Amt gibt regelmäßig ein Blatt für Gemeinschaftsgeschmacksmuster heraus, welches die Eintragungen im Register wiedergibt, die zur öffentlichen Einsichtnahme bestimmt sind, sowie sonstige Angaben enthält, deren Veröffentlichung in dieser Verordnung oder in der Durchführungsverordnung vorgeschrieben ist.

(2) Allgemeine Bekanntmachungen und Mitteilungen des Präsidenten des Amtes sowie sonstige diese Verordnung oder ihre Anwendung betreffende Mitteilungen werden im Amtsblatt des Amtes veröffentlicht.

Artikel 74 – Akteneinsicht

(1) Einsicht in die Akten von Anmeldungen für eingetragene Gemeinschaftsgeschmacksmuster, die noch nicht bekannt gemacht worden sind, oder in die Akten von eingetragenen Gemeinschaftsgeschmacksmustern, die Gegenstand der aufgeschobenen Bekanntmachung gemäß Artikel 50 sind, oder die Gegenstand der aufgeschobenen Bekanntmachung waren und auf die bei oder vor Ablauf der Frist für die Aufschiebung der Bekanntmachung verzichtet wurde, wird nur mit Zustimmung des Anmelders oder des Rechtsinhabers des eingetragenen Gemeinschaftsgeschmacksmusters gewährt.

(2) Wer ein legitimes Interesse an der Akteneinsicht glaubhaft macht, kann sie in dem in Absatz 1 geregelten Fall vor der Bekanntmachung der Anmeldung oder nach dem Verzicht auf das eingetragene Gemeinschaftsgeschmacksmuster und ohne Zustimmung des Anmelders oder des Inhabers des eingetragenen Gemeinschaftsgeschmacksmusters verlangen.

Dies gilt insbesondere, wenn er nachweist, dass der Anmelder oder der Inhaber des eingetragenen Gemeinschaftsgeschmacksmusters Maßnahmen mit dem Ziel unternommen hat, die Rechte aus dem eingetragenen Gemeinschaftsgeschmacksmuster gegen ihn geltend zu machen.

(3) Nach der Bekanntmachung des eingetragenen Gemeinschaftsgeschmacksmusters wird auf Antrag Einsicht in die Akte gewährt.

(4) Im Falle einer Akteneinsicht entsprechend den Absätzen 2 oder 3 können jedoch Teile der Akten gemäß der Durchführungsverordnung von der Einsicht ausgeschlossen werden.

Artikel 75 – Amtshilfe

Das Amt und die Gerichte oder Behörden der Mitgliedstaaten unterstützen einander auf Antrag durch die Erteilung von Auskünften oder die Gewährung von Akteneinsicht, soweit nicht Vorschriften dieser Verordnung oder des nationalen Rechts dem entgegenstehen.

Gewährt das Amt Gerichten, Staatsanwaltschaften oder Zentralbehörden für den gewerblichen Rechtsschutz Akteneinsicht, so unterliegt diese nicht den Beschränkungen des Artikels 74.

Artikel 76 – Austausch von Veröffentlichungen

(1) Das Amt und die Zentralbehörden für den gewerblichen Rechtsschutz der Mitgliedstaaten übermitteln einander auf entsprechendes Ersuchen kostenlos für ihre eigenen Zwecke ein oder mehrere Exemplare ihrer Veröffentlichungen.

(2) Das Amt kann Vereinbarungen über den Austausch oder die Übermittlung von Veröffentlichungen treffen.

**Abschnitt 4
Vertretung**

Artikel 77 – Allgemeine Grundsätze der Vertretung

(1) Vorbehaltlich des Absatzes 2 ist niemand verpflichtet, sich vor dem Amt vertreten zu lassen.

(2) Unbeschadet des Absatzes 3 Unterabsatz 2 müssen natürliche oder juristische Personen, die weder Wohnsitz noch Sitz noch eine tatsächliche und nicht nur zum Schein bestehende gewerbliche oder Handelsniederlassung in der Gemeinschaft haben, in jedem durch diese Verordnung geschaffenen Verfahren mit Ausnahme der Einreichung einer Anmeldung für ein eingetragenes Gemeinschaftsgeschmacksmusters gemäß Artikel 78 Absatz 1 vor dem Amt vertreten sein. Die Durchführungsverordnung kann weitere Ausnahmen vorsehen.

(3) Natürliche oder juristische Personen mit Wohnsitz oder Sitz oder einer tatsächlichen und nicht nur zum Schein bestehenden gewerblichen oder Handelsniederlassung in der Gemeinschaft können sich vor dem Amt durch einen ihrer Angestellten vertreten lassen, der eine unterzeichnete Vollmacht zu den Akten einzureichen hat; die entsprechenden Einzelheiten sind in der Durchführungsverordnung geregelt.

Angestellte einer juristischen Person im Sinne dieses Absatzes können auch andere juristische Personen, die mit der erstgenannten Person wirtschaftlich verbunden sind, vertreten, selbst wenn diese anderen juristischen Personen weder Wohnsitz noch Sitz noch eine tatsächliche und nicht nur zum Schein bestehende gewerbliche oder Handelsniederlassung in der Gemeinschaft haben.

Artikel 78 – Vertretung

(1) Die Vertretung natürlicher oder juristischer Personen in Verfahren vor dem Amt nach dieser Verordnung kann nur wahrgenommen werden:

a) durch einen Rechtsanwalt, der in einem der Mitgliedstaaten zugelassen ist und seinen Geschäftssitz in der Gemeinschaft hat, soweit er in diesem Staat die Vertretung auf dem Gebiet des gewerblichen Rechtsschutzes ausüben kann, oder

b) durch zugelassene Vertreter, die in die Liste zugelassener Vertreter gemäß Artikel 89 Absatz 1 Buchstabe b) der Verordnung über die Gemeinschaftsmarke eingetragen sind, oder

c) durch Personen, die in die besondere Liste zugelassener Vertreter in Geschmacksmusterangelegenheiten gemäß Absatz 4 eingetragen sind.

(2) Personen nach Absatz 1 Buchstabe c) sind nur dazu berechtigt, Dritte in Verfahren in Geschmacksmusterangelegenheiten vor dem Amt zu vertreten.

(3) In der Durchführungsverordnung wird festgelegt, ob und unter welchen Voraussetzungen die Vertreter dem Amt eine unterzeichnete Vollmacht zur Aufnahme in die Akten vorlegen müssen.

(4) Jede natürliche Person kann in die besondere Liste zugelassener Vertreter in Geschmacksmusterangelegenheiten eingetragen werden, sofern sie die folgenden Voraussetzungen erfüllt:

a) Sie muss die Staatsangehörigkeit eines Mitgliedstaats besitzen.

b) Sie muss ihren Geschäftssitz oder Arbeitsplatz innerhalb der Gemeinschaft haben.

c) Sie muss befugt sein, natürliche oder juristische Personen in Geschmacksmusterangelegenheiten vor der Zentralbehörde für den gewerblichen Rechtsschutz eines Mitgliedstaats oder vor dem Benelux-Musteramt zu vertreten. Unterliegt in diesem Staat die Befugnis zur Vertretung in Geschmacksmusterangelegenheiten nicht dem Erfordernis einer besonderen beruflichen Befähigung, so muss der Antragsteller vor der Zentralbehörde für den gewerblichen Rechtsschutz dieses Staates mindestens fünf Jahre lang regelmäßig in Geschmacksmusterangelegenheiten tätig gewesen sein. Die Voraussetzung der Berufsausübung gilt jedoch nicht für Personen, deren berufliche Befähigung, natürliche oder juristische Personen in Geschmacksmusterangelegenheiten vor der Zentralbehörde für den gewerblichen Rechtsschutz eines Mitgliedstaats zu vertreten, nach den Vorschriften dieses Staats amtlich festgestellt worden ist.

(5) Die Eintragung in die Liste gemäß Absatz 4 erfolgt auf Antrag, dem eine Bescheinigung der Zentralbehörde für den gewerblichen Rechtsschutz des betreffenden Mitgliedstaats beizufügen ist, aus der sich die Erfüllung der Voraussetzungen gemäß Absatz 4 ergibt.

(6) Der Präsident des Amtes kann von folgenden Erfordernissen befreien:

a) Erfordernis nach Absatz 4 Buchstabe a) unter besonderen Umständen;
b) Erfordernis nach Absatz 4 Buchstabe c) zweiter Satz, wenn der Antragsteller nachweist, dass er die erforderliche Befähigung auf andere Weise erworben hat.

(7) In der Durchführungsverordnung wird festgelegt, unter welchen Bedingungen eine Person von der Liste gestrichen werden kann.

Titel IX
Zuständigkeit und Verfahren für Klagen, die Gemeinschaftsgeschmacksmuster betreffen

Abschnitt 1
Zuständigkeit und Vollstreckung

Artikel 79 – Anwendung des Vollstreckungsübereinkommens

(1) Soweit in dieser Verordnung nichts anderes bestimmt ist, ist das am 27. September 1968 in Brüssel unterzeichnete Übereinkommen über die gerichtliche Zuständigkeit und die Vollstreckung gerichtlicher Entscheidungen in Zivil- und Handelssachen (nachstehend „Vollstreckungsübereinkommen" genannt) auf Verfahren betreffend Gemeinschaftsgeschmacksmuster und Anmeldungen von eingetragenen Gemeinschaftsgeschmacksmustern anzuwenden. Dies gilt auch für Verfahren bezüglich Klagen auf der Grundlage von Gemeinschaftsgeschmacksmustern und nationalen Mustern, die gleichzeitigen Schutz genießen.

(2) Die Bestimmungen des Vollstreckungsübereinkommens gelten gegenüber den einzelnen Mitgliedstaaten nur hinsichtlich des Textes, der für den einzelnen Staat jeweils verbindlich ist.

(3) Auf Verfahren, welche durch die in Artikel 81 genannten Klagen und Widerklagen anhängig gemacht werden:

a) sind Artikel 2, Artikel 4, Artikel 5 Nummern 1, 3, 4 und 5, Artikel 16 Nummer 4 sowie Artikel 24 des Vollstreckungsübereinkommens nicht anzuwenden;
b) sind Artikel 17 und 18 des Vollstreckungsübereinkommens vorbehaltlich der Einschränkungen in Artikel 86 Absatz 4 dieser Verordnung anzuwenden;
c) sind die Bestimmungen des Titels II des Vollstreckungsübereinkommens, die für die in einem Mitgliedstaat wohnhaften Personen gelten, auch auf Personen anzuwenden, die keinen Wohnsitz, jedoch eine Niederlassung in einem Mitgliedstaat haben.

(4) Das Vollstreckungsübereinkommen gilt nicht gegenüber Mitgliedstaaten, in denen es noch nicht in Kraft getreten ist. Bis zu seinem Inkrafttreten richten sich Verfahren nach Absatz 1 in solchen Mitgliedstaaten nach bilateralen oder multilateralen Übereinkommen, die die Beziehungen zu anderen betroffenen Mitgliedstaaten regeln; besteht kein solches Übereinkommen, gelten die nationalen Rechtsvorschriften über die Zuständigkeit sowie die Anerkennung und Vollstreckung von Entscheidungen.

Abschnitt 2
Streitigkeiten über die Verletzung und Rechtsgültigkeit der Gemeinschaftsgeschmacksmuster

Artikel 80 – Gemeinschaftsgeschmacksmustergerichte

(1) Die Mitgliedstaaten benennen für ihr Gebiet eine möglichst geringe Anzahl nationaler Gerichte erster und zweiter Instanz (Gemeinschaftsgeschmacksmustergerichte), die die ihnen durch diese Verordnung zugewiesenen Aufgaben wahrnehmen.

(2) Jeder Mitgliedstaat übermittelt der Kommission spätestens am 6. März 2005 eine Aufstellung der Gemeinschaftsgeschmacksmustergerichte mit Angabe ihrer Bezeichnungen und örtlichen Zuständigkeit.

(3) Änderungen der Anzahl, der Bezeichnung oder der örtlichen Zuständigkeit der Gemeinschaftsgeschmacksmustergerichte, die nach der in Absatz 2 genannten Übermittlung eintreten, teilt der betreffende Mitgliedstaat unverzüglich der Kommission mit.

(4) Die in den Absätzen 2 und 3 genannten Angaben werden den Mitgliedstaaten von der Kommission bekannt gegeben und im Amtsblatt der Europäischen Gemeinschaften veröffentlicht.

(5) Solange ein Mitgliedstaat die in Absatz 2 vorgesehene Übermittlung nicht vorgenommen hat, sind Verfahren, welche durch die in Artikel 81 genannten Klagen und Widerklagen anhängig gemacht werden und für die die Gerichte dieses Mitgliedstaates nach Artikel 82 zuständig sind, vor demjenigen Gericht dieses Mitgliedstaates anhängig zu machen, das örtlich und sachlich zuständig

Anhang VII

wäre, wenn es sich um Verfahren handelte, die ein nationales Musterrecht dieses Staats betreffen.

Artikel 81 – Zuständigkeit für Verletzung und Rechtsgültigkeit

Die Gemeinschaftsgeschmacksmustergerichte sind ausschließlich zuständig:
a) für Klagen wegen Verletzung und – falls das nationale Recht dies zulässt – wegen drohender Verletzung eines Gemeinschaftsgeschmacksmusters;
b) für Klagen auf Feststellung der Nichtverletzung von Gemeinschaftsgeschmacksmustern, falls das nationale Recht diese zulässt;
c) für Klagen auf Erklärung der Nichtigkeit eines nicht eingetragenen Gemeinschaftsgeschmacksmusters;
d) für Widerklagen auf Erklärung der Nichtigkeit eines Gemeinschaftsgeschmacksmusters, die im Zusammenhang mit den unter Buchstabe a) genannten Klagen erhoben werden.

Artikel 82 – Internationale Zuständigkeit

(1) Vorbehaltlich der Vorschriften dieser Verordnung sowie der nach Artikel 79 anzuwendenden Bestimmungen des Vollstreckungsübereinkommens sind für die Verfahren, die durch eine in Artikel 81 genannte Klage oder Widerklage anhängig gemacht werden, die Gerichte des Mitgliedstaats zuständig, in dem der Beklagte seinen Wohnsitz oder – in Ermangelung eines Wohnsitzes in einem Mitgliedstaat – eine Niederlassung hat.

(2) Hat der Beklagte weder einen Wohnsitz noch eine Niederlassung in einem der Mitgliedstaaten, so sind für diese Verfahren die Gerichte des Mitgliedstaats zuständig, in dem der Kläger seinen Wohnsitz oder – in Ermangelung eines Wohnsitzes in einem Mitgliedstaat – eine Niederlassung hat.

(3) Hat weder der Beklagte noch der Kläger einen Wohnsitz oder eine Niederlassung in einem der Mitgliedstaaten, so sind für diese Verfahren die Gerichte des Mitgliedstaats zuständig, in dem das Amt seinen Sitz hat.

(4) Ungeachtet der Absätze 1, 2 und 3 ist:
a) Artikel 17 des Vollstreckungsübereinkommens anzuwenden, wenn die Parteien vereinbaren, dass ein anderes Gemeinschaftsgeschmacksmustergericht zuständig sein soll,
b) Artikel 18 des Vollstreckungsübereinkommens anzuwenden, wenn der Beklagte sich auf das Verfahren vor einem anderen Gemeinschaftsgeschmacksmustergericht einlässt.

(5) Die Verfahren, welche durch die in Artikel 81 Buchstaben a) und d) genannten Klagen und Widerklagen anhängig gemacht werden, können auch bei den Gerichten des Mitgliedstaats anhängig gemacht werden, in dem eine Verletzungshandlung begangen worden ist oder droht.

Artikel 83 – Reichweite der Zuständigkeit für Verletzungen

(1) Ein Gemeinschaftsgeschmacksmustergericht, dessen Zuständigkeit auf Artikel 82 Absätze 1, 2, 3 oder 4 beruht, ist für die in jedem Mitgliedstaat begangenen oder drohenden Verletzungshandlungen zuständig.

(2) Ein nach Artikel 82 Absatz 5 zuständiges Gemeinschaftsgeschmacksmustergericht ist nur für die Verletzungshandlungen zuständig, die in dem Mitgliedstaat begangen worden sind oder drohen, in dem das Gericht seinen Sitz hat.

Artikel 84 – Klage und Widerklage auf Erklärung der Nichtigkeit eines Gemeinschaftsgeschmacksmusters

(1) Eine Klage oder Widerklage auf Erklärung der Nichtigkeit eines Gemeinschaftsgeschmacksmusters kann nur auf die in Artikel 25 genannten Nichtigkeitsgründe gestützt werden.

(2) In den Fällen des Artikels 25 Absätze 2 bis 5 kann eine Klage oder Widerklage nur von der nach diesen Bestimmungen befugten Person erhoben werden.

(3) Wird die Widerklage in einem Rechtsstreit erhoben, in dem der Inhaber des Gemeinschaftsgeschmacksmusters noch nicht Partei ist, so ist er hiervon zu unterrichten und kann dem Rechtsstreit nach Maßgabe der Vorschriften des nationalen Rechts des Mitgliedstaats beitreten, in dem das Gericht seinen Sitz hat.

(4) Die Rechtsgültigkeit eines Gemeinschaftsgeschmacksmusters kann nicht durch eine Klage auf Feststellung der Nichtverletzung angegriffen werden.

Artikel 85 – Vermutung der Rechtsgültigkeit – Einreden

(1) In Verfahren betreffend eine Verletzungsklage oder eine Klage wegen drohender Verletzung eines eingetragenen Gemeinschaftsgeschmacksmusters haben die Gemeinschaftsgeschmacksmustergerichte von der Rechtsgültigkeit des Gemeinschaftsgeschmacksmusters auszugehen. Die Rechtsgültigkeit kann vom Beklagten nur mit einer Widerklage auf Erklärung der Nichtigkeit bestritten werden. Allerdings ist der nicht im Wege der Widerklage erhobene Einwand der Nichtigkeit eines Gemeinschaftsgeschmacksmusters insoweit zulässig, als sich der Beklagte darauf beruft, dass das Gemeinschaftsgeschmacksmuster wegen eines ihm zustehenden älteren nationalen Musterrechts im Sinne des Artikels 25 Absatz 1 Buchstabe d) für nichtig erklärt werden sollte.

(2) In Verfahren betreffend eine Verletzungsklage oder eine Klage wegen drohender Verletzung eines nicht eingetragenen Gemeinschaftsgeschmacksmusters haben die Gemeinschaftsgeschmacksmustergerichte, wenn der Rechtsinhaber Beweis für das Vorliegen der Voraussetzungen von Artikel 11 erbringt und angibt, inwiefern sein Geschmacksmuster Eigenart aufweist, von der Rechtsgültigkeit des Gemeinschaftsgeschmacksmusters auszugehen. Die Rechtsgül-

tigkeit kann vom Beklagten jedoch mit einer Widerklage auf Erklärung der Nichtigkeit bestritten werden.

Artikel 86 – Entscheidungen über die Rechtsgültigkeit

(1) In einem Verfahren vor einem Gemeinschaftsgeschmacksmustergericht, in dem die Rechtsgültigkeit des Gemeinschaftsgeschmacksmusters mit einer Widerklage auf Erklärung der Nichtigkeit angegriffen wurde:

a) erklärt das Gericht das Gemeinschaftsgeschmacksmuster für nichtig, wenn nach seinen Feststellungen einer der in Artikel 25 genannten Gründe der Aufrechterhaltung des Gemeinschaftsgeschmacksmusters entgegensteht;
b) weist das Gericht die Widerklage ab, wenn nach seinen Feststellungen keiner der in Artikel 25 genannten Gründe der Aufrechterhaltung des Gemeinschaftsgeschmacksmusters entgegensteht.

(2) Das Gemeinschaftsgeschmacksmustergericht, bei dem Widerklage auf Erklärung der Nichtigkeit des eingetragenen Gemeinschaftsgeschmacksmusters erhoben worden ist, teilt dem Amt den Tag der Erhebung der Widerklage mit. Das Amt vermerkt diese Tatsache im Register.

(3) Das mit einer Widerklage auf Erklärung der Nichtigkeit des eingetragenen Gemeinschaftsgeschmacksmusters befasste Gemeinschaftsgeschmacksmustergericht kann auf Antrag des Inhabers des eingetragenen Gemeinschaftsgeschmacksmusters nach Anhörung der anderen Parteien das Verfahren aussetzen und den Beklagten auffordern, innerhalb einer vom Gericht zu bestimmenden Frist beim Amt die Erklärung der Nichtigkeit zu beantragen. Wird der Antrag nicht innerhalb der Frist gestellt, wird das Verfahren fortgesetzt; die Widerklage gilt als zurückgenommen. Artikel 91 Absatz 3 findet Anwendung.

(4) Ist die Entscheidung des Gemeinschaftsgeschmacksmustergerichts über eine Widerklage auf Erklärung der Nichtigkeit des eingetragenen Gemeinschaftsgeschmacksmusters rechtskräftig geworden, so wird eine Ausfertigung dieser Entscheidung dem Amt zugestellt. Jede Partei kann darum ersuchen, von der Zustellung unterrichtet zu werden. Das Amt trägt nach Maßgabe der Durchführungsverordnung einen Hinweis auf die Entscheidung im Register ein.

(5) Die Widerklage auf Erklärung der Nichtigkeit des eingetragenen Gemeinschaftsgeschmacksmusters ist unzulässig, wenn das Amt über einen Antrag wegen desselben Anspruchs zwischen denselben Parteien bereits eine rechtskräftige Entscheidung erlassen hat.

Artikel 87 – Wirkungen der Entscheidung über die Rechtsgültigkeit

Ist die Entscheidung eines Gemeinschaftsgeschmacksmustergerichts, mit der ein Gemeinschaftsgeschmacksmuster für nichtig erklärt wird, rechtskräftig geworden, so hat sie in allen Mitgliedstaaten die in Artikel 26 aufgeführten Wirkungen.

Artikel 88 – Anwendbares Recht

(1) Die Gemeinschaftsgeschmacksmustergerichte wenden die Vorschriften dieser Verordnung an.

(2) In allen Fragen, die nicht durch diese Verordnung erfasst werden, wenden die Gemeinschaftsgeschmacksmustergerichte ihr nationales Recht einschließlich ihres internationalen Privatrechts an.

(3) Soweit in dieser Verordnung nichts anderes bestimmt ist, wendet das Gemeinschaftsgeschmacksmustergericht die Verfahrensvorschriften an, die in dem Mitgliedstaat, in dem es seinen Sitz hat, auf gleichartige Verfahren betreffend nationale Musterrechte anwendbar sind.

Artikel 89 – Sanktionen bei Verletzungsverfahren

(1) Stellt ein Gemeinschaftsgeschmacksmustergericht in einem Verfahren wegen Verletzung oder drohender Verletzung fest, dass der Beklagte ein Gemeinschaftsgeschmacksmuster verletzt hat oder zu verletzen droht, so erlässt es, wenn dem nicht gute Gründe entgegenstehen, folgende Anordnungen:

a) Anordnung, die dem Beklagten verbietet, die Handlungen, die das Gemeinschaftsgeschmacksmuster verletzen oder zu verletzen drohen, fortzusetzen;

b) Anordnung, die nachgeahmten Erzeugnisse zu beschlagnahmen;

c) Anordnung, Materialien und Werkzeug, die vorwiegend dazu verwendet wurden, die nachgeahmten Güter zu erzeugen, zu beschlagnahmen, wenn der Eigentümer vom Ergebnis der Verwendung wusste oder dieses offensichtlich war;

d) Anordnungen, durch die andere, den Umständen angemessene Sanktionen auferlegt werden, die in der Rechtsordnung einschließlich des Internationalen Privatrechts des Mitgliedstaates vorgesehen sind, in dem die Verletzungshandlungen begangen worden sind oder drohen.

(2) Das Gemeinschaftsgeschmacksmustergericht trifft nach Maßgabe seines innerstaatlichen Rechts die erforderlichen Maßnahmen, um sicherzustellen, dass die in Absatz 1 genannten Anordnungen befolgt werden.

Artikel 90 – Einstweilige Maßnahmen einschließlich Sicherungsmaßnahmen

(1) Bei den Gerichten eines Mitgliedstaats – einschließlich der Gemeinschaftsgeschmacksmustergerichte – können in Bezug auf ein Gemeinschaftsgeschmacksmuster alle einstweiligen Maßnahmen einschließlich Sicherungsmaßnahmen beantragt werden, die in dem Recht dieses Staates für nationale Musterrechte vorgesehen sind, auch wenn für die Entscheidung in der Hauptsache aufgrund dieser Verordnung ein Gemeinschaftsgeschmacksmustergericht eines anderen Mitgliedstaats zuständig ist.

(2) In Verfahren betreffend einstweilige Maßnahmen einschließlich Sicherungsmaßnahmen ist der nicht im Wege der Widerklage erhobene Einwand der Nichtigkeit des Gemeinschaftsgeschmacksmusters zulässig. Artikel 85 Absatz 2 gilt entsprechend.

(3) Ein Gemeinschaftsgeschmacksmustergericht, dessen Zuständigkeit auf Artikel 82 Absätze 1, 2, 3 oder 4 beruht, ist zuständig für die Anordnung einstweiliger Maßnahmen einschließlich Sicherungsmaßnahmen, die vorbehaltlich eines gegebenenfalls erforderlichen Anerkennungs- und Vollstreckungsverfahrens gemäß Titel III des Vollstreckungsübereinkommens in jedem Mitgliedstaat anwendbar sind. Hierfür ist kein anderes Gericht zuständig.

Artikel 91 – Besondere Vorschriften über im Zusammenhang stehende Verfahren

(1) Ist vor einem Gemeinschaftsgeschmacksmustergericht eine Klage im Sinne des Artikels 81 – mit Ausnahme einer Klage auf Feststellung der Nichtverletzung – erhoben worden, so setzt es das Verfahren, soweit keine besonderen Gründe für dessen Fortsetzung bestehen, von Amts wegen nach Anhörung der Parteien oder auf Antrag einer Partei nach Anhörung der anderen Parteien aus, wenn die Rechtsgültigkeit des Gemeinschaftsgeschmacksmusters bereits aufgrund einer Widerklage vor einem anderen Gemeinschaftsgeschmacksmustergericht angegriffen worden ist oder wenn beim Amt bereits ein Antrag auf Erklärung der Nichtigkeit des eingetragenen Gemeinschaftsgeschmacksmusters gestellt worden ist.

(2) Ist beim Amt ein Antrag auf Erklärung der Nichtigkeit des eingetragenen Gemeinschaftsgeschmacksmusters gestellt worden, so setzt es das Verfahren, soweit keine besonderen Gründe für dessen Fortsetzung bestehen, von Amts wegen nach Anhörung der Parteien oder auf Antrag einer Partei nach Anhörung der anderen Parteien aus, wenn die Rechtsgültigkeit des eingetragenen Gemeinschaftsgeschmacksmusters bereits aufgrund einer Widerklage vor einem Gemeinschaftsgeschmacksmustergericht angegriffen worden ist. Das Gemeinschaftsgeschmacksmustergericht kann jedoch auf Antrag einer Partei des bei ihm anhängigen Verfahrens nach Anhörung der anderen Parteien das Verfahren aussetzen. In diesem Fall setzt das Amt das bei ihm anhängige Verfahren fort.

(3) Setzt das Gemeinschaftsgeschmacksmustergericht das Verfahren aus, kann es für die Dauer der Aussetzung einstweilige Maßnahmen einschließlich Sicherungsmaßnahmen treffen.

Artikel 92 – Zuständigkeit der Gemeinschaftsgeschmacksmustergerichte zweiter Instanz – Weitere Rechtsmittel

(1) Gegen Entscheidungen der Gemeinschaftsgeschmacksmustergerichte erster Instanz über Klagen und Widerklagen nach Artikel 81 findet die Berufung bei den Gemeinschaftsgeschmacksmustergerichten zweiter Instanz statt.

(2) Die Bedingungen für die Einlegung der Berufung bei einem Gemeinschaftsgeschmacksmustergericht zweiter Instanz richten sich nach dem nationalen Recht des Mitgliedstaats, in dem dieses Gericht seinen Sitz hat.

(3) Die nationalen Vorschriften über weitere Rechtsmittel sind auf die Entscheidungen der Gemeinschaftsgeschmacksmustergerichte zweiter Instanz anwendbar.

Abschnitt 3
Sonstige Streitigkeiten über Gemeinschaftsgeschmacksmuster

Artikel 93 – Ergänzende Vorschriften über die Zuständigkeit der nationalen Gerichte, die keine Gemeinschaftsgeschmacksmustergerichte sind

(1) Innerhalb des Mitgliedstaats, dessen Gerichte nach Artikel 79 Absatz 1 oder Absatz 4 zuständig sind, sind für andere als die in Artikel 81 genannten Klagen betreffend Gemeinschaftsgeschmacksmuster die Gerichte zuständig, die örtlich und sachlich zuständig wären, wenn es sich um Klagen handelte, die ein nationales Musterrecht in diesem Staat betreffen.

(2) Ist nach Artikel 79 Absatz 1 oder Absatz 4 und nach Absatz 1 dieses Artikels kein Gericht für die Entscheidung über andere als die in Artikel 81 genannten Klagen, die ein Gemeinschaftsgeschmacksmuster betreffen, zuständig, so kann die Klage vor den Gerichten des Mitgliedstaats erhoben werden, in dem das Amt seinen Sitz hat.

Artikel 94 – Bindung des nationalen Gerichts

Das nationale Gericht, vor dem eine nicht unter Artikel 81 fallende Klage betreffend ein Gemeinschaftsgeschmacksmuster anhängig ist, hat von der Rechtsgültigkeit des Gemeinschaftsgeschmacksmusters auszugehen. Artikel 85 Absatz 2 und Artikel 90 Absatz 2 finden jedoch entsprechende Anwendung.

Titel X
Auswirkungen auf das Recht der Mitgliedstaaten

Artikel 95 – Parallele Klagen aus Gemeinschaftsgeschmacksmustern und aus nationalen Musterrechten

(1) Werden Klagen wegen Verletzung oder drohender Verletzung wegen derselben Handlungen und zwischen denselben Parteien bei Gerichten verschiedener

Anhang VII

Mitgliedstaaten anhängig gemacht, von denen das eine Gericht wegen Verletzung eines Gemeinschaftsgeschmacksmusters und das andere Gericht wegen der Verletzung eines nationalen Musterrechts, das gleichzeitigen Schutz gewährt, angerufen wird, so hat sich das später angerufene Gericht von Amts wegen zugunsten des zuerst angerufenen Gerichts für unzuständig zu erklären. Das Gericht, das sich für unzuständig zu erklären hätte, kann das Verfahren aussetzen, wenn die Unzuständigkeit des anderen Gerichts geltend gemacht wird.

(2) Das wegen Verletzung oder drohender Verletzung eines Gemeinschaftsgeschmacksmusters angerufene Gemeinschaftsgeschmacksmustergericht weist die Klage ab, wenn wegen derselben Handlungen zwischen denselben Parteien ein rechtskräftiges Urteil in der Sache aufgrund eines Musterrechts, das gleichzeitigen Schutz gewährt, ergangen ist.

(3) Das wegen Verletzung oder drohender Verletzung eines nationalen Musterrechts angerufene Gericht weist die Klage ab, falls wegen derselben Handlungen zwischen denselben Parteien ein rechtskräftiges Urteil in der Sache aufgrund eines Gemeinschaftsgeschmacksmusters, das gleichzeitigen Schutz gewährt, ergangen ist.

(4) Die Absätze 1, 2 und 3 gelten nicht für einstweilige Maßnahmen, einschließlich Sicherungsmaßnahmen.

Artikel 96 – Verhältnis zu anderen Schutzformen nach nationalem Recht

(1) Diese Verordnung lässt Bestimmungen des Gemeinschaftsrechts und des Rechts der betreffenden Mitgliedstaaten über nicht eingetragene Muster, Marken oder sonstige Zeichen mit Unterscheidungskraft, Patente und Gebrauchsmuster, Schriftbilder, zivilrechtliche Haftung und unlauteren Wettbewerb unberührt.

(2) Ein als Gemeinschaftsgeschmacksmuster geschütztes Muster ist ab dem Tag, an dem das Muster entstand oder in irgendeiner Form festgelegt wurde, auch nach dem Urheberrecht der Mitgliedstaaten schutzfähig. In welchem Umfang und unter welchen Bedingungen ein solcher Schutz gewährt wird, wird einschließlich des erforderlichen Grades der Eigenart vom jeweiligen Mitgliedstaat festgelegt.

Titel XI
Ergänzende Bestimmungen zum Amt

Abschnitt 1
Allgemeine Bestimmungen

Artikel 97 – Allgemeine Bestimmung

Soweit in diesem Titel nichts anderes bestimmt wird, gilt für das Amt im Hinblick auf die ihm durch diese Verordnung zugewiesenen Aufgaben Titel XII der Verordnung über die Gemeinschaftsmarke.

Artikel 98 – Verfahrenssprache

(1) Anmeldungen von eingetragenen Gemeinschaftsgeschmacksmustern sind in einer der Amtssprachen der Gemeinschaft einzureichen.

(2) Der Anmelder hat eine zweite Sprache, die eine Sprache des Amtes ist, anzugeben, mit deren Benutzung als etwaiger Verfahrenssprache vor dem Amt er einverstanden ist.

Ist die Anmeldung in einer Sprache, die nicht eine Sprache des Amtes ist, eingereicht worden, so sorgt das Amt dafür, dass die Anmeldung in die vom Anmelder angegebene Sprache übersetzt wird.

(3) Ist der Anmelder des eingetragenen Gemeinschaftsgeschmacksmusters in einem Verfahren vor dem Amt der einzige Beteiligte, so ist Verfahrenssprache die Sprache, in der die Anmeldung eingereicht worden ist. Ist die Anmeldung in einer Sprache, die nicht eine Sprache des Amtes ist, eingereicht worden, so kann das Amt dem Anmelder schriftliche Mitteilungen in der zweiten von ihm in der Anmeldung angegebenen Sprache übermitteln.

(4) In Verfahren auf Erklärung der Nichtigkeit ist die Verfahrenssprache die Sprache, in der die Anmeldung eingereicht worden ist, wenn es sich um eine Sprache des Amtes handelt. Ist die Anmeldung in einer Sprache eingereicht worden, die nicht eine Sprache des Amtes ist, so ist die Verfahrenssprache die zweite in der Anmeldung angegebene Sprache.

Anträge auf Erklärung der Nichtigkeit sind in der Verfahrenssprache zu stellen.

Ist die Verfahrenssprache nicht die Sprache, in der die Anmeldung eingereicht worden ist, so kann der Rechtsinhaber des Gemeinschaftsgeschmacksmusters Erklärungen in der Sprache abgeben, in der die Anmeldung eingereicht worden ist. Das Amt sorgt dafür, dass diese Erklärungen in die Verfahrenssprache übersetzt werden.

In der Durchführungsverordnung kann vorgesehen werden, dass die dem Amt auferlegten Übersetzungskosten einen für jede Verfahrensart festgelegten Betrag, der anhand des durchschnittlichen Umfangs der beim Amt eingegangenen Schriftsätze festgelegt wird, nicht überschreiten dürfen, wovon Fälle ausgenommen sind, in denen das Amt einer aufgrund der Kompliziertheit der Angelegenheit gerechtfertigten Ausnahmeregelung zustimmt. Die den betreffenden Betrag übersteigenden Kosten können nach Artikel 70 dem unterliegenden Beteiligten auferlegt werden.

(5) Die an einem Verfahren auf Erklärung der Nichtigkeit Beteiligten können vereinbaren, dass eine andere Amtssprache der Gemeinschaft als Verfahrenssprache verwendet wird.

Anhang VII

Artikel 99 – Veröffentlichung und Eintragung

(1) Sämtliche Informationen, deren Veröffentlichung in dieser Verordnung oder in der Durchführungsverordnung vorgeschrieben ist, werden in allen Amtssprachen der Gemeinschaft veröffentlicht.

(2) Sämtliche Eintragungen in das Register für Gemeinschaftsgeschmacksmuster werden in allen Amtssprachen der Gemeinschaft vorgenommen

(3) In Zweifelsfällen ist der Wortlaut in der Sprache des Amtes maßgebend, in der die Anmeldung des Gemeinschaftsgeschmacksmusters eingereicht wurde. Wurde die Anmeldung in einer Amtssprache der Gemeinschaft eingereicht, die nicht eine Sprache des Amtes ist, so ist der Wortlaut in der vom Anmelder angegebenen zweiten Sprache verbindlich.

Artikel 100 – Zusätzliche Befugnisse des Präsidenten

Zusätzlich zu den Funktionen und Befugnissen, die dem Präsidenten des Amtes durch Artikel 119 der Verordnung über die Gemeinschaftsmarke übertragen werden, kann er der Kommission Entwürfe für Änderungen dieser Verordnung, der Durchführungsverordnung, der Gebührenordnung und jeder anderen Regelung nach Anhörung des Verwaltungsrates und – im Fall der Gebührenordnung – des Finanzausschusses, vorlegen, soweit sie sich auf das eingetragene Gemeinschaftsgeschmacksmuster beziehen.

Artikel 101 – Zusätzliche Befugnisse des Verwaltungsrats

Zusätzlich zu den Befugnissen, die dem Verwaltungsrat durch die Artikel 121 ff. der Verordnung über die Gemeinschaftsmarke oder andere Bestimmungen dieser Verordnung übertragen werden:

a) legt der Verwaltungsrat den Tag fest, an dem gemäß Artikel 111 Absatz 2 Anmeldungen von eingetragenen Gemeinschaftsgeschmacksmustern erstmals eingereicht werden können;
b) wird er vor der Annahme von Leitlinien für die vom Amt durchgeführte Prüfung auf Formerfordernisse und Prüfung der Eintragungshindernisse und Nichtigkeitsverfahren sowie in den anderen in dieser Verordnung vorgesehenen Fällen gehört.

**Abschnitt 2
Verfahren**

Artikel 102 – Zuständigkeit

Für Entscheidungen im Zusammenhang mit den in dieser Verordnung vorgeschriebenen Verfahren sind zuständig:

a) die Prüfer,
b) die Marken- und Musterverwaltungs- und Rechtsabteilung,

c) die Nichtigkeitsabteilungen,
d) die Beschwerdekammern.

Artikel 103 – Prüfer

Die Prüfer sind für Entscheidungen namens des Amtes im Zusammenhang mit der Anmeldung eines eingetragenen Gemeinschaftsgeschmacksmusters zuständig.

Artikel 104 – Marken- und Musterverwaltungs- und Rechtsabteilung

(1) Die Markenverwaltungs- und Rechtsabteilung, die durch Artikel 128 der Verordnung über die Gemeinschaftsmarke eingerichtet wurde, wird umbenannt in Marken- und Musterverwaltungs- und Rechtsabteilung.

(2) Zusätzlich zu den ihr in der Verordnung über die Gemeinschaftsmarke übertragenen Befugnissen ist sie für die nach dieser Verordnung erforderlichen Entscheidungen zuständig, die nicht in die Zuständigkeit eines Prüfers oder einer Nichtigkeitsabteilung fallen. Sie ist insbesondere zuständig für Entscheidungen über Eintragungen und Löschungen im Register.

Artikel 105 – Nichtigkeitsabteilungen

(1) Die Nichtigkeitsabteilungen sind zuständig für Entscheidungen im Zusammenhang mit einem Antrag auf Erklärung der Nichtigkeit eines eingetragenen Gemeinschaftsgeschmacksmusters.

(2) Eine Nichtigkeitsabteilung setzt sich aus drei Mitgliedern zusammen. Mindestens ein Mitglied muss rechtskundig sein.

Artikel 106 – Beschwerdekammern

Zusätzlich zu den ihnen in Artikel 131 der Verordnung über die Gemeinschaftsmarke übertragenen Befugnissen sind die durch diese Verordnung geschaffenen Beschwerdekammern zuständig für die Entscheidung über Beschwerden gegen Entscheidungen der Prüfer, der Nichtigkeitsabteilungen und der Marken- und Musterverwaltungs- und Rechtsabteilung, soweit die Entscheidungen Gemeinschaftsgeschmacksmuster betreffen.

Titel XIa
Internationale Eintragung von Mustern und Modellen

Abschnitt 1
Allgemeine Bestimmungen

Artikel 106a – Anwendung der Bestimmungen

(1) Sofern in diesem Titel nichts anderes vorgesehen ist, gelten diese Verordnung und alle sie betreffenden, gemäß Artikel 109 angenommenen Durchfüh-

Anhang VII

rungsverordnungen sinngemäß für Eintragungen gewerblicher Muster und Modelle nach der Genfer Akte im beim Internationalen Büro der Weltorganisation für geistiges Eigentum geführten internationalen Register (im Folgenden ‚internationale Eintragung' bzw. ‚Internationales Büro' genannt), in denen die Gemeinschaft benannt ist.

(2) Jede Registrierung einer internationalen Eintragung, in der die Gemeinschaft benannt ist, im internationalen Register hat dieselbe Wirkung, als wäre sie im vom Amt geführten Register für Gemeinschaftsgeschmacksmuster erfolgt, und jede Veröffentlichung einer internationalen Eintragung, in der die Gemeinschaft benannt ist, im Bulletin des Internationalen Büros hat dieselbe Wirkung wie eine Veröffentlichung im Blatt für Gemeinschaftsgeschmacksmuster.

Abschnitt 2
Internationale Eintragungen, in denen die Europäische Gemeinschaft benannt ist

Artikel 106b – Verfahren zur Einreichung einer internationalen Anmeldung

Internationale Anmeldungen nach Artikel 4 Absatz 1 der Genfer Akte werden unmittelbar beim Internationalen Büro eingereicht.

Artikel 106c – Benennungsgebühren

Die vorgeschriebenen Benennungsgebühren nach Artikel 7 Absatz 1 der Genfer Akte werden durch eine individuelle Benennungsgebühr ersetzt.

Artikel 106d – Wirkung internationaler Eintragungen, in denen die Europäische Gemeinschaft benannt ist

(1) Eine internationale Eintragung, in der die Gemeinschaft benannt ist, hat ab dem Tag ihrer Eintragung nach Artikel 10 Absatz 2 der Genfer Akte dieselbe Wirkung wie eine Anmeldung eines eingetragenen Gemeinschaftsgeschmacksmusters.

(2) Ist keine Schutzverweigerung mitgeteilt oder eine Schutzverweigerung zurückgezogen worden, hat eine internationale Eintragung eines Musters oder Modells, in der die Gemeinschaft benannt ist, ab dem in Absatz 1 genannten Tag dieselbe Wirkung wie die Eintragung eines eingetragenen Gemeinschaftsgeschmacksmusters.

(3) Das Amt legt nach Maßgabe der Durchführungsverordnung Informationen über internationale Eintragungen im Sinne von Absatz 2 vor.

Artikel 106e – Schutzverweigerung

(1) Stellt das Amt bei der Prüfung der internationalen Eintragung fest, dass das Muster oder Modell, für das Schutz begehrt wird, nicht der Begriffsbestimmung nach Artikel 3 Buchstabe a entspricht oder dass es gegen die öffentliche Ordnung oder die guten Sitten verstößt, so sendet es dem Internationalen Büro spätestens sechs Monate ab dem Tag der Veröffentlichung der internationalen Eintragung eine Mitteilung über die Schutzverweigerung.

In der Mitteilung werden die Gründe für die Schutzverweigerung angeführt.

(2) Die Wirkung einer internationalen Eintragung in der Gemeinschaft wird nicht verweigert, bevor dem Inhaber Gelegenheit gegeben worden ist, in Bezug auf die Gemeinschaft auf den Schutz der internationalen Eintragung zu verzichten oder zur Schutzverweigerung Stellung zu nehmen.

(3) Die Einzelheiten der Prüfung der Schutzverweigerungsgründe werden in der Durchführungsverordnung festgelegt.

Artikel 106f – Nichtigerklärung der Wirkung einer internationalen Eintragung

(1) Die Wirkung einer internationalen Eintragung in der Gemeinschaft kann nach dem Verfahren der Titel VI und VII oder durch ein Gemeinschaftsgeschmacksmustergericht auf der Grundlage einer Widerklage in einem Verletzungsverfahren ganz oder teilweise für nichtig erklärt werden.

(2) Ist dem Amt die Nichtigerklärung bekannt, setzt es das Internationale Büro davon in Kenntnis.

Titel XII
Schlussbestimmungen

Artikel 107 – Durchführungsverordnung

(1) Die Vorschriften zur Durchführung dieser Verordnung werden in einer Durchführungsverordnung festgelegt.

(2) Außer den in dieser Verordnung vorgesehenen Gebühren werden Gebühren in den nachstehend aufgeführten Fällen nach Maßgabe der Durchführungsverordnung und einer Gebührenordnung erhoben:

a) verspätete Bezahlung der Eintragungsgebühr,
b) verspätete Bezahlung der Bekanntmachungsgebühr,
c) verspätete Bezahlung der Gebühr für die Aufschiebung der Bekanntmachung,
d) verspätete Bezahlung der zusätzlichen Gebühren für Sammelanmeldungen,
e) Ausstellung einer Kopie der Eintragungsurkunde,
f) Eintragung der Übertragung eines eingetragenen Gemeinschaftsgeschmacksmusters,

Anhang VII

g) Eintragung einer Lizenz oder eines anderen Rechts an einem eingetragenen Gemeinschaftsgeschmacksmuster,
h) Löschung der Eintragung einer Lizenz oder eines anderen Rechts,
i) Ausstellung eines Registerauszugs,
j) Akteneinsicht,
k) Ausstellung von Kopien von Unterlagen aus den Akten,
l) Mitteilung von Informationen aus einer Akte,
m) Überprüfung der Festsetzung der zu erstattenden Verfahrenskosten,
n) Ausstellung von beglaubigten Kopien der Anmeldung.

(3) Die Durchführungsverordnung und die Gebührenordnung werden nach dem Verfahren des Artikels 109 Absatz 2 angenommen und geändert.

Artikel 108 – Verfahrensvorschriften für die Beschwerdekammern

Die Verfahrensvorschriften für die Beschwerdekammern gelten für Beschwerden, die diese Kammern im Rahmen dieser Verordnung bearbeiten, unbeschadet der erforderlichen Anpassungs- oder Zusatzbestimmungen, die nach Maßgabe des in Artikel 109 Absatz 2 vorgesehenen Verfahrens angenommen wurden.

Artikel 109 – Ausschuss

(1) Die Kommission wird von einem Ausschuss unterstützt.

(2) Wird auf diesen Absatz Bezug genommen, so gelten die Artikel 5 und 7 des Beschlusses 1999/468/EG.

Der Zeitraum nach Artikel 5 Absatz 6 des Beschlusses 1999/468/EG wird auf drei Monate festgesetzt.

(3) Der Ausschuss gibt sich eine Geschäftsordnung.

Artikel 110 – Übergangsbestimmungen

(1) Bis zu dem Zeitpunkt, zu dem auf Vorschlag der Kommission Änderungen zu dieser Verordnung in Kraft treten, besteht für ein Muster, das als Bauelement eines komplexen Erzeugnisses im Sinne des Artikels 19 Absatz 1 mit dem Ziel verwendet wird, die Reparatur dieses komplexen Erzeugnisses zu ermöglichen, um diesem wieder sein ursprüngliches Erscheinungsbild zu verleihen, kein Schutz als Gemeinschaftsgeschmacksmuster.

(2) Der Vorschlag der Kommission gemäß Absatz 1 wird gleichzeitig mit den Änderungen, die die Kommission zu diesem Bereich gemäß Artikel 18 der Richtlinie 98/71/EG vorschlägt, vorgelegt und trägt diesen Änderungen Rechnung.

Artikel 110a[1] – Bestimmungen über die Erweiterung der Gemeinschaft

(1) Ab dem Tag des Beitritts Bulgariens, der Tschechischen Republik, Estlands, Zyperns, Lettlands, Litauens, Ungarns, Maltas, Polens, Rumäniens, Sloweniens und der Slowakei (im Folgenden als ‚neue Mitgliedstaaten' bezeichnet) wird ein vor dem Tag des Beitritts gemäß dieser Verordnung geschütztes oder angemeldetes Gemeinschaftsgeschmacksmuster auch im Gebiet dieser Mitgliedstaaten gelten, damit es dieselbe Wirkung in der gesamten Gemeinschaft hat.

(2) Die Anmeldung eines eingetragenen Gemeinschaftsgeschmacksmusters darf nicht aufgrund der in Artikel 47 Absatz 1 genannten Eintragungshindernisse zurückgewiesen werden, wenn diese Hindernisse lediglich durch den Beitritt eines neuen Mitgliedstaats entstanden sind.

(3) Ein Gemeinschaftsgeschmackmuster nach Absatz 1 darf nicht gemäß Artikel 25 Absatz 1 für nichtig erklärt werden, wenn die Nichtigkeitsgründe lediglich aufgrund des Beitritts eines neuen Mitgliedstaats entstanden sind.

(4) Der Anmelder oder der Inhaber eines in einem neuen Mitgliedstaat bestehenden älteren Rechts kann der Verwendung eines Gemeinschaftsgeschmacksmusters nach Artikel 25 Absatz 1 Buchstaben d, e oder f in dem Gebiet, in dem das ältere Recht geschützt ist, widersprechen. Für die Zwecke dieser Bestimmung bedeutet ‚älteres Recht' ein Recht, das vor dem Beitritt gutgläubig erworben oder angemeldet wurde.

(5) Die Absätze 1, 3 und 4 gelten auch für nicht eingetragene Gemeinschaftsgeschmacksmuster. Gemäß Artikel 11 genießt ein Geschmacksmuster, das nicht in der Gemeinschaft öffentlich zugänglich gemacht wurde, keinen Schutz als nicht eingetragenes Gemeinschaftsgeschmacksmuster.

Artikel 111 – Inkrafttreten

(1) Diese Verordnung tritt am 60. Tag nach ihrer Veröffentlichung im Amtsblatt der Europäischen Gemeinschaften in Kraft.[2]

(2) Anmeldungen von eingetragenen Gemeinschaftsgeschmacksmustern können von dem vom Verwaltungsrat auf Empfehlung des Präsidenten des Amtes festgelegten Tag an beim Amt eingereicht werden.

---

1 Das Beitrittsdatum der folgenden Ländern ist der 1. Mai 2004: der Tschechischen Republik, der Republik Estland, der Republik Zypern, der Republik Lettland, der Republik Litauen, der Republik Ungarn, der Republik Malta, der Republik Polen, der Republik Slowenien und der Slowakischen Republik (siehe Anhang II – 4. Gesellschaftsrecht – C. Gewerbliche Eigentumsrechte – III. Gemeinschaftsgeschmacksmuster des Beitrittsvertrages) Das Beitrittsdatum von Bulgarien und Rumänien ist der 1. Januar 2007 (siehe Anhang III – 1. Gesellschaftsrecht – Gewerbliche Eigentumsrechte – III. Gemeinschaftsgeschmacksmuster des Beitrittsvertrages von Bulgarien und Rumänien)

2 Tag des Inkrafttretens: 6.3.2002

Anhang VII

(3) Anmeldungen von eingetragenen Gemeinschaftsgeschmacksmustern, die in den letzten drei Monaten vor dem Stichtag gemäß Absatz 2 eingereicht werden, gelten als an diesem Tag eingereicht.

Diese Verordnung ist in allen ihren Teilen verbindlich und gilt unmittelbar in jedem Mitgliedstaat.

Geschehen zu Brüssel am 12. Dezember 2001.

Im Namen des Rates

Der Präsident

M. Aelvoet

VIII. Einteilung der Klassen und Unterklassen

Klasse 1 Nahrungsmittel

Anmerkung: a) Umfasst Nahrungs- und Futtermittel sowie diätetische Produkte.

b) Ausgenommen Verpackungen (Kl. 9).

1-01 Backwaren, Biskuits, Konditorwaren, Teigwaren und andere Getreideerzeugnisse, Schokolade, Zuckerwaren, Eis

1-02 Früchte und Gemüse

1-03 Käse, Butter und Butterersatz, andere Milchprodukte

1-04 Fleisch- und Wurstwaren, Fischprodukte

1-05 [offen]

1-06 Futtermittel

1-99 Verschiedenes

Klasse 2 Bekleidung und Kurzwaren

Anmerkung: Ausgenommen Puppenbekleidung (Kl. 21-01), Feuerschutz-, Unfallverhütungs- und Rettungsausrüstungen (Kl. 29) sowie Tierbekleidung (Kl. 30-01).

2-01 Unterbekleidung, Wäsche, Miederwaren, Büstenhalter, Nachtbekleidung

Anmerkung: a) Einschließlich orthopädische Miederwaren und Leibwäsche.

b) Ausgenommen Haushaltswäsche (Kl. 6-13).

2-02 Kleidungsstücke

Anmerkung: a) Umfasst sämtliche Kleidungsstücke einschließlich Pelze, Bade- und Sportbekleidung und orthopädische Bekleidungsstücke mit Ausnahme der unter Buchstabe b) erwähnten Erzeugnisse.

b) Ausgenommen Unterbekleidungsstücke (Kl. 2-01) und die Kleidungsstücke, welche in den Klassen 2-03, 2-04, 2-05 oder 2-06 eingeordnet sind.

2-03 Kopfbedeckungen

Anmerkung: Umfasst alle Arten von Kopfbedeckungen für Männer, Frauen und Kinder.

Anhang VIII

2-04 Schuhwaren, Strümpfe und Socken

Anmerkung: Einschließlich Sportschuhe, wie Fußball-, Ski- und Eishockeyschuhe, orthopädische Schuhe und Socken, sowie Strumpfhosen, Gamaschen und andere Beinbekleidungsstücke.

2-05 Krawatten, Schärpen, Kopf- und Halstücher, Taschentücher

Anmerkung: Umfasst das ganze „flächenhafte" Bekleidungszubehör.

2-06 Handschuhwaren

Anmerkung: Einschließlich Handschuhe für Chirurgen und Schutzhandschuhe aus Gummi oder Kunststoff für den Haushalt, für verschiedene Berufe und für den Sport.

2-07 Kurzwaren und Bekleidungszubehör

Anmerkung: a) Einschließlich Knöpfe, Agraffen (Schließen) für Kleider, Kopfbedeckungen und Schuhe, Schnürsenkel, Schuhnestel und -bänder, Näh- und Stricknadeln, Stecknadeln, Bekleidungszubehör wie Gürtel, Strumpfhalter, Hosenträger.

b) Ausgenommen Fäden, Garne und Gespinste (Kl. 5-01), Posamentierwaren (Kl. 5-04), Näh-, Strick- und Stickmaschinen (Kl. 15-06) sowie Nähausrüstungs-Etuis (Kl. 3-01).

2-99 Verschiedenes

Klasse 3 Reiseartikel, Etuis, Schirme und persönliche Gebrauchsgegenstände, soweit sie nicht in anderen Klassen enthalten sind

3-01 Koffer, Handkoffer, Mappen, Handtaschen, Schlüsseletuis, Etuis, die dem Inhalt angepasst sind, Brieftaschen und gleichartige Waren

Anmerkung: Ausgenommen Gegenstände für den Transport von Waren (Kl. 9) und Zigarren- und Zigarettenetuis (Kl. 27-06).

3-02 [offen]

3-03 Regenschirme, Sonnenschirme und (Spazier-)Stöcke

3-04 Fächer

3-99 Verschiedenes

Klasse 4 Bürstenwaren

4-01 Bürsten, Pinsel und Besen zum Reinigen

Anmerkung: Ausgenommen Kleiderbürsten (Kl. 4-02).

Anhang VIII

4-02 Bürsten und Pinsel für die Körper- und Schönheitspflege, Kleider- und Schuhbürsten

Anmerkung: Einschließlich Haar-, Zahn- und Nagelbürsten.

4-03 Bürsten für Maschinen

Anmerkung: Unter „Bürsten für Maschinen" sind Bürsten zu verstehen, die Teile von Maschinen oder Spezialfahrzeugen darstellen.

4-04 Malerbürsten und -pinsel, Pinsel für die Küche

4-99 Verschiedenes

Klasse 5 Nichtkonfektionierte Textilwaren, Folien (Bahnen) aus Kunst- und Naturstoffen

Anmerkung: a) Umfasst alle Textilwaren und gleichartige Waren, die meterweise und nicht konfektioniert verkauft werden.

b) Ausgenommen konfektionierte Waren (Kl. 2 oder 6).

5-01 Gespinste

5-02 Spitzen

5-03 Stickereien

5-04 Bänder, Borten (Litzen, Tressen) und andere Posamentierwaren

5-05 Gewebe und Stoffe

Anmerkung: Einschließlich Gewebe und gewebter, gestrickter oder in anderer Weise hergestellte Stoffe, Planen, Filze und Loden.

5-06 Folien (Bahnen) aus Kunst- oder Naturstoffen

Anmerkung: a) Umfasst diejenigen Folien (Bahnen), deren einziges unterscheidendes Merkmal in der Flächenverzierung oder der Struktur besteht, insbesondere Verkleidungsfolien wie Tapeten, Linoleum und Papier in Rollen, mit Ausnahme der unter Buchstabe b) erwähnten Erzeugnisse.

b) Ausgenommen Schreibpapier, auch solches in Rollen (Kl. 19-01), und Folien für Bauzwecke, wie Mauerplatten und Wandverkleidungen (Kl. 25-01).

5-99 Verschiedenes

Klasse 6 Möbel

Anhang VIII

Anmerkung: a) Kombinierte Möbel, die in mehrere Unterklassen eingereihte Bestandteile enthalten, sind in der Klasse 6-05 eingeordnet.

b) Zusammengesetzte Möbel, die im Ganzen als ein Modell angesehen werden können, sind in der Klasse 6-05 einzuordnen.

c) Ausgenommen nicht konfektionierte Textilwaren (Kl. 5).

6-01 Sitzmöbel

Anmerkung: a) Einschließlich sämtlicher Sitzmöbel, selbst wenn diese zum Liegen geeignet sind, z.B. Bänke, Sofas, Diwane, Ottomanen, Saunabänke und Kanapees.

b) Einschließlich Fahrzeugsitze.

6-02 Betten

Anmerkung: a) Einschließlich Sprungfedermatratzen (Untermatratzen).

b) Ausgenommen Sitzmöbel, die zum Liegen geeignet sind (Kl. 6-01), z.B. Bänke, Sofas, Diwane, Ottomanen, Saunabänke und Kanapees.

6-03 Tische und ähnliche Möbel

6-04 Kastenmöbel, Gestelle

Anmerkung: a) Einschließlich Schränke, Möbel mit Schubladen oder Fachkästen und Gestelle.

b) Einschließlich Särge, Sargauskleidungen und Urnen.

6-05 Kombinierte Möbel

6-06 Andere Möbelstücke und Möbelteile

6-07 Spiegel und Rahmen

Anmerkung: Ausgenommen Spiegel, die in anderen Klassen eingeordnet sind (siehe alphabetische Liste).

6-08 Kleiderbügel

6-09 Matratzen und Kissen

6-10 Vorhänge und Innenstores

6-11 Bodenteppiche und Fußmatten

6-12 Wandteppiche

6-13 Decken, Haushalts- und Tischwäsche

Anhang VIII

Anmerkung: Einschließlich Möbel-, Bett- und Tischdecken.

6-99 Verschiedenes

Klasse 7 Haushaltsartikel, soweit sie nicht in anderen Klassen enthalten sind

Anmerkung: a) Einschließlich Handapparate und -geräte für den Haushalt, selbst wenn diese motorbetrieben sind.

b) Ausgenommen Maschinen und Apparate zur Zubereitung von Speisen und Getränken (Kl. 31).

7-01 Geschirr und Glaswaren

Anmerkung: a) Umfasst Geschirr aus jedem Material, insbesondere auch aus Papier oder Karton.

b) Ausgenommen Kochgeräte und -gefäße wie Kasserollen (Kochgeschirr) aus Glas oder Keramik (Kl. 7-02), Blumenvasen und -töpfe sowie Ziergeschirr und -glaswaren (Kl. 11-02).

7-02 Kochapparate, -geräte und -gefäße

7-03 Tischmesser, Gabeln und Löffel

7-04 Handbetätigte Apparate und Geräte für die Zubereitung von Speisen und Getränken

Anmerkung: Ausgenommen die in Klasse 7-02 oder Klasse 31 eingeordneten Apparate und Geräte.

7-05 Bügeleisen, Geräte zum Waschen, Reinigen und Trocknen

Anmerkung: Ausgenommen elektrische Haushaltsapparate zum Waschen, Reinigen oder Trocknen (Kl. 15-05).

7-06 Andere Tischgeräte

7-07 Andere Haushaltsbehälter

7-08 Zubehör für offene Kamine

7-99 Verschiedenes

Klasse 8 Werkzeuge und Kleineisenwaren

Anmerkung: a) Umfasst von Menschen gehandhabte Werkzeuge, selbst wenn Muskelkraft durch eine mechanische Kraft ersetzt wird, z. B. elektrische Bohrmaschinen und mechanische Sägen.

b) Ausgenommen Maschinen und Werkzeugmaschinen (Kl. 15 oder Kl. 31).

Anhang VIII

8-01 Werkzeuge und Geräte zum Bohren, Fräsen oder zum Aushöhlen

8-02 Hämmer, gleichartige Werkzeuge und Geräte

8-03 Schneidwerkzeuge und -geräte

Anmerkung: a) Einschließlich Sägewerkzeuge und -geräte.

b) Ausgenommen Tischmesser (Kl. 7-03), Schneidwerkzeuge und -geräte für die Küche (Kl. 31) und chirurgische Messer (Kl. 24-02).

8-04 Schraubendreher, gleichartige Werkzeuge und Geräte

8-05 Andere Werkzeuge und Geräte

Anmerkung: Umfasst Werkzeuge und Geräte, die nicht in andere Unterklassen oder Klassen eingeordnet oder einzuordnen sind.

8-06 Handgriffe, Türknöpfe, Fenster- und Türangeln

8-07 Verriegelungs- und Verschlussvorrichtungen

8-08 Befestigungs-, Halte- und Montagemittel, soweit sie nicht in anderen Klassen enthalten sind

Anmerkung: a) Einschließlich Nägel, Schrauben, Bolzen und Schraubenmuttern.

b) Ausgenommen Befestigungsvorrichtungen für Kleider (Kl. 2-07) oder Schmuck (Kl. 11-01) und im Büro verwendete Befestigungsmittel (Kl. 19-02).

8-09 Beschläge und gleichartige Vorrichtungen

8-10 Fahrrad- und Motorradständer

8-99 Verschiedenes

Anmerkung: Einschließlich nichtelektrischer Kabel unabhängig vom verwendeten Material.

Klasse 9 Verpackungen und Behälter für den Transport oder den Warenumschlag

Anhang VIII

9-01 Flaschen, Fläschchen, Töpfe, Ballon- und Korbflaschen (Demijohns), Druckbehälter

Anmerkung: a) Unter „Töpfe" sind solche für Verpackungszwecke zu verstehen.

b) Ausgenommen Kochtöpfe (Kl. 7-01) und Blumentöpfe (Kl. 11-02).

9-02 Kannen und Fässer

9-03 Schachteln, Kisten, Container und Konservendosen

Anmerkung: Einschließlich umladbare Container.

9-04 Stapelkisten (Cageots, Steigen) und Körbe

9-05 Säcke, Beutel, Tuben, Hülsen und Kapseln

Anmerkung: a) Einschließlich Kunststoffsäcke und -beutel mit oder ohne Griff oder Verschluss.

b) Unter „Kapseln" sind solche für Umhüllungszwecke zu verstehen.

9-06 Seile, Schnüre und Materialien zum Binden

9-07 Verschlussvorrichtungen und Zubehör

Anmerkung: a) Umfasst lediglich Verschlussvorrichtungen für Verpackungen.

b) Unter „Zubehör" sind insbesondere Ausgießkorken, Dosiervorrichtungen und abnehmbare Zerstäuber zu verstehen.

9-08 Paletten und Plattformen für den Warenumschlag

9-09 Kehrichteimer, Müllbehälter und deren Halterung

9-99 Verschiedenes

Klasse 10 Uhren und andere Messinstrumente, Kontroll- und Anzeigegeräte

Anmerkung: Einschließlich elektrischer Instrumente.

10-01 Großuhren, Penduluhren und Wecker

10-02 Taschen- und Armbanduhren

10-03 Andere Zeitmessinstrumente

Anmerkung: Einschließlich Zeitmessapparate wie Parkuhren, einstellbare Zeitüberwacher (Timer) für die Küche und ähnliche Apparate.

Anhang VIII

10-04 Andere Messinstrumente, -apparate und -vorrichtungen

Anmerkung: a) Einschließlich Instrumente, Apparate und Vorrichtungen zur Messung von Temperatur, Druck, Gewicht, Länge, Volumen und elektrischen Größen.

b) Ausgenommen Belichtungsmesser (Kl. 16-05).

10-05 Kontroll-, Sicherheits- oder Versuchsinstrumente, -apparate und -vorrichtungen

Anmerkung: Einschließlich Feuer- und Einbruchmelder, sowie Detektoren aller Art.

10-06 Signalapparate und -vorrichtungen

Anmerkung: Ausgenommen Beleuchtungs- und Signaleinrichtungen für Fahrzeuge (Kl. 26-06).

10-07 Gehäuse, Zifferblätter, Zeiger oder andere Teile und Zubehör von Mess-, Kontroll- und Signalinstrumenten

Anmerkung: Unter „Gehäuse" sind Uhrenschalen, Gehäuse von Großuhren sowie alle anderen Gehäuse zu verstehen, die einen integrierenden Bestandteil der Instrumente darstellen, deren Mechanismus sie schützen, unter Ausschluss der Etuis (Kl. 3-01) oder, wenn es sich um Verpackung handelt (Kl. 9-03).

10-99 Verschiedenes

Klasse 11 Ziergegenstände

11-01 Schmuck- und Juwelierwaren

Anmerkung: a) Einschließlich Fantasie- und Imitationsschmuck.

b) Ausgenommen Uhren (Kl. 10-02).

11-02 Nippessachen, Tisch-, Kamin- und Wandschmuck, Vasen und Blumentöpfe

Anmerkung: Einschließlich Skulpturen, Mobiles und Statuen.

11-03 Medaillen und Abzeichen

11-04 Künstliche Blumen, Pflanzen und Früchte

11-05 Fahnen, Festdekorationsartikel

Anmerkung: a) Einschließlich Girlanden, Wimpel und Christbaumschmuck.

b) Ausgenommen Kerzen (Kl. 26-04).

Anhang VIII

11-99 Verschiedenes

Klasse 12 Transport- und Hebevorrichtungen

Anmerkung: a) Umfasst sämtliche Land-, Wasser-, Luft-, Raum- und andere Fahrzeuge.

b) Einschließlich der Bestandteile, Ausrüstungen und des Zubehörs, die für den Betrieb eines Fahrzeuges notwendig sind und nicht in eine andere Klasse eingeordnet werden können; diese werden in die betreffende Fahrzeug-Unterklasse oder in Klasse 12-16 eingeordnet, wenn sie sich auf Fahrzeuge verschiedener Unterklassen beziehen.

c) Grundsätzlich ausgenommen sind diejenigen Fahrzeugbestandteile, -ausrüstungen und solches Zubehör, die in eine andere Klasse eingeordnet werden können; diese werden zusammen mit den gleichartigen Erzeugnissen (d.h. solchen, die dieselbe Aufgabe besitzen) in dieselbe Klasse eingeordnet. So werden Automobilteppiche und -matten zusammen mit den Teppichen eingeordnet (Kl. 6-11); die elektrischen Fahrzeugmotoren werden in Klasse 13-01 und die nichtelektrischen Fahrzeugmotoren in Klasse 15-01 eingeordnet (dasselbe gilt für die Bestandteile dieser Motoren); die Automobilscheinwerfer werden bei den Beleuchtungsartikeln (Kl. 26-06) eingereiht.

d) Ausgenommen Fahrzeug-Kleinmodelle (Kl. 21-01).

12-01 Fuhrwerke (von Tieren gezogen)

12-02 Handwagen, Schubkarren

12-03 Lokomotiven und rollendes Eisenbahnmaterial sowie alle anderen Schienenfahrzeuge

12-04 Luftseil- und Sesselbahnen, Schlepplifte

12-05 Aufzüge, Hebezeuge und Fördergeräte

Anmerkung: Einschließlich Personen- und Lastenaufzüge, Elevatoren, Kräne, Hebekarren und Förderbänder.

12-06 Schiffe und Boote

12-07 Flugzeuge und andere Luft- und Raumfahrzeuge

12-08 Kraftwagen, Autobusse und Lastwagen

Anmerkung: Einschließlich Sanitäts- und Kühlfahrzeuge.

Anhang VIII

12-09 Traktoren

12-10 Anhänger für Straßenfahrzeuge

Anmerkung: Einschließlich Wohnwagen.

12-11 Fahr- und Motorräder

12-12 Kinderwagen, Rollstühle für Körperbehinderte, Tragbahren

Anmerkung: a) Unter „Kinderwagen" sind Wagen zu verstehen, in die Kinder gesetzt werden.

b) Ausgenommen Kinderwagen, die als Spielzeug dienen, z.B. Puppenwagen (Kl. 21-01).

12-13 Spezialfahrzeuge

Anmerkung: a) Umfasst nur diejenigen Fahrzeuge, die nicht unmittelbar für Transportzwecke bestimmt sind, wie Kehrmaschinen, Straßenspreng-, Feuerwehr-, Schneeräum- und Abschleppfahrzeuge.

b) Ausgenommen landwirtschaftliche Maschinen, die sowohl Maschinen als auch Fahrzeuge darstellen (Kl. 15-03), und Maschinen mit Eigenantrieb für den Hoch- und Tiefbau (Kl. 15-04).

12-14 Andere Fahrzeuge

Anmerkung: Einschließlich Schlitten und Luftkissenfahrzeuge.

12-15 Luftreifen, Fahrzeugbereifungen und Gleitschutzketten für Fahrzeuge

12-16 Andere Fahrzeugbestandteile, -ausrüstungen und -zubehör, soweit sie nicht in anderen Klassen enthalten sind

12-99 Verschiedenes

Klasse 13 Apparate zur Erzeugung, Verteilung oder Umwandlung von elektrischer Energie

Anmerkung: a) Umfasst nur diejenigen Apparate, die elektrischen Strom erzeugen, verteilen und umwandeln.

b) Einschließlich elektrischer Motoren.

c) Ausgenommen elektrisch betriebene Apparate, wie elektrische Uhren (Kl. 10-02) und Apparate für die Messung des elektrischen Stromes (Kl. 10-04).

13-01 Generatoren und Motoren

Anmerkung: Einschließlich elektrischer Motoren für Fahrzeuge.

13-02 Transformatoren, Gleichrichter, Batterien und Akkumulatoren

13-03 Material zur Verteilung oder Steuerung der elektrischen Energie

Anmerkung: Einschließlich Leiter, Unterbrecher, Schalter und Schalttafeln.

13-99 Verschiedenes

Klasse 14 Apparate zur Aufzeichnung, Übermittlung oder Verarbeitung von Informationen

14-01 Apparate zur Aufzeichnung und Wiedergabe von Ton oder Bild

Anmerkung: Ausgenommen Foto- und Filmapparate (Kl. 16).

14-02 Datenverarbeitungsanlagen sowie periphere Geräte und Einrichtungen

14-03 Apparate für das Fernmeldewesen und für die drahtlose Fernbedienung, Radioverstärker

Anmerkung: Einschließlich Telegrafen-, Telefon-, Radio- und Fernsehapparate und Fernschreiber.

14-04 Bildschirmanzeigen und Icons

14-99 Verschiedenes

Klasse 15 Maschinen, soweit sie nicht in anderen Klassen enthalten sind

15-01 Motoren

Anmerkung: a) Einschließlich nichtelektrischer Motoren für Fahrzeuge.

b) Ausgenommen elektrische Motoren (Kl. 13).

15-02 Pumpen und Kompressoren

Anmerkung: Ausgenommen Hand- oder Fußpumpen (Kl. 8-05) und Feuerspritzen (Kl. 29-01).

15-03 Landwirtschaftliche Maschinen

Anmerkung: a) Einschließlich Pflüge und Maschinen, die sowohl Maschinen als auch Fahrzeuge darstellen, z.B. Mähbinder.

b) Ausgenommen Handwerkzeuge (Kl. 8).

Anhang VIII

15-04 Baumaschinen

Anmerkung: a) Einschließlich Maschinen für den Hoch- und Tiefbau sowie Maschinen mit Eigenantrieb, wie Aushubmaschinen, Betonmaschinen und Bagger.

b) Ausgenommen Hebezeuge und Kräne (Kl. 12-05).

15-05 Wasch-, Reinigungs- und Trockenmaschinen

Anmerkung: a) Einschließlich Apparate und Maschinen für die Behandlung der Wäsche und der Kleider, wie Bügel- und Mangelapparate.

b) Einschließlich Geschirrwasch- und Geschirrtrockenmaschinen sowie industrielle Trockenanlagen.

15-06 Textil-, Näh-, Strick- und Stickmaschinen, einschließlich integrierte Teile

15-07 Kühlmaschinen und -apparate

Anmerkung: a) Einschließlich Kühlapparate für den Haushalt.

b) Ausgenommen Eisenbahnkühlwagen (Kl. 12-03) und Kühlfahrzeuge (Kl. 12-08).

15-08 [offen]

15-09 Werkzeug-, Schleif- und Gießereimaschinen

Anmerkung: Ausgenommen erdbewegende Maschinen, Bohrmaschinen und Materialabscheider (Kl. 15-99).

15-99 Verschiedenes

Klasse 16 Fotografische, kinematografische und optische Artikel

Anmerkung: Ausgenommen Beleuchtungsapparate für die Fotografie und Kinematografie (Kl. 26-05).

16-01 Foto- und Filmapparate

16-02 Projektionsapparate und Betrachtungsgeräte

16-03 Fotokopier- und Vergrößerungsapparate

Anmerkung: Einschließlich Mikrofilmaufnahmegeräte und -lesegeräte sowie Büro-Fotokopiergeräte, die mit anderen als fotografischen Verfahren arbeiten, insbesondere mit thermischen oder magnetischen Verfahren.

Anhang VIII

16-04 Apparate und Geräte zum Entwickeln

16-05 Zubehör

Anmerkung: Einschließlich Stative, Belichtungsmesser, Blitzlichtvorrichtungen (Flash) und Filter für Aufnahmen.

16-06 Optische Artikel

Anmerkung: a) Einschließlich Brillen und Mikroskope.

b) Ausgenommen Messinstrumente, die optische Vorrichtungen aufweisen (Kl. 10-04).

16-99 Verschiedenes

Klasse 17 Musikinstrumente

Anmerkung: Ausgenommen Futterale für Musikinstrumente (Kl. 3-01) und Tonaufzeichnungs- und Tonwiedergabegeräte (Kl. 14-01).

17-01 Tasteninstrumente

Anmerkung: Einschließlich elektronische und nichtelektronische Orgeln, Akkordeons und Klaviere (auch mechanische).

17-02 Blasinstrumente

Anmerkung: Ausgenommen Orgeln, Harmoniums und Akkordeons (Kl. 17-01).

17-03 Saiteninstrumente

17-04 Schlaginstrumente

17-05 Mechanische Musikinstrumente

Anmerkung: a) Einschließlich Spieldosen.

b) Ausgenommen mechanische Tasteninstrumente (Kl. 17-01).

17-99 Verschiedenes

Klasse 18 Druckerei- und Büromaschinen

18-01 Schreib- und Rechenmaschinen

Anmerkung: Ausgenommen Computer und andere Apparate, die in Klasse 14-02 eingeordnet sind.

Anhang VIII

18-02 Druckmaschinen

Anmerkung: a) Einschließlich Setzmaschinen, Stereotypiermaschinen und -apparate, Buchdruckereimaschinen, anderer Reproduktionsmaschinen, wie Vervielfältiger und Offset-Druckmaschinen, sowie Adressier-, Frankier- und Briefmarkenentwertungsmaschinen.

b) Ausgenommen Fotokopiergeräte (Kl. 16-03).

18-03 Druckbuchstaben und -typen

18-04 Buchbinde-, Druckerei-, Heft- und Papierschneidemaschinen

Anmerkung: Einschließlich Maschinen und Vorrichtungen zum Schneiden von Papier, in der Art von Papierstapelschneidemaschinen.

18-99 Verschiedenes

Klasse 19 Papier- und Büroartikel, Künstler- und Lehrmittelbedarf

19-01 Schreibpapier, Karten für Schriftwechsel und Anzeigen

Anmerkung: Umfasst im weitesten Sinne sämtliche Papierarten zum Schreiben, Zeichnen, Malen, Drucken, z.B. Pauspapier, Kohlepapier, Zeitungspapier und Briefumschläge, Glückwunschkarten, illustrierte Postkarten, auch solche mit Tonaufzeichnungen.

19-02 Büroartikel

Anmerkung: a) Einschließlich Geräte für den Kassendienst, wie Zählbretter für Kleingeld.

b) Gewisse Büroartikel werden in andere Unterklassen oder Klassen eingeordnet, z.B. Büromöbel in Klasse 6, Büromaschinen und -apparate in die Klassen 14-02, 16-03, 18-01, 18-02 oder 18-04, Schreibwaren in Klasse 19-01 oder 19-06 (siehe alphabetische Liste).

19-03 Kalender

Anmerkung: Ausgenommen Terminkalender und Agenden (Kl. 19-04).

19-04 Bücher, Hefte und äußerlich ähnlich aussehende Gegenstände

Anmerkung: Einschließlich Buchumschläge, Bucheinbände, Alben, Terminkalender, Agenden und ähnliche Gegenstände.

Anhang VIII

19-05 [offen]

19-06 Material und Geräte zum Schreiben mit der Hand, zum Zeichnen, Malen, Gravieren, für die Bildhauerei und für andere künstlerische Techniken

Anmerkung: Ausgenommen Pinsel (Kl. 4-04), Zeichentische und die an diesen Tischen befestigten Apparate (Kl. 6-03) sowie Schreibpapier (Kl. 19-01).

19-07 Lehrmittel

Anmerkung: a) Einschließlich geografische Karten aller Art, Globen und Planetarien.

b) Ausgenommen Apparate für den audiovisuellen Unterricht (Kl. 14-01).

19-08 Andere Drucksachen

Anmerkung: Einschließlich Reklamedruckschriften.

19-99 Verschiedenes

Klasse 20 Verkaufs- und Werbeausrüstungen, Schilder

20-01 Verkaufsautomaten

20-02 Ausstellungs- und Verkaufsmaterial

Anmerkung: Ausgenommen Einrichtungsgegenstände (Kl. 6).

20-03 Schilder und Reklamevorrichtungen

Anmerkung: a) Einschließlich Aushängeschilder, Vorrichtungen für Leuchtreklamen und bewegliche Reklamevorrichtungen.

b) Ausgenommen Verpackungen (Kl. 9) und Signalvorrichtungen (Kl. 10-06).

20-99 Verschiedenes

Klasse 21 Spiele, Spielzeug, Zelte und Sportartikel

21-01 Spiele und Spielzeug

Anmerkung: a) Einschließlich Kleinmodelle.

b) Ausgenommen Spielzeuge für Tiere (Kl. 30-99).

Anhang VIII

21-02 Turn- und Sportgeräte, Sportartikel

Anmerkung: a) Umfasst die zur Ausübung von verschiedenen Sportarten notwendigen Geräte und Ausrüstungen, die normalerweise keinen anderen Verwendungszweck haben, wie Fußbälle, Skier und Tennisschläger, mit Ausnahme von Gegenständen, die unter anderem auch zur Ausübung irgendeiner Sportart verwendet werden können.

b) Einschließlich Trainingsapparate, Geräte und Ausrüstungen, die für die Ausübung von Spielen im Freien erforderlich sind, jedoch mit Ausnahme des unter Buchstabe a) erwähnten Vorbehalts.

c) Ausgenommen Sportbekleidung (Kl. 2), Rodel- und andere Schlitten (Kl. 12-14).

21-03 Andere Vergnügungs- und Unterhaltungsartikel

Anmerkung: a) Einschließlich Jahrmarktvergnügungseinrichtungen und Glücksspielautomaten.

b) Ausgenommen Spiele und Spielzeug (Kl. 21-01) und die anderen in die Klassen 21-01 oder 21-02 einzuordnenden Artikel.

21-04 Zelte und Zubehör

Anmerkung: a) Einschließlich Zeltpflöcke, Heringe und gleichartiges Zubehör.

b) Ausgenommen andere Campingartikel, die je nach Beschaffenheit in verschiedene andere Klassen einzuordnen sind, insbesondere Sitzmöbel (Kl. 6-01), Tische (Kl. 6-03), Teller (Kl. 7-01) und Wohnwagen (Kl. 12-10).

21-99 Verschiedenes

Klasse 22 Waffen, Feuerwerksartikel, Artikel für die Jagd, den Fischfang und zur Schädlingsbekämpfung

22-01 Schusswaffen

22-02 Andere Waffen

22-03 Munition, Zünder und Feuerwerksartikel

22-04 Schießscheiben und Zubehör

Anmerkung: Einschließlich Spezialvorrichtungen zum Bewegen einer Schießscheibe.

Anhang VIII

22-05 Jagd- und Fischereiartikel

Anmerkung: Ausgenommen Bekleidung (Kl. 2) und Waffen (Kl. 22-01 oder 22-02).

22-06 Fallen, Artikel zur Schädlingsbekämpfung

22-99 Verschiedenes

Klasse 23 Einrichtungen zur Verteilung von Flüssigkeiten, sanitäre Anlagen, Heizungs-, Lüftungs- und Klimaanlagen, feste Brennstoffe

23-01 Einrichtungen zur Verteilung von Flüssigkeiten

Anmerkung: Einschließlich Armaturen und Rohrleitungen.

23-02 Sanitäre Anlagen

Anmerkung: a) Einschließlich Badewannen, Duschen, Waschbecken (Lavabos), Saunas, Wasserklosetts, sanitäre Installationseinheiten sowie Zubehör für Badezimmer, das nicht in anderen Klassen enthalten ist.

b) Ausgenommen Armaturen und Rohrleitungen (Kl. 23-01).

23-03 Heizungsausrüstungen

23-04 Lüftungs- und Klimaanlagen

23-05 Feste Brennstoffe

23-99 Verschiedenes

Klasse 24 Medizinische- und Laborausrüstungen

Anmerkung: Unter „medizinische Ausrüstungen" sind auch chirurgische, zahnärztliche und tierärztliche Ausrüstungen zu verstehen.

24-01 Apparate und Einrichtungen für Ärzte, Krankenhäuser und Labors

24-02 Medizinische Instrumente, Laborinstrumente und -geräte

Anmerkung: Betrifft nur Handinstrumente.

24-03 Prothesen

24-04 Verbands- und Bandagenartikel, Artikel für die ärztliche Behandlung

Anmerkung: Einschließlich saugfähige Verbände.

Anhang VIII

24-99 Verschiedenes

Klasse 25 Bauten und Bauelemente

25-01 Baumaterialien

Anmerkung: Einschließlich Backsteine, Balken, profilierte Bauelemente, Dachziegel, Schiefer und Bauplatten.

25-02 Vorgefertigte oder zusammengesetzte Bauteile

Anmerkung: a) Einschließlich Fenster, Türen, Rollläden, Wände und Gitter.

b) Ausgenommen Treppen (Kl. 25-04).

25-03 Häuser, Garagen und andere Bauten

25-04 Treppen, Leitern und Baugerüste

25-99 Verschiedenes

Klasse 26 Beleuchtungsapparate

26-01 Kerzenleuchter und -ständer

26-02 Fackeln, tragbare Lampen und Laternen

26-03 Apparate für die öffentliche Beleuchtung

Anmerkung: Einschließlich Außen-, Theaterbeleuchtungen und Scheinwerfer.

26-04 Elektrische und andere Lichtquellen

Anmerkung: Einschließlich elektrische Glühbirnen, Leuchtplatten und -röhren und Kerzen.

26-05 Lampen, -schirme, Stehlampen, Kronleuchter, Wand- und Deckenlampen, Reflektoren, Lampen für Foto- und Kinoscheinwerfer

26-06 Beleuchtungseinrichtungen für Fahrzeuge

26-99 Verschiedenes

Klasse 27 Tabakwaren und Raucherartikel

27-01 Tabakwaren, Zigarren und Zigaretten

27-02 Pfeifen, Zigarren- und Zigarettenspitzen

27-03 Aschenbecher

27-04 Streichhölzer (Zündhölzer)

27-05 Feuerzeuge

Anhang VIII

27-06 Zigarren- und Zigarettenetuis, Schnupftabakdosen und Tabakbehälter

Anmerkung: Ausgenommen Verpackungen (Kl. 9).

27-99 Verschiedenes

Klasse 28 Pharmazeutische und kosmetische Erzeugnisse, Toilettenartikel und -ausrüstungen

28-01 Pharmazeutische Erzeugnisse

Anmerkung: a) Einschließlich solche für Tiere.

b) Einschließlich chemische Präparate in Arzneikapseln, Pastillen, Pillen und Tabletten.

c) Ausgenommen Verbands- und Bandagenartikel (Kl. 24-04).

28-02 Kosmetische Erzeugnisse

Anmerkung: Einschließlich solche für Tiere.

28-03 Toilettenartikel und Geräte für die Schönheitspflege

Anmerkung: a) Einschließlich Rasier-, Massage-, Haarentfernungs- und Frisierapparate.

b) Ausgenommen Bürsten und Pinsel für die Körper- und Schönheitspflege (Kl. 4-02), sowie Artikel und Ausrüstungen für das Halten und Pflegen von Tieren (Kl. 30-99).

28-04 Falsche Haare, Bärte und Schnurrbärte

28-99 Verschiedenes

Klasse 29 Vorrichtungen und Ausrüstungen gegen Feuer, zur Unfallverhütung und Rettung

29-01 Vorrichtungen und Ausrüstungen gegen Feuer

Anmerkung: a) Einschließlich Feuerlöscher.

b) Ausgenommen Feuerwehrfahrzeuge (Kl. 12-13), sowie Feuerwehrschläuche und Strahlrohre für Feuerlöschzwecke (Kl. 23-01).

29-02 Vorrichtungen und Ausrüstungen zur Unfallverhütung und Rettung, soweit sie nicht in anderen Klassen enthalten sind

Anmerkung: a) Einschließlich solche Vorrichtungen und Ausrüstungen für Tiere.

Anhang VIII

      b) Ausgenommen Helme (Kl. 2-03), sowie Unfallschutzbekleidung (Kl. 2-02, 2-04 oder 2-06)

29-99 Verschiedenes

Klasse 30 Artikel für das Halten und Pflegen von Tieren

Anmerkung: Ausgenommen Futtermittel (Kl. 1) sowie pharmazeutische und kosmetische Erzeugnisse für Tiere (Kl. 28-01 oder 28-02).

30-01 Bekleidung für Tiere

30-02 Gehege, Käfige, Hundehütten und gleichartige Unterkünfte

Anmerkung: Ausgenommen Bauten (Kl. 25).

30-03 Vorrichtungen zum Füttern und Tränken

30-04 Sattlerwaren

Anmerkung: Einschließlich Halsbänder für Tiere.

30-05 Peitschen und Stöcke zum Antreiben

30-06 Lagerstätten und Nester

30-07 Sitzstangen und anderes Zubehör für Käfige

30-08 Geräte zum Kennzeichnen, Erkennungsmarken und Fesseln

30-09 Pfähle zum Anbinden

30-99 Verschiedenes

Klasse 31 Maschinen und Apparate für die Zubereitung von Nahrung oder Getränken, soweit sie nicht in anderen Klassen enthalten sind

Anmerkung: Ausgenommen Handgeräte, Handinstrumente und Handapparate (auch wenn sie motorbetrieben sind), die zur Zubereitung von Nahrung oder Getränken dienen (Kl. 7).

31-00 Maschinen und Apparate für die Zubereitung von Nahrung oder Getränken, soweit sie nicht in anderen Klassen enthalten sind

Klasse 32 Grafische Symbole und Logos, Zierelemente für Oberflächen, Verzierungen

32-00 Grafische Symbole und Logos, Zierelemente für Oberflächen, Verzierungen

Literaturverzeichnis

Adrian, Johann	Erstreckungsgesetz und Schutz des geistigen Eigentums, 1992
Bartenbach, Kurt	Patentlizenz- & Know-How-Vertrag, 6. Aufl., 2006
Bartenbach, Kurt/ Volz, Franz-Eugen	Arbeitnehmererfindungen, 4. Aufl., 2006
Baumbach, Adolf/ Hefermehl, Wolfgang	Wettbewerbsrecht, 22. Aufl., 2001
Baumbach, Adolf/ Lauterbach, Wolfgang/ Albers, Jan/Hartmann, Peter	ZPO, 69. Aufl., 2011
Bechthold, Rainer	GWB, 6. Aufl., 2010
Benkard, Georg	Patentgesetz, 10. Aufl., 2006 (zit.: Benkard/*Bearbeiter*)
Beyerlein, Thorsten	Der Geschmacksmustervertrag, Heidelberger Musterverträge 127, 2008
Bühring, Manfred	Gebrauchsmustergesetz, 8. Aufl., 2011
Bulling, Alexander/ Langöhrig, Angelika/ Hellwig, Tillmann	Geschmacksmuster, 3. Aufl., 2010
Busse, Rudolf	Patentgesetz, 6. Aufl., 2003
Dambach, Otto	Das Musterschutzgesetz, 1876
Dreier, Thomas/ Schulze, Gernot	Urheberrechtsgesetz, 3. Aufl., 2008
Dreyer, Gunda/Kotthoff, Jost/Meckel, Astrid	Heidelberger Kommentar zum Urheberrecht, 2. Aufl., 2009
Eck, Matthias	Neue Wege zum Schutz der Formgebung, 1993
Eichmann, Helmut/ von Falckenstein, Roland Vogel	Geschmacksmustergesetz, 4. Aufl., 2010
Eisenführ, Günther/ Schennen, Detlef	Gemeinschaftsmarkenverordnung, 3. Aufl., 2010
Ekey, Friedrich/ Klippel, Diethelm	Heidelberger Kommentar zum Markenrecht, Band 1, 2. Aufl., 2009

Literaturverzeichnis

Erbs/Kohlhaas	Strafrechtliche Nebengesetze, 178. Ergänzungslieferung, 2010
Fezer, Karl-Heinz	Markenrecht, 4. Aufl., 2009
Fromm, Karl/ Nordemann, Wilhelm	Urheberrecht, 10. Aufl., 2008
v. Gamm, Otto-Friedrich	Geschmacksmustergesetz, 2. Aufl., 1989
Gerold, Wilhelm/ Schmidt, Holger	Rechtsanwaltsvergütungsgesetz, 19. Aufl., 2010
Gerstenberg, Ekkehard/ Buddeberg, Michael	Geschmacksmustergesetz, 3. Aufl., 1996
Groß, Michael	Der Lizenzvertrag, 10. Aufl., 2011
Grünbuch	Grünbuch über den rechtlichen Schutz gewerblicher Muster und Modelle, Arbeitsdokument der Dienststellen der Kommission vom Juni 1991, III/F/5131/91
Harte-Bavendamm, Henning	Handbuch der Markenpiraterie in Europa, 2000
Harte-Bavendamm, Henning/Henning-Bodewig, Frauke	UWG, 2. Aufl., 2009
Ingerl, Reinhard/ Rohnke, Christian	Markengesetz, 3. Aufl., 2010
Köhler, Helmut/ Bornkamm, Joachim	Wettbewerbsrecht, 28. Aufl., 2010
Kraßer, Rudolf	Patentrecht, 6. Aufl., 2009
Kunze, Jürgen	Das neue Geschmacksmusterrecht, 2004
Loth, Hans-Friedrich	Gebrauchsmustergesetz, 2001
Maier, Paul/ Schlötelburg, Martin	Leitfaden Gemeinschaftsgeschmacksmuster, 2003
Möhring, Käte/ Nicolini, Philipp	Urheberrechtsgesetz, 2. Aufl., 2000
Nirk, Rudolf/Kurtze, Helmut	Geschmacksmustergesetz, 2. Aufl., 1997
Palandt, Otto	Bürgerliches Gesetzbuch, 70. Aufl., 2011 (zit.: Palandt/*Bearbeiter*)
Piper, Henning/Ohly, Ansgar/Sosnitza, Olaf	Gesetz gegen den unlauteren Wettbewerb, 5. Aufl., 2010

Schönke, Adolf/ Schröder, Horst	StGB, 28. Aufl., 2010
Schricker, Gerhard/ Loewenheim, Ulrich	Urheberrecht, 4. Aufl., 2010
Schulte, Rainer	Patentgesetz, 8. Aufl., 2008 (zit.: Schulte/*Bearbeiter*)
v. Schultz, Detlef	Markenrecht, 2. Aufl., 2007
Singer, Margarete/ Stauder, Dieter	Europäisches Patentübereinkommen, 5. Aufl., 2010
Stöckel, Maximiliane/ Lüken, Uwe	Handbuch Marken- und Designrecht, 2. Aufl., 2006
Ströbele, Paul/Hacker, Franz	Markengesetz, 9. Aufl., 2009
Teplitzky, Otto	Wettbewerbliche Ansprüche und Verfahren, 10. Aufl., 2012
Wandtke, Arthur/ Bullinger, Winfried	Praxiskommentar zum Urhebergesetz, 3. Aufl., 2009
Zöller, Richard	Zivilprozessordnung, Kommentar, 28. Aufl., 2010

Sachregister

Fette Zahlen bedeuten Paragraphen; magere Zahlen bedeuten Randnummern

Abbildung **6** 6, **37** 3, 6, **38** 16, 22, 23, **40** 7
Benutzungshandlung **38** 16, 22, 23
Beschreibung **11** 44, **37** 6, **38** 16, vor **66** bis **71** 27
der Erstanmeldung **14** 6
Einreichung der Wiedergabe **21** 14
Einwendung gegen Neuheit **39** 12
Ende der Schutzdauer **21** 16 f.
in der Öffentlichkeit **5** 6
Offenbarung der - **6** 6
Vorzeigen der - **38** 16
Zusammenfassung mehrerer Gegenstände **37** 6
Abhängigkeit **7** 14, **38** 12, 30, 34, 35, 41
persönliche **7** 14
Abhilfe **23** 8, 38, 41, 54, 55, 56, 62, **24** 2, 13
allgemein **23** 54
Anwendungsbereich **24** 2
Beiordnung **23** 41, **24** 13
-bescheid **23** 56, 61
-entscheidung **23** 36, 56, 62, 56, 61, 62
bei Fehlern **23** 38
Frist zur - **23** 56
kassatorische - **23** 56, 62
Rückgabe an das DPMA **23** 62
Teil- **23** 56
unzureichende - **23** 41
im einseitigen Verfahren **23** 54
im zweiseitigen Verfahren **23** 55, **24** 2, 13
Verfahrenskostenhilfe **23** 41, **24** 13
bei Verfristung **23** 8

Verweigerung der - **23** 56
Vorlagepflicht **23** 55
Ablehnung **23** 3, 4, 41, 42, 56, 60, 64, 70, **24** 10, 13, 14, **29** 18, **38** 27
des Bediensteten **23** 3, 56, 60, **24** 13
von Beschleunigungs- und Fristersuchen **23** 42
gesetzlich nicht vorgesehener Handlungen **23** 42
einer Kostenentscheidung **23** 70
der Rückzahlung **23** 41, 56, **24** 13
der Wiedereinsetzung **23** 41, **24** 10, 13
Ablehnungsgesuch **23** 3, 41
Abmahnung **31** 14, 15
Abnehmer- **42** 90
Entbehrlichkeit **42** 92 f., **46a** 18
Form **42** 94
Frist für Unterlassungserklärung **42** 99
Inhalt **42** 88
Kostenerstattungsanspruch **42** 104 ff.
Rechtsanwaltsgebühren **42** 109
Schadensersatz bei unberechtigter - **42** 102 f.
Vollmacht **42** 98
Zugang **42** 95 f.
Zweck **42** 88
Abschlussschreiben **42** 114 ff.
Abmessung **3** 11, **38** 36
Abschrift **23** 76, 98, **25** 8
der früheren Anmeldung **11** 66, **14** 6
Abstaffelung **31** 32
angemessene Lizenzgebühr **42** 43
- bei Umsatzlizenz **31** 30

941

Sachregister

Abwandlung 31 12, 32, 73 1, 9, 10
  allgemein 31 12
  -muster 73 1, 9, 10
  Schutzumfang 31 32
  Schutzwirkung 73 9, 10
Abwehranspruch 7 3
  des Anwartschaftsinhabers 7 3
Abwehrrecht 38 7
  allgemein 38 7, 42 3
  Abwehrkostenklage 52 3
  Unterlassung 42 6
Abwesenheit § 23 20, 23, 30
  allgemein 23 20, 23
  Abwesenheitsgeld 52 19 f.
  Urlaub 23 30
Abzeichen 3 17, 18 4, 33 6
Adhäsionsverfahren 43 54, 51 22
Akteneinsicht 23 39, 41, 43, 51, 63, 99, 24 2, 25 8, 37 10, 38 39
  Antrag auf - 22 3
  Aufschiebung der Bildbekanntmachung 38 39
  berechtigtes Interesse 22 8
  beschränkte - 22 6
  Beschwerde 23 39, 41, 43, 51, 63
  Durchführung 22 16
  Entscheidung 22 14, 23 39, 51
  freie - 22 5
  Information der Öffentlichkeit 37 5
  Kosten 22 17 f., 23 39, 24 2
  persönliches Interesse 22 10
  Verfahren bei beschränkter - 22 10 ff.
  Verfahren bei freier - 22 9
  bei Verfahrenskostenhilfe 23 41, 24 2
  Zustimmung des Anmelders 22 7
Aktenzeichen 23 9, 43, 50
  Änderung der Angaben 14 16
  Empfangsbescheinigung 13 8
  Erstanmeldung 14 6
  Erstreckung 21 11 ff.

Priorität 3 49
Prioritätserklärung 14 14
Sammelanmeldung 12 10
Trennungsanmeldung 12 14
Vergabe 13 8, 16 2
Wiedereinsetzung 23 9
Zahlendreher 23 43
Altersrang 6 16, 14 2, 23 84
Altrecht 66 1
Amtliche Prüf- und Gewährzeichen 3 17
Amtsermittlung 8 4, 23 64
Amtsgericht 23 99, 30 7
  Akteneinsicht 22 16, 23 99
  Beschlagnahmeanordnung 57 9
  eidesstattliche Versicherung 46 13
  Rechtshilfe 23 99
  Registerführung 19 2
Amtshilfe 23 3
  -ersuchen 23 3
  in der Insolvenz 30 9
Anbieten 38 11, 16, 21, 42
  Strafbarkeit des - 51 3
Änderung 9 11, 23 22, 24, 25 41, 94, 24 1, 4, 11, 13, 14, 15, 16, 29 13, 31 10, 26, 32, 36
  - der Angaben 14 16
  - der Anmeldung 18 6
  - der Bemessungsgrundlage der Lizenzgebühr 31 32, 36
  - des angefochtenen Beschlusses 23 39, 60
  - der Eintragung bei Firmenänderung 29 13
  - des Gesamteindrucks 2 22, 6 12
  - durch den Lizenznehmer 31 10, 26, 30, 32
  -mitteilung 10 5
  - der Perspektive 21 14
  - der Rechtsinhaberschaft 9 11
  - der Verfahrenskostenhilfe 23 41, 24 1, 11, 13, 14, 16

Sachregister

Anmeldeberechtigung
Fiktion **8** 1, 2
persönliche - **8** 5, **vor 66 bis 71** 17 f.
Rechtsfähigkeit **11** 7 ff.
sachliche - **8** 4
Anmelder **1** 16, 24, 39, **6** 4, 7, 8, 9, 10, 14, 15, 16, **8** 2, 3, 4, 5, **9** 2, **10** 1, 3, 4, **23** 5, 7, 12, 16, 33, 38, 43, 46, 63, 86, 96, 98, **24** 1, 2, 4, 8, 11, 12, 15, 16, **25** 4, **32** 2, 3, **37** 1, 6, 9, 10, **38** 9
-angaben **11** 17
Fiktion **1** 39, **8** 2, 4
formelle Legitimation **8** 3, 5
Haftung **11** 72, **24** 11
Prozessfähigkeit **11** 15
Recht auf Erfinderbenennung **10** 2, 6, 7
Schonfrist **6** 4, 7 ff., 8, 10, 14, 15, 16
Anmeldetag **2** 5, 7, **6** 14, **23** 46, 71, **41** 9
Aufschiebungsfrist **21** 8
Begriff **13** 3 ff.
Begründung mittels ausländischer Voranmeldung **6** 14, **14** 2
Feststellung **13** 1, **23** 71
Personenidentität bei ausländischer Voranmeldung **14** 11
Prioritätstag **2** 7, **13** 1, 8
Teilung **12** 12
Verschiebung des - **11** 1, 11, 20, 37, **13** 6, **16** 1, 15
Zuerkennung **11** 42, **13** 6, **16** 11
Anmeldung **1** 6, 16, 19, 26, 47, **2** 2, 7, 40, **6** 4, 6, 7, 8, 12, 14, 15, **7** 3, 7, 8, **8** 2, 4, **9** 2, 10, **10** 3, **23** 1, 5, 6, 40, 41, 51, 54, 56, 74, 75, 83, 84, 98, **24** 3, 4, 5, 9, **25** 3, 5, **29** 2, 4, **30** 8, 9, **31** 21, **32** 2, 3, **37** 1, 2, 3, 4, 5, 7, 8, 9, **38** 6, 22, 31, 34, 35, 38, 39, **41** 4, 9, 13, **72** 6, **73** 6, 8, 10

Änderung **2** 2, **18**, 6, **37** 4
Anmelderangaben **11** 17 ff.
Antrag auf Eintragung **11** 12 ff.
Anwartschaftsrecht **7** 3, **11** 2, **30** 8, **32** 2
Beschreibung **11** 44 ff., **37** 2, 4, 8, **vor 66 bis 71** 27
Erzeugnisangabe **11** 35 ff., **38** 34, **vor 66 bis 71** 28
flächenmäßiger Musterabschnitt **11** 38 ff.
Gebühren **11** 70 ff., **23** 41
Patentinformationszentrum **11** 5 f.
Pflichtangaben **11** 11
Rücknahme **11** 80 ff.
Weiterleitung **23** 75, **62, 68**
Weiterleitungsgebühr **62** 5 f., **68** 4
Wiedergabe des Musters **1** 6, 16, **11** 20 ff., **37** 5, **38** 22
Anordnung **23** 41, 66, 85, **37** 6
- der Bekanntmachung **20** 4
Einziehungs- **56** 3
- einer Streitwertbegünstigung **54** 16
Anregung **7** 7, 17, **23** 14, 67, **31** 3, **38** 41
Anscheinsbeweis **9** 2
Anschlussbeschwerde **23** 43
Ansicht des Musters **11** 24
Ansprüche aus anderen Vorschriften **50** 1 ff.
Anwaltszwang **23** 63, 89, **42** 84, **54** 13
Anwartschaft **29** 4, **30** 8, 14, **32** 2
Begriff **32** 2
Entstehen **7** 3
-inhaber **11** 2
- in der Insolvenz **11** 83, **30** 14
Rechtsnachfolge **29** 4
- in der Zwangsvollstreckung **30** 8, 14
Anzuwendendes Recht **72**

943

Sachregister

Arbeitgeber 6 7, 10, 7 10, 11, 13, 14, 15, 16, 17, 18, 19, 20, 21
  förmliche Inanspruchnahme durch den - 7 13
  Kenntnis des - 7 13
  Rechtserwerb des - 7 10, 11, 13, 14
  Rechtsinhaberschaft des - 7 11
  Weisungsrecht des - 7 14
Arbeitnehmer 6 10, 7 1, 10, 11, 12 13, 14, 15, 16, 17, 18, 19, 20
  Begriff 7 14
  als Entwerfer 7 2, 4
  freie Mitarbeit 7 14
  Rechtsverletzung durch - 44 1 ff.
  Schadenersatzpflicht des - 7 13
  Treuepflicht 7 13
  gesonderte Vergütung 7 19
Arbeitnehmererfindungsrecht 7 19, 21
Aufbewahrung 25 9, 38 21
  verderblicher Musterabschnitt 11 40
  tatsächliche - 38 21
Aufbrauchsfrist 45 1, 5
Aufgaben 7 10, 11, 15, 16, 17, 23 2, 4, 22,
  - des Arbeitnehmers 7 11, 15, 16, 17
  - des DPMA 23 2
Aufrechterhaltung des Schutzes
  Allgemeines 28 1
  Fälligkeit der Gebühren 28 5
  Gebührenhöhe 28 8
  Sammelgeschmacksmuster 28 11
  teilweise Verlängerung 28 10
  Vorauszahlung der Aufrechterhaltungsgebühren 28 6
  Zahlungspflichtiger 28 4
  Zahlweise 28 7
Aufrechterhaltungsgebühr 12 7, 23 10, 39, 24 1, 3, 27 8, 28 2, 73 10

Ausweitung der Schutzdauer **68** 8
Fälligkeit **23** 39, **24** 3, **28** 5
Folgen der Nicht-Aufrechterhaltung **28** 12
Höhe **28** 8
Höhe bei Sammelanmeldung **28** 8
Vorauszahlung **24** 3, **28** 6
Zahlweise **28** 7
Aufschiebung der Bekanntmachung 9 9, 37 1, 5, 10, 38 3, 4, 39
  Antrag 11 48, 21 5
  Ausschlussfrist 9 9, 10
  Beendigung der - 37 1
  Einreichung der Wiedergabe 21 14
  Ende der Schutzdauer 21 16 f.
  Erstreckung des Schutzdauer 21 11 ff.
  Erstreckungsbeginn 21 13
  Frist 21 8
  materielle Selbständigkeit 12 8
  Nachholung der Bekanntmachung 9 9, 21 15, 37 10, 38 39
  Sinn der - 21 1
  Wirkung 21 9 f., 38 39
  Zugänglichkeit 38 3
Auseinanderbauen 1 33
Ausforschung 46a 6, 8
Ausfuhr 5 5, 38 11, 13, 18
  Beschlagnahme 55 7
  - nach anderen Mitgliedstaaten 55 4, 5, 7
  - von Privatpersonen 55 4
Ausführungsvarianten 3 5
Auskunftsanspruch 27 3, 42 46 ff., 46 1, 4, 30, 55 11
  Aktiv- und Passivlegitimation 46 32
  Art und Umfang 46 35 ff.
  Auskunftsmängel 46 40 ff.
  -begehren 22 4
  Berechtigter des - 46 5
  einstweilige Verfügung 46 23, 45

Erforderlichkeit **46** 33
Erschöpfung des - **48** 11
Erteilung **46** 29
Klage auf - **46** 13, 27, 43
Schadensersatz **46** 43 ff., **59** 12
Unverhältnismäßigkeit des - **46** 6
Verjährung **46** 10, **49** 16
Verwertung des - **46** 25
Voraussetzungen **46** 31
Zumutbarkeit **46** 34, *siehe auch „Drittauskunft"*
Auslagen **23** 67, 68, **24** 2
Entscheidung über -erstattung **23** 39
-erhebung **22** 17
fehlender -vorschuss **14** 1, 9
-pauschale für Bekanntmachung **11** 70
- des Patentanwalts **52** 19
- des Sachverständigen **57** 7
Ausland **6** 4, 6, **7** 4, **23** 18, 91, 92, 95, **24** 4, **38** 11, 16, 24, **40** 9, 10,
-anmeldung **14** 2
Behinderung im - **22** 8
Herstellung im - **38** 24, **60** 14
Neuheitenschonfrist im - **6** 4
Offenbarungsgebiet **5** 15
offenkundige Benutzung im - **6** 6
-priorität **14** 7, **21** 8
-zustellung **23** 91, **58** 1
Ausländer **23** 29, 34, 44
Altgeschmacksmuster von - **66** 3
- als Anmelder **11** 18
Ausstellungspriorität **15** 6
Auslandspriorität **14** 7
Auslandstaten **65** 4
Auslandszustellung **23** 91, **58** 1
Auslegung **1** 15, 21, 37, **2** 37, **7** 14, 22, **23** 29, 50, 72, **31** 3, 4, 32, **37** 7, **38** 13, **40** 1
des Begriffs „Erzeugnis" **1** 21
- der Benutzungshandlung **38** 13
bei Berührung **59** 3

irrige - **23** 29
- des Lizenzvertrags **31** 3 ff.
wörtliche - **1** 37
Ausschließung **23** 4, 64
Ausschluss vom Geschmacksmusterschutz
Allgemeines **3** 1
Funktionelle Bedingtheit **3** 10 ff.
Technische Bedingtheit **3** 2 ff.
Verstoß gegen die öffentliche Ordnung oder die guten Sitten **3** 13 ff.
Ausschlussfrist **9** 9 ff., 10, **23** 7, 12, 13, 48
Ausstattung **1** 21, 24, **38** 20
Ausstellungspriorität **11** 67
Allgemein **15** 1
Ausländer **15** 6
Frist **15** 5
Inanspruchnahme **15** 2
Kettenpriorität **15** 13
Verlängerung **15** 5
Ausstellungsschutz **6** 5
Verbreitungshandlung **15** 4
Werbung **15** 4
Austauschteile **73** 5
Karosserie- **4** 1
Ausübungspflicht **31** 9
Auswärtiger
Antragsteller **36** 12
Begriff **58** 2
Beteiligter **58** 1
Gerichtsstand **58** 19
Rechtsverkehr mit - **58** 6
Verfahrensvertretung **58** 15
Verfahrensvoraussetzung **58** 12
Verhandlungsfähigkeit **58** 13, 14

Bankunterlagen **46a** 5, **46b** 4
Bauelement **1** 10, 32
Austausch von - **4** 3
Nachbildung **3** 12
Sichtbarkeit **4** 4 f., **37** 4

Bauelement komplexer Art
Allgemeines 4 1
bestimmungsgemäße Verwendung 4 6
komplexes Erzeugnis 4 3
Sichtbarkeit 1 10, 4 4 f.
Bauteile 1 37, 37 6
Entwickler von - 3 12
komplexes Erzeugnis 4 3
Serien- 3 12
Bauwerk 1 30, 42, 38 12
Beauftragter
Bearbeitung 1 44, 25 1, 5, 9, 38 41
Beauftragter 44 7 f., 45 3
Rechtsverletzung durch - 44 1 ff.
Bedingtheit
funktionelle 3 10 ff.
technische 3 2 ff.
Bedürftigkeit 24 6, 7, 10
Begriff 24 7
fehlende - 24 10
Befangenheitsbesorgnis 23 3
Befriedigung 30 4
des Pfandgläubigers 30 4
Begehungsgefahr 38 15, 17
Erst- 38 15, 42 9 ff.
Gerichtsstand der Erst- 42 68
Verjährung 49 8
Versuch 38 17
Begehungsort 53 5
Begriffsbestimmungen 1 1 ff., 21, 37 2
Beiordnung 23 41, 24 11, 12, 13, 15
Anfechtung der - 24 13
Antrag der - 24 11
Aufhebung der - 24 15
- eines Anwalts 24 2
Bereitschaft zur - 24 11
- bei anwaltliche Vertretung der Gegenseite 24 12
Inlandsvertreter 24 12
Kosten der - 24 15
- von Patentanwälten 24 11

Sachdienlichkeit 24 12
- eines Verkehrsanwalts 24 12
- eines Vertreters 24 11
Zeitraum der - 24 11
Beiwerk 38 23
Begriff 11 29
Muster ohne - 11 29
schmückendes - 11 34
ungewolltes - 11 20, 29
unwesentliches - 38 23
Bekanntmachung 1 45, 6 2, 6, 16, 9 9, 23 29, 38, 42, 64, 24 2, 3, 37 1, 5, 10, 38 3, 4, 39
Allgemeines 20 1
Bild- 9 9, 37 10, 38 39, 73 9, 10
entlegene - 5 7, 6 6
Gewährleistung 20 6 f.
-kosten 11 73 ff., 20 8 f., 23 41, 24 2, 3, 7, 16
Neuheitsschädlichkeit 20 2
Offenbarung 5 3, 6 2, 6, 38 39
Bekanntmachungskosten 11 70, 23 41, 24 2, 3, 7, 16
Zahlungsmangel 20 9
Benennung des Entwerfers 7 2, 20, 10 5, 6, 8, 9, 11, 73 1, 8
als absolutes Recht 10 6
Art der Angabe 11 51
- nach Eintragung 10 5
Höchstpersönlichkeitsrecht 10 6
Recht auf - 10 6
Rechtsbeschränkung 73 1, 2
Vererblichkeit 10 7
Benutzer 1 34, 2 14, 22, 29, 34, 36, 38, 37 2, 4, 6, 7, 8, 9, 38 1, 9, 26, 27, 28, 30, 31, 34, 36
Begriff 2 29
gutgläubiger Zwischen- 23 7
siehe auch „informierter Benutzer"
Benutzungsabsicht 38 9
Benutzungshandlungen 31 2, 6, 19, 22, 38 6, 11, 13, 16, 21, 23, 24, 39, 41 4, 6, 9, 10, 13, 73 2

Auswirkung auf den Umfang **41** 4
Begriff **38** 13 ff.
Ende der - **41** 13
Grundlage **41** 7
- im Inland **38** 11, **41** 4
- des Lizenznehmers **31** 6 ff.
- im Vertragsgebiet **31** 22
Benutzungsrecht **23** 37, **29** 6, **30** 4, 6, 8, **31** 3, 22, **38** 3, 5, 6, 7, 8, 25, **41** 10
Allein- **31** 7
Ausschluss **29** 6
Begriff **38** 5 ff.
Entstehung **38** 6
bei Gebietslizenz **31** 22
angemessene Lizenzgebühr **45** 6
- des Lizenznehmers **29** 6
Reichweite **38** 5
Übertragung **29** 6, **31** 3
Umfang **23** 37, **38** 8, **41** 10
uneingeschränktes - **23** 37
Verbietungsrecht **30** 8, **31** 3, **38** 3, 25
bei Verpfändung **30** 4
Verpfändung **30** 4
Weiter- **23** 37, **38** 39, **60** 10, 13
Zwischen- **23** 36
siehe auch „Vorbenutzungsrecht"
Benutzungszwang **38** 9, **42** 10
Berechtigtes Interesse **31** 23, **47** 6 ff.
Berechtigungsanfrage **42** 47, 112 f.
Bereicherungsanspruch **50** 2 ff.
Verjährung **49** 17
Berichterstattung **38** 23
Lehre von der - **5** 9
Berichtigung **23** 48, 66, **29** 16
fehlerhafter Angaben **14** 16
nachträgliche **23** 48
bei Rechtsnachfolge **29** 16
Register - **8** 1
des Tatbestands **23** 66
des Tenors **23** 48

Berühmung
Abmahnung **42** 100
Auskunft **59** 7 ff.
Begriff **59** 2
Erstbegehungsgefahr **42** 11
Form **59** 3
irreführende - **59** 4
Klage auf Unterlassung **52** 3
unzulässige - **59** 13
Voraussetzung **59** 2
Beschlagnahme durch die Zollbehörden
Antragstellung **55** 8
Anwendungsbereich **55** 3
Aufbewahrungsfrist **57a** 29
Aufhebung **56** 5, 7
Ausfuhr **55** 7
Aussetzung der Überlassung **57a** 17 f.
Einfuhr **55** 7
formelle Voraussetzungen **55** 8 f.
Geltungsdauer des Antrags **57** 6, **57a** 11
gerichtliche Entscheidung **56** 6 f.
Haftung der Zollbehörden **57a** 33
Kosten **57** 7, **57a** 10, 27
materielle Voraussetzungen **55** 4 ff., **57a** 14 ff.
Parallelimporte **57a** 16
Rechtsmittel **57** 8 ff.
Rechtsschutzmöglichkeiten **57a** 12 f.
Rechtsverletzung **55** 4, **57a** 14
Schadensersatz **56** 9 ff., **57a** 31 ff.
Sicherheitsleistung **55** 9, **57a** 9
Transit **55** 7
ungerechtfertigte - **55** 9, **57a** 31
Verfahren **55** 10, **57a** 17 f.
Vernichtung **57a** 19 ff.
Widerspruch **56** 4, **57a** 21, 23
Zurückhaltung von Waren **57a** 17 f.
Zuständigkeit **57** 2, **57a** 4

947

Beschreibung 2 3, 7 5, **31** 23, **37** 2,
  4, 6, 8, **38** 16
  Begriff **11** 44 ff.
  Bekanntmachung **11** 47
  erläuternde - **37** 8
  Mindestqualität **31** 23
  schriftliche - **2** 3, **5** 7, **7** 5
  Schutzgegenstand **37** 2, 4, 6, 8
Beschwer 23 46, 48, 50, 62, 71, 93
Beschwerde 23 1, 2, 8, 35, 39, 40,
  41, 42, 43, 44, 46, 47, 48, 49, 50, 51,
  52, 53, 54, 55, 56, 58, 60, 61, 62, 63,
  64, 66, 67, 68, 69, 70, 93, 95, **24** 2,
  5, 8, 11, 13, 14, **29** 17, 18
  Akteneinsicht **22** 14, **23** 39, 41,
    43, 51, 63, **24** 2
  allgemein **23** 38
  Anschluss- **23** 43
  Beendigung **23** 69
  -begehren **23** 46
  Begründung **23** 56, 62
  -berechtigung **23** 43, 69
  gegen Beschlagnahme **57** 11
  Dienstaufsichtsbeschwerde
    24 16
  -erklärung **23** 50
  Einlegung **23** 10, 39, 45, 49, 51,
    60, **25** 3
  Ermessensmissbrauch **23** 71
  -fähiger Beschluss **14** 14
  Form **23** 47
  -frist **23** 8, 35, 36, 47, 49, 50, 51,
    52, 53, 60, 69, **24** 5
  -führer **23** 42, 43, 44, 46, 50, 51,
    53, 56, 60, 61, 62, 63, 64, 67, 69
  -gebühr **23** 8, 10, 35, 39, 41, 50,
    51, 52, 53, 56, 57, 58, 60, 61 ff.,
    62, 64, 67, 68, 76
  -gegenstand **23** 51
  -kammer **23** 4, 8
  mündliche Verhandlung **23** 35, 64
  Nichtzulassungs- **23** 70
  Partei- und Prozessfähigkeit **23** 44

  Rechts- **23** 8, 35, 53, 64, 70 ff., 71,
    72, 93, **24** 2, 5, 8, 13
  Rechtsmissbrauch **23** 45
  Rechtsnachfolge **29** 10, 15, 17
  Rechtsschutzbedürfnis **23** 45
  Rücknahme **23** 69
  Rückumschreibung **29** 18
  Rückzahlung der -gebühr **23** 8, 56,
    57, 62, 67
  -schrift **23** 47, 50
  -senat **23** 64, 70
  Statthaftigkeit **16** 16, **23** 10, 39,
    40, 70, **24** 13
  Streitwertfestsetzung **52** 18, **54** 16
  Verfahren **23** 54, 66, 70, **24** 14,
    25 3
  Vorbringen **23** 54
  Weiterbehandlung **17** 11
  Zulassungsfreiheit **23** 70
  Zurückweisung der Anmel-
    dung **16** 18, **23** 41
  Zwangsvollstreckung **23** 71
Beschwerdeführer 23 38, 42, 43,
  44, 46, 50, 51, 53, 56, 60, 61, 62, 63,
  64, 67, 69, 72
Beschwerdegebühr 23 8, 10, 35,
  39, 41, 50, 51, 52, 53, 56, 57, 58, 60,
  61 ff., 62, 64, 67, 68, 76
Beseitigungsanspruch 42 2 ff.
Besichtigung
  bei Beschlagnahme **55** 12
  Modalitäten **46a** 20 ff.
Besorgnis der Befangenheit
  siehe „Befangenheitsbesorgnis"
**Bestimmungsgemäße Verwen-
  dung 1** 34, 36, 37, **4** 6
Beteiligte 7 7, **23** 8, 40, 43, 49, 54,
  64, 65, 66, 67, 68, 71, 72, 94, **24** 6,
  29 15
  Bekanntgabe **46** 16
  berechtigtes Interesse **60** 12
  gemeinsame Entwurfstätigkeit
    7 7

gemeinschaftliches Gestaltungskonzept **7** 7
Inlandsvertreter **58** 1
privater Käufer **43** 7, 22, 37
Tat- **46** 25
unterlegene Verfahrens- **23** 48
Verfahrens- **23** 3
Wiedereinsetzung **23** 49, 68, 71
Zustellung an - **23** 86
Beweislast **7** 18, **9** 2, **38** 39, **41** 14
Erforderlichkeit der Einschaltung eines Rechtsanwalts **42** 104
Erschöpfung **48** 14
Gemeinkosten **42** 35
mangelndes Verschulden **45** 3
Rechtsverletzung **42** 75
Unrichtigkeit der Auskunft **46** 42
Unverhältnismäßigkeit **43** 42, **46** 42, **46a** 13
Verjährung **49** 30
Verstoß gegen Unterlassungserklärung **42** 18
vorbekannter Formenschatz **5** 13
wettbewerbliche Eigenart **50** 9
Zustimmung zum Inverkehrbringen **48** 6 f.
Beweisverwertungsverbot **46** 51 f., **46a** 24, **46b** 12
BGB-Gesellschaft
Anmelder **11** 10
Anmelderangaben **11** 18
Bildbekanntmachung **9** 9, **37** 10, **38** 39, **73** 9, 10
Antrag auf Aufschiebung der - **11** 48
Bildschirmdarstellung **12** 3, **20** 7
Bildwiedergabe **12** 6
Bindungswirkung **23** 66
Binnenmarkt **2** 1, **23** 4
Bösgläubigkeit **9** 8, 10
Brücken **43** 45
Buchstaben **11** 33, **61** 5
Einzel- **61** 7

-form **61** 7
Wiedergabe **11** 33, **61** 12
Bulletin **20** 2
Bundesfinanzdirektion **57** 2, **57a** 2, 4

Computerfax **23** 7, 76 f., 77, 78
Computerprogramm **1** 30, **38** 12
Schutzbereich **38** 12

Darlegungslast **23** 28, 70
- des Beklagten **42** 75 ff.
Erschöpfung **48** 14
- des Lizenzgebers **31** 13
Postlaufzeit **23** 28
- des Rechtsinhabers **39** 5
- bei Urteilsbekanntmachung **47** 9
- des Verletzers **39** 11, **42** 39, **43** 33, 43, **46** 7
Vorbenutzungsrecht **41** 14
Vorenthaltung rechtlichen Gehörs **23** 70
Darstellung **1** 1, 21, **2** 32, **23** 40, **37** 4, 7, 9, **38** 12, 22, 23, 30, 38, **40** 7
Computer- **7** 5
dauerhaft **11** 30
Dimensionalität **37** 4
-form **11** 24
Formblatt **11** 24
graphische - **1** 21, **11** 22
Nummerierung **11** 25
Offenlegung **5** 13
Wiedergabe **11** 20 ff., **37** 7, 9, **38** 22, 23, **40** 7
Dauerhaftigkeit **11** 30
DDR **60** 3
Defensivmuster **38** 9
Design **1** 1, **2** 23, 24, 28, 31, **6** 8, **31** 34
bekanntes - **60** 5
-bestand **2** 34
-bewusstsein **2** 32
industrielles - **2** 23

949

Sachregister

-gutachten **2** 35
-kritik **5** 9
-lizenz **31** 34
Schutz des - **2** 24
-variante **2** 24
Verkaufsbedeutung **31** 34
Designer **2** 20, 23, 24, 26, 27, 37, 38, 39, **6** 8, **7** 21, **10** 1
Durchschnitts- **2** 17
Gestaltungsspielraum **2** 23, 37, 38
-honorar **31** 35
Designerpersönlichkeitsrecht **31** 3
Designexperte **2** 22, 32, 35
Deutlichkeit **2** 30, **12** 3
Deutsche Sprache **23** 98
Dimensionsvertauschung **38** 15
Dingliches Recht **7** 3, **30** 3, 5, 12
Disclaimer **11** 27, 44
DPINFO **22** 2
Dringlichkeitsvermutung **42** 79, **46a** 17, **46b** 9
Drittauskunft
Art **46** 8 ff.
Auskunftsberechtigter **46** 4
Auskunftsverpflichteter **46** 5
Berichtigung **46** 15
Einstweilige Verfügung **46** 23 f.
Ergänzungsanspruch **46** 14
Form der - **46** 10
Frist **46** 11
Streitwert **46** 28
Umfang **46** 16 ff.
Unverhältnismäßigkeit **46** 6 f.
Versicherung an Eides Statt **46** 13
Verwertungsverbot **46** 25
Vollstreckung **46** 29
Voraussetzungen **46** 2 ff.
Drittstaaten **57a** 3
Druckwerke **5** 7
Durchfuhr **38** 13, 19, **48** 3
Durchsuchung **46a** 6
Durchsuchungsanordnung **46a** 27

Eigenart **1** 4, 32, **2** 1, 2, 3, 4, 9, 10, 12, 14, 15, 16, 17, 18, 19, 21, 22, 23, 27, 29, 32, 33, 35, 37, 38, 40, **6** 5, 12, 13, **7** 7, **29** 7, **31** 13, **37** 6, **38** 27, 29, 31, 32, 33, 35, 36, 37, 38, 40, 41, 42, **72** 5, **73** 3
Begriff **2** 13 ff.
wettbewerbliche - **2** 16, **50** 6 f.
Eigentümlichkeit **2** 2, 4, 15, 16, 20, 22, **38** 33, **39** 2, **42** 75, **61** 8, **72** 5, **73** 3
Eigentumsvorbehalt **32** 2, **38** 20, **46** 17, **48** 3
Eigenverwaltung **30** 11
Eilverfahren **31** 24
siehe auch „Einstweilige Verfügung"
Einbau **4** 6, **38** 17
Einfuhr **38** 2, 18, **40** 10, **73** 3
Beschlagnahme **55** 7
Eingaben **23** 21, 74, 75, 76, 98
Fax- **23** 6
Form **23** 74
handschriftliche - **23** 75
Mischung der Formen **25** 43
Schriftform **23** 75, 76
Unterschrift **23** 21, 75, 76, 98
Eingeschriebener Brief
Zustellung **23** 88 f., **42** 96
Einheitlichkeit **1** 29, 47, **37** 6
Erfordernis der - **1** 47, **37** 6
Einigungsvertrag **60** 1
Einschreiben **23** 7, 31, 88, 89, 95
Einwurf- **23** 88
- mit Rückschein **23** 88, 95
Übergabe- **23** 87 f., 88
Zustellung **23** 7, 88, 89, 95
Einsicht *siehe „Akteneinsicht"*
Eintragungshindernisse **18**
Prüfung auf **69**
Einstweilige Verfügung
Auskunftsanspruch **46** 45

950

Schutzschrift **42** 82 ff.
- zur Sicherung von Schadensersatzansprüchen **46b** 8 ff.
Streitwert **54** 6
Streitwertbegünstigung **54** 8 ff.
Verfahren **42** 78 ff.
Verfügungsgrund **42** 79
Verjährung **49** 22
Vernichtungsanspruch **43** 56
Vorlage und Besichtigung **46a** 15 ff.
Eintragung **1** 5, **2** 40, **6** 16, **7** 3, **8** 1, 2, 3, **9** 6, 7, 8, 11, **10** 2, 3, 5, **11** 12, 14, **12** 2, **23** 39, 43, 64, 87, **24** 2, 4, 8, 9, 12, **26** 6, **29** 12, 13, 14, 15, 19, 21, **30** 8, 10, 12, 13, **31** 2, 13, 21, **32** 1, 2, 3, **37** 5, **38** 3, 5, 6, 12, 31, 39, **72** 6, **73** 6
Beginn des -verfahrens **11** 2
Entwerferbenennung **10** 5, 6 8, 9, 11, **73** 8
Entwerferteam **10** 2
formale Kriterien **1** 5
Inanspruchnahme **6** 16, **14** 18
Insolvenz **11** 83, **30** 12
Klassifizierung **11** 49
Rechtsposition **8** 2, **31** 2, **32** 2, 3
Rechtsübergang **12** 10, **29** 12, 15, 19, 21, **73** 6
Register- **8** 1, **11** 9, 14, 17 ff., **23** 38, 43, **29** 3, **31** 2
Sammel- **12** 2
-verbot **3** 19
-verfahren **8** 2, 4, **11** 14, 15, **14** 2, **23** 1, 2, 38, 43, 63, 67, 99, **24** 1, 2, 5
Versagung **14** 14
Zustimmung **10** 3 , **23** 64, **30** 8
Eintragungshindernisse
Allgemeines **18** 1
fehlende Musterfähigkeit **18** 2
missbräuchliche Benutzung **18** 4
Sittenverstoß **18** 3

Verfahren **18** 5
Eintragungsurkunde **16** 2, **23** 42, **29** 6
Einwendungen
des Beklagten **42** 72 ff.
Einwilligung **9** 1, 3, **23** 69, **29** 17, **31** 24, **38** 10, 41
in Löschung **9** 1, 3, **36** 9
Einzahlungstag **11** 77, **23** 50
Einzelteile **1** 21, 27 ff., 28, 31, **3** 11, **38** 42,
Einzelvergleich **2** 11, 22 , **38** 33
Einziehung **24** 16, **30** 8, **51** 17 ff., **56** 2 f.
Elektronisches Dokument **23** 77, **24** 1, **25** 5, 8
Allgemein **25** 1
Anwendungsbereich **25** 3
Eingangszeitpunkt **25** 6
Verordnungsermächtigung **25** 9
Elementenschutz **38** 40
E-Mails **23** 75
Örtliche Zuständigkeit **53** 8
Embleme **3** 18 f., **18** 4, **38** 6
Enforcement-Richtlinie **46a** 1, **46b** 1, **47** 8
Entschädigung **31** 12, 36, **45** 1 ff.
Entschädigungsanspruch **27** 3
- des Lizenznehmers **31** 2
Entscheidungsvoraussetzungen **31** 24
Entstehungsvorgang **7** 4
Entwerfer **1** 2, **2** 14, 18, 23, 26, 27, 31, 33, 37, 38, 40, **6** 3, 7, 8, 9, 10, 11, **7** 1, 2, 3, 4, 5, 6, 13, 15, 17, 20, 21, 22, **8** 1, **9** 4, **10** 1, 2, 3, 4, 5, 6, 7, 8, 10, 11, **23** 96, **30** 8, **38** 12, 27, 31, 33, 34, **40** 7, 8, **73** 8
Angabe des - **11** 50 f.
freier - **7** 3 ff.
Entwerferbenennung **7** 2, 20, **10** 5, 6, 8, 9, 11, **73** 1, 8
Art der - **11** 50

951

Formelles **10** 4
Recht auf - **10** 2
- im Rechtsverkehr **10** 6
Entwerfermehrheit **7** 1, 7 ff., 21
Entwurf **1** 2, **6** 7, **7** 6, 11, 13, 15, 16, 17, 18, 19, 21, **23** 76, **30** 8, **41** 4, **73** 8
 Erfahrungsmuster- **7** 17
 freier - **7** 13, 17, 18
 Kenntnis des Arbeitgebers **7** 13
 Meldepflicht **7** 13
 Neuheitsschädlichkeit **6** 7
 unautorisierter - **23** 76
 unfertiger - **7** 6
Entwurfstätigkeit **7** 1 ff., 3, 5, 7, 9, **29** 4
Erbfall **29** 20
Erfinderbenennung **10** 2, 6, 7
Erfindung **3** 2, 5, **7** 5, 17, **41** 14
 Bekanntmachung der Anmeldung **60** 11
 Doppel- **41** 1
 Erfahrungs- **7** 17
 Offenbarung **41** 14
Ergänzungsmuster *siehe „Abwandlung"*
Erinnerung **23** 10, 51, 53, 68, **24** 14, 16
 Entscheidung **23** 51
 Frist **23** 10, 48 ff., 68, **24** 14
 Rechtsbeschwerde **23** 53, 70 ff.
 Rechtspfleger- **23** 68
Erkennbarkeit **20** 6, **37** 5, 9
 Mustergemäßes Erzeugnis **37** 9
 prägende Erscheinungsmerkmale **38** 30
Erklärung **23** 5, 50, 63, 75, 76, 78, **24** 6, 11, **29** 19, **31** 25
 Beglaubigung **23** 5, **36** 6
 Beschwerde- **23** 50
 einengende - **11** 44
 Eintragungs- **11** 15
 Einwilligung- zu Einsicht **22** 7

Freistellungs- **57a** 9
Gegen- **23** 71
-inhalt **23** 75
-irrtum **11** 80
Kündigungs- **31** 15
Lizenzvergabe **11** 52
mündliche - **23** 63
-ort **23** 83
Priorität **11** 66, **14** 5 ff., **15** 10
Prozesskostenhilfe **24** 6, 11
prozessuale Willens- **23** 76
Sammelanmeldung **12** 3
Schriftform **23** 75, 76
Teilungs- **12** 10, 12, 14
Teilverzicht **35** 5, **36** 3
Übertragungs- **29** 19
Unterlassungs- **42** 8, 13 ff., **49** 25
Verfahrens- **11** 5
- des Verletzers **42** 10
Willen- des Arbeitnehmers **7** 13
Wissens- **46** 8
Zustimmungs- **25** 3, **29** 19
Erlass **23** 42, 49, 60, 61, **24** 16, **26** 5, **31** 24
 Abhilfeentscheidung **23** 36, 56, 61, 62
 Arrest **52** 5
 Beschluss **16** 15, **23** 42, 49, 60, **31** 24
 einstweilige Verfügung **42** 78, **43** 56, **46** 48, **46a** 15, **46b** 8, **49** 22, **54** 6
 von Kosten **24** 16
 Sachentscheidung **23** 60, **58** 9
 Zwischenbescheid **23** 40, 42, 56
Erlaubnisscheininhaber **23** 68, 89, **24** 11, 15, **58** 8
Erlöschen **9** 6, **23** 18, 37, **38** 5, **41** 15
 Benutzungsrecht **23** 37, **38** 5
 Bevollmächtigung **23** 18
 Geschmacksmuster **9** 6, **23** 37, **38** 5, **41** 15, **42** 85 ff.
 Nichtberechtigter **9** 6

Vollmacht **58** 11
Ersatzteile **1** 28, 29, 34, **40** 10, **73** 4
  Einfuhr **40** 10
  Karosserie- **31** 40
  Rechtsbeschränkung **73** 1, 2
  Schutz von - **1** 28 f., **3** 10
Ersatzzustellung **23** 86 ff., 87, 88, 89
Erscheinungsform **1** 5, 9, 10, 11, 12, 13, 14, 15, 16, 17, 18, 19, 24, 25, 42, 43, 45, 47, **2** 10, **6** 6, 8, **7** 4, **23** 60, **37** 2, 3, 6, 7, **38** 27, 28, 32, 38, 41, **40** 8, **73** 2
  Abgestimmtheit **37** 6
  Ähnlichkeit **38** 12, 31
  wiederholte Anmeldung **14** 17
  technische Bedingtheit **3** 2 ff.
  Begriff **1** 5, 9 ff.
  Eigenart **2** 10, **37** 6, 7, **38** 27, 32, 38, 41
  Herkunft **40** 8
  Ort **2** 10
  Schutzgegenstand **37** 2, 3, 6, 7, **38** 27, 28
  Teil- **1**, 47
Erscheinungsmerkmal **1** 10, **2** 11, **3** 1, **37** 1, 2, 4, 5, 7, 8, 9, 10, **38** 12, 31, 36, 37, 38, 42
  Begriff **37** 2
  Beurteilung **37** 2, 4, 5, 7, 8, 9, 10, **38** 31, 36, 37, 38
  Darstellbarkeit **4** 7
  Eigenart **37** 7, **38** 31, 36, 37, 38, 42
  Erkennbarkeit **37** 5
  funktionelle - **38** 31
  Gesamteindruck **37** 7, **38** 12, 28, 31, 36, 38
  neue - **35** 2
  Sichtbarkeit **1** 10, **4** 1, **37** 2, 4
Erschöpfung **31** 18, **38** 18, 24
  Darlegungs- und Beweislast **48** 14
  Gebiet **48** 9 f.

Inverkehrbringen **48** 3
Wirkung **31** 18, **48** 11 ff.
Zustimmung des Rechtsinhabers **48** 6 f.
Erstanmeldung **14** 2, 4, 6
  Abschrift **14** 6
  Frist **14** 13
  Hinterlegung **14** 10
  Identität **14** 8, 11
  Muster **14** 7
  Priorität **14** 5, 12
  Verbandszugehörigkeit **14** 11
Erstbegehungsgefahr **38** 15, **42** 9 ff.
Erstreckung der Schutzdauer **21** 11 ff., **37** 10
Erzeugnis **1** 3, 5, 7, 8, 9, 10, 12, 13, 14, 15, 17, 18, 19, 20, 21, 22, 23, 24, 25, 26, 27, 28, 30, 31, 32, 33, 34, 35, 42, 43, 44, 45, 46, 47, **2** 14, 24, 26, 29, 38, **6** 2, 6, 8, 9, **23** 37, **31** 6, 11, 12, 18, 20, 21, 23, 32, 33, **37** 1, 2, 3, 4, 6, 7, 9, 10, **38** 2, 7, 8, 11, 12, 14, 15, 16, 17, 18, 19, 20, 21, 22, 23, 27, 29, 30, 31, 33, 34, 35, 36, 37, 38, 39, 40, 41, 42, **40** 7, **41** 10, 13, **73** 2, 4
  Begriff **1** 21 ff.
  Einheitlichkeit **1** 47, **37** 6
  Gebäude **1** 42, **38** 12, 41
  Grundform **3** 5
  Identität **6** 8, **15** 7
  Interoperabilität **3** 10
  -klasse **2** 26
  Natur- **1** 44
  Offenbarung **6** 2, 6, 8, 9, **15** 10, **38** 34, 39
  Plastinat **1** 46
  Tätowierung **1** 43
Erzeugnisangabe **37** 6, **38** 34
  bei Anmeldung - **11** 35 ff.
Etiketten **1** 24
Europäischer Gerichtshof (EuGH) **1** 29, **23** 72, **31** 40
  Vorlage **23** 72

953

Sachregister

Europäischer Wirtschaftsraum (EWR) 38 18, 48 9
Export 38 11, 16, 18, 48 7
  -absicht 38 21
  Beschlagnahme 35 9

Fabrik- und Geschäftsnummer 23 87
Fachkreise 5 8 ff., 39 11
Fahrlässigkeit 23 17, 38 34
  Begriff 42 23
  Säumnis 23 17
  Schadensersatz 42 21
  Unterlassungsanspruch 38 34
  Verletzung 38 25
Fahrzeuge 40 7
  äußere Form 1 29, 2 26
  komplexes Erzeugnis 1 31, 34, 4 1
  Kraft- 1 29, 31, 34, 36
  Luft- 40 9, 10
Fälligkeit 23 39, 24 3, 9, 30 4
  Aufrechterhaltungsgebühr 23 39, 24 3, 28 5
  Gebühr 11 72, 23 39
  hypothetische Lizenzgebühr 42 41
  Verfahrenskostenhilfe 24 3, 9
  Verspätungszuschlag 28 5, 8
Farbgebung 6 13, 38 36
  abweichende - 6 13, 38 36
  Bedeutung 38 36
Fax   siehe „Telefax" und „Computerfax"
Feiertag 6 14, 13 3, 23 7, 28, 83, 84
  HABM 23 7
  Schutzdauer 23 83, 27 7
Feilhalten 38 2
Fernsehen
  Örtliche Zuständigkeit 53 10
Fertighäuser 1 42
Feststellungsbeschluss 23 39, 24 5
Feststellungsklage (negative)
  nach Abmahnung 42 100 f.
Figürliche Zeichen 61 5

Fiktion 1 38, 39, 2 5, 8 2, 4, 23 13, 90
  Einwilligung 45 7
  komplexes Erzeugnis 4 1
  Lizenzvertrag 42 40
  Neuheit 2 5
  Rechtsinhaber 1 38, 39
  Rücknahme- 16 18, 23 42
Filmwerke 38 41
Finanzunterlagen 46a 5, 46b 4
Flächenmäßiger Musterabschnitt 11 38 ff.
Flächenmuster 1 11, 17
  Begriff 1 11
  Erscheinungsbild 1 17
  wiederholend 11 41
Flaggen 3 19
Form von Eingaben 23 74
Formate
  flächenmäßiger Musterabschnitt 11 40
Formblätter 23 74
  Anlageblatt 11 65
  Anmeldung 11 13, 23 74
  Ausstellungspriorität 11 67
  Grenzbeschlagnahme 57a 6
  Maschinenlesbarkeit 23 74
  Messebescheinigung 15 10
  Sammelanmeldung 12 3
  Umschreibungsantrag 29 16
Formelle Berechtigung 8 1 ff., 36 5
Formelle Legitimation 8 3, 5, 29 3, 14, 15, 19, 30 10
  Entzug 29 19
  Registereintragung 29 3, 14
  Zwangsvollstreckung 30 8, 10
Formenschatz 2 2, 3, 4, 10, 11, 14, 22, 27, 31, 33, 40, 10 1, 31 13, 38 31, 40
  Neuheit 2 2, 3, 4, 10, 11, 22, 13 1, 31 13, 38 40
  Offenbarung 2 10, 5 13
  Teilgestaltung 38 40

vorbekannter - **2** 3, **4** 11, 22, 31, 33
vorbestehender - **2** 2, 14
Fortentwicklung **10** 1, **23** 72
Entwerferbenennung **10** 1
- des Rechts **23** 72
Fortsetzungszusammenhang **42** 8
Fotografien **1** 19, **37** 5
- des Modells **37** 5
Schutzgegenstand **37** 5
Freier Entwurf **7** 13, 17 f., 18
Freier Mitarbeiter **7** 14
Freihaltebedürfnis **37** 3, **38** 12
Freiheit des Warenverkehrs
48 1, **55** 5
Freistellungserklärung **57a** 9
Fremdsprache **23** 98
Frühere Geschmacksmuster **34** 1,
7 f.
Funktionalität **2** 27, **38** 12
Doppel- **42** 71
Gestaltungsfreiraum **38** 12
Funktionelle Bedingtheit **3** 8 ff.

Gattungsspezifisches Merkmal
38 31
Gebäude **1** 42, **38** 12, **41**, **43** 45
Gebietslizenz **31** 5, 22
Gebrauch **23** 7, **25** 4, **26** 5, **37** 3,
38 2, 16, 20, 21, 33, 41, **40** 4
Abwendungsbefugnis **45** 4
End- **4** 6, **37** 4
Gemein- **37** 3
Ingebrauchnahme **38** 20
Lagerung **38** 20, 21
Rechtsverletzung **38** 20
- des Schutzgegenstandes **50** 3
Verfügungsgewalt **38** 20, 21
-vorteil **7** 9
-zweck **3** 4, 16, 18, **38** 16
Gebrauchszweck *siehe „Gebrauch"*
Gebühren **23** 21, 33, 39, 41, 52, 53,
68, 70, 71, 83, **24** 2, 10, 13, 15,
31 36

Anmelde- **11** 70 ff., **12** 7, **16** 1,
7 ff., **61** 11
Antrags- **23** 7
Aufrechterhaltungs- **23** 10, 39,
24 1, 3, **27** 6, **28** 1 ff., **60** 8, **73** 10
-benachrichtigung **11** 72
Beschwerde- **23** 8, 10, 35, 39, 41,
50, 51 ff., 52, 53, 56, 57, 58, 60,
61, 62, 64, 67, 68, 76
-eingang **16** 4
-erleichterung **24** 17
Erstreckungs- **21** 12 ff., **23** 10, 41
Fälligkeit **1** 39, **16** 5
Festsetzung **52** 24
Geschäfts- **42** 107
Grund- **24** 15
angemessene Lizenz- **7** 22, **9** 7,
42 40 ff., **45** 6
Lizenz- **7** 22, **31** 13, 32, 35
-mahnung **16** 7
Nichtzahlung der Anmelde-
16 4 ff.
Patentanwalt **23** 68, 71, **52** 18 ff.
Patentjahres- **24** 3
Pauschal- **31** 35
-pflicht **23** 51, 59, **24** 13
Rechtsbeschwerde **23** 53, 70, 71,
24 2
Reduzierung der Anmelde- **21** 1
Registereinsicht **22** 2, 16
Rückzahlung **23** 41, 53, **24** 13
-streitwert **54** 1
Teilungs- **12** 13
Umschreibung **23** 41, **24** 2, **29** 16
Verfahrens- **52** 18
Verlängerungs- **23** 7, **24** 1, **61** 11
Vertreter- **23** 33, **24** 15
-verzeichnis **11** 54, 60, **12** 7, **17** 6,
23 51, **29** 21
Weiterbehandlung **17** 6, **24** 2
Zahlung **23** 22, 33, 41, 52, 71,
24 10, 13
Gebundener Entwurf **7** 17

955

Gefährdung der Zwangsvollstreckung 46b 3
Gegenseitigkeitsabkommen 11 4
Gegenstand 1 6, 7, 17, 21, 22, 23, 30, 43, 44, 46, 47, **2** 10, 11, **6** 6, 7, 12, 14, **9** 2, **23** 66, **24** 11, 16, **29** 4, **30** 3, **31** 21, 40, **32** 2, **37** 3, 4, 6, **38** 21, 26, 32, 38, 39, 40, 41, **40** 5, 8, 10, **41** 3, 10, 15, **73** 2
- der Anmeldung 1 6, 4 5, 6 12, 37 4
Beschwerde- 23 51
Computerprogramm 1 30
Erzeugnisse 1 7, 17, 21 ff., 30, 43, 6 6, 31 21, 37 3, 4, 6, 38 21, 38, 39, 40, 41, 41 10, 73 2
- der Klage 33 7
Lebensmittel 1 22
Lizenz- 12 8
Naturerzeugnis 1 44
Plastinat 1 46
Schutz- 6 13, 11 18, 44, 14 8, 24 8, 37 2, 3, 4, 5, 6, 7, 8, 10, 38 8, 27, 28 35, 36, 60 2, 61 6
Tätowierung 1 43
Verletzungs- 4 5
Vermögens- 29 11, 30 1, 32 3, 33 3, 58 9
Vernichtungsanspruch 43 5
Werkstoffe 1 17
-wert 23 68
Zahlungsmittel 3 15
Zwangsvollstreckung 30 7 ff.
Geheimhaltung
-interesse 22 8, 46 6, 46a 13, 16
-pflicht 15 3
Gehilfe 7 7
Entwerfermehrheit 7 7
Strafrecht 52 6
Geistiges Eigentum 6 11
Gemeinkosten 42 35

Gemeinschaftsgeschmacksmuster 1 3, 17, **2** 1, 10, **6** 3, **8** 1, **9** 1, **14** 9, **23** 4 ff., 5, 7, **24** 17, **29** 1, 21, **30** 2, **31** 2, **32** 3, **37** 1, **38** 4, 25, 35, 39, **39** 3, **41** 1, **59** 3, **61** 1
Strafbarkeit der Verletzung 65 1 ff.
Gemeinschaftsgeschmacksmustergerichte
Benennung 63 1
internationale Zuständigkeit 63 5 ff.
sachliche Zuständigkeit 63 2 f.
Gemeinschaftsgeschmacksmusterstreitsachen
Allgemeines 63 1
Aussetzung 63 13 f.
Rechtsmittel 63 16
Sanktionen 63 12
Verfahren 63 5 ff.
Zuständigkeitsvereinbarung 63 8
Gemeinschaftsmarke 23 4 f., 5, 27 2, 3, 31 2
Gemeinschaftsrecht 23 72
Anwendung 23 72
Genehmigung 24 11, 13, 38 10
-sbedürftigkeit 31 33
Benutzung 38 10
Verfahrenskostenhilfe 24 11, 13
Gerichtsstand 30 7
bei Ansprüche aus dem UWG 53 1 ff.
siehe auch „Zuständigkeit"
Gesamteindruck 2 9, 13, 14, 18, 19, 22, 23, 28, 29, 38, **3** 18, **5** 1, **6** 12, 13, **37** 7, **38** 1, 2, 12, 25, 26, 27, 28, 29, 30, 31, 32, 33, 34, 35, 36, 38, 40, **61** 8
Art der Waren 38 34 ff.
Begriff 38 28 ff.
informierter Benutzer 2 29, 28 26
Erscheinungsform 37 7, 38 27, 28, 32, 38
maßgebliches Kriterium 38 25
- der Wiedergabe 11 7, 37 7

Gesamterzeugnis 37 6, 38 17, 40
Gesamthandsgemeinschaft
  7 8 f., 9
Gesamtschuldner
  Anmeldung 11 72
  Auskunft 46 4
  Schadensersatz 42 56
Geschäftliche Bezeichnung 34 4
Geschmacksmusterberühmung
  Akteneinsicht 22 8
  Auskunft 59 7 ff.
  Begriff 59 2 f.
  Erstbegehungsgefahr 42 11
  negative Feststellungsklage
    42 100 f.
  irreführende - 59 4, 13
  mündliche - 59 3
  Zulässigkeit 59 14
Geschmacksmusterblatt 9 9, 10 4,
  23 26, 30 10, 12
  Akteneinsicht 22 5
  Bekanntmachung 5 3, 9 9, 10 4,
    11 20, 16 2 ff., 20 7
  bibliographische Daten 21 10
  Reihenfolge der Eintragung 20 5
Geschmackmusterreformgesetz
  26 1, 36 1
Geschmacksmusterstelle 23 1, 2, 3,
  35, 51, 85, 92, 99, 24 12, 13, 26 1,
  2, 3
  Organisation 23 1 ff.
  Rechtshilfe 23 99
  Verfahren vor der - 23 85, 99,
    26 1, 3
  Verfahrenskostenhilfe 24 12, 13
  Zuständigkeit 16 2, 17 9, 23 35,
    24 13
Geschmacksmusterstreitsachen
  24 11
  Begriff 52 3, 53 4
  funktionale Zuständigkeit 52 7
  Gerichtsstandsvereinbarung 52 10
  Geschmacksmustergericht 52 9

Konzentrationsermächtigung
  52 8 ff.
  örtliche Zuständigkeit 52 6,
    53 5 ff.
  Patentanwaltskosten 52 12 ff.
  sachliche Zuständigkeit 52 2 ff.
Gestaltung 2 3, 11, 18, 22, 27, 29,
  40, 6 4, 11, 30 5, 31 3, 13, 37 1, 3, 7,
  38 12, 26, 31, 32, 36, 38, 41
  Farb- 2 12, 37 4
  -feld 2 23
  -form 1 15, 38 40, 41
  -freiheit 2 14, 23, 26, 27, 37, 38,
    39, 35 35 ff., 38 27, 31 ff., 37
  Grundgedanke 37 3
  -höhe 2 18, 21, 23, 24, 26, 34 6
  -idee 2 10
  -konzept 7 7 f., 8
  -merkmal 5 9, 35 2, 38 33, 40
  Muster- 5 11, 7 22
  -prinzip 37 3
  -sspielraum 2 23, 37, 38, 40,
    38 31, 33
  -stil 37 3
  -technik 37 3
  Teil- 38 40
  -übertragung 38 34
  Unkenntnis 20 2
Gestaltungsfreiheit 2 14, 23, 26,
  27, 37, 38, 39, 38 27, 31 ff., 37
  des Entwerfers 2 14, 23, 26, 37,
    38
Gestaltungsprinzipien 37 3
Gestaltungsspielraum 2 23, 37, 38,
  40, 38 31, 33
Gestaltungsstil 37 3
Gestaltungstechnik 37 3
Gestaltungsübertragung 38 34
Gewährzeichen 3 17
Gewerbebetrieb 40 5
  Bestehen 46 18
  Verletzung im - 51 8
Gewerbsmäßigkeit 51 7

957

Sachregister

Gewillkürte Prozessstandschaft
 31 28, **42** 54, **46** 4
Gewinn (entgangener) **42** 28 ff.
Gewinnherausgabe **42** 29 ff.
Glaubhaftmachung **23** 14, **24** 6, 10
 Akteneinsicht **22** 8
 Mittel zur - **23** 14
 Vereitelungsgefahr **42** 92
 Wiedereinsetzung in den vorigen
  Stand **23** 14, **24** 10
Grafische Darstellung **37** 9, **38** 22
Grenzbeschlagnahme **38** 18
 siehe auch „Beschlagnahme durch
  die Zollbehörden"
Größenbeschränkung **11** 40
Grundmuster **73** 9, 10
Gruppierung **11** 35
Gute Sitten
 Verstoß gegen - **3** 15
Gutgläubiger Erwerb **29** 21
Gutgläubigkeit **41** 8

Haftung des Unternehmensinhabers **44** 1 ff.
 in einem Unternehmen **44** 3 f.
 Inhaber **44** 10
 Umfang der - **44** 13
 Verschulden **44** 12
 von einem Arbeitnehmer oder Beauftragten **44** 5 ff.
 Voraussetzung **44** 2 ff.
 weitergehende Ansprüche **44** 14
Handelsunterlagen **46a** 5, **46b** 4
Heilung von Zustellungsmängeln **23** 49, **86** 93
Herstellen **1** 22, 43, **2** 12, **38** 2, 11, 15, **41** 10
 Auftragsproduktion **38** 15
 Begriff **38** 15
 für den Export **38** 11
 Schutzbereich **38** 11, **61** 3
Herstellung **2** 27, **31** 11, **38** 15, 24, 42, **40** 7, 10, **41** 13

- im schutzfreien Ausland **38** 24
- ausgelagerter Betrieb **38** 15
-daten **46** 19
- eines Erscheinungsbildes **3** 9
 Erzeugnis- **60** 5
- von Flaschen **2** 27
-handlung **38** 15
-lizenz **31** 6
-methode **2** 23
 Neu- **38** 15
 Serien- **41** 10
-technik **2** 23, 24
-verfahren **37** 3, **38** 36
 vorgelagerte Vorgänge **38** 15
Hintergrund **1** 1, 32, 34, 42, **6** 3, 6, **38** 9, **40** 1, **72** 4, 6, **73** 8
 einheitlicher neutraler - **11** 28
Hoheitszeichen **3** 19
Hologramm **11** 22, **43** 14
Homepage **38** 12, **53** 11
Hörfunk
 Örtliche Zuständigkeit **53** 10

Icons **38** 12
Ideen **2** 10, **7** 5, 7, **37** 3, **38** 9
 Gestaltung- **2** 10
 Schutz von Grundgedanken **37** 3
Identität **2** 5, 11, **6** 8, **10** 2, **23** 76, 98, **41** 3
 des Anmelders **11** 11, 17, **16** 11
 des Geschmacksmusters **35** 2
 Personen- **6** 7, 12, **14** 11
 -prüfung **21** 14
 Sach- **6** 12, 13
- des Unterzeichners **23** 76
Immaterialgüterrecht **7** 3, **29** 2, 6, 8, 9
Import **38** 18, **41** 4, **60** 14
 Parallel- **46** 3
 Re- **46** 3
Inanspruchnahme **2** 7, **6** 13, 16, **7** 13, **13** 1, 8, **41** 1

958

Priorität **2** 7, **14** 2, 4, **15** 1, 9 ff., 13,
  23 10, 42, **vor 66 bis 71** 29
Wiedereinsetzung **23** 10, 42
Indiz **2** 8, 18, **23** 31, 76, 77, **24** 4,
  29 6, **38** 34
  freier Entwurf **7** 18
  Organisationsverschulden **23** 31
  Schutzumfang **38** 34
  fehlende Seriosität **24** 4
  Übertragung **29** 6
  Unterschrift **23** 76 f., 77
  Verbreitung **43** 5
Industrielle Muster
  Bekanntmachung **60** 11
  Erstreckung auf alle Geschmacks-
  muster **60** 3 f.
  Schutzausschließung **60** 6 f.
Industriesektor **2** 14, 27, 37
Informierter Benutzer **2** 29, **37** 4,
  6, 7, **38** 1, 26, 27, 30, 31, 34, 36
  Beurteilung des Schutzgegenstan-
  des **37** 4
  Eindruck des - **38** 26
  Zuordnung eines Bauteils **37** 6
Inhaber **1** 38, 39, **8** 2, 3, 4, 5, **9** 2,
  23 12, 16, 38, 43, 86, 88, 96, **24** 3,
  25 3, **29** 3, 11, 13, 14, 15, 16, 17, 18,
  19, **30** 7, 8, 9, 10, 13, **31** 6, 7, 10, 26,
  38 2, 3, 5, 10
  Anwartschaftsrechts- **7** 3
  Domain- **2** 6
  Muster **2** 5
  Rechts- **1** 38, 39, **7** 11, **9** 3, 6, 7,
    10, **10** 1, 3, 4, **23** 12, **29** 12, **30** 4,
    10, **31** 10, 25, 26, 28, **38** 3, 5, 7, 8,
    9, 10, 18, 22, 24, 39, 40, 41, 42,
    72 5
Inländischer Gerichtsstand **58** 15
Inlandsvertreter **23** 11, 44, 86,
  24 12
  Auswärtiger **58** 2 ff.
  Beendigung **58** 16
  Fehlen des - **58** 12 f.

zugelassene Person **58** 7 f., 15 ff.
Stellung des Vertretenen **58** 14
Verfahrensteilnahme **58** 4 ff.
Vollmacht **23** 86, **58** 9 ff.
Wegfall des - **58** 12 f.
Innere Priorität **14** 10
Insolvenzverfahren **11** 83, **12** 8,
  19 5, **30** 11, 12, 13, 14, **41** 12
Instandhaltung **1** 34, 35, 37, **4** 6
Interessenausgleich **9** 10
International registrierte
  Geschmacksmuster
  Amtsgebühren **vor 66 bis 71** 31 ff.
  Anmeldeberechtigung **vor 66 bis**
    71 17 f.
  Antragsformular **vor 66 bis 71**
    19 ff.
  Anwendung des GeschmMG **66**
  Einreichung beim DPMA **67**
  Grundzüge **vor 66 bis 71** 1 ff.
  Rechtliche Grundlagen **vor 66 bis**
    71 7 ff.
  Schutzdauer **vor 66 bis 71** 43
  Sprache **vor 66 bis 71** 23
  Verfahrensablauf **vor 66 bis 71**
    35 ff.
  Verlängerung **vor 66 bis 71** 44 ff.
  Vor- und Nachteile **vor 66 bis 71**
    11 ff.
  Weiterleitung der Anmeldung
    68
  Weiterleitungsgebühr **68** 4
  Wirkung **vor 66 bis 71** 42
Internet **2** 6
  Örtliche Zuständigkeit **53** 11
Interoperabilität **3** 10
Inverkehrbringen **5** 6, **21** 10, **38** 2,
  15, 16, 17, 21, **40** 7 10, **73** 2, 3
  Begriff **48** 3
  Benutzungshandlung **38** 16, 21,
    73 2
  durch den Rechtsinhaber **48** 5
  Weiterbenutzungsrecht **60** 14

959

mit Zustimmung des Rechtsinhabers **48** 6 f.

Juristische Person 6 7, 7 4, **23** 86, **24** 4, 6, 7, **29** 10, **40** 3, 8
  Anmelder **11** 7, 17
  Auswärtiger **58** 3
  Entwerfer **7** 4
  Erstreckungsschutz **60** 2
  Haftung **42** 61
  Handlung im privaten Bereich **40** 3
  Verfahrenskostenhilfe **24** 7

Kammer für Handelssachen **52** 7
Karosserieaustauschteile **4** 1
Karosserieteile **1** 29, **31** 40
Kaufvertrag **29** 11
  Unternehmens- **29** 11
Kausalgeschäft **29** 3 ff., 4, 5, 7, 9, 11
Kaution **46a** 20
Kennnummern **11** 19
Kenntnis **2** 20, 32, 33, 34, 35, **6** 14, **7** 13, **8** 4, **9** 2, 8, 9, **23** 3, 13, 16, 24, 29, 70, 89, 96, **24** 12, **31** 2, **38** 25, 26, 39, 42, **41** 5
  Ablehnungsgrund **23** 3
  Akteneinsicht **22** 8, **38** 39
  ausreichende - **5** 2, **7** 13
  Ausschlussfrist **9** 9, **23** 13
  - des Berechtigten **9** 9, **49** 9 ff.
  Bösgläubigkeit **9** 8
  Detail- **2** 31
  Eigenart **2** 1
  -erlangung **9** 2, **49** 30
  - der Fachkreise **5** 10
  fiktive - **2** 34
  nachträgliche - **23** 24
  -nahme **5** 2, 10, **23** 13, 14, 89, **37** 5, **38** 39
  positive - **8** 4, **23** 13, **38** 42, **49** 10
  Rechtsirrtum **23** 29

  -stand der Fachkreise **5** 13
  -stand des Urhebers **5** 9
  - vom Täter **51** 15
  unbeschränkte - **6** 14
  Un- **20** 2, **23** 13, 16, 33, 34, 92
  fremdsprachige Unterlagen **11** 12
  - des Verletzers **46** 3, **67** 12
Kettenpriorität **15** 13
Klageantrag **33** 10, **42** 47, **43** 36, 44, 48, 50, 53
Klage auf Einwilligung in die Löschung **33** 15, 21
Klassifizierung **11** 49
Klemmbausteine **3** 12
Kollision mit anderen Schutzrechten **34** 1 ff., **66** 7
Kombinationen **1** 21
Kombinationsteile **3** 12, **38** 42
Komplexes Erzeugnis **1** 30, 31, 33, 34
  Begriff **1** 31 ff., **4** 3
Konturen **1** 9, 14, 24, 45
Konventionalstrafen **56** 11
Konzentrationsermächtigung **52** 8 ff., **63** 9
Konzept **7** 7, 8
Kosten **2** 26, **23** 39, 67, 68, 97, **24** 1, 2, 3, 4, 7, 9, 10, 11, 12, 14, 15, 16
  Abmahnung **42** 104 ff.
  - der Anmeldung **11** 70 ff.
  Auferlegung **23** 50, 67, 97
  Auskunft **46** 19
  Begriff **12** 13, **20** 8 f., **57** 7
  Beschlagnahme **55** 13
  Beseitigung der Verletzung **42** 5
  Ersparnis **12** 7, **24** 12
  erstattungsfähige - **23** 68
  Nachlassverbindlichkeiten **24** 14
  Nebenverfahren **24** 2
  notwendige außergerichtliche - **23** 68
  notwendige Rechtsverfolgung **23** 68, **24** 7, **56** 11

Sachregister

Patentanwalt **23** 68, **52** 12 ff.
Schutzschrift **42** 82 ff.
  sonstige - **24** 3
  Terminsvertreter **24** 12
  Urteilsbekanntmachung **47** 17
  Vernichtung **43** 53
  Verwahrung **43** 53
  Zahlung **11** 75 ff., **23** 39, **24** 3, 9, 10
  Zahlungsvergünstigung **24** 1, 16
  Zustandsbeseitigung **43** 53
Kostenentscheidung 23 67 f., 68, 70 f., 71, **64** 1
Kostenermäßigung 24 16
Kostenerstattung 42 104 ff.
Kündigung 31 11, 14, 15
  außerordentliche - **31** 11, 14
  -erklärung **31** 15
  -frist **31** 14
  nachschieben von -gründen **31** 15
  -recht **31** 9, 11
  Wirkung der - **42** 17
Künftiges Recht 29 4

Lagerung 38 20 f., 21
Landfahrzeug 40 9
Lebensmittel 1 22
Lego-Klausel 3 12
Lehre 5 9, **38** 22, **40** 7
  Veranschaulichung **40** 7
  Zweckübertragungs- **29** 6, **31** 4
Leihe 5 5, **38** 17, 20
Leistungsklage 42 44 f.
Leistungsschutz 1 24, **31** 1
  wettbewerblicher **31** 1, **50** 6 ff.
Leistungsstörungen 31 3, 13
Lichtbild 34 6, **38** 12, 22
Linien 1 9, 12, 14, 24, 45, **11** 27
Lizenz 7 22, **9** 6, 7, 8, **11** 69, **12** 8, **29** 6, **30** 3, 14, **31** 2, 3, 6, 7, 8, 9, 10, 11, 13, 15, 16, 19, 20, 21, 24, 26, 27, 29, 30, 31, 36, 40, **38** 8, **41** 11, **73** 1, 5, 6

Aktivlegitimation **31** 24, 26
  -analogie **9** 7, **42** 40 ff.
Ausgestaltung **31** 18 ff., 20, 31
Auslegung **31** 3, 4
ausschließliche- **29** 6, **31** 7, 8, 10, 11, 13, 15, 16, 24, 26, 27, 36
Ausübungspflicht **31** 9
Beendigung **31** 14
Beitrittsrecht **31** 27
Erfolgsbeteiligung **31** 32
  -ersparnis **50** 3
Form **31** 17, 20
  -geber **29** 6, **30** 5, 14, **31** 1, 3, 6, 7, 8, 9, 11, 12, 13, 16, 19, 22, 23, 24, 26, 28, 30, 32, 33, 34, 35, 36, 37
  -gebühr **7** 22, **9** 7, **31** 13, 32, 35
  angemessene -gebühr **7** 22, **42** 40 ff.
Gewinn- **31** 31
Haftung des -gebers **31** 13
Insolvenz **30** 14, **31** 16, 30
  -interesse **11** 69
Kartellrecht **31** 38, 39
Laufzeit **31** 11
  -nehmer **3** 14, **9** 7, **11** 69, **15** 6, **30** 14, **31** 1, 2, 3, 6, 7, 8, 9, 10, 11, 12, 13, 15, 18, 19, 21, 23, 24, 25, 26, 27, 28, 29, 30, 32, 33, 35, 36, 37, 41, **36** 7, **73** 6
Pauschal- **31** 35, **42** 43
Pfandrecht **9** 6, **30** 3
Rechnungslegung **31** 27, 37
  -satz **31** 34
  -sicherungsnießbrauch **30** 5
Stück- **31** 32, **42** 43
Umsatz- **31** 9, 32, 35, 36
Unter- **31** 10
  -vergabe **11** 69, **31** 11, **41** 2
  -vertrag **9** 7, **30** 5, **31** 1, 3 ff., 4, 7, 10, 11, 12, 13, 15, 16, 17, 18, 23, 25, 28, 29, 30, 31, 32, 37, 40, **41** 4
Vertragsgebiet **31** 5, 22

961

Sachregister

Lizenzanalogie 9 7, **42** 40 ff.
Lizenzgebühr 7 22, 9 7, **31** 13, 32, 35
Lizenzinteresse
  Angabe bei Anmeldung - **11** 69
Lizenznehmer 9 7, **30** 14, **31** 1, 2, 3, 6, 7, 8, 9, 10, 11, 12, 13, 15, 18, 19, 21, 23, 24, 25, 26, 27, 28, 29, 30, 32, 33, 35, 36, 37, 41, **51** 11, **57a** 5, **73** 6
Lizenzvergabe **11** 69, **31** 11, **41** 2
Lizenzvertrag 9 7, **30** 5, **31** 1, 3 ff. 4, 7, 10, 11, 12, 13, 15, 16, 17, 18, 23, 25, 28, 29, 30, 31, 32, 37, 40, **41** 4
Locarno-Klassifikation **11** 36
Löschung 9 1, 3, 4, **23** 1, 37, 43, **24** 2, **26** 6, **29** 14, **30** 10, **38** 5, 7, **72** 5
  Allgemeines **36** 1
  Antrag **23** 63, **36** 12
  Gebühren **36** 15
  Löschungsgründe **36** 2 ff.
  Teillöschung **36** 11
Löschungsantrag **23** 63, **36** 12
Löschungsgrund **36** 2 ff., **38** 5
Löschungsklage **29** 14, **33** 9
Luftfahrzeuge **40** 9, 10

Mängelbescheid **16** 2, 12, **23** 6, 42, **24** 12
Mängelbeseitigung **16** 13, 16
Marketing 3 12
Marktbeobachtung **49** 11, **49** 30
Markterfolg **29** 7
Maßangaben **11** 24
Maßeinheiten **46** 19
Materialisierung 7 4, 5, **10** 2
Materialwirkung **38** 35
Menschliche Körper
  siehe „Plastinat"
Merkmale
  siehe „Erscheinungsmerkmal"
Merkmalsanalyse **38** 38

Methode **37** 3
  Herstellung- **2** 23
  Schadensberechnung **42** 24 ff.
Mindestlizenz **31** 9, 11, 36
Missbrauch **6** 10, 11, **41** 14
  Begriff **6** 10
  Ermessens- **23** 71
  -fälle **6** 1, 10
  Offensichtlichkeit **6** 10
  Rechts- **33** 16, **54** 12
  -tatbestand **6** 10
  Verhinderung von - **6** 10
Mitanmelder **23** 43, 54, 94
Mitarbeiter **7** 14, **41** 6, **45** 3, **49** 12
Mitentwerfer **7** 7, 20, **9** 4
Miterbe **23** 12
Mitinhaber **1** 40, **9** 4
Mittelbare Geschmacksmusterverletzung **38** 42
Mitwirkung des Patentanwaltes **52** 16
Mitwirkungspflicht **23** 60
Möbel **1** 34, 36, **67** 4
  -anbauprogramm **37** 6
  -programm **37** 6, **38** 42
  -stück **1** 31
Möbelprogramm **37** 6, **38** 42
Modell **1** 1 ff., 2, 3, 5, **2** 13, 18, **19** 2, **23** 4, **31** , 40, **37** 4, 5 , **38** 9, **41** 4, **60** 9, **72** 2, **73** 1
Modellfahrzeug **38** 34
Monogramm **61** 7
Motive **37** 3, **38** 9
„must-fit"-Klausel 3 10, **38** 14
„must-match"-Teile **3** 11, **73** 2, 3, 4, 5
Muster **1** 1, 3, 4, 5, 6, 8, 12, 14, 16, 45, 47, **2** 1, 2, 3, 5, 8, 9, 10, 11, 12, 13, 14, 16, 18, 19, 21, 22, 23, 28, 29, 31, 33, 37, 39, 40, **6** 3, 4, 6, 7, 8, 10, 12, 14, **7** 1, 3, 4, 5, 6, 7, 8, 9, 11, 13, 14, 15, 22, **9** 1, **10** 1, 2, 5, **23** 1, 4, 40, 51, 52, **24** 8, **29** 4, 6, 16, **31** 16,

Sachregister

21, 40, **37** 4, 5, 6, 8, **38** 1, 2, 5, 9, 15, 17, 22, 25, 26, 27, 28, 29, 31, 38, 39, **40** 7, **41** 1, 2, 3, 4, 5, 7, 8, 10, 14, **72** 2, 6, **73** 1, 4, 9
  Begriff **1** 9 ff.
Musterabschnitt **1** 16, **37** 5, 10, **38** 35
  allgemein **11** 38 ff.
  Aufschiebungsfrist **21** 14
  besonderer Werkstoff **38** 35
  Gewicht **11** 40, **12** 7
  Nummerierung **12** 7
  verderblicher - **11** 40
  Vollständige Kleiderstücke **11** 40
Musterdichte **2** 26, 33, **38** 31
Musterfähigkeit **1** 18, **3** 4, **18** 2, **38** 12, 40, **72** 5, **73** 3
  Fehlen der - **33** 41
Mustergemäßes Erzeugnis **37** 9, 10, **38** 36
Mustergestaltung **5** 11, **7** 22
Musterpatent **60** 1 ff.
Musterregister **8** 1, **14** 14, **19** 2, **20** 2, **26** 4, **36** 1
  beglaubigter Auszug **57** 4
  eingetragener Inhaber **42** 52
  Eintragung **8** 1
  Klagegegenstand **33** 7
Musterschutz **1** 24, 44, **7** 21, **38** 12, 41, **72** 6
  Aufschiebung **21**
  Ausschluss **33** 6, **38** 12
  funktionale Bedingtheit **3** 10 ff.
  technische Bedingtheit **3** 2 ff.
  Gestaltungshöhe **3** 5
  Gewährleistung **20** 6 f
  Naturerzeugnis **1** 44
  Schutzentstehung **27** 2
  sichtbare Merkmale **4** 4
  Tätowierung **1** 43
  Verfahrenskostenhilfe **24** 12
Musterwiedergabe **37** 5, **vor 66 bis 71** 26

Nachanmeldung **5** 5, **6** 4, **11** 72
Nachbildungsschutz **61** 2
Nachfrist **23** 7, 60, **56** 7
Nachholung **9** 9, **23** 12, 13, 15, 76, **37** 10, **38** 39
 - der Bekanntmachung **9** 9, **21** 10, 15, **37** 10, **38** 39
 -frist **11** 7
 - der unterlassenen Handlung **23** 13
  Weiterbehandlung **17** 7
 - der Wiedereinsetzung **23** 12, 76
Nachreichung **11** 21, **23** 6, 10, 64, 74, 77, 98, **25** 3
  formgerechte - **23** 74
  sonstige Handlung **25** 3
  Tag der - **23** 6
 - der Übersetzung **23** 98
 - der Wiedergabe **23** 10
Nachweise **8** 4, **11** 54, **23** 98, **29** 19
Namensrecht **34** 4
Nationalität **7** 4
Naturprodukte **38** 12
Nebenpflichten **31** 3, 4, 16
Neuheit **1** 4, 19, 32, **2** 1, 2, 3, 4, 10, 11, 12, 22, **6** 13, **24** 6, **29** 7, **31** 13, **37** 6, **38** 40, **41** 9, **72** 5, **73** 3
  Begriff **2** 3 ff.
  Mode- **50** 8
  Schrift **61** 8
  Welt- **60** 5
Neuheitsschädlichkeit
  Ausstellung **15** 4
  Material **2** 5, 6
  Muster **2** 10
  Offenbarung **5** 9
  Ort der - **2** 10
  Vorveröffentlichung **5** 14
  Weiterverbreitung **15** 3
Neuheitsschonfrist **6** 1, 2, 3, 4, 5, 6, 7, 8, 10, 12, 13, 14, 15, 16, **9** 10, **23** 11, 83, **72** 5
  Allgemeines **6** 1 ff.

963

Sachregister

Bedeutung **6** 4 f.
Inanspruchnahme **6** 16
Neutraler Hintergrund **11** 28
Nichtangriffsabrede **33** 16
Nichtberechtigter **9** 1
   Ansprüche gegenüber - **9**
Nichterhebung von Kosten **24** 16
Nichtigerklärung **38** 5
Nichtigkeit **1** 47, **2** 3,
   Allgemeines **33** 1
   Löschung wegen - **36** 10
   Nichtigkeitsgründe **33** 3 ff.
Nichtigkeitsklage **31** 31
   Aktivlegitimation **33** 15 f.
   Folgen **33** 18 f.
   Gegenstand **33** 7
   Klageantrag **33** 10
   Passivlegitimation **33** 17
   Streitwert **33** 12
   Verfahren **33** 7 ff.
   Verjährung **33** 13
   Zuständigkeit **33** 11
Nichtzulassungsbeschwerde **23** 70
Niederlassung **11** 52, **14** 11
   Auswärtiger - **58** 2
   Begriff **58** 3
   Gerichtsstand **53** 5
   Schutzdauer **27** 4
Niederlegung **23** 18, 34, 86, 90
   Abholfach **23** 90
   Ersatzzustellung **23** 86
   Mandat **23** 18
   - der Vertretung **58** 11
   Zustellung **23** 34
Niederschlagung **24** 16
Nießbrauch **9** 6, **30** 3, 5, 10, **41** 12
   - des Nichtberechtigten **9** 6
   dingliches Recht **30** 3, 5
   Löschung **30** 10, **35** 7
   Pfandrecht **9** 6, **30** 3, 10
   Unternehmens- **41** 12
Notverwaltungsrecht **7** 8
Nummerierung **23** 74, **72** 2, **73** 1

- der Blätter **23** 74
- der Darstellung **11** 25
Durch- **16** 8
fortlaufende - **15** 48, **23** 74
Nutzungsrecht **7** 22, **31** 4, 7, 26, 31
   Ausschluss **31** 7
   gesetzliches - **60** 4
   rechtmäßiges - **60** 12
   Umfang **31** 4
   siehe auch „Benutzungsrecht"
   siehe auch „Vorbenutzungsrecht"
   siehe auch „Weiterbenutzungsrecht"

Oberfläche **1** 12, 16, 20, **2** 31
   besondere - **1** 16
   reliefartige - **1** 12
   - eines Stoffes **1** 16
   plastische Wirkung **1** 16
Oberflächenstruktur **1** 9, 12, 14, 16, 17, 18, 45, **37** 8
Obsiegen **47** 5
Offenbarung **2** 10, **6** 2, 3, 5, 6, 7, 8, 9, 10, 11, 14, **9** 10, **23** 98, **38** 34, 39, **41** 14
   Allgemeines **5** 1
   Ausstellung **5** 5, **6** 14
   Begriff **5** 2
   Bekanntmachung **5** 3 f., **6** 2, 6, **38** 39
   Fachkreise **5** 8 ff.
   Offenbarung auf sonstige Weise **5** 7
   Offenbarungsgebiet **5** 15
   Offenbarungszeitpunkt **5** 16 f.
   unschädliche Offenbarung **5** 16
   im Verkehr verwendet **5** 6
Offensichtlichkeit **6** 10, **38** 42
   Anforderungen **46** 23
   Glaubhaftmachung **46** 24
   Missbrauch **6** 10

Sachregister

verbundener Gebrauchszweck
  3 20
**Öffentlich beglaubigte/öffentliche
  Urkunde** 29 20, 36 8
Öffentliche Bekanntmachung
  47 12, 51 24 ff.
Öffentliche Ordnung
  Verstoß gegen - 3 16
Öffentliche Zugänglichkeit 38 3
Öffentliche Zustellung 23 7, 25 8
Öffentliches Interesse 3 18 ff.,
  51 16
Ornament 61 5

Parallelimport 46 3, 48 11
Parfums 1 45
Pariser Verbandsübereinkunft
  3 19, 14 3, 18 4, 33 6
Partnerschaftsgesellschaft 11 10
Passivlegitimation 8 2, 4, 29 15
  - des Eingetragenen 8 2, 4
  Rechtsnachfolge 29 15
  - des Täters 42 55
  - des Verletzers 42 55, 43 6 f., 22,
    44 10, 46 68, 46b 5
Patentamt 2 10, 25 8, 9
  Anmeldung beim DDR- 60 7
  Hinterlegung beim - 19 2
Patentanwaltskosten
  Erstattungsanspruch 42, 66,
    52 12 ff.
Patentinformationszentrum
  Anmeldetag 27 5
  Anmeldung 11 5 f.
  Liste 11 6
Patenttechniker 23 89
Pauschallizenz 31 35, 42 43
Pfandrecht 9 6, 30 3 ff., 4, 10
  Eintragung im Register 30 10
Pfändung 30 6, 7, 9
Pflanzen 1 43
Plastinat 1 46
Popularklage 33 15

Postauskunft 23 28, 88
Postwertzeichen 3 16, 20
Praktikant 7 14
Präsentation 5 5, 7
  -hilfe 11 29
Pressefreiheit 38 23
Printmedien
  Örtliche Zuständigkeit 53 9
Priorität 2 7, 6 5, 14, 23 41, 71
  Allgemein 11 66, 12 12
  fremdsprachige Anmeldung 11 12
  Beibehaltung 60 2
  Beurteilungsspielraum 23 71
  bilaterale - 14 4
  Eintragung 14 18
  -erklärung 14 17
  -erklärungsfrist 14 18
  Frist 6 14
  aufgrund Gegenseitigkeitsabkommen 14 4
  „Igelnähe" 2 9
  Inanspruchnahme 2 7, 13 9, 14 14,
    23 10, 42
  innere - 14 10
  - jüngere Muster 2 5
  -regelung 2 7
  Schutzdauer 27 5
  - aufgrund Staatsvertrag 14 3
  -tag 2 7, 13 3, 23 42, 37 7, 38 7
  Vorverlegung 6 5
  Wirkung ausländischer - 14 19
Prioritätsbeanspruchung 33 3
Prioritätsbeleg 14 6, 23 42, 98
Prioritätsbescheinigung 14 20 ff.
Prioritätserklärung 14 5, 15 10
Prioritätsfrist 6 14, 23 10, 37, 83
  Begriff 14 2
  Verlängerung 15 13
  Wiedereinsetzung 23 10, 37
Prioritätsrecht 38 6, 7
  Allgemein 14 8
  bilaterales - 14 8
  Überschuss 14 8

965

Sachregister

Übertragung **14** 12
Verzicht **14** 19
Privatgutachten **22** 8
Privatklage **51** 2
Produktgruppe **2** 34
Produktpiraterie **38** 19, **46** 1, **55** 3
Prozessfähigkeit
- des Anmelders **11** 14
Vollmacht **11** 53 f.
Prozesskostenhilfe **24** 1, 11
Prozessstandschaft **31** 25, 28
Aktivlegitimation **31** 25
Auskunftsanspruch **46** 4
gewillkürte - **31** 28
Prüfungsbefugnis
-des DPMA bei Anmeldung **3** 1, **18** 1, 2
Prüf- und Gewährzeichen **3** 19

Ratenzahlung **24** 3, 9, 14
Raumform **1** 3, 11 f., 12, 15
Realakt **7** 4, 13, **10** 2
Recherche **12** 4, **38** 34
- des DPMA **22** 19
Herkunft **46** 11
-kosten **52** 19
-möglichkeit **11** 49
Muster- **19** 3
-obliegenheit **5** 2
Vertriebsweg **46** 11
Recherchierbarkeit **11** 35, **38** 25
Rechnungslegung **31** 27, 37
Umfang **42** 48
Versicherung an Eides Statt **31** 37, **42** 51
Voraussetzungen **42** 47
Wirtschaftsprüfervorbehalt **42** 50
Recht auf das Geschmacksmuster **7** 1 ff., **9** 1
Rechtliches Gehör **18**, 5, **22** 13, **23** 4, 35, 64, 65, 70, 98, **29** 16, 18
Rechtsabtretung **31** 28

Rechtsanwalt **23** 21, 22, 23, 24
Inlandsvertreter **58** 7, 15 ff.
Kosten **23** 71, **42** 84, 104 ff.
Schutzschrift **42** 84
Wissensvertreter **49** 12
Zurechnung **23** 16, 19
Rechtsbeschwerde
siehe auch „Beschwerde"
Rechtserwerb **7** 10, 11, 13, 14, **32** 2
- des Arbeitgebers **7** 10 ff., 11, 13
- des eingetragenen Inhabers **42** 52
Rechtsfähigkeit **11** 7 ff.
Rechtsfragen **23** 72
Rechtsgültigkeit
Bedeutung **39** 4
Umfang **39** 6 ff.
Voraussetzung **39** 5
Widerlegung **39** 11 ff.
Rechtshängigkeit
Klagezustellung **43** 8
maßgeblicher Zeitpunkt **33** 17
Rechtsinhaber **1** 38, 39, **10** 1, 3, 4, **23** 12, **29** 12, **30** 4, **31** 25, 26, 28, **38** 3, 18, 39
-schaft des Arbeitnehmers **7** 11
Begriff **1** 36 ff., **57a** 5
Einwilligung in die Löschung **34** 1, 12
Grenzbeschlagnahme **38** 18, **55** 8, **57a** 5
Klageverzicht **31** 26
Lizenzinteresse **11** 69
Rechtsgültigkeit **39** 1
Übertragung der - **9** 3, **29** 12
Verzicht des - **11** 82, **36** 3
Wiedereinsetzung in den vorigen Stand **23** 12
Zustimmung zum Inverkehrbringen **48** 6 ff.
Rechtsirrtum **23** 29, **42** 22
Rechtskauf **29** 3, 7 f., 8
Rechtsklarheit **6** 11, **9** 10

Rechtskraft 9 3, 23 39, 68, 24 10, 13, 33 18, 36 10, 41 14
  Bekanntmachung des Urteils 47 10
  formelle - 23 39, 68
  Verfahrenskostenhilfe 24 10, 13
Rechtsmittel 23 45, 54, 66, 67, 24 13, 29 15
  -auftrag 23 22
  -gegen Beschlagnahme 57 9
  Einlegung 16 16
  -frist 23 48, 66, 87, 93
  -instanz 22 16
  -verfahren 23 1, 76
Rechtsmittelbelehrung 16 15, 22 14, 23 48, 49, 52
  Beschlagnahme 56 2
  fehlerhafte - 23 52
Rechtsmittelverzicht 23 48, 49, 52
Rechtsnachfolge 1 38, 6 7, 8, 9, 10, 7 1, 3, 8 5, 23 43, 86, 29 10, 12, 15, 16, 17, 19, 21
  Besonderheiten des Gemeinschaftsgeschmacksmusters 29 21
  Übergang 29 10, 12,
  Übertragung 29 3 ff.
  Unternehmensakzessorietät 29 11
Rechtspfleger 23 10, 53, 64, 68, 24 13, 14
  Erinnerung 23 10, 53, 68, 24 14
  Kostenfestsetzung 23 68
  Vorlagen 23 53
Rechtschutzinteresse
  Feststellung nach Beendigung oder Verzicht 33 21
  Popularklage 33 15
Rechtssicherheit 6 11, 9 10, 41 9
Rechtsträgerschaft 44 10
Rechtsübertragung 6 7, 7 22, 9 8, 29 4, 12
  Eintragung 9 8, 12 10, 29 12

Lizenz 7 22, 9 8
Nachweis 29 19 f.
Rechtsverletzung 38 20, 42, 46 2, 46a 3, 46b 2
Register 1 38, 39, 6 16, 8 2, 3, 5, 9 3, 4, 6, 7, 8, 11, 10 1, 3, 5, 23 2, 12, 16, 37, 43, 86, 24 8, 29 3, 12, 14, 15, 17, 21, 30 10, 11, 31 2, 37 5, 38 3, 4, 6, 10, 34, 72 6
  Allgemeines 19 1
  eintragungspflichtige Angaben 19 5
  Registerführung 19 2
  Sachprüfung 19 3 f.
Registereinsicht 22 2
Registereintragung 8 1, 23 38, 43, 29 3, 31 2
  irreführende - 23 43
  Rechtsnachfolge 29 3
Reparatur 1 34, 35, 37, 4 3, 38 15, 40 10, 73 2, 3, 4
  -arbeiten 4 6
  Einfuhr zur - 40 10
Reparaturklausel 73 1 f.
Rücknahme 23 69, 24 10
  - der Anmeldung 11 80 f.
  - der Beschwerde 23 69
  -fiktion 16 1, 8
  Teil- 23 69
Rückumschreibung 29 18
Rückwirkung 6 2, 23 76, 38 6, 72 1, 3, 5, 73 9
  Neuheitsschonfrist 6 2, 72 5
  - der neuen Rechtslage 66 5 ff.
Rückzahlung 23 8, 41, 51, 53, 56, 57, 59, 61, 62, 67, 24 13
  Antrag auf - 23 51, 61, 67
  - der Beschwerdegebühr 23 8, 56, 57, 62, 67

Sachen 29 10, 31 13
  Vorlage und Besichtigung von - 46a

967

Sachregister

Sachverständiger 46a 22
Sachverständigengutachten
  angemessene Entschädigung
    45 6
  Offenbarung 5 12
Sammelanmeldung 10 5, 23 40, 51,
    52, 29 16, 37 6, 73 9, 10
  Aufschiebung der Bildbekanntmachung 21 6, 11, 73 9, 10
  Eintragungsantrag 12 2, **vor 66 bis 71** 30
  Entwerferbenennung 10 5
  Erzeugnisangabe 11 35 ff., 37 6
  Gebühren 12 7
  Kosten 12 13
  Priorität 12 12
  Teilung 12 9, 23 51, 29 16
  Teilungserklärung 12 10
  Umfang 12 5
  Vollzug der Teilung 12 14
  einheitliche Warenklasse 12 4
Sammeleintragung 12 9
  Bekanntmachung 20 3
  Erstreckungsgebühr 21 12 f.
Schadensersatzanspruch
  - bei falscher Auskunft 46 35 ff.,
    59 11
  - bei unberechtigter Abmahnung
    42 62 f.
  - bei unberechtigter Beschlagnahme 56 9 ff.
  - bei Vorlage und Besichtigung 46a 15
  Berechnung 42 24 ff.
  Geltendmachung 42 44 f.
  Haftung des Unternehmensinhabers 44 13
  Sicherung von- **46b**
  Verjährung 49 14 f.
  Verschulden 42 21 ff.
Schadensberechnung
  entgangener Gewinn 42 28
  Gemeinkosten 42 35 ff.

  Lizenzanalogie 42 40 ff.
  Verletzergewinn 42 29 ff.
Schaustellung 6 14, 11 67, 15 1 ff.,
    23 80
Scheinrecht 33 15, 36 1
Schenkung 5 5, 38 17
Schiffe 40 9, 10
  siehe auch „Luftfahrzeuge"
Schmuckwaren 38 20
Schonfrist
  siehe auch „Neuheitsschonfrist"
Schriftbild 1 26, 61 26
Schriftform 11 12, 23 6, 75 ff., 76,
    77, 25 4, 36 8, 42 16
Schriftzeichengesetz 2 2, 61 1
Schutz 1 1, 5, 8, 10, 24, 26, 28, 29,
    2 2, 10, 16, 17, 18, 24, 40, 6 3, 11,
    7 3, 24 1, 29 19, 31 30, 40, 37 2, 3,
    4, 38 3, 9, 25, 31, 34, 35, 39, 40,
    72 2, 6
  Aufrechterhaltung 28 1 ff.
  Dauer 6 3, 27 4 ff., 23 81, 83, 26 6,
    31 12, 13, 37 10, 38 3, 5, 9, 16, 25,
    39, 72 4, 5
  Entstehung 27 2 f.
Schutzausschluss 3 2, 18
Schutzdauer 6 3, 23 81, 83, 26 6,
    31 12, 13, 37 10, 38 5, 9, 16, 39,
    72 4, 5
  Löschung wegen Beendigung 36 2
Schutzgegenstand 6 13, 24 8, 37 2,
    3, 4, 5, 6, 7, 8, 10, 38 8, 27, 28, 35,
    36
  Anmeldung 37 5 ff.
  erläuternde Beschreibung 37 8
  Erscheinungsmerkmale 37 2
  Grundgedanke der Gestaltung
    37 3
  mustergemäßes Erzeugnis 37 9
  Offenbarungsgehalt 37 7
  Sichtbarkeit 37 4
Schutzmaßnahmen 46a 9 ff.,
    46b 6

Sachregister

Schutzschrift 42 51 ff.
Schutzumfang 2 24, 40, 11 79,
  31 32, 34 7, 37 1, 4, 6, 38 1, 3, 8, 27,
  28, 29, 31, 32, 33, 34, 36, 37, 39,
  41 3, 73 3
  Beurteilung 2 40, 37 4, 6, 38 27,
    29, 31 f., 32, 33, 34, 36, 37
  Eindruck des informierten Benutzers 38 26
  Eingriff 38 27, 29
  Gesamteindruck 38 1, 27, 28, 29,
    31, 32, 33, 34, 36
  Vorbenutzungsrecht 38 39, 41 3
Schutzverweigerung 26 6, 69 3
Schwarz-Weiß-Darstellung 37 4
Selbstständigkeit der Benutzungshandlungen 38 24
Sequestration 42 92, 43 55 f., 56 6
Serien
  -abmahnung 42 104
  -bauteile 3 12
  -herstellung 41 10
  -mäßige Produktion 6 9
Sicherheitsleistung 24 16
  Anerkenntnis 49 23
  Beschlagnahme 55 9
  einstweilige Verfügungsverfahren 42 78 ff.
  Verfahrenskostenhilfe 24 16
Sicherheitsübereignung 48 3
Sicherungsmaßnahmen 30 14
Sichtbarkeit 1 10, 33, 4 3, 37 2, 4
Signatur, elektronische 25 5, 9
Sofortbildfotografien 11 30
Sonstiges Recht 29 3
Sperrwirkung 6 3, 11 38, 21 3, 6,
  30 10, 34 7, 38 5, 25, 36, 39, 41 1
Spezialgericht 52 3
Spiegel 38 20
Sprache 1 2, 28, 23 5, 98, 29 19, 20
  - vor dem HABM 23 5
  Prioritätserklärung 14 6
  Verfahrenssprache 11 12, 23 5, 98

Staatliche Hoheitszeichen 3 19
Staatsangehörigkeit 24 4
  Inlandsvertreter 58 2
  Verfahrenskostenhilfe 24 4
Staatsflaggen 3 19
Staatswappen 3 19
Stempel
  Eich- 3 19
  Eingangs- 23 34, 89
  Legierungs- 3 19
  Post- 23 88
  Prüf- und Gewähr- 3 17
  Vernichtung 43 14
Stilmittel 37 3, 38 33
Stoffvertauschung 38 35
Strafantrag
  Antragsberechtigung 51 11 f.
  Form 51 13
  Frist 51 15
  Inhalt 51 14
Strafvorschriften
  Einziehung 51 17 ff.
  Grundtatbestand 51 3 ff.
  Privatklage 51 2
  Qualifikationstatbestand 51 7 f.
  Strafantrag 51 10 ff.
  Urteilsbekanntmachung 51 24 f.
  Verjährung 51 23
  Versuch 51 9
  Vorsatz 51 5
Streitgenossenschaft 11 8,
  23 43, 51
Streitwert
  - des Auskunftsanspruchs 46 43
  - des Vernichtungsanspruchs
    43 52
  Festsetzung 54 4
  Streitwertangaben der Parteien
    54 3
  im Verfügungsverfahren 54 6
  bei Vorlage und Besichtigung
    46a 12
Streitwertbegünstigung 24 16

Anwendungsbereich **54** 8 f.
Rechtsfolgen **54** 18 ff.
Verfahren **54** 13 ff.
Voraussetzungen **54** 10 ff.
Stufenklage **42** 44, **43** 39, 50, **49** 14
Stundung **24** 1, 16, 17
  Inlandsvertreter **58** 4
  Verfahrenskostenhilfe **24** 1, 16
Sukzessionsschutz **31** 1, 2, 29, 30, **73** 1, 6

Tapeten **11** 32, **38** 20
Täter **42** 55 f.
  Antragsdelikt **51** 10
  Auskunftsanspruch **46** 5
  Gewerbsmäßigkeit **51** 7 f.
  Haftung neben dem - **44** 12
  nemo-tenetur-Grundsatz **46** 25
  Straftat **51** 3
  mangelndes Verschulden **45** 3
  Wiederholungs- **51** 7
Täterschaft **42** 56, **51** 6
Tätowierungen **1** 43
Technische Erfordernisse **61** 8
Technische Funktion **2** 3, **33** 6, **38** 12
Technische Hilfsmittel **7** 5, **37** 4
Technologische Innovation **2** 16
Teilentscheidung **23** 40, 41
Teilkombination **38** 40
Teillöschung **36** 11
Teilnahme **25** 5, **30** 9
  - eines Auswärtigen **58** 11
  Inlandsvertreter **58** 3
  strafrechtliche - **42** 56
  mündliche Verhandlung **52** 18
Teilnichtigkeit
  teilweise Aufrechthaltung **35** 1 ff.
  Feststellung **36** 11
Teilschutz **1** 5, **38** 40
  Einschränkung **4** 1
  Möglichkeit **38** 40

Voraussetzungen **38** 40
siehe auch „must-fit" und „must-match"
Teilung **23** 41, 51, **29** 16
  der Sammelanmeldung **21** 9 ff., **23** 51, **29** 16
Teilverzicht **35** 1, **36** 11
Teilzahlung **11** 72
Telefax **23** 21, 75, 77, 95, **24** 8
  Abmahnung durch - **42** 94
  Adressierung **23** 21
  Anmeldung **11** 13, **23** 75
  Beanstandung **11** 34, **23** 77
  Eingangsdatum **13** 3
  Lastschrifteinzugsermächtigung **11** 75
  Schriftlichkeit **23** 75
  Übereinstimmung **23** 77
  Unterlassungserklärung **41** 14
  Unterschrift **23** 21, 75, 77
  Verfahrenskostenhilfe **24** 8
Telegramm **23** 77
Teppich **38** 20
  Beiwerk **11** 29
  Ingebrauchnahme **38** 20
  flächenmäßiges Muster **11** 39
Terminsgebühr **52** 18
Territorialitätsprinzip **29** 9, **38** 11
  Rechtsübergang **29** 9
  Schutzbereich **38** 11
Testament **29** 20
  Antragsbefugnis des -vollstreckers **24** 4
  Rechtsübergang **29** 20
Testkauf **46a** 8
Textform **23** 75, 78
Tiere **1** 43, 46
Tochtergesellschaft **57a** 5
Transit
  Beschlagnahme **55** 7
  Erschöpfung **48** 3
TRIPS-Übereinkommen **2** 18

Typografische Schriftzeichen 1 26
Anmeldung **11** 33, **61** 12
Aufrechterhaltung der Schutzdauer **61** 11
Rechtswirkung **61** 9
Schutzfähigkeit **61** 4 ff.
Schutzwirkung **61** 10
Umwandlung der Schutzwirkung **61** 2

Übergang 2 2, **23** 64, **29** 1, 10, 11, 12, 13, **30** 4, **31** 2, 29, **38** 17, **41** 10
Begriff **29** 10
Betriebs- **29** 11
Eintragung **23** 64, **29** 12, 13, **31** 2
Gemeinschaftsgeschmacksmuster **29** 1, 21, **31** 2
- kraft Gesetzes **29** 1
Lizenz **31** 2, 29
Nachweis **29** 19
- des Unternehmens **29** 11
- in das schriftliche Verfahren **23** 64
Verfahren **23** 64
Überlassungsanspruch **43** 35 ff.
Übersetzung 9 6, **23** 5, 98
Anmeldetag **11** 12
Beglaubigung **23** 5, 98
Erstanmeldung **14** 6
Frist **23** 98
-probleme 1 3
- ausländischer Unterlagen **11** 13
-versehen 1 26
Übertragbarkeit **29** 1 f., 2
Übertragung 6 7, 9 1, 3, 10, **29** 1, 4, 6, 7, 9, 10, 11, 12, 13, 16, 21, **31** 2, 3, 29, **41** 12
-anspruch des Berechtigten 9 3
Auslegung **29** 6
Begriff **29** 3
Bösgläubigkeit 9 10
-fehler **11** 80
Gestaltungs- **38** 34

lückenlose Kette 6 7
rechtsgeschäftliche - **29** 1, 16
Rechtswahl **29** 9
Registerumschreibung **29** 13
Teilung der Sammelanmeldung **12** 9
Unternehmens- **29** 11
Vorbenutzungsrecht **41** 12
Umdeutung **29** 6
Umsatzlizenz **31** 9, 32, 35, 36
Abstaffelung **31** 32
Abwandlung **31** 32
ausschließliche - **31** 9
Erfolgsbeteiligung **31** 9, 32, 36
siehe auch „Mindestlizenz"
Umschreibung 8 5, 9 3, **23** 41, 43, 24 2, **29** 12, 13, 15, 16, 17, 18, 19
-antrag **23** 12, 16, **29** 15, 16, 17, 19
-begehren **29** 16
-bewilligung **23** 16, **29** 17
Gebühren **29** 16
formelle Legitimation 8 5, **29** 15, 19
Rück- **29** 18
Umschreibungsrichtlinien **29** 13, **30** 13
Zweck **29** 12
Unerlaubte Handlung
Gerichtszuständigkeit **53** 6 ff.
Unionspriorität **14** 3
Unterklasse **12** 4, **19** 5, **37** 6
Unterkombination **38** 40
Unterlassungsanspruch **30** 6, **38** 34
Aktivlegitimation **42** 52 ff.
Erstbegehungsgefahr **42** 9
Haftung des Unternehmensinhabers **44** 13
Passivlegitimation **42** 55 ff.
Verjährung **49** 7 ff.
Wesen **42** 1
wettbewerbsrechtlicher **50** 5 ff.
Wiederholungsgefahr **42** 8

971

Sachregister

Unterlassungserklärung
Form **42** 16
Kündigung **42** 17
Rechtsbindungswille **42** 15
Vertragsstrafe **42** 14
Unterlizenz 31 10
Unternehmensakzessorietät 29 11
Unternehmensinhaber
Begriff **44** 10
Haftung des **44** 1 ff.
Umfang der Haftung **44** 13
Verschulden **44** 12
Unterscheidungskraft 1 42, **34** 3
Unterschiedlichkeit 2 18
Unterschrift 23 21, 75, 76, 77, 78, 89, 98, **29** 19
Beglaubigung **11** 53, **36** 6
Begriff **23** 76 ff.
Schriftlichkeit **23** 75
Unzulässige Rechtsausübung 3 14, **49** 29
Urheberrecht 1 44, 46, **2** 15, 16, 18, 19, 20, 36, **31** 4, 11, 12, **37** 3, **38** 20, 23
Begriff **34** 5
Kollision mit - **34** 1
Nutzungsverträge **31** 13
Wurzeln des Geschmacksmusterrechts **2** 16
Zweckübertragungslehre **31** 4
Urheberschein 60 1 ff.
Urkunde 23 87, 98, **29** 19, 20, **31** 28, **46a** 4
Vorlage und Besichtigung von - **46a**
Urteilsbekanntmachung
Art, Umfang und Frist **47** 12 ff.
Kosten **47** 17
Strafurteil **51** 24 f.
Voraussetzungen **47** 2 ff.

Variationsmöglichkeiten
technische Bedingtheit **3** 5

Veranschaulichung 40 7
Verbietungsrecht 30 8, **31** 3, **38** 1, 2, 3, 10, 11, 12, 13, 18, 19, 20, 22, 24, 25, 32, 40, **40** 1
Ausstattung von Räumlichkeiten **38** 20
Begriff **38** 10
Ein- und Ausfuhr **38** 11
Einschränkung **40** 1
Erschöpfung **38** 18, 24, **48** 11
Erzeugnisabbildung **38** 22
nicht musterfähige Erzeugnisse **38** 12
technische Funktion **38** 12
identische Gestaltung **38** 32
eigene Handlung **38** 18
Handlung im privaten Bereich **40** 2 ff.
Lizenzvertrag **31** 3
Löschungsgrund **34** 2
Schutzumfang **38** 1, 3, 32
Sperrwirkung **38** 25
Teileschutz **38** 40
Verletzung des Geschmacksmusters **38** 25
Zwangsvollstreckung **30** 8
Verbindungselemente 37 2
Erscheinungsmerkmale **37** 2
- von Kombinationsteilen **3** 12
Verbrauch
siehe auch „Erschöpfung"
Verbraucher 1 2, 34, 36, **2** 29, 30, 31, 32, 34, 35, 36, 38, **38** 27, **73** 4
informierter Betrachter **2** 34
Endbenutzer **1** 34, 36
gewöhnlicher - **2** 30
Verbreitung 38 2, 39
-handlung **38** 2, 24, **46** 18
Kenntnis durch - **38** 39
- von Nachbildungen **38** 2
neuheitsschädliche - **15** 3
Verbreitungsabsicht 38 2, 15

972

Verfahren 1 39, 8 2, 4, 9 11, 10 1,
  23 5, 6, 7, 9, 35, 38, 40, 43, 44, 46,
  47, 49, 51, 52, 54, 55, 59, 62, 63, 64,
  65, 66, 67, 69, 72, 78, 79, 85, 94, 95,
  98, 99, **24** 1, 2, 5, 7, 11, 12, 13, 14,
  16, **25** 5, **26** 1, 2, 3, **29** 14, 18, **30** 9,
  10, **31** 24, 26, 27, **37** 7, **38** 12, 15, 42
  - bei beschränkter Akteneinsicht
    22 10 ff.
  - bei freier Akteneinsicht **22** 9
  teilweise Aufrechthaltung **35** 4 ff.
  Beschlagnahme **55** 10 ff., **57a** 17 f.
  Beschwerde **23** 8, 38 ff., 39, 56,
    63, 64, 66, 69, 71, **24** 2, 5, 8, 12,
    29 18
  Bewilligungs- **24** 13
  Eintragungs- **8** 2, 4, **11** 1 ff., **23** 1,
    2, 38, 43, 63, 67, 99, **24** 1, 2, 5
  Inanspruchnahme ausländischer
    Priorität **15** 9 ff.
  Inlandsvertreter **23** 44, **24** 12,
    58 4 ff.
  -kostenhilfe **23** 11, 41, 42, 71,
    24 1 ff., 2, 3, 5, 7, 8, 9, 10, 11, 12,
    13, 14, 16
  Löschung **23** 43, **24** 2, **29** 14,
    30 10, **36** 12 ff.
  Nichtzahlung der Anmeldegebühr **16** 5
  Prüfung der Anmeldung **16** 2
  Streitwertbegünstigung **24** 16,
    54 13 ff.
  Weiterbehandlung **17** 9 f.
  Wiedereinsetzung **23** 7, 9 ff., 35,
    49, 55, **24** 13, **29** 15
Verfahrensbevollmächtigter **23** 3,
  18, 86
  gemeinsamer - **23** 86
  Verschulden **23** 18
Verfahrensgrundsätze **23** 4, 96
  Form **23** 74
  Frist **23** 79
  rechtliches Gehör **23** 4

  Unterschrift **23** 76
  Wahrheitspflicht **23** 96
  Zustellung **23** 85
Verfahrenskosten **23** 67, 68, **24** 3, 7
  Akteneinsicht **23** 67
  Auferlegung **23** 67
  Begriff **23** 68
Verfahrenskostenhilfe **23** 11, 41,
  42, 71, **24** 1, 2, 3, 5, 7, 8, 9, 10, 11,
  12, 13, 14, 16
  Änderung **24** 14
  Antrag **24** 5
  Antragsbefugnis **24** 4
  Anwendungsbereich **24** 2
  Aufhebung der Beiordnung **24** 15
  Bedürftigkeit **24** 7
  Beiordnung eines Vertreters **24** 11
  Bewilligung **24** 9
  Bewilligungsverfahren **24** 13
  Hinreichende Erfolgsaussicht **24** 8
  Wirkung der Bewilligung **24** 10
  Zahlungsvergünstigung **24** 16
Verfahrenssprache **23** 5, 98
  DPMA **11** 12, **23** 98
  HABM **23** 5, 98
Verfügungsgewalt **23** 11, 47, **29** 3,
  38 17, 20, 21, **46a** 7, **46b** 5
Verfügungsgrund **42** 59, **46a** 17
Vergrößerung **6** 13, **37** 4, **38** 30,
  41 10
  kleine Objekte **38** 30
  Sachidentität **6** 13
  Sichtbarkeit **37** 4
  Vorbenutzung **41** 10
Vergütung **7** 19, 21, **23** 68, **29** 4,
  31 31, 32, 37, **73** 5
  angemessene - **43** 38, **73** 5
  Arbeitnehmerentwerfer **7** 19
  Gegenstandswert **23** 68
  Lizenz **31** 31, **73** 5
  Rechnungslegung **31** 37
  antizipierte Übertragung **29** 4

973

Sachregister

Verhältnismäßigkeit 23 74
  Auskunft 46 6
  - bei Sicherung von Schadensersatz-
    ansprüchen 46b 7
  - bei Vorlage und Besichti-
    gung 46a 13 f.
  Vernichtung 43 39 ff.
  Verwendungsabsicht 43 20
Verjährung 72 1, 7
  Anwendungsbereich 49 2 ff.
  Auskunftsanspruch 49 16
  Ausschluss der Verjährungs-
    einrede 49 28 f.
  Beginn 49 6
  Frist 49 6
  Hemmung bei Verhandlungen
    49 20 f.
  Hemmung durch Rechtsverfol-
    gung 49 22 f.
  Neubeginn 49 24
  Schadensersatzanspruch 49 14 f.
  Strafvorschriften 51 23
  Unterlassungsanspruch 49 7 ff.
Verkehrszeichen 3 16
Verkleidung 38 40
  Ketten- 38 40
Verkleinerung 6 13, 37 4, 41 10
  Sachidentität 6 12, 13
Verlängerung 31 13, 38 5
  Antrag auf - der Schutzdauer 28 2,
    38 5
  Aufschiebungsfrist 21 8
  Benutzungsrecht 38 5
  Frist - 16 14, 17 4
  -gebühr 23 7
  - der Prioritätsfrist 15 13
  - der Schutzdauer 28 1 ff., 31 13,
    vor 66 bis 71 44 ff.
  teilweise - 28 10
Verletzergewinn
  Herausgabe des - 42 29 ff.
Verletzung 23 37, 60, 31 24, 38 11,
    27, 29, 42

- durch Annoncen 52 7
Erstbegehungsgefahr 42 9
-form 38 38
mittelbare Geschmacksmuster-
  38 42
Gesetzes- 23 70
-handlung 28 22, 41, 38 22, 42,
  42 3, 7, 22, 28
- im Internet 52 7
Nicht- 58 2
-ort 52 6
-prozess 2 22, 19 4, 23 97, 29 14
- materiellen Rechts 23 60
Schadensersatzpflicht 42 63
Sorgfaltspflichts- 17 2
-streit 37 9, 38 12, 40; 39 12
-tatbestand 38 38
-urteil 42 103
- des Verfahrensrechts 23 60
Verjährung 49 7
Vertrags- 36 7
örtliche Zuständigkeit 42 67 ff.
Verletzungsverfahren 8 2, 3, 4,
  23 36
  Anmeldung 11 20
  Identitätsprüfung 21 14
Verlust von Schriftstücken 23 31
Vermächtnis 29 10
Vermutung 1 38, 39, 8 2, 23 70, 88,
  24 4, 29 11, 38 10, 41 8
  3-Tages-Fiktion 23 88
  Dringlichkeits- 42 79, 46 24,
    46a 17
  Kenntnisnahme des Sachvor-
    trags 23 70
  Unternehmensakzessorietät
    29 11
  Verbietungsrecht 38 10
Vermutung der Rechtsgültigkeit
  Bedeutung 39 4
  Umfang 39 6 ff.
  Voraussetzung 39 5
  Widerlegung 29 8

974

Sachregister

Vernichtung beschlagnahmter Waren 56 3, 57a 19 ff.
Vernichtungsanspruch 1 42, 38 12
  Aktivlegitimation 43 9
  Besitz oder Eigentum des Verletzers 43 8
  Beweislast 43 51
  einstweilige Verfügung 43 55 f.
  Gegenstand der Vernichtung 43 5
  Haftung des Unternehmensinhabers 44 13
  Kosten 43 53
  Passivlegitimation 43 6
  Streitwert 43 53
  Vernichtungsmaßnahmen 43 10 f.
  Vollstreckung 43 53
  Voraussetzungen 1 42, 38 12, 43 2 ff.
Veröffentlichung 6 3, 6, 10, 23 5, 7, 38 39
  Begriff 5 3
  - der Bilddarstellung 5 7
  Erst- 6 4
  - einer Gestaltung 5 13
  - des HABM 5 3
  - des Musters 6 3
  -organ 20 2
  - der Unterlassungserklärung 47 4, 18
  - des Urteils 47 15
  - der Wiedergabe 11 48
Veröffentlichungsrecht 7 6
Verpachtung 29 11, 38 17
Verpackung 1 21, 23 f., 24, 43
  Anmeldung 12 6
  Berührung 59 3
Verpfändung 30 2, 4, 5, 32 3
Verrechnungsscheck 23 76
Verschiebung des Anmeldetags 5 17
Verschulden 7 3, 9 2, 23 14, 17, 18, 20, 22, 28, 31 36

  Anspruch des Nichtberechtigten 9 2
  Auskunft 46 31
  -grad 42 33
  Risikohaftung 56 9
  Schadensersatz 7 3, 9 2, 42 21 ff.
  - des Unternehmers 44 12
  Versäumung der Prioritätsfrist 14 15
  Wiedereinsetzung 23 14, 17, 22, 28
  Zurechnung 23 16 19
Versicherung an Eides Statt 31 37, 46 37
Verspätungszuschlag 23 10, 28 5, 8
  Erstreckung 21 16
  Wiedereinsetzung 23 10
Verstoß gegen die guten Sitten 3 17
Verstoß gegen die öffentliche Ordnung 3 16
Versuch 2 5, 38 17, 40 6, 51 8
Vertragsstrafe 42 13 ff.
  Verjährung 42 20
Vertraulichkeit
  Bruch der - 5 18 ff.
Vertreter 8 5, 23 11, 13, 14, 16, 18, 33, 42, 44, 63, 86, 89, 93, 94, 95, 96, 24 3, 11, 12, 13, 15, 29 13, 19, 30 13
  Angabe des - 11 52 ff.
  siehe auch „Inlandsvertreter"
Vertretung 7 8, 23 20, 23, 68, 91, 24 3, 5, 12
  - eines Abwesenden 23 20
  Akteneinsicht 22 10
  diplomatische - 23 91
  Entwerfermehrheit 7 8
  Inlandsvertreter 23 11, 44, 86, 24 12, 58 7 f., 15 ff., 69 9
  Inlands- 23 63
Vervielfältigungsrecht 38 22
Verwahrung 38 17, 56 6, 57 7
Verwarnung 52 3, 59 2

975

Sachregister

Verwechslungsgefahr 1 24, 2 8, 24, 38 1, 29, 37, **40** 8
Verweisungsantrag 52 11
Verwendung 1 10, 18, 19, 22, 32, 33, 34, 36, 37, **2** 15, **23** 5, 63, 98, 31 13, **38** 2, 34, 40, 42
 bestimmungsgemäße - 1 10, 32, 34 f., 36, 37, **4** 6
Verwertung 7 8, 9, **9** 6, **30** 4, 8, **40** 7, 41 10
 -absicht **24** 4, **35** 4, **30** 8
 -handlungen 48 1
 -maßnahmen 45 6
 - des Pfandes 30 4
 -verbot 46 25
 wirtschaftliche 7 8 f.
Verwertungsverbot
 der Auskunft 46 25 f., **46a** 24
Verwirkung 41 13
 Ansprüche 49 31 ff.
 Vertragsstrafe 42 19
 Vorbenutzungsrecht 41 13
Verzicht 1 47, **23** 69, 71, 78, **24** 16, 31 31, **38** 5
 auf Muster 33 20, **36** 3 ff.
Verzierung 1 9, 12, 20, **37** 6, **38** 29, **40** 7
Verzögerungen 13 4, **14** 18, **23** 28
Vindikationsanspruch 9 3, 4
Vindikationsklage 9 4
Vollmacht 23 63, 86, 89, 98, **24** 14
 Akteneinsicht 22 9, **23** 63
 Allgemeine - 11 56 ff., **23** 63, 86
 - des Beigeordneten 24 14
 Duldungs- 23 89
 - Erlöschen der - 58 11
 - des Inlandsvertreters 58 9 ff.
 Nachweis der - bei Abmahnung 42 98
 Urkunde 23 63, **58** 10
 Verfahrens- 24 11
 Verschulden 23 18

 vollmachtloser Vertreter 23 63
 Zustellung 23 86, 89
Vollständigkeit 23 20, 26, 77, **31** 37
 - der Auskunft 46 13
 - der Übermittlung 11 13, **23** 77
 - der Wiedergabe 20 6
Vollstreckungsklausel
 Erteilung der - 64
Vollziehung
 - der einstweiligen Verfügung 42 78
 - des Urteils 43 53
Vorabentscheidung 23 42
Voranmeldung 6 14, **23** 98
Vorarbeiten 2 13, **31** 34, 35
 - des Lizenzgebers 31 34, 35
 Pauschallizenz 31 35
Vorbenutzungsrecht 23 37, **38** 6, 25, 39, **41** 1, 2, 3, 4, 6, 7, 9, 10, 11, 12, 13, 14, 15
 Aufspaltung 41 11
 Begriff 41 10
 Beweis 41 14
 Erlöschen 41 15
 Erteilung von Lizenzen 41 11
 Grenzen 41 10
 Unternehmenspacht 41 12
 Vervielfältigung 41 11, 12
 Verwirkung 41 13
 Verzicht 41 13
Vorlage 23 8, 14, 22, 56, 62, 72, **24** 6, **29** 16, 19, **31** 25, **37** 2, **38** 36
 - eines Erzeugnisses 28 35
 Modalitäten 46a 20 ff.
 Unterschrift 29 19
 - von Urkunden 22 12, **29** 19, **46a**
 - einer Vollmacht 22 8, **42** 98
Vorratsmuster 38 9
Vorrichtungen 38 20, **43** 14 ff.
Vorsatz 42 22, **51** 5
Vorverbreitung 42 75

Wahrheitspflicht 23 96
Wahrnehmungsverordnung 26 4

Wandschmuck 38 20
Wappen 3 16 f., **18** 4, **33** 6, **34** 4
Warengebiet 5 14
Warenklasse 11 49, **19** 5, **23** 41, **38** 34
Art der Waren 38 34
Auskunft 22 19
Einheitlichkeit 12 4
Schriftzeichen 61 12
Warenliste
Erzeugnisangabe 11 35 ff.
Klassifizierung 11 49
Wartung 1 34, 35, 37
Weisungen 7 7, 10, 11, 15, 16, 17
Weiterbehandlung der Anmeldung
Antrag 17 4 ff.
Fristversäumung 17 2
Nachholung der versäumten Handlung 17 7 f.
Verfahren 17 9 f.
Voraussetzungen 17 2 ff.
Weiterbenutzungsrecht 23 37, **38** 39, **41** 15, **60** 13 f.
Weiterentwicklung 10 10, **31** 16, **38** 41
Weiterleitung 23 75
- der Anmeldung 11 5, **62**
- eines Telefaxes 23 75
Weiterleitungsgebühren 62 5 f.
Weiterveräußerung 38 16, **45** 7
Werbemittel 43 5
Werbung 38 16
vergleichende - 50 16 f.
Werke der angewandten Kunst 3 5, **34** 6
Werkstoffe 1 9, 14, 17, 18, **38** 35
besondere - 38 35
Werkzeuge 1 34, **38** 20, **43** 12
Wettbewerbsrecht 37 3
ergänzender Leistungsschutz 50 5 ff.
Wettbewerbssache
gerichtliche Zuständigkeit 53 4

Wettbewerbsverbot 7 13
Widerspruch 2 34, **23** 29
- gegen Beschlagnahme 56 4
kein - gegen Beschlagnahme 56 3
Erschöpfung 48 6
Streitwertbegünstigung im eV-Verfahren 54 9
freie Systematik 6 12
Wiedereinsetzung in den vorigen Stand 23 9
Begründung 23 14
Entscheidung 23 35
Frist 23 13
unlautere Mittel 23 97
Nachholung der versäumten Handlung 23 15
Neuheitsschonfrist 6 15, **23** 11, 83
Prioritätsfrist 14 15, **23** 10, 37, 83
unverschuldete Säumnis 23 16
Statthaftigkeit 23 10
Verfahren 23 12
Weiterbenutzung 23 37, **41** 15
Wiedergabe 1 3, 6, 16, 45, **2** 28, **23** 6, 10, 41, 64, 77, **24** 8, **37** 1, 5, 6, 7, 8, 9, 10, **38** 13, 22, 23, 36, 39, **40** 7
Beschreibung 11 44 ff., **37** 8
Wiederholungsgefahr 42 8
Wiener Abkommen 1 26, **2** 2, 13
WIPO 5 3, **vor §§ 66 bis 71** 2 ff., **67** 1, 3, **68** 1 ff., **71** 2, 3
Wirtschaftsprüfervorbehalt 42 50, **46** 22, 39
Wissensvertreter 49 12
Wortmarken 38 29

Zahlung 7 21, 22, **23** 7, 33, 35, 39, 41, 47, 50, 52, 71, **24** 3, 9, 10, 13, 16, **25** 3, **31** 13, 32
- der Erstreckungsgebühr 21 13, **23** 41
-frist 11 55, **23** 10, 11, 83, **24** 10
- von Gebühren 23 33

977

Sachregister

Nicht- des Auslagenvorschusses
16 9
-pflicht **11** 72, **23** 33, **24** 10
**Zeichen mit Unterscheidungs-
kraft 34** 3
**Zeichen von öffentlichem
Interesse 3** 18 ff.
Zeitrang 12 12, **14** 1
**Zentralstelle gewerblicher Rechts-
schutz 57** 2, **57a** 2, 4
Ziergegenstände 38 20
Ziffern
arabische - **11** 25, 33
Schriftzeichen **61** 5
Zitierung 38 22, 23, **40** 7
Zivilkammer 52 7
Zubehör 3 12, **40** 10
Einfuhr **40** 10
Schriftzeichen **61** 5
Zulassung 1 8, **23** 42, 63, 70, **24** 13
- eines Vertreters **23** 42
eines vollmachtlosen Vertreters
23 63
-voraussetzung **23** 45
Zumutbarkeit 45 5
Zurschaustellung 5 10, **15** 1
Zurücknahme 11 80, **58** 9
**Zurückweisung der Anmeldung
8** 4, **23** 41
wegen Eintragungshindernis-
sen **18** 1 ff.
Zurückweisungsbeschluss 18 7, 8,
24 5
Zusammenbauen 1 33, **37** 6
Zuständigkeit 23 1, 11, 56, **24** 13
funktionelle - **23** 1, **42** 66
Gerichtsstandsvereinbarung **52** 10
internationale **42** 71, **63** 5 ff.
örtliche **42** 67 ff., **53** 5 ff.
sachliche **42** 65
bei Vorlage und Besichtigung
46a 26
Zuständigkeitsrüge **53** 14

Zustandsbeseitigung 43 43, 54
Zustellung 23 7, 8, 13, 14, 19, 23,
34, 43, 48, 49, 52, 66, 68, 71, 80,
85, 86, 87, 88, 89, 90, 91, 93, 94, 95,
24 10, **25** 8, **29** 15, **30** 7
- der Abmahnung **42** 95 ff.
-anschrift **19** 5, **23** 86
Begriff **23** 34, 85 ff.
Beschlagnahmemitteilung **55** 10
-bevollmächtigter **23** 91
- durch einfachen Brief **23** 7, 89
- des fristsetzenden Bescheids
16 13
-empfänger **19** 5, **23** 86, 87
Ersatz- **23** 86, 87, 88, 89
fehlerhafte - **23** 43, 49
Klage- **33** 17
-mangel **23** 49, 88, 93, 94, **25** 5
fehlende Mehrfertigung **23** 86
nachgeholte - **23** 48
Nachweis **23** 14, 94
öffentliche - **23** 7, 34, **25** 8
- durch die Post **23** 7
Rechtsmittelfrist **23** 48, 66, 87,
93
unrichtige - **16** 7
-vermerk **23** 34
Weiterbehandlung **17** 1
Zustellungsarten 23 85, 88
EG-Zustellungsverordnung **23** 91
Einschreiben mit Rückschein
23 88
Einwurfeinschreiben **23** 88
Empfangsbekenntnis **23** 88
- durch den Gerichtsvollzieher
42 96
Pfändungsbeschluss **30** 6
Postzustellungsurkunde **23** 87, 88
Zustellungsmängel 23 49, 88, 93,
94
Heilung **23** 49, 93
Zustimmung 7 8, **10** 3, **23** 64, **25** 9,
30 8, **31** 10, 24, 26, 32, **38** 10

Arbeitnehmerentwerfer **7** 8
- zur Benutzung **38** 10
Entwerferbenennung **10** 3
Erschöpfung **48** 1
- des Lizenzgebers **31** 24, 32
Registereinsicht **22** 2
- des gesetzlichen Vertreters **11** 8
Übertragung **29** 19
Wechsel ins schriftliche Verfahren **23** 64

Zwangsvollstreckung **23** 71, **30** 2, 4, 7, 8, 10, 14
Gefährdung der - **46b** 3
- in Geschmacksmuster **30** 7
Kosten **43** 53
- aus Kostenfestsetzungsbeschlüssen **23** 71
Zweckübertragungslehre **29** 6, **31** 4
Zweigniederlassung **42** 71, **58** 3
Zwischenentscheidung **23** 95

Praxiswissen Lizenzen!

INHALT
- Bewährtes Werk zum gesamten Lizenzvertragsrecht
- Schwerpunkt: Kartellrecht
- Verträge über die Einräumung von Benutzungs-, Herstellungs- und Vertriebsrechten an Patenten, Gebrauchsmustern, Softwareurheberrechten, Know-how sowie an Marken
- Auslandslizenzen
- Checkliste zur Erleichterung der Vertragsgestaltung
- Neuauflage mit neuen GVO-Forschungs- und Entwicklungsvereinbarungen der EU-Kommission

AUTOR
RA Dr. **Michael Groß** ist Leiter der Lizenzabteilung der Fraunhofer-Gesellschaft, München und im Münchner Büro der internationalen Kanzlei Bird & Bird tätig. Zudem ist er Autor zahlreicher Veröffentlichungen zum Lizenzrecht.

ZIELGRUPPEN
Rechtsanwälte, Patentanwälte, Einkaufs-, Vertriebs-, Marketing-, Controlling-, Rechts-, Patent-, Forschungs-, Entwicklungsabteilungen von Unternehmen und deren Geschäftsführer, Universitäten, Fachhochschulen, Technologietransfer-Agenturen, Technologiemakler, IHKs, DIHT, Wirtschaftsprüfer, Steuerberater, Richter

10., aktualisierte und erweiterte Auflage 2011, XXVII, 1021 Seiten, Geb. € 159,–
ISBN: 978-3-8005-1547-9

Verlag Recht und Wirtschaft
Frankfurt am Main
www.ruw.de
buchverlag@ruw.de

Vertragssicher weltweit!

INHALT

- Praxisnahe Vertragsbeispiele mit Varianten, z.T. in englischer Spache
- Memorandum of Understanding, Letter of Intent, Geheimhaltungsvertrag, Forschungs- und Entwicklungsverträge, Lizenzverträge, Cross- und Pool-Lizenzverträge sowie Regelungen, die die Streitschlichtung (z.B. Mediation) betreffen
- Texte bzw. Textbausteine für Praktiker bei Verhandlungen
- Neue Aspekte der Streitschlichtung.
- Checklisten und einschlägige rechtliche Vorschriften

AUTOR

RA Dr. **Michael Groß** ist Leiter der Lizenzabteilung der Fraunhofer-Gesellschaft, München und im Münchner Büro der internationalen Kanzlei Bird & Bird tätig

ZIELGRUPPEN

Patentabteilungen in Unternehmen, Geschäftsführung, Vertrieb, Einkauf, Marketing, Universitäten, Technologietransferagenturen, Technologiemakler, IHKs, Landesgewerbeanstalten, Rechtsabteilung des Europäischen Patentamts sowie des Deutschen Patent- und Markenamts, Bundespatentgericht, Richter in LG, OLG, BGH

BB-Handbuch, 2010, XVI, 780 Seiten, Geb. € 129,–
ISBN: 978-3-8005-4330-4

Verlag Recht und Wirtschaft
Frankfurt am Main
www.ruw.de
buchverlag@ruw.de

Praxiswissen Vertikal-GVO!

INHALT

- Einzige separat erhältliche Kommentierung zur Vertikal-GVO
- Schwerpunkt des Buches auf den Händlerverträgen und weniger auf den Lieferverträgen
- Spezialprobleme im Zusammenhang mit dem Internetvertrieb sowie mit der Gestaltung von Software- und Franchiseverträgen
- Behandlung des Franchising
- Spezialprobleme für die Software- und Pharmaindustrie

AUTOREN

RA Dr. **Jörg-Martin Schultze**, LL.M., RAin Dr. **Stephanie Pautke**, LL.M. und RAin Dr. **Dominique S. Wagener**, LL.M. sind in eigener Kanzlei Commeo LLP mit Sitz in Frankfurt am Main speziell im Bereich Kartell- und Vertriebsrecht tätig

ZIELGRUPPEN

Mit Vertriebsfragen befasste Juristen in Unternehmen, Anwaltschaft und Wissenschaft sowie leitende Mitarbeiter im Vertrieb, die mit Fragen der Vertragsgestaltung beschäftigt sind

BB-Kommentar, 3., überarbeitete und erweiterte Auflage 2011, ca. 620 Seiten, Geb. € 129,–
ISBN 978-3-8005-1519-6

Verlag Recht und Wirtschaft
Frankfurt am Main
www.ruw.de
buchverlag@ruw.de